THiNKr
新思

新一代人的思想

# 钢铁王国

## Iron Kingdom

普鲁士的兴衰

1600–1947

The Rise and Downfall of Prussia

1600-1947

Christopher Clark
[澳] 克里斯托弗·克拉克 著
张帆 译

中信出版集团 | 北京

图书在版编目（CIP）数据

钢铁王国：普鲁士的兴衰，1600—1947 /（澳）克里斯托弗·克拉克著；张帆译. -- 北京：中信出版社，2023.9

书名原文：Iron Kingdom: The Rise and Downfall of Prussia, 1600–1947

ISBN 978-7-5217-5778-1

Ⅰ.①钢… Ⅱ.①克… ②张… Ⅲ.①普鲁士－历史－1600-1947 Ⅳ.① K516.3

中国国家版本馆 CIP 数据核字 (2023) 第 105877 号

Iron Kingdom by Christopher Clark
Copyright © Christopher Clark
First published by Allen Lane 2006
Published in Penguin Books 2007
Simplified Chinese translation copyright © 2023 by CITIC Press Corporation
Published under licence from Penguin Books Ltd.
Penguin and the Penguin logo are trademarks of Penguin Books Ltd.
First published in Great Britain in the English language by Penguin Books Ltd.
ALL RIGHTS RESERVED
封底凡无企鹅防伪标识者均属未经授权之非法版本。
本书仅限中国大陆地区发行销售

钢铁王国——普鲁士的兴衰，1600—1947
著者：[澳] 克里斯托弗·克拉克
译者：张帆
出版发行：中信出版集团股份有限公司
（北京市朝阳区东三环北路 27 号嘉铭中心　邮编　100020）
承印者：保定市中画美凯印刷有限公司

开本：880mm×1230mm 1/32　　印张：31.75　　字数：816 千字
版次：2023 年 9 月第 1 版　　　　　印次：2023 年 9 月第 1 次印刷
京权图字：01–2015–8381　　　　　  书号：ISBN 978-7-5217-5778-1
审图号：GS（2023）582 号（此书中插图系原文插图）
定价：168.00 元

版权所有·侵权必究
如有印刷、装订问题，本公司负责调换。
服务热线：400-600-8099
投稿邮箱：author@citicpub.com

献给尼娜

# 目 录

推荐序 / i
引 言 / vii
勃兰登堡 - 普鲁士的历史 / xvii

第一章　勃兰登堡的霍亨索伦王朝 / 001
第二章　毁灭 / 023
第三章　非同寻常的德意志之光 / 049
第四章　王权 / 087
第五章　新教 / 147
第六章　乡土势力 / 183
第七章　逐鹿欧洲 / 231
第八章　敢于求知！ / 317
第九章　傲慢与报应：1789—1806 / 365
第十章　官僚创造的世界 / 401

第十一章　钢铁时代　　　　　　　　　　／ 443

第十二章　上帝的历史征途　　　　　　　／ 499

第十三章　事态升级　　　　　　　　　　／ 561

第十四章　普鲁士革命的辉煌与苦难　　　／ 603

第十五章　四场战争　　　　　　　　　　／ 657

第十六章　并入德意志　　　　　　　　　／ 717

第十七章　落幕　　　　　　　　　　　　／ 801


致　　谢　　　　　　　　　　　　　　　／ 893

注　　释　　　　　　　　　　　　　　　／ 897

# 推荐序

笔者不揣浅陋，冒昧接受中信出版集团史磊先生之邀，为《钢铁王国——普鲁士的兴衰，1600—1947》中译本写序，主要因为在德国亲历的两件事。一是笔者 20 世纪 90 年代访学于杜塞尔多夫时，曾在旧书市场被一套精美的普鲁士丛书所吸引。考虑到回国时行李限重，我犹豫再三，仅选了七册书中的五册。这时摊主笑着说，这么好的书，请不要拆散它们，这两册就送给您了。后来这套书成了笔者了解普鲁士的基本资料之一。二是八九年前我在柏林做研究时，一位德国朋友赠我一本德文版畅销书《梦游者：1914 年，欧洲如何走向"一战"》，该书与《钢铁王国》皆出自"说着流利的德语"、任教于英国剑桥大学的澳大利亚历史学家克里斯托弗·克拉克之手。克里斯托弗·克拉克是世界知名的普鲁士史学者，在这一领域影响巨大。2007 年德国《明镜》周刊历史专号刊发《普鲁士：好战的改革国家》，其中就介绍了他的名作《钢铁王国》（德文译名：*Preussen. Aufstieg und Niedergang 1600-1947*）。[①]

普鲁士是近代以来德意志国家的核心因素。要了解近代以来的

---

① "Preussen: Der kriegerische Reformstaat," *Spiegel Special Geschichte*, Nr. 3, 2007, S.3.

德国，必须先了解普鲁士。因此，尽管盟国对德管制委员会在1947年做出废除普鲁士邦的决议（第46号法令）后，普鲁士在法律上已经成为历史，其独特魅力却从未消失，一直吸引着史学界的注意力，有关普鲁士的研究成果不胜枚举。人们如此关注它，主要原因在于，这一德意志邦国的历史演进有诸多令世人瞩目之处，而且它与日后形成的德意志民族国家关系密切，对欧洲也产生了巨大的影响。不过，在如何审视和评价普鲁士的问题上，史学界一直存在多样的，甚至是截然不同的看法。事实上，历史上呈现出来的普鲁士也是多彩的。它既存在顽固保守和军国主义的一面，也有顺应时代的进步和改革的取向。诚如克里斯托弗·克拉克所言，对于普鲁士历史予以充分肯定者大有人在，但也有许多人将普鲁士与德意志政治极端主义和独裁统治传统挂钩，批评普鲁士是导致现代德国走上不同于英美等国"正常"现代化道路的根源，是负面的德国现代化"特殊道路"的始作俑者。[1]

结果，普鲁士在人们的眼中成了一个两面性的长着"雅努斯脑袋的国家"（Staat mit Januskopf）。一方面，普鲁士从一个不起眼的边陲小邦勃兰登堡迅速崛起为德意志乃至欧洲强权，成为近代德意志统一民族国家的建立者，自然有其令人着迷和传奇之处；另一方面，毋庸讳言，普鲁士的专制主义、军国主义以及追逐强权的文化取向，在很大程度上影响了统一后的德国，与20世纪上半叶德国历史的灾难性发展不无关系。

克里斯托弗·克拉克作为研究普鲁士历史的大家，对于普鲁士历史有着自己的独特认知。他不赞成"把普鲁士的历史记录分成善恶两类"，而是力图客观地呈现相关史实，让读者对普鲁士国家历史产生

---

[1] 参见《钢铁王国》"引言"部分。

浓烈兴趣，理解其存亡之道。按照他的说法，他要在没有"义务"和"诱惑"的情况下，在无须像德国学者那样顾及"政治正确"的情况下，探究普鲁士的成功之道和毁灭之路。<sup>①</sup> 不过，人们在阅读《钢铁王国》一书时，不难从字里行间看出这位历史学家对普鲁士历史的价值判断。

笔者以为，从历史维度考察普鲁士和德国的发展演进，要探讨克里斯托弗·克拉克提出的"普鲁士如何取得成功，之后又如何走向灭亡"<sup>②</sup>的问题，必须辩证地审视普鲁士的历史发展和德国历史演进之间的互动关系。同样，对于普鲁士历史进程中的令人侧目、为人指责之处，也应该辩证地看待，因为二者在不同的历史阶段是相互转换的，难以一刀切地以善恶论之。实际上，普鲁士从一个分裂的德意志边陲小邦发展为德意志主导者的历史，就是德意志国家和德意志民族从分裂走向统一的历史。1871年德意志帝国的建立则是二者的命运节点，此后，普鲁士的命运就与德意志民族国家命运的起伏完全绑定，最终作为纳粹德国争霸世界失败的陪葬品而化作历史陈迹。

普鲁士的历史非常丰富，令人着迷之处甚多。如果从影响普鲁士国家命运的视角看，笔者以为有两点不妨给予更多关注：其一，普鲁士并无优越的地理条件可以倚赖，其统治者开明的国家治理理念，在很大程度上是普鲁士国家从边陲小邦崛起为欧洲强权的核心因素。这一点充分体现在克里斯托弗·克拉克最为欣赏的普鲁士国王弗里德里希二世身上。这位普鲁士开明君主自称"国家的首席公仆"，也因此被克里斯托弗·克拉克称为"宝座上的仆人"（Diener auf dem Thron）。弗里德里希二世强调，君王要服务于臣民和国家，要把自己视为国家公民的一员。他曾在《政治圣经》中指出："公民的第一

---

① 参见《钢铁王国》"引言"部分。
② 参见《钢铁王国》"引言"部分。

责任是服务于他的祖国,这是一种义务。在朕的一生中,无论处于什么状态,都在努力做到这一点。"在弗里德里希二世统治时期,普鲁士因为在经济、社会、法律和军事方面的一系列成就而成了"幸福和繁荣"的国家,成了令人敬畏的欧洲强国,他也因此被后人尊称为"大王"。①

其二,普鲁士从德意志诸侯国之一发展为德意志的统一者和欧洲大国,频繁使用武力在其中扮演了极其重要的角色,这也是人们称普鲁士为军事国家和军国主义国家的根本原因。以武力为后盾的强权政策在很大程度上是近代以来欧洲国际关系和国际政治的普遍特征,而非普鲁士所独有。英荷战争、英法争霸、普奥争霸、拿破仑战争、俄国与西欧列强的争斗等,一直使欧洲上空硝烟弥漫。在这种强权政治文化熏陶下发展起来的普鲁士,自然也不会成为一个排斥武力的国家。所不同的是,普鲁士自身发展的历史经验和教训使之特别钟情于武力,并将崇军尚武发展到极致。正是勃兰登堡选侯国在三十年战争中受尽哈布斯堡军队和瑞典军队蹂躏的血的教训,使其统治者开始建立强大的常备军。而强大军事力量在欧洲国际博弈中带来的"红利"和"声望",又使普鲁士历代统治者愈加痴迷于军事力量。最后,"铁血宰相"俾斯麦用三次所向披靡的王朝战争统一德国,将整个德国浸染于军事崇拜之中。然而,成也萧何,败也萧何。从战火硝烟中一路兴起的普鲁士及其缔造的德意志帝国,最终就消失在两次世界大战的战火硝烟中。

普鲁士从边陲小邦到欧洲大国的发迹史,它辉煌的思想和文化,统治者治国理政的成就,让人着迷;普鲁士与现代德国的关系,它痴迷于"铁与血"以及由此给自己及整个德国带来的巨大灾难,则令人

---

① Franz Kugler, *Die Geschichte Friedrichs des Großen*, Bayreuth: Gondrom Verlag, 1981, S.552.

深思。如今，中信出版集团推出普鲁士史名作《钢铁王国——普鲁士的兴衰，1600—1947》中文版，为我们更详细地了解具有传奇色彩的普鲁士的历史提供了一条捷径。笔者特此力荐这本书。

邢来顺
于武昌桂子山
2023 年 9 月 15 日

# 引 言

1947年2月25日，盟军柏林占领当局的代表签署法令，废除了普鲁士的国家地位。自此以后，普鲁士彻底地成了历史。

普鲁士这个自成立之初便成为德意志军国主义、反动思潮传播者的国家在事实上已经不复存在。

为了维护和平、守护各民族的安全，为了确保德国在民主的基础上，进一步重建政治生活，管制委员会决定颁布如下法令：

条款一

普鲁士、其中央政府及其所有附属机构自即日起全部废除。[1]

盟国对德管制委员会的第46号法令绝不仅仅是一道行政命令，因为占领当局把普鲁士从欧洲地图上抹去的做法同时也相当于对普鲁士做出裁决，为其盖棺论定。普鲁士与巴登、符腾堡、巴伐利亚、萨克森不同，并不是一片普通的德国领土，而是为祸欧洲的德意志弊病的发端之地，是导致德国偏离和平发展道路、放弃政治现代化进程的罪魁祸首。1943年9月21日，丘吉尔在英国议会发言，指出"普鲁士是德国的核心，是反复出现的疫病的根源"。² 所以说，从象征意义的角度来看，把普鲁士从欧洲的政治地图上抹去是一项很有必要的举措。普鲁士的历史已经变成了一场噩梦，压在生者心头。

这个极不光彩的结局让处理本书的主题压力重重。在19世纪和20世纪的早期，史家对普鲁士历史的描述大都相当正面。普鲁士学派①的新教历史学家大唱赞歌，宣称普鲁士作为一个国家，不仅是理性行政的实施者、进步的推动者，也是把信奉新教的德意志诸国从奥地利的哈布斯堡王朝、法国的波拿巴主义者的桎梏中解救出来的解放者。该学派的历史学家认为，1871年成立的以普鲁士为主导的民族国家是宗教改革之后，德意志历史演变自然且不可避免的最佳结果。

1945年后，纳粹政权犯下的滔天罪行已把德国的历史笼罩在阴影之下，这种用正面的眼光评判普鲁士历史的观点渐渐失去了市场。一位著名的历史学家指出，纳粹主义的出现并不是意外事件，而是"[普鲁士]慢性疾病的急性症状"；就心态而论，奥地利人阿道夫·希特勒"自己做出选择，成为普鲁士人"。³ 一种越来越为人们所接受的观点认为，人类历史步入现代之后，德国的历史没能走上"正常"（如美国、英国和其他西欧国家）的道路，没能进入相对自由、纷扰较少的政治成熟期。这种观点指出，法国、英国、尼德兰发生了"资产阶级革命"，将旧精英和旧政治制度的权力一扫而空，而德国则从来都没有发生所谓的"资产阶级革命"。取而代之的是，德国走上了一条"特殊道路"（Sonderweg），在道路的终点迎来了长达12年的纳粹独裁统治。

在这种畸形的政治环境的形成过程中，普鲁士起到了关键作用，

---

① 普鲁士学派又称"小德意志学派"，得名于该学派提出的政治纲领，即把奥地利统治的德意志诸省排除在外，在普鲁士霍亨索伦王朝的领导下建立统一的君主立宪制德意志国家。——译者注（如无特殊说明，本书脚注均为译者注）

因为纵观德意志诸国，普鲁士看起来正是"特殊道路"的种种典型症状表现得最为明显的那个国家。在所有这些症状中，当数容克地主阶层屹立不倒的权势最为突出。容克地主是居住在易北河以东地区的贵族地主，他们长期把持普鲁士的军政大权，在乡村地区一手遮天，在欧洲经历了革命浪潮的洗礼之后，他们的主宰地位保留了下来。无论是对普鲁士，还是进而对德国来说，这一弊端造成的后果似乎都是灾难性的：普鲁士和德国出现了反自由的、没有包容性的政治文化，表现出了一种比起法律赋予的权利，更加尊重强权的倾向，建立了一脉相承、未曾中断的军国主义传统。几乎所有分析德国走上"特殊道路"原因的见解都把失衡的或者说"不完全的"现代化进程视为症结所在，认为在德国，政治文化的演进没能跟上步伐，被经济领域的创新和增长落在了后边。根据这种解读，普鲁士是德国及欧洲现代历史的万恶之源。普鲁士把本国独有的政治文化强加于刚刚诞生的德意志民族国家，扼杀了德国南部更加自由的政治文化，令其彻底边缘化，从而为之后的政治极端主义和独裁统治奠定了基础。普鲁士对威权主义的推崇、对强权充满奴性的顺从，为民主制度挖掘了坟墓，为独裁制度的建立打下了地基。[4]

　　上述范式转移①式的历史见解转变引起了那些想要为普鲁士这个已经被废除的国家正名的历史学家（他们大都生活在联邦德国，政治取向十有八九是自由派或保守派）的激烈反对。他们如数家珍，列举了普鲁士取得的成就——清正廉洁的公务员体系；对宗教少数派的包容态度；一部广受称赞，引得德意志诸国争相效仿的法典（1794年颁布）；（19世纪时）在欧洲鹤立鸡群的识字率；效率极高，堪称范式的官僚体系。他们提醒人们关注生机勃勃的普鲁士启蒙运动。他

---

① 范式转移的概念由美国科学哲学家托马斯·库恩提出，最初指某一科学学科理论框架与基本假设的根本性改变，之后也用来描述其他学科的重大转变。

们着重指出，普鲁士作为一个国家，在面临危机时会转变重组，重获新生。"特殊道路"范式着重指出普鲁士人在政治上充满奴性，对强权卑躬屈膝，他们则反对此说，强调普鲁士历史上的那些值得回顾的反抗强权的事迹，尤其是对1944年7月时，普鲁士军官在暗杀希特勒的行动中起到的关键作用大书特书。在他们的笔下，普鲁士并非十全十美，却仍然与纳粹创建的种族主义国家截然不同。[5]

1981年，柏林举办了规模庞大的普鲁士展览会，吸引了不下50万观众观展，将这股以友善的眼光回顾普鲁士历史的浪潮推向了高潮。由多国学者组成的国际团队收集了大量的实物及文本展品，观展者可以一间接着一间，在摆满展品的展厅内踱步，按照时间顺序，回顾普鲁士历史上的重大事件。展览会除了展示诸如军事装备、贵族族谱、描绘宫廷生活的图像、重现历史上重大战役的画作之类的展品，还以"包容""解放""革命"为主题，设置了一系列主题展厅。展览的目的并不是勾起观众对普鲁士历史的怀旧之情（然而，不可否认的是，在许多政治立场偏左的批评家看来，展览对普鲁士的描绘确实显得太过正面），而是交替展现光明面和黑暗面，从而让观众对普鲁士的历史"形成平衡的认知"。评论展览时，无论是官方媒体，还是大众传媒，都把普鲁士对当代德国人的意义当作重点。许多相关的辩论都着重分析了应当如何看待普鲁士坎坷的现代化历程，可以从中汲取哪些经验，吸取什么样的教训。一种论点认为，当代的德国人一方面需要承认普鲁士的"美德"，比如克己奉公的公共服务体系，又比如包容的态度，另一方面又应当与那些不太讨人喜欢的普鲁士传统划清界限，比如让专制统治者大权独揽的政治习惯，又比如过分颂扬军事成就的倾向。[6]

虽然展览已经结束多年，但普鲁士却仍然是一个可以让意见两极分化的议题。1990年之后，两德统一，首都也由"西部"信奉天主教的波恩变成了"东部"信奉新教的柏林,不禁令人忐忑不安,担心仍然未被彻底压制住的普鲁士历史传统掀起新的波澜。"旧普鲁士"的精神有没有可能阴魂重现,困扰德意志联邦共和国呢?虽然作为一个政治体的普鲁士已经灭亡,但"普鲁士"一词已变成了一个具有象征意义的政治标志,获得了新生。德国的一部分右翼势力把普鲁士当作标语,认为"旧普鲁士"的"传统"是一种美德,能够制衡包括"方向感迷失"、"价值观丧失"、"政治腐败"、集体认同下降在内的当代德国面临的种种问题。[7]然而,对许多德国人来说,"普鲁士"仍然是德国历史上包括军国主义、对外扩张、傲慢自大、反对自由在内所有令人作呕的弊端的代名词。虽然普鲁士作为一个国家早已不再存在,但只要有人提到了普鲁士具有象征意义的某种特质,围绕着普鲁士的争论就多半会死灰复燃。1991年8月,弗里德里希大王[①]的遗骸在由他下令修建的无忧宫重新下葬,引发了不少激烈的讨论,甚至还有人提出计划,认为应当重建位于柏林市中心宫廷广场的霍亨索伦宫[②],引爆了热火朝天的公开辩论。[8]

阿尔文·齐尔为德国社会民主党(SPD)领导的勃兰登堡州州政府工作,原本只是一个名不见经传的部长[③],却因为在2002年2月,讨论是否应当接受将柏林市与勃兰登堡州合并到一起的提案时发表不当言论,在一夜之间成了德国全国臭名昭著的人物。他宣称"柏

---

① 弗里德里希大王又译作腓特烈大帝,即弗里德里希二世。——编者注
② 霍亨索伦宫即柏林王宫(又称柏林宫),是1443—1918年霍亨索伦王朝统治者在柏林的主要居所。1918年,德国君主制度终结之后,柏林宫成了政府机构的办公场所。"二战"期间,柏林宫遭到盟军的轰炸,受损严重,之后被民主德国拆毁。1960年代,民主德国在柏林宫旧址修建了共和国宫,作为中央政府的驻地。两德统一后,德国政府在2009年拆毁共和国宫,对柏林宫进行重建,于2020年完工。重建的柏林宫是洪堡论坛博物馆的所在地。
③ 他当时是勃兰登堡州劳工、社会事务、健康及妇女部的部长。

林-勃兰登堡"一词太过绕口，为什么不直接把合并之后新成立的行政区称作"普鲁士"呢？齐尔的发言引发了新一轮的激烈辩论。对齐尔的提议持怀疑态度的人警告普鲁士会因此余烬复燃，德国全国的各大电视台纷纷播出电视谈话节目，讨论齐尔的提议，《法兰克福汇报》更是刊登了一系列大标题是《普鲁士应当存在吗？》（Darf Preussen sein?）的专题文章。汉斯-乌尔里希·韦勒教授是"德国特殊道路"理论的主要倡导者，他为《普鲁士应当存在吗？》系列撰写了一篇小标题为《普鲁士毒害了我们》（Prussia poisons us）的文章，用慷慨激昂的语言驳斥了齐尔的提议。[9]

  只要试图理解普鲁士的历史，就肯定无法完全避开上述争议所提出的问题。我们无论从哪一个角度来评价普鲁士的历史，都必须回答这样一个问题——普鲁士在德国20世纪灾难连连的历史中到底扮演了什么样的角色？当然，这并不意味着我们应当把希特勒夺取权力这件事当作唯一的切入点来解读普鲁士的历史（实际上，无论分析哪个德意志邦国的历史都是如此），这同样也不意味着我们应当用非黑即白的道德标准来评判普鲁士的历史，好似完成任务一样，颂扬光明面，痛斥阴暗面。当代的历史讨论（还有一部分专业的史学著作）充斥着对普鲁士历史两极分化的评判，这是很有问题的，因为这不仅过分简化了原本极其复杂的普鲁士历史，还会把普鲁士的历史压缩成一套证明德国人有罪的民族目的论。只不过，我们必须认清这样一个事实——普鲁士在成为德国的邦国之前，早就已经成了一个欧洲国家。在这里，我要提前摆出本书的一个中心论点——德国并没有成就普鲁士，反倒是导致普鲁士走向毁灭的祸根。

  正因为如此，我才没有把普鲁士的历史记录分成善恶两类，没有拿出天平，称一下普鲁士的历史到底是善多一点，还是恶多一点。同样，我也不会宣称自己外推出了"经验教训"，不会给出道德上、政治上的建议，去指点现在及未来的读者。翻开本书之后，各位读者会发现，书中的普鲁士与某些痛恨普鲁士的学者笔下的普鲁士十分不同，不是一个好似白蚁巢一样冷酷森严、嗜血好战的国家，但书中同样也不会出现亲普鲁士的学者笔下好似围坐在炉火周围，回顾美好的往昔一般，对普鲁士的历史太过温情的记述。我很庆幸自己是一个出生在澳大利亚，在21世纪的剑桥大学工作的历史学家，在记述普鲁士的历史的时候，不会感到自己肩负着某种义务（或受到了某种诱惑），既不需要扼腕叹息，也不必歌功颂德。因此，本书的目的是，探究到底是什么样的力量成就了普鲁士，之后又让普鲁士走向毁灭。

近年来，学界流行着一种观点，它强调民族和国家并非自然形成，而是在难以确定的外部条件的影响下出现的。这种观点认为，民族和国家是有人设计、有人建造的"大厦"，而修建大厦的砖瓦则是在意志的火焰中"烧造"出来的集体身份认同。[10] 没有任何一个现代国家能够像普鲁士那样，如此让人信服地证明这一观点：普鲁士是一个由七零八落的领土组成的国家，既没有天然的边界线，又没有独特的民族文化、语言、传统饮食。此外，普鲁士时不时地对外扩张，在不同的历史时期吸收了新的人口，即便经历了困难重重的同化过程，这部分人口也不一定能够培养出对普鲁士的忠诚感，结果反过来又进一步加剧了领土分散、文化缺乏一致性所造成的困难。把生活在普鲁士境内的居民塑造成"普鲁士人"是一个缓慢而又一波三折的过程，早在普鲁士的历史正式终结之前，这一过程就已经成了强弩之末，失去了前进的动力。实际上，就连"普鲁士"一词本身都显得有些牵强附会，因为它并不是取自霍亨索伦王朝位于北方的核心腹地（也就是以柏林为中心的勃兰登堡藩侯国），而是取自一块远在霍亨索伦王朝世代相传的领地的最东端，位于波罗的海之滨，与核心腹地并不接壤的公爵领地。尽管如此，勃兰登堡的选帝侯还是在1701年获得国王身份的时候，把普鲁士选作新王国的国号。普鲁士传统的核心与精髓恰恰是传统的缺失。普鲁士这个干巴巴的，只存在于抽象思维中的政治体到底是如何变得有血有肉的？普鲁士到底是如何从一张刻印君王头衔的清单成长为一个既有凝聚性，又充满活力的国家的？普鲁士是如何学会赢得臣民的忠诚，让他们自觉为国效忠的？这便是本书将要回答的几个核心问题。

在通俗语言中，"普鲁士"仍然代表着某种特殊的专制制度，给人以一种井井有条的感觉，所以一提到普鲁士的历史，就很容易想象出这样的图景：霍亨索伦王朝一代又一代的统治者制订了周密的计划，按部就班，不断地加强中央政府的权力，整合王朝的领地，扩大领地的范围，挤压地方贵族的生存空间。要是这样讲的话，那么普鲁士就是一个从中世纪的混乱与蒙昧中崛起的国家，它冲破了传统的禁锢，建立了理性的、包容一切的秩序。本书的目的正是推翻这一套说法。我在打开普鲁士的历史画卷时，首先试图确保秩序和混乱在这段历史中的地位都能得到恰当体现。战争是最为可怕的混乱，同时也是从始至终贯穿普鲁士历史的一个重要元素，以复杂的方式影响着中央政权的形成过程，既起到了促进作用，又表现出迟滞作用。至于政府在普鲁士国内巩固中央权力的过程，我们只能把它看作在瞬息万变，有时甚至显得极不稳定的社会环境下进行的一个具有偶然性的拼凑过程。有些时候，"行政管理"完全可以视作受控动荡的代名词。即便是到了19世纪，在普鲁士境内的许多地区，中央政府的权力也仍然在很长一段时间内几乎没有任何存在感。

然而，这并不意味着我们可以把"中央政权"当作普鲁士历史无关紧要的脚注。实际上，我们应当把普鲁士的中央政权理解为政治文化的产物，认识到它是某种形式的反身意识①。普鲁士思想形成的一个令人惊叹的特点是，认为普鲁士历史独具特色的观念，从出现之日起，就一直都与宣称中央政府具有合法性、必要性的主张交织在一起。举例来说，17世纪中叶时，大选侯提出，把所有的权力都集中在君主制中央政权的行政架构内是最保险的方法，可以最为有效地抵御外侮。虽然时不时地有史家重申这一论点，用看似客观的语言，给它披上了一件名叫"对外政策优先"的外衣，但我们却必须认识到，这一论点本身也是普鲁士中央政权演化过程的一个环节，只是大选侯用来为自己的至高权力提供依据的一个说辞罢了。

换言之，普鲁士历史同时也是普鲁士历史的历史，因为普鲁士的中央政权一直都在一边演变，一边编写自己的历史，将自己过去的经历与当下的目标描述得越来越丰富详细。19世纪初，为了应对法国大革命的冲击，巩固摇摇欲坠的中央政府，普鲁士的统治者用独特的方式不断地升级措辞。为了证明自己的合法性，普鲁士中央政府大吹大擂，用无比崇高的语言把自己粉饰成历史进程的推动者，结果真的把自己塑造成了某种特殊现代化道路的模范典型。然而，普鲁士的中央政府在那个时代受过教育的人心中的威信与地位，与其在绝大多数普通普鲁士臣民的生活中的具体分量没有多少关系。

普鲁士的统治者代代相传的领地只能算是平平无奇，与普鲁士在历史上显赫的地位形成了巨大的反差，算得上一个十分有趣的现象。勃兰登堡是历史上普鲁士的核心省份，到访的游客通常都会大吃一惊，发现这片土地竟然如此缺乏资源，这里的城镇竟然如此土气，令人昏昏欲睡。眼前的一切很难让人把这片土地与那个名叫勃兰登堡的政治体非同寻常的历史角色联系起来，更不要提用所见所闻来解释

---

① 反身意识即以自身为对象形成的对自身的看法。

勃兰登堡为何会拥有如此特殊的历史地位了。七年战争（1756—1763年）刚刚开始的时候，伏尔泰眼看自己的好友普鲁士国王弗里德里希二世面对法国、俄国、奥地利组成的联军时疲于应对、陷入窘境，有感而发写道："应该有人写上那么一小段文字，讲讲现在发生的事情。这样一篇文章多少能解释为什么勃兰登堡这样一个土地多沙贫瘠的国家会变得如此强大，与它对抗的联盟竟然足以令法王路易十四在位时的历次反法同盟相形见绌。"[11] 普鲁士拥有强大的实力，但国内却资源匮乏，无法提供足以支持强大国力的物质基础，这看似不合理的反差实际上反倒有助于解释历史上作为欧洲强国的普鲁士为什么拥有一个令人最为捉摸不透的特点，亦即普鲁士有些时候会表现出与国力不相称的强大实力，另一些时候又会变得危如累卵，显得极为弱小。一提到普鲁士，普通人马上就会想到包括罗斯巴赫会战、洛伊滕会战、莱比锡战役、滑铁卢战役、柯尼希格雷茨战役、色当战役在内的一系列军事成就。然而，在历史上，勃兰登堡-普鲁士曾经一而再，再而三，站在政治灭亡的边缘：在三十年战争期间是如此，在七年战争时也是如此，而在1806年，拿破仑击败了普鲁士的军队，一路乘胜追击，横跨北欧，把普鲁士的国王赶到普鲁士领土最东端的梅默尔时亦是如此。普鲁士的历史当然有军力强盛，不断巩固对外扩张成果的时期，但交织于其中的同样也有长时间的收缩和衰退。普鲁士一直都有一种挥之不去的脆弱感，给普鲁士的政治文化留下了独特的印记，是隐藏在普鲁士出人意料的成功背后的阴暗面。

　　本书将会探讨普鲁士如何取得成功，之后又如何走向灭亡。只有同时了解成功和灭亡这两个过程，我们才能真正搞清楚，为什么普鲁士这样一个在众人认知里显得那么强大的国家会突然从世界的政治舞台上彻底消失，落得一个无人哀悼的下场。

# 勃兰登堡 – 普鲁士的历史

摘自由奥托·布施、沃尔夫冈·诺伊格鲍尔编辑的《现代普鲁士史（1648—1947）：文集》(*Moderne Preusische Geschichte 1648–1947. Eine Anthologi*e，1981 年由瓦尔特·德格鲁伊特有限公司在柏林出版，共三卷）的第三卷。经版权方许可转载。

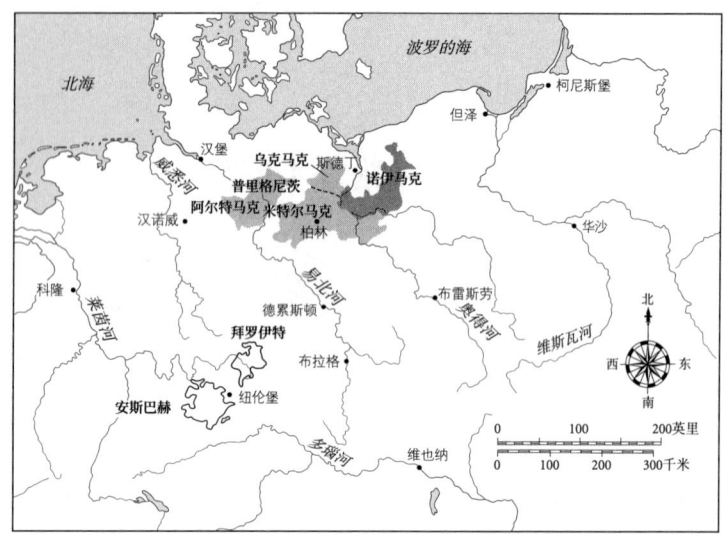

1415年，霍亨索伦王朝购得勃兰登堡选侯国时选侯国的版图

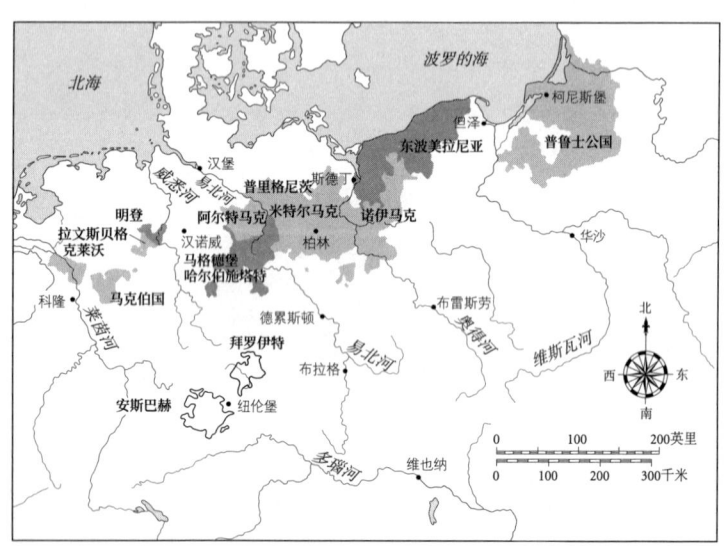

大选侯在位时（1640—1688年）的勃兰登堡 - 普鲁士

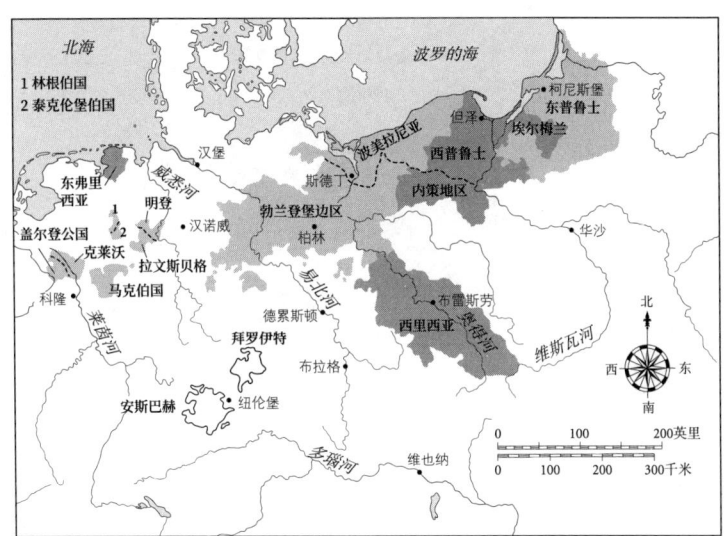

弗里德里希大王在位时（1740—1786年）的勃兰登堡 - 普鲁士

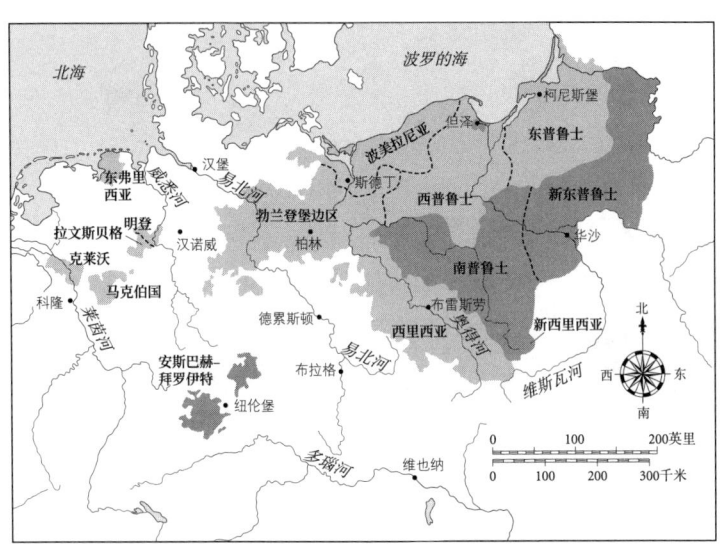

弗里德里希·威廉二世在位时的普鲁士，包括第二、第三次瓜分波兰时获得的领土

引 言

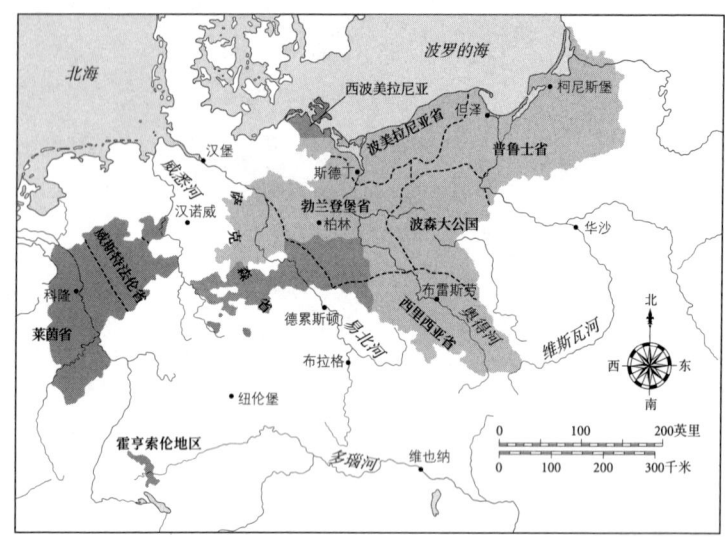

维也纳会议（1815年）之后的普鲁士

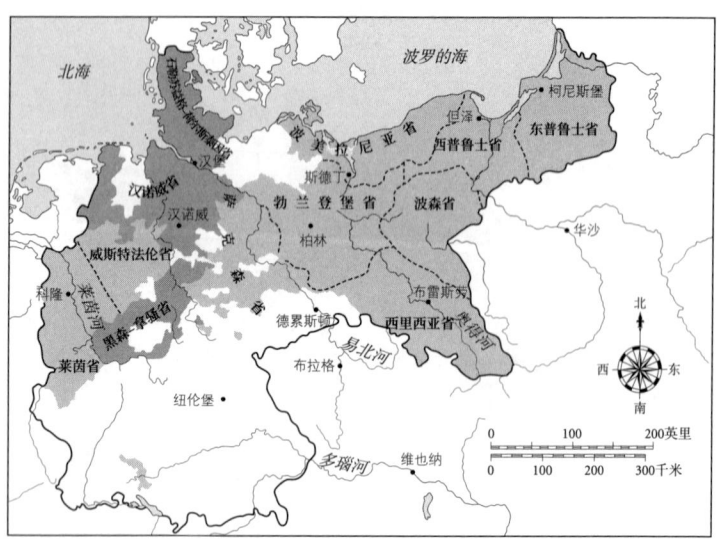

德意志帝国时期的普鲁士

钢铁王国

# 第一章　勃兰登堡的霍亨索伦王朝

## 核心腹地

最开始的时候，只有勃兰登堡，也就是那片以柏林为中心，面积大约4万平方千米的土地。这便是那个后来被称作普鲁士的国家的核心腹地。勃兰登堡位于一片西起低地国家，东至波兰北部，景色单调乏味的平原的正中央，是没有特色的乡野之地，对游人几乎毫无吸引力。勃兰登堡没有任何独特的地标，蜿蜒曲折、缓缓流淌的溪流穿过这里，它们无法与气势磅礴的莱茵河、多瑙河相提并论。勃兰登堡的大片土地都是森林，树木的种类千篇一律，不是桦树，就是冷杉。地志学家尼古劳斯·吕廷格撰有一部年代较早的描述勃兰登堡地貌的著作，他在1598年时写道，勃兰登堡"地势平坦、森林茂密，大都是沼泽地"。所有描述勃兰登堡的地貌而且年代较早的著作都会反复提到"多沙"、平坦、"多沼泽"、"没有开垦的土地"之类的字眼，即便是那些满是溢美之词的著作也不例外。[1]

勃兰登堡的土地大都十分贫瘠。某些地区，尤其是柏林的周边地区，由于土壤的含沙量太高，肥力太低，甚至连树木都无法生长。即便是到了19世纪中叶，这种情况也没有发生太大的改变。一位在这一时期顶着盛夏的烈日，北上前往柏林的英国旅行者留下了这样的描述："大片光秃秃的土地，没有任何植被，只有热浪滚滚的沙砾；村庄难得一见；树林全都是低矮的冷杉，树下像结了霜一样，长着一层厚厚的鹿石蕊。"[2]

梅特涅有这样一句名言——意大利是一个"地理概念"。然而，如果这样描述勃兰登堡，可就完全是张冠李戴了。勃兰登堡四周全都是陆地，没有任何可以防守的天然屏障，完全就是一个政治实体，其领土东拼西凑，既包括一部分德意志人居住的土地，又包括一部分中世纪时期从信奉异教的斯拉夫人手中夺取的土地，那些土地上后来涌入了大量来自低地国家、意大利北部、英格兰的移民。尽管直到20世纪，也仍然有少量母语是斯拉夫语的"文德人"在柏林附近施普雷林山中的村庄生活，但总的来说，勃兰登堡的绝大部分人口渐渐地失去了斯拉夫人的民族特性。勃兰登堡本是德意志基督徒定居区的东部边境，这个特征保留在了地名之中。无论是勃兰登堡本身，还是组成勃兰登堡的五个省份中的四个，即柏林周边的米特尔马克、西边的阿尔特马克、北边的乌克马克、东边的诺伊马克（第五个省份是西北方的普里格尼茨），在名称中都使用了"马克"（Mark，意为边区，类似于威尔士边区）的字眼。①

勃兰登堡的交通运输手段十分原始。勃兰登堡没有海岸线，无法利用海港开展海上交通。尽管易北河、奥得河由南向北，分别流经勃兰登堡边区西侧、东侧，汇入北海、波罗的海，是区域内水上交通的主动脉，但由于勃兰登堡境内没有将这两条河流连接起来的水道，柏林、波茨坦这两座选帝侯的朝廷所在的城市一直都无法直接利用

---

① 勃兰登堡又称勃兰登堡边区。当今米特尔马克、乌克马克和普里格尼茨仍属于勃兰登堡州，阿尔特马克现属于萨克森－安哈尔特州，诺伊马克在"二战"后划入波兰。

便利的水上交通。1548年时,当局动工开凿运河,想要用水道把奥得河与流经柏林及其姐妹城市克尔恩(Cölln)的施普雷河连接起来,但因为工程耗资巨大而半途而废。由于在这一历史时期,水上运输的成本要远低于陆上运输的成本,缺少贯通东西的水道成了严重限制勃兰登堡发展的结构性劣势。

勃兰登堡既不处在德意志诸国以农作物为基础的制造业集中的地区(葡萄酒酿造、茜草染料生产、亚麻纺织、粗斜纹棉布纺织、毛纺织、丝纺织),又缺乏那个历史时期最为重要的矿产资源(银、铜、铁、锌、锡)。[3]16世纪50年代期间在要塞城市派茨建立的炼铁厂是勃兰登堡境内最为重要的冶金业中心。一份当时的记录描绘了派茨城内的景象:人工水道的两侧修建了大型建筑,水道湍急的流水推动巨大的水车,升起沉重的铁锤,把金属锻打成型。对勃兰登堡的选帝侯来说，派茨是一座比较重要的城市，因为驻扎在各地的军队全都要靠派茨生产的钢铁来打造武器装备，但除此之外，派茨的炼铁厂几乎没有任何经济意义——派茨生产的钢铁存在遇冷断裂的问题。所以说，勃兰登堡不仅无法生产出在区域市场内具有竞争力的产品，为政府贡献出口关税，其新兴的冶金业也必须依赖政府订单和政府对进口的限制才能生存下去。[4] 勃兰登堡不仅无法与东南方铁矿资源丰富、铸造业欣欣向荣的萨克森选侯国相提并论，也不能像瑞典那样，实现武器装备的自给自足，以此为基础，成为17世纪早期的区域强国。

那些年代较为久远，描述勃兰登堡农业用地情况的文献很难给人留下一致的印象。在勃兰登堡，由于大片土地的土质都十分贫瘠，许多地区的农业产出都极其低下。在某些地区，土壤肥力耗竭迅速，每隔6年、9年甚至12年才能播种一次，更不要提还有面积可观的土地不是"没有任何肥力的沙地"，就是终年被水淹没的洼地，根本就无法进行农业耕作。[5] 然而，在另一些地区，尤其是在阿尔特马克、乌克马克，以及位于柏林以西、土地肥沃的哈弗尔兰，可耕地较为集中，达到了能够进行集约化谷物种植的程度。1600年时，种种迹象表明，这些地区已经表现出了真正的经济活力。16世纪时，欧洲的人口进入了长时间的增长期①，为粮食出口创造了有利条件，勃兰登堡的贵族地主大量种植谷物，进行出口贸易，积累了可观的财富。无论是较为富裕的家庭修建的带有文艺复兴风格的雅居（几乎全都没能存留下来），还是越来越多的家庭愿意出资让孩子出国接受大学教育的做法，抑或农业用地的价格一飞冲天的趋势，都是有力的证据，能够证明谷物出口的确产生了大量的财富。16世纪期间，一批又一批

---

① 加利福尼亚大学伯克利分校的历史学教授扬·德·弗里斯对16世纪欧洲人口的增长情况做出了估测，认为1500年时欧洲（不包括俄国和奥斯曼帝国）的人口是6 160万，1550年增长到了7 020万，到1600年则达到7 800万。

的德意志人移民离开弗兰肯（法兰克尼亚）、萨克森诸国、西里西亚、莱茵兰，在勃兰登堡境内无人居住的农庄定居，同样也可以证明勃兰登堡的经济越来越繁荣。

然而，没有多少证据表明，这种收益在地方层面上对生产力的提高、经济的长期增长起到了促进作用，哪怕最成功的地主赚取的利润也是如此。[6] 勃兰登堡的庄园体系既没能释放出足够的剩余劳动力，也没有产生足够的购买力，所以也就没能促使勃兰登堡发生与西欧相似的城市发展。勃兰登堡境内的城镇虽然是作为行政中心发展起来的，目的是配合当地制造业和贸易的发展，但这些城镇的规模却一直都十分有限。1618年，三十年战争爆发的时候，勃兰登堡的首府，也就是那座当时名为柏林-克尔恩[①]的复合城市，人口只有区区1万，而同样也是在1618年，伦敦核心城区的人口已经达到了大约13万。

## 王朝

这片看似前景一片黯淡的土地到底是如何变成普鲁士这个欧洲强国的核心腹地的呢？这在一定程度上要归功于统治勃兰登堡的王朝既小心谨慎，又雄心勃勃的宏图大略。霍亨索伦家族是一个出身德意志南部，野心极大的权贵家族。弗里德里希·霍亨索伦是面积不大却富得流油的纽伦堡领地的城伯，他在1417年时出价40万匈牙利古尔登金币，从勃兰登堡当时的统治者西吉斯蒙德[②]手中购得了勃兰登堡。这笔交易不仅让霍亨索伦家族获得了大片的土地，由于勃兰登堡的藩侯是神圣罗马帝国的七大选帝侯之一，交易同时也极大地提升了

---

① 在这一历史时期，勃兰登堡的首府柏林-克尔恩由位于施普雷河两岸的旧柏林和克尔恩组成，直到1710年弗里德里希一世将克尔恩并入柏林。
② 此即神圣罗马帝国的皇帝西吉斯蒙德（1433—1437年在位）。

霍亨索伦家族的身份地位。神圣罗马帝国就像一床百衲被，横跨德意志欧洲，由多到数不清的大小邦国组成。获得新头衔，成为勃兰登堡选帝侯的弗里德里希一世登上了一个对他来说全新的政治舞台，不过现在它已经完全消失，在欧洲地图上找不到任何痕迹。"德意志民族的神圣罗马帝国"是中世纪世界的遗存，具有基督教普世君主制、混合主权①、团体特权等特点。所以说，在神圣罗马帝国一词中，帝国的含义与现代英语中的"帝国"并不相同，不是指一个地区强加于多个其他地区的统治制度，而是指一个以帝国朝廷为核心的松散政治邦联。这个邦联由不下300个拥有主权的地区组成，不同的地区不仅面积差别很大，法律地位也千差万别。[7]帝国的臣民除了有德意志人，还有讲法语的瓦隆人，低地国家的佛拉芒人，以及生活在德意志欧洲北部及东部边缘地区的丹麦人、捷克人、斯洛伐克人、斯洛文尼亚人、克罗地亚人、意大利人。帝国最主要的政治机构是帝国议会，即一个由诸侯国、采邑主教区、大修道院、伯爵领地、帝国自由城市（诸如汉堡、奥格斯堡之类的微型国家）派出的代表参加的集会。这些有资格派代表出席帝国议会的政治实体共同组成了帝国的"政治体"。

　　神圣罗马帝国的皇帝统领着这一色彩斑斓的政治版图。帝国皇帝其实是一个选举产生的职位，每一位新皇帝都必须由选帝侯共同选举产生，所以从理论上讲，任何一个符合要求的王朝推出的候选人都有可能当选皇帝。然而，从中世纪末期开始，直到1806年神圣罗马帝国灭亡为止，在实际的选举操作过程中，当选者几乎无一例外，全都是哈布斯堡家族地位最高的男性成员。[8]哈布斯堡家族不仅进行了一系列有利的政治联姻，还十分幸运，继承了数个王国的王位（其中最为重要的是波希米亚王国和匈牙利王国的王位），到了16世纪20年

---

① 混合主权又称混合政体，由君主、贵族、平民共同治理国家，与绝对君主原则、人民主权原则相对应。

代时，已经成了德意志诸国最为富有、最具权势的家族，其他的家族均难以望其项背。波希米亚王国的王领包括西里西亚公国、上卢萨蒂亚藩侯国、下卢萨蒂亚藩侯国——这三块领地不仅全都拥有丰富的矿产资源，还全都是重要的制造业中心。哈布斯堡家族的朝廷就这样成了东起匈牙利西境，北接勃兰登堡南疆的辽阔土地的掌控者。

成为勃兰登堡的选帝侯之后，霍亨索伦家族的弗兰肯分支成了少数最为精英的德意志诸侯之一，他们总共只有七人，是唯一有权选举"德意志民族的神圣罗马帝国皇帝"的团体。选帝侯的头衔极其重要，具有巨大的象征性意义，这一点不仅在霍亨索伦王朝显示主权的标记上、在霍亨索伦王朝的政治仪式上有着明显的体现，在神圣罗马帝国履行正式职能时的各类繁复仪式上也有目共睹。选帝侯的地位让勃兰登堡的君主可以时不时地利用手中的投票权与神圣罗马帝国的皇帝讨价还价，让皇帝在政治上做出让步，给予赏赐。利用选帝侯的地位获得好处的机会不仅会在候选人竞选帝位的时候出现，只要在位的皇帝想为自己心中的继承人提前争取到支持，就会出现这种机遇。

霍亨索伦王朝孜孜不倦，一直在巩固对既有领地的统治并开疆拓土。直到16世纪中叶，霍亨索伦王朝的每一位统治者都有所斩获。他们每个人兼并的土地虽然面积不大，但全都意义重大。此外，霍亨索伦王朝还没有像与他们在同一地区列土封疆的其他德意志统治王朝那样四分五裂。《阿喀琉斯家规》（Dispositio Achillea，1473年生效）[①]是勃兰登堡边区的继承法，它确保了勃兰登堡的土地不会在领地继承的过程中发生分裂。约阿希姆一世（1499—1535年在位）无视《家规》，立下遗嘱，规定自己死后，领地应当由两个儿子分割继承，但

---

[①] 《阿喀琉斯家规》的制定者是勃兰登堡选帝侯阿尔布雷希特三世（1470—1486年在位，其绰号是阿喀琉斯），该法案规定勃兰登堡边区必须由嫡长子继承。

他的次子在1571年去世，没有留下子嗣，勃兰登堡边区得以破镜重圆。1596年，选帝侯约翰·格奥尔格（1571—1598年在位）留下政治遗嘱，提出勃兰登堡边区应当由自己多次婚姻留下的众多子嗣分割继承，再一次让勃兰登堡站在了分裂的边缘。虽然下一任勃兰登堡选帝侯约阿希姆·弗里德里希成功地保住了勃兰登堡边区的领土完整，但这却完全是因为霍亨索伦王朝南方的弗兰肯分支①绝嗣，让他能够用勃兰登堡之外的土地来补偿同父异母的弟弟。上述例证可以证明，16世纪时，就思维方式、办事方法而论，霍亨索伦王朝的统治者仍然与家族首领相近，与国家元首还有很大的距离。然而，尽管霍亨索伦王朝把家族利益放到第一位的倾向一直延续到了1596年，但这一倾向却并没有强大到足以撼动勃兰登堡边区领土完整的程度。在这一历史时期，其他王朝的领地在代代相传的过程中四分五裂，变成了面积越来越小的微型国家，但勃兰登堡维持了领土的完整。9

　　对霍亨索伦王朝身在柏林的选帝侯来说，哈布斯堡王朝的皇帝具有最为重要的政治地位。皇帝不仅是一位强大的欧洲君主，同时还具有不可替代的象征意义，是神圣罗马帝国的立国之本，而帝国古老的宪政制度则又是德意志欧洲所有主权实体赖以存在的基石。德意志欧洲的统治阶层对皇帝权威的尊重并不单纯，而是掺杂着对皇帝代表的政治秩序的深度依赖。然而，这并不意味着哈布斯堡王朝的皇帝能够一手掌控帝国内部的各项事务。神圣罗马帝国既没有中央政府，也没有征税权和常备的军事及警察力量。一直以来，对皇帝来说，要想让帝国顺从自己的意愿，就少不了讨价还价，运用政治手腕。神圣罗

---

① 弗兰肯分支指霍亨索伦王朝的勃兰登堡－安斯巴赫－库尔姆巴赫分支。1603年，勃兰登堡－安斯巴赫－库尔姆巴赫分支的格奥尔格·弗里德里希一世没有留下后代，勃兰登堡－安斯巴赫藩侯国、勃兰登堡－库尔姆巴赫藩侯国分别由约阿希姆·弗里德里希同父异母的弟弟约阿希姆·恩斯特、克里斯蒂安继承。

马帝国虽然是从中世纪延续下来的，但这并没有妨碍它成为一个具有高度的流动性，以不稳定的权力平衡为最大特征的动态体系。

## 宗教改革

16世纪二三十年代，德意志宗教改革释放出了巨大的能量，剧烈地扰动了神圣罗马帝国的复杂体系，立场的两极分化好似脱缰的野马，一发而不可收。除了一部分极具影响力的诸侯，大约五分之二的帝国自由城市也皈依了路德宗。哈布斯堡王朝的皇帝查理五世态度坚决，既要确保天主教在神圣罗马帝国的国教地位，又要巩固皇帝的统治权，集结各方力量，成立了反路德宗联盟。联盟在1546—1547年的施马尔卡尔登战争中取得了一些可圈可点的胜利，结果适得其反，加深了各方对哈布斯堡王朝实力有可能进一步增强的担忧，把神圣罗马帝国国内外所有与哈布斯堡王朝敌对、与哈布斯堡王朝存在竞争关系的势力团结了起来。16世纪50年代早期，一直都提防着维也纳当局，急于挫败其阴谋诡计的法国开始向信奉新教的德意志诸侯提供军事援助。获得法国的援助后，新教势力与天主教势力形成了僵持不下的局面，双方最终在1555年的奥格斯堡议会上以谈判的方式达成了妥协。《奥格斯堡和约》除了正式承认神圣罗马帝国境内存在信奉路德宗的领地，还向信奉路德宗的君主做出让步，允许他们按照教随国定的原则，要求治下之民皈依路德宗。

在宗教改革掀起的惊涛骇浪之中，勃兰登堡的霍亨索伦王朝一直都小心谨慎，奉行中立原则。他们不愿得罪皇帝，迟迟没有正式皈依路德宗，到了皈依路德宗之后，他们又显得过分谨慎，导致国内宗教改革的进程极其缓慢，几乎用了16世纪整整一百年的时间才算大功告成。勃兰登堡的选帝侯约阿希姆一世（1499—1535年在位）希望子嗣能够继续信仰天主教，但他的妻子丹麦的伊丽莎白却自作主张，在皈依路德宗之后逃到萨克森，寻求信奉路德宗的萨克森选帝侯约翰的庇护。[10] 约阿希姆一世的长子在继承选帝侯的地位，成为约阿希姆二世（1535—1571年在位）的时候仍然是天主教徒，但他却很快就效仿母亲，皈依了路德宗。无论是丹麦的伊丽莎白，还是之后许多其他的后继者，霍亨索伦王朝的不少女性成员都对勃兰登堡宗教政策的发展起到了至关重要的作用。

虽然就个人态度而论，约阿希姆二世十分同情宗教改革，但他却迟迟没有在自己的领地内让新教正式成为官方信仰。他不仅仍然热爱天主教的旧礼仪、盛大仪式，还谨小慎微，认为神圣罗马帝国依旧是一个以天主教为主的国家，不愿采取任何有损勃兰登堡在帝国体系内地位的措施。小卢卡斯·克拉纳赫在1551年前后为约阿希姆二世创作了一幅肖像画，捕捉到了这位君主在新旧两种信仰之间摇摆的态度。画中的约阿希姆二世紧攥的拳头贴着大肚子，按照当时的穿着习惯，身着宽大的朝服，全身珠光宝气。从神情来看，他似乎在提防着什么，在那张国字脸上，一双眼睛向一旁斜视，不愿直视前方。

在神圣罗马帝国波澜壮阔的政治斗争中，勃兰登堡渴望扮演和事佬的角色，想要成为两大阵营眼中诚实的调解人。勃兰登堡的选帝侯多次派出特使，试图让新教阵营、天主教阵营达成和解，却一直都徒劳无功。约阿希姆二世不仅一直都与鹰派的新教诸侯保持距离，在施马尔卡尔登战争期间甚至还派出了一小队骑兵，命令他们支援查理五世。直到1563年，约阿希姆才利用《奥格斯堡和约》生效后相对平静的政治环境，以公开发表信仰声明的方式，正式宣布自己皈依了路德宗。

直到约阿希姆二世的长子约翰·格奥尔格（1571—1598年在位）成为选帝侯之后，勃兰登堡才开始显现出更为稳固的路德宗特征：正

图1 选帝侯约阿希姆二世（1535—1571年在位）。小卢卡斯·克拉纳赫绘，1551年前后

统的路德宗信徒获得任命，成为奥得河畔法兰克福大学的教授；1540年的"教会规章"接受了彻底的修订，变得更加符合路德宗的原则；当局开展了两次全境教会检查（时间分别是1573—1581年和1594年），确保在省一级和地方一级的层面上，教会已经完成了改信路德宗的转变。尽管如此，到了考虑帝国政治的时候，约翰·格奥尔格依旧是哈布斯堡朝廷忠诚的支持者。下一任选帝侯约阿希姆·弗里德里希（1598—1608年在位）年轻时公开支持新教阵营，与天主教阵营结下了梁子，但在成为选帝侯之后，他却变得圆熟老成，一直都与各式各样的新教联盟保持距离，不愿与他们一起向帝国朝廷施压，要求皇帝在宗教问题上做出让步。[11]

尽管勃兰登堡的选帝侯一直都谨小慎微，但这并不等于他们没有野心。勃兰登堡既没有易于防守的边境线，又缺乏足够的资源，无法通过用武力迫使他人就范来实现自己的目标，所以联姻就成了受到

第一章 勃兰登堡的霍亨索伦王朝

霍亨索伦王朝青睐的政策。只要回顾一下16世纪霍亨索伦王朝的联姻史，我们就肯定会惊叹于他们大网捞鱼，捞到多少算多少的做法：霍亨索伦王朝先后在1502年和1523年与丹麦王室联姻，选帝侯约阿希姆一世在这两次联姻中都打着（最终落空了的）如意算盘，想要获得石勒苏益格公国、荷尔斯泰因公国的部分土地，以及波罗的海沿岸的港口。1530年，约阿希姆一世又把女儿嫁给了波美拉尼亚公爵格奥尔格一世，盘算着有朝一日，勃兰登堡的统治者有可能继承波美拉尼亚公国，从而让勃兰登堡获得一块位于波罗的海之滨的领土。在勃兰登堡的政治计算中，普鲁士公国的封建宗主波兰国王同样也是一枚十分重要的棋子。普鲁士是一个位于波罗的海之滨的公国，曾经由条顿骑士团统治，在1525年经历了世俗化之后，其统治者变成了勃兰登堡选帝侯约阿希姆一世的堂弟阿尔布雷希特·冯·霍亨索伦公爵[1]。

1535年，选帝侯约阿希姆二世之所以会与波兰公主雅德维佳成婚，其中的部分原因正是他想要染指普鲁士这块令人垂涎欲滴的土地。妻弟成为波兰国王之后，约阿希姆二世在1564年时把自己的两个儿子提名为普鲁士公国的第二继承人。又过了四年，到了阿尔布雷希特公爵去世之后，在卢布林召开会议的波兰议会正式承认了约阿希姆之子第二继承人的地位，为勃兰登堡以继承的方式吞并普鲁士打开了大门，而前提条件则是，新一代普鲁士公爵，当时只有16岁的阿尔布雷希特·弗里德里希死后没能留下男性继承人。约阿希姆二世的豪赌碰巧大获全胜：精神状态不佳却身体硬朗的阿尔布雷希特·弗里德里希又活了整整50年，直到1618年才去世，但他却没能生下儿子，只留下了两个女儿。

在这50年间，霍亨索伦王朝的统治者没有浪费任何时间，一直

---

[1] 阿尔布雷希特是条顿骑士团最后一任大团长，他在1525年时改信路德宗，并向波兰国王称臣，使条顿骑士团国不再从属于罗马教廷，成为普鲁士公国。

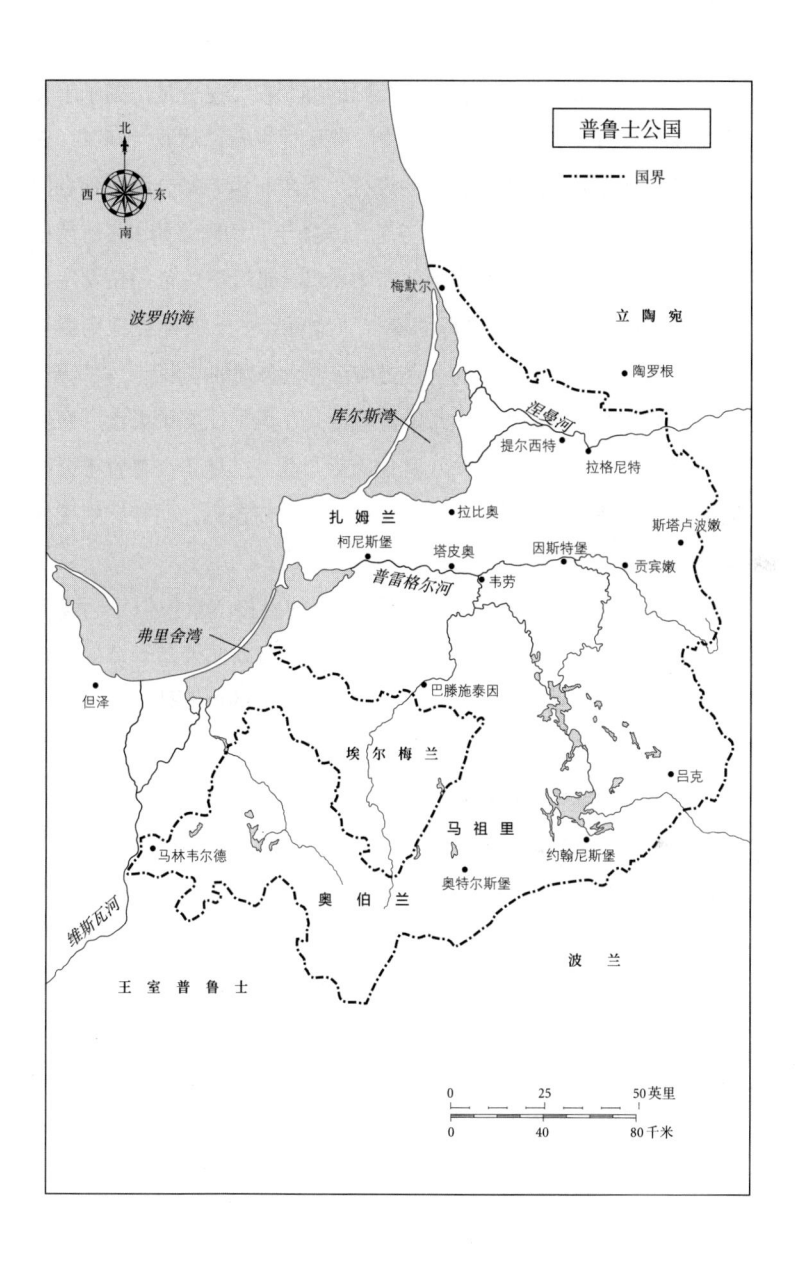

# 普鲁士公国

**图例：** ---·--- 国界

- 北 / 西 / 东 / 南
- 波罗的海
- 梅默尔
- 立陶宛
- 陶罗根
- 库尔斯湾
- 涅曼河
- 提尔西特
- 拉格尼特
- 扎姆兰
- 拉比奥
- 柯尼斯堡
- 塔皮奥
- 因斯特堡
- 斯塔卢波嫩
- 贡宾嫩
- 普雷格尔河
- 韦劳
- 弗里舍湾
- 但泽
- 巴滕施泰因
- 埃尔梅兰
- 吕克
- 马祖里
- 马林韦尔德
- 奥特尔斯堡
- 约翰尼斯堡
- 奥伯兰
- 维斯瓦河
- 王室普鲁士
- 波兰

比例尺：0　25　50英里 / 0　40　80千米

第一章　勃兰登堡的霍亨索伦王朝　　013

都在想尽办法，加强自己对普鲁士公国的继承权，完全是一副子承父业的架势。1603年，选帝侯约阿希姆·弗里德里希说动波兰国王，获得了对普鲁士公国行使摄政权力的许可（阿尔布雷希特公爵精神有问题，所以必须有个摄政来处理政务）。1594年，约阿希姆·弗里德里希之子约翰·西吉斯蒙德迎娶阿尔布雷希特·弗里德里希的长女普鲁士的安娜，完全没把安娜之母的警告"她可算不上那种最漂亮的女人"当回事，进一步加强了勃兰登堡与普鲁士公国的联系。[12] 接下来，西吉斯蒙德的父亲约阿希姆·弗里德里希又在第一任妻子去世后迎娶了安娜的妹妹，多半是为了防止其他家族与勃兰登堡争夺普鲁士公国的继承权。经过这一通操作，父亲变成了儿子的连襟，而妹妹则变成了姐姐的婆婆。

如上文所述，勃兰登堡对普鲁士公国的直接继承权似乎已经万无一失。实际上，除了普鲁士公国，约翰·西吉斯蒙德与安娜的婚姻还为勃兰登堡争取到了在西部继承富有的新领地的可能性。安娜不仅是普鲁士公爵的长女，同时也是另一位精神不太正常的德意志公爵于利希-克莱沃的约翰·威廉的外甥女。安娜的这个舅舅领地众多，名下除了有莱茵河流域的于利希公国、克莱沃公国、贝格公国，还拥有马克伯国、拉文斯贝格伯国。于利希-克莱沃王朝内部有着特殊的约定，允许女性成员继承家族的领地、头衔，若非如此，尽管安娜的母亲玛丽亚·埃莱奥诺拉是约翰·威廉最年长的姐姐，这层关系也是无足轻重的。按照这条非同寻常的约定，安娜成了舅舅的继承人，从而让勃兰登堡的约翰·西吉斯蒙德以外甥女婿的身份，成了于利希-克莱沃王朝继承权的有力争夺者。[13] 约翰·西吉斯蒙德与安娜的婚姻是最为有力的例证，充分证明了在近代早期的欧洲，权贵阶层的婚姻市场具有多么强烈的偶然性，让我们不仅意识到权贵阶层为了实现目的，会跨越多个世代，进行冷酷无情的利益计算，也见证了婚姻在勃兰登堡的形成阶段所起到的关键作用。

## 远大前程

17世纪初的时候,勃兰登堡的选帝侯眼前似乎有着无限的可能性,既让人激动万分,又令人苦恼不堪。无论是普鲁士公国,还是那些属于于利希-克莱沃王朝,好似一盘散沙的公国、伯国,都不与勃兰登堡边区接壤。于利希-克莱沃王朝的公国、伯国不仅全都靠近神圣罗马帝国的西部边境,紧挨着西属尼德兰、尼德兰联省共和国,还全都位于德意志欧洲城市化、工业化程度数一数二的地区,由许多宗教信仰情况错综复杂的领地组成。信奉路德宗、面积几乎与勃兰登堡相当的普鲁士公国位于波罗的海东岸,不在神圣罗马帝国境内,被波兰-立陶宛联邦的土地完全包围。普鲁士既有狂风大作的海滩、海湾,又有盛产谷物的平原,还有平静的湖泊、成片的沼泽、阴暗的森林。在近代早期的欧洲,尽管同一位君主同时统治在地理上分散的多块领土的情况并不少见,但勃兰登堡仍然因为不同的领土间距离太过遥远而显得与众不同。柏林与柯尼斯堡之间的路程超过700千米,途中除了有正常的道路,还有羊肠小道,一旦遇到阴雨连绵的天气,许多道路就都会变得泥泞不堪,难以通行。

显而易见的是,勃兰登堡对上述领地继承权的主张肯定会遭到来自各方的挑战。波兰议会中有一股极具影响力的势力反对勃兰登堡对普鲁士公国继承权的主张,而于利希-克莱沃王朝的领地则更是吸引了至少七个出身显赫的权贵家族与勃兰登堡争夺继承权,其中继承权在纸面上最能站得住脚(仅次于勃兰登堡)的是领地位于德意志西部的普法尔茨-诺伊堡公爵。此外,普鲁士公国和于利希-克莱沃公国还全都位于国际局势十分紧张的地区。16世纪60年代,尼德兰人发起了争取独立，摆脱西班牙统治的斗争，双方的战争虽然时断时续，却异常激烈，经常波及于利希-克莱沃公国；普鲁士公国夹在奉行扩张主义政策的瑞典与波兰-立陶宛联邦中间，同样也经常受到军事冲突的影响。勃兰登堡选侯国的军事体系仍然以早已过时的封建征兵制度为基础，在1600年前的一百余年间，一直都在以极快的速度走下坡路。除了少数几队近卫兵，以及一些战斗力不值一提的要塞驻军，勃兰登堡没有任何常备军。勃兰登堡即便能够得到上述新领地，也必须为了守住它们而投入可观的物质资源。

那么用来守护新领地的物质资源到底应当从何而来呢？任何以增加选帝侯财政收入的方法来解决财政问题，为获取新领地铺平道路的做法都会在国内引起既得利益者的强烈反对。勃兰登堡的选帝侯与许多其他的欧洲君主一样，也必须与等级会议分享权力，这是由一系列地方精英组成的代表机构。等级会议不仅有权批准（或者否决）选帝侯提出的征税方案，（自1549年起）还负责管理税款的征收工作。作为回报，等级会议获得了许多影响深远的权力和特权。举例来说，选帝侯必须首先获得等级会议的同意，否则就不能与其他君主签订盟约。[14] 在1540年时发表，之后又在1653年之前多次重申的宣言中，选帝侯甚至做出了这样的承诺："任何事关全国兴衰的要事，都必须事先告知等级会议的所有成员，在商讨之后，再做出决定、采取行动。"[15] 所以说，勃兰登堡的选帝侯束手束脚，无法按照自己的意愿治国理政。地方上的贵族一方面拥有勃兰登堡选侯国绝大部分的土地财富，同时也是选帝侯最主要的债主；另一方面又视野极其狭隘，只关心本地区的利益，完全没有意愿帮助选帝侯获取远在天边、闻所未闻的领地，会极力反对任何有可能危害勃兰登堡边区安全的行动。

选帝侯约阿希姆·弗里德里希认识到了上述问题的严重性。1604年12月13日，他宣布成立枢密院（Geheimer Rat）。枢密院由九名顾问官组成，任务是总管"寡人亟待解决的重大问题"，尤其是与普鲁士及于利希公国的继承权相关的事务。[16]按照成立之初的设想，枢密院应当采用合议制的原则，从而一方面保证处理问题的过程中拥有更高的一致性，另一方面又能让问题从不同的角度得到全面的考虑。然而，枢密院一直都没能成为国家官僚机构的核心——枢密院没有按照约阿希姆·弗里德里希下令成立时的初衷，定期举行会议，而始终只是一个主要功能为提供建议的咨询机构。[17]尽管如此，枢密院还是承担了许多重要的任务，其职责的广度和多样性标志着勃兰登堡的选帝侯下定了新的决心，要把决策过程集中在权力的最高层。

除了成立枢密院，勃兰登堡的联姻政策也出现了新的调整，开始注重向西扩张。1605年2月，勃兰登堡选帝侯年仅10岁的长孙格奥尔格·威廉与普法尔茨选帝侯弗里德里希四世年仅8岁的女儿订婚。普法尔茨选侯国位于莱茵河流域，不仅面积可观、财力雄厚，同时也是加尔文宗（归正宗）在德意志诸国最为重要的中心。加尔文宗是一个极其严格的新教宗派，与路德宗相比，态度更为激进，与天主教的差别更大。16世纪下半叶，加尔文宗的信仰在德意志西部及南部的部分地区站稳了脚跟。普法尔茨选侯国的首府海德堡是一个由军事及政治关系组成的网络的核心，这个网络不仅包括许多接受了加尔文宗信仰的德意志城市、诸侯国，还涵盖了一些信奉加尔文宗的国外势力，其中地位最为重要的当数尼德兰联省共和国。弗里德里希四世拥有在西德意志实力数一数二的军事机器，所以勃兰登堡的选帝侯期望双方拉近的关系能为勃兰登堡在西部主张领地继承权争取到战略支持。事情的发展果然不出所料——1605年4月，勃兰登堡与普法尔茨选侯国、尼德兰联省共和国正式结盟。按照盟约的规定，勃兰登堡应当向联省共和国提供军费，而联省共和国则应当让一支兵力5 000人的军队整装待发，准备为勃兰登堡的选帝侯占领于利希公国。

此乃悖逆之举。霍亨索伦王朝的统治者与好战的加尔文主义者达成了利益一致,所作所为彻底违反了新教及天主教阵营1555年在奥格斯堡达成的协定——《奥格斯堡和约》虽然规定路德宗享有宗教宽容的权利,却没有承认加尔文宗的合法性。换言之,勃兰登堡已经开始与哈布斯堡王朝皇帝的死敌站在一起。柏林的决策者围绕着这一问题发生了意见分歧。选帝侯和大部分枢密院顾问都小心谨慎,希望采取较为克制的政策,而以选帝侯嗜酒如命的长子约翰·西吉斯蒙德(1608—1619年在位)为首的一小群极具影响力的权贵则态度更为强硬。强硬派的一个主要成员名叫奥托·海因里希·比兰特·祖·莱特,他来自于利希公国,是一位信奉加尔文宗的枢密院顾问。强硬派的另一个主要成员是约翰·西吉斯蒙德的妻子,即普鲁士的安娜——正是因为她的存在,勃兰登堡才能成为于利希-克莱沃王朝继承权的有力争夺者。约翰·西吉斯蒙德得到了强硬派的全力支持(另一种可能性是,他被强硬派裹挟,骑虎难下),不断地向选帝侯施加压力,提出勃兰登堡应当与普法尔茨选侯国建立更为密切的联系;他甚至还宣称,勃兰登堡应当先下手为强,派兵占领于利希-克莱沃王朝的土地,从而杜绝有可能围绕着继承权爆发的一切争端。[18]这样的意见分歧并不是什么个例——在霍亨索伦王朝统治的国家之后的历史中,政治精英因为选择了截然相反的对外政策而导致意见两极分化的情况屡见不鲜。

1609年,又老又疯的于利希-克莱沃公爵终于一命呜呼,勃兰登堡迎来了必须主张继承权的时刻。实际上,对勃兰登堡来说,老公爵在这个节骨眼上去世,简直是糟得不能再糟了。此时,哈布斯堡王朝统治的西班牙仍然与尼德兰联省共和国冲突不断,地区局势极不稳定,而于利希-克莱沃王朝的土地则恰好是军队北上进入低地国家的必经之路,战略意义极其重要。火上浇油的是,由于新教阵营与天主教阵营的矛盾在全国各地急剧激化，神圣罗马帝国的国内政局也动荡不安。一系列激烈的宗教争议催生了两个势不两立的宗教联盟，即 1608 年成立，由信奉加尔文宗的普法尔茨选帝侯率领的新教联盟，以及 1609 年成立，由巴伐利亚公爵马克西米利安率领，得到帝国皇帝荫庇的天主教联盟。在局势更为稳定的时期，勃兰登堡的选帝侯和普法尔茨－诺伊堡公爵肯定会请求皇帝出面仲裁，解决于利希－克莱沃王朝的继承权争议，但问题在于，1609 年时，新教阵营与天主教阵营针尖对麦芒的局面，让人无法确信皇帝会公正地解决争端。取而代之的是，选帝侯决定绕过帝国的仲裁机制，单独与普法尔茨－诺伊堡公爵签订协议——按照协议的规定，二人将会共同出兵，占领争议地区，待到生米煮成熟饭之后，再就继承权的问题达成一致。

这样的做法引发了严重的危机。按照皇帝的命令，驻扎在西属尼德兰的帝国军队进入于利希公国，开始负责公国的防务。约翰·西吉斯蒙德加入了新教联盟，而联盟则投桃报李，宣布支持西吉斯蒙德及普法尔茨－诺伊堡公爵，并为此动员了一支兵力五千人的军队。法国国王亨利四世也想插上一脚，决定出兵支持新教联盟。要不是 1610 年 5 月，亨利遇刺身亡，新教势力就肯定会与天主教势力爆发一场大规模的战争。一支由联省共和国、法国、英格兰、新教联盟的士兵组成的联军进入于利希公国，开始围攻天主教联盟驻扎在公国境内的守军。与此同时，许多新的国家加入了天主教联盟，而帝国皇帝则因为勃兰登堡选帝侯和普法尔茨－诺伊堡公爵的僭越之举而龙颜大怒，宣布于利希－克莱沃王朝的所有土地都应当由萨克森的选帝侯继承，因而勃兰登堡人开始恐慌，害怕萨克森选侯国与帝国组成联军，旋即入侵勃兰登堡。1614 年，经过进一步的讨价还价之后，双方达成临时解决方案，规定（在敲定最终方案之前）于利希－克莱沃王朝的土地应当由勃兰登堡选帝侯和普法尔茨－诺伊堡公爵分割继承：公

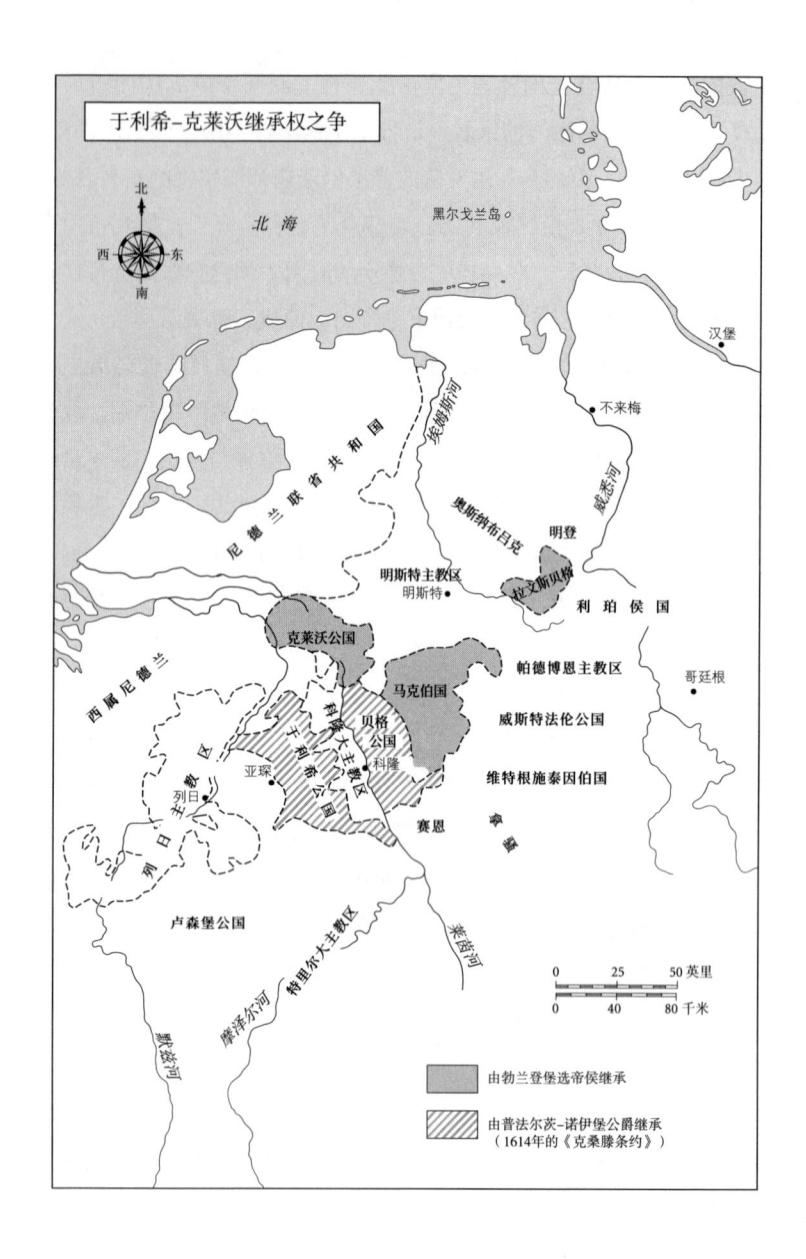

# 于利希-克莱沃继承权之争

- 北海
- 黑尔戈兰岛
- 汉堡
- 不来梅
- 埃姆斯河
- 威悉河
- 尼德兰联省共和国
- 奥斯纳布吕克
- 明登
- 明斯特主教区
- 明斯特
- 拉文斯贝格
- 利珀侯国
- 克莱沃公国
- 西属尼德兰
- 马克伯国
- 帕德博恩主教区
- 哥廷根
- 于利希公国
- 贝格公国
- 威斯特法伦公国
- 科隆
- 亚琛
- 维特根施泰因伯国
- 列日主教区
- 赛恩
- 宁芬
- 卢森堡公国
- 莱茵河
- 默兹河
- 摩泽尔河
- 特里尔大主教区

| 0 | 25 | 50 英里 |
| 0 | 40 | 80 千米 |

- ▓ 由勃兰登堡选帝侯继承
- ▨ 由普法尔茨-诺伊堡公爵继承（1614年的《克桑滕条约》）

爵获得了于利希公国、贝格公国，而选帝侯则获得了克莱沃公国、马克伯国、拉文斯贝格伯国，以及一块名叫拉芬斯泰因的领地。

勃兰登堡获得的这几块新领地的重要性全都不可小觑。克莱沃公国位于莱茵河两岸，西北角的土地像楔子一样，深入尼德兰联省共和国境内。中世纪末期时，克莱沃公国的统治者修建堤防系统，把莱茵河的洪泛区变成了万顷良田，令克莱沃公国成了低地国家的粮仓。与克莱沃公国相比，马克伯国虽然土地没有那么肥沃，人口也要少得多，却拥有规模相当可观的采矿业、冶金业。拉文斯贝格伯国虽然面积不大，却扼守着从莱茵兰出发，前往德意志东北部的交通要道，战略位置十分重要。此外，拉文斯贝格伯国还拥有欣欣向荣，主要以首府比勒菲尔德为中心的亚麻纺织业。位于马斯河南岸的拉芬斯泰因面积极小，是一块远在尼德兰联省共和国境内的飞地。

勃兰登堡的选帝侯肯定在某一个时间点意识到了，自己犯下了贪心不足蛇吞象的错误。勃兰登堡的财政收入十分有限，选帝侯囊中羞涩，只能在那场因为自己争夺继承权而爆发的冲突中扮演微不足道的配角。[19]现在他统治的土地门户大开，前所未有地脆弱。勃兰登堡还惹上了其他的麻烦：1613年，约翰·西吉斯蒙德宣布皈依加尔文宗，导致霍亨索伦王朝无法继续得到1555年时签订的宗教协议的保护。本书的第五章将会讨论此举长期而深远的影响；就眼前来看，选帝侯皈依加尔文宗的做法一方面激怒了国内信奉路德宗的臣民，另一方面又没能为勃兰登堡的对外政策争取到任何实打实的短期利益。1617年，一直以来对勃兰登堡的支持都算不上坚定的新教联盟宣布，将不再支持勃兰登堡的继承权主张。[20]约翰·西吉斯蒙德以牙还牙，宣布退出新教联盟。西吉斯蒙德手下的一位谋臣指出，西吉斯蒙德之所以会加入新教联盟，完全是因为他希望借助联盟的力量来主张继承权；勃兰登堡原有的土地"[与联盟]相距甚远，除了争夺继承权，加入联盟对他毫无意义"。[21] 勃兰登堡就此陷入了孤立无援的境地。

也许正是因为越来越强烈地意识到自己陷入了无可挽回的困境，约翰·西吉斯蒙德的身体及精神状况才会在1609年之后以越来越快的速度急剧恶化。他似乎油尽灯枯，用光了身为储君时所展现出的无与伦比的活力和进取精神。他嗜酒如命的缺点完全失去了控制。一百多年后，弗里德里希·席勒记录了这样一则逸闻：约翰·西吉斯蒙德酒后失态，狠狠地打了准女婿普法尔茨-诺伊堡公爵之子一耳光，彻底搅黄了两国以联姻的方式缔结盟约的计划。[22] 虽然席勒的故事多半是道听途说，但1610年代许多类似的记录却很有可能是可信的——约翰·西吉斯蒙德的确经常丧失理性，酒后施暴。他的身体越来越肥胖，精力也大不如前，变得昏昏欲睡，经常无法治国理政。1616年，他突发中风，语言能力严重受损。到了1618年夏，普鲁士公爵在柯尼斯堡去世，霍亨索伦王朝得以再一次利用继承权，获得另一块远离本土的领地，此时一位前来觐见选帝侯的访客留下了这样的记录：约翰·西吉斯蒙德半死不活，似乎变成了"活死人"（lebendigtot）。[23]

霍亨索伦王朝的三代选帝侯苦心经营，彻底地改变了勃兰登堡的前景。一个四下伸展、略显无序的国土结构终于依稀可见，已具雏形，遥远的东部和西部均有其属地，它们将会对那个日后以普鲁士之名为人所知的国家的未来产生深远影响。然而，勃兰登堡国力有限，与其统治者实现远大志向所需的物质基础相比，仍然存在极大的差距。树敌众多的勃兰登堡王朝要怎么做，才能保住胜利的果实呢？要怎么做，才能让新领地的新臣民在税收问题和政治问题上都遵从新君主的意愿呢？即便是在和平时期，要找到这些问题的答案也绝非易事，而更加糟糕的是，尽管多方势力共同努力，想要达成妥协，但到了1618年的时候，神圣罗马帝国还是因为宗教争议和对继承权的争夺而爆发惨烈的内战，进入了战争时代。

# 第二章 毁灭

三十年战争期间（1618—1648年），德意志的土地变成了上演欧洲浩劫的大舞台。哈布斯堡王朝的皇帝斐迪南二世（1619—1637年在位）与神圣罗马帝国国内新教势力的对抗发展成了一场欧洲大战，丹麦、瑞典、西班牙、尼德兰联省共和国、法国全都卷入了战争。从西班牙与宣布独立的联省共和国之间的争斗，到北欧诸国对波罗的海控制权的争夺，再到法国的波旁王朝与哈布斯堡王朝之间由来已久的大国争霸，德意志诸国的领土成了一场又一场欧洲大战的战场。[1] 在这场战争中，尽管欧洲的其他国家也发生过战斗，也经历了围城战，也遭受过军事占领，但大部分战斗却发生在德意志诸国的土地上。对于无天险可守的内陆国勃兰登堡来说，三十年战争是一场大灾难，把勃兰登堡选侯国所有的弱点都暴露得一览无余。在战争的关键时刻，勃兰登堡面对着种种令人绝望的选择，无论如何应对，自己的命运都被其他国家完全掌握。勃兰登堡的选帝侯既没有能力守卫边疆、保护臣民，又没有办法让治下之民服从自己的命令，甚至都不能确保自己能够一直保有选帝侯的头衔。各国军队涌入勃兰登堡边区的各个省份后，法律变得形同虚设，地方上的经济活动受到干扰，无论是工作生活，还是对过去的记忆都遭到了不可逆的破坏，彻底失去了连续性。

150余年后,弗里德里希大王写道,勃兰登堡选帝侯的领土"在三十年战争期间变成了不毛之地,被烙下了难以磨灭的印记,哪怕到了我写下这段话的时候,破坏的痕迹仍然可见"。[2]

## 腹背受敌(1618—1640)

勃兰登堡毫无准备,完全无法应对这个危机四伏的年代所带来的挑战。勃兰登堡没有摆得上台面,可以用来对外作战的军事力量,拿不出讨价还价的资本,既无法获得盟友的回报,也没办法迫使敌人做出让步。在南方,与勃兰登堡选侯国直接接壤的卢萨蒂亚、西里西亚全都是由哈布斯堡王朝统治的波希米亚王国的世袭王领(只不过,萨克森选侯国以签订租约的方式,获得了对卢萨蒂亚的实际控制权)。卢萨蒂亚、西里西亚以西是同样也与勃兰登堡接壤的萨克森选侯国。在战争的早期,萨克森选侯国一直都奉行与帝国皇帝密切合作的政策。勃兰登堡北方的边境线毫不设防,向丹麦、瑞典这两个信奉新教的波罗的海强国门户大敞——国力衰弱,由年老体衰的博古斯拉夫十四世统治的波美拉尼亚公国是勃兰登堡唯一的北方邻国,完全无法起到屏障作用,阻挡从波罗的海南下的外国军队。无论是在西部,还是在遥远的普鲁士公国,勃兰登堡的选帝侯都束手无策,没有任何手段可用来保护自己新获得的领地免遭入侵。所以说,从各方面来看,勃兰登堡都应当在这场战争中小心谨慎。此外,勃兰登堡的选帝侯顺从帝国皇帝的习惯仍然根深蒂固,这也强化了这种事事小心的倾向。

选帝侯格奥尔格·威廉(1619—1640年在位)是个胆小怕事、优柔寡断的人,可谓生不逢时,完全没有能力化解勃兰登堡在战争中陷入的极端困境。他一方面担心勃兰登堡有限的资源将会迅速耗竭,另一方面又害怕国土会遭到报复性攻击,所以在战争的最初几年,一直都推三阻四,不愿与任何一方缔结盟约。虽然他在道义上支持信奉新教的波希米亚等级会议反抗哈布斯堡王朝皇帝的斗争,但到了内兄普法尔茨的选帝侯率军进入波希米亚,与等级会议并肩作战的时候,他却打了退堂鼓,一直都在袖手旁观。1620年代中期,也就是在丹麦、瑞典、法国、英格兰等国的朝廷合计建立反哈布斯堡联盟的那段时间,勃兰登堡游走于大国外交的边缘地带,急切地施展着手腕。一方面,勃兰登堡先是在1620年时把选帝侯格奥尔格·威廉的妹妹嫁给瑞典国王,试图劝说瑞典出兵与帝国皇帝交战,之后又在1626年把选帝侯的另一个妹妹嫁给了特兰西瓦尼亚大公——特兰西瓦尼亚大公信奉加尔文宗,在土耳其人的支持下不断地与哈布斯堡王朝交战,成了一个令神圣罗马帝国皇帝头疼不已的强敌;另一方面,勃兰登堡又摆出了一副忠心耿耿的姿态,不断地向信奉天主教的皇帝宣誓效忠,对英格兰与丹麦在1624—1626年期间成立的反对皇帝的海牙联盟也避之唯恐不及。

然而,上述措施并不足以保证选侯国不会受到交战双方施加的压力,甚至都不能保护选侯国的土地免遭交战双方的军事入侵。1623年,蒂利将军率领天主教联盟的军队在施塔特隆击败新教军队之后,位于威斯特法伦行政圈内的马克伯国、拉文斯贝格伯国变成了天主教联盟驻扎军队的地方。格奥尔格·威廉虽然很清楚,想要远离麻烦,就必须保证自己治下的全部领地都有足够的军事力量,可以抵御所有的来犯之敌,但问题却在于,他财力有限,无法有效地支撑起这样的武装中立政策。勃兰登堡等级会议的成员几乎全都信奉路德宗,对信奉加尔文宗的格奥尔格·威廉满腹狐疑,不愿为他提供资金支持。1618—1620年间,等级会议的成员大都支持信奉天主教的皇帝,担心信奉加尔文宗的选帝侯会与外国势力结盟,令勃兰登堡陷入危险的

图2 格奥尔格·威廉（1619—1640年在位）的画像。理查·布兰达穆尔参照格奥尔格·威廉在世时的肖像画创作的木版画

境地。在等级会议看来，对勃兰登堡来说，最佳的政策是放低姿态，在暴风雨结束之前，不要引起任何一个参战方的敌意。

1626年，就在格奥尔格·威廉与等级会议僵持不下，想要获得资金支持的那段时间，普法尔茨选侯国的将军曼斯费尔德伯爵率领的军队和其丹麦盟军先后进入阿尔特马克与普里格尼茨，纵兵为祸，引发了一场大灾难。乱兵破门而入，把教堂洗劫一空；瑙恩镇被夷为平地；为了迫使村民交出财物，入侵者动不动就放火烧村。勃兰登堡的一位重臣谴责了曼斯费尔德的行径，结果遭到丹麦特使米茨拉夫骄横跋扈的回应："无论选帝侯愿不愿意，[丹麦]国王都不会改变自己的做法。对国王陛下来说，不愿与他做朋友的人，全都是他的敌人。"[3]然而，丹麦人在勃兰登堡边区还没安顿下来，就吃了败仗，被敌人逼得连连后撤。1626年夏末，帝国和天主教联盟的军队在不伦瑞克公国境内的巴伦山麓卢特附近击败丹麦军队（8月27日）之后，帝国军队占领了阿尔特马克，而丹麦军队则撤退到了位于柏林北方及西北方的乌克马克和普里格尼茨。差不多在同一时期，瑞典国王古斯塔夫·阿道夫率兵在普鲁士公国登陆，开始把普鲁士当作向波兰发动战争的前哨基地，根本就没把勃兰登堡选帝侯对普鲁士的领土主张放在眼里。此外，诺伊马克也遭到了为皇帝效力的哥萨克雇佣兵的入侵，同样被战火蹂躏，惨遭掠夺。梅克伦堡公国与勃兰登堡接壤，只要看一看梅克伦堡公爵的命运，就可以充分地认识到，勃兰登堡的选帝侯到底面对着多大的威胁。梅克伦堡公爵因为支持丹麦人而遭到严惩，被剥夺了爵位，而梅克伦堡则成了战利品，被皇帝赐给了靠当雇佣兵起家，在朝中权力极大的指挥官华伦斯坦伯爵。

　　改变策略，与哈布斯堡阵营建立更为密切的合作关系的时机似乎已经成熟。"事情要是像这样继续下去，"格奥尔格·威廉一度陷入绝望，向近臣吐露心声，"我怕是就要疯了，因为我心里实在是太难过了。［……］我别无选择，只能加入皇帝的阵营；我只有一个儿子，只要皇帝能保住帝位，我和我儿子就多半能保住选帝侯的头衔。"[4]1626年5月22日，选帝侯不顾更加倾向于严守中立的枢密院顾问官和等级会议的反对，与皇帝签订了盟约。按照盟约的规定，勃兰登堡选侯国的所有土地都必须向帝国军队开放。由于帝国军队的最高指挥官华伦斯坦伯爵一向都以向被占地区的居民强征的方式来解决部队的粮草、住宿、军饷问题，勃兰登堡吃了大苦头。

　　所以说，与皇帝结盟并没有让勃兰登堡获得喘息之机。实际上，到了敌军一溃千里，帝国军队节节胜利，实力在1620年代末达到最高峰的时候，皇帝斐迪南二世似乎根本就没把身为盟友的格奥尔格·威廉放在眼里。1629年，斐迪南颁布《归还教产敕令》，宣布将会以1552年为准，在该年属于天主教教会的"所有大主教区、主教区、教长区、修道院、医院、教会捐赠",都应当"物归原主",哪怕必须为此动用武力,也在所不惜。由于在勃兰登堡境内,已经有大量的教会机构划归新教教会管理,敕令有可能对勃兰登堡造成严重的损害。敕令一方面承认了1555年的宗教解决方案,另一方面又按照该方案的规定,把加尔文宗排除在神圣罗马帝国的宗教秩序之外,宣布只有天主教和路德宗才是得到正式认可的宗教信仰,"所有其他的教义、宗派都不被容忍,必须严令禁止"。[5]

1630年,瑞典高调加入德意志内战,虽然让信奉新教的德意志诸侯国获得了喘息之机,但同时也在政治上令勃兰登堡遭受到了更大的压力。[6]1620年,格奥尔格·威廉的妹妹玛丽亚·埃莱奥诺拉与瑞典国王古斯塔夫·阿道夫成婚。古斯塔夫·阿道夫是一个带有传奇色彩的历史人物,他醉心于战争与征服,同时又像传教士一样,热衷于欧洲的新教事业。随着瑞典在德意志的内战中越陷越深,古斯塔夫考虑到自己没有任何一个能够算作盟友的德意志诸侯国,所以下定了决心,要与内兄格奥尔格·威廉缔结盟约。格奥尔格·威廉并不愿与瑞典结盟,其中的原因倒也不难理解。过去的15年间,古斯塔夫·阿道夫一直都在波罗的海东岸开疆拓土,征服了大片的土地。他接连对俄国发动战争,为瑞典获得了北起芬兰,南至爱沙尼亚的成片领土。1621年,他再一次对波兰发动战争,占领了普鲁士公国、征服了利沃尼亚(也就是现在的拉脱维亚、爱沙尼亚)。他甚至还逼迫年事已高的梅克伦堡公爵签订协议,规定公爵死后,梅克伦堡应当并入瑞典,从而釜底抽薪,直接废除了勃兰登堡与梅克伦堡这个北方近邻很久之前就达成的领地继承协议。

这一切都表明,无论是作为盟友,还是作为敌人,瑞典都是一个十分危险的国家。此时,格奥尔格·威廉又有了保持中立的想法。他计划与萨克森合作,建立新教势力圈,一方面可以团结新教势力,反对《归还教产敕令》的执行，另一方面又可以在帝国皇帝和他位于北方的敌国之间形成缓冲地带——1631年2月，这一政策开花结果，成了《莱比锡协定》。只不过，上述外交操作几乎没有化解勃兰登堡在南北两个方向同时受到的威胁。维也纳当局勃然大怒，不断地提出警告，发出威胁。与此同时，瑞典军队与帝国军队在诺伊马克境内持续鏖战，逐渐占据上风，把帝国军队赶出诺伊马克，占领了奥得河畔法兰克福、兰茨贝格、屈斯特林这三座要塞城市。

瑞典军在战场上大获成功后，古斯塔夫国王变得底气十足，提出勃兰登堡必须与瑞典建立明确的盟友关系，把格奥尔格·威廉希望保持中立的强烈表态当成了耳边风。他对勃兰登堡的一位特使说了这样一段话：

> 别跟我提什么保持中立，我一点都不感兴趣。[选帝侯]如果不愿成为朋友，就只能变成敌人。到了我抵达选侯国边境的时候，他必须表明态度，要么热情相迎，要么冷眼相待。这场战争是上帝与魔鬼的决战。要是内兄想要与上帝站在一起，他就必须加入我；要是他宁可与魔鬼为伍，他就只能与我兵戎相见了；没有第三条路可选。[7]

格奥尔格·威廉闪烁其词，想要拖延时间，却发现古斯塔夫已经率军逼近了柏林。威廉大惊失色，急忙将家中女眷送出城外，然后前往东南方距离柏林只有几千米的科佩尼克，与入侵者谈判。经过一番讨价还价，双方终于达成一致，决定古斯塔夫可以以客人的身份，率领一千名士兵进入柏林，与选帝侯继续协商。之后的几天，酒桌变成了双方的谈判桌，为了促使选帝侯签订盟约，瑞典一方不仅开出了诱人的条件，宣布愿意把波美拉尼亚的一部分土地割让给勃兰登堡，还暗示国王有可能把女儿嫁给选帝侯的儿子。格奥尔格·威廉决定加入瑞典的阵营。

  导致选帝侯完全推翻之前的对外政策的部分原因是,瑞典军表现得咄咄逼人,令人心生畏惧——谈判进行到某个节点的时候,瑞典军甚至直接在柏林的城墙外架起大炮,把炮口对准王宫,好让本就进退维谷的选帝侯集中精神,尽快做出决定。只不过,1631年5月20日,蒂利率领的帝国军队攻下了新教城市马格德堡,同样也是一个十分重要的因素,让勃兰登堡的选帝侯变得更加倾向于做出与瑞典结盟的决定。马格德堡陷落后,帝国军队除了像大多数取得围城战胜利的军队一样,大肆掠夺,还更进一步,屠杀了城内的居民,犯下的暴行成了德语文学作品中难以磨灭的记忆。百余年后,弗里德里希二世用他那字斟句酌的古典文风,描述了马格德堡惨遭屠城时的景象:

  帝国军队在这座不幸的城市恣意妄为,没有什么能够节制帝国士兵,他们在愤怒的驱使下完全丧失理性,犯下了最为令人发指的暴行:他们成群结队,手持利刃,在街上狂奔,不分青红皂白,将老弱妇孺屠戮殆尽,城内居民无论是奋起反抗,还是引颈就戮,都难逃一死[……]放眼望去,眼前只有仍然在抽搐、一丝不挂,或堆在一起,或倒卧街头的躯体;受害者死前的哀号与施暴者愤怒的吼叫混在一起,难分彼此……[8]

  马格德堡不仅是一座拥有大约两万居民的城市,同时也是德意志境内最为重要的新教中心之一,所以对当时的德意志新教信徒来说,马格德堡的遭遇同样造成了极大的冲击,这让他们认识到,自己的生存权已经受到了严重的威胁。小册子、报纸、大报[①]在欧洲各

---

① 大报指使用大开纸印刷的报纸,采用纵向版式。

国广为传阅,用通俗的语言描述了帝国军队犯下的种种暴行。[9]在神圣罗马帝国所有信奉新教的地区,帝国军队恣意妄为、屠杀新教臣民的消息掀起轩然大波,没有什么比这更令哈布斯堡王朝的皇帝威信受损。勃兰登堡选帝侯的叔叔克里斯蒂安·威廉藩侯是马格德堡的署理主教①,所以马格德堡的遭遇对勃兰登堡造成了尤其严重的冲击。1631年6月,格奥尔格·威廉尽管很不情愿,但还是与瑞典签订了盟约,同意按照盟约的规定,向瑞典军队开放施潘道要塞(位于柏林以北不远的地方)、屈斯特林要塞(位于诺伊马克境内),并且每月向瑞典交纳3万塔勒②。[10]

勃兰登堡与瑞典的盟约和之前与帝国皇帝的盟约同样短暂。1631—1632年,由于瑞典军队与萨克森选侯国的盟军一起高歌猛进,深入德意志的南部、西部,接连重创帝国军队,新教势力渐渐地在战争中占据了上风。然而,由于在1632年11月6日的吕岑战役中,古斯塔夫·阿道夫卷入骑兵混战,战死沙场,瑞典人锐气尽失,放缓了进攻的步伐。接下来,瑞典军又在讷德林根战役中遭到重创。到了1634年年末的时候,瑞典已经彻底地失去了之前的优势地位。帝国皇帝斐迪南二世一方面被战争耗得筋疲力尽,另一方面又急于分化瑞典人与德意志新教诸侯,他果断抓住机会,提出温和的和谈条件,取得了立竿见影的效果:信奉路德宗、在1631年9月与瑞典结盟的萨克森选帝侯撕毁与瑞典的盟约,重新加入了皇帝的阵营。比起萨克森的选帝侯,勃兰登堡的选帝侯面临的选择可就要困难得多了。一方面,在《布拉格和约》的草案中,皇帝虽然宣布大赦,而且还放弃了

---

① 1598年,克里斯蒂安·威廉被马格德堡的主教座堂教士会议选为大主教。然而,由于他信奉路德宗,大主教的职位一直没能得到帝国皇帝的批准。1600年前后,他开始以马格德堡署理大主教(即大主教出缺时代行其职者)自居。
② 塔勒是这一历史时期神圣罗马帝国通用的银币,含银量为25克到30克。

自己早些时候在《归还教产敕令》中提出的一些太过极端的要求,却仍然对加尔文宗的宗教宽容问题只字未提;另一方面,瑞典人仍然不依不饶,想要与勃兰登堡签订新的盟约,甚至还开出了比上一次更为优厚的条件,宣布等到神圣罗马帝国国内的战争结束之后,瑞典将会把波美拉尼亚的土地全部交给勃兰登堡。

格奥尔格·威廉左右为难,拖延了好一阵子,才做出艰难的选择,决定加入皇帝的阵营。1635 年 5 月,勃兰登堡与萨克森、巴伐利亚,以及许多其他的德意志诸侯国一起,在《布拉格和约》上签了字。作为回报,帝国皇帝承诺将会尊重勃兰登堡对波美拉尼亚公国继承权的主张。此外,皇帝还派出一支军队,协助勃兰登堡边区的防务,而格奥尔格·威廉则更是加官晋爵,获得了帝国军队大元帅的头衔——考虑到威廉在军事上毫无建树,这大元帅的头衔显得有些名不副实。为回报皇帝,选帝侯承诺征召 2.5 万名士兵,与帝国军队并肩作战。不幸的是,对勃兰登堡来说,由于在德意志的北方,势力的平衡又一次发生了改变,这个与哈布斯堡王朝的皇帝言归于好的决定来得很不是时候——1636 年 10 月 4 日,瑞典军在维特施托克战役中击败萨克森选侯国的军队,瑞典人再一次成了"勃兰登堡边区的领主"。[11]

格奥尔格·威廉在位的最后四年一直都在设法把瑞典人赶出勃兰登堡;1637 年 3 月波美拉尼亚公爵去世之后,控制波美拉尼亚同样成了威廉的重要目标。他虽然再三尝试,想要组建属于勃兰登堡自己的军队与瑞典人对抗,却只获得了一支规模极小、装备极差的部队。这支部队非但没能守卫国土,保护选侯国免遭瑞典军队和帝国军队的蹂躏,其中的一部分军纪较差的作战单位反倒加入了劫掠者的行列。瑞典再一次入侵勃兰登堡边区之后,选帝侯被迫踏上逃亡的旅途(在之后的历史中,勃兰登堡霍亨索伦王朝的统治者还会多次陷入相同的窘境），前往相对安全的普鲁士公国，于1640年在普鲁士离世。

## 政治

百余年后，弗里德里希大王对选帝侯格奥尔格·威廉做出的评价是"治国无能"，而一部记录普鲁士历史的著作则更是言辞刻薄，宣称格奥尔格·威廉作为选帝侯最大的缺点并不是"优柔寡断"，而是"没有脑子，做不出决定"。接下来，这本书的作者又补充道，如果出现了两个这样的选帝侯，那么勃兰登堡"就书写不了什么像样的历史，最多只能留下一部地方志"。在二次文献中，类似的论调屡见不鲜。[12] 格奥尔格·威廉当然算不上什么英雄人物，就连他本人心里也十分清楚这一点。年轻的时候，他在打猎时遇到事故，受了重伤，大腿上一道深深的伤口久治不愈，演变成了慢性炎症，导致他只能坐轿子出行，极大地限制了他的活力。在那个历史时期，德意志的命运似乎完全掌握在那些威武雄壮的军阀手中，勃兰登堡的选帝侯坐着轿子四处躲避未经许可便进入其境内的各路军阀，实在是很难让人对他抱有信心。"一想到我的领土就这样遭到蹂躏，一想到我遭到蔑视，彻底变成了笑柄，"他在1626年7月时写道，"我就心痛不已。世上所有的人肯定都认为我是个胆小如鼠的懦夫……"[13]

只不过，在这一历史时期，勃兰登堡的对外政策之所以会表现出犹豫不决、左右摇摆的特征，主要原因并不是统治者的个人性格，而是因为从本质上讲，这位统治者一直都面临着困难的选择，始终进退维谷。格奥尔格·威廉面临的困境在某种程度上可以算作不可回避的结构性困境。这一点十分值得强调，因为这会让我们注意到勃兰登堡（以及之后的普鲁士）历史的一个恒久不变的特点。柏林的决策者一次又一次发现自己腹背受敌，不得不在不同的选项间左右摇摆。每当陷入这样的窘境,勃兰登堡的君主就多半会被扣上迟疑不决、当断不断的帽子。造成这一状况的并不是任何简单意义上的"地理"原因,而是因为在欧洲强权政治参与者的心理地图上,勃兰登堡的位置十分特殊。只要在脑海中描绘一下17世纪早期时,瑞典-丹麦、波兰-立陶宛、奥地利-西班牙以及法国这几个欧洲大陆权力集团之间斗争的主要前线,我们就不难发现,无论是勃兰登堡本身,还是其近乎不设防的东西部属地,都位于数条前线纵横交错的战略要地。在之后的历史中,虽然瑞典的国力大不如前,波兰也很快就步其后尘,但崛起之后加入大国行列的俄国取代了这两个国家,把同样的问题再一次摆到了勃兰登堡的面前。所以在柏林,勃兰登堡历代政府都必须在结盟、武装中立、独立行动这三个选项中做出艰难的抉择。

随着勃兰登堡在军事及外交领域陷入了越来越棘手的困境,柏林的统治阶层内部出现了不同的派别,它们之间存在激烈的竞争,想要实现截然相反的外交及政治目标。勃兰登堡应当延续传统,继续向神圣罗马帝国的皇帝效忠,与哈布斯堡王朝站在一起,以此为手段来确保自身的安全吗?这是亚当·施瓦岑贝格伯爵所支持的观点。信奉天主教的施瓦岑贝格出生在马克伯国,曾经支持勃兰登堡对于利希公国、贝格公国继承权的主张。自1620年代中期起,他在柏林成了亲哈布斯堡派的领导人。两位最具权势的枢密院顾问官莱温·冯·克内泽贝克、萨穆埃尔·冯·温特费尔德与施瓦岑贝格针锋相对,是新教事业的坚定支持者。哈布斯堡阵营、新教阵营对勃兰登堡对外政策的主导权展开了激烈的争夺。1626年,选帝侯被迫与哈布斯堡阵营进行更为密切的合作,施瓦岑贝格借机给温特费尔德扣上了叛国罪的帽子,不顾等级会议的反对,迫使他出庭受审,把他赶出了国。然而,到了1630年秋,瑞典人在战场上占据上风的时候,柏林又出现了一个由信奉加尔文宗的大臣西吉斯蒙德·冯·格岑领导的亲瑞典派,迫使施瓦岑贝格离开柏林，在克莱沃过上了赋闲生活。只不过，到了1634—1635年，帝国军队重新在战场上占据上风之后，施瓦岑贝格重返柏林，再一次执掌大权。

朝中的女性同样也对对外政策有着强烈的看法。选帝侯格奥尔格·威廉年轻的妻子是普法尔茨选侯国信奉加尔文宗的统治者弗里德里希五世的妹妹。她的故乡普法尔茨被西班牙和天主教联盟的军队占领，遭到战火的蹂躏，所以她当然十分仇视帝国。除了选帝侯的妻子，选帝侯的岳母、姑姑也全都支持反对帝国的对外政策——前者逃离普法尔茨选侯国的首府海德堡，前来投靠女儿，而后者则嫁给了弗里德里希五世的弟弟①。选帝侯信奉路德宗的母亲普鲁士的安娜同样也是哈布斯堡王朝的反对者，经常直言不讳，发表反对哈布斯堡王朝的意见。1620年，她不顾贵为选帝侯的长子格奥尔格·威廉的反对，促成了女儿玛丽亚·埃莱奥诺拉与信奉路德宗的瑞典国王的婚事。[14]安娜的目的是增强勃兰登堡对普鲁士公国的控制力，但考虑到当时瑞典正在与波兰交战，再加上波兰国王在名义上仍然是普鲁士公国的君主，这种与瑞典王室联姻的做法是极具挑衅性的外交策略。上述朝中女性主动参与外交活动的做法是有力的证据，足以证明在当时的勃兰登堡，王朝政治仍然扮演着重要的角色，可以保证君主的配偶、女性亲属拥有足够的话语权，能够影响国家的大政方针。各个王朝的女性成员除了是有生命的担保物，可以用来传递继承权，同时也可与外国朝廷保持着意义有可能十分重大的关系，所以她们并不一定认为自己必须遵循君主制定的政策。

---

① 这里提到的选帝侯的姑姑是玛丽·埃莱奥诺雷，她是约阿希姆·弗里德里希与第二任妻子普鲁士的埃莱奥诺雷（普鲁士的安娜的妹妹）的女儿，因此她既是格奥尔格·威廉的姑姑，也是他的表妹。她嫁给了普法尔茨-锡门-凯撒斯劳滕伯爵路德维希·菲利普。

选帝侯的朝廷是一个小圈子，其外部还存在着由地方上的掌权者组成的权力架构，即由信奉路德宗的贵族代表组成的省一级等级会议。各省的等级会议一直都对有政治冒险倾向的所有对外政策满腹狐疑，而如果他们怀疑此种政策是为了实现加尔文宗的利益，那么质疑的声音就会尤其强烈。早在1623年时，等级会议就派代表团进谏，警告选帝侯不要被"鲁莽行事的顾问官"慷慨激昂的话语冲昏了头脑，提醒他等级会议对选帝侯的军事义务仅适用于"事态紧急，必须用军事手段来守卫领土的情况"。即便是到了新教联盟及帝国派出军队，一次又一次地入侵勃兰登堡之后，等级会议也仍然无动于衷，不愿回应选帝侯的请求。[15] 在地方上的贵族看来，等级会议有两大职责，分别是预先阻止没有必要的冒险行为，以及保护各省的特权架构，防止地方特权遭到中央的侵害。[16]

在和平时期，想要消除地方上的这种消极抵抗态度是一项很难完成的任务。1618年之后，由于在战争的初期，选帝侯对地方上的这种团体权力架构有着严重的依赖，这一问题变得更加严重。格奥尔格·威廉没有属于自己的地方行政机构，无论是征收军事捐税、军粮，还是征集任何其他的军需，都必须依靠等级会议的协助。等级会议仍然牢牢地把控着各省的税收机构。此外，由于等级会议不仅十分了解各地的情况，在地方上也很有权威，所以军队无论是想要利用民舍临时宿营，还是想要穿过某一地区，都必须依靠等级会议的组织协调。[17] 在某些情况下，等级会议甚至会与率兵入侵的指挥官单独谈判，就捐税的支付问题达成一致。[18]

尽管如此，由于战争越拖越久，地方贵族在财政上的特权开始变得越来越脆弱。[19] 既然外国的诸侯和将军们向勃兰登堡的省份勒索捐税时没有任何顾忌，那么勃兰登堡的选帝侯为什么就不能分一杯羹呢？这意味着选帝侯必须废除等级会议自古以来就拥有的各项"自由权利"。选帝侯把这项任务交给了不仅信奉天主教,又是一个外国人,与各省的贵族阶层没有任何利益关联的施瓦岑贝格。他立即采取行动,开始独立地征收一项新的税款,完全没有按照惯例让各省的税收机构参与。他限制了等级会议监管政府支出的权力。此外,他还暂时废除枢密院,成立了一个名叫战争委员会的机构来履行枢密院的职责,根据候选人是否完全不受等级会议的影响来确定委员人选。简而言之,施瓦岑贝格在财政领域建立起了一套专制制度,打破了勃兰登堡边区团体财政共治的传统。[20] 格奥尔格·威廉在位的最后两年,施瓦岑贝格实际上已经成了率领军队与瑞典作战的最高统帅。在他的领导下,勃兰登堡早已溃不成军的作战部队重整旗鼓,孤注一掷地与入侵的瑞典军队进行游击战。他不留情面,毫不客气地拒绝了因受到战争摧残而财力枯竭的城镇提出的免税请求,与入侵者谈判的人(比如说就部队在民居中驻扎的问题进行谈判)则全都被他当作叛国贼。[21]

在生活在那个时代的古人眼中,施瓦岑贝格是一个极具争议的人物。等级会议最开始十分支持他小心谨慎的亲帝国外交政策,但之后又因为他侵犯等级会议的团体权利而对他恨之入骨。他善于玩弄权谋,不达目的誓不罢休,在枢密院内树敌众多,而他的天主教信仰更是进一步在枢密院内激发了政敌对他的仇恨。1638—1639 年,在施瓦岑贝格的权势如日中天的那段时间,柏林城内流传着许多小册子,宣称他是一个"对西班牙人卑躬屈膝"的统治者。[22] 然而,在回顾历史的时候,我们后世之人还是能够十分明确地认识到,这位权臣开创了不少意义重大的先例。他的军事独裁结束之后,一种新的理念被广泛接受——如果局势需要,那么中央政府就有充足的理由,可以扫除等级会议特权、团体财政共治这两种复杂烦琐的机制。从这个角度来看,施瓦岑贝格掌权的那几年可以视为勃兰登堡进行的第一次没能取得决定性结果的"专制"统治实验。

## 满目疮痍

对勃兰登堡的臣民来说，三十年战争意味着法律的缺失、悲惨的生活、贫穷、掠夺、不确定的未来、背井离乡、死亡。1618年战争开始之后，选帝侯不愿冒险倒向新教阵营的决定，在战争的最初几年让勃兰登堡免遭战火的蹂躏。1626年，丹麦进军德意志北部之后，勃兰登堡遭到了开战以来的第一次大规模入侵。在之后的15年间，丹麦、瑞典、普法尔茨、神圣罗马帝国、天主教联盟的军队就像走马灯一样，轮番占领勃兰登堡的各个省份。

对于外国军队所到城镇，面前只有三个选择，要么开城投降，任由敌军入城，要么冒着敌军破城之后挟怨报复的风险，坚守城墙，要么干脆弃城逃跑。举例来说，勃兰登堡西部哈弗尔兰地区的城镇普劳厄就在1627年4月10日那天抵挡住了一小支帝国部队的进攻。然而，到了第二天，帝国投入更多的兵力，再一次发动进攻的时候，该城的居民还是只能弃城逃跑。帝国军队刚刚占领普劳厄，就遭到了丹麦军队的攻击，所以普劳厄又被丹麦人占领，遭到了第二次洗劫。帝国军队兵临哈弗尔河畔勃兰登堡[①]城下的时候，位于哈弗尔河右岸（南岸）的旧城的市长和城市委员会同意开城投降，但位于左岸（北岸）的新城的市政官员却拒不投降，在烧毁连接新旧两城的桥梁后紧闭城门，只要帝国军队接近城墙就开火射击。接下来，双方爆发了激烈的战斗，帝国军队用大炮轰开了新城的城墙，然后一拥而入，把整个城区洗劫一空。[23]

那些受到战争影响最为严重的省份大都与哈弗尔兰、普里格尼

---

[①] 哈弗尔河畔勃兰登堡曾经是勃兰登堡藩侯国的首府，直到15世纪才被柏林取代。这座城市曾分为旧城、新城、勃兰登堡主教区三个部分，各自被视为独立的城镇，1598年主教区并入勃兰登堡选侯区，1715年新旧城合并为单一城市。

茨相似，是所经的河流扼控主要的行军路线，因为军事意义重大而在战争期间反复易手的地区。1627年夏，丹麦军队与帝国派驻哈弗尔兰的要塞驻军玩起了猫捉老鼠的游戏，不停地烧杀抢掠，把包括莫斯劳、雷措、泽尔贝兰、大贝尼茨、施托尔恩、瓦塞尔祖佩在内，一连串名字古色古香的村庄变成了废墟。[24] 绝大多数指挥官都把麾下的军队视为私人财产，除非绝对必要，否则就会尽量避免交战。所以说，在三十年战争期间，两军对垒的情况相对少见，各路军队把大部分时间都用在了行军、调兵遣将、占领地盘上面。这样的作战方式虽然让士兵尝到了甜头，但所到之处的民众却全都吃了大苦头。[25]

战争开始后，税赋和其他各类强制征收的款项都大幅增长。首先，勃兰登堡的臣民必须定期缴纳"捐税"，即一种由勃兰登堡的中央政府征收的税款，兼具土地税、人头税的特点，目的是为选帝侯的军队提供军费。接下来，他们还要缴纳名目繁多的其他税款。这部分税款的征收者既有外国军队，也有本国军队，征收的理由既有可能是合法的，也有可能是非法的。有些时候，政府官员、城镇的长官及市政官员会与占领军的指挥官就税款的征收问题达成一致。[26] 然而，明目张胆的敲诈勒索同样屡见不鲜。比如说，1629年冬，哈弗尔河畔勃兰登堡新城的占领军指挥官就狮子大开口，要求新城的市民提前支付占领军之后九个月的军费。无理的要求被拒绝后，指挥官便以让士兵在居民家中住宿为手段，来惩罚市民。"占领军会把那些他们喝不完，浪费不完的东西彻底毁坏；他们把啤酒倒掉，把酒桶砸破，把门窗砸碎，把火炉砸烂；他们把所有的东西都破坏得一干二净。"[27] 在柏林以北不远处的施特劳斯贝格，当地的居民必须按照每个士兵每天2磅面包、2磅肉、2夸脱啤酒①的定额，向曼斯费尔德伯爵手下的士

---

① 2磅相当于0.907千克，2夸脱相当于2.28升。

兵提供军粮；许多士兵并不满足于居民提供的定额军粮，而是"狼吞虎咽，把所有能找到的食物一扫而空"。这样做的结果是，居民的营养物质摄入水平陡然下降，导致死亡率急剧上升、适龄妇女的生育率明显下降，甚至偶尔会逼得平民吃人肉充饥。[28]许多城镇居民干脆扔下所有的家什，弃城而逃。[29]士兵在居民家中长期住宿时，双方关系紧张，但又抬头不见低头见，许多目击者的证言都证明，士兵有数不清的机会，可以干勒索、偷窃之类的一锤子买卖。

这一切都意味着，在勃兰登堡境内的许多地区，居民都不停地遭到敲诈勒索，渐渐地被压得喘不过气来。一份撰写于1634年的报告可以让我们在一定程度上了解到，这对位于柏林以北的上巴尔尼姆地区到底意味着什么。1618年时，上巴尔尼姆地区的人口在1.3万人上下，但到了1631年时，却只剩下了不到9 000人。1627—1630年，上巴尔尼姆的居民总共向帝国军队的指挥官支付了18.5万塔勒；1631—1634年，该地区的居民向瑞典－勃兰登堡联军缴纳了2.6万塔勒的捐税；同样也是在1631—1634年，该地区的居民还额外向瑞典军提供了5万塔勒的补给费；此外，他们还向萨克森选侯国的骑兵团提供了3万塔勒的补给费，向勃兰登堡的不同指挥官提供了5.4万塔勒的军费，并且缴纳了各式各样其他的税款、单次税捐；更有甚者，过境的军队还经常用非正式的手段敲诈勒索，把他们的财产没收充公。在这一历史时期，购买一匹马只需要20塔勒，购买一蒲式耳①的谷物只需要不到1塔勒；有三分之一农民拥有的土地不是已经荒废，就是没有耕种；战争严重地干扰了经济活动，彻底破坏了许多对技术有要求的制造行业；城镇周围的田地经常遭到过境骑兵的踩踏，导致即将成熟的庄稼颗粒无收。[30]

---

① 1蒲式耳相当于36.37升。

在对三十年战争进行描述的文学作品中，暴行故事（讲述那些士兵对平民犯下的极端暴行的叙事）如此之多，一些历史学家甚至想要把此类作品视为"描述毁天灭地的狂怒的神话"或"记录无尽毁灭、无限痛苦的传说"。[31] 毋庸置疑的是，在那个时代描述三十年战争的文学作品中，暴行故事已经成了一个独立的文学门类。比如说，菲利普·文森特①的著作《德意志哀歌》（*The Lamentations of Germany*）就是一个很好的例子。该书图文并茂，除了列出无辜之人遭到的残忍虐待，还配上了标题为"吃小孩的克罗地亚人②""用割下来的鼻子、耳朵做帽带"之类的木版画。[32] 尽管许多暴行故事都显得太过耸人听闻，但我们也不应忘记，这些故事描述的事情全都源于生活，至少间接地记录了真人真事。[33]

哈弗尔兰地区的官方报告记录了包括殴打、放火烧屋、强奸、肆意破坏财产在内，多到数不清的战争暴行。普劳厄郊区（位于哈弗尔河畔勃兰登堡以东，两地相距只有几千米）的居民描述了1639年元旦那天，帝国军队穿城而过，前往萨克森时的景象："许多老人被折磨致死、被枪杀；大量的妇女、少女被强奸致死；儿童被吊死，有些时候甚至被活活烧死，被剥光衣服，在极寒的天气中活活冻死。"[34]

彼得·蒂勒是距离波茨坦不远的贝利茨镇的海关官员、镇书记员，他撰写了一部回忆录，算得上是勃兰登堡的臣民对三十年战争最为令人难忘的记录之一。他在回忆录中描述了1637年，帝国军队经过贝利茨镇时的所作所为。为了让镇里的一个名叫于尔根·韦伯的面包师供出藏钱的地点，帝国的士兵"把半个指头长的木条捅到了他的〔阴茎〕里——请大家原谅我粗鄙的用词"。[35] 蒂勒还描述了一种名叫

---

① 菲利普·文森特是英格兰约克郡人，毕业于剑桥大学彼得学院。
② 此处指大都由克罗地亚人组成的轻骑兵部队，他们在三十年战争中为天主教联盟效力。

"瑞典麦芽酒"的逼供方式——"瑞典麦芽酒"据称由瑞典人发明，但大量的报告表明，所有的军队都使用了这种逼供方法，之后这种方法更是成了所有描述三十年战争的文学作品中必然出现的情节：

  杀人不眨眼的强盗拿起一根木棍，把它捅到了可怜虫的嗓子眼里，先是搅了几下，然后就开始向嘴里倒水，之后又倒进了沙子，甚至是粪便，为的只是让那个可怜虫供出藏钱的地方。在贝利茨，一个名叫达维德·奥特尔的镇民就遭到了这样的虐待，没过多久就死去了。[36]

  一帮帝国军队的士兵抓住了另一个名叫克吕格尔·莫勒的镇民，将他四马攒蹄，牢牢捆紧，然后把他架到火上烤，直到他供出了藏钱的地方。然而，第一帮帝国士兵刚刚拿着钱扬长而去，就有第二帮帝国士兵闯进了镇子，开始四处劫掠。得知第一帮士兵文火慢烤，已经迫使莫勒交出一百塔勒之后，他们又把莫勒拖了回去，把他的脸摁到火里烤，"直到他被活活烧死，他的脑袋竟然像烤鹅一样皮开肉绽"。一个叫于尔根·莫勒的牛贩子与克吕格尔·莫勒一样，也因为乱军想要逼他供出藏钱的地方而被"活活烧死"。[37]

  1638年，帝国军队和萨克森选侯国的联军途经普里格尼茨境内位于柏林西北方向的小镇伦岑时，士兵先是把房屋内所有的木材、家什都洗劫一空，然后放火烧屋。户主从大火里抢救出来的所有财物也全都被士兵夺走。帝国士兵刚刚离开，瑞典人又攻了过来，对伦岑进行了新的一轮烧杀抢掠，"用极其残忍的手段对待包括老弱妇孺在内的镇民，即便是土耳其人也从来不会如此凶残"。1640年1月，伦岑当局撰写了一份官方报告，在报告中描绘了令人毛骨悚然的景象："他们把本镇诚实的镇民汉斯·贝特克绑到木桩上，点火炙烤，从早

图3 这几幅木版画描述了三十年战争期间,士兵在德意志的土地上对女性犯下的暴行。摘自菲利普·文森特所著的《德意志哀歌》(1638年在伦敦出版)

第二章 毁灭

上7点,一直折磨到了下午4点。贝特克就这样在惨叫和极端的痛苦中离开了人世。"瑞典人砍断了一个老人的小腿,让他无法行走;用开水烫死了一个主妇;扒光小孩子的衣服,在冰天雪地中把他们活活吊死;把受害者赶进寒冷刺骨的水塘。总共有差不多五十人,"无论男女老幼,高矮胖瘦,就这样被虐待致死"。[38]

与入侵者相比,选帝侯自己招募的士兵也没好到哪里去。他们同样衣不蔽体、食不果腹、士气低下。军官经常用严厉的惩罚残酷地对待手下的士兵。在冯·罗乔上校指挥的团,军官动不动就"找各种琐碎借口殴打、刺伤"士兵,"用夹道鞭刑①、烙刑来惩罚"士兵,有些时候甚至还会割下士兵的鼻子、耳朵。[39]考虑到前述因素,士兵在对待所到之处的平民时同样毫不留情,也许就不令人意外了。勃兰登堡的士兵"经常敲诈勒索、烧杀抢掠",激起了极大的民愤。由于民众的抗议太过频繁,施瓦岑贝格伯爵亲自出马,在1639年召开特别会议,在会上训斥了那些纵兵为祸,因为手下的士兵态度无礼、手段残暴而激起民愤的指挥官。[40]然而,没过多久,勃兰登堡的指挥官就把施瓦岑贝格的训诫忘得一干二净:两年后,柏林附近的泰尔托地区递交报告,指出指挥官冯·戈尔达克率领的军队在该地四处掠夺,糟蹋了所有的庄稼,"用非人的手段"对待当地居民,"与敌人相比,残酷程度有过之而无不及"。[41]

准确地估算暴行在这场战争中发生的频率是一件不可能完成的任务。暴行的记录经常出现在那个历史时期各式各样的记录中,从个人的自述,到地方政府的报告书和请愿书,再到文学作品,都提到了士兵犯下的暴行——从这一点就可以看出,士兵向平民施暴肯定是一种普遍存在的现象。战争暴行对生活在那个时代的人的观念产生了

---

① 夹道鞭刑是一种刑罚,执行方式为负责行刑的士兵列成两列,受刑之人由行刑官押送,从队列中间穿过,接受士兵的鞭笞。

很大影响，这是毋庸置疑的。[42]战争暴行给三十年战争下了定义，捕捉到了一些与战争相关的真相，并给人留下了难以磨灭的印象：秩序彻底崩溃，男女老幼在不受控制的暴力面前毫无抵抗之力。

勃兰登堡1618—1648年的人口记录也许就是最有说服力的证据，可以充分证明勃兰登堡的臣民在这场战争中承受了多么深重的苦难。物价连年居高不下，平民经常因为营养状况不佳而抵抗力低下，导致诸如斑疹伤寒、腺鼠疫、痢疾、天花之类的传染病在人群中肆虐。[43]在战争期间，勃兰登堡边区总共有大约一半的居民死亡。在不同的地区，死于战火的人数不尽相同；那些因被水体或沼泽包围而免遭军事占领，也不会有军队经过的地区通常不会受到太严重的影响。举例来说，1652年的一次调查指出，在奥得河的沼泽洪泛区，即奥得沼泽，在三十年战争开始的时候有人耕种的农庄中，只有15%仍然处在荒废状态。而在近15年的时间内几乎一刻不停地遭到战火蹂躏的哈弗尔兰，这一比例高达52%，与奥得沼泽的情况形成了鲜明的对比。巴尔尼姆地区的民众在战争期间除了要缴纳大量捐税，还经常被迫让士兵在家中住宿，到了1652年的时候，该地区仍然有58.4%的农舍处在荒废状态。在勃兰登堡北疆位于乌克马克境内的勒克尼茨地区，农舍荒废的比例竟然高达85%！在位于柏林以西的阿尔特马克，人口的死亡率呈现出由西向东逐渐升高的趋势。阿尔特马克靠近易北河的东部地区是兵家必争之地，经常有军队过境，总共有50%～60%的人口死于战火；在阿尔特马克的中部地区，人口的死亡率下降到了25%～30%，而西部地区的人口死亡率则是15%～20%。

一些最为重要的城镇受到了沉重的打击：哈弗尔河畔勃兰登堡和奥得河畔法兰克福全都位于经常有军队经过的关键地区，在战争中都失去了超过三分之二的人口。柏林-克尔恩的卫星城镇波茨坦、施潘道损失了超过40%的人口。普里格尼茨同样是一个有大量军队经过的关键省份，战争开始的时候，该省共有40个经营大庄园的贵族家庭，到了1641年的时候，这40个贵族家庭只剩下了10个。此外，在普里格尼茨境内，包括维滕贝格、普特利茨、迈恩堡、弗赖恩施泰因在内的一些城镇甚至变成了空无一人的死城。[44]

我们只能猜测，上述灾难到底对大众文化造成了什么样的冲击，不可能得到任何准确的答案。战争结束后，在破坏最严重的地区定居的家庭大都是外来的移民，比如荷兰人、东弗里西亚人、荷尔斯泰因人。在某些地区，战争造成的冲击太过强烈，竟然阻碍了集体记忆的传承。学界的研究表明，这是一个在德意志的全部土地上普遍存在的现象，即1618—1648年的战争抹消了民间对之前发生的战争的记忆，以至于中世纪的、古代的、史前的城墙和土木工事失去了原来的名称，全都变成了所谓的"瑞典人的城墙"。在某些地区，战争似乎切断了个人记忆的传承，而由于以村庄为基础的习惯法的权威和延续性十分依赖个人的记忆，三十年战争造成了这样的局面——在生还者中，没有人年纪足够大，还记得"在瑞典人到来之前"的样子。[45]这也许正是勃兰登堡边区缺少民间传统的原因之一。到了19世纪40年代，收集神话故事与民间传说并出版故事集的做法风靡一时，许多受到格林兄弟启发的故事爱好者想要在勃兰登堡边区找到类似的传说，却空手而归。[46]

我们将把三十年战争描述为"毁天灭地的狂怒"的做法称作神话，并不是因为这样的描述没有事实依据，而是因为这样的描述在集体记忆中变得根深蒂固，成了用来思考问题、认识世界的工具。托马斯·霍布斯之所以会称颂把所有合法力量都集于一身的利维坦式国家，称其为人类社会的救星，正是因为无论是他的故乡英格兰，还是欧洲大陆，都爆发了宗教争议引起的内战，让他目睹了战争中的狂怒。霍布斯提出，与其眼睁睁地看着秩序和公正因为内战而荡然无存,不如把所有权力都交给君主制的国家,换取人身及财产安全。

萨穆埃尔·普芬多夫是对霍布斯的作品理解最为深刻的德意志读者之一。普芬多夫是萨克森的法学家,他与霍布斯一样,也以反乌托邦式观点看待周遭的暴力和失序,并以此为依据论证国家存在的必要性。他在《普遍法学要论》(*Elements of Universal Jurisprudence*)一书中提出,单靠自然法则无法保证人类正常的社会生活。除非建立"最高权威",否则人就会把暴力当作实现自身福祉的唯一手段,"届时天下必将大乱,彻底变成加害者与反抗者决一死战的战场"。[47] 所以说,国家无比重要,因为国家的主要目的是"以合作互助的方式把人组织起来,避免通常都会出现的人与人相互伤害的情况"。[48] 三十年战争造成的伤痛在普芬多夫的语句中留下了深深的烙印。

在近代早期的欧洲,一种普遍存在的观点是,以中央集权为手段来防止社会失序是国家存在的法理依据;在勃兰登堡,这种观点尤其掷地有声。这种观点给出了无可辩驳的哲学答案,能够让与格奥尔格·威廉针锋相对的省一级等级会议无言以对。普芬多夫在1672年写道,既然无论是在和平时期,还是战争时期,处理国事都肯定要产生支出,那么君主就有权"按照所需承担的支出数额,迫使个人交出一部分财产"。[49]

综上所述,普芬多夫从内战的回忆中提炼出了一套强有力的理论依据,为国家权力的扩张打下了基础。普芬多夫认为,等级会议的"自由权利"必须服从国家的"必然要求"。普芬多夫晚年时前往柏林,成为勃兰登堡的宫廷史官,为勃兰登堡近年来的经历编写了一部编年史,把这一套理论融入其中。[50] 在普芬多夫编写的这部史书中,执行官式君主的出现是重中之重:"他所有思考的尺度和焦点都是国家,所有举措都好像一条条直线,全都指向这个名叫国家的圆心。"[51] 与16世纪晚期开始出现的那些粗略的勃兰登堡编年史不同,普芬多夫的编年史是由一种历史变革理论引导的,注重国家的创造性、变革性力量。从这个角度来看,普芬多夫创造出了一种既充满力量,又十分优雅的叙事方式,无论是好是坏,一直都在影响着我们对普鲁士历史的理解。

# 第三章　非同寻常的德意志之光

## 恢复

1640年时的苦难和无望就好似一幅背景图，在它的映衬下，勃兰登堡在17世纪下半叶的恢复看来是那么非同寻常。1680年代时，勃兰登堡已经拥有了一支享誉国际的军队，兵力在2万人到3万人之间波动。[1]勃兰登堡建立了一支规模不大的波罗的海舰队，甚至还在非洲的西海岸拥有了一块面积不大不小的殖民地。一道陆桥横穿东波美拉尼亚，把勃兰登堡选侯国与波罗的海的海岸连接了起来。勃兰登堡成了能够与巴伐利亚、萨克森平起平坐的区域强国，不仅是他国眼中抢手的盟友，在意义重大的和平协议中，其作用也举足轻重。

主导这场翻天覆地的变化的君主是史称"大选侯"的弗里德里希·威廉（1640—1688年在位）。弗里德里希·威廉是第一位有大量肖像画存世的勃兰登堡选帝侯，其中大多数是由他本人亲自出资请人绘制的。这些肖像画就好像一套档案，记录了这个在位48年，也是霍亨索伦王朝在位时间最久的君主随时间变化的容貌。在大选侯刚刚继位的那些年，画中人长着一头飘逸的黑发，昂首挺胸、英姿飒爽；到了大选侯统治的末期，画中人体态臃肿、满脸横肉，头发也变成了

图 4 扮作古罗马名将西庇阿的大选侯弗里德里希·威廉。画家应当是阿尔贝特·范·德·埃克豪特，1660 年前后

层层叠叠的人工卷发。尽管大选侯的容貌发生了很大的变化,但这些栩栩如生的画像仍然都有一个共同的特点:画中人那一双充满智慧的黑眼睛目光犀利,直视观画人。[2]

弗里德里希·威廉继承父亲的地位成为选帝侯时年仅20岁,就治国理政而论,他完全是个门外汉,既没有接受过训练,也没有任何经验。他大部分的童年时光都在屈斯特林要塞度过,原因是这座要塞地处偏远,周围全都是阴暗的森林,不会遭到敌军袭扰,可以保证他的安全。他在课上学习的除了现代语言,还有诸如绘画、几何、防御工事修建等专业本领,其他时间他则定期狩猎,猎物包括雄鹿、野猪、飞禽等。与父亲、祖父不同的是,弗里德里希·威廉在7岁时就开始学习波兰语,以便日后与普鲁士公国的封建宗主波兰国王打交道。由于军事危机变得越来越严重,再加上勃兰登堡边区瘟疫肆虐,他在14岁的时候被送到了相对安全的尼德兰联省共和国,在那里度过了之后四年的时光。

弗里德里希·威廉既没有记日记的习惯,又没有留下任何形式的个人回忆录,所以想要准确地判断青少年时期在联省共和国度过的这四年时光到底对他造成了什么样的影响,并不是件容易的事情。他虽然与父母保持着书信联系,但他在信中的用词却一直都郑重其事,整篇都是空洞的恭维话,显得极其疏远。[3]然而,可以肯定的是,在联省共和国接受教育的经历的确增强了弗里德里希·威廉对加尔文宗事业的忠诚感。弗里德里希·威廉是勃兰登堡选侯国历史上第一位父母都信奉加尔文宗的选帝侯,弗里德里希·威廉这个名字同样也在霍亨索伦王朝的历史上没有先例,这正是为了象征柏林(威廉是他父亲的中间名)与他的舅舅弗里德里希五世统治的信奉加尔文宗的普法尔茨选侯国之间有着紧密的联系。直到弗里德里希·威廉这一代,霍亨索伦王朝才终于彻底完成了他的祖父约翰·西吉斯蒙德在1613年时以皈依加尔文宗的方式开始的重大战略调整。1646年，弗里德里希·威廉迎娶联省共和国执政官奥兰治亲王弗雷德里克·亨德里克19岁的女儿，信奉加尔文宗的路易丝·亨丽埃特，进一步加强了勃兰登堡与加尔文宗势力的联系。

除了与加尔文宗势力的联系，弗里德里希·威廉在联省共和国长时间旅居的经历在其他方面也产生了重大的影响。他在莱顿大学学习，接受了法学、历史学、政治学教授的指导。莱顿大学是在当时十分流行的新斯多葛主义国家理论著名的学术中心，向弗里德里希·威廉传授的课程强调了法律的权威、作为秩序守护者的国家的庄严性、君主地位以责任和义务为核心的特征。新斯多葛主义尤其注重的一点是，军队必须服从国家的权威和约束。[4]尽管如此，对弗里德里希·威廉来说，最重要的知识并不是课堂上教授的内容，而是他在联省共和国城镇的街道、港口、市场、阅兵场的所见所闻。17世纪早期是联省共和国国力最为强盛、经济最为繁荣的时期。在60余年之久的时间内，这个信奉加尔文宗的小国不仅击败了军力强大的天主教国家西班牙，获得了独立地位，还成了欧洲首屈一指的全球贸易和殖民扩张中心。在这一过程中，联省共和国除了建立起坚实的财政体系，还发展出了独特的军事文化，在军事上展现出了明显的现代特征：定期让士兵接受系统性的战场演习，不同兵种间的高度职能分化，以及训练有素的职业军官队伍。弗里德里希·威廉有充足的机会，可以近距离地观察联省共和国的军事实力——1637年，他前往联省共和国军位于布雷达城下的军营，拜访与自己有亲属关系的执政官奥兰治亲王弗雷德里克·亨德里克，目睹了共和国的军队攻下这座12年前被西班牙人攻陷的要塞城市的过程。

成为选帝侯后，弗里德里希·威廉自始至终，一直都在竭尽所能按照自己在尼德兰的所见所闻来重塑国家。1654年，他以奥兰治亲王拿骚的毛里茨的操典为基础，为勃兰登堡的军队制定了训练制度。[5]他始终坚信，"航行和贸易是国家的主要支柱，国民必须在海上开展贸易，在陆地上进行生产制造，才能吃得饱，穿得暖"。[6]他着了魔一样，认为只要获得波罗的海的出海口，勃兰登堡就能表现出更大的活力，更好地开展商业活动，变得像阿姆斯特丹那样富有而强大。17世纪五六十年代，他甚至与他国协商，签订国际商业条约，为勃兰登堡尚不存在的商船队争取到了特别有利的贸易条件。17世纪70年代末，在一个名叫本亚明·劳勒的荷兰商人的帮助下，他建立了一支规模不大的船队，进行了一系列的私掠和殖民活动。1680年，劳勒在现代加纳的海岸上建立了一座名叫弗里德里希堡的小型殖民要塞，让勃兰登堡在西非的黄金、象牙、奴隶贸易中分得了一杯羹。[7]

我们可以认为，弗里德里希·威廉重塑了选帝侯这一职位。约翰·西吉斯蒙德、格奥尔格·威廉只是偶尔过问政事，而弗里德里希·威廉则工作起来"比秘书都要勤奋"。与他生活在同一时代的人都认为这是一件十分新鲜、值得一提的事情。无论是他对细节的记忆，还是他冷静持重的性格，抑或他那为了处理国事，可以久坐一天，与臣下协商的耐力，都让他身边的大臣赞叹不已。[8]就连眼光绝不算差劲的帝国使节利索拉也对弗里德里希·威廉勤于政事的作风赞不绝口："我实在是太佩服这位选帝侯了——他乐于阅读篇幅长、细节极多的报告书，明确地要求大臣必须编写这样的报告；他亲自阅读所有的报告，解决所有的问题，下达所有的命令［……］而且从不落下任何事情。"[9]"作为一国之君，"弗里德里希·威廉宣称，"我身上的责任事关全体臣民，不是我个人的私事。"[10]虽然这句话原本出自哈德良皇帝之口，但弗里德里希·威廉能说出这样的话，仍然意味着他对君主的角色有了全新的认识。君主之位绝不仅仅是一个尊贵的头衔，也不等同于一系列的权利与收入，而是一项按理来说，统治者必须全身心投入的天职。弗里德里希·威廉前期的统治确立了他的形象，使他看上去成了全身心地投入公职，为国家奉献一切的模范。他的榜样在霍亨索伦王朝的传统中变成了一个强而有力，具有象征意义的标杆，他的后继者们如果不能效仿，就会被拿来与他相比。

## 扩张

1640年12月，就是在弗里德里希·威廉成为选帝侯的时候，勃兰登堡仍然处在被外国军队占领的状态。尽管勃兰登堡在1641年7月与瑞典签订了为期两年的休战协定，但瑞典军依旧烧杀抢掠，做出各种不端行为。[11]1641年春，负责管理被战火摧残得不像样子的勃兰登堡的总督埃内斯特藩侯致信弗里德里希·威廉，在信中总结了勃兰登堡极度悲惨的状况：

> 整个国家陷入了如此悲惨而贫穷的境地，仅仅用语言已经难以表达我们对无辜平民的同情。总的来说，就像那句俗话讲的一样，马车一头扎进了泥潭，越陷越深，想要脱身，就只能指望上帝的特别帮助了。[12]

管理陷入无政府状态的勃兰登堡实在是一副太过沉重的担子，埃内斯特藩侯终于不堪重负，变得恐惧不安、夜不能寐，出现了偏执的妄想。1642年秋，他的情况变得更加糟糕。他开始不停地在宫殿内一边踱步，一边自言自语，动不动就大叫一声，扑倒在地。9月26日，他撒手归西，医生认为他的死因是"过度忧郁"。[13]

直到1643年3月，弗里德里希·威廉才终于离开相对安全的柯尼斯堡，返回已经化作一片废墟的柏林。他发现柏林面目全非，他几乎认不出来了。市民不仅人数大减，营养状况也十分糟糕；而建筑物则不是被大火摧毁，就是受损严重，亟待维修。[14] 困扰他父亲的老大难问题依旧没有得到解决：勃兰登堡没有武装力量，无法确保国家的独立地位。施瓦岑贝格建立的那支规模有限的军队早已不复存在，重新组建军队的经费也没有着落。1644年，枢密院的顾问官，曾任选帝侯导师的约翰·弗里德里希·冯·洛伊希特马尔撰写了一份报告，总结了勃兰登堡面临的困境：他预测波兰只要恢复元气，感到自己的实力已经足够强大，就会马上占领普鲁士；波美拉尼亚被瑞典占领的现状很可能不会改变；在西方，尼德兰联省共和国控制着克莱沃公国。勃兰登堡正站在"悬崖边上，随时都有可能堕入深渊"。[15]

为了重新确立国家的独立，为了有效地主张自己对各个领地的所有权，选帝侯需要一支既能灵活应变，又纪律严明的作战部队。建立这样一支武装力量成了弗里德里希·威廉在位时念念不忘的重大事项之一。勃兰登堡的陆军部队虽然扩编的速度不太稳定，但兵力一直在急速增长，从1641—1642年时的3 000人增长到了1643—1646年时的8 000人，到了1655—1660年的北方战争①期间又增长到了2.5万人，最终在1670年代的法荷战争期间增长到了3.8万人。在弗里德里希·威廉在位的最后十年间，这支军队的兵力一直都在2万人到3万人之间波动。[16] 弗里德里希·威廉借鉴法国、尼德兰、瑞典、神圣罗马帝国的经验，集各国之所长，改进军队的战术训练和武器装备，把勃兰登堡的军队变成了一支紧跟欧洲军事创新前沿的作战部队。步兵不仅淘汰了长枪，不再使用长枪兵，还改进了火器，用重量更轻、射速更快的燧发枪替代了笨重的火绳枪。炮兵部队实现了火炮口径的

---

① 这次战争发生在瑞典、波兰－立陶宛联邦、俄国、勃兰登堡－普鲁士、神圣罗马帝国等国之间，为区别于1563—1570年的北方七年战争和1700—1721年的大北方战争，也被称为第二次北方战争。——编者注

标准化，变得能够效仿瑞典人开创的先例，可以更加灵活有效地运用野战炮。军校成立后开始训练军官，让军队拥有了一个标准的职业化核心团体。一系列举措改善了服役条件，包括为伤残和退役的军官提供生活保障，使得军队的指挥架构更稳定。上述改进反过来又增强了普通士兵的凝聚力和士气，到了1680年代，勃兰登堡的军队已经变成了一支因为军纪严明、逃兵率极低而享誉国际的武装力量。[17]

弗里德里希·威廉在位初期为了完成特定战役的作战任务而临时组建的部队渐渐演变成了一支可以称为常备军的武装力量。1655年4月，弗里德里希·威廉设立了战争总署署长（Generalkriegskommissar）一职，命令这一职位的担任者效仿勒·泰利耶和卢瓦侯爵[①]不久前刚刚在法国设立的军事管理体系，以相同的方式管理军队的资金及其他资源。最开始时，设立战争总署只是战争时期的临时措施，后来战争总署才成了全国性的常设机构。1679年之后，在波美拉尼亚出身的贵族约阿希姆·冯·格伦布科的领导下，战争总署把职权范围扩张到了霍亨索伦王朝统治的所有土地，渐渐地取代了等级会议任命的官员，开始履行在地方上征收军费、维持军纪这两项一直以来都由等级会议履行的职责。尽管到了1688年弗里德里希·威廉去世的时候，战争总署和直属领地官房（Amtskammer）仍然都只是规模相对有限的政府机构，但到了他的后继者在位的时候，这并没有妨碍这两个机构在勃兰登堡－普鲁士加强中央集权的过程中起到重要作用。战争机器和类似国家的中央权力机构在发展过程中相辅相成是一种全新的现象，只有在把战争机器与其在传统上一直都赖以为基础的地方贵族完全剥离开来之后才能出现。

在三十年战争结束后的数十年间，北欧仍然战端不断，经常爆

---

① 此处指米歇尔·勒·泰利耶、弗朗索瓦·米歇尔·勒·泰利耶父子，他们先后担任法国的陆军大臣，在法国推行军事改革。

发激烈的军事冲突，所以对勃兰登堡来说，拥有这样一支令人望而生畏的武装力量意义十分重大。弗里德里希·威廉在位时，两位外国统治者就像两片挥之不去的巨大阴影，一直影响着勃兰登堡的对外政策。第一片阴影是瑞典国王卡尔十世。卡尔是一位闲不下来，不达目的誓不罢休的君主，他一直都有对外扩张的企图，似乎决意超过声名赫赫的前任国王古斯塔夫·阿道夫。他入侵波兰，引发了1655—1660年的北方战争。他原本的计划是，首先征服丹麦和波兰，占领普鲁士公国，然后率领大军南下，像古代的哥特人那样洗劫罗马，但实际情况却是，瑞典在他的领导下陷入战争的泥潭，用了足足五年的时间来争夺对波罗的海沿岸地区的控制权。

1660年，卡尔十世去世，瑞典的国力开始衰退，此后法国国王路易十四成了笼罩勃兰登堡政治视野的第二片阴影。1661年，枢机主教马萨林去世后，开始亲政的路易迅速扩大法国战时武装部队的规模，令法国的总兵力从7万增长到了（1693年时的）32万。他利用强大的军事实力发动了一系列战争，比如1667—1668年与西属尼德兰的战争，1672—1678年与尼德兰联省共和国的战争，以及1688年与普法尔茨选侯国的战争，最终确立了法国在西欧的霸权地位。

在如此危险的国际环境中，弗里德里希·威廉麾下的那支规模不断壮大的军队成了无价之宝。1656年夏，他率领一支兵力8 500人的部队，与卡尔十世合兵一处，在华沙之战（7月28日—30日）中击败了由波兰人和鞑靼人组成的规模庞大的联军。[18] 1658年，他改变阵营，与波兰、奥地利结盟，共同对抗瑞典。1658—1659年，旨在对抗瑞典的勃兰登堡-波兰-帝国联军组建完成之后，大选侯被任命为指挥官，从一个侧面证明，他在区域政治中的地位正在变得越来越重要。联军发起了一系列成功的攻势，先是在石勒苏益格-荷尔斯泰因、日德兰克敌制胜，之后又在波美拉尼亚高奏凯歌。

第三章　非同寻常的德意志之光　　057

1675年，弗里德里希·威廉独自率军，在费尔贝林之战中击败瑞典，这是他在位期间最为激动人心的军事成就。法荷战争期间，勃兰登堡加入了旨在限制路易十四对外扩张政策的反法联盟。1674—1675年，弗里德里希·威廉与奥地利的军队一起在莱茵兰作战时，瑞典国王乘虚而入，以获得法国提供的军费补助为目的，派出一支由卡尔·古斯塔夫·弗兰格尔将军率领，兵力1.4万的军队，入侵了勃兰登堡。瑞典的行径唤醒了三十年战争期间的惨痛回忆：瑞典军一如既往，在位于柏林北方的乌克马克纵兵为祸，该地区不幸的居民深受其害。得知瑞典入侵的消息后，弗里德里希·威廉勃然大怒。"我无法做出别的决定，"2月10日那天，他对奥托·冯·什未林说，"必须报仇雪恨，惩罚那帮瑞典人。"他虽然因痛风而卧床不起，但仍然火冒三丈地接连发送措辞严厉的紧急命令，要求所有的臣民，"无论是不是贵族"，都必须"手刃所有的瑞典入侵者，只要抓住了瑞典人，就要拧断他们的脖子［……］不得手下留情"。[19]

5月末，弗里德里希·威廉在弗兰肯与勃兰登堡的军队会合，之后率领全军以每周超过100千米的速度急行军，于6月22日抵达了距离瑞典军队司令部所在地哈弗尔贝格城只有90多千米的马格德堡。勃兰登堡军的指挥层向马格德堡周围的居民打探情报，得知瑞典人分散部署在哈弗尔河对岸，并且在哈弗尔贝格、拉特诺、哈弗尔河畔勃兰登堡这三座要塞城市集中了一定的兵力。由于瑞典人一直都没有发现勃兰登堡的军队已经近在眼前，弗里德里希·威廉和麾下的指挥官格奥尔格·德夫林格决定攻其不备，派出一支兵力仅7 000人的骑兵部队发动奇袭，攻击瑞典人设在拉特诺的据点；此外，他们还命令1 000名火枪兵乘坐马车，跟随骑兵部队一起发动攻击。滂沱的大雨和泥泞的道路虽然降低了奇袭部队的行军速度，但同时也提供了掩护，导致驻扎在拉特诺的瑞典军没有发现任何异常，没能提高警惕。

6月25日清晨，勃兰登堡军发起攻击，只付出了极小的伤亡代价，就消灭了拉特诺的瑞典驻军。

弗里德里希·威廉攻下拉特诺后，瑞典军的阵线被截成了两段，为费尔贝林之战这场他在位时最为著名的战斗搭好了舞台。为了合兵一处，避免被各个击破，驻扎在哈弗尔河畔勃兰登堡的瑞典军撤出城市，取道乡间，意图向西北方迅速前进，与驻扎在哈弗尔贝格的主力部队会合。然而，瑞典军低估了撤退的难度，因为春夏时节的哈弗尔兰大雨如注，沼泽地被大水淹没，变成险恶的泽国，一片汪洋之中只有像小岛一样露出水面的草地、沙洲，狭窄的堤道在其间纵横交错。在当地向导的带领下，选帝侯的先头部队堵住了离开哈弗尔兰的主要通道，迫使瑞典军后撤至林河岸边的小镇费尔贝林。抵达费尔贝林后，瑞典军的指挥官弗兰格尔将军命令手下的1.1万名士兵摆出防御阵形，将7 000名瑞典步兵布置在阵地的正中央，骑兵则在两翼。

面对兵力多达1.1万的瑞典军，选帝侯身边只集结了大约6 000名士兵（包括绝大部分步兵在内，勃兰登堡军有相当一部分作战力量没能赶到战场）。此外，瑞典军的野战炮数量也相当于勃兰登堡军的三倍。然而，选帝侯抓住了一个战术上的机会，弥补了己方在兵力上的劣势。弗兰格尔指挥失误，没能占领一个地势不高，却能俯视瑞典军右翼的沙丘。选帝侯立即把己方全部的13门野战炮部署在沙丘上，开始轰击瑞典军的阵线。发现自己犯下大错后，弗兰格尔命令瑞典军右翼的骑兵在步兵的支援下占领沙丘。接下来的几个小时，骑兵对攻成了战斗的焦点，骑兵的冲锋、反冲锋好似潮起潮落一般，瑞典军不断尝试夺过敌军的野战炮，结果一次又一次地被勃兰登堡的骑兵击退。所有这类交锋都笼罩在情报缺失造成的战争迷雾中，而在这场战斗中，哈弗尔兰沼泽地夏季真实的浓雾让战场的局势变得更加扑朔迷离。双方的指挥官都很难协调己方的作战力量。瑞典军的骑兵首先败下阵来，逃离战场，令瑞典军的一支名叫多尔维希近卫团的步兵部队成了勃兰登堡骑兵的刀下鱼肉。这个总兵力为1 200人的近卫团只有20人逃离战场、70人成为俘虏，其余的士兵全都变成了刀下鬼。[20]次日，勃兰登堡军驱逐了一小支瑞典占领军，攻占了费尔贝林镇。瑞典人兵败如山倒，四散而逃，想要穿过勃兰登堡边区回到安全地带。在瑞典军向北逃窜的过程中，沿途的农民抓住这个报仇雪恨的机会，砍杀了大量的瑞典军，因此死亡的瑞典军人数甚至有可能超过了在战场上战死的人数。一份当时的报告指出，在距离勃兰登堡与波美拉尼亚边境不远的维特施托克镇周围，农民屠杀了包括数名军官在内的300个瑞典官兵，"尽管好几个军官出价2 000塔勒，求农民饶自己一命，但报仇心切的农民还是砍了他们的脑袋"。[21]由此可见，"瑞典恐怖"仍然在老一代人的记忆里十分鲜活，影响到了勃兰登堡的臣民对待瑞典入侵者的态度。7月2日，所有没有被俘、被杀的瑞典入侵者全都逃离了选侯国的领土。

对选帝侯和他的随从来说，诸如华沙之战、费尔贝林之战等胜利具有巨大的象征意义。在那个年代，军事成就会带来赫赫威名，勃兰登堡军队的胜利极大地增强了其创立者的威望和声誉。在华沙之战中，弗里德里希·威廉经常出现在战斗最激烈的地方，接二连三地冒着被敌军炮火击中的危险指挥战斗。后来他用文字回顾了战斗的过程，命人在海牙将其出版发行。在萨穆埃尔·普芬多夫为弗里德里希·威廉的统治时期编写的史书中，这份记录成了与华沙之战相关的篇章的依据——普芬多夫编写的这部史书全面而复杂，标志着勃兰登堡记述历史的方式进入了一个全新阶段。[22]这一切都表明，勃兰登堡的统治者已经具有了更高的历史自觉性，开始主动地创造、叙述自己的历史。路易十四为后继者撰写了一份"国王回忆录"，在回忆录中指出，每一位国王都有责任向"所有的后来者"解释自己的所作所为。[23] 大选侯虽然从未像与自己生活在同一历史时期的路易十四那样，以编写史书的方式来为自己创造个人崇拜式的历史记忆，但他同样开始主动想象后人将会如何看待自己，如何评价自己取得的成就。

在 1656 年的华沙之战中，勃兰登堡的军队证明了自己是一支斗志昂扬、可以依赖的友军；在 19 年后的费尔贝林之战中，选帝侯的军队虽然兵微将寡，为了赶到战场，还不得不急行军，却仍然在没有任何外援的情况下击败了在欧洲令人闻风丧胆的瑞典军队。在这场战斗中，55 岁高龄、身体已经发福的选帝侯仍然身先士卒，出现在战斗最为激烈的地方。他与麾下的骑兵一起，向瑞典军的阵线发起冲击，结果陷入重重包围，多亏了手下的九个龙骑兵拼死相救，才得以脱离险境。勃兰登堡取得费尔贝林之战的胜利后，出版物中第一次出现了"大选侯"这一尊称①。在 17 世纪的欧洲，大报时常歌功颂德，宣扬统治者的伟大，因此大选侯的尊称本身并没有什么格外引人注目的地方。然而，与许多其他近代早期出现的带有"大"字的尊称（包括没能流传开来的"路易大王"——这是奉承太阳王的小册子作家想出来的尊号；奥地利的"利奥波德大帝"；"伟大的马克西米利安"——现在，只有死硬的巴伐利亚君主主义者才会使用这个尊称）不同的是，大选侯的尊称存留了下来，令选帝侯弗里德里希·威廉成了近代早期唯一的没有帝王的头衔，但直至今日仍然被广泛地用带有"大"字的尊称称呼的统治者。

此外，费尔贝林之战还把历史与传说牢牢地联系到了一起。这场战斗铭刻在了人们的记忆中。剧作家海因里希·冯·克莱斯特把费尔贝林之战当作戏剧《洪堡伯爵》（*Der Prinz von Homburg*）的背景，对历史记录进行了戏剧化的改编，讲述了一位军官如何因为不听命

---

① 费尔贝林之战结束后，斯特拉斯堡（当时仍然是一座德意志城市）的一个书商出版了一首庆祝胜利的歌谣，把弗里德里希·威廉尊为"大选侯"。

令，擅自向瑞典军的阵地发起冲锋，虽然取得了战斗的胜利，却仍然被判处死刑，之后又讲述了这位军官如何刚一承认自己罪有应得，就得到了选帝侯的赦免。无论是对勃兰登堡的臣民，还是对后世的普鲁士臣民，弗里德里希·威廉之前的选帝侯全都是神秘莫测的古人，与他们相关的一切早已消失在了历史的长河之中，而"大选侯"则截然不同，被奉为三位一体的开创者，获得了超凡的人格，不仅象征着一个国家的历史，同时也是让这个国家的历史变得有意义的存在。

## 盟友

"盟友固然好处不少，"弗里德里希·威廉在 1667 年时写道，"但拥有属于自己的、能够靠得住的力量仍然要比盟友管用得多。统治者要想得到尊重，就必须拥有属于自己的军队和资源。感谢上帝，多亏了这二者，我才成了举足轻重的人物。"[24]这段以文字的形式记录下来的感悟很有道理，其目的是为大选侯将要继承选帝侯之位的儿子提供指导。到了第二次北方战争结束的时候，弗里德里希·威廉已经成了一位不可小觑的统治者。他变成了极有价值的结盟对象，想要与他结盟的国家都必须提供巨额的补助金。此外，他还成了区域内重大和平协议的主要参与者——任何一个在他之前统治勃兰登堡的选帝侯都没能获得如此重要的地位。

1640 年之后，勃兰登堡之所以能够恢复国力，开始对外扩张，强大的军事实力只是一个因素而已。即便是在勃兰登堡拥有一支足够强大的武装力量，可以在区域冲突中打破势力均衡之前，弗里德里希·威廉也能仅仅凭着利用国际秩序来获得大片领土。在 1648 年的《威斯特伐利亚和约》中，勃兰登堡之所以能够成为大赢家，完全是因为法国的支持。法国正在德意志诸国中寻找盟友，用来为本国对抗奥地利的政策提供支持，所以设法帮助弗里德里希·威廉与（法国的盟友）瑞典达成妥协，让勃兰登堡获得了东波美拉尼亚的土地（不包括奥得河）。接下来，法国又与瑞典一起，共同向神圣罗马帝国的皇帝施压，迫使他把哈尔伯施塔特主教区、明登主教区、马格德堡主教区①的土地划给勃兰登堡，作为对仍然被瑞典占领的那部分波美拉尼亚土地的补偿。在弗里德里希·威廉长达48年的统治中，这几块通过和平条约得到的土地是最重要的对外扩张成果，面积远超通过其他手段得到的土地。1648年的和约生效后，霍亨索伦王朝的领土以阿尔特马克的西境为起点，呈弧形延伸到波美拉尼亚海岸线的最东端——此后，勃兰登堡的核心腹地与普鲁士公国之间的距离缩小到了不到120千米。勃兰登堡的面积在历史上首次超过了邻国萨克森，成为德意志诸国中第二大的，仅次于哈布斯堡君主国。这一切都是弗里德里希·威廉在勃兰登堡的军队仍然规模极小，几乎无法对地区局势造成影响的时候完成的，整个过程未放一枪一炮。

　　1657年时，勃兰登堡获得普鲁士公国完全主权的过程与上述过程有着异曲同工之妙。首先必须指出的一点是，在1655—1660年的北方战争中，选帝侯的军队不断壮大，总兵力达到了2.5万人。选帝侯先是与瑞典并肩作战，之后又加入了波兰-帝国联军的阵营，从而得以和远在东方、易受攻击的普鲁士公国保持联系，不被参战国从中阻断。1656年，瑞典与勃兰登堡的联军取得华沙之战的胜利后，卡尔十世放弃了占领普鲁士公国进而将其并入瑞典的想法，同意把公国的全部主权让给勃兰登堡。然而，到了瑞典军吃了败仗，被赶回丹麦之后，卡尔十世的承诺变成了空头支票——瑞典失去了决定普鲁士公国主权归属的资格。这样一来，问题的关键就变成了如何让波兰人

---

① 按照《威斯特伐利亚和约》的规定，哈尔伯施塔特主教区、明登主教区、马格德堡大主教区在现任的大主教去世后将世俗化且并入勃兰登堡。

同样像瑞典人那样,承认勃兰登堡拥有普鲁士公国的全部主权。与之前一样,选帝侯虽然并不能控制国际局势的发展,却仍然成了国际局势的受益者。波兰国王与俄国沙皇的关系恰巧在这个当口上发生危机,导致波兰-立陶宛王国的土地随时都有可能遭到俄国的进攻。所以,波兰国王扬·卡齐米日急于瓦解勃兰登堡与瑞典的同盟关系,从而消除勃兰登堡造成的军事威胁。

更加巧合的是,神圣罗马帝国的皇帝斐迪南三世于1657年4月驾崩,让弗里德里希·威廉获得了以选帝侯的选票为条件,要求哈布斯堡王朝在普鲁士公国的问题上让步的机会。哈布斯堡王朝不出所料,果然开始向波兰国王施压,要求他承认勃兰登堡的选帝侯拥有普鲁士公国的主权,而由于只要瑞典或俄国再次入侵,波兰就需要依靠奥地利的支持,所以哈布斯堡王朝的这个要求难以抗拒。1657年9月1日,波兰与勃兰登堡在韦劳签订秘密条约,① 按照条约的规定,波方同意将普鲁士公国的"全部主权"让与勃兰登堡的选帝侯,"不含先前的附加条件",而选帝侯则承诺帮助扬·卡齐米日共同对抗瑞典。[25] 没有什么能比这一纸条约更充分地展示出,影响勃兰登堡对外扩张机会的机制有多么复杂,在多大程度上受到了地缘政治的影响。签订秘密条约的时候,弗里德里希·威廉已经组建了一支兵力强大的军队,能够成为强而有力的盟友,这的确是一个十分重要的有利因素,但真正让普鲁士公国的主权问题以对勃兰登堡有利的方式画上句号的,并不是选帝侯本人付出的努力,而是当时的国际局势。

反之,如果勃兰登堡的目标得不到国际局势的支持,那么单方面使用武力的做法,哪怕在军事上取得了成功,最终也会一事无成。1658—1659年,弗里德里希·威廉作为指挥官,率领由奥地利、波

---

① 此条约为《韦劳条约》,又称《布龙贝格条约》。韦劳今属俄罗斯加里宁格勒州,称兹纳缅斯克。——编者注

兰、勃兰登堡三国的军队组成的联军与瑞典作战,取得了极大的成功,可谓连战连捷,先是在石勒苏益格-荷尔斯泰因、日德兰克敌制胜,之后又在波美拉尼亚高奏凯歌。到了1659年,攻势结束的时候,勃兰登堡的军队已经占领了除沿海城市施特拉尔松德、斯德丁之外,瑞属波美拉尼亚的所有土地。然而,这一连串的胜利并不足以让选帝侯在他得到的波美拉尼亚那饱受争议的部分土地上站稳脚跟。由于法国出面干涉,表明了支持瑞典的立场,《奥利瓦和约》(1660年5月3日)只是在总体上认同了波兰三年前在韦劳对勃兰登堡做出的让步。换言之,选帝侯虽然加入了反瑞典联盟,但除了让自己对普鲁士公国的主权得到更为广泛的国际承认之外,勃兰登堡没能从中捞到任何好处。勃兰登堡的选帝侯能够从上述事件中进一步总结出这样一个经验教训(如果他对这一点还没有了解的话),即在国际体系中,实力较弱的国家无法依靠自身的力量凌驾于现有的国际秩序之上。

1675年,勃兰登堡在费尔贝林之战中击败瑞典之后,一模一样的事情再次上演。选帝侯用了整整四年的时间,经历了令人精疲力竭的战争,终于把所有的瑞典人都赶出了西波美拉尼亚,但这却仍然不足以让他获得对这一地区的所有权,原因是路易十四并不打算让法国的盟友瑞典变成任由勃兰登堡宰割的鱼肉。法荷战争接近尾声时国力日渐强盛的法国态度十分坚决,提出勃兰登堡必须把被占的波美拉尼亚土地全部交还给瑞典。维也纳方面也支持法国的要求:哈布斯堡王朝的皇帝压根就不希望"波罗的海之滨出现一个新的汪达尔人[①]的国王";比起一个强大的勃兰登堡,他更希望与一个国力衰弱的瑞典为邻。[26]1679年6月,选帝侯虽然火冒三丈,却无能为力,最终只得放弃自己为之奋战多年的西波美拉尼亚,授权特使与法国签订《圣日耳

---

① 汪达尔人是古日耳曼人的一支,曾经在5世纪时攻陷罗马。

曼和约》。

勃兰登堡旷日持久的奋力抗争只获得了令人心灰意冷的结果，这再一次证明，勃兰登堡虽然付出了巨大的努力，取得了不小的成就，却仍然只是一个小角色，决定结果的还是国际舞台上的主角们。尽管在波兰与瑞典之间的地区性冲突中，弗里德里希·威廉利用双方力量对比的变化，取得了一些成功，但到了国际冲突直接涉及霸权国家利益的时候，他就束手无策了。

要想有效地利用国际秩序，就意味着必须在正确的时刻加入正确的阵营，而这又意味着，一旦当前的盟友变成了累赘，甚至只是显得不合时宜，就必须立即改变阵营。从1660年代末到1670年代初，弗里德里希·威廉一直都在法国与奥地利之间疯狂地来回摇摆。1670年1月，在经过长达三年的协商，达成了一系列的协议之后，勃兰登堡终于与法国签订了为期十年的盟约。然而，到了1672年夏，由于法国出兵攻打联省共和国，在此过程中入侵克莱沃公国，一路烧杀抢掠，选帝侯马上改变策略，向神圣罗马帝国的利奥波德皇帝伸出了橄榄枝。1672年6月末，双方签订盟约，规定勃兰登堡将会与皇帝一起出兵，确保神圣罗马帝国的西部边境免遭法国入侵。然而，到了1673年夏，选帝侯又一次开始与法国商讨结盟的可能性；同年秋，以利奥波德皇帝、联省共和国、西班牙的三方同盟为核心的全新反法联盟成立之后，他又开始渐渐向反法联盟靠拢。到了弗里德里希·威廉在位的最后几年，勃兰登堡的对外政策再一次显露出见风使舵的模式。勃兰登堡一方面接连与法国签订了一系列盟约（1679年10月、1682年1月、1684年1月），另一方面又在1683年派出一支部队，协助哈布斯堡王朝击退围攻维也纳的土耳其军队。到了1685年8月，弗里德里希·威廉又和联省共和国签订了一份大部分条款都针对法国的盟约（与此同时，他又不断地给法国打包票，宣称自己对法国绝对忠诚，不断地要求法国按时支付补助金）。

奥地利的军事战略家蒙特库科利伯爵有这样一句至理名言："结盟的本质是，只要缔约的一方感到任何不便，盟约就会变成一纸空文。"[27]然而，即便是在那个把盟约看作短期应急措施的历史时代，弗里德里希·威廉"狂乱的出尔反尔"也显得与众不同。只不过，他的表现虽然看似癫狂，实际上却有理可循。为了解决不断壮大的军队所产生的军费问题，弗里德里希·威廉必须不断地获得其他国家提供的补助金。不断地改变结盟对象会迫使有可能成为盟友的国家竞相出价，从而抬升结盟的要价。弗里德里希·威廉朝秦暮楚的做法，同样也反映出勃兰登堡维护国家安全的需求十分复杂。要想在西边维护领土完整，就必须与法国和联省共和国保持友好的关系；要想维护普鲁士公国的领土完整，与波兰的友好关系就必不可少；要想保证勃兰登堡整个波罗的海沿海地区的领土安全，就必须遏制住瑞典；在神圣罗马帝国的内部，要想维持选帝侯的地位，实现选帝侯对继承权的主张，就必须与皇帝保持友好（至少也要说得过去）的关系。所有这些需求都在不同的节点交织在一起，形成了一个决策网络，不断地生成难以预测、瞬息万变的结果。

上述问题在大选侯在位的时候尤其令人头疼，但这并不意味着到了大选侯去世后，问题就会迎刃而解。在之后的历史中，普鲁士的君主、政治家一次又一次，必须在相互矛盾的结盟对象间做出艰难的抉择。这个难题令君主身边的决策层承受了相当大的压力。举例来说，1655—1656年冬，北方战争刚刚开始的时候，选帝侯举棋不定，无法决定应当加入哪一个阵营，结果不仅他身边的大臣、顾问官分成了"瑞典派""波兰派"，就连他的家人也出现了意见分歧。面对朝中犹豫不决、意见不合的气氛，选帝侯身边最具权势的一位顾问官下了这样一个结论：选帝侯和他手下的谋臣"想要他们不想要的东西，

第三章 非同寻常的德意志之光

做了他们认为自己不会做的事情"[28]——不仅前一代选帝侯格奥尔格·威廉经常遭受类似的指责,勃兰登堡后世的许多君主也经常因此而遭人指摘。决策机构时不时地发生内部分裂,形成不同的派别,支持水火不容的观点,是普鲁士政治始终难以改变的一个结构性特征。

波美拉尼亚出身、信奉加尔文宗的枢密院顾问官保罗·冯·富克斯提出,选帝侯不应与任何一个结盟对象建立长久的盟友关系,而是应当始终奉行"钟摆政策"(Schaukelpolitik)[29]——弗里德里希·威廉正是听取了他的建议,才会像上文叙述的那样,在盟友之间反复摇摆。就这一点而论,弗里德里希·威廉的做法与前代选帝侯截然不同,是一个意义重大的突破:虽然格奥尔格·威廉也会在维也纳和斯德哥尔摩之间左右摇摆,但他每一次调整对外政策,都是因为受到了外界的压力。"钟摆政策"一词意味着勃兰登堡开始主动选择反复无常的对外政策,与格奥尔格·威廉的做法形成了鲜明的对比,而这则又意味着,勃兰登堡的选帝侯变得越来越不看重向皇帝效忠的义务。1670年代,勃兰登堡与哈布斯堡王朝一次次想要建立盟友关系,共同应对法国造成的威胁,结果反倒把两国在地缘政治利益上的巨大分歧暴露得一览无余(直到19世纪,无法在地缘政治利益上达成一致一直都是困扰奥地利、普鲁士双边关系的一大难题)。奥地利的朝廷不止一次用实际行动证明,对哈布斯堡王朝来说,挫败勃兰登堡选帝侯的雄心大志是正合心意的事情。一想到勃兰登堡遭到的冷待,弗里德里希·威廉就怒发冲冠。1679年8月,得知维也纳支持把西波美拉尼亚归还给瑞典的方案后,他对枢密院的首席大臣奥托·冯·什未林说道:"你心里很清楚,皇帝和帝国是怎样对待寡人的。既然他们首先背信弃义,让寡人独自面对敌人,那么除非他们的利益与寡人的利益一致,寡人也就没必要顾及他们的利益了。"[30]

然而,与此同时,弗里德里希·威廉不愿破釜沉舟,与维也纳彻底决裂，这同样引人注意。他始终都是神圣罗马帝国忠诚的选侯，在1657年的皇帝选举和之前所有预选中，他一直都支持哈布斯堡王朝的候选人利奥波德一世。[31]17世纪时，在勃兰登堡的旗帜上，象征霍亨索伦王朝的雄鹰胸前有一面盾牌，盾牌上一直都画着代表帝国世袭宫务大臣地位的金色权杖，骄傲地展示着选帝侯在帝国礼制中的重要地位。在弗里德里希·威廉看来，帝国是自己所领之地未来福祉不可或缺的守护者。帝国的利益当然并不等同于哈布斯堡王朝皇帝的利益，所以弗里德里希·威廉心里也十分清楚，有些时候，要想守护帝国的制度习俗，就必须与皇帝针锋相对。尽管如此，对勃兰登堡来说，皇帝仍然一直都是茫茫星海中的北极星。1667年，弗里德里希·威廉在写给后继者的"父亲的教导"中指出，"你应当时刻牢记，必须尊重皇帝和帝国"，这一点十分重要。[32]勃兰登堡的选帝侯一方面满腹怨气，想要反抗皇帝；另一方面又积习难改，极其尊重（至少是不愿推翻）帝国的制度习俗。这两者的奇特组合是普鲁士对外政策的另一大特征，一直持续到了18世纪末期。

## 主权

1663年10月18日，身着盛装的等级会议代表在柯尼斯堡的城堡前齐聚一堂，准备向勃兰登堡的选帝侯宣誓效忠。宣誓仪式庄严肃穆，选帝侯身披猩红色的披风，站立在高台之上，身后是普鲁士公国的四位重臣，他们各自拿着一个象征普鲁士公爵权力的标志：公爵的头冠、一把宝剑、一根权杖、一柄元帅的指挥杖。仪式结束后，城堡敞开大门，按照传统的要求，展示君王的慷慨，迎接八方来客。等在门外的市民一拥而入，加入庆祝的行列，宫中的内侍则开始向人群抛撒黄金和白银打造的纪念章。一座仿照霍亨索伦王朝的雄鹰形象打造的喷泉设有两个喷水口，分别用来喷洒红葡萄酒、白葡萄酒，终日不息。宫殿的接待厅内安放了二十张摆满珍馐美馔的大桌子，用来招待前来参加仪式的等级会议代表。[33]

仪式的编排方式不禁让人回想起古老的传统。在西欧，自12世纪起，向君主宣誓效忠一直都是展现君权的一个必不可少的方式。效忠是一个法律程序，象征着君主与臣民之间的宪政关系由此"实现、巩固、长存"。[34]等级会议的代表按照历史悠久的传统，跪拜在选帝侯的面前，左手横放在胸前，右手举过头顶，伸出拇指、食指、中指，立下誓言，承诺他们"在任何可以想象的情况下"，都不会断绝自己与新君主的君臣关系。据说，在仪式中，右手伸出的拇指、食指、中指分别代表圣父、圣子、圣灵；"在握在拳中的另外两根手指中，无名指代表潜藏在人类心中的宝贵灵魂，而小拇指则代表重要性不及灵魂的肉体"。[35]在效忠仪式上，具体的政治从属行为就这样与人类对上帝的永久服从融为一体。

这种借用历史悠久的传统的做法并不足以掩饰霍亨索伦王朝的权威在普鲁士公国立足未稳的现实。1663年，等级会议的代表在柯尼斯堡立下效忠誓言的时候，选帝侯对普鲁士公国的合法主权刚刚尘埃落定。尽管三年前的《奥利瓦和约》正式承认了选帝侯对普鲁士公国的主权，但从那一刻起，它就遭到了公国居民的极力反对。柯尼斯堡城出现了群众运动，反对选帝侯的行政管理机构在城内确立权力的做法。直到选帝侯当局逮捕了一位领导运动的政治人物，并且派出军队，用大炮瞄准市中心后，城内才终于恢复了秩序，为和解的达成创造了条件，促成了1663年10月18日那天在宫中举行的确认协议生效的隆重仪式。然而，仅仅过了不到十年的时间，选帝侯当局就又一次遭到了柯尼斯堡城的公然反抗，不得不再次派兵围城。在三十年战争结束后的数十年间，选帝侯当局与地方特权的守护者之间冲突不断,这种现象不仅在普鲁士公国十分普遍,在克莱沃公国也时有发生,甚至就连勃兰登堡都不例外。

君主与等级会议之间的冲突绝非不可避免的。从本质上讲,君主与贵族之间是相互依存的关系。贵族阶层负责管理地方事务,收取税款。此外,他们还会向君主提供借款——例如,1631年,格奥尔格·威廉把名下的两块直属领地当作抵押物,从一个名叫约翰·冯·阿尼姆的勃兰登堡贵族那里获得了5万塔勒的借款。[36]贵族的财富为君主提供了借款担保,而到了战争的时候,贵族更是要提供战马和士兵,帮助君主守卫国土。然而,在17世纪,君主与贵族之间的这种相互依存关系遭到了越来越强烈的冲击。君主与等级会议之间的冲突似乎已经不再是个别情况,而是变成了常态。[37]

从本质上讲,君主与等级会议之间之所以会爆发冲突,原因是双方看问题的角度并不一样。弗里德里希·威廉不得不一次又一次地向等级会议和他们所代表的地区重申,他们应当把自己视为整体的一部分,所以君主无论是想要保卫自己统治的任何一块土地,还是试图主张对某一片土地的合法主权,他们都必须全力配合。[38]然而,由于等级会议一直都认为从宪政制度上讲,不同的地区全都是选侯国独立的组成部分,相互间不存在任何横向的绑定关系,只与选帝侯存在自上而下的从属关系,所以等级会议完全不会从这种全局的角度看问题。在勃兰登堡边区的等级会议看来,克莱沃公国、普鲁士公国全都是"外省",勃兰登堡完全没有理由为这些省份浪费资源。[39]同样,弗里德里希·威廉争夺波美拉尼亚的战争也只是君王之间的私人"恩怨",在勃兰登堡的等级会议看来,选帝侯无权为了赢得这场战争而动用臣民辛辛苦苦积攒起来的财富。

等级会议认为,选帝侯应当持之以恒,严格遵从等级会议的"独有特权、自由、条约、采邑豁免权、婚姻协议、领地契约、古老的传统、法律与正义"。[40] 在等级会议的精神世界里，主权是混合且相互重叠的。克莱沃的等级会议不仅一直都保留着派驻海牙的外交代表，直到1660年才撤销代表处，在遇到柏林方面的非法干涉时，还会向尼德兰联省共和国、帝国议会求助，有时甚至连维也纳当局也会成为求助的对象。[41] 此外，克莱沃的等级会议还经常与马克伯国、于利希公国、贝格公国的等级会议通气，商讨如何应对（和拒绝）选帝侯的要求。[42] 普鲁士公国的等级会议倾向于把邻近的波兰视作等级会议古老特权的守护者。选帝侯手下的一位高官气急败坏，宣称普鲁士等级会议的领导层是"波兰人的好邻居"，"完全不关心应当如何守护［他们自己的］国家"。[43]

弗里德里希·威廉的野心越来越大，没过多久，就引发了与等级会议的激烈冲突。他重用几乎全都信奉加尔文宗的外国人，让他们在各地担任权力最大的行政官员，冒犯了大多信奉路德宗的贵族阶层。这样的做法侵犯了贵族阶层珍视的"出生地权"（Indigenat）。"出生地权"是一项在勃兰登堡的所有省份都历史悠久的宪政传统，其主旨是只有"本地人"才有资格在地方行政机构任职。常备军同样是一个十分敏感的问题。等级会议之所以反对建立常备军，不仅是因为这会产生大量的军费开支，还因为等级会议把持的古老的地方民兵体系也会被取代。在普鲁士公国，常备军问题尤其事关重大，原因是民兵体系备受珍视，象征着公国古老的自由权利。1655年，选帝侯当局的行政管理机构提出建议，认为应当废除民兵，用直接接受柏林指挥的常备军取而代之，结果遭到了等级会议的强烈反对。等级会议宣称，如果传统的方式不足以守土卫国，那么君主就应当下令让"全体臣民赎罪、祈祷"数日，"求得上帝的庇护"。[44] 这和英格兰"乡村辉格党"的看法有着十分有趣的相似之处。"乡村辉格党"反对扩编常备军，请求政府保留由乡绅阶层控制的地方民兵力量，指出国家的对外政策应当由其武装力量决定，而不是相反。[45] 无论是在英格兰，还是在普鲁士公国，农村精英阶层的"乡村意识形态"都具有很强的影响力，兼具地方保护主义、守护"自由权利"、反对国家权力扩张的特点。[46] 1675年，英格兰出现了一本反对常备军的小册子，指出"贵族阶层和常备军就好似两个水桶，一个桶里面的水少了多少，另一个桶里的水就要多出来多少……"[47]——许多普鲁士贵族肯定会强烈赞同这个观点。

在选帝侯当局与等级会议的所有矛盾中，争议最大的当数税收问题。等级会议寸步不让，指出无论是征收金钱，还是以任何其他的方式征税，都必须事先获得等级会议代表的同意，否则收税就属于非法行为。然而，1643年之后，由于勃兰登堡开始越来越深入地参与区域内的强权政治，仅仅依靠旧有的财政机制已经无法满足中央政府的财政需求。[48] 1655—1688年，大选侯的军费支出总额高达5 400万塔勒。尽管大选侯接连不断地与其他国家签订盟约，利用外国政府提供的补助金解决了一部分军费问题，尽管大选侯自己名下的直属领地产生的收入同样可以提供一部分资金，尽管大选侯可以利用君主的特权，以提供邮政服务、铸币、征收关税等方式获得收入，但由于所有这些创收途径总共只提供了不到1 000万塔勒的军费，剩余的差额仍然必须以向国内各地区的民众征收税款的方式来弥补。[49]

在克莱沃公国、普鲁士公国，甚至是在作为霍亨索伦王朝核心腹地的勃兰登堡，等级会议都极力反对大选侯以征收新税的方式来为军队筹措军费。1649年，尽管大选侯谆谆告诫，指出自己统治的所有土地都已经变成了"由同一个头脑指挥的四肢"（membra unius capitis），所以自己必须像守卫"选侯国的一部分"那样保卫波美拉尼亚，但勃兰登堡的等级会议却仍然拒绝为旨在将瑞典军队逐出波美拉尼亚的作战计划提供军费。[50] 在克莱沃公国，由于富有的城市贵族仍然把大选侯当作外国干涉者,等级会议不仅恢复了克莱沃公国与马克伯国、于利希公国、贝格公国的传统"盟友关系",会议的主要发言人甚至还把当时的局势与几年前的英格兰内战相提并论,扬言会像议会派对待查理一世那样对待选帝侯。由于等级会议背后有联省共和国仍然驻扎在克莱沃公国的军队,弗里德里希·威廉宣称要采取"军事行政措施"的威胁基本上只是空话。[51] 选帝侯同样遭到了普鲁士等级会议态度坚决的抵抗。在普鲁士公国,等级会议一直独霸一方,会按时举行全体会议,牢牢地把控着中央及地方政府、民兵武装、公国的财政。此外,由于按照传统,普鲁士公国拥有向波兰国王申诉的权利,想要用武力恐吓的手段来迫使他们就范也绝非易事。[52]

1655—1660年的北方战争爆发之后,选帝侯与等级会议之间关于税收的争议达到了难以调和的程度。选帝侯一上来就使用武力胁迫的手段来消除等级会议的抵抗。他单方面地公布每年的征税额,采用军事"行政措施"来收取税款——克莱沃公国受的影响最为严重,在战争期间年平均捐税额的增幅超过了选帝侯统治的其他所有地区。等级会议中领头的反对者不是遭到威胁,就是被捕入狱。[53] 所有的抗议都被当成了耳边风。此时神圣罗马帝国总体的法律环境也在发生变化,动摇了地方精英主张特权的法律基础,弗里德里希·威廉因此而获益。由于帝国的选帝侯大都与自己国内的等级会议存在各式各样的冲突,皇帝迫于他们的压力,在1654年颁布法令,规定在神圣罗马帝国境内,所有的臣民"都有义务向君主提供必要的协助[……]帮助君主维持设防地点的驻军"。虽然把这道法令比作"专制主义的《大宪章》"也许有些言过其实,但可以肯定的是,这项法令是一个重要的转折点,标志着神圣罗马帝国的政治气候发生了不利于主张团体权利的变化。[54]

在所有以等级会议的权利为焦点的争议中,最为激烈的当数普鲁士公国的等级会议与选帝侯的矛盾。在普鲁士公国，北方战争的爆发同样激化了矛盾。1655年4月，弗里德里希·威廉召集普鲁士议会，想要就军费问题达成一致，但哪怕是到了8月，瑞典军队造成的威胁已经有目共睹的时候，等级会议也不愿让步，只同意提供不超过7万塔勒的军费——考虑到比普鲁士公国更为贫穷、人口更少的勃兰登堡当时每年都要向选帝侯提供36万塔勒的军事捐税，7万塔勒的金额确实微薄。[55]1655年冬，弗里德里希·威廉率军进入柯尼斯堡之后，局势发生了翻天覆地的变化。没过多久，强制征收就变成了惯例，普鲁士公国的军事捐税额急速增长，在1655—1659年达到了平均每年60万塔勒。当局进行了一连串的行政改革，让选帝侯能够绕过等级会议直接征税。两项最为重要的改革措施是：第一，成立权力极大，不仅可以管理财政事务，还能够征用臣民财产的战争署；第二，将博古斯拉夫·拉齐维尔侯爵任命为代表选帝侯的普鲁士总督，命令他监管手握权柄的最高委员会成员（Oberraäte），这些人传统上可以独立行事，代表等级会议统治普鲁士公国。

签订《韦劳条约》（1657年）、《奥利瓦和约》（1660年），获得对普鲁士公国的全部主权之后，弗里德里希·威廉下定了决心，要与普鲁士等级会议达成永久性的协议。然而，等级会议一直不愿承认这两项条约的有效性，提出任何改变普鲁士公国宪政机制的措施都必须以选帝侯、普鲁士公国等级会议、波兰王国的三方协商为基础。[56]1661年5月在柯尼斯堡召开的会期长达一年的"大议会"上，等级会议抛出了一套意义深远的方案，在方案中提出了下列要求：等级会议永远拥有向波兰国王申诉的权利；除了少数几处沿海的驻军地点，选帝侯必须撤走驻扎在普鲁士公国境内的所有军队；非普鲁士出身的人不得担任官职；议会有权定期召开会议；一旦等级会议与选帝侯出现纠纷，波兰国王就可以自动介入，居中调停。想要就上述问题

图5 柯尼斯堡的街景，1690年前后

达成一致本就是一件极其困难的事情，而柯尼斯堡的市民越来越躁动不安、越发不肯妥协的态度更是进一步加大了谈判的难度。由于首府充满了火药味，为了避免谈判受到影响，选帝侯的重臣奥托·冯·什未林于1661年10月命令议会改变会议场所，前往位于柯尼斯堡以南，气氛相对平静的巴滕施泰因。直到1662年3月，等级会议得知派往华沙的代表团无功而返，波兰方面不愿提供任何实际性的帮助之后，贵族团体才终于服了软。

与此同时，柯尼斯堡的气氛变得越来越极端，局势的发展表现出了在欧洲其他地区也能观察到的模式。城内每天都有人举行抗议集会。在捍卫城市团体权利的活动家中，有一个名叫希罗尼穆斯·罗特的商人地位十分重要。旧柯尼斯堡由三个"城市"①组成，他是其中一个名叫克奈普霍夫的城市的市政委员会主席。1661年5月26日，奥托·冯·什未林邀请罗特前往柯尼斯堡的公爵城堡，想要与他单独会面，劝说他采取更为温和的立场。然而，两人的会面出了天大的岔子。什未林递交的报告宣称，罗特出言不逊、态度强硬，发表了许多

---

① 这三座城市分别拥有属于自己的特许状、开设市场的权利、教堂、防御工事。

不当言论，比如"所有的君主，无论他表现得多么虔诚，他打心底里也肯定是暴君"——这些话在罗特出庭受审时都成了证据。罗特对会面的回忆与什未林的报告截然相反，指出自己有理有据，捍卫了柯尼斯堡古老的自由权利，反倒是什未林在会谈时勃然大怒，一边挥舞双臂，一边出言威胁。[57]

由于柯尼斯堡城市当局一直都护着罗特，不仅拒绝把他逮捕下狱，甚至都没有限制他的活动，所以尽管选帝侯方面不断地骚扰罗特，他还是一如既往，继续煽动民意，与选帝侯当局为敌。他前往华沙，觐见波兰国王，目的据推测是讨论波方出面支持等级会议的可能性。1661年10月的最后一个星期，选帝侯终于失去耐心，率领2 000名士兵进入了柯尼斯堡。此后，选帝侯当局成立了一个委员会，将罗特逮捕，草草审理后即做出有罪判决，把他关进了派茨要塞。派茨要塞所在的科特布斯是霍亨索伦王朝位于萨克森选侯国境内的一块飞地，距离柯尼斯堡十分遥远。在刚刚入狱的那几年，罗特的监禁条件并不是十分糟糕——他住在舒适的房间内，午餐时能够享用六道菜，还可以沿着要塞的上层城墙放风。

然而，1668年时，当局发现罗特与留在柯尼斯堡的继子保持着秘密的书信联系，在信中破口大骂，攻击那些代表选帝侯管理柯尼斯堡的官员，称他们是"目中无人的加尔文宗信徒"，所以施加了新的限制。送信人是一个出生在柯尼斯堡的士兵，当时在派茨要塞服役，他同样遭到了惩罚。最开始时，弗里德里希·威廉宣称，只要罗特承认自己"有罪"，真诚地悔罪，请求宽恕，那么他就会让罗特重获自由，但罗特却一直都立场坚定，指出自己没有恶意，只是尽到了对"祖国"的责任。在当局截获罗特的信件后，得知内情的选帝侯决定永远也不释放这个惹是生非的市政官。罗特又坚持了好几年，到了70岁高龄的时候才终于给弗里德里希·威廉写信，乞求自由，宣称自己是选帝侯"忠顺的臣民"。[58]然而,直到1678年夏,入狱整整17年的罗特在派茨要塞撒手归西的时候,选帝侯也没有赦免他。

希罗尼穆斯·罗特被捕入狱后,选帝侯扫清了与普鲁士等级会议达成过渡性和解方案的障碍。尽管在1670年代早期,双方又因为税收问题爆发了冲突,选帝侯派出军队用武力强征税款,到了1672年1月的时候,选帝侯当局甚至还在普鲁士公国处死了一个政治犯,而这也是弗里德里希·威廉在位期间唯一的一次政治处决;[59]但普鲁士人终究还是渐渐地承认了选帝侯的君主地位,接受了与之相应的财政制度。到了1680年代,普鲁士等级会议的政治统治终于彻底结束,只留下了一场令人怀旧的梦,追忆着普鲁士公国在波兰国王温和的统治下"那仍然难以忘怀的幸福、自由、安宁"。[60]

## 朝野之间

选帝侯的行政管理机构渐渐地摆脱了对地方精英的依赖,变得越来越独立。选帝侯的直属领地占到了勃兰登堡领地总面积的近三分之一,在普鲁士公国的占比更是达到了一半左右,所以只是简单地改进直属领地的管理效率,就可以大幅增加选帝侯的收入基础。第二次北方战争期间,在新机构直属领地官房的监管下,直属领地的管理工作变得更加精简高效。货物税是一项将货物、服务当作征收对象的间接税,同样也是一项十分重要的改革措施——选帝侯先是在1660年代末期零敲碎打,在勃兰登堡境内的各个城镇逐渐征收这项税款,之后又把范围扩展到了波美拉尼亚、马格德堡、哈尔伯施塔特、普鲁士公国。在解决了地方上对征收方式的争议之后,接受中央指挥的税收专员(Steuerraäte)成了货物税体系的掌控者。没过多久,税收专员就承担起了许多其他的行政职能。对选帝侯来说,货物税是一项重要的战术工具，原因是它可以分化等级会议内部不同的团体，挑动对立，从而削弱等级会议与中央政府对抗的能力。此外，由于货物税只针对城镇征收，可以让农村生产者在与城镇生产者的竞争中占据优势，选帝侯既榨取了各地区的商业财富，又不会得罪实力强大的贵族地主家庭。

此外，弗里德里希·威廉还重用加尔文宗的信徒，让他们担任重要的官职，以此来加强自己的权威。这并非只是宗教偏好的问题，而是一项选帝侯有意施行的政策，目的是打压信奉路德宗的等级会议，让他们无法实现自己的主张。弗里德里希·威廉手下有好几位重臣是信奉加尔文宗的外国侯爵，比如长时间担任克莱沃总督的约翰·毛里茨·冯·拿骚－锡根，又比如格奥尔格·弗雷德里克·冯·瓦尔德克伯爵（之后成为侯爵）——他行事浮夸，是威斯特法伦行政圈内一个小国的统治者，曾经为联省共和国的军队效力，之后在弗里德里希·威廉统治时期的前半段成了影响力最大的重臣。安哈尔特的约翰·格奥尔格二世同样是一位外国重臣，他指挥了勃兰登堡在1672年时的军事行动，之后还担任过勃兰登堡的总督。出身波兰－立陶宛王国，在第二次北方战争期间被任命为普鲁士公国总督的博古斯拉夫·拉齐维尔侯爵也是一位既拥有神圣罗马帝国的侯爵爵位，又信奉加尔文宗的重臣。1658年之后，勃兰登堡的大臣奥托·冯·什未林成了柏林的朝廷中地位最高的官员。他是一个皈依了加尔文宗的波美拉尼亚贵族，为选帝侯办了许多事情，比如收购贵族的地产，将其纳入选帝侯的直属领地。总的来说，在大选侯在位期间获得任命的高官要员中，有大约三分之二的人是归正宗的信徒。[61]

任用外国人，让他们成为官员是大选侯在位期间的另一个重要发展；在勃兰登堡，几乎没有任何在1660年之后获得任命的重臣是勃兰登堡选侯国的本地人。雇用有才华的平民（主要是律师），让他们进入民政及军政部门的上层任职的做法加深了政府机构与地方精英之间的鸿沟。17世纪末，在霍亨索伦王朝处在萌芽阶段的官僚体系中，生活在勃兰登堡腹地的容克贵族已经遭到了边缘化。由于容克贵族作为精英阶层的成员，遭到了三十年战争的冲击，在战后恢复缓慢，经济状况不断恶化，这种边缘化的趋势在不断加速。从1640年选帝侯弗里德里希·威廉即位时开始，到整整100年后，他的曾孙弗里德里希大王即位时为止，在所有重要的朝廷、外交、军事职位中，只有区区10%的担任者是勃兰登堡贵族地主阶层的成员。[62] 贵族地主在官场上失势之后，取而代之的是一个与君主和中央政府联系更加紧密，与地方贵族关系更为疏远的全新官员阶层。

这场中央与地方精英之间的斗争并非你死我活，必须有一方无条件投降才能宣告结束。中央政府并不打算直接支配地方精英，而只是想要控制传统权力框架中的一些特定机制。[63] 弗里德里希·威廉从来都没有废除等级会议的想法，也没有迫使他们完全服从选帝侯权威的打算。他在位时，中央政府的目的始终都是有限和务实的。地位最高的官员经常表明态度，敦促政府在与等级会议打交道时要灵活多变，多一些宽容。[64] 克莱沃总督毛里茨·冯·拿骚－锡根侯爵是一个性情温和，喜欢做和事佬的人，他投入了大量时间和精力来调解君主与地方精英之间的矛盾。[65] 弗里德里希·威廉在普鲁士公国的主要代理人拉齐维尔侯爵、奥托·冯·什未林也是温和派的人物，全都较为同情等级会议的诉求。只要仔细阅读一下枢密院的会议纪要，我们就会发现，会议的议程充斥着各地等级会议提出的申诉、请求，而选帝侯则当场回应了大部分的申诉，批准了大部分的请求。[66]

没过多久，等级会议，或者说至少是等级会议中的贵族团体，就在己方利益与选帝侯的主张之间找到了折中点。他们审时度势，只要有利于自己的利益，就会与团体的其他成员分道扬镳。意识到作为指挥官加入军队是一条十分光荣、极具吸引力的道路，既能够提升社会地位，又可以提供稳定的收入之后，他们集体失语，不再反对选帝侯建立常备军的做法。[67] 他们在原则上并不反对选帝侯在枢密院顾问官的辅佐下制定对外政策的权利。他们心中设想的是，中央政府机构与地方显贵之间应当建立起互补的关系。克莱沃的等级会议在 1684 年的一份备忘录中指出，选帝侯不可能对国内发生的所有事情都了如指掌，所以必须依靠手下的官员，但问题却在于，官员都是凡人，都会像凡人那样表现出种种缺点，受到种种诱惑。所以说，等级会议的作用是，制衡地方治理机构，纠正地方政府犯下的错误。[68] 比起 1640 年代的那些短兵相接的交锋，双方已经在和解的道路上取得了长足的进步。

武力胁迫的手段的确起到了让地方精英就范的作用。然而，与武力胁迫相比，以长时间的谈判、调解为手段达成利益一致的方法虽然效果没有那么立竿见影，但意义却重要得多。[69] 勃兰登堡的中央政府采取了一种双管齐下的灵活方法，一方面由选帝侯唱白脸，时不时地使用强力手段，迫使地方精英做出重大让步，另一方面又由选帝侯手下的官员唱红脸，设法让双方重新达成共识。这种脚踏实地的方法也让各地的城镇得到了好处。1665 年，马克伯国位于威斯特法伦行政圈内的小城索斯特正式向选帝侯效忠。作为回报，选帝侯允许索斯特保留其古老的"宪政制度"，承认该城以选举的方式从城市精英团体中选出官员执掌的独特自治及城市司法体系拥有合法地位。[70]

如果从农村地区的角度出发，分析 17 世纪末时的局势，我们就会清楚地看到，贵族阶层保住了大部分的司法自主权和社会经济权力，仍然是各地的主导力量。他们仍然有权自主集会，讨论事关本地福祉的议题。他们仍然掌握着在农村地区征收税款、分配税负的权力。更为重要的是，在地区层面（Kreisstaände）上，等级会议仍然有权选举地区长官（Landrat），保证这个在行政体系中举足轻重的角色能够继续起到中间人的作用（直到18世纪末），除了要向君主负责，还要对地方上的团体利益负责。[71]

只不过，如果我们把关注的焦点放在霍亨索伦王朝统治的土地的政治权力架构上，那么显而易见的就是，中央政府与各省等级会议之间的关系已经发生了不可逆的变化。各省贵族团体的全体代表大会变得越来越少见——1683年，阿尔特马克、米特尔马克的贵族召开了最后一次这样的代表大会。从此往后，一种名为"小型委员会"（engere Ausschüsse）的小规模常设代表机构成了管理等级会议事务、处理等级会议与中央政府关系的途径。贵族团体离开了国家的权力巅峰，把注意力集中到了地方事务上，不再抱有全国性的政治野心。朝廷与乡野终于各奔东西。

## 遗产

17世纪末，勃兰登堡-普鲁士已经成了仅次于奥地利的第二大德意志邦国，其星星点点的领土就好像一长串大小不一的垫脚石，把莱茵兰与波罗的海东岸连接到了一起。16世纪时的婚约、继承权约定所描绘的远大前景大都变成了现实。1688年5月7日，也就是在大选侯去世的两天前，他躺在病榻上，对聚在床边、泪流满面的家人、臣下说道，蒙上帝恩典，他漫长的统治虽然困难重重，可谓"战火不断、麻烦连连"，但还是令人满意的。"所有人都知道我刚刚继承选帝侯之位时，国家那一片混乱、让人心碎的样子；借着上帝的帮助，我改善了国家的处境，成了一位受到朋友尊敬、令敌人胆战心惊的统治者。"[72]在之后的历史中，他声名赫赫的曾孙弗里德里希大王宣称，大选侯的统治开启了普鲁士走向强国之路的历史，因为普鲁士之所以会变得如此伟大,正是由于大选侯打下了"坚实的基础"。19世纪时,在普鲁士学派为普鲁士歌功颂德的宏大叙事中,这一论点的回声仍然响彻云霄。

显而易见,大选侯在位时在军事和对外政策领域的壮举正式地让勃兰登堡的历史进入了一个新阶段。从1660年起,弗里德里希·威廉成了普鲁士公国这块位于神圣罗马帝国之外的土地的绝对统治者,从而超越祖先的政治地位,不再只是神圣罗马帝国的邦君,而是成了站在欧洲这个大舞台上的君主。弗里德里希·威廉派特使前往路易十四的朝廷,获得了"Mon Frère"①这个传统上法国国王只授予绝对君主的正式称谓——从这一点我们可以看出,大选侯到底有多重视自己的新地位。[73]大选侯的后继者弗里德里希三世更是利用自己对普鲁士公国的绝对主权,为霍亨索伦家族获得了国王头衔。久而久之,甚至就连勃兰登堡这个古老而受人尊敬的名称也渐渐失去了光彩,被"普鲁士王国"这个新名称所取代——在18世纪,越来越多的人开始用"普鲁士王国"一词来指代霍亨索伦王朝位于北方的所有领土。

大选侯本人也十分清楚自己在位期间发生的这些变化到底有多重要。1667年,他为继承人撰写了一篇"父亲的教导"。在开篇处,他按照君王遗嘱的传统格式,告诫继承人一定要信仰虔诚、敬畏上帝,但他很快就话锋一转,开始更为广泛地讨论问题,把文章变成了霍亨索伦王朝的历史上没有任何先例的政治论文。他着重指出了现在与过去的巨大不同,提醒继承人,成为普鲁士公国的绝对统治者以后,勃兰登堡的选帝侯不用再像祖先那样忍受被迫臣属于波兰国王这一"无法接受的局面"。"这一切都难以言表,相关的档案和记述将

---

① 意为"我的兄弟"。

会证明这一点。"[74] 此外，大选侯还告诫下一代选帝侯，在处理眼前的棘手难题时，应当学会从历史的角度看问题。仔细研读历史档案后可以发现，不仅与法国保持良好的关系十分重要，在这种关系和"你作为选帝侯，必须对帝国和皇帝表现出的尊重"之间找到平衡同样十分重要。此外，大选侯还在文中强调了以《威斯特伐利亚和约》为基础的新国际秩序，提出守护新秩序的重要性，指出在必要的时候，无论哪一方或哪几方势力想要推翻新秩序，勃兰登堡都必须挺身而出。[75] 简而言之，大选侯不仅十分清楚自己的历史地位，还对历史的延续性与变革的力量之间的紧张关系有着充分的认识。

大选侯之所以十分警惕历史的偶然性，是因为他敏锐地感觉到，自己取得的成就十分脆弱：既然有人成事，就肯定会有人败事。瑞典人正等待良机，"或使用奸计，或动用武力"，夺走勃兰登堡对波罗的海沿岸地区的控制权。波兰人则会伙同普鲁士人，只要一出现机会，就设法让普鲁士公国恢复"之前的状态"。[76] 所以说，大选侯认为，自己的继任者不应当继续扩张勃兰登堡王朝的领土，而是应当守护那些已经合法地属于自己的东西：

> 一定要竭尽所能，始终与帝国所有的选帝侯、诸侯、等级会议建立互信友好的关系，与他们保持联系，千万不要引起他们的敌意，要始终维护美好的和平。既然我们的王朝已经受到上帝的祝福，获得了许多土地，你就必须一心一意地保卫国土，切记不可为了获得新的土地而遭到记恨与敌视，结果反倒因此丢掉了已经拥有的土地。[77]

大选侯战战兢兢的语气把勃兰登堡-普鲁士对外政策的一个永恒不变的主题展现在了我们的眼前，十分值得注意。在观察国际局势的时候,柏林当局一直都深刻地意识到自己的脆弱性。不安分的行动主义之所以会成为普鲁士对外政策的标志性特点,最初的原因正是三十年战争造成的创伤留下了难以磨灭的记忆。我们可以在"父亲的教导"悲伤的语句中听到这段记忆的回响:"我可以十分肯定地告诉你,如果你只是作壁上观,认为战火仍然远离自己的边境,事不关己,那么你的土地就会成为上演悲剧的舞台。"[78]在弗里德里希·威廉1671年与首席大臣奥托·冯·什未林的对话中,我们再一次听到了相同的声音:"我已经体会过了保持中立是怎么回事;即便是最为有利的中立条件,也会让你受到糟糕的对待。我立下誓言,到死也不会再做出保持中立的决定。"[79]这种挥之不去的脆弱感成了一个影响勃兰登堡-普鲁士历史的核心问题。

# 第四章　王权

## 加冕

1701年1月18日，勃兰登堡的选帝侯弗里德里希三世在柯尼斯堡举行加冕仪式，成为"在普鲁士的国王"。仪式之辉煌盛大，在霍亨索伦王朝的历史上算得上前无古人。据目睹仪式者的记录，称选帝侯一家率领扈从、携带大量行李，动用了1 800辆马车，从柏林出发，沿着大路向东行进，前往举行加冕仪式的场所，加上沿路用来替换的马匹，总共准备了3万匹骏马。沿途的村庄无不张灯结彩，在大路的两侧布置熊熊燃烧的火炬，有些村庄甚至还用精美的布料装饰临街的房屋。1月15日，身着蓝色天鹅绒号衣，佩戴全新王室纹章的传令官进入柯尼斯堡，穿城而过，宣布普鲁士公国已经成为拥有独立主权的王国，为庆典拉开了帷幕。

1月18日晨，加冕仪式在选帝侯的谒见厅正式举行，厅内早已安放好了为仪式特意准备的王座。选帝侯身着猩红底色，饰有金色图案，钻石纽扣闪闪发光的华服，肩披配有白色貂皮内衬的深红色披风，在一小群男性家族成员、廷臣、地方大员的簇拥下，戴上王冠，拿起权杖，接受全体观礼人的效忠。接下来，他又来到妻子的寝宫，在王室成员的注视下，把她加冕为王后。等级会议代表宣誓效忠后，国王夫妇来到柯尼斯堡的城堡教堂，接受涂油礼。在教堂门口恭迎二人的是两位为了举行涂油礼而特意任命的主教，其中一位信奉路德宗，而另一位则信奉加尔文宗——涂油礼需要由两位宗派不同的主教共同主持的原因是，勃兰登堡－普鲁士是有两个宗教信仰的国家，一部分臣民信奉加尔文宗，而另一部分则信奉路德宗。唱诗班吟唱赞美诗、主教宣讲布道后，教堂内鼓号齐鸣，宣布国王即将登场，把仪式推向了高潮——弗里德里希起身离开王座，在祭坛前下跪后，加尔文宗的主教乌尔西努斯举起右手沾满圣油的两根手指，为弗里德里希的额头、左腕、右腕（手腕上涂油的位置位于脉搏的上方）施涂油礼。接下来，王后也接受了涂油礼。礼毕，教堂内鼓乐喧天，参加涂油礼的神职人员聚集到王座前，集体向国王宣誓效忠。新的一轮赞美诗、祈祷词结束后，一位身居高位的廷臣走上前来，宣读大赦令，宣布除了渎神者、杀人犯、欠债不还之人、冒犯君主之人，所有其他的罪犯一律无罪释放。[1]

就典礼支出占全国财富的比例而论，1701年的加冕仪式毫无疑问是勃兰登堡－普鲁士历史上花销最大的宫廷仪式。尽管在那个年代，宫廷仪式是用来展示权威的手段，各国的统治者全都乐此不疲，但比起正常的情况，普鲁士初代国王的加冕仪式也仍然太过奢华，显得非同寻常。为了支付典礼的费用，政府征收了一项特别王冠税，但税款的总额却只有区区50万塔勒——仅仅是王后的后冠就花费了五分之三的税款，而国王的王冠则用贵金属打造，镶满钻石，价格更为昂贵，不仅花完了剩余的所有税款，还产生了大量额外的支出。由于没有任何存世的史料全面记录了各项花费，想要计算出庆典的总支出并不容易，但还是有人做出估测，认为加冕仪式及配套的庆祝活动总共产生了600万塔勒左右的支出，差不多相当于霍亨索伦王朝中央政府整整两年的收入。

除了豪掷千金,加冕仪式在另一个方面同样也独一无二。仪式从头至尾,全都"量体裁衣",是为了满足特定历史时刻的特殊需要而专门设计的产物。弗里德里希一世[①]亲自担任仪式的总设计师,一手包揽了所有的细节,大到全新的王室标志、世俗典礼的仪式过程、城堡教堂内的礼拜仪式,小到主要参与者衣装的样式、颜色,全都要亲自过问。虽然弗里德里希身边有精通宫廷礼仪,能够为加冕仪式建言献策的专家团队,其中诗人约翰·冯·贝塞尔学识最为渊博,自1690年起,直到弗里德里希去世为止,一直都担任宫廷典礼官,对英格兰、法国、德意志诸国、意大利诸国、斯堪的纳维亚诸国的宫廷礼仪了如指掌,但凡是遇到与加冕仪式相关的重大事项,仍然只有选帝侯本人才有权拍板定夺。

在上述因素的影响下,加冕仪式不仅独一无二,还显得非常刻意,是一个借鉴了历史上欧洲各国加冕仪式的大杂烩,既效仿了一些最近的仪式,也看得到一些更为古老的仪式的影子。设计仪式时,弗里德里希除了看重仪式美学上的冲击力,还力图向世人展示,在他自己看来,国王的地位都有哪些本质特征。仪式使用的王冠不是有开口的圆环,而是采用由贵金属打造,顶部封闭的圆顶结构,象征着君主统辖一切,将世俗及宗教领域的最高权威集于一身的至高权力。此外,仪式上君主接受王冠的方式也与欧洲各国盛行的做法大相径庭,并没有由神职人员加冕国王,而是举行单独的加冕仪式,由国王自己亲手戴上王冠,之后再由神职人员施涂油礼,从而强调了国王独立自主,只对上帝负责,不受任何世俗及宗教权威制约的地位。约翰·克里斯蒂安·吕尼希是当时研究宫廷"礼仪科学"的知名专家,他在描

---

[①] 弗里德里希作为勃兰登堡的选帝侯是弗里德里希三世,作为"在普鲁士的国王"是弗里德里希一世。

述弗里德里希的加冕仪式时,特地解释了这一做法的重大意义。

> 那些由等级会议授权成为君主,获得君权的国王通常都会先接受涂油礼,之后再披着紫色的披风、头戴王冠、手拿权杖,端坐于王座之上[……]但陛下[弗里德里希一世]成为国王,既不借助等级会议的权威,也不需要其他任何[势力的]帮助,所以类似的权力移交过程完全是画蛇添足——陛下效仿古代的君王,以自身权力为依据,亲手戴上王冠,成为一国之君。²

考虑到勃兰登堡选侯国和普鲁士公国最近的历史,仪式上的这些象征性的举措显而易见,具有十分重要的政治意义。大选侯与普鲁士等级会议的权力斗争,尤其是与柯尼斯堡城的明争暗斗,仍然历历在目,让人心有余悸。加冕仪式前的一个细节很能说明问题:弗里德里希一直都把等级会议蒙在鼓里,没有征求他们的意见,直到1700年12月,才单方面地告知即将举行加冕仪式的消息。此外,彰显新成立的王国的独立地位,驳斥波兰王国和神圣罗马帝国以任何形式对普鲁士提出的主权诉求,同样也十分重要。1698年,英国特使乔治·斯特普尼在写给北方部① 大臣詹姆斯·弗农的报告中指出:

> 勃兰登堡现在的这位选帝侯十分看重自己对普鲁士公国拥有绝对主权这件事——神圣罗马帝国所有其他的选帝侯、诸侯全都要获得皇帝的授权,才能成为一国之君,没有独立主权,所以普鲁士的特殊地位令勃兰登堡的选帝侯鹤立鸡群,拥有高于神圣罗马帝国所有其他君主的权力,而这也正是选帝侯想要

---

① 北方部是英格兰(以及后来的大不列颠王国)用来处理欧洲偏北部分事务的政府机构,职责为管理与俄国、瑞典、丹麦、尼德兰、神圣罗马帝国的外交关系。

图6 在普鲁士的国王弗里德里希一世（1688—1701年为选帝侯，1701—1713年为国王）。画家应当是萨穆埃尔·特奥多尔·格里克，绘于弗里德里希的加冕仪式之后

第四章 王权

获得更为高贵的头衔,把自己与其他的选帝侯、诸侯区别开来的原因。[3]

弗里德里希之所以会选中"在普鲁士的国王"这样一个头衔(这个头衔的确显得非同寻常,动不动就被欧洲各国的君主、廷臣当作笑柄),一个重要的原因是,"王室普鲁士"[①]仍然是波兰王国的一部分,而这个头衔则表明新成立的王国拥有独立主权,能够彻底断了波兰当局利用"王室普鲁士",拿主权问题做文章的念想。与维也纳当局谈判时,弗里德里希尤其小心谨慎,确保双方达成的任何协议都必须措辞严谨,明确指出神圣罗马帝国的皇帝并不是"在普鲁士的国王"这一头衔的"创立者"(creieren),而只是"承认了"(agnoszieren)这个头衔的地位。柏林与维也纳当局达成的最终协议包含一个引发了极大争议的部分:一方面做足表面文章,承认神圣罗马帝国皇帝特殊的首要地位,是地位最高的基督教君主;另一方面又明确指出,普鲁士王国是一个完全独立的国家,帝国皇帝的承认并不是王国立国的必要条件,而只是皇帝表达善意的方式。

与之前经常出现的情况如出一辙的是,1701年时,柏林当局之所以会红运当头,是得益于国际局势的发展。要不是神圣罗马帝国的皇帝遇到了麻烦,急需勃兰登堡的帮助,他多半就不会愿意与勃兰登堡的选帝侯合作,帮助他提升地位,获得国王的头衔。是时,西班牙的王位出现空缺,法国想要把路易十四的孙子推举为国王,而欧洲各国则结成联盟,与法国针锋相对,哈布斯堡王朝与波旁王朝旷日持久的龙争虎斗即将进入一个更加血腥的新阶段。神圣罗马帝国的皇帝意识到大战已经迫在眉睫,认为必须做出让步,才能争取到弗里德里希

---

① "王室普鲁士"即波属普鲁士,指波兰–立陶宛联邦迫使条顿骑士团国割让的土地,于1569年正式并入波兰王国。

的支持。哈布斯堡王朝、波旁王朝都开出了极其优厚的条件，弗里德里希一时间摇摆不定，不知应当如何选择，但最后还是决定与神圣罗马帝国结盟，以此为条件，于1700年11月16日与皇帝签订了《王位协定》(Krontraktat)。按照协定的规定，弗里德里希除了要派出一支兵力8 000人的军队，支持皇帝的对法作战，还应当做出各式各样更加笼统的承诺，表示对哈布斯堡王朝的支持；而维也纳当局则不仅要承认"在普鲁士的国王"的独立君主地位，还必须在神圣罗马帝国内部，以及欧洲的大舞台上施加影响力，设法让这个新头衔得到国际社会的普遍承认。

弗里德里希成为国王后，不仅朝廷机构变得更加庞杂，宫廷仪式的奢华程度也今非昔比。许多仪式都有明显的历史意义：从加冕仪式的周年纪念日，到王后、国王的生日，到黑鹰勋章的授勋仪式，再到大选侯雕像的落成仪式，朝廷都举办了盛大的庆典。弗里德里希的父亲大选侯统治的一大特点是，他表现出了强烈的历史意识，认识到历史对统治者的重要意义——16世纪末时，这种意识就已经在西欧各国的朝廷流传开来，而弗里德里希则将这种意识融入了制度之中。[4] 1688年，萨穆埃尔·普芬多夫接受弗里德里希的任命成为宫廷史官，之后编写了第一部系统性地利用政府文档的史书，出色地记录了大选侯的统治。

在西班牙王位继承战争打得不可开交，其他欧洲国家的朝廷焦头烂额，只想着如何与敌人交战、如何围攻敌方城堡的那段时间，普鲁士的宫廷反倒歌舞升平，一个在柏林亲历了那段历史的英格兰人对此颇有微词，宣称"表演、舞会，以及类似的娱乐活动"没完没了，似乎永无止境。[5] 普鲁士宫廷生活的奢华程度发生了质的变化，对各国派驻柏林的使节来说，这意味着生活成本必将大幅增加。1703年夏，英国特使（后来的常驻使节）雷比勋爵递交报告，宣称自己的"马车、马具在伦敦显得气派，但在柏林却不够档次"。在这一时期，英国的外交使节时常在报告中大倒苦水，抱怨勃兰登堡－普鲁士的宫廷突然变成了全欧洲最奢华的宫廷，要想按照新的标准，维持外交使节应有的排场，花钱简直像流水一样。房间需要重新装修，仆人、马车、马匹全都要按照更严格的标准配备号衣、装饰、马具，花销甚巨。"我这出使的差事肯定是个赔本的买卖了"，雷比不止一次在报告中叫苦连天，虽未明言，但他显然想要政府提供更多的津贴。[6]

1705年2月，弗里德里希一世的第二任妻子汉诺威的索菲·夏洛特因病去世，宫廷大办丧事，也许是王室热衷于繁复宫廷礼仪的最生动体现。夏洛特王后去世时恰巧在娘家探亲，于是弗里德里希便派出一位身居高位的廷臣，命令他率领整整两个营的勃兰登堡士兵把灵柩护送回柏林。灵柩抵达柏林后被安置在灵床上以供瞻仰，为期六个月。宫廷下达最为严格的命令，要求普鲁士全国进入"最为庄严的哀悼期"，所有出入宫廷的人都必须身着黑色长披风，所有人的房间、马车、马具都必须"用黑布装饰，以示哀悼"，就连外国使节也不得例外。

> 宫廷深陷哀悼，那阵势我这辈子从来都没见识过——宫中所有的女性都戴着黑头巾、黑面纱，把脸包得严严实实，所有的男性都身着黑色的长披风，所有的房间都挂满了黑布，唯一的反差是每个房间里都点着的那四根蜡烛。一切都笼罩在黑色之中，要不是国王身后一直都跟着一个寝宫侍从，把他黑披风的下摆高高举起，你就很难认出眼前的人便是国王陛下。[7]

弗里德里希除了更加重视宫廷奢华的气派、繁复的礼仪，还加大文化领域的投入，力度超过了霍亨索伦家族所有的前代君主。大选侯在位的最后几十年间虽然加大投入，在首都修建一批能够彰显君主权威的建筑，但如果与后继者弗里德里希在位时的大兴土木相比就完全是小巫见大巫了。弗里德里希不仅请来瑞典的建筑大师约翰·弗里德里希·埃奥桑德，让他负责在夏洛滕堡①修建了一座配有大型园林的巨大宫殿，还在柏林城内安放了一大批用来展示君主权威的雕像，其中最具代表意义、最引人注目的当数雕塑家安德烈亚斯·施吕特设计的大选侯骑马像。饱受战火摧残的柏林城脱胎换骨，成了一座街道宽阔、建筑雄伟、充满艺术气息的朝廷所在之城。

1700 年 7 月，弗里德里希借着争取国王头衔的政治博弈即将成功的东风，成立了王家科学学会，之后又把学会更名为普鲁士王室科学院——要知道，在那个历史时期，拥有王室科学学会算得上最能彰显统治者权威、最受追捧的殊荣之一。[8]哲学家莱布尼茨为纪念学会的成立（学会的正式成立日是 7 月 11 日，同时也是弗里德里希的生日）设计了纪念章。纪念章的正面是选帝侯的肖像，反面则是代表勃兰登堡的雄鹰直冲云霄，飞向天鹰座的图画，图画周围还刻有这样一句格言："胸怀星辰，勇往直前。"[9]

为了获得国王的头衔，拥有国王的排场，弗里德里希投入了大量的金钱和精力，之后为了维持国王的尊严，他更是铺张浪费，劳民伤财——那么这一切都是值得的吗？弗里德里希的孙子弗里德里希二世对这一问题的回答广为人知：他不留情面，用尖刻的语言，完全否定了祖父的做法。在弗里德里希二世看来，祖父所做的一切完全是为了满足虚荣心——在他的笔下，普鲁士王国首位国王的形象是如此糟糕：

---

① 夏洛滕堡是柏林附近的一座城市，1920 年并入大柏林（当年，魏玛共和国通过《大柏林法案》，扩大了柏林市的管辖范围）。

他身材矮小，体态畸形，神情傲慢，样貌粗俗。他的内心就好似一面镜子，只能反射外部的景象，没有一丁点儿的内涵。[……]他把虚荣当作真正的伟大。他只注重外表，轻视那些货真价实，真正派得上用场的东西。[……]他是如此狂热，想要获得国王的头衔，不过是为了找一个冠冕堂皇的理由，好让自己可以名正言顺，尽情地铺张浪费，享受盛大的宫廷仪式。[……]总的来说，他办小事时是个伟人，办大事时却变成了矮子。他的历史地位相当尴尬，无论是他的父亲，还是他的儿子，都拥有更突出的才华，足以令他的历史形象暗淡无光。[10]

弗里德里希的宫廷产生了巨额开支，长远角度来看，肯定难以为继，这是一个不争的事实，弗里德里希作为勃兰登堡-普鲁士的首位国王，也的确沉迷于盛大的节日庆典、繁复的宫廷礼节，乐此不疲。然而，过分强调弗里德里希的个人弱点，从某些方面来看，同样也是不公正的。在这一历史时期，弗里德里希一世并不是唯一想要获得国王地位的欧洲统治者——1691年，托斯卡纳大公获得了要求他人尊称自己"殿下"的权利；在之后的数年间，萨伏依公爵、洛林公爵也相继获得了相同的权利。从柏林当局的角度来看，更为重要的是，1690年代，不少与霍亨索伦家族存在竞争关系的其他德意志统治者家族也动起了称王的心思。1697年，为了当选波兰国王，萨克森的选帝侯不惜皈依天主教；在差不多同一时期，汉诺威的选帝侯也开始与英政府接洽，讨论继承英国王位的可能性。① 巴伐利亚的选帝

---

① 波兰国王采取选举制，萨克森选侯奥古斯特一世通过贿赂和宣布改宗等手段，于1697年被选为波兰国王。1701年，英国国会为避免天主教徒继位，制定法令排除了继承顺序靠前的天主教徒，使信奉新教的汉诺威选侯格奥尔格一世·路德维希得以在1714年继承英国王位。——编者注

侯和普法尔茨的维特尔斯巴赫王朝也全都有称王的打算（他们的算计最终全都竹篮打水一场空），前者想要直接升格为国王，而后者则打起了"亚美尼亚王位"的主意。换言之，1701年，弗里德里希加冕称王的做法并不是个别君主凭着个人喜好，异想天开的结果，原因是17世纪末时，在神圣罗马帝国及意大利诸国，大部分统治者仍然没有获取王位，想要提升自己的地位，弗里德里希不过是顺应潮流而已。国王的头衔的确十分重要，因为在这一历史时期，是否拥有王位，关系到统治者能否在国际社会的交往中得到拥有特权的地位。此外，由于那个年代签订意义重大的和平条约时也会认可国王的优先地位，所以这是有可能对政治博弈造成实际影响的重大问题。

近年来，学界对近代早期的欧洲宫廷作为政治及文化机构所起到的作用表现出了越来越浓厚的兴趣，让我们对宫廷仪式的实用性有了更加明确的认识。宫廷庆典的作用十分重要，既可以传递信息，又能够彰显君主统治的合法性。1721年时，哲学家克里斯蒂安·沃尔弗指出，"普通人"缺乏理性，只懂得眼见为实，根本就无法领会"什么才是国王的威严"，但即便如此，如果让他"见识宫廷的盛大场面，让他的感官接受全方位的刺激"，那么他就有可能感受到君主的权威。沃尔弗最终得出结论，认为"从任何角度来看"，无论是规模可观的宫廷，还是排场相对宏大的宫廷仪式，都"不是画蛇添足，不应遭到无端指责"。[11]此外，由于家族外交关系网络及文化纽带起到的连接作用，不同国家的宫廷之间都存在着千丝万缕的联系。所以说，宫廷并不仅仅是各个统治者的领土上精英阶层用来开展社会生活及政治生活的中心，同时也是相互连接的节点，组成了一个复杂的国际宫廷网络。比如说，宫廷为加冕的周年纪念日举行盛大庆典的时候，都会有大量的外国访客前来观礼，更不要提那些从来都不会错过盛典的皇亲国戚、外国特使了。

每逢宫廷典礼，都会有具有官方或半官方性质的记录出版问世，一丝不苟地记载出席者的优先顺序、穿着打扮，描述典礼繁复的礼节、盛大的场面，不会落下任何细节，从而进一步增强了典礼在欧洲国际宫廷网络内部的影响力。仪式化的治丧工作同样会留下官方记录，所以也可以起到相同的作用。索菲·夏洛特王后去世后，弗里德里希之所以会下达命令，大办丧事，主要的原因并不是表达他个人的丧妻之痛，而是要以治丧为名，向外界传达信息，让世人认识到自己的朝廷举足轻重的地位。信息的受众除了本国的臣民，还包括其他统治者的宫廷，这些统治者应当通过不同程度的悼念活动来致哀。这是那样理所当然，正因为如此，得知路易十四没有命令凡尔赛宫悼念索菲·夏洛特后，弗里德里希一世才会火冒三丈，而路易十四很可能是以此来表达对柏林当局在西班牙王位继承战争中采取亲奥地利政策的不满。[12]悼念活动与许多其他交织于宫廷生活中的盛大仪式一样，也是用来传达政治信息的工具，是欧洲政治沟通体系的组成部分。从这个角度来看，宫廷是一种工具，作用是当着国际"宫廷公众"的面，展现君主的身份地位。[13]

1701年的加冕仪式并没有为普鲁士奠定为新王举办神圣加冕仪式的传统——这也许是这场盛大的仪式最为出人意料的结果。弗里德里希一世的继承人弗里德里希·威廉一世自小就对母亲喜爱宫廷礼节、沉迷宫廷娱乐的做法恨之入骨，长大成人后，更是对标志着父亲统治特色的种种仪式不屑一顾。他成为国王后，不仅根本就没有举办任何形式的加冕仪式，还大幅裁撤了父亲创立的宫廷机构。弗里德里希二世与父亲弗里德里希·威廉一世一样，也对各种炫耀统治者家族地位的做法嗤之以鼻，完全没有恢复加冕仪式的打算。勃兰登堡－普鲁士就此变成了一个没有加冕仪式的王国。此后，勃兰登堡－普鲁士的历代国王沿袭旧制，把在柯尼斯堡接受普鲁士等级会议的效忠，在柏林接受霍亨索伦家族其他领地等级会议的效忠，当作确立自己统治者地位的即位仪式。

尽管如此，我们从现代人的角度回顾历史，还是会十分清楚地看到，获得国王头衔后，勃兰登堡政权进入了一个全新的历史阶段。首先，我们必须指出，在霍亨索伦王朝历代后继者的集体记忆中，与仪式相关的典礼尘封了很久。例如，弗里德里希一世在加冕的前一天设立了黑鹰勋章，用来奖励勃兰登堡－普鲁士王国最杰出的友人、臣仆。在之后的历史中，勋章渐渐地淡出了视线，不再具有重大的宫廷仪式作用，但到了1840年代，弗里德里希·威廉四世在位的时候，最初的授勋仪式依据历史档案得到了还原，重获新生。1861年，威廉一世继承王位后，决定不再接受等级会议的效忠（许多当时的普鲁士人都认为，效忠仪式太过陈腐，已经跟不上时代），转而恢复了在柯尼斯堡举行的加冕仪式，效仿弗里德里希一世，由自己亲手戴上王冠。[14] 到了十年后的1871年，威廉一世又策划了在凡尔赛宫的镜厅宣布德意志帝国成立的行动，而他选择的日期恰恰是弗里德里希一世加冕仪式的纪念日——1月18日。综上所述，尽管1713年时，弗里德里希·威廉一世突然做出了废除加冕仪式的决定，但仪式引发的文化共鸣并没有完全消失，依然影响着霍亨索伦王朝的政治生活。

此外，1701年的加冕仪式还预示着君主与配偶的关系即将发生微妙的变化。在17世纪的勃兰登堡选侯国，选帝侯的妻子、母亲成为独立的政治人物，在朝中呼风唤雨的情况并不少见，其中表现最为突出的当数约翰·西吉斯蒙德的妻子普鲁士的安娜。安娜是个性格刚烈、意志坚定的铁娘子，遇到丈夫发酒疯，便会毫不犹豫，抄起手边的盘子、杯子，劈头盖脸，向丈夫的脑袋砸去。西吉斯蒙德皈依加尔文宗后，勃兰登堡的宗教政治变得复杂多变，而安娜则成了这场政治游戏的主要玩家；此外，她还建立了为自己服务的外交关系网，几乎奉行独立的外交政策。到了1619年，西吉斯蒙德去世，她的儿子格奥尔格·威廉继位之后，安娜依旧我行我素。1620年夏，她独自与瑞典国王展开谈判，商讨女儿玛丽亚·埃莱奥诺拉与国王的婚事，根本就没有把贵为国家元首的儿子对这桩婚事的看法当回事。1631年，勃兰登堡遇到三十年战争期间最大的危机时，出面处理勃兰登堡与瑞典之间微妙的外交关系的人并不是选帝侯格奥尔格·威廉，而是他的妻子普法尔茨的伊丽莎白·夏洛特、他的岳母路易丝·朱丽安娜。[15] 换言之，在勃兰登堡，选帝侯的妻子即便是在过门之后，也会以娘家的关系网络为依据，维护娘家的利益，对利益问题的看法通常与丈夫大相径庭。才智不凡的汉诺威公主索菲·夏洛特1684年时与弗里德里希三世（一世）成婚，在婚后对政策及利益问题的看法也与丈夫十分不同。她动不动就返回汉诺威，在母亲的朝廷长时间逗留（1705年，她在汉诺威罹患肺炎，因病去世），始终大力支持汉诺威的政策。[16] 她反对弗里德里希加冕称王的计划，认为勃兰登堡选侯国的统治者获得国王的地位会损害汉诺威的利益。（据传，她认为加冕仪式单调乏味，竟然在仪式上吸起了鼻烟，好给自己"找点乐子"。）[17]

考虑到上述背景，加冕仪式显而易见，为选帝侯与妻子关系建立了一套全新的框架。选帝侯亲手给自己戴上王冠后，再加冕妻子，确立她王后的地位。当然，这只是具有象征意义的细节，并不会产生任何实际的后果，再加上自弗里德里希举行第一次加冕仪式之后，18世纪期间，霍亨索伦王朝再也没有举行新的加冕仪式，国王也就没能以加冕王后的方式来显示自己的主导地位。尽管如此，加冕仪式还是预示着霍亨索伦王朝内部开始了一个全新的身份转化过程，国王将会成为王室毋庸置疑的首领，而王后的地位则在一定程度上并入了国王的地位。伴随着加冕仪式，霍亨索伦王朝的君主政体变得更加男性化，再加上霍亨索伦王朝获得了国王身份，地位明显要高于所有有可能与之联姻的德意志统治者家族，最终导致勃兰登堡－普鲁士的"第一夫人"可以自由行动的空间大不如前。18世纪时，尽管"第一夫人"中也不乏才华横溢，极有政治洞察力的女中豪杰，但她们却并没有像17世纪的前辈那样，独立自主，在政治上拥有令人惊叹的影响力。

弗里德里希一世以最戏剧化的方式，郑重其事，把大选侯为勃兰登堡－普鲁士赢得的不受神圣罗马帝国皇权约束的独立主权展现在了世人面前。自1640年起，勃兰登堡之所以能在欧洲小国中鹤立鸡群，赢得特殊的地位，既是因为勃兰登堡的军队在战场上表现出的军事能力，也得益于大选侯锲而不舍的领袖精神，而如今勃兰登堡－普鲁士的特别之处则体现在国际秩序中的正式优先地位上。[18] 维也纳当局同样看到了这一点，很快就意识到，帮助勃兰登堡的选帝侯获取王位的做法是养虎为患，感到后悔不已。此外，"在普鲁士的国王"这一新头衔还在心理上起到了增强治下之民归属感的作用：弗里德里希称王前，勃兰登堡－普鲁士位于波罗的海沿岸的领土名为普鲁士公国，不禁让人感到，普鲁士只是位于勃兰登堡核心地区边缘的"化外之地"，而到了"在普鲁士的国王"这一头衔出现之后，普鲁士转眼间就变成了勃兰登堡－普鲁士这个兼具王国、选侯国性质的全新混合体的重要部分，之后普鲁士一词进而又成了这个混合体的简称。此后，霍亨索伦王朝统治的每一个省份在正式名称中都加上了"普鲁士王国"这几个字。反对弗里德里希一世加冕称王的人会迫不及待地指出，既然勃兰登堡的君主已经拥有了国王的全部权力，弗里德里希根本就没有必要好大喜功，为自己争取新的头衔。这也许的确有一定的道理，但这一观点忽略了这样一个事实——我们赋予事物的名称终将改变事物的本质。

## 文化变革

普鲁士王国的头两位国王在各个方面都天差地别,很难想象有什么人能比他们之间的反差还要大。弗里德里希温文尔雅、平易近人、彬彬有礼、热情好客。他不仅精通包括法语、波兰语在内的多门现代语言,还做了很多工作,在朝中推进对艺术和知识的探索。英国驻普鲁士的使节,长年在柏林生活的斯特拉福德伯爵(担任使节的时候他还只是雷比勋爵)对弗里德里希做出了这样的评价:"脾气好、和蔼〔……〕大方、公正〔……〕伟大、仁慈"。[19] 相比之下,弗里德里希·威廉一世不仅粗鲁到了极点,对人缺乏最起码的信任,还时而暴跳如雷,时而愁容满面。他虽然才思敏捷、聪明绝顶,却几乎无法正常地用德语读书写字(他也许患有失读症)。所有在文化和知识领域的探索,除非能表现出摆在眼前的实用价值(对他来说主要是军事方面的实用价值),否则他就都会嗤之以鼻。下文列出了一些他在政府公文上留下的旁注,可以让各位读者对他有时显得尖酸刻薄的说话方式有一个大体的了解:

1731 年 11 月 10 日:勃兰登堡派驻哥本哈根的使节伊瓦蒂霍夫要求政府提高津贴的额度。(弗里德里希·威廉:"那浑蛋想要涨工资——我看在他背上多抽几鞭子就好了。")

1733 年 1 月 27 日:提议将冯·霍尔岑多夫派往丹麦的信件。(弗里德里希·威廉:"我要吊死霍尔岑多夫。你竟敢向我推荐这浑蛋,但既然他是个狗杂种,那你就给我传一下话,让他去绞刑架上任吧。")

1735 年 11 月 5 日:库尔魏因递交的报告。(弗里德里希·威廉:"库尔魏因是个白痴,只配给我舔屁股。")

1735年11月19日：下达给库尔魏因的命令。（弗里德里希·威廉："你个王八蛋，要是再敢插手我的家事，我就要在施潘道要塞找个坟包把你埋了。"）20

1713年2月，继承王位后才几天的工夫，弗里德里希·威廉就挥起大斧，向父亲创立的宫廷机构砍去。前文已经提到，他拒绝效仿父亲1701年时的做法，没有举行加冕仪式。核查王室的收支情况后，他立即采取极端手段，开始大幅削减宫廷开支。他事先没有给出任何通知，就解雇了包括巧克力师、两个阉伶①、大提琴手、作曲家、管风琴制造师在内，多达三分之二的宫廷仆人，而剩下的那部分仆人则必须接受幅度最高可达75%的降薪。他父亲在位时收集的很多珠宝、金银器皿、美酒、家具、马车都遭到了抛售，就连王家动物园的狮子也变成了送给波兰国王的礼物。得知弗里德里希·威廉一世修订的雇用条件后，弗里德里希在位时受雇的雕塑家几乎全都在第一时间离开了柏林。普鲁士的宫廷如临大敌，人人自危。1713年2月28日，英国使节威廉·布雷顿在寄回国内的报告中指出，国王"一边中断津贴的支付，一边大幅削减王室年俸，忙得不可开交，许多风度翩翩的廷臣都如丧考妣"。太后宫中受到的打击尤其严重，"不少可怜的侍女都不得不怀着沉重的心情，回家投靠亲友"。21

弗里德里希·威廉一世即位后的那几个星期肯定让约翰·冯·贝塞尔心如刀割。贝塞尔1690年起就一直为弗里德里希三世（一世）效力，他担任宫廷典礼官，不仅协助弗里德里希建立了宫廷的仪式文化，还为1701年的加冕仪式撰写了详尽的官方记录。弗里德里希·威廉一世摧毁了他一生的工作成果，还不由分说，把他从国家官

---

① 阉伶指在性成熟前接受阉割手术，保留了童声的男歌手。

第四章 王权

员的名单上除了名。他写了一封信，请求新国王给他安排其他的职位，但信刚刚送到弗里德里希·威廉一世手中，就被扔进了火炉。贝塞尔逃离柏林，前往德累斯顿，在萨克森选帝侯仍然十分讲究排场的朝廷找到新的职位，成了顾问官兼宫廷典礼官。

  弗里德里希在位时建立的宫廷机构很快就枯萎凋零，被一个规模更小、成本更低、更加粗鲁、更为男性化的社交环境所取代。1716年夏，英国派往柏林的新任使节查尔斯·惠特沃思在报告中指出："上一代普鲁士国王十分注重盛大的宫廷仪式，事事精心、非常讲究，而现在的国王陛下则恰恰相反，几乎没有举行过值得一提的仪式。"[22] 新国王社交生活的中心是"烟草俱乐部"（Tabakskollegium）。俱乐部会在晚上举行讨论会，数量为8人到12人的参与者既有可能是枢密院的顾问官、高级官员、军官，也有可能是形形色色的冒险家、使节、文人，他们会一边喝着烈酒，一边抽着烟斗，与国王一起谈天说地。讨论会的气氛不拘小节，参与者经常粗话连篇，不需要在意身份等级的差异——烟草俱乐部的一项规定是，国王到场时，所有的人都不用立正行礼。讨论的主题五花八门，从《圣经》的篇章，到新闻报道，再到政坛的八卦新闻、打猎时的奇闻趣事，可谓应有尽有，就连一些有伤风化的事情，比如女性的体香，都能成为谈资。参与者应当直言不讳，说出自己真实的想法，经常争得面红耳赤；实际上，国王本人有些时候似乎还会煽风点火，主动引起激烈争论。举例来说，1728年秋的一个晚上，在黑尔姆施泰特大学任客座教授的弗里德里希·奥古斯特·哈克曼，与一位居住在柏林、名叫达维德·法斯曼的知名作家在讨论神学问题的时候撕破了脸，开始相互进行人身攻击，把其他的参与者逗得哄堂大笑。一位当时常驻柏林的使节在报告中记录道，哈克曼恼羞成怒，宣称法斯曼是骗子，而法斯曼：

大手一挥,狠狠地扇了哈克曼一耳光![哈克曼]被打得一个趔趄险些撞到国王怀里。他[哈克曼]当即请示国王陛下,想要知道当着君上的面出言不逊、动手伤人的家伙是不是应当受到最严厉的惩罚。

弗里德里希·威廉一世看着儒雅之人斯文扫地的样子显然十分高兴,只是轻描淡写地答道,有些王八蛋就是该被打。[23]

雅各布·保罗·冯·贡德林的命运很有代表性,可以反映出1713年之后,国王身边小圈子的主要风气和价值观。贡德林出生在纽伦堡附近,先后在阿尔特多夫大学、哈雷大学、黑尔姆施泰特大学接受过教育,是弗里德里希一世在位期间受到柏林欣欣向荣的学术生活的吸引而来到首都的众多学者之一。他除了在柏林一所新成立的学校担任教授,向前来求学的贵族子弟传道授业,还是首席纹章官办公室(Oberheroldsamt)的史官,在朝中拥有荣誉职位。首席纹章官办公室是一个在1706年成立的机构,任务是从家谱的角度确定想要担任公职的贵族是否符合任职要求。然而,1713年时,贡德林遭遇了飞来横祸——弗里德里希·威廉一世刚刚继位几个星期,就关闭了学校,解散了首席纹章官办公室。贡德林迎合国王的观点,设法在新的宫廷机构中谋得职位,以自由职业者的身份,做了几年经济政策顾问官,因为提出了许多反对贵族的财政及经济特权的建议而出了名。他因功受赏,不仅获得了各式各样的荣誉头衔(比如"商业事务顾问官"和科学院院长),还成了烟草俱乐部的常客。实际上,直到1731年因病去世的时候,贡德林一直都在某种意义上保留着廷臣的地位,始终都靠着国王支付的俸禄生活。

然而,无论是作为教育家、廷臣为国王效力的履历,还是科学院院长的职位,抑或越来越长的学术出版物清单,都无法拯救贡德

第四章 王权

图 7 雅各布·保罗·冯·贡德林的讽刺画〔作画者不明，是收录在《学者弄臣》(*Der Gelehrte Narr*，1729 年在柏林出版) 一书中的版画，书的作者是喜欢欺辱贡德林的达维德·F. 法斯曼〕

林，让他逃过在弗里德里希·威廉一世的朝中成为受人欺辱的弄臣的命运。1714年2月，国王命令他一边不停地喝烈酒，一边发表演讲，向到场的宾客论述世间到底有没有鬼魂。这位商业事务顾问官喝得酩酊大醉，在出尽洋相，把听众逗得捧腹大笑之后，他才终于在两个掷弹兵护送下回到了房间，结果又被一个披着白床单，突然从角落里蹿出来的人影吓得失声尖叫。这种以贡德林为主角的闹剧很快就变成了常态。国王把他和好几只幼熊关在一个房间里，命人不断地从上方向屋内投掷烟花；他不仅被迫穿着粗糙模仿法国式样的古怪朝服，还必须佩戴一顶曾经属于前代国王，高高耸起，样式早已过时的假发；他被灌下泻药，锁在地下室里过夜；他遭人设计，不得不与一个整日以欺辱他为乐的廷臣用手枪"决斗"，完全不知道手枪里根本就没装子弹，大家都在等着看笑话。他不想开枪，甚至都不愿举枪瞄准，结果对手走到他面前，对着他的脸开了一枪，枪口喷出的火星把他崩得灰头土脸，他的假发也被火星点燃，围观"决斗"的人全都笑得前仰后合。他债台高筑，没办法离开柏林，不得不把国王奉为主人，每天都要遵从国王的意愿，一次又一次地忍受侮辱，以牺牲自己的荣誉、名声为代价，给国王和众多廷臣找乐子。面对生活上的种种不如意，本就好酒贪杯的贡德林很快就变成了彻头彻尾的酒鬼，结果因为酗酒而遭到了更多的鄙视，反过来又让自己弄臣的形象变得更加根深蒂固。尽管如此，贡德林还是坚持学术研究，不断地发表学术论著，涉及的领域包括托斯卡纳的历史、帝国及德意志诸国的法律、勃兰登堡选侯国的地形地貌。

即便是在卧室里，贡德林也必须忍受羞辱——他的卧室里摆着一口酒桶形状，刷了清漆的棺材，棺材外面刻着这样一首讽刺诗：

这副皮囊里面有一个人

> 他好不奇怪，半猪半人
> 他年轻时聪明透顶，年老时才智尽失
> 他早上满腹经纶，晚上烂醉如泥
> 且听酒神巴克科斯放声高歌：
> 我的孩子，这人便是贡德林
> ……
> 读诗的人啊，你能猜出来吗
> 他到底是人还是猪？[24]

　　1731 年 4 月 11 日，贡德林在波茨坦去世后，弗里德里希·威廉一世命人戏仿弗里德里希一世在位时宫廷的巴洛克文化风潮，给他的尸体戴上长及大腿的假发，穿上用锦缎制作的马裤、饰有红色条纹的

图 8　烟草俱乐部。画家应当是格奥尔格·利西耶夫斯基，1737 年前后

黑色长袜，然后再把他装到那个酒桶状的棺材里，放在一间四周摆满蜡烛的屋子里公开展示。包括前往莱比锡大集市的商旅人士在内，有许多观众前来参观这阴森森的景象。不久，贡德林与酒桶形状的棺材一起，被运往波茨坦城外的一座乡村教堂，在祭坛的下方入土为安。由于无论是路德宗，还是归正宗，所有当地的神职人员都出于道德上的考虑拒绝参与葬礼，作家（也是时常作弄贡德林的廷臣）法斯曼在葬礼上发表了演讲。

贡德林"忍辱负重"的一生的另一面是新国王的统治不拘小节、强调充满阳刚之气的兄弟情谊的新气象。1701年，弗里德里希一世在举行加冕仪式时，尝试性地拉开了宫廷生活男性化的序幕，而到了弗里德里希·威廉一世在位的时候，男性化的进程已经彻底地改变了宫廷的社会生活。在弗里德里希·威廉一世的统治下，弗里德里希一世在位时曾经呼风唤雨的宫廷女性全都遭到排挤，变成了公共生活的边缘人物。1723年，一个来自萨克森的访客在柏林住了几个月，之后在回忆这段经历时指出，当时恰逢举行盛大宫廷节庆活动的季节，所有的活动全都"遵循犹太人的礼数"，女性必须与男性保持距离，而更让他惊叹不已的则是，许多宫廷宴会竟然完全没有女性参加。[25]

反思1713年的统治者更迭时，我们很容易将其描述为文化变革。在行政管理领域和财政方面，统治者的更迭都没有打断既有的连续性，这一点是可以肯定的；但在表现形式和文化这两个领域，我们却可以认为，与前一位统治者相比，后一位统治者的价值观和风格都发生了全面的逆转。普鲁士的头两位国王就好像光谱上的两个极端，而其后继者则会以他们为标准，在这两个极端之间寻找自己的位置。光谱的一个极端是霍亨索伦王朝的A型君主：慷慨大方，挥金如土，喜欢炫耀，不愿处理日常政务，注重形象。光谱的另一端是霍亨索伦王朝的B型君主：坚忍克己，勤俭节约，是个工作狂。[26]前文

第四章 王权　　109

已经提到过，弗里德里希一世创立的"巴洛克"风格的统治方式以某种方式存留了下来，在霍亨索伦王朝统治者的集体记忆里不断回响，而在之后的历史中，由于不同时代的统治者都会有不同的品味、风格，所以普鲁士的宫廷肯定会时不时地再现弗里德里希一世在位时的辉煌——弗里德里希·威廉二世在位时，宫廷支出再次出现爆炸式的增长，达到了平均每年200万塔勒左右，相当于国家总预算的大约八分之一（前任国王弗里德里希大王在位时，宫廷支出只有22万塔勒）。[27]19世纪的最后几十年，普鲁士的宫廷先是度过了一个相对节俭的时期，之后又在德意志帝国的末代皇帝威廉二世的统治下，见证了宫廷文化好似迟开花朵一样的最后一次绚丽绽放。在霍亨索伦王朝的历史上，以弗里德里希·威廉一世为代表的B型君主同样也后继有人，表现出了强大的生命力。弗里德里希·威廉一世不留情面的旁注先是被他声名显赫的儿子弗里德里希二世（以更风趣的方式）模仿，之后又被与他血缘关系更远的后代德意志皇帝威廉二世模仿（他的旁注虽然要长得多，却没有那么风趣）。弗里德里希·威廉一世不喜欢华贵的平民服饰，只穿军装的习惯被弗里德里希二世继承了下来，之后代代相传，成了霍亨索伦王朝最具代表性的特征之一，一直延续到了第一次世界大战接近尾声，普鲁士的君主制度宣告结束的时候。B型君主的形象之所以在历史上表现出了如此强大的能量，不仅因为它与普鲁士后来在德意志的主宰地位有着紧密的联系，也是由于它迎合了刚刚出现的普鲁士公众的价值观和偏好——公平正直、勤俭节约、为国家殚精竭虑的君主形象逐渐深入人心，成了普鲁士公众对王权特殊理解的外在体现。

## 行政机构

经常有史家提出，大选侯弗里德里希·威廉的统治与他的孙子普鲁士国王弗里德里希·威廉一世的统治之间存在着一种互补的关系。大选侯的成就主要是向国外投射勃兰登堡的权力，而弗里德里希·威廉则恰恰相反，因为创立了普鲁士的国家行政机构而被尊为普鲁士最伟大的"治内之王"。过分强调这两位君主的差别，有可能显得言过其实，普鲁士的行政管理措施并没有出现宫廷文化变革那般剧烈的变化。实际上，也许把从1650年开始，到1750年为止的这一百年视为霍亨索伦王朝夯实行政机构的过程，才是更为准确的说法。最开始时，该过程在财政收入的收取、对军队的管理这两个领域表现得最为突出。选帝侯的财政收入由选帝侯直属领地产生的收入、通行税、矿产（选侯国境内的矿场都是选帝侯的财产）收入、独占经营权收入等部分组成，其收取过程一直都杂乱无章，而大选侯则是第一位开始简化收入的收取过程，加强中央控制的选帝侯。1650年代，勃兰登堡选侯国成立了用来收集选帝侯收入的行政管理机构，向财政收入管理的简化与中心化的方向迈出了第一步，但直到1683年，由精力无限的东普鲁士贵族杜铎·冯·克尼普豪森领导的中央财政收入管理办公室才终于把霍亨索伦王朝治下的所有领地都整合起来，开始直接管理选帝侯的全部收入。即便是到了大选侯去世之后，克尼普豪森也仍然在继续夯实选帝侯的收入管理机构：1689年，他主持建立了具有稳定制度架构的勃兰登堡－普鲁士中央财政收入管理办公室。多亏了这项制度创新，1689—1690财年成了勃兰登堡－普鲁士的历史上第一个可以总结出完整的收入支出决算表的年份。[28]1696年，勃兰登堡－普鲁士成立了一个统一的中央行政机构，负责管理选帝侯所有的直属领地，从而又向中央集权的方向迈出了重要的一步。[29]

在与养兵和发动战争相关的领域，勃兰登堡－普鲁士也表现出了相同的中央集权趋势。1655年4月，大选侯成立了战争总署，职责是组织军队，为军队提供财政及后勤支持。在一连串能力出众的行政官员领导下，战争总署逐渐成长，成了中央政府的一个至关重要的下属部门，不仅控制着所有用于军事支出的财政收入（包括捐税、货物税、其他国家提供的补贴），还逐步把地方官员纳入管辖范围，渐渐地侵蚀了等级会议收取税款的权力。1680年代，战争总署擅自扩大职权范围，开始关注国内制造业经济的健康发展，一方面推出了一套方案，计划让勃兰登堡拥有以毛纺织为基础，能够自给自足的纺织业体系，另一方面又充当调解人，在地方上调解同业行会与新兴产业之间的矛盾。将管理财政、经济、军事事务的行政机构融为一体并不是普鲁士独有的制度创新——实际上，这一切措施全都效仿了路易十四的权臣财政总监让－巴蒂斯特·柯尔培尔的改革。

1713年，弗里德里希·威廉一世继位之后，改革获得了新的动力。尽管弗里德里希·威廉一世在社交场合的表现不太正常，但他实际上是一个很有灵感的制度设计师，能够像建筑师设计建筑那样为行政机构绘制蓝图。他之所以如此热衷于行政管理，其根源可回溯至他父亲让他全面学习为君之道的时期。弗里德里希·威廉9岁时就按照父亲的命令，开始亲自管理自己位于柏林东南方武斯特豪森的私人庄园，在此过程中表现出了惊人的精力和责任心。正因为如此，他才能掌握与庄园日常经营相关的第一手经验——在当时的勃兰登堡－普鲁士，庄园仍然是经济运行的基本单位。1701年，年仅13岁的弗里德里希·威廉开始出席枢密院的会议；之后没过多久，他又开始接触其他行政管理部门的事务。

综上所述，到了1709—1710年，东普鲁士暴发瘟疫和饥荒，令普鲁士的王权陷入危机的时候，弗里德里希·威廉已经成长为一位对政府的内部运行机制了如指掌的王子。瘟疫总共造成大约25万人死亡，数量超过了东普鲁士总人口的三分之一，其原因很有可能是，1700—1721年的大北方战争期间，萨克森、瑞典、俄国的军队在东普鲁士境内横行无忌，导致了疾病的传播。约翰尼斯堡是一座位于普鲁士南方，靠近普波边境的小城，在这座城市的编年史中，一个生活在那个时代的市民回忆道，瘟疫虽然在1709年时绕城而过，却在1710年时变本加厉，大举来袭，"城里的两个传教士、两位教师，以及城镇议事会的大部分成员全都命丧黄泉。整座城市十室九空，市场竟然长满了杂草，只有十四个市民幸免于难"。[30] 此外，东普鲁士祸不单行，同时还遭遇了饥荒，不仅削弱了人口对疾病的抵抗力，还饿死了大量瘟疫的幸存者，从而进一步加剧了瘟疫造成的冲击。成千个农场变成了荒地，上百个村庄被居民遗弃；在一些受影响最严重的地区，社会经济生活完全停摆。由于死亡率最高的地区是东普鲁士的东部地区，再加上国王是这一地区最大的地主，瘟疫暴发后，国王的收入马上就出现了崩塌式的下降。灾难发生后，中央政府、地方政府都没有能力采取有效的应对措施；实际上，不少重臣的反应是隐瞒信息，不让国王知道事态有多么严重。

东普鲁士的灾难把大臣和高级官员（其中有不少人都是国王的亲信）的无能与腐败暴露得一览无余。朝中出现了一股志在推翻首席大臣科尔贝·冯·瓦滕贝格及其朋党的势力，就连王储弗里德里希·威廉也参与了进来。一次官方调查曝出了公款遭到挪用、侵吞的大丑闻，其数额甚巨。瓦滕贝格被迫下野，而他的同伙维特根施泰因则被关进了施潘道要塞，在缴纳了7万塔勒的罚款之后，被驱逐出境。对弗里德里希·威廉一世来说，瓦滕贝格贪污案是一个塑造了他政治生涯的事件。此事不仅提供了让他首次主动参与政治的契机，还成了他父亲弗里德里希一世统治的转折点——此后，弗里德里希开始逐渐放权，让弗里德里希·威廉掌握了越来越多的权力。最为重要的是，东普鲁士抗灾的大失败不仅在王储心中点燃了对制度改革的狂热执念，还令他对腐败、浪费、效率低下有了发自肺腑的仇恨。[31]

弗里德里希·威廉在继位后只用了短短几年的时间，就让勃兰登堡－普鲁士的行政管理机构旧貌换新颜。他重启大选侯在位期间开始的机构整合改革，加大了改革的力度。勃兰登堡－普鲁士全国所有非税收入的管理实现了集中化；1713年3月27日，负责管理王室直属领地的直属领地管理总局（Ober-Domaänen-Direktorium）与中央财政收入管理办公室（Hofkammer）合并，成立了财政管理总局（Generalfinanzdirektorium）。从此往后，财政管理总局、财政总署（Generalkommissariat）成了掌握全国的财政大权的两大机构，前者的主要任务是管理王室直属领地产生的地租收入，而后者则负责向城镇收取货物税以及向农村地区的居民收取捐税。然而，这两个部门由于存在职权重叠的问题，很快就变成了死对头，反过来又引发了新的冲突。财政管理总局及其下属的省级办公室牢骚不断，宣称财政总署横征暴敛，影响了王室直属领地的承租人按时缴纳地租的能力。到了财政管理总局为了提高地租收入，鼓励承租人在农村地区开办酿酒厂、制造厂之类的小规模企业的时候，发牢骚的一方又变成了财政总署，原因是农村的企业不用缴纳货物税，会导致城镇的纳税人在竞争中处于不利的地位。1723年，在经过深思熟虑之后，弗里德里希·威廉一世认定唯一的解决方案是把这一对冤家合并成一个权力巨大的超级政府部门，部门的名称是拗口的"财政、战争、直属领地管理总局"，简称管理总局（Generaldirektorium）。只用了两周的时间，原本下属于财政管理总局、财政总署的所有省一级、地方一级的机构就

完成了合并。³²①

在管理总局的最高层，弗里德里希·威廉一世实行了一套名为"合议制"的决策机制。只要出现了需要解决的问题，相关部门的所有大臣就都必须在部门的主会议室召开会议。会议桌的一侧是大臣的席位，而在另一侧落座的则是相关部门的枢密院顾问官。会议桌的一端设有主席位，永远都留着一张空椅子，等待国王出席会议——由于国王极少出席会议，所以主席位只是摆个样子而已。合议制的决策机制有多个优点：可以把决策过程公之于众，从而（在理论上）杜绝个别大臣把政府部门当成私人领地的现象，这个弊病在前代国王在位时表现得极为突出；可以确保各个地方、各个决策参与者的利益、偏见能够相互抵消；可以让决策者尽可能多地获得与决策有关的信息；而最为重要的则是，可以让参与决策的官员从全局看问题，统筹兼顾。为了推行合议制，弗里德里希·威廉一世敦促之前在财政管理总局和财政总署任职的官员向彼此虚心请教。他甚至威胁要进行内部考试，以此为手段来测试，在之前互为死对头的两个政府部门任职的官员能否放下过往的恩怨，相互学习，有效掌握对方的知识。他的终极目的是，把在多个不同领域精通专门知识的人员整合起来，打造一支有机的、能够统一管理全国事务的专业行政团队。³³

管理总局在许多方面仍然与把政府分为不同部门的现代官僚体制迥然不同：管理总局划分职权范围的主要依据并不是职能的属性，而是与那个历史时期其他欧洲国家的政府行政部门一样，采用了以省一级的地域划分为主，以特定的政策领域为辅的混合体系。举例

---

① 合并后的省级机构称为战争及直属领地官房（Kriegs- und Domänenkammer），是省政府的前身。——编者注

来说，管理总局的二部负责库尔马克①、马格德堡，以及军队的补给、驻扎；三部负责克莱沃公国、马克伯国、各个其他的飞地，以及食盐专营、邮政服务的管理工作。此外，在新成立的管理总局内部，由于职权划分并不明确，直到18世纪30年代时，总局依旧因为职权范围的重叠而存在严重的内部冲突——换言之，弗里德里希·威廉一世成立管理总局的初衷是为了消除不同政府部门之间的竞争关系，但到头来并没有解决问题，而只是把问题转移到了管理总局的内部，结果反倒把部门间的竞争关系与各地、各省、中央政府三者间新出现的结构性冲突纠缠到了一起。[34]

然而，从任职条件和总体风气来看，管理总局又与现代的政府部门有许多相似之处。夏季时每天早上7点，冬季时每天早上8点，在总局任职的大臣都必须召开全体会议。他们必须完成当天的工作任务，否则就不准下班回家。他们每周六都必须上班，检查一周的工作记录。如果他们某一天的累计工作时长超过了一定的小时数，那么总局就应当出钱，让他们吃一顿热饭，而前提条件则是，大臣必须分成两批轮流就餐，从而保证在一半大臣就餐时，另一半大臣可以继续工作。在上述规定中，我们已经可以看到，包括监管、规章制度、例行程序在内，许多现代官僚制度中不可或缺的元素都已具雏形。与大选侯、弗里德里希一世在位时的大臣相比，在管理总局任职的大臣利用职务之便中饱私囊的机会要少了许多：管理总局的每一个层级都设有隐蔽的监督报告体系，（至少从理论上讲）能够把所有不合规的行为在第一时间上报给国王。罪行严重的官员会受到不同程度的惩罚，从解除职务，到缴纳罚款、退还赃款，甚至还有可能在工作场所就地正法，以儆效尤。东普鲁士战争及直属领地官房委员冯·施卢布胡特的

---

① 库尔马克指位于勃兰登堡西部，在勃兰登堡对外扩张之前就已经拥有的领土，主要包括阿尔特马克、米特尔马克、乌克马克、普里格尼茨。

案件是一个臭名昭著的例子——他因为贪污公款而被处以绞刑，行刑地点是柯尼斯堡官房主会议室的正门口。

1709—1710年，东普鲁士遭遇大灾之后，弗里德里希·威廉变得尤其关注东普鲁士的情况。他父亲的政府已经成功地采取措施，吸引外国定居者，以及来自霍亨索伦王朝统治的其他省份的移民，让他们在一部分荒废的农庄定居。1715年，弗里德里希·威廉一世起用一个出身东普鲁士显贵家庭，名叫卡尔·海因里希·特克泽斯·冯·瓦尔德堡的贵族，让他主持东普鲁士的行政改革工作。瓦尔德堡把极不公平、对小农十分不利的现有税收体系当作改革的重中之重。按照东普鲁士的旧制，所有的土地所有者都应当以胡符［胡符（Hufe）是当时的基本土地面积单位，各地不等，相当于英格兰的"海得"］为单位，按照名下土地的面积，以固定的税率缴纳税款。然而，由于东普鲁士行政部门管理税收的机构基本上全都把持在贵族团体的手里，当局大都会睁一只眼、闭一只眼，不会制止贵族低报应税土地面积的行为。与贵族地产的情况截然相反的是，农民上报的土地面积会受到最为严苛的审查，确保一胡符的土地都不会瞒报。此外，由于估税的过程完全不考虑土地的肥沃程度，没有把农作物的产出量当作标准，再加上小农名下的土地通常都更为贫瘠，所以按照税收占农作物产出的比例计算，与大地主相比，小农反倒要承担更为沉重的税负，从而让税制变得更加不平等。在弗里德里希·威廉一世看来，所有的社会秩序本身就都是不平等的，所以东普鲁士税收体制的问题并不在于不平等这个事实，而是在于这个特定制度的不合理运行导致税收的减少。归根结底，弗里德里希·威廉之所以会关注东普鲁士的税制问题，是因为他与一些在当时的德意志、奥地利最为著名的经济理论家一样，认为过度的税收会降低生产力，而且君主的首要任务之一是"保护"臣民。[35] 他关注农民家庭的做法尤其具有说服力，证明勃兰登堡-普鲁士的统治者无论是在理论上，还是在实践中，都已经改变了上一代统治者的重商主义倾向（重商主义最具代表性的人物是路易十四的财政总监让－巴蒂斯特·柯尔培尔），这种倾向会为了刺激商业和制造业的发展而牺牲农业从业者的利益。

瓦尔德堡以调查整理土地所有权的状况为起点，拉开了东普鲁士改革的序幕。统计数据指出，东普鲁士总共有3.5万胡符的应税土地被瞒报，面积相当于6 000平方千米。为了消除土地生产力差别所造成的税负不均问题，东普鲁士的直属领地管理机构制定了分类表，根据土地的品质，对所有的田产进行了全面的分类。上述措施落地后，当局开始在全省范围内征收一种考虑了土地品质的差异，名为"一般胡符税"的新税款。瓦尔德堡在东普鲁士推行的改革与王室直属领地上更为透明、更为标准化的土地租用新规一起，不仅极大地提升了东普鲁士的农业生产力，还大幅增加了国王的财政收入。[36]

就在一般胡符税的落实工作还在进行中的那段时间，弗里德里希·威廉又启动了一个漫长而艰难，名为"封建领地完全所有化"（Allodifikation der Lehen）的改革进程。这项改革顾名思义，是为了废除封建时代遗留下来的各种早已变成官样文章的法律条款，那时贵族作为君主的"封臣"而"拥有"土地，在买卖和转让土地时，必须考虑到前一个所有者的继承人、后代的剩余权利要求。改革生效后，买卖贵族庄园的交易一旦成立，土地所有权就发生了彻底的变更，土地所有者投入资金、改善农业生产条件的积极性也会随之上升。这项改革将土地重新分类为"完全保有所有权的"（所有者拥有完全的所有权，不受任何封建义务的约束）之后，作为交换，贵族地主必须接受一项永久的土地税。由于不同省份遗留下来的封建法律和习俗各有不同，改革的法律过程十分复杂。此外，由于贵族阶层极其看重自己传统的免税地位，并不十分在意那些早已陈旧过时，仅仅在理论上还有约束力的封建义务，所以改革在贵族阶层中还十分不得人心。他们认为，"封建领地完全所有化"不过是个冠冕堂皇的借口，改革的真正目的是破坏贵族阶层古老的经济特权——这种观点的确不无道理。在许多省份，当局与贵族阶层进行了长达数年的谈判，才终于让这项新的土地税正式落地；在克莱沃公国和马克伯国，当局一直都没能与贵族达成一致，最终只好用"强制执行"的手段来征税。在不久前刚刚并入勃兰登堡-普鲁士，独立意识仍然相当强烈的马格德堡公国①，改革同样遭到了强烈的反抗；马格德堡的贵族阶层先后在1718年、1725年两次派代表团前往维也纳，向帝国朝廷提出申诉，获得了有利于己方的裁决。[37]

　　除了上述财政改革措施，弗里德里希·威廉一世还推出了大量辅助性的措施来增加财政收入。他投入大量资源，排空1675年时让瑞典军队深陷泥潭的哈弗尔兰沼泽地，仅仅用了十年的时间，就把1.5万公顷的沼泽地变成了良田、草场。此外，他还启动了奥得河、瓦尔塔河、内策河河口三角洲的排水工程。这是一项史诗级的大工程，直到下一任国王成立奥得河委员会，把奥得河洪泛区约500平方千米的沼泽地变成良田之后，才终于大功告成。弗里德里希·威廉一世遵循那个历史时期把人口数量当作衡量繁荣程度的主要指标的理念，出台了吸引移民的定居计划，意图提升特定地区的农业生产力，刺激制造业的发展。举例来说，按照定居计划的安排，来自萨尔茨堡的新教移民在东普鲁士最东端的农庄定居，而胡格诺派的纺织工人则在哈雷城安家，目的是挑战从萨克森公国进口的纺织品在霍亨索伦王朝统治的马格德堡公国独霸市场的地位。[38]18世纪二三十年代，政府出台一系列的法规，废除了地方性行会的许多权力与特权，为制造业提供了更

---

① 马格德堡大主教区的最后一任署理大主教于1680年去世，所以马格德堡公国正式并入勃兰登堡-普鲁士的时间是1680年（参见第31页注①）。

第四章　王权

加统一的劳动力市场。[39]

  谷物经济是政府的干预活动尤其持久的领域之一。谷物是最基本的产品,不仅在经济流通中占比最大,同时也是大多数人在日常生活中购买量、消费量最大的产品。国王的谷物经济政策是以实现两大目标为出发点制定的。第一个目标是,保护勃兰登堡-普鲁士的谷物种植者和谷物商人,保证他们免遭进口谷物的冲击——就这一问题而论,波兰庄园生产的谷物品质高、价格低廉,是最令人头疼的竞争对手。[40]为了实现这一目标,政府一方面制定了极高的关税,另一方面又对走私重拳出击。很难说清楚当局到底在多大程度上制止了谷物的非法跨境流通。政府的记录中有大量针对谷物走私贩子的诉讼案,被告既有小商小贩,比如装作勃兰登堡边区的臣民入境,走私量只有区区几蒲式耳的一些波兰农民,又有组织要严密得多的走私集团,比如1740年时出现的那个从梅克伦出发,想要把整整13车谷物偷运到乌克马克的走私集团。[41]

  此外,为了避免谷物的价格因为歉收而大幅上涨,达到影响城镇制造业及商业经济活力的程度,弗里德里希·威廉一世还扩大了大选侯原先为常备军提供军粮而建立的谷仓体系。弗里德里希一世在位期间,虽然谷仓体系保留了下来,但1709—1710年的大灾却证明,该体系管理不善、规模太小,无法满足平民经济的需求。自1720年代初期起,弗里德里希·威廉一世开始建立一个由21座双用途大型谷仓组成的谷仓体系,准备让该体系在满足军粮需求的同时,起到稳定国内谷物市场价格的重要作用。各省的战争署和直属领地官房按照中央政府的命令,通过在价格低时买入,在供给不足时卖出,尽可能地维持谷物价格的稳定。这一套新体系先后在1734—1737年、1739年体现出了极高的价值,以低价出售政府的谷物储备为手段,缓解了连年歉收对社会和经济的冲击。弗里德里希·威廉一世在1740年5

月 31 日，也就是他去世的那一天下达了最后的几道命令，其中一道命令的内容是，管理总局应当立即购买谷物，在冬季到来之前，补充柏林谷仓、韦瑟尔谷仓、斯德丁谷仓、明登谷仓的库存。[42]

不可否认的是，弗里德里希·威廉的经济成就具有局限性，他在经济领域的视野也存在不少盲点。他受到在那个历史时期获得广泛接受的重商主义的影响，也倾向于对经济进行监管和控制。他的经济政策与大选侯更加注重贸易的经济政策大相径庭。大选侯在非洲的西海岸建立了一块名叫大弗里德里希堡的殖民地，希望能够把这块殖民地当作钥匙，打开殖民商业扩张的大门。弗里德里希一世出于感情上的考虑，保留了这块经营不善的殖民地，而弗里德里希·威廉一世则宣称，他"一直都认为所谓发展贸易是一派胡言，完全是异想天开"，在 1721 年时把殖民地出售给了尼德兰联省共和国。[43] 在国内，弗里德里希·威廉一世对商贸往来和基础设施建设也缺乏重视。他从来都没有认真地思考过应当如何把霍亨索伦王朝统治的所有土地整合成一个统一的全国市场。他成为国王后，尽管连接奥得河、易北河的运河的修建工作的确加快了速度，中央政府的确实行了一套更为统一的谷物称量制度，国内的通行税也的确（克服了地方上的反对）有所下降，但霍亨索伦王朝统治的土地上仍然障碍众多，导致货物的流通困难重重。即便是在勃兰登堡境内，货物在跨省流通时也仍然必须缴纳通行税。无论是在东部，还是在西部，中央政府都几乎没有采取任何行动，设法把那些不与勃兰登堡接壤的国土整合成一个统一的经济体，而是仍然在经济上把它们视为独立的诸侯国。到了 1740 年弗里德里希·威廉一世去世的时候，勃兰登堡－普鲁士仍然与构建统一的国内市场有着很大的距离。[44]

弗里德里希·威廉一世成为国王后，越发自信的王权与传统上权力所有者之间的对决进入了行政落实阶段。弗里德里希·威廉一世与之前的所有国王不同，拒绝在继承王位时按照传统，向各省的贵族签发"权利让渡书"。王权并没有在各省的议会与既得利益者上演权力争夺的大戏（不管怎么说，弗里德里希·威廉一世在位期间，绝大多数地区的等级会议已经很少召开）。取而代之的是，中央政府步步蚕食，出台了一系列渐进式的措施，逐步削弱了贵族阶层的传统特权。前文已经提到，中央政府褫夺了贵族地主历史悠久的免税特权；之前对地方利益负责的机构渐渐地变成了服从中央政府权威的部门；政府限制了贵族出游和游学的自由，从而渐渐地把勃兰登堡－普鲁士的地方精英阶层从神圣罗马帝国的跨国关系网络中剥离了出来。

上述转变绝不仅仅是中央集权的副产物；弗里德里希·威廉一世一直都把削弱贵族地位的必要性摆在明面上，显然认为自己是祖父大选侯开启的历史性工程的继承者。"单就贵族阶层而论，"他在谈论东普鲁士问题的时候指出，"选帝侯弗里德里希·威廉以获得对普鲁士公国的绝对主权为手段，剥夺了他们原先拥有的大量特权，而我则以 1715 年时开征的一般胡符税为手段，迫使他们彻底地接受了从属地位［Gehorsahm］。"[45] 为了实现上述目标，在建立中央行政机构的时候，他着意任用平民出身的官员（这些官员大都因功受赏，获得了贵族身份），从而杜绝了政府官员因为牵扯贵族的团体利益而裹足不前的情况。[46] 然而，令人啧啧称奇的是，弗里德里希·威廉一世总是能在贵族中找到那些以特鲁克泽斯·冯·瓦尔德堡为代表的人选——他们个个才能出众，愿意协助国王落实政策方针，哪怕是贵族的团体利益会因此遭到损害，也在所不惜。我们并不是总能讲清楚，这些贵族与弗里德里希·威廉一世合作到底是出于何种动机：他们中的一些人也许只是被弗里德里希·威廉一世的行政理念所折服，甘愿为他效力；他们中的另一些人也许是对地方上贵族团体内部的风气心存不满，挟怨报复；还有一些人也许仅仅是想要获得中央政府支付的工资。各省的贵族阶层绝非铁板一块，派系斗争和家族竞争屡见不鲜，常常会造成个别贵族因为地方上的利益冲突而无视贵族阶层整体利益的情况。弗里德里希·威廉一世认识到了这一点，从来都不会对贵族阶层的成员一概而论。"在与各省的所有贵族打交道的时候，你都必须和蔼可亲，"他在"1722年的教导"中告诫继承人，"要近忠臣，远小人，对忠义之士有功必赏。"[47]

## 军队

> 想必阁下已经得知［……］新国王把军队的规模扩充到5万人的决心［……］审阅战争状态［即军费预算］报告书时，他在页边的空白处写道：就算我把武装部队的规模扩充到5万人，也不会有人大惊小怪，因为军队是我唯一的乐趣。[48]

弗里德里希·威廉一世继承王位时，普鲁士军队的规模为4万人。到了1740年他去世的时候，普军的规模已经超过了8万人，此等军力在时人看来与其人口数量和经济实力相当不成比例。弗里德里希·威廉一世为由此产生的巨额军费辩护的理由是，只有拥有一支训练有素、军费完全由本国自行解决的武装力量，他才能在处理国际事务时获得完全的自主权，不用像父亲、祖父那样束手束脚。

然而，弗里德里希·威廉一世对军队的态度又不禁让人觉得，对他来说，军队并不是实现目的的手段，而是目的本身——从他在位期间，一直都不愿轻易地用军队来为对外政策目标提供支持的做法就可以看出，这种直观的感受的确是能站得住脚的。弗里德里希·威廉一世被军队井井有条的秩序深深吸引。自1720年代中期起，他经常身着普军的中尉或上尉制服。对他来说，身着军装的士兵在阅兵场上列队而行，以整齐划一的步伐演变出各式各样的队形，是最为赏心悦目的景象（实际上，他铲平了好几座王家园林，把它们改建成阅兵场，只要条件允许，就肯定会在能观赏士兵操练的办公地工作）。弗里德里希·威廉一世铺张浪费的行为寥寥可数，其中之一便是他在波茨坦建立的一个由身材极其高大的士兵组成（他亲切地把这些士兵称为"lange Kerls"，即"大个子"）的近卫团。他浪费了巨量的金钱，在欧洲各地招募身材异常高大的士兵——他们中的一部分人因为身材高大而存在一定的身体缺陷，就身体状况而论，无法真正地履行士兵的职责。他请来画家为近卫团的士兵绘制单人的油画全身像，把他们的英姿永远地保留了下来。这些肖像画采用原始的现实主义风格，画中的士兵身材魁梧，手掌大如餐盘，脚蹬像犁铧一样大的黑皮鞋，

图9 普鲁士国王弗里德里希·威廉一世近卫团的掷弹兵詹姆斯·柯克兰的画像。默克的约翰·克里斯特绘，1714年前后

就好像站在用黑色大理石雕刻的底座上一样。军队当然是用来实现政策的工具，但对弗里德里希·威廉一世来说，它同样也是在人性、在制度上表达自己的世界观。军队是一个秩序井然、等级分明、充满阳刚之气的机构，个人的利益、身份完全服从于集体的利益、身份，国王的权威不会受到任何挑战，等级的差异意味着职能的不同，既不代表某个团体的利益，又不是没有实际意义的装饰——总而言之，军队是最为接近弗里德里希·威廉一世心中理想社会的存在。

早在继承王位之前，弗里德里希·威廉就已经对军事改革饶有兴趣。1707年时，年仅19岁，仍然身为王储的弗里德里希·威廉便向战争委员会提出了一系列指导方针，展示出了他对军事改革的兴趣。他在指导方针中提出，所有的步兵用枪都应当统一口径，从而保证所有类型的枪支都可以使用统一配发的弹丸；所有的作战单位都应当使用设计完全相同的刺刀；团一级作战单位的所有士兵都应当使用相同的匕首，而匕首的样式则应当由各团的指挥官确定；就连弹药袋也必须使用统一的设计，配备相同的背带。[49]在刚刚成为军事指挥官的那段时间，弗里德里希·威廉推行的一个重要军事创新是，在他自己指挥的那个团施行更为严格的全新操练制度，目的是增强部队的机动性，让原本规模巨大、难于调动的步兵阵列在地形复杂的情况下也能调动自如，以及确保部队能够连续不断地输出火力，实现最佳的作战效能。西班牙王位继承战争期间，弗里德里希·威廉目睹了普鲁士军队在1709年的马尔普拉凯战役中的表现，之后便开始渐渐地向勃兰登堡-普鲁士的全部武装力量全面推行这种新的操练制度。[50]

在刚刚继承王位的那几年间，弗里德里希·威廉一世认为军事领域的头等大事是以最快的速度扩充军队的规模。最开始时，强制服役成了扩充军队规模的主要手段。征兵的任务不再由文官政府承担，而是交给了各地团一级作战单位的指挥官。征兵官几乎不受任何限制，成了让平民又怕又恨的角色。他们四处游荡，寻找身材高大的农民、体格壮硕的工匠，在农村地区和小城镇尤其遭人痛恨。强制服役经常引发流血事件。在某些极端的情况下，壮丁甚至会死在征兵官的手下。各地的抗议像潮水一样，汹涌不绝。[51] 实际上，在强制服役的政策刚刚开始执行的那个阶段，由于征兵手段太过极端，恐慌的气氛很快就蔓延了开来。"［陛下］采取的［征兵］措施太过草率，就好像遇到了极大的危险一样，"英国使节威廉·布雷顿在1713年3月18日，也就是弗里德里希·威廉一世继承王位才三个星期的时候写道，"农民经常被迫入伍，工匠和商人的子弟动不动就被迫离开工作场所。如果再这样下去，我们就会完全失去这里的市场，许多臣民也都会逃到国外，以求自保……"[52]

面对强制服役所造成的乱局，弗里德里希·威廉一世不得不改变策略，在国内采取新的征兵手段。[53] 为了取代这种征兵方法，他创立了一套复杂的征兵机制，后来被称作"征兵区制度"。1714年5月，他下达命令，宣布所有的适龄男性都有在国王的军队中服役的义务，所有逃往国外，想要逃避义务的人，都会被当作逃兵，受到惩罚。接下来，他又继续下达命令，给每个团级作战单位都分配了一个特定的区域（即征兵区），规定区域内的所有未婚男青年都必须登记入伍（enrolliert），在花名册上留下姓名。从此往后，只要自愿参军入伍的人数不足，各个团级作战单位就可以以花名册为依据，要求当地的男青年入伍，补齐人数。最后，弗里德里希·威廉一世又建立了一套休假制度，允许士兵在完成基础军事训练后返回家乡，继续过平民生活。这样一来，当局就可以把休假的士兵当作预备役人员，要求他们在达到退伍年龄之前每年接受为期两三个月的巩固训练，而其他时间（除非发生了战争）则可以让他们从事和平时期的生产生活。为了进一步缓解征兵制度对经济的冲击，政府规定从事特定种类工作的人员可以免服兵役，比如拥有农庄、独立进行农业生产的农民，又比如从事被认为对国家有价值的各类行业的匠人、工人，再比如政府雇员及各类其他人员。[54]

上述军事领域的创新共同产生作用，催生出了一套全新的军事体系，一方面让勃兰登堡-普鲁士的王权拥有了一支规模庞大、训练有素、由本国士兵组成的军队，另一方面又没有对平民经济造成太过严重的干扰。这意味着，在那个绝大多数欧洲国家的军队仍然严重依赖外国士兵和雇佣兵的年代，勃兰登堡-普鲁士拥有了一支本国士兵占比高达三分之二的军队。尽管就领土面积而论，勃兰登堡-普鲁士仅在欧洲排第十，就人口数量而论，勃兰登堡-普鲁士更是仅排第十三，但这一套军事体系却让勃兰登堡-普鲁士的政府组建起了全欧洲规模第四大的军队。我们可以毫不夸张地认为，如果没有父亲留下的军事机器，弗里德里希大王的强权政治就只能是痴人说梦。

征兵区制度不仅极大地增强了勃兰登堡-普鲁士的对外打击能力，还对国内的社会和文化造成了深远的影响。重组之后，勃兰登堡-普鲁士的军队成了迫使贵族阶层从属于中央政府的重要工具，作用超过了所有其他的组织。在弗里德里希·威廉一世统治的早期，他不仅禁止各省的贵族在外交系统供职，甚至还规定，贵族必须事先得到许可，才可以离开自己的领地。此外，他还命人编了一部花名册，把所有年龄在12岁到18岁之间的贵族子弟全都记录下来。政府以花名册为依据，在贵族子弟中物色人选，让他们进入不久前刚刚在柏林成立的候补军官学校接受训练（校址是贡德林曾经担任教授的那个贵族学院）。尽管贵族阶层怨声载道，一些贵族家庭甚至开始设法逃避征召，但弗里德里希·威廉一世却一直都没有改变这种把精英阶层成员征召入伍的政策。政府使用强力手段，迫使不愿让子弟参军的贵族家庭就范，用守卫把青年贵族押送到柏林的情况并不罕见。1738年，

第四章 王权

弗里德里希·威廉一世开始进行年度普查，把所有尚未参军的贵族青年都登记在案；次年，他命令征兵区的特派员考察辖区内的贵族子弟，要求他们物色"长相好、身体健康、四肢健全"的人选，每年按照恰当的人数要求，把他们送往柏林，加入军官训练队。[55]到了1720年代中期的时候，在霍亨索伦王朝统治的土地上，几乎所有的贵族家庭都至少有一个子弟担任军官。[56]

我们不应当把这种征召贵族子弟入伍的政策视为政府单方面强加给贵族阶层的负担——此政策之所以取得了成功，是因为它能够给贵族阶层带来实惠：贵族子弟有望获得政府支付的工资，可以享受到许多贵族家庭原本提供不了的较高生活水平；加入军队的贵族可以与国王建立密切的联系，更加接近王权；贵族可以获得与军人的光荣身份相对应的，能够体现贵族阶层历史内涵的地位。尽管如此，我们还是无法否认，征兵区制度的建立标志着王权与贵族阶层的关系来到了一个重要的节点。政府可以更加有效地掌控贵族地主庄园所蕴含的人员潜力，而贵族则开始渐渐地转变成一个为国家服务的阶层。所以说，马格德堡公国境内阿岑多夫的牧师，曾经在勃兰登堡－普鲁士的军队中担任随军教士的萨穆埃尔·贝内迪克特·卡施泰特对局势的判断很有道理——征兵区制度是"足以盖棺论定的证据，证明弗里德里希·威廉国王获得了最为全面而彻底的统治权"。[57]

一种极具影响力的观点认为，征兵区制度创建了一套社会军事系统，把征兵制军队的等级结构与贵族地主庄园的等级结构完美地融合到了一起，形成了一件无所不能的统治工具。按照这种观点，团一级的作战单位成了武装化的庄园，贵族地主变成了指挥官，而从属于贵族的农民则变成了士兵。最终的结果是，军队的价值观渗透了农村传统的社会支配及纪律结构，导致勃兰登堡－普鲁士的社会发生了意义深远的军事化转变。[58]

然而，与上述观点相比，真实情况要复杂得多。贵族地主同时也是地方驻军指挥官的情况少之又少，是例外而非惯例。由于要求年轻人入伍接受基本军事训练的做法会导致劳动力的流失，引发农民的不满，所以农民家庭并不喜欢兵役制度。[59]普里格尼茨（位于柏林的西北方）的地方记录指出，农民为了逃避兵役而穿越边境，逃往与勃兰登堡接壤的梅克伦堡，是十分常见的现象。为了逃兵役，农民不惜采取极端手段，甚至会承认自己在村里有私生子，表示愿意与孩子的母亲成婚。有些时候，贵族地主也会出手相助。此外，无论是现役士兵，还是后备役士兵，都会忍不住利用士兵不受地方上司法管辖的特殊地位，与所在村庄的掌权者作对，非但不会加强庄园社区服从权威的社会氛围，反倒还经常会成为扰乱社会秩序的不稳定因素。[60]

地方社区与军队的关系一直都十分紧张。地方上对团级指挥官专横跋扈的做派甚为不满：前来"搜集"新兵的指挥官有些时候会无视免服兵役的权利；尽管有规定禁止在收获的季节征召后备役人员，但指挥官还是会在秋收时要求后备役人员返回军队；地方上的指挥官会借着农民申请结婚许可的机会索要贿赂（在某些地区，这种索贿行为太过严重，以至于明显地拉高了私生子在新生儿中所占的比例）。[61]此外，由于农民是庄园的劳动力来源，贵族庄园主当然不愿意没有正当理由的外人随意干涉农民事务，所以庄园主同样也牢骚不断。

尽管存在上述问题，但团级作战单位与农村社区之间还是发展出了某种共生关系。虽然在符合要求的男性人口中，只有一小部分人真正应征入伍（大约七分之一），但在农村地区，几乎所有的男性都在当地驻军的花名册上登记了姓名；就这一点而论，我们可以认为征兵区制度是以全民兵役的理论（但并没有具体实施）为基础的。虽然征兵区制度也存在免服兵役的规定，但这是在登记入伍之后才适用的。所有的后备役人员前往教堂做礼拜时都必须身着全套军服，每时每刻都在提醒着普通民众,军队就在他们的身边;军人自愿集结,在城镇、村庄的广场上操练的情况并不少见。兵役免除制度的存在导致军队在征召士兵的时候通常会优先考虑家境较差的人选,所以在农村地区,应征入伍的人员大都是没有土地的劳动者的子弟,而不是那些家境较为富裕的农民家庭的子弟,而这又有可能反过来加强了士兵对军人身份的自豪感。这样一来,现役士兵和后备役士兵就渐渐地成了一个在村庄中特征十分明显的社会群体,其背后的原因不仅仅在于军服和某种(做作的)军人做派成了他们展示自身重要性和个人价值的重要工具,也在于应征入伍的士兵通常都是各个年龄段中身材最高大的人。虽然有些时候,身高低于169厘米的男青年也会应征入伍,成为负责运输和后勤的士兵,但在绝大多数情况下,矮小的身材都可以成为免费的车票,让人登上免除兵役的直通车。[62]

征兵区制度有没有让勃兰登堡-普鲁士的团级作战单位拥有更高的士气,变得更具凝聚力呢?弗里德里希大王对普鲁士军队的了解无人能出其右,他还见证了征兵区制度在三场令普鲁士国力耗竭的战争中的表现——在他看来,征兵区制度的确起到了那样的作用。在完成于1775年夏的《我那个时代的历史》(*History of My Own Times*)中,他写道,利用征兵区制度在普鲁士国内征召士兵的做法确保每个连的士兵都"来自同一个地区。实际上,在同一个连中,许多士兵都互相认识,甚至有着血缘关系〔……〕征兵区制度可以鼓励竞争,让士兵变得更加勇敢——没有人愿意在战场上丢下亲朋好友"。[63]

## 父子之争

如果研究一下三十年战争结束后霍亨索伦王朝的内部历史,我们的注意力就会集中在这段历史相互矛盾的两大特征之上。第一大特征是，霍亨索伦王朝一代又一代君主的政治意愿都出奇地一致。从1640年起，到1797年为止，每一位霍亨索伦王朝的君主都无一例外，扩大了领土的面积。大选侯、弗里德里希一世、弗里德里希·威廉一世、弗里德里希大王的政治遗嘱可以证明，这四位君主认为自己肩负着一项循序渐进的历史任务，每一个人都会把前代君主未竟的事业视为己任。正因为如此，我们可以在勃兰登堡对外扩张的模式中和霍亨索伦王朝的记忆里看到历代君主持久不变的政治意图，只要时机成熟，它就会立即重新提出过去的领土诉求。

然而，一代又一代统治者看似没有任何间隙的延续性只是一个表象，其下方隐藏着父与子之间接连发生的矛盾冲突。1630年代，到了选帝侯格奥尔格·威廉的统治即将结束的时候，储君弗里德里希·威廉（也就是未来的大选侯）因为担心父亲想要迫使自己与奥地利的公主成婚，拒绝离开尼德兰联省共和国返回勃兰登堡，霍亨索伦王朝历史上一系列的父子之争就此拉开了帷幕。实际上，弗里德里希·威廉甚至相信，朝中权力最盛的大臣施瓦岑贝格正在制定密谋，想要把他置于死地。1638年，虽然他终于返回柯尼斯堡，重新加入了父亲的朝廷，但父子关系仍然出现了难以弥合的裂痕——格奥尔格·威廉从来都没有设法让弗里德里希·威廉参与国家政务，而是一直都完全把他当作外人。大选侯在留给继任者的政治遗嘱中写道，如果父亲没有把他完全排除在国家事务之外，那么他"刚刚继承选帝侯之位时的统治就不会那样举步维艰"。[64]

大选侯没有吸取足够的经验教训，在自己的统治即将结束的时候重蹈覆辙，与继承人爆发了矛盾。他一直都不十分看好储君弗里德里希——他最欣赏的继承者人选是弗里德里希的兄长，在1674—1675年的对法作战期间因痢疾而去世的卡尔·埃曼努埃尔。卡尔·埃曼努埃尔才华横溢、极具魅力，天生便十分适应军旅生活，而弗里德里希则高度紧张、过分敏感，还因为童年时受过的伤而有一点残疾。"我儿子一无是处"，1681年，24岁的弗里德里希已经娶妻成家的时候，大选侯在一位外国特使的面前对他做出了这样的评价。[65]此外，由于弗里德里希与大选侯的第二任妻子荷尔斯泰因的多罗特娅关系冷淡，缺乏互信，父子之间的关系变得更为复杂。弗里德里希是他的生母即大选侯的第一任妻子最喜欢的孩子，但她去世后，大选侯的第二任妻子又为大选侯生下了七个子女。继母自然更加关心亲生的子女，冷落上一任妻子的骨肉。大选侯之所以会瞒着弗里德里希立下遗嘱，决定在自己死后以分割国土的方式为年龄较小的那几个儿子提供稳定的收入，正是因为他受到了多罗特娅施加的压力。只不过，弗里德里希在继承选帝侯的地位之后，并没有执行遗嘱的指示。

因此，大选侯生命的最后十年是家庭关系越来越紧张、令他深受困扰的十年。1687年，弗里德里希的胞弟因为患上猩红热而突然去世后，他与父亲和继母的关系恶化到了极点。弟弟的死亡令本就疑心重重的弗里德里希陷入了彻底的恐慌：他认为这是一场阴谋，弟弟是中毒而死的，目的是为父亲第二次婚姻的长子继承选帝侯之位扫清障碍，而他自己将会成为下一个受害者。在这一段时间，他恰好又经常肚子疼，原因多半是他为了预防中毒，服用了许多稀奇古怪的药粉、药水。一时间，朝堂上流言纷飞，弗里德里希更是逃回了妻子的娘家汉诺威，拒不返回柏林，宣称"既然弟弟显然是中毒身亡，那么继续留在柏林就是很不安全的"。大选侯火冒三丈，宣布将会剥夺弗里德里希的储君身份。直到帝国皇帝利奥波德和英格兰国王威廉三世同时出面调停，父子二人才终于言归于好，此时距离大选侯与世长辞已经只有区区几个月的时间。[66]毋庸置疑的是，在这样的环境下，想要让储君接触国家事务，为继位做准备，完全是不可能的事情。

选帝侯弗里德里希三世，也就是之后加冕为普鲁士国王的弗里德里希一世决心避免重蹈覆辙。他竭尽全力，确保继承人一方面能获得最为全面的训练，可以掌握为君之道，另一方面又能拥有近乎独立的施展空间，可以锻炼统治国家的能力。弗里德里希·威廉在只有十几岁的时候就全面接触了所有主要的政府部门。他是一个难缠且不易管教的学童，经常让老师手足无措（据传，弗里德里希·威廉的导师让·菲利普·勒伯遭了不少的罪，宣称比起做他的老师，还是在船上当个划桨的奴隶要舒服一点），但他同时小心谨慎，从来都不会对父亲做出任何失礼的举动。1709—1710年的危机令王储与国王愚笨无能、管理失当的宠臣站到了对立面上，这成了父子关系紧张的导火索。弗里德里希将自己不与人争斗的理念贯彻到底，主动做出让步，把权力让给儿子，避免了父子关系出现难以弥合的裂痕。我们可以认为，弗里德里希在位的最后几年是父亲与儿子共同统治的几年。尽管弗里德里希摆出了寻求和解的姿态，但弗里德里希·威廉在继承王位之后，仍然决心彻底消除父亲创立的热情洋溢的巴洛克式政治文化。从重建东普鲁士，到打击腐败，再到扩建谷仓体系，弗里德里希·威廉一世在位时期的许多大规模的施政计划都可以理解为他对自己眼中父亲施政的不足之处所做出的回应。

比起弗里德里希·威廉一世与他当时只有十几岁，在未来成为弗里德里希大王的儿子之间的冷战，之前所有的父子矛盾都相形见绌了。无论是在感情上，还是在心理上，霍亨索伦王朝的历史上都没有出现过如此激烈的父子之争。在一定程度上讲，弗里德里希·威廉一世强烈的独裁者气质是引发矛盾的根本原因。他本人一直都严格遵守父子间的礼仪，即便到了在外部环境的驱使下，不得不与父亲对立的时候，他也仍然对父亲十分恭敬，所以他完全不能理解自己继承人的任何忤逆行为。此外，无论是在概念上，还是在感情上，他都无法把自己与自己在位时的施政成就分离开来，所以任何对他本人不敬的行为，在他看来都会成为对他的历史成就，甚至是对国家本身的重大威胁。他似乎认为，如果后继者在"信仰、思想、喜好"上与自己有任何不同，或者"简而言之，如果后继者不是与他完全一样，就好似一个模子里面刻出来的"，那么他为之努力的一切就肯定都会付诸东流。[67]弗里德里希年幼的时候就明显地表现出，他并不能满足上述严苛的要求。他经常摔下马，会被射击的声音惊吓到，显然不是块儿当兵的料。他举止懒散，蓬头散发，有睡懒觉的习惯，喜欢一个人独处，经常躲在母亲和姐姐妹妹的房间里读小说。在还只是个小孩的时候，弗里德里希·威廉就说话直来直去，甚至会诚实到不顾他人颜面的程度；而弗里德里希则说话拐弯抹角、话中带刺，就好像早已经发觉父亲对他抱有敌意，所以必须把真性情隐藏起来。"我真想知道这个小脑瓜里面到底都在想些什么，"弗里德里希·威廉一世在1724年，也就是弗里德里希12岁的时候说，"可以肯定的是，他的思考方式和我完全不一样。"[68]

弗里德里希·威廉一世解决上述问题的办法是，向弗里德里希施加压力，迫使他完成包括检阅士兵、巡视领地、出席枢密院会议在内，各式各样繁忙的日常琐事，不让他有哪怕一分钟的空闲时间。弗里德里希14岁时，神圣罗马帝国的使节弗里德里希·海因里希·冯·泽肯多夫伯爵在一封信中写道，"王储虽然年纪还小，但看起来却老态尽显、身体僵硬，就好像他已然经历过了许多战斗一样"。[69]然而，就连泽肯多夫也可能看出来，弗里德里希·威廉一世的这些措施并不能起到预想中的作用。这只会适得其反，让弗里德里希的抵抗变得更加坚决顽强。他变得油腔滑调，善于用彬彬有礼的方式来抵抗父亲的意志。1725年夏，弗里德里希·威廉一世在检阅驻扎在马格德堡公国境内的各个团级作战单位时质问弗里德里希为什么老是迟到。弗里德里希虽然睡了懒觉，却信口答道，他穿完衣服后还要祈祷，所以多花了一点时间。国王追问，既然如此，那么他为什么不一边让仆人给他穿衣服，一边晨祷。弗里德里希则答道："陛下肯定也承认，只有独自一人的时候才能好好祈祷，所以我们每个人都必须拿出一段时间专门用来祈祷。在这件事上，我们必须听命于上帝，而不是遵从其他人的意见。"[70]

到了16岁的时候（1728年），弗里德里希已经过上了两面生活。在表面上，他遵从父亲强加的严格时间表，会按时完成所有的任务，除非身边只有亲信，否则就一直表情冷如冰霜，从不透露内心的想法。在暗地里，他迷上了吹笛、作诗，还欠下了不少债。在胡格诺派的导师迪昂的帮助下，他收集了大量法语著作，这些藏书体现了他喜好世俗、开明、富于哲理之著作的文学品味，与父亲的世界观截然相反。弗里德里希·威廉一世发现儿子与自己渐行渐远，开始变得越来越暴力，经常在公共场合对王子掌掴拳打，让他当众出丑。据传，有一次，弗里德里希·威廉一世先是把弗里德里希暴打了一顿，然后吼道，如果打人的是他的父亲弗里德里希一世，而挨打的人是他自己，那么他就肯定会饮弹自尽。[71]

1720年代末，父子间越来越严重的相互厌恶上升到了政治的高度。1725—1727年，弗里德里希·威廉一世与妻子汉诺威的索菲·多罗特娅一直都在与英格兰进行外交协商，讨论两国缔结双重婚约，让弗里德里希迎娶英格兰公主阿马利娅，让弗里德里希的姐姐威廉明妮嫁给威尔士亲王的可能性。帝国皇帝的朝廷担心普鲁士与英格兰的盟友关系会形成一个有损于哈布斯堡王朝利益的西方集团，开始施加压力，要求柏林方面放弃双重婚约。柏林的朝廷出现了一个亲帝国派，为首的两个人分别是帝国使节泽肯多夫，和深受国王信任，却很有可能收受了维也纳方面巨额贿赂的大臣弗里德里希·威廉·冯·格伦布科将军。

第四章 王权

王后索菲·多罗特娅坚决反对亲帝国派的阴谋诡计，认为双重婚姻可以一举两得，一方面可以确保儿子、女儿的利益，另一方面又有利于自己的娘家，也就是汉诺威和大不列颠的威尔夫家族的利益。多罗特娅对双重婚约的执念几乎达到了不顾一切的程度，这无疑反映出，由于在普鲁士王国的朝廷中，女性参与政治的空间受到了大幅挤压，她多年来积累了难以发泄的挫败感。

英格兰、奥地利、普鲁士、汉诺威的外交策略盘根错节，钩心斗角的气氛越来越强烈，令柏林的朝廷两极分化，形成了势不两立的两个派别。弗里德里希·威廉一世担心维也纳方面与自己决裂，不再支持王储弗里德里希与英格兰公主的婚约，与格伦布科、泽肯多夫站到了一起，开始反对妻子，而王储则越来越认同母亲的外交策略，成了婚约积极的支持者。可想而知，最终占据上风的是国王的意愿，柏林方面放弃了与英格兰王室缔结双重婚约的想法。双重婚约危机与1630年代选帝侯格奥尔格·威廉在位最后几年间的父子之争颇为相似——当时的储君（未来的大选侯）因为担心父亲和首席大臣（施瓦岑贝格伯爵）会强迫自己与奥地利的公主结婚而拒绝返回柏林。

"英格兰婚约"之争成了促使弗里德里希在1730年8月时逃离勃兰登堡-普鲁士的导火索——这场未遂的王储出逃事件成了霍亨索伦王朝历史上最具戏剧性、最令人难忘的事件之一。王储之所以会逃跑，并不是出于政治上的愤怒，也不是由于与阿马利娅公主的婚约告吹令他的个人情感受到了伤害——他根本就没见过这位英格兰的公主。实际上，1729—1730年，围绕着婚约展开的斗争与密谋仅仅是一个诱因，起到的作用不过是引爆了多年来弗里德里希因为父亲的苛待而积累的挫折感和怨恨而已。弗里德里希从1730年的春季开始制订逃跑计划，在初夏的时候敲定了方案。他的首要合作者是一个名叫汉斯·赫尔曼·冯·卡特的王室宪兵团军官。卡特当时26岁，是一个有头脑、有修养的人，因为热爱绘画、音乐而成了弗里德里希最要好的朋友——一部当时的回忆录宣称，二人"亲密无间"，"就好像一对小情侣"。[72] 卡特帮助弗里德里希完成了逃跑计划的大部分具体准备工作。二人制订的逃跑计划在开始时就已经注定失败。他们做准备时完全没有保密意识，很快就引起了怀疑。国王除了向王储的导师、仆人下达命令，要求他们时刻保持警惕，还派人不分日夜地监视王储的一举一动。卡特原计划借着出差征募新兵的机会离开宪兵团，与王储一起逃走，却在临出发时得知上级取消了自己的出差许可，原因有可能是国王已经发现他参与了逃跑计划。当时正与父亲一起在德意志南部旅行的弗里德里希在最后的时刻决定，即便没有卡特的陪伴，也要继续执行逃跑计划——这个决定显得太过鲁莽，可以从一个侧面反映出，弗里德里希的处境的确已经令他忍无可忍。8月4日至5日深夜，他悄悄地离开了位于施泰因斯富特村附近的营地。一个仆人看到了他离开的身影，马上就发出警报，营地的守卫不费吹灰之力就把他抓了回来。次日一早，他父亲得知了他逃跑未遂的消息。

弗里德里希·威廉一世命人用马车把弗里德里希押送至屈斯特林要塞，也就是大选侯在三十年战争形势最为严峻的那几年前去避难，度过了童年时光的那座堡垒。抵达要塞后，弗里德里希不仅被关进了地牢，还被迫穿上了棕色的囚服；负责守卫任务的士兵接到了严格的命令，不得回答弗里德里希提出的任何问题；弗里德里希可以借着一盏昏暗的油灯阅读《圣经》，但必须在每天晚上7点的时候准时熄灯。[73] 调查启动后，弗里德里希受到了详细的审问。总审计长克里斯蒂安·奥托·米利乌斯被任命为主审官，按照弗里德里希·威廉一世给出的列表，向弗里德里希提出了不下180个问题，比如：

179：他认为自己的行为应当受到什么样的惩罚？

180：无视荣誉、密谋叛逃之人该当何罪？

183：他觉得自己还有资格继承王位吗？

184：他想求国王饶他一命吗？

185：既然向国王求饶等同于失去了荣誉，而失去荣誉之人是没有资格继承［王位］的，那么他愿意以放弃继承权为代价来拯救自己的生命，用毫无歧义的方式向整个神圣罗马帝国宣布，自己已经不再是王位继承人吗？[74]

无论是问题大声斥责、苦涩、偏执的语气，还是暗示弗里德里希有可能被处以极刑的语句，都可以明确地反映出弗里德里希·威廉一世当时的心境。弗里德里希·威廉一世是一个控制欲极强的人，在他看来，弗里德里希的这种直接违抗父亲的做法罪大恶极。我们没有理由质疑，在好几个时间点上，弗里德里希·威廉一世认为，处死王储是唯一可行的方案。面对审讯官，弗里德里希给出的答案完全符合他的性格。他对第184号问题的回答十分简单——他完全服从国王的意志，听任发落。他对第185号问题的回答则是："他并不十分怕死，但也相信，国王陛下肯定不会给出太过严苛的惩罚。"[75]此时的弗里德里希仍然前途未卜，肯定胆战心惊，但他却仍然对答如流，表现出了极强的自制力，让人啧啧称奇。

在弗里德里希的命运仍然悬而未决的那段时间，弗里德里希·威廉一世把满腔的怒火全都倾泻到了弗里德里希的朋友和同谋者的身上。弗里德里希在军中最要好的朋友，两个分别名叫施佩恩和英厄斯莱本的尉官被关进了大牢。多丽丝·里特尔出身波茨坦的市民家庭，她当时16岁，因为与弗里德里希像情窦初开的少男少女那样眉来眼去而受到牵连，结果先是在波茨坦被行刑者押送，一边游街，一边接受鞭刑，之后又被关进了施潘道的济贫院，直到1733年才重获自由。

汉斯·赫尔曼·冯·卡特是国王迁怒的主要对象，遭遇要比其他人糟糕得多。他的命运成为传奇，在勃兰登堡的历史想象中占据了独特的地位。为审判出逃密谋的参与者而成立的特别军事法庭难以就卡特的量刑问题达成一致，最终在表决时以一票的微弱优势，做出了终身监禁的判决。弗里德里希·威廉一世推翻了这一判决，要求法庭改判死刑。1730年11月1日，他颁布一道命令，列出了要求改判的理由。在他看来，卡特不仅计划做逃兵，要擅自离开王室的精锐近卫部队，还协助了王储的叛国行为，犯下了最为严重的欺君之罪。因此，他应被处以最严酷的死刑，亦即首先用烧红的铁钳将其肢解，然后悬尸示众。然而，考虑到卡特的家人，国王愿意格外开恩，把处刑方式改为斩首。按照国王的旨意，处刑的日期定在了11月6日，而处刑的地点则是屈斯特林要塞的地牢之外，王储能够在狱中看到的地方。

　　卡特似乎认为国王会在最后关头饶自己一命。他给弗里德里希·威廉一世写了一封信，在信中承认自己犯下了大错，承诺用余生忠心耿耿地为国效力，乞求国王的宽大处理，却一直都没有收到回信。11月3日，一位名叫冯·沙克的少校军官率领一队卫兵来到关押卡特的监狱，押着他踏上了前往屈斯特林的旅途。一行人每30千米换一次马，按照冯·沙克的回忆，卡特在途中表示想要给"因为他的行为而痛苦不堪的"他父亲写信（他父亲同样也在军中为国王效力）。获得许可后，卡特单独待在一间屋子里，开始写信。然而，过了一阵子，沙克在进屋检查情况的时候发现，卡特一边来回踱步，一边哀叹"他实在是太伤心了，完全无法提笔"。沙克少校好言相慰，卡特终于平静了下来，开始动笔，在信的开头处写道：

　　　　父亲，一想到这封信会让您感受到作为父亲最难以忍受的悲痛，一想到您让我在这世间福乐安康的愿望已经化为泡影，

一想到您的晚年必将无依无靠[……]一想到我年纪轻轻,就要告别人世,没能传宗接代,我就泪流满面……[76]

卡特在屈斯特林要塞度过了处刑前的最后一个晚上。他在传教士和军中友人的陪伴下时而唱赞美诗,时而祈祷,直到夜里三点前后,他才终于不再显得那么欢快,变得愁容满面。一位目击者回忆道,可以明显地看出,"他的血肉之躯正在挣扎"。然而,小睡了两个小时后,他再一次变得精神焕发、神色坚定。11月6日早上7点,他在一队守卫的押送下离开囚室,前往堆起了一座小沙丘、已经为行刑做好了准备的刑场。贝塞尔是屈斯特林要塞的随军教士,负责在前往刑场的路上为卡特提供精神支持,他后来回忆道,发现王储正站在地牢的窗前,观看行刑的过程后,卡特与他进行了最后的道别:

卡特左顾右盼,找了好久,终于看到他亲爱的[朋友]王储殿下正站在城堡地牢的窗前。他用法语说了几句礼貌而又友好的话,与王储做最后的道别,场面好不悲凉。[听过大声朗读的判决书,脱下外套,摘下假发,松开领带后,]他跪在沙丘上,大喊道:"耶稣,接受我的灵魂吧!"他刚刚用这样一句话把灵魂托付给上帝,刽子手科布伦茨就手起刀落,斩下了他获得了救赎的头颅[……]一切就这样结束了,只有尸身还有最后一丝生命,微微地颤抖了几下。[77]

在处死卡特的同时,弗里德里希·威廉一世还找到了一种最为有效、能让王储痛苦不堪的惩罚方式。得知卡特的命运后,弗里德里希苦苦哀求,表示只要父亲愿意饶卡特一命,那么他就愿意放弃王位继承权,哪怕是代卡特受刑也在所不惜,结果反倒被判站在地牢的窗前观看行刑的全过程。地牢的守卫按照命令，把他的脸按在铁窗上，不让他漏过行刑的任何一个细节。卡特身首异处的尸体被丢在了刑场上，直到下午两点才有人来给他收尸。[78]

卡特死后，弗里德里希的命运发生了大反转。弗里德里希·威廉一世的怒火渐渐地平息了下来，开始思考如何让儿子回归正常的生活。之后的数月至数年，他逐步放松了对弗里德里希的限制，允许他离开屈斯特林要塞，前往屈斯特林镇居住，甚至还让他出席管理总局在当地的分支机构屈斯特林城战争及直属领地官房的会议。对弗里德里希来说，这一段经历开启了他表面上与父亲专横的管教方式和解的过程。他行事低调，摆出了一副真心悔罪的姿态。他毫无怨言，忍受着要塞城镇屈斯特林单调乏味的生活。他恪尽职守，完成了所有分配

图10　王储弗里德里希隔着铁窗与卡特做最后的道别。丹尼尔·霍多维茨基创作的版画

第四章　王权

141

给他的行政管理任务，在此过程中积累了有用的知识。最为重要的是，他放弃抵抗，接受父亲的安排，表示愿意与不伦瑞克－贝沃恩的伊丽莎白·克里斯蒂娜公主成婚。伊丽莎白·克里斯蒂娜是神圣罗马帝国皇后的外甥女，她成为储妃的结果证明，普鲁士朝中支持帝国利益的一派大获全胜，战胜了支持与英格兰缔结婚约的派系。

这段经历是否给弗里德里希留下难以愈合的创伤，彻底地改变了他的性格呢？卡特在屈斯特林受刑时，他晕倒在守卫的怀里，没有看到挚友身首分离的样子。卡特死后的好几天，他一直都心惊胆战，精神备受折磨，其中一部分原因是，他最开始时仍然认为，自己很快也会被处以极刑。1730年的这场磨难有没有人为地塑造出一个新的人格，让弗里德里希变得尖酸刻薄、待人冷漠，扭曲的内心就好像被困在鹦鹉螺形状的外壳里呢？抑或这场磨难只是加深了弗里德里希少年时就已经展现出来的善于隐藏、掩饰自我的倾向？说到底，谁也无法回答这个问题。

似乎可以肯定的一点是，这场危机对弗里德里希对外政策理念的发展产生了重大的影响。奥地利人不仅出谋划策，密切参与了导致英格兰婚约破产的计划，在弗里德里希出逃未遂，引发危机之后，还参与了危机的处理过程。第一份旨在惩戒犯错的王子，让他回归正途的"政策"草案的递交者是神圣罗马帝国的使节泽肯多夫——单从这一点就能看出，在弗里德里希·威廉一世在位的那段时间，帝国和勃兰登堡－普鲁士的宫廷政治到底有多么盘根错节。弗里德里希迎娶的那个妻子实际上根本就是奥地利强加的人选。"如果我不得不与她成婚，"1732年时，他警告大臣弗里德里希·威廉·冯·格伦布科，"那么她就会遭到慢待［elle sera repudiée］。"[79] 弗里德里希的确这样做了，在1740年继承王位之后，把不伦瑞克－贝沃恩的伊丽莎白·克里斯蒂娜放逐到了远离公共生活的昏暗边缘地带。

综上所述，对弗里德里希来说，无论是在政治上，还是在个人生活方面，奥地利的帝国朝廷对勃兰登堡-普鲁士宫廷的领导与监控都是无法回避的现实。1730年的危机及其余波进一步加强了弗里德里希王储对奥地利的不信任感，让他在文化和政治上更加接近维也纳当局的西欧宿敌法国。实际上，弗里德里希·威廉和弗里德里希的父子关系之所以能够实现更为充分的和解，正是因为1730年代期间，奥地利的对外政策令弗里德里希·威廉的挫折感变得越来越强烈（我们会在后文中讨论这一问题），为这对父子打开了和解之门。[80]

## 国家的局限性

普鲁士史家奥托·欣茨在他成为经典史学著作的霍亨索伦王朝编年史中指出，弗里德里希·威廉一世的统治标志着"专制主义的完美状态"。[81]他想要表达的观点是，弗里德里希·威廉一世在省和地方的层面上颠覆了精英阶层的权力，把霍亨索伦王朝七零八落的领土融合到一起，组建了统一的、听命于柏林中央政府的集权式国家架构。前文已经介绍过，这样的观点的确有一定的道理。弗里德里希·威廉一世想方设法，要把所有的权力都集中在中央政府手中。他使用的方法包括推行兵役制度、均摊税负、购买贵族土地、建立向柏林中央政府官员负责的省一级行政机构，来迫使贵族阶层听命于中央。他还增强了中央政府对谷物市场进行干预的能力。

然而，同样十分重要的是，我们不能脱离实际，夸大上述发展的意义。弗里德里希·威廉一世在位期间，"国家"的规模仍然十分有限。即便是把国王派往各省的官员都计算在内，中央政府的规模也只有区区数百人。[82]政府的基础设施仍然处在萌芽状态。中央与许多地方社区之间的沟通仍然速度极慢，而且充满了不确定性。政府公文要想送达目的地，就必须求助于顺路的牧师、教堂司事、客栈老板、学童。1760年时的一项调查指出，在明登境内，虽然邻近地区间的距离只有区区几千米，但包括官方通告在内的各类重要文件却要花上将近十天的时间，才能从一个地区传达至另一个地区。政府公文的第一站大都是酒馆，酒馆的顾客会一边呷着白兰地，一边传阅公文。到了抵达最终目的地的时候，公文全都"沾满油污、污秽不堪，收件人单是摸一下，就会打哆嗦"。[83] 直到遥远的未来，霍亨索伦王朝统治的土地上才会出现包括训练有素、纪律严明的邮政队伍在内的各类地方官员，把中央政府的指令落实到各省的各个地区。

统治者在柏林颁布敕令是一回事，想要让敕令在各地得到落实，就完全是另一回事了。比如说，1717年的"学校敕令"就是一个发人深省的例子。这道敕令十分著名，原因是经常有学者认为，它标志着霍亨索伦王朝的土地上出现了普及初等教育的教育制度。然而，敕令并没有在马格德堡和哈尔伯施塔特颁布，原因是中央政府同意这两个地区继续遵循原有的学校制度。实际上，即便是在那些颁布了敕令的地区，敕令的规定也没有得到全面落实。1736年，弗里德里希·威廉一世颁布了一道"新版敕令"，抱怨道，"朕［之前的］敕令虽有益处，却没有得到执行"，而一项以相关的地方记录为对象的深入研究则指出，在霍亨索伦王朝统治的土地上，许多地区根本就不知道，国王先后在1717年、1736年颁布了两道"学校敕令"。[84]

所以说，勃兰登堡-普鲁士的"专制主义"根本就无法像一台运转顺畅的机器那样，在社会结构的各个层面上把君主的意志转化成实际行动。此外，掌握在各地、各省精英阶层手中的地方权力工具也没有凭空消失。举例来说，一项以东普鲁士为对象的研究指出，地方贵族展开了一场"游击战争"，抵抗中央政府对地方权力的步步蚕食。[85] 东普鲁士设在柯尼斯堡的省政府（Regierung）仍然掌控在地方贵族的手中，可以继续在辖区内独立行使权力。国王经历了一个漫长的过程，才终于开始渐渐地在地区军事长官（Amthauptleute）之类的关键地方官员的任命过程中起到重要的作用。任人唯亲、买官卖官这两种往往会巩固地方精英影响力的弊端仍然是十分普遍的现象。[86]一项对1713—1723年东普鲁士地方官员的任命情况的研究指出，在所有有记录可查，可以还原历史真相的任命中，只有大约五分之一有国王的参与，而剩余的五分之四则全都由省政府直接任命——在之后的十年间，由国王参与的任命比例才终于上升到了接近三分之一。[87]

在东普鲁士，地方精英发挥着影响力的非正式架构不那么显眼，却极其普遍——按照一位学者的说法，这就相当于"等级会议的地方治理机构以具有隐蔽性的形式"延续了下来。[88]实际上，有许多证据指出，18世纪中叶的那几十年间，在某些地区，地方精英对关键行政职位的控制力反倒有所上升。弗里德里希·威廉一世在位期间，勃兰登堡的贵族阶层也许基本无法在中央政府内部大展身手，但从长远角度来看，由于他们巩固了对地方政府的控制权，总的来说，他们还是占到了不小的便宜。举例来说，他们保住了选举地区长官（也就是地区特派员）的权力——这是一个十分重要的官职，其担任者不仅可以与中央政府协商征税安排，还有权在辖区内分摊税负。虽然弗里德里希·威廉一世经常否决地区贵族大会推举的人选，但弗里德里希二世却承认了贵族按照自己的意愿提交候选人名单的权利，自己则只保留了最终的任命权，会在名单中挑出合适的人选。[89]远在柏林的中央政府官员干涉地方官员的选举、操纵现任官员行为的做法变得越来越少见。[90]所以说，中央政府以让渡一部分对地方的控制权为代价，换取了那些深受地区精英信任与支持的地方中间人的配合。

这种以相互协商、分享权力的方式在省级层面上实现权力集中的做法之所以能够经受住时间的考验，正是因为它是一种具有隐蔽性的非正式方式。各省的团体权力、团体凝聚性就这样存留了下来，这反过来又能解释在经历了长时间的相对平静之后，到了拿破仑时代天下大乱之际，各省的贵族阶层为何地位如此稳固，可以有效地挑战和抵抗中央政府的种种举措。霍亨索伦王朝统治的土地上出现核心官僚体制的过程既没有取代，也没有消除各地、各省原有的权力架构。实际上，中央政府进入了一种与地方权力共存的状态，只有在国家的财政和军事特权受到威胁的时候才会与地方上的权力机构针锋相对，予以惩戒，而在其他时候则基本上不会插手地方事务。这一点有助于解释一个看似矛盾的奇怪现象，即那段有时被称作勃兰登堡－普鲁士"专制主义崛起期"的时间，为何同时也是传统贵族巩固权力的时期。[91]无论是在大选侯的统治下，还是在18世纪，专制主义在勃兰登堡－普鲁士的崛起都不是一场中央与地方之间的零和博弈，而是一个不同的权力架构以互补的方式逐渐实现权力集中的过程。

## 第五章　新教

1613年圣诞节那天，选帝侯约翰·西吉斯蒙德按照加尔文宗的仪式在柏林大教堂领圣餐。按照路德宗的礼拜仪式通常应当摆在圣坛上的蜡烛、耶稣受难像都不见了踪影。仪式既没有参与者在圣体血前跪拜的环节，也没有使用圣餐饼，主持仪式的牧师只是拿出了一长条面包，掰成小块，分给了仪式的参与者。对选帝侯来说，这场仪式标志着自己的个人苦旅终于在众人的注视下走到了终点。早在还只是一个十几岁的少年时候，他就受到了来自莱茵河流域，在父亲的朝中任职的加尔文宗信徒的影响，对路德宗产生了怀疑；据传，他皈依归正宗的时间是1606年——他在那一年造访普法尔茨选侯国的首府，同时也是17世纪早期德意志加尔文主义首要中心的海德堡，其间接受了归正宗的信仰。

约翰·西吉斯蒙德皈依归正宗的做法让霍亨索伦家族走上了一条全新的道路。这虽然一方面加强了霍亨索伦家族与17世纪早期帝国政治中好战的加尔文宗利益集团的联系，另一方面又稳固了开始在中央政府中扮演重要角色的加尔文宗官员的地位，但我们却没有理由认为，政治算计在这一过程中起到了决定性的作用，原因是对霍亨索伦家族来说，改宗的做法其实是弊大于利的。改宗令勃兰登堡的选帝侯成了没有在《奥格斯堡和约》的条款中得到承认的宗教阵营的一员。直到1648年,《威斯特伐利亚和约》生效之后,加尔文宗信仰在神圣罗马帝国的宗教版图中得到容忍的权利才终于获得了有约束力的条约的承认。此外,君主皈依加尔文宗的做法还令霍亨索伦家族与治下之民之间出现了信仰的鸿沟。16世纪末,路德宗的教士阶层遍布勃兰登堡边区的东西南北,如果说边区存在所谓的领地"认同感",那么这种认同感就与路德宗的教会有着千丝万缕的联系。勃兰登堡最早的编年史作者全都是路德宗的堂区牧师,这绝非偶然。安德烈亚斯·恩格尔是一个来自米特尔马克省施特劳斯贝格镇的牧师,他在1598年时出版了一部题为《勃兰登堡边区编年史》的史书,在开篇处长篇大论,称热爱祖国是一种美德,是再自然不过的事情。[1]1613年之后,霍亨索伦家族无法再利用这种处在萌芽状态的爱国主义思想来获得任何益处。霍亨索伦家族的统治者先是在16世纪中叶的那数十年间小心翼翼,以全欧洲最为温和、和平的方式,渐渐地引导治下之民进行宗教改革,但到了1613年,选帝侯约翰·西吉斯蒙德又突然在宗教上令统治者与绝大多数臣民一刀两断——而在这一历史时期的欧洲,宗教冲突是一股足以引发革命,把统治者赶下台的力量。

## 加尔文宗的君主,路德宗的臣民

让人颇感奇怪的是,选帝侯和他身边的谋臣并没有预料到,皈依加尔文宗的做法会带来重重困难。约翰·西吉斯蒙德认为,一旦自己宣布皈依加尔文宗,就等于发出了信号,会在勃兰登堡引发全面的、总的来说是自愿的"第二次宗教改革"。1614年2月,为选帝侯效力的加尔文宗官员和顾问甚至还起草了一份意见书,概述了把勃兰登堡转化成一个信奉加尔文宗的国家的步骤。意见书指出，应当大量任用信奉加尔文宗的教师，让他们在大学任教，从而把大学转变为宣扬加尔文主义的中心，加快教士和官员阶层接受加尔文宗的速度；应当逐步推行改革措施，清除宗教仪式中的路德宗礼仪及其他的路德宗惯例；应当成立一个加尔文宗教会委员会，负责监督和协调所有的改革措施。[2] 同样也是在2月，选帝侯颁布了一条敕令，规定今后勃兰登堡边区的教士阶层在传教时必须保证上帝的圣言"纯洁无瑕……不得扭曲圣言，不得擅自添油加醋，不得使用某些无所事事、自作聪明、妄自尊大的神学家提出的教义"。接下来，敕令又列出了一系列权威的宗教文献，却并没有把《奥格斯堡信纲》和《协和信条》这两份被勃兰登堡的路德宗信徒视为信仰根基的重要文献纳入其中。敕令宣称，所有无法执行上述禁令的牧师都可以自行离开勃兰登堡。选帝侯和他手下的谋臣认为，从本质上讲，加尔文宗的教义更为优秀、更加清晰，只要以令人信服、浅显易懂的方式加以解读，就足以让绝大多数原先信奉路德宗的臣民皈依加尔文宗。

事实证明，这样的想法大错特错。加尔文主义者扰乱勃兰登堡传统的路德宗教会现状的做法遭到了社会各阶层的强烈抵抗。1615年4月，朝廷所在的城市克尔恩（柏林的姊妹城市，位于施普雷河的对岸，与柏林隔河而望）发生了勃兰登堡历史上最为严重的宗教暴乱。此时，选帝侯恰巧人在柯尼斯堡，正在处理普鲁士公国未来的交割问题，而在克尔恩－柏林掌权的则是他信奉加尔文宗的弟弟勃兰登堡－雅格恩多夫的藩侯约翰·格奥尔格。实际上，引发骚乱的罪魁祸首正是这位藩侯——他下达命令，要求把所有"涉嫌偶像崇拜"的画像和祭祀用品全都清理出富丽堂皇的柏林大教堂。1615年3月30日，圣坛、洗礼池、一尊巨大的木制耶稣受难像，以及大量的艺术品（其中包括一套由小卢卡斯·克拉纳赫主创，描述耶稣受难时景象的著名连环版画①）被清理出了大教堂。此外，几天后，信奉加尔文宗的宫廷教士马丁·菲塞尔还在伤口上撒盐，利用棕枝主日那天在柏林大教堂布道的机会宣称，感谢上帝，"用来礼拜上帝的殿堂终于扫清了罗马教廷偶像崇拜的污秽"。

布道结束后刚过了几个小时（菲塞尔开始布道的时间是上午九点），在距离大教堂不远的圣彼得教堂，信奉路德宗的执事就来到讲道台前，开始激烈地反击，宣称"加尔文主义者把我们礼拜上帝的地方称作妓院［……］；他们一幅不剩，拿走了我们教堂中的所有图画，现在竟然还要把耶稣基督也从我们身边夺走"。执事的话语慷慨激昂，激发起了路德宗信众的斗志，在当天晚上，就有不下百人的柏林市民举行集会，在会上宣誓，要"勒死归正宗的牧师和所有其他的加尔文主义者"。第二天，也就是星期一，城内发生了全面暴乱，街上枪声大作，不下七百个暴乱分子冲向市中心，把矛头对准两个著名的加尔文宗牧师，洗劫了他们的住宅，其中一个受害者正是菲塞尔——他只穿着内衣爬上了邻居的屋顶，好不容易才捡回一条性命。³ 在暴乱中，选帝侯的弟弟卷入了与暴民的对峙，险些严重受伤。勃兰登堡边区的其他城镇也爆发了一连串类似（但规模也许没那么大）的冲突。局势变得岌岌可危，许多在柏林供职的加尔文宗顾问官甚至开始考虑离开边区以求自保。到了年末，约翰·格奥尔格藩侯准备返回位于雅格恩多夫伯国（西里西亚境内）的领地的时候，他闷闷不乐地提出建议，认为兄长应当增加选帝侯随身护卫队的人数。

除了受到来自街头的压力，约翰·西吉斯蒙德还必须面对等级会议有组织的抵抗。信奉路德宗的地方贵族控制着等级会议，利用等级会议对税收的掌控权迫使债台高筑的选帝侯做出让步。1615年1月，

---

① 此即一套由九幅版画组成的耶稣受难连环版画，其前期创作工作由小卢卡斯·克拉纳赫亲自执笔。

他们通知选帝侯，指出等级会议能否通过新的征税方案，完全取决于选帝侯愿不愿意给出一系列关于宗教问题的保证：路德宗教会机构的地位必须得到确认；地方精英的圣职推荐权，即地方精英对神职人员的任命权必须得到尊重；而且选帝侯必须做出承诺，不会利用自己手中的推荐权来任命在路德宗的教众看来可疑的教师、神职人员。约翰·西吉斯蒙德勃然大怒，宣称自己宁可流尽最后一滴血，也不会被人敲竹杠。然而，到后来，他还是做出了让步。1615年2月5日，他颁布敕令，承认遵从路德宗教义，把路德宗传统的关键文献奉为宗教经典的臣民拥有信仰的权利，任何人都不得逼迫他们放弃自己的信仰。"选帝侯殿下绝不会自作主张，支配臣民的良知，"敕令继续写道，"所以即便他拥有圣职推荐权，他也不会强迫任何人接受可疑的、不受欢迎的牧师……"[4]这是一次严重的挫折。即便选帝侯之前完全没有觉察到，到了这个时候，他也肯定恍然大悟，认识到"第二次宗教改革"也许不得不暂缓执行，甚至有可能无限延期。

上述斗争究竟都牵扯到了哪些利害关系呢？显而易见的是，这场斗争牵扯到了权力政治层面的利益。即便是在1613年之前，选帝侯任用"外来"加尔文宗官员的做法就已经引起了极大的争议，这不仅仅是出于宗教原因，同样也是因为这样做违反了"出生地权"，即只有出生在本国的精英才能成为高官的特权。此外，前文已经提到过，广大臣民一直都不愿接受符合加尔文宗利益的对外政策所产生的成本。城镇居民显然也十分厌恶信奉加尔文宗的官员、神职人员，把他们视为入侵者，原因是在城镇中，主要的宗教纪念物同时也凝聚着镇民的身份认同感。然而，如果把加尔文宗与路德宗的争斗简化为"利益政治"，把所有以宗教问题为出发点提出的谴责和申诉都视为用来争夺政治利益的幌子，那也是错误的。[5]争斗的双方都投入了强烈的感情。那些信仰最为坚定的加尔文主义者就好像有洁癖一样，只要一提到存留在路德宗中的教皇制度残余,他们的内心就会泛起厌恶感。

在一定程度上讲,加尔文宗与路德宗的争斗同样也是一个美学问题:路德宗的教堂五彩缤纷、富丽堂皇,教堂内烛火通明,用来装饰教堂的版画、油画在烛光的映衬下熠熠生辉,而加尔文宗则认为教堂应当是白色的、充满自然光的纯洁空间。此外,加尔文主义的追随者还忧心忡忡,打心底里认为路德宗在新教的外表下隐藏着天主教的力量。路德宗的圣餐礼是一个受到特别关注的焦点;选帝侯约翰·西吉斯蒙德反对路德提出的真在同体论,宣称这是一条"错误的、引起分歧的、争议极大的教义"。1613年,加尔文主义神学家西蒙·皮斯托里斯在柏林出版了一本小册子,引发了不小的争议——他在小册子中提出,路德"的观点源自教皇制度的阴暗面,继承了圣餐变体论的错谬,同样也认为面饼会变成基督的圣体"。所以说,路德宗的信仰变成了"教皇制度的支柱和后盾"。[6]换言之,宗教改革尚未完成,如果不能与天主教黑暗的历史彻底决裂,那么天主教就随时都有可能卷土重来。加尔文主义者毫不怀疑地认为历史向前发展的进程受到了威胁:如果近年来取得的宗教改革成果不能得到巩固和拓展,那么所有成果就都会付诸东流,消失在历史的长河之中。

路德宗信徒对其庆典仪式、宗教艺术品和礼拜用具感情深厚,也不愿在这场斗争中败下阵来。就这一点而论,历史和霍亨索伦家族的统治者开了一个大玩笑。霍亨索伦家族的勃兰登堡选帝侯在16世纪期间的一大成就是,在勃兰登堡境内减缓了宗教改革的进程,让改革变得更加温和,从而令勃兰登堡成为神圣罗马帝国以最为保守的方式完成路德宗宗教改革的诸侯国之一。在勃兰登堡,路德宗强调教义的正统性,并且极其注重传统的宗教仪式——在16世纪的最后几十年间,选帝侯的行政机构一直都在巩固这两个特点。16世纪末,加尔文主义的传播在勃兰登堡引起了普遍的恐慌，时不时地催生出激烈的反加尔文主义论战，激起了路德宗信徒对勃兰登堡教会秉持的基本教义十足的忠诚，比如1530年的《奥格斯堡信纲》，又比如1577年的《协和信条》。可以说，霍亨索伦家族搬起石头砸了自己的脚，亲手塑造出了一种对加尔文主义的传播有着强大抵抗力的路德宗信仰。

路德宗的坚决抵抗迫使选帝侯和他手下信奉加尔文宗的谋臣放弃了在勃兰登堡推行第二次宗教改革的打算。他们退而求其次，决定推行所谓的"朝中改革"（Hofreformation），把宗教改革的范围集中在政治精英圈子中。[7]然而，即便是在朝廷这个十分有限的社会空间内，加尔文主义也无法享有不受挑战的霸权。约翰·西吉斯蒙德的妻子是女中豪杰普鲁士的安娜，西吉斯蒙德正是靠着她的血统才能主张对普鲁士公国和于利希－克莱沃王朝所领之地的继承权。安娜始终都坚定地信仰路德宗，不断地反对新的宗教秩序。她命人在宫中的小教堂为自己举行路德宗的宗教仪式，鼓励了反抗精神，成为一面号召民众反抗加尔文主义的大旗。此外，她还与邻国萨克森选侯国保持着密切的联系——萨克森是正统路德宗信仰的首要中心，一直都在不断地产生支持路德宗的激烈言论，攻击柏林"不信上帝的"加尔文主义者。1619年，约翰·西吉斯蒙德去世后，安娜从萨克森请来了一位名叫巴尔塔扎·迈斯纳的知名路德宗辩论家，让他前往柏林，为自己提供心灵的慰藉。迈斯纳利用自己的特殊地位，在宫中的小教堂公开布道，鼓动信奉路德宗的民众与加尔文主义者对抗的情绪。柏林城内的气氛变得剑拔弩张，勃兰登堡的总督不得不向安娜提出正式的申诉，坚决要求她把迈斯纳驱逐出境。然而，迈斯纳依旧我行我素，继续（用他本人的话来说）"驱散信奉加尔文主义的蝗虫"。安娜也针锋相对，采取了一项具有象征性的措施，命人按照路德宗的方式为亡夫整理遗容。约翰·西吉斯蒙德手握耶稣受难像的遗容不出所料，为宣称选帝侯在临终病榻上放弃加尔文宗信仰，回归路德宗的流言提供了事实依据。[8] 直到1625年安娜去世之后，选帝侯才终于在家庭内部实现了一定程度的宗教和谐。霍亨索伦家族的历史上，生于1620年的弗里德里希·威廉（未来的大选侯）是第一位在完全信奉加尔文宗的核心家庭中成长起来的君主。

路德宗与加尔文宗之间激烈对抗的情绪经过很长时间才终于平息下来。对抗的激烈程度随着宗教论战的潮起潮落而不断波动。1614—1617年，约翰·西吉斯蒙德皈依加尔文宗的做法引发了巨大的争议，柏林市面上出现了不下两百部讨论这一问题的小册子；实际上，在整个17世纪，路德宗攻击加尔文主义的小册子四处传播，一直都是一个让霍亨索伦家族的统治者十分头疼的问题。[9] 在举行仪式的时候，霍亨索伦家族的统治者必须小心翼翼，确保仪式的设计能够同时满足路德宗和加尔文宗的要求。从公开仪式和象征的角度来看，勃兰登堡-普鲁士就这样渐渐演变成了一个拥有双重宗教信仰的国家。

新任选帝侯对上述宗教问题的看法有些模棱两可。一方面，他不断地向信奉路德宗的臣民打包票，宣称自己完全没有迫使臣民改变宗教信仰的打算；[10] 另一方面，他似乎又满怀希望，认为只要能够更为全面、真切地了解对方的立场，那么双方就可以放下争议（他真正的想法是：只要能够让路德宗的信徒更为全面地理解加尔文宗的立场就够了）。弗里德里希·威廉希望通过举办由路德宗、加尔文宗的代表共同参加的会议，促使双方进行"友好而和平的讨论"。路德宗的信徒满腹狐疑，认为进行这种讨论无异于为得不到上帝允许的宗教融合打开了大门。"宗教引起的战争与冲突"，1642年4月，柯尼斯堡的路德宗神职人员在一封联名信中用愠怒的语气指出，总要好过让"正确的教义与错误且缺乏信仰的想法同流合污"。[11] 1663年时，虽然路德宗、加尔文宗的神学家的确齐聚柏林，在选帝侯的宫中召开了会议，但结果不出所料，仅仅是加深了两个阵营的分歧，引发了新一轮的相互指责。

大选侯弗里德里希·威廉在位期间，尤其是从 1660 年代早期开始，选帝侯当局始终试图以禁止神学论战的方式来维持宗教领域的和平。1664 年 9 月，选帝侯颁布"宗教宽容敕令"，规定加尔文宗和路德宗的神职人员不得相互诋毁；所有的牧师都必须签字上交预先发放的回执，表示自己接受敕令的规定。两个柏林的牧师拒绝在回执上签字，结果当局不由分说，立即剥夺了他们的圣俸；另一个牧师严格执行敕令的规定，结果遭到教众的唾弃，布道时教堂门可罗雀，没过多久就郁郁而终。最著名的路德宗赞美诗作者保罗·格哈特同样也因为拒绝在回执上签字而丢掉了圣职。[12] 达维德·吉加斯是在柏林的圣尼古拉教堂任职的路德宗牧师，他因为反对敕令而被捕入狱，引发了当时最为轰动的事件。吉加斯虽然在开始的时候按照要求，签字上交了政府下发的回执，但之后却因为教众群情激愤而变了卦，决定不再遵守敕令的规定。1667 年元旦那天，他在布道时慷慨激昂，警告当局，宗教胁迫会引发"叛乱和令人悲伤的战争"。事发后，当局逮捕吉加斯，用马车把他押送到了施潘道要塞。[13]

如果说在霍亨索伦家族统治的土地上，信仰之争一直都是一个悬而未决的问题，那么这在一定程度上就是因为，加尔文宗与路德宗之间的对立和中央政府与地方上掌权者之间的政治斗争纠缠到了一起。在与根深蒂固的地方特权对抗的过程中，霍亨索伦家族的君主与信奉路德宗的地方精英站到了对立面上，发现他们不仅寸步不让，不愿放弃自己的权利，还对中央政府的宗教文化一无所知，充满了敌意。在这样的大环境下，在制度上由地方教会的圣职推荐权网络支撑起来的路德宗信仰演变成了一种支持地方自治，反抗中央政权的意识形态。在霍亨索伦家族统治的土地上，选帝侯一直没有放弃支持人数处于劣势的加尔文宗信徒，始终都在设法巩固他们的地位——从法国、普法尔茨选侯国、瑞士各邦涌入霍亨索伦家族统治的土地的1.8万新教移民中，绝大多数人都是归正宗的信徒。他们的出现虽然在朝廷的小圈子之外扩大了选帝侯支持的加尔文宗信仰的影响力，但同时也引发了路德宗精英的不满与抗议。因此，一提到"专制主义时代"就会出现在我们脑海中的中央与地方的冲突在勃兰登堡-普鲁士表现出了明显的宗教色彩。

经常有学者提出，由于霍亨索伦家族和为其服务的加尔文宗官员在宗教上的少数派地位，勃兰登堡选侯国的掌权者不得不在宗教事务中采取宽容的政策。所以说，宗教宽容被"客观地"刻进了政府的施政实践。[14] 此外，在所有可能的情况下，省一级的掌权者也被迫将宗教宽容作为一种施政原则。举例来说，在普鲁士公国的等级会议正式承认勃兰登堡选帝侯的君主地位五年后，到了1668年的时候，大选侯弗里德里希·威廉终于迫使组成柯尼斯堡的那三座城市允许加尔文宗的信徒在城内置业，取得市民身份。[15] 当然，这是一种十分有限的宽容，其背后的主要原因是历史的偶然性和务实政治，与原则并没有太大的联系。由于它与当今的少数人权利的概念没有任何相似之处，加尔文主义者享有的宽容不一定能成为其他少数派也享有的宽容。举例来说，弗里德里希·威廉把勃兰登堡和东波美拉尼亚视为核心地区，反对让天主教徒在这两个地区享有宗教宽容，却允许天主教徒在普鲁士公国和霍亨索伦家族统治的莱茵兰地区拥有宗教自由，原因是这些地区的天主教徒受到了历史上签订的条约的保护。1685年，弗里德里希·威廉颁布著名的《波茨坦敕令》，向逃离法国的胡格诺派（加尔文宗）难民敞开大门，允许他们在他统治的土地上定居，用宗教宽容打击了宗教迫害。然而，同一道敕令中还有一个条款，内容是禁止勃兰登堡信奉天主教的臣民前往法国和神圣罗马帝国使节的宅邸，在其小教堂望弥撒。1641年，勃兰登堡总督埃内斯特藩侯向弗里德里希·威廉进言，提出为了缓解战争造成的财政压力，应当考虑允许犹太人（1571年时被驱逐出了勃兰登堡选侯国）返回勃兰登堡定居的可能性，但选帝侯的答案却是，对于犹太人问题，还是保持现状为妙——他的祖先"把犹太人赶出寡人的选侯国"，肯定有"确凿充分的理由"。[16]

然而，种种迹象表明，弗里德里希·威廉统治的土地上宗教信仰状况独特，的确渐渐促使他在原则上坚持宗教宽容政策。他一再强调，自己无意在良知问题上迫使臣民遵从自己的意愿，在1667年的政治遗嘱中，他更是告诫后继者，要求他平等地爱护所有的臣民，不要因为宗教信仰的不同而厚此薄彼。在信奉天主教的邻国波兰，不愿遵从官方信仰的新教宗派因为遭到迫害而逃亡，他不仅支持批准这些宗派进入普鲁士公国避难，而且准备容许他们在私下按照自己的方式礼拜上帝。晚些时候，他甚至还开始鼓励犹太移民在国内定居。在当时，虽然克莱沃公国和马克伯国的境内生活着一小群犹太人，但勃兰登堡和普鲁士都不允许犹太人定居。然而，到了1671年，利奥波德皇帝把犹太人驱逐出哈布斯堡王朝统治的绝大部分地区的时候，弗里德里希·威廉为五十个最富裕的犹太人家庭在勃兰登堡境内提供了定居的住所。在之后的数年间，尽管等级会议和其他的地方利益集团怨声载道，但他还是一直坚定地支持这些犹太人定居者。

弗里德里希·威廉奉行支持犹太人定居的政策当然是出于经济上的考量，但与此同时，他用来为这一政策辩护的理由却没有任何偏见，令人啧啧称奇。接见哈弗尔兰地区派来的代表团，得知代表团的要求是把犹太人驱逐出境之后，他回答道："众所周知，不仅是犹太人，基督徒同样也会在商贸活动中使用欺诈手段，只是比起犹太人，他们不太容易遭到惩罚罢了。"[17]1669年，信奉基督教的暴民把哈尔伯施塔特的犹太会堂夷为平地之后，他不仅斥责了当地的等级会议，还命令政府官员支付会堂的重建费用。[18] 想要搞清楚弗里德里希·威廉为什么会采纳上述与当时的主流意见相悖的观点并不容易，但我们还是能提出一个比较能让人信服的理由：这有可能是因为他青少年时期在尼德兰联省共和国接受教育，受到了当地欣欣向荣、广受尊敬的犹太人社区的影响。1686 年，他命令秘书起草的一封信中透露出，三十年战争给他留下了痛苦的记忆，有可能在他心中把宗教宽容的必要性与维持和平的需要联系到了一起。"不同宗教团体之间的意见分歧当然会产生暴力与仇恨，"他写道，"然而，按照更为古老、神圣的自然法则的要求，我们人类必须相互支持、相互容忍、互相帮助。"[19]

## 第三条道路：勃兰登堡－普鲁士的虔敬派

1691 年 3 月 21 日，曾经在德累斯顿担任萨克森选侯国首席宫廷教士的路德宗神职人员菲利普·雅各布·斯彭内尔获得任命，开始在柏林担任教会高官。这是一次至少具有挑衅性的人事任命：在此之前，斯彭内尔早已声名远扬，是一项争议极大的宗教改革运动的指路明灯之一。1675 年，他发表了一本题为《虔诚的希望》的小册子，谴责了当时路德宗宗教生活的种种不足之处，在一夜之间声名鹊起。他在小册子中指出，正统的教会机构只顾着守护教义的正确性，忽视了作为牧者满足普通基督徒心灵需要的责任，导致路德宗堂区的宗教生活变得枯燥乏味。他用言简意赅、浅显易懂的德语提出了各式各样的补救措施。斯彭内尔主张，基督徒可以以建立讨论组、虔诚地讨论宗教问题的方式，重新让堂区的精神生活变得充满活力——他把此类讨论组称作"虔敬团契"（collegia pietatis）。他认为，虔敬团契可以让成员在精神上进行密切交流，令有名无实的信徒重获新生，成为真正的基督徒，从而强烈地认识到，上帝每时每刻都在指引着自己的生活。事实证明，这个想法具有极大的吸引力——在信奉路德宗的德意志诸国，各堂区的虔敬团契像雨后春笋一样涌现出来。路德宗的教会当局如临大敌，把建立虔敬团契的做法视为颠覆活动，目的是弱化通过正式渠道获得圣职的牧师的精神权威。

1690年时，在信奉路德宗的大学，斯彭内尔主义的改革者（他们被敌对势力蔑称为"虔敬派"）遭到了维护正统教义的学校当局的攻击。斯彭内尔的追随者奥古斯特·赫尔曼·弗兰克是莱比锡大学神学专业的毕业生，他在1689年鼓动在校生建立由学生监管的虔敬团契，同时还攻击传统的路德宗神学课程，导致一部分学生焚烧课本和讲义，引起了轩然大波。[20] 校方很快就发现，自己正面对着一场声势浩大的学生运动；1690年3月，萨克森政府当局出面干预，不仅禁止了所有的"秘密集会"（在当时，所有没有得到官方认可的宗教集会普遍被称作"秘密集会"），还规定"虔敬派"的学生（在这场斗争中，"虔敬派"的提法普及了开来）不得担任圣职。弗兰克丢掉了大学的教职，被迫在爱尔福特担任低级教士。无论在哪里，只要出现了有一定规模的虔敬派团体，路德宗的信徒就肯定会与虔敬派信徒爆发激烈的冲突，有时还会引发暴力事件。[21]

虔敬派之所以会引发争议，原因是它代表了德意志诸国路德宗内部的一种具有批判性的反正统文化。17世纪的欧洲宗教运动就好像一块五颜六色的调色板，不同的运动纷纷要求用更为强烈坚定、更加切合实际的基督教仪式，来取代通常都受制于正式教会架构的仪式，以此为手段来挑战教会的权威——虔敬派正是这块调色板上的一种颜色。虔敬派要求最大限度地实现路德提出的"信徒皆祭司"理念；虔敬派信徒十分珍视信仰的体验；他们创造出了一套优雅的词汇，用来描述信徒通过与上帝和解的方式，从有名无实的信徒转变成打心底里真正相信救赎之人的极端心理转变过程。虔敬派之所以会表现得充满活力、缺乏稳定性，也许正是因为受到了这种爆发性情绪的驱使。虔敬派运动的一部分参与者开始与路德宗的官方教会拉开距离之后，解体的过程就变得难以遏制了。在许多地方，新成立的秘密集会失去了控制，受到激进主义者的影响，最终与教会当局一刀两断。[22] 斯彭内尔本人从来都没有打算让秘密集会成为推动教会分裂的工具。[23] 他是一个虔诚的路德宗信徒，一直都十分尊重官方教会的制度结构；他态度坚决，认为宗教集会必须在神职人员的监管下举行，如果集会引起了教会当局的不满，那么与会者就应当表现出应有的风度，平静地终止会议。[24]

虔敬派运动像滚雪球一样，越滚越大。在德累斯顿，也就是那座斯彭内尔从1686年开始就一直担任高级宫廷教士的城市，虔敬派信徒与正统路德宗信徒之间的冲突越来越激烈，令斯彭内尔与雇主萨克森选帝侯约翰·格奥尔格的关系急转直下；而斯彭内尔大声疾呼，宣称萨克森选侯国的朝廷道德败坏，这更是火上浇油，导致双方的关系进一步恶化。1691年3月，经常拈花惹草的选帝侯终于失去耐心，命令枢密院的顾问官"马上撤掉斯彭内尔的职务，因为寡人再也不愿看到他，再也不愿听他胡言乱语"。[25] 次年，维滕贝格大学神学院信奉路德宗的教职人员在斯彭内尔的文章中找出了不下284处教义"错误"，正式宣布斯彭内尔是异端。[26]

救命的稻草近在眼前。就在斯彭内尔在德累斯顿越发不受欢迎的时候，勃兰登堡的弗里德里希三世张开双臂，表示可以让他在柏林的教会及教区担任高级职位。此外，弗里德里希还允许他招募一大批深陷困境的虔敬派活动家，让他们在勃兰登堡－普鲁士的教会和学术机构任职。奥古斯特·赫尔曼·弗兰克同样也经由斯彭内尔介绍，前往勃兰登堡－普鲁士任职——在被莱比锡大学开除后，他开始在爱尔福特教堂担任执事，但仅仅过了一年的时间，就又丢掉了执事的职位。1692年，弗兰克获得任命，开始在哈雷城的卫星城镇格劳豪担任堂区牧师，同时还成了新成立的哈雷大学的东方语言学教授。神学家约阿希姆·尤斯图斯·布赖特豪普特维护弗兰克而反对正统，在爱尔福特失去官方教会的信任，1691年受聘成了哈雷大学的第一位神学教授。同样在莱比锡大学的虔敬派、路德宗之争中受到牵连的保罗·安东也获得了哈雷大学的教授职务。与此同时，斯彭内尔在柏林成立了一个每周举行两次会议的虔敬团契，在身边聚集了一批虔敬派的追随者，把他们培养成了虔敬派运动的新一代领袖。[27]这种中央政府主动支持虔敬派运动的做法与绝大多数德意志诸侯国的政策截然不同，不仅标志着虔敬派运动的历史迎来了一个重要的转折点，也意味着勃兰登堡－普鲁士的文化历史踏上了一段全新的征程。

勃兰登堡之所以会招安虔敬派，原因是统治勃兰登堡的霍亨索伦家族信奉加尔文宗，在宗教领域面临着十分独特的困境。当局一而再，再而三，试图终止路德宗对加尔文主义发起的论战，结果所有的努力都彻底失败，路德宗与加尔文宗自愿合并的前景仍然遥不可及。于是，无论是对选帝侯本人，还是对霍亨索伦家族的其他成员来说，斯彭内尔公开谴责宗派斗争的论调都无异于天籁。《虔诚的希望》一共提出了六条建议，其中的第四条是，应当减少神学论战——斯彭内尔指出，令真理在每个人的心中生根发芽的不是争论，而是"上帝神圣的爱"；所以说，在和信仰与自己不同的人交流的时候，我们应当怀着牧者的心态，而不是非要在论战中占得上风。[28]斯彭内尔的神学及教牧著作一直都极为关注信仰和宗教仪式实际的、体验性的层面，始终把教条主义的问题边缘化。他认为，基督徒应当主动关注教友的福祉，观察他们，启迪他们，"改变"他们，以此为方式，在自己的生活中履行"祭司的牧灵职责"。[29]"如果能在基督徒的心中激起强烈的爱,让他们首先相互关爱,然后再关爱全人类[……]那我们就几乎达成了所有的愿望。"[30]

斯彭内尔始终十分尊重新教的官方教会,一直都遵守官方教会的礼仪及教义传统,从来都没有支持过将路德宗和加尔文宗合二为一的想法。[31] 尽管如此,我们还是能在他的著述中发现,他为某种超越了加尔文宗、路德宗的宗派差异,在信仰上不偏不倚的基督教信仰勾勒出了轮廓——虔敬派运动这样一种注重个人、以体验为导向的宗教文化作为一个整体同样是如此。虔敬派一方面弱化了教义和圣礼的重要性,另一方面又强调真正的使徒教会的不可分割性,从而为普鲁士王权对路德宗、加尔文宗这两个新教宗派享有至高教权的主张提供了坚实的"内在基础"。[32]

勃兰登堡的选帝侯之所以把哈雷选作让虔敬派运动在地方上传播的中心,同样有着充分的理由。哈雷是马格德堡公国境内最大的城市之一。勃兰登堡虽然早在1648年就凭借《威斯特伐利亚和约》中的相应条款获得了对马格德堡的继承权,但直到1680年,马格德堡才真正成为霍亨索伦家族统治的土地。马格德堡是路德宗正统信仰的堡垒,其统治者马格德堡大主教有名无实,当地信奉路德宗的等级会议一直大权独揽,不受大主教的制约。直到1680年,马格德堡仍然不允许加尔文宗的信徒拥有土地、获得公民权。勃兰登堡取得对马格德堡的控制权后,远在柏林的中央政府与当地的等级会议发生了激烈的对抗。中央政府无视当地路德宗势力的意愿,把一个加尔文宗的信徒任命为总管大臣,让他主管马格德堡公国的事务。

在这样的背景下,中央政府在马格德堡支持虔敬派运动的重要意义显而易见。虔敬派的作用就相当于第五纵队,任务是协助政府,让马格德堡这个路德宗信仰极其坚定的省份在文化上融入勃兰登堡-普鲁士。在1690年代的十年间,选帝侯政府不断地出手干预,保护虔敬派免遭包括城市当局、行会成员、当地地主在内的本地路德宗利益集团的攻击与妨碍。[33]1691年，霍亨索伦家族统治的土地上的一流学府哈雷大学挂牌成立，成了中央政府在马格德堡地区执行文化政策的基础。虔敬派人士和杰出的世俗思想家得到重用，在哈雷大学担任重要的行政及学术职务，由此渐渐软化了马格德堡省激进的路德宗信仰。哈雷大学可以培养出牧师和教会官员，从而作为更加符合政府要求的培训机构，取代邻国萨克森激进的、一直以来向勃兰登堡输送了大量路德宗牧师的反加尔文宗神学教育机构。

此外，虔敬派还参与了提供社会服务的活动。斯彭内尔一直都认为，政府不仅能够，而且也应当审慎而明智地推行改革，以或强制，或自愿的方式，让赤贫之人参与劳动，从而在基督教社会中彻底消灭贫困，以及贫困引起的邪恶、懒散、乞讨、犯罪。[34]与他重视和解的宗教观点一样，斯彭内尔再一次发现自己对贫困问题的看法与勃兰登堡中央政府的志向和政策不谋而合。应选帝侯的要求，斯彭内尔提交了一份报告，建议政府加强治安管理，禁止乞丐在柏林行乞，同时建立统一由中央管理的慈善机构，帮助那些需要临时或长期照顾的人。他认为，这一政策所需的资金可以由教堂济贫箱募集的善款、捐款、政府补贴共同提供。政府按照斯彭内尔的提议，除了全面禁止了乞讨，还设立了一个名叫济贫委员会的常设机构，并且在柏林开办了"弗里德里希老幼病残救济院"（1702年成立）。[35]

哈雷当地的虔敬派信徒也与贫困展开了斗争。在极具人格魅力的奥古斯特·赫尔曼·弗兰克的领导下，基督徒的自愿捐助行动遍地开花。1695年，弗兰克利用虔敬派信徒的捐款开办了一所贫民学校。由于公众极其慷慨，捐款热情高涨，没过多久，他就把学校扩建成了"孤儿院"，除了提供免费的基础教育，还能解决学生的食宿问题。"孤儿院"的日常生活以实用技能的教学为中心，老师会定期带着"孤儿"（他们中的许多人其实是当地贫民家庭的子女）参观工匠的作坊，让他们对自己将来有可能从事的职业有一个明确的认识。在孤儿院刚刚成立的那几年里，弗兰克尝试了多种方案，想要通过出售在校学生生产的物品来解决孤儿院的资金问题；即便是到了实践证明这样的方案并不可行之后，院方仍然把让学生熟练掌握手工艺当作重要的教学内容。[36] 在当时，这种结合了教育、以劳动为途径让学生参与社会活动、慈善捐助的办学方式是孤儿院最为引人注目的特点，不仅在勃兰登堡-普鲁士国内，在国外也引起了关注与赞赏。

利用这所新学校产生的收入，弗兰克修建了一座宽敞而优雅的石造建筑——直至今日，这座建筑仍然是哈雷市中心弗兰克广场周围最为宏伟的建筑物。接下来，虔敬派创办了多所收取学费的学校，招收父母拥有特定社会及职业背景的学生，并且建立了奖学金及"免费课桌"制度，资助那些家境贫寒的学生，保证他们的学业不会受到经济波动的影响。[37] 1695年成立的教育所（Pädagogium）是一所专门学校，在校生的父母（很多是贵族阶层的成员）全都有能力为子女提供最为昂贵的教育、最为舒适的生活。王储弗里德里希的密友汉斯·赫尔曼·冯·卡特便是这所学校的毕业生——他参与了弗里德里希逃离勃兰登堡的计划，在事情败露后落得个身首异处的下场。两年后成立的"拉丁语学校"能够让学生掌握"学问的基础"（fundamentis studiorum）；该校的课程包括拉丁语、希腊语、希伯来语、历史、地理、几何、音乐、植物学，每一门课程都由专门的教师授课，与当时流行的教育方式十分不同。该校培养了众多杰出的毕业生，比如说，柏林的出版商、普鲁士启蒙运动的杰出人物弗里德里希·尼古拉就是该校的毕业生。

哈雷的虔敬派十分了解公关的重要性。弗兰克印发了巨量的宣传册，把传播福音的布道词与请求读者慷慨解囊的语句紧密地结合到一起，为自己创办的学校争取支持。在虔敬派的出版物中，《仍然活在我们中间、仍然统治一切的仁慈真神的脚步——让不信者无地自容，让信者信心百倍》流传最为广泛，影响力最大，自 1701 年问世之后，再版和重印多次，让哈雷虔敬派的事业广为传播。[38] 虔敬派在哈雷出版的宣传品辞藻华丽，散发出不可动摇的自信心，通过虔敬派支持者的网络传播到欧洲各地，让广大读者感受到了隐藏在哈雷虔敬派教育机构背后的雄心大志。哈雷的虔敬派出版物一方面会报道哈雷的虔敬派机构都做了哪些善事、规模扩展到了何种程度，另一方面又会刊登从来往信件中摘录的内容，报告支持者募捐的情况。这样的做法让哈雷虔敬派机构的支持者产生了亲近感，让他们感到自己直接参与了机构的工作。实际上，从许多方面来看，哈雷的虔敬派都领先于时代，掌握了我们现代人募捐运动的诀窍。此外，这样的做法还产生了一种至少在一定程度上不依赖于特定地域的归属感。路德宗的关系网络全都以特定地域为核心，信徒会因为对特定环境的亲近感而积极参与。与路德宗截然不同的是，虔敬派利用书信，创建出了一个去中心化的、由代理人、支持者、友人组成的网络，可以无限地扩展网络的范围，向东横穿中欧，进入俄国，向西横跨大西洋，进入北美殖民地——哈雷的虔敬派之所以能够对新教信仰在北美这个新世界的演变做出重要的贡献，正是因为这个网络的存在。[39]

弗兰克的终极目标是，让虔敬派在哈雷创立的机构融合成一个独立自主，能够在资金上自给自足的整体；换言之，他想要建立一座好似小世界的"上帝之城"，向世人证明，只要信仰坚定，不断努力，就可以彻底让社会旧貌换新颜。[40] 为了在实践中实现一定程度的自给自足，弗兰克鼓励孤儿院开展各类商业活动。就经济意义而论，孤儿院所有的商业活动中最为重要的当数书局和药房。自 1669 年起，孤儿院开始在莱比锡的秋季集市上出售（由孤儿院自己的印刷机印刷的）书籍。1702年，孤儿院书局在柏林开办了分店；之后，书局又在莱比锡和美因河畔法兰克福开办了分店。孤儿院书局与哈雷大学的教职工密切合作，可以接连不断地获得广受市场欢迎的手稿，其中既有讨论宗教问题的高品质著作，又有研究世俗问题的高质量论文。1717年，书局的书单总共列出了由70名作者创作的200本著作。1717—1723年，孤儿院总共印刷和销售了不下3.5万本收录了弗兰克布道词的小册子。

赢利能力甚至还要超过书局的是孤儿院药房（自1702年开始）的邮购业务。为了开展药品邮购业务，孤儿院建立了一个由委托代理人组成，范围覆盖中欧、东欧的复杂销售体系。直到邮购业务发展起来之后，虔敬派规模庞大的关系网络才终于展现出了巨大的商业价值。1720年代，药品售卖业务的年收入一直都稳定在1.5万塔勒上下，成了孤儿院最为重要的收入来源。此外，哈雷的虔敬派还在机构内部开展酿酒、办报、贸易等商业活动，同样也积累了可观的收入。1710年时，虔敬派在哈雷创办的机构已经发展成了一个以最初的孤儿院为中心，从哈雷城的市中心一直延伸到城南的空地，能够自给自足的大型商业及教学复合体。

如果少了柏林中央政府及马格德堡省地方官员的通力支持，虔敬派就不太可能出现如此巨大的成功了。[41] 弗兰克心里很清楚，虔敬派运动必须依赖强有力的靠山，所以他与斯彭内尔一样，也下了大力气去疏通朝廷和政府的人际关系，在这一过程中，他用上了自己在莱比锡大学任教时吸引学生的演讲技巧，展现出了无比的人格魅力和强烈的诚意。1711年，弗里德里希一世接见弗兰克，在会谈结束后，授予了孤儿院一项特权，规定孤儿院直接由十年前刚刚确立的普鲁士王权管辖。此后，孤儿院又获得了一些其他的特权，可以从各式各样的官方渠道获得收入。

图 11 哈雷孤儿院建筑群。在画面的正上方，一只代表普鲁士的雄鹰在两个小天使的协助下，把孤儿院创立者奥古斯特·赫尔曼·弗兰克的画像高高举起

早在弗里德里希·威廉身为王储的时候，弗兰克就与他建立了深厚的友谊，所以到了王储继承王位，成为弗里德里希·威廉一世之后，虔敬派运动与政府的合作进一步深化，进入一个全新的阶段。就性格而论，这位新国王是一个不安分、有干劲、不稳定的人，经常会陷入极度忧郁、精神痛苦的状态。在他20岁的时候，他的长子早夭，经历了丧子之痛的他发生了信仰的"转变"，令信仰染上了浓重的个人色彩。在这一过程中，他与弗兰克建立了无比亲密的关系——二人的关系之所以充满活力，在一定程度上是因为，弗里德里希·威廉感到信仰的存在十分脆弱，同时又想要逃避在经历信仰的"转变"之前，一直都在折磨他的对无意义的绝望与恐惧。弗里德里希·威廉和弗兰克都把"无休无止的工作、无穷无尽的牺牲"当作宣泄内心冲突的渠道——对弗兰克来说，这一点表现为哈雷虔敬派运动令人叹为

第五章 新教

167

观止的对外扩张能量，而对"士兵王"来说，这一点则在他不知疲倦的工作热情中得到了体现。[42]

君主与虔敬派运动的合作关系不断地深化。[43]虔敬派继续以哈雷模式为蓝本来创办教育机构。弗里德里希·威廉一世雇用在哈雷接受教育的虔敬派信徒，让他们管理在波茨坦新成立的军人遗孤孤儿院、在柏林新成立的军校。1717年，弗里德里希·威廉一世出台法律，在勃兰登堡-普鲁士推行义务教育之后，政府计划以哈雷模式为蓝本，在全国创办两千所学校（实际修建的学校数量并没有达到）。[44]1720年代末时，在虔敬派信徒独执牛耳的哈雷大学接受至少两个学期的培训（从1729年起，培训的最低时间要求延长到了四个学期）成了在勃兰登堡-普鲁士担任公职的前提条件。[45]大量的虔敬派信徒获得任命，在柯尼斯堡大学担任教职，令东普鲁士成了重要性能够与哈雷相提并论的虔敬派权力基地；虔敬派照搬了哈雷的经验，同样也在东普鲁士建立了恩庇关系网络，确保认同虔敬派的学生能够成为堂区牧师，担任教会的官职。[46]1730年之后，不仅公职人员和神职人员必须接受哈雷式的教育，就连普鲁士军队的大部分军官也曾在以哈雷模式为蓝本，由虔敬派管理的学校学习。[47]

在普鲁士的军队中，随军教士是虔敬派价值观最为重要的传播者。[48]1718年时，弗里德里希·威廉把随军教士的管理体系从正统主义者控制的平民教会管理体系中剥离了出来，把哈雷大学的毕业生兰佩特·格迪克任命为主管。格迪克获得了随军教士的任命权、监管权，开始积极地利用手中的权力，做出有利于哈雷大学毕业生的人事任命。举例来说，1714—1736年，在普鲁士王国新任命的随军教士中，有超过一半的人都是哈雷大学神学专业的毕业生。[49]此外，对军校学员的教育、以培养军事人员为目的对军人遗孤的教育、对现役军人子女的教育，也越来越多地受到了虔敬派的控制。

这了不起的成就产生的影响有多么深远呢？虔敬派在军队的训练及牧灵体系中起到了作用，弗里德里希·威廉一世在军队的组织及管理方面做出的改进同样也起到了作用（比如更为优秀的训练方法，又比如以征兵区为基础的征兵体系），想要把这两者分离开来并不是一件容易的事情。普鲁士的军队就好似一个原始的小世界，并不是所有的虔敬派随军教士都能够在军中做出成绩。一位随军教士反对跳舞、反对用发粉涂抹头发，结果得罪了军官，成了众矢之的；另一位随军教士因为受不了在同一个团级单位服役的官兵的嘲讽和辱骂而失声痛哭。随军教士的征募方式有别于征召普通士兵的征兵区体系，有些时候随军牧师会因为来自其他的省份，被视为"外人"，无法赢得士兵的尊敬。[50]尽管如此，虔敬派运动所倡导的理想和观念还是起到了帮助普鲁士军队塑造集体主义精神的作用，这一点几乎毫无疑问。在1740—1742年、1744—1745年、1756—1763年的三次西里西亚战争中，普鲁士军中普通士兵的逃兵率相对较低（按照西欧的标准）——这至少有理由让人相信，较低的逃兵率能够反映出在虔敬派的随军牧师和教官的教导下，一批又一批的普鲁士新兵都获得了更强的纪律性、更高的士气。[51]

在军官阶层内部，虔敬派运动有不少强而有力的靠山，虔敬派利用这样的有利条件来宣扬严格的道德要求和神圣的使命感，打破以前军官给人留下的胆大妄为、放荡不羁、嗜赌如命的形象，用一套以清醒、自律、认真尽责等品质为基础的军官行为准则取而代之——后世将这些品质视为标志性的"普鲁士"特征。[52]弗兰克式的虔敬派既积极入世，又表现出神圣的使命感，既注重公众需求，又强调自我牺牲，有可能同样帮助催生了一套全新的"职业道德规范"，帮助普鲁士的政府公职人员塑造出了独特的身份和集体主义精神。[53]

此外，弗兰克和他的后继者在学校教育领域不断创新，令普鲁士的教育实践发生了翻天覆地的变化。哈雷的虔敬派与君主的密切合作功不可没，促使学校教育成了一项"独立的政府行动目标"。[54] 虔敬派不仅创立了教师的职业培训体系，创建了标准化的教师持证上岗制度，还在基础教育阶段推行了统一的教科书。此外，孤儿院的学校还提供了全新的学习环境，具有密切关注学生的心理状态、强调自律、注重时间观念（弗兰克规定，所有的教室都必须配备计时沙漏）等特点。一天的时间分成了界限明确的不同时间段，学生时而协同配合，共同学习一系列的课程，时而自由活动；就这一点而论，哈雷的教学方式领先于时代，与现代工业社会工作和休闲时间泾渭分明的特征不谋而合。在这样的条件下，哈雷式学校的教室变成了封闭的专用教学空间，能够让我们联想到现代的学校教育。

到了1740年，弗里德里希·威廉一世驾崩，虔敬派运动失去了最为强力的靠山，上述在普鲁士的学校教育领域发生的变化当然尚未完成。尽管如此，哈雷模式还是保留了十分强大的影响力——约翰·黑克尔是弗兰克在哈雷创办的师范学院的毕业生，曾经在教育所任教；18世纪四五十年代，他在柏林创建了一个"济贫学校"网络，为城内众多士兵家庭中无人管教、有可能成为失足少年的子女提供教育服务。为了确保济贫学校能够获得训练有素、积极主动的教师队伍，黑克尔以弗兰克模式为蓝本，开办了师范学院；除了黑克尔，哈雷师范学院其他的一些毕业生也在不同的普鲁士城市开办了类似的教师培训机构。此外，他还在柏林创办了一所实科中学，即第一所取代传统上以拉丁语为基础教授人文主义课程的中学，为中层及中下层家庭的子女提供各种职业培训的学校。黑克尔是头一位普及把学力当作分班标准的教育家——这种把学力相同的学生集中到一起，让他们在同一个课堂中共同接受教育的方法可以最大限度地提高授课效率，是一项影响久远的关键教育创新。

虔敬派除了对教育和公共服务领域的标准化做出了贡献，还十分关注身为少数族群的立陶宛人和马祖里人（母语为波兰语的新教信徒）的教育问题。1717 年，虔敬派信徒海因里希·利西乌斯成为东普鲁士的学校及教会巡视员后，呼吁政府培训专门人员，让他们前往东普鲁士境内的各个主教区，在不讲德语的社区负责传道及教育工作。解决了最开始的意见不合后，当局在柯尼斯堡大学开设了立陶宛语和波兰语的培训班。[55] 培训班的目的是，培养虔敬派的有志青年，让他们前往立陶宛人、马祖里人聚居的堂区工作。此外，在虔敬派的帮助下，东普鲁士的少数民族语言成了严肃的学术研究对象。两部重要的立陶宛语字典先后得到普鲁士政府当局的资助，于 1747 年（鲁伊希著）、1800 年（米耶尔克著）在柯尼斯堡出版。[56]

1731—1732 年，两万余名路德宗的信徒逃离萨尔茨堡大主教区，作为难民，进入普鲁士，其中的大部分人按照弗里德里希·威廉一世的安排，前往人烟稀少的普属立陶宛居住，成了农民（见下文）——在此过程中，虔敬派提供了帮助，让难民更好地融入当地的社会。虔敬派信徒一方面陪伴这些萨尔茨堡的难民，与他们一起横穿普鲁士，另一方面又组织了募捐活动，为他们提供经济支持；难民抵达目的地之后，虔敬派还提供了孤儿院书局印刷的祈祷文，并且派牧师前往难民位于东部地区的定居点负责牧灵工作。[57]

虔敬派同样也开展了向犹太人传播福音的活动——这是一个经常被忽视的领域。1728 年，哈雷城建立了一所犹太研究院。研究院在院长虔敬派神学家约翰·海因里希·卡伦贝格的管理下创建了组织良好的布道团，向居住在欧洲德语区的犹太人传播福音（这是历史上的首个此类组织）。哈雷城创办了欧洲第一个学术性的意第绪语培训班，布道团的传教士首先在培训班接受语言训练，之后在勃兰登堡 - 普鲁士境内四处奔走，拦截旅途中的犹太人，硬要让他们相信耶稣基督是真正的救世主，却没有取得什么像样的成果。与哈雷的孤儿院系统有着密切联系的犹太研究院之所以始终都坚持向犹太人传教的做法，是因为其管理者相信菲利普·雅各布·斯彭内尔的著作提出的末世论预言，即犹太人会在末日降临前集体皈依基督教。只不过，在实践中，研究院的传教工作大都以"犹太乞丐"（Betteljuden）为对象，目的是让他们在改变信仰的同时，重新接受职业培训——"犹太乞丐"指四处流浪的穷苦犹太人，在18世纪早期的德意志，他们的人数一直在增加。[58]所以说，向犹太人传教的做法体现了虔敬派运动的特色，即在关注社会问题的同时，表现出传播福音的狂热。无论是传教，还是在其他领域开展活动，虔敬派都能够得到政府当局的支持，原因是他们为勃兰登堡-普鲁士在宗教、社会、文化领域的融合工作做出了贡献，解了中央政府的燃眉之急——用一位史家的话来讲，虔敬派运动促进了"不可控因素"的"驯化过程"。[59]

18世纪二三十年代时，虔敬派已经变成了一种受人尊敬的思想。与许多类似的情况一样，虔敬派运动也在过程中发生了变化。最开始，虔敬派是一个极具争议的运动，在路德宗官方教会的内部立足不稳。从17世纪90年代到18世纪初，虔敬派运动虽然吸引了不少新的支持者，却仍然为过分狂热的名声所累。[60]然而，18世纪30年代时，多亏了斯彭内尔打下的基础，再加上弗兰克和他在哈雷城的合作者不知疲倦地对路德宗内部反对正统教义的力量加以引导，将这股过剩的精神能量倾注于一系列公共机构的建设中，虔敬派运动内部的温和派力量才终于确立了不可动摇的统治地位。在其他的德意志诸侯国，各种激进的虔敬派思想仍然广有受众，其中的一部分还表现出了明显的教会分裂主义倾向，但普鲁士的虔敬派却褪去了令人尴尬的极端主义色彩，摇身一变，成了正统。普鲁士的第二代虔敬派信徒信心满满，开始利用自己在关键机构内的地位来镇压、清除反对者，所作所为与之前的路德宗正统主义者如出一辙。虔敬派运动就这样变成了一个恩庇关系网络。[61]

虔敬派并不能长期保持这样的统治地位。18世纪30年代中期时,那些最具影响力、最有天赋,在哈雷城开辟了一片新天地的神学家中,绝大多数人都已经驾鹤西归——弗兰克、保罗·安东、约阿希姆·尤斯图斯·布赖特豪普特先后在1727年、1730年、1732年去世;继承他们衣钵的第二代虔敬派神学家无论是就素养而论,还是从公众影响力方面来看,都无法与前辈相提并论。同样也是在18世纪30年代,虔敬派运动还因为发生了内部分歧而遭到了进一步削弱——弗里德里希·威廉一世发起旨在清除路德宗宗教仪式中"天主教"余孽的运动后,虽然一部分虔敬派领袖表示了支持,但绝大多数虔敬派信徒却仍然尊重路德宗的传统,反对国王随意改变礼拜仪式的做法。在这一点上,大部分虔敬派信徒发现自己与路德宗教会遵从正统教义的领导层站到了一起,而这在很大程度上修复了双方因为过去数十年间的明争暗斗而极其紧张的关系。[62]

因此,效忠中央政府的做法是一柄双刃剑,虽然为虔敬派运动赢得了崇高的地位,但之后又有可能令运动四分五裂。种种迹象表明,在虔敬派运动的内部,传统上对信仰差异的容忍态度不断遭到削弱,取而代之的是一种原初启蒙主义式的对信仰融合的狂热。政府倾向于重用虔敬派,让他们担任公职及教会职位,这同样造成了问题,会促使那些野心勃勃的候选人给自己披上虔敬派的外衣,为仕途扫清障碍。大量的候选人禁不住诱惑,宣称自己对虔敬派有着发自内心的真诚信仰,模仿虔敬派运动最为狂热的追随者,摆出只有他们才会拥有的严肃表情、庄重风度(有文献提到,候选人会像虔敬派信徒那样"翻白眼")。这一现象虽然是虔敬派运动大获成功的结果,却反倒令"虔敬派"一词在含义上沾染了难以洗清的宗教信仰造假色彩。[63]

1740年之后，无论是在大学的神学院，还是在勃兰登堡-普鲁士的神职人员体系中，虔敬派都迅速失势。造成这一现象的部分原因是，虔敬派运动失去了国王的支持。就个人感情而论，弗里德里希大王十分反感虔敬派，把他们视为得到父亲庇护的"新教耶稣会会士"。在任命教会的管理者时，他一直都倾向于重用拥有启蒙主义背景的候选人，渐渐地令柏林成了著名的新教启蒙主义中心。[64]哈雷大学不再是虔敬派运动的堡垒，而是变成了理性主义的学术中心之一——这一地位延续到了下一个世纪。渐渐地，前往哈雷孤儿院求学的人变得越来越少，愿意为孤儿院的运作慷慨解囊的捐赠者也变得越来越少。这一切都在哈雷城以犹太人为对象的传教活动的衰落中得到了体现——1790年，哈雷的传教团编写了最后一份年度报告，在报告的开篇处写道："如果比较一下传教团过去与现在的状况，我们就会发现，传教团已经失去了身体，只剩下了一抹阴影……"[65]

虔敬派运动对普鲁士的社会和制度机构造成了多么深远的影响呢？虔敬派信徒内敛而低调，对铺张浪费的宫廷做派嗤之以鼻。无论是在宫中，还是在面对军人及平民的教育机构中，他们都有条不紊地推广了谦虚、节俭、自律的美德。他们以这样的方式增强了1713年弗里德里希·威廉一世继承王位之后发生的文化变革所产生的冲击力，令高耸的假发、精美的刺绣外套成了为人不齿的过时事物。18世纪中叶的数十年间，越来越多的贵族子弟进入军校学习，而虔敬派信徒则利用自己在军校中所扮演的角色，塑造了普鲁士地方贵族的态度和行为方式。这或许可以解释，为什么不喜浮夸能够成为普鲁士容克地主阶层的标志性特征。虽然对许多容克地主来说，他们那令人交口称赞的谦虚态度完全是装腔作势的结果，但这反倒证明了在虔敬派运动的推动下变得广受推崇的人格形象的影响力。

虔敬派同样也为普鲁士的启蒙运动打下了基础。[66]虔敬派运动乐观的态度和关注未来的取向与启蒙运动强调进步的理念不谋而合，而虔敬派重视教育，把教育视为人格塑造工具的看法则"催生出了启蒙运动的一个基本特征，即人类存在的全面教育化"。[67]哈雷大学在自然科学领域取得的进步证明，虔敬派和启蒙思想虽然有许多不同之处，却仍然紧密联系，难分彼此，两者之间的"力场"塑造出了一套能够指导科学探索的假设。[68]此外，虔敬派重视道德伦理，轻视教条的态度，以及在处理教派差别时始终以宽容为重的姿态，同样成了18世纪晚些时候流行思想的前驱——康德提出的道德是人类通过理性思考能够追寻到的至高真理的概念，以及他认为宗教应当服从于道德直觉的倾向，就体现了这一点。[69]

在普鲁士，一些启蒙哲学、浪漫哲学最具影响力的倡导者是在虔敬派所创造的社会环境中成长起来的。我们能够在浪漫主义运动推崇内省的风潮中看到虔敬派信徒的"精神传记"所开创的先例——弗兰克的"精神传记"描述了自己皈依虔敬派的心路历程，广为传阅，成了此类著作的典型代表。18世纪中后期，"精神传记"世俗化的后继者"自传"崭露头角，成了一种极具影响力的文学体裁。[70]浪漫主义哲学家约翰·格奥尔格·哈曼曾经在柯尼斯堡的温和派虔敬派大本营克奈普霍夫文理中学接受教育，之后又进入柯尼斯堡大学深造，受到了虔敬派哲学教授马丁·克努岑的影响——我们可以在哈曼的著作中感受到虔敬派自省和禁欲主义的品质。在苦读《圣经》，经历了深刻的自我忏悔之后，哈曼甚至还一度有了某种皈依虔敬派的表现。[71]在柏林大学任教，对人类哲学和政治思想的发展产生了重大影响的G.W.F.黑格尔同样也不例外——我们能够在他的著作中分辨出符腾堡虔敬派的影响；黑格尔理解的目的论是自我实现的过程，这种观念以基督教的历史神学为基础，具有明显的虔敬派特色。[72]

那么虔敬派又对勃兰登堡-普鲁士的国家及政府产生了什么样

的影响呢？弗兰克开办的哈雷孤儿院正面有一幅巨大的壁画，壁画上有两只展翅高飞、代表着普鲁士的黑色雄鹰，路过的人一看便知，这两只雄鹰意味着虔敬派运动与国家权力密不可分。勃兰登堡－普鲁士的虔敬派推动了霍亨索伦王朝巩固王权的工作，无论是与同一历史时期符腾堡的虔敬派运动始终在政治上保持中立的做法，还是与英格兰的清教运动产生的颠覆性影响，都有着巨大的差别。[73] 在勃兰登堡－普鲁士，虔敬派是打入路德宗内部的第五纵队，作为意识形态工具，效率绝非勃兰登堡选帝侯和之后的普鲁士国王所采取的那些有利于加尔文主义的宗教规定、审查措施所能比拟。然而，虔敬派起到的作用并非只是协助君主，还把广有群众基础的新教自愿主义运动的能量汇聚起来，投入了勃兰登堡－普鲁士刚刚获得国王地位的统治者所开展的公共事业中去。最为重要的是，虔敬派传播了这样一种理念，即有良知的公民也许可以在目标上与国家达成一致，为国效力的动机除了义务和自身利益的驱使，还有可能是某种无处不在的道德责任感。虔敬派运动催生出了一个团结的共同体，就规模而论，超过了由主从之间的恩庇关系构成的关系网络。换言之，在勃兰登堡－普鲁士，获得虔敬派的帮助后，君主制中央集权的建立渐渐拥有了广泛而又活跃的群众基础。

## 虔诚与政策

勃兰登堡－普鲁士的对外关系等同于"新教外交政策"——这样的说法有道理吗？研究权力政治和国际关系的史家经常对这样的观点提出疑问。他们指出，即便是在"宗教战争"的年代，比起维护宗派团结，保证本国的领土安全也仍然是必须优先考虑的事项。例如，信奉天主教的法国支持新教联盟，与信奉天主教的奥地利兵戎相见；

又如，信奉路德宗的萨克森选侯国与信奉天主教的奥地利站到一起，与信奉路德宗的瑞典针锋相对。只有在极少数的情况下，对信仰的忠诚才能达到足够强大的程度，可以让统治者放弃所有其他方面的考量——1618—1620年，在选帝侯弗里德里希五世的统治下，普法尔茨选侯国为了新教的利益而不惜一切代价的做法十分少见，甚至可以算作极其异常的举动。

然而，无论是认为对外政策完全以世俗的利益得失为基础，还是提出在对外政策领域，宗教因素无足轻重，都会让我们陷入误解。十分重要的一点是，宗教因素在不同的王朝联姻的时候起到了重要的作用，而联姻又反过来对对外政策造成了重大影响，主要是因为联姻通常会引发新的领土主张。许多新教的统治者都认为自己是新教国家共同体的一员，这一点同样是十分明确的。毋庸置疑的是，大选侯认为自己是新教共同体的一员——他在1667年的政治遗嘱中向后继者提出建议，指出只要有可能，就应当与其他的新教诸侯密切合作，时刻保持警惕，防止新教的自由权利受到皇帝的侵害。[74]在决策者内部，宗教因素对制定政策的讨论过程会产生重大的影响。1648年，枢密院顾问官塞巴斯蒂安·施特里普反对与法国结盟，指出枢机主教马萨林敌视归正宗，有可能在法国力推天主教信仰。[75]1660年代，法国的加尔文宗信徒受到了越来越严重的迫害，促使大选侯弗里德里希·威廉致信路易十四，在信中表达了关切。[76]1670年代，为了防止欧洲北部的加尔文主义中心尼德兰联省共和国被法国征服，大选侯改换阵营，加入了反法联盟。1680年代初，大选侯重新与法国站到了一起，这是因为他受到了地缘政治因素和法国给出的军费补助承诺的共同影响；但到了1686年，他又恢复了勃兰登堡与神圣罗马帝国的盟友关系，这至少有一部分原因是，法国残酷迫害信奉加尔文主义的胡格诺派，令他良心难安。[77]

对统治者来说，在其他国家与自己信仰相同的臣民受到宗教迫害的时候，向他们提供包括庇护在内的各类援助，是一种既可以展现宗教团结，又能够避免武装冲突的方法。1685年，大选侯弗里德里希·威廉颁布《波茨坦敕令》，邀请法国遭到迫害的加尔文宗信徒在勃兰登堡－普鲁士的土地上定居，是这种姿态政治最为著名的例证。在法国国王收回胡格诺派的成员按照《南特敕令》（1598年颁布）所应享有的权利之后，《波茨坦敕令》是弗里德里希·威廉对此做出的回应。总共有大约两万法国的加尔文宗信徒成为难民，离开法国，前往勃兰登堡－普鲁士定居。这些迁居勃兰登堡－普鲁士的归正宗信徒大都来自较为贫穷的社会阶层——那些最为富有的法国归正宗信徒几乎全都会选择更具吸引力的目的地，比如英格兰，又比如荷兰。勃兰登堡－普鲁士以国家资助、提供廉价住宅、减免税款、发放贴现贷款等方式，推进了归正宗难民的定居工作（这与荷兰及英国形成了鲜明的对比）。由于勃兰登堡仍然没有从三十年战争造成的人口损失中恢复过来，急需拥有生产技能的勤劳移民，帮助归正宗难民定居的政策既能够有效地表达选帝侯维护新教的态度，又十分符合本国的切身利益。《波茨坦敕令》除了令路易十四火冒三丈[78]（这当然是敕令的目的之一），还赢得了德意志各国所有新教信徒的赞赏。在这场胡格诺难民危机中，勃兰登堡－普鲁士的付出与获得极不相称，十分耐人寻味：总共有20余万胡格诺派信徒因为宗教迫害而逃离法国，尽管其中只有大约十分之一在普鲁士境内定居，但勃兰登堡－普鲁士的选帝侯却仍然力压所有其他的君主，利用这一机会提升了自己的声望。《波茨坦敕令》满篇豪言壮语，宣扬普世道德，从颁布的那一天起，就（有些名不副实地）成了一座纪念普鲁士宽容传统的伟大丰碑。

《波茨坦敕令》首开"宗教权利政治"的先河，大获成功，令"宗教权利政治"成了霍亨索伦王朝治国之道的某种固有特征。1704

年 4 月，弗里德里希一世发表宣言，用与《波茨坦敕令》相似的论调，表达了自己协助奥兰治公国境内受迫害的法国加尔文宗信徒的决心——奥兰治公国是一块位于法国南部的飞地，霍亨索伦王朝是其继承权十分有力的争夺者：[79]

> 许多年前，法国发生了严重的宗教迫害，与朕信仰相同的法国臣民深受其害，这虽是天意使然，但朕仍深感痛心，决定为了上帝的荣耀，为了教会的利益，怀着热切的心情，慈悲为怀，不惜造成巨大的财政负担，也要为他们提供庇护。故此，既然奥兰治公国是朕的土地，既然奥兰治公国的居民是朕的臣民，既然他们不得不背井离乡，放弃自己在奥兰治公国境内所有的财产〔……〕寻求朕的庇护，那么朕便有着更为不可推卸的责任，必须以相同的方式来帮助他们渡过难关……[80]

在宣言中，弗里德里希一世把高尚的语言与对自身利益的冷静计算完美地结合到了一起，在慈悲为怀，宣布为臣民提供庇护的同时，主张了自己对争议领土的主权。此外，在给负责接收难民的顾问官下达命令的时候，弗里德里希一世还提出要求，认为不应当让难民游手好闲，白吃白喝，而是应当以最快的速度，让他们从事恰当的职业，"保证国王能够通过安置难民的过程获利"。[81]

在欧洲的舞台上，展现宗教团结的思维方式可以时不时地成为有用的外交工具；在神圣罗马帝国的舞台上，由于帝国议会的二元结构能够起到放大宗教争议的作用，这种思维方式可以发挥出更为强大的力量。《威斯特伐利亚和约》规定，帝国议会一旦遇到了宗教议题，就必须由两个分别由新教、天主教的代表组成的常设议团——福音派议团（corpus evangelicorum）、天主教议团（corpus

第五章 新教

catholicorum）——分别召开会议，进行讨论。这种机制名为"分组讨论"（itio in partes），目的是在遇到有可能变得十分棘手的宗教问题时，确保新教、天主教阵营能够独立讨论，不受对方的影响；但其实际作用却是为双方提供了一个不受诸侯国边界限制的公共论坛，可以用来表达自己在宗教上的不满——相较于在教会架构中占据统治地位的天主教势力，新教势力处于劣势，更需要进行集体动员，所以对新教势力来说，"分组讨论"机制的意义尤其重大。

萨尔茨堡大主教区迫害信奉新教的少数派，引发争端之后，弗里德里希·威廉一世出手干预，取得令人惊叹的效果，充分地展现了"分组讨论"机制的巨大作用。1731年，在平茨高、蓬高地区陡峭的山谷中，有将近两万的山民宣称自己是新教教徒——这一发现不仅令萨尔茨堡大主教区的天主教当局心神不安，同时也把萨尔茨堡城与阿尔卑斯山中归其管辖的穷乡僻壤之间巨大的文化鸿沟暴露得一览无余。大主教安东·菲尔米安派出传教团，想要让这些以务农为生的山民放弃新教信仰，在失败后决定用武力把他们驱逐出境。这场大主教当局与新教信仰异常坚定的半文盲山民之间的对峙令帝国议会的新教核心议团有了一些心思。市面上出现了支持山民立场的小册子、大报，而萨尔茨堡的天主教当局则针锋相对，发起了尖刻的舆论反击。双方分别公布己方选定的文件，用来支持自己的观点，令萨尔茨堡的山民成了在信奉新教的德意志诸国轰动一时的团体。

普鲁士国王弗里德里希·威廉一世是最早认识到这场冲突大有潜力的统治者之一。位于普鲁士公国东部边境的普属立陶宛仍然没有从1709—1710年的饥荒和瘟疫中恢复过来，大量的土地无人耕种，所以对弗里德里希·威廉一世来说，引进农业人口是当务之急。与此同时，他又急于把勃兰登堡-普鲁士塑造成新教权利的普遍守护者，这样的身份暗中挑战了哈布斯堡王朝的皇帝调解德意志诸国国内及国家间宗教争议的中立监察者的地位。出于上述考虑，弗里德里希·威廉一世提出了让萨尔茨堡大主教区的新教教徒在勃兰登堡－普鲁士境内定居的方案。

最开始时，这一方案似乎不太可能取得成功。萨尔茨堡的大主教没打算放辖区内的新教农民出境，而是准备动用军事手段镇压阿尔卑斯山中的新教骚乱——实际上，他已经向巴伐利亚选帝侯和帝国皇帝求援，获得了镇压骚乱所需的兵力。在这个当口上，帝国的宪政制度再一次帮了勃兰登堡选帝侯的大忙。皇帝查理六世想要获得帝国议会的支持，让议会通过《国事诏书》，确保长女玛丽亚·特蕾西亚能够在自己死后继承哈布斯堡君主国①。为了实现这一目的，他必须获得勃兰登堡选帝侯的赞成票。因此，霍亨索伦王朝和哈布斯堡王朝可以进行一次对双方都有利的利益交换：弗里德里希·威廉一世同意支持《国事诏书》，而作为回报，查理皇帝则同意向萨尔茨堡大主教施压，迫使他允许大主教区的新教臣民成批地移民，在普鲁士王国的东部地区定居。

1732年4月—7月，总共有26批萨尔茨堡的新教信徒（每一批的人数都在800人上下）携家带口踏上漫长的旅途，横穿弗兰肯、萨克森，前往普鲁士，告别阿尔卑斯山山坡上草木繁茂的家园，在普属立陶宛的平原上安家。萨尔茨堡新教信徒的迁徙成了一件轰动一时的大事。他们身着阿尔卑斯地区富有异国情调的山民服饰，排起长队，迈着坚定的步伐一路向北，穿过一座又一座信奉新教的城镇，令围观者激动万分。沿途的农民、镇民给移民带来了食品、衣物或送给儿童的礼物，而另一些人则打开窗户，向移民队伍抛撒钱币。望着移民北去的身影，许多围观者都想到了逃出埃及的以色列子民。市面上出现

---

① 查理六世没有子嗣。

了大量宣扬新教信仰的宣传品；书籍和其他印刷品除了描述新教移民背井离乡的过程、赞扬他们坚定的信仰，还为普鲁士国王歌功颂德，因为他信仰虔诚，让自己的国土成为受压迫者的应许之地。仅仅在1732—1733年，就有不下300部单独出版的相关书籍（不包括期刊）在67座不同的德意志城市问世。在整个18世纪和19世纪，萨尔茨堡移民的传奇故事不断地在布道词、小册子、小说、戏剧中出现。

　　无论是对霍亨索伦王朝，还是对勃兰登堡-普鲁士的中央政府，萨尔茨堡移民事件都是一项在宣传领域价值无可估量的重大成功。此外，由于萨尔茨堡的新教移民（与胡格诺派和逃离奥兰治公国的难民不同）并不信奉加尔文宗，而是路德宗信徒，移民事件还标志着勃兰登堡-普鲁士的宗教政策迎来了一个重要的转折点。移民事件结束后，勃兰登堡-普鲁士统治者在虔敬派的帮助下在国内建立的不分宗派的新教权威发扬光大，变得在神圣罗马帝国的大舞台上掷地有声。

图12　普鲁士国王弗里德里希·威廉一世迎接萨尔茨堡大主教区的新教流亡者。移民危机发生时出版的小册子的插图

# 第六章 乡土势力

## 城镇

圣戈特哈德教堂绿树成荫的大院位于哈弗尔河畔勃兰登堡的旧城临近缪赫勒特尔大街的地方。这座教堂与勃兰登堡选侯国境内许多中世纪时期存留下来的其他教堂一样，也是一座用暗红色的砖瓦修建的建筑，看起来就好像一座巨大的谷仓。教堂内部高耸的拱顶由扶壁支撑，而扶壁的上方则是巨大的赭色瓦屋顶，屋檐就好似紧皱的眉头，给人一种教堂将会永远屹立不倒的感觉。教堂的西大门处有一座优雅的巴洛克式高塔，显得与修建时间更早的罗马式塔基格格不入。仲夏时节，枝繁叶茂的大树为教堂的大院挡住了炎炎烈日。虽然给人一种置身郊野的梦幻感觉，但实际上，圣戈特哈德教堂是旧城古老的市中心。中世纪时，德意志定居者居住的旧城城区以圣戈特哈德教堂为中心，紧贴着哈弗尔河的河岸，沿着三条街道向南铺展开来。

访客来到圣戈特哈德教堂，走进教堂凉爽的内部之后，肯定会因为教堂建筑的高度和宽度而惊叹不已。教堂内墙的两侧摆满了雕刻精美的纪念碑。这些宏伟的石碑高度可达两米，碑体上刻有清晰的碑文。其中的一块纪念碑回顾了16世纪在哈弗尔河畔勃兰登堡担任过市长一职的托马斯·马蒂亚斯的生平事迹：他出生于经营制衣生意的豪商家庭，在选帝侯约阿希姆二世在位期间获得高官要职，但到了下一任选帝侯约翰·格奥尔格继位后，新君认为他应当为前一任选帝侯积累的巨额债务负责，他因而迅速失势，最终在1576年时在故乡死于瘟疫。碑上的浮雕展示了逃离埃及的以色列子民登上陆地，抵达红海对岸的景象。在石碑的左侧，我们可以看到一大群以色列人，他们身着城镇居民华美的服装，一边抱着孩子，搬着财物，向前奔去，一边回头眺望，见证了身着甲胄的埃及追兵人仰马翻，被泛着灰白色的浪花、滚滚而来的海浪吞没的灾难景象。另一块石碑的雕刻时间是1583年，其碑文的上方有一幅精美的浮雕，用一座以廊柱支撑的双层新古典主义建筑为框架，展示了耶稣受难时的景象：在建筑物的第二层，耶稣赤身裸体，双手举过头顶，被吊在门楣上，三个施刑人拿着棍棒、鞭子又踢又打，把他的身体打得不断抽搐。这充满惊人动态感的现实主义浮雕作品的创作目的是纪念哈弗尔河畔勃兰登堡的市长约阿希姆·达姆斯托夫和他的妻子安娜·杜林斯——碑文底部阶梯状的雕带上刻有夫妻二人的姓名和生卒日期。达姆斯托夫夫妇身着城市寡头统治集团华服的形象分别出现在位于浮雕左下、右下角的圆形壁龛内，就好像是想要隔着浮雕上熙熙攘攘的景象，四目相视。

图13 市长托马斯·马蒂亚斯纪念碑的雕带（1549年/1576年），石碑所在地为哈弗尔河畔勃兰登堡的圣戈特哈德教堂

另一块巨大石碑是同样当过市长的特雷博家族两代人的纪念碑，墓碑的上方有一幅雕刻精美，再现了财主和拉撒路寓言故事的浮雕。这些石碑就好像一块块石阶，组合在一起，形成了记忆的阶梯，一直延续到了18世纪——教堂祭坛的右侧是一块高达两米、装饰精美的石板，用以纪念"勃兰登堡旧城知名的市议员、杰出的商人"克里斯托夫·施特拉尔：他在1738年时去世，享年81岁。这些石碑之所以引人注目，除了是因为它们有极高的艺术价值，同时也是由于它们投射出了强烈的市民身份认同感。它们不单单是为某一个人竖立的纪念碑，同时也表达出了城市寡头统治集团的自豪感和集体认同感。许多石碑同时纪念了属于同一个家族的好几代人，会详细地记录子女和婚姻的情况。圣戈特哈德教堂的讲道坛是教堂中最令人过目难忘的纪念碑——它是一尊用砂岩雕刻的组合雕塑，由一幅幅取自《旧约圣经》和《新约圣经》的场景组成，沿着螺旋状的阶梯一路向上，直通教堂的高坛，而其基座则是一尊用白色巨石雕刻的精美雕像：一位满脸胡须、低头读书的老者。这座了不起的组合雕塑由格奥尔格·齐默尔曼创作于1623年，出资者是勃兰登堡旧城的制衣行会——我们能够在紧邻讲道坛的廊柱上看到用来纪念该行会的石板。石板不仅展现了行会中地位最重要的十个成员的形象——他们个个按照17世纪早期布尔乔亚的穿衣习惯，身着暗色华服、佩戴白色襞襟，好不威风——还记录了一百位制衣大师的专用标识和姓名。很难想象出其他的方法，能够像这块石板那样，用如此铿锵有力、声势浩大的方式，彰显布尔乔亚团体的自尊与自傲。

圣戈特哈德教堂绝非这一现象的个例。在勃兰登堡选侯国的其他城镇，我们同样也能在教堂中看到17、18世纪时的城市布尔乔亚留下的类似纪念碑。比如说，位于哈弗尔贝格历史上的城中心，坐落在哈弗尔河河中岛上的圣劳伦斯教堂就是一个例子——圣劳伦斯教堂同样也有大量类似的石刻纪念碑，只是与圣戈特哈德教堂的纪念碑相比，没有那么华贵典雅而已。此外，圣劳伦斯教堂的纪念碑所纪念的人物也与圣戈特哈德教堂十分相似，除了担任过市长的显贵家族，还有形形色色的商人、工匠，比如贸易商、木材经销商、酿酒师。"广受尊敬的商人"约阿希姆·弗里德里希·派因（1744年去世）的纪念碑简单朴素，感人至深，尤其值得一提：

| Unter diesem Leichen-Stein | 在这块墓碑下 |
| Ruh ich Pein ohn' alle Pein | 派因永世长眠，不再痛苦 |
| Und erwarte mit den meinen | 会在上帝降临前耐心等待 |
| Selig für Gott zu erscheinen | 与至亲至爱之人一起获得救赎 |

无论是在哈弗尔河畔勃兰登堡，还是在哈弗尔贝格，城市教堂作为市民教堂会众进行集体自我表达的论坛的作用，都因为这两座城市同时也是主教座堂的所在地而显得更加突出。城市教堂位于中世纪时的城市中心，行会官员、市政官员能够左右教堂会众的意见，而按照传统，大教堂的座堂圣职团大都出身于帝国贵族家庭，所以城市教堂与主教座堂共处一城的情况自然也就会造成分割对立的局面。哈弗尔贝格的地势把这种局面一目了然地展现在我们的眼前——哈弗尔贝格大教堂高耸于哈弗尔河北岸的高地上，就好似一座固若金汤的城堡，俯瞰着坐落在小小的河中岛上的旧城，那里挤满了店铺和摊位，街道狭窄。就算是到了19世纪，这种城市教堂会众与主教座堂会众在社会角色上的两极分化也没有发生改变：圣劳伦斯教堂依旧是市民的教堂（同时也是驻扎在当地的普通士兵的教堂），而贵族阶层则会前往从社会地位和地势上来看都高高在上的大教堂做礼拜。

哈弗尔贝格和哈弗尔河畔勃兰登堡的教堂纪念碑向我们展现了

图14 哈弗尔贝格大教堂

一个经常被关于普鲁士的概述性历史著作忽略的世界。这是一个城镇的世界，是一个社会环境被工匠大师和城市显贵家族的关系网络支配的世界，是一个在政治和文化方面根深蒂固的自主权和特权意识催生了身份认同感的世界，是一个与周围的乡村有着鲜明对比的世界。如果说一直以来，城镇都在勃兰登堡－普鲁士的历史中处在边缘地位，那么其中的一部分原因就是，与德意志欧洲的其他地区相比，在勃兰登堡－普鲁士，城镇从来都没能成为较为强势的因素——1700年时，在所有30座人口数量超过一万的德意志城市中，仅有两座（柏林、柯尼斯堡）位于勃兰登堡－普鲁士境内。无论如何，学界都广泛接受了这样一个观点——勃兰登堡－普鲁士的城镇，以及由城镇生活催生、却比城镇本身更为重要的自我行政管理、公民责任、政治自治，全都成了霍亨索伦王朝所推行的专制制度的牺牲品。一位史家甚至在书中写道，中央集权的君主制政府蓄意而为，"摧毁了"勃兰登

第六章 乡土势力

堡的布尔乔亚阶层。[1]这样做的结果是，政治文化变得注重服从，却缺乏公民勇气、公民美德。就这一点而论，我们再一次感受到了"特殊道路"强大的负面吸引力。

对勃兰登堡-普鲁士来说，17、18世纪是一个城市衰退的年代——这当然是一个有一定依据的观点，而如果我们把城市的衰退等同于城市政治自治的衰落，那么这个观点就会变得尤其有力。柯尼斯堡的衰落也许可以算作最引人注目的例子，展现了面对咄咄逼人的君权，一座城市如何奋起反抗，保卫传统的政治及经济独立，最终却一败涂地的过程。1640年，也就是在大选侯继位的那一年，坐落在波罗的海之滨的柯尼斯堡仍然是一座富有的贸易城市，可以派代表出席议会，为城市的团体利益发声，在议会中能够与普鲁士公国的贵族阶层平起平坐。1688年时，柯尼斯堡不仅政治自主权、议会影响力荡然无存，经济也受到了严重的打击。在柯尼斯堡由盛至衰的过程中，城市当局与远在柏林的中央政府之间的斗争尤其激烈。尽管柯尼斯堡肯定只是一个极端的特例，但不可否认的是，普鲁士各地的其他城镇也走上了大体类似的道路。

中央政府在逐渐削弱许多城镇的政治特权，甚至完全取消特权的同时，着手向城镇居民征收一种名叫货物税的新税款——中央政府在17世纪60年代逐步开展了其征收工作。由于货物税是一种以商品和服务为对象，直接征收的税款（即在销售时征收），政府可以在征税时绕开与城市等级会议的代表就税收问题讨价还价的过程。这样一来，无论是在省一级的议会上，还是在由高级省代表组成，越来越多地主导等级会议与王权之间协商的"常设委员会"中，城镇都失去了为自身团体利益发声的途径。1667年，国王首先在柏林任命税收专员，之后推广到了所有的城镇，并且很快又扩展了税收专员的职权范围，进一步推动了这种逐渐剥夺城镇政治权利的过程。[2]加强中央集权的过程虽然在弗里德里希三世（一世）在位时有所放缓，但到了弗里德里希·威廉一世继位后又加快了步伐——1714年，弗里德里希·威廉颁布《市政厅条例》（Rathäusliches Reglement），把制定城市预算的权力交到了国王任命的官员手中，限制了市政官员的权力。弗里德里希二世继位后又颁布了其他的法律，除了剥夺市政官员剩余的警察权，把所有的警察权都交给了国王任命的官员，还推行了一套制度，规定城镇内的所有地产买卖都必须获得中央政府的授权。[3] 弗里德里希·威廉一世、弗里德里希二世在位期间，西部诸省的城镇同样也基本上失去了自治体的独立性。许多城镇都被剥夺了独特的宪政制度和特权，比如威斯特法伦行政圈辖区内马克伯国的索斯特城，又比如东弗里斯兰的埃姆登城。[4]

对大多数城镇来说，17世纪末到18世纪初同样也是经济发展停滞不前，甚至是经济衰退的时期。在勃兰登堡和东波美拉尼亚的大片地区，贫瘠的土地和疲软的区域贸易令许多城镇输在了起跑线上。评估货物税对城镇的影响是一件十分困难的工作。最开始时，一些城镇认为货物税能够以有利于城镇的方式平衡税负（在此之前，城镇的税率要高于农村地区），迫不及待地想要让政府推行这种全新的税收模式，某些城镇的纳税人甚至还会向市政当局施加压力，要求当局请求政府落实新的税制。一些零零散散的证据表明，货物税起到了刺激城镇经济发展的作用。举例来说，货物税在柏林落地后的头几年，由于新的税制重新分配了城市的税负，把征税对象从土地和房产改为所有种类的商业活动，激发了业主大兴土木的积极性，渐渐地修复了柏林在战争中遭受的严重破坏。

货物税最大的缺点是，政府仅仅在城镇中推行了这种新的税制，而农村地区则仍然按照旧的税制缴纳捐税。这并不是政府的本意。大选侯原本准备一视同仁，让农村地区与城镇一起缴纳货物税，但最终

第六章 乡土势力

却迫于地方贵族的压力，不得不把货物税的征税工作限制在城市内。这就意味着，农村地区的生产商只要避免在征收货物税的城镇销售商品，就可以获得免税待遇，从而令城镇生产商在竞争中处在不利的地位。许多贵族地主都利用这一制度漏洞，把货品直接用马车运送到本地区的主要集市，用低廉的价格来击败地区内的城镇生产商。在经济主要依赖贸易活动的地区，由于货物税削弱了想要把货物贩卖到地区外的生产商、贸易商的地区竞争力，这一问题表现得尤其严重——例如，克莱沃公国的居民经常大倒苦水，认为货物税压低了莱茵河水上贸易的贸易量和利润；盖尔登镇的镇民同样心有怨气，认为货物税限制了马斯河的水上贸易。[5]

规模越来越大的普鲁士军队，尤其是各地的驻军，对勃兰登堡－普鲁士的城镇产生的影响好坏参半。一方面，驻扎在城镇内的士兵和他们的妻子儿女既可以成为消费者，又能够补充城镇的劳动力。服兵役算不上全职工作，所以驻军士兵会靠给镇民打工来补贴微薄的军饷。在有军队驻扎的城镇，比如柏林以北乌克马克境内的普伦茨劳，又比如莱茵河流域克莱沃公国境内的韦瑟尔，驻军的士兵大都寄住在工匠的家中，许多人都会利用不当班的空余时间在工匠的作坊、工厂打工，赚取相当于基本军饷数倍的工资。如果士兵已经成家，那么他们的妻子就有可能去驻军所在城镇的纺织厂找工作。由于纺织业在一定程度上对没有行会成员身份的廉价劳动力存在依赖，驻军的出现能够起到巩固城镇纺织业发展成果的作用。此外，兵役制度还可以让城镇社区内最为脆弱的阶层获得一份数额虽小，却可以勉强维持生活的收入，有可能起到稳定城市社会结构的作用。[6]一些家境殷实的镇民不愿让士兵在家中寄住，会出钱让贫苦的镇民为士兵提供住所，故此，要求平民为士兵提供住宿的制度可以起到对社会财富进行小幅再分配的作用。

然而，城镇驻军同样也有不小的坏处。要求平民为士兵提供住宿的制度虽然十分灵活，效果好到了出乎意料的程度，却仍然因为户主与寄住军人之间关系紧张而引发了许多事件。在司法上，人数可观的城镇驻军全都归军事法庭管辖，会令城市当局与军方发生司法管辖权争议。有些时候，军事指挥官会禁不住诱惑，要么从民间强征物资，要么迫使当地的镇民执行守卫任务，以此来表达对城市当局的蔑视。利用不当班的时间打工的士兵工资较低，会压低那些在不雇用士兵的作坊工作的学徒工的工资，导致城镇同业公会的成员间关系紧张。[7]到了经济不景气，兼职工作变得一岗难求的时候，驻军士兵的家人甚至有可能不得不上街乞讨。[8]此外，士兵还会利用自己熟悉城市周围城防体系的特殊优势，参与走私活动，把商品从不征收货物税的农村地区偷运到城内。[9]更加不妙的是，一位学者指出，"在有军队驻扎的城市，公民社会的军事化让军队变得专横跋扈，在城中成为几乎不受任何监管的支配者，令市民和市政官员变得逆来顺受"。[10]

需要注意的是，我们不能无限延伸上述观点。在有驻军的城市，军人当然在大街上随处可见，他们会在所有的社会层面成为社交活动的重要参与者，下至平民光顾的酒馆，上至城市显贵举办的沙龙，都能看到他们的身影。然而，几乎没有任何证据表明，城镇的公民社会因此遭到军队价值观和行为模式的渗透。普鲁士的征兵制度有多种多样的豁免条款，可以免除市民阶层的年轻人参军的法律义务。按照豁免条款的规定，那些出身中上阶层家庭的年轻人可以免除兵役，要么去攻读学位，要么从事贸易或经济领域的管理工作，各种重要行业大师工匠的孩子同样也可以免除兵役，去接受行业训练，好在未来继承父亲的衣钵。据估算，在霍亨索伦王朝统治的土地上，总共有大约170万年轻人符合豁免条款的要求，享受到了免服兵役的待遇。[11]

18世纪时，勃兰登堡-普鲁士和平时期的军队无论如何也没有

第六章　乡土势力

能力通过系统化的社交及灌输手段,彻底改变新兵的人生观和感性思维。18世纪的城镇驻军组织涣散、结构松散。新兵的基本军事训练持续时间不超过一年(具体的时长由各地的驻军自行决定,不同地区间会存在极大的差异),即便是在这不到一年的时间内,驻军当局也不会把士兵与城镇社会隔绝开来,让他们"去平民化",而是会采取恰恰相反的措施:如果士兵已经结婚成家,那么他们就可以与妻子和其他家人一起居住在兵营内——此时的普军与之后的普军不同,并不是一个充满阳刚之气,没有女性容身之地的机构。(实际上,为了让外籍新兵安心服役,普军甚至还会鼓励他们结婚成家。[12])如果士兵没有家室,那么驻军当局就会要求他们在市民的家中寄住。对于那些在完成了基本训练之后仍然想要继续服役的士兵,前文已经介绍过,由于军事任务耗费不了多少时间,他们每个人都有大把的空闲时间,可以去打各式各样的零工来补贴收入。有些士兵会替外出打工的战友站岗,以此为手段来赚取额外的零用钱。显而易见的是,驻军与城镇人口之间的确演化出了某种共生关系,[13]其作用与有大量学生在市民家中寄住的大学对大学城的影响十分相似,也会对城镇的社会成分和地方经济产生独特的影响。然而,正如学生不会令大学城"学术化",士兵也不会令有驻军的城镇"军事化"。城镇议会当然会与驻军当局发生争执(就像镇民也会与大学生发生争执),但在大多数情况下,这样的争执表明的只是,"平民"当局只要认为驻军指挥官有越权行为,就会随时准备提出抗议。

我们没有什么理由认为,中央政府尚处在萌芽状态的官僚体系在行政领域对城镇进行了足够的渗透,达到了压制地方自主性的程度。获得国王的任命,在那些规模较大的城镇担任行政要职的官员并没有成为中央政策说一不二的执行人,去剥夺城镇精英手中的权力。恰恰相反,他们中的许多人都"变成了本地人",不仅和城镇精英交

图 15　行乞的军人妻子。丹尼尔·霍多维茨基创作的版画，1764 年

往甚密，甚至还会与之通婚，在代表中央利益的地方驻军指挥官或其他中央政府机构与城镇产生纠纷时，他们则会支持城镇当局。在许多城市，政府都与之前一样，仍然存在腐败和任人唯亲的问题（这表明地方上的恩庇关系网络依旧十分活跃），足以证明寡头统治集团并没有因为中央对地方的渗透而失去对城市事务的控制权。中央政府新派遣的官员上任后，城市的寡头统治集团会竭尽所能地与他们搞好关系，在很多情况下都能够成功收买他们，把中央的官员转变为地方利益的代言人。[14]

此外，在 1800 年之前，城市布尔乔亚阶层中就早已出现了兼具活力和创新性的成分。在 18 世纪的最后三十余年间，以城镇为中心的制造业及商业发生了结构性的变化，催生出了一个主要由商人、企业家、工厂主组成的新精英阶层（与行会成员占据统治地位的旧精英阶层十分不同）。[15] 新精英阶层的成员要么自告奋勇，要么担任荣誉职位，通过多种途径，参与了城镇的行政管理工作。他们会成为市政管理机构（Magistratskollegien）的成员，会出席行会及法团理事会的会议，会参与学校、教会、地方慈善机构管理委员会的工作。

在中小城镇，由于地方行政管理工作完全依赖于重要人物自愿提供的帮助，这种新精英参与地方治理的趋势表现得尤其明显。举例来说，在哈尔伯施塔特省的奥斯特维克镇，毛纺织厂工厂主克里斯蒂安·H. 博特彻成了镇参事会的成员；又比如，在普伦茨劳市（乌克马克境内），一个名叫约翰·格兰茨的商人成了城市法庭的助理法官。布尔格城、阿舍斯莱本城的市长全都是当地的商人。[16]在普鲁士的土地上，类似的例子数以百计，不胜枚举。换言之，普鲁士城镇的治理工作并不是由领取薪俸的政府官员一手包办的，而是严重地依赖本地布尔乔亚中比较有进取心和创新精神的成员所提供的志愿服务。在普鲁士——其实是在西欧的大部分地区——旧有的法团体系以熟练手工业的古老传统和荣誉准则为支撑的特权和地方自治能力"日渐式微"，取而代之的则是一个充满活力的新精英阶层——他们以商业扩张和通过非正式途径取得对城镇事务主导权的方式，展现出了自己的雄心壮志。

在18世纪的最后三十余年间，一些中等大小的城镇涌现出了一批成员自愿加入的社团，进一步展现出了市民阶层在文化和公民意识领域越来越强大的活力。举例来说，1778年时，哈尔伯施塔特城出现了一个极具活力的文学社团，不仅为那些受过教育的市民提供了交换意见的场所，还发行了数量可观的印刷品，反映出了一种融合了地方自豪感和普鲁士爱国主义的情感。在威斯特法伦行政圈内的索斯特城，一位地方法官成立了一个名叫"爱国主义友人及地区历史爱好者协会"的组织，在当地的期刊《威斯特法伦杂志》(*Das Westphälische Magazin*) 上刊登广告，宣称协会的目的是为索斯特编写第一部全面的、以史料研究为基础的历史书。大学城奥得河畔法兰克福先是在18世纪40年代出现了一个以促进德语及德语文学的发展为目的的"德语研究会"，之后又出现了一个"学会"和一个共济会的分会。[17]无论是在这些城市，还是在许多规模更小的乡镇，教育都正在变成展示新社会地位的重要标志。尤其是从18世纪中期前后开始，受过教育的布尔乔亚（由律师、教师、牧师、法官、医生等组成）渐渐地从以手工业为基础的传统精英阶层中剥离了出来，开始在城镇内和城镇间建立属于自己的社会关系网络。[18]

就改进学校教育而论，中央政府虽然接二连三颁布了许多法令，却在许多城镇都一事无成，真正起到作用的人其实通常都是那些地位最为显赫的镇民。从18世纪70年代起，新办的和改进过的学校像潮水一样涌现出来，足以证明，即便是在那些最不起眼的城镇，对更为优质、广泛的教育服务的需求也正在稳步攀升。[19]新鲁平位于柏林东北方，坐落在一个狭长湖泊的岸边，风景如画。18世纪70年代，这座城镇受到启蒙运动影响的牧师、市政官员、学校教师成立了一个协会，目的是在新鲁平开展重大教育改革，并同时改善城镇的经济状况。[20]多亏了协会成员的努力，再加上城镇官员和主要镇民提供的资金援助，新鲁平的教师菲利普·尤利乌斯·利伯屈恩得以提出一套反对教师权威的创新性教育方案，渐渐地令该方案成了德意志诸国的教育改革家纷纷效仿的典范。"教师的努力方向是，"利伯屈恩在概述自己的教育理念时写道，"让学生内在的能力和长处自由发展，决定教育的结果，因为这才是理性教育的基本法则。"[21]这套教育方案不仅体现出了启蒙精神，还洋溢着布尔乔亚的公民自豪感。

## 贵族地主

对勃兰登堡－普鲁士的贵族阶层来说，拥有土地、管理土地是有着阶级界定意义的共同经验。在勃兰登堡－普鲁士，尽管贵族地产在可耕地总面积中所占的比例有着可观的地区差异，但总的来说，贵族地产的占比还是要高于欧洲的平均水平。（以1800年前后的数据为依据）在勃兰登堡和波美拉尼亚，贵族地产在可耕地总面积中所占比例的平均值分别达到了60%、62%；在东普鲁士（国王是东普鲁士最大的地主），贵族地产的比例则达到了40%。与之形成鲜明对比的是，在法国，贵族地产占可耕地总面积的比例仅为大约20%，而在俄罗斯帝国的欧洲部分，这一比例则更是只有14%。但如果比较对象是18世纪末的英格兰，那么勃兰登堡-普鲁士就不会显得那么反常了——英格兰的贵族地产占可耕地总面积的比例达到了大约55%。[22]

无论是在过去，还是在现在，生活在德意志易北河以东地区的贵族地主都被统称为"容克"。容克一词的起源是"jung Herr"，其本意是"少爷"，指中世纪的一些德意志贵族（通常是贵族家庭的次子或幼子），他们在德意志诸国向东扩张定居的浪潮中参与了对斯拉夫人的征服，或在征服结束后前往被征服的地区定居，防止斯拉夫人反扑。他们因为提供军事服务而得到奖励，不仅分得了土地，还享有永久的免税权。容克地主阶级内部存在可观的财富差异。在东普鲁士，有很小的一部分容克地主家庭可以算作真正的显贵——他们祖先是在十三年战争（1453—1466）中为条顿骑士团效力，与波兰人作战的雇佣兵指挥官。在勃兰登堡，由于绝大多数贵族家庭都是在征服结束后才定居下来的地主，按照欧洲的标准来判断，普通的容克地主名下的地产规模都相当一般。

中世纪时，对奉行殖民扩张政策的君主来说，在有可能遭到斯拉夫人反扑的地区，尽可能让能够提供军事服务的贵族定居，是最符合自身利益的做法；所以贵族效忠时获得的土地通常面积不大，并且彼此相邻，即便是一个村子，也有可能被瓜剖豆分，成为多个贵族家庭的地产。统计学上占主导地位的贵族群体约占贵族总数的一半，他们名下的地产都十分有限，最少的只有一处地产，或者一个村庄，最多的也只有几处地产、几个村庄。[23]然而，即便是这样一个群体的内部也存在着巨大的财富差异。举例来说，在普里格尼茨省，奎佐夫家族（也就是后来的克莱斯特家族）位于施塔韦诺的领地拥有2 400英亩（约970公顷）的领主自留可耕地，而同样是在普里格尼茨省，普通容克地主家庭的地产则只有不到500英亩（约200公顷）——就财富而论，这两者间存在着难以逾越的鸿沟。在这样的环境下，小地主家庭自然会在地方政治和省级政治上对财力雄厚、经常相互通婚的精英地主家庭组成的小圈子言听计从。这个小圈子就好像"剧院的特等席"，需要与国王讨价还价时，登台协商的关键人物大都是小圈子的成员。

17世纪时，在霍亨索伦家族统治的土地上，地方化的政治架构与以柏林为中心的共同政治身份水火不容。大选侯在位的最后几十年间，中央政府大门紧闭，容克地主基本无法担任重要的政府职位，尤其是勃兰登堡的容克地主，即便是到了18世纪，他们也只在这一领域取得了十分缓慢的进展。容克地主的政治野心主要集中在那些等级会议拥有任命权的地区及省一级的官职上面，所以他们的眼界通常也相当狭隘——这个缺点因为许多并不怎么富裕的地主家庭没有足够的财力让子女到外地求学而变得越发严重。在霍亨索伦家族统治的土地上，不同地区的特征会在各地区不同的亲属关系网络和通婚模式中得到反映。波美拉尼亚和东普鲁士的贵族地主与瑞典和波兰的贵族地主有着密切的亲属关系，而勃兰登堡的贵族地主则经常与邻国萨克森和马格德堡的贵族地主通婚。

18世纪时，霍亨索伦王朝的君主从来都不会提出所谓"普鲁士"贵族的概念，而是一直认为，不同省份分别拥有个性迥然不同的精英阶层。弗里德里希·威廉一世在"1722年的教导"中宣称，波美拉尼亚的贵族"像金子一样忠诚"，虽然偶尔会提出异议，却从来都不会违抗君主的命令。诺伊马克、乌克马克、米特尔马克的贵族同样也全都是忠臣。阿尔特马克的贵族与他们截然相反,全都是"不听话的坏人","与君主打交道时粗鲁无礼"。接下来,弗里德里希·威廉一世又指出,马格德堡、哈尔伯施塔特两地的贵族几乎与阿尔特马克的贵族是一丘之貉,并且告诫继承人,无论是在他们所在的省份,还是在邻近的省份,都不应当让他们担任官职。至于西部诸省的贵族,也就是克莱沃公国、马克伯国、林根伯国的贵族,弗里德里希·威廉一世认为他们全都是"固执己见的蠢货"。[24]

近半个世纪后,弗里德里希大王在"1768年的政治遗嘱"中用极其相似的方式,评价了普鲁士王国不同地区的贵族。他认为东普鲁士的贵族精神饱满、气质高雅,却仍然紧抱着东普鲁士传统的分裂主义倾向,对国家的忠诚感令人心存疑虑;波美拉尼亚的贵族虽然固执得很,却刚正不阿,可以成为优秀的官员。至于几年前刚刚被霍亨索伦王朝征服吞并的上西里西亚,那里的贵族既懒惰,又缺乏教育,心里还一直都牵挂着哈布斯堡王朝的主子。[25]

更为同质化的普鲁士精英阶层的出现是一个循序渐进、十分缓慢的过程。通婚对这一过程起到了推进作用。直到17世纪末,几乎所有的勃兰登堡贵族都会在本省的精英阶层内部寻找婚配对象;18世纪五六十年代时,情况发生了巨大的变化,种种迹象表明,不同省份的贵族间正在出现联系越来越紧密的亲属关系架构。在勃兰登堡、波美拉尼亚和东普鲁士,主要的贵族家庭在订立婚约时,都有将近一半的婚配对象来自霍亨索伦王朝统治的其他地区。在推动贵族阶层同质化的过程中,普鲁士的军队是最为重要的制度工具。18世纪时,由于普军的军官团体规模迅速扩张,中央政府不得不加大在地方精英中物色军官人选的力度。18世纪初,政府提供补助,在柏林、科尔贝格、马格德堡创办了军事院校;弗里德里希·威廉一世继位后不久，就把这三所院校合并到一起，在柏林成立了中央候补军官学校。

尽管政府的确施加压力，迫使贵族家庭把子嗣送到军事院校接受教育，但也有许多贵族家庭迫不及待地主动抓住了军官培训体系提供的机会。数量众多的普通贵族家庭无法像少数富有贵族那样频频把子嗣送到私营的院校接受教育，所以对他们来说，政府开办的军事院校尤其具有吸引力。军校毕业生只要不断晋升，获得不低于上尉的军阶，就有机会领到丰厚的俸禄，可以保证收入高于许多小地产的经营收入。[26]恩斯特·冯·巴泽维施是新一代职业军官的典型代表。他出身阿尔特马克的小地主家庭，在1750年时进入柏林的候补军官学校学习，原因是他的父亲财力不足，无法让他接受大学教育，获得在政府中担任职位所需的培训。巴泽维施在回忆录中说，候补军官学员（在他上学的时候，候补军官学校一共有350个学员）学习的课程有写作、法语、逻辑学、历史和地理、工程学、舞蹈、击剑、"军事制图"（militärische Zeichenkunst）。[27]

毋庸置疑的是，共同接受军事训练的经历，以及更为重要的在战场上并肩作战的经历，培养出了强烈的集体荣誉感，但与此同时，许多贵族家庭也为此付出了血的代价。一些贵族家庭变成了专门的供应者，把大量子嗣送上了有去无回的战场——最为值得一提的是波美拉尼亚的韦德尔家族：在1740—1763年的战争中，总共有72个（！）韦德尔家族的年轻人战死沙场。在同一时期，克莱斯特家族有53人战死沙场。勃兰登堡的贝林家族总共有23个男性成员，其中有20人在七年战争中阵亡。

弗里德里希大王在位时，军队阻塞了平民出身者的晋升通道，从而加强了贵族身份与军官身份的联系。在七年战争时期，由于能够担任军职的贵族人选在数量上无法满足需求，弗里德里希大王不得不把一些平民任命为高级军官，但到了战争结束之后，许多平民军官不是遭到清洗，就是受到排挤。1806年时，普军的军官总人数为7 000人，其中只有695人是平民出身——即便是在这区区695人中，绝大部分人也是在地位较低的炮兵及技术兵部队中担任职务。[28]

尽管如上所述，贵族阶层与王权发生了越来越紧密的利益绑定，但这并不足以让贵族阶层在社会及经济变革的浪潮中立于不败之地。18世纪下半叶，勃兰登堡-普鲁士的贵族地主阶层遇到了危机。在18世纪40年代以及五六十年代，勃兰登堡-普鲁士经历了战争，遭遇了经济动荡，再加上政府利用谷仓体系操纵谷物市场，以及地主家庭的自然人口增长造成了人口过剩问题，地主阶层承受了越来越严重的压力。容克地主的财务状况急速恶化，变得债台高筑，在许多情况下，当事人不是宣告破产，就是被迫出售地产，而买主则通常是手有余钱的平民。地产易手的频率不断提升，不禁让人对传统农村社会结构的凝聚力产生了疑问。[29]

在国王看来，这绝对不是一个可以轻视的问题。与父亲相比，弗里德里希二世对社会的看法更为保守，他认为贵族阶层是唯一可以为军队提供军官候选人的团体。这样一来，贵族地产的稳定性和延续性就变成了决定弗里德里希式军国体系能否站得住脚的关键因素。因此，弗里德里希二世采用了与父亲弗里德里希·威廉一世截然相反的做法，并没有着意弱化贵族高高在上的社会地位，而是出台了保护贵族阶层的政策，其首要目标是防止平民成为贵族地产的所有者。为了实现这一目标，政府除了出台慷慨的税收减免政策，还会直接向陷入财政危机的贵族家庭提供特别资金援助，并同时设法阻止——却几乎没有效果——地主以超额抵押地产的方式来获得资金。[30]上述措施失败后，弗里德里希的本能反应是，加强政府对土地买卖的控制，结果却适得其反。想要控制土地买卖，政府就必须采取激进的措施，限制地主处理名下地产的自由。所以说，政府必须在相互矛盾的政策目标间权衡利弊，寻找妥协点。政府想要恢复和维持贵族阶层的尊严和经济稳定，但为了实现这一目的而限制了地主阶层基本的自由权利。

政府不断地探索，试图找到干预性较低，不会引起太大争议的方法来维护贵族阶层的利益，最终决定由国家出资，成立专门为现有的容克地主家庭服务的农业信贷联盟（Landschaften）。信贷联盟的任务是，为经营不善、债台高筑的贵族地主家庭提供政府补贴的低息贷款。不同的省份先后成立了独立的信贷联盟（在库尔马克、诺伊马克，联盟成立的时间是1777年；在马格德堡、哈尔伯施塔特是1780年；在波美拉尼亚是1781年）。有趣的是，提出以组建信贷联盟的方式来巩固贵族土地所有权的人似乎是个平民——1767年2月23日，一个名叫布林的柏林富商在觐见国王的时候提出了组建信贷联盟的建议。不过在勃兰登堡-普鲁士的许多省份，贵族团体也有相互帮助以展开金融自救的悠久传统。

如果把信贷联盟开具的信用证价值不断攀升作为判断标准，那么信贷联盟起初可以说是大获成功。但它很快就成了重要的金融投机工具。信贷联盟提供的贷款的确帮助一些经营不善的贵族地产改善了生产条件。然而，由于联盟经常对要求借款必须用于"有效改善地产"的法律规定做出十分宽松的解释，政府提供的低息贷款时常被挪作他用，几乎无法起到巩固贵族土地所有权的作用。此外，由于地主在用完信贷联盟提供的低息贷款之后，就会找到其他的放贷人，继续举债，所以信贷联盟怎样做也无法全面解决整个农村地区迫在眉睫的地主负债问题。截至1807年，全国的信贷联盟总共发放了540万塔勒的抵押贷款，而布尔乔亚的放贷人则总共发放了3 070万塔勒以地产为抵押的贷款。[31]

上述发展证明，容克地主与霍亨索伦王朝的君主在二者关系中的位置发生了互换——16世纪时，选帝侯完全是靠着容克地

第六章　乡土势力

主提供的借款才没有陷入财力枯竭的困境，而在18世纪的最后三十余年间，双方在相互依存关系中的地位则完全颠倒了过来。一些史家认为，王权与容克地主之间形成了所谓的"权力妥协"（Herrschaftskompromiss），其作用是，以损害社会中其他团体的利益为代价，巩固中央政府及传统精英阶层的支配地位。这个隐喻的第一大问题是，"权力妥协"意味着参与的"双方"在某一时间点达成了某种稳定的权力分享协议——这与实际情况恰恰相反。一直以来，国王（及其大臣）与各省贵族之间都摩擦不断，频繁对抗，反复协商。"权力妥协"观点的第二大问题是，其提出者夸大了中央政府与传统地方精英的合作稳定社会及经济局势的能力。实际情况是，国王和大臣用尽了浑身解数，也束手无策，无法阻止令普鲁士全国各地的农村社会焕然一新的社会及经济变革。

## 地主与农民

18世纪时，在德意志欧洲，耕种土地是绝大多数居民的宿命。耕地面积占到了土地总面积的大约三分之一，有五分之四左右的人口务农为生。[32] 所以说，决定着土地所有制及利用方式的权力关系事关重大，不仅影响粮食和财富的生产，还更为广泛地影响着国家和社会的政治文化。在勃兰登堡－普鲁士，贵族阶层的集体权力之所以能够统治农村社会，除了因为贵族阶层是土地财富最主要的拥有者，法律和政治层面上的原因也十分重要。从15世纪中叶起，容克地主一方面调整土地所有制度，把最肥沃的可耕地全都变成了贵族领地，另一方面又用政治权力加强自己在经济上的优势，可以直接支配自己领地内的农民。举例来说，除非农民事先得到了许可，否则容克地主就有权禁止农民离开自己耕种的土地，而如果农民私自逃走，那么无论他是在城镇内定居，还是跑到了其他容克地主的领地上继续务农，地主都有权把农民带回自己的领地（如果有必要还可以使用武力）。此外，容克地主还提出要求，认为自己有权迫使"依附于土地"的农民服劳役——他们渐渐如愿以偿，获得了这项权利。

学界仍然没有完全搞清楚，勃兰登堡-普鲁士到底为什么会发生这样的转变。如果考虑到，当时西欧诸国的趋势是，在法律上赋予依附于土地的农民自由民的身份，并且把强迫性的劳役地租转变为货币地租，那么这些转变就会因为逆势而行而显得更加让人困惑。引发这些转变的原因也许是，位于易北河以东的土地是建立时间没有那么久的德意志人定居区，农民阶层的传统权利相对薄弱。在中世纪末期的勃兰登堡-普鲁士，由于人口萎缩，再加上长时间的农业大萧条导致大片的可耕地无人耕种，贵族地主阶层当然承受了巨大的压力，会在设法实现最大收益的同时，削减农业生产的货币成本。由于城镇最愿意为农民发声，反对地主抓捕逃亡农民，所以城镇经济的衰退削弱了农民赖以抵抗地主权力的一大潜在助力。中央政府脆弱的权威是另一个重要因素。在15、16世纪的勃兰登堡，选帝侯债台高筑，严重依赖地方贵族提供的借款，既没有能力，也没有意愿去阻止贵族在地方上巩固法律及政治权力的做法。

无论出于何种原因，其结果都是勃兰登堡-普鲁士出现了一种全新的地主制度。这种制度并不能算作货真价实的"农奴制度"，因为在这种制度下，农民并不是地主的财产，但与此同时，这种制度又的确导致农民在一定程度上依附于地主的个人权威。贵族庄园成了一个自成体系的法律和政治系统。地主除了是农民的雇主、土地的所有人，同时还掌管着庄园法庭，对农民拥有司法管辖权，不仅能够以小额罚款的方式处罚轻罪，还可以用包括鞭刑、监禁之类的肉刑来惩罚农民。

长久以来，史学界一直都对普鲁士土地制度的极权主义特征有着浓厚的兴趣。在流亡海外的德国学者汉斯·罗森伯格[①]笔下，贵族庄园是袖珍的专制国家：

> 容克地主的地方支配地位无可动摇，因为随着时间的推移，他们不仅成了严苛的地主、世袭的农奴主、充满活力的企业家、兢兢业业的庄园管理者、业余商人，同时也是当地的教堂赞助人、警察局长、检察官、法官。[……]要说惩罚"缺乏尊重""不愿服从"的农奴，把他们抽得皮开肉绽，打得鼻青脸肿，揍得骨头断裂，这些地方暴君大都是行家里手。[33]

对普鲁士王国的绝大多数臣民来说，这种贵族暴政令他们陷入"赤贫"，变得"无助而又冷漠"。农民尤其深受其害，他们的"法律及社会地位一落千丈，在政治上被阉割，在道德上被削弱，彻底失去了自主权"；然而，就像另一部著作指出的那样，普鲁士的农民"命运多舛，已经无力反抗"。[34]这种观点在研究德国"特殊道路"的著作中十分普遍——此类著作认为，容克地主独执牛耳的土地制度令普鲁士人养成了恭顺服从的习惯，对普鲁士进而对德国的政治文化产生了长期的不良影响。过往史学界之所以对容克地主的暴政持有像传说一样的牢固负面看法，一部分原因是，这种做法与影响更为广泛的反容克文化传统不谋而合。[35]

近年来，史学界出现了一种十分不同的观点。并不是所有生活在易北河以东的农民都依附于地主。他们中有相当可观的一部分人是自由的佃农，即不依附于地主的雇工。这种情况在东普鲁士表现得尤

---

[①] 汉斯·罗森伯格（1904—1988）在纳粹掌权后逃离德国，其历史著作影响了战后整整一代的德国史学家。

其突出——18世纪末时,东普鲁士一共有6.1万处农民耕种的农庄,其中有1.3万座的耕种者是自由农民,即拥有自由民身份的殖民定居者的后代。在许多地区,移民在王室领地和贵族领地上定居,形成了一批新的不依附于地主的农民聚居区。[36] 即便是在勃兰登堡的核心腹地,传统的贵族领地也会吸纳人数可观的自由民,既有可能支付工资,让他们提供劳动力,也有可能让他们成为专业的分包商,以经营企业的模式来管理特定种类的资源,比如奶牛群。换言之,容克地主的庄园并不是经营状态松松垮垮的农场,只种植谷物这一种农作物,其所有者依赖免费的劳动力,没有任何创新的动力。这些庄园是结构复杂的企业,不仅运营成本十分可观,还牵扯到了高额的投资。各种类型的受雇劳动者是维持庄园经济正常运转的重要支柱,他们除了会接受地主的雇用,还经常受雇于那些依附于地主但家境较为殷实的村民,这些村民希望能借助他们来使自己土地的生产力最大化。

可以肯定的是,强制劳役制度是广泛存在的现象。18世纪时,在勃兰登堡,农民每周提供强制劳役的时间短则两天,最长也不会超过四天;在诺伊马克,农民的劳役负担要重得多,在冬季时,每周要提供四天劳役,而在夏季和秋季,每周的劳役时间则长达六天。[37] 即便是在同一块贵族领地上,劳役的时间也有可能存在差别。例如,在普里格尼茨境内的施塔韦诺庄园,卡尔施泰特村的村民必须"在周一、周三、周五的早上六点牵着一队耕马到庄园报道,而如果当天的劳作不需要马,那么村民就应当增派一个人手,徒步到庄园报道。只有获得许可之后,村民才可以与牧牛人一起下工"。小渔村梅泽科虽然同样属于施塔韦诺庄园,但其村民的境遇却与卡尔施泰特村的村民十分不同,"只要接到命令,就必须随时为庄园主提供劳役"。[38]

然而,许多依附于地主的农民都享有稳固的世袭地产保有权,在一定程度上抵消了劳役所造成的负担。考虑到这些权利的存在,似乎有理由认为劳役并不仅仅是封建主强加给农民的负担，而是某种形式的地租。虽然几乎所有拥有世袭地产保有权的农民都对劳役恨之入骨，想要用货币地租取而代之，但劳役似乎并不是特别严重的负担，至少没有导致农民无法依靠耕种土地来过上条件尚可的生活，从德意志其他地区移居而来的农民也愿意用依附于地主的身份来换取世袭地产保有权。一项以普里格尼茨境内的施塔韦诺庄园为对象的研究指出，勃兰登堡的普通村民并没有因为劳役制度而陷入"赤贫"，与生活在南欧、西欧的农民相比，他们的境遇反倒有可能要好一些。无论如何，农民为庄园主提供劳役的制度并非一成不变，而是可以协商的，有些时候的确会出现此类协商。举例来说，三十年战争造成了极大的破坏，大量的农庄在战后变成了荒地。面对严重的劳动力短缺，许多庄园主都被迫做出让步，同意了农民减少劳役的要求。实际上，为了击败邻近的庄园，吸引外来的农民到自己的庄园定居，许多地主都开出了优渥的条件，压低了劳役地租。[39]

此外，中央政府也会出手保护农民，让他们免遭地主高压手段的侵害。1648 年之后，历代君主颁布了一系列的法令、敕令，渐渐地令容克地主的世袭法庭①成了遵守全国性法律规范的审判机构。16 世纪及 17 世纪初时，世袭法庭在审理案件的时候极少征求律师的专业意见；到了三十年战争结束后，庄园主大都会雇用拥有法律从业资格的人员来主持法庭的审理工作。1717 年，弗里德里希·威廉一世下达命令，规定所有的法庭都必须配备新出版的《刑法典》（Criminal-Ordnung），法庭在审理所有的刑事案件时都必须遵循法典的指导方针。此外，世袭法庭还必须提交季度报告，汇报所有案件的审判情况。弗里德里希二世继位后延续了上述司法改革的趋势。

---

① 此即依附于世袭土地所有制的法庭。

自 1747—1748 年起，所有的世袭法庭都必须雇用受过大学教育，获得了政府颁发的证书的法学家来担任法官，从而实现了司法的去私人化，令司法过程重新接受中央政府的管辖。这样做的结果是，世袭司法管辖的不同领域渐渐实现了司法程序和司法实践的标准化。[40] 柏林御前法庭是勃兰登堡的最高上诉法院，其审判活动进一步巩固了司法的标准化过程。尽管学界还没有全面地分析在较长的历史时期内，御前法庭在裁决勃兰登堡各地村民与地主之间的冲突时所起到的作用，但史学家对个别案件的深入研究却仍然能够证明，在许多案件中，御前法庭都愿意支持村民的诉求，在遇到容克地主太过狂热地主张地主特权的时候，也都愿意出手制止。[41] 此外，弗里德里希二世继位之后，司法大臣萨穆埃尔·冯·科克采伊推行司法改革，建立了更为快捷廉价的上诉制度，降低了农民利用柏林御前法庭讨公道的门槛。

地主与其属民明争暗斗的历史表明，农民有着令人叹为观止的统一行动能力，而且无论名下有没有土地，他们都对自己传统上享有的权利和尊严有着明确的认识。我们从 17 世纪末日渐普遍的劳役纠纷中可以看出这一点，当时，因为三十年战争而大幅下降的人口开始渐渐恢复，地主在与下属的农民讨价还价的过程中重新占据有利地位。面对地主提高劳役地租的要求，农民表现出了像大象一样牢固的记忆力，会列出按照传统规定地主有权要求的劳役上限，寸步不让，绝不屈从于地主强加"非法"新劳役的做法。

举例来说，有文献指出，1656 年时，普里格尼茨的农民既不缴纳税款，又拒绝服劳役。抗税运动的领头人逐村发放传单，放出狠话，宣称不参与抗税活动就会被处以 3 塔勒的罚金。[42] 1683 年，在位于柏林北方的乌克马克境内的勒克尼茨地区，某座庄园的农民与庄园主因为劳役问题发生了争执，结果引发了一场反对地主的大罢工，总

第六章　乡土势力

共有12个农民社区参与其中,他们甚至还向选帝侯递交了一份联名请愿书,滔滔不绝地控诉庄园的管理者"无法无天的行径"(grosser unverandtwordtlicher Proceduren)。[43] 庄园的管理者针锋相对,向当局递交了一封辩解信,在信中宣称,庄园的农民拒绝服劳役,不想干活时就不去领主的自留地劳作,而到了冬天,要等到十点半,才会用疲惫的牲口拉着最小的马车到领主的农场报到。只要庄园的管家敦促他们继续劳作,他们就会出手打人,甚至还会把镰刀架到管家的脖子上,威胁他的生命。由于争执一直都没有得到解决,在之后的数年间,农民接连派出联合代表团向选帝侯请愿,当地的牧师似乎也与农民站到了一起。当局采取各个击破的策略,给不同的农民社区开出了不同的和解条件,但都以失败告终。尽管当局派兵前往闹事的农民社区,甚至还动用肉刑,惩罚了一部分带头闹事的农民,但农民的抵抗"运动"却仍然轰轰烈烈,持续了十多年的时间,挫败了庄园主进一步压榨依附于庄园的村民的所有企图。在这场农民运动中,我们基本看不到因为恭顺服从的习惯而失去了斗志的懦弱农奴形象。1697年的秋收时节,同一座庄园的另一个管理者刚刚挥起鞭子督促一个收庄稼的劳工,在旁边劳作的另一个劳工马上就举起了镰刀,威胁道:"老兄,快把鞭子放下吧,随便打人、四处树敌的家伙都没有什么好下场,我们可不是打不还手的软蛋。"[44]

勒克尼茨地区的农民抵抗运动绝不是个例。1700年,位于柏林西北方的普里格尼茨爆发了区域性的农民抗议运动,起因同样是地主提出了增加劳役地租的要求。参与抗议的农民表现出了令人惊叹的自我组织能力。当地贵族递交的一封控诉信宣称,"普通农民拉帮结伙,罪大恶极",想要逃避应缴的税款、应服的劳役,甚至还在"[普里格尼茨]所有的村庄挨家挨户地收钱"。政府并没有直接逮捕带头闹事的农民,把他们绳之以法,而是把农民的请愿书上交给了柏林御前法庭，请求法庭做出裁决，在控诉信上署名的贵族因而大失所望。在此期间，有不下130个村子的村民写了请愿书，把一肚子的冤屈全都倾吐出来。请愿书集中反映的问题是，容克地主企图恢复那些早已失去法律效力的劳役，比如要求农民把领主自留地生产的农产品运送到柏林，同时又不愿意减免其他的劳役，补偿农民的损失；另一些请愿书则指出，地主使用体积更大的量具来收粮，变相提升了谷物地租；还有请愿书宣称，一部分农民遭到虐待，被戴上镣铐，关进了地主新建的监狱。[45]

无论是普里格尼茨的农民抗议，还是其他地区发生的类似抗议活动（在同一历史时期，米特尔马克和乌克马克的部分地区也爆发了大规模的抗议活动[46]），都有一个十分惊人的特征，即许多抗议活动都展现出了农民采取统一行动的能力，以及他们对高级司法机构的信心。过去的抗议活动在农民心中留下了共同的记忆，一旦爆发新的抗议，这些沉睡的记忆就会转化成抗议技巧，让抗议活动井然有序——抗议的参与者不需要有人指点，就"知道"自己下一步该做些什么。此外，学界对农民抗议进行的少数深入研究还指出，尽管农民所处的社会环境相对封闭，但他们仍然能够轻易获得外界人士提供的帮助和指导。在勒克尼茨地区的农民抗议中，当地的牧师帮助农民撰写请愿书，用上级机关和上诉法庭能够理解的语言陈述了农民的冤情。在普里格尼茨的农民抗议中，当地一位受过教育的庄园管理者冒着不小的个人风险，帮助参与抗议的农民撰写了请愿书和控诉信。[47]

即便农民抗议没有达成既定目标，地主无视农民的意愿，要求他们提供新劳役，农民也可以使用隐蔽的手段来挫败地主的意图。最为简单的方法是出工不出力，以最低的标准完成劳动任务，从而达成瓦解劳役制度的目的。1670年1月，采希林地区巴比茨的一个名叫弗里德里希·奥托·冯·德尔·格勒本的庄园管理者在信中向选帝侯诉

第六章 乡土势力

苦,宣称当地的农民在冬季时不好好服劳役,要么派子女来充数,要么到了上午十点、十一点的时候才上工,到了下午两点的时候又早早下工,整整一个星期的劳役(三天)满打满算,也很难凑够一天的工时。[48]冯·克莱斯特少校的家族在1717年的时候买下了施塔韦诺庄园,到了1728年的时候,克莱斯特少校已经攒下了一肚子的苦水,向领地内的农民抱怨道:"庄园的劳役制度秩序全无,一些人用劣马耕地,压根就没准备完成耕种任务,而另一些人既不勤劳,又不服从命令,结果一事无成。"庄园法庭召集属民,宣读了意思大致与此相同的公告,但由于许多属民都没有按要求到场,宣言几乎没有起到任何作用。[49]现有的证据指出,在易北河以东的土地上,这是一种普遍存在的现象。在那些农民认为地租制度不合法的领地上,农民当然不会愿意遵从制度的规定,而他们的公开抗议活动只是在这个大背景之下偶尔爆发出来的强烈抵抗而已。[50]

想要准确地估算出这样的抵抗对身为经济精英的地主阶层造成了怎样的冲击,是一件十分困难的事情。然而,有一点似乎还是很明确的,即农民会毫不犹豫地反抗地主单方面提高劳役地租的做法,要么消极怠工,要么暗中破坏,削弱劳役地租制度的长期效果,从而对地主形成制约。1752年,冯·阿尼姆家族的一个成员继承了乌克马克境内位于伯肯贝格的一处庄园,结果发现庄园的土地遍地荆棘,"耕地状况因为农民提供的劳役而变得糟糕透顶"。冯·阿尼姆决定不再依靠劳役,而是自己出资修建住宅,吸引雇工定居,直接与他们建立劳动雇佣关系。[51]这是一个无可辩驳的例子,证明了农民顽强的反抗的确降低了劳役的价值,促使地主更多地依靠雇工,从而加快了劳役制度向完全以工资为基础的雇佣制度的转变,渐渐地釜底抽薪,在易北河以东颠覆了庄园的"封建"制度。

## 性别、权威与庄园社会

"普鲁士的容克地主"的形象充满阳刚之气——这是一个十分明显,却很少有人评论的特征。18世纪末、19世纪初,在普鲁士的土地上,贵族团体意识形态的一个结晶是"完整家庭"(ganzes Haus)的概念。和善的一家之主(Hausvater)是"完整家庭"的最高权威,他不仅管辖着自己的核心家庭,同时也掌管着农民、对分佃户①、家仆,以及领地上的所有其他居民。17、18世纪期间,普鲁士出现了一种蓬勃发展、专门讨论理想庄园概念的非虚构类文学体裁。在此类著作中,理想庄园的成员互相依赖、互尽义务,紧密地团结在一起,在男性一家之主的领导下,过着井井有条、自给自足的生活。[52]

特奥多尔·冯塔纳②为旧贵族阶层创作了挽歌《施泰希林》(*Der Stechlin*),利用虽然粗鲁,却招人喜爱的主人公乡绅杜布斯拉夫·冯·施泰希林,集中表现了已经跟不上时代的理想化社会精英的人性之美,能够让读者隐约瞥见理想庄园主的身影。尽管我们仍然能够在年迈的施泰希林身上分辨出一家之主的经典形象,但所有其他作为配角的家庭成员,不论男女,却全都变成了背景;作者把一家之主从他所处的环境中剥离了出来,好让他代表整个庄园主阶层所处的困境和主观看法(为了实现这一目的,冯塔纳在小说的情节开始前,就预先告知读者,施泰希林的妻子早已去世)。就这一点而论,冯塔纳让庄园变得太过男性化,即便是在上一个世纪的"家父文学"③所描

---

① 对分佃耕指佃户和地主按照一定比例对收获进行分成的地租制度。以谷物为例,地租通常相当于收获量的三分之一到二分之一。
② 特奥多尔·冯塔纳(1819—1898)是19世纪德国杰出的诗意现实主义作家。
③ "家父文学"(Hausvaterliteratur)指近代早期出现的一种实用文学体裁,强调父权的作用,会提供家庭管理指导,解答各类实际问题、道德问题。

绘的父权世界中，也显得格格不入。冯塔纳对容克地主阶层的怀旧描述引起了强烈的共鸣，到了19世纪末、20世纪初的时候，他的描述竟然变成了普鲁士文人对容克地主阶层足以乱真的虚拟记忆。史家法伊特·瓦伦丁①再现了冯塔纳创造出来的世界，在他的笔下，普鲁士的容克地主是"沉默寡言的人，既傲慢，又亲切，既出色，又难相处，他对所有与自己不同的人冷眼相待，同时又太过高贵，不屑于自吹自擂，会把乡间别墅称作'陋室'，把私人园林称作'园圃'"。[53]

　　容克地主大都有在军中服役的经历，从而进一步加强了他们阳刚的气质，在容克地主阶层的视觉形象上留下了难以磨灭的印记，直至今日，也仍然塑造着我们对容克地主的认识。1900年前后，讽刺杂志上大量出现的漫画大都把身着制服的军官当作主角。在慕尼黑的讽刺杂志《简单至极》(*Simplicissimus*)上，"容克地主"要么是虚荣心强、没有责任感的年轻人，每天身着怪异的紧身军装，只想着如何在赌桌上挥霍自己继承的遗产，要么就是无法无天的花花公子，无知到认为"查尔斯·狄更斯"是赛马的名字，错把"大学入学"当作犹太人的节日。埃里希·冯·施特罗海姆在让·雷诺阿1937年执导的电影《大幻影》中塑造的容克军官形象深入人心，就算是当今的观众，也能够一眼看出，他扮演的角色是现代欧洲的经典人物类型之一：身材苗条、站姿笔挺，留着一头短发，蓄着小胡子，一直都做作地板着脸，没有任何表情，脸上还戴着闪闪发光的单片眼镜（为了达到戏剧效果，眼镜会时不时地从脸上掉下来）。[54]

　　上面这一小段扯得有点远的文字并不是为了证明容克地主的这种刻板形象与事实相去甚远（因为对布尔乔亚阶层的成员来说，无论

---

① 法伊特·瓦伦丁（1885—1947）是德国的史学家，曾经在弗赖堡大学担任历史学教授。他也是自由主义活动家，在纳粹掌权后丢掉了教授职称，被迫移民英国。

图16 《容克》。讽刺杂志《简单至极》上刊登的讽刺漫画，E. 费尔特纳绘

他们是"容克地主"的仰慕者，还是诋毁者，这样的刻板形象都的确抓住了"容克地主"重要特点；实际上，这一套刻板形象甚至还在某种程度上对容克地主本身的思想及行为产生了影响），而是为了指出，容克地主形象起到的作用是，令在商业庄园制度的经典年代扮演着重要角色的女性淡出了我们的视野。女性是保证庄园正常运营的重要因素，除了维持着社交网络，确保普鲁士的乡下生活不至于变得百无聊赖，还会参与庄园的财务和人事管理工作。如果回到上文提到的克莱斯特家族位于施塔韦诺的庄园的情况，我们就会发现，1738年，庄园主安德烈亚斯·约阿希姆上校去世之后，在1738—1758年的二十年间，他的遗孀玛丽亚·伊丽莎白·冯·克莱斯特一直都承担着整座庄园的管理工作。冯·克莱斯特夫人投入大量的精力来追讨债务，除了利用自己的庄园法庭，还把案件上诉到了柏林的御前法庭；她监管着庄园世袭法庭的运作情况；她以5%的利率向邻居提供了一笔数额可观的借款；她吸收当地居民的小额存款（在她那里开设存款

第六章 乡土势力

账户的人有一位药剂师、一个渔民、她本人的马车夫、一个客栈老板）；她除了投资战争债券，还在当地贵族团体开办的信贷机构开设存款账户，赚取利息——总的来说，她把家族的庄园当作企业来进行监督和管理。[55]

海伦妮·夏洛特·冯·莱斯特维茨的经历也是一个令人惊叹不已的例子。1788年，她继承了一块领地，位于柏林以东大约70千米处，奥得河洪泛平原的边缘，名为阿尔特弗里德兰。成为领主后，她把自己的姓氏改为"冯·弗里德兰"，多半是为了增强自己与领地和属民的身份认同感。阿尔特弗里德兰领地与邻近的城镇阿尔特奎利茨之间有个基茨湖，1790年代初时，阿尔特弗里德兰的属民与阿尔特奎利茨镇的镇民因为争夺湖泊的使用权而闹了矛盾。阿尔特奎利茨的镇民宣称，到了深秋草料稀缺，需要为牛群储备过冬的饲料的时候，自己有权在湖边割芦苇和打草。此外，他们还宣称，自己有权在阿尔特奎利茨镇一侧的湖岸零星分布的沙滩上洗染大麻及亚麻织物。冯·弗里德兰夫人强烈反对上述权利主张，宣称基茨湖岸边所有割芦苇的权利全都属于阿尔特弗里德兰领地——她甚至开展以属民为对象的调研，以调研结果为依据建立了一套口述历史，以证明阿尔特弗里德兰领地的确拥有基茨湖的使用权。

冯·弗里德兰夫人接二连三，向阿尔特奎利茨镇的领主提出抗议，却一直都没有得到令人满意的答复，最终在1793年1月时向柏林御前法庭提起诉讼。此外，她还授权属民和领地的管理者，让他们手拿棍棒，逮捕胆敢在湖边割芦苇的镇民，并且没收他们的非法收获。阿尔特弗里德兰的属民在执行任务时争先恐后，显然乐在其中。柏林御前法庭结案时，本着让涉事双方都不丢面子的想法，提出了折中的解决方案，把基茨湖的使用权分成了两部分，让原告、被告都能获得一部分使用权。然而，冯·弗里德兰夫人并不认为这是令人满意的结果，很快就提起上诉，要求法庭推翻之前的判决。此时，她改变了侧重点，不再抓着邻居偷割芦苇的可耻行为不放，而是开始强调他们在沙滩上洗染麻织物的做法会对基茨湖的鱼类种群造成不良的影响。阿尔特弗里德兰领地派出守卫，禁止村民洗染麻织物，却在湖边遭遇了一大帮阿尔特奎利茨的镇民，因为寡不敌众，反倒成了阶下囚。在下一次冲突中，阿尔特弗里德兰庄园的猎手（Jäger）举起火枪，赶走了一群想要在湖边染麻布的镇民，没承想阿尔特奎利茨的镇民马上又趁乱抢走了阿尔特弗里德兰领地一个名叫施马赫的渔民的平底船。在上诉案件审理的那两年间，冯·弗里德兰夫人始终坚持不懈，带领属民与阿尔特奎利茨镇争夺基茨湖的使用权和资源。

回顾这一争端，我们除了会因为属民与领主之间齐心协力的合作关系而啧啧称奇，因为争端的一方把保护生态环境当作重要的论点而拍案叫绝，还会因为争强好胜的冯·弗里德兰夫人在事件中扮演的重要角色而惊叹不已——她显然是个不好惹的地方领袖。她同样也是一个"致力于提升领地生产力的地主"——在18世纪末的勃兰登堡，像她这样的地主变得越来越符合时代的潮流。她首开先例，免费把牛群借给属民（好让他们获得足够的粪肥）；她引进了新品种的农作物；她植树造林，让遭到过度砍伐的森林重现生机——她留下了一片风景如画，长满了橡树、菩提树、山毛榉的树林，直至今日，也仍然是当地数一数二的自然风光。此外，她还改善庄园的学校教育，并且为村民提供培训，让他们担任庄园管理人、乳牛场场长等职位。[56]

无论是在地主阶层的历史上，像冯·弗里德兰夫人这样的女族长到底有多么常见，还是随着时间的推移，有利于女性在农村大展拳脚的条件发生了怎样的变化，都是很难得到准确答案的问题。然而，记录基茨湖争端的历史文献表明，在当时的普鲁士，完全没有人认为

第六章 乡土势力

冯·弗里德兰夫人的所作所为有任何反常的地方。此外，在同一时期的历史文献中，我们还能零零星星找到一些类似的案例，发现其他的女性也会像冯·弗里德兰夫人那样，干劲十足，履行庄园主的职责。[57] 这些例子至少能够证明，18世纪的文学作品先入为主，为"容克地主夫人"塑造的擅长针线活、喜欢照看家庭菜园、"女人该干的事情样样拿手"[58]的形象并不适用于所有的家庭，让我们认识到，这种一厢情愿，把容克地主阶层的女性成员脸谱化的做法也许并没有想象中那么强大的影响力。许多证据指出，与19、20世纪的布尔乔亚家庭相比，在旧制度下，农村贵族家庭男女成员角色两极分化的程度反倒要小一些。18世纪时，女性庄园主之所以能够按照自己的意愿管理庄园，最根本的原因是，按照当时的法律规定，女性的财产权稳固而不可侵犯，而在之后的一个世纪中，女性之所以失去了自主权，则是因为这些保护女性财产权的法律渐渐地遭到了削弱。[59]

  在一定程度上讲，上述与贵族家庭相关的结论同样也适用于居住在容克庄园内的农民、村民、仆人所处的社会环境，不管他们是依附于地主的属民，还是自由民，情况都是如此。尽管在这些地位较低的阶层中，男性与女性间的关系也毋庸置疑存在重大的结构性不平等，但女性的地位仍然有可能比我们预想的要高一些：她们可以与丈夫一起管理家庭（在许多情况下，她们拥有对钱袋子的支配管理权，是家庭储蓄的管理者）。那些结婚时带来大量嫁妆的女性也许可以与丈夫一起，成为家产的共同所有者。此外，在村庄中，女性还可以成为半独立的企业经营者，尤其有可能成为客栈的女老板；包括铁匠在内，一些在村中有点地位的"大人物"会承租领主名下的旅店，让妻子经营，从而令她们成为在村中拥有一定地位和社会声望的人——这并不是什么罕见的现象。女性经常参与农业劳动，在男性劳力稀缺的时候更是如此——与男性在公会体系中一手遮天，导致女性很难参与生产制造行业的城镇相比，在农村社区，劳动的性别分工并没有那么严格。[60]即便是在嫁人后，女性也不会与娘家的亲属断了往来，所以一旦出现了夫妻不睦的情况，妻子通常都可以向娘家人求助。农妇在结婚后保留娘家姓（而不是妇随夫姓）的做法很有象征意义，可以证明妻子与娘家人的关系的确十分重要。[61]

性别作为决定权力关系的一个因素，会与许多其他存在等级差异的社会因素相互作用，共同塑造乡村社会的结构。如果女性嫁给了拥有世袭地产保有权的农民，而且还在成婚时提供了嫁妆，那么她的丈夫无论是去世，还是退休，她都可以确保自己拥有相对稳固的地位，不用太担心自己会因为夫家的其他成员争夺家庭收入而失去生计；而如果娘家没有那么富裕的女性嫁了一个已经退休的农民，那么她的处境可就要糟糕得多了，因为谁也没法保证，到了她丈夫去世后，夫家人会拿出一部分收入来维持她的生活。丈夫去世后，妻子的退休待遇会成为十分敏感的问题，以至于在某些情况下，到了妻子过门，需要签订农庄地契的时候，地契会列出特殊的条款，规定妻子的退休待遇。在另一些情况下，妻子的退休待遇会在老一辈人决定退休，把农庄交给继承人管理的时候确定下来。在下一代人心怀善意的情况下，年迈的寡妇可以按照当地特定的习俗，获得恰当水平的退休待遇；而如果下一代人缺乏善意，那么寡妇就有可能必须把事情闹到庄园法庭，用法律手段来维护自己的权益。[62]

此外，我们还可以通过研究私生子引发的争端，来了解性别角色在农村社会中的定义和作用。在普鲁士的某些地区，比如说阿尔特马克，私生子在新生儿中所占的比例高得令人吃惊。以舒伦堡家族领地境内的施塔彭堂区为例，1708—1800 年，堂区教堂总共举行了 91 次婚礼，而与之相对的则是，在同一时期内，该堂区总共出现了 28 个私生子。[63]私生子出生后，法庭当局最关注的事情是确定父亲的身份，继而界定孩子的母亲向孩子的父亲要求经济支持的权利。庭审记录证明，那个时代的人对男性和女性在男女之事中所扮演的角色有着十分不同的认识——人们认为女性是被动防守的一方，而男性则肯定是被欲望冲昏了头脑。这就意味着，私生子出生后，一般来说，法庭调查的重点都是确定女方为什么会同意与男方发生性关系。如果有证据表明，女方是因为男方承诺与自己结婚才委身于人，那么女方要求男方为私生子提供经济支持的依据就会得到增强；而如果有证据表明，女方是个水性杨花的荡妇，那么想要为私生子争取男方的经济支持可能就有些困难了。与之形成鲜明对比的是，法庭会认为男方的性生活史无关紧要。出于上述原因，法庭调查都会朝着对男方有利的方向发展。尽管如此，庭审过程并不会像某些人想象的那样一边倒地不利于女方。法庭会投入相当大的精力，尽可能准确地还原女方怀孕时的具体情况；虽然法庭很少迫使男方与女方成婚，但在大多数情况下，只要能明确男方的身份，那么判决结果就会规定，男方必须与女方共同承担抚养子女的费用。[64]

无论如何，私生子案件的判决结果都会受到多种因素的共同影响，性别只是其中之一而已。如果女方出身于地位较高的农民家庭，那么她的处境就要比出身贫寒的女性要好得多。有家庭背景的女性更有可能获得村中精英的支持，而能否得到精英的支持则是会影响判决结果的决定性因素。此外，遭到指控的男性也更有可能同意与这样的女性成婚。[65]出身贫寒的女性既不太可能获得精英的支持，又没有足够的吸引力诱使男方与她结婚；但即便是成了单身妈妈，她们仍然可以找到养家糊口的办法。单亲妈妈可以靠做家务活来维持生计，比如为其他的农民家庭纺线、做针线活。有些时候，她们甚至还可以在以后的日子里结婚嫁人——尽管生下私生子的确是耻辱的事情，但只要能够确定男方的身份，迫使他承担作为父亲的责任，那么（即便没能与男方成婚）风波总归还是会平静下来的。此外，甚至还有证据表明，有些出身贫寒的女性虽然不得不单独抚养子女，但只要她们能保持身体健康，那么与社会地位相同，却受到家庭束缚的其他女性相比，她们反倒有条件为自己挣得更高的收入。[66]

此类庭审过程中有个格外引人注意的事情：在位于易北河以东的庄园，村庄社会的一大特点是，村民会自己行使警察权。无论是农民，还是其他村民，都不是畏畏缩缩、任人宰割的鱼肉，不会无条件地屈从于专横的外来庄园主所建立的司法体系。在多数情况下，庄园法庭所起到的作用都只是贯彻执行村民原有的社会及道德规范。这一点在村民爆发家庭矛盾，威胁到了年迈的或者其他脆弱的家庭成员，导致他们的生计受到威胁时表现得尤其明显；遇到了这样的官司，庄园法庭的主要任务通常就是以村民自身的道义经济①标准为依据，做出对最为脆弱的社会成员有利的判决。[67]在许多涉及不当性行为的案件中，法律程序的第一步都是让村民自行开展初步调查，法庭会根据村民的调查结果来决定是否接受原告的诉讼请求。此外，如果法庭做出有利于原告的判决，确定了私生子父亲的身份，规定他必须支付子女的抚养费，那么村民集体就会成为确保男方按时支付费用的监督者。所以说，庄园法庭与村庄的自治制度之间存在着不完全的共生关系。[68]

## 勤劳的普鲁士

"普鲁士的力量之源不是任何一种内在的财富，"弗里德里希二世在1752年的政治遗嘱中写道，"而是普鲁士人特有的勤恳产业精神

---

① 道义经济指农村传统的经济模式，其参与者受到道德标准和价值观的约束，并不以仅仅实现个人利益的最大化为目标。

[gewerblichen Fleiss]."⁶⁹ 从大选侯在位时起，在国内发展工业就成了霍亨索伦家族的中央政府核心的施政目标。为了实现这一目标，一代又一代的选帝侯、国王一方面不断地吸引移民，扩充本国的劳动力补给，另一方面又出台支持政策，促进本国企业的建立和扩张。政府以颁布进口禁令、征收进口税的方式，保护了一些国内原有的产业。在某些情况下，特定的产品如果有重要的战略价值，或有可能产生巨额收入，那么政府就有可能建立专营制度，以任命管理人、投入资金的方式，确保国家能够控制产品的品质，获得产品带来的收入。此外，政府还遵循重商主义的原则，采取措施，禁止原材料出口到国外，在其他国家加工。弗里德里希二世继承王位后做出的第一个决定便是建立一个新的政府机构，即隶属于管理总局，职责为监管"商业及制造"活动的第五部。在给首任部长下达的指示中，弗里德里希宣布，第五部的目标是改进现有的工厂，向国内引进新的制造业，以及尽可能吸引外国移民，让他们进入制造业工作。

普鲁士政府在汉堡、美因河畔法兰克福、雷根斯堡、阿姆斯特丹、日内瓦开设了移民办事处。当局吸引邻国萨克森的羊毛纺纱工在普鲁士定居，以此为手段，来缓解国内毛纺织工厂的用工荒。技艺娴熟的纺丝工人离开里昂、日内瓦，在普鲁士的丝绸加工厂工作——只不过许多人后来又返回了家乡。来自神圣罗马帝国境内其他德意志诸侯国的移民在普鲁士建立了生产刀具和剪刀的工厂。来自法国的移民（除了上一个世代就已经在普鲁士定居的法国新教信徒，法国的天主教徒也开始移民普鲁士）帮助普鲁士建立起了制帽业、制革业。

弗里德里希式"经济政策"的形式是，以他本人认为对国家有特殊重要性的特定领域为对象，进行一次性的政府干预。在普鲁士，丝绸加工业成了尤其受重视的产业，其原因有三，分别是：第一，从理论上讲，普鲁士的丝绸加工业可以做到原材料的自给自足（前提条件是，可以找到恰当的方法，保护刚刚种下的桑树免遭冬季霜冻的危害）；第二，政府认为，购买以外国丝绸为原料生产的奢侈品会严重地影响国家的财政收入；第三，丝绸是一种名贵商品，不仅十分高雅，还能够证明生产者拥有先进的文明和技术知识。[70]

用来刺激丝绸生产的手段具有典型的弗里德里希式特点，即在出台激励措施的同时，加强政府的管控。有军队驻扎的城镇接到命令，必须在城内栽种桑树。1742年，弗里德里希下达命令，规定所有有意建立桑树种植园的臣民都可以获得必要的土地。自掏腰包维持桑树种植园的经营，且种植园的规模不小于一千棵桑树的园主可以获得政府提供的补贴，用来支付一个园丁的工资，直至种植园开始赢利。待到桑树足够成熟，可以开始养蚕之后，政府更是会向园主免费发放意大利桑蚕的蚕卵。此外，政府还向园主做出承诺，保证国家将会购买种植园生产的所有蚕丝。普鲁士处在萌芽状态的丝织品加工业得到了特别出口补贴、关税保护、免税政策的百般呵护。自1756年起，普鲁士政府在易北河以东的国土全面禁止了蚕丝的进口。据估算，为了促进蚕丝的生产，政府总共投入了大约160万塔勒的巨资，其中绝大部分都是由专门负责促进蚕丝生产的政府部门发放的。中央政府态度坚决，大力扶植受重视的特定产业，这当然起到了提升产业总体生产能力的作用，但这样的做法却引起了不小的争议，当时就有人提出，这种严重依靠政府干预的措施也许并不是促进制造业生产力发展的最佳方式。[71]

就普鲁士的丝绸加工业而论，中央政府成了最主要的投资者、地位最重要的主办者。对于其他一系列具有战略意义或经济价值的产业，中央政府也采取了同样的措施。比如说，政府在斯德丁建立了直接受王室管辖的造船厂；又比如，政府对烟草、木材、咖啡、盐实施专营制度，会派官员监管经营专营商品的商人。此外，政府还与

第六章 乡土势力

一系列私人企业建立了公私合作伙伴关系，比如与柏林的斯普利特格尔伯-道姆公司的合作关系——该公司专门从事与战争相关的产业，业务包括采购及分销外国生产的军需，虽然采用私营企业的运营模式，却能够获得政府的保护，不会受到市场竞争的冲击，还可以稳定地获得政府订单。中央政府对上西里西亚铁矿加工业的整合大获成功，成了国家助力企业发展备受推崇的成功案例。1753年，西里西亚境内的马拉帕内钢铁厂成了德意志诸国首个使用现代鼓风炉的炼铁厂。此外，为了在西里西亚协助亚麻纺织业的发展，政府制定了特殊的定居政策，开出各种极具吸引力的条件（比如免费为外来的纺织工提供织布机），吸引工人和技师在西里西亚定居。[72] 所有上述产业都得到了保护性关税和进口禁令的保护。

力度如此之大的深度干预不仅意味着中央政府必须参与其中，就连君主本人也少不了要投入大量的时间，进行微观管理，处理特定产业出现的问题。弗里德里希的统治即将结束的时候，哈雷、施塔斯富特、大萨尔茨的制盐业陷入了困境，而政府的处理方式充分地展现了深度干预费时费力的缺点。在失去了萨克森选侯国这个传统的销售市场之后，这三座城镇的制盐厂接二连三地递交请愿书，不断地向弗里德里希求助。1783年，弗里德里希把任务交给了一位名叫弗里德里希·安东·冯·海尼茨的大臣，命令他开展调查研究，搞清楚"当地的盐矿有没有可能生产出其他的产品，硝石或是别的什么东西，只要能打开销路，让当地的居民自救就可以"。[73] 海尼茨想出了生产矿物盐块的主意，准备把盐块当作给牛群补充盐分的盐砖，销售给西里西亚的直属领地管理当局。他说服了大萨尔茨的盐矿工人公会，让他们用一笔由国王提供，总额为2 000塔勒的补贴进行必要的生产试验。第一次试验以失败告终，原因是用来提取矿物盐的熔炉品质存在缺陷，在点火后轰然倒塌。此后，海尼茨动用归大臣自由支配的资金，提供了一笔数额比之前要高得多的补贴，用来修建品质更高的熔炉。此外，他还向弗里德里希的宠臣，时任西里西亚省主管大臣的卡尔·格奥尔格·海因里希·冯·霍伊姆伯爵提出请求，希望他在1786年的夏季购买8 000英担（约406吨）大萨尔茨生产的矿物盐块。霍伊姆在1786年时答应了海尼茨的请求，却在第二年拒绝继续订货，原因是大萨尔茨新建的工厂生产的矿物盐块不仅品质低劣，价格也要远远高于市场价。我们可以从这个例子中看出，普鲁士人虽然会因地制宜，采用具有创新性的方法来解决工业领域的问题，但同时又摆脱不了以政府为主导（而不是以市场为主导）的思维模式，提出的解决方案最终难免事倍功半。[74]

从弗里德里希二世采取的深度干预、重视政府控制的产业促进措施就可以看出，他对经济思想（尤其是法国及英国的经济思想）的发展趋势一无所知。当时最新的经济思想认为，经济的运行遵循着经济的自身规律，而私营企业和减少对生产的监管则是促进经济增长的两大关键因素。商人开始变得对政府的经济限制措施越发不满，争议也越来越大，尤其是在七年战争结束之后。1760年代，在勃兰登堡-普鲁士各地的城镇，独立进行商业活动的商人、工厂主纷纷开始抗议，表达对政府厚此薄彼的限制性经济措施的不满，就连一些为国王效力的官僚也表示了对他们的支持。1766年9月，在第五部供职的枢密院财务秘书埃哈德·乌尔西努斯递交了一份报告，批评了政府的经济政策，重点把矛头指向了天鹅绒及丝绸的加工业，宣称在他看来，政府对这两个行业进行了过度补贴，而与进口的同类产品相比，国产的天鹅绒和丝绸不仅品质低下，价格也要高得多。接下来，乌尔西努斯又指出，政府的专营制度就好似一张大网，形成了不利于商贸繁荣的环境。[75]他并没有因为直言切谏而得到奖赏。他收受商界大佬的贿赂，事情曝光后被打入大牢，在施潘道要塞吃了一年的牢饭。

第六章 乡土势力

图17　弗里德里希大王视察工厂。阿道夫·门采尔创作的版画，1856年

米拉波伯爵奥诺雷-加布里埃尔·里凯蒂编写了一部八卷本的论文集，研究了普鲁士王国的农业、经济、军事组织，对普鲁士的经济政策做出了更具史学影响力的批判，引发了广泛的讨论。他是重农主义自由贸易经济学狂热的支持者，认为普鲁士中央政府以维持国内产业的生产力为目的而实施的繁复经济控制体系一无是处，宣称有许多"真正有用的方法"可以促进产业的发展，但这却并不包括诸如专营制度、进口限制、政府补贴之类，这些在普鲁士王国已经习以为常的措施。[76] 米拉波指出，普鲁士国王并没有让工厂主以农业和贸易活动自然积累的资本为基础，进行"自主创业"，而是盲目投资，浪费了大量的资源：

不久前，普鲁士国王出资6 000埃居①，在弗里德里希斯瓦尔德建立了一座表厂。如此巨额的投资，却只建了这样一座小厂，实在是太不值得了。明眼人一看便知，如果国王不继续提供补贴，表厂就肯定难以为继。在所有的随身物品里面，时间不准的怀表肯定是最没有用的。[77]

米拉波总结道，弗里德里希二世在位近半个世纪，给后继者留下了一个经济停滞、局面极其严峻的烂摊子，不仅工业产出常年超过市场需求，企业家的创业精神也因为严格的管控措施和专营制度而遭到了重创。[78]

米拉波的评价过于负面，其最终的目的是引起论战（米拉波真正想要攻击的对象是法国的旧制度——1789年6月，他参与法国大革命，推翻了法国的旧制度）。如果想要为弗里德里希在经济领域的试验辩护，我们可以指出，在弗里德里希统治期间上马的国家项目中，有不少都在之后的历史中成了促进经济长期增长的基础。例如，弗里德里希去世后，西里西亚的钢铁工业在西里西亚工业特派员冯·雷登伯爵的监管下继续蓬勃发展。与1780年相比，1800年西里西亚钢铁行业的工人数量和产出都增长了4倍。19世纪中叶时，西里西亚已经拥有了在欧洲大陆效率名列前茅的冶金行业。西里西亚的冶金业是产业在政府的主导下实现长期增长与发展的成功案例。[79]在位于柏林以南的米特尔马克，卢肯瓦尔德地区得到政府的帮助，建立毛纺织业，同样也成了成功案例。最开始时，中央政府采取的政策也许并没有催生出有利于自由竞争和创业的经济环境，但这一套政策却弥补了地方上缺少精英企业家的弱点。不管一个商人财力有多么雄

---

① 埃居是法国的铸币，最初为金币，1641年后改为与塔勒大小接近的银币。——编者注

第六章 乡土势力

厚，多么具有创业精神，他都绝对不会打定主意，让工匠在卢肯瓦尔德这样一个完全没有工业基础的地区定居。只有等到在国家的鼓励下，工匠安家落户，当地的资源和专业技术人员集中到了一定的程度，可以满足必要的要求之后，企业家的创业精神才有可能大展身手，开花结果。换言之，国家主导的发展与企业家的创业活动并不相互抵触——我们可以把此二者看作经济发展过程前后有序的两个阶段。19世纪时，一位名叫古斯塔夫·施莫勒的社会史及经济史学家总结道：保护主义制度和国家主导的经济增长"必须首先出现，埋下发展的种子，经济才能沐浴［19世纪时］产业自由主义的阳光，茁壮成长"[80]。

不管怎样，18世纪中叶的勃兰登堡-普鲁士绝不是经济的荒漠，中央政府也不是全国唯一的创新者、企业家。我们不应当夸大国王领导的中央政府作为大规模制造业企业的管理者所起到的作用。[81] 朝廷所在的柏林-波茨坦复合城市区域是普鲁士王国中部诸省最主要的经济增长中心——在这一地区，每50家工厂（Fabriquen）中，只有一家是国有工厂或归公有单位所有的工厂。诚然，这些国有、公有的工厂包括一些规模最大的企业，比如弗里德里希·威廉一世为了给军队提供毛呢面料而成立的"仓库"①，又比如陶瓷厂、金器加工厂、银器加工厂。然而，在这些企业中，有相当一部分不是由政府直接管理的，而是以出租的方式交给财力雄厚的商人经营。西部诸省汇集了一些重要的独立制造业中心，比如位于马克伯国境内的冶金中心，又比如位于克雷菲尔德及其周边地区的丝织品生产中心，以及位于比勒菲

---

① "仓库"（Lagerhaus）是弗里德里希·威廉一世为了解决军服品质低下、价格高昂的问题而建立的织布厂。见 Leopold von Ranke, *Memoirs of the House of Brandenburg, and History of Prussia, During the Seventeenth and Eighteenth Centuries*, vol. 1 (1849) p. 146。

尔德城周围的纺织业中心——在这一地区，政府在经济活动中所起到的作用并不十分突出。在这些省份，进行商业及制造业活动的布尔乔亚信心满满，是经济生活的主导力量，其财富的来源并不是政府订单，而是区域内的贸易活动，尤其是与尼德兰的贸易往来。就这一点而论，西部诸省的发展过程"值得借鉴，可以证明，国家施加的影响对经济发展的促进作用是有局限性的"。[82]

在普鲁士王国七拼八凑的领土中，即便是在中部诸省，私营企业也实现了快速的发展扩张，增长速度远超国有企业。七年战争结束后，私营企业的发展尤其迅速，由私人出资、私人经营的中型制造业企业（也就是雇工人数大于 50 人，小于 99 人的企业）蓬勃发展，用事实证明，由政府主导的工业生产的重要性正在不断下降。棉纺织业与毛纺织业、丝织品加工业不同，基本上没有得到政府的扶持，却仍然实现了快速增长，这是一个尤其引人注目的情况。尽管柏林-波茨坦和马格德堡是普鲁士王国仅有的两个具有跨区域重要性、地位能够与汉堡、莱比锡、美因河畔法兰克福比肩的棉纺织中心，但不可否认的是，除了这两大中心，普鲁士王国的中部诸省还有许多规模较小的棉纺织中心。即便是那些规模很小、主要收入来源是农业活动的城镇，也会以手工业为基础，形成规模可观的地方性制造业中心。举例来说，在阿尔特马克境内，一个名叫施滕达尔的市镇拥有足足 109 名获得了工匠大师头衔的纺织业从业者。在 18 世纪下半叶的普鲁士，许多类似的小城镇都经历了可观的结构性变化，独立经营的小作坊渐渐合并成了分散的制造厂。即便是以手工业为主的小城镇也有可能成为重要的"进步之岛"，能够为后续的工业发展打下基础。[83]

成分复杂的精英企业家团体是带领私营部门实现加速增长的掌舵人，他们与政府的经济主管部门的关系千丝万缕，复杂程度远超重商主义模式对政商关系的理解。在 1763 年后的数十年间，普鲁士的工商领域发生了迅速的整合，出现了一个由制造商、银行家、批发商、分包商组成的新经济精英阶层。虽然新出现的经济精英仍然与城镇旧有的寡头政治集团保持着密切的联系，但他们的经济活动却还是渐渐地瓦解了城镇以法团为基础的传统社会秩序。他们绝不是唯唯诺诺的"臣民"，不会只盯着国有企业的餐桌，把抢得餐桌上掉落下来的那一星半点的食物残渣当作最高的理想。他们是独立经营的企业家，既十分看重个人利益，又不会忘了守护企业家的集体利益。他们经常设法影响政府的行为，虽然有时也会采用公开抗议的手段（比如说，1760年代普鲁士发生经济萧条的时候，新经济精英就发动集体抗议，把矛头指向了政府的贸易限制措施），但在绝大多数情况下，他们都会动用私人关系来打通关节。从递交给君主本人的请愿书，到写给中央大员、省级官僚的书信，再到与政府在地方上任命的官员，比如税收专员、工厂巡视员（Gewerksassessoren）的往来关系，企业家会在许多层面上利用人际关系。在第五部供职的枢密院顾问官乌尔西努斯遭到贪污腐败的指控后，政府展开调查，结果发现了大量的证据，证明乌尔西努斯与包括韦格利、朗格、施米茨、许策、冯·阿斯滕、埃弗拉伊姆、席克勒尔在内，许多柏林最受尊敬的商人、工厂主有着私人往来和公务往来。生意人与官员过从甚密是十分普遍的现象。例如，第五部的首任部长马沙尔卸任后，出任下一任部长的枢密院财政顾问官约翰·鲁道夫·法施通过书信，与商界人士保持了密切的联系。在奥得河畔法兰克福，地方官员甚至还会与商人定期开会，在会上就政府出台的贸易促进措施展开讨论。举例来说，1779年时，包括德·蒂特雷、厄米希克、埃梅尔勒、西堡、武尔夫、朱特博克、西蒙在内，一帮经营棉纺织厂的企业家气势汹汹地前往第五部，对政府近期出台的经济措施提出了严正的抗议。[84]

弗里德里希二世虽然出了名地蔑视商人，但中央政府却并没有像国王的态度给人的预期那样，完全听不进商界提出的意见。实际上，在弗里德里希身边最受信任的私人顾问中间，就有至少12个人是著名的企业家、工厂主。举例来说，经营纺织厂的企业家约翰·恩斯特·戈茨科夫斯基、马格德堡的商人克里斯托夫·戈斯勒会时不时地按照政府的要求，就国家的政策问题递交正式的报告；克雷菲尔德实力强大的丝织品生产商约翰·冯·德尔·莱恩、弗里德里希·冯·德尔·莱恩兄弟不仅同样经常递交类似的报告，还在1755年时因为为国王效力而得到奖赏，获得了"王室商业顾问官"（ko niglicher Kommerzienrat）的头衔。

既然国王本人和中央政府的高官要员都愿意接受商界的建议，这就说明，政府派往地方上各城镇的官员肯定会更为充分地考虑商界人士的意见。许多税收专员并不认为自己是在地方上执行中央意志的人，而是认为自己扮演着沟通渠道的角色，目的是把地方上的信息和影响力传递到中央。地方上的企业家不需要大费周章，就可以说服税收专员，让他们为自己效力——举例来说，1768年时，在萨勒河畔卡尔伯，一位名叫卡尼茨的税收专员向中央政府提出要求，认为应当解除针对萨克森的贸易限制措施，好让卡尔伯的毛织物生产商在莱比锡的集市上出售产品。一些省级官员在向中央递交的报告中直言不讳（甚至到了唐突无礼的程度），仅仅从这一点就可以看出，他们认为自己更了解地方上的具体情况，以此为基础提出的建议能够起到至关重要的纠正作用，让中央政府的高级官僚走出误区。[85]

第六章 乡土势力

# 第七章　逐鹿欧洲

　　1740年12月16日，普鲁士国王弗里德里希二世率领一支兵力2.7万人的军队，离开勃兰登堡，跨过防守薄弱的边境线，进入了哈布斯堡王朝统治的西里西亚。虽然天气寒冷，但普军仍然势如破竹，横扫西里西亚全境，只遇到了奥地利军队微弱的抵抗。仅仅过了六周，到了1月末的时候，弗里德里希就占领了包括首府布雷斯劳[①]在内西里西亚几乎所有的土地。入侵西里西亚是弗里德里希一生中最为重要的政治行动。他不顾身边最资深的外交及军事顾问的反对，独自做出了出兵的决定。[1] 弗里德里希占领西里西亚的做法令神圣罗马帝国内部的政治平衡发生了不可逆的转变，把普鲁士推上了危机四伏的大国政治的新舞台。弗里德里希虽然很清楚入侵西里西亚必将掀起国际舆论的轩然大波，却完全没有预料到，这样一场过程犹如探囊取物一般的冬季战役会令欧洲的局势发生翻天覆地的变化。

---

[①] 布雷斯劳，波兰称弗罗茨瓦夫（Wrocław），19世纪末发展为普鲁士第二大城市，"二战"后包括布雷斯劳在内的西里西亚被划归波兰，现为波兰第四大城市。——编者注

## "独一无二的弗里德里希"

弗里德里希不仅力排众议，发起了西里西亚战争，同时也是一位守护霍亨索伦王朝的领土长达46年的统治者，在位时间差点超过了他声名显赫的曾祖父大选侯——这样一个人物当然值得我们花点篇幅来研究一下。他是一位才华横溢、意气风发的君主，人物形象既令他的同代人着迷，又吸引着后世的史家。然而，想要搞清楚弗里德里希到底是一个什么样的人却并不容易，因为他虽然滔滔不绝（他去世后出版的作品全集有整整三十卷），却很少袒露心声。他的作品和讲话具有18世纪的典型特征，全都十分推崇幽默风趣的语言——他的风格言简意赅，十分轻巧，没有废话，而他的语气则总是超然物外，既显得博闻强识，又风趣幽默，还具有讽刺意味，甚至有种嘲弄感。然而，无论是那些插科打诨、显得有些刻意的讽刺诗，还是那些把道理讲得很清楚的历史回忆录、政治备忘录，都好似一层屏障，让我们无法窥见弗里德里希的真实面貌。

弗里德里希是一个才智超群的人，这一点毋庸置疑。他一生博览群书，对费奈隆、笛卡儿、莫里哀、培尔、布瓦洛、波舒哀、高乃依、拉辛、伏尔泰、洛克、沃尔弗、莱布尼茨、西塞罗、恺撒、琉善、贺拉斯、格雷塞、让-巴蒂斯特·卢梭、孟德斯鸠、塔西佗、李维、普鲁塔克、萨卢斯特、卢克莱修、科涅利乌斯·奈波斯，以及数以百计其他作家的作品均有涉猎。他一方面不停地阅读新书，另一方面又定期重温对自己最重要的作品。德语文学是一个文化盲点。到了68岁的时候，弗里德里希已经成了一个暴躁的老人，他大书特书，用一段在18世纪风趣程度数一数二的文学语言，表达了自己对德语的愤怒，宣称德语是一种"半野蛮"的土话，即便是最有文学天赋的作家，也会"受到物理性的限制"，无法在作品中实现卓越的美学效果。接下来,他又写道,用德语创作的作家"喜欢冗长的写作风格,会一层又一层地堆砌插入语,读者经常要把一整页的文字都读完,才能找到那个必不可少的动词,看明白整句话到底是什么意思"。[2]

弗里德里希嗜书如命,为了在行军打仗的时候读书,竟然命人为自己打造了一座能够四处移动的"战地图书馆"。对弗里德里希来说,(只用法语)写作同样也十分重要,除了可以作为与他人沟通思想的途径,还能够帮助他寻找心灵的慰藉。他一直都渴望自己能够同时拥有实干家的大胆与坚韧、哲学家的超然态度。他年轻时自称"哲人王",用一个词概括了他对国王和哲学家的看法,表明自己既不完全是国王,也不完全是哲学家:他是国王中的哲学家,哲学家中的国王。到了他在军事上陷入绝境的时候,我们从他在战场上写的信就能看出,他摆出了一副接受命运、无牵无挂的姿态,想要证明自己是一位真正的斯多葛派哲学家。然而,到了撰写论文的时候,他的态度就又发生了180度的大转弯,无论主题是理论问题,还是实际问题,他的文章都会透露出无比的自信心和权威性,让人感受到,作者是一个手握大权的人。

此外,弗里德里希还是一位技艺高超的音乐家。他最喜欢的乐器是笛子,这一点完全符合他追捧法国文化的特点——笛子与法国的文化声望有着极其密切的联系,绝非任何其他的乐器所能比拟。弗里德里希吹奏的横笛是一种法国的乐器工匠最新发明的乐器,它具有巴洛克时代的特征,使用锥形笛管,音色优美,适合演奏多变的半音阶,与使用圆柱笛管的传统六孔笛十分不同。18世纪早期最著名的横笛演奏家全都是法国人。此外,横笛乐谱的作者也基本上全都是法国的作曲家,比如菲利多尔、德·拉·巴尔、多内尔、蒙特克莱尔。所以说,横笛强烈地体现了一种在弗里德里希及许多和他生活在同一时代的德意志人看来,与法国联系在一起的文化优越感。弗里德

图18 《七年战争前的弗里德里希大王》。约翰·戈特利布·格卢姆绘

里希对待横笛演奏的态度极其认真。他请来大师级的长笛手、作曲家匡茨来教自己吹奏横笛，开出了每年2 000塔勒的巨额薪资，这样高的薪酬堪比普鲁士王国一些等级最高的政府官员——与之形成鲜明对比的是，为弗里德里希担任羽管键琴师的卡尔·菲利普·埃马纽埃尔·巴赫虽然是一位历史地位要远高于匡茨的作曲家，但他的薪资却只相当于匡茨的一个零头。[3] 弗里德里希一刻不停地练习横笛的吹奏技巧，表现出了一种近乎偏执的完美主义倾向。即便是到了行军打仗的时候，普军的军营也会在夜幕降临之后听到他婉转悠扬的笛声。此外，他还是一位颇具天赋的作曲家，作品虽然达不到惊为天人的程度，却肯定可以算作合格而优雅的乐曲。

弗里德里希的政治著作与他作为统治者的所作所为之间的关系简单明了。他的核心思想是维护和扩张国家的权力。他著名的早期著作《反马基雅弗利》(The Anti-Machiavel) 虽然题目具有很强的误导性，但观点却十分明确，认为先发制人的攻击、发动"争夺利益的战争"是合乎情理之事，在这种存在权利争端的战争中，君主师出有名，有义务动用武力来为治下之民争夺利益。[4]《反马基雅弗利》是一张最为清晰的蓝图，解释了弗里德里希为何会在1740年时夺取西里西亚，在1756年时入侵萨克森。在以私下教育继承人为目的的两份政治遗嘱（时间分别是1752年和1768年）中，弗里德里希使用了更加直白的语言。第二份政治遗嘱做出了格外冷静的分析，指出吞并萨克森和波属普鲁士（也就是那片把东普鲁士和勃兰登堡及东波美拉尼亚分隔开来的土地）是"十分有用"的政策，可以让边境线"更圆满"，令普鲁士王国最东端的疆土变得易于防守。弗里德里希既没有祭出解放宗教信仰相同之人的大旗，也没有把守护古老的权利当作理由，而是无所顾忌，一味地幻想如何实现国家的对外扩张。[5]在这一点上，弗里德里希最为接近某位史家指责他的"对外政治虚无主义"。[6]

弗里德里希同样也是一位了不起的、极具原创性的史学家。如果把《勃兰登堡王朝的历史》（1748年2月完成）、《我那个时代的历史》（1746年完成初稿）、《七年战争的历史》（1764年完成），以及他记录从《胡贝图斯堡和约》签订到第一次瓜分波兰的那十年间所发生的事件的回忆录（1775年完成）看作一个整体，我们就得到了有史以来第一部全面地研究普鲁士王国演化过程的历史著作，即便其作者有做出肤浅论断的倾向，也仍然瑕不掩瑜。[7]弗里德里希的史学著作和回忆录既有吸引力，又令人信服，从问世之日起，就塑造了后世对他本人和所有前代统治者当政的认知。到了弗里德里希二世在位的时候，大选侯和弗里德里希·威廉一世在政治遗嘱中表现出来的对历史变化的敏锐认知已经上升到了自我意识的高度。造成这一现象的原因也许是，弗里德里希的世界观并不承认天意的存在，所以他无法在某种亘古不变的真理与预言中为他本人和他所做的事情找到一席之地。

第七章　逐鹿欧洲

1722年2月，他的父亲弗里德里希·威廉一世在政治遗嘱的结尾处虔诚地表达了愿望，希望自己的儿子和后续的继承人能够"通过耶稣基督获得上帝的帮助"，永远繁荣昌盛，直到"世界终结之日"，而弗里德里希二世则在1752年的政治遗嘱中开门见山，指出所有的历史成就不仅都具有偶然性，还都转瞬即逝："我心里很清楚，死亡会终结一切，令死者和死者的成就化为乌有，我也知道，宇宙万物皆受制于变化的规律。"[8]

终其一生，弗里德里希都无视宗教信仰，这一点表现得十分明显，与他所在的那个时代笃信宗教的传统格格不入。他坚决不信教，在1768年的政治遗嘱中对基督教做出了这样的描述：基督教是"老掉牙的玄幻虚构，充斥着奇迹、自相矛盾的地方、荒谬的叙述，源自东方人过于丰富的想象力，在传播到我们欧洲后，除了得到某些狂热分子的拥护，被某些装作笃信基督教的阴谋家利用，还有一些蠢货真的相信基督教的教义句句属实"。[9]此外，在性道德的问题上，弗里德里希也异常宽松。伏尔泰的回忆录记录了一个因为与母驴交媾而被判处死刑的男子的经历：弗里德里希亲自推翻了判决，依据是"在他统治的土地上，所有人的良知和裤裆都是自由的"。[10]不管这则逸事是不是真的（就这类事情而论，伏尔泰并不一直都十分可靠），我们都可以感觉到，弗里德里希的身边洋溢着真正的自由思想的气息。朱尔·奥弗雷·德·拉美特利曾经在弗里德里希的朝廷上风光过一阵子，他写了一部题为《人是机器》（*l'Homme Machine*）的唯物主义专著，阐述了这样一种观点——人只是一条两端有括约肌的消化道。旅居柏林的时候，拉美特利抽出时间，写了两篇关于色情的小品文。巴屈拉尔·达阿诺是另一个被弗里德里希奉为座上宾的法国人，他写了一本题为《性交艺术》（*l'Art de foutre*）的专著；据传，弗里德里希本人也曾作诗一首（可惜的是，这首诗已经失传），探究了性高潮的快乐。

弗里德里希是同性恋吗？弗里德里希在位的时候，有人在伦敦匿名出版了一部"私密回忆录"，宣称普鲁士国王的朝廷由娈童组成，国王会在光天化日之下按时与廷臣、马夫、偶尔相遇的男童交媾。此后，忘恩负义的伏尔泰（他曾经用毫不掩饰的色情语言表达对弗里德里希的爱意）在回忆录中宣称，弗里德里希会在晨起仪式后享受一刻钟的"学童乐趣"，行乐的对象不是特定的仆人，就是"年轻的军校学员"，之后又进一步恶语中伤，宣称弗里德里希"没法把事儿给办全了"，原因是他曾经遭到父亲的粗暴对待，一直都没有恢复过来，"无法扮演主导者的角色"。[11] 用德语写作的回忆录作家当然会为普鲁士的国王出头，他们发起反击，一再强调年轻时的弗里德里希对异性颇有兴趣。想要分清楚哪一种观点更加贴近事实，不是件容易的事情。伏尔泰撰写回忆录的时间在他被弗里德里希疏远之后，为了迎合巴黎读者喜好低俗内容的阅读品味而贬低弗里德里希当然合乎情理。从另一方面讲，所有与弗里德里希年轻时的"情妇"相关的故事又全都是宫中的道听途说。可以肯定的是，弗里德里希·威廉一世在位时，弗里德里希曾经向朝中影响力最大的大臣格伦布科吐露心声，表示自己觉得女性一点吸引力都没有，结婚完全是难以想象的事情。[12] 还原弗里德里希的性生活史既不现实，也没有必要；继承王位后，他也许干脆就放弃了与任何人发生性关系的想法，不管对方是男性，还是女性，都不会考虑——实际上，他有可能在即位前就已经放弃了性生活。[13] 只不过，不可否认的是，他虽然男色女色皆不近，却仍然会提到相关话题——在他身边的小圈子里，内廷间的谈话充斥着暗示同性性行为的戏谑之语。弗里德里希创作了一首题为《守护神》(Le Palladion；创作时间是1749年)[1]的讽刺诗，在小型餐会上朗读，把到场的宾客逗得哄堂大笑——这首诗先是思考了"见不得人的性行为"的乐趣，之后又描绘了波茨坦朝廷的当红人物达尔热被一群好色的耶稣会会士鸡奸的艳俗场面。[14]

这完全是只有在男子更衣室里才会出现的粗鄙之语——实际上，弗里德里希的社交圈子很小，而且一直都具有一个明显的特点，即强烈到让人不适的阳刚之气。就这一点而论，弗里德里希的朝廷是"烟草俱乐部"的升级版——没错，正是他父亲弗里德里希·威廉一世成立的那个令他深恶痛绝的烟草俱乐部。换言之，宫廷生活在1713年之后发生的男性化转变非但没有扭转，反倒还在某些方面表现出了加强的趋势。只有在弗里德里希居住在莱茵斯贝格宫[2]，也就是他仍然是王储的那段时间，女性才有出入宫廷，在王储的社交生活中占据一席之地的机会。显而易见的是，在这样的大环境下，和谐的夫妻生活肯定是没有立足之地的。我们甚至都不知道，弗里德里希到底有没有和妻子不伦瑞克-贝沃恩的伊丽莎白圆房。可以肯定的是，从继承王位的那一刻起，弗里德里希就切断了与妻子的社会关系，把她放逐到昏暗无光的边缘地带，虽然同意她保留王后名义上的权利和头衔，还允许她单独居住，给她安排了一处中规中矩的居所（只给她划拨了少得可怜的日常开支），却并不愿意让她与自己恢复正常的人际关系。

弗里德里希的做法非同寻常，没有采取当时的统治者惯用的手

---

[1] 这首诗的情节以西里西亚战争期间的部分真实历史事件为基础，讲述了敌军想要抓捕法国派驻普鲁士的使节瓦洛里，结果错抓了他的秘书达尔热的故事。
[2] 弗里德里希迎娶不伦瑞克-贝沃恩的伊丽莎白之后，弗里德里希·威廉把莱茵斯贝格宫赐给弗里德里希，作为他的居所。弗里德里希经常说，生活在莱茵斯贝格宫的那段时间是他一生中"最快乐的时光"。

段——他既没有与她离婚，也没有把她赶出国，甚至都没有用情妇取而代之。他把妻子逼入了"求生不得，求死不能"的境地，几乎把她当作了一台"代表王后地位的机器人"。[15] 自 1745 年起，王后成了不受无忧宫欢迎的人——其他女性可以得到邀请，前往这座优雅的夏宫做客（多半是在周日的时候与国王共进午餐），反倒是王后只能吃闭门羹。1741 年到 1762 年，在整整 22 年的时间内，弗里德里希只有两次亲自到场，为王后庆生。尽管伊丽莎白仍然凭着王后的头衔，在柏林人气寥寥的朝廷主持宫廷生活，但她的生活圈子却越来越小，最终只剩下了自己在申豪森的郊外居所。1747 年，也就是在伊丽莎白 31 岁的时候，她在一封信中写下了这样一段话："我心情平静，等待着死亡的降临，那时上帝会带我离开这无所事事的尘世……"[16] 弗里德里希与她的来往信件几乎全都是语气冷淡的官样文章，有时甚至根本就不在乎她的感受，令人咋舌。1763 年，弗里德里希在战争结束后返回国内，与多年未见的妻子打招呼时说道，"夫人，您长膘了"——这句话令人过目难忘，是弗里德里希无视妻子感受的做法最广为人知的例证。[17]

上文所有的叙述到底有没有让我们更进一步，变得更加了解"真实的弗里德里希"了呢？这是一个根本就不成立的问题。弗里德里希否认真实是一种美德，并以此为基点塑造了自己的人格。在他只有十几岁的时候，面对蛮横的父亲严厉的训诫——"要做一个诚实的人，一定要诚实"——他的回答油腔滑调，就好像自己是一个在道德问题上遵循不可知论的局外人，一边搪塞，一边揶揄训诫者。1734 年，他给自己曾经的导师胡格诺派教徒迪昂·德·让丹写信，在信中把自己比作一面镜子，宣称自己只能反照周围的景象，"不敢露出本性"。[18] 不愿承认自己是主体、是个人的倾向就好似一根红线，贯穿了弗里德里希留下的所有文字。无论是他在战时书信中故作坚强，以斯多葛派自居的文字，还是他那些充满讽刺和戏仿意味、即便是对与自己最为亲近的人也保持距离的语句，抑或在思考政治原则的时候，把国王个人融入抽象的国家机构的做法，都反映出了这种倾向。即便是弗里德里希对工作无休无止的巨大狂热，也可以理解为他惧怕自省，所以不愿拥有哪怕一刻的闲暇。为了应对父亲严厉的管束，弗里德里希砌起了一面保护墙，终其一生，也没能从保护墙的阴影中走出来。他一直都以厌世者自居，因为人类的卑鄙险恶而扼腕叹息，认为自己此生注定与幸福快乐无缘。与此同时，他又一直都在巩固自己的文化资本，在此过程中展现出了令人惊叹的精力。他不断地练习横笛的吹奏技巧，直到门牙脱落，无法再形成吹笛的口型。他反复通读罗马时期的古典著作（他阅读的是法语译本），他不断地磨炼法语写作技巧，他不放过任何一本新出版的哲学著作，他一直都在寻找新的聊友，去填补那些与世长辞，或因结婚成家而背叛了友谊的旧友所留下的空缺。

## 三次西里西亚战争

弗里德里希二世为什么要入侵西里西亚？他为什么把入侵的时间定在了1740年？对这两个问题最为陈词滥调的回答是：因为他能这样做。1740年时的国际环境对普鲁士十分有利。1740年10月，俄国的安娜女皇驾崩，由于新沙皇伊凡六世还只是一个小婴儿，朝中不同的派别围绕着摄政权展开了激烈的争夺，导致中央行政部门陷入瘫痪。英国自1739年起就深陷与西班牙的战争，虽然身为奥地利的盟友，却不太可能出兵相助。此外，弗里德里希还对局势做出（正确的）估测，认为法国人总的来说会支持普鲁士入侵西里西亚。他也拥有侵占西里西亚的军事实力。他的父亲弗里德里希·威廉一世给他留下了一支兵力8万人上下的军队——这支军队训练有素、补给充足、装备精良，只是还没有接受过战争的洗礼。此外，他还从父亲那里继承了一笔金额高达800万金塔勒的军费——这笔巨款全都装在麻袋里，堆放在柏林王宫的地下室内。哈布斯堡君主国的情况与普鲁士王国恰恰相反，在1733—1738年的波兰王位继承战争、1737—1739年的奥土战争中遭受了一系列灾难性的打击，国力几近耗竭。

　　哈布斯堡王朝的新君主玛丽亚·特蕾西亚是个女人。这是一个令哈布斯堡家族头疼不已的大难题，原因是哈布斯堡家族的继承法并不承认女性的继承权。神圣罗马帝国的皇帝查理六世只有三个女儿，早就意识到了让女性成为继承人肯定会遇到重重困难，所以他未雨绸缪，投入了大量的精力和金钱，想要确保国内外的势力认可《国事诏书》的有效性，专为绕过不承认女性继承权的规定。到了查理六世去世的时候，绝大多数关键国家（包括普鲁士）都已经签字承认了《国事诏书》的有效性。然而，那些已经签了字的国家到底会不会严格遵守约定，要打上一个大大的问号。特别是萨克森选侯国和巴伐利亚选侯国，两国的君主先后于1719年、1722年与查理六世签订婚约，分别让各自的长子迎娶了他的一个侄女。查理六世去世后，这两个选侯国提出，既然哈布斯堡家族没有男性继承人，那么按照婚约的规定，哈布斯堡君主国的一部分世袭领地就应当分别由查理六世的侄女婿继承。早在1720年代初的时候，萨克森选侯国和巴伐利亚选侯国就已经签订了一系列的条约，承诺通力合作，把上述看起来站不住脚的继承权诉求变成现实。巴伐利亚的选帝侯甚至还使出了伪造文件的伎俩，拿出了一份奥地利与巴伐利亚在16世纪签订的婚约，宣称按照婚约的规定，在没有直系男性继承人的情况下，奥地利大公国的绝大部分世袭领土就都应当由巴伐利亚继承。因此，即便是在1740年之前，就已经有明显的迹象表明，查理六世驾崩之后，玛丽亚·特蕾西亚的继承权肯定会遭到挑战。

在签字承认《国事诏书》的德意志诸侯国中，普鲁士的名字赫然在列，这在一定程度上是因为，1731—1732年时，普鲁士国王想要尽快就萨尔茨堡的新教难民移居普鲁士东部边境地区的问题与奥地利达成一致。然而，在此之前，普鲁士与奥地利的双边关系就已经在不断恶化了。1701年，霍亨索伦家族的统治者获得国王头衔之后，哈布斯堡王朝的统治者后悔莫及，到了1705年前后，也就是约瑟夫一世成为神圣罗马帝国皇帝之后，哈布斯堡王朝开始奉行遏制政策，目的是防止霍亨索伦王朝进一步在德意志巩固实力。在西班牙王位继承战争中，虽然普鲁士和奥地利总的来说还能算作并肩作战的盟友，但与此同时，英国派往柏林的使节也经常在报告中提到普奥双方极度紧张、相互厌恶的关系，从承认头衔的问题，到联军的部署，再到奥方到底有没有按时支付补贴，两国争议不断。[19] 尽管弗里德里希·威廉一世（他继承王位的时间是1713年）可以在某种程度上算作神圣罗马帝国的爱国者，完全没有与皇帝争夺霸权的想法，但双方仍然时不时地发生摩擦，这除了和帝国境内新教信徒的宗教权利有关，也是因为皇帝接受了霍亨索伦王朝治下之地的等级会议的要求，决定让设在维也纳的帝国朝臣委员会讨论等级会议对普鲁士国王的不满之处，就好像在普鲁士的国王只是一个地位无足轻重的帝国藩属，用弗里德里希·威廉一世本人的话来讲，就是皇帝把普鲁士国王当成了"齐普费尔－采尔布斯特的伯爵"①。

1738年，查理六世没能兑现承诺，支持勃兰登堡对莱茵河流域的贝格公国尚未实现的继承权诉求——对弗里德里希·威廉一世来说，这是压垮骆驼的最后一根稻草。弗里德里希·威廉的对外政策几

---

① 大意为"采尔布斯特那旮旯的伯爵"。采尔布斯特是一座小镇，现位于德国萨克森－安哈尔特州境内；"齐普费尔"（Zerbst）意为边角之地。

乎完全以确保勃兰登堡对贝格公国的继承权为核心，而查理六世则曾经承诺，只要柏林当局承认《国事诏书》的效力，那么维也纳当局就会投桃报李，帮助勃兰登堡反对竞争者对贝格公国的继承权诉求。1738年时，奥地利非但没有兑现承诺，反倒还对勃兰登堡的一个竞争对手表示了支持。对弗里德里希·威廉一世来说，这是一个沉重的打击。据传，他用手指着弗里德里希，说道："这便是要为我报仇雪恨的人！"[20] 弗里德里希·威廉一世在位的最后几年间，奥地利的"背叛"同时激起了父子二人的怒火，就好似一座桥梁，对修复父子关系起到了十分重要的作用。1739年4月，普鲁士与法国签订秘密条约，法国按照条约的规定，承认了勃兰登堡对贝格公国的"所有权"，为弗里德里希即位初期普鲁士外交政策的主要特征之一，即疏远奥地利、贴近法国的倾向打下了基础。1740年5月28日，弗里德里希·威廉在临终病榻上对王储进行了"最后一次教导"，警告他一定不要相信奥地利的统治者，因为他们肯定一直会竭尽所能削弱勃兰登堡－普鲁士的地位："对维也纳来说，这是雷打不动的准则。"[21]

那么弗里德里希为什么会选择在西里西亚向奥地利发难呢？霍亨索伦王朝对西里西亚的许多地区都有没能实现的领土诉求，比如哈布斯堡王朝早年间（1621年）侵占了霍亨索伦家族位于西里西亚境内的领地雅格恩多夫，又比如统治西里西亚的皮雅斯特家族分支绝嗣（1675年），让霍亨索伦家族获得了对利格尼茨、布里格、沃劳①这三块领地主张继承权的机会。弗里德里希本人并没有太把这些年代久远的领土诉求当回事，后世的史家也大都抱着相同的看法，认为普鲁士用来为霍亨索伦王朝对西里西亚的领土诉求提供依据的法律文件只能算作遮羞布，目的是让赤裸裸的侵略行径看起来师出有名。然而，考

---

① 三地今均属波兰，分别称为莱格尼察、布热格、沃武夫。——编者注

虑到霍亨索伦王朝——或者更准确地说,近代早期的大部分欧洲王朝——拥有好似大象一样牢固的记忆力,绝不会忘记任何尚未实现的继承权诉求,我们能否把这些法律文件的效力一笔勾销,是一件值得商榷的事情。[22]不过,促使弗里德里希选择在西里西亚向奥地利发难的另一个原因要直接得多——哈布斯堡王朝统治的土地中,只有西里西亚这一个省份与勃兰登堡接壤。此外,奥地利对西里西亚的防守恰巧也十分薄弱,1740年时仅在该地驻扎了一支兵力只有8 000人的部队。西里西亚形状狭长,就好像一个指向西北方的大拇指,南侧与哈布斯堡王朝统治的波希米亚接壤,而北端则紧邻诺伊马克的南部边境。奥得河在上西里西亚的山中发源,向西北方流去,在穿过西里西亚之后,又把勃兰登堡一分为二,最终在波美拉尼亚境内的城镇斯德丁汇入波罗的海。西里西亚为维也纳当局带来的税收要超过奥地利所有其他的世袭领土。在近代早期的德意志欧洲,西里西亚是工业密度最高的地区之一,拥有规模可观、专门生产亚麻布的纺织业,一旦被霍亨索伦王朝吞并,普鲁士就可以获得迄今为止一直都严重缺乏的工业生产力。

然而,几乎没有证据能证明,经济因素在弗里德里希的计算中起到了重要的作用——在这一历史时期,人们还没开始以生产力为依据来估算某一地区的价值。比起经济因素,弗里德里希更加看重西里西亚的战略价值。在影响弗里德里希的战略因素中,最为重要的多半是对萨克森选侯国战略意图的担忧——萨克森也可以提出针对奥地利的主张,如果普鲁士的国王没能捷足先登,萨克森的国王就有可能抢先一步,即便不能吞并西里西亚全境,也会设法占领其部分土地。此时的萨克森选侯国与波兰王国组成了共主邦联,萨克森的选帝侯弗里德里希·奥古斯特二世同时也是波兰国王奥古斯特三世,两国的关系与英国和汉诺威的关系十分相似。萨克森王朝的土地分别位于西里西亚的东西两侧，所以萨克森选侯国的统治者很有可能会设法解决这种领土被一分为二的窘境。查理六世驾崩后，萨克森当局果然开出了条件，提出如果奥方愿意割让西里西亚的部分领土，让萨方获得一条连接萨克森选侯国和波兰王国的陆地走廊，那么萨克森就会支持玛丽亚·特蕾西亚的继承权。如果萨方得偿所愿，那么萨克森王朝的统治者就会得到连在一起的广阔领土，在南方和东方把勃兰登堡完全包围起来，很有可能让普鲁士永远都处在萨克森的阴影之下，造成难以想象的长期影响。

入侵西里西亚前后，弗里德里希的行为让人觉得他似乎是一时冲动才做出这个决定，几乎到了轻率鲁莽的地步。他行动极其迅速，得知查理六世意外去世的消息后，只用了几天的时间（甚至有可能只用了一天的时间），就做出了入侵西里西亚的决定。[23]他当时的话语充满了年轻人极度自信的男子气概，显示出对荣耀与声望的迫切追求。"去上任吧！去赢得荣耀吧！"柏林团准备离开驻地，前往西里西亚的时候，他大喊着与该团的军官告别。在当时的来往信件中，经常有人反复提到，他准备"与名望幽会"，他想要"让报纸为他歌功颂德"。[24]此外，由于他在1730年夏的时候想要逃到国外，结果引发了危机，而哈布斯堡王朝则在危机中扮演了令他恨之入骨的角色，所以我们同样也应当考虑到他与哈布斯堡王朝的私人恩怨。弗里德里希对勃兰登堡-普鲁士在神圣罗马帝国的制度中从属于皇帝的地位有切身体会，对这到底意味着什么有着深刻的理解。虽然他表面上泰然处之，但从他不愿接受不伦瑞克-贝沃恩的伊丽莎白，不愿接受这场由奥地利促成的包办婚姻这一点上就可以看出，他心里其实积怨甚深，对自己的从属地位极其不满。尽管弗里德里希后来在编年史中把自己描绘成了一个极其理性的执行者，宣称自己没有任何感情，一切以国家利益为导向，所以强调感情因素也许会显得与弗里德里希给自己塑造的形象格格不入；但这却与弗里德里希眼中的历史变革更为根本的起因完全吻合——他在《勃兰登堡王朝的历史》一书中指出："涉及人的事情都会被人的激情牵着鼻子走，这是不可避免的，即便是那些最开始看起来十分幼稚的原因，最终也会引发惊天剧变。"[25]

　　无论哪一种因素所占的比例更大，弗里德里希都因为入侵西里西亚的决定而陷入泥潭，必须为了守护这个新获得的省份长期进行血腥的战争。1741年春，奥地利发起反攻，结果在4月10日的时候，在位于布雷斯劳东南方的莫尔维茨被普鲁士击败，锐气尽失。莫尔维茨战役就好似发令枪的枪声，打响了一场全面瓜分哈布斯堡君主国的战争，即奥地利王位继承战争。5月末，法国和西班牙在《尼芬堡条约》上签字，宣布支持巴伐利亚的选帝侯查理·阿尔贝特的皇帝候选人资格，以及他对哈布斯堡王朝绝大部分世袭领地看起来完全站不住脚的继承权诉求（作为回报，法国和西班牙将分别获得对比利时和伦巴第的所有权）。到最后，尼芬堡联盟的加盟国除了法国、西班牙、巴伐利亚，还有萨克森、萨伏依-皮埃蒙特、普鲁士。如果联盟制订的计划得以顺利实施，那么玛丽亚·特蕾西亚名下的领地就会只剩下匈牙利和内奥地利①。西欧诸国就好似鬣狗一样，一边准备撕碎猎物，一边相互提防，生怕有人多占了便宜。

　　虽然在1741年，尼芬堡联盟的出现有利于弗里德里希的战略利益，但他对联盟的支持却一直都半心半意。他并不希望奥地利遭到瓜分，更不愿意让萨克森和巴伐利亚以蚕食奥地利为手段来开疆拓土。1742年春的战斗结束之后，弗里德里希不仅钱袋子吃紧，在战略意图上也与尼芬堡联盟的其他加盟国出现了分歧，不想为人作嫁而继续

---

① 内奥地利指哈布斯堡王朝位于塞默灵山口以南的世袭领地，包括施蒂里亚公国、克恩滕（卡林西亚）公国、卡尼奥拉公国、奥地利滨海区等。

军事冒险。1742年夏，弗里德里希退出联盟，与奥地利单独签订和平条约。按照《布雷斯劳条约》及在柏林签订的补充协议的规定，勃兰登堡－普鲁士承诺不再参与针对奥地利的军事行动，而奥地利则应当正式承认勃兰登堡－普鲁士对西里西亚的所有权。

之后的24个月，弗里德里希虽然没有参与战争，却一直都在密切地关注战事的发展，并同时以多种方式改进普军的作战能力。到了1744年8月，胜利的天平开始向奥地利倾斜，奥军很有可能发动反攻，夺回西里西亚的时候，弗里德里希再次参战，先后在霍亨弗里德贝格（1745年6月）、索尔（1745年9月）取得了两场酣畅淋漓的大胜。1745年12月，普军又在克塞尔斯多夫克敌制胜。此后，弗里德里希故技重施，弃盟友于不顾，脱离尼芬堡联盟，再一次与奥地利单独议和。按照《德累斯顿和约》的规定，弗里德里希同意再一次退出战争，而奥地利则应当重新确认弗里德里希对西里西亚的所有权。赢得第一次（1740—1742）、第二次（1744—1745）西里西亚战争的胜利之后，普鲁士置身事外，再也没有参与奥地利王位继承战争的后续战斗。1748年10月，参战各方签订《亚琛和约》，奥地利王位继承战争正式结束，普鲁士在和约中获得了英法两国提供的国际担保，对西里西亚的所有权得到了再次确认。

弗里德里希取得了出乎意料的大成功。在神圣罗马帝国的历史上，勃兰登堡－普鲁士成了第一个在帝国的框架内对哈布斯堡王朝的霸权发起挑战，最终取得成功，得以与维也纳当局平起平坐的邦国。在这一过程中，弗里德里希的父亲创建的军队起到了至关重要的作用。弗里德里希·威廉一世为普军训练的步兵部队军纪严明、火力强劲，是帮助普鲁士取得第一次、第二次西里西亚战争胜利的最大功臣。举例来说，在莫尔维茨战役中，奥军的骑兵发起冲锋，击溃了普军部署在右翼的骑兵部队，导致普军在战斗最开始的时候就失去了对战场的控制权。普军的骑兵乱了阵脚,恐慌的情绪蔓延开来,弗里德里希禁不住经验丰富的指挥官库尔特·克里斯托夫·冯·什未林将军的劝说,决定逃离战场——他的敌人经常添油加醋,不断地复述他的这段不光彩的经历。然而,与此同时,夹在普军左右两翼骑兵中间的普军步兵一直都保持着密集的队列,并不知道国王已经离开了战场,依旧按部就班,迈着整齐的步伐,向奥军的阵线步步逼近,在奥方的观战者看来,就好似一堵"移动的人墙"。进入射程后,普军步兵展现了日常训练的成果,发起火枪齐射,集中火力攻击奥军的步兵阵线,打得奥军节节败退。到了傍晚的时候,普军虽然伤亡惨重,却仍然明显地夺回了战场的控制权。

莫尔维茨战役的胜利很难归功于弗里德里希临危不乱的战场指挥,但这一战证明了弗里德里希·威廉一世为普军打造的步兵部队到底是怎样一把神兵利器。发生在波希米亚与摩拉维亚边境上的霍图西采之战(1742年5月17日)与莫尔维茨战役如出一辙:在这一战中,普军的骑兵部队同样也在战斗打响之后被奥军的骑兵击败,而普军的步兵则利用崎岖的地形,在布阵时既严谨,又灵活,得以集中火力进行纵向射击,一举击溃了奥军的阵线。弗里德里希的战前部署乏善可陈,完全没有表现出他在之后的历史中为人称道的战略天赋。霍亨弗里德贝格战役也许是第二次西里西亚战争中最具决定性意义的一战。在这一战中,弗里德里希对战局的发展表现出了更为强大的把控力,能够根据战局的变化及时调整既定的作战计划,给人留下了深刻的印象。步兵仍然是普军在此战中克敌制胜的法宝——普军的步兵排成三列横队,肩并着肩,紧握上了刺刀的火枪,按照操典的要求以每分钟90步的速度向奥地利、萨克森联军的阵线前进,在到了快要接敌的时候,又把速度降低到每分钟70步,完全就是一堵势不可当的人墙。[26]

1740年12月，弗里德里希没有任何理由就不宣而战，所以到了20世纪后半叶，时不时地会有史家戴着两次世界大战的有色眼镜回顾这段历史，认为弗里德里希入侵西里西亚的做法是史无前例的犯罪行为。[27]然而，只要考虑到18世纪中叶时权力政治的现实，我们就会发现，这种不宣而战，悍然入侵他国领土的做法没有任何特别之处：法国长久以来入侵比利时和德意志西部地区的历史可以证明这一点；在西班牙王位继承战争中，英荷联军1704年时占领直布罗陀半岛的作战行动也可以证明这一点；在距离普鲁士只有咫尺之遥的地方，萨克森和巴伐利亚明目张胆，瓜分哈布斯堡王朝世袭领地的计划亦可以证明这一点。弗里德里希制订的战争计划全都有一个十分引人注目的特点：他有能力把精力全都集中在特定的、具有明确界限的战略目标上（在西里西亚战争中，他的目标是占领西里西亚），无论盟友开出多么诱人的条件，也不管既定计划的执行状况有多么顺利，他都不会因为禁不住诱惑而开始一场赌注更大的赌博。这有助于解释，在弗里德里希在位的那40余年间，为什么与任何其他欧洲强国相比，普鲁士处在战争状态的时间都要少得多。[28]

在当时的人看来，弗里德里希入侵西里西亚的冒险行动最让人惊叹的地方是其迅速取得了胜利，最终的结果完全无法反映出参战双方的实力对比——在当时的欧洲国际体系中，普鲁士只能算作三流国家，而奥地利的统治者哈布斯堡王朝则不仅是称霸神圣罗马帝国的家族，更是欧洲列强集团的成员。让普鲁士的成就显得更加异乎寻常的是，巴伐利亚选侯国、萨克森选侯国在同一时期霉运不断，与普鲁士形成了鲜明的对比。巴伐利亚选侯国连吃败仗，选帝侯查理·阿尔贝特不得不逃到国外避难。萨克森选侯国也没强到哪里去——发现与尼芬堡联盟的加盟国合作无利可图后，萨克森临阵倒戈，于1743年开始与奥地利并肩作战，结果撞到了普鲁士的枪口上，在霍亨弗里德贝格战役中吃了败仗。这两国的糟糕表现让普鲁士的成功显得更加惹眼。1740年时，德意志诸侯国中有一批有潜力在神圣罗马帝国的框架中取得突破，获得更高地位的领土型国家，普鲁士只是其中之一，并且肯定不是其中财力最为雄厚的国家；而到了1748年，普鲁士已经一骑绝尘，把那些曾经与自己难分伯仲的德意志诸侯国远远地甩在了后面。

然而，在当时的情况下，任何人都无法确定，弗里德里希到底能不能守住胜利的果实。普鲁士占领西里西亚的做法导致局势发生新的变化，有可能变得十分危险。奥地利绝不会接受全国最富庶的省份被他国吞并的现实，甚至都没有在1748年的《亚琛和约》上签字，原因是和约正式承认了普鲁士对西里西亚的所有权。第二次西里西亚战争结束后，哈布斯堡王朝对外政策的主旋律变为了成立反普鲁士联盟，从弗里德里希手中夺回西里西亚，把普鲁士打回原形，令其重新成为弱小的德意志邦国。可以确定的是，奥地利肯定能得到俄国的支持：普鲁士的军事成就令俄罗斯帝国的女皇伊丽莎白和总理大臣亚历克西斯·P. 别斯图热夫－留明惊恐不已，开始把勃兰登堡－普鲁士视为在波罗的海东岸与俄国争夺影响力的对手，认为普鲁士有可能成为阻碍俄国向西扩张的障碍。1746年，俄政府与维也纳当局签订盟约，其中的一项秘密条款对双方在未来应当如何瓜分霍亨索伦王朝统治的土地做出了规定。[29]

哈布斯堡王朝对痛失西里西亚一事耿耿于怀，竟然因此对奥地利的对外政策做出了根本性的调整。1749年春，玛丽亚·特蕾西亚召开枢密院会议（Geheime Konferenz），目的是讨论失去西里西亚的灾难会产生什么样的后果。才华横溢，年仅37岁便成为重臣的文策尔·安东·冯·考尼茨伯爵出席会议，在会上提出，奥地利应当从根本上重新考虑外交政策。考尼茨指出，英国是奥地利的传统盟友，而法国则是奥地利的宿敌,但客观地回顾一下历史上的奥英盟友关系就会发现,与英国的盟友关系几乎没有让哈布斯堡王朝得到任何实际的好处。仅仅在一年前,英国还在亚琛和会的谈判桌上干着出卖盟友的勾当,一边向奥地利施加压力,想要让奥方承认本国在战争中失去的土地是无可挽回的既成事实①,另一边又迫不及待地提供担保,承认普鲁士对西里西亚的所有权。考尼茨指出,问题的根源在于,英国是一个海权国家,而奥地利则是一个陆权国家,从客观上讲,双方的地缘政治利益差别太大,根本就无法维持稳定的盟友关系。所以说,从哈布斯堡王朝的利益出发,维也纳当局必须抛弃英国这个不可靠的盟友,转而设法与法国建立友好关系。

考虑到奥地利当时的情况,考尼茨的提议的确十分激进,这不仅是因为他认为奥地利应当彻底改变传统的盟友架构,也是由于他舍弃了以统治者的家族权力和传统为依据的旧有思维模式,转而提出了全新的思维框架,认为对外政策应当以国家的"自然利益"为基础,而决定"自然利益"的因素则是国家的地缘政治利益,以及守护国土安全的直接需要。[30] 在1749年的那次枢密院会议上,考尼茨是最年轻的参会者,同时也是唯一提出这一观点的人,所有其他的参会者都不愿像他那样,得出如此极端的结论。然而,玛丽亚·特蕾西亚仍然力排众议,决定按照考尼茨的思路行事,把他任命为驻法大使,命令他前往凡尔赛,设法与法国建立盟友关系。1753年,他被任命为负责哈布斯堡王朝对外政策的总理大臣。由此可见,失去西里西亚造成了巨大的冲击,足以令哈布斯堡王朝放弃盘根错节的传统外交设想,开始制定全新的外交策略。

七年战争(1756—1763)之所以会发生,是因为上文提到的奥、

---

① 考尼茨是奥地利的谈判代表,他坚决反对在《亚琛和约》上签字,但最终还是迫于英法两国的压力,承认了和约的效力。

第七章 逐鹿欧洲

俄两国的利益计算与英、法两国越来越激烈的全球冲突纠缠到了一起。1755年，在遥远的北美洲，英法两国的军队在俄亥俄河沼泽遍地的河谷平原不断地发生小规模战斗。眼看着伦敦当局、巴黎当局很快就要重新进入交战状态，英国国王乔治二世担心法国的盟友普鲁士会进犯自己的故乡汉诺威，最终想出了围魏救赵之计——1670年代初的时候，法国人曾经利用与瑞典的盟友关系，请求瑞典军进犯波美拉尼亚，威胁勃兰登堡的后方，而此时的英国则找来了俄罗斯人，以提供军费补贴为代价，请求俄国在东普鲁士的边境线上部署海军、陆军。1755年9月，双方达成一致，签订《圣彼得堡协定》（尚未得到两国政府的批准），敲定了相关的细节问题。

得知俄军将会威胁普鲁士东部边境的消息后，弗里德里希二世心惊胆战——他很清楚俄国有意吞并东普鲁士，一直以来还有过分高估俄国实力的倾向。他病急乱投医，为了缓解东部边境的压力，与英政府签订了一份显得稀奇古怪的开放式协议，即1756年1月16日的《威斯敏斯特协定》。英方同意撤回向俄国提供军费补贴的提议，而英、普两国则达成了防御协议，规定一旦法国入侵汉诺威，两国就应当共同在德意志进行防御作战。对弗里德里希来说，与英国签订协定操之过急，明显是判断失误了。他甚至都没有与盟友法国通气，征求他们的意见，尽管他肯定猜得到，自己与法国的宿敌英国结盟这一出人意料的做法肯定会令凡尔赛宫火冒三丈，把法国推向哈布斯堡王朝的怀抱。弗里德里希在1756年1月出于惊慌而做出的这个反应，暴露了普鲁士王国的决策体系完全依赖国王个人的情绪和认知的缺点。

普鲁士在国际博弈中的地位迅速恶化，处境变得十分险恶。得知普鲁士与英国签订协议的消息后，法国的朝廷炸开了锅，法国国王路易十五暴跳如雷，接受了奥地利提出的建立防御同盟的提议（即

1756年5月1日签订的《第一次凡尔赛条约》）。按照盟约的规定，两国中无论哪一个国家遭到攻击，另一个国家都应当派出一支兵力2.4万人的援军。此外，由于英国做出了撤回军费补贴的决定，俄罗斯帝国的女皇伊丽莎白同样怒发冲冠，于1756年4月同意加入反普联盟。在之后的几个月中，俄国迫不及待，成了最想要发动战争的国家——玛丽亚·特蕾西亚小心翼翼，一直都以相对来说不太显眼的方式备战，俄国则大张旗鼓地进行军事集结，毫不掩饰发动战争的意图。弗里德里希发现法、俄、奥这三个强国结成同盟，对普鲁士形成了包围之势，认为三国会在1757年春发起联合进攻。他向玛丽亚·特蕾西亚提出请求，希望她保证奥地利无意与他国联手对抗普鲁士，也不会主动发起进攻。玛丽亚·特蕾西亚的回答模棱两可，这对普鲁士来说不是个好兆头。弗里德里希决定，与其让敌人占得先机，还不如先发制人。1756年8月29日，普鲁士的军队入侵了萨克森选侯国。

普鲁士这次主动出击同样完全出人意料且极度令人震惊。这完全是弗里德里希独自做出的决定。在一定程度上讲，弗里德里希之所以会入侵萨克森，是因为他对萨克森的对外政策做出了错误的判断。他（错误地）认为，萨克森加入了反普联盟。在取得战斗的胜利后，他命令手下的军官搜查萨克森的国家机密文件，想要找到相关的文件证据（这完全是白费力气）。只不过，他的此次行动也是为了实现更为广泛的战略目标。刚刚继承王位时，弗里德里希发表了《反马基雅弗利》，在书中描述了三种在道义上站得住脚的战争：防御性的战争、以维护正当权益为目标的战争，以及"预防性战争"，即君主发现敌国正准备发起军事行动，于是决定先发制人，以免错过抢先行动带来的主动优势。[31] 入侵萨克森的军事行动显然属于弗里德里希笔下的第三类战争，不仅让他抢在敌国集结全部的军事力量之前打响了战争的第一枪，还令普鲁士获得了对萨克森这块战略敏感地区的控制权——萨克森与普鲁士的边境线距离柏林只有区区80千米，如果弗里德里希没有先发制人，那么反普联盟就肯定会把它当作前沿基地，发起针对普鲁士的军事行动。此外，萨克森同样也具有十分可观的经济价值。在战争期间，普政府无所不用其极，不断地压榨萨克森的经济价值，以此为手段，总共解决了不下三分之一的军费支出——只不过，我们很难搞清楚，在弗里德里希的计算中，财政和资源的因素到底占到了多大的分量。

从单纯的战略角度考虑，入侵萨克森的决定也许是站得住脚的，但从政治影响的角度来看，这却是一场彻头彻尾的大灾难。反普联盟得以标榜自身的正义性，各国愤怒至极，势头变得不可阻挡。在此之前，俄国就已经认为反普联盟是一个具有攻击性的军事同盟，但法国持有不同的看法。如果弗里德里希能够静观其变，等到普鲁士遭到奥地利或俄国攻击的时候，普鲁士就可以扮演受到无端攻击的受害者角色，而法国则很有可能选择保持中立。普鲁士入侵萨克森后，法国与奥地利签订了《第二次凡尔赛条约》（1757年5月1日）。这是一份明显具有攻击性的条约。法国做出承诺，除了要向奥地利提供12.9万的援军，还必须每年向奥方提供1 200万里弗尔的补助，直到奥地利完全收复西里西亚的失地（作为回报，法国将会获得对奥属比利时的控制权）。俄国同样也加入了以《第二次凡尔赛条约》为基础建立的攻击性同盟，承诺派出一支兵力8万人的军队（俄国计划吞并波兰的领土库尔兰，同时把东普鲁士作为补偿，并入由俄国控制的波兰）。此外，神圣罗马帝国的诸侯国也纷纷出兵，组成了一支兵力4万人的帝国军队，就连瑞典人也参与了进来，想要夺回波美拉尼亚的部分甚至全部土地。

换言之，第三次西里西亚战争绝不仅仅是一场决定西里西亚命运的战争，而是一场反普联盟意在瓜分普鲁士的战争，是一场决定普鲁士未来的战争。如果反普联盟实现了作战目标，那么普鲁士王国就会不复存在——一旦失去了西里西亚、波美拉尼亚、东普鲁士，以及派兵参加帝国军队的德意志诸侯国想要纳入囊中的一系列面积要小得多的领土，那么霍亨索伦王朝统治的那个复合国家就会被打回原形，变成一个位于德意志北部的内陆选侯国。在奥地利的关键决策制定者看来，这完全符合本国的计划——考尼茨言简意赅，对奥地利的战略目标做出了这样的描述："把勃兰登堡王朝打回原形，让它重新成为二流小国"。[32]

弗里德里希以寡敌众，最终取得胜利的结果，不仅被时人视为奇迹，就连我们现代人也仍然觉得不可思议。如何解释弗里德里希的成功呢？显而易见的是，普鲁士在地理上占据着一定的优势。占领萨克森后，弗里德里希获得了一大块连成一片的土地（当然，这并不包括东普鲁士和位于威斯特法伦行政圈内的那几个公国），可以以此为基地发起军事行动。位于波希米亚北部的苏台德山脉是一道天然屏障，可以保护西里西亚的南部边境免遭敌军的攻击。汉诺威境内驻扎着由英国提供军费的"观察军"，可以保证弗里德里希的西部边境暂时不会遭到法军的攻击。1758—1761年的四年间，英政府每年都会向普鲁士提供金额高达67万英镑（大约相当于335万塔勒）的巨额军费补贴，足以解决普军在战争期间差不多五分之一的军费需求。此外，弗里德里希（在战争刚开始的时候，他就做出了放弃东普鲁士和威斯特法伦行政圈内诸公国的决定）的另一大优势是，普军可以在国内部署，形成连续的防线，而反普联盟则必须劳师远征（奥地利是唯一的例外）。联军兵力分散在主战场的边缘地带，很难有效地发起步调统一的军事行动。

此外，所有的军事同盟在战争中几乎都存在加盟国动机不同，以及加盟国之间难以互信的问题：玛丽亚·特蕾西亚执意除掉普鲁士这个"怪物"，但其大多数盟国没这个想法，只是想实现更为有限的战略目标。法国关注的焦点主要是大西洋战场，到了普鲁士在罗斯巴赫会战（1757年11月5日）中大获全胜，对联盟造成毁灭性打击之后，法国很快就失去了与普鲁士对抗的兴趣。1759年3月，联盟的加盟国重新展开谈判，签订了《第三次凡尔赛条约》。按照这份新条约的规定，法国削减了本国向联盟提供军事及财政支持的力度。无论是瑞典，还是那些派兵组建帝国军队的德意志诸侯国，都只是打算乘人之危，捡现成的便宜，完全没有耗尽国力与普鲁士打消耗战的想法。奥地利与俄国的同盟关系是反普联盟中最为牢固的一环，但即便是这一环也存在着不少的问题。两国相互猜疑，都不愿意让对方在这场战争中获得过大的利益；奥地利至少有一次把对盟友的不信任转化成了实际行动，在战斗的关键时刻不愿派兵助战，令俄军失去了巩固胜利果实的机会。

然而，这一切并不意味着普鲁士成为最终的胜利者是必然的结果。第三次西里西亚战争之所以持续了七年的时间，正是因为交战双方旗鼓相当，想要在军事上决出胜负是一件十分困难的事情。这并不是一场普鲁士节节胜利的战争，这是一场艰苦卓绝的斗争，对普鲁士来说，每一次胜利都只是意味着争取到了继续战斗的机会。普鲁士在战场上取得的许多胜利都是险胜，不仅军队伤亡惨重，战果也缺乏决定性，不足以改变双方的力量对比，让胜利的天平明显地向己方倾斜。举例来说，在洛沃西采会战（1756年10月1日）中，普军伤亡惨重，虽然获得了对战场的控制权，取得了战术胜利，却没能击溃奥地利的主力部队。利格尼茨会战（1760年8月15日）的情况几乎与洛沃西采会战如出一辙。在这场发生在西里西亚境内，对手同样也是奥军的战斗中，弗里德里希对敌军的部署做出了准确的判断，发现奥方的两支军队难以相互支援，于是便以迅雷不及掩耳之势发起进攻，在另一支部队能够做出有效的反应之前，就令其中的一支部队失去了战斗力。弗里德里希主动出击的战术虽然取得了成功，但奥军却仍然保住了部署在当地的大部分兵力。

在第三次西里西亚战争的许多战斗中，弗里德里希都大放异彩，展现出了作为战场指挥官的高超谋略和独创性。1757年11月5日，弗里德里希在罗斯巴赫击败法军，取得了普军在这场战争中最令人赞叹的一场大胜。弗里德里希率领的普军只有两万人，而由法军和帝国军队组成的联军则有足足四万人，普军必须以一敌二，兵力处于明显的劣势。联军绕过普军的阵地，想要包抄弗里德里希的左翼，而弗里德里希则以令人惊叹的速度调整部署，先是派出骑兵部队，驱散了为联军开路的骑兵，之后又调整步兵的阵形，展开侧翼，形成掎角之势，利用火力优势猛烈攻击排成纵队向己方阵地发起冲击的联军，最终以仅伤亡500人的代价，毙伤联军1万人。

弗里德里希作战技巧的一大特点是，比起线式战术，他更喜欢使用斜线阵。在发动进攻的时候，只要条件允许，他就不会把步兵排成一列又一列的横队，而是会排出斜线阵，逼近敌军的阵线，从而确保己方阵线的一端先于另一端接敌。此外，弗里德里希还经常会派出骑兵部队，增援己方最先接敌的部队。斜线阵的精髓在于，不与敌军硬碰硬，而是首先击溃敌军的一翼，然后再沿着敌军阵线的方向，逐个击溃敌方的作战部队。这种作战方式要求极高，步兵必须进行熟练而又稳定的战场机动，在地形复杂的情况下尤其如此。在许多战斗中，普军都运用复杂的步兵战术部署，发起侧翼攻击，对敌军造成了毁灭性的打击。举例来说，在普、奥两军的兵力基本上旗鼓相当的布拉格会战（1757年5月6日）中，弗里德里希调动普军，包抄奥军的右翼，而奥军则匆忙重新部署兵力，准备应对弗里德里希的攻势——就在这个当口上，普军的基层指挥官发现奥军的新阵地和旧阵地就好像两扇门，连接这两扇门的"合页"是明显的破绽，所以果断发起攻击，在"合页"处打进了一个楔子，令奥军溃不成军。洛伊滕[①]会战（1757年12月5日）是弗里德里希使用斜线阵克敌制胜的经典战例。在这场战斗中，普军的兵力只有奥军的一半多一点，处于明显的劣势；战斗开始后，普军发起佯攻，让奥军误以为敌军正在进行正面进攻，而普军的步兵主力部队则向南进军，包抄了奥军的左翼。普军使出了令人拍案叫绝的攻击套路，步兵部队好似一堵"移动的人墙"，而炮兵部队则不断地跟随步兵的进攻路线调整阵地，在进攻方向的两侧提供协同炮击。

然而，如果敌军有所准备，己方兵力不足，抑或指挥官对战场的局势做出了错误的判断，上述战术也有可能令普军折戟沉沙。例如，在科林会战（1757年6月18日）中，弗里德里希按部就班，准备包抄奥军的右翼，打算沿着敌军阵线的方向，逐个击溃敌方的作战部队，结果发现奥军早已做好准备，采取了应对措施。奥军延长阵线，挡住了普军的前进方向，迫使弗里德里希命令部队以寡击众，向奥军居高临下、防守严密的阵地发起正面进攻，结果引发了一场大灾难——奥军取得了战斗的胜利，以8 000人伤亡的代价，毙伤普军1.4万人。[33]

在曹恩道夫会战（1758年8月25日）中，弗里德里希对俄军的部署做出了完全错误的解读，命令部队向北进军，准备包抄俄军的左翼，结果发现自己迎头撞上了俄军的阵线；这场战斗十分血腥，普军、俄军都付出了惨痛的代价，分别有1.3万人、1.8万人伤亡。学界至今也没能得出定论，搞清楚曹恩道夫会战到底是普军取胜，还是

---

① 洛伊滕今属波兰下西里西亚省，称卢提尼亚（Lutynia）。——编者注

俄军更胜一筹，抑或是一场两败俱伤的平局。普军与俄军的第二次大规模作战库勒斯道夫会战（1759年8月12日）表现出了一些相同的特征。战斗开始后，普军的炮兵和步兵对俄军的右翼进行了准确的火力攻击，胜利的天平似乎已经开始向普军倾斜。然而，战局很快就发生反转，变成了一场大灾难——俄军调整部署，在右翼遭到普军攻击的方向建立了稳固的阵线，普军的步兵部队前进受阻，被困在一处狭窄的低地，遭到了俄军火炮的猛烈轰击。在这一战中，弗里德里希同样没能全面掌握战局的发展——战场地势不平，导致骑兵无法进行有效的侦察，但弗里德里希却没能在制订作战计划的时候充分考虑到，己方侦察部队提供的情报存在明显的缺陷。普军的损失极其惨重，总共有1.9万人伤亡，其中有6 000人战死沙场。

综上所述，弗里德里希并不是一位完美无缺的军事指挥官。在七年战争中，他一共指挥了16场战斗，只获得了其中8场战斗的胜

图19 库勒斯道夫会战（1759年8月12日）。当时的版画

第七章 逐鹿欧洲

利（这还是我们放宽标准，认为曹恩道夫会战的胜利者是普鲁士的结果）。[34] 即便如此，在大多数方面，与对手相比，弗里德里希仍然明显具有优势。此外，他孤立无援的处境同样也可以算作某种优势——他不需要考虑盟友的意见。由于普军的总指挥同时也是国君，以及（事实上的）外交大臣，与俄国、法国、奥地利相比，普鲁士的军事决策过程简单到了令人难以置信的程度。普鲁士做决策时不需要详细讨论，所以也就不会像哈布斯堡王朝那样，存在反应迟缓的问题。此外，由于弗里德里希是一位不屈不挠、才华横溢、胆识过人的君主，再加上他乐于从错误中吸取教训，对自己犯下的错误也毫不避讳，普鲁士决策过程简单的优势得到了更为明显的体现。如果全面地回顾一下第三次西里西亚战争的进程，我们就会有些惊讶地发现，在大多数的战斗中，弗里德里希都能迫使敌人进行战术防御，都可以按照自己的意图确定交战的时间与地点。这在一定程度上是因为普军拥有在当时远优于其他国家、已经得到公认的训练水平——身着蓝色军服的普军士兵训练有素，可以随意调整前进方向，好似存在一个隐形的轴心点，而普军的重新部署速度则更是冠绝欧洲，是同一历史时期绝大多数其他欧洲国家军队的两倍。[35] 弗里德里希在战场上临危不惧，能够保持头脑冷静，把普军的上述优点发挥得淋漓尽致。普军在霍克齐会战（1758年）中遭到灾难性的打击后，弗里德里希处变不惊，虽然坐骑被火枪击中，全身沾满了战马的血污，但他仍然冒着炮火坚持指挥，确保部队井然有序地离开战场，撤退到安全地带重新布防，没有让奥军获得乘胜追击的机会——这一战最为突出地体现了弗里德里希沉着冷静的指挥风格。

  弗里德里希拥有在失败后重整旗鼓，在新的战斗中让敌人遭受沉重打击的能力；这虽然并不足以赢得战争，却仍然可以让普鲁士坚持下去，挨到反普联盟发生内部瓦解的时刻。伊丽莎白女皇身患重

图 20　弗里德里希大王的画像（复制品）。约翰·海因里希·克里斯托夫·弗兰克绘

病，时日无多的消息得到确认后，俄国脱离反普联盟已经只是时间问题。1762年，伊丽莎白驾崩，极其崇拜弗里德里希的彼得大公刚一继承帝位就开始谈判，想要与普鲁士建立盟友关系。彼得在皇帝的宝座上尚未坐稳，就因为妻子发动政变而失去了帝位，之后没过多久，又被妻子的情夫谋杀。政变成功后，叶卡捷琳娜二世撤回了与普鲁士结盟的提议，但也并未恢复与奥地利的盟友关系。失去大国的支持后，瑞典认识到实现本国在波美拉尼亚的战略意图已经希望渺茫，很快就做出了退出联盟的决定[1]。此外，法国在印度、加拿大连吃败仗，兵败如山倒——虽然这看起来的确十分奇怪，但由于对法国来说，战争的目标已经变得无关紧要，所以法国同样也失去了继续作战的兴趣。法国与英国召开和会，于1763年2月10日签订《巴黎条约》，令奥地利陷入了孤立无援的境地。奥地利的国库已经见底。在经历了长达七年的血腥战争，牺牲了数不清的人命，浪费了巨量金钱之后，玛丽亚·特蕾西亚于1763年2月15日与普鲁士签订《胡贝图斯堡和约》，承认了参战各国在开战前的边界线，而弗里德里希则承诺在下一次皇帝选举的时候支持玛丽亚的长子，也就是神圣罗马帝国未来的皇帝约瑟夫二世。

在回顾18世纪中叶发生在欧洲的战争时，我们往往会表现出这样一种倾向，即把战场想象成军事形势图，上面画满了代表作战部队的长方形图标、代表进军方向的箭头；或是会联想到战争游戏的游戏桌，眼前出现五颜六色的士兵模型在绿色的粗呢桌布上整齐列队的景象。在大谈特谈"移动的人墙""斜线阵""包抄"敌军侧翼的时候，我们很容易就会忘记，在绝大多数情况下，到了枪炮大作，战斗真正打响之后，战场会变成一个混乱不堪，令人充满恐惧的地方。对那些

---

[1] 在彼得三世的斡旋下，瑞典于1762年5月22日与普鲁士签订《汉堡条约》，退出了战争。

站在最前排或排在阵形最外侧的士兵来说，在遭到火枪子弹、霰弹、实心加农炮弹的袭击，战友血肉横飞的时候，也必须保持阵形和军纪。展现个人英雄主义的机会少之又少，在绝大多数情况下，广大官兵所能做的仅仅是抑制住本能，不临阵脱逃、寻找掩护。军官必须站在尤其显眼的位置，无论战况如何激烈，也应当在手下士兵和同僚的眼前保持绝对冷静。这并非仅仅是关于个人勇气的问题，而是关系到了刚刚出现的军事贵族阶层的集体道德。

恩斯特·冯·巴泽维施出身于阿尔特马克的一个普通容克贵族家庭，在完成柏林候补军官学校的学业后成为军官，开始为普军效力，参加了七年战争的许多战斗。他以自己在战争期间草草记下的日记为基础编撰了一本回忆录，在书中捕捉到了普鲁士军官的心态——他们除了表现出一种与日本武士相似的视死如归的精神，有些时候还会在战场上对其他军官流露出一种近乎同窗之谊的情感。在霍克齐战役中，奥军发动进攻时，巴泽维施被部署在普军遭到攻击的一翼，在战场上与弗里德里希距离很近。火枪子弹像冰雹一样袭来，几乎全都瞄准了整齐列队的士兵的胸膛和脸部。在国王身边，一位名叫冯·豪格维茨的少校军官被子弹射穿了胳膊，不久之后，国王坐骑的脖子被另一颗子弹击中。在距离巴泽维施不远的地方，冯·凯特元帅（国王的宠臣）被炮弹击中，落马身亡。不伦瑞克的威廉伯爵被火枪子弹穿身而过，当场死亡——他是巴泽维施所在步兵团所属的步兵旅的旅长，同时也是在这场战斗中阵亡的第二位高级军官。威廉的坐骑是一匹通身洁白的牝马，它受到惊吓，在两军阵前来回奔跑，跑了快半个小时才终于停了下来。为了平复紧张的情绪，巴泽维施与身旁其他的贵族青年一起故作镇静，谈笑风生：

> 战斗刚开始的时候，一颗火枪子弹迎面射来，击穿了我帽

子的尖顶,差点蹭到我的头皮,这可真是太荣幸了;没过多久,另一颗子弹又击中了帽子左侧高高翻起的帽檐,把帽子打落在地。我对站在不远处的冯·赫茨贝格三兄弟说道:"先生们,那帮帝国兵似乎看上了这顶帽子,我还要把它戴回去吗?""快戴回去吧,"兄弟仨答道,"这帽子就是你的军功章。"冯·赫茨贝格兄弟中的老大掏出了鼻烟壶,说道:"先生们,吸点鼻烟壮壮胆吧!"我走上前去,捏了一撮,答道:"没错,我们现在就是不能少了勇气。"冯·翁鲁跟在我后面,也捏了一撮。冯·赫茨贝格兄弟中的老幺最后一个走上前来,同样也取了一点鼻烟。就在老大自己取了一点鼻烟,正准备吸的时候,一颗子弹飞了过来,击中了他的脑门。我就站在旁边,呆呆地看着他——他大叫了一声"主啊!耶稣!",之后便转了个身,倒地身亡。[36]

容克贵族阶层之所以能够在弗里德里希的国家中获得特殊的地位,正是因为容克贵族青年在战争中做出了集体牺牲——各位读者注意到了吗,在普军的那一小段阵线上,就有冯·赫茨贝格家族的三兄弟并肩作战!

以第一人称叙述战场情况的著作几乎全都出自军官的手笔,而普军的军官则大都出身贵族家庭,但这并不意味着我们可以忽视平民在战场上做出的巨大牺牲。在洛沃西采会战中,每有一名军官战死,就意味着有不下 80 个普通士兵阵亡。骑兵尼古劳斯·宾来自阿尔特马克境内距离奥斯特堡不远的埃克斯莱本,他在家书中写道,已经有 12 个来自埃克斯莱本的士兵在战斗中阵亡,其中有两个人分别名叫安德烈亚斯·加尔利普和尼古劳斯·加尔利普,他们就算不是亲兄弟,也肯定是堂兄弟。接下来,他话锋一转,给家里人吃了颗定心丸：'除了前面提到的那些阵亡的人，其他人全都活得好好的'。[37]一个名叫弗朗茨·赖斯的士兵在普军的许尔森团服役，他在10月6日那天，也就是洛沃西采会战结束后的第五天描述了自己开赴战场时的情景。他写道，他和战友刚刚排好队形，队列就遭到了奥军火炮的猛烈轰击：

> 就这样，战斗从早上六点开始，在隆隆的炮火声中，一直持续到了下午四点。我一直都处在极端的危险之中，结果还保住了性命——我都不知道该怎么感谢上帝了。在奥军的第一轮火炮齐射中，就有一发炮弹击中了克伦普霍尔茨的脑袋。他就站在我身旁，脑袋被打掉了一半，脑浆混着头骨碎片溅了我一脸。我肩上扛着的枪也被打成了碎片，但感谢上帝，我竟然没有受伤。哎呀，老婆啊，我都不知道该怎么描述之后发生的事情了——两军枪炮齐鸣，就算身边有人大吼大叫，你也一个字儿都听不到；我们听到的枪声、看到的子弹何止成百上千，而是成千上万。然而，到了下午的时候，敌军逃之夭夭，我们得到上帝的保佑，取得了战斗的胜利。我们向敌军的阵地走去，一路上尸横遍野，尸体足足垒了三四层，一些阵亡士兵脑袋被炸飞了，另一些则缺胳膊少腿——简而言之，这是一幅让人目瞪口呆的景象。宝贝儿啊，你能想象到我们当时的感受吗？我们就好像待宰的羔羊，被送到了屠宰场，根本就不知道等待自己的将会是什么样的命运。[38]

战斗结束后，战场会彻底陷入混乱。滞留在战场上的伤员命运极其悲惨。曹恩道夫会战、库勒斯道夫会战结束后，俄军的哥萨克轻骑兵趁着夜色潜回战场，普军伤员被杀时发出的惨叫声不绝于耳。即便有幸逃过敌军的暴行，伤员也必须拥有坚强的意志和好运才能活命。按照当时的标准，普军的手术支援服务不仅规模较大，组织也相对良好；但考虑到战斗结束后，战场都会乱成一锅粥（如果己方吃了败仗，那么局面就会尤其混乱），伤员要想找对地方，得到及时的救治，其实是一件希望十分渺茫的事情。不同的外科医生水平差别极大，治疗感染伤口的设施相当简陋。

在洛伊滕会战中，一颗火枪子弹击中恩斯特·冯·巴泽维施的脖子，卡在了肩胛骨中间，但幸运的是，他碰巧遇到了一个被俘的奥军士兵，发现他是个比利时人，毕业于里昂大学，是个科班出身的外科医生。有些让人沮丧的是，那个比利时人失去了精密的外科手术工具——俘获他的普军士兵把手术工具当作战利品，装进了自己的腰包。尽管如此，他还是找来了一把鞋匠用的"劣质钝刀"，一连划了"十刀或十二刀"，终于把卡在巴泽维施背上的子弹挖了出来。与巴泽维施相比，他的战友甘斯·埃德勒·冯·普特利茨男爵可就没有那么幸运了。他的一只脚被霰弹爆炸后射出的弹片打得血肉模糊，之后又在冰冷的战场上躺了两夜一天，一直都没能得到救治，导致伤口感染化脓。那个被俘的比利时医生对普特利茨说，想要活命，膝盖以下就必须截肢，但普特利茨却一直都不同意——他也许是头脑不太清醒，也有可能是太害怕了。感染渐渐地蔓延了开来，只过了几天时间，他就伤重不治。去世前不久，他对巴泽维施说，自己是独生子，请求巴泽维施一定要把安葬的地点转达给他的父母。"普特利茨的死对我打击很大，"巴泽维施写道，"他才17岁上下，年纪轻轻就受了致命伤，只能任由时间一个小时接着一个小时地过去，眼睁睁地看着死神迈着缓慢的步伐，步步逼近。"[39]

七年战争与上一个世纪的三十年战争不同，是一场"内阁战争"①，与之前的战争相比，参战部队军纪相对严明，能够通过相对精密的后勤体系获得本国政府提供的装备和补给。因此，七年战争并没有催生出天下大乱、暴力横行的无政府状态，德意志诸国的居民也就没有像17世纪三四十年代那样，因为战争而留下难以治愈的创伤。然而，这并不意味着平民可以免遭战争的摧残——无论是在敌占区，还是在战斗发生的地方，平民都有可能遭到横征暴敛，成为报复对象，甚至还有可能成为战争暴行的受害者。举例来说，瑞典人入侵波美拉尼亚之后，把目光转向了位于勃兰登堡北部，与波美拉尼亚接壤的乌克马克，要求当地的居民缴纳总额高达20万塔勒的捐税，相当于该省每年向普鲁士国王缴纳的捐税总额的整整两倍。[40] 在战争期间，霍亨索伦王朝位于威斯特法伦行政圈内的省份几乎一直都是法国和奥地利的占领区；在这几个省份，军事占领当局建立了复杂的征收体系，不仅强征捐税，还勒索钱财，通常会扣住当地的头面人物，把他们当作人质，迫使占领区的居民就范。[41] 在罗斯巴赫吃了败仗之后，法军在撤退的路上经过图林根、黑森，沿途犯下了数不清的暴行。"我军的暴行罄竹难书，"一位法国将军记录道，"在一片方圆40里格的地界里，我军士兵横行无忌；他们杀人放火、奸淫掳掠，无恶不作……"[42]

在这一历史时期，大多数军队都会使用一种名叫"轻装部队"的武装力量，造成了尤其严重的问题。轻装部队由志愿者组成，不受正规部队的严格管辖，拥有半独立的地位，但同时也得不到常规的后勤支持，必须完全依靠征收和缴获战利品的方式来解决补给问题。虽然最为著名的轻装部队是俄国的哥萨克骑兵，以及为奥地利效力，身

---

① "内阁战争"的特点是，参战部队规模较小，军官大都出身贵族家庭，大量使用雇佣军，战争的目标相对有限，参战国经常改变阵营。与之形成对比的是之前发生的宗教战争，以及20世纪发生的全面战争。

着奇装异服的"潘德"轻步兵,但法国也雇用了类似的轻装部队。在俄军占领东普鲁士的第一阶段,由哥萨克和卡尔梅克人组成,总兵力大约1.2万人的俄军轻装部队横冲直撞,用火与剑蹂躏了东普鲁士的土地:一位当时的东普鲁士人记录道,俄军的轻装部队"残杀手无寸铁的平民,要么把他们吊死在树上,要么割掉他们的鼻子耳朵;还有一些平民被肢解,行凶者的手段无比残忍,令人切齿……"。[43] 东弗里西亚是位于德意志东北方的一小块土地,在1744年的时候成了普鲁士的领土;1761年,为法军效力的"菲舍尔自由兵团"闯入这一地区,在接下来的一周时间内烧杀抢掠,坏事做尽,把当地的平民吓得心惊胆战。东弗里西亚的农民回想起了当地的集体抗议和反抗传统,揭竿而起,反抗占领军的恐怖统治,让当时的一些人想起了1525年的德意志农民战争。直到法军从邻近地区调来正规部队,东弗里西亚的局势才终于平静了下来。[44]

　　在七年战争中,尽管就烈度而论,发生在东弗里西亚的战斗只是一个特例,并不是普遍存在的现象;但不可否认的却是,在所有受到战争影响的省份,人口的死亡率全都大幅上升,而造成死亡率上升的主要原因是,收治伤病员的医院人满为患,导致"军营流行病"大肆传播。在战争期间,克莱沃公国和马克伯国总共有15%的人口死亡。在克莱沃公国境内,位于莱茵河畔的城市埃默里希仅仅在1758年那一年,就有10%的居民命丧黄泉,而造成人口死亡率上升的主要原因是,逃离德意志西北部的法军把疾病传染给了镇民。普鲁士王国的各个省份几乎全都因为战争而损失了大量人口,损失的惨痛程度令人瞠目结舌:西里西亚的人口损失是4.5万,波美拉尼亚损失了7万人,诺伊马克和库尔马克总共损失了11.4万人,东普鲁士损失了9万人。总的来说,普鲁士在七年战争中损失的人口应当在40万左右,大约相当于全国总人口的10%。

## 胡贝图斯堡的遗赠

1756年，奥地利和法国调整了外交政策的取向，放弃了相互间长久以来的敌对关系，转而建立了盟友关系，完全打破了传统的王朝间合作关系框架，以至于后世的史家把法奥两国外交政策的这一调整称作"外交革命"。[45]然而，正如前文提到的那样，1756年发生的事件在很大程度上只是一系列变化的最终结果，而变化开始的时间则是1740年12月。换言之，真正的革命是普鲁士入侵西里西亚的决定。如果没有这一强大的刺激因素，奥地利就绝对不会放弃传统盟友英国，转而投向宿敌法国的怀抱。奥地利调整外交政策的做法引发了一连串的震荡与调整，就好似一根极长的导火索，贯穿了欧洲的近代史。

与奥地利的盟友关系，尤其是法奥联军在罗斯巴赫会战中的惨败，在法国引起了舆论的轩然大波，造成了灾难性的后果，令民众对波旁王朝的统治能力产生了怀疑，这种影响一直持续到1780年代法国爆发革命危机。1758年春，担任法国外交大臣的枢机主教德·贝尼斯评价道："我国的民众恨透了这场战争，表现出了前所未有的反战情绪。我们的敌人普鲁士国王受到了疯狂的爱戴……而维也纳的朝廷则遭到痛恨，被视为缠上了法国的吸血鬼。"[46]在挑剔的法国时人眼中，法国在1756、1757年与奥地利签订的盟约令"路易十五颜面尽失"，"不仅没有任何原则，更是对法国的实际利益造成了灾难性的打击"。塞居尔伯爵回忆时说，七年战争的失败"既伤到了法国人的民族自尊，又激发出了民族自豪感。整个王国由东到西、由南至北，所有的臣民都把反抗朝廷视为事关个人荣誉的大事"。1772年，普鲁士、奥地利、俄国合伙对波兰进行了第一次瓜分，而由于波兰是法国传统的保护国，其利益受损加剧了法国国内的紧张情绪，证明了新的国际同盟体系不仅对奥地利有利，甚至还会损害法国的利益。[47]火上浇油的是，1771年，为了让两国的同盟关系变得更加稳固，法国国王决定让王储，也就是未来的路易十六与哈布斯堡王朝的公主玛丽·安托瓦内特成婚。她后来成了波旁王朝专制统治病入膏肓的政治弊端的象征。[48]简而言之，我们可以认为，在那场最终导致法国君主制度终结的危机中，至少有一个环节可以追溯至弗里德里希二世入侵西里西亚的决定所造成的严重后果。

七年战争结束后，俄国的历史也进入了一个全新的时代。俄国并没有实现伊丽莎白女皇在战前制定的领土扩张目标，却仍然利用这场战争极大地增强了国际声望。在这场战争中，俄国第一次在欧洲的大战中扮演了贯穿始终的重要角色。接下来，俄国先是在1772年与奥地利、普鲁士统一步调，瓜分了波兰－立陶宛联邦边境地区的土地，确立了欧洲强国的地位，之后又在1779年普鲁士与奥地利签订《特申条约》的时候成为担保国，进一步巩固了强国地位。俄国终于成了欧洲列强俱乐部的正式成员，结束了彼得大帝在位时踏上的漫漫征途。[49]

俄国既表现出了侵略扩张的倾向，又拥有强大的国力，还显得无懈可击，因而带来了此前瑞典人和土耳其人都无法相比的巨大威胁。此后，俄国开始在德意志欧洲的权力斗争中扮演至关重要的角色——在1812—1813年、1848—1850年、1866年、1870—1871年、1914—1917年、1939—1945年、1945—1989年的危机中，俄罗斯人全都参与其中，即便不能决定权力政治斗争的结果，也会对结果产生重大的影响。从这一刻起，普鲁士的历史始终都与俄国的历史盘根错节，难解难分。弗里德里希并不能洞悉未来，但他却仍然可以感受到俄国带来的冲击，能够凭着直觉认识到，局势发生了不可逆转的变化。在经历了曹恩道夫会战、库勒斯道夫会战，目睹了战场的惨状之后，只要一想到俄国强大的实力，弗里德里希就会心惊胆战。1769年，他对弟弟海因里希亲王说，叶卡捷琳娜二世的帝国"是一股令人恐惧的力量，将会让整个欧洲瑟瑟发抖"。[50]

前文已经提到，与普鲁士长期而艰苦的斗争令奥地利的统治者重新思考局势，对本国的对外政策做出了颠覆性的调整。考尼茨在1748—1756年主导了奥地利对外政策的调整工作，此后一直担任哈布斯堡王朝负责外交事务的总理大臣，虽然在1790年约瑟夫二世驾崩之后权势有所下降，但他一直担任此职务到1792年。普鲁士的挑战同样也对奥地利的内政产生了深远的影响。1749—1756年，奥政府推出了大量的改革措施，史称"第一次特蕾西亚改革"，其目的是加强哈布斯堡王朝的行政管理能力，让奥地利能够有效地反制普鲁士所造成的冲击。中央政府经历了大幅改组，目的是让那些最为重要的行政机关在实现中央集权的同时，简化办事流程。此外，奥地利还推行了新的税收制度——普鲁士在西里西亚建立了一套新的行政机构，受到了奥地利统治阶层的密切关注，间接地为奥地利的新税制提供了蓝本。上述改革措施的总设计师弗里德里希·威廉·冯·豪格维茨伯爵是西里西亚人，他在故乡遭到普鲁士入侵后逃到奥地利，皈依了天主教。在奥地利的所有统治者中，玛丽亚·特蕾西亚的长子，在她去世后成为神圣罗马帝国新任皇帝的约瑟夫二世的决心最为坚定，认为必须把弗里德里希二世当作榜样来学习。约瑟夫之所以会狂热地相信，想要应对欧洲竞争激烈的国际环境所带来的挑战，就必须让哈布斯堡君主国变得更具单一制国家的特征，在一定程度上正是因为他对弗里德里希取得的成就进行了深刻的思考。为了实现这一目标，他在1780年代进行了多次尝试，险些导致哈布斯堡王朝的内部崩溃。[51]

三次西里西亚战争同样也给普鲁士留下了难以磨灭的印记。全国各地的土地全都遭到了战争严重的破坏，以至于在弗里德里希在位的最后二十年间，战后重建的费用一直都占据着国内投资的大头。帮助移民在荒无人烟的地区定居、以排空积水的方式让沼泽地变成良田和草甸一直都是普政府优先执行的政策方针。举例来说，在大部分居民的母语都是波兰语的农业区马祖里，普政府吸引来自符腾堡、普法尔茨、黑森-拿骚的移民，为他们建立了一大批新的定居点：利普尼艾克（1779年）、恰伊肯（1781年）、波瓦尔钦（1782年）、韦索洛文（1783年）、伊托肯（1785年）、肖德马克（1786年）。在建立定居点的同时，普政府还开凿了庞大的运河网络，目的是在南马祖里这个到当时为止闭塞及欠发达程度在全国数一数二的地区排空沼泽地的积水。运河完工后，积水排入了奥穆莱夫河、瓦尔德普施河，在原先人迹罕至的沼泽地上，新的村庄像雨后春笋一样涌现了出来。[52]

主要从1763年战争结束后，弗里德里希渐渐认识到，国家必须承担更为广泛的社会义务，而那些冒着生命危险在军中服役的士兵更是应当得到国家的优待。1768年，弗里德里希宣称："那些贡献了自己的全部力量，冒着受伤、生病、失去生命的危险，为全体国民的福祉做出牺牲的士兵，有权要求所有的受益人为自己提供福利。"政府除了在柏林成立优抚机构，能够为600个因伤致残的士兵提供住宿和护理服务，还从军费中划拨出了一笔专款，为那些解甲归田后穷困潦倒的士兵提供经济支持。此外，政府还会在货物税体系、关税体系、烟草专卖体系中留出一些低薪的工作岗位，在其他的政府部门也会留出一些无关紧要的职位，用来为时运不济的退伍士兵解决就业问题。[53]弗里德里希越来越强烈地依赖针对谷物征收的货物税以及谷仓体系，用来应对粮食短缺、粮价上涨、饥荒所造成的不良影响——这也许是最引人注目的例证，能够表明国王变得更愿意动用国家机器来解决社会上涉及面最为广泛的民生问题。举例来说，1766年，弗里德里希暂停了以谷物为征收对象的货物税，目的是让更多廉价的进口谷物进入普鲁士的市场；三年后，他虽然重新开始征税，却规定征税对象仅限于小麦，从而把面包税的税负全都转嫁到了那部分经济状况较好，有能力购买白面包的人身上。1771—1772年冬，饥荒席卷全欧洲的时候，政府开仓放粮，以受控的方式把大量的谷物注入市场，保证国民免遭饥荒的冲击，是七年战争结束之后政府粮食政策的最大亮点。虽然建立谷仓体系的初衷是满足军队的军粮需求，但在饥荒发生之后，政府却能做到优先考虑民生，让军队的需求退居次席。综上所述，我们可以认为开仓放粮的做法等同于向国民发放了巨额的实物补贴，是普鲁士政府贯彻社会福利政策的实践。[54]

七年战争的另一个影响是，普政府放慢了推行行政管理一体化的脚步。在刚刚继位的那几年间，为了实现这一目标，弗里德里希设立了一批新的行政管理机构，比如负责全国工业发展政策的第五部，又比如负责军事事务，管辖范围同样也是普鲁士全国的第六部。[55]然而，到了1763年，七年战争结束之后，行政一体化的进程失去了原有的势头，而造成这一状况的主要原因则是，战争的经验让弗里德里希意识到，边境国土是无法防卫的——弗里德里希一贯认为，应当让地缘战略的因素决定自己在和平时期优先采取什么样的经济政策。正因为如此，东普鲁士才一直都没有完全融入全国谷仓体系，而到了七年战争结束之后，政府更是渐渐地减弱了东普鲁士向核心诸省输送谷物的力度，开始用从波兰进口的价格更为低廉的谷物取而代之。[56]此外，自1766年起，把西部诸省的财政体系与核心诸省整合到一起的工作也放慢了脚步——在这一年，政府放弃了在全国推行统一的货物税征收体系的计划，此后柏林当局对地方政府的管控明显减弱。[57]由于经常有人提出，战争是普鲁士增强中央集权的主要推动力，我们很有必要在这里强调，在普鲁士加强中央集权的过程中，战争也起到了上文提到的迟滞作用。

占领西里西亚让弗里德里希大幅提升了普鲁士的国际地位,但如果我们认为,这样的结果让他充满自信,觉得自己的实力已经变得十分强大,可就大错特错了。实际情况恰恰相反。弗里德里希依旧十分急迫地感觉到,自己取得的成就十分脆弱。他在1768年的政治遗嘱中指出,欧洲大陆的"国际体系"中只有"四个强国,就实力而论,其他的国家全都无法相提并论";普鲁士并不能在这四个强国中占据一席之地。[58]1776年,弗里德里希身患重病,在病愈后像着了魔一样,认为自己辛辛苦苦夯实的国家机构无法长久,到了他撒手归西之后,整个国家就会分崩离析。[59]弗里德里希心里很清楚,普鲁士一方面拥有极高的国际声望,另一方面又是一个资源贫乏的国家,两者间存在着从本质上讲无法调和的矛盾。[60]所以说,在他看来,自己没有任何沾沾自喜的理由。普鲁士急需找到途径来弥补自己在权力政治中所处的弱势地位。正因为如此,到了1763年,也就是七年战争结束之后,弗里德里希才会在国内以极大的力度开展战后重建工作。在外交领域,弗里德里希的首要目标是,设法化解在叶卡捷琳娜二世的统治下奉行对外扩张政策的俄国所造成的威胁。弗里德里希遵循自己提出的外交理念,即在任何情况下,国君都应当设法与最有可能攻击本国的国家结盟,开始集中力量,设法与俄国签订互不侵犯条约。1764年,普鲁士与俄国缔结盟约,是这一外交政策的高光时刻,用一纸条约化解了俄国造成的威胁,同时消除了奥地利发起复仇战争的危险。[61]

由于所有的盟约都并不牢靠,有效期的长短完全取决于签约国的掌权者是否愿意遵守相关的条款——举例来说,普鲁士在1764年与俄国签订的盟约就因为俄国的外交大臣尼基塔·帕宁在1781年失势而变成了一纸空文——所以对弗里德里希来说,国家安全的终极保障仍然是军队的吓阻能力。《胡贝图斯堡和约》生效后,普鲁士仍然保留了大量的军队。1786年时，普鲁士的人口在全欧洲排名第13，国土面积排名第10，但军队规模却排名第3。普鲁士总人口只有580万，却供养着一支兵力高达19.5万人的军队。换言之，在普鲁士王国，每29个臣民中，就有一个人是军人；军人占总人口的3.38%，这个比例即便是与冷战时期高度军事化的苏东集团国家相比，也毫不逊色（例如1980年时，德意志民主共和国的军人在总人口中所占的比例是3.9%）。正是因为普鲁士的军队规模太过庞大，弗里德里希二世的副官格奥尔格·海因里希·贝伦霍斯特才会在七年战争期间做出这种让人过目难忘的评价："普鲁士并不是一个拥有军队的国家，而是一支拥有国家的军队——换言之，普鲁士之所以能够成为国家，只是因为普鲁士的军队恰巧驻扎在这里而已。"[62]

只不过，由于在普军的士兵中，只有8.1万人是土生土长的普鲁士人，所以军人在总人口中所占的比例高达3.38%的结论有一定的误导性。如果仅计算本土士兵在人口中所占的比例，结果则为1.42%，与20世纪末时西欧国家的情况相差无几（例如，1980年时，德意志联邦共和国的军人在人口中所占的比例是1.3%）。所以说，普鲁士虽然是一个高度军事化的国家（即一个军队消耗了大部分资源的国家），但这并不意味着普鲁士的社会是一个高度军事化的社会。普鲁士并没有实行全民兵役制度。按照现在的标准来看，在和平时期，普鲁士军队的训练不仅时间短，还有些像例行公事，而普军的社会结构更是仍然千疮百孔。让军队在军营中驻扎，把士兵集中起来，花上数年的训练时间来灌输思想理念的做法，仍然要等到遥远的未来才会出现。

那么七年战争又对"德意志民族的神圣罗马帝国"造成了什么样的影响呢？丹麦的外交大臣伯恩斯托夫伯爵约翰·哈特维密切关注七年战争的进程，指出这场大战的焦点并非只是一个省份的归属权，

第七章　逐鹿欧洲　　275

而是确定神圣罗马帝国到底是应当由一个国家独执牛耳，还是应当由两个国家共同主事。[63]前文已经提到过，一直以来，勃兰登堡与奥地利时不时地发生摩擦，双边关系麻烦不断。从勃兰登堡开始在帝国政治中表现出一定自主性的那一刻起，霍亨索伦王朝就越来越有可能与哈布斯堡王朝爆发冲突。然而，在很长一段的历史中，一代又一代的勃兰登堡选帝侯全都承认帝国皇帝至高无上的地位，因而哈布斯堡王朝的地位同样也被视为不可动摇。1740年，弗里德里希入侵西里西亚之后，这一切都发生了天翻地覆的变化。吞并西里西亚后，普鲁士不仅获得了金钱、农产品、新的臣民，还得到了一条宽阔的陆地走廊，从勃兰登堡的核心腹地直通哈布斯堡王朝统治的波希米亚、摩拉维亚、奥地利世袭领地的边缘地带。换言之，西里西亚就好似一把直插哈布斯堡君主国心脏的匕首。（在1866年的普奥战争中，西里西亚起到了决定性的战略作用——在普鲁士的四个集团军中，有两个集团军在西里西亚境内集结，之后进入波希米亚，在柯尼希格雷茨大败奥军。）"失去西里西亚是奥地利永远也无法抚平的伤痛，"弗里德里希在1752年的政治遗嘱中写道，"奥地利人永远也不会忘记，现如今，在德意志诸国，他们必须与我们普鲁士人共享权力。"[64]

神圣罗马帝国的政治生活开始围绕着相互制衡的两极运行，这在历史上还是头一次。神圣罗马帝国的历史进入了奥地利-普鲁士"二元"时代。从此往后，普鲁士对外政策的首要目标变成了确保本国在新国际秩序中争取到的新地位，阻止维也纳当局以对其有利的方式调整势力平衡。在这种权力政治交锋中，1778年爆发的巴伐利亚继承战争是最突出的例子。1777年12月，巴伐利亚选帝侯马克西米利安三世·约瑟夫去世，身后没有留下直系继承人。下一任选帝侯卡尔·特奥多与维也纳当局达成一致，同意用自己即将继承的巴伐利亚选侯国换取奥属尼德兰（即比利时）。1778年1月中旬，一小支奥军进入了巴伐利亚。普鲁士的第一反应是寻求补偿：奥地利获得了巴伐利亚，普鲁士就相应地要求获得对弗兰肯行政圈境内的安斯巴赫侯国和拜罗伊特侯国的继承权。考尼茨根本就不愿意考虑普方的诉求，把柏林当局进行武装干涉的威胁当成了耳边风。

　　1778年夏，已经66岁高龄的弗里德里希决定采取行动，亲自率领普军进入波希米亚。他宣称自己是为了同样对巴伐利亚选侯国拥有继承权的茨韦布吕肯公爵卡尔发起军事行动的。在波希米亚北部，弗里德里希遇到了一支规模庞大、指挥有序的奥地利军队，被挡住了前进的道路。之后的好几个月，双方一直都在调兵遣将，调整战术部署，没有发生任何大规模的战斗，天气则变得越来越湿冷。弗里德里希出于无奈，最终做出了让军队在苏台德山中过冬的决定。在极寒的天气中，普奥两军采集粮秣的小分队经常为了争夺几块冻得硬邦邦的马铃薯田而发生遭遇战。尽管这场"马铃薯战争"没有发生任何足以影响战争结果的决战，但玛丽亚·特蕾西亚仍然想要尽快结束战争，即便做出让步也在所不惜。在俄法两国的调停下，奥地利与普鲁士进行谈判，最终签订了《特申条约》（1779年5月13日）。按照条约的规定，玛丽亚·特蕾西亚不仅放弃了巴伐利亚的全部领土，还承认了普鲁士对安斯巴赫侯国和拜罗伊特侯国的最终继承权。这一纸和约表明了奥地利政府是多么不愿与弗里德里希单独对抗，反映出奥地利仍然没能从三次西里西亚战争所造成的创伤中恢复过来，同时也证明了普军已经变成了一支令人望而生畏的武装力量。德意志诸国的反应同样耐人寻味。许多国家都与普鲁士站到了一起，认为弗里德里希是帝国秩序的守护者，而哈布斯堡王朝则是妄图吞并他国领土的侵略者。1785年，约瑟夫再一次动起了用奥属尼德兰交换巴伐利亚的心思，而弗里德里希则又一次扮演了帝国守护者的角色，与想要扩张领土的皇帝针锋相对。同年夏，他联合萨克森、汉诺威，以及一系列规模较小的诸侯国，成立"诸侯联盟"（Fürstenbund），宣称联盟的目的是守护神圣罗马帝国，挫败帝国皇帝的扩张企图。仅仅过了18个月的时间，联盟就拥有了18个加盟国，就连天主教美因茨教区的大主教也入了伙——他不仅是神圣罗马帝国的副总理大臣，一直以来还都是维也纳当局坚定的支持者。[65]

普鲁士完成了从偷猎者到护林人的身份转变。弗里德里希变得深谙"护林之道"。就这一点而论，最为明显的例证是他对神圣罗马帝国复杂的宗教机制的利用。18世纪中后期，在神圣罗马帝国内部，天主教阵营与新教阵营之间的势力平衡仍然是存在很大争议的议题。大选侯、弗里德里希三世（一世）、弗里德里希·威廉一世在位时，普鲁士逐渐成了帝国内部新教利益的守护者。尽管弗里德里希二世对宗教争议漠不关心，但这并不会阻止他利用普鲁士新教利益守护者的传统地位，进行精明的政治操弄——比如说，他成功地出手干预，在那些统治者放弃新教信仰，皈依了天主教的诸侯国守护了仍然信奉新教的等级会议的利益（从1648年起，到1769年为止，总共有31个诸侯国的新教统治者皈依了天主教）。弗里德里希先后在黑森－卡塞尔（1749年）、符腾堡（1752年）、巴登－巴登（1765年）、巴登－杜拉赫（1765年）成为条约的共同签署人和保证人，确保新教等级会议的权利不会因为君主皈依了天主教而遭到侵害。在此类问题上，他得到了帝国议会中新教议团的狂热支持，成了《威斯特伐利亚和约》所规定的新教权利的守护者和执行人。

对像普鲁士这样的新教强国来说，扮演德意志诸国所有新教信徒利益的共同守护者是利用帝国权力机制最有效、对本国最有利的方式，效果绝非任何其他方式所能比拟。这样的姿态印证了新教信徒对帝国的理解，即神圣罗马帝国并不是基督教普世君主制的表现形式，而是由新教、天主教这两个独立的基督教分支所组成的权力共享模式,双方都有义务奉行团结和自助的原则。与此同时,弗里德里希以新教利益守护者自居的做法还对哈布斯堡王朝的皇帝形成了挑战,因为从理论上讲,所有信奉得到认可的基督教宗派的帝国臣民,其权利都应当得到皇帝的保护。换言之,此时的神圣罗马帝国除了有一个朝廷设在维也纳,信奉天主教的皇帝,还出现了一个朝廷设在柏林,信奉新教的"反皇帝"。[66]

七年战争把神圣罗马帝国内部新教与天主教的两极对立推向了高潮。玛丽亚·特蕾西亚一方面与法国结盟,另一方面又继续奉行针对新教臣民的歧视性政策,结果反倒给以新教利益守护者自居的弗里德里希捧了场。她的丈夫弗朗茨一世·斯特凡皇帝不断地督促信奉天主教的诸侯,要求他们联合起来,共同对抗"新教联盟",进一步加快了帝国分裂成水火不容的两个宗教阵营的速度,同样也在不经意间给普鲁士做了嫁衣。无论是对普鲁士,还是对奥地利,具有宗教倾向的印刷宣传品全都派上了大用场。普鲁士的战时宣传资料不断地强调宗教因素在这场战争中起到的作用,提出哈布斯堡王朝的朝廷与信奉天主教的法国结盟,想要在神圣罗马帝国境内发起新一轮的宗教战争。面对这一威胁,普鲁士是唯一的希望,因为只有普鲁士才有能力守护1648年时确立的宪政秩序——实际上,普鲁士的利益与"德意志"的利益完全一致。于是,普鲁士的战时宣传利用了霍亨索伦王朝在历史上处在强势地位的宗教政策,把普鲁士的主张渲染成了某种涵盖面更广,能够代表"新教利益"的诉求。与上述做法相比,另一种倾向也许就不那么广为人知了。这种倾向把新教的集体利益与德意志祖国直接画上了等号,在某种程度上可以视为"小德意志"理念的前驱——这种理念是19世纪期间因为普鲁士与奥地利争夺德意志霸权而出现的,认为应当成立由普鲁士主导、以新教为主要信仰的"小德意志"。[67]普鲁士的宣传攻势取得了良好的效果。七年战争结束的时候，一位法国使节指出，《胡贝图斯堡和约》生效后，普鲁士在帝国议会中的地位强大到了前所未有的程度，原因是普鲁士人在帝国议会中把自己塑造成了一个成员大都是新教诸侯国的反皇帝集团（其本质是反奥地利集团）的领袖。[68]

## 爱国者

1757年12月11日，卡尔·威廉·拉姆勒前往柏林大教堂，参加了为庆祝普军不久前刚刚在罗斯巴赫取得的胜利而举行的感恩仪式。回家后，他奋笔疾书，给诗人约翰·威廉·格莱姆写了一封信：

> 最亲爱的朋友［……］我去教堂听了无可比拟的［宫廷教士］扎克庆祝罗斯巴赫会战胜利的布道词，现在刚刚回家。听众满怀爱国热情，几乎全都感动得热泪盈眶。［……］如果你想读一读我们庆祝胜利的布道词，我马上就能给你寄过去几份。扎克先生庆祝布拉格会战胜利的布道词，以及今天庆祝罗斯巴赫会战胜利的布道词无疑是他最精彩的两篇布道词。街上的年轻人一直都在用枪声庆祝胜利，在我写这封信的时候，枪声仍然不绝于耳。商人拿出了各式各样的绸带，我们每个人的衣服、帽子、佩剑上都绑了绸带，用来庆祝这两场大胜。[69]

七年战争期间，普鲁士各地的爱国主义情绪不断高涨，成了这场战争最为引人注目的特点之一。我们现代人似乎很自然就会认为，战争会加强爱国主义情绪，但在当时的普鲁士，这却并不一定是理所当然的。实际上，给普鲁士造成了巨大破坏的三十年战争反倒还起到了抑制爱国主义情绪的作用。1630年代时，勃兰登堡选帝侯的臣民十有八九，都既不会对统治者本人，也不会对统治者名下东拼西凑的领土存在身份认同感。实际上，比起远在柏林，信奉加尔文宗的选帝侯，许多臣民反倒对与勃兰登堡为敌，信奉路德宗的瑞典人更有亲近感。1630年代末，选帝侯的臣民对勃兰登堡本国军队的仇恨与恐惧溢于言表，几乎能够与他们对占领军的仇恨与恐惧相提并论。即便是到了1675年，大选侯在费尔贝林大败瑞典人之后，也几乎没有迹象表明，民众开始热情地支持勃兰登堡的战争目标，没有证据证明，民众变得愿意与国家元首同仇敌忾。费尔贝林之战时那种创造历史，让人血脉偾张的感觉，总的来说仍然只是以朝廷为中心的一小撮精英阶层的专利。到了西班牙王位继承战争（1701—1714年）的时候，民众同样也没有对普鲁士在战争中所扮演的角色表现出太大的兴趣；在这场战争中，敌对双方均为成分复杂的同盟，是为了实现某些神秘难懂的政治目标，而参战的普鲁士军队更是全都在远离故土的异国他乡作战。

  与上述战争形成鲜明对比的是，七年战争爆发后，普鲁士军队的每一次失败、每一场胜利，都引起了民众的广泛关注，让他们变得更加认可国家的战争目标，更愿意与君主本人进退与共。约翰·威廉·阿肯霍尔兹是普军的一名军官，他参加了七年战争大部分年份的战斗，在战后编撰了一部史诗级的著作，记述了战争的进程。他在书中回忆道，在战况最不利、前景最黑暗的那几年，爱国主义情绪席卷全国，普鲁士同胞的热情空前高涨。在他的笔下，普鲁士的臣民"把国王的失败视为自己的失败"，想要"与国王一起建功立业"。波美拉尼亚的等级会议共同行动，自愿召集了5 000名士兵，让他们为国王效力，引得勃兰登堡、马格德堡、哈尔伯施塔特的等级会议纷纷效仿。阿肯霍尔兹总结道："这场战争催生出了对祖国的热爱，这是一种迄今为止，在德意志的土地上闻所未闻的情感。"[70]

教会起到了重要的作用，让民众对弗里德里希二世在战争中的英勇事迹表现出浓厚的兴趣，而那些信仰虔诚的教徒则更是在教会的影响下，认为弗里德里希是上帝用来实现旨意的工具。1757 年，普军在布拉格会战中险胜奥军之后，宫廷教士扎克登上柏林大教堂的讲道坛，用雷鸣一般的声音宣讲了这样一段布道词：

国王赢得了胜利！国王安然无恙！愿荣耀归于上帝！[……]说到底，要是我们慈父一般的国王战死沙场，那么再多的胜利、再伟大的征服又能有什么意义呢？好在一直以来都守护着我们的上帝再一次保护了国王，他派来天使，在最危急的时刻，挡住了死神射出的所有子弹。[71]

另一位传教士在庆祝胜利时宣称，上帝选择了普鲁士这片土地，赋予了它高于所有其他土地的地位，选择了普鲁士人，把他们当作"特殊的子民"，"所以我们可以作为上帝的选民，在圣光的照耀下，来到他的面前"。[72] 此类布道词影响力极大，受众绝不仅限于到场的听众。扎克的布道词传播尤其广泛，被印刷成了许多不同的版本，在普鲁士中部诸省的私人聚会上广为传阅。[73]

除了爱国牧师利用讲道坛发声，激发国民的爱国主义情绪，爱国文人同样也开始宣扬爱国主义精神。就这一点而论，普鲁士文人在七年战争期间的表现与之前相比有着惊人的反差：1742 年时，普鲁士与奥地利签订《布雷斯劳条约》，获得了西里西亚大部分的土地，但普鲁士国内却只出现了少量为这一成就歌功颂德的出版物。这些出版物不仅全都用拉丁文创作，印刷时还都使用昂贵的对开本或四开本，显然只准备把受过高等教育的极少数读者当作受众。然而，到了 1750 年代的时候，无论是负责编写宣传册的书吏，还是从事自由创作的爱国文人，全都开始用德语创作爱国文学作品，在出版时也全都选用廉价的八开本。[74]1761 年，也就是在战局对普鲁士最为不利的时刻，奥得河畔法兰克福大学的哲学教授托马斯·阿布特发表了一本题为《论为祖国牺牲》的小册子，是此类爱国出版物最具影响力的例子之一。阿布特的小册子语言生动、通俗易懂，他在里面指出，虽然一提到古典的爱国主义价值观，大家通常会把它与古时的共和国联系起来，但实际上，这种爱国主义精神反倒更适合采用君主制政体的国家，因为在君主制国家，君主代表了国家的抽象权力，能够成为臣民发扬爱国主义精神的对象，让他们为国尽忠、为国牺牲。阿布特提出，在"稳固的"君主制国家，臣民对君主的爱戴之情增强了他们对祖国的依恋，形成一种无比强烈的感情，让他们在战场上变得勇猛无惧、视死如归：

[勇敢的士兵围绕在国王身边，有的在浴血奋战，有的已经战死沙场，看到这样的景象，]我不禁感到，为国捐躯是一件无比崇高的事情。就这样，我所追求的那种全新的美更加鲜明地出现在了我的眼前，让我欣喜若狂——我奔向前去，去拥抱这种美，远离一切有可能让我像怕事的女人一样躲清静的事物；我不再在意亲属的挽留，脑子里只有祖国的召唤；我不再害怕震耳欲聋的枪炮声，只感到祖国对我的感谢。我与战友组成人墙，守护身处险境的[国王]。就算马革裹尸，我也心满意足，因为我知道一定会有战友接替我的岗位。我坚信，在必要的时候，只有牺牲小我，才能成就大我。[75]

诗人、剧作家克里斯蒂安·埃瓦尔德·冯·克莱斯特是一个忧郁的人，战争期间他在普鲁士的军队中担任军官，同样也把战死沙场当

第七章　逐鹿欧洲

作重要的创作主题。1757年,在上卢萨蒂亚境内的城镇奥斯特里茨附近,普军与奥军发生遭遇战,他的好友冯·布卢门塔尔少校在战斗中阵亡,而他则借着为好友撰写墓志铭的机会创作了一首歌。事后看来,会发现这首诗有一种凄美之感,因为它似乎预言了诗人本人同样会战死沙场——仅仅18个月后,克莱斯特就在库勒斯道夫会战中负伤,伤重不治:

> 为祖国牺牲的人死得其所
> 永垂不朽!
> 这是一种崇高的死亡
> 我接受命运的召唤
> 欣然赴死。[76]

库勒斯道夫会战结束后,克莱斯特成了为国捐躯的爱国诗人的早期代表——诗人的死亡和诗作本身融合到了一起,变成了作品不可分割的组成部分。克莱斯特的诗句把诗人之死转变成了一种自觉自愿的行为,令死亡拥有了特殊的含义,好似闪耀着自我牺牲精神的光环,照亮了诗人的诗作和生平事迹。

哈尔伯施塔特的诗人、剧作家约翰·威廉·路德维希·格莱姆是声量最大的爱国文人之一。他像着了魔一样,密切地关注普军在战场上的一举一动,把老朋友克莱斯特从前线寄来的战报当作重要的信息来源。战争爆发前,格莱姆是一位把古典文学当作灵感源泉,以创作晦涩难懂的诗作而闻名的诗人,作品大都以爱情、美酒、社交的乐趣为主题,而到了1756年战争爆发之后,他摇身一变,成了专门创作军旅叙事诗的诗人,为在前线作战的普鲁士军队摇旗呐喊。1758年,他的作品《1756—1757年战役中的普鲁士军歌——由一个掷弹兵所作》出版，在作品中收录了剧作家戈特霍尔德·埃弗拉伊姆·莱辛表达支持的前言。这部作品融合了进行曲的风格和调子，是一次极具创新性的尝试，目的是增强临场感，直接冲击读者的情感。格莱姆把战场的混乱与瞬息万变的战局展现在了读者的眼前，而普军的一个掷弹兵作为虚构的主人公，成了衔接情节的线索，可以让诗人不断地转换视角——借着掷弹兵的眼睛，读者看到了他的指挥官、普鲁士的军旗、普鲁士的国王、他的战友、他的敌人。不同的视角组成了接连不断的场景，强大的临场感足以令读者头晕目眩，就好像有人亲临战场，用手持录像机记录了战况。对我们现代人来说，这的确显得有些老掉牙，但对古人来说，这却是一种全新的、引人入胜的叙事技巧，用闻所未闻的方式把战场展现在了普鲁士读者的眼前。

此类爱国主义文学作品影响范围极广，影响力绝非我们现代人所能想象。阿布特的《论为祖国牺牲》问世后，第一版迅速售罄，似乎起到了强大的动员作用，促使大量的读者参军入伍。约翰·格奥尔格·谢夫纳[①]自愿参军，参加了1761—1763年的战斗，在战后回忆道，自己年轻的时候与朋友一起，怀揣阿布特的小册子，前往普军设在故乡柯尼斯堡的征兵办公室报到。[77]战争结束十多年后，柏林文人弗里德里希·尼古拉创作了一部小说，主人公是一位牧师，他的妻子受到阿布特爱国主义言论的影响，要求他在讲道时把爱国主义的牺牲精神当作福音来传播。[78]格莱姆的"掷弹兵军歌"的分卷版接连售罄，整理成集后再次出版。

普鲁士民众破天荒地第一次对各场战役的具体情况产生了广泛的兴趣，关注战局的人除了那些受过学术训练的学者，还包括生活在城镇中的手艺人。比如说，柏林的面包师约翰·弗里德里希·海德就

---

[①] 约翰·格奥尔格·谢夫纳（1736—1820）是普鲁士的法学家、政府官员、启蒙思想哲学家。

是一个很好的例子:他的日记不仅记录了黑麦和各类其他谷物的价格(对面包师来说,谷物的价格是事关生计的大事),还经常出现对战场情况的详细记录,比如普军的行军进程,又比如普军在关键战斗中的部署。这些事情对普通民众来说通常是遥不可及的,海德对此的关注足以证明,在当时的普鲁士,不仅越来越多的民众把爱国视为应尽的义务,军事知识也得到了迅速的普及。海德之所以会关注战争的进程,同样也是因为受到了个人因素的影响——与普鲁士王国其他的许多臣民一样,他也有好几个儿子在军中服役,正在前线作战。由于普鲁士军队派往各地的驻军与驻军所在地的城镇之间出现了共生关系,再加上征兵区制度帮助军队在全国各地的村庄建立了深厚的根基,与之前的任何一个历史时期相比,在霍亨索伦王朝统治的土地上,民众都对普鲁士在军事领域的成败表现出了更为广泛而深刻的共鸣。[79]

在西部诸省,民众也表现出了对普鲁士的亲近感,至少是对霍亨索伦王朝的效忠之心。举例来说,1758年,弗里德里希的弟弟,普鲁士王位的继承人奥古斯特·威廉去世后,在克莱沃公国和马克伯国,许多民众都身着黑衣,表示悼念,显然是想要挑衅奥地利占领当局。1761年时,西部诸省的报纸上又出现了有人要在国王的命名日那天举办"爱国主义聚会"的消息,但奥地利占领当局却一直没能找到聚会的举办场所。尽管只有由官员、学者、新教神职人员组成的精英阶层才会表现出这种与霍亨索伦王朝休戚与共的情感,但这并不会妨碍那些更贴近民众的媒介成为传播爱国主义形象和信息的途径。在战争期间,伊瑟隆(克莱沃公国的城市)生产的面向大众市场的烟草盒成了驰名产品,当数以贴近民众的方式宣扬爱国主义的最引人注目的例证。伊瑟隆的烟草盒采用搪瓷工艺,外侧的装饰画不是以普军及普鲁士的盟军在战场上取得的胜利为主题,就是霍亨索伦王朝的国王或国王麾下将领理想化的肖像画；上市后大受欢迎，不仅在霍亨索伦王朝统治的土地上大卖特卖，在德意志的西北部和尼德兰信奉新教的地区也成了抢手货。在丝织品生产中心克雷菲尔德，生产商大量生产一种印有爱国标语、爱国标志，名为"国王万岁饰带"（Vivatbaänder）的产品。[80] 爱国主义显然能让商人赚得盆满钵满。

普鲁士爱国主义是一种复杂的、集合了多种因素的现象，所表达的情感绝不仅限于单纯的对祖国的热爱。这种爱国主义反映出了当时的人对极端情感状态的推崇——说到底，18世纪是一个多愁善感的时代，能够产生强烈的情感共鸣在当时是人格高尚的表现。在普鲁士，与爱国主义浪潮共同出现的还有这样一种理念，即认为对祖国的爱也许可以打下基础，催生出一个全新的政治共同体。托马斯·阿布特在《论为祖国牺牲》中指出，爱国主义作为一股力量，可以冲破把社会分割成不同阶层的壁垒。"从爱国主义的角度来看，农民、镇民、士兵、贵族之间的差别全都不复存在。因为镇民同时也是士兵，士兵同时也是镇民，而贵族则既可以成为镇民，也可以成为士兵……"[81] 就这一点而论，我们可以认为当时的普鲁士爱国主义表达了对"镇民普世社会"的向往——到了19世纪时，"镇民普世社会"成了一代又一代的自由主义者的政治理想。此外，另一种广受欢迎的理论指出，爱国者之所以会爱国，既不是因为他们迫于压力，也不是由于他们正在履行某种义务，而完全是因为他们出于自愿，想要为祖国尽忠。在尼古拉创作的小说中，牧师的妻子在阅读阿布特的小册子时"欣喜若狂，意识到君主的治下之民并不只是机器，他们每个人都有自己特殊的个人价值，而一个民族对祖国的热爱可以催生出一种全新而伟大的思维方式……"[82]

换言之，爱国主义之所以在普鲁士广有受众，是因为它集合了当时的普鲁士人各式各样的关注点。当然，在其中，并不是所有的成分都是积极的，能够让人摆脱束缚。爱国者对四面楚歌的普鲁士表现出了越来越强烈的忠诚感，对普鲁士的敌人便相应地百般嘲弄，甚至会变得充满仇恨。俄罗斯人（尤其是哥萨克）首当其冲，成了绝大多数宣扬爱国主义的文章笔诛墨伐的对象，被扣上了各式各样的帽子，比如禽兽不如、残忍、野蛮、嗜血、卑鄙。这种对俄罗斯人脸谱化的描述虽然在一定程度上的确源于哥萨克轻骑兵所犯下的战争罪行，但我们同时也必须承认，这同样起源于普鲁士人长久以来对俄罗斯人的刻板印象，即俄罗斯人是"来自亚洲的野蛮人"——实际上，在之后的两个世纪中，无论是普鲁士文化，还是之后的德国文化，都没能摆脱这一思维定式的影响。法国人同样也成了嘲讽对象，被描述为胆小如鼠的吹牛大王，平时满口大话，真要遇到了事情，就会夹起尾巴逃之夭夭。就连那些与奥地利结盟的德意志诸侯国也遭到了口诛笔伐。普军取得罗斯巴赫会战的胜利之后，格莱姆创作了一首庆祝胜利的赞美诗，诗中包含一长串的正旋舞歌①，对加入奥地利阵营的德意志诸侯国冷嘲热讽，下文列出的只是其中的几个例子：一个普法尔茨选侯国的骑兵在战场上号啕大哭，原因是他烫伤了手指；一个来自特里尔的士兵逃跑时摔倒，鼻子流血不止，结果误以为自己挂了彩；一个弗兰肯人惊声尖叫，就好像"被陷阱困住的猫"；一个来自布鲁赫萨尔的士兵不想当战俘，戴上了女人的帽子，想要躲过追捕；一个来自帕德博恩的士兵刚一望见普鲁士的军队，就吓得心惊胆战，一命呜呼。[83]

18世纪50年代出现在普鲁士的爱国主义浪潮最大的特点也许是爱国者对弗里德里希二世近乎偏执的迷恋。阿布特认为，爱国者热爱的首要对象既不是君主所代表的政治秩序，也不是祖国，而应当是有

---

① 正旋舞歌最初指颂诗的第一部分，后来又引申为诗歌的结构单元，包含长度不等的诗节。

血有肉的君主。[84]在七年战争硝烟弥漫的那些年，诗歌、木版画、传记、小册子、图书像潮水一样涌现出来，为普鲁士国王所取得的成就歌功颂德，要么把他奉为"弗里德里希大王"，要么使用另一种在当时也十分流行的词语，把他称作"独一无二的弗里德里希"。普军只要取得战斗的胜利，普鲁士就会举国欢庆，把胜利全都归功于国王——当然，这也的确不无道理。战争开始前，弗里德里希的生日庆祝活动一直都十分低调，而到了开战后，庆祝活动变成了大规模的游行，佩戴各式各样王室纪念章的参与者会朝天鸣枪，为国王庆生。许多宣扬爱国主义的文章都把国王塑造成了高大的超人，比如说，血流漂杵的曹恩道夫会战结束后，格莱姆创作了《写给战争缪斯的颂诗》(*Ode to the Muse of War*)，用临场感几乎能够与电影场景媲美的语言描述了国王的形象，好似把读者带入了梦境：

> 杀人凶手血流成河
> 我战战兢兢，带着黑色的血污，向山上走去
> 放眼望去，尸横遍野
> 敌人已被斩尽杀绝，我站直身子
> 眯起眼睛，伸长脖子，开始搜寻
> 想要透过战场上空乌黑的烟云
> 看到受膏者，我要紧盯着他
> 紧盯着上帝派来守护他的使者
> 我的眼睛和思绪……

尤其值得一提的是诗人把弗里德里希称作"受膏者"（der Gesalbte）的做法——弗里德里希一世的加冕仪式包括受膏的环节，但由于此后普鲁士的国王再也没有举行过加冕仪式，在弗里德里希一

世的后继者中，没有任何一个人接受过受膏礼。从格莱姆的诗句中，我们可以分辨出微弱的回响，体会到普鲁士王国的初代国王为君主所定义的至高无上的地位。[85]此外，还经常有诗人使用"du"①这个显得十分亲密的词来呼告②弗里德里希，反映出诗人乌托邦似的幻想，认为臣民能够与国王建立起亲密的私人关系，同时又让读者把国王与祈祷和举行宗教仪式时的语言联系在一起。七年战争结束后，著名诗人安娜·路易丝·卡尔施创作了一首欢迎国王凯旋的诗歌，把对国王的赞美与独自祈祷时的宗教狂热融合在一起，在44行诗句中，一共使用了足足25次"du"来称呼弗里德里希。[86]在其他的作品中，国王既有可能是可怜的、痛苦的、舍己为人的，也有可能满脸大汗、灰头土脸，因为担心部下的安危而颤抖不已，还有可能因为部下战死沙场而泪流满面，是一个极度痛苦，需要得到安慰与保护的人。阿布特创作的爱国主义小册子有一个中心主题，即臣民之所以会爱戴国王，并不是由于他们惧怕国王的权力，而是因为他们想要保护国王，不想让他独自面对敌国压倒性的实力优势。

就这一点而论，弗里德里希本人的观点的确极具讽刺意味——他虽然在总体上对舆情十分敏感，同时也能认识到排场的重要性（尤其是在有外国要人和使节在场的时候），但似乎又认为臣民对自己的爱戴令人反胃。举例来说，七年战争结束后，柏林组织了盛大的欢庆活动，准备迎接返回首都的国王，结果发现弗里德里希拒绝参加庆典的任何环节。1763年3月30日，柏林城的头面人物齐聚法兰克福门，组成代表团，迎接国王入城，同时还派出了由骑马的市民、身着制服的火炬手组成的仪仗队，准备从城门出发，一路把国王的马车护送到

---

① 在德语里，"du"意为你，是一个不拘礼节的词，通常只对朋友和家人使用。
② 呼告，即在说话或写文章时，提到了某人或某物，突然撇开听众或读者，直接与所涉及的人或物说话的修辞手法。

王宫。得知欢迎计划后，弗里德里希大为震惊，一直磨蹭到黄昏时分才抵达柏林城外，之后又调整入城路线，躲过了迎接的人群，乘坐马车独自回宫。[87]

躲避入城仪式一事把弗里德里希不愿抛头露面的特点展现到了极致，为他之后的统治定下了基调。自1740年代末起，他就很少在柏林的朝廷露面，到了1763年之后，他更是对柏林避而远之，几乎所有的时间都在位于波茨坦的行宫度过，冬天时居住在波茨坦城内的宫中，而夏天时则会在无忧宫避暑。[88]弗里德里希认为，诸如新宫之类的具有代表性的建筑足以展现国家的威严（新宫是七年战争结束后弗里德里希斥巨资兴建的宫殿，仅作正式用途，不是国王的私宅），对臣民以国王为对象的个人崇拜十分反感。[89]继承王位后，他拒绝请画师为自己创作官方的国王肖像画。七年战争结束后，著名的木版画大师丹尼尔·霍多维茨基创作了一幅精美的木版画，展现了国王凯旋的景象，结果被弗里德里希一票否决，理由是画作对情节的处理太过戏剧化。

除了诸如弗里德里希金币①之类的货币，以及各式各样刻有国王头戴象征胜利的月桂花环形象的徽章，[90]唯一一幅得到认可、由弗里德里希本人亲自出面推广的国王画像是画家约翰·海因里希·克里斯托夫·弗兰克1764年时创作的一幅肖像画（见图20）。画像中的弗里德里希嘴角下垂，脸部皮肤松弛，弯腰驼背，可谓老态尽显。他姿态随意，举起标志性的三角帽，在路过身后的石柱时转过身来，目视观画人，似乎并不知道有人在为自己创作肖像画。虽然谁也搞不清楚，这幅画到底是不是弗里德里希委托弗兰克创作的，但可以肯定的是，画像不是由弗里德里希亲自做模特的。弗里德里希喜欢上了这幅

---

① 弗里德里希金币于1741年发行，于1855年退出流通，票面价值相当于5个普鲁士塔勒。

画,开始把画作的木版画版本作为礼物,送给受宠的臣民,作为表达善意的标志,但至于他到底为什么会喜欢上这幅画,可就不得而知了。也许是画中人谦虚庄重的姿态、画家简略的笔法拨动了他的心弦,也许是他认为弗兰克笔下的那个疲态尽显的老人反映了自己的真实形象。[91]

对弗里德里希的个人崇拜成了普鲁士爱国主义浪潮影响力最为持久的遗产。1786 年弗里德里希去世后,对他的个人崇拜卷土重来,表现出了比之前更为强大的生命力。市场上纪念已故国王的商品多如牛毛,从雕刻精美的马克杯、烟草盒、丝带、饰带、日历,到饰链、报纸、图书,可谓应有尽有。[92] 市面上出现了一大批新的出版物,为弗里德里希歌功颂德。在这些出版物中,名气最大、最成功的当数一套由弗里德里希·尼古拉主编的两卷本文集。弗里德里希·尼古拉是柏林启蒙运动中最为重要的出版商,他与 1780 年代的绝大多数普鲁士人一样,觉得弗里德里希似乎一直在位。尼古拉说,只要一提到弗里德里希的生平事迹和成就,他就会回想起"我幼年的美妙时光,我壮年时意气风发的时刻"。尼古拉是"见证人",目睹了七年战争时期普鲁士同胞"难以形容的热情",目睹了 1763 年之后,国王为了重建饱受战火摧残的普鲁士所付出的艰苦卓绝的努力。所以说,尼古拉编写的那一套两卷本逸闻趣事合集(一共耗费了四年的时间才完成)既反映了他个人的激情,同时又是普鲁士公众对爱国主义情怀的集体回忆,把两者连接到了一起。尼古拉宣称,回顾弗里德里希国王的生平事迹等同于"研究祖国的本质"。[93]

在当时的普鲁士,市面上还有许多类似的作品,尼古拉编写的逸闻趣事集并不是独一份,却很有可能是同类作品中最具权威性的。收录逸闻趣事的文集成了最为重要的载体,在弗里德里希大王去世后让普鲁士的臣民记住了他,把他塑造成了神话中的人物。在这些看似随机的记忆碎片中,弗里德里希要么从马上摔了下来,要么宽宏大量,用幽默风趣的语言回应粗鲁无礼的臣民,要么忘记了某个人的名字,要么临危不惧,表现出了超人的胆识。[94]他有些时候的确会被塑造成大英雄,但绝大多数此类文集却全都提出,他既是一个非凡的人,又是一个谦虚的普通人,也有血有肉,也会生老病死。展现在我们面前的国王之所以会受人尊敬,正是因为他没有国王的架子。

逸闻趣事简短易懂、便于记忆,与现代的玩笑话十分相似,无论是口口相传,还是用文字载体传播,都迅速流传开来。此外,逸闻趣事集与现代的名人杂志也十分相似,能够让读者看到广受尊敬的大人物鲜为人知的一面,令人手不释卷。文集的作者全都强调国王充满人性的一面,似乎对政治一无所知,而文集参差不齐的质量则更是掩盖了这样一个真相,即国王在文集中的形象是人为塑造的,目的是满足读者的消费需求。逸闻趣事还可以呈现为图画的形式。在各类逸闻趣事集收录的图片中,最为精美的当数柏林的版画家丹尼尔·霍多维

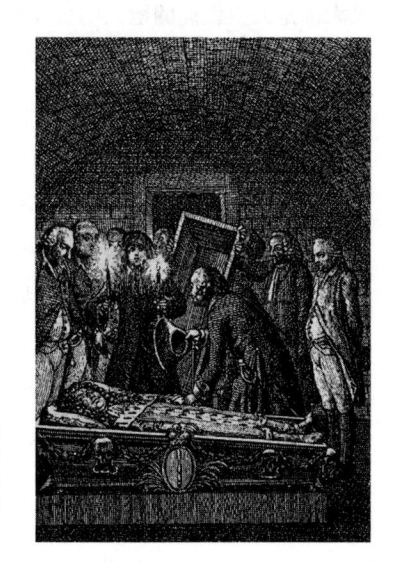

图21　1750年,弗里德里希大王打开大选侯的棺椁,说道:"先生们,此人成就非凡!"丹尼尔·霍多维茨基创作的版画,1789年。弗里德里希大王在位时,普鲁士王权的一大特点是,国王对历史遗产的重要性有着极其明确的认识

第七章　逐鹿欧洲

茨基所创作的木版画——他的作品除了会成为某些文集的插图，还会单独出版发行。霍多维茨基的许多作品都描绘了国王日常生活中没有任何防备的时刻，令人印象深刻，一方面指出国王是一个谦卑的人，另一方面又凸显出了他独一无二的身份地位，令两者间出现了某种充满活力的张力。与文字形式的逸闻趣事一样，霍多维茨基的版画简单易懂，令人过目难忘，读者只要稍微回忆一下，就可以让画面完整地出现在自己的脑海之中。19世纪中叶，阿道夫·门采尔创作了一系列非同寻常的历史题材画作，把弗里德里希的形象展现在了一代又一代现代普鲁士人的眼前，到了魏玛共和国时期和第三帝国时期，德国的电影工作室又拍摄了许多影片，讲述了弗里德里希的一生——门采尔的画作和之后出现的电影作品全都保留了逸闻趣事集万花筒一般的传统特性。

并不是所有的普鲁士臣民都被爱国主义浪潮所裹挟。七年战争期间，在普鲁士的西部诸省，与居民大都是新教信徒的地区相比，居民大都是天主教徒的地区明显欠缺爱国热情，并不热衷于实现普鲁士的战争目标。[95] 我们或许可以提出这样一种假设，即在普鲁士，爱国主义是一种主要出现在新教核心地区（包括东普鲁士）的现象，情况与18世纪末的英国十分相似。[96] 就这一点而论，我们可以提出，普鲁士爱国主义的出现是有文化的普鲁士臣民"发现"自己与其他臣民一样，属于同一个政治体的过程。换言之，普鲁士精神达到了"临界质量"，变得足以维持稳定的集体身份。[97] 18世纪的最后几十年间，"勃兰登堡-普鲁士"这个复合词几乎已经销声匿迹。（1772年时的）弗里德里希已经不再是"在普鲁士的国王"，而是"普鲁士的国王"。[98] 当时的人开始用"普鲁士的土地"一词来指代霍亨索伦王朝统治的所有土地，甚至直接把这片土地简称为"普鲁士"（只不过，直到1807年，"普鲁士"才成为用来指代霍亨索伦王朝统治的所有土地的官方称呼）。

所以说，我们可以认为，在 18 世纪末的普鲁士，臣民作为一个集体向国家效忠的义务感正变得越来越强烈。这是一个逐渐积累的过程，爱国主义是最终的结果，在其下方还有一层又一层的历史沉淀，能够让我们回想起过往的历史所起到的动员作用，比如近代早期属于同一宗派的基督教信徒抱团取暖的心态，比如虔敬派信徒既注重义务，又提倡平等的效忠道德，又比如战争和入侵所留下的难以磨灭的痛苦记忆。然而，普鲁士人狂热的爱国主义又有着脆弱的一面。英国、法国、美国的爱国者为国捐躯时，至少在理论上讲，他们可以认为自己为祖国、为民族献出了生命，但在普鲁士，宣扬爱国主义的话语却全都把向弗里德里希大王效忠视为重中之重。托马斯·阿布特当然可以大谈特谈为祖国献身，但听众却很难不会联想到，他的本意其实是臣民应当为国王献出生命。在 18 世纪末的英国，文学领域和出版界都出现了高度模式化的民族自我认同，绝非同一历史时期的普鲁士所能比拟。普鲁士人的爱国主义情感虽然强烈，但同时也十分狭隘。"独一无二的弗里德里希"去世后，普鲁士的爱国主义染上了挥之不去的怀旧色彩。

## 普属波兰

在 18 世纪的最后三十年间，波兰－立陶宛联邦这个国土面积比法国还要大的国家退出了欧洲的政治舞台。1772 年，普鲁士、奥地利、俄国对波兰进行了第一次瓜分，分别吞并了波兰位于西部、南部、东部边境地区的大片领土。1793 年 1 月，普鲁士与俄国签订《圣彼得堡条约》，对波兰进行了第二次瓜分，再一次吞并了大片的土地。波兰失去了大部分领土，成了一个南起北加利西亚，在波罗的海沿岸只剩下一小段海岸线，疆界奇形怪状的国家。两年后，普鲁士、奥地利、俄国三国再次联手，把波兰－立陶宛联邦这个国力曾经十分强盛的国家所剩的最后一点领土吃干抹净。

究其本质，波兰－立陶宛联邦这个实力强大、历史悠久的政治体之所以会彻底消失，成为史无前例的历史事件，其中的一部分原因是，波兰－立陶宛联邦国内的情况一直都在不断地恶化。波兰的国王由选举产生，结果让国外势力钻了空子，各国全都想要把符合本国利益的候选人推上王位，引发了困扰波兰国内政治的慢性问题。波兰宪法朝令夕改，令本国的政治体制陷入瘫痪，导致推行改革，加强中央政府的努力困难重重。"自由否决权"（liberum veto）和成立"会盟"的权利是波兰政治中最令人头疼的两个问题，前者指波兰议会的议员拥有一票否决权，只要有一位议员提出反对意见，那么多数派的意见就无法转化为实际行动，而后者则意味着贵族有权组成武装联盟，可以在联盟的框架内自行召开会议，决定是应当支持国王，还是应当反对国王。组建会盟的权利等同于承认贵族拥有"合法发动内战"的权利，这在18世纪造成了尤其严重的问题——在这一百年间，波兰贵族接连在1704年、1715年、1733年、1767年、1768年、1792年成立了大规模的会盟，频率甚至超过了波兰议会召开会议的频率。[99]

波兰的邻国，尤其是俄国和普鲁士，对波兰内政横加干涉，导致波兰国内的混乱变得更加严重。圣彼得堡的决策者把波兰视为俄国的保护国，认为波兰就好似一把指向西方的匕首，可以让俄国向中欧投射影响力，而普鲁士则一直都在盘算着如何吞并夹在东普鲁士与勃兰登堡之间的波兰领土。无论是俄国，还是普鲁士，都不打算让波兰进行改革，因为一旦改革推进到了一定的程度，波兰就有可能重新成为可以独立自主的国家，再一次获得足以影响欧洲局势的能力。1764年，普鲁士与俄国相互配合，排挤萨克森的韦廷王朝推举的候选人，把俄国支持的候选人斯坦尼斯瓦夫·奥古斯特·波尼亚托夫斯基拥立为波兰国王。波尼亚托夫斯基在成为国王后露出了爱国改革家的本色，让所有人都大跌眼镜。普鲁士和俄国再一次出手干涉，誓要阻止波尼亚托夫斯基的改革计划。波尼亚托夫斯基想要把波兰整合成统一关税区的措施遭到了普鲁士的打击报复。与此同时，俄国一方面进行武力干涉，另一方面又扩张己方在波兰国内的恩庇关系网络，支持改革的反对者。1767年时，波兰－立陶宛联邦已经分裂成了两个针锋相对的武装阵营。

在波兰国内的无政府状态越来越严重的大背景下，弗里德里希二世于1768年9月提出了第一次瓜分波兰的方案。吞并波兰的领土是弗里德里希的夙愿，他在1752年的政治遗嘱中思考了这一问题，提出著名的论断，把波兰比作"一个洋蓟，只要一次一片叶子，就可以吃得干干净净"——在之后的历史中，波兰也一直都是弗里德里希经常提到的问题。[100]"王室普鲁士"是一片自1454年起就归波兰国王管辖的土地，同时也是一片弗里德里希尤其想要纳入囊中的土地。普鲁士公国是一个历史悠久的国家，自1701年起，勃兰登堡的选帝侯获得国王的头衔之后，普鲁士被他们当作新的国号，而王室普鲁士则是普鲁士公国的西半部分。由于普鲁士王与波兰国王签订了一系列复杂的租约，自18世纪初起，普鲁士就获得了对王室普鲁士一小部分土地的行政管理权。[101]然而，无论是认为弗里德里希凭一己之力制订了瓜分波兰的计划，还是说他是计划的主要制订者，都有些言过其实。[102]1769—1770年，奥地利先是侵占了位于匈牙利北部，被匈牙利的领土包围，好似一片群岛的波兰飞地斯皮什，之后又占领了邻近的新塔尔格地区、新松奇地区，是第一个染指波兰这块大蛋糕的国家。俄国一直都在用侵略性越来越强的手段来干涉波兰内政，是导致波兰－立陶宛联邦丧失自主性与和平的罪魁祸首。波兰的乱局引起了

第七章　逐鹿欧洲　　297

其他国家对俄国向西扩张的正当关切，开始担惊受怕，认为波兰乱局最终的结局是俄国、普鲁士、奥地利这三个区域强国爆发大规模的战争。[103]

1771年，波兰王国全国大乱，俄国与普鲁士就瓜分波兰的问题达成了原则性的一致；到了第二年，奥地利也加入了瓜分波兰的行列。1772年8月5日，三国签订了瓜分波兰的条约，在序言中极力为这一冷血的侵略行为辩解，甚至让人觉得有些滑稽可笑：

> 以最为神圣的圣父、圣子、圣灵的名义！波兰王国多年来派系林立、内斗不断，时间每过一天，无政府状态都会变得越来越不可收拾［……］我们有理由忧心忡忡地认为，波兰王国随时都有可能土崩瓦解……[104]

普鲁士瓜分到的土地相当于波兰－立陶宛联邦全部领土的5%，与俄国和奥地利相比，获得的土地要少了不少（俄国获得了波兰－立陶宛联邦12.7%的领土，奥地利获得了11.8%）。除了王室普鲁士，普鲁士还吞并了两个邻近的地区，分别为一块与西普鲁士的南部边境接壤，名叫内策地区的狭长河谷地带，以及位于东方的埃尔梅兰主教区。这三块土地彼此相连，把东普鲁士与霍亨索伦王朝的核心省份连接到了一起，具有十分重要的战略价值。此外，由于只要控制住了这三块土地，就相当于扼住了波兰通过但泽和托伦（这两座城市仍然归波兰所有）与波罗的海沿岸地区开展商贸活动的路线，所以这三块土地对区域经济的重要性同样也不可小觑。

在入侵西里西亚的时候，弗里德里希提出的法理依据就已经显得有些站不住脚了，而到了吞并王室普鲁士的时候，除了保障普鲁士的国家安全，他更是无法提出任何像样的正当理由。普鲁士当局提出了各式各样不着边际的主张，宣称勃兰登堡原本就拥有对相关土地的继承权，而条顿骑士团和波兰－立陶宛联邦则在很久以前侵害了勃兰登堡的继承权，所以普鲁士的国王吞并这些土地只是为了夺回长久以来遭到他人侵占的世袭领地。[105] 尽管普政府像煞有介事，不断地在各类官方文件中重申上述理由，但即便是在政府内部，怕是也没有人认为这些理由能够自圆其说。此外，值得一提的是，哪怕是在政府内部的来往信件中，弗里德里希也没有把民族问题当作吞并王室普鲁士的理由。考虑到在被普鲁士吞并的地区，有不少地方的居民主要是德意志人（即母语是德语的新教信徒），用现代人的眼光来看，弗里德里希竟然没有拿民族问题来做文章，实在有些匪夷所思。在王室普鲁士和内策地区，母语是德语的新教信徒占城镇人口的75%左右，总人口的54%左右。19世纪末和20世纪时，德国的民族主义史学家会把德意志人在总人口中所占的比例当作依据，提出弗里德里希吞并王室普鲁士的做法合情合理，[106] 但这是严重脱离时代背景的观点。弗里德里希大王不仅极其亲法，他对当时的德意志文化不屑一顾的态度也是尽人皆知，再加上他始终都把国家摆在第一位，并不承认民族的重要性，所以对他来说，认为勃兰登堡－普鲁士肩负着"民族主义"的任务，应当成立统一的、由德意志人统治的德意志国家的看法肯定会显得怪诞不经。

对侵占波兰领土的普鲁士统治者来说，另一种普遍存在（具有启蒙主义色彩）的观点起到了重要得多的作用，能够更好地为本国侵占他国领土的行径辩护——这种观点认为，与迄今为止波兰人的统治相比，普鲁士对被占领土的统治更加公平，更有利于经济的繁荣，更有效率。总的来说，普鲁士人对波兰人治国理政的能力评价极低，"polnische Wirtschaft"（波兰人的管理）是当时的一句普鲁士谚语，用来形容混乱不堪、秩序全无的状况，即便是到了今天，也仍然

第一次瓜分波兰（1772年）

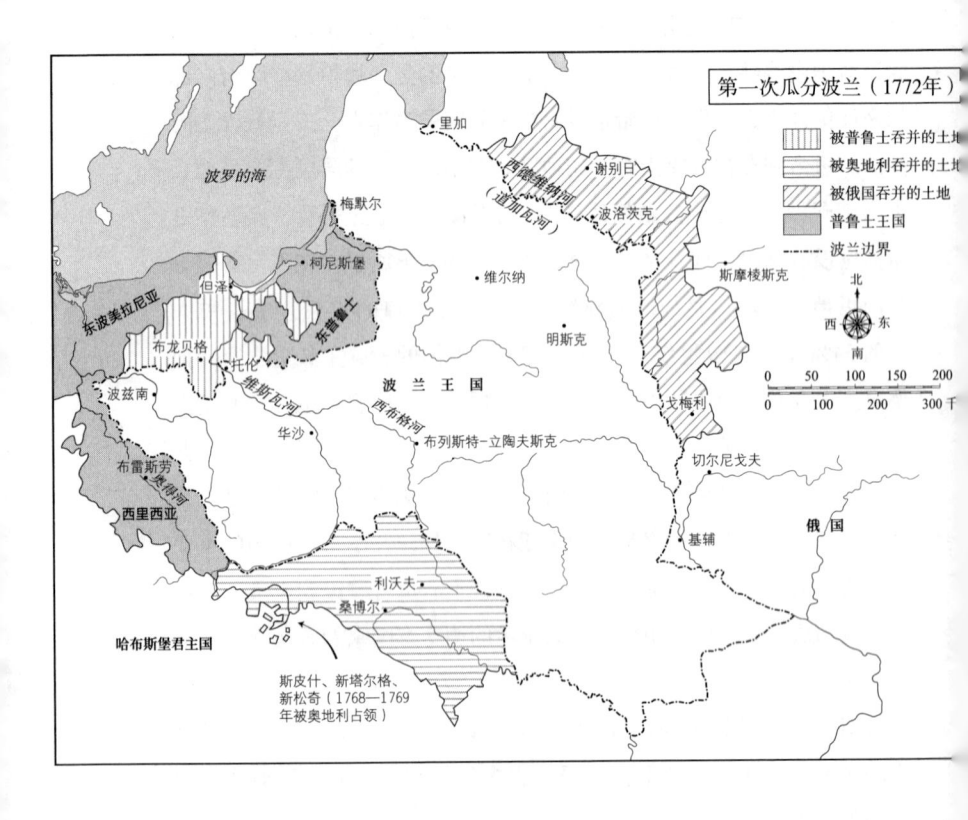

有一些德国人在使用这句谚语。普鲁士人普遍认为，波兰的贵族（什拉赫塔）[①]挥霍无度、好吃懒做、漫不经心，根本就管理不好自己名下的土地。波兰的城镇因为建筑物年久失修而成为谴责对象。此外，普鲁士人还认为，什拉赫塔专横跋扈，就好像一座大山，压在波兰农民的肩上，让他们遭受最为严重的奴役，令他们的生活无比痛苦。因此，对王室普鲁士来说，普鲁士的统治意味着废除农奴制度，把农民从"波兰式桎梏"中解放出来。[107]不用说，上述观点全都是具有倾向性的、以自身利益为出发点的理由。认为统治者疏于管理就没那么有资格施政，继而提出符合启蒙思想的理由，宣称只要有利于"改善"所涉土地的状况，那么夺取他国的土地，将其据为己有，就是合理合法的行为，这一套说辞在奉行帝国主义政治文化的英国和法国早已是老生常谈，对刚刚吞并了大量波兰领土的普鲁士来说，同样也屡试不爽。

弗里德里希把成为新省份的王室普鲁士命名为"西普鲁士"，在他在位的最后14年间不断地干涉西普鲁士的内部事务，其程度要远超他对普鲁士王国任何其他省份内部事务的干涉。他采用了更为集权化的治理方式，把传统的地方治理机构扫地出门，用一大群外来的官员取而代之，其中大部分人都是曾经在柏林和东普鲁士任职的官僚，这从一个侧面反映出，他对波兰的本地行政机构评价极低。吞并王室普鲁士，设立西普鲁士省之后，在所有获得任命的地区专员中，只有一个人是土生土长的本地人，而其他专员则大都是东普鲁士人。就人事问题而论，弗里德里希对待西普鲁士的方式与他三十年前吞并西里西亚之后的处理方式形成了鲜明的对比。

吞并西里西亚之后，弗里德里希虽然也对当地的行政管理机构

---

① 什拉赫塔是波兰语 szlachta 的音译。

进行了重大的结构调整，但区别却在于，只要条件允许，他就肯定会在地方精英的层面上保留行政机构的延续性，这一点在西里西亚的司法改革中表现得尤其突出——并入普鲁士后，西里西亚的司法官员仍然几乎全都是土生土长的西里西亚人。[108]此外，弗里德里希还设立了西里西亚省主管大臣的职位，同样也保证了西里西亚在与联邦制度有几分相似的柏林政府管理体系中拥有与众不同的地位。西里西亚省的主管大臣是一个类似于总督的职位，其担任者拥有广泛的权力，只接受国王的直接领导，能够以考虑到本省特殊情况的方式处理好关键的利益冲突。与西里西亚的情况形成鲜明对比的是，弗里德里希并没有在西普鲁士设立权力中心，以至于西普鲁士连最低限度的自我行政管理也无法实现。1772年，西普鲁士并入普鲁士之后，西普鲁士官房的主席约翰·弗里德里希·登哈特成了当地职位最高的官员，他却无权插手西普鲁士的财政事务，而西普鲁士的司法机构和军事机构也直接向柏林汇报工作。[109]

处理西普鲁士的天主教会时，弗里德里希显得尤其小心翼翼。在就第一次瓜分波兰进行初步协商时，弗里德里希就已经表达了关切，指出一旦家乡即将并入普鲁士的消息传播开来，那么居民全都是天主教徒的地区——比如与王室普鲁士东部接壤的埃尔梅兰主教区——就会爆发出激烈的民愤。1772年波兰遭到瓜分之后，在处理与天主教会相关的问题时，普鲁士当局采取的措施与三十年前他们在西里西亚所采取的措施如出一辙，即煞费苦心地在被吞并的地区做足表面文章，尽可能地保留天主教会的机构延续性。因此当局并没有直接没收天主教会的财产，而是将教会财产交由东普鲁士官房和西普鲁士官房管理。虽然从形式上看，教会财产仍然属于天主教会，但由于天主教会不仅要承担沉重的税负，还要支付各类其他的支出，因而在天主教会的领地收入中，只有区区38%①最终成了天主教神职人员拿到手的实际收入。[110]在西普鲁士，天主教神职人员的处境甚至更加糟糕——经过中央政府的盘剥之后，在天主教会的所有领地收入中，只有区区五分之一左右成了神职人员的实际收入。因此，我们也许可以提出，普鲁士的中央政府以偷窃的方式实现了教会财产的世俗化。1740年普鲁士吞并西里西亚之后，弗里德里希给当地的天主教神职人员开出了更为优厚的条件，所以与上文提到的人事问题一样，在处理教会财产问题的时候，西普鲁士的境遇也与西里西亚形成了鲜明的对比。

西普鲁士的贵族大都是波兰人，但总的来说，他们并没有站起来反抗普鲁士的吞并行为。在某些地区，比如内策地区，当地的地主抵制向新君主效忠的仪式，却几乎没有人真的公开反对普鲁士国王。[111]然而，弗里德里希一向看不起波兰贵族，在不知多少政府内部文件中对他们嗤之以鼻，他们老实接受普鲁士统治的表现并不足以化解弗里德里希对他们的成见。在西普鲁士，波兰贵族必须承担比新教（德意志）贵族更高的税负；此外，政府不仅禁止成立郡一级的议会，还不准他们组建省一级的信用社。[112]西普鲁士并入普鲁士之后，弗里德里希并没有照搬自己在其他省份的做法，设法巩固贵族地主的土地所有权，反倒主动采取措施，一方面促使波兰贵族抛售名下的土地，另一方面又敦促西普鲁士的行政当局物色信奉新教的买主，根本就不关心买主有没有贵族血统。这样做的结果是，在西普鲁士，贵族地产开始以极快的速度转化为布尔乔亚的财产，与霍亨索伦王朝统治的其他地区的平均速度相比，转化速度几乎快了一倍。[113]弗里德里希宣称，政府采取这些措施的原因是，波兰的权贵一旦获得了西普鲁士境内的

---

① 38%为埃尔梅兰主教区的数值。

领地所产生的收入，就会跑到华沙消费，从而令西普鲁士的财富流失到国外。1777年6月，弗里德里希发布最后通牒，要求同时在西普鲁士和波兰境内拥有领地的地主不再继续在波兰境内居住，而是把西普鲁士当作自己唯一的家乡，否则他们就会失去在西普鲁士境内的所有领地。

想要准确地判断上述政策到底产生了怎样的冲击并不是一件容易的事情。弗里德里希下达的命令大都雷声大，雨点小——比如说，政府几乎没有采取任何措施来落实1777年的最后通牒。说到底，弗里德里希出台反贵族政策，主要是针对极少数真正拥有权贵地位的精英贵族，比如恰普斯基家族、波托茨基家族、科尔乔夫斯基家族、普雷本道家族、达布斯基家族，原因是他们仍然与华沙的朝廷有着千丝万缕的联系，仍然经常出入华沙的社交场合；与之相比，对待生活在西普鲁士境内的波兰小贵族时，弗里德里希的态度就要友好得多了，会采取实际的措施来保护他们的利益。[114]

西普鲁士成了关注重点，中央政府投入大量的精力，对其进行行政干涉：政府划拨了一笔专款，用于改进西普鲁士境内的城镇，尤其是布龙贝格、库尔姆两地的城镇设施；当局除了排空沼泽的积水，还开始砍伐森林，把林地转化为耕地、牧场；此外，当局开凿运河，把内策河与布尔达河连接到了一起，打通了从奥得河通往维斯瓦河的航道。弗里德里希事必躬亲，处理了多到数不清的细节问题——例如，他下令种植果树，创办学校，推广土豆种植，修建堤坝，确保农民获得廉价的种子。[115]在被普鲁士吞并的地区，大部分人口都是农民，对他们来说，弗里德里希的新政所造成的影响有好有坏。考虑到在波兰的统治下，生活在王室普鲁士境内的农民早已获得了广泛的行动自由权，所以总的来说，"解放"农民，让他们摆脱"波兰人的奴役"的说辞只能算作普鲁士当局的宣传话术。然而，从另一方面讲，普政府在西普鲁士的领地管理体系内设立了独立的司法机构，的确为农民提供了更好的司法保护，帮助他们摆脱了在法律上无法与地主对抗，只能任人鱼肉的困境。[116] 并入普鲁士后，西普鲁士开始实行勃兰登堡-普鲁士严格的财政制度，税负自然普遍上升，这一点在西里西亚并入普鲁士之后已经有所体现，但与波兰人的统治相比，这一套新的税制不仅更加透明，税负的分摊也更为平均。18世纪70年代中期，西普鲁士产生的财政收入在勃兰登堡-普鲁士全国总财政收入中所占的比例已经达到了10%。这一比例与西普鲁士的土地面积和人口数量的全国占比完全吻合，所以中央政府基本上不需动用其他的财源，就可以完成对西普鲁士的大规模投资。

由于缺乏准确的统计数据，评估普鲁士的吞并行为对区域经济所造成的影响是一件十分困难的工作。城镇人口的增长十分缓慢，背后的原因有可能是沉重的税负抑制了当地的投资活动。政府想要保证军费充足，结果导致地方上大量的财富永久性地离开了经济循环。在西普鲁士，南北方向的贸易路线一直都是各大城镇的主要收入来源，所以普政府在普波边境征收关税的做法无异于断了城镇的财路，不可避免地对区域经济造成了严重的干扰。然而，从另一方面讲，地产市场的开放、英国对进口谷物的巨大需求为农业的繁荣创造了条件，令西普鲁士的农业受益匪浅——这一点在当地迅速攀升的地价中得到了充分的反映。

中央政府为赢得当地居民的信任与忠诚而付出的努力在不同地区取得了不同的结果。西普鲁士的城镇居民大都是信奉新教的德意志人，他们虽然在最开始的时候提出了一些抗议，但这并没有妨碍他们以极快的速度融入弗里德里希建立的新体系。尽管弗里德里希一再承诺，宣称政府将会尊重所有天主教徒的信仰自由，让他们用惯常的方式礼拜上帝，但西普鲁士的天主教徒却仍然并不十分支持普鲁士的统治。波兰贵族大都不愿信任新的统治者——他们也的确有不信任普鲁士人的理由。"君主变成普鲁士人后,"1793年时,一位关注内策地区局势的观察家指出,"波兰贵族性情大变;他们充满了仇恨,在很长一段时间内都不会信任德意志人。"[117]只不过,我们应当认识到,西普鲁士的居民对吞并的态度在很大程度上是由他们在社会结构中所处的确切位置决定的:举例来说,当局在库尔姆开办的军校受到了波兰小贵族家庭的热烈欢迎,而到了18世纪末至19世纪初的时候,西普鲁士出现了许多由波兰姓氏和其德语翻译共同组成的复合姓氏,比如罗森伯格-格鲁什津斯基、霍伊克-特鲁什琴斯基等。[118]甚至有一些间接的证据——波兰语编写的逸闻趣事集——表明,卡舒布人①会参与在普鲁士全国大行其道的对弗里德里希大王的个人崇拜,这样做的除了农民,还包括一些生活在西普鲁士北部,名下土地多沙贫瘠的地主。

在西普鲁士的所有居民中,最愿意相信新统治者的宣传,把所有的承诺都信以为真的人也许是那些负责管理西普鲁士的普鲁士官员。只要翻阅一下与西普鲁士的行政管理相关的政府文献,我们就会发现不断有官员提出,必须"以普鲁士为蓝本",重塑当地的制度和经济生活。[119]"普鲁士"一词成了与诸如奴性、无序、倦怠之类所谓的波兰恶习相对的反义词。普鲁士人与生活在神圣罗马帝国影响范围之外,却仍然成为普鲁士臣民的西普鲁士人发生了长时间的接触,在此过程中,认为普鲁士精神代表了某种抽象美德的观点受到了更多的关注。经常有人提出,无论是在印度,还是在其他地方,只要英国人建立了殖民政府,那么当地就会出现以仪式化的方式来展现英国精神的倾向,这种现象只能被理解成殖民者展现道德及文化优越性的话语的

---

① 卡舒布人是斯拉夫人的一支。

组成部分。普鲁士政府使用了同样的手段，在极力贬低波兰所有的本土传统的同时，鼓吹启蒙思想中乐观的社会向善论①，从而让西普鲁士的居民变得对"普鲁士道路"独一无二的优点充满信心。

## 国王与国家

弗里德里希二世到底给后继者留下了一个什么样的国家？在弗里德里希的政治著作中，"国家"一直都是一个中心议题。前文的第五章已经提到过，弗里德里希的父亲弗里德里希·威廉一世的倾向是，以自己必须巩固"君权"为理由来证明政府推行的政策具有合理性。弗里德里希的做法与父亲形成了鲜明的对比——他坚定地认为，国家是一个抽象的结构，不仅独立于君主个人，同时也凌驾于君主之上。"我必须为国家利益工作，在所有的领域都要做到这一点，"他在1752年的政治遗嘱中写道，"这是我应尽的义务。"[120] 1776年2月，他对弟弟海因里希说："我把生命献给了国家。"从主观上讲，国家能够以间接的方式让国王获得不朽的生命：国王固有一死，死后意识会归于虚无，令他对未来的一切期望都变得毫无意义，但国家却始终存在。"我心里只想着国家，"弗里德里希写道，"因为我很清楚，我死以后，所有的事情都会变得无关紧要，哪怕是天塌下来也没什么大不了的。"[121] 既然国家至高无上，那么依照逻辑得出的结论就是，统治者的地位不再是绝对的，而且低于国家的位置。弗里德里希在1752年的政治遗嘱中对这一点做出了最为明确的论述，提出"统治者是国家的首席公仆。他收入颇丰，因为只有这样，他才能维持统治者的尊严，但与此同时，他也必须做出回报，为了国家的福祉而努力工

---

① 社会向善论认为人类能够通过自身的努力来改善世界。

作"。[122]

这并不是什么全新的理念——费奈隆、波舒哀、培尔全都在著作中提出了君主是国家"首席公仆"的理论。[123]萨穆埃尔·普芬多夫不仅为大选侯写了传记，同时也是霍布斯的追随者中最具影响力的德意志人，他从功能的角度定义了君主，提出君主是国家集体利益的保证人。曾经在哈雷大学担任哲学教授的克里斯蒂安·沃尔弗也经常在著作中表达相同的观点，而当时还只是王储的弗里德里希则对他的观点赞不绝口。沃尔弗为抽象的法律及官僚国家的崛起大唱赞歌，提出这样的国家在卫生、教育、劳动保护、安全等方面负有广泛的责任。[124]然而，与弗里德里希大王相比，在之前的历史中，还没有任何一位普鲁士的统治者能够在理解君主的地位时把这一理念放在如此核心的位置。这解释了（至少使其显得合理）弗里德里希为何如此厌恶治下之民对自己的个人崇拜，以及他为何摒弃了世袭王权的俗套。他之所以会身着普军的蓝色军官大衣，就算胸口被西班牙鼻烟弄脏，留下了一道又一道的污渍也不以为意，正是因为他想要传达这样一个信号，即他作为君主，同样也服从于自己所代表的政治及社会秩序。

弗里德里希把国家的理念人格化的手腕登峰造极，以至于他手下的高官要员渐渐地开始把向国王效忠与为国效力画上了等号。西里西亚省主管大臣路德维希·威廉·冯·明肖伯爵在格洛高（西里西亚境内的城镇）向新成立的西里西亚官房发表就职演说，宣称普鲁士行政机构的最高目标必须是"为国王和国家的利益服务，绝不可心怀鬼胎"；"为国王效力是我们的职责，这是我们每一天——如果有可能的话，甚至是每一个小时——都必须做到的事情"。[125]所以说，国王不仅是雇主，同时也是榜样，政府的高官要员纷纷把他的价值观和生活方式融入自己的工作与生活。我们能够从管理总局矿产及铸造处的处长弗里德里希·安东·冯·海尼茨的工作日记中体会出，对官员个人而言，效仿弗里德里希到底意味着什么。海尼茨不是普鲁士人，而是萨克森人，直到 1776 年，也就是他 52 岁的时候，才开始为弗里德里希效力。他在 1782 年 6 月 2 日的日记中写道，官员应当把为公共事业辛勤工作等同于对主的礼拜。"国王是我们的榜样，但又有谁能与他相提并论呢？他勤勤恳恳，专注于履行义务，从不贪图享乐，把工作当作重中之重［……］没有任何一位其他君主能够像他那样坚忍克己、坚持不懈，能够像他那样善于分配时间……"[126]

此外，弗里德里希还善于用建筑来投射国家的抽象权威。弗里德里希广场（现称倍倍尔广场）位于柏林市中心，是菩提树下大街的起点，弗里德里希在广场四周修建的全套公共建筑是最有说服力的例证，展现了他用建筑来彰显国家权威的决心。弗里德里希刚一继位就下达命令，要求宫廷建筑师格奥尔格·文策斯劳斯·冯·克诺贝尔斯多夫在广场的东侧修建一座歌剧院。这座剧院能够容纳 2 000 名观众，规模在全欧洲数一数二。歌剧院的南侧是弗里德里希下令为天主教臣民修建的圣黑德维希大教堂——在绝大多数居民都信奉路德宗的柏林，这座位于城中心的大教堂就好似一座纪念碑，展示着政府鼓励不同教派宽容并存的宗教政策。为了把信息传达到位，教堂的门廊效仿了古罗马的万神殿，用浮雕展现了不同信仰和谐共存的景象。18 世纪 70 年代，弗里德里希下令在广场的西侧新建了一座规模庞大的王室图书馆。

这一系列公共建筑固然包含了君主展现自身权威的传统因素，但弗里德里希广场的修建工作同时也是政府有意识地阐述国家文化目的的过程。[127] 新建筑和反映广场整体布局的平面图、立面图广为传播，成了柏林城内各大期刊、沙龙争相讨论的对象，有时还会引起争议。歌剧院和图书馆在完工后全都始终向公众开放。[128] 广场四周的建筑群并不包括王宫，这也许是建筑群最令人称奇的特点了。弗里德里希原本是打算修建王宫的，但到了第二次西里西亚战争结束之后，他彻底地失去了在广场周围修建王宫的兴趣。正因为如此，弗里德里希广场的歌剧院才成了阿尔卑斯山以北的同类建筑中独一无二的存在，是唯一的一座不与王宫相连的歌剧院。王室图书馆也是一座独立的建筑，这在当时同样是极不寻常的。换言之，弗里德里希广场是一座没有王宫（Residenz）的王宫广场（Residenzplatz）；这一点与全欧洲几乎所有的同类广场都形成了鲜明的对比，到访者不可能注意不到。[129] 在公共建筑和国王本人的形象中，对普鲁士国家的表现已经与对普鲁士王朝的表现完全地剥离了开来。

如果国家想要摆脱对君主的依赖，不再每时每刻都依靠君主的独裁干预，那么国家就必须建立自成体系的法律架构。在这一点上，弗里德里希同样做到了言行如一，不仅对法庭体系进行了合理化改革，还下达命令，要求当时的顶级法学家编纂适用于普鲁士全国的通用法典。虽然弗里德里希去世时，法典仍然尚未完成，但在之后的历史中，这并没有妨碍《普鲁士一般邦法》（1794年颁布）在普鲁士王国起到类似于宪法的作用。[130] 弗里德里希致力于普鲁士的战后重建，成了一位兢兢业业、为公众利益服务的公仆——他遵循国家有义务"补偿"那些"为了全民的福祉而被迫牺牲特权和利益"的人的原则，重建了毁于战火的村庄，之后这一原则写入了《普鲁士一般邦法》。[131] 前文已经提到，出于相同的原因，弗里德里希承认国家有义务优抚战争孤儿和因伤致残的军人，在他在位期间扩大了针对这两个群体的优抚机构。

认为国家至高无上的理念同样也界定了弗里德里希处理国际问题的态度。首先，这意味着弗里德里希对待包括国际条约在内的各类国际义务的态度都十分随意，只要国际义务不再有利于国家利益，那么他就会停止履行。1742年和1745年，弗里德里希先后两次把这一原则付诸实施，退出《尼芬堡条约》，弃盟友于不顾，单独与奥地利和谈。弗里德里希入侵西里西亚，导致神圣罗马帝国内部的国际法律秩序变得千疮百孔，同样也是他把这一原则付诸实施的结果。然而，由于弗里德里希对神圣罗马帝国嗤之以鼻，态度与尊重帝国的父亲截然相反，这并没有给他造成任何困扰。他在1752年的政治遗嘱中提出，神圣罗马帝国的治理模式"既古怪，又落伍"。[132] 在弗里德里希看来，神圣罗马帝国存在司法管辖区重叠的问题，其主权层层叠叠、盘根错节，完全可以视为国家至上原则的对立面（这同样也是普芬多夫和18世纪时许多对帝国抱有批判态度的德意志人的观点）。马格德堡省的贵族先后在1718年、1725年派代表团前往维也纳，就普鲁士中央政府增设的税目向帝国朝廷提起上诉，获得了有利的判决，弗里德里希想起此事时仍然会火冒三丈。1746年，弗里德里希与哈布斯堡王朝的皇帝签订协议，按照协议的规定，皇帝正式放弃了帝国对普鲁士王国所有领土的司法管辖权——这是弗里德里希朝着巩固普鲁士王国宪政自主权的方向迈出的重要一步。摆脱了帝国的司法管辖权之后，弗里德里希终于可以着手编纂"完全基于理性和［普鲁士］全国法律实践"的通用法了。他把编纂法典的重任交给了父亲弗里德里希·威廉一世在位时就已经开始为政府效力的杰出法学家萨穆埃尔·冯·科克采伊。这是一个意义重大的历史时刻，为古老的帝国体系敲响了丧钟。就这一点而论，我们可以把普鲁士与奥地利的斗争等同于"国家原则"与"帝国原则"的冲突——"国家原则"认为国家至高无上，国家的利益高于国内外的一切权威，而自中世纪起就一直都是神圣罗马帝国决定性特征的"帝国原则"则强调权力分散和混合主权。

虽然弗里德里希态度十分真诚，一直都致力于树立国家的抽象权威，但在某些情况下，他提出的理论与他的实际行动之间仍然存在着极大的差距。尽管弗里德里希原则上承认已经颁布实施的法律和程序规则不可侵犯,但他仍然会在自己认为有必要的时候推翻司法当局的判决。1779—1780年,弗里德里希采取单方面行动,插手"磨坊主阿诺尔德"事件,这是他干涉司法过程最为著名的例证。一个名叫克里斯蒂安·阿诺尔德的磨坊主拒绝向地主施梅特伯爵缴纳地租,原因是当地的地方特派员冯·格斯多夫男爵挖掘鲤鱼池,阻断了水车的引水渠,导致阿诺尔德失去了生计。阿诺尔德夫妇输掉了官司,按照地方法院的判决,必须立即搬离施梅特出租的磨坊。夫妻俩不得已告了御状,想要请国王亲自主持公道。尽管弗里德里希在得知案情后大为不悦,下达内阁令,要求暂缓执行针对阿诺尔德的判决,但屈斯特林的司法部门却仍然承认了初审判决的效力。弗里德里希大为光火,认为这是地方上的寡头政治集团人为操纵的结果,下令把案件发往柏林御前法庭重审。得知御前法庭也做出了不利于阿诺尔德的判决之后,弗里德里希下令逮捕了负责审理案件的三个法官,让他们在某个军事要塞的牢房里吃了一年的牢饭。此外,他还命人填平那个地方特派员的鲤鱼池,重建了为阿诺尔德的磨坊供水的引水渠,并且要求特派员承担与此相关的所有费用和阿诺尔德的所有损失。阿诺尔德案不仅令政府的高级行政部门极度愤慨,同时也成了广受关注的公众事件。弗里德里希在全国的报纸和公报上刊登了一条内阁令,为自己干涉司法的行为辩护,指出他的意图是保证"每一个人,无论地位高低、财富多寡",都应当按照"不偏不倚的法律"得到"迅速而公正的判决"。简而言之:如果是为了守护更为高尚的道德原则,即便是严重违反司法程序的做法也是合情合理的。[133]

此外,在领土问题上,比起父亲弗里德里希·威廉一世,弗里德里希对国家的理解相对缺乏包容性。与父亲相比,他一点也不注重把外围领土与核心领土整合到一起的工作。许多重商主义的经济法规都只在勃兰登堡的核心省份实施，并没有在西部诸省推行，政府把西部诸省生产的商品视为外国商品，同样也会征收进口关税。此外，弗里德里希在位期间，政府利用谷仓体系把东普鲁士融入全国谷物经济的进程也放慢了脚步。征兵区制度同样也没有在西部诸省全面实施。弗里德里希在1768年写道，韦瑟尔城的三个团没有征兵区，"原因是这些省份的居民软弱无力，不是当兵的料；要是让克莱沃的居民远离家乡，他就会像瑞士人那样，患上思乡病"。[134]远离普鲁士腹地的袖珍方国诺伊恩堡-纳沙泰尔是瑞士的一个邦，其居民大都讲法语，虽然弗里德里希一世在1707年以组建共主邦联的方式获得了对该邦的主权，但普鲁士的中央政府却几乎没有采取任何措施来吸纳这块新获得的领土。弗里德里希大王在位时，中央政府任命的诺伊恩堡-纳沙泰尔总督很少前往辖区，柏林当局在当地的影响力几乎可以忽略。[135]

弗里德里希显然更加重视普鲁士王国的核心省份。他甚至在1768年的政治遗嘱中宣称，只有勃兰登堡、马格德堡、哈尔伯施塔特、西里西亚才能算作"国家真正的组成部分"，把自己重视核心省份的倾向暴露无遗。这在一定程度上是一个军事逻辑问题。对普鲁士来说，核心领土与其他领土的不同之处在于，"只要全欧洲没有联合起来与普鲁士的君主为敌，那么核心领土就拥有自保的能力"。[136]东普鲁士和西部诸省与核心领土十分不同，一旦爆发了战争，就只能弃之不顾。这也许有助于解释为什么弗里德里希停止了父亲弗里德里希·威廉一世在位时开始的东普鲁士大规模重建计划。[137]七年战争期间，非核心领土成为敌占区后，其居民的表现似乎同样也是令弗里德里希深感不安的因素。1758年，东普鲁士的等级会议向弗里德里希的死敌伊丽莎白女皇宣誓效忠，引起了弗里德里希尤其强烈的不满。弗里德里希经常不知疲倦地前往各地视察，是普鲁士王国名副其实的首席巡察官，但在1763年七年战争结束之后，他一次都没有踏足东普鲁士。他管理东普鲁士的方式十分简单，会命令东普鲁士官房的主席前往波茨坦汇报工作，而到了普军在西普鲁士举行一年一度的军事演习的时候，汇报工作的地点则会改成弗里德里希的司令部。[138] 这反映出在弗里德里希的心中，东普鲁士这个曾经让他的父亲弗里德里希·威廉一世、曾祖父大选侯念念不忘的省份地位已经一落千丈。

如果按照字面意思理解弗里德里希对国家的评价，那么我们就会发现，君主的职能有时似乎已经部分融入了行政机构没有任何个人特征的集体架构，遵循着一套透明的法则与规定。然而，考虑到弗里德里希在位时期，国王对普鲁士的治理带有明显的个人色彩，实际情况与弗里德里希的描述相去甚远——实际上，与父亲弗里德里希·威廉一世在位时的情况相比，在某些方面，弗里德里希在位时的政治过程甚至表现出了更为强烈的向国王个人集中的倾向。弗里德里希·威廉建立了一个由各部大臣组成的合议制政府体系，赋予大臣议事会极大的权力，通常都会根据议事会提出的建议行事。弗里德里希继位后，这一套体系被束之高阁。1763年之后，由于国王越来越依赖直接隶属于国王本人的内阁秘书，各部大臣与内阁秘书职能重叠，导致大臣的职能被部分取代，所以与之前相比，国王与大臣直接见面的情况甚至变得更加难得。

所以说，一小群内阁秘书渐渐地成了主导政治进程的核心，他们有权决定谁可以面见国王，负责处理国王的来往信件，帮助国王了解最新的局势，可以就政策问题向国王提出建议。内阁秘书可以跟随国王前往全国各地，而各部大臣则基本只能在柏林办公。大臣大都是拥有贵族血统的大人物，比如（负责教育事务的大臣）卡尔·亚伯拉罕·冯·策德利茨男爵，而内阁秘书则几乎全都是平民。奥古斯特·弗里德里希·艾歇尔出身平民家庭，父亲是普军的一名中士。他经常在凌晨四点的时候开始一天的工作，虽然深居简出，却拥有极大的影响力，是内阁秘书的一个典型例子。弗里德里希·威廉一世在位时，官员在行政体系中的职能决定了他应当承担什么样的职责，可以获得多大的影响力；弗里德里希成为国王之后，情况发生了翻天覆地的变化，能否与君主建立起密切的个人联系成了决定权力和影响力的因素。

一个明显自相矛盾的现象是，弗里德里希虽然大权独揽，独自承担了所有责任，这却反倒给弗里德里希·威廉一世以增强中央集权为目的而推行的改革挂上了倒挡。弗里德里希绕开负责监督各省官僚机构的管理总局，直接与各省官房的官员沟通，结果架空了管理总局的权力。许多时候，弗里德里希甚至会在不通知中央行政机构的情况下向各省的官房越级下令，结果加强了省一级行政官员的权力，导致中央的权力向地方流失，最终松动了领土型国家的结构。[139]

弗里德里希认为，没有理由怀疑这种高度依赖国王个人的治理体系的有效性。他在1752年的政治遗嘱中指出，"在像我们这样的国家"，有必要让"君主亲自治国理政，因为如果他是个聪明人，那么他就会一切以国家的利益为重，而为他效力的大臣则肯定都有不可告人的动机，盘算着如何谋取私利……"[140] 换言之，国家的利益与君主的利益是一致的，但这一点却不适用于其他任何不是君主的个人。然而，问题的症结在于，这样的治国方式想要行得通，就必须满足一个前提条件，即"如果他是个聪明人"。弗里德里希是一位不知疲倦、高瞻远瞩的统治者，不仅才思敏捷，还拥有非凡的勇气和决断力，可以迅速地解决摆到自己面前的问题。由他来为弗里德里希式的治国体系掌舵，当然不会出岔子。不过，如果国王不是天才政治家呢？如果他不善于解决难题呢？如果他优柔寡断，不愿意承担风险呢？简而言之，如果国王是个普通人呢？如果为弗里德里希式的治国体系掌舵的国王是个普通人，那么在遇到压力的时候，体系还能正常运作吗？我们不要忘了，霍亨索伦王朝虽然出了一连串才华横溢的统治者，但弗里德里希是其中的最后一位。此后，霍亨索伦王朝再也没能出现类似的统治者。如果没有一个强人在中央维持纪律、总揽大权，各部大臣和内阁秘书就会因为职能相互重叠而争权夺势，到了那个时候，弗里德里希式治国体系就有可能发生分裂，酿成党争之祸。

# 第八章　敢于求知!

## 对话

　　普鲁士的启蒙运动是一场围绕着对话的运动，其核心是独立自主的臣民本着相互尊重的原则开展的兼具批判性、开放性的对话。对话之所以重要，是因为它能够让参与者不断地磨砺和完善自己的判断。柯尼斯堡的哲学家伊曼努尔·康德在一篇著名的论文中讨论了启蒙的本质，指出：

　　启蒙是指，人摆脱了其自愿进入的受指导的状态。如果一个人接受指导，这就意味着没有其他人的引导，他就无法运用理性来解决问题。如果一个人接受指导的原因并不是他存在心智上的缺陷，而是他缺乏意志和勇气，那么我们就可以认为他是一个自愿接受指导的人［……］。敢于求知！［Sapere aude!］要有勇气运用自己的理性。这便是启蒙运动的座右铭。[1]

如果抛开上下文，单独阅读这段文字，我们就会认为启蒙似乎是一段孤独的旅程，可以概括为个体的意志苦苦追寻，试图理解世界的过程。然而，在同一篇文章的后面某处，康德又提出，这种用理性寻求自我解放的过程拥有某种不可阻挡的社会动力。

公众有可能自我启蒙；实际上，如果公众的自由没有受到限制，那么启蒙就几乎是不可避免的。因为就算掌权者宣称自己可以代劳，为公众思考一切问题，也肯定会有少数的人拥有独立思考的能力，而只要这部分人摆脱了受指导状态所造成的束缚，他们的思想就会迅速地传播开来，让公众变得能够运用理性，届时，所有人都会认识到自身的价值，都会意识到独立思考是自己应尽的义务。[2]

在这种提倡批判、充满自信的独立精神在社会上不断传播的过程中，对话起到了不可或缺的作用。在18世纪的下半叶，普鲁士全国各地出现了大量的俱乐部、学会（这是一个在德意志诸国普遍存在的现象），为这种独立精神的发展提供了一片沃土。我们可以认为，"德意志诸学会"组成了一个跨越了国境线的网络，其中包括1741年在柯尼斯堡成立的一个学会。这些学会的章程全都明确地规定了正式的讨论条件，可以让成员进行有意义的对话。章程规定，完成阅读、结束讲座，进入讨论环节之后，所有的成员都必须谨慎发言，不得发表武断的、没有经过思考的言论。应当把讲座的风格、方法、内容当作对象，以有组织的方式进行评论。用康德的话来讲就是，应当使用"谨慎的理性语言"。偏离主题和打断别人的发言都是严格禁止的行为。学会所有的成员都有权发表意见，而前提条件则是，他们必须按顺序发言，在发言时还应当尽可能地言简意赅。无论是讽刺和嘲笑的语言，还是指桑骂槐的文字游戏，都是不可接受的。[3]

共济会同样十分注重辩论时的社交礼仪。18世纪末，共济会已经在德意志诸国建立了250个至300个分会，会员的数量达到了1.5万人至1.8万人。共济会的讨论同样也严格禁止过激的言论、轻率及粗鲁的评论，并且规定不得把（宗教之类）有可能让会员争得面红耳赤的议题纳入讨论范围。[4]在我们现代人看来，上述措施也许全都显得太过一本正经，会让讨论变得沉闷无趣，但制定这些规则、规范的初衷全都是十分严肃的。辩论规则的目的是，确保辩论对事不对人，从辩论开始的那一刻起，让所有的参与者都能不受个人恩怨和地方政治的影响。以礼貌的方式进行公开辩论是当时的人还没有掌握的艺术；所以说，这些规定是为某种全新的交流技巧绘制的蓝图。

注重社交礼仪还有另一项重要的作用，即打破社会阶层的束缚，避免参与者因为社会地位的差异而在讨论时束手束脚。共济会并不像某位研究其历史的学者所说，是一个"由德意志诸国新兴的中等阶层组成的组织"。[5]共济会的会员虽然全都是精英，但其成分却比较复杂，既包括贵族阶层的成员，也包括受过高等教育或拥有一定财产的平民，二者人数相当。虽然共济会的一些德意志分会在刚刚成立的时候会二选其一，要么只接纳贵族，要么只对平民敞开大门，但其中大多数没过多久就合并了。在这种情况下，如果不想让辩论一上来就因为参与者社会地位的差异而无法进行下去，就必须保证所有人都遵守透明而平等的规则。

出版物同样也推动普鲁士启蒙运动的对话。在这一历史时期的普鲁士，期刊文章的一大特点是具有明显的论述性、对话性。比如说，德意志启蒙运动进入晚期后最主要的舆论阵地《柏林月刊》（*Berlinische Monatsschrift*）就是一个例子——该刊发表的许多文章其实都是读者写给编辑的信件。此外，《柏林月刊》还会刊登大量的评论文章，向读者介绍最近出版的著作，有些时候，如果评论引起了作者的不满，那么该刊甚至还会刊登作者长篇大论的回击。《柏林月刊》会时不时地请求读者就特定的问题发表意见——举例来说，1783年12月，一位名叫约翰·弗里德里希·左纳的神学家在该刊上提出了何为启蒙的问题，结果引发了以"什么是启蒙？"为主题的著名讨论。[6] 该刊没有专职的撰稿团队，每期的大部分文章也不是由杂志社直接约稿产生的。该刊的两位主编格迪克、比斯特在创刊号的前言中就已经把自己的立场交代得一清二楚：《柏林月刊》不会主动约稿，而是会依靠有兴趣投稿的读者来"丰富"刊物的内容。[7] 所以说，《柏林月刊》主要是一个以出版物为载体的论坛，其运作方式与分布在各个城镇、城市的学会所组成的关系网络十分相似。主办者的目的并不是为被动接受信息的文化消费者组成的群体提供消费品，而是建立一个论坛，让公众能够自我反思，以及思考当前最受关注的问题。

德意志北部出现了大量的读书会，极大地增强了以《柏林月刊》为代表的期刊的影响力。[8] 在当时的社会环境中，公共图书馆仍然是一个闻所未闻的概念，以集资订阅期刊、购买图书为目的而成立的读书会便成了读者用来满足阅读需求的方式。一些读书会并不是十分正式的组织，它们没有固定的场所，会在经济状况较好的会员家中举行集会。另一些读书会由属于特定读者圈子的成员组成，目的是专门传阅某些特定的期刊。在某些城镇，当地的书商会提供类似图书馆的服务，允许读者以低于售价的租金借阅新上市的出版物。在18世纪的最后几十年间，读书会的数量以惊人的速度大幅增长。1780年时，德意志诸国总共只有大约50个读书会；在之后的十年间，读书会的数量增长到了200个左右。越来越多的读书会以租赁或购买的方式获得了属于自己的集会场所，从而为讨论和辩论提供了良好的环境。读书会的规章确保每一个入会者都拥有平等的地位，保证了会员间的交往建立在礼貌和相互尊重这两个必不可少的基础之上。读书会的活动严格禁止室内游戏和赌博。德意志诸国的读书会总共拥有1.5万到2万的会员。

书店是另一种开展启蒙运动的重要社交场所。1764年，书商约翰·雅各布·坎特的书店在柯尼斯堡开张，书店的大厅宽敞明亮，让人流连忘返，成了柯尼斯堡的"知识交易所"。坎特的书店其实是一家"文学咖啡馆"（café littéraire），其顾客包括男女老少，其中还不乏大学的教授、学生。他们或翻阅图书列表，或阅读新闻报纸，或以购买、预订、租借的方式获得图书。（1804年，康德与世长辞，身后只留下了450本图书，所以我们有理由认为，他与柯尼斯堡的其他知识分子一样，以借阅的方式从坎特的书店获得了大量书籍。）书店的顾客与读书会的会员一样，也应当在交往过程中相互尊重，使用彬彬有礼的语言。除了经营图书业务，坎特还编写了一部简明扼要的出版物目录（1771年时，目录已经达到了488页），发行了一份双周报，印发了各式各样的政治宣传册——其中的一份宣传册由柯尼斯堡年轻的哲学家约翰·格奥尔格·哈曼撰写，对弗里德里希大王大加挞伐。[9]

除了读书会、共济会的分会、爱国组织，德意志诸国还出现了由其他类型的集会所组成的关系网络：文学组织、哲学组织，以及专门研究自然科学、医药、语言的学会。此外，一些不那么正式的小圈子也涌现了出来，比如一小群作家和有抱负的诗人以柏林军校的教师卡尔·威廉·拉姆勒[①]为核心成立的小圈子——与拉姆勒交往密切的文人包括出版商弗里德里希·尼古拉、剧作家戈特霍尔德·埃弗拉伊姆·莱辛、爱国诗人约翰·威廉·路德维希·格莱姆、研究《圣经》的

---

① 拉姆勒在军校担任逻辑学及文学教授。

学者摩西·门德尔松、法学家约翰·格奥尔格·祖尔策，以及其他许多柏林启蒙运动的领军人物。拉姆勒除了是共济会诸多柏林分会中至少一个分会的会员，还加入了好几家俱乐部；此外，他本人也是个诗人，不过他的作品只能算作三流。在当时的文人看来，拉姆勒最为重要的优点是，他善于交友，能够以轻松活泼、彬彬有礼的方式活跃社交气氛。1798年4月拉姆勒去世后，一则讣告回顾了他的一生，指出他一辈子都没有成家，把一生的时间"全都奉献给了艺术和友人，表现出了真挚的爱，一点作秀的成分都没有。他的朋友遍布各行各业，在学者、商人中间尤其如此"。[10]

爱国活动家约翰·威廉·路德维希·格莱姆是一个与拉姆勒十分相似的人物。他同样没有结婚成家，同样希望自己在文学领域有所成就，同样利用自己在经济上有保障的地位（他是哈尔伯施塔特市的教会官员）在自己所在的城市帮助了一个由想要一展宏图的青年作家、诗人组成的小圈子。此外，他还与当时的许多普鲁士知识界名人保持着大量的书信联系，就这一点而论，他同样与拉姆勒十分相似。推动普鲁士的启蒙运动不断前行的社交对话能够持续下去，单靠学会及读书会的规章制度、读者的订阅是远远不够的；以拉姆勒、格莱姆为代表的文人不计私利，投入了一生的精力来建设范围广泛的朋友圈——社交对话能够如此热烈，表现出如此的包容性，在很大程度上正是由于他们的努力。作家、诗人、编辑、俱乐部成员、学会会员、共济会会员、读者、订阅者共同组成了"公民社会的参与者"，他们参与讨论文学、科学、政治等领域在当时最受关注的重大议题，帮助普鲁士各地建立起了活跃而多样的公共领域。[11]

这种新出现的公共领域既不是由得过且过、消极的镇民组成的不关心政治的团体，也不是怒火中烧，可能发动叛乱的反对派力量。推动着普鲁士的启蒙运动不断向前发展的社会关系网络具有一个最为令人惊叹的特点,即这些网络不仅与国家靠得很近,在一定程度上甚至能够认同国家。造成这一现象的部分原因是,催生出普鲁士启蒙运动的知识传统与众不同。弗里德里希三世(一世)在位时普鲁士各地的大学创立了一门研究国家管理的"科学",即所谓的"官房学",弗里德里希·威廉一世继位后,官房学又得到了进一步的巩固发展,即便是到了启蒙运动开始的时候,普鲁士的知识界与官房学也仍然藕断丝连,双方的联系只是在逐渐地遭到削弱。普鲁士知识分子的社会地位同样起到了一定的作用。在同一历史时期的法国,知识界的重要人物不是拥有独立经济能力的人,就是从事自由职业的文人,而在普鲁士的启蒙运动中起到领军作用的人物则大都是公务员。一项以《柏林月刊》为对象的研究指出,在1783年至1796年的13年间,在所有的投稿人中,有15%是贵族,27%是教授、教师,20%是高级官员,17%是神职人员,3.3%是军官。换言之,超过半数的投稿人全都是由政府发放工资的公务员。[12]

柏林的星期三俱乐部是一个"由读书人组成的私人俱乐部",1783年至1797年会定期举办活动(活跃时间与《柏林月刊》的发行时间几乎完全重合)。它是一个引人注目的例证,证明了在当时的普鲁士,政府官员与公民社会的成员之间发生了身份重合。俱乐部最初由12个成员组成,之后又扩编到了24人。俱乐部的成员包括一些高官要员,比如国务大臣约翰·弗里德里希·施特林泽伯爵,以及法律部门的高官卡尔·戈特利布·斯瓦雷茨、恩斯特·克莱因;俱乐部的其他成员还包括《柏林月刊》的编辑,同时兼任俱乐部秘书的约翰·比斯特,以及积极支持爱国活动的出版商弗里德里希·尼古拉。此时,尼古拉的老朋友摩西·门德尔松已经成了著名的犹太学者、哲学家,并且获得了俱乐部的荣誉会员资格。俱乐部的会议在成员的家中举行。虽然参会者偶尔会讨论一般性的科学问题,但在大多数情况下，会议都会把当前的政治议题当作主题。讨论通常十分激烈，但这却并不会妨碍参与者遵守文明讨论的准则，即相互尊重，体会对方的感受，客观公正，以及注重严格以事实为依据对事件进行解读，避免发表没有根据的意见、进行笼统而空洞的概括。参会者会事先传阅论文，以此为起点进行会前准备工作；论文讨论的议题既可以是政府的行政措施，也可以和金融或立法相关。参会者会把自己对论文的理解作为开展辩论的基础。俱乐部的成员同样也可以提交文章来表达自己的看法。有些时候，会上讨论的文章会刊登于《柏林月刊》上。

星期三俱乐部把启蒙文化从本质上讲具有对话性的特点展现得淋漓尽致，很难想象能找到更好的例子。由于俱乐部的所有会议都必须严格保密，我们很难把星期三俱乐部描述为属于"公共领域"的组织——考虑到俱乐部的好几个成员都是国之重臣，保密的确是必不可少的措施。然而，星期三俱乐部的活动仍然展现出，弗里德里希二世在位的最后几年间，由公民团体组成的非正式关系网络与国家之间的确有可能出现某种协同促进关系。

考虑到弗里德里希二世是一位因为推崇启蒙运动的价值观而闻名于世的君主，进步的学者、文人、思想家很容易把国家视为共同推进启蒙运动的伙伴。伊曼努尔·康德把"启蒙时代"与"弗里德里希时代"画上等号的做法并不是为君主歌功颂德的陈词滥调。[13]18世纪时，在欧洲的所有君主中，弗里德里希的确是最能体现启蒙运动的价值观和世界观的那一位。1738年，仍然是王储的弗里德里希加入了共济会。前文已经提到过，他不仅是一个对宗教抱有怀疑态度的人，同时也是宗教宽容的倡导者。1740年6月，奥得河畔法兰克福的居民向弗里德里希提问，想要知道城内信奉天主教的臣民是否应当拥有公民权，弗里德里希的回答是："所有的宗教都没有好坏之分，只要信徒是诚实的人就行，即便土耳其人和异教徒想要来到我国定居，我们也应当为他们修建清真寺和神殿。"[14] 弗里德里希的身边聚集了一些法国启蒙运动的领军人物。伏尔泰多年来一直都是启蒙运动最耀眼的文学巨星，他与弗里德里希保持了长时间的对话，虽然两人的关系时好时坏，但这却并没有妨碍他与普鲁士国王的密切关系成为一段享誉欧洲的佳话。弗里德里希本人的写作风格效仿同一历史时期的法国文学大师，一方面妙语连珠，另一方面又显得语气冷淡、事不关己。

此外，弗里德里希在继承王位后采取了一系列的措施，证明了他是一位愿意把思想和信念付诸实施的君主。他刚一继承王位，就下达命令，规定期刊《柏林新闻》（*Die Berlinischen Nachrichten*）不需继续接受审查制度的监管，并且要求立即把18世纪20年代因遭到虔敬派信徒的排挤而被迫离开哈雷大学的理性主义哲学家克里斯蒂安·沃尔弗召回国。[15] 更加令人吃惊的是，他不顾普鲁士当时的首席法学家萨穆埃尔·冯·科克采伊的反对，决定在国内禁止刑讯逼供。在当时的欧洲，刑讯逼供仍然普遍存在，是司法机构用来获取嫌疑人口供的手段。1745年，被奉为德意志启蒙运动经典百科全书的《大百科全书》（*Universallexikon*）出版问世，其编者泽德勒在书中为刑讯逼供辩护，宣称它是必要的调查手段；奥地利政府1768年颁布的大型法典《特蕾西亚刑法典》同样也保留了刑讯逼供的做法。[16]

然而，弗里德里希在1740年6月3日，也就是父亲去世刚刚三天的时候下达命令，禁止刑讯逼供，只列出了极少数的例外情况：受害者为国王或国家的极端案件，以及发生了连环谋杀案，为了揪出同伙而必须使用严厉的逼供手段。1754年，弗里德里希进一步下达命令，把禁令升级为全面禁止令，提出刑讯逼供不仅"残酷"（grausam），作为获得真相的手段也十分靠不住，因为只要动了刑，就永远也无法避免嫌疑人屈打成招的风险。[17] 这项激进的司法改革令许多法官、司法官员叫苦不迭，他们抱怨说只要犯人死硬到底，司法机构就失去了获取供词的手段——而在所有的旧式司法体系中，嫌疑人的供词都是最为有力的证据。司法机构必须创立以证据为基础的定罪方式，用来应对那些虽然有大量证据，却无法获得嫌疑人供词的案件。

弗里德里希不仅减少了适用于死刑的罪名，还对一种名为碎轮刑的处刑方式做出了虽然微小，却意义重大的调整。碎轮刑是一种极其残酷的刑罚，具体的处刑方式为，把犯人绑在架子上，用车轮砸断四肢①。这反映出了近代早期的司法体系对公开处刑的典型理解——死刑是一种具有半宗教性质的仪式，其核心目的是在犯人进入死后的世界前首先折磨他的肉体②。弗里德里希下达命令，规定之后在用碎轮刑处死犯人的时候，必须首先在围观者看不到的地方勒死犯人，然后再按照必要的程序行刑。弗里德里希的意图是，在保留刑罚的震慑效果的同时，避免产生不必要的痛苦。[18]弗里德里希对死刑的理解与他对刑讯逼供的理解十分相似，一方面对刑罚的实用性做出了理性的评估，另一方面又表现出了启蒙思想对酷刑的反感（如果抛开碎轮刑的宗教意义，行刑过程就只剩下残忍了）。我们不能小瞧了上述司法改革的意义——要知道，在1766年的法国，要是哪个小青年亵渎了路边的神龛，犯了渎神罪，那么他就有可能被砍掉右手、拔掉舌头，之后还要被送上火刑架。[19]

弗里德里希甚至还允许极端的斯宾诺莎主义者约翰·克里斯蒂安·埃德尔曼在柏林避难。埃德尔曼撰写了很多小册子，提出了许多

---

① 碎轮刑会用到两个车轮，另一个轮子的用途是，犯人的四肢被砸断后，把断肢编入车轮的辐条，然后用木桩把轮子支撑起来，等待犯人逐渐死亡。
② 死于碎轮刑的犯人无法留下全尸，不是会成为食腐动物的盘中餐，就是会自然腐烂，所以从基督教的角度来看，碎轮刑可以达到与十字架刑相同的效果，即犯人无法在最后审判的时候死而复生。

观点，比如：只有去除了所有偶像崇拜因素的自然神论才有可能拯救和团结全人类；婚姻无论是作为社会制度，还是作为宗教仪式，都没有存在的意义；性自由是合法的；耶稣是个凡人，和我们身边的人没什么区别。埃德尔曼得罪了路德宗和加尔文宗的教会当局，接连被好几个最为宽容的德意志诸侯国驱逐出境。1747年，埃德尔曼在柏林逗留了一小段时间，结果激怒了柏林的加尔文宗及路德宗神职人员，被视为危险的、有可能惹是生非的宗派主义者。由于他不仅坚持原则，反对绝对王权，还（在出版物上）轻蔑地评价伏尔泰庆祝弗里德里希登基为王的颂词，所以就连弗里德里希本人也对他抱有敌意。即便如此，弗里德里希还是允许他在柏林定居，只是要求他承诺不再继续发表作品——尽管此时，在其他的德意志诸侯国，埃德尔曼的所有作品都遭到了猛烈的抨击。1750年5月，也就是埃德尔曼已经在柏林过上了赋闲生活的时候（为了避免遭到基督教狂热信徒的打击报复，他不得不隐姓埋名），美因河畔法兰克福当局打着帝国图书委员会[①]的大旗，发起了针对埃德尔曼的焚书运动。美因河畔法兰克福的全体市政官员出席了焚书仪式。市政当局派出了70名卫兵在现场维持秩序，防止围观人群失控。现场用桦木点燃了熊熊大火，总共有近一千本埃德尔曼的著作被付之一炬。无论是从所传达的信息来看，还是就政策而论，美因河畔法兰克福都与柏林当局形成了无比强烈的对比。埃德尔曼对宗教的怀疑态度，他的自然神论信仰，以及他的放荡主义道德标准，全都没有遭到弗里德里希的反对。弗里德里希一如既往地调侃道，柏林城里面已经不知道住了多少傻子了，多埃德尔曼这一个不算什么。[20]

---

[①] 帝国图书委员会设在美因河畔法兰克福；16世纪时，法兰克福的图书大集成了神圣罗马帝国境内重要的图书交易中心，帝国图书委员会是皇帝为了对出版物进行审核而成立的机构。

综上所述，弗里德里希可以被视为普鲁士启蒙运动可信的伙伴，不像法国国王路易十六那样。实际上，对许多文学及政治界的精英来说，君主真正宣称自己是启蒙运动支持者这件事十分重要，意味着公民社会与普鲁士的国家政府机构之间的关系存在着某种独特的意义。前文第七章已经提到过，无论是在七年战争期间，还是到了战争结束之后，弗里德里希的个人声望都贯穿了普鲁士的政治话语。这一历史时期的爱国宣传家提出，只要热爱国王，普通的臣民就会摇身一变，成为祖国公共事务的积极参与者。

1784年，伊曼努尔·康德发表了一篇具有里程碑意义的论文，指出掌权的君主同时也是启蒙运动的支持者这件事令政治自由与公民自由之间的关系发生了翻天覆地的变化，原因是君主接受了启蒙思想后，他手中的权力就不再是对公民社会利益的威胁，而是成了某种财富。康德宣称，这会造成自相矛盾的结果：在真正开明的君主的统治下，对政治自由加以恰当的限制反倒有可能"创造出足够的空间，让人民充分地行使自己的权力"。康德借弗里德里希之口提出了一句著名的口号："无论什么议题，你们都可以尽管争论，但必须听从命令！"——这句话并不是从暴君口中喊出的口号，而是概括总结了开明君主制的国家所拥有的自我改造潜力。简而言之，在这样的政体中，公开的辩论和批评可以与公民社会与国家之间的对话画上等号，从而确保国家的价值观及目标最终与人民的价值观及目标和谐共存，到了那个时候，从臣民的角度来看，服从命令的义务就不再会被视为某种恼人的负担。

> 只要［……］进行自由思考的倾向与决心生根发芽，人民的世界观就会渐渐地受到影响（稳步地增强人民自由行动的能力），最终对政府本身的施政原则产生影响……[21]

康德的愿景是，可以在政治上形成与对流相似的良性循环，首先让开明的大人物提出理念，激发起公民社会的活力，之后再让政府机构接受理念——这并不是完全脱离实际的幻想。总的来说，与我们现代人的刻板印象相比，在普鲁士的中央政府治理国家的过程中，协商起到了极为重要的作用。几乎所有重要的立法措施都是中央与地方上的利益集团进行了广泛的协商与讨论之后所得出的结果。有些时候，在讨论中起到媒介作用的是等级会议，比如政府想要出台法律，限制贵族地产的出售时，中央就会与等级会议进行长时间的协商；有些时候，各城镇、各地区的官员会作为中间人参与协商，在此过程中广泛地征求当地人的意见；还有一些时候，由专家组成的非正式关系网络会扮演中间人的角色，比如法学家，又比如商人。这一切协商过程都不是特别"开明"；中央与地方之间的协商虽然并没有得到学界足够的重视，但不可否认的是，在中央收集意见与信息的过程中，协商是一个必不可少的环节——想要治理国家，就必须进行协商。18世纪末，协商过程出现了一定的变化，由启蒙活动家组成的关系网络开始出现，他们以公共利益的托管人自居，还提出自己既是君权的伙伴，又是君权的批评者。[22]渐渐地，政府大体上接受了这样的说法。1784年，弗里德里希二世开始进行全面的司法改革，最终编纂出了一部全新的、适用于普鲁士全国的综合性法典，在此过程中，他决定将新法典的草案公之于众，请求公众就法典的内容提出意见。最开始时，只有数量较少的人可以阅读草案，他们不是一流法学家、精通宪法的律师，就是各种"有实践智慧的人"。然而，不久之后，政府借鉴爱国公益志愿者团体早年间的经验，以举行公开征文比赛的方式极大地扩展了参与者的范围。[23]这是一项令人啧啧称奇的举措，一方面展现出政府对知识竞赛的优点有着惊人的信心，另一方面又表明，国王默认了公众的意见极其重要——用一位曾经为弗里德里希效力的

第八章 敢于求知！ 329

高官后来的话说，公众的意见成了"权力极大的法庭"，评判着政府的一举一动。[24]

当时的普鲁士也许并不存在出版自由，至少不存在允许臣民公开发表意见的普遍法律权利，但与此同时，由于政府实施的审查制度足够温和，民众还是能够以发表文章、公开演讲的方式进行活跃而又热烈的政治辩论。1775年，苏格兰旅行作家约翰·穆尔造访柏林，后来写下了自己对普鲁士首都的印象：

> 我刚到柏林，就发现许多市民毫无顾忌，随意地评论政府的措施、国王的所作所为，这是最让我吃惊的地方。无论是政治议题，还是一些在我看来普通人更应当三缄其口的事情，全都成了谈资，那轻松的气氛让我觉得自己似乎正在伦敦的咖啡馆喝咖啡。书店公开出售各类图书，气氛同样也十分自由。最近出版的小册子讨论了瓜分波兰的问题，虽然把国王批得体无完肤，却仍然可以正常售卖；那些嘲讽政府的头面人物、极尽讽刺之能事的剧本同样也大卖特卖。[25]

## 普鲁士的犹太人启蒙运动

18世纪70年代，柏林拥有德意志诸国最富有、同化程度最高的犹太人群体。由军事承包商、银行家、商人、工厂主组成的精英圈子是柏林犹太人群体的核心。最富有的犹太人家庭全都在柏林城最繁华的地段拥有住宅——在德意志的土地上，所有朝廷所在的城市都划出了犹太人区，只允许犹太人在区内居住，柏林是唯一的例外。1762年，一个名叫丹尼尔·伊齐希的银行家在伯格大街紧邻施普雷河的地段购买了一座小型宅邸，把它改造成了一座拥有两侧厢房的豪宅。他在宅内收藏了大量的艺术珍品，比如鲁本斯的《被劫持的盖尼米得》（*Ganymede*），又比如特鲍赫、华托、约瑟夫·鲁斯、安托万·佩内等名家的作品，以及一幅"由加纳莱托创作，展现了许多人物的大型画作"。[26] 不远处，在邮政大街与磨坊水坝大街相交的地方，宫廷珠宝师兼铸币厂总管法伊特尔·海涅·埃弗拉伊姆拥有一座三层楼的豪宅。这座由建筑大师弗里德里希·威廉·季捷里赫斯设计的豪宅得名埃弗拉伊姆宫，整栋建筑使用洛可可式的装饰风格，大量运用立柱、壁柱，以及饰有金色栏杆、尽显优雅气质的阳台，直至今日也仍然是柏林的地标建筑之一。

　　伊齐希·埃弗拉伊姆与大部分其他的犹太金融精英一样，之所以能够发家致富，是因为他们与普鲁士的中央政府建立了合作关系。七年战争期间，弗里德里希二世把在普鲁士国内发行货币的任务交给了一家合伙企业，而伊齐希·埃弗拉伊姆正是这家合伙企业的参股人。1756年战争爆发后，弗里德里希决定以降低币值的方式来解决军费问题。普鲁士本国没有银矿，铸币所用的银锭必须全部依赖进口——银锭的进口是一项传统上由犹太商人掌握的商业活动。减少货币的含银量相当于变相地收取了"铸币税"，弗里德里希可以把省下来的白银充作军费。一直以来，弗里德里希都十分倚重犹太金融管理者，对他们的依赖程度要高于所有的前代统治者；七年战争爆发后，他向由犹太银行家及银锭商人组成的财团（伊齐希·埃弗拉伊姆都是这个财团的成员）下达命令，要求他们负责铸造贬值了的银币。货币贬值的做法总共产生了2 900万塔勒的收入，在很大程度上帮助弗里德里希解决了军费问题。[27] 到了战争结束的时候，负责管理铸币事务的犹太金融家已经与负责为军队提供军需的犹太商人一起，跻身普鲁士全国最富有的人的行列。

第八章　敢于求知！

在作为少数民族生活在普鲁士境内的犹太人中间，上述豪商虽然是最显眼的成员，但我们却很难认为他们是一个具有代表性的群体。普鲁士的犹太人境遇天差地别，虽然有极少的一部分人富可敌国，可以享受各种法律特权，但绝大多数的犹太人却全都受到了种种限制，被生活压得喘不过气来。1730年，弗里德里希·威廉一世颁布《犹太人管理总则》，限制了犹太人从事商贸活动的自由，禁止犹太人参与由行会控制的手工业生产活动，禁止他们在各地的城镇行商，还规定犹太人不得购置房产。弗里德里希二世继位后，政府延续了不断加强犹太人管控措施的政策倾向。1750年，政府出台《犹太人管理总则（修订版）》，把生活在普鲁士境内的犹太人分成了六个泾渭分明的阶层。位于最上层的是极少数"普遍享有特权"的犹太人，他们不仅可以购置房产、地产，还享有与基督徒相同的商业权利，可以正常地参与商贸活动。在某些特殊的情况下，属于这一阶层的犹太人甚至还有可能获得世袭公民权。下一个阶层是"拥有特权且受保护的犹太人"，他们没有自由选择定居地的权利，身份地位也只能由一个子女继承。第三个阶层是"没有特权，却受到保护的犹太人"，他们全都是诸如验光师、雕刻师、画家、医生之类，从事特定职业的专业人士，被认为对社会有足够的贡献，可以获得带有附加条件的居住许可。第四个阶层涵盖了为社区服务的雇员，比如拉比、领唱、按犹太教食规屠宰动物的屠夫；这一阶层的犹太人无法享有任何世袭的权利。第五个阶层是"被容忍的犹太人"，他们除了包括受到地位最高的那三个阶层恩庇的犹太人，还包括父母属于第二、第三阶层，却没能继承到特权的犹太人。第六个阶层地位最低，包括为犹太企业、犹太人家庭服务的雇员；这一阶层的犹太人能否获得居住许可，完全取决于他们能否与雇主签订雇佣合同。

　　面对犹太人问题时，弗里德里希闻名天下的开明政策突然间变得十分狭隘，退化成了完全把犹太人视为工具的思维方式。他决定把犹太人当作摇钱树。为了实现这一目的，他准备让那些最能赚钱的犹太臣民在极为广泛的范围内获得自由。实际上，他会施加压力，迫使犹太人在那些最需要企业家创业精神的经济领域从事商业活动，比如贵金属贸易、炼铁、在靠近边境的地区开展跨境商贸活动，以及各式各样的制造业分支。此外，他不仅会向犹太臣民征收特别的税款、捐税，还会要求他们购买王室瓷器厂滞销的陶瓷人像——18世纪70年代，普鲁士的犹太人勉为其难地购买了这一批人像，结果它们被后代视为传家宝。

　　政府奉行的实用主义犹太人政策只是一个表象，其内在的深层原因是社会矛盾和针对犹太人的强烈偏见。政府之所以会出台歧视犹太人的政策，在一定程度上是因为受到了普鲁士国内各城镇基督教寡头政治团体所施加的压力——寡头集团不断地向中央政府和省级政府投诉、请愿，要求限制犹太人的商业活动。[28] 无论是在普鲁士，还是在所有其他的德意志国家，犹太人都卷入了国家与地方团体之间的利益博弈。国家想要让犹太人在某个城镇定居，出台保护犹太企业的政策，相关城镇的行会成员、商家就会拧成一股绳，与政府对抗。他们不仅害怕犹太人的商业竞争，对作为后来者的犹太人在经济领域的创新也抱有敌意。与处理许多其他领域的问题时一样，在处理经济问题时，当局也必须小心翼翼，在民意与更为广泛的国家利益之间寻找折中点。

　　这并不意味着国王对犹太人没有偏见。恰恰相反，弗里德里希可以说像他那把犹太人视为"蝗虫"的父亲一样厌恶犹太人。[29] 在1752年的政治遗嘱中，弗里德里希宣称犹太人是最为危险的臣民，认为他们危害了基督徒的商贸活动。他用显得有些虚伪的语言指出，政府不应当允许犹太人为国效力。尽管在七年战争期间，政府与犹太财团的紧密合作取得了丰硕的成果,但这却并没有妨碍弗里德里希在1768年的政治遗嘱中重申上述敌视犹太人的观点。[30]正因为如此,政府后续出台的犹太人管理条例带有象征性的歧视色彩。犹太人必须缴纳与牛相同的"身体税";首都柏林有两个城门,但犹太人却只能使用政府指定的那一个城门进出城。在刑罚方面,犹太人的地位也与普鲁士国内所有其他的少数群体不同,以连坐制为基础。1747年的一项内阁令规定,只要犹太人社区出了抢劫犯,那么社区的长老就必须承担连带责任,与案犯一同治罪;连坐制同样也适用于因为银行破产而产生的损失,以及与收赃及藏匿赃物相关的惩罚。[31]

能够在历史记录中留下文字的犹太人大都是极其富有的企业家,绝大多数生活在普鲁士境内的犹太人都是平凡的普通人。只有极少数的犹太人精英才有能力像埃弗拉伊姆、伊齐希那样,开展大规模的商业活动。与这些豪商巨贾相比,走街串巷,从事小本经营的犹太行商人(Hausierer)要常见得多。这些犹太行商人没有当局签发的保护状,无法拥有店面、摊位,只能东奔西走,四处兜售二手商品。18世纪早期至中叶,由于政府接连出台限制犹太人进行商贸活动的政策,把许多生意兴隆的犹太商人排挤到了经济生活的边缘地带,小商小贩在犹太人口中所占的比例一直都在稳步上升。[32]导致犹太行商人的数量持续增长的另一个因素是,不断有犹太人从波兰以非法移民的方式进入普鲁士,其中的许多人都穷困潦倒,只能以流动就业的方式在经济体系的边缘求生。当局虽然采取措施,关闭了东部边境,想要把这些经济难民拒之门外,却收效甚微。俄普奥三国瓜分波兰的行径显然加剧了犹太经济难民的问题,而普鲁士当局在1780年、1785年、1788年、1791年接连颁布针对"犹太乞丐"的法令,表明即便是到了18世纪末,犹太经济难民涌入的问题也仍然没有得到解决。[33]

自18世纪30年代起,以哈雷的犹太学院为基地的虔敬派传教士就经常遇到成群结队的"贫苦犹太旅人",他们无力支付进城税,被拒之门外,只得靠售卖诸如祈祷书、烛台之类的小物件来维持生计。[34]

18世纪中期,普鲁士的犹太人掀起了一场文化变革,最终令犹太教发生了天翻地覆的变化。犹太启蒙运动又称哈斯卡拉运动(源自希伯来语"le-haskil",意为"启蒙,借助智力来启迪心灵"),其发源地是柏林。哲学家摩西·门德尔松于1743年定居柏林,此后一直在这座城市工作生活,直至1786年与世长辞。他是犹太启蒙运动最早且最具代表性的倡导者之一。门德尔松的故乡是萨克森选侯国境内的城市德绍,他出身寒门,父亲是犹太会堂的敲门人(Schulklopfer),职责为向犹太幼童传授《托拉》①,以及每天清晨挨家挨户地敲门,提醒会众按时前往会堂祈祷。门德尔松一家人的生活极其清苦。达维德·弗兰克尔拉比是一位著名的犹太学者,善于研究《塔木德》及其评论,摩西在六岁的时候成了他的学生。1743年,弗兰克尔接受邀请,成为柏林的首席拉比之后,14岁的摩西跟随导师一起移居柏林。摩西身无分文,要不是弗兰克尔动用人际关系,在柏林城内的一个"受保护的犹太人"的家中帮他安置下来,他怕是连罗森塔尔门②都进不了。

来到柏林后,门德尔松开启了辉煌的学术生涯。他发表了一系列评论文章,很快就扬名立万,成了一位著名的评论家,因评论与柏拉图、斯宾诺莎、洛克、莱布尼茨、沙夫茨伯里、蒲柏、沃尔弗相关的主题而闻名。他不仅善于用优雅而又生动的德语写作,还坚持用希伯来语发表文章。1755年,他创办了有史以来第一份希伯来语期刊《道德家》(*Kohelet Musar*)。该刊以18世纪早期流行于英格兰

---

① 《托拉》指《塔纳赫》(《希伯来圣经》)的前五卷,通称《摩西五经》。
② 这是柏林的一个城门。

第八章 敢于求知! 335

的"道德周刊"①为蓝本，目的是向受过教育的犹太人传播启蒙思想。1784年，门德尔松向《柏林月刊》投稿，参与了对"启蒙"含义的讨论。他提出，启蒙并不是指某种状态，而是一个过程，个体在此过程中逐渐成熟，慢慢地学会用"理性"来处理自己所遇到的问题。

门德尔松的观点既新颖，又独特。他作为一位犹太学者，一方面不断地表明自己坚持犹太教传统的决心，另一方面又同时面向犹太人和基督徒，用不受教条主义的束缚、引人入胜的语言来谈论理性、情感、美感。他创办希伯来语期刊《道德家》，让这种原本仅限于在犹太会堂中使用的神圣语言打破束缚，进入启蒙的公共领域。对《道德家》的一部分犹太人读者来说，这就好似获得解放，来到了一个全新的世界，几乎让人感到头晕目眩。普鲁士国内外的犹太青年慕名而来，拜访门德尔松，在他家中就启蒙思想的问题展开热烈的讨论。门德尔松的住所成了专属于犹太人的启蒙运动的源头之水。门德尔松家中的讨论会令人心潮澎湃，包括纳夫塔利·赫茨·韦塞利、赫茨·洪贝格、所罗门·迈蒙、伊萨克·奥伊舍尔等在内，柏林哈斯卡拉运动早期的杰出人物全都是从这个环境中锤炼出来的学者。门德尔松的弟子达维德·弗雷德兰德是柯尼斯堡一位银行家的儿子，他在1778年的时候与伊萨克·丹尼尔·伊齐希（他是丹尼尔·伊齐希的儿子）合伙，在柏林创办了一所面向犹太人的免费学校，而门德尔松则参与了该校课程表的设计工作。18世纪80年代早期，门德尔松已经建立了一个货真价实的普鲁士文学关系网络；普鲁士全国各地共有515名读者订阅了由他翻译的《托拉》德语译文（1781—1783年），其中居住在布雷斯劳、柯尼斯堡、柏林的读者尤为众多。[35]

对接受了启蒙思想的基督教读者来说，门德尔松同样也是一个

---

① "道德周刊"的重点不在于刊登新闻，而是讨论道德问题，对启蒙思想的传播起到了十分重要的促进作用。

令人啧啧称奇的人物——在他们看来，他是现代的犹太先知，是"德意志的苏格拉底"，象征着启蒙运动的激情与潜力。18世纪下半叶，犹太智者在德语的小说、戏剧中大量出现，成了德语文学创作的脸谱化人物，而门德尔松则成了现实生活中最贴近这一形象的犹太人。[36] 著名的剧作家戈特霍尔德·埃弗拉伊姆·莱辛是与门德尔松志同道合的密友，他创作了一部题为《智者纳坦》（*Nathan the Wise*，1779年）的戏剧，把主人公塑造成了一位仁慈而又善良的犹太商人，为门德尔松树立了一座文学丰碑。门德尔松成了某种文化符号，被视为能够对抗狭隘与偏见，驱散黑暗的护符，而他的住宅则成了朝圣之地，所有想要在文学界有所建树的人在抵达柏林之后都要到此一游。[37]

门德尔松有许多画像流传于世，其中最令人过目难忘的一幅是以丹尼尔·霍多维茨基的肖像画为依据创作的木版画。这幅画描绘了

图22 摩西·门德尔松在波茨坦城的柏林门接受盘查。约翰·米夏埃尔·西格弗里德·洛维以丹尼尔·霍多维茨基所著《面相学年鉴》（*Physiognomischer Almanach*，1792年在柏林出版）为依据创作的版画

第八章 敢于求知！ 337

1771年时，门德尔松在波茨坦城的柏林门①前递交文件，接受检查的景象。身材矮小、弓腰驼背的门德尔松身着不起眼的暗色礼服，出现在画作的正中央，而他两侧是两个身材高大的普鲁士卫兵，其中的一个人正在向他行脱帽礼。木版画再现了当时的一则逸闻趣事——卫兵要求门德尔松出示国王的嘉奖信，要求他复述信的内容。直至今日，我们也很难搞清楚这幅画到底想要传达什么样的情感——普鲁士全国最出名的犹太人在城门口遇到了普军的军官，正在接受例行检查，这似乎并没什么值得大惊小怪的地方，但门德尔松却仰起了消瘦的脸庞，露出了哭笑不得的表情，实在让人拿不准，眼前的景象到底是不是带着一股讽刺的意味。

以门德尔松和他的小圈子为源头的哈斯卡拉运动绝非突如其来，而是一场以广泛的社会变革为基础的运动。上一个世代的犹太思想家开始对现代的语言、哲学、科学表现出浓厚的兴趣，令下一个世代的早期犹太启蒙思想家获益匪浅。普鲁士政府的干预主义政策所施加的压力（在不经意间）颠覆了拉比的传统权威，在犹太人中间为与原有的知识精英对立的新精英的出现创造了条件。更为重要的是，柏林的犹太富豪家庭完全融入了当地的文化环境，为犹太启蒙运动提供了良好的氛围。哈斯卡拉运动的倡导者（maskilim）中有不少人都是云游四方的学者，他们一贫如洗，从遥远的地方来到柏林，得到了柏林商界精英的恩庇，被聘用为家庭教师，并由此获得机会，得以在年轻的学生身上验证自己的新理论。伊萨克·伯恩哈德是一个富有的丝织厂厂主，他先是雇用门德尔松担任私人教师，之后又把他聘为簿记员，最终让他成了生意合伙人——如果没有与伯恩哈德的这层关系，门德尔松就没有稳定的收入，所以他也就肯定无法大展宏图，成为著

---

① 柏林门又称勃兰登堡门，于1770—1771年由弗里德里希大王下令修建，与柏林的勃兰登堡门同名，但修建时间早了二十年。

名的思想家、作家。对新生代的学者来说，富有的银行家的宅邸，尤其是丹尼尔·伊齐希的豪宅，既是集会场所，又是可以开怀畅饮的地方——刚刚在柏林定居的门德尔松就是在丹尼尔·伊齐希的家中上了自己人生中第一堂哲学课的。

然而，哈斯卡拉运动同时也是德意志及犹太-德意志社交史上独具特色的一个篇章。18世纪50年代中期，摩西·门德尔松致信剧作家戈特霍尔德·埃弗拉伊姆·莱辛，在信中描述了自己与柏林出版商弗里德里希·尼古拉日渐深厚的友谊：

> 我经常到尼古拉先生家中做客，在他的花园里散步。（我最亲爱的朋友，我真是打心眼里喜欢他！咱俩的友谊肯定只会因此锦上添花，因为你一定也会成为他的知心朋友。）我们一起读诗，尼古拉先生还会朗诵自己的作品，而我则坐在长椅上，成了评判员，时而夸奖，时而大笑，时而赞许，时而指出错误，不知不觉，就已经到了夜幕降临的时刻。[38]

门德尔松与尼古拉的对话完全是随性而为，不拘一格的事情，但同时也具有实实在在的象征意义。一个犹太人和一个基督徒能够本着平等的原则，在花园里谈笑风生，在不经意间度过整整一天的时光——在过去的历史中，这样的景象几乎是难以想象的，难道不是吗？门德尔松在18世纪50年代末经常光顾的"学术咖啡馆"是一个致力于传播启蒙思想的学会，总共有大约100个会员，会在举行会议时提交和讨论关于特定主题的论文。

这种宗教信仰不同的人士抽空举行的讨论会稳步发展，在18世纪的最后数十年间变得越来越普及，创造出了有利于传播启蒙思想的氛围。18世纪80年代末至90年代，柏林出现了文化精英经常光顾的文学沙龙,把这一趋势推向了高峰。文化沙龙是一种组织松散的集会,能够让来自不同社会阶层、拥有不同宗教背景的成员齐聚一堂,以谈话的方式交流思想。文化沙龙的参与者既有男,又有女,既有犹太人,又有基督徒,既有贵族,又有平民,既有教授、诗人、科学家,又有商人;他们把私人住宅当作集会的场所,除了讨论艺术、政治、文学、科学等领域的议题,还会培养友情、谈情说爱。犹太人是社会上的边缘群体,犹太女性作为其中的一员,与主流社会的各个阶层在社会地位上都很有差距,因而在这种全新社交环境的产生过程中起到了至关重要的作用——犹太女性的宅邸成了理想的聚会场所,可以让传统的社会边界暂时消失。此外,在较为富有犹太家庭中,女性都拥有可观的财力,作为东道主,能够为柏林饥渴的文人提供舒适惬意的会场——有少数开办沙龙的女东道主因为敞开大门欢迎八方来客,产生过高的开销,险些宣告破产。

在当时的柏林,亨丽埃特·赫茨、拉埃尔·莱温是最著名的两位沙龙女东道主,前者的父亲是柏林第一位犹太医生,而后者则是一位富有的珠宝商人的女儿。二人全都出身于完全融入了柏林上流社会的犹太精英家庭——她们完全不在乎在公共场合抛头露面,拉埃尔更是出了名的无视安息日[①]的戒律,喜欢在周六上午乘敞篷马车兜风。亨丽埃特的沙龙活跃于18世纪90年代,一度成为柏林文学界、科学界的文化中心,包括著名神学家弗里德里希·施莱尔马赫、亚历山大·冯·洪堡、威廉·冯·洪堡、剧作家海因里希·冯·克莱斯特在内的许多名流都是这里的常客。拉埃尔·莱温最开始的时候只是亨丽埃特沙龙的常客,之后才建立了以自己为中心的文学圈子。莱温沙龙起到了桥梁作用,让文学界和学术界的新星与普鲁士旧精英阶层的成员

---

① 按照犹太教的规定,安息日从周五太阳落山的时候开始,到周六晚上为止。

建立起了联系。拉埃尔曾经旅居波希米亚的矿泉疗养地，其间结识了许多贵族女性，之后一直都与她们保持着友好的关系。包括施拉布伦多夫家族、芬肯施泰因家族，甚至王室成员在内，许多历史悠久的容克家族的后裔都经常在莱温沙龙露面，与参与沙龙的科学家、作家、批评家、文坛新秀围坐同一张桌子，一起讨论问题。包括弗里德里希·施莱格尔、让·保罗、约翰·戈特利布·费希特在内，许多思想界的名人都经常参与莱温沙龙的活动。沙龙的常客无论社会地位高低，相互间全都应当用"du"这个显得不拘小节的词来称呼。[39]

这种生机勃勃的友好关系是在更贴近哪一方的基础上建立起来的呢？在当时，绝大多数受过教育的基督徒仍然强烈地认为，此类对话最终必将以犹太人皈依基督教而告终。苏黎世的神学家约翰·卡斯帕·拉瓦特尔结交了许多开明的社会精英，在1763—1764年是门德尔松家的常客，但他在1769年时写了一封公开信，提出门德尔松必须皈依基督教，否则就应当解释他为什么还要继续信奉犹太教，这让门德尔松吃了一惊。拉瓦特尔的冒昧要求与门德尔松的婉言拒绝成了在当时的文学界轰动一时的大事件。这件逸事发出信号，提醒了我们，即便是在文化人的世界中，宽容也不是无限的。

开明的普鲁士高官克里斯蒂安·威廉·多姆是另一个很有说服力的例子。多姆不仅是门德尔松的密友，同时也是马库斯·赫茨（他是亨丽埃特的丈夫）家的常客。此外，在第一批提倡以立法的方式解放犹太人的伟大先驱中，他也榜上有名。1781年，他发表了一篇具有里程碑意义的文章，题为《论提高犹太人的公民地位》，在文中鞭挞了基督徒歧视犹太人的态度，呼吁帮助犹太人摆脱一直以来在法律上的不平等地位。他写道，犹太人"与我们一样，也能变得更快乐、更完善，成为对社会更有用的人"；"与我们所处的时代格格不入的"压迫是令犹太人道德败坏的唯一原因。所以说，"消除对犹太人的压迫，改善他们的生存条件，是与人道的、公正的、开明的政策方针"相吻合的。[40]然而，就连多姆也认为，解放犹太人的过程即便不能让犹太人皈依基督教，也必须大幅淡化犹太人的民族身份。他提出，只要消除法律歧视所造成的压力，就有可能因势利导，让犹太人不再听信"拉比的花言巧语"，让他们放弃"以氏族为中心的宗教理念"，把他们转变成热爱国家、拥护政府的人。[41]

然而，如果犹太人不愿扮演这场只对基督徒有利的交易为他们预设的角色，那可怎么办呢？如果他们只是做足表面文章，装出顺应基督教主流社会的样子，但骨子里却仍然在某种程度上是与众不同的犹太人，那可如何是好？对上述问题的疑虑是一直以来都困扰着犹太人社会同化工作的大难点。1803年，柏林的一位名叫卡尔·威廉·格拉芬瑙尔的律师发表了一本小册子，用尖锐的语言指名道姓，攻击了那些经常出入沙龙的犹太精英。小册子题为《反对犹太人》，把年轻的犹太女性当作首要攻击对象，语言十分恶毒：

> 她们不仅博览群书，掌握多门语言，还能够演奏多种乐器，掌握风格不同的素描技法，更不要提她们那五彩缤纷的画作、令人眼花缭乱的舞蹈、让人目不暇接的刺绣图案——她们掌握了所有让人觉得自己有魅力的本领，却唯独缺乏把这些本领糅合到一起，形成优美的女性气质的能力。[42]

犹太女性营造的社交氛围在犹太精英与基督教精英之间建立起了沟通的桥梁，重要性绝非其他任何途径所能比拟，而格拉芬瑙尔的小册子则好似一支正中靶心的利箭，直击氛围的营造者。在柏林和普鲁士的全国各地，《反对犹太人》都广有受众，引发了热烈的讨论——保守派的宣传家弗里德里希·根茨回忆道，自己刚翻开这本小册子的时候心里还有些犯嘀咕,但很快就变得"手不释卷"。[43]

犹太人试图融入主流社会的努力引发了新一轮的批评声浪——布雷斯劳的一位名叫卡尔·布劳毛斯·塞萨的医生创作了一部题为《我们的狐朋狗友》(*Unser Verkehr*)的讽刺剧,在其中算得上辛辣程度数一数二的"力作"。该剧于1813年完成创作,虽然没能在布雷斯劳引起多大的反响,却在柏林一炮走红——1815年9月2日,《我们的狐朋狗友》在柏林歌剧院与柏林的观众首次见面,赢得了满堂喝彩。该剧把犹太人脸谱化的形象搬上舞台,上演了一场荒谬无比的闹剧,逗得观众哄堂大笑。剧中人亚伯拉罕是生活在东欧犹太人小镇的老一代犹太人的代表,他以贩卖二手商品为生,喜欢用变了味儿的意第绪语说话,让人忍俊不禁。亚伯拉罕的儿子雅各布的眼界就要高得多了——他想要学跳舞、学法语,甚至还打算自学美学,准备写戏剧评论。然而,他一直都改不掉自己的意第绪口音:"我要把犹太人的做派甩得干干净净;我是个接受了启蒙思想的人,没错吧?我身上可没有犹太人的影子。"讲话得体,却有些矫揉造作的莉迪娅是剧中同化程度最高的犹太人,剧作家显然是想要用她来嘲讽那些机智风趣,在赫茨-莱温时期作为东道主主办沙龙的犹太女性——她虽然使出浑身解数,想要掩盖自己的犹太本性,却经常露馅。[44]塞萨的讽刺剧既不温和,也不深情。有人认为文化融合或将弥合犹太人与信奉基督教的其他普鲁士人之间的社会及政治鸿沟,塞萨则赤裸裸地抨击了此观点。

与此同时,哈斯卡拉运动与基督教社会环境越来越密切的接触已经在普鲁士的犹太人中间引发了意义深远的文化变革。以门德尔松为代表的第一代犹太启蒙思想家不仅能够用流利的希伯来语写作,还一直都严格遵循犹太人的传统;后来在欧洲革命时期出现的犹太改革家更为激进,他们不仅用德语写作,最终还想要完全摆脱犹太传统的风格——两者间差别明显。试图摆脱犹太传统的人来到了犹太社群的边缘地带，不再遵守犹太教的教义，最终抵达了各式各样截然不同的目的地：一些思想家想要以自然神论为蓝本，重塑犹太教；另一些思想家想要把理性化的犹太教信仰与去除了三位一体学说的基督教融合到一起——比如说，门德尔松喜欢异想天开的弟子达维德·弗雷德兰德就抱有这样的想法；更有甚者，对许多思想家来说，旅途的终点是与主流社会彻底融合，即皈依基督教——这不仅是不少出身名门、经常参与沙龙活动的犹太女青年所选择的道路，在门德尔松的六个子女中，也有四个人踏上了这条道路。[45]

柏林的哈斯卡拉运动并没有令传统的犹太教信仰分崩离析——生活在西部的德系犹太人的社群文化务实而又灵活，不会因为受到这一点冲击而难以为继。尽管如此，哈斯卡拉运动还是引发了巨大的转变，留下了难以磨灭的印记。首先，哈斯卡拉运动为世俗犹太知识分子的出现创造了条件，让他们能够像以拉比和塔木德学者为代表的旧精英那样，获得赖以茁壮成长的土壤。在此过程中，哈斯卡拉运动不仅为具有批判精神的开放式犹太公共领域打下了基础，还帮助它建立起了独特的传统。犹太教变得更加私人化，其重要性也有所下降，仅限于在犹太会堂活动，从而令犹太人的日常生活摆脱了宗教权威的束缚——当然，这是一个循序渐进的过程。最开始时，哈斯卡拉运动是一种仅仅在城镇犹太精英阶层及其社会附庸中有所表现的现象，但其冲击波还是渐渐地穿透了传统犹太教的架构，不仅拓宽了拉比阶层的知识视野，还促使虔诚的犹太教徒外出求学，在德意志诸国的大学接受世俗教育（尤其是医学教育）。哈斯卡拉运动一方面融入了19世纪的犹太教改革运动，令犹太会堂的礼仪和宗教仪式变得更加现代化，另一方面又刺激了以拉比为核心的传统犹太教，令其发生了意义深远的变化。包括改革派、保守派、正统派在内，19世纪的犹太教之所以能够捕捉到新一代思想家在精神及知识领域所做出的努力，不断地为其注入动力，在很大程度上正是因为门德尔松及其后继者提出了一系列振奋人心的挑战。

## 反启蒙运动？

1786年弗里德里希大王去世后，米拉波伯爵有感而发，写道："彼时，一切都是那么伟大；现如今，一切都轰然倒塌，变得无比渺小。"[46]霍亨索伦王朝的新任统治者通常会与上一代统治者天差地别，弗里德里希二世和他的侄子，[47]在他去世后继承王位的弗里德里希·威廉二世也不例外。弗里德里希愤世嫉俗、高高在上，是个完全不近女色的人，而弗里德里希·威廉则和蔼可亲、热情洋溢，是个无可救药的登徒子。他与第一任妻子不伦瑞克－沃尔芬比特尔的伊丽莎白的婚姻因为双方都有不忠行为而告吹；他的第二任妻子黑森－达姆施塔特的弗蕾德里克·路易丝为他生下了七个子女；此外，他除了有一个一直保持关系的情妇威廉明妮·恩克（她后来获得贵族身份，成了利格尼茨女公爵），还有两个以"左手婚姻"①的方式迎娶的妻子（这两次婚姻全都是重婚）——这三个婚外情的对象一共为他生下了七个子女。弗里德里希一直都遵循启蒙运动高潮期的价值观，即便是到了1780年代，提倡严谨怀疑态度的理性主义已经显得跟不上潮流的时候，他也没有做出任何改变；弗里德里希·威廉是一个紧跟时代潮流的人，热衷于唯灵论、神视、占星术之类肯定会令伯父弗里德里希极其反感的学问。弗里德里希早在还是王储的时候就加入了共济会，以

---

① "左手婚姻"（Ehe zur linken Hand）是德语用来表示贵庶通婚的方式——在德意志诸国，如果夫妻双方的身份不对等，那么在婚礼进行到牵手环节的时候，身份更高的一方就不能使用右手，而是必须伸出左手。

此表达了自己对启蒙思想的支持；弗里德里希·威廉反其道而行之，加入了共济会的秘密分支——致力于研究神秘主义和玄学的玫瑰十字会。弗里德里希在位时，所有的政府部门都厉行节约，到了他去世的时候，国库已经积攒了足足5 100万塔勒的资金；弗里德里希·威廉仅仅用了11年的时间，就把这笔巨款挥霍一空。[48]此外，就治国理政的风格而论，这两位君主也存在很大的差异。弗里德里希严管严控，一刻不停地监督着中央行政机构，无论是内阁秘书，还是各部大臣，都必须严格执行他的旨意；弗里德里希·威廉则是个容易冲动、迟疑不决的人，容易被臣下牵着鼻子走。

从某种程度上讲，普鲁士回归了由世袭家族统治的欧洲国家的常态。弗里德里希·威廉并不特别愚蠢，反而无疑是一位对文化有着深厚而广泛的兴趣的统治者——他出资请人创作艺术品、修建建筑物，在这两个领域作为资助人的重要性是毋庸置疑的。[49]然而，他并没有能力为普鲁士的政府体系提供一个强大的指挥中心。君主对政策的把控力下降所造成的一个后果是，权力中心内部再一次出现了所谓的"权力的候见厅"，即谋臣、大臣、想要巴结国王的人争相向君主施加影响力的"竞技场"。弗里德里希·威廉二世的身边有一位名叫约翰·克里斯托夫·沃尔纳的谋臣，他在国内政策方面拥有其他任何人都无法比拟的影响力。沃尔纳是一个既有才智，又有野心的平民，他白手起家，一步一步地提升自己的社会地位，先是成了牧师，之后又攀上高枝，与雇主的女儿成婚，成了领主①。他在玫瑰十字会柏林分会的核心圈子担任重要职务，借此结识了当时还只是王储的弗里德里希·威廉。弗里德里希大王很不欣赏王储的这个一心只想升官发财的朋友，宣称他是个"诡计多端、撒谎成性的牧师"，但这却并没

---

① 他在一个名叫奥古斯特·弗里德里希·冯·伊岑普利茨的贵族家中担任家庭教师，在迎娶雇主的女儿后得到丈母娘的帮助，获得了一小块领地。

有妨碍他在弗里德里希·威廉二世继位后成为权倾朝野的重臣。1788年，他取代弗里德里希大王在位时政府内最杰出、最进步的高官之一策德利茨男爵，成了新任文化大臣。他在上任后推行威权主义的文化政策，目的是限制怀疑主义对学校、教会、大学的道德观产生的所谓侵蚀作用。著名的《宗教敕令》于1788年7月9日生效，是沃尔纳以重新稳定普鲁士王国公共生活的思想内涵为目的的政策方针的核心环节，其意图为消除和反转理性主义的思考对基督教教义的完整性所造成的损害。

以哲学理性主义的含义为中心的辩论对传统的确定性所产生的冲击在宗教领域（尤其是对新教）表现得最为明显——考虑到这一点，沃尔纳把矛头指向以宗教为对象的理性思考绝非偶然。弗里德里希二世在任命神职人员时优先选择理性主义候选人的做法影响尤其明显，加强了启蒙思想对普鲁士教士阶层所造成的冲击。敕令的前言开门见山，指出"启蒙运动"已经矫枉过正——为了突出重点，前言甚至用加粗的文字另起一行，单独拎出了"启蒙运动"一词。基督教教会的完整性、连贯性遭到了威胁。信仰被摆上祭坛，成了潮流的祭品。

敕令建立了全新的审查机制，目的为确保各级学校和大学使用的教材全都符合基督教的教义。此外，敕令还加强了路德宗及加尔文宗长老会（即最高一级的宗教行政管理机构）的权力。敕令出台了人事任命监督程序，用来确保获得任命的神职人员能够切实遵守自己所属宗派的信条。《宗教敕令》生效后，政府又出台了一系列的后续措施。1788年12月，政府颁布了一项审查敕令，目的为限制新政生效后涌现出来的大量表达批评意见的小册子和文章。此外，政府还成立了一个名叫"王室审查委员会"的机构，目的是让那些在教会和教学机构任职的理性主义者无所遁形。遭到审查委员会调查的人员中有一个名叫约翰内斯·海因里希·舒尔茨的牧师，他在格尔斯多夫居住，因宣扬以下观点而声名狼藉：第一，耶稣是个普通人；第二，耶稣从来都没有死而复生；第三，人类会在最后审判时集体复活的教义纯属一派胡言；第四，地狱是不存在的。[50]伊曼努尔·康德也遭到了当局的打压：1794年秋，当局以下达敕令的方式对他进行严正警告，指出他发表的论文集《纯然理性界限内的宗教》"滥用……哲学，目的是歪曲和贬低《圣经》的数个原则和主要教义"。[51]

经常有人认为，沃尔纳的宗教政策是以普鲁士的启蒙运动为对象的反制措施。[52]可以肯定的是，一些在当时就对沃尔纳的政策持批评态度的普鲁士人就是这样想的。然而，从许多方面来看，沃尔纳的宗教政策都与普鲁士启蒙运动的传统有着千丝万缕的联系。沃尔纳在加入玫瑰十字会之前曾经是共济会的成员（玫瑰十字会本来就是一个从共济会运动中分裂出来的组织）。此外，他除了曾在推崇理性主义的哈雷大学深造，还编写了不少启蒙主义的小册子，发出了诸如改进农业生产方式、推行土地改革、废除农奴制度之类的呼吁。[53]《宗教敕令》的目的与当时对敕令抱有强烈批评意见的普鲁士批评家宣称的不同，并不是强力推行某种全新的"正统"宗教，而是巩固国内既有的宗教制度架构，从而捍卫以1648年的《威斯特伐利亚和约》为基础的多元化宗教问题解决方案。从这个角度来看，《宗教敕令》完全符合普鲁士力图让多个宗派共存的传统宗教政策。正因为如此，敕令才会在禁止理性主义者公开传播异端见解的同时，禁止天主教徒在路德宗、加尔文宗的信徒中公开传教。敕令甚至（在条款二中）把包括犹太人、海伦胡特兄弟会、门诺会、波希米亚兄弟会在内，各类"之前就已经在朕的国家公开享受宗教宽容待遇的宗派"纳入了国家的保护范围。[54]

敕令的另一个值得注意的特点是，其制定者认为，从本质上讲，宗教是社会治理工具。支撑敕令的是这样一种具有启蒙思想典型特征的观点：宗教具有稳定公共秩序的重要作用。在敕令的制定者看来，要紧的并不是社会上出现了对神学问题的思考，而是"贫苦大众"正在误入歧途，不再像传统上那样相信宗教经典和神职人员的权威，君主的权威也随之遭到了冲击。[55]考虑到普鲁士吞并了波兰的大片国土（见第十章），导致信奉天主教的臣民人数大幅增长，有可能打破国内原有的宗派势力平衡，与之前相比，采取维稳措施似乎已经变得更加迫切。由于上述及一些其他的原因，许多最杰出的启蒙神学家都乐于支持敕令，把它视为一项用来维持宗教和平的政策。[56]

所以说，把敕令所引发的争议等同于"启蒙思想"与开历史倒车的"反动"政治之间的冲突，从道理上是很难讲得通的。实际上，对垒的双方是两个不同版本的启蒙思想。一方面，敕令的支持者从启蒙思想的角度出发，认为敕令以理性的方式行使国家权力，目的是在维持宗教和平的同时，确保每个人都拥有"不受干扰地选择宗教信仰"的自由。[57]另一方面，激进的批评家指出，敕令侵害了个人良知；在他们中间有一个名叫戈特弗里德·胡费兰的康德主义法学教授甚至指出，公共机构应当反映构成机构的个人以理性思考的方式所形成的信念，即便这会令"教会的数量变得与个人信念的数量一样多"。[58]从支持敕令的角度来看，历史上遗留下来的宗教身份是不同类型的宗教自由，必须加以保护，否则激进批评家所提倡的宗教个人主义就会抬头，引发无政府主义的混乱；从反对敕令的角度来看，宗教身份是令人窒息的历史遗留问题，只要继续存在下去，就会对个人良知造成负担。真正的问题在于，双方无法就什么是理性行动的核心达成一致。是应当认可普芬多夫的观点，认为理性行动的核心是国家，还是应当支持康德的那些思想更为激进的门徒，认为理性行动存在于个人开展的理性探究之中？是应当认为国家更有能力以自然法则的原则为基础

第八章　敢于求知！

来维持合理的公共秩序,还是应当把维持公共秩序的任务交给新兴的公民社会中日益活跃的政治力量?

敕令及其辅助措施引爆了激烈的公共辩论,揭示出启蒙运动的批判性讨论已经大幅提升了普鲁士公众的政治化程度。1788年9月,出版物对政府发起了新一轮的批评,尖刻程度上升到了新的高度,弗里德里希·威廉二世大惊失色,称"新闻自由"(Presse-Freyheit)已经退化成了"言行无礼的自由"(Presse-Frechheit)。[59]此外,由于沃尔纳建立了一批临时政府机构,准备利用审查制度来落实敕令,再加上现有的教会自治机构中由神学自由主义者把控的部门不在少数,所以政府部门之间的摩擦同样也是一个必须考虑的因素。前文提到的那个明目张胆传播异端见解的牧师舒尔茨虽然惹上了麻烦,但相关的纪律处分程序却不了了之,原因是奉命调查案件的高级司法官员和长老会官员得出结论:既然他是个基督徒(虽然他并不是路德宗的信徒),那么就应当允许他继续履行牧师的职责。[60]舒尔茨案和许多其他的案件表明,一批在行政机构的最高层任职的官员经过柏林启蒙运动这个大熔炉的洗礼,已经形成了一个关系网络,准备与沃尔纳和弗里德里希·威廉二世的威权主义措施对抗,捍卫自己对开明政治秩序的理解。[61]1790年12月,一个名叫约翰·格奥尔格·格布哈特的加尔文宗信徒发表了一本批评沃尔纳的小册子,结果惹上了官司,把给小册子签发出版许可的长老会官员约翰·弗里德里希·左纳牵扯了进来,而代表最高法院审理案件的法官恩斯特·费迪南德·克莱因则做出了对被告有利的判决——此三人全都曾经是星期三俱乐部的成员,这绝非偶然。

面对如此强烈的抵抗,沃尔纳以禁止辩论和把理性主义的批评家清理出行政机构为目的的措施即便是在最理想的状态下,也只能取得十分有限的成功。1794年春,王室审查委员会的成员赫尔曼·丹尼尔·赫尔梅斯、戈特利布·弗里德里希·希尔默前往哈雷，准备视察哈雷大学和哈雷的高等学校。哈雷大学曾经是虔敬派的总部，但现在却已然变成了激进神学的中流砥柱，其理事机构还对最近出台的审查措施提出了正式的抗议。5月29日晚，赫尔梅斯和希尔默抵达哈雷，刚刚在城内的金狮饭店住下，就发现饭店被一大群戴着面具的学生团团围住。他们站在两位巡视员的窗前，大喊支持理性主义的口号，直到凌晨才渐渐散去。次日夜，又有一大群学生包围了饭店，这次人数更多，抗议声量也更大。他们先是听学生代表演讲（在一位反对抗议活动的旁观者看来，这次演讲"亵渎上帝，充斥着反对宗教信仰的言论"），之后又向巡视员所在房间的窗户投掷瓦片、砖块、石块。

更加糟糕的是，哈雷大学的学术管理机构拒绝在校内推行沃尔纳的政策——这既是因为校方对《宗教敕令》所传达的精神抱有敌意，又是由于校方认为，政府自上而下强推敕令的做法不仅不符合学术自由原则，还侵犯了大学的自治权。赫尔梅斯在与哈雷大学的高官会谈时处处碰壁，绝望地大叫道："我们到底还有没有权力？到目前为止，我们连一个宣扬理性主义宗教观点的传教士都没能驱逐。所有人都在和我们对着干。"[62]

1795年，政府在哈雷大学这所普鲁士最为重要的大学推行新政策的努力以失败告终，沃尔纳的威权主义政策显然已经失去了动力。即便如此，政府还是全面加大了审查的力度——考虑到法国爆发大革命，尤其明确地展现了政治激进主义对传统权威所造成的威胁，这的确也是意料之中的事情。爱国出版商弗里德里希·尼古拉亲历了审查制度收紧的过程，是这一过程的著名见证人。1792年，为了绕开普鲁士严格的审查制度，他把自己主办的期刊《德意志大书库》（*Allgemeine Deutsche Bibliothek*）迁到了阿尔托纳（一个靠近汉堡，却属于丹麦的城镇）。1794年，他致信弗里德里希·威廉二世，抗议

第八章 敢于求知！ 351

近年来出台的审查措施,指出自1788年新的审查制度生效以来,柏林城内独立出版商的数量已经从181家下降到了61家,之后又狡猾地补充道,这肯定会减少王室的税收收入。[63] 实际上,谁也说不清楚,审查制度到底是不是柏林城内出版商数量骤降的唯一原因(市场的力量很可能也起到了一定的作用)。然而,可以肯定的是,普鲁士的知识分子对政府审查制度的不满情绪正在不断高涨。这虽然在一定程度上是因为知识分子表达意见的途径的确受到了限制,但同时也展现出,1780年代的普鲁士经历了一场思想和政治的热潮,让知识分子对言论自由有了更高的期望。与十年前相比,1790年代中期的普鲁士知识分子已经对"言论自由"的定义有了更为激进的理解,而与此同时,1786年之后,"独一无二的弗里德里希"用人格魅力为国家机器镀上的那一层温暖的光辉也正在渐渐消散。

尽管公众的不满情绪的确变得更加严重,但十分重要的一点是,我们不应当因此过分地夸大后弗里德里希时期政府的高压政策所起到的作用。一项最近发表的以法国大革命期间的柏林新闻出版界为对象的研究指出,无论是在1789—1792年的自由革命时期,还是在雅各宾恐怖统治时期,抑或到了雅各宾派的专政结束之后,新闻报纸都能提供详尽而又可靠的报道,让普鲁士的臣民及时了解法国的时政新闻。柏林的新闻报纸会在报道中加入精深的政治评论,而更值得一提的则是,这些评论没有一边倒地对革命事业表现出敌意。《豪德及施佩纳报》(*Haudesche und Spenersche Zeitung*)阐述并解释了不同革命党派的立场和政策(就连罗伯斯比尔和雅各宾派也没有被落下),是一份尤其同情革命的报纸。普鲁士政府自始至终,既没有下大力气来阻止与法国大革命相关的信息的传播(哪怕是在1792—1793年,法国国王接受审判,最终被处以极刑的那段时间,普政府也没有实施严格的新闻管制措施),也没有极力抹黑弑君者及其盟友。此外,无论是在文理中学（Gymnasien），还是在乡村学校和小学，当局都没有禁止校方把与大革命相关的时政新闻用作教学资料。就对法国大革命的报道而论，无论是质量，还是透明度，普鲁士都在德意志诸国中鹤立鸡群，只有汉堡可能例外。阿克塞尔·舒曼写道，尽管对革命的恐惧蔓延了开来，审查制度也造成了不小的麻烦：

> 但不可否认的事实是，1789年至1806年，在朝廷所在的都城柏林，还是有四份支持法国大革命的杂志通过审查，获得了出版许可——这四份杂志不仅宣称法国大革命是历史发展的必然结果，还提出大革命代表着理性战胜了贵族阶层的傲慢和君主的无能。[64]

## 双头国家

1796年夏，成群的柏林居民蜂拥而至，前往剧场观看来自士瓦本的著名幻术师卡尔·恩斯伦的最新演出。最先登场的是三个做工精美的机器人：一个吹笛子的西班牙人、一个弹奏玻璃管风琴的女人、一个会说话的号手。接下来，表演进入了"空中狩猎"环节，除了有动物形状的气球在剧场上空飘来飘去，舞台上还出现了一个会做体操的机器人——机器人的动作无比流畅，要不是脖子周围的关节会发出轻微的吱嘎声，就肯定可以以假乱真了。表演接近尾声的时候，演职人员熄灭灯火，剧场内雷声大作，舞台上像闹了鬼一样，接二连三地出现幻影，而压轴的则是一个令人叹为观止的视觉陷阱。

远处出现了一颗亮闪闪的星星；星星逐渐变大；弗里德里

希二世的形象从星星里面走了出来,衣着举止都与他本人分毫不差[……]弗里德里希的形象变得越来越大,与观众的距离也越拉越近,直到他站在管弦乐队的前面,个头儿变得与真人一样大。无论是在观众席上,还是在包厢内,所有的观众都被这幻象惊得目瞪口呆。掌声排山倒海,欢呼声此起彼伏。到了弗里德里希似乎就要回到星星里面的时候,许多观众都大叫道:"哎呀,留下来吧!"他回到了星星里,但由于要求返场的声音一浪高过一浪,他又连续两次登上舞台。[65]

这是一场现代的舞台演出,组织者除了利用光影效果来加强幻象(一种最新的发明)的冲击力,还把观众席分成了不同价位的区域。到场的观众有男有女,除了混坐在一起的小官吏、手艺人、职员,还有贵族阶层的成员,就连王室成员也成了观众——只不过,哪怕是王室成员也必须凭票入场。组织者召唤早已去世的老国王,让他出现在观众的眼前,满足了渴望娱乐活动的消费人群,让他们慷慨解囊。演出场面盛大,去世的老国王赢得了臣民山呼海啸般的喝彩,但同时又必须按照观众的要求,乖乖地返场加演——这是否会让那些在现场观看表演的王室成员感到一丝不安呢?很难想象有什么样的景象能更好地体现出这种怀旧思绪兼具矛盾性及现代性的特点。

1800年时,从思想生活和社会生活的角度来看,柏林已经成了德意志欧洲最具活力的城市。此时,柏林的人口已经逼近了20万。城内的俱乐部、学会形成了复杂的关系网络,仅仅是在史料中留下了名称的就多达38家;此外,柏林城还有16个共济会的分会。[66]除了上述较为知名的俱乐部、学会,柏林城内还有一大批面向社会地位较低的市民开放,现在早已无据可查的俱乐部。柏林的俱乐部世界不仅体量庞大,同时还组成复杂,具有极高的多样性。"星期一俱乐部""星期三学会""星期四小圈子"全都是高档的小规模聚会，可以满足知识分子及开明的上层布尔乔亚的需求。此外，柏林城内还有各式各样能够满足特定兴趣爱好的学会：比如"自然学家之友学会"，又比如在柏林郊外的城镇韦尔德镇的议事厅定期召开会议，会议的召开时间是每个月的第一个周一的"教育学会"，再比如讨论如何减少柴火消耗量的"节约供热学会"——在这一历史时期，薪材仍然是一种稀少而昂贵的商品。"求知学会"面向对科学感兴趣的人招收会员，总共拥有35名会员，其中包括康德主义的哲学家犹太人拉扎勒斯·本达维、雕塑家约翰·戈特弗里德·沙多、政府高官恩斯特·费迪南德·克莱因。此外，柏林城内还有一家医学俱乐部、一个医药学会——前者是医学类职业组织的前身，而后者则拥有植物标本馆和小型图书馆，可供成员使用。"军事学会"是一个关注军事改革的组织，共有大约200名会员——那些在1806年之后大显身手的军事改革家在尚未崭露头角的那段时间全都把自己的满腔改革热情倾注到了学会的活动中去。那些想要了解政治、科学、文化领域最新发展的市民既可以参加各式各样的读书会，也可以利用各类商业阅读设施，比如借阅图书馆。此外，咖啡馆成了顾客借阅报纸杂志的场所，而共济会的分会则通常拥有藏书量十分可观的图书馆。

随着俱乐部数量的增多，俱乐部的功能也变得越来越专业化、多样化。业余戏剧学会在柏林成了一种全新的、广受欢迎的社会活动组织方式。18世纪八九十年代，戏剧学会像雨后春笋一般涌现了出来，可以满足各类社会群体的需求。乌剌尼亚学会（1792年成立）主要面向开明的社会精英，而波吕许谟尼亚[①]学会（1800年成立）的成员则包括水管工、器械制造者、修鞋匠、制刷匠。戏剧俱乐部的成

---

[①] 乌剌尼亚和波吕许谟尼亚都是主司艺术与科学的缪斯女神。

员男女皆有，但总的来说，有权决定俱乐部应当表演哪些剧目的人全都是男性成员。在这样的环境下，出现在私人场所举办聚会，让成员和宾客享受各类休闲娱乐活动的俱乐部，已经只是时间问题。此类俱乐部名为"休闲"（Ressourcen）俱乐部，其主办者会租用场地，为参与者提供种类繁多的休闲娱乐服务，比如餐点，又比如台球、阅读室、音乐会、舞会、戏剧表演，有一家休闲俱乐部甚至还会让宾客欣赏焰火表演。休闲俱乐部规模庞大，会员人数通常都在200人以上，无论是会员的组成，还是活动的特色，都能反映出都城柏林的社会多样性。

上述本着自愿原则成立的社会组织组成了一幅色彩斑斓、变化迅速的画卷，有助于我们了解在18世纪末的普鲁士，社会中都有哪些相互作用的力量。柏林不仅是王室和政府的权力中心，同时也是一座上演自主社会行动的大舞台，市民可以讨论国家大事，获得科学及其他深奥的知识，还能在既不完全私密，又不完全公开的环境中享受社交的乐趣，进行文化消费，沉浸在和谐友好的气氛之中。无论从何种角度来看，这一切都既算不上叛逆，又不具有革命性，但与此同时，这一切也反映出，柏林社会内部的权力平衡已经发生了天翻地覆的变化。这种有利于社交的温和氛围，让基督徒和犹太人谈笑风生，让人们冲破了性别的隔阂，让贵族、市民、匠人跨过了阶级差异的阻隔。这是一个以柏林居民的天赋、交流能力、现金为基础，自发形成的世界。这是一个彬彬有礼，却没有宫廷气息的世界。柏林的警察及审查机构规模有限，所能调用的资源也十分有限，仅仅是对这个世界进行监管就已经力有未逮，更不要提进行控制和审查了。所以说，这个世界从出现的那一天起，就已经以微妙的方式对传统权威的架构和惯例形成了挑战。

有迹象表明，行政部门的内部也正在发生范式转移。新一代的政府官员开始调整普鲁士行政实践的方向，为其制定了新的目标。1780年，一个来自兰河畔拿骚城的贵族青年加入了普鲁士的行政机构。帝国男爵卡尔·冯·施泰因①出身历史悠久的帝国贵族家庭，他与许多那个时代的德意志人一样，也是弗里德里希二世的崇拜者。施泰因在战争及直属领地官房任职，职责为在威斯特法伦行政圈内的国土上提升采矿业的效率及生产力。在这一历史时期，马克伯国境内利润丰厚的矿场已经几乎全都被矿山合作社（Gewerke）控制。矿山合作社是一种与工会相似的团体组织，职责为管理当地的劳动力市场。施泰因主动出击，削弱了矿山合作社的权力，从而扫清障碍，帮助政府建立了全新的统一工资制度、覆盖面更为广泛的国家矿山巡视制度。与此同时，施泰因又是一位认可团体组织的官员，只要团体组织不对生产效率造成不利影响即可——他与矿山合作社达成和解，允许其拥有更为广泛的自治权，比如以选举的方式任命合作社官员的权利。[67]

施泰因思维方式新颖、才智出众，很快就得到重用，自1788年起，开始同时在克莱沃官房、马克伯国官房担任高官要职。他把财政系统内部早已陈旧过时的规章、特权扫地出门；此外，他还解除了行会对农村地区的控制，一方面促进了手工业在农村地区的发展，另一方面又消除了走私问题。施泰因的改革把名目繁多，征收者既可以是个人，也可以是团体的国内通行税一扫而空，用税率适中，由国家统一管理的出入境税取而代之。[68]1796年，施泰因被任命为明登-拉文斯贝格的官房主席。上任后，他再一次把矛头指向了限制地方经济活

---

① 冯·施泰因的全名是Karl vom und zum Stein，其中vom Stein的意思是"来自施泰因"（指此人的家族源于施泰因），而zum Stein的意思则是"住在施泰因"（指此人的家族仍然拥有对这片名叫施泰因的领地）。为了避免重复啰唆，译文中统一将Karl vom und zum Stein翻译为卡尔·冯·施泰因。

图 23　卡尔·冯·施泰因男爵

力的传统税制及特权。他甚至还想要在威斯特法伦行政圈内的国土上（尤其是在许多农民仍然没有人身自由的明登－拉文斯贝格）解决农奴问题（结果没能取得成功）。施泰因是旧帝国贵族团体的一员，所以他并不愿意强行废除地方传统，而是想要通过协商，与明登－拉文斯贝格省的等级会议达成一致。他的目的是，出台一系列补偿措施，让省内的贵族地主变得愿意接受领主权遭到削弱的现实。施泰因在明登－拉文斯贝格推行的改革遭到了贵族阶层的强烈抵抗，以失败告终，但他的这一系列措施却仍然能够表明，普鲁士行政机构的内部已经出现了全新而又大胆的施政风格。[69]

卡尔·奥古斯特·冯·哈登贝格于1790年加入普鲁士的行政机构，是另一位既表现出改革倾向，同时又步步高升的政府官员。他与施泰因十分相似，也是一个十分崇拜弗里德里希二世的"外国人"。哈登贝格出身于一个因为思想进步而名声在外的汉诺威贵族家庭，他本人生于1750年，出生地点是外祖父位于埃森罗德的庄园。[70]他年纪轻轻，就在故乡汉诺威的政府机构任职，因为经常发表支持改革的言论而闻名——1780年，他编撰备忘录，呼吁废除农奴制度，放松政府对经济活动的管制，以及以分管特定领域、权责明确的政府部门为基础，建立运行更为流畅的行政机构。[71]1792年1月，哈登贝格来到普鲁士后，负责管理安斯巴赫侯国、拜罗伊特侯国这两块位于弗兰肯行政圈境内，不久之前并入普鲁士王国的土地，承担整合地方行政机构的任务。[72]考虑到安斯巴赫侯国、拜罗伊特侯国境内星罗棋布，分布着大量的内飞地、外飞地，同时还存在主权重叠问题，这的确是一项极其复杂的任务。

哈登贝格决心非凡、态度无情，完成了这项艰巨的任务。他公然无视帝国的法律，废除了帝国贵族名目繁多的特权和宪法权利。交换领土的协议与解决司法管辖权的方案消除了辖区内的所有飞地，从而划定了一条固若金汤的边境线，把这两块新领土转变成了同质化的普鲁士政治体的一部分。他废除了臣民向帝国法庭提出上诉的权利，从而消除了辖区内的贵族团体要求皇帝主持公道的可能性。只要有人胆敢违抗他的命令，他就会立即派出军队，用武力迫使其就范。此外，哈登贝格还采用具有创新性的公关措施来为上述手段提供支持——他不仅与区域内的数家重要杂志社保持着密切联系，还在暗地里结交文人，让他们在杂志上发表文章和社论，为自己的政策造势。[73]

哈登贝格在上任前提出条件，为自己争取到了向国王直接汇报工作的权利。所以说，他在某种程度上可以算作安斯巴赫侯国、拜罗伊特侯国的总督，拥有连那些在首都柏林任职的同僚都没有的权力。这样一来，他就可以放心大胆地推行意义深远的改革措施，完全不用担心上级心生嫉妒、暗中作梗。他在弗兰肯建立的行政机构（与柏林的中央政府不同）采用了现代政府的架构，共分为四个主管不同

图24 卡尔·奥古斯特·冯·哈登贝格侯爵。克里斯蒂安·劳赫创作的大理石半身像,1816年

领域的政府部门(司法部、内政部、陆军部、财政部)。在哈登贝格的领导下,安斯巴赫侯国、拜罗伊特侯国成了为旧普鲁士的行政改革培养人才的暖房。大量官员放弃中央政府的职位,前往这两个侯国任职——在之后的历史中,他们中间有许多人都成了普鲁士中央政府的高官要员:舒克曼、科赫、基尔切森、洪堡、比洛。哈登贝格身边汇聚了一群本地出身、雄心勃勃的青年官僚,形成了"弗兰肯集团"。集团的成员不仅在普鲁士的行政机构中担任重要官职,到了拿破仑战争期间,安斯巴赫侯国、拜罗伊特侯国并入巴伐利亚之后,集团的成员同样也在巴伐利亚的行政机构中大展宏图。[74]

就连普鲁士历史悠久的谷物管理体系也承受了巨大的压力,不得不做出改变。弗里德里希·威廉二世(1786—1797年在位)继位后的头四年间,政府大幅放宽了对谷物贸易的管控。这只是一次持续时间很短的试验——自1788年起,当局渐渐地加强了管控力度,令政府内部的自由派大失所望。[75]然而，1800—1805年，普鲁士国内因为缺粮而发生了一系列的暴动，一些高级官员终于认识到，如果国家放弃管控，让谷物市场不受干扰，按照规律独立运行，那么谷物的生产效率和分配效率就都会大幅提升。东普鲁士贵族帝国男爵弗里德里希·利奥波德·冯·施勒特除了担任主管东普鲁士及西普鲁士的国务大臣，还兼任管理总局的副局长，是这一观点最为有力的支持者之一。施勒特师从伊曼努尔·康德，是康德一家人的朋友。此外，他还十分支持18世纪末、19世纪初在东普鲁士的精英阶层中十分流行的农业自由主义。1805年7月11日，他递交报告，向国王阐述了自己的观点。他在报告中指出，既然国家的谷物管理体系存在缺陷，有效率低下的问题，在和平时期都有可能引发粮食暴动，那么到了发生战争，国家用来运输谷物的驳船被军队征用之后，后果难道不会更加不堪设想吗？他提出，应当废除现有的制度，大幅放宽国家对谷物经济的管控。他认为，在新的谷物经济制度下，政府既不应当违背货主的意愿，强行收购谷物，也不可以规定谷物的收购价格；国家不应当把商人当作有可能危害粮食供应的因素来防范，而是应当捍卫商人自由处置个人财产的权利。1805年8月，管理总局拒绝了施勒特的提案。然而，这只是暂时的挫折。没过多久，施勒特支持的自由主义就击败了管理总局支持的保护主义，成了政府的主流思想。[76]

所以说，我们可以认为，在当时的普鲁士，多个周边地区最先发生转变，之后由外及内，最终引发中央的转变。[77]18世纪90年代是欧洲爆发革命的十年；在这十年间，普鲁士似乎一直都在两个世界间左右摇摆。18世纪的最后三十年间，市面上出现了大量批判政府的出版物——这是一个普鲁士的行政机构既无法压制，又没有办法完全接受的现象。以热爱君主为核心的普鲁士爱国主义开花结果，反映出新兴的城市知识分子阶层想要参与国家大事的雄心，但问题在于，在当时的普鲁士,政府体制无法提供渠道来让他们实现这一抱负。发生在政府内外的辩论及批判性讨论对政治体系的几乎所有领域都提出了质疑——比如农业社会的权力架构,又比如军队的组织方式及战术,再比如国家对经济的管理。

1794 年颁布的《普鲁士一般邦法》是一份极具代表性的文献,最为明确地反映出了 18 世纪末的普鲁士所处的过渡状态。该法总共有将近两万个段落,普鲁士人之间所能发生的所有人际交往似乎都在其中有对应的条款,因而该法可以说是弗里德里希时代的启蒙运动在文官治国领域所取得的最大成就。《普鲁士一般邦法》由一群才华横溢的法学家起草,草案经过了长时间的公众辩论,充分地征求了民众的意见,在颁布的时候还没有任何其他的法典能够与之相提并论——直到 1804 年、1811 年,法国和奥地利才颁布了类似的法典,但与《普鲁士一般邦法》相比,全面性似乎仍然略逊一筹。《普鲁士一般邦法》浅显易懂、语言优雅,能够用清晰而又准确的语言阐述关键的法学原理,直至今日,我们仍然能够在德国的民法中找到其遗留下来的许多修辞片段——就这一点而论,《普鲁士一般邦法》同样堪称典范。[78]

《普鲁士一般邦法》之所以引人关注,是因为它为 18 世纪末的普鲁士社会留下了一幅全景图,但奇怪的是这幅图景的标准并不统一。透过《普鲁士一般邦法》中的文字来看普鲁士社会,就好似用一副两个镜筒焦距不同的双筒望远镜来观察远方的景象。一方面,我们瞥见了一套人人平等的社会法律秩序。《普鲁士一般邦法》的第一段宣称,"本法收录的规则可以用来评估〔……〕本国所有居民的权利与义务"。[79] 读者一眼就能发现,其中用暗指人人平等的提法"居民"(Einwohner)取代了更为传统的提法"臣民"(Untertanen);该法的第 22 条宣称,"国法对国家的所有成员都具有约束力,成员的等级、地位、性别对这一点没有任何影响",使这种用词上的选择更加令人印象深刻。[80]第22条用国家"成员"的概念取代了臣民的概念,从而更为明确地展现了《普鲁士一般邦法》人人平等的立法理念。然而,引言的第82条又提出,在其他条件相同的情况下,"个人的权利会受到出身及等级的影响";接下来,与"贵族等级的义务与权利"相关的部分不加任何掩饰地指出,"贵族是国家的第一等级",其天职和首要任务是保卫国家。同一章节的后续段落则对贵族特权做出了如下规定:只有国家的最高法庭才有权力审判贵族等级的成员;贵族拥有特权(前提条件是拥有足够的资格),可以获得"国家的荣誉称号";此外,"只有贵族才有资格拥有贵族庄园"。[81]

当时的普鲁士人似乎能够理解这些前后矛盾的规定,并没有像我们现代人那样。弗里德里希二世下达命令,开启了这部伟大法典的编纂工作;对他来说,贵族的首要地位是社会秩序的自明之理,所以他在命令中对法学家的要求是,除了要考虑到"共同利益",还要注重等级会议的特殊权利——弗里德里希去世后,这种注重贵族特权的做法得到了进一步加强。[82]《普鲁士一般邦法》的一些段落对依附于贵族庄园的农民的权利与义务所做出的规定,可以让我们发现这种既强调人人平等,又强调贵族特权的矛盾之处。令人颇感吃惊的是,《普鲁士一般邦法》把依附于贵族庄园的农民描述为"国家的自由公民"(freye Bürger des Staates)——实际上,在普鲁士的所有国民中,只有依附于贵族庄园的农民被分类为"国家的自由公民"。然而,相关条款的绝大部分内容与"自由公民"的含义背道而驰,反倒加强了贵族团体既有的支配架构,令农村地区的不平等问题变得更加严重。依附于庄园的农民想要结婚,就必须首先得到领主的许可(只不过,领主如果想要拒绝农民的请求,就必须提出在法律上站得住脚的理由);农民的子女必须给地主做家务活;行为不端的农民必须遭到

（适度的）惩罚；农民必须按照法律的规定为地主服劳役；等等。[83] 普鲁士社会的团体架构被视为社会秩序的基石，所以非但没有由法律来界定，反倒还成了构建法律的要素；实际上，《普鲁士一般邦法》的绪论中甚至有一个小标题指出，团体架构是"法律的源泉"。[84]

《普鲁士一般邦法》真正引人关注的地方并不是它提出了上述迥然相异的观点，而是这些不同的观点似乎完全找不到公约数。该法把目光转向了一个早已成了过去的世界——这是每一个社会等级都在国家秩序中占据着一定地位的世界，是看似扎根于中世纪，但实际上却完全是由弗里德里希大王想象出来的世界，是在法典的编纂工作临近结束时已在逐渐消失的世界。然而，《普鲁士一般邦法》也指向了一个全新的世界——这是一个所有的公民都"享有自由"的世界，是一个国家主权的世界，是一个国王和政府都受到法律约束的世界；实际上，一些历史学家甚至认为，《普鲁士一般邦法》可以等同于某种原始形态的宪法，为普鲁士确立了依法治国的理念。[85] 19世纪的史家海因里希·特赖奇克指出，《普鲁士一般邦法》捕捉到了弗里德里希式的国家类似"双头雅努斯"①的特点——这一比喻突显了普鲁士的内部矛盾。[86] 特赖奇克借鉴了斯塔尔夫人②对普鲁士的描述："普鲁士与雅努斯一样，有两个脑袋，一个脑袋主管军事，另一个脑袋思考哲学。"[87] 用古罗马的门神来比喻普鲁士的修辞手法流行了开来，好似一阵狂风，影响到了几乎所有研究普鲁士的史学著作，以至于直到20世纪七八十年代的时候，凡是研究普鲁士的著作，都必须首先在文中向雅努斯致敬。双头雅努斯同时凝视两个方向的形象似乎捕捉到了普鲁士历史进程的某种基本特点——传统与创新的两极对立为这个由霍亨索伦王朝统治的国家定义了历史轨迹。

---

① 雅努斯是罗马神话中的门神，他有两个面孔，一个朝前，另一个朝后。
② 斯塔尔夫人（1766—1817），法国女作家、政治理论家。

# 第九章　傲慢与报应：1789—1806

在普鲁士王国的历史上，从1789年法国爆发大革命到1806年普鲁士被拿破仑击败的那段时间算得上最为动荡的多事之秋，同时也是统治者表现得最为乏善可陈的时期。在这段大量的危机与无限的机遇并存，令人眼花缭乱的历史中，普鲁士的对外政策像着了魔一样，一直都在疯狂地摇摆不定：从与传统竞争对手奥地利的双雄争霸，到在北德意志巩固普鲁士的霸主地位，再到吞并波兰大量土地的诱人前景，这些事项竞相吸引着柏林决策者的注意力。他们时而玩弄说一套，做一套的外交阴谋，时而因为害怕而举棋不定，时而因为贪婪而忘乎所以，对外政策像走马灯一样换了又换。拿破仑·波拿巴得势后，普鲁士不得不面对一场全新的、事关国家生死存亡的危机。拿破仑不仅不能容忍任何限制法国在欧洲大陆上扩张霸权的措施，还完全无视所有的国际条约、协议，把普鲁士的决策者逼到了崩溃的边缘。1806年，普鲁士禁不住接二连三的挑衅，犯下了致命的错误，在没有取得大国支持的情况下贸然向拿破仑宣战，结果引发了一场足以撼动传统君主制秩序合法性的大灾难。

## 革命时期的普鲁士对外政策

1789年法国大革命爆发后，普政府以友善的眼光关注着巴黎的局势。1789—1790年的秋冬时节，普政府派驻巴黎的使节非但没有对叛党退避三舍，反倒还与各个派别建立起了友好往来的关系。法国大革命的发展方向取决于在服从与叛乱之间，在"上帝的旨意"与"人的意愿"之间做出关键的选择——虽然这是一种在之后的历史中得到了广泛接受的理论，但对当时的柏林当局来说，这并不是在对事件进行解读的时候必须考虑到的因素。

从本质上讲，法国爆发革命后，柏林当局之所以会纵容叛乱者，是出于两方面的考虑。第一方面的原因十分简单：从柏林当局的角度来看，大革命并不会造成威胁，反倒是可以利用的机会。普鲁士对外政策的重中之重是削弱奥地利在德意志诸国中的权力与影响力。1780年代，普鲁士与奥地利的双雄争霸愈演愈烈，两国的双边关系日趋紧张。1785年，弗里德里希成了德意志诸侯联盟的盟主，与哈布斯堡王朝试图吞并巴伐利亚的皇帝约瑟夫二世针锋相对。1788年，约瑟夫二世向土耳其宣战后，普鲁士的决策者开始担惊受怕，认为一旦哈布斯堡王朝的统治者在巴尔干地区吞并了大量的土地，奥地利就很有可能在与普鲁士的争霸中占据上风。然而，到了1789年的春夏时节，就在奥军节节胜利、苏丹塞利姆三世的军队一路溃败的紧要关头，包括比利时、蒂罗尔、加利西亚、伦巴第、匈牙利在内，哈布斯堡王朝领土的边缘地区爆发了一系列的叛乱。弗里德里希·威廉二世是个既爱面子，又冲动的人，他下定了决心，要证明自己与伯父一样，也是个优秀的统治者。奥地利陷入困境之后，他尽全力让自己从中获益。他一方面煽风点火，唆使比利时人摆脱哈布斯堡王朝的统治，另一方面又与匈牙利的反对派建立了联系，想要鼓动他们发动叛乱，推翻维也纳当局的统治——他甚至提出，可以让匈牙利人独立建国，成立由普鲁士的君主统治的君主制国家。[1]

在这样的大环境下，对普鲁士的决策者来说，发生在法国的革命当然是个好消息，因为他们有理由认为，新成立的法国"革命"政府多半会终止法国与奥地利的盟友关系。普鲁士的决策者心里很清楚，发起革命运动的法国爱国者全都十分厌恶奥地利，无论是法奥同盟本身，还是法国王后玛丽·安托瓦内特这个王朝政治层面上的象征，他们都深恶痛绝。正因为如此，柏林当局才会设法与不同派别的革命党搞好关系，想要以此为手段，在巴黎建立起反哈布斯堡"集团"。普政府的目标是逆转欧洲在1756年时外交格局的变动，孤立奥地利，挫败约瑟夫二世的对外扩张计划。列日采邑主教区是一个被比利时包围的狭长地区，该地爆发全面革命[①]之后，普政府同样做出了支持革命党的决定，原因是普鲁士的决策者认为，革命有可能扩散至周边奥地利控制的地区。

普鲁士之所以会对革命进行试探性的支持，意识形态方面的因素也在其中起到了一定的推动作用。1789年时，包括主管外交事务的大臣赫茨贝格伯爵在内，普政府的最高决策者中有不少人都在个人情感上十分同情革命者的理想抱负。赫茨贝格是一位思想开明的政治家，极其痛恨波旁王朝对法国昏庸无能的专制统治。在他看来，普政府支持列日起义者的做法完全符合普鲁士王国的"自由原则"。普政府派驻列日采邑主教区的使节克里斯蒂安·威廉·冯·多姆不仅是一位开明的官员，同时也是一个知识分子（更不要提他还发表了一本著名的小册子，提出应当让犹太人享有平等的公民权）；他对列日地区的采邑主教制政府持批评态度，认为应当采用进步的宪政制度来解决

---

① 列日革命于1789年8月18日爆发，革命者成立了列日共和国。奥地利派兵镇压革命，于1791年1月12日重新建立了列日采邑主教区。

采邑主教与发起动乱的第三等级①之间的矛盾。²

约瑟夫二世的后继者利奥波德二世之所以会愿意与普鲁士达成和解,最重要的原因正是一旦匈牙利在普鲁士的支持下爆发革命,哈布斯堡王朝的统治就会遭到巨大的威胁。³利奥波德是一位既睿智又很克制的统治者,他马上就意识到,冒着让后院起火,任由哈布斯堡王朝的世袭领地分崩离析的风险,在奥斯曼帝国统治的巴尔干地区开疆拓土的做法荒唐至极。1790年3月,他致信柏林当局,在信中表达了建立友好关系的意向,为双边协商打开了大门,最终促使两国政府于1790年7月27日签订《赖兴巴赫协定》。经历了紧张的谈判之后,普奥两国决定抛开分歧,达成一致,在最后一刻避免了战争。奥地利同意结束与土耳其代价高昂的战争,承诺不会向土方提出过分的要求(即不会吞并奥斯曼帝国的领土),而普鲁士则承诺不再继续在哈布斯堡君主国国内煽动叛乱。

《赖兴巴赫协定》是一份看似无关痛痒,但实际意义却十分重大的条约。⁴自1740年弗里德里希大王入侵西里西亚之后,普鲁士与奥地利之间的强烈敌意一直都是神圣罗马帝国国内政治的主旋律——《赖兴巴赫协定》至少在一段时间内消除了双方的敌意,让普奥两国摆脱了此消彼长的零和博弈,变得能够追求同时符合双方利益的目标。协定生效后,弗里德里希·威廉二世迅速调整对外政策,决定不再秘密协商与巴黎的革命政府建立盟友关系,转而开始进行战争准备,把矛头指向了法国的革命政权,转变速度之快,不禁让人回想起了大选侯在位时的那段历史。外交大臣赫茨贝格和他支持的自由派思想失去了影响力;不久之后,赫茨贝格便丢了乌纱帽②。约翰·鲁道

---

① 列日等级会议的三个等级分别是由高级教士及圣朗贝尔大教堂的座堂圣职团组成的第一等级、由贵族组成的第二等级、由中产阶级及手工业者组成的第三等级。
② 赫茨贝格丢官的时间是1791年7月5日。

夫·冯·比绍夫韦尔德是弗里德里希·威廉二世的谋臣、知己，他认为普鲁士应当向法国革命政权发动战争，成了主导普政府全新对外政策的重要人物之一，先后于1791年的2月、6—7月两次出使维也纳。在他的努力下，普鲁士与奥地利于1791年7月25日签订《维也纳条约》，为两国间的盟友关系打下了基础。

普奥和解的第一个成果是一场声势浩大的姿态政治活动。1791年8月27日，奥地利皇帝与普鲁士国王联合发布《皮尔尼茨宣言》——宣言只是一份声明，表明了两国反对法国大革命的原则立场，并不能算作行动方案。宣言在开篇处指出，普奥两国的君主把同为君主的法国国王视为"兄弟"，认为他的命运"牵动了欧洲所有君主的共同利益"，提出立即恢复法国国王的"应有地位和真正的自由，从而确立君主制政权的根基"。宣言在结尾处做出承诺，指出普奥两国会"当机立断"，动用"必要的力量"，实现"上文提出的共同目标"。[5]尽管宣言的语言含糊其词，但其态度却仍然十分明确，表达了普奥两国的君主团结一致，共同对抗革命的决心。只不过，宣言的秘密条款表明，权力政治仍然沿着老路暗潮流动。秘密条款2规定，签约国有权在相互协商的基础之上，"以对己方有利的方式，相互交换现有的及未来即将获得的土地"；条款6规定，奥地利的皇帝承诺，将会"居中斡旋，向圣彼得堡当局及波兰的朝廷施加影响，帮助〔普鲁士〕获得托伦和但泽这两座城市……"[6]

宣言影响到了法国制宪议会，助长了政治极端主义的气焰，让认为战争是扭转法国国运、推进革命进程的最佳手段的吉伦特派获得了更大的影响力。在1791年末及1792年初的巴黎，认为革命政府应当发动战争的呼声变得越来越高涨。[7]与此同时，普鲁士与奥地利达成一致，确立了两国的共同目标。1792年2月7日，两国签订了一份新的盟约，在盟约中规定了下一步的行动计划——两国应当动用武力，

第九章　傲慢与报应：1789—1806

在神圣罗马帝国的西部边缘地区推动领土交换。两国应当首先占领阿尔萨斯地区,将其一分为二,把一部分划入奥地利的版图,把另一部分转让给普法尔茨选侯国,之后再迫使普法尔茨选侯国把于利希公国、贝格公国割让给普鲁士。

普奥两国到底有没有认真地考虑过入侵法国的可能性,到底是在什么时候将其提上议事日程的,是两个无法确定的问题,但可以肯定的是,到了1792年4月20日,法国政府向奥地利的皇帝正式宣战之后,军事冲突已经不可避免。普奥两国扯起了反革命意识形态的大旗,开始为入侵法国的军事行动做准备。7月25日,普军的指挥官兼联军总司令不伦瑞克-吕讷堡公爵卡尔·威廉·斐迪南发表了一份声明,即所谓的《不伦瑞克宣言》。这份言辞激烈的宣言以一个报仇心切的法国逃亡者撰写的草案为基础,(有些虚伪地)宣称普奥两国的朝廷"没有以征服为手段,扩张领土的打算",一方面做出承诺,宣布所有臣服于法国国王的法国人都会得到保护,另一方面又放出狠话,宣称法国革命卫队的成员一旦成为俘虏,就会遭到最为严厉的惩罚。宣言在结尾处威胁法国革命者,结果反倒进一步激化了巴黎民众的极端情绪:

> 奥地利、普鲁士两国的君主以他们作为皇帝、国王的荣誉为担保起誓,如果有人强行进入或攻击杜伊勒里宫[法国国王及王室成员被革命政权软禁在这里],如果有人敢动国王陛下、王后陛下、王室成员的一根汗毛,如果全体王室成员的安全和自由无法立即得到保证,普奥两国的君主就将会动用军队,把巴黎变成一片废墟,让所有犯下上述罪行的叛党遭到应有的惩罚,用令人永世难忘的方式报仇雪恨。[8]

1792年夏末，普奥联军好似一头笨拙的大象，进入了法国境内，随行的还有一支由路易十六的弟弟阿图瓦伯爵率领、由法国逃亡者组成的小部队。这支部队非但没能帮上忙，反倒惹了不少的麻烦：他们不仅遭到法国民众的唾弃，在战场上的表现也一无是处。他们最主要的作用是向外界证明，入侵者的确是来镇压革命的。联军向法国的农民、镇民征收粮草、牲畜，以路易十六的名义开具借条，用傲慢无礼的语言承诺，战争结束之后，恢复权势的国王肯定会"照价补偿"。

普奥联军的入侵作战最终以惨败收场。对普奥两国的军队来说，在神圣罗马帝国的西部边缘地区开展联合作战行动一直都不是一件容易的事情，1792年的侵法作战行动也不例外。最开始时，入侵计划的制订工作就因为指挥混乱、无法就优先事项达成一致而步履维艰；9月20日，联军在瓦尔密被法军击败之后，入侵计划再也没能取得任何进展。抵达瓦尔密后，联军发现法军抢占高地，排出宽阔的圆弧形阵形，已经借助地形，构筑了坚不可摧的防御阵地。双方展开了激烈的炮战，结果法军炮兵的表现更胜一筹，接连命中目标，联军对法军阵地的进攻则没能取得任何战果，白白损失了大约1 200名士兵。瓦尔密会战是法国革命军队与敌军的首次正面交锋。法军英勇作战，展现出了出人意料的战斗意志，而联军则斗志尽失，被迫撤出地形不利的攻击阵地，把战场的控制权让给了法军。

瓦尔密会战结束后，普鲁士仍然是反法联盟的正式成员，普军继续在阿尔萨斯地区、萨尔地区与法军作战，甚至还取得了一些战果。然而，由于普政府已经把目光转向了其他方向，普军只投入了极少的资源来继续开展针对法国的作战行动。柏林当局的决策者放弃法国战场的原因是，波兰出现了新局面，让他们看到了可乘之机。在1780年代的整整十年间，波兰仍然没能摆脱内部纷争以及外部的干扰与阻碍，之前正是这些因素让俄普奥三国得以第一次瓜分波兰。1788—1791 年，俄国与奥斯曼帝国陷入了一场代价高昂的战争，波兰国王斯坦尼斯瓦夫·奥古斯特抓住了这个机会，联合国内的改革派，开始推动足以改变波兰政治体制的改革。1791 年 5 月 3 日，《五三宪法》颁布，不仅有史以来首次为波兰确立了世袭君主制度，还提出了一套能够正常运行的中央政府架构。宪法的撰写者宣称："我们的国家得到了救赎。我们的自由得到了保障；我们成了一个自由的独立国家；我们摆脱了奴役和暴政的枷锁。"[9]

无论是对普鲁士，还是对俄国，上述发展都不是好消息。如果让波兰成为一个独立的国家，那么俄国近一个世纪以来在外交领域的努力就会付诸东流。虽然弗里德里希·威廉二世通过正式渠道，向波兰的新宪法表示祝贺，但普鲁士的决策者在暗地里却害怕波兰会复兴。"可以预见的是，波兰夺回西普鲁士是迟早的事情……"赫茨贝格向一位普鲁士的高级外交官表达了自己的担忧，"波兰人口众多，如果其统治者治国有方，那么我国又应当如何自保呢？"[10]1792 年 5 月 18 日，叶卡捷琳娜二世派出 10 万大军，开始了入侵波兰的军事行动。普政府本打算支持波兰人对抗俄军的入侵（目的是阻止或限制俄国在波兰境内的扩张），但之后又改变主意，接受了圣彼得堡当局的提案，决定与俄国一起瓜分波兰。1793 年 1 月 23 日，俄普两国的政府签订《圣彼得堡条约》。按照条约的规定，普鲁士不仅获得了商业重镇但泽、托伦，还得到了夹在西里西亚和东普鲁士之间的一块面积可观的三角地带——凑巧的是，这块三角地带同时也是波兰 - 立陶宛联邦最富庶的地区。俄国一口气吞并了第一次划分后波兰所剩的近一半领土。尽管从普鲁士的角度来看，《圣彼得堡条约》显然是一份"不平等条约"（就面积而论，俄国吞并的土地相当于普鲁士吞并的土地的整整四倍），但不可否认的是，这一纸条约不仅让普鲁士得到的领土超出其一直以来的期望，而且免去了柏林当局在西欧为奥地利提

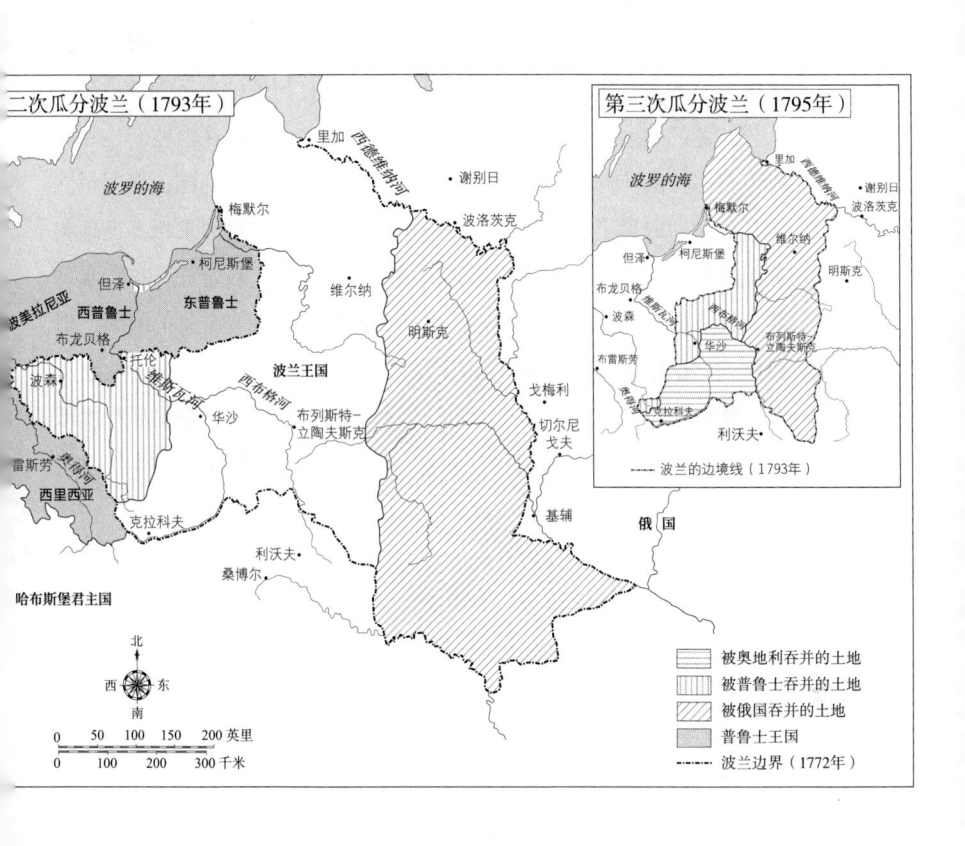

第九章 傲慢与报应：1789—1806

供领土补偿的义务。[11]

1794年3月,波兰爱国者塔德乌什·科希丘什科发动起义,反抗俄普奥三国的统治,让侵略者找到了对波兰进行第三次,同时也是最后一次瓜分的借口。尽管起义者把俄国视为最大的敌人,但最先尝试趁机获利的是普鲁士。普政府打算镇压起义,与俄国在平等的地位上瓜分波兰的剩余领土。然而,由于仍然有大量的部队在西线与法军作战,普军在战斗开始前就已经出现了严重的兵力不足问题;普军虽然在开战初期取得了一些战果,但很快被迫后撤,向俄国求援。奥地利乘人之危,同样也出兵镇压起义,想要分一杯羹。科希丘什科背水一战,大规模募兵,与俄普奥三国的联军僵持了将近八个月的时间,但1794年10月10日,俄军在位于华沙东南方的马切约维采击败起义军,结束了起义。没有什么能阻挡俄普奥第三次同时也是最后一次瓜分波兰了。经过激烈的讨价还价后,三国于1795年10月24日就波兰领土的划分问题达成了一致。按照协议的规定,普鲁士获得了包括历史悠久的首都华沙在内,位于波兰中部总面积大约为5.5万平方千米的土地,生活在这片土地上的大约100万居民也全都变成了普鲁士的臣民。波兰就此不复存在。

## 中立的危险

在普鲁士的历史上,波兰的灭亡是一件非同寻常的事情:自大选侯在位时起的150年以来,弗里德里希·威廉二世也许是最没有君王风范的一位普鲁士君主,但由于他在位的时候参加了对波兰的第二次与第三次瓜分,就领土扩张的面积而论,霍亨索伦王朝的任何一位统治者都无法与他相提并论。普鲁士获得了30万平方千米的领土,相当于全国总面积的三分之一;此外,普鲁士的人口数量也从550万增长到了大约870万。鉴于本国在东方的对外扩张取得了巨大成功，已经远超原先的预期，普政府立即决定退出反法联盟，不再继续参与西线的战斗，于1795年4月5日在巴塞尔与法国单独签订了和平协议。

普鲁士重施故技，再一次弃盟友于不顾。负责为奥政府编写宣传册的书吏尽职尽责地猛烈抨击普鲁士背信弃义，单独退出反法联盟的行径。史学家也经常表达相同的观点，认为普鲁士单独议和，对法国保持中立的做法令人不齿，是"胆小的""自杀性的""极为有害的"。[12]这种观点的问题在于，其提出者在分析问题时没有考虑时代背景，误认为18世纪末期的普鲁士肩负着统一德意志诸国的"民族主义"任务，而1795年时与法国单独议和的决定辜负了这一使命。然而，如果完全从普鲁士本国的国家利益出发来看问题，我们就会发现，与法国单独议和也许的确是最佳的选择。此时的普鲁士不仅财力耗尽，国内的行政管理体系也不堪重负，难以消化刚刚吞并的大片波兰领土，负担不起在西线继续作战所需的费用。柏林的朝廷出现了一个"主和派"，他们为普鲁士退出反法联盟提出了在经济上难以辩驳的理由。[13]

《巴塞尔条约》的内容无论如何都对普鲁士是十分有利的——至少从纸面上来看如此。其中一项条款规定，法国和普鲁士应当共同维护北德意志的中立地位。柏林当局可以利用条约提供的机会，向位于中立区内的德意志小国施加影响力。外交大臣豪格维茨迅速地抓住了这个机会，劝说（包括汉诺威在内的）一系列位于德意志北部的诸侯国加入由普鲁士主导的中立体系，从而让这些国家摆脱了对神圣罗马帝国的防卫义务。[14]建立中立区后，普鲁士终于可以放开手脚，向东方扩张，同时又可以迫使奥地利独自面对法国的进攻——从这个角度来看，与法国保持中立是符合普鲁士与奥地利双雄争霸的传统外交策略的。换言之，对普鲁士来说，中立的意义并不仅限于避免与法国发生战争。与法国签订和平协议，确保普鲁士可以躲在中立区的"分界线"以内之后，弗里德里希·威廉二世便可以对自己取得的成就感到满意了。

然而，弗里德里希·威廉二世的成就看似坚实，实际上却是没有根基的空中楼阁。此时的普鲁士已经陷入了孤立无援的境地。在过去的六年间，普鲁士与几乎所有的欧洲强国都缔结了盟友关系，之后又撕毁了全部的盟约。现在大家都知道弗里德里希·威廉二世喜欢搞秘密外交，两面三刀，因此他在外交领域不再受人信任，已经变成了孤家寡人。历史事实很快就会证明，除非普鲁士能够得到某个大国的支持，与其共同防御北德意志中立区的分界线，否则中立区就无法应对外敌的进攻，因而几乎没有任何意义。波兰从欧洲地图上消失是一件影响更为深远的事情。且不说瓜分波兰的做法在道德上是多么令人唾弃，独立的波兰在地缘政治中的地位本身就十分重要，它在俄普奥这三个位于欧洲东部的强国中间既可以起到缓冲作用，也能够扮演调解人的角色。[15] 波兰消失后，普鲁士在其历史上第一次与俄国共享漫长而又难以防守的边境线。[16] 从此往后，普鲁士的国运与其幅员辽阔、国力不断增强的东方近邻俄国的国运紧密地联系到了一起。

普鲁士1795年时在巴塞尔与法国签订条约，把北德意志划为中立区，依靠中立区来保证国家安全，这样的做法同样也表明，柏林当局已经变得对神圣罗马帝国的命运漠不关心：中立区的分界线把德意志拦腰截断，没有中立区地位的南德意志不仅会遭到法国的入侵，奥地利也可以在这里为所欲为。此外，1795年的《巴塞尔条约》还有一项秘密条款，其内容为，如果法国最终保留了其在莱茵兰地区占领的普鲁士领土，那么普鲁士就可以在莱茵河以东的地区获得领土补偿——这项条款就好似一声丧钟，预示着在1790年代末的最后几年间，德意志将会成为弱肉强食的竞技场。奥地利政府也露出了本性，不再考虑神圣罗马帝国内诸多小国的感受。在南德意志诸国与法军作战的奥地利军队劣迹斑斑，与其说是盟军，还不如说是占领军；自1793年3月起，才智超群又没有任何道德原则的约翰·冯·图古特男爵开始主导奥地利的对外政策，他以之前的巴伐利亚交换方案①为蓝本，制订了奥地利的德意志扩张计划。1797年10月，维也纳当局与拿破仑·波拿巴达成一致，决定用奥属尼德兰来换取威尼西亚②和萨尔茨堡③这个在神圣罗马帝国境内地位数一数二的教会邦。[17]神圣罗马帝国似乎马上就要重蹈波兰的覆辙。汉斯·克里斯托夫·冯·加格恩是德意志小国拿骚伯国的首席大臣，他在1797年时评论时局，用明确的语言点明了神圣罗马帝国的处境与波兰的相似之处："到目前为止，德意志的诸侯一想到法国所造成的威胁，就希望普鲁士能够与奥地利恢复友好关系，但一想到波兰的命运，他们又担惊受怕，不想让这两个国家联合起来，这是祸不单行啊！"[18]

在这一历史时期，在处理与德意志诸国的关系时，法国对外政策的主要目标是，"恢复"法国的"自然边界"——这是个完全虚构的概念，是路易十四首创的设想。在实践中，这意味着法国必须吞并位于莱茵河左岸的所有德意志土地。这块土地由神圣罗马帝国的众多诸侯国组成，在这一地区拥有领土的政治体及统治者除了统治普鲁士的霍亨索伦王朝、科隆选侯国、特里尔选侯国、美因茨选侯国、普法尔茨选侯国，还有普法尔茨-茨韦布吕肯公爵、许多帝国自由城市，以及大量的小诸侯。如果任由这一地区并入单一制的法国，那么

---

① 见第七章关于巴伐利亚继承战争的内容。
② 拿破仑于1797年初入侵威尼斯，威尼斯共和国的末代总督卢多维克·马宁于5月12日无条件投降。
③ 法国同意使用外交影响力帮助奥地利吞并萨尔茨堡。

神圣罗马帝国就肯定会遭到毁灭性的打击。然而，此时的德意志诸侯国已经完全无力阻止法国在德意志西部的扩张。包括巴登、符腾堡、巴伐利亚在内，所有国力较强的诸侯国全都已经被迫退出了战争，正设法重新与法国建立友好的关系。拿破仑在意大利北部击败奥地利的军队后，维也纳当局于1797年10月与法国签订了《坎波福米奥条约》，正式承认了法国在德意志莱茵兰境内吞并领土的既成事实。此外，条约还规定，应当由法国和帝国各个诸侯国派出的代表直接协商，确定法国吞并领土对整个帝国所造成的影响。这项规定为长时间的协商创造了条件，最终的结果是，相关各方对德意志欧洲的版图进行了重新划分。协商于1797年11月在巴登藩侯国境内风景如画的城市拉施塔特拉开帷幕，在断断续续，经历了许多挫折后终于成功结束，最终的结果于1803年4月27日在雷根斯堡以《帝国代表会议总决议》（报告书的德语标题是一个长度惊人的德语单词：Reichsdeputationshauptschluss）的形式公之于众。

报告书宣告了一场地缘政治革命。在所有的帝国自由城市中，只有六座城市保留了原有的地位；上至科隆选侯国、特里尔选侯国，下至科维、埃尔旺根、古滕策尔等采邑修道院，所有教会邦中，只有三个邦保住了原有的地位。大型和中型的诸侯国成了主要的赢家。在德意志境内建立附庸国是法国的一项历史悠久的传统外交政策，巴登、符腾堡、巴伐利亚夹在法国与奥地利中间，地缘政治位置特殊，可以成为对法国十分有用的盟友，所以在协商的过程中得到了法方的特别优待。就领土扩张的比例而论，巴登成了最大的赢家[①]：巴登有440平方千米的国土被法国吞并，但作为补偿却获得了原本属于施派尔、斯特拉斯堡、康斯坦茨、巴塞尔等主教区的部分土地，总面积超

---

① 巴登就此由藩侯国升格为选侯国，之后又在1806年时升格为大公国。

过了3 237平方千米。普鲁士同样也是一个大赢家,不仅得到了希尔德斯海姆主教区、帕德博恩主教区,以及明斯特、爱尔福特、艾希斯费尔德地区的大部分土地,还获得了埃森修道院、韦登修道院、奎德林堡修道院,以及拥有帝国自由城市地位的北豪森、米尔豪森、戈斯拉尔。普鲁士虽然在莱茵兰地区失去了大约2 642平方千米的领土,以及当地的12.7万居民,但作为补偿却获得了将近1.3万平方千米的新领土,以及当地的大约50万居民。

　　神圣罗马帝国行将就木。数量众多的教会邦消失后,天主教势力再也无法在帝国议会中占据多数席位,帝国的天主教特性就此退出了历史的舞台。帝国失去了存在的价值,无法再作为具有保护作用的孵化器,在中欧保护传统的政治及宪政制度多样性。帝国皇帝的皇冠与哈布斯堡王朝之间历史悠久的紧密联系似乎已经变得几乎毫无意义,就连利奥波德二世的继承人弗朗茨二世也不得不承认这一点:他在1804年时采取应对措施,宣布自己是奥地利帝国的世袭皇帝,从而摆脱了对神圣罗马帝国的依赖,变得可以独立拥有皇帝头衔。1806年8月6日,帝国传令官一如既往,用号角声吸引民众的注意力,之后宣布了神圣罗马帝国正式终结的消息——这似乎只是例行公事,在当时几乎没有引起任何评论,令人啧啧称奇。

　　尽管在拿破仑战争尘埃落定之前,德意志的版图还要经历进一步的重新划分,但此时,19世纪经过简化的德意志版图已经依稀可见。普鲁士获得了大量的新领土,德意志北方霸主的地位得到了进一步的增强。在南德意志,巴登、符腾堡、巴伐利亚的领土得到了扩充与巩固,形成了一个由三个领土紧密相连的国家组成的缓冲地带,在拿破仑战争结束后的国际秩序中将会起到同时挫败奥地利、普鲁士称霸野心的作用。教会邦的消失同样也意味着,数以百万计的德意志天主教徒成了在信奉新教的国家中分散居住的少数群体——这将会对现代德国的政治及宗教生活产生深远的影响。在神圣罗马帝国的废墟中，德意志的未来正在浴火重生。

## 从中立到溃败

1806年10月14日，26岁的中尉军官约翰·冯·博尔克正跟随部队在耶拿城以西执行任务。这支部队总兵力2.2万人，由恩斯特·威廉·弗里德里希·冯·吕歇尔将军担任指挥官。天还没亮的时候，前方传来了战报：拿破仑的部队向部署在城外高地上的普军主力发起了进攻。东方传来了隆隆的炮火声。吕歇尔麾下的士兵已经露营了一夜，由于地面太过潮湿，全都冻得浑身发冷、四肢僵硬；到了东升的旭日驱散晨雾的时候，温暖的阳光把寒意一扫而空，部队的士气渐渐地恢复了过来。"我们忘记了艰苦与饥饿，"博尔克回忆道，"上千人齐声合唱席勒的《骑兵之歌》。"上午10点，博尔克和他所在的部队终于开始向耶拿进军。部队沿着大路，向东挺进，一路上遇到了许多从前线上撤下来的轻伤员。"伤兵身上的装备全都残破不堪，前方的战斗肯定十分激烈。"然而，到了中午，一位副官骑着快马，找到吕歇尔的部队，递上了正指挥普军主力在耶拿城外与法军交战的霍恩洛厄侯爵的短笺："抓紧时间，吕歇尔将军，胜利近在眼前，快来与我共享胜利的果实；我已经全面压制了法军。"吕歇尔命人宣读短笺的内容，听到好消息后，行进中的士兵全都大声欢呼。

吕歇尔的部队在开赴战场的路上经过了一个名叫卡佩伦多夫的小村庄，发现街道被加农炮、马车、伤员、死马堵得水泄不通，不得不放慢了进军的步伐。离开村庄后，映入眼帘的是一片丘陵地带，在登上丘陵后，吕歇尔的部队终于第一次看到了战场的真面目。眼前的景象令他们惊恐万分——面对法军的攻势，霍恩洛厄的部队只剩下了"残兵败将，防线极其薄弱"。吕歇尔的部队向前线靠拢，准备发起进攻，结果遭到了法军狙击手的袭扰，子弹像冰雹一样袭来。由于法军的狙击手擅长选择战位，隐蔽的技术也十分高超，普军士兵根本就无法判断子弹到底是从哪里飞过来的。"我们变成了活靶子，"博尔克后来回忆道，"完全找不到敌人躲在哪里，我军的士兵全都慌了神，因为他们从来都没遇到过这样的作战方式，对自己手中的武器失去了信心。他们马上就意识到了，与自己相比，敌人更胜一筹。"

面对法军强大的火力，普军的官兵全都急于拉近距离，以解决眼前的问题。普军对部署在维森海里根村附近的法军发起了进攻，结果发现越是靠近法军的阵地，法军的火炮及来复枪火力就越是强大。此外，吕歇尔的部队本来火炮就不多，在开战后没多久还全都出了故障，只得就地废弃。吕歇尔下达"左肩向前！"的命令，普军的阵形开始向右侧倾斜，改变了进攻的角度。在此过程中，部署在普军左翼的营级作战单位队形变得越来越松散，而法军则调来了更多的火炮，使普军阵形的缺口越来越大。博尔克与其他的军官一起，骑着快马四处奔走，想要重整凌乱不堪的进攻队形。然而，由于普军左翼的指挥官冯·潘维茨少校负伤落马，他的副官冯·雅戈中尉也中弹身亡，无论做什么都难以控制住混乱的局面。下一个战死的指挥官是团长冯·瓦尔特；接下来，吕歇尔将军本人也负伤倒地，好几个参谋人员也非死即伤。

博尔克所在的部队没有等到长官的命令，便朝着法军的方向随意开火。一些用完了弹药的士兵挺着刺刀向法军阵地发起冲锋，结果不是被法军射杀，就是被"友军误伤"。就在普军惊慌失措、阵脚大乱的当口上，法军的骑兵赶到战场，举起马刀砍向普军士兵的脑袋和手臂，把普鲁士人打得溃不成军。博尔克身不由己地随败兵沿

第九章 傲慢与报应：1789—1806

大路向西撤退，一路逃到了魏玛①。"我什么都没能挽救，"博尔克写道，"只剩下了我这一钱不值的生命。我的精神极度痛苦，我的身体精疲力竭；我随着成千上万的败兵抱头鼠窜，场面之混乱令人心惊胆寒……"[19]

耶拿之战就这样落下了帷幕。普军虽然在兵力上与法军不相上下（普军的参战兵力为5.3万，法军为5.4万），却完全不是指挥更为得当的法军的对手。距离耶拿以北只有数千米的奥尔施泰特传来了更加令人心灰意冷的消息：同样也是在10月14日，一支由不伦瑞克公爵担任指挥官，兵力大约5万人的普鲁士军队在奥尔施泰特被一支由达武元帅率领，兵力仅有大约2.5万人的法军击败。之后的两个星期，法军先是在哈雷附近击溃了一支规模较小的普军，之后又占领了哈尔伯施塔特和柏林。在接下来的战斗中，法军节节胜利，普军兵败如山倒。普鲁士的军队并非只是吃了败仗，而是被彻底摧毁了。一位参加了耶拿会战的普鲁士军官指出："我们精心组建的军事机构看似坚不可摧，结果却在一瞬间被连根拔起。"[20]1795年时，普鲁士之所以会与法国签订中立条约，正是因为普政府想要避免这样的大灾难。那么，到头来，普鲁士为何又落到了如此境地呢？普政府为什么会放弃中立条约提供的相对安全的地位，在拿破仑皇帝的实力如日中天的时候向法国宣战呢？

1797年弗里德里希·威廉二世去世后，继承王位的弗里德里希·威廉三世是个优柔寡断、谨小慎微的人，在他的统治下，父亲作为权宜之计而签订的中立条约逐渐固化，成了某种政策制度，即便遭受了强大的外界压力——比如1799年第二次反法联盟的组建期间——普政府也仍然坚决不愿参战。从某种程度上讲，这反映出了

---

① 魏玛与耶拿的直线距离为大约20千米。

普鲁士国王的个人喜好。弗里德里希·威廉三世与父亲不同,并没有扬名立万的打算:"大家都知道,"1798年10月时,他对叔叔说,"我厌恶战争,对我来说,人世间最重要的事情莫过于维护和平与安宁,因为只有在和平的环境下,人类才能获得快乐……"[21]只不过,中立政策之所以能站得住脚,同样是因为其支持者能够拿出许多难以辩驳的依据。比如说,弗里德里希·威廉三世本人就提出了近乎诡辩的论点,指出只要保持中立,就可以在未来随时做出参战的决定,所以严守中立是最具灵活性的政策选择。他的妻子梅克伦堡-施特雷利茨的路易丝是个态度强硬的女强人,与许多高官要员都保持着密切的联系,在她看来,普鲁士只要加入了反法联盟,就难逃沦为俄国附庸的命运。路易丝之所以会得出这样的结论,是因为她洞若观火,对国际局势做出了正确的判断:普鲁士仍然是列强中最为弱小的国家,国力与其他的强国存在可观的差距。这意味着,无论加入哪一个阵营,普鲁士都无法保证本国的利益不会遭到侵害。此外,普鲁士的国库仍然深陷赤字危机;如果无法利用中立地位来休养生息,那么普鲁士的财政状况就无法改善,因而也无从为将来的战争做准备。中立政策支持者的最后一个论据是,保持中立可以让普鲁士获得在北德意志开疆拓土的机会。1802年5月23日,法国与普鲁士签订秘密条约,部分实现了这种可能性——法方抢在《帝国代表会议总决议》的最终版在1803年公布之前,在密约中承诺把一大批帝国自由城市和世俗化的教会邦划入普鲁士的版图。所有负责为国王建言献策的大臣和内阁秘书都认为,保持中立对普鲁士有百利而无一害,以至于在1805年之前,政府内部几乎完全听不到强烈反对中立政策的声音。[22]

在保持中立的那些年间,普政府所面临的最根本的问题是,普鲁士夹在法国和俄国中间,边境线无险可守,无论是中立区本身,还是普鲁士按理说应当在中立区内拥有的主导地位,都有可能遭到威胁，变成无法兑现的空头支票。实际上，这是一个自大选侯在位时起，就一直都困扰着霍亨索伦王朝的地缘政治难题。[23] 现如今，由于法国吞并了大量德意志的土地，再加上能够在普鲁士与俄国之间起到缓冲作用的波兰已经不复存在，与之前相比，普鲁士在东西两线腹背受敌的危险已然变得更加严重。[24] 自1801年3月起，到同年10月为止，普鲁士短暂地占领了汉诺威——这是一个很能说明问题的事件。汉诺威是由英国国王统治的共主邦联的成员，同时也是中立区境内面积第二大的诸侯国，所以无论哪个国家想要给英国施压，汉诺威都会成为首选目标。1800—1801年的冬春时节，沙皇保罗一世与法国恢复了友好关系，目的是削弱英国在波罗的海和北海的海上霸权；为了让英国做出让步，俄政府向普鲁士施压，希望普政府派兵占领汉诺威选侯国。弗里德里希·威廉三世虽然在最开始的时候举棋不定，但由于法国政府的态度十分明确，提出如果普鲁士不愿出兵，那么法国就会占领汉诺威，他马上就改变主意，同意了俄方的要求——如果普政府任由法国占领汉诺威，那么普鲁士作为中立区中立地位保证者的最后一点颜面就会荡然无存。尽管风波刚一平息，普军就以最快的速度撤出了汉诺威，但这一事件还是证明，即便是在《巴塞尔条约》划定的中立区内，普鲁士也身不由己，没有多少自主行动的空间。此外，由于伦敦当局的许多掌权者都认为，普政府的最终目的是"侵占〔英国〕国王名下的汉诺威选侯国"，这一事件还给英普两国的双边关系泼了一盆冷水。[25]

被迫向法国割让领土的中小型德意志诸侯国在寻求补偿的时候没有把目光投向柏林当局，而是完全绕过了普政府，直接与巴黎当局进行协商，进一步暴露了普鲁士的尴尬处境，证明柏林当局对中立区的霸权主张有名无实。[26] 1803年7月，拿破仑命令法军占领汉诺威，向世人证明，他完全无视普政府的感受。1804年秋，法军闯入汉堡，绑架了英政府派驻汉堡的使节乔治·朗博尔德爵士，再一次令普政府颜面扫地。朗博尔德遭到绑架的消息传来后，柏林群情激愤：他曾经前往普鲁士的朝廷，向弗里德里希·威廉三世递交国书，所以从普方的角度来看，在遭到绑架时，他正在普鲁士国王的保护下履行使节的职责。此外，法方的行动不仅严重破坏了中立条约，同时也是对国际法的公然践踏。弗里德里希·威廉向拿破仑提出了严正抗议，多亏了拿破仑一反常态，做出让步，释放了朗博尔德，普鲁士才避免了与法国爆发外交危机。[27]

1805年10月，法军南下前往奥斯特利茨与俄奥联军作战，在途中穿过了霍亨索伦王朝位于德意志西部的飞地安斯巴赫、拜罗伊特，再一次违反了中立条约。面对法方接二连三的挑衅，为普鲁士的中立地位辩护的论点变得越来越站不住脚。不清楚弗里德里希·威廉三世有没有回忆过大选侯因为必须保持中立而苦不堪言的那段经历，有没有想起过莱布尼茨在大北方战争战况最为激烈的时候对时局做出的评价："保持中立的人就好似住在中间楼层的房客，无论是被楼下冒上来的烟熏，还是被楼上漏下来的小便浇在身上，都只能默默忍受。"[28]

难点在于确定什么样的政策最适合取代中立政策。普鲁士是应当与法国结盟，还是应当加入俄国和反法联盟的阵营？普政府的决策者一直都无法达成一致。大臣、内阁秘书、没有正式官职的顾问官全都想要对君主施加影响力，掌权者内部发生了一场大论战。国王不想受到任何一个利益集团的控制，不断地向国务大臣、内阁大臣、内阁秘书、王后以及形形色色的友人征求意见，想要知道他们对关键问题的看法——这样的做法无异于向各个利益集团争夺外交政策主导权的斗争开了绿灯。这场斗争中最引人注目的两个人物分别是刚刚卸任的外交大臣克里斯蒂安·冯·豪格维茨伯爵，以及曾经在安斯巴赫侯国、拜罗伊特侯国任职的卡尔·奥古斯特·冯·哈登贝格，

1804年豪格维茨以身体状况不佳为由辞官后，哈登贝格成了新任外交大臣。

朗博尔德危机爆发后，哈登贝格开始强烈要求与俄国结盟，提出普鲁士应当与法国公开决裂——哈登贝格这样做的部分原因是，他想利用豪格维茨推行的中立政策彻底破产的机会来施展才华，好让自己加官晋爵。奉命返回朝廷为国王建言献策的豪格维茨一边提出应当小心行事，一边使出各种手段，想要排挤哈登贝格，好让自己重夺对外交政策的主导权。哈登贝格奋起反击——他一如既往，表现得精力充沛、心狠手辣，同时又小心翼翼，不断地讨好国王，因为最终谁能在这场斗争中占得上风，完全要看国王如何表态。[29] 二人对外交政策主导权的争夺能够证明，政治精英的内部对抗会加深意见的分歧。普鲁士在1805—1806年遇到的国家安全危机之所以会引发政治精英内部的意见分歧，也许正是因为危机十分棘手，没有任何简单的解决方案。到底是应当与法国结盟，还是应当加入反法联盟的阵营，无论如何选择，似乎都很有道理，但同时又都让人胆战心惊。

国际局势的发展影响着普鲁士的对外政策，先是让反法派占了上风，之后又帮助亲法派占得优势。1805年10月，法军强行过境，侵犯了安斯巴赫侯国、拜罗伊特侯国的中立地位之后，普鲁士国内要求与俄国结盟的声音不断高涨。11月末，豪格维茨奉命出使法国，准备向法方递交一份措辞严厉的最后通牒。然而，豪格维茨刚一跨出国门，局势的发展就让法国重新占得上风。抵达拿破仑的司令部后，豪格维茨马上就得知，法军刚刚在奥斯特利茨（1805年12月2日）把俄奥联军杀得丢盔弃甲。考虑到最后通牒已经不合时宜，豪格维茨转而向拿破仑提出了结盟的请求。普政府先是签订《申布龙协定》（1805年12月15日），之后又迫于法方的压力，签署了一系列的补充协议，不仅承认了本国与拿破仑的全面盟友关系，甚至还接受了法方的要求，同意吞并汉诺威选侯国①，同时禁止英国的船只使用本国北方沿海地区的港口。弗里德里希·威廉三世当然知道，这样做意味着普鲁士会与英国爆发战争，但如果不满足拿破仑的要求，普鲁士就会遭受亡国之祸，所以他只能两害相权取其轻了。豪格维茨取得权力斗争的胜利似乎已经是板上钉钉的事情了——1806年3月，哈登贝格迫于他的压力，辞去了外交大臣的职位。"法国战无不胜，拿破仑是本世纪的风云人物，"1806年夏，豪格维茨在写给普鲁士驻外使节卢凯西尼的信中指出，"只要与他联手，我们又有什么好害怕的呢？"[30]

弗里德里希·威廉一方面不想与俄国爆发冲突，另一方面又想要给自己留一条后路，所以他一直都在开展秘密外交工作，试图与圣彼得堡当局达成和解。对哈登贝格来说，这无异于一根救命稻草。他成了在暗地里精心谋划，负责与俄方进行外交接触的代表：虽然他3月的时候愤怒地辞去了官职，但实际上他却被委以重任，负责与俄方建立秘密外交关系，而此举令豪格维茨在明面上奉行的亲法政策变得毫无意义。[31]东西两线腹背受敌的窘境造成了比之前更加难以解决的复杂问题，迫使柏林当局的决策者制定出了其有史以来最为扭曲的外交政策。

在这样的环境下，官僚体系最上层的一部分成员形成了一个立场坚定的政治反对派。在所有反对亲法政策的官员中，影响力最大的当数脾气暴躁、在柏林担任大臣的帝国男爵冯·施泰因②。施泰因一直都十分反对普鲁士在1795年与法国签订的中立条约，认为该条约置德意志的利益于不顾，应当遭到谴责（他既是一个出生于莱茵兰的贵

---

① 普鲁士虽然得到了汉诺威选侯国，却必须割让安斯巴赫侯国、克莱沃公国、纳沙泰尔公国。

② 冯·施泰因自1804年起开始担任主管贸易和财政的大臣。

族，又是神圣罗马帝国的爱国者，抱有这样的态度倒也十分正常）。1805—1806年冬，也就是在豪格维茨伯爵设法促使普鲁士与拿破仑结盟、吞并汉诺威、向英国宣战的那段时间，亲英的施泰因感到自己再也无法支持政府的对外政策。他越来越坚定地认为，想要让政府制定出更为有效的对外政策，就必须对最高行政机构进行彻底的结构改革。他做出了完全超越自己职权范围的事情，撰写了一份落款日期为1806年4月27日的报告，在文中批评了既有的政府架构。报告的标题很能说明问题，可以视为施泰因的宣言——"关于内阁错误百出的组织架构及成立大臣议事会的必要性"。施泰因的报告言辞激烈，令人印象深刻：他把内阁成员批得体无完肤，宣称他们"傲慢、教条主义、无知、身体衰弱、缺乏道德观念、浅薄、残忍纵欲、背信弃义、满口谎言、思想狭隘、恶语伤人"。[32]施泰因提出，想要帮助国王摆脱现在的困境，只是把这帮在内阁任职的恶棍罢官免职是远远不够的，而是必须建立责任更为明确的政府体系。他指出，在当时的政府体系中，国王的私人顾问"大权独揽，而拥有正式职务的大臣却承担了所有的责任"。所以说，必须用部门各司其职、权责分明的政府来取代亲信和宠臣的专横统治。

> 如果国王陛下不愿接受报告提出的整改意见，如果陛下坚持信任就组织架构而言漏洞百出，就任职人员而论一无是处的内阁，非要在内阁的影响下统治国家，那么国家就只有两条路可以走，不是土崩瓦解，就是失去独立的地位，到了那个时候，国家就会完全失去臣民的爱戴与尊重。[……]正直的官员别无选择，只能辞去官职，无缘无故地忍受耻辱，面对即将到来的邪恶，既无法出手相助，也不能与之对抗。[33]

施泰因的报告用最具戏剧性的方式，把普政府最高层内部已经极其强烈的反抗情绪展现在了我们的眼前。这份直言不讳的报告没能得到国王的御览——对施泰因来说，这也许反倒是一件好事。施泰因把报告交给了吕歇尔将军（他马上就要率军出征，成为指挥普军兵败耶拿的败军之将），请求他转交给国王，但这位老将军推三阻四，不愿帮忙。同年5月，施泰因把报告交给了路易丝王后。王后虽然认可了施泰因在报告中表达的观点，却认为他的语言太过"激烈狂热"，不宜呈交给国王御览。尽管如此，报告还是起到了应有的作用，在政府内部抱有不同意见的高级官员中间广为传阅，帮助他们对自己应当反对政府的哪些弊端有了更为明确的认识。1806年10月，施泰因已经崭露头角，成了反对派官僚的领袖人物之一。

与此同时，普鲁士仍然在外交领域进退维谷，无法脱离困境。1806年6月，哈登贝格在一份报告中警告道："陛下同时与俄国和法国结盟，处境十分奇特……这肯定不是长久之计。"[34] 同年7月和8月，普政府试探性地向北德意志地区的其他国家提出建立一个多国联盟；普鲁士与萨克森的盟友关系是这一轮外交攻势取得的最为重要的成果。与之相比，普鲁士与俄国的谈判进展就要缓慢得多了，这既是因为俄奥联军不久前在奥斯特利茨遭遇的大溃败仍然令人心惊胆战，也是由于俄普双方进行了长达数月的秘密外交，想要消除由此产生的乱局，需要花一些时间。所以说，当消息传到柏林，普政府得知法国再次发起挑衅的时候，普鲁士意在与俄国建立坚实的盟友关系的外交工作几乎没能取得任何进展。1806年8月，普政府截获信件，得知拿破仑正在与英国政府就结盟问题进行谈判，在谈判中为了引起伦敦当局的兴趣，没有知会普方就单方面地提出，法国可以要求普鲁士归还汉诺威。这是普政府无论如何也无法接受的事情。没有什么事能更好地证明，无论是北德意志中立区的中立地位，还是普鲁士在中立区内的主导地位，拿破仑都不屑一顾。

此时，在弗里德里希·威廉三世的身边，一部分随从人员正在施加巨大的压力，要求他向法国宣战。9月2日，他们向弗里德里希·威廉递交了一份报告，在文中批判了他到当时为止的对外政策，敦促他立即向法国宣战。报告的署名人包括弗里德里希大王的侄子、深受爱戴的军事指挥官路易·斐迪南亲王，国王的弟弟海因里希王子、威廉王子，国王的一个表亲，以及奥兰治亲王。应署名人的要求负责撰写报告的宫廷史官约翰内斯·冯·米勒不留情面，把弗里德里希·威廉批得体无完肤。报告宣称，国王抛弃了神圣罗马帝国、牺牲了治下之民，宁可背上言而无信的骂名，也要支持大臣中的亲法派拙劣的、以自身利益为核心的对外政策。现如今，他又进一步置普鲁士王国、霍亨索伦王朝的荣誉于不顾，仍然拒绝对法国采取强硬态度。弗里德里希·威廉认为这份报告意在挑战国王的权威，在回应的时候既愤怒又惊恐。他下达命令，要求那两个弟弟离开柏林，返回各自的部队，不禁让人回想起了霍亨索伦王朝过去的历史中兄弟阋墙、争夺王位的往事。报告风波证明，由对外政策的分歧所引发的派系之争已经开始逐渐失控。决策层内部出现了一个立场坚定的"主战派"。主战派虽然吸引了一部分王室成员，但其真正的核心却是两位大臣，即卡尔·奥古斯特·冯·哈登贝格和卡尔·冯·施泰因。主战派的目标是，终结左右摇摆、不断做出妥协的中立政策。然而其采取的措施表明，他们想要建立基础更为广泛的决策过程，用某种合议制的协商机制来对国王进行约束。[35]

虽然在弗里德里希·威廉三世看来，9月2日呈交御览的那份报告粗鲁无礼，令他火冒三丈，但与此同时，他又被报告宣称他只知道推诿搪塞的指控深深地刺痛，因而一反常态，不再遵循本能，奉行小心翼翼的拖延政策。柏林当局的决策者禁不住刺激，就这样贸然做出了与法国决裂的决定，然而此时与俄奥两国组建反法联盟的准备工作尚未取得任何实质性的进展。9月26日，弗里德里希·威廉三世致信法国皇帝，在信中强烈指责法国的所作所为，提出法方应当遵守中立条约的规定，并归还普鲁士位于莱茵河下游地区的多处领土，最后在信的结尾处写道："上帝保佑，愿我们能达成谅解，一方面保全你的名声，另一方面又不至于让其他人名誉扫地；愿我们能结束这充满恐惧与期望，让人觉得未来昏暗无光的煎熬。"[36]10月12日，拿破仑在位于格拉的帝国司令部回复了弗里德里希·威廉的来信。拿破仑的回信不仅傲慢无礼，极具侵略性，还极尽讽刺之能事，充斥着虚情假意，态度糟糕到了令人咋舌的程度。

  我直到10月7日才收到了陛下的来信。您竟然被迫在这样一份文件上签字，实在是太令人遗憾了。我写回信的唯一原因是，我必须讲清楚，我绝不认为信中的那些无理言辞是您的本意，因为这不符合您的性格，只会让我们两个人脸上无光。能写出这样一封信的人真是既可鄙，又可怜。收到来信后不久，我又收到了您的臣下发来的邀请，表示您想要约我会面。好吧，作为一个绅士，现在我已经如约而至，来到了萨克森的正中央。相信我，我有足够的实力，就算您集结了所有的力量拒绝我，用不了多久，我也肯定会取得胜利！然而，我们为什么要流这么多的血？这意义何在？奥斯特利茨会战开始前，我对沙皇亚历山大说了这样一席话，现在我要把这段话再重复一遍。[……]陛下，您必败无疑！您的晚年会失去安宁，您的臣民会失去生命，到了那时候，您就会发现，您竟然找不出哪怕是一丁点儿的理由来给自己辩护！今天，您的声望还没有遭到损害，您还能以与您的身份地位相称的方式与我谈判，但不出一个月，

您的处境可就会大不相同了!³⁷

1806年秋,"本世纪的风云人物""马背上的世界灵魂①"对普鲁士国王的来信做出了上述回应。普鲁士就这样走上了一条不归路,必须在耶拿和奥尔施泰特的战场上与拿破仑一决胜负。

对普鲁士来说,与法国决裂的时机实在是糟糕透顶。沙皇亚历山大虽然承诺派兵支援普鲁士,但考虑到俄方尚未完成支援部队的组建工作,普鲁士与俄国的盟友关系在很大程度上仍然停留在理论阶段。普鲁士必须独自面对实力强大的法军,只有萨克森这一个盟友可以依赖。颇具讽刺意味的是,主战派对弗里德里希·威廉三世迟疑不决的习惯嗤之以鼻,但在当时,国王的这个习惯本来是拯救普鲁士的唯一希望。普萨联军的指挥官原本打算在图林根森林以西的地方与拿破仑交战,没想到拿破仑率军前进的速度远超所有人的预期。1806年10月10日,普军的前卫部队遭遇法军,在萨尔费尔德会战中吃了败仗。接下来,法军绕过普军的侧翼,在奥得河沿岸通往柏林的必经之路上背水布阵,截断了普军的补给线和撤退路线。这在一定程度上可以解释,普军后来在战场上的溃败为何是无可挽回的。

七年战争结束后,与法国军队相比,普军的作战能力一直都在不断下降。这在一定程度上是因为,普军太过重视队列训练,导致步兵的作战队形变得越来越复杂。普军这样做并不是单纯地为了追求视觉效果,而是基于的确能够在军事上站得住脚的理由——队列训练能够把士兵转变成战争机器的组成部分,即便面临着极端的压力,训练有素的士兵也能够整齐划一,令行禁止。这种训练方式当然是有优

---

① 世界灵魂的概念由柏拉图提出。1806年10月13日,也就是耶拿会战的前一天,黑格尔在一封信中写道,"皇帝陛下——这个世界的灵魂——正骑着马出城侦察"。此后,"马背上的世界灵魂"就变成了一句谚语。

点的（不说别的，每年在柏林举行阅兵式的时候，普军整齐划一的队列可以向在场的外国宾客展现普鲁士的军事威慑力），但问题在于，面对在拿破仑的指挥下机动灵活、行进迅速的法军时，普军并没有什么很好的应对办法。另一个困扰普军的问题是，其作战部队过于依赖外国雇佣兵——1786年，也就是弗里德里希大王去世的那一年，普军的总兵力为19.5万人，其中有足足11万人是外国雇佣兵。普军可以提出不少很有说服力的理由来为雇佣外国士兵的做法辩护：比如说，外国士兵即便是战死沙场，也不会让人太过伤心；又比如，雇佣外国士兵可以减少兵役制度对国民经济的负面影响。然而，外国雇佣兵的占比太高也会造成许多问题：他们军纪较差、积极性不高，更有可能临阵脱逃。

可以肯定的是，在自巴伐利亚继承战争（1778—1779）起，到1806年的对法作战为止的这段时间里，普鲁士的军队的确也做出了一些重大改进。[38] 普军不仅扩大了机动灵活的轻装部队和名为猎兵（Jäger）①的来复枪作战单位的规模，还对给养征收体系进行了简化重组。然而，由于在大革命期间及拿破仑称帝后，法军的作战能力取得了长足的进步，把普军远远地甩在了后面，普军的上述措施并不足以弥补两军之间的巨大差距。在一定程度上讲，普法两国军事能力的差异只是一个简单的数量问题——法兰西第一共和国实施全民动员制度（levée en masse）在国内征兵，充分地利用了工人阶级的人力资源，所以就兵员数量而论，普鲁士无论如何也无法与法国比肩。因

---

① 猎兵使用来复枪，与使用滑膛枪的线列步兵不同，多执行游击及侦察任务。来复枪配有膛线，能够增加射击的精度，但由于上弹的时候必须用油纸或布料包住弹丸，以保证弹丸能够与膛线接触，所以使用起来要比滑膛枪更为复杂，上弹速度也要慢一些；滑膛枪上弹速度较快，能够以齐射的方式在最短的时间内进行最大的火力输出。

此，普鲁士对外政策的重中之重应当是，不惜一切代价，避免在没有盟友支援的情况下与法国单独交战。

此外，法国大革命战争开始后，法军建立了融合步兵、骑兵、炮兵作战力量，并且配有独立后勤保障体系的永久性师级作战单位，能够让各个师独立执行各种作战任务。拿破仑在掌权后把这些师级作战单位整合成了军一级的作战单位，让法军拥有了其他任何国家的军队都无法比拟的灵活性和攻击力。到了普法两国的军队在耶拿和奥尔施泰特对垒的时候，普军才刚刚开始探索组建多兵种合成师的可能性，与法军的差距显而易见。此外，在使用狙击手的方面，法军也要远远领先于普军。虽然前文已经提到，普军采取措施，扩充了狙击手的编制人数，但总的来说，普军对狙击手的应用仍然存在诸多问题，比如狙击手总数过低，兵器与领先水平存在差距，缺乏相应的军事思想，不知道如何部署来复枪兵才能让他们与大规模部署的线列步兵形成有机整体。约翰·博尔克中尉和他的步兵战友闯进耶拿的战场上时，因为战术灵活性与进攻能力上的差距而付出了沉重的代价。

耶拿和奥尔施泰特会战结束后，弗里德里希·威廉三世原本计划立即与拿破仑进行和谈，但他的和谈请求却并没有得到法方的回应。10月24日，法军占领柏林；三天后，拿破仑进入柏林。拿破仑前往位于柏林附近的波茨坦逗留了一小段时间，其间瞻仰了弗里德里希大王的陵墓，留下了一段佳话——据传，他站在弗里德里希大王的棺椁前，陷入了沉思。一位目击者宣称，拿破仑转过身来，对陪同自己瞻仰陵墓的那几位法国将军说道："先生们，如果这个人还活着，我就肯定不会站在这里。"这在一定程度上是作为帝王的拿破仑造作的表态，但这同样也表明弗里德里希大王在法国人中间享有崇高的声望——尤其是在法国爱国人士组成的关系网中备受尊崇，这些爱国者认为1756年与奥地利结盟是法国旧制度最大的错误，并助力法国的对外政策重回正轨。一直以来，拿破仑都十分敬佩弗里德里希大王：他不仅从头到尾，认真地研读了弗里德里希的战场记录，还在自己的私人办公室里摆放了一尊弗里德里希的雕像。年幼的阿尔弗雷德·维尼[①]甚至曾饶有兴味地回忆起自己看到过拿破仑模仿弗里德里希的言谈举止，时而大模大样地吸鼻烟，时而夸张地用帽子行礼，"还做出了一些其他类似的动作"——这是无可辩驳的证据，可以证明对弗里德里希大王的个人崇拜仍然在法国很盛行。到了法国皇帝进入柏林，向早已过世的弗里德里希大王致敬的时候，弗里德里希的继承人已经逃到了普鲁士王国的最东端，那情形不禁让人回想起了17世纪三四十年代的那段黑暗时光。国库与国王一样，也在千钧一发之际紧急撤离，被运送到了普鲁士王国的最东端。[39]

　　直到此时，拿破仑才准备坐下来进行和平谈判。他提出的要求是，普鲁士必须放弃易北河西岸的所有领土。弗里德里希·威廉三世备受煎熬，犹豫了好一阵子，最终于10月30日在夏洛滕堡宫签署文件，同意了法方的要求。拿破仑此时却改了主意，提出除非普方同意法方把普鲁士的领土用作进攻俄国的作战基地，否则法方就绝不会在停战协议上签字。尽管大多数的大臣都认为应当接受拿破仑的要求，但弗里德里希·威廉却仍然与少数派站到了一起，决定保持与俄国的盟友关系，继续与法国作战。此后，一切都取决于俄国能否集结足够的军事力量，在战场上阻挡住来势汹汹的法国人。

　　从1806年10月末到1807年1月，法军步步为营，不断地占领普鲁士的领土，沿途的关键军事要塞要么被迫投降，要么主动投降。然而，1807年2月7日、8日，一支俄军得到少量普军的协助，在普鲁士－埃劳击退了法军的进攻。拿破仑在受挫后冷静了下来，重新提

---

[①] 阿尔弗雷德·维尼生于1797年，是法国的浪漫派诗人、小说家、剧作家，曾就读于拿破仑中学。

出 1806 年 10 月的停战条件，只要求普鲁士割让易北河以西的领土。这一次，弗里德里希·威廉三世成了拒绝停战的人——他抱有希望，认为只要俄军能够继续进攻，那么普方就可以在谈判桌上争取到更有利的地位。战况的发展令弗里德里希·威廉大失所望。俄军没能利用赢得普鲁士-埃劳之战后的有利形势乘胜追击，反倒是法军利用1月、2月这两个月的时间，在西里西亚攻城拔寨，接连占领普军的要塞。与此同时，1806 年时因为奉行亲俄政策而在权力斗争中大获全胜的哈登贝格继续与圣彼得堡当局协商结盟问题，于 1807 年 4月 26 日促使两国政府签订盟约。没过多久，这份新的盟约就失去了效力——1807 年 6 月 14 日，法军在弗里德兰击败俄军后，沙皇亚历山大向拿破仑提出了停战请求。

1807 年 6 月 25 日，拿破仑皇帝与沙皇亚历山大会面，开始进行和谈。这一次和谈的会场非比寻常。拿破仑先是命人建造了一只富丽堂皇的木筏，之后又下令把木筏停靠在涅曼河皮克图珀嫩（一个靠近东普鲁士城镇提尔西特[①]的村庄）河段的正中央。考虑到涅曼河是正式的停火线，俄法两军分别在河的两岸布阵，把木筏当作谈判会场的确是一个聪明绝顶的解决方案，可以保证会场的中立性，让两位皇帝在平等的基础上会面。普鲁士国王弗里德里希·威廉三世没有得到邀请，无法参与和谈，只能一脸愁容，身披俄军的军大衣，在俄军军官的簇拥下站在俄军一侧的河岸上，苦等了好几个小时。这只是拿破仑的一个手段，除此之外，他还想出了许多其他的办法来向世人宣称，屡战屡败的普鲁士国王无法与法国和俄国的统治者平起平坐。漂浮在梅默尔河[②]正中央的木筏上装饰着带有字母"A"、字母"N"的花环和花圈，分别代表亚历山大和拿破仑——尽管和谈的全过程都在

---

[①] 提尔西特今名苏维埃茨克，属俄罗斯加里宁格勒州。——编者注
[②] 梅默尔河是涅曼河的德语名称。

图 25　拿破仑与沙皇亚历山大在漂浮于涅曼河提尔西特河段的木筏上会面。勒·博以纳代的作品为依据创作的蚀刻画

普鲁士的领土上举行，但会场上却完全看不到代表弗里德里希·威廉的字母"FW"。会场上到处都可以看到迎风招展的法国和俄国旗帜，只有普鲁士的旗帜不见踪影。即便是到了第二天，弗里德里希·威廉得到邀请，终于登上木筏与拿破仑会面，二人的谈话给人的感觉也更像是弗里德里希·威廉得到了拿破仑的接见，而不是两位身份相同的君主间的友好会面。弗里德里希·威廉登上木筏后得知，拿破仑正在处理逾期的文书工作，所以他要先在候见厅等候召见，到了终于与拿破仑见面的时候，他又发现，拿破仑非但完全不打算透露法方准备如何在战后处置普鲁士，反倒盛气凌人地指责他在战争期间在军事和行政领域犯下了许多错误。

虽然拿破仑迫于亚历山大的压力，同意普鲁士可以作为一个国家存续下去，但法国仍然在《提尔西特和约》（1807年7月9日签订）

中开出了严苛的条件，迫使普鲁士割让大量的领土——和约生效后，普鲁士的领土只剩下了勃兰登堡、波美拉尼亚（不包括瑞属波美拉尼亚）、西里西亚、东普鲁士，以及弗里德里希大王在第一次瓜分波兰的过程中获得的陆地走廊。在东欧，法国迫使普鲁士割让在第二次、第三次瓜分波兰的过程中获得的所有波兰省份，目的是为即将建立的服从于法国的波兰卫星国①提供核心领土；普鲁士同样失去了西部的所有领土，其中甚至还包括一些自17世纪初就属于普鲁士的土地——这部分土地不是被法国吞并，就是成了一系列由拿破仑建立的附庸国的领土。弗里德里希·威廉请妻子路易丝出面求情，想要让拿破仑手下留情，不要开出如此严苛的和平条件，不禁让人回想起了17世纪30年代被瑞典人逼得走投无路的选帝侯格奥尔格·威廉——面对兵临柏林城下的古斯塔夫·阿道夫，格奥尔格·威廉迫于无奈，只得请家中女眷出城与瑞典人谈判。路易丝王后态度坚决、不卑不亢，虽然赢得了拿破仑的尊敬，却没能劝说他做出让步。

  普鲁士担任北德意志守卫者的美梦在经过中立区这昙花一现的圆梦时刻之后，似乎就这样消失得无影无踪。此外，普鲁士成为东欧强国，获得与俄国、奥地利平起平坐的国际地位的愿景同样也烟消云散。法方要求普方支付巨额的战争赔款，将会在适当的时候公布具体的赔款数额。在普方付清赔款之前，法军会一直作为占领军驻扎在普鲁士境内。此外，拿破仑还做了一件也许并不十分重要，却令弗里德里希·威廉如鲠在喉的事情：萨克森的选帝侯于1806年12月在波森与法国单独议和，同意加入由法国的德意志卫星国组成的莱茵联盟，从而得到拿破仑的拥立，获得国王地位，成了萨克森国王弗里德里希·奥古斯特一世。次年，萨克森获得了曾经属于普鲁士的领土科特

---

① 此即华沙大公国。

布斯。看上去萨克森已时来运转，德累斯顿当局或许再次获得了足以与柏林当局在北德意志争夺霸权的实力。拿破仑在一旁煽风点火，不断地助长德累斯顿当局的野心。耶拿会战结束后的第一天，拿破仑在耶拿城堡向吃了败仗的萨克森军官发表演讲，不仅宣称自己是萨克森的解放者，甚至还指出，促使法国向普鲁士宣战的唯一原因是，法国政府想要维护萨克森的独立地位。[40] 普鲁士和萨克森是一对在历史上颇有渊源的老冤家，双方在1806年建立的同盟关系只是暂时的例外，而拿破仑处理战败国萨克森的方式让两国间的竞争关系有了新的转折。

所有的政权都难免遭遇失败，留下污点，这是人类历史少有的规律之一。与普鲁士在1806—1807年遭遇的大灾难相比，历史上更为重大的失败可谓不胜枚举，但问题在于，对普鲁士这样一个政治文化以尚武精神为核心的国家来说，耶拿和奥尔施泰特会战的失败，以及战败后耻辱的投降所造成的损失是无法挽回的。这一系列的失败意味着国家的核心治理机构出了大问题。弗里德里希·威廉三世本人就是军队的指挥官（尽管他不是特别有军事天赋），他从孩提时代起，就成了团级指挥官，认为身着全套军装、骑着高头大马，在臣民的注视下带领部队行军，完全是自己分内的事情。此外，王室的所有成年男性成员也都是知名的指挥官。普军的军官全都是身着军装的地主统治阶级。所以说，1806—1807年的大灾难给普鲁士旧有的政治秩序打上了一个大大的问号。

# 第十章　官僚创造的世界

## 全新的君主制度

1806年12月，面对势如破竹的法军，弗里德里希·威廉三世和普鲁士王后路易丝一路向东逃窜，途中在东普鲁士小镇奥特尔斯堡过了一夜。一行人既没有吃的，也找不到干净的饮用水。跟随普鲁士的朝廷一起逃难的英国使节乔治·杰克逊记录道，国王夫妇迫于无奈，只得与随行人员一起挤在"一座破败不堪，却仍然号称是房间的谷仓"里面凑合了一晚。[1]那天夜里，弗里德里希·威廉终于挤出了足够的时间，可以沉下心来想一想，普鲁士的这场大败到底意味着什么。经历了耶拿和奥尔施泰特会战的大溃败之后，普军兵败如山倒，许多原本可以据城坚守的要塞全都不战而降。举例来说，斯德丁是一座拥有5 000守军、粮草充足的要塞城市，但其指挥官却向一个兵力只有区区800人的法国骠骑兵团开城投降。即便是在普鲁士人的记忆中如同圣殿的屈斯特林要塞也不例外——国王离开屈斯特林要塞，继续踏上东逃的旅途后没过几天，要塞的指挥官就做出了开城投降的决定。普鲁士之所以会一败涂地，原因似乎并不仅仅是普军在军事技术上处于劣势——普鲁士人失去了继续抵抗的政治意志和动机同样也是一个十分重要的原因。

1806年12月12日,弗里德里希·威廉三世亲自执笔,撰写了一份名为《奥特尔斯堡宣言》的文件,批评要塞守军望风而降的拙劣表现,表达了自己的愤怒之情。他在宣言中指出,现在想要搞清楚普鲁士的军队在战场上"几乎全面崩溃"到底是谁的过错、是出于什么样的原因,还为时尚早,但可以肯定的是,要塞守军不战而降的可耻行径是普军历史上"史无前例"的大丑闻。他接下来又写道,从今以后,所有的总督、指挥官,无论是"因为单纯地害怕遭到炮击",还是"出于任何其他站不住脚的理由",只要他胆敢开城投降,就应当"就地枪决,决不留情"。此外,所有"因为害怕而放下武器的"士兵同样也都应当就地正法。普鲁士的臣民只要胆敢为敌国效力,在被捕时持有武器,就同样应当"就地枪决,决不留情"。[2] 宣言的大部分内容读起来都像是在宣泄愤怒,但在结尾处,一段不起眼的文字却好似一声号角,预示着普鲁士的政治制度即将迎来一场大革命。弗里德里希·威廉在宣言的结尾处写道,从今以后,下至普通的士兵、准尉①,上至王子,所有的军人无论身份高低,只要在战场上表现突出,就可以晋升为军官。[3] 在战败和逃亡的大混乱中,普鲁士迈开步伐,走上了改革和自我革新的道路。

经历了1806—1807年的失败和屈辱之后,由一批大臣和官员组成的新领导团体像连珠炮一样颁布了一系列的政府命令,不仅彻底改变了普鲁士最高政治执行机构的架构,还放宽了政府对经济的管控,重塑了农村社会的基本规则,对政府与公民社会之间的关系进行了彻底的调整。普鲁士之所以能够打开改革的大门,正是因为普军在战场上的失败实在是太过惨烈。掌权者对传统的制度架构和程序失去

---

① 准尉是士官的最高军衔,大都是拥有专业军事知识的军人。他们虽然可以享受与少尉相似的待遇,却并不能算作军官。

了信心，这为那些长久以来一直都想要在体制内推进制度改革的官员创造了机会，原来那些反对者也变得沉默了。此外，战争还产生了巨大的财政压力，旧有的制度无力解决这个问题。普政府必须支付巨额的战争赔款（1.2亿法郎），更加糟糕的是，法国占领军在普鲁士境内产生的真实支出远不止于此——据时人估计，1807年8月到1808年12月，法国占领军总共产生了大约2.169亿塔勒的军费。考虑到1816年时，普政府全年的财政收入为稍稍超过3 100万塔勒，这的确是一个天文数字。[4]财政压力产生了前所未有的紧迫感，让那些态度坚决，提出了成体系的行动方案，并且能够以具有说服力的方式把方案传达出来的官员获得了更大的施展空间。拿破仑的胜利造成了强烈的外部冲击，以上述所有的方式放大了普政府内部原本就存在的改革声浪，让改革的意见得到了更为集中的表达。[5]

在这场于1807年开始的改革中，普鲁士国王弗里德里希·威廉三世起到了核心作用（只不过有些时候，他的作用并没有得到足够的重视）。提倡改革的官僚作用固然重要，但如果没有君主的支持，他们的改革计划就无法落实。1807年10月，弗里德里希·威廉三世把卡尔·冯·施泰因任命为首席顾问，之后一直都对他委以重任，直到遭受拿破仑施加的压力，被迫解除了他的职位①（原因是有人指责施泰因参与了反法阴谋）。接下来，弗里德里希·威廉先是重用亚历山大·多纳伯爵、卡尔·冯·阿尔滕施泰因（他是"弗兰肯集团"的资深成员），让他们共同担任首席大臣，之后又于1810年6月召回哈登贝格，让他同时管理财政和内务，并且允许他使用一个名为Staatskanzler的新头衔——哈登贝格就这样成了普鲁士历史上的第一任首相。

---

① 施泰因被迫逃离柏林的时间是1809年1月5日。

第十章 官僚创造的世界

尽管如此，弗里德里希·威廉三世仍然一直是一个不引人注目的人物。J.R. 西利是一位19世纪的史家，他撰写了一部三卷本的著作，记录了施泰因的生平事迹。他在书中写道，弗里德里希·威廉三世"在普鲁士的历代君主中虽然是最体面的，但同时也是最平淡无奇的"。[6]在那个历史时期，施莱尔马赫、黑格尔、施泰因、哈登贝格、洪堡兄弟等众多杰出人物主导着普鲁士的文化及政治生活，与他们相比，弗里德里希·威廉既迂腐，又狭隘，是个无聊透顶的人。与人交谈的时候，他经常舌头打结，言语也显得有些唐突无礼。1807年夏，俄法普三国在提尔西特进行和谈的时候，拿破仑经常与他一起用餐；和谈结束后，拿破仑回忆道，弗里德里希·威廉一直都在谈论"军帽、军服的扣子、军用皮包"，很难让他转移话题。[7]尽管在战败前的那危机四伏的数年间，弗里德里希·威廉极少远离普鲁士的最高政治中心，但在我们现代人看来，他像极了一个无足轻重的人物，试图躲到幕后，逃避决策的责任，完全听从亲信的建议。身为王储的弗里德里希·威廉从来都没能获得担任政府职务，在体系内学习如何治国理政的机会。（相比之下，他让自己的儿子，也就是未来的弗里德里希·威廉四世，在普鲁士国内政治中发挥了关键作用——这再一次展现了霍亨索伦王朝的一个独特之处，即前后两代君主的行事风格大相径庭。）弗里德里希·威廉三世一生都是一个沉默寡言的人，他虽然才思敏锐，却一直都对自己的能力极度缺乏信心。他完全没有拥抱成为国王所带来的机会，反倒把王冠视为"负担"，认为比自己更适合担起这副重担的人数不胜数。

1797年，弗里德里希·威廉三世继承王位的时候，延续了霍亨索伦王朝前后两代君主截然不同的一贯特点。父亲弗里德里希·威廉二世绝不会放过任何一个扩张领土的机会；他的儿子则是个和平主义者，不愿为了荣誉与名望而发起军事行动。父亲的统治是巴洛克式君主的绝唱——他在位期间，宫廷生活铺张浪费、无比奢靡，他本人更是拈花惹草，身边不知道有多少情妇；而儿子不仅品味朴素，还一直都对妻子十分忠诚。弗里德里希·威廉三世觉得柏林宫太过壮观，不适合居住，更喜欢自己身为王储时较小的居所。他最喜欢的住处是他在波茨坦附近的村庄帕雷茨购买的一座充满乡土气息的小庄园，在这里，他可以享受平静的家庭生活，假装自己是一个普通的乡绅。弗里德里希·威廉的心中有一道明确的分界线，把私人生活和公共生活分隔开来——就这一点而论，他与之前所有的普鲁士国王都十分不同。他非常害羞，一点都不愿意参加宫廷举办的盛大公开仪式。1813年，得知当自己不在场时他的子女会用"国王"而不是"父亲"来称呼他，他感到十分震惊。他喜欢在剧院看轻喜剧，部分原因是他十分

图 26 弗里德里希·威廉三世国王及路易丝王后携家庭成员在夏洛滕堡的宫廷花园游玩。弗里德里希·迈尔以海因里希·安东·戴林的作品为依据创作的版画，1805 年前后

享受这种身边有人陪伴，但自己又不是关注焦点的感觉。

这些表现看上去可能不太重要，但事实上当时的观察者认为它们很重要。弗里德里希·威廉三世在位之初的那几年，不断有普鲁士人注意到他不喜欢装腔作势，言谈举止都像布尔乔亚（bürgerlich）。1798年，也就是在弗里德里希·威廉三世刚刚即位的时候，为柏林的剧院作诗的诗人卡尔·亚历山大·冯·赫克洛特创作了一首歌颂国王的诗歌：

> 他既不看重国王的金冠，
> 也不稀罕君主的紫袍。
> 他是一个坐在王座上的镇民。
> 身为一个普通人让他感到自豪。[8]

弗里德里希·威廉三世即位后的头几年，许多评论都把他描述成一个顾家的（中产阶级）普通人。比如说，这首在国王即位时献给国王夫妇的诗歌就表达了这种情感：

> 你们国王不要在我们面前摆出神的样子，
> 王后同样不要摆出女神的架子；
> 没错，你们只需做好自己，
> 做一个顶天立地的人。
> 成为我们最高贵的榜样，
> 告诉我们如何兼顾小事和大事：
> 温馨的家庭生活
> 重大的国家事务。[9]

1797年之后，普鲁士用来维护君主制度的措辞的一个最大特点也许是，王后地位变得极其重要，成了影响力极大的公众人物。在霍亨索伦王朝的历史上，国王有史以来第一次不仅被视为君主，同时也被视为丈夫，因为他在家庭中所扮演的角色而获得赞美。弗里德里希·威廉二世在位时，君主的画像充满巴洛克气息，画中的统治者全都是身着亮闪闪的盔甲、肩披貂皮披风的军阀；弗里德里希·威廉三世即位后，内敛的家庭生活场景取代了之前浮夸的画风，国王的形象从威武的军人变成了一个与妻子儿女一起休闲娱乐的普通人。王后有史以来第一次脱离国王，独立地成了著名的公众人物。1793年，路易丝离开家乡梅克伦堡去与未来的丈夫订婚，在抵达柏林后引起了轰动。在菩提树下大街上，面对吟诵着诗歌前来迎接自己的小女孩，路易丝打破常规，把小女孩抱起来亲了一下。诗人富凯写道："她赢得了所有人的喜爱，每个人都被她优雅而甜美的气质深深打动。"[10]

路易丝不仅因为投身慈善工作而闻名于世，同时也是个出了名的美女（1795—1797年，约翰·戈特弗里德·沙多创作了一尊等身的双人雕像，雕像中的路易丝是一个十几岁的少女，她身着几乎透明的夏装，与妹妹弗蕾德里克相互挽着手臂站在一起；由于被认为太过色情，这尊雕像多年来一直都禁止公开展出）。在霍亨索伦王朝的历史上，路易丝是一个史无前例的人物——在公众的眼中，她是一个集美德、谦逊、君主风度、仁慈、女性魅力为一体的名人，而由于她在1810年时英年早逝，去世时年仅34岁，她年轻貌美的形象更是在后人的记忆中永远留存了下来。[11]

与18世纪的所有前任王后相比，路易丝作为王后在普鲁士王国的公共生活中不仅地位更加突出，起到的作用也更为显眼。她彻底打破传统，陪同刚刚即位的国王前往全国各地视察，与丈夫一起接受各省等级会议的效忠誓言。据传，接见各地的头面人物时，虽然仪式十

图 27　普鲁士的路易丝公主、弗蕾德里克公主。约翰·戈特弗里德·沙多的《公主像》(*Die Prinzessinnengruppe*)，1795—1797 年

分冗长，似乎永远也不会结束，但新王后却一直态度和蔼、魅力四射，给所有到场的人都留下了很好的印象。她甚至还变成了时尚的风向标。她用来御寒的围巾很快就流行了起来，普鲁士国内外的许多女性都争相效仿。此外，在国王履行职责的时候，她也是一个重要的帮手。从弗里德里希·威廉三世继承王位的那一刻起，她就经常建言献策，帮助丈夫处理国家大事。她与地位最为重要的那几位大臣建立了友好的关系，把了解朝中的政治局势视为自己分内的事情。在1806年的危机中，施泰因在撰写报告，提出激进的改革方案后，认为请王

后来转交报告没有任何不妥之处，这十分令人惊讶；而同样意义非凡的是，王后在阅读后，认为国王现在正承受巨大的压力，贸然提交报告只会引得龙颜不悦，最终选择不向丈夫转交。路易丝一直都在为犹豫不决的国王提供着心理支持。"你只是缺乏自信，"1806年10月，她在写给丈夫的信中说道，"你只要鼓起信心，就肯定能更快地做出决定。"[12]

从某种程度上讲，路易丝王后的突出地位象征着普鲁士的王室重新带上了女性色彩，女性王室成员不再遭到排挤，无法代表王室抛头露面，境遇与之前的近一个世纪相比已经大为改善。然而，尽管女性得以重新参与王室的公共生活，但由于在这一历史时期，社会对男女两性及其社会角色的认知已经出现了越来越严重的两极分化，这一过程仍然受到了种种限制。路易丝在公共生活中所扮演的角色并不是一个拥有自己的朝廷，能够决定自己想要优先实现什么样的目标、应当采取何种对外政策的女性世袭统治者，而是妻子和贤内助。她手腕高超、才智超群，但这一切却全都要为丈夫服务。这种夫唱妇随的表演是国王夫妇用来为自己塑造公众形象的重要手段；这同样也能够解释，为何美貌、甜美的性格、母性的善良、妻子的美德等一系列女性特质会成为围绕路易丝王后的个人崇拜的突出特点。路易丝就好似一个窗口，让人数越来越多的中产阶级所组成的公众能够瞥见普鲁士王室越来越深藏不露的"私人领域"。她利用自己的名人效应打开了一条全新的情感认同通道，拉近了王室与广大普鲁士臣民的情感距离。[13]

前文已经提到过，路易丝支持1806年出现的挑战政府既定政策及程序的反对派，而到了《提尔西特和约》生效之后，她更是开始向国王施加压力，提出应当让这些反对派官复原职。她在得知普鲁士被迫签订和约的消息，意识到事态的严重性后问道："冯·施泰因男爵

第十章 官僚创造的世界 409

在哪里？他是我最后的希望。他心胸宽广、思想包容，也许早就找到了我们苦苦寻觅的补救措施。要是他能回来就好了！"[14]1807年夏季时，说服弗里德里希·威廉重新重用施泰因并不容易——几个月前，施泰因刚刚因为态度傲慢、不服命令而被国王罢官。此外，路易丝同样也十分敬佩卡尔·奥古斯特·冯·哈登贝格，是他坚定的支持者；有一份报道甚至宣称，1810年，路易丝在临终病榻上给痛苦万分的丈夫留下了最后的遗言，其中的一句话就是请求他重用哈登贝格。[15]

弗里德里希·威廉三世同样也承认，普鲁士被法国击败后，国内的情况十分危急，必须进行大刀阔斧的反思——实际上，早在1806年之前，他就已经表现出了对改革的兴趣。1798年，他成立了王室财政改革委员会，命令委员会就如何在普鲁士全国范围内调整关税条例、改进通行税及货物税的管理方式提出建议，但问题在于，委员们无法达成一致，主管货物税、关税、工厂的大臣卡尔·奥古斯特·冯·施特林泽也没能把委员会的研究结果汇总成一份条理清晰的总结报告。次年，弗里德里希·威廉命令手下的官员起草旨在改革普鲁士监狱系统的计划。总理大臣冯·戈德贝克回应国王的要求，以鼓励自我改进，帮助犯人回归社会为目的，提出了一套复杂的、带有典型启蒙思想色彩的分级奖惩制度。1804—1805年，普政府颁布了一套普鲁士监狱系统总体改革方案，在方案中采纳了戈德贝克的建议。[16]

如果改革没有遭到来自（包括官僚体系本身在内）多方的阻碍，弗里德里希·威廉三世就肯定会取得更为丰硕的成果。1798年10月，弗里德里希·威廉下达内阁令，要求王室财政改革委员会研究向贵族阶层加征基本财产税的可能性。然而，委员会还没有开始讨论，就有一个高级官员把内阁令泄露给了汉堡的《新时代报》(*Neue Zeitung*)，结果导致命令登报曝光，引发了普鲁士各省等级会议的强烈抗议。

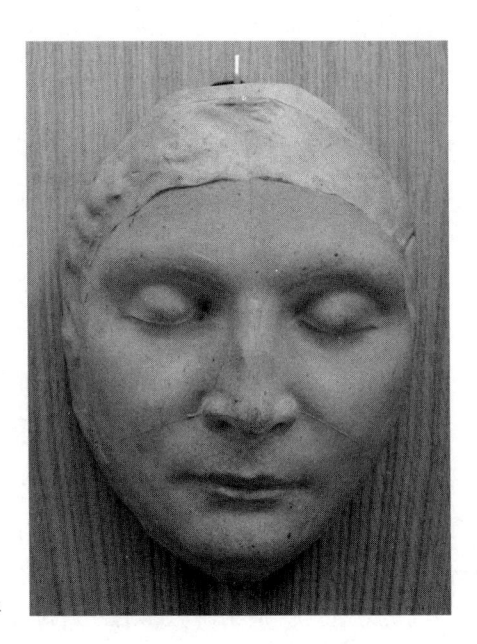

图28 路易丝王后的死亡面具，1810年

在土地改革的领域，弗里德里希·威廉同样态度积极，留下了良好的记录。鉴于"农民不断地向他投诉，诉状的数量多到了令人难以置信的程度"，弗里德里希·威廉三世决定在王室直属领地上废除农奴制度，于1799年下达了相关的命令，但管理总局坚决反对，声称在直属领地上随意改变农民的身份地位，生活在贵族领地上的农民就也会追求相同的身份地位，从而令"人数最为众多的阶层爆发动乱"。[17]直到1803年之后，弗里德里希·威廉才终于推翻了管理总局的反对意见，命令各省的主管大臣在王室直属领地上逐步废除所有残余的劳役制度。[18]

## 官僚与军官

1806年之后，施泰因和哈登贝格成了普鲁士中央政府内部影响力最大的两位改革家。他们分别代表德意志诸国的两种截然不同的进步传统。施泰因受到家庭背景的强烈影响，是一位极其尊重团体代表机构的政治家。他曾经在哥廷根大学求学，其间受到了英国式贵族辉格党思想的影响，倾向于认为中央政府应当把职责下放给地方机构。接下来，他又受雇于普鲁士政府，在威斯特法伦担任高官，负责管理当地的煤矿开采行业，在此期间他体会到，想要建立起高效的行政管理体系，关键在于要与地方上和区域内的精英阶层建立起对话合作关系。[19]哈登贝格与施泰因截然不同，他是德意志启蒙运动的参与者，曾经加入共济会的激进分支光照会。他虽然是贵族阶层的成员，而且也十分尊重贵族阶层在社会秩序中所扮演的历史角色，但与施泰因相比，他对贵族阶层的评价没有那么高。在他提出的改革愿景中，最重要的目标是把所有的权力和合法权威全都集中到中央政府的手中。此外，这两位改革家的性格也十分不同。施泰因不善社交，是一个既冲动，又显得十分高傲的人。哈登贝格八面玲珑，是一个精明、机敏、精于算计的人。

尽管如此，二人还是有足够多的共同之处，能够建立起卓有成效的合作关系。他们全都敏锐地意识到了舆论的力量和重要性——就这一点而论，我们可以认为，欧洲启蒙运动已经在他们的身上留下了深深的烙印。他们全都强烈地认为，必须在最高行政机构的层面上推行结构改革——在1806年的激烈党争中，他们已经就这一点达成了一致。此外，他们绝不是在孤军奋战：过去的二十余年间，他们在普鲁士的行政机构中青云直上，其间大量的青年才俊团结到了他们身边，组成了一个规模庞大的关系网络。在这些青年才俊中，一部分人是与他们关系友好的门徒，另一部分人是曾经在弗兰肯、威斯特法伦担任官职，积累了行政经验的官员，还有一部分人则是与这两位改革家志同道合，在危机爆发后团结到他们身边的同僚。

让普鲁士重新成为一个能够在欧洲的大舞台上独立行动的强国，不仅是改革派所面临的第一项任务，在某种程度上讲，这也是最为紧迫的改革任务。为了解决这一问题，改革派把工作的重点集中在了以下两个领域：中央决策机构，以及军队。正如前文所说，普政府的高级官员已经达成了普遍共识，认为中央政府必须采用分为不同部门，结构更为精简的组织架构。最让改革派头疼的是所谓的"内阁制度"——在这种制度下，一个甚至多个"外交大臣"必须与君主身边的内阁秘书及其他受到信任的顾问官争夺影响力，以期决定政府的政策制定过程。改革派宣称，这一弊端是令普鲁士在1806年陷入困境的罪魁祸首。1807年10月，施泰因在被任命为首席顾问后马上就苦口婆心地劝说国王，提出应当解散由私人顾问组成的内阁，并且（在1808年11月）建立由五个职能部门组成的中央行政机构，每一个部门都应当由一个可以直接向国王汇报工作的主管大臣主持工作。只要双管齐下，同时采取这两项措施，就可以解决内阁秘书和大臣重复履行咨询职能的弊端，并避免同时任命多名"外交大臣"的局面。此外，从理论上讲，这两项措施还可以限制国王，迫使他通过某一位负有特定责任的官员来磋商政府事务，防止他利用大臣、顾问官之间的竞争关系令其相互牵制。

施泰因、哈登贝格和他们的支持者当然会提出，普鲁士要想恢复元气，获得足以推翻1807年和平条约的实力，那么这两项改革措施就是必不可少的。改革派提出这一观点的依据是，他们认为普鲁士在1806—1807年遭遇灭顶之灾，是因为决策层存在内部对抗的压力，如果有更好的决策机构引导君主做出必要的决定，这场悲剧本来可以避免。上述论点的基础是一种曾经被卡尔·施米特①称为"决断崇拜"的思想:一切都取决于能否设计出一套足够灵活、足够透明的体系,从而充分了解情况,迅速做出合理的决定,以应对不断改变的环境。当时的普鲁士刚刚被迫签订《提尔西特和约》,国内舆论情绪十分激动,在这样的大环境下,想要反驳改革派的上述观点十分困难。

然而,改革派的这种"决断论"观点实际上并不像表面上看起来的那样令人信服。归根结底,1804—1806年普鲁士的对外政策之所以会陷入困境,并不是因为国王坚持要广泛征求各方意见,而是由于摆在普鲁士面前的国际局势原本就十分困难。我们很容易就会忘记,历史上从来没有出现过拿破仑这样的人物——大选侯在位时,路易十四打着"收复失地"的旗号,不断地蚕食神圣罗马帝国的边境地区,但与拿破仑的帝国主义扩张计划相比,其规模和野心都相形见绌。面对这样的对手,普政府没有任何可以遵循的规则,也找不到任何先例作为依据,来预测他接下来会采取什么样的行动。中立条约变成一张废纸之后,对普政府来说,判断应当加入哪一个阵营是极其困难的,而更麻烦的是,当时各国间的势力平衡一直都在不断变化,潜在的结盟对象释放的信号也反复无常。在北方战争期间,以及面对路易十四统治的法国发动的战争时,大选侯都长时间左右为难,举棋不定——这既不是因为他优柔寡断、胆小怕事,也不是由于他没有足够精简的决策机构,而是因为他面临的困境十分复杂,必须小心翼翼地权衡利弊,不存在任何简单明了的解决方案。弗里德里希·威廉三世所面临的困境更为棘手——他必须做出更为精细的判断,考虑到更多的变量,还要承担更大的风险。就算改革派倡导的决策体系在1804年便已落地执行,我们也没有理由认为,与遭到改革派猛烈抨

---

① 卡尔·施米特(1888—1985)是德国的著名法学家、政治思想家。

击的内阁制度相比，这套新体系能够取得更好的结果——毕竟，当时支持国王做出向法国宣战这个注定失败的决定的人正是那些反对旧制度的改革派。[20]

改革派之所以无论如何都要在对外政策领域力推机构精简计划，其中的一部分原因是，只要建立了集中式的决策过程，职位最高的官员就必然会获得更为稳固的权力。新的决策体系保证五位大臣不用再像1806年之前那样，在权力的候见厅里与他人争夺影响力，而是能够在稳定的地位上参与决策过程。在旧的决策制度下，由于国王经常受到不同观点的影响，每一位谋臣在朝中的影响力都忽高忽低，完全无法预测。哪怕前一天通过认真的论证说服了国王，转过天来所有的努力就有可能一笔勾销。在新的决策制度下，主管一个部门的大臣有可能与其他的几位大臣达成合作，共同管理国王。1805—1808年的机构改革中还发生了一件十分有趣，却并不令人惊讶的事情，几乎所有支持机构精简的高官要员全都认为自己可以在改组后的决策机构中担任关键职位。[21]

改革派一直都在不断强调，他们的目的是让国王获得更优秀的决策制定工具，从而让国王在更大的范围内更加精准地行使君权——改革派心里当然很清楚，不做出这样的表态是很不明智的行为。实际上，他们所做的事情是，以固定谋臣人选的方式来限制国王在决策制定过程中的行动自由。他们的目的是给君主制度打上官僚制度的烙印，把君主嵌入国家更为广泛的责任及问责机制当中。[22]弗里德里希·威廉三世当然看穿了这一点——正因为如此，他才会推三阻四，不愿同意施泰因的建议，即未来所有国王签发的敕令都必须首先得到五位部长级大臣的签字认可才能正式生效。[23]

耶拿和奥尔施泰特会战结束后，普鲁士的军队当然会成为关注的焦点，但关于军事改革的争论并不是在这两场战役失败之后才爆发的。弗里德里希大王去世后没过几年，文官政府和军队内部就都有人发出声音，呼吁应当用批判性的眼光重新检视弗里德里希式的军事体系。1800 年之后，那些更愿意接受新鲜事物的军事知识分子吸收了法国大革命期间及拿破仑战争初期的经验教训，把这场辩论延续了下去。克里斯蒂安·冯·马森巴赫上校来自南德意志，于 1782 年开始为普军效力（当时他 24 岁）。马森巴赫与弗里德里希·威廉三世关系很近，是他的副官，同时也是一位军事理论家。他提出，拿破仑的作战行动是"大战争"这种全新作战方式的典型例证，表明军事规划和军事领导的专业化已经势在必行。普鲁士的命运不应当取决于君主本人是不是一位天赋异禀的战略家。必须建立永久性的军事决策架构，确保无论是在战争开始之前，还是在战争期间，所有可用的信息都能够得到归纳整理，并在此基础上权衡利弊。军事指挥的职能应当由一个集中的决策机构全权履行。[24] 上述建议描绘出了现代军队总参谋部体系的大体轮廓，与同一历史时期围绕决策机构改革展开的争论有着明显的相似之处。值得一提的是，在这场争论中，马森巴赫同样也是机构精简路线的支持者。[25]

1802 年成立的军事学会是讨论军事改革的最为重要的论坛。加入学会的军官可以在活动中宣读军事论文，讨论欧洲当时的军事形势有可能对普鲁士产生的影响。军事学会的所有成员中最具影响力的人物格哈德·约翰·达维德·沙恩霍斯特出身于汉诺威的一个农民家庭，他在加入汉诺威的军队后不断晋升，之后又在 1801 年，也就是他 46 岁的时候改换门庭，加入了普鲁士的军队[1]。沙恩霍斯特提出，普鲁士除了应当引进拿破仑创立的以师级作战单位为基础的作战体系，还应当建立地方民兵武装，作为正规军的预备队。以卡尔·弗里德里

---

[1] 他在汉诺威军中的军衔是少校；加入普军后，他除了晋升为中校，还获得了贵族身份。

图29 格哈德·约翰·冯·沙恩霍斯特。弗里德里希·布里绘，1813年之前

希·冯·德姆·克内泽贝克（他是土生土长的普鲁士人）为代表的其他一些军事理论家制订了雄心勃勃的计划，为普鲁士描绘了建立真正的"国民"军队的蓝图。[26] 普鲁士军事知识分子的上述努力证明，普鲁士的军队并没有故步自封，而是展开了批判与自我探究的过程，这个过程在18世纪八九十年代开始令国家与公民社会之间的关系发生剧变。

1806年之前，普政府几乎没有采取任何措施来把这些理念付诸实践。所有重大的改革都会威胁到既得利益者——1803年，政府采取试探性的措施，虽然只是想要建立一个机构残缺不全的总参谋部，但还是遭到了在传统军事机构中任职的军官的公开反对。老资格的高级军官对创新有很强的敌意，他们中的一些人——比如默伦多夫元帅——之所以声名赫赫，完全是因为他们曾经在七年战争期间立下战功。在耶拿的战场上，面对法军的炮火，已经82岁高龄的默伦多

第十章 官僚创造的世界　417

夫沉着冷静,好似闲庭信步;只不过他顽固守旧,据传他对所有的改革提议都会这样回复:"我可搞不清楚这到底是怎么回事。"然而,以默伦多夫为代表的老一代军官在旧式的普鲁士军队中享有极高的声望,任何人想要挑战他们的权威,都面临着极大的心理障碍,就连在声名显赫的伯祖父弗里德里希大王的阴影下成长起来的国王本人也不例外。1810年,弗里德里希·威廉三世在与臣下交谈的时候吐露了心声——他在谈话中指出,早在1806—1807年的战争开始之前,他就希望对军队进行彻底的改革:

……但是我既年轻,又没有经验,完全不敢下决心,所以也就只能相信那两个老兵了[默伦多夫、不伦瑞克公爵]——他们白发苍苍、头顶桂冠,肯定要比我更了解这一切[……]如果我摆出改革者的姿态,反对他们的意见,结果把事情搞砸了,大家就肯定都会说:"那个毛头小子一点儿经验都没有!"[27]

普军在耶拿和奥尔施泰特遭遇大败后,局势发生了翻天覆地的变化,弗里德里希·威廉三世马上就抓住了机会,开始推行军事改革。1807年7月,也就是在《提尔西特和约》所造成的冲击仍然深深地刺痛着普鲁士人的时候,弗里德里希·威廉成立了一个"军事改组委员会",命令委员会起草所有必要的改革方案。这就好似活跃在战前的军事学会重获新生,成了正式的政府机构。沙恩霍斯特成了委员会的主心骨,而他的好帮手则是他的四个才华横溢的追随者——奥古斯特·奈德哈特·冯·格奈森瑙、赫尔曼·冯·博伊恩、卡尔·威廉·格奥尔格·冯·格罗尔曼、卡尔·冯·克劳塞维茨。格奈森瑙的父亲是萨克森的一名没有爵位的炮兵军官,他本人从1786年开始为普军效力,成了国王随从队(总参谋部的前身)的成员。1806年10月的战斗结束后，格奈森瑙晋升为少校，奉命前往波美拉尼亚，指挥位于波罗的海沿岸的要塞城镇科尔贝格的守军。他得到了爱国镇民的协助，率领守军与围城的法军对抗，一直坚持到了1807年7月2日[①]。

博伊恩出身于东普鲁士的军官家庭，曾经在柯尼斯堡大学深造，是伊曼努尔·康德的学生，之后又在1803年时加入了军事学会，是学会的资深成员。格罗尔曼作为霍恩洛厄的副官参加了耶拿会战，在普军战败后逃到东普鲁士，加入莱斯托克指挥的军团，成了军团参谋部的成员，跟随莱斯托克与俄军并肩作战，参加了普鲁士-埃劳会战。格罗尔曼与格奈森瑙有一个相似之处，即他们都很幸运，在1807年时参与了普军继续抵抗法军的战斗，履历上并没有因为1806年秋的失败而留下污点。克劳塞维茨在这四个人里面年龄最小（1806年时，他刚刚26岁），他在12岁的时候便以军官候补生的身份参军，之后又在1801年被上级选中，得以进入柏林的青年军官培训学院进修——青年军官培训学院是普军的精英培训机构，在克劳塞维茨入学的时候，沙恩霍斯特恰巧刚刚被任命为院长。

以沙恩霍斯特为首的改革派想要以被拿破仑摧残得不像样子的普军为基础，建立起一支全新的武装力量。普军在组织架构和军事技术的领域做出了重大改进。改革派以施泰因提出的机构精简方案为蓝本，开始简化军事决策机构。为了实现这一目标，改革派采取了多种措施，其中包括建立陆军部，总参谋部的架构便得以在陆军部的框架内逐渐成形。普军变得更加重视作战时使用散兵线，在战场上灵活部署来复枪作战单位。沙恩霍斯特亲自挂帅，监督了普军在训练、战术、兵器等方面的重要改进工作。此后，军队必须奉行唯才是举的用人制度。颁布时间为1808年8月6日的一份命令（起草人为格罗尔

---

[①] 此时，法国已经开始与普鲁士和谈。

第十章 官僚创造的世界

曼）写道："即日起，军事机构不再因为社会地位而给予特定的成员任何优待，所有的军人无论出身背景，都承担相同的义务，享受相同的权利。"[28] 由于改革派在推行类似创新的同时，又对普鲁士的军事领导层进行了史无前例的大清洗，普军受到了更大的心理冲击。军事改组委员会成立了一个下设委员会，对战败的原因进行取证分析，以分析结果为依据追究责任，总共将208名军官解职。在普军的142名将军中，有17人受到了开除军籍的处罚，有86人虽然失去了军职，却享受到了光荣退役的待遇；大清洗结束后，在普军所有军官中，只有将将超过四分之一的人保住了军职。

1808年8月6日的命令的首要目的是，确保普军在未来能够拥有一个更为优秀的骨干指挥层。除此之外，改革派还要实现更多目标。他们想要打破军官团体与类似等级制度的排他性。军队应当成为爱国主义美德的仓库，而爱国主义又可以反过来让军队获得在1806年的战斗中明显缺乏的热忱和献身精神。用沙恩霍斯特的话来讲，改革的目的是："提振军队的士气，让军队与民族之间的联系变得更加密切……"[29] 为了全面地在军队与普鲁士"民族"之间建立起这种全新关系，改革派提出，普鲁士应当实行全民兵役制度；没有直接参军的男性臣民应当在地方民兵武装中履行兵役义务。不该再让普鲁士社会中相当多的一部分成员（尤其是城镇居民）免服兵役。改革派还下达命令，宣布逐渐废除太过严苛的肉刑惩罚制度，尤其是声名狼藉的"夹道鞭刑"，因为这样的刑罚有损于布尔乔亚新兵的尊严。军官的任务不是殴打或侮辱士兵，而是"教育"自己手下的士兵。废除肉刑是一个长期变革过程的最终结果：早在弗里德里希·威廉二世在位的时候，普鲁士的军队就已经开始时不时地改进惩罚规则。[30]

克劳塞维茨的著作《战争论》阐述了普鲁士在军事价值观领域的上述剧变，是所有同类著作中最具影响力的一部。《战争论》是一部全面讨论军事冲突的哲学论著，直到1831年克劳塞维茨因霍乱病逝的时候，也没能完成全稿。克劳塞维茨在对军事冲突进行系统分类的过程中提出，士兵并不是被赶上战场的牛群，而是有血有肉的人，会受到情绪波动、士气、饥饿、寒冷、疲劳、恐惧等因素的影响。军队不应当被视为机器，而是应当被看作一个拥有自身意志、具有独特集体"天赋"的有机体。因此，军事理论是一门软科学，其变量具有一定的主观性。灵活性和自主性十分关键——这一点对下级指挥官尤其重要。除了上述观点，克劳塞维茨还坚定地提出，战争必须为政治服务。他指出，绝不能为了打仗而打仗，所有的战争都必须有明确的政治目标——我们可以认为，克劳塞维茨在这里含蓄地批评了拿破仑穷兵黩武的行为。拿破仑的"大战争"释放出了全新的、难以预测的力量；而《战争论》一方面首次承认了这股力量的存在，想要用理论来解释这股力量，另一方面又想要限制住这股力量，让它为文官政府主导的政治进程所用。[31]

## 土地改革

"从我即位的那一刻起，废除农奴制度就一直都是我为之奋斗的目标，"《提尔西特和约》生效后不久，弗里德里希·威廉三世对手下的两位官员说道，"我原本想要循序渐进，但我国糟糕的现状却让我认为，我们不仅有理由，而且确实有必要采取更为果断的行动。"[32]在土地改革领域，拿破仑战争同样只是起到了催化剂的作用，并不是催生变革的根本原因。长久以来，"封建"土地所有制遭受着越来越强大的压力。虽然一部分压力来自意识形态领域，原因是为普鲁士中央政府服务的一部分官员受到了重农主义及亚当·斯密的经济自由主义的影响；但不可否认的是，旧有的土地所有制在经济上也正在变得越来越站不住脚。在当时的普鲁士，人口大幅增长，雇工不仅人数充足，工资也十分低廉，庄园主开始越来越多地使用雇工，渐渐地不再依赖依附于土地的农民的劳役来获得劳动力。[33] 此外，18 世纪末，由于谷物价格一路攀升，农奴制度的内部也出现了新的不稳定因素。耕地条件较好的农民会在市场上出售多余的谷物，获得谷物市场繁荣的红利，同时花钱雇工，让他们代自己完成对地主的"封建"义务。在这样的大环境下，任由大批依附于土地的农民以劳役的形式支付地租就无异于让他们获得了有保障的土地使用权——从地主的角度来看，这只会在经济上起到反作用。劳役地租原本是容克地主用来经营庄园的法宝，但现在却变成了某种形式的固定地租，会让那些耕地条件较好的农民从中获益，成为"受保护佃户"。[34]

施泰因的同僚特奥多尔·冯·舍恩、弗里德里希·冯·施勒特接受任命，成了负责起草法案，为土地制度改革搭建大体框架的官员。1807 年 10 月 9 日，政府颁布了一项以二人的工作成果为基础的法令；这项法令有时被称作《十月法令》，它不仅是改革时代的第一部重要法令，同时也是改革在立法领域取得的最为著名的成就。和其他许多改革法令一样，《十月法令》更像是宣布改革的意图，而不是出台具体的法律规定。该法令虽然预示着普鲁士农村的社会制度将会发生根本性的改变，但与此同时，法令的许多陈述方式又显得太过夸夸其谈，就好像是在含糊其词一样。从本质上讲，法令要实现两个目标。第一个目标是，把潜在的经济活力释放出来——法令的前言宣称，每一个人都拥有"按照自己的能力，最大限度地实现经济繁荣"的自由。第二个目标是，创立一套社会体系，确保所有的普鲁士人都是"国家的公民"，在法律面前拥有平等的地位。这两个目标应当通过以下三个特定的方式来实现。第一，放弃所有针对贵族土地的购买限制。中央政府终于决定不再徒劳无功地维护贵族在土地所有权领域的特权，有史以来第一次建立了近似于自由土地市场的土地交易制度。第二，从此以后，来自各个社会阶层的臣民均可以从事自己想要从事的行业。中央政府有史以来第一次建立了自由的劳动力市场，劳动力的流动不再受到行会和团体行业组织的限制。解放劳动力市场同样也是一个颇有历史的议题：自1790年代初起，管理总局就一直在与设在柏林的工厂管理部反复讨论应当如何终止行会对劳动力流动的限制。[35]第三，废止所有代代相传的奴役地位——法令使用暗示性很强，同时又不十分精确，令人浮想联翩的陈述方式宣称，"自1810年的圣马丁节［11月11日］起"，普鲁士王国的"所有臣民都是自由人"。

第三条规定就好似一块从天而降的巨石，在普鲁士王国的农村地区掀起了巨大的波澜。此外，这条规定还留下了许多亟待回答的问题。既然农民拥有正式的"自由"身份，那么这是不是就意味着农民没有义务继续为地主服劳役了呢？这个问题的答案并不像表面上看起来的那样简单，原因是在绝大多数情况下，农民之所以必须服劳役，并不是因为他们是没有人身自由的农奴，而是由于服劳役是他们缴纳地租的方式。尽管如此，在法令的内容已经家喻户晓的许多地区，地主很快就发现，劝说农民服劳役简直比登天还难。西里西亚的地方政府想要对辖区内的村庄封锁消息，当地农民认为当局企图用非法的手段继续奴役他们，在1808年的夏季发动了一场起义。[36]

另一个令人头疼的问题是，农民耕种的土地到底应当归谁所有。法令没有提及历史上一直都把控着普鲁士土地政策的农民保护原则，导致一些地主把法令视为全权委托书，认为政府已经点头默许，允许地主没收（从地主的角度来看，这并不是没收，而是收回）农民耕种的土地，最终引发了许多地主蛮横无理，强占农民土地的事件。1808年2月14日，政府颁布法令，规定土地的所有权归属应当取决于法令颁布前的土地占有状况，在一定程度上明确了土地所有权问题。那

第十章 官僚创造的世界　　423

些土地所有权十分稳固的农民大可以放下心来，不用担心自己耕种的土地会遭到地主单方面的没收。与之相比，那些与地主签订了各种临时租约的农民地位可就要脆弱得多了：地主可以没收这部分农民耕种的土地，而唯一的限制条件是，他们必须首先获得当局的许可。尽管如此，地主和农民还是对法令中许多细节的解释存在争议，直到1816年，政府才终于颁布法令，对应当如何解决土地所有权问题，以及应当如何补偿那些因为改革而失去了劳役地租和土地的地主做出了最终的规定。

1811年颁布的"规章法令"和1816年的"宣言"列出了普鲁士政府解决土地问题的最终方案。这套方案把《十月法令》颁布前的农民土地占有状况划分成了各种等级，规定不同的等级拥有不同的权利。总的来说，有两种选择。第一种方式是分割土地，拥有世袭土地使用权的农民可以保留一部分土地的使用权，面积相当于此前该农民耕种的土地的三分之二（对土地拥有非世袭使用权的农民只能获得二分之一的土地）；第二种方式是农民必须出钱购买自己原先耕种的土地中属于领主自留地的那一部分。在许多情况下，农民都要花上半个多世纪的时间，才能付清地主因为失去了土地、劳役、自然地租[①]而应当获得的补偿。最底层的农民无权对自己耕种的土地拥有完全所有权，所以他们的土地随时都有可能遭到地主的圈占。[37]上述措施符合在启蒙时代末期大行其道的重农主义学说，即让农民摆脱劳役地租及其他各种恼人的"封建"义务应当可以起到提升劳动生产率的作用。亚当·斯密的著作受到了普鲁士官僚中（包括施勒特、舍恩在内的）少壮派的狂热推崇，同样也成了政府推出上述政策的理论依据——亚当·斯密提出，让那些最弱势的农民失去土地也许是最佳的解决方

---

[①] 自然地租指扣除了劳动力维持生计所需的产出之后剩余的土地产出，以实物的形式缴纳。

案，因为就算是让他们成为独立经营的农场主，他们也肯定会难以为继。[38]

一部分贵族十分厌恶这种随意改动普鲁士旧有的土地制度的做法。在柏林，保守的新虔敬派信徒形成了一个以格拉赫兄弟为核心的小圈子；政府推行改革的那几年让小圈子的成员意识到，君主制国家能像革命一样对传统的生活方式造成致命威胁。利奥波德·冯·格拉赫认为，中央政府的官僚越来越不知道天高地厚，形成了一种全新的"行政专制统治，像害虫一样，把一切都吞噬殆尽"，最终加强了君主的个人权力。[39]弗里德里希·奥古斯特·路德维希·冯·德尔·马维茨是上述观点最犀利、最值得注意的代言人。马维茨是个庄园主，在屈斯特林附近靠近奥得河洪泛区边缘的弗里德斯多夫拥有领地；他大肆攻击改革，宣称改革把矛头指向了农村传统的父权制社会架构。他提出，农民世世代代依附于土地的身份地位并不是奴隶制度的残余，而是把农民和贵族连接在一起的家庭纽带的外在表现，斩断这条纽带必然会令整个社会失去凝聚力。马维茨是个忧郁的人，会自然而然地怀旧；他虽然能够用充满智慧、辞藻华丽的语言流畅地表达出自己的保守观点，却一直都是个孤家寡人，支持者寥寥无几。贵族阶层的绝大多数成员都看到了新制度的好处——在这套新的土地制度下，绝大多数农民并没有得到多少实惠，而庄园主则可以摆脱复杂的世袭土地保有制，以雇用廉价劳动力的方式来进行集约化的农业生产。[40]

## 公民权

《十月法令》把贵族庄园在法律上的"封建"残余一扫而空，其目的是促使普鲁士形成一个在政治上更具凝聚力的社会。"臣民"应当接受改造，转变成"国家公民"。然而，改革派心里也很清楚，想要发动民众的爱国主义热情，就必须出台更为积极主动的措施。1807年，卡尔·冯·阿尔滕施泰因在递交给哈登贝格的报告中指出："如果教育系统站在我们的对立面，如果从学校毕业后进入政府工作的官员全都半心半意，如果受过教育的公民全都懒散成性，那么我们所有的努力就都会付诸东流。"[41] 仅仅是在行政和法律的领域出台创新性的措施是远远不够的；想要让创新措施持之以恒，就必须出台全面的教育改革方案，以教育为手段，给刚刚获得自由的普鲁士公民注入活力，促使他们完成创新的任务。

负责主持普鲁士教育系统改革工作的官员名叫威廉·冯·洪堡。洪堡出身于波美拉尼亚的一个军官家庭，他自小生活在柏林，在18世纪七八十年代启蒙思想在柏林蔚然成风的那段时间里长大成人。他曾经师从宣扬犹太人解放运动的克里斯蒂安·威廉·冯·多姆、进步法学家恩斯特·费迪南德·克莱因。洪堡得到了施泰因的强烈推荐，于1809年2月20日获得任命，开始担任内政部下辖宗教及民众教育司的司长。在改革派的头面人物中，他是个有些特立独行的人物。从本质上讲，他并不能算作政治家，而是一位成年后长期旅居国外，眼界十分宽广的学者。1806年时，洪堡正与家人一起旅居罗马，在潜心翻译埃斯库罗斯的悲剧《阿伽门农》。直到普军全线崩溃，洪堡家族位于柏林以北泰格尔地区的老宅被法军洗劫之后，洪堡才终于下定决心，返回早已四面楚歌的祖国。他十分勉强地同意在新政府中担任职位。[42]

然而，洪堡一上任就立即采取行动，出台了一套相当自由主义的改革方案来转变普鲁士的教育体系。普鲁士王国有史以来第一次拥有了一个单一的标准化民众教育体系，能够以紧跟欧洲教育学发展前沿的方式来教育民众。洪堡宣称，从今以后，教育将会与技术训练、

图30 威廉·冯·洪堡。路易丝·亨利绘，1826年

职业培训脱钩。教育的目的不是把鞋匠的孩子培养成鞋匠，而是"让儿童长大成人"。改革落地后，学校的任务不再仅仅是让学生掌握特定的教学内容，而是教会学生如何思考，让他们获得自学的能力。他写道："只有在学生从别人那里学到了足够的知识，达到了能够自学的程度之后，我们才能认为他已经学业有成。"[43] 为了确保上述教学方式能够在教育体系内普及开来，洪堡成立了一所师范学院，准备让毕业生在普鲁士王国教学秩序一片混乱的初级学校任教。他不仅推行了一套标准化的国家检查及巡视制度，还创立了一个隶属于内政部的机构，专门负责监督课程、教科书、辅助学习手段的设计工作。

1810年在柏林成立的弗里德里希-威廉大学不仅是洪堡教育改革最重要的部分，同时也是改革最能经受住时间考验的丰碑。这所大学坐落在菩提树下大街，位于一座曾经被弗里德里希大王的弟弟海因里希王子用作居所，但现在已经空出的宫殿内。在筹建弗里德里希－威廉大学的过程中，洪堡同样力图实现康德主义的教育理念，即教育是独立自主的理性个体寻求自我解放的过程。

初级教学可以让教师向学生传授知识，而中级教学则是教师让自己变得可有可无的过程。所以说，到了大学阶段，教师就不再是教师，而学生也不再是学生。取而代之的是，学生应当独立开展研究，而教授的职责是监督研究工作，提供必要的支持。这是因为，大学阶段的学习可以让学生体会到学术研究的统一性，从而发挥出自身的创造力。[44]

由此可见，学术研究是一种没有预设终点的活动，研究者不能从纯粹的功利主义角度来给研究制定目标。学术研究是一个由内在动力驱动的过程，其关注的焦点并不是以罗列事实的方式来获得知识，而是通过思考和论证来求知。这不仅是在致敬康德用来评判人类理性的多元化怀疑论，同样也把时光拉回到那个全方位的对话让普鲁士的启蒙运动变得活力四射的年代。大学要想取得成功，必须保证学术研究不会受到政治的干扰。政府应当避免插手大学的学术生活，只有在一小撮位高权重的教授拉帮结派，组成小圈子，威胁到学术多样性的时候，政府才可以出手"维护学术自由"。[45]

弗里德里希－威廉大学（1949年时更名为洪堡大学）很快就成了在信奉新教的德意志诸国地位数一数二的高等学府。与大选侯时代的哈雷大学一样，这所新成立的大学的任务也是宣扬普鲁士的文化权威。实际上，普政府之所以会成立弗里德里希－威廉大学，在一定程度上正是因为拿破仑强加的领土问题解决方案导致普鲁士的王权失去了对哈雷大学的控制权。弗里德里希·威廉三世从这一点出发，指出这所新成立的大学有助于"用知识的手段来弥补国家在硬实力方面遭受的损失"。然而，弗里德里希-威廉大学同样也用制度化的方式表达了掌权者对高等教育目的的全新理解——这才是弗里德里希-威廉大学真正的重要之处。

按照普政府的计划，获得自由的公民应当进入洪堡教育体系的各级院校学习，在毕业后积极地参与国家的政治生活。按照施泰因的想法，实现这一点的途径是，建立以选举的方式产生的市政自治机构，从而鼓励城市居民，让他们更加积极地参与公共利益相关的事务。1808年11月，也就是在施泰因即将被迫辞职的时候，政府颁布了《市政条例》（Städteordnung）。条例扩大了"公民"（市民）这一概念的涵盖范围，从此往后，公民不再仅仅指代诸如行会成员之类，隶属于特定团体组织的特权阶层，而是包括所有拥有房产的城市居民（包括单身女性），以及在城市的管辖范围内从事"市政相关行业"的居民。条例设定了一个并不十分难以满足的财产门槛，所有的男性公民，只要其财产保有量能够满足门槛的要求，那么他就既可以获得城市选举的投票权，也有资格成为市政官员。条例把财产所有权（Teilhabe）与政治参与权（Teilnahme）画上等号的做法将会在19世纪的百年间成为自由主义持久不变的主旋律。

哈登贝格成为政府的掌舵人之后，同样的施政方案——让公民成为公共事务的积极参与者——成了一项涵盖普鲁士全国的大工程。这项让全国民众参与政治事务的实验令人叹为观止，规模超过了1806年之前绝大多数启蒙主义改革家的设想——中央政府之所以会采取这样的措施，背后的原因是普鲁士遭遇了一场重大的财政危机。1810年时，拿破仑重新提出了让普鲁士支付战争赔款的要求，由多纳及阿尔滕施泰因领衔的政府①面临着两难的选择,如果不能交付赔款,就必须割让西里西亚的部分土地。得知这两位大臣把割让土地的选项纳入考虑范围之后,弗里德里希·威廉三世解除了他们的职位,启用哈登贝格,让他同时担任内政大臣和财政大臣,原因是他承诺会以激进的财政改革为手段来满足法方的赔款要求。此时的普鲁士中央政府已经债台高筑,债务总额从1806年时的3 500万塔勒飙升到了1810年时的6 600万塔勒,而金属货币的贬值、新纸币的发行、高利率的国债更是环环相扣,令国家陷入了通货膨胀的恶性循环。

为了防止局势进一步恶化,哈登贝格颁布了一连串的法令,宣布政府将会进行重大的财政及经济改革。政府将会通过征收"全国消费税"来均摊税负;《十月法令》和《市政条例》提出的创业自由权,将会在全国范围内推广落实;政府将会出售教会及国家财产;关税及通行税体系将会进行彻底的精简改革。为了让上述争议极大的改革提案顺畅地得到既有政治体系的认可,哈登贝格要求各地的精英阶层推举代表,于1811年2月召开了总共有60名代表出席的"知名人士大会"。哈登贝格宣布,与会代表应当认识到自己是"全体国民的代表",在普鲁士建立一个自由平等的社会需要他们的帮助。[46]哈登贝格在1809年3月的一份报告中就已经阐述了自己的目标,即在让政府获得所需资金的同时,确保"政府与国民之间的友爱及信任"不会遭受损害。代表们自愿接受新的税负,就可以"让君主无须痛苦万分地要求国民做出重大的牺牲;减少公民的不满情绪;让公民能够在一定程度上控制新增税目落实过程中的细节问题;让公民证明自己的确是爱国的人,促使他们为公共利益做出必要的承诺"。[47]

事实证明,"知名人士大会"与历史上大量为了实现相同的目的

---

① 施泰因被迫辞职后,多纳成为内政大臣,而阿尔滕施泰因则担任财政大臣。

而召开的大会一样，令人大失所望。哈登贝格原本的打算是，选出心系公共利益的代表出席会议，让他们在会上就如何落实必要的改革措施、如何进一步创新提出建设性的建议，再让他们返回各自的省份，在省内宣传政府的改革方案。然而，实际情况与哈登贝格的预想截然相反，与会代表纷纷强烈反对改革方案，把大会转变成了表达反改革意见的论坛。政府很快就解散了大会。接下来，哈登贝格又先后在1812年、1814年要求各地方政府代表大会选举代表，召开名称十分低调的"临时全国代表大会"，结果还是遇到了完全相同的问题。回顾这段历史时，我们会发现，哈登贝格似乎不太可能用这几次"伪民主"的大会来实现目标。从最开始的时候，他就没打算让大会拥有与制度完善的议会等同的权力——就职能而论，他召开的这几次大会全都是咨询性的。大会的作用是，成为传达意见的通道，促使政府与国民相互理解。这反映出了启蒙主义思想家的梦想，即国家与公民社会应当进行理性的"对话"。

然而，"知名人士大会"和之后的两次"临时全国代表大会"全都证明，在当时的那个冲突激烈、危机四伏的年代，这种以友好协商为基础的愿景并不能提供恰当的机制，没有办法化解政府和国民在社会及经济领域的利益冲突。哈登贝格在代议民主领域开展的实验表明，改革方案存在一个核心问题，即只要政府的行动有争议，那么让民众参与政治的表面文章就很有可能非但无益于建立共识，反倒会集中和加强反对意见。普鲁士的各大城市也出现了相同的问题——施泰因创立的城市代表大会大都成了改革措施的反对者。[48]

在中央政府出台措施，试图缔造一个更自由、更平等、在政治上更具凝聚力的公民社会的过程中，生活在普鲁士境内的犹太人成了主要的受益者之一。弗里德里希·威廉二世在位时，尽管政府对享受最多特权的那部分犹太人的控制有所放松，但生活在普鲁士境内的犹太人仍然必须忍受许多针对犹太人的特殊限制，而且犹太人事务由一个专门的政府机构单独管理。1808年颁布的《市政条例》让"受到保护、拥有房产的犹太人"获得了投票权，而且允许他们成为市政官员，参与城镇及城市委员会的工作，从而首次发出了进行更全面的改革的信号。门德尔松的学生达维德·弗雷德兰德之所以能够成为柏林市政委员会的首位犹太人成员，正是得益于这项解放犹太人的规定。

然而，在政府内部，全面解放犹太人仍然存在争议。[49]1809年，弗里德里希·冯·施勒特接到命令，开始起草一份旨在确定犹太人未来身份地位的意见书。施勒特拿出了一套循序渐进的方案，提出应当以逐个解除针对犹太人的限制为起点，不断地取得缓慢的阶段性进展，直到犹太人获得全部的公民权。政府把他撰写的草案分发了下去，征求各个政府部门的意见。

不同的政府部门给出了不同的回应。由保守派把控的财政部态度坚决，指出犹太人要想获得解放，就必须首先放弃所有的犹太教宗教仪式，停止所有的犹太式商贸活动。威廉·冯·洪堡的回应表现出了更为强烈的自由主义倾向。他诚恳地提出，应当把教会和国家完全分离开来，并进一步指出，在世俗国家中，宗教信仰完全是公民的私事，绝不能与公民权挂钩。然而，就连洪堡也认为，解放犹太人的最终结果是，犹太人会自愿放弃犹太教信仰。他指出，"犹太人会受到人类内在需要的驱使，去追求更高级的信仰"，所以会"自愿地接受基督教"。[50]财政部和洪堡全都认为，解放犹太人意味着必须以"教育"为手段，让犹太人远离原有的信仰与习俗，从而让他们在社会和宗教的领域更上一层楼——就这一点而论，他们的观点与多姆在二十多年前提出的看法十分相似。洪堡与财政部的不同之处在于，前者认为，这是一个自愿的过程，是犹太人逐步得到解放的必然结果，而后者则提出，由国家使用强制性的手段来实现这一目标是解放犹太人的前提条件。

多亏了哈登贝格在1810年7月6日成为首相之后，马上就把犹太人问题提上了议事日程，否则施勒特的草案就很有可能被束之高阁，直到拿破仑战争结束之后才有可能重见天日。哈登贝格不仅在原则上支持全面解放犹太人，也出于个人情感的原因而拥护这一主张。自18世纪90年代到19世纪初，他经常出入犹太人主办的沙龙，与许多犹太人建立了友谊和伙伴关系。他与第一任妻子闹离婚，搞得债台高筑的时候，威斯特法伦的御用银行家伊斯拉埃尔·雅各布森（他是犹太宗教改革和犹太人解放运动的热心倡导者）出手相助，以提供低息借款的方式帮助他渡过了难关。达维德·弗雷德兰德与哈登贝格活跃于相同的社交圈子，他应邀撰写报告，从犹太人群体的角度就应当如何处理犹太人解放问题向政府提出建议——这是有史以来犹太人第一次得以通过正式的渠道参与普鲁士国家大事的讨论协商。完成上述一系列的征求意见及审议工作之后，哈登贝格于1812年3月11日颁布了《关于普鲁士犹太人的公民权状况的法令》，宣布从此往后，所有居住在普鲁士境内且拥有一般特权、入籍证书或保护状，抑或受到了特别优待的犹太人，都应当被视为拥有"公民权"（Staatsbürger）的普鲁士"国民"（Einländer）。法令不仅取消了对犹太人在商业活动及就业领域的所有限制，废除了所有专门针对犹太人的税捐，还规定犹太人可以自由选择居住地及结婚对象（只不过，政府仍然禁止犹太人与基督徒通婚）。

上述规定当然大幅改善了犹太人的境遇，一家总部设在柏林的犹太开明期刊不吝辞藻，对政府的这一举措大加赞赏，宣称这预示着一个"幸福的新时代"。[51]柏林的犹太长老感谢哈登贝格的善举，对他的这种"无可估量的仁爱之举"表达了"最为诚挚的谢意"。[52]然而，这项解放了犹太人的法令在好几个重要的方面仍然存在一定的局限性。最为重要的一点是，法令采取拖延策略，没有就犹太人是否有权担任政府职位做出明确的规定。所以说，与法国在1791年颁布的犹太人解放法令相比，普鲁士的解放法令存在着明显的差距——法国的解放法令对犹太人一视同仁，让他们获得了与全体国民相同的公民权和政治权利。相比之下，普鲁士法令对犹太人提出严正警告，指出只有在履行了特定的义务之后，"犹太人才能持续地享有法令赋予的居住权和公民权"，其措辞明确地表达出，法令并不是承认了犹太人的权利，而只是在身份地位的问题上对犹太人做出了让步。[53] 就这一点而论，法令不禁让人回想起了多姆在那本讨论犹太人"民权进步"的著名小册子中所表达出的模棱两可的态度。改革派的绝大多数成员都同意多姆的观点，即让犹太人逐渐摆脱歧视性政策的负面影响，变得能够站在平等的地位上与其他的社会成员共同参与国家的公共生活，是需要一定时间的。一位普鲁士的政府官员是这么说的："压迫让犹太人变得奸诈狡猾"，"突然做出让步，让他们获得自由"并不足以"在一瞬间帮助他们找回人类深藏在内心中的高尚情操"。[54] 所以说，普鲁士的解放法令虽然废除了许多古老的歧视性法律，却并没有完成犹太人的政治解放工作，原因是法令的制定者认为，犹太人的政治解放是一个需要差不多整整一代人才能实现的过程。

## 话语

在19世纪的一百年间，普鲁士的改革时代渐渐地披上了神话的外衣，施泰因、哈登贝格、沙恩霍斯特、他们的同僚全都在这一过程中被塑造成了自上而下推动重大变革的改革家。然而，仔细地分析一下改革的具体成果，我们会发现，这些改革家的成就其实相当有限。如果抛去改革法令以宣传为目的的激昂言辞，我们就会意识到，从

18世纪90年代到19世纪40年代，普鲁士的行政机构经历了长时间的不断变革，所谓的改革时代只是这一过程中变革的活力表现得较为突出的一个时期。[55]

改革并没有统一而明确的单一目标，改革派的成员经常发生激烈的争论，许多最为重要的改革提案不是大打折扣，就是举步维艰，甚至直接胎死腹中。[56]废除庄园世袭法庭的改革提案就是一个很好的例子。从一开始，施泰因和支持他的大臣就坚决要废除庄园世袭法庭，原因是他们认为世袭法庭"与国家的文化环境格格不入"，会危害到民众对"我们生存其中的国家"的归属感。[57]哈登贝格和他的同僚阿尔滕施泰因提出了反对意见，认为政府必须考虑到地主的利益。双方就这样争论不休，一直拖到了1808年，也就是弗里德里希·威廉三世迫于拿破仑的压力将施泰因解职的那一年——此时，废除世袭法庭的改革提案已经锐气尽失。贵族阶层强烈的反对进一步减慢了改革的进程（这一点在贵族的团体意识仍然十分强烈的东普鲁士表现得尤其突出）；农民暴动也是如此，因为这令一些政府官员冷静下来，意识到在地方上保留世袭法庭这种兼具灵活性和权威性的司法机构仍然很有必要。[58]接下来，普鲁士又在1810年时遇到了财政危机；考虑到对农村地区的司法体系进行"全面改组"必将产生大量支出，捉襟见肘的财政状况成了改革的另一个障碍——这是一个很有代表性的例子，能够证明战争的压力和占领军的存在既有可能推动改革，又有可能干扰改革的进程。[59]在上述因素的共同作用下，政府终于完全放弃了废除世袭法庭的改革提案。

1812年7月30日的《宪兵法令》同样也不了了之。《宪兵法令》的意图是，以法国模式为蓝本，在农村推行官僚化的政府体系，同时建立一支准军事化的国家警察队伍，负责管理所有的农村地区。相关的改革计划草案最早在施泰因掌权的时期提出。哈登贝格受到了柏林警察总局的压力，被迫采取行动，把起草法令的任务交给了自己在弗兰肯任职时的老部下克里斯蒂安·弗里德里希·沙恩韦贝尔。沙恩韦贝尔把建立全新国家警察力量的任务融合到了对普鲁士的行政管理架构进行全面改组的工作之中。按照法令草案的规定，普鲁士全国（不包括规模最大的七座城市）应当划分成面积相同的区（Kreise），每一个区都应当建立一套完全相同的行政机构，而行政机构则应当吸纳一部分地方代表，让他们参政议政。[60]《宪兵法令》是哈登贝格时代立场最为坚定的改革宣言之一，如果能够得到落实，本可以把诸如结构臃肿、各自为政等普鲁士王国农村治理体系中的许多旧制度弊端一扫而空。

然而，法令刚一颁布，就遭遇了农村的贵族阶层（尤其是东普鲁士的贵族）狂风暴雨一般的抗议，他们发起声势浩大的公民不服从运动，政府中的保守派成员也参与了进来。1812年在柏林召开的"临时全国代表大会"由贵族主导，与会者认为，《宪兵法令》是另一项针对贵族的改革方案，目的同样也是剥夺贵族地主的传统权利，最终通过了一项动议，宣布大会反对废除世袭法庭司法管辖权的一切措施——这是一个极有说服力的例子，可以证明允许民意代表参政议政的做法并不一定能够推动改革的进程。[61]两年后，《宪兵法令》再一次在政府内部引发争议，其落实工作就这样戛然而止。哈登贝格掌权的最后几年间，中央政府继续出台措施，想要把形式各异的农村地方政府整合为统一服从中央管理的地方治理机构，却一直都不见成效；最终造成的结果是，直到魏玛共和国初期，普鲁士仍然保留着古老程度在联邦各州中数一数二的农村治理体系。[62]

害怕贵族阶层发起政治反扑的心态同样也令改革者驻足不前，没能以更为激进的方式进行彻底的税制改革。哈登贝格曾经承诺政府会均摊土地税，废除那些名目众多，仍然让生活在农村地区的贵族继续获益的免税条款。此外，他还提出，政府应当开征永久性的收入税。然而，面对贵族团体的抗议，政府被迫放弃了上述所有的改革措施。取而代之的是，普政府不得不征收名目繁多的消费税，导致最贫穷的社会阶层成了税负最主要的承担者。政府先后在1817年、1820年提出了新的土地税改革方案，但预定的改革措施却始终都没能落地。[63]

改革时代最令人失望的一点也许是，改革派没能建立起涵盖普鲁士王国全国的代表机构。1810年10月27日，哈登贝格颁布了一项财政法令，宣布国王有意在"各省和［普鲁士王国］全国的层面上建立人员结构合理的代表机构，将会乐于接受代表机构的建议"。[64]弗里德里希·威廉三世迫于各部大臣的压力，于1815年5月22日签发《关于未来国民代表制度的条例》，再一次承诺建立代表机构。条例重申，政府除了应当建立"省级等级会议"（Provinzialstände），还应当把这些机构整合起来，在柏林成立"全国性的代表机构"（Landes-Repräsentanten）。尽管如此，成立国民议会的日子仍然遥遥无期。普鲁士人只能退而求其次，在哈登贝格去世后，接受以1823年6月5日颁布的法律为依据建立的省议会。省议会与最为激进的改革派所期望的结果存在很大的差距，并不是制度健全的现代代表机构。无论选举方式，还是组织方式，省议会都遵循旧有的团体架构，而其职权范围也受到了严格的限制。

如果想要更为深刻地理解普鲁士改革的特别之处，将其与拿破仑时代其他德意志国家的改革活动进行横向对比不失为一个不错的办法。同样是在这一历史时期，巴登、符腾堡、巴伐利亚全都经历了力度极强的官僚改革，而与普鲁士不同的是，这三个国家全都通过官僚改革实现了更为彻底的宪政改革，拥有了宪法、全国选举制度，以及有权决定立法能否正式生效的议会。与这三个国家的改革成就相比，普鲁士在 1823 年之后新组建的团体代表机构省议会实在是没有什么出彩的地方。然而，从另一方面来看，普鲁士以实现经济现代化为目的的改革更为激进和持久。慕尼黑和斯图加特的改革派紧抱着旧制度重商主义的保护主义机制不放，而普鲁士的改革派则把在商业、制造业、劳动力市场、国内贸易等领域放松政府监管定为目标——这可以充分证明，普鲁士因为与已经进入工业化阶段的英国市场距离较近，在文化和地缘经济等方面受到了英国的影响。巴登、符腾堡、巴伐利亚分别到了 1862 年、1862 年、1868 年的时候，才终于在经济领域推出了能够与普鲁士的措施相提并论的改革措施。到了 1815 年拿破仑战争结束很久之后，普鲁士的经济改革也一直都保持着强大的冲劲，最终促成了德意志关税同盟。所以说，在经过拿破仑时代的洗礼之后，与巴登、符腾堡、巴伐利亚这三个南德意志的国家相比，普鲁士虽然在宪政制度"现代化"的道路上掉了队，却在政治经济制度"现代化"的道路上遥遥领先。[65]

应当如何评价普鲁士的改革派所取得的成就，取决于侧重点的不同，要看我们更重视他们都完成了哪些改革目标，还是强调他们没能完全革除旧制度的弊端。我们可以指出，哈登贝格接连修改施泰因的农奴解放法令，让庄园主利用补偿制度获得了很多实惠，但反过来讲，我们同样也可以指出，重新分配了耕地所有权后，出现了无论是规模还是富裕程度都不可小觑的小农及中农阶层。[66] 尽管到了 1819 年之后，洪堡式的自由主义教学方法对普鲁士初级学校的影响力大打折扣，但普鲁士的学校体系仍然因为人文主义的道德风范和高素质的毕业生而享有极高的国际声望。弗里德里希-威廉大学用强大的机制来保护学术自由，不仅享誉欧洲，还成了美国各地的高等院校争相效仿的榜样，让洪堡的教育理念在美国成了建立现代高等教育理念的重要助力。[67] 我们当然有理由强调 1812 年的犹太人解放法令表现出了很多局限性，但同样十分重要的是，我们必须承认，在19世纪的德意志，这项法令的确在犹太人解放运动中占据着核心地位。[68]我们可以因为改革派没能废除农村地区的世袭法庭制度而扼腕叹息，但我们同样应当关注在1815年后的十年间令世袭法庭转变为国家司法工具的社会力量。[69]

此外，改革派还以一些其他的方式认同和加强了变革的动力，让变革在1815年之后成了一股势不可当的力量。1817年时成立的国务院（Staatsrat）也许与施泰因的愿景存在一定的差距，并不是一个总揽大权的机构，但这并没有妨碍它在立法过程中起到关键作用。以国务院为基础建立的部委化政府即便在理论上也许还存在缺陷，在实践中也的确起到了限制君主自主决断的作用，加强了部级官僚机构的权力。[70]1815年之后，部长级大臣的权力大幅增长，与18世纪八九十年代的情况大相径庭。省议会虽然存在种种局限性，但最终还是成了反对派表达政治意见的重要平台。

1820年1月17日颁布的《国家债务法》不仅是哈登贝格在立法领域取得的最后的、意义最为重大的成就之一，同时也最能让我们理解普鲁士改革的长期影响。《国家债务法》在开篇处宣布，普鲁士现有的国债（稍稍多于1.8亿塔勒）将会被视为"永远不变的结平账户"，如果中央政府在未来不得不重新举债，就必须首先让"未来将要成立的国民大会参与进来，让大会成为借款的共同担保人"。哈登贝格的这一纸法令无异于给普鲁士的宪政制度埋下了一枚定时炸弹。这枚炸弹的计时器悄无声息，一直运行到了1847年，也就是政府因为想要修建铁路而产生了意料之外的资金需求的那一年——政府受制于法案的规定，被迫在柏林成立"联合议会"，就此打开了革命的大门。

普鲁士的改革最重要的特点是，它是一个交流沟通的过程。改革法令注重宣传效果，夸大其词，这是一种在之前的历史中闻所未闻的做法；为了争取民众的支持，《十月法令》使用了华丽的语言，是一个尤其突出的例子。在此之前，普政府从来都没有用过这样的语气来向公众传达信息。哈登贝格是这一领域最有创新性的政府官员，他对公众舆论采取了既务实，又十分尊重的态度，认为舆论是影响政府措施成功与否的一个因素。在担任安斯巴赫、拜罗伊特的主管大臣的那段时间，他竭尽所能，尽量既满足维护社会安全的需要，又不损害民众"自由思考及公开表达意见"的权利。1807年，他递交了著名的《里加备忘录》，在其中强调国家不应当与公共舆论对抗，而是应当与舆论建立起合作关系，之后又进一步指出，政府不应回避舆论工作，必须用"好笔头"来"赢得舆论的支持"。1810—1811年，首相哈登贝格首开先例，开始定期向社会公布附有注释的新法规，指出与政府之前对立法问题讳莫如深的做法相比，这样做更有利于赢得民众对当局的信任。他的一个尤其具有创新性的做法是，雇用从事自由职业的作家和编辑，把他们转变成为政府服务的宣传人员。[71]

哈登贝格还参与了公文体系的改革，力主修改公文御用书记官式的行文风格——这是一项鲜为人知，却极具象征意义的举措。改革之前，普鲁士的政府公文全都"以国王的名义"（nomine regis）签发，行文啰唆，必须用"弗里德里希·威廉三世国王陛下"这几个字做开头，之后再按照重要性从高到低依次列出国王的所有头衔。1800年3月，有人提出应当在公文起首处去掉这种格式，首次把公文改革提上了议事日程。到了1800年4月7日，国务部就这一提案展开讨论的时候，几乎所有的参会大臣都表示反对，指出如果不列出国王的全部头衔，那么政府公文的权威性就会大打折扣。然而，刚刚转过天来，哈登贝格就独自递交了一份意见书，提出应当对各类公文的行文风格进行更为激进的改革。他写道，公文目前使用的御用书记官式的行文风格早已"跟不上时代",虽然时代早就变了,但"'公文的风格'却并未改变";因此,中央政府没有任何理由抱着"没有文化的时代遗留下来的野蛮文风"不放。1800年时,哈登贝格态度坚决的意见书石沉大海,没有取得任何效果。然而,到了十年后,政府于1810年10月27日颁布了一份由首相哈登贝格、国王弗里德里希·威廉三世联名签署的法令,废除了这种"以国王的名义"的行文风格。[72]

这项创新看似毫不起眼,却可以让我们了解哈登贝格的改革到底想要解决什么样的核心问题。增加透明度、提升沟通效率是哈登贝格最注重的问题——这同样也是许多老一辈的改革家最关注的问题。就这一点而论,我们可以认为哈登贝格并不是自由主义者,而是启蒙思想的支持者。他既不认为公众舆论是一股能够制约政府,甚至与政府唱反调的自主力量,也不打算强化"自由公共领域"(在这一点上,施泰因也是如此),让它成为民众开展批判性讨论的论坛。[73]他的目的是,打开沟通的渠道,让受过教育的公众在和谐的气氛下与政府讨论如何实现国家的整体利益,从而让舆论与政府的对抗变成一件没有必要,甚至连想都想不到的事情。哈登贝格之所以召开"知名人士大会""临时全国代表大会",在法令和数不胜数的政府公文中使用令人心驰神往的语言,正是出于这种逻辑。此外,这同样也能解释,为何哈登贝格认为,只要有必要,就可以毫不犹豫地实施审查制度。[74]

哈登贝格没有注意到的一点是,语言拥有属于自己的生命。提出"代表制度"的时候,他内心出现的图景是,代表机构是道德高尚、对政府言听计从的团体,能够把首都和各省连接到一起,起到传递信息和理念的作用,但其他人想到的却是团体利益、议会、君主立宪制。提出"参政议政"的时候,他的本意是参政者应当配合政府的工作,为政府建言献策,但其他人的理解却是参政者有权参与决策过

第十章 官僚创造的世界

程，可以起到制衡政府的作用。提到"民族"的时候，他原本是指那些拥有政治意识的普鲁士人，但其他人却把这个词理解成了涵盖面更广的德意志民族，认为德意志人的利益和命运与普鲁士人并不一定完全相同。对语言的不同理解是诸多原因之一，能够解释普鲁士的改革时代为何前景如此令人期待，成就却如此乏善可陈。另一个饱受争议的历史人物米哈伊尔·戈尔巴乔夫与哈登贝格有许多相似之处。戈尔巴乔夫提出了开放政策（glasnost），是一个致力于改革的人，但他的目的并不是引发革命性的变革。他的目标与哈登贝格的目标一样，也是调整国家制度，以适应当前的需要。然而，如果我们就这样否认了此二人对未来的变革所做出的贡献，那就有些太不公平了。

# 第十一章　钢铁时代

## 虚假的黎明

1809年春,局势似乎终于开始向着对拿破仑不利的方向发展。伊比利亚半岛出现了由自由斗士组成的游击队,不断地袭扰法军——消息传来后,普鲁士全国上下群情激昂。到了4月的第二个星期,又传来消息:拿破仑篡夺西班牙波旁王朝的权力,将约瑟夫·波拿巴立为国王之后,奥地利皇帝弗朗茨一世勃然大怒,向法国宣战。弗朗茨的宰相施塔迪翁伯爵想要获得德意志民众的支持,奥地利政府奉命行事,发起了宣传攻势,号召所有的德意志国家奋起反抗,打击法国侵略者。4月11日,蒂罗尔伯国的农民在一个名叫安德烈亚斯·霍弗的酒商的领导下发动声势浩大的起义,驱逐了法国的盟友巴伐利亚的占领军——四年前巴伐利亚正是在法国的帮助下获得原属于奥地利的蒂罗尔的。

许多普鲁士人都认为,普鲁士终于等到了揭竿而起,反抗侵略者的时刻。省长[①]约翰·奥古斯特·扎克从柏林发来报告,指出"广

---

[①] 1808年12月,扎克被国王任命为库尔马克、诺伊马克和波美拉尼亚(即原勃兰登堡选侯国的全部领土)的省长(Oberpräsident)。——编者注

大民众一致认为,如果不马上采取行动,摆脱侵略者的枷锁,就会永远失去重获独立地位的机会"。[1] 弗里德里希·威廉三世再一次面临着两难的选择。维也纳当局不断地施压,希望获得普鲁士的支持,指出两国应当制订步调一致的军事计划,一起向法国发起进攻。与此同时,法国政府向弗里德里希·威廉传达信息,指出1808年9月8日签订的普法条约规定,普鲁士应当派出一支兵力1.2万人的辅助部队支援法军作战。在此期间,俄政府一直都没有明确表态。俄方似乎对奥地利提出的对法作战计划缺乏热情,不愿意做出任何保证。战争还没开始,弗里德里希·威廉就迅速做出了与之前相似的选择:对普鲁士来说,"在开战后按兵不动"是最合适的。[2]

与1805—1806年的情况如出一辙,国家在对外政策领域遇到的难题导致君主身边最具影响力的臣子分裂成了两个针锋相对的阵营。一部分大臣提出,对普鲁士来说,在没有得到俄国支持的情况下主动做出任何与法国敌对的行为都无异于以卵击石。另一派大臣,包括主要的军事改革家、外交大臣奥古斯特·弗里德里希·费迪南德·冯·德尔·戈尔茨,以及司法大臣卡尔·弗里德里希·拜梅,提出了相反的意见,极力主张与奥地利建立盟友关系。[3] 然而,弗里德里希·威廉对主战派大臣的建议无动于衷,始终坚持采用按兵不动的策略。他的战略思路是,绝不能采取任何有可能导致国家彻底灭亡的行动。名望和荣誉都是可望而不可即的奢侈品,生存下去才是最重要的。"保住某种形式的政治存在,无论显得多么渺小,也要比走向灭亡好得多[……]因为这样一来,我们至少可以保留对未来的希望,而如果普鲁士完全退出了国际社会的大舞台——要是在时机尚未成熟的时候亮出底牌,就很难逃脱这样的命运——我们就会失去所有的希望。"[4]

回过头来看,弗里德里希·威廉似乎的确做出了最明智的选择。反对与法国作战的大臣指出,任何对付拿破仑的战略方案,取得成功的前提条件都是争取到俄国的全力支持——这一判断当然是十分正确的。普鲁士即便是在1809年春季与奥地利联手,恐怕也很难获得足以击败拿破仑的实力。然而,当时的许多人认为,柯尼斯堡的朝廷胆小怕事、瞻前顾后,行为可耻,应当遭到谴责。朝中流言四起,宣称有人制定了密谋,准备罢黜弗里德里希·威廉,拥立他态度更为积极的弟弟威廉王子。警方和其他的政府部门编写的报告指出,挫折感和不安情绪已经在军官队伍中蔓延开来。4月初,波美拉尼亚驻军的军官在未经许可的情况下发动起义,以失败告终;在阿尔特马克的西部边境,原普军中尉冯·卡特(据传他与弗里德里希大王的密友卡特有一点亲属关系)率领武装团伙进入邻国威斯特法伦王国,占领原本属于普鲁士的城镇施滕达尔,强征了该镇的金库。[5]事实证明,绝大多数普军的军官似乎都希望普鲁士能够与奥地利结盟,共同对抗法国。4月18日,库尔马克地区政府的主席弗里德里希·路德维希·冯·芬克从柏林发来报告,指出军队对国王领导的中央政府所奉行的政策十分不满,青年军官心意已决,如果国王不能采取行动,他们就都会离开军队,"到了那个时候,维持军纪就会变成一项几乎无法完成的工作"。芬克在报告的结尾处警告道,如果国王不立即返回柏林,局势就会全面崩溃:"因为如果[崩溃的]根源是军队,那么又有谁能力挽狂澜呢?"沙恩霍斯特的密友陶恩齐恩中将宣称,如果普鲁士继续保持中立,那么他就很难保证麾下士兵维持忠诚;而弗里德里希·威廉的亲戚奥古斯特王子更是严词警告,指出在必要的情况下,"民族"会抛开国王,独自采取行动。[6]

到了4月末的时候,有消息传播开来,称一位普军的团长率领部队离开柏林,准备发动爱国起义,反抗法国占领军。这进一步提升了普鲁士民众的求战欲望。这位少校团长名叫费迪南德·冯·席尔,是一个长期与法军打游击,立下过赫赫战功的老兵。[7]1806年,席尔率领一支由志愿者组成的部队在科尔贝格要塞的周边地区袭扰法军的补给线，因为战功卓著而得到嘉奖，于1807年1月被弗里德里希·威廉三世晋升为上尉，并奉命组建"席尔自由兵团"。1807年的春季和初夏，席尔率领自由兵团与法军作战，取得了多场战斗的胜利。7月9日，《提尔西特和约》生效后，普军解散了自由兵团。席尔不仅晋升为少校，还获得了普鲁士的最高军事荣誉"功勋勋章"。他很快就变成了家喻户晓的战斗英雄。1808年夏，柯尼斯堡的爱国周刊《人民之友》（*Der Volksfreund*）刊登传记性的文章，简略地介绍了他的事迹，对他大加赞赏，宣称他是顶天立地的爱国男子汉。此外，《人民之友》还在副刊上刊登了这位大英雄的画像：画中人长着一头黑发，蓄着微微下垂的小黑胡子，头上潇洒地歪戴着一顶骠骑兵的军帽，虽然让人觉得有些不修边幅，却仍然显得很有魅力。

1808年秋，席尔率部进入柏林，他指挥的部队成了普鲁士在1806年战败之后第一支重返首都的普军作战力量。他的副官后来回忆道："部队入城时的景象令人欢欣鼓舞，简直无法用语言来形容。花环、花束像雨点一样落了下来，每个窗口都有打扮得花枝招展的美女、少女向我们挥手致意。席尔无论走到哪里，都会被欢庆的人群团团围住。"[8] 席尔也许是被眼前的景象冲昏了头脑，认为德意志诸国已经做好了发起大规模起义，反抗法国统治的准备，而他自己则注定会成为领导起义的那个人。此外，席尔还与在普鲁士各地开展地下活动的爱国主义组织取得了联系，导致这种错觉越来越深——这些爱国主义组织分别是总部设在柯尼斯堡，成员中有超过80%的人是普军各级官兵的"美德联盟"，以及以波美拉尼亚为基地，不断派人劝说他接受爱国运动领导权的"祖国协会"。到了1809年1月和2月，在威斯特法伦王国境内活动的爱国主义小圈子竟然也送来密信，请求他前往西德意志指挥起义。德意志各国的地下爱国主义关系网虽然人数

图31　冯·席尔少校。作画者不明

很少，但其成员却个个充满激情、人脉广泛、斗志昂扬。无论何人，只要入了伙，就很有可能脱离现实，认为自己得到了民众的支持，胜利是板上钉钉的事情，解放已经近在眼前。1809年4月，席尔同意领导计划中的威斯特法伦起义。他起草了一份号召所有的爱国者拿起武器，反抗占领军的宣言，命人送到威斯特法伦，然而在路上被法国当局截获了。4月27日，得知自己即将遭到逮捕的消息后，席尔没有与上级商量，便独自做出决定，准备在第二天率领部队离开柏林，发动武装起义。

　　席尔率部离开柏林的消息掀起了轩然大波。5月1日，勃兰登堡的省长约翰·奥古斯特·扎克向内政大臣多纳伯爵递交报告，指出首都柏林发生骚动，情况已经糟糕到了几乎难以描述的程度；全城都在谈论席尔；普鲁士向拿破仑宣战似乎已经是大势所趋。为了避免让人以为国王已经失去了对国家的控制，柏林当局决定使用缓兵之计，暂时让外界认为，席尔的行为已经得到了正式批准。[9]5月7日，柏林警

第十一章　钢铁时代

察局的局长尤斯图斯·格鲁纳向远在柯尼斯堡的弗里德里希·威廉递交了一份报告,警告道,如果想要保住国王的权威,就只有两条路可以走,要么立即宣布与奥地利结盟,要么前往柏林,亲自表明普鲁士将会支持法国,继续奉行和平政策。

军队已经发生了动摇——在这个当口上,行政当局的权威又能起到什么作用呢?[……]躁动不安的情绪就好似波涛汹涌的大海,如果尊敬的陛下不能亲自掌舵,平复民众的情绪,臣民个人不知疲倦的[向国王效忠的]热情就肯定会被大海吞没。霍亨索伦王朝的王位已经岌岌可危。[10]

格鲁纳显然是在危言耸听。席尔的冒险行动以惨败告终。1809年5月31日,他在施特拉尔松德与法军作战,先是被一个为法军效力的丹麦人砍了一马刀,之后又被一个同样为法军效力的荷兰人用火枪击中,战死沙场。有一份史料宣称,那个丹麦人砍下了席尔的首级,用"葡萄酒"把它保存了起来,之后又把它送到莱顿的公共图书馆展出;直到1837年,席尔的首级才终于在不伦瑞克入土为安。在席尔幸存的部下中,有28人被拿破仑下令枪决,原因是他们在起义中起到了重要的作用。[11]尽管许多普军的军官都十分同情席尔和爱国主义组织,但他们中间愿意违反向国王效忠的誓言,响应起义号召的人却寥寥无几。绝大多数普通的普鲁士臣民都满足于袖手旁观,并没有参与爱国者的冒险行动——其他德意志国家也是如此。无论是席尔的经历,还是由男爵费迪南德·威廉·卡斯帕·冯·德恩伯格上校率领的失败起义——发生时间与席尔的起义几乎完全相同,意图推翻威斯特法伦国王热罗姆——都能证明,德意志的民众虽然表现出了爱国主义热情,却不能把它转化成政治行动。

尽管如此，普鲁士的掌权者如此慌乱的表现还是很能说明问题，展现出与弗里德里希大王在位时相比，君主与公众之间的关系已经发生了多么巨大的变化。陶恩齐恩、格鲁纳、扎克、芬克的报告有一个引人注目的共同之处：他们全都表现出了注重民意的思维方式。政府高官和高级军官想要挟民意逼君主采取行动，这在霍亨索伦王朝的历史上还是第一次。弗里德里希·威廉一如既往地沉着冷静，保持着清醒的头脑，坚定地指出，情况并不像那帮危言耸听的大臣宣称的那样糟糕透顶。5月9日，他对外交大臣冯·德尔·戈尔茨说，"我并不担心我国的臣民会违犯法律，引起骚乱"，之后又轻描淡写地补充道，他无意前往柏林，因为现在的柏林"无政府主义横行"，会浪费他的时间，分散他的精力，导致他无法全身心地处理更重要的问题。[12]

然而，在某些时候，弗里德里希·威廉似乎又把上述官员的警告当真了。1809年的危机期间，他留下了一段没有落款日期，却非同寻常的笔记，思考了自己被迫退位的可能性，沮丧地表示，如果他被"更受舆论欢迎"的人选取代，那么他就不会提出抗议，而是会欣然接受，"把执政者的位置交给那个在全体国民看来更称职的人"。[13] 这虽然在一定程度上是因为他在生闷气，但同时也能让我们在一瞬间窥见他的内心世界，认识到革命年代的动荡已经令君主本人对传统君主制度的认识发生了翻天覆地的变化。

## 爱国者与解放者

在1809年的危机中，要紧的问题并不仅仅是普鲁士应不应当向法国宣战、应当在何时向法国宣战，同时也涉及了最终与拿破仑兵戎相见的时候，普鲁士应当发动一场何种性质的战争。弗里德里希·威廉三世和军队指挥层中的保守人物仍然习惯于从传统的内阁战争角度思考问题，认为克敌制胜的关键武器是王朝间的外交博弈和训练有素的正规军。改革派的观点完全相反，提出应当发起新形式的起义战争，让广大公民在爱国主义的驱使下拿起武器，成为士兵。"我们为什么要妄自菲薄，认为自己比不上西班牙人、蒂罗尔人？"1809年10月，格布哈特·莱贝雷希特·冯·布吕歇尔将军在力劝弗里德里希·威廉应当承担风险，与奥地利共同对抗法国的时候提出了这样一个问题，"我们的装备可要比他们精良得多啊！"[14]

1809年的战争危机结束之后，上述问题变得不再那么紧迫，但到了1811年，法俄大战在即的时候，相同的问题重新被提上了议事日程。1811年8月8日，格奈森瑙向弗里德里希·威廉递交报告，列出了一整套详细的计划，指出普鲁士应当以西班牙人的反法斗争为蓝本，在法军的后方发起人民游击战争。人民起义军（Aufstand in Masse）可以袭扰法军的作战单位，切断法军的补给线，破坏有可能为敌军所用的物资。格奈森瑙目睹了自己的老部下席尔惨遭失败的全过程，意识到普通的普鲁士人也许需要一些额外的动力，才会愿意冒着生命危险反抗法国占领军。为了确保民众不会缺少必要的爱国热情，格奈森瑙提出，中央政府应当雇用牧师，让他们动员各地的居民。[15] 施泰因（现在已经流亡布拉格）和克劳塞维茨也提出了相似的建议，区别在于他们强调君主制政府的行政机构必须起到明确的领导作用。

认为普鲁士应当以发动起义战争的方式来反抗法国占领军的观点在军官群体中一直都无法争取到广泛的支持。这样的作战方式有可能会释放出正规军完全无法控制的力量，所以只有极少数的军官没有表现出戒备心理。然而在军队之外的普鲁士爱国主义知识分子群体中，许多人都认为发动起义战争是一个振奋人心的想法。奥地利发起反抗拿破仑的战争后，曾经在普鲁士近卫军中担任军官的诗人海因里希·冯·克莱斯特受到启发,创作了一首诗歌,在诗中描绘了古老的神圣罗马帝国各地的德意志人蜂拥而起,反抗法国统治的景象,用不留任何余地的语言把一场残酷的全面战争展现在了读者的眼前:

> 每一处洼地、每一座山岗
> 都铺满了皑皑白骨;
> 狐狸和乌鸦留下的残羹剩饭,
> 为饥饿的鱼群提供了饕餮盛宴;
> 用敌人的尸体阻塞莱茵河;
> 直到尸体筑起大坝,
> 迫使河水漫过河岸,向西流去,
> 为我们划定一条全新的边境线![16]

1811年,弗里德里希·路德维希·雅恩在哈森海德公园(现位于柏林的郊区新克尔恩)发起了"体操运动"(Turnbewegung),用也许最为奇特的方法表达了应当起义的理念。该运动的主旨是,训练年轻人,让他们参加即将爆发的反法战争。运动的目的并不是训练准军事人员,而是专注于增强人民体质、培养爱国热情,让参与者为全民共同对抗法国侵略者做准备。士兵一词在德语中有雇佣兵的含义("Sold"① 在德语中的意思是薪水),是一个雅恩极其鄙视的词语,所以他认为,体操运动员并不是"士兵",而是受到爱国热情的驱使,完全自愿地参加反侵略斗争的公民战士。他在《德意志体操艺术》一书,即体操运动初期的问答式手册中指出,体操运动员不会"行军",原因是行军会扼杀自主意志,有可能让个体沦为上级权威

---

① 在德语中,士兵一词的写法是"Soldat"。

的工具。取而代之的是，体操运动员应当像自由人那样"行走"，也就是迈开步子，动作自然地向前方走去。雅恩写道，体操的艺术应当成为"历久弥新的事业［eine bleibende Stätte］，可以用来建立新的社会美德［……］让社会成员成为正直且拥有法律意识的人，［在感情上］变得既能高高兴兴地遵守命令，又不会因此失去行动自由和高尚的独立精神"。[17]

为了确保运动的参与者拥有行动自由，雅恩设计了专用的制服，规定制服应当用未经漂白的灰色亚麻布裁剪制作，上衣板型宽松，下身则是阔腿裤，从而促进和支持体操运动员所珍视的身体活动自由。就这一点而论，体操运动同样也表现出了反军事的倾向——雅恩写道："体操运动员的亚麻制服轻便简洁、朴实无华，注重实用功能［……］与率队行军的领队身上佩戴的穗带、饰带、臂章、佩剑、手套格格不入。穿上这套服装，战士严肃认真的精神［Wehrmannsernst］就会变成闲散的游戏。"[18] 在敌视军队传统的等级制度的同时，体操运动还展现出了一种不言自明的平等主义精神。雅恩的追随者应当用"du"①来相互称呼，而他们与众不同的制服则消除了所有能够展示社会地位差异的外在标志，从而起到了打破身份壁垒的作用。[19] 据传，体操运动员甚至还会大声歌唱，宣称体操运动的所有成员"等级和地位完全平等"（An Rang und Stand sind alle gleich）。[20] 雅恩会组织室外活动，让青年人在高高架起的横杆（这便是现代体操器械的前身）上做出摇摆转动的体操动作，能够吸引大量的围观群众。体操运动是一个十分明确的例子，证明了爱国主义能够起到重新定义政治文化的关键作用，可以把以等级森严的权力架构为基础的旧政治文化转变为以自愿效忠为基础的新政治文化。

---

① 见第 289 页注①。

普鲁士的君主之所以会对军事改革家提出的更为激进的提案敬而远之，正是因为这种强调爱国主义的论调有可能会颠覆原有的权力架构。1809年12月28日，弗里德里希·威廉终于返回柏林，在入城时受到了柏林民众的夹道欢迎，欢呼声不绝于耳。尽管如此，他还是极力反对任何形式的爱国主义实验。虽然弗里德里希·威廉得以返回首都，但他也因此受到了法国占领当局更为全面的监控——实际上，拿破仑要求他离开柯尼斯堡，目的正是把他放在眼皮子底下，好好地管束起来。此外，到了1809年之后，法国似乎已经立于不败之地。1810年时，神圣罗马帝国解散后分裂出来的所有德意志国家几乎全都加入了莱茵联盟。莱茵联盟是一个国家联盟，其所有成员都有义务为拿破仑的对外政策提供军力支持。面对如此强大的力量，反抗似乎完全就是螳臂当车。

接下来，家庭悲剧又进一步削弱了弗里德里希·威廉的反抗意志，让他变得更不愿冒险采取鲁莽的军事行动。1810年7月19日，弗里德里希·威廉年仅34岁的妻子路易丝突然去世，他变得心情极端低落，在很长一段时间内不愿见人，终日在祈祷中寻求慰藉。他一点都不相信起义战争是一条可行的路线，虽然允许改革派在军事管理和部队训练的领域采取各式各样的改进措施，却禁止他们利用全民兵役制度来组建一支"人民的军队"（Volksarmee）。格奈森瑙递交提案，指出可以动用牧师，让他们鼓励民众拿起武器反抗侵略者，而弗里德里希·威廉则在提案上写下了一句简短的旁注："只要有一个牧师被处死，整个计划就会彻底告吹。"格奈森瑙的另一项提案指出，应当建立公民民兵制度，结果只得到了这样一句批语："这诗写得不错。"[21]尽管如此，弗里德里希·威廉还是同意向主战派做出一项重大的让步。1811年夏，他不仅批准了普军的扩军计划，还同意加强关键要塞的防御。此外，普政府还开始小心翼翼地试探俄国和英国的态度。

弗里德里希·威廉手下（包括哈登贝格在内）的主要谋臣全都支持他坐等观望的策略，这对他来说是一件十分幸运的事情。多亏了这些谋臣的支持，他才能省去不少麻烦，可以轻而易举地回绝"主战派"的请求。然而，由于自1810年起，法国与俄国的双边关系逐渐转冷，柏林的决策者受到了来自外部势力越来越强大的压力。拿破仑与亚历山大一世称兄道弟，共建欧洲未来的景象一直都是一件难以想象的事情。此二人的紧张关系已经积累了一段时间，而压垮骆驼的最后一根稻草是拿破仑在1810年12月时做出的吞并奥尔登堡公国的决定——奥尔登堡公国位于德意志的西北角，其领土完整得到了《提尔西特和约》的保证，其统治者则与亚历山大一世有亲缘关系。12月31日，亚历山大采取反制措施，颁布政令（ukaz），宣布俄国的市场和港口不再向（除葡萄酒和丝绸之外的）法国产品开放。1811年的春夏两季，俄法两国的关系变得越来越疏远，但双方都没有发动战争。然而，到了1811—1812年的冬季，种种迹象全都表明，法国大举进攻俄国的日子已经近在眼前。拿破仑不仅向德意志的东部及中部增兵，派兵占领了瑞属波美拉尼亚，还从西班牙调来了总兵力相当于36个营的部队。[22]

普鲁士人再一次发现，自己有可能卷入大国博弈，被殃及池鱼。弗里德里希·威廉和他身边以哈登贝格为首的谋臣表现出了一贯的胆怯和谨慎。1811年初夏，普政府启动了重整军备的计划，这肯定无法躲过法国人的监视。1811年8月，拿破仑要求普方对此做出解释。由于哈登贝格没能给出令人满意的答复，拿破仑下达最后通牒，宣称如果普方不立即停止重整军备的工作，那么法方就会召回驻柏林使节，派达武元帅率兵进入柏林。得知最后通牒的内容后，柏林当局惊恐不已。格奈森瑙反对接受法方的要求，指出屈服于如此赤裸裸的霸凌行为无异于政治自杀，结果遭到了弗里德里希·威廉的否决。此后，普政府下达命令，停止了征兵及加强要塞防御的工作。科尔贝格要塞的指挥官、将会在之后的对法作战中起到关键作用的布吕歇尔将军同样坚决反对，强烈建议弗里德里希·威廉抵制法方的命令，并立即离开柏林。弗里德里希·威廉免除了他的指挥权，用获得了拿破仑首肯的人选陶恩齐恩将军取而代之。

1812年2月24日，拿破仑迫使普鲁士与法国签订进攻性联盟条约，把普政府彻底地钉在了耻辱柱上。按照条约的规定，普政府应当为途经普鲁士向东进军，准备入侵俄国的大军团提供营地和补给；应当开放所有的弹药库、要塞，供法军指挥官调遣；应当向拿破仑提供一支兵力1.2万人的辅助作战部队。拿破仑以武力威逼柏林当局接受了这项"协议"，整个过程不禁让人回想起了三十年战争期间勃兰登堡在谈判桌上任人宰割的窘境。拿破仑开门见山，要求普政府派驻帝国司令部的使节克鲁斯马克做出选择，宣称如果普鲁士不愿意把大军团作为朋友欢迎，那么大军团就只能把普鲁士视为敌人。克鲁斯马克走投无路，只得暂时接受法方开出的所有条件，并呈交相关文件，请求柏林当局批准。然而，由于法军扣押了负责递送文件的信使，到了弗里德里希·威廉收到文件的时候，法军的一支部队已经几乎兵临柏林城下。

普鲁士就这样变成了拿破仑用来执行军事策略的工具，地位已经沦落到了与组成莱茵联盟的德意志卫星国一样的程度。对那些废寝忘食地推行改革，准备让普鲁士与拿破仑决一死战的爱国主义改革家来说，这样的结果令人失望至极。一批地位显赫的高级官员心灰意冷，愤然辞职。曾经担任柏林警察局局长的尤斯图斯·格鲁纳同样辞去了官职。他前往布拉格，加入了当地的一个致力于以起义和破坏为手段来推翻法国统治的爱国主义组织（8月时，他被同样与法国保持着盟友关系的奥地利政府逮捕）。普鲁士军事改革的掌舵人沙恩霍斯特"在国内流亡"，彻底离开了政治舞台。博伊恩、格奈森瑙、克劳塞维茨是普鲁士全国最具天赋的三位军事创新者，他们与同僚分道扬镳，转而向沙皇亚历山大一世效忠，原因是他们认为，现如今有可能击败拿破仑的国家只剩下了俄国。此三人在沙皇的帐下重新成了施泰因的同僚——施泰因在奥地利境内流亡了一段时间，之后于1812年6月接受亚历山大的明确邀请，加入了俄国的帝国司令部。

自3月起，大军团开始浩浩荡荡地向东进军，途经诺伊马克、波美拉尼亚、西普鲁士、东普鲁士，前往预定的集结点。1812年6月，东普鲁士境内已经集结了一支由法国人、德意志人、意大利人、荷兰人、瓦隆人，以及许多其他民族的士兵组成，总兵力在30万人上下的大军。事实很快就证明，西普鲁士、东普鲁士的省政府当局根本就没有能力协调这支大军的后勤保障工作。这两个省份前一年歉收，存粮没过多久就被军队耗尽。两省省长汉斯·雅各布·奥尔斯瓦尔德在4月的时候递交报告，指出省内的耕畜因为缺少饲料而大量死亡，路上到处都是饿死的马匹，就连谷种也已经全都当作粮食，被用得一干二净。省政府的后勤保障体系不堪重负，很快就分崩离析，各部队的指挥官开始各自为政，派出手下的士兵四处征粮。据传，那些仍然拥有耕畜的农户全都要借着夜色的掩护来犁地、播种，否则所有的马匹、耕牛就都会被当作军粮征收。还有一些农户会把马匹藏在林子里，但法军很快就识破了农民的这点小花招，开始搜查藏在树林里的耕畜。在这样的大环境下，大军团很快就变得军纪涣散，有关士兵暴行的报告多如牛毛，其中尤以勒索、掠夺、殴打平民的问题最为严重。一位高官在报告中指出，大军团造成了严重的破坏，情况"甚至比三十年战争还要糟糕"。如果找不到马，那么法军的指挥官就会给农民套上马具，强迫他们拉车。奥尔斯瓦尔德在8月的一份报告中指出，东普鲁士的普通农民完全无法理解，为什么国王的盟友会如此残酷地对待国王的臣民；甚至有人指出，法军在1812年时作为"盟友"的表现竟然比他们在1807年时作为敌人的表现还要恶劣。1812年夏，靠近东普鲁士东部边境的立陶宛人聚居区爆发了饥荒，不可避免地导致当地的儿童死亡率直线上升。[23]汉诺威的外交官路德维希·欧普泰达留下了一段令人过目难忘的评论，指出法军所到之处"寸草不留"，普鲁士的居民"悲恸欲绝，只能掩面而泣"。[24]

在普鲁士的全国各地，普鲁士人对拿破仑大军的态度渐渐地从不满转变成了刻骨的仇恨。刚一听到法军在俄国境内受挫的流言，普鲁士人就全都幸灾乐祸，打心底里因为法国人的失败而兴奋不已。10月初，关于莫斯科大火（俄政府放火烧毁了莫斯科，目的是不让拿破仑率军在城内过冬）的第一批粗略报告传到了普鲁士的东部诸省。由哥萨克组成的非正规军和农民武装起义军令大军团遭受了严重损失，相关的报告引起了普鲁士民众尤其浓厚的兴趣。11月12日，报纸刊登了大军团从莫斯科撤退的消息，流言变成了几乎无可动摇的真相。法国派驻柏林的外交官勒卡龙被舆论强烈的反法情绪惊得目瞪口呆，他写道，他已经在柏林工作生活了三年半的时间，在这段时间内，他从来都没有目睹过柏林的居民以"如此公开的方式表达如此强烈的仇恨与愤怒"。法军受挫的最新消息给普鲁士人壮了胆，他们"不再掩饰自己的愿望，明摆着想要与俄罗斯人联合起来，彻底推翻法国的统治"。[25]12月14日，大军团发布第29号公告，承认作战失败，消除了外界对侵俄作战结果的一切疑虑。公告以法兰西帝国皇帝的名义签发，先是把这场灾难性的大失败归咎于恶劣的天气、无能的部下、背信弃义的奸人，之后又宣布拿破仑把部队留在了俄国境内，而他本人则正快马加鞭，一路向西，赶往巴黎，最后又用极其直截了当的方式表达了皇帝的自我中心意识："皇帝陛下的健康状况从来没有如此之好。"在普鲁士，公告引发了新一轮的反法骚乱。在西普鲁士的城市诺伊施塔特，当地的居民与押送俄国战俘的法军发生了械斗。袭击法国军事人员的突发事件时有发生——酒馆成了此类事件的多发地，原因是很多顾客在酒精的作用下控制不住爱国主义的热情。

无论什么样的流言和书面报告，都无法比曾经不可一世，但现在却只剩下残兵败将的大军团向西溃退、撤离俄国的景象更能让外界意识到，拿破仑遭遇的这场大灾难到底意味着什么。

> 即便是那些最高贵的战士也挨饿受冻，个个弯腰驼背、面黄肌瘦，全身不是青一块紫一块的瘀伤，就是发白的冻疮。整条胳膊、整条腿因为冻伤而腐烂掉落［……］散发出令人作呕的恶臭。［……］他们衣衫褴褛，要么披着草席、羊皮，要么穿着老妪的衣服，只要是能御寒的东西，全都被他们裹到了身上。没有人戴着像样的帽子，头上只裹着旧布条、破衬衫；没有人穿着鞋子和裹腿，脚上只裹着稻草、兽皮、破布。[26]

面对狼狈撤退的大军团，农民阶层原本深藏于心底的对法军的憎恨燃烧起来，转变成了复仇行为，以至于整个农村地区的人口全都自发地行动了起来。贡宾嫩地区的主席特奥多尔·冯·舍恩在报告书中写道："那些社会地位最低的人，尤其是农民阶层的成员，因为狂热的复仇情绪而失去了控制，开始用最为残酷的方式折磨倒霉的法军［……］村庄和乡间小道全都变成了他们泄愤的场所［……］没有人愿意服从官员的命令。"[27]有报告称，农民拿起武器，拉起队伍，专门袭击掉队的法军。

1812年12月时，普政府与其他德意志附庸国的政府一样，仍然保持着与法国的盟友关系。12月15日，接到拿破仑要求普鲁士加强军事支持力度的命令后，柏林的中央政府唯唯诺诺，乖乖地执行了命令。然而，到了临近年末的时候，由于人们要求普政府废除2月24日的盟约，转而与俄国结盟，共同对抗拿破仑，弗里德里希·威廉承受了越来越强大的压力。1812年的圣诞节当天，有三位高官递交了报告，其中的两份（递交人分别是克内泽贝克、舍勒）意见完全一致，认为侵俄作战的失败提供了难得的机会，强烈要求国王趁机给法国反戈一击。第三份报告的递交人枢密院顾问官阿尔布雷希特态度更为谨慎，提醒国王不要低估了拿破仑剩余的战争潜力。[28]只有到了奥地利愿意举全国之力与普鲁士共抗法国的时候，普鲁士才可以考虑冒险对境内的法国军队采取公开的敌对行动。

弗里德里希·威廉像往常一样表现出了淡漠、悲观、谨慎的性格特点，最终选择了第三份报告提出的意见。三天后，他在备忘录中表达自己的看法，列出了未来几个月普鲁士应当在对外政策领域采取的措施。这份文件的主旨是，"只有让别人有活路，自己才能有活路"；应当让奥地利承担起居中调停，实现欧洲全面和平的任务。必须迫使拿破仑在相互尊重的基础之上与沙皇亚历山大达成谅解；只要实现了这一目的，就可以允许他畅通无阻地撤回法国，并保留莱茵河左岸所有被法国吞并的德意志土地。只有在拿破仑拒绝了上述条件的情况下，普鲁士才会考虑向法国宣战，而前提条件则是，奥地利必须与普鲁士并肩作战。弗里德里希·威廉认为，拿破仑不太可能拒绝上述条件，即便真的到了必须用战争来解决问题的地步，开战的时间也要等到第二年的4月份。[29]

## 转折点

到了弗里德里希·威廉三世写下这份备忘录的时候，事态的发展已经远远超出他的预期。1812年12月20日，俄军的第一批先头部队越过边境线，进入了东普鲁士。此时，普军将领约克已经率领残部共1.4万人设法逃离俄国，撤到了东普鲁士境内；按照普法盟约的规定，他应当承担起殿后的任务，阻挡俄军前进的步伐，掩护大军团的残部继续向西撤退。法军和俄军的指挥官像上了发条一样，接二连三地给约克送来急信。法军指挥官亚历山大·麦克唐纳元帅接连向约克下达命令，要求他为法军开辟撤退通道，并确保法军的侧翼在撤退过程中不会遭到俄军的袭击，而俄军指挥官迪比奇则不断请求约克不要支援麦克唐纳，让俄军顺利地通过普军控制的地区。12月25日，约克与迪比奇举行会谈，普方同意由一个为俄军司令部效力的普鲁士人作为俄方代表进行下一步谈判。被委以重任的这位代表不是别人，正是1812年早些时候辞去了普军的军职，转而为俄军效力的普鲁士军事改革家、爱国者、军事理论家卡尔·冯·克劳塞维茨。

12月29日夜，克劳塞维茨与约克进行了艰苦的谈判，指出俄军已经在附近集结了重兵，而麦克唐纳率领的法军则兵力有限，而且已经与普军断了联系，所以任何与法军重新会合的努力都必将徒劳无功。约克被克劳塞维茨极具说服力的论点和真诚的态度所折服，终于同意了俄军的要求："没错，你的话很有道理。请转告迪比奇将军，我希望明天早上能够在波施伦村［一个靠近立陶宛城镇陶罗根①的村庄，位于普鲁士边境以东40千米的地方］的磨坊那里与他会面，另外还请转告他，我心意已决，从此与法国人一刀两断，再也不会为法国作战。"[30] 双方把会面的时间定在了第二天（12月30日）早上的八点整。双方在会谈中达成一致，签署了所谓的《陶罗根协定》。按照条约的规定，在之后的两个月内，约克应当命令部队保持中立，允许

---

① 陶罗根（Tauroggen）即今立陶宛陶拉盖（Tauragė），18世纪曾属于普鲁士，1795年被俄罗斯帝国吞并，"二战"中曾被纳粹德国占领。——编者注

图32 约翰·达维德·路德维希·约克伯爵。作画者不明

俄军不受任何阻碍，在普鲁士境内行军。

　　这是一项意义重大的决定。约克没有受权用这种方法来推翻政府的既定政策。[31] 他临阵倒戈的做法绝不仅仅是违抗命令，而是可以以叛国罪论处的重罪。无论是就出身背景而论，还是从秉性的角度来看，约克都是一个忠于国王的保守派，所以这项决定给他造成了巨大的心理压力。1813年1月3日，他致信弗里德里希·威廉，用非比寻常的语言为自己的行动辩护：

　　　　陛下您知道，我是一个头脑冷静的人，不会随意插手政治。只要一切都没有打破常规，您忠实的臣仆就一定会根据具体情况稳妥行事——这是他应尽的义务。但现如今，情况已经发生变化，形成了新的形势，所以您的臣仆必须抓住这千载难逢的机会，这同样是他应尽的义务。我的这段话是一个忠诚的老仆人的肺腑之言，这段话也几乎可以等同于全民族的心里话。陛下只要一声令下，一切就都会生机勃勃、充满热情，让我们像

第十一章　钢铁时代

真正的老普鲁士人那样奋起作战,保证陛下的王位在未来坚如磐石,不可动摇。[……]我正在焦急地等候陛下的旨意,想要知道陛下是希望我率军前进,与真正的敌人作战,还是受制于政治环境,不得不治我的罪。我将耐心等待,无论结果如何,我都是您忠诚的仆人;我向陛下发誓,即便是在刑场上,我也会像在战场上那样,平静地面对射来的子弹。[32]

这封信最引人注目的特点也许是,约克虽然做足了表面文章,不断地表明自己是多么忠于国王,却在立场问题上态度坚定,几乎没有向国王做出任何让步。他迫使弗里德里希·威廉做出选择,如果不愿认同他的行为,就只能以违抗军令为由治他死罪。此外,他还在信中提出,普鲁士的军队应当与"真正的敌人"作战,而不是与柏林当局的对外政策所规定的敌人对抗,不加任何掩饰地以僭越的方式左右了国家最高权力的一个构成要素,即决定哪些国家是盟友、哪些国家是敌人的权利。他甚至还搬出了身陷困境的普鲁士"民族",用隐晦的方式提出,最高权力的所有者是普鲁士的全体国民,以此为自己的越权行为辩护。

约克是一个最开始就与军事改革派划清了界限的保守派,他竟然会发表如此激进的言论,的确令人惊讶。1808—1809年,约克强烈反对以武装起义的方式来反抗法国占领军,指出起义会对政治及社会秩序造成太过严重的威胁。然而,随着国内呼吁采取行动的声量越来越大,他的态度在压力之下渐渐软化,不再对爱国者的民粹主义行动方案冷眼相待。1811年夏,他对沙恩霍斯特说,他越是思考发动民众起义的可能性,就越是觉得起义"势在必行"。1812年1月末,他向弗里德里希·威廉递交报告,提出了一套起义方案,指出应当发起一场范围严格限制在西普鲁士境内的起义,以此为手段牵制法军的一部分兵力,从而削弱法军主力部队的作战能力。[33] 约克这个态度死硬的保守派竟然在最后关头改了主意,开始从民族利益的角度出发思考问题——还有什么能比这更有说服力,更能证明激励着改革派不断前行的理念的确拥有无比强大的号召力呢?

到了1813年2月的第一周即将结束的时候,柏林中央政府已经完全失去了对东普鲁士的直接掌控能力。施泰因作为俄政府的官员进入东普鲁士,认为自己有权在被俄军解放的地区直接行使权力,在此过程中,他一如既往地表现得不懂变通。他没有征求地方当局的意见,就废除了拿破仑大陆封锁体系的种种贸易限制措施,之后又不顾强烈的反对,迫使普鲁士的财政机构按照固定的汇率接受俄国的纸币。他甚至打着"俄罗斯帝国皇帝全权代表"的旗号,宣称自己拥有最高权力,要求东普鲁士的等级会议召开大会,商讨即将开始的对法作战的具体安排。2月初的时候,他在一封写给约克的信中指出:"智慧、荣誉、对祖国的热爱、复仇的愿望全都要求我们立即发动人民战争,刻不容缓〔……〕斩断那个粗鲁无礼的压迫者套在我们身上的枷锁,用那些为他效力的恶人的鲜血洗净我们所遭受的羞辱。"[34] 施泰因希望约克在等级会议的第一次会议上发表振奋人心的开幕演说,结果遭到了拒绝,原因是约克不愿留下任何形式的把柄,让人认为自己已经成了俄国利益的代言人。只不过,约克同时也表示,如果等级会议发出了正式邀请,那么他就会出席大会的某一次会议。

2月5日,"国民代表"(这是等级会议的成员在当时公认的称谓)前往柯尼斯堡,在东普鲁士省等级会议大楼的会议厅聚集。会议的主席坐在会场的正前方,他的右手边是等级会议委员会的七名成员,而省内的贵族、自由农民、各城市代表则在委员会成员的两侧落座。会议刚一开始,与会者就达成一致,认为应当派代表团邀请约克参会,请求他向大会提出建议。与会代表当然知道这是十分大胆的举动——约克已经失去了国王的信任，不仅丢掉官职，当局甚至还签发了他的逮捕令，这在 2 月初的时候已是众所周知的事情。在东普鲁士，"起义"的波及面越来越广，就连统治阶层也参与了进来。

约克只是在大会上露了个面。他敦促与会代表成立委员会，负责监督对法战争的进一步准备工作，最后用一段符合他一贯作风的简短宣言结束了发言："我希望一遇到法军就与之作战。我希望得到所有人的支持。如果我们寡不敌众，我们就会光荣战死。"一时间，会场上欢呼不断，掌声雷动，但约克却高举手臂，要求与会人员保持安静："在战场上可没有人会这样大呼小叫！"言罢，他转身离开了会场。当天晚上，一个委员会在约克的住所召开会议，决定动员一支总兵力 2 万人的省地方防卫军（Landwehr）及 1 万名预备役人员。委员会的决议废除了旧有的征兵区制度下的一切兵役免除规定；除了教师和牧师之外，所有年龄在 45 岁以下的成年男性，无论社会地位高低，也不管信奉何种宗教，都必须接受征召——关于兵员宗教信仰的规定意味着犹太人有史以来第一次成了征兵的对象。征兵令的目的是，优先让志愿者参军，只有到了志愿者人数无法满足兵员需求的时候，才会以抽签征兵的方式来补足差额。号召全体国民拿起武器，共同抵御外侮的理念终于成了现实。在这一过程中，等级会议重新起到了省一级治理机构的传统作用，几乎完全取代了君主制国家的权威。[35]

1813 年 1 月的那几个星期，柏林的中央政府开始逐渐与盟友法国拉开距离。1 月 21 日，在听到传言，得知法国政府想要把他关押起来后，弗里德里希·威廉离开了波茨坦，与哈登贝格和一支由大约 70 个随行人员组成的队伍一起前往西里西亚境内的城市布雷斯劳。一行人在四天后抵达了目的地。在 2 月的第一周，也就是东普鲁士的等级会议准备在柯尼斯堡开会的那段时间，弗里德里希·威廉和他身边的谋臣一直都犹犹豫豫，拿不定主意。考虑到战事在东方的进展，继续保持与法国的盟友关系似乎已经变成了不可能的事情，但如果与法国公开决裂，就意味着普鲁士有可能彻底成为俄国的附庸。普鲁士夹在东西两大强国之间的窘境从来没有如此鲜明地显露过。普鲁士的西部诸省仍然有可能遭到法国的打击报复，而东普鲁士、西普鲁士则已然成了俄国的占领区。面对着这个根本性的难题，布雷斯劳的朝廷似乎完全陷入了瘫痪；哈登贝格在2月4日的私人笔记中写道，国王看起来"并不知道自己到底想要实现什么样的目标"。[36]

然而，差不多就在这个当口，弗里德里希·威廉开始批准那些更为主动的决议，预示着政府将要调整政策方向，采取更加积极的措施。他先是召回了赋闲在家的沙恩霍斯特，之后又在2月8日向全国发布召集志愿者的声明，准备组建由志愿者组成的来复枪自由兵团。次日，政府暂停了征兵区制度的所有兵役免除规定，至少暂时地建立起了针对所有男性国民的兵役制度。政府的表现就好似在三步并作两步，想要尽快地跟上东部诸省局势发展的步伐。然而，就短期效应来看，上述措施并不足以挽回局面，让已经对国王及其谋臣完全失去信心的公众改变态度。到了2月中旬，民众支持起义的情绪已经蔓延到奥得河对岸的诺伊马克地区，有传言称如果国王不愿立即表明与俄国进退与共的立场，那么革命就不可避免。在国王的谋臣中，胡格诺派的牧师安西永算得上最小心谨慎、最趋炎附势的那一个，但就连他也在2月22日的时候递交了一份报告，在文中警告道，国王应当领导国民发动反抗法国的战争，因为这是"全体国民的共同意愿"。安西永进一步指出，如果国王没能遵从国民的意愿，那么他就会身不由己，失去把控局势的能力。[37]

直到2月底，弗里德里希·威廉才下定决心与拿破仑公开决裂，与俄国结盟。俄普两国于2月27日和28日分别在布雷斯劳、卡利施签订条约，确立了盟友关系。俄方承诺，普鲁士可以大体上恢复

1806年时的疆域。按照条约的规定，普鲁士应当把本国在第二次、第三次瓜分波兰时获得的大部分土地割让给俄国，但可以保留一条连通西里西亚和东普鲁士的陆地走廊（以及西普鲁士）。作为对普鲁士割让普属波兰的补偿，俄方承诺把联军攻占的一部分德意志土地划入普鲁士的版图——在双方的非正式商谈中，仍然与拿破仑保持着盟友关系的萨克森王国成了最有可能被普鲁士吞并的国家。

沙恩霍斯特奉命前往沙皇亚历山大的司令部，开始与俄方商讨两国的共同作战计划。3月17日，普政府发布正式公告，宣布与法国断绝盟友关系；3月25日，俄普两军的司令部共同发布《卡利施宣言》。为了利用德意志人的民族主义情绪，亚历山大和弗里德里希·威廉双双在宣言中表态，宣布支持建立统一的德意志国家。两国政府成立了一个由施泰因担任主席的委员会，命令委员会一边在德意志诸国招募士兵，一边制订计划，确定战争结束后南德意志及西德意志所应采取的政治架构。普政府终于开始采取强有力的行动，试图夺回倒向起义派的民意。3月17日，弗里德里希·威廉发表题为《致我的人民》的著名演说，一方面为政府到目前为止谨慎的对外政策辩护，另一方面又号召各个省份的民众揭竿而起，反抗法国占领军。演讲稿的起草者特奥多尔·戈特弗里德·希佩尔于1811年进入哈登贝格的首相府工作，是一个土生土长的柯尼斯堡人。他在文中选择了一条中间路线，既没有赞同激进爱国者宣扬起义的言论，也没有完全倒向传统专制主义的等级制度。《致我的人民》一方面把即将开始的反法战争与旺代（1793年）、西班牙（1808年）、蒂罗尔（1808年）等地由保守派领导的起义相提并论，另一方面对法国革命政府在1793年发布的全民动员令绝口不提，同时又竭尽所能，试图用宣扬霍亨索伦王朝领导权的传统措辞来描述正在发生的事件。[38]1813年4月21日，普政府颁布法令，宣布建立民军（Landsturm）。这项法令也许是政府当局在调整政策方向以来的几周内所采取的最为激进的措施——按照法令规定,民军的军官应当由选举的方式产生,而候选人的社会背景及职业背景必须满足特定的要求。[39]

到了3月初的时候,布雷斯劳已经成了反法运动的指挥中心,不仅普鲁士和俄国的军队在这里设立了司令部,就连势头正劲的反法志愿者运动也把这座城市当作总部。弗里德里希·威廉三世、沙恩霍斯特、格奈森瑙、布吕歇尔与沙皇亚历山大及俄方的指挥官在布雷斯劳的王宫为即将开始的战斗制订联合作战方案;在距离王宫不远的地方,成群的志愿者聚集在权杖酒店的大门口,争先恐后地填写入伍申请书,想要加入由路德维希·阿道夫·威廉·冯·吕措夫少校指挥的自由兵团。吕措夫出生在柏林,是普军的一名军官,曾经为席尔指挥的骠骑兵团效力。1813年,他获得国王的授权,开始组建一个由志愿者组成的来复枪自由兵团。吕措夫步枪团穿着宽松的深色制服,所以又名"黑衫军"——该部队的规模最终达到了3 000人。已经在某种程度上变成了偶像的弗里德里希·路德维希·雅恩率领一大群报国心切的体操运动员来到布雷斯劳,成了志愿者征募工作最为积极的参与者之一。"大家全都瞪大了眼睛盯着他看,就好像他是救世主一样。"正规军的一个年轻普通士兵记录道——他显然心情十分复杂。[40]青年贵族利奥波德·冯·格拉赫在2月末的时候抵达布雷斯劳,很快为这座城市的活力和欢欣鼓舞的气氛所震撼。格拉赫写道,一天晚上,有人看到首相哈登贝格与法国使节在剧场里相谈甚欢,政府显然是想要做足表面文章,不想与法国撕破脸;但与此同时,街道上却充满了备战工作的紧张气氛。在城墙上,在环形道路上,在城门外,到处都可以看见士兵操练的身影;小巷子被待售的马匹堵得水泄不通;街道两旁全都是犹太人的摊位,出售火枪、手枪、马刀;"从裁缝、打造刀剑的铁匠、鞋匠,到制作挽具的皮匠、帽匠、鞍匠,几乎所有人都在为战争做准备"。[41]

俄普两国指挥官在布雷斯劳制订作战计划的那段时间，拿破仑同样在为即将在德意志境内打响的战争做准备。他一边召回退伍老兵，一边从莱茵联盟的附庸国招募没有经受过战场洗礼的新兵，组建了一支新的军队。拿破仑凭借着过往的战绩、强大的人格魅力、极高的声望，仍然足以震慑德意志诸国的绝大多数君主，让他们不敢轻易背叛法国；此外，德意志诸侯也十分担心反抗法国的民族主义起义不仅会铲除法国占领军，就连本国的君主制度也很有可能被殃及，而这种忌惮加深了德意志诸侯对拿破仑军事实力的恐惧。就连走投无路、一度想要背叛法国的萨克森国王也在5月重新加入了法国的阵营——这在一定程度上是因为他意识到了与拿破仑相比，俄普联盟（尤其是普鲁士）对萨克森王国的领土完整造成了更为致命的威胁。所以说，俄普联盟的敌人仍然控制着德意志欧洲的相当一部分人力及物力资源，战争必将旷日持久，战争的结果也难以预料。

俄普联盟在这场被后世称作德意志解放战争的对决中出师不利。按照战前的规划，普军应当在俄军的统一指挥下行动——这明确地反映出了普鲁士在俄普联盟中的从属地位——但问题在于，在战斗刚刚开始的那段时间，想要让两军的指挥系统协同行动十分困难。3月末，俄普联军进入萨克森，结果在5月2日的吕岑会战中吃了败仗。只不过，这场胜利同样也让拿破仑付出了高昂的代价：普军和俄军的伤亡人数分别是8 500人和3 000人，而法军及其仆从军的伤亡人数则高达2.2万人。5月20日至21日的包岑会战与吕岑会战如出一辙：拿破仑虽然迫使俄普联军撤出战场，却再一次付出了2.2万人伤亡的代价，兵力损失相当于联军的整整两倍。俄普联军虽然被迫撤出萨克森，前往西里西亚，但仍然保留了完整的作战能力。

这绝不是一个振奋人心的开局。只不过，俄普联军在战场上的猛烈抵抗同样也让拿破仑变得犹豫不决。6月4日,他同意与沙皇亚历山大、弗里德里希·威廉三世暂时停战。拿破仑后来认为,6月4日的停火协议大错特错,最终导致法国失去了对德意志的控制权。这虽然有些言过其实,但不可否认,休战的确是一个严重的判断失误。俄普联盟获得了喘息之机,不仅利用这段时间补充兵力、扩充军备,还在6月14日至15日与英国在赖兴巴赫签订盟约,获得了英政府提供的军费补助,为之后的作战争取到了更为坚实的财政基础。英政府除了承诺提供总额高达200万英镑的直接补助——普政府能获得其中的三分之一(大约相当于330万塔勒)——还同意发行总额为500万英镑的"联邦纸币",即一种由伦敦当局提供担保,用来让俄普两国的政府支付战争费用的特殊货币,战后将由俄、普、英三国的政府共同赎回。[42]拿破仑战争让英国的公共债务水平达到了历史上前所未有的高度,这笔军费也是英政府到当时为止提供过的数额最大的补贴。

6月4日的停火协议生效之后,劝说奥地利加入反法联盟便成了俄普两国最为急迫的战略目标。1813年的头几个月,奥地利负责对外政策的大臣克莱门斯·文策尔·冯·梅特涅一直都与俄普联盟保持着距离。奥地利政府早就把俄国视为在巴尔干半岛与本国争夺利益的威胁,他们不愿意让俄国的霸权取代拿破仑对德意志的控制权。然而,考虑到《赖兴巴赫条约》生效之后,俄、普、英三国又在7月22日与瑞典签订盟约,局势显然已经发展到了足以决定欧洲未来的程度,对维也纳当局来说,袖手旁观已经变成了不切实际的选项。1813年夏,梅特涅试图居中调停,想要制定出一份拿破仑能够接受的欧洲和平方案,同时又(于6月27日在赖兴巴赫)同意了反法联盟开出的条件,承诺一旦调停失败,奥地利就会与联盟并肩作战。拿破仑寸步不让,不愿做出任何妥协,导致梅特涅为和平所做的努力以

第十一章 钢铁时代

失败告终，奥地利政府最后决心加入反法联盟。6月4日的停火协议于1813年8月10日到期；次日，奥地利向法国宣战，就此成为反法联盟的正式成员。

此时，双方的实力对比已经变得对法国极其不利。奥地利派出了一支兵力12.7万人的军队参加反法联盟的对法作战。俄国已经在1813年春季的战斗中投入了11万人的兵力，之后又继续在国内征兵，源源不断地向前线增兵。瑞典派出了一支3万人的军队参战，而指挥这支军队的是曾经为拿破仑效力的法国元帅，现在已经成为瑞典王储的让·巴蒂斯特·朱尔·贝纳多特[①]。普政府执行全新的兵役法，得以派出一支由22.8万步兵、3.1万骑兵、1.3万炮兵组成的大军参战。在战斗最为激烈的那段时间，普鲁士全国有大约6%的人口是现役士兵。面对这支规模庞大的多国联军，拿破仑集结了一支总兵力44.2万人的作战部队，但问题在于，这支部队的许多士兵都是既缺乏训练，又没有斗志的新兵。

拿破仑命令部队进入法国忠诚的盟国萨克森，在德累斯顿周围集结，目的是寻找战机，让反法联盟中某一国的军队遭受毁灭性的打击。反法联盟制定了以法军为圆心的同心圆战略：由瑞典军及普军组成的北部军团在贝纳多特的指挥下先是收复柏林，之后又从勃兰登堡出发，开始南下，而由布吕歇尔指挥的西里西亚军则负责威胁拿破仑的东侧战线。由施瓦岑贝格率领的波希米亚军团负责执行北上作战任务。尽管联军占据着兵力优势，但想要合围拿破仑却不是一件容易

---

① 让·巴蒂斯特·朱尔·贝纳多特（1763—1844），原为法兰西帝国元帅、蓬泰科尔沃亲王。1810年，瑞典国王卡尔十三世绝嗣，为改善与法国的关系，将贝纳多特收为义子。贝纳多特成为瑞典王储和摄政，但很快便参加了反法联盟，并在战争中兼并了挪威。1818年他即位为瑞典国王卡尔十四世·约翰。他的妻子是拿破仑的前未婚妻。——编者注

的事情。拿破仑拥有可以利用己方战线内部的交通线调兵遣将的优势，仍然有能力发动快速进攻，重创联军。此外，反法联盟的军队还必须解决所有联合部队都必须面对的问题——一方面，普、瑞、奥三国的军队不仅存在指挥部之间关系不融洽的问题，就连各个指挥部的内部也经常传出不和谐的声音；另一方面，联军兵力分散，必须一边缩小对拿破仑的包围圈，一边小心提防法军主动出击，令己方遭受难以挽回的损失。8月的第三周，联军在战场上取得了三胜一败的战绩。拿破仑的柏林军团由法国将领乌迪诺担任指挥官，是一支几乎全都由萨克森、弗兰肯，以及其他德意志附庸国派出的作战部队组成的军队。8月23日，乌迪诺率军逼近柏林，结果在大贝伦会战中被联军击败。几天后，一支兵力1万人，准备进入勃兰登堡支援乌迪诺的法军在哈格尔贝格附近遭到联军的袭击，全军覆没。在这两场战斗中，普鲁士的地方防卫军都起到了至关重要的作用。8月26日，布吕歇尔的西里西亚军团重创了由麦克唐纳指挥的法国及莱茵联盟联军：这支兵力6.7万人的部队有近一半的士兵不是战死，就是被俘。8月26日至27日，施瓦岑贝格的波希米亚军团在德累斯顿郊外与拿破仑指挥的法军激烈交战，在付出了伤亡3.5万余人的代价后被迫撤退。这场战斗在一定程度上抵消了联军在前三场战斗中取得的战果。

在刚刚取得德累斯顿会战胜利后的那段时间，拿破仑信心大增，认为自己可以利用内部交通线集中优势兵力，消灭任何一支联军部队，于是便制订了相应的作战计划，决定在联军那些正在行军路上的军团中寻找目标，打一场歼灭战。打探到贝纳多特率领的北部军团、布吕歇尔率领的西里西亚军团的位置，得知这两支军队都在萨勒河及易北河中间的一块状似钝角三角形的地带活动之后，拿破仑快马加鞭，率军进入这一地区寻找战机，结果因为对手移动到萨勒河西岸而扑了个空。

此时，拿破仑已经开始陷入走投无路的境地。法军只要试图撤退，就肯定会遭到哥萨克及非正规部队的袭击，遭受重大损失，而联军的那几个军团则更是兵员齐整，随时都可以投入战斗；所以对拿破仑来说，撤出战区并不是可选方案。法国国内的舆论风向发生了急剧的转变，开始反对这场久拖不决的战争，与此同时，拿破仑的人力、物力资源也开始变得捉襟见肘。考虑到越是拖延，自己的处境就越是不利，拿破仑决定在萨克森境内的城市莱比锡集结部队，与来袭的联军部队决一死战。莱比锡就这样成了一场大战的战场，其规模不仅在欧洲大陆史无前例，甚至在人类战争史上也很可能算得上前所未有。莱比锡战役是一场名副其实的"民族会战"（Völkerschlacht）——总共有50万人参战，他们中除了法国人、（双方阵营中都有的）德意志人、俄罗斯人、波兰人、瑞典人、奥地利帝国几乎所有民族的臣民，甚至还包括一支前一年刚刚组建，将会在这场战斗中首次参与实战的英国特别火箭旅。

到了10月14日夜的时候，拿破仑已经在莱比锡城内外集结了17.7万的重兵。次日晨，施瓦岑贝格指挥的20余万大军在城南与缪拉率领的法军遭遇。10月15日，双方接连派出侦察队，想要摸清对方的兵力部署，几乎一整天的时间都是在小规模冲突中度过的。与此同时，布吕歇尔的西里西亚军团沿着萨勒河、白埃尔斯特河从西北方袭来——拿破仑对这支部队的确切位置一无所知。次日，也就是10月16日，双方在城外四处鏖战——施瓦岑贝格率军由南至北发起进攻，布吕歇尔指挥部队由北至南发动攻击，而另一支兵力只有1.9万人的联军小规模部队则穿过城西的森林，向法军发起进攻。一天的战斗结束后，拿破仑虽然基本上守住了城南的阵地，却在西北方向被联军突破了防线——在这个方向上，西里西亚军团下辖的普鲁士第一军在虽然官复原职，却仍然没能与弗里德里希·威廉言归于好的约克将军率领下发起猛烈的进攻，攻下了拿破仑设在默肯周围的阵地。

到了夜幕降临的时候，战斗结果仍然悬而未决。双方的伤亡都极其惨重：法军损失了将近2.5万人，而联军的损失更是高达3万人。然而，这样的伤亡比例反倒对联军更为有利——即便是把所有剩余的后备部队都计算在内，拿破仑的手上也只剩下20万的作战人员，而联军则得到了北部军团和由本尼希森率领的波兰军队的支援，在莱比锡周围集结的总兵力达到30万人。此外，拿破仑对德意志附庸国的控制力也正在不断减弱。10月16日，他得知一支兵力3万人的巴伐利亚部队倒戈加入了奥地利的阵营，正打算切断法军通往法国的后勤交通线。[43]

拿破仑开始思考撤退的可能性，但最终决定把撤退的时间推迟到10月18日，原因是他仍然抱有希望，认为联军有可能犯下致命的错误，让法军获得反败为胜的机会。此外，他还拿出了惯用的伎俩，向奥地利提出了单独议和的方案，想要分化敌军的阵营，结果反倒让联军更加坚定地认为，他已经到了山穷水尽的地步。次日（10月17日），战场局势趋于平静，只发生了一些小规模的冲突，参战的军队全都偃旗息鼓，为第二天的决战做准备，联军也利用这段时间填补了阵线的缺口。与此同时，双方的伤兵全都涌入城内，把莱比锡的大街小巷堵得水泄不通。家住莱比锡的作曲家弗里德里希·罗赫利茨在10月17日的日记中写道："从昨天夜里开始，我们就一直在为伤兵包扎伤口、安排住处，连喘口气的时间都没有。就算是这样，市场和邻近的街道上也仍然躺着许多无人照料的伤兵，好几个地方的街道血流成河，行人只能蹚着血水走动。"[44]

10月18日，联军发起进攻，逼近莱比锡的郊区，逐渐收紧对法军的包围。在这一阶段的战斗中，贝纳多特指挥的北部军团下辖的一支普鲁士部队起到了至关重要的作用。这支由普军将领比洛率领的部队承担起了先头部队的任务，在渡过帕特河后由东向西发起进攻，成了联军进攻城东法军阵地的主力部队。在这一天的战斗中，交战双方的损失同样十分惨重。联军总共有 2 万人伤亡；法军几乎一直都处于守势，伤亡可能只有联军的一半。此外，又有一批附庸国的部队临阵倒戈，其中最引人注目的当数雷尼耶将军麾下的一支兵力 4 000 人的萨克森部队——这支部队列队而行，迈着整齐的步伐加入了联军的阵营。麦克唐纳元帅与其他的法军指挥官一起，透过望远镜目睹了萨克森人令人瞠目结舌的背叛行为——他们作为先头部队向联军发起进攻，看起来进展十分顺利，却突然转过头来，把枪口对准了紧跟其后的法国部队。他后来回忆道："他们用最可恶、最冷血的方式射杀了毫无戒心的战友，一点也不念及之前的战友之情。"[45] 内伊元帅孤注一掷，想要重整阵线，发动反攻，结果遭到英军火箭旅的阻击，被康格里夫火箭[①]炸得溃不成军。

　　此时，莱比锡战役胜负已分。拿破仑意识到灾难已经无可避免，只得命令部队在 10 月 19 日凌晨借着夜色的掩护开始撤退。到了 10 月 19 日中午 11 点的时候，拿破仑本人也离开了莱比锡，向莱茵河西撤。拿破仑留下了一支 3 万人的殿后部队，命令他们坚守莱比锡，为主力部队的撤退提供掩护。由于殿后部队不仅兵力充足，在内圈防线上每米平均可以投入四名士兵，而且斗志昂扬，完全没有不战而降的意图，所以莱比锡战役还远远没有结束。联军以西北方为起点，以正南方为终点，排出了一个宽阔的弧形阵列，开始向莱比锡城逼近。比洛率领麾下的部队向城东侧的防御阵地发起进攻，结果发现法军已经放弃前沿阵地，留下了上百辆翻倒在地的马车，想要阻挡联军前进

---

① 康格里夫火箭属于源自中国的原始火箭，这种火箭是威廉·康格里夫基于从印度迈索尔土邦缴获的火箭设计的，改进了射程和准确性，射程可达数千米。此后数十年间，火箭在欧洲得到了广泛应用。

的步伐。联军暂时停止前进，用火炮轰击马车，清理出了一条前进的道路。比洛的前锋部队刚一进入主城墙外建成区狭窄的街道，就遭到了法军狙击手的袭击，子弹从街道两侧的屋顶和建筑物的窗口倾泻而下。战斗仅仅进行了几分钟，就有上千名普鲁士士兵或死或伤。由于进攻部队与防守部队陷入白刃战，对城区的各个街道展开了激烈的争夺，联军的火炮几乎完全没有用武之地。东普鲁士地方防卫军的一个兵力400人的营级作战单位冲进了一条小路，结果遭到守军的合围，损失惨重，只有一半的士兵死里逃生。在格里马门，巴登大公国负责守卫城门的士兵接到了禁止任何人入城的命令，向城内撤退的法国守军走投无路，与进攻部队发生了尤其激烈的战斗。被困城外的法军最终被承担进攻任务的普军悉数消灭——在参加这场战斗的普鲁士士兵中，许多人都是隶属于比洛指挥的前锋部队的地方防卫军。

图33 《莱比锡战役》(*The Battle of Leipzig*；1813年10月16—19日)；画作描绘了两军在格里马门前交战的景象。约翰·洛伦茨·鲁根达斯绘

第十一章 钢铁时代

到了中午，联军突破了城东、城北的防守，莱比锡的城防已经处在崩溃的边缘。守军束手无策，只得登上横跨白埃尔斯特河的大桥，紧跟大军团的步伐向西逃窜。拿破仑在撤离前留下命令，要求部队在大桥上埋设炸药，待到所有的守军都撤退到河对岸后就炸毁大桥。然而，负责炸桥的那个下士一看到从远处疾驰而来的哥萨克骑兵就慌了神，急忙引爆了早已埋设好的炸药，完全没有顾及在桥上挤作一团、想要逃离追击的法军兵马。炸药发出了一声莱比锡全城都能听得到的震天巨响，不仅摧毁了守军唯一的撤退路线，还把桥上的士兵、军马炸得粉身碎骨。尸块像冰雹一样飞落，有些落到了白埃尔斯特河湍急的河水中，另一些则落到了莱比锡西侧城区的街道和房顶上，场面极其血腥。残余的守军上天无路，入地无门，有的在渡河逃亡的途中溺水而亡，有的在城内力战而亡，其余的则缴械投降。

莱比锡战役就此落下了帷幕。拿破仑的军队一共损失了7.3万人，其中除了有3万人被联军俘虏，还有5 000人成了逃兵。联军损失了5.4万人，其中有16 033人是普鲁士军人。此战一共持续了四天，平均每天都有3万人或死或伤。这场以争夺莱比锡城为目的的史诗级战役虽然没能为拿破仑战争画上句号，却实实在在地终结了拿破仑在德意志的霸权。联军打通了前进的道路，可以剑指莱茵河，向法国本土发起进攻。

上述事件对普鲁士重树信心，洗刷1807年时被迫签订《提尔西特和约》的耻辱起到了至关重要的作用，无论如何大书特书，也很难算是言过其实。普鲁士的军队是联军在1813年的战役中克敌制胜的大功臣。实际上，普军自始至终，一直都是由多国部队组成的反法联军中最活跃、最具攻击性的作战力量。尽管比洛只是隶属于北部军团的一位军长，在名义上必须服从谨小慎微的司令官贝纳多特的指挥，但实际上，他在战役中的好几个关键时刻无视上级命令，主动与法军交战，取得了决定性的战果。他没能获得贝纳多特的支持，却仍然决定坚守柏林，最终取得柏林防御战的胜利，一举扭转了战争的进程。在北部军团向莱比锡进军的过程中，促使全军加快步伐，以最快的速度抵达战场的将领同样也是比洛。此外，求战心切的布吕歇尔在9月的时候无视联军指挥部的命令，没有向波希米亚撤退，而是率领部队沿着易北河进军——如果他依令行事，那么联军就会彻底失去在关键时刻集中兵力围攻拿破仑的机会。普鲁士的军队几乎独自取得了包括登讷维茨会战、大贝伦会战、卡茨巴赫河会战、哈格尔贝格会战、库尔姆会战在内的一系列战役的胜利，让联军摆脱了施瓦岑贝格在德累斯顿会战中被法军击败后陷入的不利局面，从而进一步巩固了普鲁士与奥地利平起平坐的地位。[46]

在第二年的战斗中，普军同样积极作战，起到了至关重要的作用。1814年2月，也就是联军逼近法国国境线的时候，施瓦岑贝格和梅特涅一致认为，拿破仑的实力大受打击，和谈的时机已经成熟，可以放心大胆地签订和约，让他继续做法国皇帝。布吕歇尔再一次站出来反对主和派，强烈要求继续与法国作战，而格罗尔曼则说服了弗里德里希·威廉和亚历山大一世，让他们允许布吕歇尔与比洛合兵一处，独立向法国本土发起进攻。[47]在拿破仑战争中，奥地利的指挥层仍然遵循18世纪内阁战争的作战原则，认为军事胜利的目的是实现己方可以接受的和平条件，而与之相比，普鲁士指挥层的目标更加雄心勃勃：摧毁拿破仑的武装力量，让他彻底失去发动战争的能力。拿破仑战争结束后，克劳塞维茨在《战争论》一书中总结了这一观点。

到了1815年，反法联盟在佛兰德斯与法军决一死战的时候，普鲁士的军队再一次成了联军最大的功臣。6月16日，法军发起了1815年夏季的第一次大规模进攻，在利尼击败了联军的部队——在这场战斗中，威灵顿公爵出于学界到目前为止仍未得出定论的原因，

第十一章 钢铁时代

没能及时增援普军阵线的薄弱环节,而普军则承担了几乎所有的作战任务,伤亡人数远超其他的联军部队。兵败利尼后,普军以惊人的速度重整旗鼓,在瓦夫尔周围集结部队。6月18日晨,普军从瓦夫尔出发,踏上了前往滑铁卢的道路,准备与威灵顿指挥的联军部队会合。普鲁士的第四军在比洛伯爵的指挥下沿着崎岖不平、因降雨而泥泞不堪的道路前进,其先头部队于当天下午三点前后抵达战场,之后立即向法军的右翼发起进攻,与驻守在普朗斯努瓦的法军展开了激烈的村庄争夺战。数小时后,在晚上七点前后,齐滕将军指挥的普鲁士第一军抵达战场,开始支援威灵顿的左翼。第一军的到来成了决定战斗胜负的关键时刻。一个小时前,法军攻下了设有防御工事,且距离英军阵线不远的拉艾圣农场,之后随时都有可能对威灵顿难堪重负的中央阵线发起进攻,取得决定性的战果。对拿破仑来说,胜利似乎已经近在眼前。齐滕的第一军就好似一场及时雨,解了威灵顿的燃眉之急,让他能够派出部队,支援己方阵线上最为薄弱的环节,而拿破仑则不得不从阵线的中部抽调出一部分兵力,命令他们夺回普朗斯努瓦村,原因是普军可以把它当作切入点,威胁法军的后方。接下来,法军的"老近卫军"①先是短暂地夺回了对普朗斯努瓦村的控制权,之后又在晚上八点到八点半的时候与攻入村内的普军展开了逐门逐户的激烈争夺战,最终败下阵来。争夺普朗斯努瓦村的战斗结束后,普军打通了向法军的后方发起进攻的通道。看到法军撤出普朗斯努瓦村狼狈逃窜的景象之后,威灵顿抓住战机,命令部队发起总攻。法军终于全面崩溃,开始四散而逃。[48]

1806年时,普鲁士的军队遭遇了重大的失败,而普鲁士的军事改革家则抓住战败后短暂的时间窗口,大幅提升了普军的作战能力。

---

① "老近卫军"是法兰西帝国卫队的精锐部队,由服役时间十年以上,至少参加过三场战役的老兵组成。

普军在军事指挥方面取得的进步尤其令人惊叹。这在一定程度上是因为，普军拥有一大批以布吕歇尔、约克、克莱斯特、比洛为代表的优秀将领，他们虽然经历了1806—1807年的大败，但声望却没有受到丝毫损害。改革结束后，普军建立了一套具有足够灵活性的指挥体系，可以让军指挥官在战场上获得一定程度的自主权。举例来说，布吕歇尔的司令部命令齐滕中将率部增援正在争夺普朗斯努瓦村的普鲁士第四军，但齐滕却在最后一刻决定无视上级的命令，转而率部支援威灵顿的左翼——他违抗军令的做法很有可能为联军争取到了反败为胜的契机。[49] 更为重要的是，军改还让参谋人员成了指挥体系的有机组成部分。每一位高级指挥官都有一群负责任的参谋人员与他形影不离，这在普军的历史上是第一次。格奈森瑙被任命为布吕歇尔的参谋长，与他组成了一个妙计频出的小团队，双方都能够认识到对方独特的天赋。战争结束后，布吕歇尔获得了牛津大学授予的荣誉博士学位；他在发表感言的时候表现出了自己特有的自谦态度："好吧，要是我都能成为医生[①]，那么你们至少也要让格奈森瑙当个药剂师吧，因为我们俩从来都是缺一不可。"[50] 虽然并不是所有的司令官和参谋长都能像布吕歇尔与格奈森瑙那样，建立起如此默契的合作关系，但不可否认的是，引入参谋人员的改革措施的确让普军得到全面的提升，成了一支更能随机应变、更具凝聚力的武装力量。

然而，如果以此为依据推断，认为1813—1815年的普鲁士军队已经成了一支全新的武装力量，那就大错特错了。1807年之后的改革虽然取得了一定的成果，但由于普军在1813年、1814年的战斗中伤亡惨重，损失了大量的老兵，不得不招募大量没有接受过新式训练的新兵，所以改革的效果很快就遭到了稀释。改革几乎没有采取任何

---

① 在英语中，博士和医生都是"doctor"，所以布吕歇尔在这里玩了一个双关语游戏。

措施来利用兵器领域的技术进步，提升部队的火力输出能力，这在一定程度上是因为，改革派大都倾向于把改革的重点放在对作战人员、通信方式、士兵积极性的改进上（这当然是意料之中的事情）。改革派之所以会成立地方防卫军，是因为他们想要为正规军提供一股斗志昂扬的辅助作战力量。然而，尽管地方防卫军的个别作战单位的确在一系列的战斗中起到了重要的辅助作用，但总的来说，地方防卫军在战斗中的表现良莠不齐，与其创立者寄予的厚望仍然相去甚远。地方防卫军的训练制度很不成熟，即便是到了快要上战场的时候，许多防卫军的士兵也仍然只掌握了最基础的军事技能。普政府在1812年时颁布新版军事条例，在条例中遵循军事改革的精神，强调了散兵战术和士兵射击能力在战斗中的作用——绝大多数的地方防卫军都对这套新版条例一无所知。[51]此外，规模快速扩张的地方防卫军还令普鲁士的军事后勤体系不堪重负。即便是到了1815年的夏季，许多地方防卫军的士兵也没能领到大衣、军靴，有些人甚至都没有统一发放的军裤。[52]地方防卫军的制服、装备要靠地方财政来解决，通常会遇到质量低劣的问题。相应地，不同地区的地方防卫军的作战能力存在很大的差异。隶属于北部军团的地方防卫军表现优异，作战能力与正规军不相上下，而隶属于布吕歇尔指挥的西里西亚军团的地方防卫军则表现糟糕，面对真正的炮火时不可信赖。[53]

普鲁士军事改革家的首要目标是，利用普鲁士民众的爱国主义情绪，把它转化成支持反法战争的动力。在这一点上，他们也只是取得了部分成功。在普鲁士王国，并不是所有的臣民都会受到爱国主义的感召。在西里西亚和西普鲁士的部分地区，当局下达组建地方防卫军的命令后，许多居民宁可逃到俄属波兰境内，也不愿参军入伍。许多商人、地主、旅馆老板要么抓着早已失效的兵役免除规定不放，乞求当局对他们的儿子网开一面，要么拿出真实性十分可疑的医学证明文件，宣称他们的儿子体弱多病，无法正常服役。普鲁士人的爱国主义热情不仅存在地域差异，不同的社会阶层对爱国主义的看法也不尽相同。受过教育的男性（即高中在校生、大学在校生、拥有学位的男性）在自愿参军的士兵中所占的比例要远超他们在人口中所占的比例。他们的人数虽然只占普鲁士总人口的2%，但他们在志愿兵中所占的比例却高达12%。手工业者的比例更加令人惊叹：他们人数仅占总人口的7%，但他们在志愿兵中所占的比例却达到了41%。农民的情况与手工业者恰恰相反：他们的人数占总人口的将近四分之三，但他们在志愿兵中所占的比例却只有18%，而且其中绝大部分人不是没有土地的临时工，就是在易北河以东的普鲁士核心农业区之外定居的自由农民。尽管与七年战争时相比，普鲁士爱国主义活动的社会基础已经大幅扩张，但不可否认的事实是，爱国主义仍然是一个主要发生在城市中的现象。[54]

　　普鲁士的民众虽然受到了上述因素的限制，却仍然以前所未有的规模积极响应了政府的号召。名为"黄金换钢铁"的募捐活动总共筹集到了650万塔勒的捐款，报名加入地方防卫军、来复枪自由兵团的普鲁士志愿者更是络绎不绝。犹太人社区的青年男性有史以来第一次获得了依法履行兵役义务的机会，纷纷报名参军，要么加入自由兵团，要么成为地方防卫军的士兵，用实际行动证明自己是爱国者，以此表达对犹太人解放政策的感激之情。此外，普鲁士的犹太人还发起了支援反法战争的募捐运动，拉比纷纷响应号召，捐出了举行珈底什祈祷仪式时使用的祭杯、用来装饰《托拉》经卷的饰品。[55]

　　普鲁士的女性臣民参与有组织的慈善活动，对国家起到了重要的支持作用，从一个侧面证明，拿破仑战争是一场全民参与的现代战争。霍亨索伦王朝有史以来第一次明确争取女性臣民的支持：1813年3月，普鲁士王室的12名女性成员签署"致普鲁士全国女性的呼吁书",宣布建立"妇女祖国利益促进协会",同时恳求"来自社会各阶层的思想高尚的妇女们"为战争做出贡献,希望她们捐出首饰、现金、物资,并参加义务劳动。自1813年到1815年,普鲁士全国总共出现了大约600个类似的妇女组织。在这一领域,犹太女性同样也是一个表现十分突出的群体。拉埃尔·莱温成立了一个由家境富裕的女性友人组成的小圈子,来协调雄心勃勃的募捐运动,还在1813年夏季前往布拉格,监督致力于救治普军伤员的医疗团队的组建工作。"我和团队的后勤部及外科医生取得了联系,"她在写给友人卡尔·瓦恩哈根(他在一年后成了莱温的丈夫)的信中写道,"我购买了大量的棉絮、绷带、碎布、袜子、衬衫;我在城里的好几个地区为伤兵安排了吃饭的地方;我每天都会亲自照料三四十个受伤的燧发枪兵和其他士兵;我会亲自讨论、亲自检查每一件事。"[56]

普政府为那些为国效力,取得了杰出功绩的军人设立了全新的授勋制度——这是最为有力的例证,能够概括性地总结出普政府战时动员的全民性特点。铁十字勋章是在弗里德里希·威廉三世的倡导下设计和推出的军功章,同时也是普军历史上第一枚面向所有军阶的军人颁发的勋章。"大家看到将军佩戴的军功章与士兵胸前的军功章一模一样,就会意识到将军的勋章肯定是凭本事得到的,意识到普通士兵立功的机会更少,想要得到勋章肯定更不容易,因此普通士兵[应当]拥有与将军平等的地位……"我们可以从这件事上看出,普鲁士的统治者破天荒地头一次承认,勇气和主动性是所有社会阶层的成员都拥有的美德——参谋人员提出,应当把铁十字勋章设置为一种只对军阶不高于军士长的军人颁发的勋章,结果遭到了弗里德里希·威廉三世的亲自否决。1813年3月10日正式推出的铁十字勋章采用了极其朴素的设计风格——勋章的主体是一个小巧的铸铁马耳他十字架,十字架上唯一的装饰是一小根橡树的枝条,枝条的上方是国王姓名的首字母缩写，以及位于字母上方的王冠，而下方则是受勋人的立功年份。勋章采用铸铁材质既是因为受到实际情况的限制，也是由于普政府认识到了铁质勋章的象征意义。在战争期间，贵金属是稀缺资源，而柏林当地又恰巧拥有技术高超、擅长用铸铁生产装饰品的铸造厂。铸铁的寓意同样十分重要：1813年2月，弗里德里希·威廉在一份意义非凡的备忘录中指出，对普鲁士来说，现在是"钢铁时代"，"只有钢铁和意志才能"带来救赎。弗里德里希·威廉采取非同寻常的措施，下令在战争期间停止颁发所有其他的勋章，为铁十字勋章确立了拿破仑战争专用纪念勋章的地位。联军进入巴黎后，他又下达命令，要求普鲁士的作战部队用铁十字勋章装饰那些从战争开始时就一直在使用的徽旗、军旗。从诞生的那一刻起，铁十字勋章就成了普鲁士用来保存军事记忆的纪念物。[57]

1814年8月3日，普政府设立了一种补充性的勋章，用来奖励那些在战争中做出了杰出贡献的女性臣民。这枚勋章的主旨精神是纪念已故的路易丝王后——几年前去世的路易丝王后地位不断提升，几乎已经成了普鲁士民众心目中的圣母。路易丝勋章形状与铁十字勋章相似，只是材质和设计有所不同，表面使用普鲁士蓝的珐琅作为装饰，而正中央则是一个饰有大写字母"L"的徽章。各个阶层的普鲁士女性臣民，无论是土生土长的普鲁士人，还是归化入籍的外国人，无论是已婚女性，还是单身女性，都有资格成为路易丝勋章的获得者。阿马利娅·贝尔是一位因为从事慈善及募捐工作而获得路易丝勋章的犹太女性，她是作曲家贾科莫·梅耶贝尔的母亲，同时也是一位财力在柏林的犹太人精英圈子里数一数二的女富豪。为了避免路易丝勋章默认采用的十字架形状冒犯她的宗教信仰，弗里德里希·威廉亲自下令，命人为她打造了一枚形状不同的勋章。[58]

路易丝勋章的设立能够反映出，公众对战争中所能动用的力量

图34　铁十字勋章　　　　　　图35　路易丝勋章

有了更为全面的认识，已经达到了18世纪完全无法企及的高度。公民社会的志愿行动（尤其是女性公民的志愿行动）有史以来第一次获得认可，成了国家军事成功不可或缺的组成部分。这样做的一个结果是，国家对女性有了新的认识，开始更加注重女性的积极性。只不过，这种把女性包容在内的观点同时也表现出了注重性别差异的特点。弗里德里希·威廉三世在设立路易丝勋章的政府文件中强调了女性做出的贡献特别具有女性特点，在功能上也从属于男性：

> 我们勇敢的士兵为祖国抛头颅，洒热血，只有女性无微不至的关怀才能让他们获得慰藉。在这片土地上，母亲和女儿因为至爱在前线与敌人作战而担惊受怕，哀悼为国捐躯的将士，但与此同时，信仰和希望给了她们力量，让她们能够在为祖国奋斗的不懈努力中得到内心的平静……尽管让所有默默奉献，全身心地投入这些工作的女性都获得荣誉是一件不可能完成的任务，但朕还是认为，让那些有目共睹，贡献尤其巨大的女性

获得嘉奖并无不妥。⁵⁹

在这种围绕着性别展开的新论述中,最为重要的并不是对性别差异的强调,而是把性别差异视为构建公民社会的原则的倾向。(在理论上)涵盖所有适龄男性的兵役制度建立之后,普鲁士人作为一个民族在世人脑海中的形象也有可能随之发生变化,变得越来越男性化、越来越具有父权主义的色彩。1814年的《普鲁士国防法》规定,军队是"训练所有的普鲁士人,让他们为战争做好准备的主要学校"——如果按照这样的标准,就只有男性才能算作普鲁士人。这意味着女性受到了限制,只能处于从属地位,在由女性特有的同情及牺牲精神所界定的私人领域内活动。

如果把拿破仑战争视为引发上述发展的唯一原因,就大错特错了。早在18世纪90年代末,爱国哲学家费希特就提出,女性的使命是完全服从父亲和丈夫的权威,所以她们不应当获得积极公民权①、公民自由,甚至都不能拥有财产权。雅恩在1811年发起的体操运动,以及诗人、民族主义宣传家恩斯特·莫里茨·阿恩特宣扬的激进爱国主义,核心理念中都推崇公认只属于男性的阳刚之气。⁶⁰同样也是在1811年,一小群爱国者在柏林成立了一个名为"基督教德意志晚宴俱乐部"的组织。该组织明文规定,女性(以及犹太人,无论是否皈依了基督教)无权获得成员资格。俱乐部成立之初举办的一系列文化活动中包括一次费希特的讲座,其主题为"论妻子对丈夫几乎无限制的服从"。然而,拿破仑战争放大了这些差异,使其在公众意识中留下了更为深刻的印记。这一过程把阳刚之气、兵役义务、积极公民权联系到一起,在这三者间建立起了等价关系——在19世纪的余下时

---

① 积极公民权指公民在法律允许的范围内自我教育,主动讨论政治及社会议题的权利。

第十一章 钢铁时代

间里，这三者之间人为建立起的关联变得越来越稳固。[61]

## 战争的"记忆"

1817年10月18日，来自德意志各国至少11所大学的大约500个学生齐聚瓦特堡——这是图林根的一座山中城堡，路德在被教皇利奥十世绝罚后曾经在这里学习生活了一段时间①。这群学生的目的是庆祝宗教改革三百周年、莱比锡战役胜利四周年。这两个周年纪念日能够让人回想起德意志民族历史上传奇性的解放时刻——宗教改革是德意志人摆脱"教皇专制"的时刻，而莱比锡战役则是德意志人打碎法国人残暴统治枷锁的时刻。聚集在瓦特堡的青年学生除了高唱爱国歌曲，还举行庄严的仪式，焚烧了一批保守作家的作品。在被付之一炬的作品中，有一本在德意志解放战争即将结束的时候问世的小册子，其作者特奥多尔·安东·海因里希·施马尔茨是柏林大学的校长。施马尔茨在小册子中不仅批评了法国占领期间普鲁士境内出现的秘密爱国团体，还大力驳斥了认为普鲁士民众高涨的爱国热情为反法战争提供了动力的观点。他指出，那些参军的普鲁士人并非因为受到爱国主义热情的驱使而入伍，他们参战只是出于某种责任感，可以把他们与"邻居的房子失火之后忙着救火的人"画上等号。[62]1815年，小册子刚一出版，就遭到了爱国宣传家的口诛笔伐。自己的观点竟然引发了如此强烈的舆论反弹，这是施马尔茨始料未及的事情，令他备感震惊。[63]即便是到了两年之后，施马尔茨仍然因为描写疲惫不堪的普鲁士人跟随国王四处征战的景象而让那些在瓦特堡举办活动的大学生义愤填膺——他们中有不少人都是参加过拿破仑战争的志愿兵，

---

① 隐居瓦特堡期间，路德把古希腊语的《新约圣经》翻译成了德语。

而他们决定在10月18日举办活动是因为这一天是德意志解放战争中规模最大、最具决定意义的军事行动的四周年纪念日。

大学生在瓦特堡焚烧保守文人的著作是一个具有象征意义的事件，能够让我们回想起在战争刚刚结束的那几年间，公众对德意志解放战争的回忆都会引发哪些争议和情绪。在瓦特堡举行纪念仪式的大学生把吕措夫志愿者兵团的黑红金三色旗当作自己的旗帜。他们纪念的并不是"解放战争"，而是"争取自由的战争"；并不是正规军的战争，而是志愿者的战争——以志愿者的身份加入来复枪自由兵团，在战争中为国捐躯的诗人特奥多尔·科尔纳指出，这"不是一场国王熟知的战争"，而是"一场十字军圣战"。[64]在他们看来，反法战争是一场"人民起义"。[65]学生志愿者对这场战争的理解与保守派对战争的回忆天差地别。保守派的宣传家弗里德里希·冯·根茨在瓦特堡的庆祝活动结束后不久写道，"各国君主和他们手下的大臣"在拿破仑战争中"厥功至伟"。

> 世上所有的煽动者、小册子作家无论如何抹黑，也无法磨灭他们的功绩，现在是如此，在将来也是如此。[……]他们准备、确定、创造了这场反抗拿破仑的战争。他们的功绩不止于此：他们领导了这场战争，为它提供营养，给它注入了活力。[……]那群不知天高地厚的小青年认为自己推翻了暴君的统治[根茨在这里批评了在瓦特堡举行庆祝活动的学生]，但实际上，他们甚至连把暴君驱逐出德意志的本事都没有。[66]

爱国者和保守派对战争的回忆之所以会存在如此巨大的差异，在一定程度上是因为德意志解放战争是一场同时具有多种特点的战争。一方面，这是一场由政府和君主主导，涉及统治者间的盟友关系，关乎权利与领土主张的战争，其主要目的是在欧洲重新建立起各国的势力平衡；但另一方面，这又是一场民兵武装和有政治动机的志愿兵以普鲁士历史上前所未有的程度参与的战争。在这场战争中，普政府总共动员了将近29万的官兵，其中有120 565人是地方防卫军的成员。除了大部分情况下都在普鲁士正规军军官的指挥下作战的地方防卫军，参加德意志解放战争的武装力量还包括各式各样的自由兵团，即普鲁士和其他德意志国家的志愿者组成的来复枪部队。志愿兵向祖国宣誓效忠，立场与向普鲁士国王宣誓效忠的正规军士兵十分不同。到了战争结束的时候，以著名的吕措夫黑衫军为代表的自由兵团总兵力已经达到了大约3万人，人数占普鲁士全部武装力量的12.5%。[67]许多志愿兵的强烈爱国主义思想都与在德意志或普鲁士建立全新政治秩序的理想有着密切的联系，有可能对既有的政治秩序造成颠覆性的冲击。

尽管正规军和志愿兵在入伍方式和战斗经历方面存在明显的差异，但如果把这一点当作唯一的原因，甚至只是把它当作主要的原因，来解释为什么志愿者和忠于国王的保守派对战争的回忆会存在如此巨大的差异，就会让人误入歧途。战争结束后出现的爱国者并不全都有作为志愿兵参战的经历；他们中的许多人要么是地方防卫军的民兵，要么是正规军的线列步兵，还有一些人根本就没上过战场。战争期间的爱国主义浪潮同样也影响到了正规军的官兵。英国派驻柏林的使节在1816年1月的一份报告中指出，在普鲁士的正规军中，几乎所有的团级作战部队都出现了受到"革命思潮感染"的军官。[68]反过来讲，以志愿者的身份参战的猎兵（freiwillige Jäger）中也有很多贵族阶层的成员（比如威廉·冯·格拉赫，又比如弗里德里希·利奥波德·施托尔贝格伯爵的儿子），他们在战后全都表现出了或保守，或注重贵族团体利益的政治取向，并没有成为自由派或民主派。[69]拿破仑战争结束后，对战争的回忆之所以会引发争议，并不仅仅是因为不同的人拥有不同的战争经历，同样也是由于回忆成了用来实现政治目的的工具。

1815年之后，普鲁士人找到了许多用来纪念德意志解放战争的方式。各省的档案——尤其是省政府每个月都要归档的新闻报告（Zeitungsberichte）——记录了各式各样的纪念活动，比如教堂鸣钟、打靶比赛、组织身着民兵制服的人员参加游行，以及各地纪念莱比锡战役、滑铁卢战役的戏剧演出。[70]19世纪三四十年代，普鲁士各地的城镇出现了许多"志愿兵俱乐部""丧葬协会"，其目的是募集捐款，为去世的老志愿兵举办葬礼。此类组织不仅会支付葬礼的费用，还会找来身着制服的人，让他们组成送葬的队伍，从而向观礼的人群宣布，不管死者的社会地位如何卑微，他都身份特殊，是一个曾经与法国侵略者作战，为国王、为祖国做出过贡献的老战士。[71]19世纪40年代，总部设在柏林的《福斯报》（*Vossische Zeitung*）在报道中指出，各地参加过拿破仑战争的老兵几乎每年都会举办聚会，一边与老战友叙旧，一边缅怀在战斗中牺牲的战友。1845年6月，在滑铁卢战役三十周年纪念日那天，地方防卫军和正规军的老兵举办了多场纪念活动，吕措夫黑衫军仍然健在的老兵也聚集到了一起，在安葬以志愿兵的身份参战，在战场上为国捐躯的诗人特奥多尔·科尔纳的橡树下缅怀战友。[72]

在拿破仑战争结束后的几十年间，那些上过战场的志愿兵（Freiwilliger）一直都享有特殊的地位。举例来说，特奥多尔·冯塔纳在回忆录中记录了自己年幼时与家人一起观看公开处决的经历。行刑的时间是1826年，当时冯塔纳一家正居住在斯维内明德城；冯塔纳的父亲是一个"1813年的老兵"，所以被委以重任，除了要负责率领市政当局押送人犯前往刑场的队伍，之后还要在绞刑架周围维持人群

第十一章　钢铁时代

的秩序。那个被判处死刑的谋杀犯直到临死前也仍然满怀希望,认为自己一定会得到赦免,原因是他在耶拿之战结束后获得了国王签发的嘉奖令。[73] 约克将军同样也一直没能摆脱反法战争的影响。他在私底下把自己对战争的回忆供奉了起来,一直都对自己如何签订《陶罗根协定》,如何失去了国王的信任念念不忘。《陶罗根协定》没有得到国王的批准,从来都没能成为普鲁士政府认可的正式文件,所以至少在短期内,这份协定都只能尘封在约克的私人记忆中。尽管普政府成立的调查委员会在1813年3月的时候做出裁决,为约克洗清了所有的罪名;但他还是坚定地认为,自己在德意志解放战争的初期起到了关键作用,结果却没有得到应得的荣誉。《陶罗根协定》的原件没有上交给国家的档案管理机构存档,而是成了约克家族的传家宝。约克将军位于家族领地内的墓地中有一座他本人亲自命人雕刻的独立全身雕像——这座雕像描绘了他手握卷轴的形象,卷轴上赫然刻着"陶罗根协定"这几个大字。[74]

上述千差万别的证据可以证明,德意志解放战争会留下什么样的记忆,与当事人所处的特定社会环境息息相关。[75] 举例来说,我们可以认为德意志解放战争给犹太人留下了独特的记忆,把犹太志愿者参军的故事与犹太人解放运动的叙事融合到了一起。1813年3月11日,布雷斯劳的拉比一边给犹太志愿者的武器祝福,一边授予他们豁免权,允许他们在战争期间不必严格遵守犹太教律法,同时拉比肯定也没有忘了提醒志愿者,这一天恰好也是普鲁士的犹太人解放法令颁布一周年的纪念日。[76] 犹太人参加德意志解放战争的经历可以用作反对歧视性立法的依据,而且也的确起到了这样的作用。[77] 1843年,《军事周刊》(*Militärwochenblatt*)发表了一组数据,严重低估了犹太志愿者在德意志解放战争中的参战人数,结果引起了犹太媒体强烈的不满与抗议,包括《东方周刊》(*Der Orient*)、《犹太教综合报》

图36 犹太志愿者从解放战争的战场返回家乡，与仍然遵循旧传统的家人团聚。莫里茨·丹尼尔·奥本海姆绘，1833—1834年，油画

（Allgemeine Zeitung des Judentums）在内的许多犹太杂志纷纷刊登正确的数据，纠正《军事周刊》的错误。[78] 莫里茨·丹尼尔·奥本海姆是"史上第一位现代犹太艺术家"[79]，以擅长为皈依了基督教的犹太人，以及融入了普鲁士主流社会的犹太人创作肖像画而闻名；他的画作以图像的形式捕捉到了犹太人对德意志解放战争的记忆。1833—1834年，他创作了一幅题为《犹太志愿者从解放战争的战场返回家乡，与仍然遵循旧传统的家人团聚》的作品，在画中描绘了一个身着军装的青年与家人围坐在一起，在一间摆满了充满生活气息的物品和犹太教祭祀用品的屋子里久别重逢的景象。阳光透过窗户射入屋内，把制服上的穗带照得闪闪发光。没有什么能比这幅画作更清楚地把犹太人同化和解放的漫长过程与"1813年的记忆"之间的关系展现在我们的

面前。[80]

此外，竖立纪念碑也成为普鲁士人纪念这场战争的方式。卡尔·弗里德里希·申克尔是普鲁士的历史上最伟大的建筑师，他设计的雄伟战争纪念碑于1821年被安放在了滕珀尔霍夫贝格山（这座小山现在的名称是克罗伊茨贝格山）[①]的山顶上。柏林的地形一马平川，这座形似袖珍哥特式教堂的纪念碑占据了柏林城的制高点，可谓占尽地利，很快就成了普鲁士人用来神圣化战争记忆的神殿。然而，申克尔设计的这座纪念碑上有一行铭文，表明立碑者只准备从一个特定的角度来回忆这场战争——对立碑者来说，这是一场治下之民在国王的领导下参加的王朝战争。"国王立此碑以纪念那些响应号召，为了祖国不惜牺牲生命和财产的高贵臣民。"纪念碑四周的壁龛上安放的12尊雕像进一步加强了铭文传递的信息。按照最初的设计，这12尊雕像本应是12个"巨灵"，分别代表德意志解放战争中的12场重要战斗，但到了纪念碑落成的时候，这些雕像却变成了12尊人像，分别代表参加了这场战争的将军，以及普鲁士、俄国的王室成员。[81]在普鲁士全国各地，教堂内用来纪念这场战争的石碑也刻有类似的铭文："为了国王和祖国。"[82]在大格尔申会战[②]、海瑙会战、卡茨巴赫河会战、登讷维茨会战、滑铁卢会战的战场遗址上，纪念普军阵亡将士的纪念碑全都刻着这样一行铭文："国王和祖国向牺牲的英雄致敬。愿他们安息。"[83]

相比之下，爱国者、志愿兵角度的战争记忆似乎就要落得一个连纪念石碑都没有的下场。在认为这是一个尤其严重的问题，必须得到解决的德意志人中，有画家卡斯帕·达维德·弗里德里希，还有诗人恩斯特·莫里茨·阿恩特。弗里德里希除了是画家，同时还是一

---

[①] 这是一座海拔66米的小山，位于柏林城内。
[②] 此即吕岑会战。

个抱有激进政治理念的爱国者,他出生在格赖夫斯瓦尔德城(位于梅克伦堡境内),战争结束的时候在萨克森的城市德累斯顿生活;阿恩特的故乡是吕根岛——吕根岛是古老的波美拉尼亚公国的一部分,在1815年与瑞属波美拉尼亚的其他领土一起被瑞典割让给了普鲁士。阿恩特与弗里德里希共同创作了一尊沙恩霍斯特的雕像,整个创作过程没有政府的支持。此二人一致认为,普鲁士反抗拿破仑的战争是一场德意志人的"民族"战争,所以对他们来说,对这场战争的回忆与激进的政治理念有着千丝万缕的联系。1814年3月,弗里德里希在写给阿恩特的信中指出:"到目前为止,还没有人为人民的伟大事业、为德意志民族的丰功伟绩竖立纪念碑,这一点也不让我感到惊讶。只要我们仍然是王公贵胄的奴仆,这样的事情就永远也不会发生。"[84]1815年之后,"人民的"解放战争没能获得足以反映其重要性的纪念碑成了弗里德里希反复强调的创作主题。德意志解放战争的公众回忆一边倒地倾向于强调统治者的军事传统,这不仅令爱国志愿兵难以接受,就连那些在军队及官僚体系中任职的改革派也对此颇有微词。西普鲁士的省长特奥多尔·冯·舍恩是一位自由派的官员,他曾经在施泰因手下工作,与老上司的关系十分密切。1822年,得知有人计划为保守派的将军冯·比洛竖立纪念碑的消息后,舍恩对计划提出了修改意见,认为应当为一个特定的民兵竖立纪念碑——据传,在普军向莱比锡进军的过程中,比洛命令部队后撤,这个民兵对着比洛大喊:"你还不如来给我舔屁股呢!"[85]

如果没能留下纪念碑,那么怎样才能公开地纪念这场战争呢?弗里德里希·路德维希·雅恩和他领导的体操运动找到了这个问题的答案。雅恩在柏林郊外的哈森海德公园发起体操运动后只过了几年的时间,运动的影响力就跨越国界,扩展到了普鲁士境外,在德意志信奉新教的中部及北部地区吸引了大量的追随者。雅恩在1818年时做过估算，认为德意志诸国境内总共有150家体操俱乐部，体操运动的成员总数已经达到了1.2万人左右。[86]1815年之后，用石刻的纪念碑来向公众展示过去仍然是统治者的专利，而体操运动的成员则另辟蹊径，用带有其独特的志愿民族主义色彩的方式，把对战争的回忆永久地保存了下来。他们前往德意志解放战争的战场朝圣。他们设计和庆祝纪念解放战争的节庆日，其中意义最为重大的当数莱比锡会战的周年纪念日。1814年10月18日，体操运动的成员在哈森海德公园举行了莱比锡会战的第一次周年庆祝活动，总共吸引了大约一万名围观群众。无论是体操运动员整齐划一的动作、嘹亮的歌声，还是会场上熊熊燃烧的烽火，抑或浩浩荡荡的火炬游行队伍，都给人留下了深刻的印象，为后续的周年庆祝活动定下了基调——此后，体操运动每年都会举行莱比锡战役的周年庆典，直到该运动在1819年被政府镇压。

在体操运动的日历上，一年一度的体操节不仅是重要的节庆日，同时也是一项纪念德意志解放战争的民粹主义活动——那个历史时期的普鲁士人很难不注意到这一点。然而，体操艺术本身也可以算作某种纪念活动。体操并不仅仅是一种用来强身健体的方法，同时也是一套用来维持严明纪律的训练体系，目的是让运动的参与者时刻为斗争和冲突做好准备。在战争刚刚结束的那段时间，这种时刻做好准备的姿态肯定会让人回想起祖国被法军占领的那几年。前文已经介绍过，体操运动员提倡的姿态不是士兵的姿态，而是公民志愿者的姿态。由雅恩亲自设计的体操运动员制服进一步加强了体操运动的纪念意义。体操运动员制服采用了一种流行于19世纪初的服装设计风格。这种风格先是把雅恩在世纪之交时推广的宣扬爱国主义的"老德意志服装"（altdeutsche Tracht）与来复枪志愿兵用作制服的宽松外套结合到一起，之后又把这两种设计风格与"民族主义学生兄弟会"

（Burschenschaften）的学生制服融合到一起——雅恩同样也在"民族主义学生兄弟会"的初期活动中起到了一定的作用。

民族主义学生兄弟会是一个推崇战争记忆，十分看重德意志人在过去的几年间建立的伟大功绩的团体，其许多成员同样也是体操运动的参与者。他们建立起关系网络，把普鲁士反抗拿破仑的战争融入德意志人的群体记忆。1817年12月，耶拿学生会的成员以书面的形式解释了学生兄弟会运动的意义，在文中提醒公众，要求他们不要忘记那些仍然能够把大家团结在一起的经历。撰稿人回忆了在战场上遭受的创伤和失去的朋友，写道："1813年是伟大的一年，是我们所有人共同的记忆。如果没能保留住这段记忆、这份情感，我们又有何颜面来面对上帝、面对世人？我们保留住了这些记忆与情感，将会不断地巩固它，直至永远。"[87]

这种推崇记忆的做法蕴含着一种新型政治的可能性。战后的爱国者推崇战争留下的记忆，认为它可以把人团结起来，让人与人之间的纽带变得有意义。这种想法在我们现代人看来似乎浅显易懂，没有任何特别之处，但对生活在那个历史时代的人来说，这种想法却是一种创新，具有19世纪初期浪漫主义思潮的所有特点。[88]大学生在瓦特堡举行的庆祝活动是"一种全新的政治活动"，[89]其中最主要的一个原因是，浪漫主义的话语和思想提出了一种设想，认为瓦特堡的庆祝活动代表了注重自省的"布尔乔亚"探寻内心，以共同的感情承诺为基础建立全新的政治共同体的过程。留住这段记忆就相当于与志同道合之人建立起友谊，而忘记则相当于背叛。以对过去的共同记忆为基础建立友谊的号召并没有把那些从未以志愿兵的身份上过战场的人排除在外，原因是纪念战争的节日和仪式的目的正是让人"记住"战争中发生的事件，至于参与者有没有亲身经历过这些事件，反倒不那么重要。这样做的结果是，庆典活动变成了场面盛大的公共事件，能够把

第十一章 钢铁时代

旁观者和参与者心中的强烈感情释放出来。由此产生的政治活动既不理性，也不注重辩论，而是与宗教仪式更为相近，具有注重象征性、重视感情的特点。[90]

### 是普鲁士人，还是德意志人？

普鲁士的爱国主义运动在七年战争期间出现，参与者大都是出身中等阶层的家庭、拥有教育背景的文人。从那时起，普鲁士的爱国主义就已经并非只是意味着保卫祖国的意愿，而是把感情承诺与政治理想融合在了一起。与七年战争时期相比，这种倾向在拿破仑战争期间对旧秩序产生了更为严重的威胁，这既是因为越来越多的社会阶层具有了承载爱国主义情感的能力，也是由于法国大革命和普鲁士国内改革引发的争议改变了叙事环境，导致表达爱国主义思想的语言变得更加激进。1813年2月，还只是一个小青年的利奥波德·冯·格拉赫目睹了驻扎在布雷斯劳的普军近乎疯狂的备战工作，在日记中写道："有一件事现在已经再清楚不过了，那就是绝大多数最有独立思考能力的人都表现出了极端的雅各宾派革命倾向。只要有人提出，应当在历史的基础上构筑未来，应当保留［过去的历史］仍然健康的枝干，设法在上面嫁接新的嫩芽，那么他就肯定会成为笑柄，就连我也感到自己的立场发生了动摇。"[91]

问题并不仅仅在于爱国主义有时会与激进政治思想如影随形，问题同样也在于，爱国主义思潮有可能自然而然地转化成民族主义运动，从而动摇德意志诸国统治家族的合法性。"民族"一词既适用于普鲁士，也适用于德意志。虽然哈登贝格和约克政见截然相反，但他们都是普鲁士王国忠诚的臣民（尽管约克在某些情况下很难把为国尽忠等同于服从君主的命令）。费希特、博伊恩、格罗尔曼、施泰因与他们完全不同，是彻头彻尾的德意志民族主义者。对施泰因来说，这意味着必须放弃所有只专注于普鲁士利益的想法。"我只有一个名叫德意志的祖国，我会全身心地为祖国服务，而不是只着眼于国内某一地区的利益，" 1812年11月，他在一封信中写道，"对我来说，在这个发生重大转变的时刻，统治者的地位能否代代相传完全无关紧要〔……〕完全可以用任何其他的国家来取代普鲁士，解散普鲁士，把西里西亚、马克选侯国、北德意志并入奥地利，从而加强奥地利的国力，让那些失去了土地的君主无处可去……"[92]

普鲁士爱国主义与德意志民族主义关系密切，既造成了威胁，也给未来带来了希望。就威胁而论，德意志民族主义运动有可能成为一股足以挑战德意志诸国各统治家族的力量，用一种基于跨阶层的横向忠诚与亲密感的全新文化，代替旧制度的等级秩序，从而扫除让普鲁士拥有独特历史与意义的一种特有历史遗产。就希望而论，普鲁士有可能找到利用德意志民族主义热情的方式，用民族主义来实现本国的利益诉求，一方面借助民族主义浪潮的动力，另一方面又不会因此失去本国特有的身份和制度。就短期而论，威胁是远大于希望的，否则弗里德里希·威廉三世也就不会与其他德意志国家的统治者团结一致，不仅要压制"蛊惑民心的"民族主义者，还要让志愿兵无法通过公共渠道表达自己对战争的回忆。然而，我们后面会看到，就长期而论，普鲁士的政治领袖渐渐地变成了找到并利用民族主义诉求与领土利益之间共同点的行家里手。在这一过程中，统治者与民众对战争的回忆不再像战后初期那样天差地别，而是形成了某种和平共生的关系——二者可以共存，并且被视为可以相互补充。在清除了各种含混不清的政治因素后，普鲁士反抗拿破仑的战争最终被重新塑造成了（虽然这也许会给人一种张冠李戴的感觉）一场德意志人争取民族自由的神话般的战争。随着时间的推移，不仅体操运动、铁十字勋章、

第十一章　钢铁时代

对路易丝王后的个人崇拜渐渐地变成了德意志民族的象征，就连耶拿之战也被提升到了相同的高度，从而让普鲁士名正言顺地成了领导德意志诸国的政治领袖。[93]

# 第十二章　上帝的历史征途

1814—1815 年的维也纳会议敲定领土问题解决方案，塑造了一个全新的欧洲。由荷兰和比利时组成的尼德兰联合王国出现在了欧洲的西北角。挪威脱离丹麦，与瑞典组成了共主邦联。奥地利在意大利攫取了大量的利益，不仅获得了伦巴第－威尼托王国，还让哈布斯堡王朝的世袭统治者当上了托斯卡纳大公国、摩德纳公国、帕尔马公国的君主。俄罗斯帝国重新划定版图，把波兰东部和中部的大部分地区收入囊中，[①] 就此达到了俄国在欧洲历史上向西扩张的极限。

## 全新的二元时代

维也纳会议同样为普鲁士开启了一个全新的时代。对普鲁士来说，恢复 1806 年之前的边境线已经变得不可能。普鲁士在 1790 年代瓜分波兰时获得的波兰领土（除了波森大公国）大都割让给了俄国，而（自 1744 年起就是普鲁士领土的）东弗里西亚则割让给了汉诺威。

---

[①] 在维也纳会议中，原华沙大公国东部和中部建立了波兰王国（又称会议王国），其国王由俄罗斯沙皇兼任，但有一定的自主权。1830 年十一月起义后，波兰的自主权逐渐都被剥夺。——编者注

作为补偿，普鲁士获得了萨克森王国的北半部分、西波美拉尼亚境内曾经属于瑞典的那一小块领土，以及位于莱茵兰和威斯特法伦境内，东起汉诺威的西部边境线，在西侧与尼德兰、法国接壤的大片土地。[1]普鲁士的利益主张并没有得到满足。柏林当局没有得到自己想要的东西，被迫接受了不符合己方意图的解决方案。普鲁士想要吞并萨克森王国的全部土地，却遭到奥地利和西欧列强的阻挠，最终只能接受1815年2月8日生效的萨克森领土分配方案。按照方案的规定，普鲁士获得了萨克森王国五分之二的领土，其中包括要塞城镇托尔高，以及宗教改革的发源地维滕贝格——1517年，路德把《九十五条论纲》钉在了维滕贝格教堂的大门上，拉开了宗教改革的大幕。让普鲁士向西扩张领土，获得一大块沿着莱茵河分布的飞地并不是柏林当局的本意，而是英国政府的主意。哈布斯堡王朝撤出比利时后产生的权力真空一直都令英国的决策者如坐针毡，所以他们想让普鲁士取代奥地利，成为新的德意志"哨兵"，负责守卫与法国的东北部地区接壤的土地。[2]在奥地利当局看来，这样的解决方案实在是再好不过了：他们巴不得与不服管束的比利时人撇清关系，而比利时人则在未来的一小段时间内①必须接受荷兰人的统治，日子过得很不愉快。

此外，在各方就德意志诸国未来的组织方式进行的复杂协商中，普鲁士同样没能如愿以偿。普政府（其代表团由哈登贝格和洪堡担任团长）想建立一个由强大的中央行政机构管理的德意志，让普鲁士和奥地利能够利用行政机构来分享权力，共同管理诸多德意志小国——简而言之，普方想要实现一个"稳固的二元霸权解决方案"。[3]奥政府提出了完全相反的目标，即组建由独立国家组成的松散邦联，尽可能地简化中央治理机构。1815年6月8日，相关各方签订《德

---

① 比利时人在1830年时发动革命，独立建国。

意志邦联条例》(1820年由"条例最终法案"修订),代表着奥地利在这场争议中战胜了普鲁士。新成立的德意志邦联共有38个加盟国(后来增加到39个),只设有一个法定中央机构,即在法兰克福召开会议的邦联议会(Bundesversammlung)——实际上,这个所谓的邦联议会只是一个由加盟国的外交代表出席的常设会议。普鲁士的决策者希望把德意志诸国整合成一个更具凝聚力的组织,所以对他们来说,上述解决方案是一个不小的挫折。

然而,这一切都不足以削弱拿破仑战争结束后的和平方案对普鲁士作为一个国家的未来所产生的重大影响。普鲁士虽然失去了东欧的领土,却在西欧得到补偿,在莱茵河的沿岸地区获得了一大块领土,面积相当于巴登大公国和符腾堡王国的总和。虽然这样的结果没有经过精心谋划,只能算作误打误撞,但不可否认的是,普鲁士获得的新领土中恰巧包括被大选侯视为至宝的于利希公国和贝格公国。霍亨索伦王朝统治的王国变成了一个横跨德意志北部,版图被一条陆地走廊一分为二的巨型国家。这条陆地走廊由汉诺威王国、不伦瑞克公国、黑森-卡塞尔选侯国[①]的领土组成,东西两侧分别是普鲁士的"萨克森省""威斯特法伦省",最窄的地方宽度为40千米。这套领土划分方案对普鲁士(以及德意志)在19世纪的政治及经济发展产生了极为重大的影响。

莱茵兰注定会成为欧洲的工业化中心及经济增长中心之一,这是参与维也纳会议的各国代表完全没能料想到的结果——在重新划定德意志诸国版图的时候,他们几乎完全没有考虑经济因素。1815年的解决方案在地缘政治方面同样影响深远。普鲁士放弃了1790年

---

① 黑森-卡塞尔选侯国原为黑森-卡塞尔伯国,之后被拿破仑升格为选侯国;神圣罗马帝国解散后,虽然已经没有皇帝可选,但该国的统治者却仍然保留了选帝侯的头衔。

钢铁王国

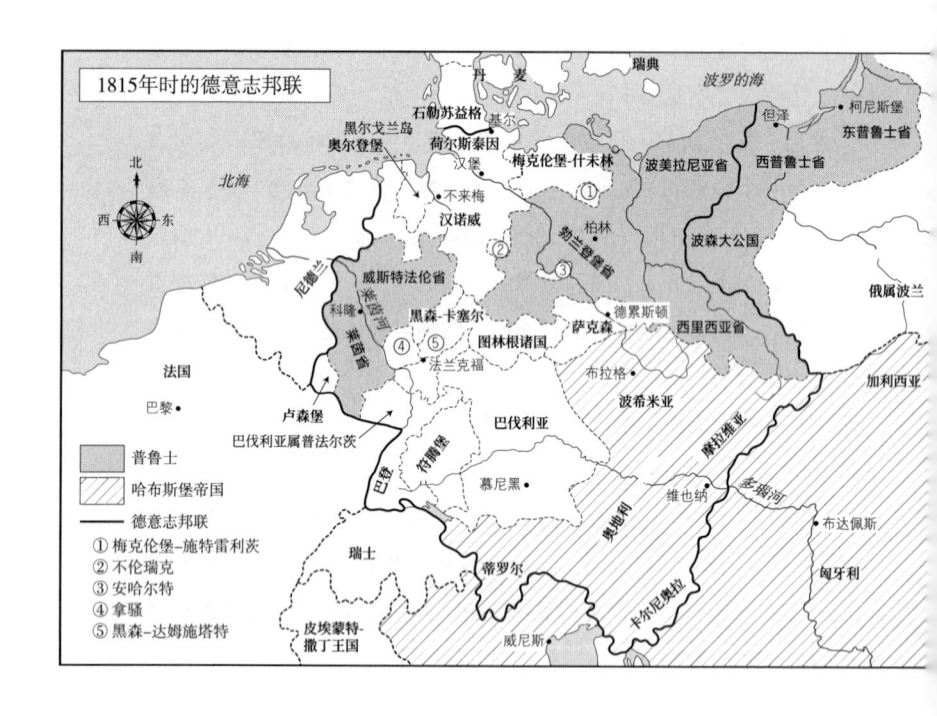

代瓜分到的波兰领土，接受了位于中欧及西欧的领土补偿，从而加强了本国在德意志欧洲的存在感。与此同时，奥地利永远地放弃了本国位于西北欧的领土（比利时），在意大利的北部获得了大片的领土作为补偿。普鲁士有史以来第一次成了比奥地利拥有更多"德意志"土地的国家。

虽然德意志邦联并没有成立强力的行政机构，无法让柏林当局借助行政机构在北德意志名正言顺地行使霸权，但邦联的组织方式却仍然留出了足够的活动空间，可以让普鲁士一方面以非正式的方式获得有限的霸权，另一方面又不至于令邦联的整个体系难以为继。在之后的历史中，普鲁士之所以一直有机会主动出击，正是因为德意志邦联没能成立跨国管理的中央机构。就德意志邦联的治理问题而论，普政府在1815年之后尤其关心以下两方面的议题：统一的关税制度和邦联防卫政策。在1848年的革命爆发前的数十年间，这两个领域成了普政府主要的着力点，催生出了所谓的"德意志政策"。

柏林当局的大臣在接受扩张性的关税政策方面行动迟缓。1825年6月，黑森－达姆施塔特大公国的政府有意同柏林当局就关税协定展开协商，结果被柏林方面以可以预见的经济收益太过有限为由拒绝。尽管对方有可能另寻门路，加入刚刚成立的巴伐利亚－符腾堡关税联盟，但普政府的官员似乎毫不在意。直到1826年前后，柏林当局才开始从更大的战略角度思考问题。这在一定程度上是因为，普鲁士的国家财政状况日渐改善，政府官员不再需要把财政问题视为重中之重。差不多在同一时期，普鲁士外交部开始坚持认为必须把关税协定当作对外政策的重要组成部分。到了1827年黑森－达姆施塔特大公国再一次提出建立关税同盟的时候，柏林当局欣然接受了。

得知普鲁士与黑森签订关税协议的消息后，奥地利政府如临大敌。梅特涅致信奥地利派驻柏林的大使，在信中指出："普鲁士－黑

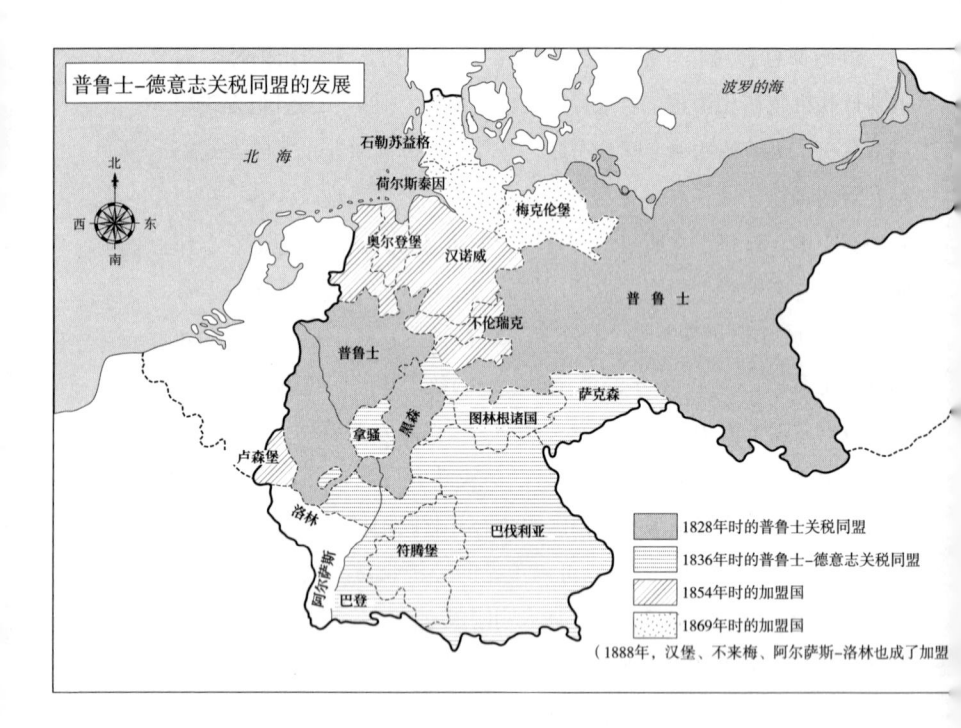

## 普鲁士-德意志关税同盟的发展

地图标注：

- 波罗的海
- 北海
- 石勒苏益格
- 荷尔斯泰因
- 梅克伦堡
- 奥尔登堡
- 汉诺威
- 不伦瑞克
- 普鲁士
- 萨克森
- 图林根诸国
- 拿骚
- 黑森
- 卢森堡
- 洛林
- 阿尔萨斯
- 巴登
- 符腾堡
- 巴伐利亚

图例：
- 1828年时的普鲁士关税同盟
- 1836年时的普鲁士-德意志关税同盟
- 1854年时的加盟国
- 1869年时的加盟国

（1888年，汉堡、不来梅、阿尔萨斯-洛林也成了加盟）

钢铁王国

森的条约让人如坐针毡，无可辩驳地印证了德意志各国政府的担忧。从此往后，普鲁士必将竭尽全力，要把所有其他的德意志国家一网打尽……"[4]梅特涅宰相用尽浑身解数，劝说其他德意志国家的朝廷，希望他们不要加入普鲁士主导的关税同盟；此外，他还针锋相对，促进与其存在竞争关系的"中德意志商业联盟"的发展。拿破仑时代结束后，普鲁士的新版图被一条陆地走廊分成了东西两大块，而中德意志商业联盟的加盟国包括萨克森、汉诺威、黑森选侯国、拿骚公国，恰巧涵盖了这条陆地走廊。然而，这一切都只是暂时的胜利。柏林当局擅长软硬兼施，时而摆出友好的姿态，请求关税同盟潜在的加盟国放下偏见，考虑本国的实际利益，时而动用强力手段，对不愿配合的国家进行赤裸裸的威胁。与本国接壤的小国若是不愿加入普鲁士-黑森关税同盟，普政府就会祭出强力的反制措施，比如使用名为"道路战争"的手段，开辟新的运输路线，让目标国家失去贸易往来的红利。1829年5月27日，普鲁士与巴伐利亚、符腾堡签订协议，由普鲁士主导的关税同盟终于把一些加入了中德意志商业联盟的小国完全包围了起来。普政府就这样赢得了把这两个关税区合二为一的时机。

　　1834年1月1日，德意志关税同盟（Zollverein）正式成立，其加盟国的人口涵盖了生活在奥地利境外的几乎所有德意志人。次年，巴登、拿骚、法兰克福成了加盟国；1841年，不伦瑞克和吕讷堡同样也决定入盟。此时，德意志关税同盟加盟国的人口已经占到了德意志总人口的近90%。[5]只要看一眼德意志关税同盟的加盟国在地图上的分布状况，我们就肯定会注意到，就版图而论，关税同盟与1864—1871年的战争结束后成立的由普鲁士主导的德意志国家十分相近。然而，对当时的普鲁士决策者来说，这样的结果仍然是无法想象的事情。他们的首要目标是，建立一个更具凝聚力的德意志国家联盟，确保普鲁士在联盟内拥有更大的影响力。围绕着关税同盟展开的斗争不过是新瓶装旧酒,其本质仍然是普鲁士和奥地利这两个老冤家在那个名叫德意志的舞台上争夺影响力和威望的斗争。

回过头来看,我们会发现,争夺的双方似乎都高估了普鲁士取得的成功所具有的意义。关税同盟从来都没能成为普鲁士用来向小国施加政治影响力的有效工具。实际上,在那些注重本国自主权的保守国家,由于关税同盟能够增加政府的岁入,加盟国的地位甚至还有可能起到了一点反效果。[6]对小国来说,加入关税同盟只是解决财政问题的权宜之计,加盟国的地位并不等同于在政治上要唯柏林当局马首是瞻——1866年的历史事件将会充分地证明这一点。[7]关税同盟甚至都没能像许多研究德意志统一前经济状况的老一辈学者认为的那样,帮助普鲁士确立对德意志诸国的经济主导地位。[8]没有证据表明,关税同盟对普鲁士国内工业投资的增长速度起到了决定性的促进作用;此外,同样也没有证据表明,关税同盟在普鲁士王国几乎完全以农业为主的经济进行结构转型的过程中起到了重要的作用。[9]所以说,德意志关税同盟并没有像学界通常认为的那样,在之后的历史中对由普鲁士主导的德意志帝国的出现起到如此直接的促进作用。

对普政府来说,关税政策十分重要,却并不是由于上述原因:关税政策一度成为柏林当局推行的"德意志政策"的首要组成部分。建立德意志关税同盟的过程让普鲁士的大臣、官员学会了如何真正地从涵盖德意志所有国家的角度思考问题,在追求普鲁士特定的国家利益的同时,以达成共识的方式协调好与其他德意志国家的利益关系。建立关税同盟是一个漫长而又痛苦的过程,起到了增强柏林当局道德权威的作用,让入盟的小国中那些自由的、进步的势力认识到,普鲁士虽然有很多缺点,却仍然有可能代表更现代、更注重理性的秩序。财政大臣弗里德里希·冯·莫茨和外交大臣克里斯蒂安·冯·伯恩斯托夫伯爵是19世纪二三十年代主导普鲁士关税政策的两位政治家,他们认识到了这一点,一直都不遗余力,想要把普鲁士塑造成一个在德意志事务中代表进步力量的国家。[10]

协调建立德意志防卫体系的工作成了另一个释放德意志邦联体系内竞争压力的途径。建立防卫体系的工作刚一提上议事日程,普鲁士就与奥地利发生了激烈的利益冲突。1818—1819年,普方的谈判代表提出,应当建立一支(由柏林当局领导的)更具凝聚力的"民族"邦联武装力量,而奥地利支持的一众德意志小国则组成了游说团体,拒绝任何有损于小国军事自主权的解决方案。小国游说团体取得了最终的胜利,导致德意志邦联没有邦联军事机构。这是一个令奥地利十分满意的结局,因为在奥方看来,强大的邦联中央机构最终肯定会演变为对普鲁士有利的因素。

1830年7月,法国爆发革命,为想要改变德意志邦联军事政策的普政府提供了第一次试水的机会。[11]当时的德意志人对法国革命政权和拿破仑的入侵记忆犹新,所以许多人(尤其是德意志南部的居民)都心惊胆战,认为1830年夏季发生的动荡(与1790年代的动荡一样)预示着西德意志即将遭到入侵。普鲁士的决策者很快就意识到,可以利用德意志人对法国入侵的恐惧来实现本国的战略目标。1830年10月8日,伯恩斯托夫致信弗里德里希·威廉三世,强烈要求普政府与南德意志诸国的朝廷就军事问题进行磋商,讨论制定联合防卫政策的可能性。伯恩斯托夫指出,这样做不仅可以满足普鲁士眼前的安全需求,还可以"为普鲁士赢得普遍的信任,让其他的国家变得愿意寻求普鲁士的意见和建议,愿意从普鲁士的影响中获益"。[12]

就短期而论,伯恩斯托夫提出的政策大获成功。1831年春,普鲁士将军奥古斯特·吕勒·冯·利林施特恩奉命出使南德意志诸国。巴伐利亚国王路德维希一世与利林施特恩展开了友好的协商,虽然对普鲁士应当拥有邦联联合部队最高指挥权的观点提出了质疑,却对

第十二章 上帝的历史征途

与普鲁士进行密切军事合作的提议很感兴趣。1831年3月17日，路德维希在写给弗里德里希·威廉三世的信中指出："在我看来，没有什么北德意志、南德意志，只有一个德意志。"巴伐利亚与普鲁士一样，也在1815年获得了一块位于莱茵河沿岸，无险可守，容易遭到外敌入侵的领土（位于莱茵河西岸，与巴登大公国隔河相望的普法尔茨地区），所以迫切地需要与普鲁士协作，出台一套联合防卫政策。路德维希本人对这个问题的认识十分明确："想要保证国家安全，就必须与普鲁士建立起稳固的合作关系。"[13]吕勒·冯·利林施特恩在报告中指出，普鲁士"坚定、明智、宽宏大量、谨慎的态度"与其关税政策的有利影响共同作用，赢得了巴伐利亚政界的"尊敬、信任、同情"——在这一点上，他的观点至少有一部分是正确的。[14]利林施特恩并没有在斯图加特（符腾堡）和卡尔斯鲁厄（巴登）受到同等热烈的欢迎，但这两个国家还是与普方达成了总体共识，认为必须重组德意志邦联的军事机构，同时与普鲁士展开更为密切的军事合作。

到头来，奥地利不费吹灰之力，就让普鲁士的上述措施一事无成。说到底，虽然南德意志诸国的掌权者不愿相信奥地利，对维也纳当局防卫西德意志的承诺也没有什么信心，但与此同时，他们也对普鲁士心存戒备，不愿进一步加强柏林当局的主导地位。法国造成的直接军事威胁渐渐消退之后，南德意志诸国用主权独立换取国家安全的意愿也开始直线下降。对奥政府来说，普鲁士政治精英内部两派对立的局面是最关键、最应当加以利用的切入点。克拉姆-马丁尼茨是一个诡计多端的奥地利外交官，他在1831年9月奉命出使柏林，任务是设法瓦解普政府全新的邦联军事政策。抵达柏林后，他很快就摸清了情况，得知新军事政策的主要倡导者是以伯恩斯托夫、艾希霍恩、吕勒·冯·利林施特恩为核心，在政治上较为进步的普鲁士-德意志派，而与他们针锋相对的则是以梅克伦堡公爵卡尔、威廉·路德维希·赛恩-维特根施泰因侯爵,以及深受国王信任的胡格诺派牧师安西永(安西永在外交部供职,是伯恩斯托夫的属下,但这并没有妨碍他与克拉姆合谋反对进步派)为核心的保守势力"独立普鲁士派"。所以说,克拉姆无须大费周章,就能够以在这两个利益集团之间挑动对立的方式来瓦解普政府的决策层。他先是争取到反对外交大臣伯恩斯托夫的派系的支持,获得了直接向国王提出建议的途径,之后便开始削弱伯恩斯托夫的地位,导致他无法参与普奥双方的后续谈判。[15]

1840—1841年,由于法国入侵的威胁再一次浮出水面,邦联防卫问题被重新提上了议事日程。"东方问题"爆发后,国际局势骤然紧张,法国首相阿道夫·梯也尔口无遮拦,宣称法国有可能入侵莱茵兰地区。"莱茵危机"激怒了德意志人,在德意志诸国掀起了民族主义的浪潮。普政府内部再一次出现了认为普鲁士应当利用这一时机的派别。普政府派出高级外交官出使南德意志,与各国的朝廷商讨如何实现更为密切的军事合作。普鲁士的外交官再一次受到了南德意志诸国的热烈欢迎——至少在最开始的时候的确如此。奥地利派驻柏林的使节马上就拉响了警报,宣称普鲁士的内阁正设法"不说在名义上,至少也是在事实上建立普鲁士主导的德意志"。[16]南德意志诸国的掌权者玩起了两面三刀的把戏,先是对普鲁士人说,他们不信任奥地利人,转过头来又对奥地利人说,他们惧怕普鲁士人。奥地利的使节像影子一样紧跟着普鲁士的外交使团,在南德意志诸国设法化解普方对奥方利益造成的损害。奥地利再一次赢得了外交博弈的胜利,迫使普方放弃所有单方面的行动,同意与维也纳当局密切合作,以协商的方式解决德意志邦联的防卫政策问题。

综上所述,普鲁士人试图改变邦联防卫政策的努力全都竹篮打水一场空。造成这一结果的一个原因是,南德意志诸国的掌权者对所有类似的方案都充满怀疑,如果方案的提出者是普鲁士人,那么他们就会变得更加不信任。奥地利早就确立了德意志小国自主权担保人的地位，可以充分地利用南德意志诸国对丧失自主权的恐惧。导致这一结局的另一个原因是，柏林当局仍然没有建立起统一的政府决策机构。各部大臣和其他的主要政治人物仍然无须为决策的结果承担集体责任——改革派虽然意识到了这个问题，却没能制定出一劳永逸的解决方案。实际上，普政府的决策层就好似权力的斗兽场，各部大臣、王室顾问和廷臣全都为了争夺影响力而相互倾轧，甚至就连一些低级官员也参与进来，结果创造出了许多可以让奥地利政府轻易利用的机会。"权力的候见厅"背后的逻辑将会继续扰动普鲁士的高层政治。直到19世纪五六十年代，权力渐渐地集中到首席大臣的手中之后，这一问题才终于得到了解决。

柏林当局的决策者不想冒险与维也纳当局公开决裂。普鲁士和奥地利仍然有必要团结一致，共同应对各自国内的混乱和颠覆活动。发生政治动荡的可能性仍然令人恐惧，足以促使柏林和维也纳的保守派领导层时不时地放下争议，重新建立起合作关系。例如，1832年春，也就是在邦联军事政策危机刚刚结束后不久，激进主义者在德意志的西南部引发了一连串的骚动，结果就促成了普奥两国的合作。骚乱发生后，柏林当局和维也纳当局迅速地恢复了合作关系，与其他德意志国家的代表一起就加强邦联机构的问题达成了一致，让邦联的中央机构拥有了全新的审查权、监视权、镇压权。直到1848—1849年的革命失败，激进政治力量遭到边缘化之后，普鲁士和奥地利的掌权者才终于摆脱了这股迫使两国合作的压力。

无论如何，在这一历史时期，柏林当局的决策者在制订计划的时候仍然受到惯性思维束缚，完全没有想到可以突破旧有的框架——以奥地利的皇帝为首，在政治上四分五裂的德意志。1840年，奥地利派驻柏林的使节海因里希·冯·赫斯将军在法国的入侵危机最令人心惊胆战的时刻获得了觐见弗里德里希·威廉四世的机会，结果发现这位刚刚继承王位的君主在感情上对奥地利十分依恋。赫斯对此感到惊讶，觉得有些摸不着头脑。弗里德里希·威廉四世对他说："哎呀，我实在是太喜欢维也纳了。要是我是个普通人，没有国事缠身，那么我无论如何也要在那里住上一段时间！皇帝的朝廷是如此宽厚仁慈，每一位成员都闪耀着独特的人性光辉。"[17]（在赫斯将军看来）普鲁士国王的谋臣仍然认为"为德意志寻找救赎之路并不是普鲁士可以单独完成的任务，想要成功，就必须与奥地利密切合作"。[18] 无论是对普鲁士的政治家，还是对霍亨索伦王朝的世袭统治者，激进民族主义者建立统一的德意志国家的诉求都没有任何吸引力。1839年，英国派驻柏林的使节在报告中写道，普鲁士就这样继续"遵循那个怯懦而被动的体系，从来都没有偏离既有的政治路线"。[19] 奥地利仍然拥有脆弱的霸权，就连1834年成立的德意志关税同盟也没能改变这一点。奥地利人依旧可以利用德意志邦联复杂的内部政治，在与普鲁士人的博弈中取得令人惊叹的战果。

所以说，在1815年后出现的国际体系中，普鲁士很大程度上仍然只是一枚棋子，并没有获得棋手的地位。普鲁士是欧洲列强中最弱小的一个，实力与其他强国仍然存在相当大的差距。实际上，考虑到普鲁士在国际博弈中采取自主行动的空间十分有限，甚至在德意志诸国的内部争斗中都显得束手束脚，我们也许可以认为普鲁士还够不上强国的档次，是一个实力介于真正的强国与其他欧洲小国之间的国家。普鲁士的掌权者默许了这样的状态，导致普鲁士在国际政治领域再一次长时间地陷入被动。在从维也纳会议闭幕时起，到克里米亚战争打响为止，欧洲处于和平状态的近40年间，柏林当局一直都竭尽所能，想要与所有的强国保持尽可能友好的关系。只要有可能，普政府就肯定会设法与其他国家达成一致。为了避免触怒英国，在任何重大的国际危机中，普政府都会摆出观望的姿态。此外，普政府还一直都在避免与奥地利发生直接冲突。1837年，英国派驻普鲁士的使节在报告书中写道，柏林当局的一贯政策是，"以妥协为手段来满足各方的要求，从而维护欧洲的和平"。[20]

普鲁士把安抚和讨好俄国当作外交工作的重中之重。俄国在拿破仑战争期间动员了一支兵力超过100万的庞大军队，在战后确立了东欧霸主的地位。按照1815年的波兰领土分配方案，俄罗斯帝国的版图向西扩张，获得了一个深入中欧的突出部。在拿破仑战争结束后的那些年间，毫无怨言地接受俄国的霸权成了为普鲁士的对外政策指明方向的公理。对普政府的决策者来说，1807年和1812—1813年国家的未来牢牢地掌握在俄国人手中的记忆仍然历历在目。1817年，弗里德里希·威廉三世的女儿夏洛特公主与罗曼诺夫王朝的皇储尼古拉大公成婚，进一步拉近了普鲁士与俄国这个东方强邻的关系。尼古拉于1825年继承皇位，成为沙皇尼古拉一世，之后便开始不断地向自己的普鲁士姻亲施加强大的影响力。他插手普鲁士内政，阻止宪政改革，迫使霍亨索伦王朝继续奉行绝对君主制度。[21]他只要皱一下眉头，普鲁士的掌权者就会马上停止一切有损俄国利益的行为。[22]

## 保守派的反扑

24岁的卡尔·桑德曾经是神学专业的学生，他出身官员家庭，父亲在原本属于普鲁士的拜罗伊特侯国[①]担任官职。1819年3月23日，他前往曼海姆，在下午五点的时候按响了剧作家奥古斯特·冯·科策比的门铃。[23]科策比太太正在接待几位女性客人，所以桑

---

[①] 拿破仑在1806年占领了拜罗伊特侯国，之后作价1 500万法郎，把侯国卖给了巴伐利亚。

德在靠近楼梯的地方等了一段时间，才终于被邀请进了客厅。科策比与桑德互致问候，之后两人便攀谈了起来。桑德突然从外套的袖子里面抽出了一把匕首，大叫道："我一点也不为你感到骄傲。去死吧，你这个叛国贼！"他先是向科策比的胸口刺了两刀，之后又划伤了他的面部。57岁的科策比倒在了地上，只过了几分钟就伤重而亡。桑德跌跌撞撞，趁着科策比一家乱成一团的机会跑到大门口，从外套里掏出第二把匕首，一边对着自己的腹部猛刺了两刀，一边大喊道"感谢上帝，我成功了！"，之后他同样也倒地不起。

在拿破仑战争结束后的数十年间，桑德刺杀科策比的案件是德意志诸国最具轰动性的政治谋杀案。这正是桑德想要的结果。他早就制订好了谋杀计划，在计划中想到了各种细节，设法让整个事件拥有最大的象征意义。他身着奇特的"老德意志服装"来到了科策比家的大门口——这种服装由弗里德里希·路德维希·雅恩设计推广，在1815年之后成了激进爱国主义运动的参与者表达立场的标志。一幅创作于事发年代的木版画展现了桑德告别弗兰肯地区多山的故乡并启程出发的景象。画中的桑德头戴软质的"德意志帽子"，帽子下面的金色长发自然下垂，虽然他神色像天使一样宁静，但外套的领口处却露出了匕首的手柄，令人不寒而栗。桑德在莱比锡会战的战场上找到了一把法国人的猎刀，把它改造成了行刺的凶器。他的行刺对象同样也经过精挑细选。参加爱国主义运动的年轻人态度激进，早就十分痛恨科策比。科策比创作的流行情感剧以女性为主要角色，经常打擦边球，围绕着已经在布尔乔亚内部成为普遍准则的暧昧性道德观展开剧情，吸引了大量的女性观众。民族主义者认为他的剧本脂粉气太重，会让人变得道德败坏，对他大张挞伐，宣称他"令德意志的年青一代误入歧途"。科策比针锋相对，经常批评青年爱国者的沙文主义思想和粗暴行为。桑德与学生兄弟会运动的激进派关系密切，而科策比

图37 一幅理想化的肖像画，描绘了卡尔·桑德前往曼海姆刺杀科策比的景象

曾在1819年3月发表文章——这是他留下的最后文字的一部分——对学生兄弟会的市侩气和无法无天的行为大加嘲讽。

由于行凶者和受害人所代表的理念水火不容，对比太过明显，当时许多人都不太在意凶案本身到底有多么血腥残忍，而是把注意力集中在了桑德的身上，认为他是一个动机纯洁的激进主义者。桑德自杀未遂，在伤愈后被捕入狱——据传，在他在狱中养伤的那段时间，狱友经过他的监房时会举起镣铐，生怕镣铐发出的声响搅了这位英雄的清梦。桑德被判处死刑，于5月20日清晨5点在断头台上身首异处——此时，他已经成了家喻户晓的人物。他被押赴刑场的时候，街道两侧挤满了送行的人群。刽子手砍下桑德的头颅后，观刑的民众拥上前去，争先恐后地用手帕蘸取他的鲜血——德意志人的传统认为，死刑犯的鲜血可以治病，甚至还附有魔力，而桑德的鲜血则让这一传统带上某种全新的爱国主义色彩。包括他那著名的金发在内，许多与他相关的物品都变成了圣物，在民族主义者的关系网络中传播了开来。甚至还有报道宣称，负责行刑的那个刽子手拆除了断头台，在自家的葡萄园里用断头台沾满鲜血的木材搭建了一座小木屋，把它当作圣祠，接待那些像朝圣者一样慕名而来，想要纪念这位爱国者的民众。

科策比遇刺后，普鲁士的掌权者变得杯弓蛇影，惶惶不可终日。桑德的行为似乎把刚刚出现的爱国主义运动不可动摇的核心理念揭示得一览无余。令掌权者更加胆战心惊的是，在当时，许多同情爱国主义事业的人都不愿意公开谴责凶者。事发后一个星期，柏林大学的神学教授威廉·德·韦特写信慰问桑德的母亲，信件的内容在学生兄弟会内部广为传阅，成了最为著名的例证，展现了同情爱国主义事业的人模棱两可的态度。德·韦特虽然承认桑德犯下了罪行，"应当接受世俗法律的审判，受到惩罚"，但同时也指出，世俗的法律不应当成为衡量他的行为、评判他是对是错的准绳。

> 立场足够坚定，信念足够真诚，那么错误就可以得到原谅；激情走上了正确的路线，那么它就会成为一种神圣的感情。我坚信，您那信仰虔诚、道德高尚的儿子是完全符合这两个标准的。他有坚定的目标，认为自己的所作所为是正确的，所以他是对的。

在一个经常被引用的段落中，德·韦特得出结论，认为桑德的行为是"见证我们时代的美好标志"。[24] 普鲁士的警察总监威廉·路德维希·格奥尔格·冯·维特根施泰因侯爵得知了信件的内容，对德·韦特来说，这的确是挺倒霉的。1819年9月30日，德·韦特丢掉了大学教授的职位。警方发起了"打击煽动者行动"（Demagogenverfolgung），大肆搜捕嫌疑人，被捕入狱者不计其数。梅特涅起草的"卡尔斯巴德决议"获得了普政府的支持，于9月20日在法兰克福得到邦联议会的批准，在德意志邦联全境内落实了一套全新的、更为严格的审查及监视制度。

在保守派发起的这次反击中，已经获得大学教授的职位，在波恩大学教授历史学的恩斯特·莫里茨·阿恩特同样也成了受害者。某天早上，警察对阿恩特的住宅进行了突击搜查，而学生兄弟会的大量成员则聚集在住宅的周围，表示对这位爱国者的支持，一看到警察搬着遭到没收的文件从屋子里走出来，就开始吹口哨、喝倒彩。尽管省长佐尔姆斯－劳巴克提出了反对意见，但当局还是在1820年11月免去了阿恩特的教授职位。[25]弗里德里希·路德维希·雅恩是另一个遭到怀疑的人。当局查封了他创立的体操运动员协会，拆除了体操运动的成员在哈森海德公园精心设计建造的体育场，还规定穿着体操运动的制服和"老德意志服装"是违法行为。不久之后，雅恩本人也遭到逮捕，被关进了科尔贝格要塞。

有个并不那么知名的受害者，是容易情绪激动的青年贵族汉斯·鲁道夫·冯·普勒韦。他是一位在近卫军中服役的中尉，同时也是雅恩狂热的追随者。他在1817年参加了大学生在瓦特堡举行的纪念活动，而且经常有人在柏林的大街上看到他穿着"老德意志服装"。他坚持锻炼身体，因为风雨无阻地进行高强度的锻炼而成了当时的名人——他是慢跑运动的先驱人物，每天都会从柏林的市中心出发，跑步前往波茨坦，之后再原路返回；发现单纯的跑步太过轻松之后，他又想出了新办法，在体操运动员制服的口袋里面装满鹅卵石，继续沿着原有的路线跑步。他参加支持雅恩的集会，结果遭到逮捕，最终被发配到西里西亚境内的城镇格洛高，加入了当地的驻军。[26]

在法国占领期间，弗里德里希·威廉三世身边出现了一个由保守派组成的小圈子，普政府在1819年镇压进步势力的举措正是由他们推行的。1810年路易丝王后去世后，弗里德里希·威廉三世把廷臣当作"家人的替代品"，越来越容易受到他们的影响。这帮廷臣里面有一个名叫安西永的胡格诺派牧师，他是弗里德里希·威廉身边最早提出条理清晰的论点来反对改革派宪政提议的谋臣之一。他警告道，任何形式的全国代表制度都会不可避免地削弱君主的权力。回顾一下法国大革命以建立国民议会为起点，以废除君主制度为过渡环节，最终以没有合法统治权的篡位者建立独裁统治为终点的历程，就可以充分了解建立全国代表制度的提案到底蕴含着哪些风险。福斯伯爵夫人是一个思想保守的老妇人，她心地善良，陪伴痛失爱妻的弗里德里希·威廉度过了路易丝王后去世后最难熬的那几个月，就此成了另一位地位极其重要的保守派人物。维特根施泰因侯爵之所以能够跻身国王身边的小圈子，正是因为他是福斯伯爵夫人的好朋友。[27]

一个81岁高龄的伯爵夫人，一个40多岁的贵族，加上一个同样40多岁的传教士，这个古怪的三人组合成了一个影响力极大的廷臣派的核心。他们被弗里德里希·威廉视为平衡权势日盛的哈登贝格的砝码，在朝中拥有不可或缺的地位，以及与这一地位相称的权力。弗里德里希·威廉对他的首相哈登贝格越来越依赖，所以用他典型的方式建立了由自己的私人顾问组成的小圈子，让他们制衡哈登贝格的影响力。哈登贝格递交在首相府供职的下属精心起草的提案后，弗里德里希·威廉会把提案转交给小圈子的成员，征求他们的意见。这无异于开历史倒车，重新建立起改革派在1806年就开始设法废除的"内阁政府"。

小圈子的成员把触手伸向了政府的各个层面，在设法巩固己方政治影响力的同时，试图消除政敌的影响力。维特根施泰因侯爵、安西永和内阁顾问丹尼尔·路德维希·阿尔布雷希特成了弗里德里希·威廉三世与梅特涅沟通信息的非正式中间人，一方面令国王与哈登贝格变得更加疏远，另一方面又利用越来越保守的国际政治环境来实现他们自己的政治目标。此外，他们还在政府内部发起了匿名检举运动，把枪口指向了那些政治立场温和的高官要员，宣称他们包庇、同情甚至鼓励政治颠覆活动。大量的高官遭到了维特根施泰因和他精力无限的副手卡尔·阿尔贝特·冯·坎普茨的怀疑，比如此时在普属莱茵兰担任高级文职官员的尤斯图斯·格鲁纳，又比如军事改革家奈德哈特·冯·格奈森瑙将军，再比如施泰因的旧友、在于利希-克莱沃-贝格担任省长的弗里德里希·祖·佐尔姆斯-劳巴克伯爵。

柏林的官场风声鹤唳，无论哪一个官员，只要没有积极地附和保守派提出的新路线，就肯定会遭到怀疑。1819年10月的第一个星期，国务部召开会议，就卡尔斯巴德决议会带来什么样的影响展开讨论。改革时代进步人士的杰出代表威廉·冯·洪堡在会上向同僚递交自己撰写的解决草案，提出普政府应当反对卡尔斯巴德决议。洪堡指出，该决议会让德意志邦联获得镇压各加盟国国内活动的新权力，有可能对普鲁士的君权造成损害。作为一位支持自由派思想的大臣，洪堡竟然不得不从维护君权的角度来反对卡尔斯巴德决议，光从这一点就可以看出，在保守派得势的新政治环境下，想要把进步的治国理念搬到台面上来是一件多么困难的事情。洪堡虽然没能在国务部的表决中赢得多数支持，却获得了司法大臣卡尔·弗里德里希·冯·拜梅和陆军大臣赫尔曼·冯·博伊恩这两位重量级人物的声援。这三位大臣全都在1806年之后开始的改革中起到了重要的作用。洪堡和拜梅全都在1819年的最后一天丢了乌纱帽。虽然弗里德里希·威廉亲自下令，规定他们可以继续领取部级大臣6 000塔勒的年俸，但洪堡义愤填膺，拒绝了这份好意。接下来，军事改革派的心头肉普鲁士地方防卫军的地位不断下降，引发激烈的争议，成了陆军大臣赫尔曼·冯·博伊恩遭到罢免的导火索。争议爆发后，同为军事改革家的格罗尔曼和格奈森瑙也辞去了官职。

要论保守派为何能够重新得势，哈登贝格本人也难辞其咎。他像着了魔一样，拼命地加强自己作为首相和首席大臣的权力，得罪了不知多少同僚和下属，把他们推到对立面，从而加强了保守派的实力。举例来说，洪堡之所以会在1819年被排挤出政府，其中当然有保守派的"功劳"，但视其为竞争对手的哈登贝格也出了不少力。他不加任何掩饰地争权夺势，容不得身边有人怀揣不同的想法，令改革派与保守派之间的理念之争带上了浓重的个人竞争色彩。此外，哈登贝格还支持维特根施泰因下令实施的审查及监视措施，在战术上也让保守派的小圈子占得了先机。他一直都是开明专制的倡导者，并不能算作我们现代人眼中的"自由主义者"；所以在他看来，政府完全可以使用不自由的手段来推动进步。此外，普鲁士国内频频发生的颠覆活动也的确令他心惊胆战。[28] 他也许认为镇压颠覆活动可以创造出更为稳定的政治环境，而稳定的政治环境则又有助于实现他最为重视的改革目标，即建立普鲁士人的"全国"代表机构。

如果他真是这样想的，那么他也就只能大失所望了。保守派一直都在警告弗里德里希·威廉，希望他不要对任何建立"全国"代表机构的要求做出让步。在他们看来，代表制度想要行得通，就必须迎合社会中既有的、具有历史基础的团体，不能损害这些团体的利益和特权。如果反其道而行之，出台新的宪政制度，把普鲁士民族视为一个没有任何内在区别的整体，在此基础上建立代表制度，就肯定会引发叛乱和社会动荡。出于上述原因，梅特涅在1818年11月向维特根施泰因提出建议，认为普鲁士的国王"绝不可设立高于省级议会的代表机构"。[29] 弗里德里希·威廉不仅禁不住保守派小圈子的劝说，就

第十二章　上帝的历史征途　　519

连他自己心里也疑神疑鬼，变得顾虑重重，终于开始渐渐地疏远腹背受敌的哈登贝格。他先是在1820年12月成立了一个由保守派人士组成，负责解决宪政问题的委员会，之后又在1821年初把哈登贝格派到国外执行外交任务，防止他插手委员会的工作。哈登贝格于1822年11月26日去世，在去世前目睹了自己为之奋斗的一切是如何化为乌有的。1823年6月5日颁布的新法向公众公布了政府解决宪政问题的方案：普鲁士既不会颁布成文的宪法，也不会成立全国议会。国王的臣民只能退而求其次，把省议会当作表达意见的平台。

无论是选举方式，还是组织形式，依法成立的省议会全都遵循团体原则，规定贵族阶层、城市居民、农民阶层应当分别选出各自的代表参会——这一措施的目的是，证明省议会延续了旧制度下的传统等级会议代表制度。不同的团体被限定了议员名额，各省的贵族阶层虽然分配到的具体名额不尽相同，却都能在各自的省内拥有绝对多数的席位。贵族议员只要团结到一起，就肯定能否决其他团体的议员提出的任何议案。为了确保省议会不会对中央政府的权威形成挑战，新法对其职责做出了十分严格的规定。省议会既没有立法权，也没有决定政府财政收入的权力，就连召开的频率也被限制到了三年一次。为了避免议会成为引发政治活动的焦点，邦法还规定，议会讨论必须闭门进行，所有公布讨论内容的做法都是违法行为。简而言之，中央政府压根就没准备让省议会成为今天的那种代表机构，而是打算把它当作顾问机构，同时又想要让它承担各种繁杂的行政任务，比如监管省内主要的公立机构。[30]

即便在一个只是稍微有一点进步倾向的观察者看来，普政府建立的省议会也显得稀奇古怪，给人开历史倒车的感觉。省议会有许多缺点，其中的一点是，无法正确地反映省内的社会结构和权力关系。这一问题在莱茵兰表现得尤为严重：在莱茵兰的大部分地区，贵族阶层一直都只是一个边缘团体，但按照省议会的组织方式，该地区的贵族阶层却能够获得数量远超本阶层重要性的代表席位，导致议会的结构与在省内占统治地位的布尔乔亚价值观和文化倾向显得格格不入。主要工业、商业城市的议员人数严重偏低，如果把贵族等级的议员当作标准，那么他们每个人平均代表的选民数量、税收额就分别相当于贵族议员的120倍和34倍。此外，第三、第四等级的选民只能通过间接选举的方式来产生议员，从而进一步降低了议会制度的可操作性。与这两个等级对应的社会群体必须首先由选民提名选举人，之后再由选举人选出区选举人，最后由区选举人选出议会代表。这一套制度的设计初衷是，尽可能地让议会避免受到省内社会潮流和社会矛盾的影响。[31] 此外，中央政府还采取了相应的措施来防止省议会变成议员用来发起政治活动的论坛：议员在会场中落座的位置由抽签决定，从而防止想法相近的派别利用开会的机会联起手来，形成势力集团。[32] 所以说，此时的普鲁士仍然停留在前议会国家的阶段，与巴登、符腾堡、巴伐利亚形成了鲜明的对比。

　　保守派虽然取得了胜利，却只是一场表面上的胜利，并不是一场最后的、根本的胜利。普鲁士已经踏上了政治变革的征程，这是无法扭转的现实。[33]1815年，莱茵兰并入普鲁士之后，普鲁士王国的政治生态发生了不可逆转的变化。莱茵兰的城市中产阶级人数众多、信心满满，给普鲁士的国内政治染上了异见和动荡的色彩，令普鲁士的政治环境在战后的数十年间变得充满活力。莱茵兰的精英阶层对柏林当局"立陶宛式"的治国方式满腹狐疑，强烈反对把莱茵兰完全并入普鲁士王国的做法。莱茵兰的天主教徒对信奉新教的新政府疑虑重重，而莱茵兰的新教信徒更是奋力守护（相对较为民主的）教区会议制度，与柏林当局展开了一场历时20年的拉锯战。[34] 此外，由于拿破仑建立的法律制度强调人人平等的社会原则，注重对私人财产权的保护，要远比《普鲁士一般邦法》更加符合莱茵兰的利益，莱茵兰的精英阶层还围绕着拿破仑法律制度的存续问题与柏林当局进行了激烈的斗争。保守派企图在位于西欧的莱茵兰强推普鲁士本土的法律，结果遭到了地方势力态度坚决的抵抗，最终被迫放弃了这一计划。故此，从法律的角度来看，莱茵兰与普鲁士完全不同，仍然拥有属于自己的法律规章制度（比如陪审团制度）、法律培训体系。实际上，莱茵兰的拿破仑法律体系渐渐地为易北河以东省份的法学家所接受，最终变成了一股引发变革的重要力量。到了1848年之后，普鲁士王国在颁布新法典的时候并没有把旧有的弗里德里希法典当作蓝本，而是借鉴了莱茵兰的法律体系。[35]

在关税改革的领域，进步的力量同样也表现出了强劲的势头。1815年之后，普政府继续放松对经济的监管，推行关税的一体化进程，于1818年5月26日颁布全新的关税法，建立了普鲁士历史上首个涵盖全国的一体化关税制度（1818年的关税法刚刚颁布的时候，西部诸省仍然与东部诸省实行不同的关税制度，直到1821年，普鲁士的关税制度才真正做到了全国统一）。1820年代末，普鲁士的关税一体化政策走出了国门，德意志诸国的大臣、官员开始在普鲁士的主导下设法建立德意志关税同盟。建立关税同盟的政策领域吸引了普鲁士高级行政部门中最有才智的一批官员的关注。

教育是另一个在1815年之后继续进步，不断现代化的领域。教师培训体系的扩展和职业化取得了长足的进步，到了1840年代，6岁到14岁的普鲁士儿童中，已经有超过80%的人可以获得初等教育——在那个历史时期，这一比例冠绝全球，只有萨克森和新英格兰能够与之比肩。普鲁士人的识字率也相应提升。[36]普鲁士的教育体系受到了各国的关注和赞赏，这不仅是因为普鲁士的教育效率高，几乎做到了全民普及，同样也是由于普鲁士的教育机构表现出了明显的自由主义倾向。1821年,卢多尔夫·冯·贝克多夫被任命为普鲁士公立学校管理局的局长——贝克多夫反对具有自由倾向、被改革派当作改革蓝本的裴斯泰洛齐①教育方法,所以初看起来普鲁士的教育政策有可能出现反转,会变得更加保守。然而,由于负责教育事务的大臣卡尔·冯·阿尔滕施泰因仍然支持在教育系统内部任职的进步人士,贝克多夫并没有能力阻挡教育体系官僚改革的进程。而且不管怎样,贝克多夫骨子里也与许多那个时代的保守派一样,是个实用主义者,所以他愿意接过接力棒,把前任留下来的基础做大做强。1840年代,美国的教育改革家贺拉斯·曼访问柏林,在参观学校的时候惊奇地发现,教师的教学方式一点专制主义的影子都没有,会引导学生,让他们锻炼独立思考的能力。他写道:"我参观了上百所学校[……]见到了成千上万的学生,却从来没有看到有哪个学生因为行为不当而遭到惩罚。没有学童因为受到惩罚或害怕受罚而泪流满面。"[37]具有自由倾向的英国人经常会在参观普鲁士的学校时惊叹不已,搞不清楚为什么如此"专制"的政治制度会产生如此进步、如此开明的教育体系。[38]

贝克多夫的情况表明,就算保守势力重新得势,也不意味着政府在1806年的危机之后做出的所有改变会遭到全盘推翻。保守势力太不稳定,没有统一的行动纲领,没有明确的目标,不具备让国内的局势完全恢复到改革前的能力,甚至都无法阻挡国家改革的步伐。此外,保守派还渐渐地采纳吸收了许多改革方案的核心理念,比如认为普鲁士"民族"是一个单一整体(而不是由许多拥有不同特权的独特团体组成的集合体)的观点。[39]而且不管怎样,进步势力在中央政府内部仍然有不少重要的权力中心,除了掌控着财政部和外交部,还

---

① 瑞士的教育家、教育改革家约翰·海因里希·裴斯泰洛齐被誉为欧洲的"平民教育之父"。

执掌着教育、健康及宗教事务部这个改革时代的产物。1815年，开明的理性主义者卡尔·冯·阿尔滕施泰因成了主管教育、健康及宗教事务部的大臣——他曾经是哈登贝格的门徒，之后又成了他的好友、合作者。弗里德里希·威廉三世（从许多方面来看，他本身就是一位在启蒙思想的熏陶下成长起来的统治者）从来都没有执行过特别一致的人事政策，让所有的政府部门在意识形态问题上统一思想的措施更是无从谈起。

## 变革的政治

1823年成立的省议会也许与激进派想要建立的健全代表机构还存在很大的差距，但各省的议会在渐渐地进入角色之后还是成了推动政治变革的重要核心力量。省议会虽然看起来与传统的等级会议十分相似，但实际上却是一种全新的代表机构，其合法性的根基是国家颁布的法律，而不是独立于政府之外的传统团体权威。议会在投票的时候采取参会议员一人一票的方式，而不是等级会议按照等级计票的方式。此外，议会在讨论议题的时候会举行全体会议，而不是像旧制度下的团体代表大会那样要求不同的团体分别召开会议。最为重要的一点是，判断一个人是否属于"贵族等级"（Ritterschaft）的标准不再是他的出身（唯一的例外是莱茵兰地区极少数拥有"直辖权"的贵族），而是他名下的财产。换言之，想要成为贵族就必须拥有"特权领地"，而贵族血统则完全是无关紧要的事情。[40]自18世纪中叶起，布尔乔亚的成员就一直都在购买领地，已经用这样的方式令普鲁士各地的社会面貌发生了翻天覆地的变化；而到了省议会成立之后，他们更进一步，在国家政治这个大剧院中获得了前排席位（前提条件是，他们不是犹太人，因为犹太人不能亲自参加议会，只能派代理人参会）。

　　考虑到改革派放宽了政府对农村土地市场的管控之后，原本属于贵族的领地开始以更快的速度转变成属于中产阶级的地产，土地所有权结构的变更成了社会变革力量与政治变革力量的交会点。1806年，在柯尼斯堡农村地区的贵族领地中有 75.6% 的土地所有者仍然是贵族。到了 1829 年，这一比例已经下降到了 48.3%。在东普鲁士的莫伦根地区（县），这一比例从 74.8% 下降到了 40.6%，下降的速度甚至比柯尼斯堡地区还快。东普鲁士是一个相对极端的例子，原因是 1806—1807 年的危机，以及拿破仑的封锁政策对这一地区的谷物经济造成了毁灭性的打击；但普鲁士全境的土地所有权结构变化情况还是能证明，这并不是个例，而是普遍的趋势：到了 1856 年，在普鲁士全国的贵族领地中，只有 57.6% 的土地所有者仍然是贵族。所以说，省议会比表面上看起来的样子更具有财阀政治色彩。省议会煞费苦心，保留了等级会议的表象，但隐藏在表象下面的却是以财产为基础的公民代表权。

　　省议会从诞生的那一刻起就在设法扩展议会的职权范围，最开始是试探性的，后来则是公然行动。议员提交的决议草案通常带有明显的政治色彩，目的是试探中央政府允许议会拥有多大的职权范围。各省的议员发出呼吁，除了希望以印刷出版的方式向社会公开议会的会议记录（这是政府的审查制度明令禁止的做法），以及希望扩大议会的职权，令其"更为多样化、更为全面地"管理各项事务，还有人提出，应当成立全国（即全普鲁士）代表大会。[41] 新闻出版自由是议会经常提到的另一个问题。换言之，省议会成了各省传递自由主义思想施加的政治压力的渠道。不仅参会议员能够使用这条渠道，省内其他具有政治意识的人士同样也能通过议会来表达意见。自 1820 年代末起，东普鲁士境内的城镇向议会提交了大量的请愿书。莫伦根是一个位于东普鲁士西南角的城镇，1829年1月，该镇的居民向省议会提交请愿书，在文中批评了柏林当局无视莫伦根地区经济问题的做法，对省议会的无能大加指责，最后还提出，等级会议应当要求君主兑现颁布宪法的承诺。斯塔卢波嫩位于柯尼斯堡的正东方，是一个距离普波边境不远的寂静小镇；该镇的居民同样也递交了请愿书，在文中反复提出希望君主颁布宪法、成立全国代表大会的请求，之后还列出了东普鲁士在反抗拿破仑的德意志解放战争中的贡献，想以此来劝说国王接受请求。[42]

此类请愿书在19世纪三四十年代变得越来越常见，其最为引人注目的特点并不仅仅在于东普鲁士省内的所有地区都有递交请愿书的记录（包括该省西部贵族势力十分强大、立场保守的奥伯兰地区），同样也在于，请愿书代表了相对广泛的社会群体的民意。位于东普鲁士省中部的行政中心因斯特堡镇在1843年递交了请愿书，在请愿书上签名的镇民除了商人、市政官员，还有人数可观的手工业者：有多名木匠、石匠、锁匠、面包师、皮带匠，以及皮匠、玻璃匠、订书匠、屠夫、肥皂商各一人，还有一些其他行业的匠人。这些来自各行各业的请愿者除了要求国王成立全国代表大会，允许议会公开议程，还提出应当建立"与之前不同的代表制度"，减少土地财富的所有者在代表中所占的比例。[43]换言之，政府试图把省议会与各省的社会及政治背景分离开来的措施没能取得成功。议员与省内各大城市和各个小城镇的政治圈子间存在着大量非正式的联系，所以议会都讨论了哪些问题在省内完全是尽人皆知的事情。此外，各省的新闻出版业虽然规模不大，却一直都在蓬勃发展，从而对议员与政治圈子之间的关系网络起到了支撑作用。

1815年，波兰的一部分土地并入普鲁士的版图，成了波森大公国，所以省议会同样也在该地区变成了民众集中表达政治诉求和政治异议的渠道。与普鲁士的其他省份不同的是，在波森大公国，普鲁士中央政府制定的政策与波兰人的民族身份之间的矛盾取代了宪政问题，成了首要矛盾。1815年5月15日，弗里德里希·威廉三世发表了一份在之后的历史中经常被引用的宣言，给普鲁士的波兰臣民吃了一颗定心丸，指出他们同样也有属于自己的祖国，不会在并入普鲁士王国的过程中失去民族身份。波兰语将会与德语一起，成为用来处理各类公共事务的官方语言。[44]

在拿破仑战争刚刚结束的那几年，中央政府采取措施，想要安抚生活在波森大公国境内的波兰精英阶层。中央政府除了任命总督（Statthalter），让他负责协调中央行政机构与省内绅士阶层的关系（这是一种波森大公国独有的制度安排），还在1821年成立了信用社，用来缓解绅士阶层的债务压力。波兰语仍然是民众用来与官僚机构沟通、法庭用来审理案件的官方语言；此外，波兰语同样也是中小学的教学语言，只有文理中学的高年级学生必须学习德语，目的是为上大学做准备。普政府的目的不是让波兰人"德意志化"，而是确保把波兰人改造成忠诚的普鲁士臣民。[45]然而，到了1820年代末，普鲁士的波兰臣民就已经对波森大公国的发展失望至极，积累了一肚子的怨气。建立隶属于普鲁士武装力量的波兰独立师是波森大公国的绅士阶层热切期望的事情，但普政府没能满足这一诉求，结果引发了波兰人的强烈不满。1827年波森大公国议会的第一次会议上，议员递交请愿书，对政府要求中学把德语用作高年级教学语言的做法提出了抗议，还对许多在大公国境内任职的普鲁士官员既不会讲也听不懂波兰语的现状表达了不满。与会议员因为这两个议题争得面红耳赤，支持请愿书的议员甚至提出要与反对请愿书的议员决斗。

1830年之后，波兰的形势大幅恶化。当年波兰人发起了争取民族独立的起义，虽然起义军主要在俄属波兰境内活动，普属波兰境内的局势相对平静，但起义还是在普鲁士的全国各地唤起了自由主义者的热情。柯尼斯堡的大学教授布尔拉奇后来回忆了自己偷偷摸摸地穿越边境线，想要"实现解放［波兰］的梦想，把自由的花朵带回祖国"的经历。[46] 此外，由于数以千计的波兰人越过边境线，加入了争取民族独立的斗争，其中还包括不下一千名在普鲁士军队中服役的波兰士兵，所以波兰人的起义不可避免地扰乱了大公国的内部政治。柏林当局担心生活在普鲁士境内的波兰人发起民族主义总动员，决定放弃针对波兰人的民族和解政策。波森大公国行政等级遭到下调，成了波森"省"。中央政府解除了波森大公国现任总督的职位，没有任命继任者——要知道，波森总督一职由波兰人担任，是波森大公国在普鲁士这个复合国家中拥有特殊地位的象征。1830年12月，爱德华·海因里希·弗洛特韦尔获得任命，成了波森省的首任省长。他是一个强硬派，完全不认为普政府有必要安抚波兰的绅士阶层，宣称："波兰学术界鼓吹祖国和自由，把波兰人没有任何逻辑的思维方式与萨尔马提亚权贵的傲慢自大以最令人称奇的方式结合到了一起，结果令几乎所有的波兰贵族男青年误入歧途。"

普政府放弃了让波森成为波兰人的祖国、允许波兰人保留独立民族身份的政策，转而推行针对波兰人的全面民族同化政策。弗洛特韦尔宣称，生活在波森省境内的斯拉夫居民不是"波兰人"，而是"普鲁士人"。他撕下了所有保持中立的伪装，采取了一系列对波兰人不利的措施，比如出台鼓励德意志农民在波森省境内定居的政策，又比如增强城市自治机构的权力，从而让德意志人占比极高的城市精英阶层获得更大的话语权，再比如扩大德语作为教学语言的适用范围。波兰人经营的庄园一旦破产，政府就会出资收购，之后再转手给德意志买家。在波森省境内，上述政策调整迅速激化了波兰人的观点。在1834年和1837年的省议会会议上，参会议员对德语的普及提出了强烈的抗议。波兰人成群结队，纷纷辞去普政府的公职。1830年代中期，波兰绅士阶层的爱国主义活动家发起"实干"①运动，成立了一个由绅士俱乐部组成的关系网络，准备以逐渐改进农业生产方式及建立属于波兰人的文化底层架构为手段，在波森省提高波兰人的文化及社会生活水平。[47]

在莱茵兰，省议会同样也成了自由主义者（和保守主义者）用来发动民意的重要支点。关于团体共同决策的鲜活记忆能够追溯到18世纪，成了西部诸省的政治活动家可以借助的一股力量。[48]到了1830年之后，西部诸省的省议会也成了地方势力与中央政府对抗的工具，要求中央建立全国等级代表大会，兑现颁布宪法的承诺。[49]此外，与东部诸省的省议会十分相似的另一点是，莱茵兰的省议会也成了不计其数的请愿书的递交渠道。无论是在莱茵兰，还是在东普鲁士，由于社会各界对参政议政表现出了更高的期望，省议会的重要性和议员的地位也都跟着水涨船高：1833年12月，省议会的会议结束之后，特里尔城仅限上流社会成员加入的赌场俱乐部②甚至专门举办了一场宴会来欢迎返乡的议员。[50]这种以省议会为中心的社交活动起到的激励作用虽然起效缓慢，但影响却毋庸置疑，必将令议会政治的参与者变得更加自信，开始为议会争取更多的职权。19世纪的自由主义史学家海因里希·冯·特赖奇克指出："省议会一旦受到公共舆论的影响，就肯定不会甘于继续给出没有任何约束力的建议，而是会提出要求，希望获得一定程度的决策权。"[51]

---

① 实干运动的主旨是，波兰的爱国者应当脚踏实地地开展工作，教育波兰的民众，增强他们的经济潜力，从而抵消普鲁士和俄国奉行的德意志化及俄罗斯化政策，而不是发动民族起义，以卵击石般挑战普鲁士及俄国强大的军事实力。
② 赌场俱乐部是上流社会的成员（公务员、官员、教士、地主、工厂主、医生、商人）休闲娱乐的场所，其成员会一边打台球、玩牌，一边讨论时政。

## 信仰之争

拿破仑战争结束后的那个时代是一个充满了分化、分裂、冲突的时代，这一点不仅表现在政治上，同样也在宗教领域体现了出来。基督教复兴运动把虔诚的信徒动员起来，打破了宗教团体间原有的平衡。政府采取更具侵略性的手段来干预臣民的宗教生活，措施的严厉程度是大选侯即位以来前所未有的，让不从国教者与政治异见者之间的界限变得模糊不清。宗派关系网络成了培养党派政治关系的温床。宗教不仅仅是为政治论述提供语言与论据的仓库，其本身也是一种足以让人采取行动的强大动机。宗教作为一种社会力量在这一时期表现出来的活力超过了17世纪以来的任何其他时期。

1827年12月，一个旅居柏林的英国人在返回伦敦后表示，"有喜人的证据表明，在普鲁士的全国各地，有影响力者的宗教信仰正在变得更加坚定"。这位福音派的英国旅人向伦敦的一家重要传教会描述了自己在柏林参加的一场祈祷会，宣称他在会上遇见了"30个上等人"。他进一步汇报道，国王与大臣通力合作，致力于推进传播基督教信仰的计划，而他本人则遇到了许多"真正拥有基督教精神的"军官。[52]这位英国旅人见证了柏林作为"觉醒"运动中心之一的社会风貌——觉醒运动在19世纪的头几十年间席卷了德意志北部信奉新教的地区，是一项参与者的社会成分十分复杂的宗教复兴运动。觉醒了的基督徒注重信仰中与情感和忏悔相关的因素。他们中的许多人都经历了一种"重生"的痛苦时刻，瞬间从一个没有信仰，或者只是在表面上装作信奉基督的人转变成了宗教意识彻底觉醒的信徒。一位觉醒的信徒回忆了1817年自己在柏林参加夜间祈祷会的经历，宣称在午夜的钟声响起的那一刻，"上帝活生生地出现在了我灵魂的面前，这是我以前从来没有遇到过，之后也没能再重温的事情。我深受震撼、热泪盈眶，意识到自己罪孽深重，发现自己的累累罪行就好似一座近在眼前的大山"。[53]

这种类型的宗教信仰具有重视个人和实干的特点，并不十分注重教会的作用，其表现形式是种类多到令人惊讶的社会活动——觉醒的基督徒本着自愿的原则成立了致力于以下各类工作的基督教社团：发放慈善捐助；为"失足妇女"提供住宿，让她们"重回正轨"；让罪犯改过自新；照顾孤儿；印刷发放《圣经》；为贫民和流浪者提供工作机会，让他们得以养家糊口；劝说犹太人和异教徒皈依基督教。觉醒运动初期的核心人物西里西亚贵族汉斯·恩斯特·冯·科特维茨就是一个很好的例子——他在柏林成立了一家为失业者提供工作机会的"纺纱所"；1822年，觉醒运动的参与者在柏林成立了以犹太人为对象的传教会，包括国王的亲信在内，许多精英阶层的关键人物都慷慨解囊，给这个新成立的传教团赞助了资金。

1817年，信仰虔诚的阿达尔贝特·冯·德尔·雷克伯爵在西部的普属威斯特法伦成立了杜塞尔塔尔救济院，目的是为拿破仑战争结束后人数不断增多的孤儿、弃儿提供栖身之所；此后，他又建立了一所为想要皈依基督教的犹太人提供工作机会的济贫院。雷克伯爵与许多觉醒的基督徒一样，也在一定程度上受到了千禧年主义的驱使，认为自己是在帮助上帝建立世间的国度。雷克绝不姑息罪恶。1822年1月，他在救济院的日志中写道，有一个名叫玛蒂尔德的小姑娘不愿好好地祈祷，被"抽了差不多四十下"，才终于愿意跟着他诵读祈祷词。[54]两周后，雷克又在日志中记录道，救济院有一个又聋又哑的男童正跟着一位铁匠师傅做学徒，他在挨打的时候还了手，所以师傅也就只好把他"揍得遍体鳞伤"。[55]3月的某个星期天，一个名叫雅各布的男童一大早就挨了鞭子，原因是他在酒桶上钻了个洞，想要喝一点救济院自酿的白兰地。救济院所有其他的男童全都被集合了起来，在现场观刑。老师每抽一鞭子，都会要求雅各布承认错误，但他却一直都"死不悔改"。到最后，老师没了办法，只好给他戴上"木制的足枷"，关了他一个星期的禁闭。救济院会用号角声作为提示，告知吃饭、上课、睡觉的时间，而孤儿则必须听从号声的指挥，像军人一样迈着整齐的步伐前往指定场所。对那些违反纪律的孤儿来说，杜塞尔塔尔救济院像极了狄更斯笔下残酷的孤儿院。然而，由于政府当局只提供了最低限度的社会保障，杜塞尔塔尔救济院与其他资助者自愿成立的许多类似机构一样，是对社会保障体系不可或缺的有益补充。1823 年，杜塞尔塔尔救济院得到官方认可，成了弃儿集散中心，被杜塞尔多夫的市政当局用来收容在城市周边发现的弃儿。

拿破仑战争结束后出现的新教传教会、宗教学会、宗教团体代表了背景各不相同的社会群体。此类组织的创立者大都是来自社会精英阶层的富人（他们也大都是政治精英），这主要是因为，只有精英阶层的成员才拥有足够的财力和影响力，既可以出资购买成立组织所需的场地和设备，又能够向政府施加影响力，为自己成立的组织争取到特权。此外，在普鲁士全国各省的小镇和村庄，此类组织还拥有规模庞大的支持网络，其中的绝大部分成员都是手工业者。他们会把自己组织起来，成立附属协会，利用召开会议的机会来祈祷、阅读《圣经》、讨论问题、为传播基督教信仰的活动募捐。信徒自愿成立的组织（Vereine）在 19 世纪的福音主义运动中起到了十分重要的作用——这是一种意义重大的新现象。信徒自愿成立的组织也许并不能与尤尔根·哈贝马斯笔下理想化的布尔乔亚"公共领域"画上等号，具有多疑、善批判、好争论的特点，但不可否认的是，此类组织表现出了民众自发成立组织的强烈冲动，能够为原始政治关系网络和原始政党的形成提供动力。19 世纪时，民众自愿参与社会活动的意愿令中等阶层和中下阶层发生了翻天覆地的变化，而信徒自愿成立的宗教组织正是推动这种转变的一股力量。

普鲁士的新教复兴运动大都有打破束缚的倾向,会尝试寻找在教会的制度架构之外表达自身观点的方式。觉醒的基督徒仍然十分重视在教堂内举行的宗教仪式,认为这是接受教化的可选途径之一,但他们更加看重在私人场合举行仪式,用一位觉醒的基督徒的话来讲就是,"举行私人宗教聚会、秘密宗教集会,把住宅、谷仓、田野当作布道的场所"。[56] 一些觉醒的新教信徒对官方教会的制度架构嗤之以鼻,公然宣称教堂不过是"石房子",而管理教堂的牧师则只是"身穿黑袍的人"。[57] 在普鲁士的某些农村地区,当地的农民更愿意自己举办祈祷会,而非参加由官方教会的牧师主持的宗教仪式。波美拉尼亚境内有一个名叫雷登廷的贵族庄园,生活在这块领地上的农民从1819年起开始举办此类祈祷会,领主卡尔·冯·贝洛和古斯塔夫·冯·贝洛也对此大开绿灯。祈祷会的参加者中有一个名叫杜巴赫的牧羊人,因为擅长即兴讲道而出了名。据传,有一次,杜巴赫在布道词结束后跳下讲道台,脚踢跪拜在地的信徒,一边踩住他们的后脖颈,一边大叫道"趴低点儿,这样你们才会变得更谦卑!",甚至连领主本人也狠狠地挨了一脚。[58] 此类魅力超凡的祈祷会的目的并不仅仅是补充原有的宗教仪式,而是打算完全取代官方教会的宗教仪式;在雷登廷庄园,觉醒的基督徒得到的建议是,远离本地区的牧师,不要听他讲道,也不要接受他与信仰相关的建议。换言之,复兴运动提倡的福音主义出现了更为激进的分支,其支持者已经开始与国家承认的官方宗教制度公开对抗。复兴运动"分离主义者"指那些希望与官方教会彻底划清界限的基督徒,他们不想让教会以任何形式干涉自己的生活,即便是为婴儿施洗之类按法律规定必须由牧师主持的宗教仪式也不例外。

就这一点而论,分离主义者很有可能与世俗权威爆发冲突。

1815年之后，普政府开始采用更具侵略性的手段来干涉国民的宗教生活。1817年9月27日，弗里德里希·威廉三世宣布他打算把路德宗和加尔文宗的教会合二为一，成立一个普鲁士"福音基督教会"，也就是之后的"普鲁士联合教会"。弗里德里希·威廉亲自主持设计了这套全新的教会架构。他东拼西凑，借鉴德意志教会、瑞典教会、英国国教、胡格诺派的祈祷书，为联合教会制定了一套全新的礼拜仪式。他对如何装饰祭坛、使用蜡烛、穿披圣衣、使用十字架做出了规定。他的目的是，创建出复合型的宗教仪式，从而同时照顾到加尔文宗信徒和路德宗信徒的宗教情感。霍亨索伦王朝的统治者在历史上一直都在设法弥合君主与臣民在宗教信仰上的鸿沟，而弗里德里希·威廉三世为成立联合教会所付出的努力是这段漫长历史的最后一个篇章。弗里德里希·威廉对联合教会寄予厚望，把大量的精力倾注于教会的建立工作中。他之所以会这样做，也许在一定程度上是出于私心：他本人信奉加尔文宗，而他已故的妻子路易丝则信奉路德宗，夫妻二人的宗教信仰存在差异，所以一直都没法一起领圣餐。此外，拿破仑战争结束后，普鲁士国内信奉天主教的少数人口数量大增，所以弗里德里希·威廉也认为，建立联合教会可以加强新教的教会结构，从而更好地应对天主教造成的挑战。[59]

促使弗里德里希·威廉三世建立联合教会的最主要动机是，他一方面希望普鲁士王国的宗教生活变得更有秩序、更加一致，另一方面又想要未雨绸缪，预防宗教复兴运动有可能引发的无政府状态。弗里德里希·威廉是一位奉行新专制主义的统治者，对大量出现的宗派有着一种本能的厌恶。在整个1820年代，新成立的宗教、健康及教育事务部（Kultusministerium；该部门与联合教会一样，成立时间也是1817年）的主管大臣阿尔滕施泰因一直都在密切关注各个宗派在国内外的发展情况。在瑞士的山谷中活动的哈斯利派、格林德尔瓦尔德派、劳特布伦嫩派是阿尔滕施泰因重点关注的对象——据传,这几个宗派的追随者会在祈祷的时候赤身裸体,原因是他们认为衣服是罪恶和羞耻的标志。宗教、健康及教育事务部除了编写宗派出版物的列表、为反对宗派主义的文章发放出版补助,还一直在密切监视各类宗教团体和组织的活动情况。[60] 弗里德里希·威廉认为,普鲁士联合教会的宗教仪式和符号文化既有教育性,又浅显易懂,可以抵消宗派产生的离心力——就这一点而论,他与1801年签订《教务专约》[①],想要弥合法国天主教徒内部因为大革命而出现的鸿沟的拿破仑十分相似。[61]

我们会发现,弗里德里希·威廉着意实现的核心目标是,让教会具有统一的特性,而这种特性呈现出后拿破仑时期的色彩:圣衣要像军服那样简化和一致;用统一的礼拜仪式取代在18世纪已成惯例的多元地方性仪式;甚至设计标准化教堂(Normkirchen),用预制件按照统一的标准来组装,根据村庄和城镇的规模来调整大小。[62] 弗里德里希·威廉似乎认为,普鲁士王国的宗教生活与教会的多元化问题密不可分,只要让前者恢复常态,那么后者就一定会迎刃而解——他对帮助自己建立联合教会的亲信艾勒特主教说道:"要是随便哪一个蠢货牧师都想要发表自己的那点儿不成熟的想法,就好像在市场上叫卖的商贩一样……那会有——或者说又能有——什么结果呢?"[63]

建立联合教会的整合工作在最开始时进行得还算顺利,但到了19世纪30年代,反对的声量突然急剧增强。这在一定程度上是因为,普政府不断扩大联合教会的职权范围,渐渐地让联合教会针对礼拜仪式的规定成了适用于普鲁士全国所有新教公共礼拜的硬性规定。许多新教信徒都十分反对这种强制性的做法。另一个更为重要的原因

---

① 《教务专约》承认了罗马天主教会在法国的合法地位,从而消除了天主教徒对革命政权的敌意。

是，新教复兴运动的本质发生了变化。最开始时涵盖了所有新教信仰的新教复兴运动在1830年前后开始表现出越来越明显的宗派色彩。路德宗的复兴势头尤其强劲，这在一定程度上是因为，1830年恰巧是1530年路德宗关键教义《奥格斯堡信纲》颁布300周年。路德宗复兴运动形成了足够的压力，催生出了老路德宗运动，其目标是为路德宗的信徒争取退出普鲁士联合教会的权利。

路德宗的信徒对路德宗传统的礼拜仪式有着深厚的感情，这一方面是普鲁士联合教会试图改变的东西，另一方面又形成了老路德宗运动的情感核心。在老路德宗运动煽动活动的高峰时期，普鲁士王国全国受到警方监视的路德宗分离主义活跃分子的总人数达到了1万上下，其中绝大多数人都在西里西亚境内活动，那里紧邻路德宗的核心腹地萨克森，深受路德宗信仰的影响。面对老路德宗运动的抵抗，弗里德里希·威廉在深感愤怒的同时，又打心底里搞不清楚事情为什么会变成这样。他认为自己创立的联合教会是一个具有包容性的教会，能够为所有信奉新教的基督徒提供一个舒适的家园——怎么会有人跳出来反对呢？普政府的掌权者遭到君主的再三催促，结果犯下了所有常见的错误。他们最大的错误是，认为老路德宗运动的参与者不过是一群容易上当受骗的人，他们出来闹事完全是因为受到了妖言惑众的煽动者的鼓惑。1836年6月的一份报告宣称，齐利绍地区的600个分离主义者全都是"脑子不太灵光的人"，他们"穷得叮当响，完全是光脚的不怕穿鞋的"，很容易受到"狂热的传道者的鼓惑"。[64]

普政府认为，只要把领头闹事的人控制起来，老路德宗运动就会作鸟兽散，于是便把宣扬分离主义的传道者当作重点打击对象，除了开出巨额罚单、把他们关进监狱，还派兵前往路德宗的教众立场坚定、不愿服从政府意志的地区驻扎。可以预见的是，这些措施全都徒劳无功。西里西亚的居民笃信路德宗，为老路德宗的分离主义运动提供了深厚的群众基础。19世纪30年代的中早期，该地区的路德宗团体接连递交请愿书，上面布满了佃户和日工像好似涂鸦的签名，展现出当地居民对路德宗传统话语及精神的深厚感情："我们无意标新立异，只是想传承父辈的教诲。"[65]当局的强力镇压手段激起了民众对饱受欺凌的路德宗信徒的同情，结果反倒在19世纪30年代促使老路德宗运动从西里西亚传播到了邻近的波森省、萨克森省①、勃兰登堡省。当局加大镇压力度后，老路德宗运动转入地下活动，接连召开秘密宗教会议，在会上为路德宗的非法教会组织制定了规则和程序。因为传播分离主义思想而丢掉圣职的牧师森克尔伪装成各种身份，在西里西亚境内四处游走，以违犯法律的方式为追随者主持圣礼，直到1838年仍然十分活跃。《维尔茨堡新报》( Neue Würzburger Zeitung )在1838年6月的一份报道中宣称，最近森克尔在拉蒂博尔男扮女装，以便在地下室为路德宗的信徒主持圣餐礼。[66]

除了上文提到的执法难问题，普政府还遇到了一个更为根本的阻碍：无法确定针对分离主义者的措施到底有没有法律依据。18世纪末，普鲁士的政府官员大都认为当局应当维持现有宗派团体的自主权。沃尔纳在1788年7月9日颁布的《宗教敕令》中承认，"基督教的三个主流宗派"有权得到君主的保护。1794年的《普鲁士一般邦法》中没有任何明确的规定可以被政府用作主动插手宗教事务的依据。《普鲁士一般邦法》规定，良知不可侵犯和信仰自由是臣民不可动摇的基本权利；国家放弃了所有对个人的宗教信仰施加影响的权力。《普鲁士一般邦法》一方面列出了允许存在的"宗教团体"，另一方面又宣称所有合法的宗派在法律面前一律平等，从而至少在理论上让允许存在的"宗教派别"获得了与官方教会等同的地位，同样也

---

① 萨克森省主要由原萨克森王国的北半部分组成（见第499—500页）。

可以得到国家的保护。因此,国家既无权"把象征性的书籍作为具有约束性的教义强加于人",也不能以牧师宣扬的教义存在问题为由免除其圣职。1791—1792年,法学家卡尔·戈特利布·斯瓦雷茨为尚未继承王位的弗里德里希·威廉三世解释了相关的法律规定,指出国家无权采取上述行动,只有相关的宗教团体才拥有相应的决定权。所以说,《普鲁士一般邦法》并没有相关的规定,可以为普政府在19世纪30年代针对路德宗分离主义者的镇压措施提供法律依据。

按照《普鲁士一般邦法》的规定,成立新的宗派必须事先获得政府的批准,但问题在于,指责路德宗的信徒成立了新宗派的说法实在是太过牵强。从分离主义者的角度来看,在普鲁士成立新宗派的人并不是持不同意见的路德宗信徒,而是政府当局。从《奥格斯堡和约》生效的那一天起,路德宗就已经成了在德意志诸国得到承认,可以公开活动的宗派。在西里西亚,路德宗信徒的宗教宽容权先是在1740年得到了弗里德里希大王的保证,之后又在1798年得到了弗里德里希·威廉三世的再次确认。所以说,分离主义者很清楚,政府镇压老路德宗运动的做法在法律上是站不住脚的。分离主义者经常在请愿书中引用《普鲁士一般邦法》的关键法条,列出可以公开活动的宗教团体依法拥有的各项权利和法律自主权。分离主义者宣称,他们之所以与政府对抗,是因为他们受到了良知(Gewissen)的驱使,从而把自己的反抗姿态与《普鲁士一般邦法》赋予臣民的基本权利挂上了钩。

在上述所有因素的共同作用下,内政大臣冯·罗乔和他的同僚试图镇压老路德宗运动的努力以失败告终,但他们的高压政策也的确起到了一定的效果,迫使数以千计的分离主义者背井离乡,前往北美和澳大利亚寻找新生活。正因为如此,居住在奥得河两岸的普鲁士人才会看到这样的奇景:一艘又一艘驳船沿河北上,船上载满了遵纪守法、高唱赞美诗的路德宗信徒,他们准备在抵达汉堡后换乘前往伦敦的客船,之后再乘船前往南澳大利亚,从而彻底逃离普政府的宗教迫害。这就好像是历史重新上演了萨尔茨堡新教信徒(同样是路德宗的信徒!)的大迁徙,区别在于普政府在这第二次迁徙中扮演了完全相反的角色。这场大迁徙得到了德意志诸国新闻媒体的广泛报道,结果变成了一件令普政府极其尴尬的事情。直到1845年,弗里德里希·威廉四世宣布赦免所有的分离主义者,允许路德宗的信徒在普鲁士境内成立拥有自主权的教会组织,老路德宗运动与政府的冲突才终于平息了下来。

不同宗派间的身份差异变得更为明显之后,国家与天主教臣民之间的关系同样也受到了不良的影响。1815年欧洲的版图被重新划分后,生活在普鲁士境内的天主教徒数量大增。天主教与新教一样,

图38 位于南澳大利亚克莱姆齐格的老路德宗定居点。乔治·弗伦奇·安加斯绘,1845年

第十二章 上帝的历史征途

也因为宗教复兴运动而发生了翻天覆地的变化。天主教信徒放弃了强调理性主义的启蒙思想，变得更加注重感情、神秘主义、上帝的启示。民间朝圣活动蔚然成风，其中最为著名的当数1844年以特里尔城为终点的朝圣——50万名天主教徒齐聚莱茵兰的特里尔城，想要目睹一件据传耶稣在前往十字架的路上身披的长袍。"越山主义"的崛起与天主教复兴运动密切相关——"越山"二字的含义是，罗马位于阿尔卑斯山的另一侧（ultra montes）。越山主义者提出，教会是一个中央集权的跨国机构，必须严格地服从罗马教廷的权威。他们认为，让教会严格服从教皇的权威是最有效的方法，可以防止国家插手教会的内部事务。对莱茵兰的天主教徒来说，这是一个十分新颖的观点，因为在历史上，莱茵兰的各个主教区一直都以独立自主为傲，对罗马教廷的权威持怀疑态度。越山主义者的目的是，设法令信奉天主教的各个地区千差万别的宗教文化向罗马教廷提倡的规范靠拢。在这一过程中，在以特里尔为代表的莱茵兰拥有主教座堂的各大城市，使用方言的古老宗教仪式淡出了历史舞台，被使用拉丁语、符合罗马教廷规定的标准仪式取代。

1837年，父母一方是天主教徒，另一方是新教信徒的儿童的教育问题在莱茵兰地区引发了巨大的争议，显露了这种全新的"罗马化"天主教信仰引发冲突的可能性。天主教的教义规定，如果男女双方中有一方是新教信徒，那么主持婚礼的神父必须首先让信仰新教的一方在保证书上签字，承诺子女必须接受天主教教育，否则婚姻圣事就无法进行。普鲁士的法律规定，（本着不同的宗派在法律面前一律平等的精神）如果父母双方的信仰属于不同的宗派，那么子女的教育就应当遵从父亲的宗教信仰，所以天主教会的做法并不合法。在拿破仑战争刚刚结束的那些年间，中央政府与莱茵兰地区的天主教神职人员达成了妥协：主持婚礼的神父只是会敦促信仰新教的一方用天主教的方式教育子女，但不会把在保证书上签字当作完成婚姻圣事的前提条件。然而，到了1835年，越山主义的强硬派人物成了科隆大主教，导致莱茵兰地区的天主教会无法继续在这一问题上与政府妥协。新任科隆大主教克莱门斯·奥古斯特·德罗斯特－维舍林伯爵在教皇格列高利十六世的支持下单方面宣布，信仰不是天主教的基督徒想要与天主教徒通婚，必须首先就子女的教育问题签订保证书。

弗里德里希·威廉三世以普鲁士联合教会的领袖和"至高主教"自居，在他看来，莱茵兰天主教会的政策调整直接挑战了自己的权威。弗里德里希·威廉与教会展开谈判，试图重新达成妥协，在谈判失败后于1837年11月签发了对德罗斯特－维舍林的逮捕令——他身边的大臣指出，这件事的要紧之处在于，"展现出与国王的至高权力相比，天主教会的权势是多么不值一提"。[67]政府一方面在暗地里向科隆增兵，准备应对当地一切有可能发生的骚乱，另一方面派人逮捕德罗斯特－维舍林大主教，把他从主教宫押送到明登要塞软禁了起来，禁止他正式接见任何访客，也不允许他讨论教会事务。弗里德里希·威廉颁布法令，规定强制签订保证书的做法是违法行为之后，普鲁士天主教会的态度也变得强硬了起来。在有大量天主教徒（包括许多波兰人）聚居的普鲁士东部边境地区，格涅兹诺及波森大主教马丁·冯·杜宁正式宣布，所有其他宗派的信徒想要与天主教徒通婚，都必须首先签订教育保证书，结果同样遭到逮捕，被关进了科尔贝格要塞。

在政府以如此强硬的手段干涉天主教会内部事务的过程中，主要的天主教城镇爆发了抗议活动，普鲁士军队与天主教民众之间的冲突时有发生。天主教会出版教皇谴责普政府的宣言之后，天主教徒反抗上述新措施的斗争变得越来越普遍，很快就影响到了帕德博恩和明斯特——这两个教区的主教也宣布，其他宗派的信徒要想与天主教徒通婚，就必须首先签订教育保证书。到了1838年年初的那几个月，围绕着教育保证书的争议已经引发了一场规模巨大的论战。德意志诸国（及全欧洲）的报刊对论战进行了广泛的报道，市面上更是像洪水般涌现出大量的小册子，其中最为著名、传阅最为广泛的当数莱茵兰的激进越山主义天主教徒约瑟夫·格雷斯撰写的《阿塔纳修》（*Athanasius*）——他在这本言辞激烈的小册子中把普鲁士政府批得体无完肤。在西部诸省，1837—1838年的事件产生了长时间的影响，导致天主教徒的观点变得更加激进。将会在未来成为普鲁士的政坛巨擘、当时刚刚二十岁出头的奥托·冯·俾斯麦作为一个普通的新教信徒，怀着既着迷又愤怒的心情旁观了这场斗争。

得到政府认可的教会以及形形色色的宗派主义、分离主义运动并不能完全代表普鲁士人的精神生活。在教会的边缘，不同种类的宗教信仰、宗教实践形成了多到数不胜数的夹缝，为各式各样虽然偏离了正轨，却能把正统教义与民间信仰、推测性的自然哲学、伪科学完美融合在一起的思想提供了生存空间。如果把得到政府认可的宗教信仰比作铺路石，那么这些思想就是坚韧的杂草，只要铺路石之间出现了缝隙，就会不停地生长。宗教复兴运动释放出来的能量在一定程度上为这些思想的发展提供了养分。拿破仑战争结束后，在信奉天主教的农村地区和小城镇，民众对神秘主义和奇迹的推崇大行其道，稍不小心就会演变成盲从和迷信。聪斯坐落在莱茵河畔，是一座位于科隆和杜塞尔多夫之间的小镇；1822年夏末，流言传播开来，宣称聪斯的天主教小教堂内有一幅圣母马利亚的画像，画像的上方会"发出火光，就好似发生了奇迹一样"。得知朝圣的人潮开始涌向聪斯后，科隆、亚琛两地的教会当局发起调查，结果发现只是阳光经过窗玻璃折射后产生的现象，之后决定出面辟谣，劝说教徒不要继续前往聪斯的教堂朝圣。教会当局必须时刻警惕地方上这种难以控制的宗教热情。[68]

天主教的教会当局与新教的世俗权威没有多费口舌，就对应当如何处理聪斯的"火光"事件达成了一致；然而，在面对其他形式的奇迹时，问题就没这么简单了，原因是不少奇迹都处在民间巫术与民众信仰之间的灰色地带。在普属莱茵兰地区，一种"治疗"狂犬病的土办法十分流行，认为如果有人患上了狂犬病，就应当在病人的额头上拉个口子，把从圣胡贝图斯①的圣祠取来的丝线放在伤口上——虽然政府对此嗤之以鼻，但莱茵兰地区的（大部分）教会却愿意容许信徒用这种方法来治疗。19世纪二三十年代，在莱茵兰地区，觉醒的天主教信仰的一个特点是，渴望建立起桥梁，把神学与那个历史时期包括催眠术、动物磁性说在内的各种荒诞的推测性科学和自然哲学联系起来。[69]

在新教信徒中间，宗教信仰同样也会与民间巫术发生互动，产生令政府当局紧张不安的后果。1824年，政府收到报告，得知托尔高镇（位于普属萨克森境内）有一个名叫约翰·戈特利布·格拉贝的小马倌，他擅长用祈祷、咒语、巫术、动物磁性来给人治病，每天能"治愈"一百多个"病患"。政府命令柏林的夏里特医院展开调查，最终得出结论，宣布格拉贝没有为人治病的能力，但这并不足以减少他作为医者的魅力。据传，托尔高镇的某位商人甚至购买了格拉贝的皮裤，原因是他认为皮裤上有格拉贝残留的动物磁性，可以强身健体。[70]1842年，莱茵兰地区的纽拉特村出了一个信奉天主教、名叫海因里希·莫尔的牧羊人，他擅长为人治病，每天能吸引一千人前来问诊，其中还包括许多从其他地区慕名而来的人——与他相关的传闻受到舆论关注，引发了激烈的争议。那个历史时期的医学十分落后，

---

① 圣胡贝图斯是猎人、皮货商、捕兽人的主保圣人，中世纪的传说认为，他得到了圣母马利亚的披风，从披风上抽出来的丝线有治疗狂犬病的功效。

对绝大多数的慢性疾病都束手无策，无法满足民众求医问药的需求，从而为莫尔这种人物的出现创造了条件。然而，病患最希望得到的并不是治疗，而是莫尔的"祝福"——这是一个令天主教教会当局尤其警惕的细节，因为这意味着平信徒有可能篡夺原本完全属于圣职人员的权力。[71]

19世纪30年代末，柯尼斯堡出现了一个以特立独行的传教士约翰·威廉·埃贝尔、海因里希·迪斯特尔为核心的"宗派"。给这个宗派定位不是一件容易的事情。这两个传教士以折中的实用神学为基础，为追随者提供现在所说的婚姻咨询，在此过程中把从前基督教时代的自然哲学中提取出来的理念与信徒对千禧年的企盼、体液学说，以及19世纪中期的民众对婚姻和性生活先入为主的看法拼凑到了一起。埃贝尔和迪斯特尔借鉴东普鲁士的千禧年神秘主义学者约翰·弗里德里希·舍恩赫尔的学说，提出从本质上讲，云雨之事再现了创世的时刻，那时一个巨大的火球与一个巨大的水球发生碰撞，形成了宇宙。[72] 因而，男（火）女（水）之间的性行为具有宇宙层面的内在意义和价值，任何形式的和谐婚姻关系都应当接受它，把它作为婚姻的基本特征来培养。他们建议宗派的男性成员行房的时候点着灯，而不是摸着黑，因为只有这样才能驱散色情的幻想，把"盲目的欲望"转化成"对妻子意识清醒的爱慕"。[73] 此外，他们还敦促包括女性在内的所有宗派成员主动地在性生活中寻找乐趣。他们的宗派在柯尼斯堡吸引了不少地位很高的市民，甚至还包括一些执掌市政大权的家庭的男女成员。

在这一套鼓励水火碰撞的理论的驱使下，宗派内的气氛变得相当热烈，出现了成员意外怀孕的情况。流言蜚语就这样传播了开来，声称埃贝尔和迪斯特尔鼓励成员放纵性欲，发生婚外性关系。流言的传播者异想天开，宣称该宗派的男女成员在参加"秘密集会"的时候赤身裸体，而刚刚加入宗派的成员则应当接受所谓的"天使之吻"，"做出最令人不齿的放纵行为"，甚至还有"两位年轻的女士太过兴奋，死于纵欲过度"。[74]特奥多尔·冯·舍恩与该宗派的好几个成员有私交，但还是不得不主持案件的调查工作，这令他非常尴尬。调查结束后，当局对被告进行了审判。在信奉新教的德意志诸国，这场审判成了所谓的"狂热者审判"（Muckerprozess），新闻媒体争相发表相关报道，引发了激烈的争议。[75]我们通常会认为，宗教是一股有助于维护社会稳定的力量，但在两次革命之间的那数十年间情况却并非如此，原因是在这段时间里，得到官方认可的宗派的正典化集体外部身份与那套糅合了个人的需求与欲望、被我们称作"宗教狂热"的大杂烩之间的界限已经变得模糊不清。

## 举国传教

在普鲁士，世俗权威与在人口中占比最高的新教信徒的宗教生活、宗教实践的紧密联系，对普鲁士的犹太人产生了深远的影响。多姆呼吁解放犹太人的著名文章《论提高犹太人的公民地位》（1781年）在发表后引发了论战，绝大多数评论家最终都达成一致，认同了多姆从世俗角度诠释国家的任务与责任的观点；既没有评论家提出，宗教信仰的差异可以作为证明犹太人的确没资格拥有平等公民权的充分依据，也没有人认为，让犹太人皈依基督教是解决犹太人地位问题的唯一途径、必要手段。哈登贝格的犹太人解放法令同样也体现了类似的世俗精神。1812年，改革派想要实现的目标并不是让犹太人在宗教上皈依（基督教），而是让犹太人在世俗的层面上没有任何保留地成为普鲁士"民族"的一员。此后，局势发生了巨大的变化。犹太人解放法令生效后，在普鲁士的核心省份定居的犹太人不再是得到国王陛下的容许，可以在普鲁士的土地上生活的"异邦人"，而是成了"国家的公民"，拥有与信奉基督教的公民等同的地位。此时的普鲁士掌权者必须回答这样一个问题：既然犹太人已经获准作为个人平等地参与经济及社会生活，那么是不是应当更进一步，允许他们参与国家的公共生活呢？要回答这个问题，就必须首先搞清楚国家和政府机构的存在目的到底是什么。

1815年之后，普鲁士重新开始把宗教视为解决犹太人地位问题的关键所在，这既是普鲁士的犹太人政策在这一历史时期最引人注目的特点，又是令普鲁士在犹太人问题上与绝大多数德意志国家分道扬镳的重要发展。1816年，普鲁士的大臣议事会就上述问题展开讨论，财政部在会上提交了一份篇幅很长的备忘录，开篇是对宗教地位进行的一般性思考，指出要建立自信的独立国家，那么宗教就是唯一的真正基础——备忘录宣称，"有凝聚力的独立民族"应当由"珍视相同基本理念"的成员组成，而宗教是凝聚力足够强大的唯一纽带，可以把人民团结成"同心同德的整体"，让他们在"受到外敌威胁的时候"采取一致而又坚定的行动。接下来，备忘录又提出建议，认为"应当降低犹太人皈依基督教的难度，同时让皈依基督教的犹太人获得所有的公民权"，但"如果犹太人［仍然］是犹太人，就绝对不能允许他在国家的公共生活中拥有一席之地"。[76] 各省下辖的政府机构也提出了相同的论调：1819年，莱茵兰阿恩斯贝格的区政府递交报告，断言宗教已经成了犹太人解放政策的主要障碍，提出国家应当出台措施，促使犹太人皈依基督教。1820年，明斯特地区的地方官递交报告，提出应当让成年的犹太人接受强制性的基督教教育，同时让那些皈依基督教的犹太人得到特殊优待。[77]

上述观点得到了弗里德里希·威廉三世的认可。犹太人数学家达维德·翁格尔是普鲁士的公民，他递交了申请，想要在柏林建筑学院任教（这是一个由普鲁士中央政府支付薪酬的岗位），结果得到了弗里德里希·威廉亲自给出的回应：如果他愿意"皈依基督教，加入福音教会"（即普鲁士联合教会），那么政府就会重新考虑他的申请。犹太人军官梅诺·伯格中尉的遭遇与翁格尔如出一辙。他在1812年以志愿来复枪兵的身份加入了掷弹兵卫队，之后屡立军功。1830年，伯格本应晋升为上尉，但弗里德里希·威廉却以内阁令的方式表达了反对意见，提出伯格与普鲁士的军官一起接受教育、一起生活，应当早就体会到了基督教信仰的真谛，意识到基督教有救赎灵魂的力量，所以可以做出正确的决定，"扫清晋升道路上的障碍"。[78] 除了上述临时性的干涉措施，弗里德里希·威廉三世还积极推动促使犹太人皈依基督教的工作，为此专门设立了一项王室奖金，用来奖励那些皈依了基督教，在教会的洗礼记录中把国王认作名义"教父"的犹太人。此外，中央政府还采取了一系列措施，用来防止那些计划与犹太人结婚的女性基督徒皈依犹太教，尽管这样做的法律依据十分薄弱，原因是《普鲁士一般邦法》规定，年满14岁的普鲁士人可以自由地改信任何允许存在的"宗教派别"。[79]

相关的政府措施还包括禁止基督教神职人员参加犹太教节庆活动（比如犹太人的婚礼、犹太教成人礼）的禁令，以及1816年、1836年、1839年先后三次颁布的禁止犹太人使用基督教教名的禁令——这样做是为了防止把基督徒团体与犹太人团体分隔开来的社会及法律边界变得模糊不清。最后，弗里德里希·威廉三世还出面支持"柏林犹太人基督教传播会"的工作，该组织在柯尼斯堡、布雷斯劳、波森、斯德丁、奥得河畔法兰克福设立的下属协会，以及在一些规模更小的城镇设立的分支机构都到了他的帮助。传教士在犹太人人口密度最高的地区波森省设立免费学校，利用刚刚颁布的基础教育法吸引犹太学童进入由他们担任教师的课堂接受教育。普鲁士的中央政府已经变成了传教机构。[80]

弗里德里希·威廉三世的政策倾向在1815年之后的转变可以证明，他逐渐放弃了年轻时从启蒙主义的导师那里接受的理念，不再认为宗教是用来治理社会的工具，而是开始认为，也许可以把实现宗教上的目的当作国家存在的理由。1821年，他说了这样一段话："无论呼吁宗教宽容的声音变得多么强烈，也必须明确底线，绝不能让宗教宽容成为人类在寻求救赎的道路上倒退哪怕一步的理由。"[81] 到了1840年代，"基督教国家"的概念已经广为使用；1847年，联合议会就是否应当允许犹太人担任国家公职进行了辩论，一位在柏林大学任教，名叫弗里德里希·尤利乌斯·施塔尔的保守派法学教授在辩论结束后著书立说，想要让"基督教国家"的概念在理论上变得具有一定的连贯性。作为一个皈依基督教的犹太人，施塔尔在《基督教国家》（*The Christian State*）一书中提出，既然国家"揭示了民族的道德精神"，那么国家本身就必须表现出"基督教民众的精神"。所以说，让犹太人（和其他不信基督教的人）担任国家公职简直是不可想象的事情。[82]

可以理解的是，犹太新闻工作者义愤填膺，宣称"基督教国家的幽灵"只是"最新的借口，目的是阻止我们犹太人获得应有的权利"。[83] 然而，并非只是如此而已。拿破仑战争结束后，基督教国家主义之所以能够在普鲁士站稳脚跟，是因为它为当时新教信仰所具有的积极传播福音的乌托邦式冲动提供了发泄的渠道。此外，基督教国家主义虽然十分狭隘，却阐述了国家的终极道德目标。它抛开民族，以宗教为基础，找到了国家与社会之间的共同之处，从而开辟了另一条道路，避开了在1815年之后严重威胁德意志诸侯领土主权的民族主义。为了获得这些难以描述的好处，普鲁士的君主制度付出了沉重的代价。拿破仑战争结束后，普政府在处理宗派问题的时候奉行极具侵略性的国家主义，结果让宗教异议与政治异议之间的界限变得模糊不清。神学上的讨论和宗派的归属问题染上了政治的色彩，政治异议则反过来又带上了神学色彩——异议在变得更为绝对的同时，触及面也增加了。

## 登上神坛的国家

1831年，普鲁士王国总共有13 151 883名臣民，其中有大约543万（约41%）生活在萨克森省、莱茵兰省、威斯特法伦省这三个直到1815年才并入普鲁士版图的省份。如果再加上波森大公国，那么新臣民在全国人口中所占的比例就会上升到将近50%——1793年，波森大公国在波兰遭到第二次瓜分时成为普鲁士的领土，之后又按照1807年签订的《提尔西特和约》的规定，并入了拿破仑创建的华沙大公国，直到1815年才"回归"普鲁士。中央政府必须再一次启动把新臣民塑造成普鲁士人的工作。这并不是一个只有普鲁士才必须面对的问题——在经历了拿破仑时代的动荡之后，巴登、符腾堡、巴伐利亚全都获得了大片的新领土。然而，这三个国家全都建立了全国议会，以及统一的行政和司法架构，从而加快了新臣民的融入过程，而普鲁士则既没有成立"国家"议会，也没有颁布"国家"宪法。

此外，在行政领域，普鲁士同样仍四分五裂。普鲁士一直都没能建立起统一的法律架构。19世纪20年代，柏林当局想要以零敲碎打的方式来实现法律体系的一体化，但问题在于，在西部诸省，莱茵兰法律体系（也就是拿破仑法律体系）仍然有效，意味着这些省份的司法人员必须在莱茵兰或威斯特法伦境内接受培训。在19世纪的头五十年，除了设在柏林的"秘密最高法院"（Geheime Obertribunal），普鲁士国内还有其他四个最高法院，包括一个管辖莱茵兰的、一个管辖波森的，以及一个设在格赖夫斯瓦尔德，管辖原瑞属波美拉尼亚的法院。[84] 原瑞属波美拉尼亚保留了传统的法律、传统的社区、城市自治政府，以及独具特色的市政制度。[85] 莱茵兰地区也保留了法国占领当局建立的相对自由的地方治理体系。[86] 在绝大多数其他的省份，《普鲁士一般邦法》的使用掩盖了法律和法规在地方层面上存在的巨大差异。1812年3月11日的犹太人解放法令并不适用于1815年并入普鲁士的省份，所以普鲁士王国的犹太臣民必须接受至少33种不同法律的管辖。某地区的地方当局指出，中央政府向各省、各地区做出了彻底的让步——至少就对犹太人的司法管辖而论，情况的确如此。[87]

所以说，普鲁士在1840年的司法一体化程度反倒比1813年还要低。这种司法碎片化的现象是值得强调的，原因是经常有人认为，普鲁士是中央集权国家的典范。然而，施泰因推行的市政改革重点恰恰是下放权力，从而建立起了在当时广受推崇的城市自治政府体系。即便是到了1831年，政府在威斯特法伦颁布更为保守的《市政法（修订版）》的时候，与拿破仑的体系相比，这套新的体系仍然能让各城镇获得更大的自治权。[88] 在拿破仑战争结束后的那个历史时期，普鲁士中央政府的各大机构在处理与各省权贵的关系时表现得恭恭敬敬，而各省的精英阶层则对自己的特殊身份有着十分明确的认识——这一点在靠近边境的东部及西部诸省表现得尤为明显。各省全都拥有省议会，但普鲁士王国却没有建立全国议会，从而进一步加强了这一趋势。1823年的宪政问题解决方案的一个效果是，以削弱普鲁士的全国利益为代价，增强了各省的重要性。1851年，一位造访柯尼斯堡的旅人得知，东普鲁士"并非仅仅是一个省份"，而是一片独立自主的土地。从这个角度来看，普鲁士仍然实行着一套准联邦的体系。[89]

既然中央政府决定下放权力，以注重实用性的方式来治理国家，那么这就意味着政府默许了文化多样性的存在。无论是从语言的角度来看，还是从文化上讲，19世纪早期的普鲁士都可以算作一床百衲被。按语言来划分，居住在西普鲁士、波森、西里西亚的波兰人是人数最多的少数民族；马祖里人居住在东普鲁士南部的各地区，他们的母语是各式各样的波兰语农村方言；卡舒布人在但泽的腹地定居，他们的母语是另一种波兰语方言。在原本属于克莱沃公国的地区，直到19世纪中叶，荷兰语仍然是广泛使用的教学语言。奥伊彭-马尔梅迪地区是位于比利时东部的一小块土地，在1815年并入了普鲁士——直到1876年为止，在该地区的瓦隆人聚居区，法语一直都是学校、法庭及政府机构使用的语言。[90]"菲利波嫩人"指那些在1828—1832年逃离俄国，在马祖里地区定居的"旧礼仪派"信徒，他们的母语是俄语——直至今日，马祖里地区也仍然保留着他们独具特色的木结构教堂。上西里西亚分布有捷克人的聚居区；科特布斯地区境内有索布人①定居；施普雷林山距离柏林不远，山中零散分布着许多文德人的村落，其母语是古斯拉夫语方言。库尔斯沙嘴是一片位于波罗的海沿岸的狭长沙洲，库伦人在这里艰苦度日，把欧洲北部这片极其荒凉和令人惆怅的土地当作家园。他们以拉脱维亚语的一种方言为母语，是坚韧不拔的渔民；据传，他们会以啃咬头部的方式杀死自己捕获的乌鸦，用乌鸦肉来补充以鱼类为主的单调食谱。某些地区——比如位于东普鲁士境内的贡宾嫩地区——存在三种语言同时成为主要语言的情况，原因是人数可观的马祖里人、立陶宛人、母语是德语的人混居到了一起。[91]

　　普政府在东部诸省奉行的传统政策是，把少数民族聚居区视为"殖民地"，允许它们拥有属于自己的独特文化；实际上，普政府甚至还会支持方言，让它们成为传播宗教信仰、普及基础教育的载体，

---

① 索布人是西斯拉夫民族的一支。

由此巩固了它们在省内的地位。新教神职人员组成的关系网络同样也起到了重要的作用。他们除了会发放用多种方言编写的赞美诗集、《圣经》、小册子，还会在少数民族聚居区提供双语宗教服务。讲述传教活动的杂志《故事》(*Nusidavimai*)① 是普鲁士王国有史以来的第一份立陶宛语期刊，其主编是一位在立陶宛人聚居区工作，母语为德语的牧师。[92] 在让立陶宛语、立陶宛的民俗传统获得更为广泛文化关注的过程中，母语是德语的普鲁士人——比如政治家、学者威廉·冯·洪堡，又比如在柯尼斯堡大学任教的神学教授马丁·路德维希·雷萨——起到了关键的作用。[93] 直到1876年，普政府才终于颁布广泛适用的法律，把德语定为全国通用的官方语言。

所以说，用一位在19世纪40年代游历了霍亨索伦王朝治下各个省份的苏格兰旅人的话来讲就是，普鲁士仍然是一个"由碎片和补丁组成的王国"。萨穆埃尔·莱恩指出，普鲁士一词"通俗地讲既没有道德含义，也没有社会含义，而只是一个地理或政治上的概念，指代的是普鲁士政府或其治下的省份。几乎没有人把普鲁士和民族这两个词连在一起使用，至于这两个词合在一起所能代表的理念则更是闻所未闻……"[94] 莱恩对普鲁士的评价虽然透露出了不小的敌意，却仍然鞭辟入里。"普鲁士人"一词到底有着什么样的含义呢？在欧洲复辟时期②，普鲁士人与"民族"一词挂不上钩，并不是指因为拥有相同的民族身份而形成的群体。无论是在当时还是在过去，都不存在所谓的普鲁士饮食传统。此外，普鲁士人同样也没有独特的民俗、语言、方言、音乐、(除军服之外的)穿衣习惯。如果把是否拥有共同的历史当作判断特定的群体能否称为民族的标准，那么普鲁士人同样算不

---

① 完整的刊名为《在犹太人和异教徒中间传播福音的故事》。
② 欧洲复辟时期指维也纳会议至1848年革命之间，保守的统治势力建立维也纳体系，试图让欧洲恢复法国大革命之前旧秩序的时期，又名"梅特涅时代"。

上民族。此外，要想为"普鲁士精神"下定义，还必须避开那些已经被其强大的竞争对手德意志民族主义抢占的要素。这一切所造成的奇特结果是，普鲁士人的身份认同感既抽象又碎片化。

在一些人看来，普鲁士意味着法治；正因为如此，西里西亚的老路德宗分离主义者才会信心满满，把《普鲁士一般邦法》当作武器，用来对抗政府当局武断的措施。[95]在这些普鲁士国王卑微的臣民看来，《普鲁士一般邦法》是用来守护良知自由的利器，是一部可以限制国家权力，防止政府过度干预臣民生活的"宪法"。《普鲁士一般邦法》在赋予个人一定自由的同时，也包含维护公共秩序的承诺，而公共秩序是普鲁士式治国理念的另一个令人称道的特点。19世纪30年代末，也就是在"科隆事件"闹得沸沸扬扬的那段时间，一首新教歌谣传遍了大街小巷，歌谣的匿名作者把天主教神职人员的傲慢态度和专制倾向拿来与普鲁士人井井有条的生活方式进行对比：

> 对我们生活在普鲁士这片土地上的人来说
> 国王永远都是主宰；
> 我们遵守法律和秩序，
> 绝不是争吵不休的乌合之众。[96]

所以说，"普鲁士精神"意味着遵守某种秩序的承诺。守时、忠诚、诚实、仔细、严谨等在亲普鲁士文人的笔下已经变成陈词滥调的"次要美德"全都是用来实现某种高级理想的性格特点。

那么这到底是一种什么样的理想呢？弗里德里希大王去世后出现的以国王为对象的个人崇拜显然已经跟不上历史的潮流。19世纪30年代，政府竭尽所能，想要宣扬一种以君主为核心的爱国主义，却收效甚微。到了 30 年代末，政府推出了《普鲁士之歌》（*Preussenlied*），把它当作某种形式的国歌，从而表达出了一种得到了官方认可的普鲁士爱国主义情感。《普鲁士之歌》的词作者是哈尔伯施塔特文理中学的教师伯恩哈德·蒂尔施，他使用掷弹兵第二近卫团的军乐队指挥海因里希·奥古斯特·奈特哈特创作的欢快进行曲，把"我是普鲁士人，你知道我的本色吗？"这样一句铿锵有力的话作为起头的歌词，但之后马上就奴性尽显，开始用华丽的辞藻为君主歌功颂德。他在歌词中虚构了一个坚毅、矜持、有男子气概的普鲁士人，描绘了他如何"怀着敬爱与忠诚"接近王座，听到了国王像慈父一样温柔的声音。他发誓要像孝敬父亲一样为国王效忠；他感到国王的召唤让自己心潮荡漾；他指出，人民如果想要真正富强起来，就必须首先保证君主与臣民之间爱与忠诚的纽带完好无损——整首歌的歌词通篇都是类似的描述。《普鲁士之歌》虽然算得上一首不错的进行曲，却从来都没能成为脍炙人口的歌曲——这并不是一件很难解释的事情。[97]这首歌军事色彩太浓，显得太过狭隘；君主作为歌词颂扬的中心人物，形象脱离实际；歌词本身也因为语气太过低三下四而完全无法捕捉到民众热火朝天的爱国主义情感。

　　国家是唯一的一个所有普鲁士人共有的机构。在这一历史时期的普鲁士，以颂扬国家为核心的话语经历了前所未有的升级——这绝非偶然。与之前的任何一个历史时期相比，国家的威严都更令人信服，更能引起共鸣，至少在学术圈和高级官员的圈子里情况的确如此。1815 年之后，没有谁比哲学家格奥尔格·威廉·弗里德里希·黑格尔更加推崇普鲁士的国家威严。黑格尔出生在士瓦本，在 1818 年接替费希特，成了新成立的柏林大学的哲学教授。他认为，国家是一个拥有意志、理性、目的的有机体，国家的命运与所有的生物相似，必须不断地改变、成长、向前发展。国家是"理性的力量以意志为形式的自我实现"；[98]国家是一个超然的领域，能够把公民社会中疏远的、相互间存在竞争关系的"特殊利益"融合成一个具有凝聚力、拥有身份认同的整体。黑格尔对国家的反思是以神学为核心的：国家要实现近乎神圣的目的；国家是"上帝在世间的征途"；在黑格尔的笔下，国家变成了一个近乎神圣的机构，能够让组成公民社会的众多个人获得救赎，把他们融合成一个普遍的整体。

黑格尔从这一角度来看待国家的做法打破了自普芬多夫、沃尔弗时代起一直在普鲁士的政治理论家当中占据主流地位的政治思想——国家是社会创造出来的，只是社会用来应对外部及内部安全威胁的机器。[99]黑格尔强烈反对启蒙运动高潮期的理论家把国家比作机器的做法，指出这样做就相当于把"自由的人类"贬低为组成机器装置的齿轮。黑格尔提出的国家理论认为，国家不是强加于民众的构筑物，而是民众伦理实体的最高表达形态，能够建立起超然的理性秩序，是"自由的实现"。由此可见，公民社会与国家之间并不是敌对关系，而是互惠关系。国家一方面让公民社会得以以理性的方式组织起来，另一方面又依靠构成公民社会的各种特殊利益团体来维持活力，原因是每一种特殊利益团体都"起着特殊的作用，具备在特定的领域完成特定任务的能力，从而促进整体的发展"。[100]

黑格尔的观点不是自由主义的观点——他并不支持建立单一制的国家立法机构，原因是他目睹了单一制立法机构在雅各宾派掌权的法国都造成了哪些危害。尽管如此，他观点的进步性仍然是不可否认的。黑格尔虽然对雅各宾派的实验有着种种疑虑，却仍然对法国大革命大加赞赏，宣称它是"灿烂的黎明"，"所有有思想的人"都为之欢呼。黑格尔在柏林大学的课堂上指出，法国大革命代表着"世界精神无可逆转的成就"，其影响仍然在不断地展现出来。[101]黑格尔对国家的每一点思考都承认理性的中心地位，都表现出了前进的势头。黑格尔提出的政体既不允许特权阶层存在，也不承认私人司法权。此外，他还把国家抬升到了派系斗争无法触及的高度，从而提出一种令人振奋的可能性：进步——表现为对政治秩序和社会秩序做出有益的理性化改进——也许只是历史进程的必然结果，而体现这一点的正是普鲁士这个国家。[102]

从现在的视角很难体会到，对当时受过教育的普鲁士人来说，黑格尔的思想是多么醍醐灌顶。这与黑格尔的教学方法有没有魅力无关——他出了名地不善于课堂教学，上课的时候耸肩驼背，只知道站在讲台前用小到让人难以听清的声音断断续续地读讲义。霍托是柏林大学的学生，根据他的描述，黑格尔上课时"耷拉着脸，面色苍白，就好像已经跨进了鬼门关"，"他满脸愁容地坐在那里，一副疲态尽显的样子，一边讲课，一边伸长了脖子，不停地来回翻阅他那简明扼要的笔记"。卡尔·罗森克兰茨是黑格尔的另一个学生，之后还为黑格尔撰写了传记；据他回忆，黑格尔讲课的时候不仅磕磕巴巴，还不停地咳嗽、吸鼻烟。[103]

黑格尔之所以能够在普鲁士全国各地赢得大量的追随者，让他们心悦诚服，是因为他提出的理念具有极强的吸引力，而且他发明了一套极具特色的语言用来表达自己的理念。当时的历史背景能够在一定程度上解释黑格尔的思想为何会备受推崇。黑格尔能够获得在柏林大学任教的机会，完全是哈登贝格的门生、主管教育事务的开明改革派大臣卡尔·冯·阿尔滕施泰因的功劳。在改革时期，普鲁士的官僚机构不断地在行政部门内部扩展权力，急需为手中的权力寻找合法依据，而黑格尔的著作恰巧用高尚的语言为官僚机构提供了所需的合法性。黑格尔在脱离实际的自由主义和想要完全恢复旧制度的保守主义之间找到了一条中间路线——在那个政治充满了不确定性的年代，许多普鲁士人都感到这条中间路线具有无比强大的吸引力。他的著作

图39　学生围坐在讲台旁听黑格尔讲课。弗朗茨·库格勒创作的石版画，1828年

擅长在完全对立的立场之间找到平衡，经常会展现出令人拍案叫绝的高超技巧。他不仅极其擅长辩证法，在表达观点的时候还喜欢使用好似神谕一般的口吻，有时会故意写出晦涩难懂的语言，让读者能够用不同的方式来解读他的作品，所以无论是左派还是右派，都可以把他的语言和理念完美无缺地融入自己的政治思想。[104]最后，黑格尔似乎还提出了能够化解政治及社会冲突的方法，让读者充满希望，认为不同的利益和目的最终一定会达成和谐一致。

"黑格尔主义"并不是一种可以用来为民众构建身份认同感的理念。这位哲学大师的著作晦涩难懂，想要理解其中的含义更是难上加难。苦思冥想却仍然无法理解黑格尔哲学的人比比皆是，就连理查德·瓦格纳和奥托·冯·俾斯麦也是如此。此外，黑格尔哲学还带有明显的宗派色彩。他在新教虔敬派的环境中长大——从他想要把人世间的事务融入神圣的秩序这一点就可以看出，成长环境给他留下了深深的烙印。信奉天主教的学生对他的学说又爱又恨。1826年，柏林大学的一群天主教学生甚至还通过正式的渠道向教育部投诉了黑格尔：事件的起因是，黑格尔似乎发表了轻视天主教教义的言论，宣称如果圣饼在接受祝圣、成为圣体之后不巧被老鼠啃了两口，那么按照相当于奇迹的圣餐变体论，"上帝就会在老鼠的体内存在，甚至还变成了老鼠屎"。[105] 教育部要求黑格尔对上述言论做出解释，而他则用学术自由原则给自己做挡箭牌，之后还补充道，如果天主教徒不愿意听他讲课，那随他们去就好了。鉴于天主教徒与信奉新教的世俗权威之间问题重重，即便没有发生这种刺激天主教徒的事情，黑格尔把国家推上神坛的做法仍然更容易吸引认可普鲁士国家教会的新教信徒，而非天主教徒。

然而，在新教的主流圈子里（更不要提那些融入了主流社会的犹太人），黑格尔的影响力是深刻而持久的。他的论点很快就传播到文化中去，这既是因为他的课堂吸引了大量的学生，也是由于负责文化事务的大臣阿尔滕施泰因和他的私人顾问、曾经师从黑格尔的约翰内斯·舒尔策利用职权之便，让许多黑格尔的追随者获得了重要的学术职位，尤其是在柏林大学、哈雷大学任教的机会。"黑格尔主义"变得无处不在，就连那些根本就没读过他的著作、对他的思想一无所知的人的语言和思想也会受到他的影响——就这一点而论，"黑格尔主义"与后现代主义是十分相似的。

黑格尔的影响力帮助现代国家获得特权，把它变成了探索和反思的对象。法国大革命爆发后的那些年间，欧洲的版图经历了重新划分，国家的理念在此期间发生了话语升级，而黑格尔的理念正是最能代表这一过程的例子。国家不再仅仅是主权和权力的象征，而是变成了创造历史的动力，甚至能够代表历史本身。普鲁士的学术环境有一个独特之处，即国家理念与历史理念之间存在密切的联系，这一点对在大学的象牙塔内新兴的文化学科——尤其是历史学本身——产生了持久的影响。现代历史学的奠基人利奥波德·冯·兰克并不欣赏黑格尔，认为他的哲学体系没有历史依据。黑格尔的学说与新兴的普鲁士历史学派大相径庭，前者对"人类意识和精神的历史"提出了形而上的理解，而后者的一大特点是致力于寻找真实的史料，认为必须对历史事件做出准确的描述。然而，就连刚刚在学术界崭露头角的兰克也没能完全摆脱普鲁士式国家理想主义的影响——他在1818年，也就是23岁的时候离开故乡萨克森，开始在普鲁士生活，之后于1825年开始在柏林大学任教，此后在1833年、1836年发表文章，宣称国家是"道德上的善"，是"上帝的理念"，是拥有"原始生命"的有机体，会"彻底地影响其所处的环境，同时又能够独善其身"。在整个19世纪至20世纪相当一部分时间里，"普鲁士历史学派"始终都一边倒地认为，国家是历史变革的载体和动因。[106]

1831年黑格尔死于霍乱大流行之后，黑格尔主义发生分裂，衍生出许多观点水火不容的学派，经历了快速的理念变革。1830年代末，急于发表意见的"青年黑格尔派"在柏林形成了一个小圈子，当时还只是一个小青年的卡尔·马克思也加入了这个小圈子。马克思的故乡是莱茵兰，他的父亲是一个皈依了基督教的犹太人，而他本人则是一个新生代的普鲁士人。1836年，他前往柏林深造，继续自己的法学和政治经济学学业。与黑格尔哲学的第一次真正接触令马克思醍醐灌顶，其震撼程度足以与皈依新宗教的体会相提并论。1837年11月，他在信中对父亲说，自己已经"一连好几天"太过激动，"失去了思考的能力"；他"像疯了一样在混浊的施普雷河的河边花园里四处乱撞"，甚至还与房东一起外出打猎，在柏林城内发现自己难以自已，竟然想要去挨个拥抱那些在街角无所事事、游手好闲的人。[107] 虽然马克思在之后的学术研究中否定了黑格尔把国家官僚机构视为"普

第十二章　上帝的历史征途　　559

遍阶层"①的观点,但实际上,他却一直都没能彻底地摆脱黑格尔的影响。说到底,马克思把无产阶级理想化,认为他们是"普遍利益的纯粹体现"的观点难道不就是从唯物主义的角度对黑格尔的理念进行了反向理解吗?所以说,普鲁士同样也塑造了马克思主义。

---

① 黑格尔把社会分为三个阶层,分别是"农业阶层"、"产业阶层",以及由政府官员组成,以全社会的利益为重的"普遍阶层"。

# 第十三章　事态升级

19世纪40年代，在欧洲大陆各个国家，政治异见者不仅变得更有组织性、表现出了更强的信心，就社会背景而论也变得更具多样性。大众文化展现出了更为强烈的批判性。越来越激烈的社会危机引发冲突和暴力事件，给行政机构和掌权者提出了似乎根本就无法解决的难题。后拿破仑时代是一个"时而动荡，时而沉寂的时代"，而40年代则是这一历史时期局面最为混乱的十年。[1]在普鲁士，由于发生了统治者的新老交替，这些趋势表现得更为明显。1840年6月7日，弗里德里希·威廉三世驾崩，在身后留下了一大堆悬而未决的事情，把后继者压得喘不过气来。上一代国王留下的政治困境依旧有待解决。最为重要的是，弗里德里希·威廉三世直到去世也"没能兑现尽人皆知的庄严承诺"，为自己统治的国家颁布宪法。[2]全国的自由派、激进派全都把希望和期许集中到了他的后继者的身上。

## 政治浪漫主义者

新国王弗里德里希·威廉四世在继承王位的时候已经45岁。他是一个有些让人摸不着头脑的人，就连熟悉他的人也会搞不清楚他到底在想些什么。包括弗里德里希·威廉三世、弗里德里希·威廉二世、弗里德里希大王在内，普鲁士王国的前几代国王全都在启蒙运动的氛围中接受教育，拥有启蒙思想的精神和价值观，而这位新国王则截然不同，是浪漫主义时代的产物。他是一个捧着浪漫主义历史小说长大的人，普鲁士作家富凯是他最喜欢的小说家之一——富凯的祖先是在勃兰登堡境内定居的胡格诺派教徒，在他的浪漫历史小说中，经常出现道德高尚的骑士、落难的公主、狂风肆虐的峭壁、古老的城堡、阴气森森的森林。弗里德里希·威廉不仅拥有浪漫主义的品味，还把浪漫主义带入了私人生活。他经常以泪洗面。他喜欢给挚友和弟弟妹妹写长信，在信中吐露心声，喜欢大量地使用感叹号，最多会把七个感叹号连在一起使用。[3]

弗里德里希·威廉四世是最后一位把宗教放在核心地位来理解王权的普鲁士君主——实际上，他甚至有可能是全欧洲最后一位这样做的君主。他是一位"王座上的在俗神学家"，认为宗教和政治密不可分。[4]无论是太过紧张，还是遇到了极具戏剧性的时刻，他都会本能地使用《圣经》中的语言，引用《圣经》典故。只不过，他的基督教信仰绝不仅仅是表面文章，也不是某种系统化的表达方式，而是会塑造他想要执行的政策，会影响他在选择顾问时的用人标准。[5]弗里德里希·威廉三世于1840年去世，在这之前的许多年间，仍然身为王储的弗里德里希·威廉四世就已经在身边聚集了许多与自己志同道合的基督教教友。他的弟弟威廉王子对宗教持怀疑态度，在1838年写道，王储显然已经遭到一个"由狂热主义者组成的宗派"的迷惑，被玩弄于股掌之间。威廉王子抱怨道，这些"狂热分子"已经"完全控制住了王储和他那不安分的想象力"。接下来，威廉王子又进一步指出，觉醒运动的基督徒所奉行的道德标准已经稳稳地在王储的小圈子里扎下了根，那些野心勃勃，想要在新王即位后加官晋爵的廷臣只要条件反射般摆出一副虔敬派信徒的姿态，就可以如愿以偿。王储继位后，包括利奥波德·冯·格拉赫、路德维希·古斯塔夫·冯·蒂勒（他的政敌给他起的外号是"圣经蒂勒"）、安东·冯·施托尔贝格-韦尼格罗德伯爵、卡尔·冯·德尔·格勒本伯爵在内，许多聚集在他身边的基督教教友全都获得了极具政治影响力的职位。这一批人全都参与了1810年代的新教觉醒运动，其中还有一部分人与游走在普鲁士国家教会边缘的虔敬派运动、路德宗分离运动有着密切的联系。

弗里德里希·威廉四世与父亲一样，也认为国家是一个基督教机构。然而，父子二人处理宗教问题的方式还是有些许不同之处的——父亲弗里德里希·威廉三世一方面按照自己的设想，向普鲁士的新教信徒强推折中的加尔文-路德主义信仰，另一方面又在新教信徒与天主教徒通婚的问题上寸步不让，结果得罪了普鲁士的天主教徒，而儿子弗里德里希·威廉四世则奉行更具包容性、更具普世教会特点的基督教信仰。弗里德里希·威廉四世不仅与信奉天主教的巴伐利亚公主伊丽莎白成婚，还态度坚决，提出妻子可以按照自己的步调，决定何时皈依新教（伊丽莎白最终倒也的确皈依了新教）[1]，令父亲惊恐不已。他直言不讳，支持科隆大教堂的翻新工程，直至工程彻底完工，不仅反映出了他欣赏哥特式建筑的典型浪漫主义品味，还表明他坚定地认为，天主教是一种拥有历史及文化底蕴的宗教，理应在普鲁士国内享有与其他的基督教信仰平起平坐的地位。

1841年，英国圣公会与普鲁士联合教会共同成立的耶路撒冷主教区是一个具有普世教会特点的独特机构，其目的是向生活在圣地的犹太人传播福音，同时与东方的基督徒建立起联系，而其主教则由

---

[1] 弗里德里希·威廉四世提出，应当允许他的妻子研究新教，在真正地了解了新教的好处之后再改变信仰。二人的成婚时间是1823年11月29日，而伊丽莎白公主皈依新教的时间则是1830年5月5日。

英国圣公会及普鲁士联合教会提名的人选轮流担任。弗里德里希·威廉四世的密友卡尔·约西亚斯·邦森成了耶路撒冷主教区的总设计师——他是一个研究宗教仪式历史的专家，与弗里德里希·威廉一样，也对基督教早期教会的历史十分痴迷。[6]在身为王储的时候，弗里德里希·威廉就已经对父亲处理宗教问题的方式持批评态度，认为政府当局不应当对在西里西亚和波美拉尼亚境内活动的路德宗异议分子采取强硬手段。他刚一继承王位就下达命令，释放了那些1830年代末因为与政府对抗而被捕入狱的老路德宗神职人员。路德宗的信徒渐渐地扫清障碍，终于建立起了独立的路德宗全国教会，路德宗信徒以北美和澳大利亚为目的地的移民潮也随之平息了下来。

弗里德里希·威廉四世并不是自由主义者。然而，他也与坎普茨、罗乔、维特根施泰因等人不同，并不是奉行专制国家主义的保守派。在欧洲复辟时期，普鲁士的政府之所以会出现保守派当道的情况，其根源是普鲁士启蒙运动中的专制主义倾向。与之形成鲜明对比的是，就意识形态而论，弗里德里希·威廉深受法团主义所推崇的浪漫主义反启蒙思想的影响。他并不反对代表机构本身，前提是代表机构必须是"自然的""有机的""成熟的"——换言之，代表机构必须符合上帝赋予的自然等级秩序，能够用等级分明的方式来展现人类的地位与成就，比如中世纪的"社会等级秩序"就是一个很好的例子。弗里德里希·威廉四世对政治和历史的理解是以对延续性和传统的重视为基础的，这也许是对他自身经历的一种反应——1806年，他跟着母亲向东逃亡，生怕被高奏凯歌的法国人追上，留下了痛苦的回忆，之后又在1810年，也就是在普鲁士的"钢铁时代"突然遭遇了丧母之痛。弗里德里希·威廉四世对现代官僚制的普鲁士国家的态度模棱两可。在他看来，国家并不能体现历史的延续性活力，因为国家只是一个人为创造的机构，其对普遍权力的主张侵害了地方、教众、团体所代表的更古老、更神圣的权力。国王绝不只是拥有最高权力的管理者,更不只是国家的首席公仆;他是一位神圣的父亲,不仅通过神秘的纽带与治下之民融为一体,还获得了上帝的恩赐,对臣民的需要有着任何人都无可比拟的理解。[7]

弗里德里希·威廉四世用来表达上述观点的语言容易产生误解,几乎会让人把他当作自由主义者。政治浪漫主义的用语具有一大特点,即会让进步派与保守派之间的立场差异变得模糊不清,至少在表面上看来是如此。弗里德里希·威廉对英国及其"古老的宪政制度"赞不绝口。他与同样推崇浪漫主义的巴伐利亚国王路德维希一世一样,也乐于接受德意志文化民族主义。他一边把"复兴""振兴""发展"之类时髦的漂亮话挂在嘴边,一边声讨"官僚制度"和"专制制度"的弊端,让人觉得他似乎是在表达自由主义的理想抱负。弗里德里希·威廉的一个挚友认识到了这一点,指出国王提出的理念驳杂不清,既包括"虔敬派""中世纪主义""贵族主义",又涵盖了"爱国主义""自由主义""狂热的亲英思想"。[8]

这一切都让弗里德里希·威廉四世变成了一个让人捉摸不透的人。统治者发生新老交替之后,人们通常会对未来抱有过高的期待,认为政治上会推陈出新。弗里德里希·威廉四世在即位之初释放出了一系列具有自由倾向的信号,从而进一步拉高了这种期望。他登基后马上就宣布,普鲁士全国的省议会应当在1841年初召开会议,并指出省议会之后应当按照每两年一次的频率开会(他父亲在位时,省议会的召开频率为每三年一次);此外,他还宣称要给代议制政治"重新注入活力"。[9]1840年9月,柯尼斯堡议会递交备忘录,请求国王批准建立"涵盖全国和全体国民的代表机构",而弗里德里希·威廉四世的回应是,他准备"继续培育这项高贵的事业",监督这项事业的进一步"发展"。[10]我们很难搞清楚弗里德里希·威廉到底要表达什么

第十三章 事态升级

意思，但可以肯定的是，这是一番令他的治下之民兴奋不已的话。政府释放了政治犯，恩斯特·莫里茨·阿恩特得以返回波恩大学重执教鞭。当局放宽了审查制度。此外，政府还对生活在波森省的波兰人做出了让步。1840年8月19日，当局宣布赦免了所有在1830年参加了十一月起义的波兰人。1841年，引发民怨的爱德华·弗洛特韦尔遭到免职；逃离俄属波兰的政治难民得到了在波森省境内定居的许可；政府放弃了吸引德意志人在波森省定居的政策；当局颁布新版的教学语言条例，满足了波兰民族主义活动家的基本要求。[11]

1840年10月，施泰因的同僚、曾经参与关税同盟设计工作的约翰·阿尔布雷希特·弗里德里希·艾希霍恩获得任命，成了主管教育、健康及宗教事务的大臣；他进入国务部的消息点燃了自由派的希望。[12]军事改革及政治改革的老资格支持者，在1819年遭到保守派大臣围攻后被迫淡出政治舞台的赫尔曼·博伊恩获得了重返政坛的机会——这同样是一个令自由派对未来充满希望的信号。已经71岁高龄的博伊恩被召回柏林，成了陆军大臣。刚刚即位的弗里德里希·威廉四世极其敬重这位老将军，不仅让他成了国务部的首席大臣（理由是他最年长），还把他任命为第一步兵团的指挥官。在格奈森瑙雕像的揭幕仪式上，弗里德里希·威廉向博伊恩颁发了黑鹰勋章——这是无可辩驳的证据，足以证明国王下定了决心，想要弥合爱国者与忠于国王的保守派对拿破仑战争的不同记忆之间存在的巨大鸿沟。博伊恩以极具戏剧性的方式重返政坛，这释放出了明确的政治信号——这位老将军不久前刚刚出版了一部传记，在书中用激烈的言辞从改革派的角度记录了伟大的爱国者、军事改革家沙恩霍斯特的生平，引起了保守派的强烈不满。

新王即位后，曾经在拿破仑战争结束后的那几年间与维特根施泰因合作，大肆搜捕煽动者，试图镇压政治异议的警察总监卡尔·克里斯托夫·阿尔贝特·海因里希·冯·坎普茨也丢了乌纱帽。1830年代，坎普茨遭人痛恨，名字经常在激进反对派创作的歌曲和诗歌中出现，遭到口诛笔伐。1841年夏，坎普茨前往加施泰因的温泉疗养地休养，结果接到柏林的来信，得知国王陛下"活力无限、精力无穷"，必须起用更年轻、更有活力的臣仆。[13]新国王的做派活力四射，进一步加强了上述重大干预措施的冲击效果。弗里德里希·威廉四世与前几代国王一样，也在柯尼斯堡、柏林两地接受了普鲁士等级会议的效忠誓言，但与之前不同的是，他是霍亨索伦王朝的历史上头一位在正式的仪式程序结束后向聚集在王宫大门前的民众发表即兴公开演讲的统治者。这两次演讲慷慨激昂，让人觉得新国王是一位致力于传播福音、关注民意的统治者，所以在场的观众和舆论全都大受鼓舞。[14]

效忠仪式和国王的演讲虽然令人欣喜若狂，激起了强烈的乐观情绪，但这一切却很快就都烟消云散。自由派对未来表现出了强烈的憧憬，令弗里德里希·威廉四世心惊胆战，促使他出台措施，禁止新闻媒体讨论与宪政计划相关的议题。10月4日，他下达内阁令，要求内政大臣古斯塔夫·冯·罗乔发表声明，宣布国王对柯尼斯堡议会做出的回应引起了误解，这令人深感遗憾，臣民应当知晓，国王并不打算同意议会提出的成立全国代表大会的请求。声明令人大失所望，不满情绪很快就蔓延开来，而由于声明的签发人罗乔在弗里德里希·威廉三世在位时就是一个死硬的保守派，遭到全国上下所有自由派的痛恨，所以国王用来发表声明的渠道更是起到了在伤口上撒盐的作用。[15]

多年来一直在柯尼斯堡担任省长的特奥多尔·冯·舍恩发现自己与许多其他的自由派一样，与新国王领导的新政权发生了严重的意见分歧。即便是在当时的普鲁士人看来，舍恩也是一个标志性的人物。

他年轻时多次旅居英格兰,终生信奉亚当·斯密提出的自由经济学说,还十分推崇英国的议会制度。他是施泰因的左膀右臂,甚至还在1808年为施泰因撰写了"政治遗嘱",在文中呼吁建立"全国代表机构"。他写道,想要"正面地激发民族精神,调动民族精神的活力",就必须"让民众参与国事"。[16] 在拿破仑战争结束后的头几年,他采取措施,设法让西普鲁士的地方政府与辖区内的团体代表大会建立起建设性的互动关系,取得了可观的成就。他与许多温和的改革派一样,虽然意识到了1823年建立的省议会具有局限性,却仍然欢迎中央政府设立省议会的决定,认为议会可以作为平台,为宪政制度的后续发展提供基础。[17] 他担任普鲁士省(东普鲁士省、西普鲁士省在1829年合并为普鲁士省)的省长,是权力极大的封疆大吏,在后拿破仑时期的普鲁士政府体系中地位举足轻重。他是影响力极大的东普鲁士自由派贵族集团的领军人物,而柯尼斯堡的市长鲁道夫·冯·奥尔斯瓦尔德则是该集团的成员。

等级会议向新国王效忠后,新闻界于1840年9月就相关的议题展开了论战,舍恩在此期间撰写了一篇题为《我们的路在何方?》的论文,在文中先是赞美改革时代,感叹不久之后"官僚[……]发起反扑",接着又发出呼吁,希望政府能够建立全国等级代表大会——他提出:"只有建立了全国性的代表机构,我国的公共生活才能发展起来。"《我们的路在何方?》一文发行量极小,总共只印刷了32份,仅在由舍恩的密友、同僚组成的小圈子里私下传阅。此外,舍恩还把该文呈交给了弗里德里希·威廉四世——这也许是因为他觉得自己很了解新国王,认为他与自己对宪政问题的看法在本质上是一致的。弗里德里希·威廉的回应措辞严厉,不留任何余地,指出自己绝不会让"一张纸"(宪法)成为把君主与臣民分隔开来的障碍。他宣称,自己将会像"家长"一样继续统治普鲁士,因为这是他神圣的职责,而"人造的"代表机构则完全没有必要。[18]

柏林当局与柯尼斯堡当局的关系很快就冷淡了下来。柏林当局的保守派抓住机会,想要进一步巩固己方对政府政策的控制权。[19]内政大臣古斯塔夫·冯·罗乔扩大了事态,将柏林警察当局获知的一首激进歌曲的歌词发给舍恩,歌词中称赞东普鲁士的省长是"自由的导师"。舍恩对罗乔的挑衅行为嗤之以鼻,反过来攻击内政大臣,宣称他是危害国家的奸臣。接下来,双方接连在报纸上刊文,引发了一场激烈的媒体大战——舍恩的友人在东普鲁士的自由派报刊上发表文章,大肆攻击内政大臣,而罗乔则命令内政部的下属发文诽谤舍恩,除了把普鲁士本国的报纸杂志当作舆论阵地,还在莱比锡的报纸上,以及奥格斯堡的《汇报》(*Allegemeine Zeitungen*)上发表了文章——单单从这一点就可以看出,普鲁士的官员到底有多重视其他德意志国家的舆论风向。1842年5月,斯特拉斯堡的激进人士未经舍恩的许可,就重新出版了《我们的路在何方?》,把这场论战推向了高潮。新版的《我们的路在何方?》收录了一篇很长的后记,把矛头指向了国王弗里德里希·威廉四世。6月3日,政府宣布解除舍恩的职位;十天后,罗乔同样也丢了乌纱帽——弗里德里希·威廉四世认为,如果自己只是解除了二人中某一个人的职位,那么旁人就会认为国王加入了朋党之争。

舍恩与罗乔的对决之所以意义重大,并不是因为普鲁士国王的两位重臣变成了水火不容的敌人——重臣间的权势之争并不是什么新鲜事——而是由于这场对决引起了舆论的广泛关注。1841年10月,舍恩结束国务部的会议,从柏林出发,返回柯尼斯堡,在抵达后受到了英雄一般的欢迎:他搭乘的客船刚一入港,打着节日彩旗的小船就鱼贯而出,前来迎接,到了晚上,他的支持者更是张灯结彩,让柯尼斯堡灯火通明。1843年6月8日,也就是在他被免职一年后,柯尼斯堡的自由派人士组织节庆活动，为这位普鲁士省的前任省长庆祝入仕五十周年的纪念日。庆典的组织者发起了募捐活动，而由于舍恩已经成了在德意志诸国声名远播的人物，就连巴登和符腾堡的自由派人士也慷慨解囊。募捐活动大获成功，在帮助舍恩偿清位于阿尔瑙的家族领地的所有欠款之后，还留下了大量的结余，足以为舍恩在柯尼斯堡城内竖立纪念碑。在普鲁士的历史上，舍恩首开先例，成了第一位为政治异见运动扛大旗的政府高官。

弗里德里希·威廉四世即位后，自由派在政治上遭遇的挫折并不是转瞬即逝的风波，而是明确的信号，预示着普鲁士国内政治斗争的温度正在不可逆转地升高。政治批判变得极其尖锐和切中要害。犹太医师约翰·雅各比是个激进主义者，他与志同道合的友人组成了小圈子，会在柯尼斯堡的西格尔咖啡厅讨论政治。1841年，他发表了一本小册子，题为《四个问题——一个东普鲁士人给出的答案》，要求政府允许民众"以合法的方式参与国事"，指出这既不是让步，也不是施舍，而是民众"不可剥夺的权利"。小册子出版后，雅各比吃了官司，被控犯有叛国罪，在经历了多次审判之后，得到了上诉法庭的无罪判决；在此过程中，他成了普鲁士政治反抗运动中名气数一数二的代表人物。雅各比所代表的是积极主动的城市职业阶层，显得更加缺乏耐心，与以温文尔雅的特奥多尔·冯·舍恩为首的贵族小圈子形成了鲜明的对比。普鲁士的各大城市涌现出了大量的新兴政治组织——比如布雷斯劳的"休闲俱乐部"、马格德堡的"市民俱乐部"，以及由西格尔咖啡厅讨论会发展而来，仍然在柯尼斯堡活动，组织形式更为正式的"星期四学会"——为城市精英阶层中思想激进的知识分子提供了可以用来发表意见的论坛。[20] 只不过，许多其他的组织机构同样也可以成为民众用来参与政治的平台——比如说，科隆的"大教堂修建协会"就变成了自由派和激进派举行会议的重要场所；又比如，哈雷城的葡萄园经常有访问学者举办讲座，同样也成了民众参政议政的论坛。[21]

此外，在省议会的内部，气氛也发生了明显的变化。19世纪30年代，不同省份的议会时不时地单独提出零散的要求，而到了此时，这些声音已经汇聚成了一场普鲁士全国都参与其中的大合唱。1841年和1843年，普鲁士全国几乎所有的省议会都通过决议，呼吁中央政府保证新闻自由。1843年，莱茵兰的省议会得到中等阶层的广泛支持，否决了普政府颁布的一套在许多方面都颇为进步的新刑法，原因是这套刑法违反了法律面前人人平等的原则，以国民的团体身份为依据，规定了不同的刑罚制度。[22] 支持向莱茵兰省议会发起请愿的运动不仅规模迅速扩大，舆论也迅速响应。[23] 在波森省，波兰民族主义者原本并不十分愿意支持自由派建立全国议会的呼吁，原因是他们认为这样做会令波森省进一步融入普鲁士王国的制度架构。然而，到了1845年，波森省省议员中的波兰爱国者、德意志自由主义者已经达成一致，准备建立统一战线，共同要求中央政府出台大量有利于民众自由权利的措施。[24]

尽管我们可以认为，19世纪40年代，自由派已经开始团结起来，形成了"运动型政党"，但不能说保守派也采取了相同的措施。保守主义（这是笔者从后人的角度做出的描述，因为当时还没有人使用保守主义这一概念）仍然是一种分散的、碎片化的现象，参与其中的各方势力就好似一团乱麻，无法形成具有凝聚力的组织架构。庄园主弗里德里希·奥古斯特·路德维希·冯·德尔·马维茨以动人的语言表达了怀旧的农村父权主义，但即便是在贵族地主内部，他的理论也仍然只是少数派意见。在柏林大学，黑格尔哲学的反对者提出了所谓的"历史学派"，但问题在于，该学派融合了太多互相矛盾的观点，不是所有的观点都能直截了当地与"保守"画上等号，所以无法为保守势力联盟提供长期而又稳定的理论基础。保守主义者既包括那些把新虔敬派的觉醒思想当作理论基础来认识世界的保守派，又包括那些信奉18世纪末出现的世俗专制国家主义的保守人士，两者很难意见一致。此外，许多保守派对官僚政府的态度也模棱两可，结果加大了保守势力与政府当局建立合作关系的难度。《柏林政治周刊》（*Berliner Politisches Wochenblatt*）是一份极端保守派在1831年创办的报纸，目的是支持政府，反对法国七月革命释放出来的力量，但实际上，该报很快就触怒了普鲁士的审查机构。其出资人火冒三丈，宣称审查机构的官员全都有"自由主义"倾向。该报一直都无法建立稳定的读者群，最终于1841年停刊。[25]

所以说，面对自由派对政府当局提出的越来越强烈的异议，保守派并没有办法协调一致，进行有效的应对。绝大多数的保守派不是想方设法与自由派达成一致，就是投子认输，意识到变革已经不可避免。即便是在内阁内部，保守派也几乎没有表现出形成统一势力集团的迹象。令人吃惊的是，各部大臣对政治问题的讨论具有很强的猜测性、开放性，始终都无法达成一致——国王本人即便没有鼓励这种现象，至少也默许了它的存在。[26]利奥波德·冯·格拉赫是驻扎在柏林郊外施潘道要塞的地方防卫军第一近卫旅的旅长，也是国王的密友，他在1843年10月对普鲁士的政治局势进行了思考。他担心的除了要求进行宪政改革的高涨声浪，还有保守派一直都无法形成统一战线（就连政府内部的保守派都没能团结起来），与改革声浪对抗的现状。好几位部级大臣开始"毫无顾忌地"讨论向建立众议院的要求做出让步的可能性，其中包括保守派所谓的首要人物"圣经蒂勒"。格拉赫认为，普鲁士就好似一艘巨船，在"时代思潮源源不断的新风"的推动下，正朝着雅各宾主义的方向驶去。他虽然列出了一系列有可能阻止自由主义得势的措施，但同时又十分悲观，认为这些措施取得成功的可能性微乎其微。他总结道:"咄咄逼人的时代思潮狡猾无比,向上帝建立起的权威发起了无休无止的全面战争——面对如此强大的敌人,我的这些小伎俩又能起到什么作用呢?"[27]

在这样的大环境下,弗里德里希·威廉四世以新法团主义的意识形态来重塑社会的努力想要取得成功,是完全无法想象的事情。1841年,他做出了一次这样的尝试:他下达内阁令,宣布为了便于行政管理,应当把普鲁士的犹太人以犹太人区(Judenschaften)的形式组织起来,各区犹太人选出的代表在地方当局面前代表犹太社区的利益,结果没能取得成功。此外,他还在同一条命令中宣布免除犹太人的兵役义务。这两项措施全都没能得到落实。就连国王自己的大臣也提出了反对意见——内政大臣罗乔、刚刚获得任命的负责宗教及教育事务的大臣约翰·阿尔布雷希特·弗里德里希·艾希霍恩均表示反对,指出内阁令提出的建议不符合普鲁士社会近期的发展情况。一项以各地区的政府为对象的调研发现,地区政府同样也反对国王的计划。地方上的行政官员虽然愿意让犹太人的宗教机构获得法团地位,却强烈反对弗里德里希·威廉的看法,不愿按照他的指示,让犹太人在涵盖面更广的政治范畴上组建法团,原因是他们认为这样做会阻碍把犹太人融入主流社会的重要工作。组建犹太人法团的工作是国王经常挂在嘴边的事情,地方官员态度坚决,明确表示不愿做出任何让步,这种姿态实在是让人啧啧称奇。科隆的地区政府甚至还不断地施加压力,要求中央政府无条件地让作为少数民族的犹太人彻底获得平等的公民权,并指出相同的政策已经在法国、荷兰、比利时、英格兰大获成功。19世纪40年代,普鲁士的官员并不是奴颜婢膝的臣民(Untertanen),只想着如何"努力实现"国王的意愿。他们认为自己拥有自主权,是政策制定过程独立的参与者。[28]

组建犹太人法团的提案以失败告终,这足以证明弗里德里希·威廉四世所倡导的新法团主义不仅不符合最为广泛的民意，甚至都无法在行政机构内部得到主流观点的认同——在这一历史时期，行政机构的官员发现，想要就重大的政治问题达成一致是一件越来越困难的事情。新王即位后，新政权的政治似乎在本质上缺乏一致性，就好似"当今各种极端思想疯狂的混合体"——这不仅是自由派、激进派的看法，甚至连一部分保守派也表达了相同的观点。[29]1847年，激进神学家达维德·弗里德里希·施特劳斯在曼海姆发表了一本题为《恺撒宝座上的浪漫主义者》的小册子，以最为透彻的语言捕捉到了新政权所引发的脱节感。在明面上，小册子的主角是罗马帝国的皇帝"背教者尤利安"[①]，但实际上，施特劳斯真正想要嘲讽的人却是当时的普鲁士国王，在文中把他描述成了一个不谙世故的梦想家，只知道怀旧，一心盘算着如何恢复古老的生活方式，却对现实生活的迫切需要视而不见。[30]

## 大众政治

在普鲁士王国，以省议会为核心的政治活动之所以会变得越来越广泛，其背后的深层原因是，民众参与政治活动的积极性不断高涨，已经深刻地影响到了各个省份的腹地。越来越多的民众开始读报，报纸的订阅量陡增——这一点在19世纪40年代的莱茵兰地区表现得尤其明显。按照当时欧洲的标准，普鲁士是一个识字率极高的国家，就连那些不识字的人也可以在光顾酒馆的时候听别人大声朗读报纸的内容。在当时的普鲁士，除了报纸，还存在一种受众要多得多、名为"人民日历"（Volkskalender）的大众媒体——这是一种

---

① 尤利安皇帝反对基督教，想要复兴多神教。

大量发行的廉价传统印刷品，会刊登包括新闻、小说、逸闻趣事、实用建议在内的多种内容。19世纪40年代，日历的市场发生了高度分化，可以满足不同读者群体各不相同的政治偏好。[31] 在这十年间，就连大量出版的预言性作品这种传统的赢利手段也带上了更为浓重的政治色彩。"莱宁预言"是一段来源不明的文字，号称能够卜算霍亨索伦王朝的未来，结果引起了普鲁士政府当局的特别关注。莱宁预言历史悠久，在莱茵兰地区广为流传，宣称霍亨索伦王朝皈依天主教的日子已经近在眼前——单就这一点而论，这则预言就足以引起当局的敌意——而到了19世纪40年代初的时候，莱宁预言变本加厉，出现了更为激进的版本，宣称"臭名昭著的国王"即将犯下"暴行"，会被处以极刑。[32]

大众文化不断地遭到政治的侵蚀，受到影响的领域并不仅限于印刷媒体。歌谣同样也成了表达政治异议的载体，普及性甚至比印刷品还要更胜一筹。在莱茵兰，民众对法国大革命记忆犹新，当地警察的执法记录满篇都是民众因为高唱违禁的"自由歌曲"而遭到处罚的案例，包括《马赛曲》（*Marseillaise*）、《一切都会好起来》（*Ça Ira*）在内的革命歌曲及其多到数不清的改编版本都被列入了违禁歌曲的名单。有些"自由歌曲"纪念刺杀科策比的卡尔·桑德，回顾他的生平事迹；有些歌颂希腊人、波兰人，称赞他们反抗奥斯曼帝国、俄罗斯帝国残暴统治的斗争；有些缅怀起义者，回顾民众如何反抗没有法理依据的权威。此外，无论是举办集市，还是举行公共节庆活动，都肯定会有云游四方的民谣歌手（Bänkelsänger）到场助兴，演唱通常带有政治色彩的歌曲，对掌权者显得很不尊重。就连那些浪迹四方的"西洋镜艺人"也会一边操作匣子，利用视觉陷阱让观众欣赏表演，一边用风趣幽默的语言发表政治评论，所以即便是那些看上去不会造成任何危害的风景画也会含讥带讽。[33]

自 19 世纪 30 年代起，无论是狂欢节，还是包括五朔节、闹婚在内的其他传统大众节庆，都越来越多地开始传达（表达异议的）政治信息。[34] 19 世纪 40 年代，莱茵兰的狂欢节——尤其是在大斋首日前的那个周一举行的盛大游行——成了当地的民众发表政见，集中地向普鲁士当局表达不满的渠道。狂欢节拥有第十二夜[①]的氛围，会创造出近乎无政府的状态，传统的社会及政治关系不是被彻底颠覆，就是会成为嘲讽的对象，从而让狂欢节成了最有说服力、最能表达政治异议的媒介。19 世纪二三十年代，莱茵兰地区之所以会出现狂欢节协会，目的正是让混乱无序的街头节庆活动变得更有章法。然而，到了 19 世纪 40 年代初的时候，就连狂欢节协会也遭到渗透，变成了用来表达政治异见的机构。1842 年，科隆的狂欢节协会发生了内部分裂，原因是态度激进的协会成员宣称，只有"符合共和精神的狂欢节制度"才能让"狂欢节颠倒黑白的娱乐精神得到真正的体现"。激进派不仅准备拥立"狂欢之王"，还想要成立一支"由弄臣组成的常备军"来维护"狂欢之王"的权威。杜塞尔多夫的狂欢节协会立场尤其激进，同样也因为大肆嘲讽当朝国王而出了名。[35]

在 19 世纪三四十年代的普鲁士，嘲讽国王的做法越来越流行，成了表达政治异议的言论的一大特征。在 1837 年到 1847 年的十年间，虽然当局只调查了 575 起冒犯国王罪，但相关记录却指出，还有许多此类轻罪未被审理。我们还可以进一步推测，另有许多这样的人从未引起警察的注意。只不过，如果案子真的到了法庭审理的那一步，那么被告大都会遭到重判。约瑟夫·尤洛夫斯基是一个在西里西亚城镇沃尔姆布鲁恩居住的裁缝，他酒后失言，宣称"我们的弗雷迪国王是个恶棍；他不仅是个恶棍，还是个大骗子"，结果遭到了极其

---

① 第十二夜是主显节（1 月 6 日）前夜，圣诞节节期的最后一日。

严厉的惩罚，被判 18 个月徒刑。巴尔塔扎·马丁是一个在哈尔伯施塔特城的周边地区任职的司法官员，他在酒馆里宣称，国王"一天能喝上五六瓶香槟"，结果被判 6 个月监禁。"这样的国王又如何能治理好我们这些臣民？"马丁似乎不知道酒馆的主顾中间混有警方安插的线人，对在场的听众说道，"他是个酒鬼，是酒鬼中的酒鬼，只喝最烈的酒。"[36]

19 世纪 40 年代中期，弗里德里希·威廉四世已经在民众的脑海中留下了难以磨灭的脸谱化形象，而上文引用的那些中伤之语正是这一形象的真实写照。他体态肥胖，相貌平平，在军事领域毫无建树，被自己的弟弟妹妹和密友称作"不知所措的胖墩"——他是霍亨索伦家族称王以来最缺乏外在魅力的君主。此外，他也是历史上第一位成为大量讽刺画的主角，遭到冷嘲热讽的普鲁士国王。在当时所有以弗里德里希·威廉四世为主角的讽刺画中，最出名的很有可能是一幅创作于 1844 年，以无忧宫为背景的画作——在这幅画中，弗里德里希·威廉的形象是一只脚蹬皮靴、浑身酒气的肥猫，左爪子拎着一瓶香槟，右爪子举着一杯冒着气泡的香槟酒，想要模仿弗里德里希大王的一举一动，让人忍俊不禁。弗里德里希·威廉四世刚一即位就放松了文学审查制度，之后虽然重新实施了针对图片的审查，却于事无补，根本就无法阻止以君主为对象的怪诞讽刺画在国内大肆传播。[37]

在所有嘲讽弗里德里希·威廉四世的文学作品中，最为极端的也许是一首题为《切希之歌》(*Tschechlied*) 的歌谣。歌谣叙述了一个名叫海因里希·路德维希·切希的村长在精神失常后行刺国王的事件。切希在施托尔科地区做村长，他想解决当地的腐败问题，发起了一场"十字军圣战"，却一直都无法得到政府当局的支持，结果精神受到了刺激，认为国王本人是导致反腐斗争遭遇挫折的罪魁祸首。1844 年 7 月 26 日，他前往柏林，先是摆出极具戏剧性的姿势，请照相师傅给自己照了一张银版照片，之后找机会拦住国王的马车，在很近的距离上连开两枪，结果一枪都没能命中目标。最开始，舆论十分同情国王，但认为考虑到切希糟糕的精神状态，当局多半会饶他不死。弗里德里希·威廉原本也打算宽恕切希，但他身边的大臣却寸步不让，非要用切希来杀鸡儆猴。到了12月，公众得知切希已经被秘密处决后，舆论一边倒地全都把矛头指向了国王。[38] 在之后的数年间，一连串以切希为主角的歌谣不仅传遍了柏林的大街小巷，还在德意志诸国流传了开来。下面这一节诗歌充分展现了当时的普鲁士人对国王有多么不尊敬：

图40 在这幅石版画中，弗里德里希·威廉四世的形象是一只脚蹬皮靴、浑身酒气的肥猫，他使尽浑身解数，却仍然无法跟上弗里德里希大王的脚步。创作者不明

那个叫切希的村长

实在是倒霉透顶,

他在近在咫尺的地方开枪,

竟然还是没能射中那个大胖墩![39]

## 社会问题

1844年夏,在西里西亚境内,位于彼得斯瓦尔道、朗根比劳周边的纺织工业区爆发骚动,上演了1848年的革命爆发前普鲁士历史上最为血腥的动乱。6月4日,一群纺织工人攻击了茨旺齐格兄弟公司设在彼得斯瓦尔道的总部,就此拉开了骚动的帷幕。茨旺齐格兄弟公司是一家在当地名声不佳的大型纺织公司,利用当地劳动力过剩的现状来压榨工人,除了压低工资,还会迫使工人在恶劣的环境中工作。一首在当地脍炙人口的歌谣宣称:

茨旺齐格兄弟公司是刽子手,

他们的奴仆全都是恶棍。

他们从不保护工人,

反倒把我们当作奴隶,狠狠压榨。[40]

冲进茨旺齐格兄弟公司的总部后,纺织工人把所有能砸坏的东西全都砸得稀巴烂:镶嵌了瓷砖的烤炉,镜框镀金的镜子,枝形吊灯,昂贵的陶瓷器,全都成了泄愤的对象。此外,工人还把所有能找到的书籍、债券、期票、记录、文件全都撕得粉碎,之后又冲向了总部隔壁的厂区,进入工厂的原料仓库、印染车间、包装车间、工棚、成品仓库,把一切都砸得一干二净。破坏活动一直持续到了夜幕降临的时候,其间一直都有纺织工人离开彼得斯瓦尔道周边的村庄,加入破坏者的行列。到了第二天早上,纺织工人又返回厂区,破坏了所有仍然完整的建筑物,就连屋顶都没有放过。如果不是有人指出,要是放火烧厂,厂主就可以通过火灾保险来获得补偿,那么整个厂区就多半会被工人付之一炬。

此时,起事纺织工人的总人数已经达到了3 000人,他们手拿斧头、草叉、石块,浩浩荡荡地离开彼得斯瓦尔道,前往朗根比劳,找到了迪里希家族位于城内的宅邸。抵达目的地后,他们从迪里希公司惊慌失措的职员口中得知,所有的纺织工人,只要他放过迪里希公司的产业,就可以获得一笔(金额为5个银格罗申[①]的)现金奖励。与此同时,一支由两个步兵连组成的部队从施韦德尼茨出发,已经在罗森贝格尔少校的指挥下抵达事发现场,开始试图恢复秩序,在迪里希家族宅邸前的广场上摆开了阵势。此时,灾难的所有参与者都已经各就各位。罗森贝格尔少校担心迪里希家族的宅邸马上就会遭到冲击,于是下令开火。士兵进行了三次齐射,造成11人死亡;死者中除了有随示威工人一起行动的妇女儿童各一人,还有好几个旁观者,其中包括一个准备去上缝纫课的小女孩,还有一个站在两百步开外的家门口看热闹的妇女。目击者宣称,子弹击中一个男子的头部,他的天灵盖被掀了下来,掉在了距离他身体几米远的地方,现场血迹斑斑。枪击发生后,示威人群怒不可遏,发起了决死冲锋,驱散了守在大门前的士兵。当天夜里,纺织工人在迪里希家族的宅邸及其附属建筑中横冲直撞,破坏货物、家具、书籍、文件,总共造成了高达8万塔勒的财产损失。

[①] 30个格罗申相当于1个塔勒。

图41 纺织工人遭受了什么样的苦难，国家又是如何应对的。这是激进期刊《飞页》（*Fliegende Blätter*）1844年时刊登的木版画，记录了同年发生在西里西亚的纺织工人起义，画作上配有这样一行简短的说明文字：饥饿与绝望

局势最糟糕的时刻终于结束了。第二天一大早，配备了大炮的增援部队抵达朗根比劳，不一会儿就驱散了那些仍然在迪里希家族的产业内及其周围逗留的工人。此后，距离朗根比劳不远的弗里德里希斯格伦德也发生了骚乱；此外，骚乱同样也影响到了布雷斯劳——当地的手工业者聚众闹事，袭击了犹太人的住宅，但城内的驻军及时行动，情况没有进一步恶化。总共有大约50人因为参与骚乱而遭到逮捕，其中有18人被判拘役，同时还遭到了肉刑处罚（他们被抽了24鞭）。[41]

第十三章　事态升级

581

1840年代，普鲁士全国各地爆发了大量的骚乱和粮食暴动，但就舆论影响力而论，没有任何一个此类事件能够与西里西亚的纺织工人起义相提并论。尽管负责审查新闻出版物的官员付出了最大的努力，但只过了几天的工夫，纺织工人发动起义以及当局镇压起义的消息还是传遍了全国各地。从柯尼斯堡到柏林，再到比勒菲尔德、特里尔、亚琛、科隆、埃尔伯费尔德、杜塞尔多夫，各大城市的新闻媒体纷纷对起义进行了报道评论，引发了广泛的公众讨论。支持纺织工人的激进诗歌遍地开花，其中包括一首海因里希·海涅在1844年创作的题为《贫苦织布工》的短诗。海涅在诗中描绘了好似末日一般的景象，讲述了纺织工人终日劳作，但领到的工资却难以养家糊口的悲惨境地，表达出了他们愤怒而又无助的感情：

> 织机咔咔作响，纺梭穿梭如飞；
> 我们埋头织布，昼夜不停。
> 德意志啊，我们正在为你织裹尸布；
> 我们织啊织，织个不停！

之后的数月间，各类出版物上出现了大量的文章，从所有能够想象到的角度对起义进行了分析。

西里西亚的纺织工人起义之所以会轰动一时，是因为起义触及了一个当时人人都挂在嘴边的重大问题，即所谓的"社会问题"——1839年，卡莱尔①发表题为《英格兰现状》的论文，几乎在同一时间在英国引发了一场十分相似的辩论。社会问题涵盖了一系列复杂的议题：工厂的工作环境，人口密集地区的住房问题，团体组织（即行

---

① 即托马斯·卡莱尔（1795—1881），苏格兰历史学家、评论家。——编者注

会、等级会议）的解散，以竞争为基础的资本主义经济的剧烈波动，新兴的"无产阶级"所面临的宗教信仰薄弱、道德衰败问题。然而，在所有这些问题中，最为核心、最为重要的问题是所谓的"贫民化"问题，即社会下层越来越严重的贫困问题。在三月革命爆发前的那个历史时期，"贫民问题"与传统的贫困问题相比有许多重要的不同之处：贫民问题涉及大量的民众，是一个集体发生的结构性问题，其起因并不是某一个人所遇到的困难，比如疾病、伤残、歉收；贫民问题是一个持久性的问题，并不会因为季节的更替而消失；有迹象表明，贫民问题的影响面有扩大的趋势，会波及那些经济状况原本相对稳定的阶层，比如手工业者（尤其是学徒工、熟练工）、小农。1846年的《布罗克豪斯百科全书》(Brockhaus Encyclopaedia) 指出："如果一个人数众多的阶层必须进行最为繁重的体力劳动才能维持生存，这就会引发贫民问题……"[42]问题的关键是，劳动力和劳动产品的价值出现了下跌。这不仅影响到了没有技能的劳动者和手工业者，由于在农村地区有越来越多的人口开始靠各种形式的家庭手工业来糊口，所以这一部分人同样深受其害。

食品消费模式的变化反映了日渐深重的苦难：在普鲁士的莱茵兰省，居民的年均肉类消费量从1838年的41千克下降到了1848年的30千克。[43]1846年的一组统计数据指出，在普鲁士，有50%~60%的人口在温饱线上或在其附近。1840年代早期，越来越严重的贫困问题在普鲁士王国的文人圈子里引发了道德恐慌。1843年，贝蒂娜·冯·阿尼姆的著作《这是一本写给国王的书》在柏林出版问世，其开篇处是一系列别出心裁的文学对话，这些对话共同的主题是普鲁士王国所面临的社会危机。[44]该书内容详尽的附录记载了23岁的瑞士学生海因里希·格林霍尔策在柏林贫民窟的所见所闻。1816年到1846年的三十年间，柏林的人口从19.7万增长到了39.7万。许多最

第十三章　事态升级　　　　　　　　　　　　　　　583

贫穷的新市民——其中大部分人是雇工和手工业者——都在位于城北郊区人口密集的贫民区定居；这片贫民区名叫"福格特兰"，原因是很多最早在这里安家落户的人都来自萨克森境内的福格特兰。格林霍尔策在福格特兰贫民区采风，把所见所闻记录下来，为阿尼姆的著作提供了内容。

我们现代人早已习惯了纪录片所带来的真实临场感，很难体会到对当时的人来说，格林霍尔策对首都柏林条件最恶劣的贫民区日常生活不加任何掩饰的记述会造成如何巨大的冲击。格林霍尔策花了四个星期的时间，精挑细选出了几栋房屋，采访了其中的租户。他行文简洁，用短小的日常语句记录了自己的感想，之后又附上残酷的统计数据，用数字让读者体会到柏林城最贫穷的居民到底都过着怎样的生活。他会在叙述过程中混入对话，还经常使用"现在时态"，表明文中的语句是自己在采访时草草记下的。

三号地下室里面住着一个腿上有伤的伐木工。我刚一进门，他老婆就一把抓走了摊在桌子上的土豆皮。他那16岁的女儿十分害羞，躲到了角落里，而他则开始向我讲述自己的经历。他在修建工程学院的时候受了伤，之后就再也找不到像样的工作。他向政府申请救济，却一直都得不到答复。直到他身无分文的时候，政府才终于开始向他发放每月15个银格罗申［相当于半个塔勒］的救济金。他付不起城里的房租，只好与家人一起，搬到了现在的这个地下室。现如今，他每月能从济贫办公室领到两塔勒的救济金。他的腿伤一直都治不好，但只要身体状况允许，他就会出去打工，每个月能挣上一塔勒；他老婆能挣到两塔勒，而他女儿则能挣到一个半塔勒。只不过，他们现在住的地方每个月要两塔勒的租金，而"用土豆填饱肚子"，每顿饭要一个银格罗申再加上九个芬尼①；如果每天吃两顿饭，那么一家人每月在主食上就要产生三个半塔勒的支出。除去上述支出，一家人还剩下一个塔勒，必须用这点钱来购买柴火和所有其他除主食之外的生活必需品。45

"布雷斯劳的地下室"位于西里西亚省首府布雷斯劳郊外，是一个由废弃的军营和军需品仓库组成的棚户区。弗里德里希·威廉·沃尔夫以这片棚户区的现状为主题，写了一篇与格林霍尔策的记述十分相似的文章，在1843年11月的《布雷斯劳报》(Breslauer Zeitung)上发表，赢得了大量的读者。沃尔夫出身西里西亚的贫农家庭，在长大后成了著名的激进派记者。他在描述棚户区现状的文章中宣称，棚户区是一个近在眼前，却又远在天边的世界——用他的话来讲，这个世界就好似一本"已经翻开的书"，就摆在布雷斯劳的城墙外，但城内绝大多数富有的居民却对它视而不见。布尔乔亚的读者之所以会乐于阅读描述贫民区生活的作品，其中当然有想要满足猎奇心理的因素——欧仁·苏的作品《巴黎的秘密》是一部总共十卷，描述巴黎下层社会的长篇小说，在1842—1843年以连载的形式发表，很快就风行一时，引得欧洲各国的作家争相效仿，对注重社会描写的文学作品的兴起起到了重要的推动作用。沃尔夫宣称，如果欧仁·苏笔下色彩斑斓的"暗娼世界"(demimonde)让读者手不释卷，那么近在眼前且真实存在的"布雷斯劳的秘密"就理当激发起更为强烈的阅读兴趣。46 1844年出版的《柏林秘密》的作者奥古斯特·布拉斯用几乎相同的语言坚定地指出，无论何人，只要"稍微动一下手，像拨开面纱那样，抛开只顾享受的自私心理"，把目光投射到自己"习惯的小圈

---

① 1格罗申相当于12个芬尼。

第十三章　事态升级　585

子"之外，就会意识到首都的下层社会正在经历怎样的苦难。[47]

1844年的头几个月，由于多年来持续下跌的纺织品价格和萎靡不振的市场需求令一个又一个的纺织工人社区陷入了极端贫困，西里西亚多山的纺织工业区成了普鲁士全国关注的焦点。在莱茵兰，以纺织业为经济支柱的城镇组织募捐活动，为西里西亚的纺织工人筹集善款。3月，诗人、激进文学家卡尔·格林在各大城镇举办以莎士比亚为主题的巡回讲座，把讲座的收入当作善款，委托省政府转交，用于帮助利格尼茨地区的纺织工人。同样也是在3月，"西里西亚纺织及纺纱工救助协会"在布雷斯劳成立。到了5月，也就是纺织工人起义即将爆发的时候，西里西亚省政府的官员、救助协会的成员亚历山大·施内尔前往纺织工人的处境最为艰难的一些地区，挨家挨户地走访困难工人，用格林霍尔策开创的新方法一丝不苟地记录工人的境遇。[48]在如此敏感的环境中，当时的普鲁士人会有下面的想法就不足为怪了：他们并不认为1844年6月的工人起义是不可容忍的骚乱，而认为这是潜在的社会弊端不可避免的表现。

考虑到这一历史时期的人口增长与大规模贫困之间似乎存在明显的联系，我们很容易就会认为，当时的社会危机是"马尔萨斯陷阱"所造成的结果，即人口的粮食需求超过了粮食的供给。[49]这种观点具有误导性，至少对普鲁士来说是如此。在拿破仑战争结束后的数十年间，技术进步（化肥、现代化的畜牧业技术、三圃制轮作法）和耕地面积的增长让普鲁士的农业产出翻了整整一倍。农业生产力提升的结果是，在普鲁士，粮食产出的增速差不多相当于人口增速的两倍。所以说，普鲁士所面临的问题并不是慢性的农业产出不足。大量富余的农产品也会对制造业产生不良影响，原因是过剩产能会压低农产品的价格，导致农民收入下降，从而拉低农民对制造业产品的需求，继而对劳动力过剩的制造业造成冲击。

更为重要的是，尽管农业总产出的确实现了令人惊叹的增长，但普鲁士的粮食供给却依旧十分脆弱，因为一旦遇到了诸如歉收、牛瘟、农作物病害之类的自然灾害，粮食过剩就仍然有可能转变成严重的粮食短缺。比如说，1846年冬爆发的粮食危机就是一个很好的例子——歉收引发粮价飞涨，达到了正常平均水平的两倍，甚至三倍。1846—1847年的粮食危机爆发时，商业周期恰巧也进入了不景气的阶段，再加上农作物病害令许多地区的贫民赖以生存的土豆绝收（举例来说，1842年，格林霍尔策在柏林的福格特兰贫民区采风时发现，对那些最贫穷的家庭来说，土豆是最主要的粮食，甚至有可能是唯一的粮食来源），这导致危机造成了更大的破坏。

生存危机让民众感受到了压力，结果引发了一轮又一轮的骚乱事件。仅仅是在1847年的4月至5月，也就是粮价达到最高点的那段时间，普鲁士就爆发了158起粮食骚乱，具体的表现形式包括市场混乱、袭击粮库及商店、交通封锁。4月21日至22日，柏林的居民蜂拥而起，不仅洗劫了市场摊位和商店，还袭击了贩卖土豆的商人。[50]一个引人注意的现象是，就地理分布情况而论，粮食暴动并没有与最为严重的粮食短缺发生重合。无论是那些以出口为导向的产粮区，还是那些作为交通枢纽、有大量粮食运输过境的地区，都更有可能发生骚乱。普萨两国边境线普鲁士一侧的地区尤其容易发生骚动，原因就是萨克森经济的工业化水平相对较高，拉高了粮食需求，从而让普鲁士与萨克森接壤的地区成了粮食运输的必经之路。

总的来说，粮食骚乱绝不是为了颠覆政治秩序，而是民众务实的尝试，目的不是控制粮食供给，就是想要提醒当局，让他们意识到，掌权者有义务帮助遇到困难的治下之民渡过难关——就思路而论，普鲁士民众的行为完全符合E. P.汤普森研究18世纪的英国民众时提出的著名的"道德经济"论断。[51]骚乱的参与者并不认为自己是某个社会阶层的成员，而是以地方社区的代表自居，提出社区已经失去了伸张正义的权利。骚乱的参与者用来发泄愤怒的对象大都是外人：比如与远方的市场有贸易往来的商人，又比如海关官员，再比如外国人、犹太人。所以说，1846—1847年的粮食暴动与1848年的革命活动之间既不存在水到渠成的先后关系，也不具有必然的联系。1846—1847年发生粮食暴动的许多地区都在1848年的革命期间风平浪静，而在西里西亚，到了1848年革命爆发之后，在政治上最活跃的团体也并非1844年揭竿而起的那些西里西亚纺织工人，而是家境较为殷实的农民。在农民群体中，那些最有可能提升自身社会地位的人成了最活跃的成分；他们不仅成立了协会，还与生活在城市中的中产阶级民主知识分子建立起了合作关系。

然而，就算粮食暴动通常都是自发行为，其动机没有任何政治因素，此类暴动仍会造成强烈的政治冲击，加速民众政治觉醒的过程，所影响的范围绝不仅限于暴动的参与者。保守派和贸易保护主义者宣称，粮价上涨和大规模贫困问题的起因不是政府的不作为，就是自由派官僚推行的放松政府经济监管措施的改革。某些保守派还把矛头指向了"工厂制度"。自由派针锋相对，指出工业化和机械化不是造成社会危机的祸根，而是可以用来解决危机的灵丹妙药，呼吁废除那些阻碍投资，不利于经济增长的政府规定。保守派被1844—1847年的社会危机惊出了一身冷汗，开始试验各类社会福利政策，后来19世纪末出现的德意志福利国家也采用了这些措施。[52]对激进人士来说，粮食暴动是尤其难得的机会，可以用来聚焦和加强激进派的话语和理论。一些左派的黑格尔主义者提出了与"社会保守主义者"相同的理论，认为国家是国民总体利益的守护者，必须承担起责任，扭转社会两极分化的趋势。1844年西里西亚爆发工人起义之后，弗里德里希·威廉·沃尔夫受到启发，开始从社会主义的角度出发，阐述和提炼自己对起义的分析。1843年，他在报道布雷斯劳的贫民窟时还只是使用了松散的二元对立语言组织方式，比如"富裕"和"贫穷"、"这些人"和"那个富人"、"日工"和"独立的布尔乔亚"；而到了7个月后，他为西里西亚的工人起义撰写详尽报道的时候，话语就明显带有更强的理论抱负了。在沃尔夫报道起义的文章中，"无产阶级"成了"垄断资本"的对立面，"生产者"成了"消费者"的对立面，而与"劳动人民"站在对立面上的则是"私有制"领域。[53]

阿诺尔德·鲁格与卡尔·马克思就西里西亚工人起义的意义展开辩论，进一步展现了学界把粮食暴动抬升到阶级对抗的高度的过程。《前进！》(*Vorwärts!*)是一份由流亡巴黎的德意志激进派创办的杂志，鲁格在该刊上发表了一篇语气悲伤的文章，指出纺织工人的起义只是一场粮食暴动，不会对普鲁士的掌权者造成任何严重的威胁。卡尔·马克思不顾曾经的友谊[①]，发表了两篇长文驳斥鲁格的观点，用似乎是在表达普鲁士爱国主义自豪感的语言指出，无论是在英格兰，还是在法国，"工人起义"都没能表现出可与西里西亚的工人起义相提并论的"革命理论、革命意识"。马克思宣称，只有"普鲁士人"做到了用"正确的观点"来看问题。他指出，纺织工人焚毁了茨旺齐格公司、迪里希公司的簿册，把"财产所有权"当作发泄愤怒的对象，从而在打击工厂主本人的同时，撼动了工厂主赖以为生的金融资本制度。[54]这是一场令马克思与鲁格分道扬镳的争论，二人孰对孰错，关键要看受压迫的民众在什么样的条件下才能成功地接受革命思想。对资源的争夺引发了激烈的社会冲突，由此产生的负能量加快了普鲁士社会政治分化的步伐。

---

① 马克思曾经与鲁格合编《德法年鉴》(*Deutsch-Französische Jahrbücher*)。

## 哈登贝格的定时炸弹

　　19世纪40年代，普鲁士的政治制度已经在崩溃的边缘摇摇欲坠。这不仅是因为民众参政议政的期望不断高涨，同样也是由于国家遇到了难以回避的财政问题。1820年1月17日生效的《国家债务法》规定，普鲁士的中央政府如果想要举债，就必须首先得到"全国等级大会"的授权。改革派（《国家债务法》的起草人是哈登贝格的亲密战友、时任财政部中央管理司司长的克里斯蒂安·罗特尔）用这样的方式给政府戴上了枷锁——政府除非愿意进一步在宪政改革的问题上让步，否则就一直会在财政问题上捉襟见肘。《国家债务法》成了一枚哈登贝格在普鲁士国家制度的核心位置埋设的定时炸弹。19世纪二三十年代，历任财政大臣一方面把在名义上独立运营的普鲁士国家银行（Seehandlung）当作主要渠道，间接举债，另一方面又尽可能地降低政府的总负债额，所以这枚定时炸弹只是在默默地计时，威力一直都没有显现出来。这样做的结果是，这个时期普鲁士的债务要低于所有其他的德意志国家。[55]

　　这不是长久之计，弗里德里希·威廉四世对这一点心知肚明。在这一历史时期，运输技术的革命在经济、军事、战略等方面的重要性变得越来越明显，国王成了铁路的狂热支持者。[56] "铁路技术的每一项新发展都可以转变成军事上的优势，" 1843年，还只是个小青年的赫尔穆特·冯·毛奇指出，"如果想加强国防，那么同样是几百万的军费，把它花在建设完整的铁路系统上，要比用它来修建堡垒合算得多。"[57] 考虑到铁路太过重要，其建设工作不能交给私营部门，所以普鲁士的中央政府很快就发现国家的基础建设支出大幅上涨，想要保持收支平衡，就只能大量举债。

　　然而，弗里德里希·威廉四世迟迟不愿接受设立统一的全国议会是大势所趋的现实。他的一位近臣指出，设立全国代表大会风险很大，因为参会代表"有可能不会仅仅满足于商讨政府举债的问题，而是会插手所有他们认为急需解决的事情"。[58]1842年，弗里德里希·威廉成立了由各省议会派出的12名代表组成的"联合委员会"，希望委员会能够专心商讨为国家的铁路修建计划筹款之类的问题，不要设法在宪政问题中扮演更为重要的角色。他规定不得向委员会递交请愿书，还严格限制委员会所能讨论的议题，而委员会的讨论规则让真正的讨论变成了无法实现的奢望——在讨论任何问题的时候，每一位代表都只有一次发言机会，而且要按照姓名的首字母顺序逐次发言。这个中规中矩的委员会没能取得任何拿得出手的成就，而最为重要的是，一位莱茵兰省的代表在一次讨论铁路融资问题的会议上肆言无忌，指出委员会没有批准权，无法授权政府举债。[59]到了1844年年底，弗里德里希·威廉四世终于认清了现实，意识到自己必须在未来的三年内召集各省的省议会议员，举办全国代表大会。

1840年代中期，铁路问题已经发展到了必须解决的程度。在过去的数年间，普鲁士的铁路网络大幅扩张，发展成果令人敬佩，铁路总里程从1840年的185千米增长到了1845年的1 106千米。[60]但大部分新建铁路集中在私人投资者能够获益的地区，而企业家不会对那些有利于宏观经济、旨在满足军事需求，却没有赢利能力的大工程表现出太大的兴趣，这也是完全可以理解的。然而，1845年秋季，柏林当局收到情报，得知法国政府已经开始修建旨在满足本国战略需求的铁路网络，位于该网络的最东端的站点有可能对德意志邦联的安全造成威胁。柏林当局发出呼吁，希望德意志诸国能够协调一致，制定涵盖全德意志的战略铁路政策，结果劳而无功：邦联的加盟国一直都无法达成一致，甚至都无法回答这样一个最基本的问题——全邦联的铁路网络整合之后，应当采用多大的轨距。显而易见的是，普鲁士必须自力更生，独立地解决本国对铁路的需求。⁶¹1846 年，普鲁士制定了明确的铁路修建方案，其核心是一条名为"东部铁路"，把莱茵兰及邻近法国的边境地区与勃兰登堡及东普鲁士连接到一起的铁路干线。

哈登贝格埋下的定时炸弹终于等来了爆炸的时刻。1847 年 2 月 3 日，弗里德里希·威廉四世签发公开令状，宣布召开联合议会，同时明确指出，联合议会是 1820 年的《国家债务法》所设想的机构。联合议会并不是一个全新的宪政机构，而只是一个由所有省份的议会组成的集合体。所以说，联合议会全盘继承了省议会尴尬的混合身份：与会代表按照自己所属的省份和等级落座，但按一人一票的方式表决，而在处理大部分事务的时候，联合议会像真正的全国议会那样，作为一个单一的整体采取行动。联合议会设有上下两院，上院由侯爵、伯爵、归并领地贵族①、王室成员组成，而下院则由所有其他的议员组成，分别代表贵族地主、城镇居民、农民的利益，在议会中分为三个等级落座。联合议会制定了复杂的投票制度，确保所有的省份都有权否决有损于本省利益的提案——从这一点来看，联合议会反映出了普鲁士的国家制度在 1815 年之后所具有的"联邦"架构。公开令状的内容明确地指出，联合议会的主要任务是通过新的征税提案，以及批准新的国债，为铁路建设提供资金。⁶²

联合议会还没有召开会议，就已经引发了争议。一小群温和保守派的声音很快就被自由派山呼海啸一般的批评所淹没。绝大多数自由派的成员都认为，国王在公开令状中勾勒出的制度框架完全无法满足自由派合理的期望。西里西亚的自由派人士海因里希·西蒙在萨克

---

① 归并领地贵族是德意志地区根据 1803 年《帝国代表会议总决议》不再直属于神圣罗马帝国，被并入大邦的小邦的诸侯。维也纳会议后，被归并的小邦并未被恢复，但其领主仍保留了诸多特权，地位高于一般的贵族。

森城市莱比锡（目的是避开普鲁士的审查制度）发表言辞激烈的文章，严厉斥责国王的做法："我们想要你给我们面包，你却拿石头来凑数！"特奥多尔·冯·舍恩认为，各省的议员应当利用议会开幕的机会，宣布自己没有能力履行全国议会的职责，要求重新举行选举。公开令状一方面冒犯了自由派，另一方面又让那些死硬的保守派胆战心惊，原因是保守派认为，令状的内容为全方位的宪政问题解决方案打开了大门。许多地位较低的贵族地主都因为大贵族获得了特殊的地位而愤愤不平，就连那些保守的地主也不例外；此外，由于西里西亚、威斯特法伦的大贵族在上议院占据了大量的席位，那些代表自古以来一直属于普鲁士的省份参会的议员同样也对现行的议会制度十分不满。[63]然而，与此同时，国王宣布召开联合议会的消息还是起到刺激作用，进一步抬升了民众的政治期望。

1847年4月11日是个星期日，那一天的柏林天色灰暗、寒风瑟瑟，雨一直下个不停，来自各个省份的六百余名代表拥入王宫的白厅，出席联合议会的开幕仪式。弗里德里希·威廉四世致开幕词，进行了半个多小时的脱稿演讲，向与会议员提出严正警告。公开令状签发后，各界的反响令他火冒三丈，所以他完全没有寻求妥协的心情。他宣称："世间没有任何权力能够迫使我把君主与臣民之间的自然关系［……］转变成约定的宪政关系，我绝不会让一纸文件成为挡在天堂中的圣父与这片土地之间的障碍。"在开幕词的结尾处，他重申，联合议会不是拥有立法权的议会。国王召开本次议会是为了实现特定的目的，即要求议会通过征税提案，允许政府举债，议会的未来则完全取决于国王的意愿和判断。必须强调的一点是，议会的任务绝不是"代表民意"。弗里德里希·威廉向参会议员指出，只有他认为议会是"有益的、有用的，在本届议会用实际行动向我证明，议会不会对国王的权利造成损害"，他才会考虑召开下一次会议。[64]

第十三章　事态升级

到头来，议会的辩论证明，死硬保守派的担忧很有道理。普鲁士各个派别的自由主义者头一次找到了在同一个舞台上各抒己见的机会。他们发起运动，试图把议会转变成正式的立法机构，所采取的措施包括：为议会争取定期开会的权利；提出所有法律必须首先获得议会的批准，才能正式生效；设法保护议会免遭国家当局武断行为的影响；彻底扫除所有仍然存在的团体歧视。他们坚定地指出，除非上述要求能够得到满足，否则议会就不会批准政府的支出计划。对各个地区的自由主义政治家来说，联合议会的召开是一个令人心潮澎湃的机会，可以让他们与全国各地志同道合的与会代表建立关系，交换意见。自由主义的党派文化就此开始崭露头角。

莱茵兰的工业家、铁路企业家达维德·汉泽曼从1843年起就一直担任莱茵兰的省议员，是莱茵兰自由主义圈子的领导人物。他特意在王宫附近租了一个大套间，把它当作会场，与来自其他省份的自由派议员举行会议。自由派的议员还会在俄罗斯之家宾馆举行会议，进行政治讨论和辩论，增进友谊。自由派的议员敦促彼此在议会开幕之前至少八天抵达首都柏林，从而留出充足的时间来举行预备会议。当时普鲁士的新闻网络、政治关系网络仍被地界隔开，彼此之间少有联系，因此全国的自由派议员提前召开预备会议的重要性怎样强调都不为过。预备会议不仅让自由派议员变得信心满满，获得了强烈的使命感，还给他们上了一堂令人难忘的启蒙课，让他们意识到了政治合作和妥协的可贵之处。一个保守派人士沮丧地指出，自由派每天都工作"到深夜"，就如何进行关键的政治辩论协调己方的策略。[65] 自由派靠着这样的手段，在许多议会辩论中都占得了先机。

保守派好似一盘散沙，与自由派形成了鲜明的对比。在议会的大部分议程中，他们似乎都处于守势，只能被动应对自由派的提案和挑衅。保守派是省际多样性和地方自治的倡导者，难以在全普鲁士的层面上合作。许多保守派贵族所奉行的政治理念都与贵族阶层的精英团体地位密不可分,结果令贵族议员与地位较低,却仍然有可能成为政治盟友的其他议员制定共同政治纲领的工作举步维艰。自由派可以就一些大的原则问题(立宪主义、代表制度、新闻自由)达成一致,保守派则似乎完全无法提出明确的纲领,只能以模糊的直觉为依据,指出以传统为基础的逐步演变肯定要好过迅速而彻底的改变。[66] 保守派缺乏有效的领导,迟迟无法形成党派。利奥波德·冯·格拉赫在5月7日,也就是议会开幕后的第四周写道:"我们节节败退。"[67]

单纯从宪政制度来看,联合议会一事无成。联合议会没能获准转变为议会立法机构。联合议会于1847年6月26日休会,在此之前,与会议员已经拒绝了政府以发行国债的方式为东部铁路的修建工作提供资金的要求,宣称只有在国王授予议会定期召开会议的权利之后,他们才会合作。自由派的企业家、议员达维德·汉泽曼留下了这样一句著名的调侃之语:"一提到钱,交情可就没那么管用了。"然而,如果从政治文化的角度来看问题,那么联合议会就显得重要非凡了。联合议会与其前身省议会不同,是一个公开的机构,其所有议程都会记录在案,向社会公布,所以其每一场辩论都会在整个普鲁士王国的政治版图上产生巨大的回响。联合议会用最具说服力的方式证明,君主在宪政问题上采取的遏制战略已经山穷水尽。此外,议会还发出了明确的信号,表明真正的宪政变革已经近在眼前,是不可避免的事情。只不过,变革到底会以什么样的形式发生,仍然是一件未可知的事情。

## 革命前夕的普鲁士

诗人、散文家、才子、激进的讽刺作家海因里希·海涅创作了一首题为《德意志——一个冬天的童话》的讽刺诗，描述了自己结束长达13年的流亡生活，离开巴黎，返回普鲁士的旅途。海涅出身杜塞尔多夫的一个中规中矩的犹太商人家庭，曾经在柏林大学深造，师从黑格尔，之后又趁着年轻，抓紧时间皈依了基督教，为自己在官僚体系中的仕途扫清了障碍——海涅的人生轨迹是一个例证，可以提醒我们，普鲁士是一个"基督教国家"，会向犹太国民施加强大的同化压力。1831年，海涅放弃成为国家公务人员的抱负，变成了一个颇有名气的诗人、作家，之后又离开普鲁士，在巴黎找了一份记者的工作。他直言不讳，用辛辣的语言批评德意志诸国的时政，结果在1835年遭到邦联议会的打压——议会颁布禁令，规定邦联的所有加盟国都不得出版发行海涅的著作。禁令生效后，对海涅来说，在德意志邦联内部从事文学创作已经变成了一件不可能的事情。《德意志——一个冬天的童话》于1844年出版问世，记录了海涅重返故乡莱茵兰的那段短暂而又不愉快的经历。首先出面，"欢迎"诗人重返家乡的普鲁士人当然是海关的官员——他们翻箱倒柜，彻底地搜查了诗人的行李。海涅创作了一连串妙趣横生的四行诗，回顾了自己在普鲁士国境线上通关的经历：

> 他们翻出了裤子、衬衣
> 就连手帕也不放过——所有的东西都逃不过检查；
> 他们寻找钢笔的笔尖、小饰品、珠宝
> 寻找违禁书籍。
> 你们这帮蠢货！要是你们觉得能在我的箱子里找到点什么
> 那你们可真是错得离谱！
> 我随身携带的违禁品
> 全存在这里，在我的脑瓜里！

［……］
我脑袋里堆满了书籍——
多到数都数不清！
我的脑袋就好似鸟巢，里面的藏书好似叽叽喳喳的小鸟
全都是应该没收的禁书！

  上文引用的诗句捕捉到了普鲁士作为一个国家的某些真实情况，如果连这一点都不愿承认，就实在是太荒唐了。普鲁士的审查机构采用高压政策，毫无幽默感，吹毛求疵，对抱有政治异议的文人穷追猛打，令普鲁士全国上下所有崇尚思想自由的人扼腕叹息。柏林的自由派人士卡尔·瓦恩哈根·冯·恩泽被审查制度压得喘不过气来，几乎每天都要在日记中批评审查机构。在他的笔下，"审查者小肚鸡肠、恶意中伤，令人束手束脚，痛苦不堪"，审查员歪招频出，"不断地琢磨出新的挑衅方式"——在审查机构专横的监管下运营批判性的文学期刊让人备感挫折。[68]

  然而，从另一个角度来看，就连瓦恩哈根也意识到了，普鲁士的审查制度毫无效果，十分可笑。他在1837年8月的一篇日记中指出，审查制度的真正目的并不是监管群众的阅读习惯，而是向国王领导的其他政府部门证明，审查机构的存在是合情合理的事情："民众愿意读什么就读什么，书籍的内容无关紧要，但凡是有可能摆到国王面前的文章，内容就必须经过严格的审查。"[69]实际上，对普政府的审查机构来说，控制违禁印刷品的流通是一件根本就无法完成的任务。德意志欧洲在政治上四分五裂，对审查制度十分不利，原因是在一个国家遭到封禁的著作只要转到另一个国家，印刷出版就不会遇到任何困难，之后便可以以走私的方式，通过边检十分宽松的边境线入境。符腾堡的激进纸牌商人托马斯·贝克经常把违禁出版物藏在帽子里

第十三章　事态升级

面，穿越边境线，进入普属莱茵兰。[70] 弗里德里希·恩格斯的父亲是一个虔诚的基督徒，在巴门经营着一家纺织厂，而他本人则带有激进倾向。"我已经向普鲁士输送了大量禁书，"1839年11月，他在不来梅给友人威廉·格雷贝尔写信，在信中宣称，"现在我手边就有四本伯尔内的《恐法症》[*Francophobe*]、六本作者同样也是伯尔内的《巴黎来信》、五本费内代的《普鲁士与普鲁士主义》[这是当局严令禁止的禁书]——所有这些书都打好了包，随时都可以运送到巴门。"[71] 雅各布·费内代是莱茵兰的自由派人士，他写的小册子《普鲁士与普鲁士主义》猛烈批判了普鲁士的政府当局——德意志邦联当局虽然颁布了针对此类出版物的禁令，但由于德意志诸国的书商经常背着当局经营违禁印刷品，禁令早已变成了一纸空文。[72] 违禁歌曲甚至比违禁印刷品还要难以控制，原因是歌谱的传播只需要极少量的纸张，就算没有印刷好的歌谱，歌曲也可以流传开来。大众文化的政治化催生出了一种表达异议的新模式，它具有非正式、变化莫测、无所不在的特点，政府就算是使出浑身解数，也永远都无法制定出有效的监管措施。

普鲁士的军人高傲自大、矫揉造作、目空一切，在许多人看来——尤其是在激进分子看来——他们集中体现了普鲁士这个政治体最糟糕的弊端。亚琛曾经是查理曼古老的都城，但到了海因里希·海涅生活的那个年代，这座古城已经变成了纺织中心，是莱茵兰地区的一座死气沉沉的城镇——重返故乡的海涅正是在这座城镇第一次遇见了普鲁士的军人：

> 我在这座平淡无奇的小镇四处乱转
> 过了一个多小时
> 又看见了普鲁士的军人

他们看起来和之前一模一样。
[……]
依旧是那木讷、迂腐的举止
依旧迈着四方步
每个人的脸上依旧挂着那一成不变的蔑视
就好似一副冷冰冰的面具。
他们迈着僵硬的步伐,在街上趾高气扬地走来走去
每个人都打扮得一丝不苟,就连小胡子也翘得恰到好处,
不禁让人觉得他们多半是
吞下了那用来痛揍他们的军棍。

在普鲁士王国,不同地区的民众对军人的厌恶程度各有差异。莱茵兰拥有强烈的地方主义精神,对信奉新教的柏林当局恨之入骨,是最厌恶军人的地区。在许多莱茵兰的城镇,军人与平民——尤其是工匠及劳工阶层的年轻男性成员——之间的紧张关系已经变成了日常生活的一部分。到了夜里,在公共建筑前站岗的士兵很容易就会被在街上闲逛的年轻人盯上,成为攻击对象;士兵与平民之间出现了大量偶发的暴力事件,事件发生的地点不是酒馆,就是邻近酒馆的街区。[73]此外,军人还因为扮演执法者的角色而进一步遭到民众的憎恨。在普鲁士,城镇的警察力量十分薄弱,负责城镇治安的治安官不仅人数少、缺乏训练,还要按照政府的规定承担种类繁多的任务,比如确保"原材料和废弃物"得到有序的处置、清理"街道和下水道"、清除障碍物、清扫粪便、递送法庭传票、"用摇铃的方式向民众传达政府公告"等。[74]市政当局的警察力量聊胜于无,所以对地方政府来说,被迫向军队求助,用部队来恢复社会秩序成了常有的事情。一旦发生了严重的骚乱,地方上的宪兵人少力寡,多半会逃之夭夭,想要等军

队出面协助，而闹事的人群则会意识到自己势不可当，决定把事情进一步闹大——1844年，彼得斯瓦尔道、朗根比劳两地的骚乱之所以会闹得不可收拾，正是出于上述原因。军队的指挥官不懂得控制人群是一项微妙的艺术，经常会在发出口头警告后突然升级措施，命令高举马刀的士兵骑着高头大马冲击人群，甚至还会直接下令开火。只不过，这并不是只有在普鲁士才存在的问题。在英格兰和法国，动用军队来恢复秩序也仍然是理所当然的事情，而如果说1844年普军在朗根比劳用极端暴力的手段镇压起义工人是典型事件，可以代表普鲁士在那一历史时期的现状，那么1819年的彼得卢屠杀[1]同样也可以代表英国政府用来维持社会秩序的手段。

英国的政治体制更为自由，绝不能与普鲁士相提并论——英国的旅人不厌其烦，一直都把这一点挂在嘴边——但这并不意味着英国的制度是更具人性的制度。英国人对国家机器的暴力行为有极高的忍耐度，其水平达到了普鲁士人难以想象的程度。1818年到1847年，在普鲁士，每年被判处死刑的人数一直都在21人到33人这个区间内波动。此外，由于国王经常赦免死刑犯——在这一历史时期，赦免死刑犯成了普鲁士王权的一大特征——实际上被执行死刑的犯人更是要少得多，每年只有5人到7人。与之形成鲜明对比的是，英格兰和威尔士虽然总人口（1 600万左右）与普鲁士大体相当，但在1816—1835年，这两个地区平均每年却有多达1 137人被判处死刑。诚然，在这一千余例死刑判决中，只有相对较少的一部分（不到10%）得到了实际执行，但就被处死的犯人的绝对数量而论，英格兰及威尔士与普鲁士之间也仍然存在16∶1的巨大差异。在英格兰和威尔士，绝大多数死刑犯被判处死刑的原因都是侵犯财产罪（包括一些

---

[1] 1819年8月16日，英政府派兵镇压在曼彻斯特的圣彼得广场示威的工人，当场有11人死亡，400多人受伤。

涉案金额少得可怜的案件），而在普鲁士，被判处死刑的犯人则多半是杀人犯。在1848年革命爆发之前的那几年间，普政府只进行了一次"政治"处决，被处以极刑的人是那个切希村长，原因是他刺杀国王未遂，被判犯有叛国罪。[75] 简而言之：普鲁士并没有像英格兰那样出台"血腥法典"①，把用绞刑架屠杀民众当作家常便饭。

在普鲁士，1840年代是"饥饿的四十年代"，民众遭遇了可怕的极端贫困，但与在英国的统治下饿殍遍野的爱尔兰相比，普鲁士人的苦难已经不算太糟了。现如今，我们把爱尔兰大饥荒归咎于行政管理失误和自由市场的动态变化共同作用的结果，但如果生活在普属波兰境内的波兰人遭遇了同样严重的饥荒，那么我们就可能把它视为纳粹德国在1939年之后对波兰统治的前奏了。同样值得记住的一点是，普政府在统治普属波兰的过程中遇到了一些英政府在统治爱尔兰的过程中闻所未闻的限制因素。波兰夹在普鲁士和俄罗斯帝国中间，是动荡不安的边境地带，所以普政府在制定与普属波兰相关的政策时必须考虑到俄国的利益。普鲁士的王权当然不会承认波兰人民族主义诉求的合法性，但与此同时，普政府仍然能够迁就波兰臣民，满足了他们培养波兰人独特民族身份的诉求。实际上，由于普政府大力开设把波兰语当作教学语言的初级、中级学校，在曾经属于波兰－立陶宛联邦，后来成了普属波兰的地区，波兰人的识字率大幅提升。诚然，在弗洛特韦尔担任波森省省长的那十年间，普政府转而推行"德意志化"政策，想要完全同化波兰人——这是一个不祥的预兆，能够让我们一瞥后续的历史发展——但这一政策的具体落实工作却时断时续，到了亲波兰的浪漫主义者弗里德里希·威廉四世即位之后更是彻

---

① "血腥法典"指18世纪及19世纪初的英格兰刑法典。按照这套法典的规定，如果被告犯下了盗窃罪，那么只要涉案金额超过12便士，法庭就可以做出死刑判决。

第十三章 事态升级

底宣告结束。而且不管怎样，德意志化政策只是普政府针对1830年的波兰革命采取的应对措施，原因是革命令普政府对波森省的政治忠诚产生了严重的怀疑。

1840年代初，也就是在海涅作为流亡文人旅居巴黎的那段时间，普属波兰仍然是一个避风港，吸引了大量波兰政治难民越过波森省的东部边境，寻求政治庇护。俄国的异议分子同样也把普鲁士当作避难所。激进的文学评论家维萨里昂·格里戈里耶维奇·别林斯基旅居西里西亚城镇扎尔茨布龙，在1847年发表了著名的《给果戈理的信》，批判了祖国俄国在政治及社会上的落后现状，结果遭到俄国法庭的缺席审判，被判处死刑。别林斯基的抗议呼声在俄国的异议者圈子里一石激起千层浪——小说家屠格涅夫前往西里西亚拜访别林斯基，其间创作了收录在《猎人笔记》中的短篇小说《总管》，用入木三分的笔触刻画了一个横行乡里的地主的残暴形象，在小说的最后写道"1847年作于扎尔茨布龙"，以深藏不露的方式表达了对别林斯基批判言论的支持。同样是在1847年，另一个俄国的激进主义者亚历山大·赫尔岑一路向西，越过边境线，进入普鲁士，也成了政治难民。抵达柯尼斯堡后，他长舒了一口气，感叹道："那令人不快的恐惧，那无所不在的猜忌，全都一扫而空。"[76]

# 第十四章 普鲁士革命的辉煌与苦难

## 柏林的路障

1848年2月底,柏林的市民已经开始对与革命相关的新闻见怪不怪。1847年冬,瑞士信奉新教的自由派与信奉天主教的保守派各州爆发内战,自由派取得了战争的胜利。瑞士内战的结果是,自由派建立了一个以自由宪法为基础的全新瑞士联邦。接下来,频频发生骚乱的意大利半岛也传来了革命的消息——1848年1月12日,起义者在巴勒莫夺取政权。两周后,那不勒斯国王成了意大利半岛上第一位颁布宪法的君主,巴勒莫革命宣告成功。

让柏林的市民最为兴奋的还是从法国传来的新闻。2月,自由派在法国首都巴黎抗议示威,事情越闹越大,最终引发了军队与示威者的流血冲突。2月28日,总部设在柏林的《福斯报》发行增刊,以"电报快讯"报道了法国国王路易·菲力浦退位的消息。增刊的编辑宣称,考虑到"法国及欧洲的现状,事件如此突然、如此剧烈、如此出乎意料的发展似乎更加不同寻常,也许会造成比[1830年的]七月革命更加严重的后果"。[1] 巴黎的新闻传到普鲁士首都柏林后,市民纷纷涌上街头,一边打听最新的消息,一边讨论局势的发展。就连天气也帮了一把忙——1848年3月的柏林迎来了所有人的记忆中最温暖、阳光最灿烂的早春。读书俱乐部、咖啡馆、各类公共设施全都挤满了人。"无论何人，只要能搞到最新的报纸，那么他就必须站到椅子上，向在场的人高声朗读报纸的内容。"[2] 靠近普鲁士的国家和地区同样也传出改革和革命的消息后，民众的情绪开始变得更加激动——包括曼海姆、海德堡、科隆在内的许多德意志城市爆发了大规模的抗议示威；巴伐利亚国王路德维希一世做出让步，宣布进行政治改革，授予民众公民自由；在萨克森、巴登、符腾堡、汉诺威、黑森，保守派的大臣全都丢了乌纱帽。

柏林的市政代表大会成了市民讨论时政、表达抗议的一个重要场所——代表大会以选举的方式产生，由市民精英组成，会定期召开会议讨论柏林的市政事务。3月9日发生了示威人群冲入市政大厅的事件，之后一向循规蹈矩的代表大会发生了态度转变，成了市民的抗议集会。柏林城外的"帐篷区"也每天都有民众集会，此地位于勃兰登堡门外的蒂尔加滕区，是一个专门用来进行户外休闲娱乐活动的地区。上述群体活动最开始只是非正式集会，但很快便开始渐渐地具有了临时议会的雏形，包含了投票程序、决议、选举代表等议会因素，可以视为1848年在德意志诸国的各大城市遍地开花的"公共集会民主"的典型例证。[3] 没过多久，市政代表大会就与"帐篷区"建立起了合作关系；3月11日，代表大会召开会议，审议"帐篷区"递交的请愿书草案，就草案要求的大量政治、司法、宪政改革展开讨论。到了3月13日，"帐篷区"集会的参与者已经突破了2万人，参会人员开始听取工人及手工业者代表的发言——这部分人的关注焦点不是司法及宪政改革，而是劳动人民在经济上的诉求。工人聚集在会场的一角，组建了独立的代表大会，在会上起草请愿书，除了强烈要求政府出台新法律，保护劳动者免遭"资本家和放高利贷者"的压榨，还呼吁国王建立劳工部。柏林的居民行动了起来，市民运动的内部已经出现了追求截然不同的政治利益及社会利益的团体。

民众上街游行，表现得越来越"坚定与傲慢"，警察总监尤利乌斯·冯·米努托利心惊肉跳，于3月13日下令向城内增兵。是夜，军队与民众在王宫附近发生冲突，有好几个平民命丧当场。民众和士兵变成了两个对立的群体，开始争夺对城市的控制权。之后的几天，民众每天都会在傍晚时分在城内游行。曼佐尼①运用令人过目难忘的明喻手法，称示威者就像"湛蓝的天空上飘忽不定的乌云，引得每个人都仰望天空，口中嘟囔着：看来天气还是没个准儿"。[4]民众一方面十分忌惮军队，另一方面又想将他们争取过来；在与他们打交道的时候时而哄骗，时而劝说，时而嘲弄。维持秩序的部队同样有一套复杂的程序。如果遇到了不守规矩的臣民，他们就必须首先高声念出1835年的"反暴乱法"，在读过三次后，如果闹事者不为所动，他们就应当以击鼓或吹号的方式给出警告，如果三次警告仍然未能奏效，指挥官就可以下达攻击的命令了。由于示威人群中不少人都有当兵的经历，上述信号几乎全都能被人认出来和理解。在阅读"反暴乱法"的环节，民众通常会吹口哨、喝倒彩。击鼓示警的环节预示着指挥官将会下达前进甚至是冲锋的命令，所以具有较强的吓阻效果，但这通常也只会让示威民众暂时地有所收敛。争夺柏林市区控制权的过程中出现了好几次这样的情况——民众接二连三地挑衅维持秩序的士兵，迫使他们按照规定，重复上述示警过程，到了鼓声响起的时候便一哄而散，之后又重新聚集起来，继续这场猫捉老鼠的游戏。[5]

民众的愤怒情绪像毒药一样在柏林城内蔓延开来，身着军服的士兵无论是单独在大街上行走，还是三三两两，共同行动，都会遇到

---

① 亚历山达罗·曼佐尼（1785—1873）是意大利民族复兴运动中的重要作家。

图42　1848年的柏林俱乐部生活。当时的木版画

十分严重的危险。3月15日，自由派的文人、日记作家卡尔·奥古斯特·瓦恩哈根·冯·恩泽站在自家二楼的窗前，怀着复杂的心情，看着三个军官在邻近他家的街道上沿着人行道缓步行走，一大群大喊大叫的男孩、小青年跟在后面，有大约两百人。"我看到石块砸中了他们，看到有人抡起棍子，狠狠地砸向一个军官的后背，但他们仍然既不胆怯，也不回头，就这样一直向前走，在走到街角后转入瓦尔大街，躲进了街边的行政大楼，而大楼的武装警卫则驱散了闹事的人群。"过了一阵子，一支小部队前来营救这三个军官，把他们护送到了柏林城的军械库。[6]

军事及政治当局的领导人难以就应当如何进一步应对局势的发展达成一致。柏林的军政长官冯·普菲尔将军是一个温和而又富有智慧的人，他负责指挥驻扎在首都柏林城内及周边的所有部队，提出政府应当稳住民众，同时在政治上做出让步。国王的弟弟威廉亲王[①]与普菲尔形成了鲜明的对比，强烈要求兄长下达命令，全面镇压起义者。冯·普里特维茨将军是国王近卫兵团的指挥官，同时也是威廉亲王坚定的支持者。他后来回忆了朝中混乱的气氛，宣称一大群顾问和好心人提出了相互矛盾的建议，把国王搞得焦头烂额。奥地利传来的消息（消息传到柏林的时间是3月15日）最终令局势发生了反转——维也纳爆发持续两天的革命动乱之后，宰相梅特涅宣告倒台。普鲁士国王身边的大臣、顾问一向唯奥地利马首是瞻，他们把梅特涅倒台一事视为某种预兆，以此为依据提出建议，认为应当进一步做出政治让步。3月17日，弗里德里希·威廉四世同意以国王的名义签发公开令状，宣布废除审查制度，为普鲁士王国建立宪政制度。

然而，此时示威民众已经制订了计划，决定在第二天下午，也就是3月18日的下午在王宫广场举行集会。18日晨，政府命人在全城宣读国王做出让步的消息。有目击者宣称，市政代表大会的成员走上大街，与民众一起跳舞。市政当局下达命令，要求柏林全城当晚点亮所有的灯火，以此表达对国王的感激之情。[7]然而，想要阻止早已计划好的示威活动为时已晚：人流从差不多中午就开始在王宫广场聚集，参与示威者除了家境殷实的市民和"护民官"（护民官来自中等阶层，他们不携带武器，任务是协调士兵与民众的关系），还有许多从城外贫民区赶来的手工业者。政府决定让步的消息传播开来后，示威人群变得喜气洋洋、兴高采烈。欢呼声震耳欲聋。在暖阳的照耀下，广场上的人群变得越来越密集，所有人都想要拜见国王。

王宫内的气氛轻松愉快。下午一点前后，警察总监米努托利赶

---

[①] 1840年，没有子嗣的弗里德里希·威廉四世继承王位，他的弟弟威廉王子作为王位的第一顺位继承人，获得了普鲁士亲王的头衔。

第十四章 普鲁士革命的辉煌与苦难

到王宫，向国王发出警告，指出城内仍然随时都有可能发生大规模的动乱；国王却含着笑意对他的工作表示感谢，之后又补充道："亲爱的米努托利，我必须讲清楚一件事，那就是你总是把事情看得太消极了！"听到广场上传来的掌声、欢呼声后，国王和随从人员向民众聚集的方向走去。"我们要去接受欢呼了。"冯·普菲尔打趣道。[8]弗里德里希·威廉走了好一阵子，终于来到了一个俯瞰广场的石雕阳台。广场上的民众一看到国王，马上就欢声雷动、掌声震天。首相冯·博德尔施文格走上前去，发表了这样一则声明："国王希望新闻自由能够得到全面实行！国王希望联合议会能够立即召开会议！国王希望以最为自由的理念为基础的宪法能够在德意志的大地上全面落地！国王希望德意志能够拥有国旗！国王希望撤销所有的关税关卡！国王希望普鲁士一马当先，成为领导德意志民族主义运动的国家！"绝大多数在场群众都听不到国王和首相的声音，但由于人群开始传阅不久前签发的公开令状的印刷本，原本只是在阳台周围爆发出来的震天欢呼就好似一阵巨浪，很快就传遍了整个广场。

在广场上的人群看来，此时的天边仍然还飘着一块乌云：在王宫的拱门下，以及拱门另一侧的院子里，能够看到一排又一排整齐列队的士兵。人群看到这个老对手也在场，情绪开始变得越来越差。广场人满为患，一些站在外侧的群众慌了神，担心自己会被推到士兵的枪口上。人群开始高喊："当兵的滚出去！当兵的滚出去！"广场上的局势似乎马上就要失去控制。在这个节骨眼上——此时是下午两点前后——弗里德里希·威廉命令态度更为强硬的普里特维茨接替普菲尔，成为首都驻军的新任指挥官，要求他让士兵立即驱散聚集在广场上的人群，"结束那里丢人现眼的大混乱"。普里特维茨应当避免流血事件：骑兵不得拔刀，必须以正常行军的速度前进。[9]接下来，广场上乱成了一锅粥。一队龙骑兵慢慢地向前推进，却无法驱散人群。广场上人声鼎沸,盖住了军官下达的命令,指挥部队变成了一件十分困难的事情。一些军马受了惊,开始向后踱步。两匹军马在铺路石上打了个趔趄,把骑在马背上的士兵甩下了马。直到龙骑兵高举马刀,摆出了要发起冲锋的架势之后,聚集在广场中心的人群才终于四散而逃。

由于仍然有不少民众在王宫区的东侧夹在朗根桥和布赖滕大街之间的三角地带聚集,一小队掷弹兵奉命前往该区域驱散人群。在执行任务的过程中,有两个掷弹兵的武器走了火。一个名叫屈恩的掷弹兵不小心把火枪的扳机勾到了马刀的刀柄上,黑特根准尉手中的火枪则被示威者的棍子砸中了击锤。尽管这两次走火都没有造成人员伤亡,但人群还是一听到异响就认为士兵已经开始射杀平民。军队犯下暴行的消息很快就传遍了全城。朝廷想出了不切实际的主意,找来了两个平民,命令他们打着一面用亚麻布制作,上面写着"这是个误会!国王一点恶意也没有!"的大旗走街串巷,想要澄清误会,结果不出所料,完全没能取得预想的效果。

柏林城内到处都是民众用手边的材料搭建起的临时路障。在之后的巷战中,临时路障成了大部分战斗的焦点,战斗的过程也大同小异:步兵向路障发起进攻,而起义民众则会利用路障周围的建筑物,把窗口当作射击点向士兵开火。民众爬上屋顶,砖瓦、石块像冰雹一样砸向士兵。士兵冲入路障周围的房屋,驱散起义民众。路障不是被火炮摧毁,就是被人工拆除——参加拆除工作的人除了士兵,还有那些在战斗中被俘的起义民众。瓦恩哈根·冯·恩泽的住宅附近就有一处路障,他记录了防守路障的民众在听到士兵前进的脚步声后做出的反应:"所有的战士马上就都做好了准备,你甚至能听见他们的低声细语。突然间,一个年轻人用洪亮的声音下达了命令:'先生们,上房顶就位!'话音刚落,所有人就都奔向了各自的战斗岗位。"[10]一个名叫沙德温克尔的二等兵参加了攻打布赖滕大街上某处路障的战斗,他之后回忆了自己的战斗经历。他在身旁的战友被子弹击中头部,当场毙命之后,与其他几个战友一起,冲进了一座建筑物,原因是有人看到起义者躲了进去。他们杀红了眼,先是不停地射击,之后又冲上楼梯,闯进房间,"把所有胆敢反抗的起义者赶尽杀绝"。"那座建筑物里面到底都发生了些什么样的事情,我是无论如何也说不清楚的,"沙德温克尔宣称,"我焦虑不安,这辈子还从来都没有这样紧张过。"[11] 柏林城内许多其他地方发生的事情也是一样:无辜的旁观者和那些只是来凑个热闹的人与战斗人员一起,全都变成了枪下亡魂。

争夺柏林城控制权的难度远超军事指挥官的想象。3月18日午夜前后,刚刚被任命为平叛部队总指挥的普里特维茨将军在向弗里德里希·威廉四世汇报战况的时候被迫承认,平叛部队虽然控制住了夹在施普雷河、新弗里德里希大街、斯比特尔马克广场之间的城区,但就目前的情况来看,肯定无法取得新的进展。普里特维茨提出建议,认为应当撤出柏林,之后派兵围城,用炮击的方式迫使起义者投降。面对如此严峻的局势,弗里德里希·威廉的反应平静得出奇,就好似他已经超脱了尘世的一切烦恼。他感谢了普里特维茨将军的汇报,然后便回到了写字台那里。普里特维茨记录了弗里德里希·威廉之后的一举一动:"国王陛下慢条斯理,先是脱下了靴子、袜子,之后又套上了毛皮的暖脚套,似乎是准备开始撰写另一份篇幅很长的文件。"[12] 普里特维茨提到的文件是一份题为《致亲爱的柏林市民》的演讲稿——3月19日凌晨时分,弗里德里希·威廉发表演讲,请求柏林城的居民恢复社会秩序:"请恢复和平,请拆除所有剩余的路障……我以国王的名义向你们保证,军队会撤出所有的街道、广场,只会派兵驻守少数必要的建筑物。"[13] 第二天中午过后不久,当局下达了从柏林撤兵的命令。国王把自己交到了革命者的手中。

图43 1848年3月18日，起义者在克罗内大街、弗里德里希大街的交界处设立的路障。F.G.诺德曼以目击者的证言为依据创作的石版画，1848年

这个决定不仅意义重大，还引起了巨大的争议。被迫撤离柏林是普鲁士的军队在1806年之后遇到的最棘手的挑战。国王难道是被吓破了胆？这显然是军队中强硬派的看法。[14] 普鲁士亲王威廉因为喜欢使用强硬手段而得到了"霰弹亲王"这样一个外号——撤兵的决定公之于众后，他成了最愤怒的强硬派。一听到撤兵的消息，他就大步流星，走到王兄面前，撂下这样一段话："我一直都知道你是个嘴皮子不利索的家伙，但没想到你竟然还是个胆小鬼！所有愿意继续为你效力的人都将失去荣誉！"言罢，他取下佩剑，把它重重地摔在了国王的脚边。据传，弗里德里希·威廉眼里噙着愤怒的泪水，给出了这样的回答："这实在是太糟糕了！你不能留在这里了，必须马上离开！"此时，威廉已经成了柏林全城最遭人痛恨的人物——最终他

第十四章 普鲁士革命的辉煌与苦难

接受劝说，同意乔装离开柏林，前往伦敦暂避风头。[15]

如果回过头来看，我们就会发现，弗里德里希·威廉的决定有很多值得称道的地方。他早早地命令军队撤出柏林，从而避免了更多的流血冲突。鉴于3月18日至19日夜的战斗极其激烈，这是一个十分重要、必须考虑到的因素。在那天晚上的战斗中，示威民众一方总共有超过300人死亡，而军队则有大约100名官兵阵亡——在德意志的三月革命中，柏林经历了血腥程度数一数二的巷战。与之形成鲜明对比的是，在维也纳，整个三月份总共只有大约50人死于革命引发的暴力冲突。[16]此外，弗里德里希·威廉的决定还让柏林免于浩劫，没有像好几座其他的欧洲城市那样，因为1848年爆发的革命而遭到炮击。最后，撤兵的决定还保住了弗里德里希·威廉作为公众人物的形象，没有让他的声望因为参与柏林城内的暴力对抗而留下污点——如果他想要抓住革命提供的机会，再次主张普鲁士对德意志诸国的领导权，那么完好的声望就是一个颇有分量的因素。

## 局势反转

普鲁士全国各地陆续传出骚乱和起义的消息，进一步加强了柏林城内的革命活动所造成的冲击。3月初以来，未经许可的集会和群众大会、骚乱、暴力事件、破坏机器设备的事件不断增多，达到了高潮。一些抗议活动（主要是发生在城市内的抗议）是为了表达具有自由主义倾向的政治诉求，比如呼吁政府颁布宪法、保证民众的公民自由、推行司法改革。另一些抗议活动把矛头指向了工厂、仓库、机器设备，原因是抗议者认为，在那些受到高失业率困扰的地区，这些生产设施对民众的福祉造成了危害。举例来说，在威斯特法伦境内的城镇索林根①，刀具工匠在3月16日、17日发动袭击，拆毁了城镇周边的铸造厂、工厂。[17]在纺织城镇瓦伦多夫，失业的纺织工人、制革工人发起了抗议示威，针对的是使用机械化生产方式的工厂。[18]莱茵河沿岸的城镇同样也爆发示威活动，示威者表达了对汽船的不满，指出轮船普及运用后，运输业不再需要小型港口提供的服务，令沿河的港口小镇失去了生计；在某些城镇，示威者甚至会拿起火枪，架起小口径的火炮，向过往的船只开火。[19]

有些时候，自由派和激进派会因为争夺动员过程的控制权而发生冲突。举例来说，科隆的市政代表大会在3月3日召开会议，想要就如何向国王提交反映自由派利益的请愿书展开讨论，结果遭到一大群激进派的冲击，会议在要求政府授予男性公民普选权、解散常备军的抗议声中草草收场。参会代表纷纷逃离会场，其中一位跳窗逃亡时摔断了腿。在西里西亚，由于解放农奴的工作进行得不彻底，落后于其他所有的省份，农民成了在抗议活动中挑大梁的群体——他们组成大规模的游行队伍，前往行政机构的办公楼，要求政府彻底废除"封建"制度。[20]革命引发了不稳定的街头政治运动，而城镇则成了政治运动的焦点。仅仅是柏林这一座城市就发生了125起骚乱事件；科隆、布雷斯劳和自由派当道的柯尼斯堡分别发生了46起、45起、21起骚乱。小城镇——尤其是莱茵兰及威斯特法伦境内的小城镇——同样也发生了激烈的混乱与冲突。[21]1848年的抗议活动在同一个时间点爆发出了巨大的力量，形成的抗议浪潮不仅席卷了普鲁士，同样也横扫了德意志诸国和欧洲大陆。

在柏林，国王已经沦落到了任由民众摆布的境地。3月19日下午，弗里德里希·威廉四世国王与妻子一起，被迫同意站在王宫的阳

---

① 索林根是刀具制造中心，有"刀具之城"之称。

台上，向前一天夜里阵亡的起义者致意。他通过这件事对自己糟糕的处境有了深刻的认识——民众把饰有绿叶的门板、木板用作担架，抬着阵亡者的尸体横穿王宫广场，所有阵亡者都光着身子，子弹、弹片、刺刀在他们身上留下的伤口全都一览无余。不巧的是，弗里德里希·威廉登上阳台的时候戴着一顶军帽；"脱帽！"站在人群前排的一个老者大吼道。国王乖乖地摘下帽子，低下了头。伊丽莎白王后吓得面色苍白，嘟囔道："该有的都有了，就差断头台了。"这是一次宗教仪式般的羞辱，给国王夫妇留下了持久的精神创伤。[22]

然而，仅仅过了几天的时间，弗里德里希·威廉就适应了自己的新角色，甚至还表现出了一副很有劲头儿的样子。3月21日上午，柏林的市民高举标语牌，呼吁国王领导德意志民族主义运动，弗里德里希·威廉立即表态，宣布自己已决定支持设立全德意志的议会。接下来，他发起了一轮精妙绝伦的公关攻势。他跑到王宫的院子里，骑上高头大马，命令高举着德意志三色旗的公民卫队为自己开路，开始在柏林城内游行，让身边的廷臣又惊又怕。这支小小的游行队伍缓慢前行，穿过拥挤的城区，一路上受到民众的夹道欢迎，欢呼声不绝于耳。弗里德里希·威廉会时不时地停下队伍，发表简短的即兴演讲，表达自己支持德意志民族主义事业的态度。[23]

四天后，弗里德里希·威廉前往波茨坦，与那些仍然因为被迫奉命撤离柏林而火冒三丈的军队指挥官会面。"我过来给你们训话，"他对集合到一起的军官说，"是想要向柏林的市民证明，他们没必要担心驻扎在波茨坦的军队会采取反制行动。"接下来，弗里德里希·威廉表明了出人意料的态度，宣称自己"受到本国公民的保护，从来都没有感到如此自由、如此安全"，把会场的气氛推向了高潮。[24]奥托·冯·俾斯麦当时也在场，目睹了军官对这一番话的反应，指出"大家低声抱怨着，马刀与刀鞘相撞，咔咔作响——普鲁士的国王从来没有在麾下的军官面前遇到过这样的情形,他必然也希望再也不会听到类似的声音"。[25] 没有什么能比这件事更直观地让我们认识到,在革命刚刚爆发的那段时间,弗里德里希·威廉的处境到底有多么复杂。他怀疑军队的指挥官感到受了排挤,已开始制定反动阴谋——事实证明,他的怀疑的确很有道理——所以他要求军队的指挥官重新保证向国王效忠,以此为手段,防患于未然。[26] 只不过,弗里德里希·威廉前往波茨坦与军队指挥官会面的做法还有更为广泛的公共舆论意义:国王的讲话刚刚结束,总部设在柏林的《福斯报》和《普鲁士汇报》(*Allgemeine Preussische Zeitung*)就刊登了讲话的内容,目的是给柏林市民吃下定心丸,让他们知道,国王已经与军队划清了界限(至少现在是这样的),是一位真心支持革命的统治者。

之后的几周,普鲁士出现了全新的政治秩序。卢多尔夫·康普豪森是莱茵兰的大商人,曾经在1847年的联合议会上成了自由派的头面人物——他获得任命,成了普鲁士王国的首相。莱茵兰的企业家、省议会议员达维德·汉泽曼加入新内阁班子,被任命为财政大臣。4月初,第二届联合议会举行了开幕会议,之后过了几天时间,议会就通过法案,宣布将会以选举的方式成立负责立宪工作的普鲁士国民议会。国民议会的代表以间接选举的方式产生——选民应当首先选出选举人团,之后再由选举人团选出参会代表。除此之外,国民议会的选举制度非常进步:所有的成年男性都拥有投票权,唯一的限制条件是,投票人必须在同一地区居住了至少六个月的时间,而且在选举期间没有领取贫困救济金的记录。选举在5月举行,最终产生了一个自由派和左翼自由主义者占据多数席位的国民议会。有大约六分之一的代表是手工业者和农民——这一比例要高于相应群体在法兰克福革命代表大会及维也纳革命代表大会中所占的比例。保守派只得到了极少数的席位——在新成立的国民议会中,只有7%的代表是地主。[27]

第十四章 普鲁士革命的辉煌与苦难

国民议会反映出了其成员的组成特点，在处理具有象征意义的关键问题时立场十分坚定。从1848年的夏季起，到同年初秋时为止，议会接连通过决议，除了提出限制以君主为首的决策机构的权力，要求军队服从宪法的权威，还把领主的狩猎权当作打击对象，呼吁废除不向属民提供任何补偿的狩猎制度——狩猎政策是用来开展阶级斗争的利器。

　　康普豪森政府勇敢果决，出台了各种措施来确保全新的普鲁士能够用符合自由主义原则的方式来治国理政。自由派的政府围绕着应当如何对待波兰人的问题与国王及其保守派谋臣展开了激烈的斗争——康普豪森政府的外交大臣海因里希·亚历山大·冯·阿尼姆-苏科男爵（他是个自由主义者，曾经担任普鲁士派驻巴黎的公使，直到1848年3月才离任回国）倾向于向波兰民族主义运动做出让步，而国王和他手下的谋臣则不愿意摆出支持波兰人的姿态，原因是这样做会得罪俄国。最终的结果可想而知：外交大臣被迫服从国王的立场，普政府在5月的时候命令军队进入波森省，镇压了省内的动乱。此外，各部大臣是否应当对军事事务共同负责是个敏感的问题，同样也成了争议的焦点。弗里德里希·威廉四世与所有之前的普鲁士国王一样，也认为君主对军队的直接指挥权（Kommandogewalt）是君权的必要组成部分，不愿在这一领域做出任何让步；他用他那一向浮夸的语言通知内阁，宣称放弃军权"不符合我作为人、作为普鲁士人、作为国王的荣誉，如果非要我这样做，我也就只好直接退位了"。[28]在这个问题上，康普豪森政府同样也打了退堂鼓。

　　不出所料，新的宪法草案同样也引发了不小的争议。康普豪森政府以最快的速度起草宪法草案，想要赶在国民议会在5月22日开幕之前完成撰写工作，以便让草案在第一时间接受审议。弗里德里希·威廉对草案的许多内容都十分不满，后来他在形容自己与各部大臣就宪法问题进行讨论的那段经历时宣称，"那几个小时是我这辈子最难熬的时光"。经过修订的草案按照弗里德里希·威廉的意愿做出了修改，除了承认普鲁士的君主"蒙上帝恩典"成为国王，还规定国王对军队拥有唯一的指挥权，而宪法则应当被理解为国王与治下之民之间达成的"协议"（Vereinbarung；换言之，宪法并不是以人民的意愿为基础，强加给君主的基本法）。[29]

到了这份经过了大量讨论的草案终于在6月提交给国民议会的时候，无论是柏林的市民，还是议会代表，情绪都已经开始恶化。柏林与普鲁士及德意志诸国的许多其他地区一样，也出现了激进左派人数大增，变得更加自信的情况。柏林城内出现了一批为左派势力发声，反对自由派精英主义政治纲领的机构和报纸。街头巷尾也出现了种种迹象，表明由自由派领衔的政府正在失去民意的支持。不同的派别就应当如何处理三月起义的遗留问题爆发了激烈的争论。应当以追溯立法的方式为起义脱罪吗？在柏林，国民议会就这一问题展开了激烈的辩论。大多数参会代表不认可起义的合法性，激进派的代表尤利乌斯·贝伦茨因而发表慷慨激昂的演说，向在场的代表指出，国民议会之所以能够召开，完全是因为起义者在3月18日至19日浴血奋战，奋力守护柏林城内的路障。在差不多同一时间，民主派的报纸《火车头》（*Die Lokomotive*）刊文批评国民议会，宣称参会代表忘了本，"就好像一个家教不好的小男孩，一点都不懂得尊重父亲"。[30] 以纪念"三月烈士"为目的的游行吸引了超过10万人参加，但几乎所有的参与者都是工人、劳动妇女、工匠——如果用更为尖锐的语言来表达，那就是游行的参与者与在守护路障的战斗中牺牲的起义者全都来自相同的社会阶层。在游行的队伍中，那些中产阶级的市民寥寥无几，与他们在国民议会中占据大部分席位的地位形成了鲜明的对比。

在这种越发紧张的政治环境下，想要让第一版宪法草案所确定的妥协方案在国民议会中获得多数代表的支持，希望已经十分渺茫了。康普豪森没能完成这项任务，于6月20日递交辞呈。汉泽曼接到了组建新政府的命令。新一届内阁的首相是东普鲁士的自由派贵族鲁道夫·冯·奥尔斯瓦尔德（汉泽曼仍然担任财政大臣）。在之后的几个月间，由杰出民主人士贝内迪克特·瓦尔德克担任主席的国民议会宪法委员会提交了一份反提案，请求大会审议。这份新的宪法草案包含以下内容：限制君主否决立法的权力，筹备建立真正的全国性民兵武装（这相当于重新提出了激进军事改革家的军改纲领），建立以民法为基础的婚姻制度，彻底清除农村地区的所有残余世袭特权。[31]这份草案与第一份草案一样，也引发了激烈的争议。国民议会就草案展开辩论，结果出现了更为激烈的意见两极分化，双方始终都无法达成一致。普鲁士的宪法就这样迟迟无法落地。

在当时的柏林，文官政府与军队当局的关系成了最有可能令脆弱的政治妥协分崩离析的因素——在之后的几个世代，这个问题一直都困扰着普鲁士。7月31日，在西里西亚的城镇施韦德尼茨，当地驻军的指挥官下达蛮横无理的命令，结果引发激烈的军民冲突，导致14名平民死亡。军方的做法触怒了民意，布雷斯劳的代表尤利乌斯·施泰因借机向国民议会提出动议，指出应当采取措施，确保军官和士兵的言谈举止必须符合宪法精神。他想要表达的意思是，所有的军人都必须在"远离反动倾向"的同时与民众搞好关系，用这样的方式来证明他们的确是新政治秩序的支持者。

在回顾这段历史的时候，我们当然可以挑施泰因的毛病，认为他表达观点的语言太过发散，但我们同时也应当认识到，他表达出了新政治精英对局势既有理有据，又越发严重的担忧，即军队始终都没有服从于新的政治秩序。既然军队仍然是反对新秩序的利益集团手下言听计从的工具，那么我们也许就可以认为，自由派和他们建立的政治制度只是在苟延残喘，而他们的辩论和立法工作则是一场毫无意义的闹剧。施泰因的动议深深地触动了国民议会的神经，获得了绝大多数代表的支持，顺利通过。奥尔斯瓦尔德－汉泽曼政府意识到国王不会在军事问题上因为受到压力而让步，于是便用尽手段，避免采取任何会导致与国王发生冲突的行动。然而，国民议会很快就失去了耐心，于9月7日通过决议，要求政府落实施泰因的提案。弗里德里希·威廉勃然大怒，宣称要动用武力在他那"不忠的、一无是处的"首都恢复秩序。与此同时，施泰因提案引发的争议迫使奥尔斯瓦尔德－汉泽曼政府做出了辞职的决定。

下一届政府的首相是恩斯特·冯·普菲尔将军，也就是那位在3月18日的起义爆发前负责指挥柏林城内外驻军的将领。普菲尔是一个不错的选择——他并不是死硬的保守派，而是在成长过程中受到过革命时代的热情和政治热潮熏陶的人。他年轻时与浪漫主义剧作家海因里希·冯·克莱斯特有过一段带有同性恋色彩的炽烈友谊。在法国占领期间，许多普鲁士军官的爱国主义热情受到伤害，决定离开祖国，普菲尔便是他们中的一员。此外，他还是犹太人沙龙备受欢迎的常客、威廉·冯·洪堡的朋友，因为态度宽容、学识渊博而在当时的自由主义者圈子里广受赞誉。然而，就连温文尔雅的普菲尔也没办法居中调停，让顽固不化的国王与桀骜不驯的国民议会达成妥协，所以到了11月1日的时候，他同样也递交了辞呈。

国王宣布，弗里德里希·威廉·冯·勃兰登堡伯爵将接替普菲尔，成为下一任首相，这让自由派沮丧不已。勃兰登堡是国王的叔叔，曾担任驻扎在布雷斯劳的第六军的指挥官。他是国王身边的保守派小圈子支持的首相人选，把他任命为首相的目的显而易见。利奥波德·冯·格拉赫是国王最具影响力的谋臣之一，他对勃兰登堡的任务进行了总结，指出勃兰登堡"要用所有可能的手段来表明，统治这个国家的人仍然是国王，而不是国民议会"。[32]11月2日，国民议会派代表团觐见弗里德里希·威廉，就新首相的人选问题提出抗议，结果遭到粗暴的回应，被打发了回去。一周后，11月9日的时候，勃兰登堡顶着晨雾，来到国民议会位于御林广场的临时会场，宣布议会休会，下一次会议将会于11月27日在勃兰登堡城举行。几个小时后，柏林城的新任驻军总司令弗兰格尔将军率领一支兵力1.3万人的部队进城，之后亲自骑马前往御林广场，向议会的参会代表下达通知，要求他们立即解散。议会的回应是，呼吁进行"消极抵抗"，同时宣布罢税。[33]11月11日，政府除了宣布对柏林进行军事管制，还解散了公民卫队（并且解除了他们的武装），关闭了政治俱乐部，查封了主要的激进报刊。许多议会代表的确按照之前的通知，在11月27日那天前往勃兰登堡，想要召开会议，结果很快就遭到了驱逐。12月5日，国民议会正式宣告解散。同样也是在12月5日，勃兰登堡政府展现出了高明的政治手腕，宣布颁布新宪法。

虽然革命在首都柏林宣告结束，但在莱茵兰，革命的火焰却仍然在慢慢燃烧，激进派利用组织严密的政治关系网络发动群众，成功地阻止了柏林当局的反革命措施。国民议会在被迫解散的时刻发出的抗税号召得到了莱茵兰全省的坚定支持。左翼社会主义者的舆论阵地《新莱茵报》（*Neue Rheinische Zeitung*）接连一个月，每天都在刊头的位置印刷这样一行大字："不要再交税了！"包括科隆、科布伦茨、特里尔在内的许多城镇都成立了"人民委员会""公民委员会"，声援抗税运动。政府强行解散国民议会的做法所引发的愤怒与莱茵兰人对普鲁士的敌意、宗派争议引发的愤怒（这在天主教徒中间表现得尤其明显）、区域内的经济压力和物资匮乏所引发的不满融合到了一起。在波恩，愤怒的人群不仅侮辱、殴打税官，还破坏甚至卸下了公共建筑物上代表普鲁士的雄鹰。11月20日，杜塞尔多夫的（现在已经成为非法组织的）公民卫队上街游行，在游行即将结束的时候举行集体宣誓仪式，宣布卫队将会为国民议会和人民的权利战斗到流尽最后一滴血。抗税运动充分地展现了莱茵兰地区民主运动的力量和社会根基，肯定让普鲁士的地方政府十分震惊。然而，到了12月5日，国民议会在勃兰登堡正式解散之后，民主派失去了能够团结政治力量的焦点。政府多管齐下，除了向莱茵兰派出援军，还在一些热点地区实行军事管制，并且解除了临时成立的左翼民兵组织的武装，最终成功地恢复了国家的权威。[34]

事情为什么会发展到这样的地步？为什么革命的力量在3月似乎势不可当，但到了11月却又如此弱不禁风？学界经常有人指出，在柏林的巷战中，为了守护路障而阵亡的起义者十有八九都是无产阶级，而在"三月政府"中担任部长级大臣的人则全都是富有的自由派商人，这两者的社会背景完全不同，所以他们的政治期望自然也就会截然相反。由此产生的鸿沟贯穿了1848年革命的整个历史。5月的时候，国民议会选举代表，自由派无法与激进派达成一致，推举出能够同时获得双方支持的候选人，结果让保守派和右翼自由派的候选人渔翁得利。[35] 到了国民议会在柏林召开会议的时候，自由派的代表又不断地想要把在激进派的政治纲领中占据核心地位的社会问题边缘化、污名化。至于左翼的民主派，他们动员民众支持的工作的确取得了成功，在莱茵兰地区尤其如此——1840年代，大众文化发生了政治化，对民众动员工作起到了促进作用。然而，左翼势力同样也存在内部分歧。1849年5月，莱茵兰的民主派组织起义，准备支持法兰克福国民议会起草的帝国宪法，结果在此过程中分裂成了"宪政"民主派和"马克思主义"（又称共产主义）民主派——后者以"资产阶级"宪法的命运与工人阶级毫不相干为由，拒绝参加起义。[36]

在普鲁士，真正让胜利的天平发生倾斜的是传统权威深藏不露

第十四章　普鲁士革命的辉煌与苦难

的力量。就这一点而论，我们有必要指出，"王座上的浪漫主义者"弗里德里希·威廉四世在处理问题时比通常认为的更加有智慧和灵活。实际上，他在面对革命带来的新局势时显得泰然自若，令人惊叹不已。军队撤出首都后，他留在柏林，一方面在原则上同意接受君主立宪制，让自由派陷入困难重重的协商过程，另一方面又在等待时机，寻找可以重新玩弄政治手腕的机会。他在幕后集结了一个由保守派组成的阴谋集团，决定一旦时机成熟，就以最快的速度镇压革命。他甚至在一定程度上得到了民众的认可，因为他表示自己认同德意志民族主义运动寻求国家统一的目标。1848年8月，他前往莱茵兰视察，激发起了民众强烈的热情，印刷厂的工人决定歇工一天，上街欢迎国王，结果迫使卡尔·马克思主编的《新莱茵报》休刊一期。弗里德里希·威廉四世也许对革命动乱有着近乎"病态"的恐惧，但在发生动荡的那几个月，他却用实际行动证明了，他是一位拥有敏锐战术直觉的君主。[37]

1848年的革命是一个只发生在普鲁士王国境内特定地区的事件，这同样是一个重要的因素。1848年的革命最主要的特征是，它是一个以城市为中心的事件。农村地区当然也爆发了广泛的示威活动，但除了莱茵兰的部分地区，发生在农村的社会动荡大都会把关注的焦点放在本地区的特定问题上。在城市内活动的政客发现，想要让农村的居民表现出兴趣，争取到他们的支持，是一件十分困难的事情，而且农村的抗议者很少会从原则的角度提出疑问，挑战国王、国家、国家机构的权威。总的来说，农村地区——尤其是易北河以东各省的农村地区——始终都是国王的支持者。反对革命的保守派力量在农村把自己组织起来，发起了一场群众运动。勃兰登堡和波美拉尼亚是普鲁士王国古老的核心省份，省内的居民对霍亨索伦王朝的君主最为忠心——1848年夏，这两个省份涌现出了包括老兵协会、爱国联盟、普鲁士联盟、农民协会在内的一系列保守组织。到了 1849 年 5 月的时候，此类组织的成员总数已经突破了 6 万人。保守的反革命运动的主要参与者是手工业者、农民、小店主——在过去的历史中，这部分人口曾经是自愿传播福音的传教团体的支持者。[38]

爱国老兵成立了大量的"军事俱乐部"，是能够证明民众的保守主义具有强大活力的另一个标志。早在 1820 年代的时候，普鲁士就已经出现了一批老兵军事俱乐部，但总的来说，它们目的很明确，是专门为了照顾那些参加过德意志解放战争的老兵而成立的组织，而且数量十分有限。从 1848 年的夏季起，军事俱乐部的数量出现了爆发式的增长；1848 年之前，西里西亚只有 8 家军事俱乐部，而在 1848 年的革命爆发后的那段时间成立的军事俱乐部则多达 64 家。据估计，1848—1849 年，勃兰登堡、波美拉尼亚、西里西亚三省总共有 5 万人加入了军事俱乐部。[39] 从这个角度来看，我们可以认为，1848 年的革命代表着普鲁士的保守主义走向成熟的时刻——革命爆发后，普鲁士的保守主义不仅找到了把普通民众的声音和愿望融合到一起的方法，还开辟出了一条道路，变得可以用贴合实际的党派语言来表达保守派的利益诉求。

最为重要的是，普鲁士的军队一直都是一支对国王忠心耿耿、具有执行力的武装力量。军队在镇压革命的过程中起到了至关重要的作用，这是显而易见的事情，自然不必多说。1848 年 5 月，普军进入波森，镇压了波兰人的起义；此后，普军先是在 11 月进入柏林，把国民议会赶出了会场，之后又在几周后前往勃兰登堡，解散了重新召开会议的议会；此外，普军还奉命前往全国各地，镇压了不知多少地方性的骚乱。然而，军队对国王的效忠之心并不像我们想象的那样理所当然。说到底，这是一支由普鲁士的公民组成的军队。绝大多数士兵都来自那些支持革命的社会阶层。此外，他们中的许多人都是在

第十四章　普鲁士革命的辉煌与苦难　　623

1848年夏季的时候突然接到召集令，提前结束休假的，这就意味着他们直接从革命的参与者变成了协助国王镇压革命的人。[40]

所以说，我们很有理由提出这样的问题——为什么普通士兵没有大量地临阵倒戈，没有拒绝执行命令，没有在军队内部形成基层革命组织？一部分士兵的确做出了支持革命的决定。激进派尤其注重争取士兵支持的工作，会想方设法，吸引他们背叛军队，加入革命的队伍，有些时候也的确能够取得成功。一些地方防卫军的部队一分为二，变成了势不两立的民主派、保王派——在布雷斯劳，一家激进的防卫军俱乐部吸引了不下2 000名成员。[41]然而，尽管军队的指挥层忧心忡忡，害怕发生兵变，事实却证明，绝大多数士兵都一如既往地忠于国王和指挥官。不仅故乡位于易北河以东的士兵做到了这一点（但我们也必须承认，这部分士兵的表现尤其优异），绝大多数故乡已经成为革命温床（比如威斯特法伦、莱茵兰）的士兵也能做到这一点。显而易见的是，促使士兵服从命令的动机各有不同，会随着各地的实际情况发生变化，但几乎所有的士兵都受到了同一个最为重要的因素的影响：奉命前往特定地区镇压起义的士兵大都认为，自己并不是在与革命为敌，而是在守护革命，确保宪法确立的秩序不会因为激进派制造的无政府状态及混乱而受到危害。总的来说，士兵并不认为自己是反革命的急先锋，而是以"三月革命成果"的守护者自居，认为激进派制造的混乱是对革命成果的最大威胁。实际上，某些部队对普鲁士国家机构为恢复社会秩序做出的努力表现出了极为强烈的认同感，甚至达到了足以暂时克服地方及区域排他主义的程度。正因为如此，威斯特法伦第16步兵团的两个连才会在1848年11月的时候一路高唱《普鲁士之歌》，在歌声"我是普鲁士人，你知道我的本色吗？"的伴奏下前往杜塞尔多夫①，镇压了当地民众在激进派的支持

---

① 杜塞尔多夫是莱茵省的城镇；莱茵省与威斯特法伦一样，也是革命的热点地区。

下发起的抗税运动。[42]

极左激进派的确以极快的速度取得了对革命的主导权,从而在一定程度上为上述观点提供了事实依据。1849年4月至7月,起义的浪潮再一次冲击德意志诸国,席卷了萨克森、普属莱茵兰、巴登、符腾堡和巴属普法尔茨。尽管发动第二次革命的起义者宣称起义的目的是支持法兰克福国民议会及其制定的全国宪法,但从本质上讲,他们其实是社会革命者,而他们提出的纲领则会让人回想起雅各宾派的激进主义政治。巴登的局势尤其严重——该国的军队士气崩溃,为"公共安全委员会"和临时革命政府的建立创造了条件。普军与符腾堡、拿骚、黑森的军队并肩作战,为镇压激进主义在革命中最后的回光返照做出了关键贡献:他们先是协助萨克森的军队镇压了德累斯顿的起义(理查德·瓦格纳和无政府主义者米哈伊尔·巴枯宁都是这场起义的参与者),之后又向南进军,收复了普法尔茨。6月21日,德意志邦联的部队在瓦格霍伊瑟尔击败起义军,彻底镇压了巴登大公国的起义。上述战斗全都十分激烈,造成了严重的伤亡:与1848年时的情况不同,在第二阶段的革命中,起义者建立了一支兵力不下4.5万人的武装力量,与前来镇压革命的军队对垒,在战斗中表现出了极大的勇气和背水一战的决心。

直到1849年7月23日,食不果腹、士气低落的革命军队残部在拉施塔特要塞投降之后,德意志南部的战斗才终于宣告结束。普军建立军事占领当局,分别在弗赖堡、曼海姆、拉施塔特开设特别法庭,审判起义的主要领导人。特别法庭遵循巴登的法律,由巴登的法官和普鲁士的军官担任审判人员,总共对64个平民、51个军事人员做出了有罪判决。在法庭的31个死刑判决中,总共有27个判决被实际执行,而负责行刑的人是普军士兵。根据一位目击者的说法,行刑队在拉施塔特要塞内执行死刑时,普军的士兵确实依令行事了,但到了离开刑场的时候,他们却个个"面色苍白"。[43]

## 德意志的召唤

  1848年是属于民族主义者的一年。纵观欧洲,革命所引发的政治及社会动荡全都与民族主义诉求纠缠到了一起。民族主义就好像流行病一样大肆传播。1847年,瑞士的自由派击败了保守的独立联盟[①],不仅为第一次瑞士联邦的建立铺平了道路,同样也给德意志和意大利的民族主义者树立了榜样。在南德意志诸国,共和派的民族主义者甚至还成立了志愿旅,与信奉新教的瑞士诸邦并肩作战。意大利的革命民族主义反过来又激发了克罗地亚人的民族主义诉求,而由于克罗地亚人没有统一的文学语言,所以总部设在杜布罗夫尼克、使用意大利语刊文的期刊《奇遇》(*L'Avventura*)便成了克罗地亚民族主义的舆论阵地。此外,德意志民族主义也促进了捷克人的爱国主义运动。民族主义理念表现出了强大的感召力,让欧洲各国的国民变得对其他欧洲民族的民族主义诉求感同身受。在德意志诸国、法国、英国,自由派成了波兰人、希腊人、意大利人争取民族自由的斗争的狂热支持者。民族主义之所以会成为一股潜在的激进力量,其原因有二。第一,民族主义者与自由派、激进派一样,也宣称自己是在为"人民"发声,并不是君权的代言人。在自由派看来,"人民"是由受过教育、有能力纳税的公民组成的政治共同体;在民族主义者看来,"人民"标志着由共同的语言和文化所定义的民族性。从这个角度来看,自由主义和民族主义是意识形态上的近亲。实际上,由于自由主义的涵盖范围十分有限,支持者不仅全都是受过教育的富人,还

---

① 1845年,瑞士的7个信奉天主教的州成立独立联盟(分离主义者联盟),引发了独立联盟战争。

大都是居住在城市中的精英，所以与之相比，民族主义反倒在某些方面更具有包容性。民族主义与自由主义形成了鲜明的对比，会把属于同一民族的所有成员都包含在内——至少在理论上的确如此。就这一点而论，民族主义与19世纪中期时激进派的民主价值取向有着密切的联系；所以说，许多德意志的激进派之所以会变成立场坚定的民族主义者，有其内在原因，并非出于偶然。第二，民族主义是一股颠覆性的力量，原因是在欧洲的许多地区，想要让民族主义的愿景变成现实，就意味着政治地图必须发生颠覆性的变化。匈牙利的民族主义者想要脱离哈布斯堡王朝统治的民族联合体，独立建国；伦巴第和威尼斯的爱国者对哈布斯堡王朝的统治极其不满；波兰人做着复国的美梦，想要让祖国恢复1772年时的版图——一些波兰民族主义者竟然提出了让普鲁士"归还"波美拉尼亚的要求。希腊、罗马尼亚、保加利亚的民族主义者则梦想着摆脱奥斯曼帝国的枷锁。

民族主义一方面意味着哈布斯堡君主国会在政治上分崩离析，另一方面又能起到推动德意志诸国一体化进程的作用，原因是德意志民族主义提出了认为德意志诸国原本是一个统一的祖国的假说，其目标是让四分五裂的祖国天下一统。至于新成立的统一的德意志到底会采取何种具体的国家形式，就不得而知了。既然全新的德意志将会是一个统一的国家，那么到底应当如何协调国家与诸多传统君主国各自拥有的权利及权力之间的关系呢？到底应当把多大的权力集中到中央政府的手中？在这个统一的德意志国家中，领导者的角色到底是应当由奥地利人扮演，还是应当由普鲁士人承担？这个新国家的国境线应当如何划定？1848年的革命爆发后，上述问题一直都得不到解决，引发了不知多少争议与辩论。德意志诸国的首相官署、立法机构全都讨论了上述民族问题，但这场辩论的主会场是1848年4月18日在美因河畔法兰克福的圣保罗大教堂开幕的国民议会。法兰克福国民议会由德意志诸国以全国选举的方式产生的代表组成，其任务是为新成立的统一的德意志起草宪法。议会大厅是一座椭圆形的圆顶建筑，其内部装饰精美，墙面上不仅挂有代表德意志的黑、红、金三色旗，还在最显眼的位置悬挂着由画家菲利普·法伊特创作的巨幅画作《日耳曼尼亚》(*Germania*)。《日耳曼尼亚》悬挂在议会主厅管风琴楼厢的正前方，是一幅意义深远的寓言油画。画作的主角是一位头戴橡树叶头冠的女性，她肃然伫立，脚边是一副砸碎了的枷锁，而她身后则是一轮光芒万丈的旭日，照亮了代表德意志的三色旗。

在面对民族主义者建立统一国家的计划时，普政府的态度必然是自相矛盾的。民族主义者在原则上挑战了德意志诸国割据一方的君主手中的权威，所以从这个角度来看，普政府肯定会把他们视为一股具有颠覆性的危险力量。拿破仑战争结束后，普政府之所以会发起打击"煽动者"的行动，其背后的原因正是这种把民族主义者等同于颠覆势力的逻辑思维。然而，从另一方面来讲，只要有利于柏林当局的权力政治利益，普政府在原则上就不会反对那些有可能令德意志诸国的政治机构变得更紧密、更具凝聚性的措施。普政府正是出于这种考虑，才做出了支持德意志关税同盟、支持德意志邦联建立更为强大的国防机构的决定。与拿破仑战争刚刚结束的那段时间相比，到了1840年代的时候，普政府如果想要一以贯之，继续实施这种以加强德意志诸国间凝聚力为手段来为本国获得更多利益的政策，就必须在应对民族主义的时候更加注重对细节的处理：如果能够诱导民族主义情绪，促使民族主义势力与普鲁士的国家机构建立起某种合作关系，那么民族主义热情就有可能转变成一股值得培养和利用的力量。当然，想要让这一套政策取得成果，就必须首先说服相关的民族主义者，让他们认为普鲁士的利益与全体德意志人的利益完全一致。

在1840年代的十年间，认为应当在普鲁士的政府当局与自由派的民族主义运动之间建立起盟友关系的观点变得越来越具有可行性。无论是在1840—1841年的战争危机留下的余波中，还是在1846年，石勒苏益格公国、荷尔斯泰因公国这两块民族成分复杂且与丹麦接壤的土地的归属问题引发危机的时候，德意志诸国的温和自由派全都越来越依靠普鲁士，认为德意志邦联的国防机构很不成熟，必须由普鲁士作为代理人来维护邦联的利益。1843年，海德堡大学的教授格奥尔格·戈特弗里德·格维努斯向弗里德里希·恩格斯指出，"普鲁士必须成为德意志的领头羊"，但同时他也提出了一个前提条件，即柏林当局应当首先完成宪政改革。《德意志报》（*Deutsche Zeitung*）于1847年5月创刊，是一份自由派的报纸。该报毫不隐讳地提出，应当利用积极主动的对外政策来实现德意志的统一，而这样一套政策成形的前提条件则是，普鲁士的国家当局必须与民族主义运动建立起盟友关系。[44]

在1848年3月，即革命刚刚爆发的那段时间，普鲁士国王在应对革命造成的乱局时所采用策略的一大特点是，请求民众考虑民族大义。3月21日上午，也就是起义爆发、军队被迫撤出首都的两天后，弗里德里希·威廉授权政府印发海报，向民众发布了一段好似神谕一般的宣言：

> 今天，一段全新的、光荣的历史在你们的面前展开了画卷！从此往后，你们又成了一个统一的伟大民族，一个屹立于欧洲心脏地带的强大而自由的民族！普鲁士国王弗里德里希·威廉四世相信你们肯定会像英雄一样支持民族统一的事业，相信你们的精神已经重获新生——他决定领导这场救赎德意志民族的运动。今天，你们将会看到他骑着骏马、高举着代表德意志的伟大旗帜来到你们中间。[45]

弗里德里希·威廉说到做到，在当天中午的时候出现在了民众的面前。他戴着三色袖章（某些记录宣称他腰间系着一条黑、红、金的三色腰带），身后跟着一个高举德意志三色旗的柏林射击俱乐部成员。国王率领游行队伍，漫步于首都的大街小巷，德意志民族成了街头巷尾的议题，场面好不奇怪。沿途的学生高呼弗里德里希·威廉是德意志帝国的新皇帝，而弗里德里希·威廉则时不时地停下游行队伍的脚步，向围观群众发表演讲，告诉他们局势目前的发展对德意志民族的未来有着多么重要的意义。为了明确地表达自己的意图，弗里德里希·威廉当天晚上命人在王宫的圆顶上升起了一面红、黑、金的三色旗。他向陆军大臣签发了内阁令，这道命令表示，考虑到今后国王将会全身心地致力于解决"德意志问题"，而普鲁士则将会在问题的解决过程中起到关键的作用，所以国王希望普军士兵的军帽上"除了要有普鲁士的徽记，也要有德意志的徽记"。[46]

最令人吃惊的是，3月21日晚，弗里德里希·威廉发表了一份题为《致我的人民和德意志民族》的宣言。宣言首先回顾了1813年的那段危机四伏的日子，指出弗里德里希·威廉三世"把普鲁士和德意志从耻辱中拯救了出来"，之后又提出，在现在的这场危机中，德意志诸国的君主必须在统一的领导下共同行动，这是至关重要的：

> 今天，我挑起了领导者的重担……我的人民不惧危险，一定不会弃我于不顾，德意志诸国一定会本着信任的精神加入我领导的行列。今天，我举起了代表古德意志的三色旗，将会与我的人民一起，在德意志帝国伟大的旗帜下并肩前行。普鲁士从今天起并入了德意志。[47]

如果仅仅把这一连串夸张的举动等同于一位四面楚歌的君主为

了获得民众的支持做出的投机行为，可就错了。早在1848年的革命爆发之前，弗里德里希·威廉的"德意志狂热"就已经真实存在。他是霍亨索伦王朝的历史上第一位真正从德意志的角度思考问题的君主——这一观点是有一定道理的。科隆大教堂是一座宏伟的哥特式建筑，其修建工作于1248年启动，一直持续到了1560年，之后便因故停工，始终都没有彻底完工。弗里德里希·威廉深度参与了大教堂修建工作的重启计划。早在世纪之交时，认为应当完成大教堂修建工作的设想就已经引起了讨论，而弗里德里希·威廉则一直都为这一设想发声，是其狂热的支持者。1842年，刚刚即位两年的弗里德里希·威廉前往莱茵兰，参加了庆祝修建工作重启的仪式。他不仅分别参加了按照新教和天主教的礼仪举行的宗教仪式，还主持了修建工作的奠基仪式，在仪式上发表精彩绝伦的即兴发言，夸赞大教堂的修建工作体现了"德意志的团结精神和力量"，令围观仪式的群众又惊又喜。[48] 在差不多同一时期，他致信梅特涅，表示自己决定投身于"确保德意志的伟大、强大、荣耀"的工作。[49]

弗里德里希·威廉所说的德意志"统一"，所指的并不是一个政治上统一的民族国家，而是中世纪的德意志帝国在文化和宗教领域包罗万象的统一性。因此，他虽然围绕着德意志的统一问题发表了言论，但这并不一定等同于他向奥地利对德意志诸国的传统领导地位发起了挑战。在1840—1841年的战争危机期间，尽管弗里德里希·威廉支持在南德意志诸国的国防问题上增加普鲁士影响力的做法，但他却仍然不愿把与维也纳当局发生直接对抗的可能性纳入考虑范围。在1848年春季的那几个月，从本质上讲，普鲁士国王对德意志诸国未来的认知仍然停留在过去的水平上。4月24日，弗里德里希·威廉向法兰克福国民议会的议员、汉诺威的自由派人士弗里德里希·克里斯托夫·达尔曼指出，他认为德意志的未来应该是一个重获新生的神圣罗马帝国,其领导者应当是由重新成立的选帝侯团体选出的"德意志人的国王"(也许可以由普鲁士人担任),而国王的职责则是在哈布斯堡王朝的"罗马皇帝"的名誉领导下行使行政权。[50] 弗里德里希·威廉既是浪漫主义者,又是支持君主制度的正统主义者,认为单方面的夺权行为会危害到其他德意志国家的君主按照历史传统所应享有的权利,对这样的做法嗤之以鼻。正因为如此,他才会在得知刚刚上任的自由派外交大臣(海因里希·亚历山大·冯·阿尼姆-苏科,于3月21日就职)提出,普鲁士的国王应当接受皇冠,成为新"德意志帝国"的统治者之后宣称自己惊恐不已。他对一位深受信任的保守派近臣大倒苦水,宣称:"[阿尼姆-苏科]不顾我表达得已经很清楚的良好意愿,竟然想要让我接受皇帝的头衔!!!……我决不会戴上这顶皇冠。"[51]

然而,无论从哪一个角度来看,弗里德里希·威廉在拒绝让普鲁士国王成为皇帝的提议时都算不上斩钉截铁。如果其他德意志国家的君主能够本着自愿的原则,把他推举为诸王之首,如果奥地利人愿意放弃他们自古以来对德意志共同体享有的领导地位,那么这可完全就是另外一回事了。在5月的第一个星期,弗里德里希·威廉向萨克森国王弗里德里希·奥古斯特二世指出,如果满足了上述条件,那么他就愿意接受皇冠,成为新成立的德意志帝国的皇帝。[52] 在弗里德里希·威廉表达上述态度的时候,这一切还都只是对未来的猜测,具有极高的不确定性;但到了1848年的夏秋时节,随着事态的不断发展,这一切却又变得越来越有可能成为现实。

革命爆发后还没过一个月,普鲁士就得到了机会,可以展示其在捍卫德意志民族利益方面的领导意愿。石勒苏益格公国、荷尔斯泰因公国是两个以农业为主、位于北欧境内德语区及丹麦语区交界地带的邦国;它们的未来归属问题即将演变成一场危机。这两个公国的法律及宪法地位十分复杂——这一局面是由以下三个尴尬的事实造成的：第一，一项可以追溯到15世纪的法律规定，这两个公国不可分割；第二，荷尔斯泰因公国是德意志邦联的加盟国，但位于北方的石勒苏益格公国却并不是邦联的成员；第三，这两个公国遵循着一套与丹麦王国完全不同的继承法——丹麦王国允许女性继承统治者的地位，而这两个公国则遵循《萨利克法典》①，不承认女性的继承权。19世纪40年代初，由于丹麦王储弗雷德里克七世很有可能无嗣而终，这两个公国的继承权问题开始引发广泛的不安。从哥本哈根当局的角度来看，石勒苏益格公国这个大量居民都讲丹麦语的地区有可能永远地从丹麦分离出去。为了避免发生这样的事情，弗雷德里克的父亲克里斯蒂安八世在1846年的时候签发所谓的"公开信"，宣布丹麦的继承法适用于石勒苏益格公国。这样一来，即便下一代国王无嗣而终，丹麦的王权也可以利用女性继承权来维持本国对石勒苏益格公国的既有权利。"公开信"在德意志诸国引发危机，使德意志人的民族情感迅速升温；前文已经提到过，这场危机还促使许多温和的自由派把目光转向普鲁士，希望普政府能够扮演领导者的角色，率领德意志诸国应对丹麦政府对德意志民族利益（尤其是对作为少数民族生活在石勒苏益格公国境内的德意志人）的威胁。

  1848年1月20日，弗雷德里克七世继承丹麦王位，之后马上就宣布丹麦即将颁布宪法，同时还指出，丹麦国王计划把石勒苏益格并入丹麦，使其成为丹麦这个单一制国家的组成部分，从而把问题激化到了必须得到解决的程度。此后，丹麦、德意志两方互不相让，导致事态不断升级：在哥本哈根，弗雷德里克七世受制于民族主义运

---

① 《萨利克法典》源于法兰克人萨利克部族的习惯法，是中世纪以来西欧通行的法典。

第十四章　普鲁士革命的辉煌与苦难　　633

动"丹麦人的艾德河"①,不得不摆出强硬的姿态;在柏林,弗里德里希·威廉受制于因为三月起义而上位的外交大臣阿尼姆-苏科,同样也无法做出让步。3月21日,新一届丹麦政府宣布将石勒苏益格并入丹麦的版图;居住在石勒苏益格南部的德意志人则采取反制措施,宣布成立临时革命政府。得知丹麦吞并石勒苏益格公国的消息后,德意志邦联当局义愤填膺,进行投票表决,承认石勒苏益格公国拥有邦联加盟国的地位。普政府获得德意志邦联的正式授权,集结了一支作战部队,在得到其他几个北德意志国家派出的少量部队的增援之后,于4月23日命令部队进入石勒苏益格。德意志诸国虽然无法撼动丹麦的制海权,但其陆军却很快就占领了丹麦人的阵地,之后更是继续向北进军,入侵了日德兰半岛上原本就属于丹麦的领土。

德意志民族主义者欢欣鼓舞,法兰克福国民议会更是喜上眉梢——包括格奥尔格·贝泽勒、弗里德里希·克里斯托夫·达尔曼、历史学家约翰·古斯塔夫·德罗伊森在内,好几位最著名的自由派议员全都与石勒苏益格公国、荷尔斯泰因公国有着密切的个人联系。德意志民族主义者没能充分认识到的一点是,石勒苏益格-荷尔斯泰因问题正在以极快的速度升级为国际问题。在圣彼得堡,沙皇尼古拉发现自己的内兄竟然与志在发动革命的民族主义者携手合作(从他的角度来看,情况的确是这样的),变得火冒三丈。他放出狠话,宣称如果普军不立即撤出石勒苏益格公国、荷尔斯泰因公国,那么俄国就会派兵参战。俄国做出如此强硬的外交表态之后,英政府也开始变得坐立不安,担心俄政府会把石勒苏益格-荷尔斯泰因问题当作借口,借机把丹麦变成俄国的保护国。考虑到丹麦控制着波罗的海的出入口(丹麦的厄勒海峡和卡特加特海峡被称为"北方的博斯普鲁斯海

---

① 艾德河是石勒苏益格公国与荷尔斯泰因公国的界河;"丹麦人的艾德河"运动的主张是,应当把艾德河当作丹麦的边境线,把石勒苏益格公国并入丹麦。

峡"），在伦敦当局看来，阻止俄国掌控丹麦是一个极其重要的战略问题。要求普政府撤兵的压力开始不断增长。没过多久，瑞典连同法国也加入了向普鲁士施压的行列，普政府终于顶不住压力，不得不于1848年8月26日签订《马尔默停战协定》，执行协定中交战各方应当分别撤出作战部队的条款。[53]

停战协定对法兰克福国民议会的参会代表造成了极大的打击。普政府事先没有与法兰克福国民议会进行任何沟通，就单方面地签订了协定。法兰克福国民议会虽然拥有一个名为临时"帝国政府"的首脑机构，却没有属于自己的武装力量，根本就没办法迫使德意志诸国的政府遵从自己的意愿，而普政府单方面签订停战协定的做法则是最好的例证，能够证明法兰克福国民议会到底是一个多么软弱无力的机构。法兰克福国民议会已经开始失去德意志诸国的民意支持，而停战协定则是一个沉重的打击，严重地削弱了其合法性。在刚刚得知普政府签订停战协定的那段时间，法兰克福国民议会义愤填膺，于9月5日以多数票通过决议，决定阻止协议的执行。然而，这样的举措只能算作装腔作势，因为法兰克福国民议会虽然以决策机构自居，却没有能够用来控制北德意志局势的手段。9月16日，议会再一次进行投票表决；这一次，参会代表终于认清了权力政治的现实，决定接受停战协定。议会表决的结果公之于众后，法兰克福的大街小巷发生暴动，两位保守派的议员遭遇愤怒的暴民袭击而身亡。普鲁士就这样粉碎了德意志民族主义者的希望。然而，让人感到颇为矛盾的是，这一挫折反倒加强了许多温和的自由派民族主义者的亲普鲁士倾向，原因是事件的经过让他们认识到，在未来，德意志问题想要找到任何可行的政治解决方案，就必须首先承认普鲁士在方案中的核心地位。

与此同时，法兰克福国民议会还一直都在想方设法，试图解决哈布斯堡君主国与其他德意志国家的关系问题。1848年10月底，与会代表投票表决，通过了德意志民族问题的"大德意志"（*grossdeutsch*）解决方案：哈布斯堡王朝治下的德意志（及捷克）土地应当并入新成立的德意志帝国的版图；哈布斯堡王朝治下的所有非德意志土地应当成立独立的宪政实体，与哈布斯堡王朝统治的其他土地组成共主邦联，共同接受维也纳当局的统治。这套方案的问题在于，奥地利当局根本就不打算接受这样的安排。此时，奥地利已经渐渐地从革命造成的伤痛中恢复了过来。10月末，政府军发起能够与十字军相提并论的复仇行动，派部队攻占维也纳，在战斗中总共造成2 000人死亡。11月27日，保守派新政府的宰相费利克斯·祖·施瓦岑贝格侯爵在维也纳宣布，现任政府认为，哈布斯堡君主国应当继续保持单一制政治体的地位，令"大德意志"解决方案彻底破产。此后，法兰克福国民议会的意见发生反转，开始向信奉新教的温和自由派民族主义议员推崇的"小德意志"（*kleindeutsch*）解决方案倾斜。"小德意志"解决方案认为，成立全新的民族国家时，应当把奥地利排除在外，让普鲁士王国取而代之（这即便不是有意为之，也是自然而然的结果），成为这一过程的主导者。

弗里德里希·威廉关于普鲁士人有可能成为帝国皇帝的预测正在一步步地从梦想变为现实。1848年11月末，临时帝国政府的新任首席大臣（首相）海因里希·冯·加格恩离开法兰克福，前往柏林，试图劝说弗里德里希·威廉，让他（在原则上）接受德意志帝国的皇冠。弗里德里希·威廉在最开始的时候表示拒绝，给出了被传为佳话的回应，指出法兰克福国民议会想要让他接受的皇帝头衔不过是"一顶用灰尘和泥土凭空捏造出来的皇冠"，但与此同时，他也保留了接受的可能性，宣称如果能够争取到奥地利当局及其他德意志君主的赞同，那么他就愿意称帝。柏林当局释放出的信号起到了足够的激励作用，在之后的几个月间让"小德意志"解决方案始终都保持着一定的活力。1849年3月27日，法兰克福国民议会（以微弱的优势）通过决议，批准新成立的德意志帝国采用君主立宪制；次日，弗里德里希·威廉四世获得了多数议员的支持，被推举为德意志帝国的皇帝。议会派出由普鲁士的自由派人士爱德华·冯·西姆松率领的代表团前往柏林，正式请求弗里德里希·威廉称帝，上演了德意志历史上著名的一幕。4月3日，弗里德里希·威廉接见代表团，虽然对法兰克福国民议会代表德意志人民对他表示出的信任表达了诚挚的感谢，但还是拒绝了皇帝的头衔，指出只有在与其他德意志国家的合法君主协商，与他们达成一致后，普鲁士才有可能接受这项荣誉。在一封名义上写给妹妹夏洛特（她的正式称谓是亚历山德拉·费奥多罗芙娜皇后），但实际目的却是向她的丈夫传达信息的信中，弗里德里希·威廉使用了完全不同的语言："你已经读过了我对那帮从法兰克福跑过来，由蠢驴笨猪、阿猫阿狗组成的代表团的回应。用简单的德语来讲，我的回应就是：'先生们！你们没有任何资格要求我接受任何头衔。问我，可以，你们尽可以问，但如果说你们要授予我什么东西——那就不行了，因为想要授予别人什么东西，你们首先得拥有可以给出去的东西。就现在这件事而论，你们显然并未拥有这种东西！'"[54]

弗里德里希·威廉拒绝皇帝的头衔后，法兰克福国民议会在议会政治领域进行的伟大实验已经难逃失败的命运。然而在当时，认为应当让普鲁士占据主导地位，建立统一的德意志国家的理念一息尚存。4月的时候，柏林当局发表了一系列的宣言，明确指出，弗里德里希·威廉四世仍然愿意领导某种形式的德意志联邦国家。4月22日，弗里德里希·威廉的老朋友、不久前还在作为议员参加法兰克福国民议会的约瑟夫·马里亚·冯·拉多维茨奉命返回柏林，开始负责协调制定与建立统一的德意志国家相关的政策。为了化解维也纳当局的抵

图44 弗里德里希·威廉四世接见法兰克福国民议会的代表团。向国王致辞的人是议员爱德华·冯·西姆松。站在国王身边的是勃兰登堡伯爵

触情绪,拉多维茨提出了一套双中心的统一政策,即应当以普鲁士为首,成立一个凝聚力相对较强,但"涵盖范围较小的统一国家",之后再把这个国家与奥地利结合到一起,成立结构较为松散,但涵盖范围更大的统一国家。1849年5月,包括巴伐利亚、符腾堡、汉诺威、萨克森在内的体量较小的德意志国家纷纷派出代表团,与普政府就德意志的统一问题展开了艰苦的谈判。① 与此同时,普政府还意识到,

① 1849年5月,萨克森和汉诺威与普鲁士达成协定,组成三王联盟,此后大部分邦国陆续加入。各邦国代表于1850年3月在爱尔福特召开议会,宣布联盟成立,故该联盟被称作爱尔福特联盟。1850年11月《奥尔米茨协定》缔结后,该联盟即被废除。——编者注

新成立的统一国家要想取得成功，就必须以争取舆论支持的方式获得一定程度的合法性。为了实现这一目的，拉多维茨召集"小德意志"理念的自由派及保守派倡导者，在哥达举行了一场得到了广泛报道的会议。令人颇感吃惊的是，奥地利当局似乎愿意考虑拉多维茨提出的方案；奥地利的驻柏林使节普罗克施·冯·奥斯滕伯爵对该方案的敌意要远低于预期。

尽管上述迹象十分积极，但统一计划还是很快就遇到了大麻烦。事实证明，想要让所有关键的参与者都达成一致是极其困难的。26个体量较小的德意志国家表达了加入的意愿，但巴伐利亚和符腾堡却一如既往，仍然对普政府的意图满腹狐疑，决定置身事外。到了1849年冬的时候，萨克森和汉诺威也打了退堂鼓；接下来，巴登也做出了相同的决定。奥政府的态度也发生了转变，开始坚决地反对拉多维茨的统一计划，先是（在1850年2月底的时候）提出，建立统一的德意志国家时，必须把哈布斯堡君主国的所有领土都包含在内，之后（又在5月初的时候）要求把旧有的德意志邦联恢复原状。俄政府极其反对拉多维茨和他的计划，与奥政府站到了一起，准备协助奥方应对一切有可能对奥地利在德意志诸国中的领导地位造成严重威胁的挑战。

柏林当局与奥地利的关系变得越来越紧张，终于在1850年9月的时候迎来了爆发的时刻。黑森－卡塞尔选侯国虽然面积不大，却是一个战略要冲，是普鲁士用来连接易北河以东的核心省份与莱茵兰省、威斯特法伦省的军用道路的必经之处——导致普奥两国爆发危机的导火索正是发生在这个国家的一场政治冲突。黑森－卡塞尔的选帝侯是个臭名昭著的反动派，他不顾本国议会（Landtag）的反对，想要强行实施反革命举措。得知军队及官僚体系中的一些很有影响力的人物拒绝执行命令后，他决定向重获新生的德意志邦联（9月

第十四章　普鲁士革命的辉煌与苦难　　639

2日，邦联议会在法兰克福重新召开会议，但那些同意统一建国的德意志国家并没有派代表参会）求援。施瓦岑贝格马上就抓住了这个机会：只要德意志邦联派兵进入黑森－卡塞尔，那么普政府就肯定会被迫放弃统一建国的计划，承认重新召开会议的邦联议会是领导德意志诸国的合法政治组织，接受奥地利在邦联议会中的主导地位。在奥地利当局的主导下，邦联议会以投票表决的方式通过"邦联决议"，宣布恢复黑森－卡塞尔选帝侯对黑森－卡塞尔的绝对统治权。弗里德里希·威廉四世被奥方的挑衅行为激怒，下令把拉多维茨任命为外交大臣，以这样的方式释放出信号，表明普鲁士不会做出任何让步。

此时，德意志内战似乎已经一触即发。10月26日，在法兰克福召开会议的邦联议会授权汉诺威、巴伐利亚出兵黑森－卡塞尔。普政府陈兵普黑边境，准备随时应对邦联的军事干涉。接下来，事态几经反转，时而缓和，时而紧张。11月1日，邦联决议开始实际执行的消息传到了柏林——巴伐利亚的军队跨越边境线，进入了黑森。最开始，普鲁士的内阁倾向于避免进行全国总动员，想要以协商的方式与奥政府达成妥协，但仅仅过了四天的时间，就因为奥方的要求而放弃了这样的想法——施瓦岑贝格咄咄逼人，提出了让普政府颜面尽失的条件，宣称柏林当局必须撤回在黑森－卡塞尔境内守卫普军军用道路的小股部队。此时，弗里德里希·威廉和他身边的大臣虽然很不情愿，但也只好下定决心，下令进行全国总动员。11月24日，施瓦岑贝格在得到俄政府的支持后向柏林当局下达最后通牒，要求普鲁士在48小时内撤出驻扎在黑森－卡塞尔境内的所有部队。就在最后通牒的时限即将到期的当口上，普政府同意与奥政府进一步协商，避免了一场近在眼前的大战。11月28日至29日，相关各方在波希米亚境内的奥尔米茨召开会议，普政府在会上做出了让步。普奥两国签订了所谓的《奥尔米茨协定》，按照其条款的规定，柏林当局除了应当派兵参加德意志邦联干涉黑森－卡塞尔内部事务的军事行动，还必须解除之前向普军下达的总动员令。此外，普奥两国还达成一致，同意本着平等的原则就邦联的改革和重组问题展开协商。两国虽然按照约定进行了协商，却并没有兑现改革的承诺；1851年，在只做出了极其细微的调整之后，旧有的德意志邦联基本上恢复了原状。

### 失败的教训

1848年3月，在革命呐喊和枪炮声中，弗里德里希·威廉四世听到了德意志的歌声。1848年是动乱的一年，德意志诸国的君主个个胆战心惊，生怕被赶下统治者的位子，只有弗里德里希·威廉一人走上前来，给自己披上了代表德意志的三色旗。哈布斯堡君主国把目光转向国内，忙于镇压全国各地的革命，而普鲁士则开始在德意志诸国的事务中扮演领导者的角色，先是在石勒苏益格的归属问题上与丹麦人针锋相对，之后又领导其他的德意志国家，在1849年时镇压了南德意志诸国的二次革命。柏林当局在德意志自由主义运动的内部培养亲普鲁士派，取得了一定的成功，为本国建立德意志霸权的战略意图争取到舆论支持，令其拥有了一定程度的合法性。在设法实现德意志统一的过程中，普政府表现得十分灵活，愿意做出妥协。他们想要用这样的方式，一方面建立起一个既能够获得民众支持（这里的民众是指那些自由派的精英），又奉行君主制度的德意志政治体，另一方面又不会因此得罪维也纳当局。然而，统一计划以失败告终，打碎了弗里德里希·威廉让普鲁士在德意志实现统一后成为主导力量的希望。那么这场失败到底能给出什么样的启示，让我们如何认识1848年的革命结束后，普鲁士本国的状况及其在德意志诸国的共同体中所处的地位呢？

1848—1850年发生的历史事件能够给出许多启示，其中的一点是，普政府的决策机构依旧存在严重的脱节问题。由于决策过程的核心环节既不是内阁，也不是国务部，而仍然是君主本人，所以权力的候见厅依旧存在，会继续引发派系斗争，造成严重的问题。实际上，从某些方面来看，由于革命导致国王不得不倚重朝中的保守派小圈子，派系斗争所造成的问题反倒因为革命而变得更加严重。拉多维茨被朝中的保守派小圈子视为眼中钉、肉中刺，要一直提防着针对自己的政治阴谋，不知吃了多少派系斗争的苦头。而且，国王身边许多位高权重的大臣、谋臣无论是在与本国国民交谈的时候，还是在接见外国使节的时候，都表示自己并不赞同拉多维茨的政策，结果经常令柏林当局对统一计划的支持显得半心半意。此外，弗里德里希·威廉是一个喜欢从所有的角度分析问题的人，所以就连他本人也会时不时地展现出立场松动的迹象，让旁人认为，他对当朝红人拉多维茨的支持并非坚定不移。柏林当局从上至下，都显得优柔寡断，结果让施瓦岑贝格下定了以黑森－卡塞尔问题为契机，向柏林当局摊牌的决心。施瓦岑贝格最终想要实现的目的并不是挑起一场针对普鲁士的战争，而是首先把普鲁士"领导层中的激进派赶下台"，然后再"与保守派达成一致，因为对奥地利来说，只有保守派才是安全的伙伴，可以与之在德意志共享权力"。[55]换言之，奥政府仍然可以复制19世纪三四十年代时的策略，利用普政府决策层的内部矛盾来渔翁得利。普鲁士要想解决这一问题，就必须找到一位铁腕首相，让他全面压制权力的候见厅，令政府完全服从于首相的权威。

体量较小的德意志国家的排他倾向是另一个难以逾越的障碍。巴伐利亚在最开始就拒绝了由普鲁士主导的统一计划，而巴登和萨克森则中途退出。考虑到普鲁士的军队浴血奋战，是帮助这三个国家的君主重树君权的最大功臣，这样的做法称得上过河拆桥。普鲁士派兵干涉巴登大公国的内部事务，直到1852年才撤走了驻扎在巴登境内的部队，是帮助巴登大公保住君主地位的大救星。普鲁士竭尽所能，在建立德意志关税同盟、制定德意志安全政策、镇压革命的过程中付出了很多，这些功劳却似乎没有得到认可，一切都是竹篮打水一场空。旅居伦敦的卡尔·马克思、弗里德里希·恩格斯对局势洞若观火，当然意识到了其中的讽刺意味，在1850年10月作为目睹了这段历史的普鲁士人写下了这样一段话：

> 普鲁士到处恢复反动的统治，而随着反动势力的加强，小国的君主纷纷脱离普鲁士，投入奥地利的怀抱。既然它们很快又可以按照三月事件以前的方式进行统治，那么专制的奥地利对它们来说就要比普鲁士更亲近一些，因为普鲁士既不能成为专制主义的，又不想成为自由主义的。[56]

所以说，普鲁士在1850年遭遇的大失败完全符合德意志诸国历史悠久的模式。哈布斯堡王朝的统治者虽然永远也无法吹响号召德意志统一的嘹亮号角，但他们却仍然善于演奏那台老旧的、名叫德意志邦联的管风琴。对那些德意志小国的世袭统治者来说，管风琴演奏的乐曲仍然要比嘹亮的号角声悦耳动听。

要不是当时的国际局势对维也纳当局十分有利，对柏林当局极其不利，施瓦岑贝格绝不敢在黑森－卡塞尔问题上摊牌，迫使普鲁士做出让步。在普鲁士王国的历史上，这同样也是其君主不得不经常温习的一课。德意志问题从本质上讲是一个欧洲问题，是一个无法由德意志诸国独自面对（更不要提独自解决）的问题。在1848年夏的战争中，俄国、法国、英国、瑞典全都表明了态度，要求普鲁士向丹麦做出让步，而俄国的帮助则更是起到了决定性的作用，让维也纳当局稳住阵脚，变得能够重新使用强力手段来回应柏林当局的挑战。在1848年的革命中，匈牙利的革命者发起了全欧洲规模最大、最有组织、意志最坚定的起义，正是俄国的帮助使得哈布斯堡王朝的军队在与起义军的对抗中反败为胜。在奥尔米茨和会上，施瓦岑贝格的背后同样也有俄国沙皇无可估量的强大力量撑腰。1850年10月，马克思和恩格斯给出了这样的预测："沙皇发话后，桀骜不驯的普鲁士终究还是要做出让步，整个过程不会流一滴血。"[57]如果以1850年11月时的国际局势为依据分析问题，那么显而易见，普鲁士实现德意志统一的计划想要取得成功，就必须首先彻底地改变欧洲的权力政治格局。当时即便是那些最有想象力的预言家，怕是也很难想象得到这样的转变到底会如何发生，会引发什么样的后果。

对那些统一计划的狂热支持者来说，《奥尔米茨协定》是一场令人震惊的大溃败，是奇耻大辱，只有报仇雪恨才能洗刷它在普鲁士王国的荣誉上留下的污点。曾经在柏林大学求学，师从利奥波德·兰克的自由派民族主义史学家海因里希·冯·济贝尔后来回顾了普鲁士人失望至极的心情。他写道，普鲁士人为国王喝彩，因为他扛起了民族主义事业的大旗，与丹麦人针锋相对；因为他守护黑森－卡塞尔选侯国值得尊敬的人民，让他们免遭选帝侯的暴政统治。"但现在局势发生了变化：紧握的拳头突然颤抖了起来，把匕首掉到了地上；不知多少勇敢的战士以泪洗面，辛酸的泪水沾湿了胡须。〔……〕成千上万的喉咙齐声发出痛苦的呐喊：弗里德里希大王的功业再一次付诸东流。"[58]济贝尔显然有些言过其实。普政府被迫签订《奥尔米茨协定》的消息传来后，普鲁士国内认为这是好消息的大有人在，而其中当然包括那些与拉多维茨为敌的保守派。奥托·冯·曼陀菲尔便是这样一位保守派政客：他一直都极力主张普鲁士以协商的方式与奥地利达成妥协，最终获得重用，于1850年12月5日被任命为首相兼外交大臣——他在首相和外交大臣的位子上坐了将近十年的时间，直到50年代末才终于被解除职务。另一位抱有相同观点的保守派政客是普鲁士议会的议员奥托·冯·俾斯麦。1850年12月3日，俾斯麦向普鲁士议会发表著名的演讲，先是表达了自己欢迎《奥尔米茨协定》的态度，之后又补充道，"扮演堂吉诃德的角色，奔走于德意志诸国，为那些心存不满的议员大人［gekraänkte Kammerzelebritaäten］打抱不平"，不符合普鲁士的国家利益。[59]

就连那些信奉新教、具有民族主义精神、支持统一计划的自由派也承认，《奥尔米茨协定》可以让人冷静下来，对局势有一个清晰的认识，有助于化解革命期间的过激言论所造成的不利影响。历史学家、小德意志民族主义者约翰·古斯塔夫·德罗伊森在1851年写道："现实开始压倒理念，利益战胜了抽象概念［……］实现德意志统一的途径既不是'自由'，也不是民族自决。我们现在需要的是，凭借一己之力，战胜其他的强国。"[60]1848—1850年的挫折非但没有动摇德罗伊森认为普鲁士应当在德意志的统一事业中占据主导地位的信念，反倒还让他的立场变得更加坚定。1854年，他在克里米亚战争爆发的前夕发表了一篇文章，表达了自己的希望，即有朝一日，普鲁士能够下定决心，成为其他德意志国家的领导者，建立起一个统一的、信奉新教的德意志民族国家。"经历了1806年的惨败后，我们迎来了1813年的胜利；滑铁卢战役的胜利洗刷了利尼战役失败的耻辱。实际上，只要我们大喊一声'前进'，一切就都会水到渠成。"[61]

## 全新的综合体

在欧洲各国，对1848年革命的历史叙述通常都以一曲对以下议题进行反思的挽歌结束：革命的失败；反革命势力的胜利；激进分子如何遭到处决、监禁、迫害，如何被迫流亡国外；后续掌权的政府如何共同努力，使用强力手段消除民众对起义的记忆。1848—1849年，普鲁士的社会秩序从动乱中恢复过来之后，整个国家进入了反革命的时代——这已经成了一个老生常谈的话题。统治阶层齐心协力，企图把对起义的回忆从公众的脑海中彻底抹去。以纪念"三月烈士"为目的的仪式，以及以他们位于弗里德里希斯海恩①的墓地为目的地的游行活动遭到了严令禁止。警察力量得到了巩固和扩大，其职责范围也变得更为广泛。

1849年4月，普鲁士的政府当局收回了民众按1848年12月宪法的规定所享有的民主选举权。按照新选举制度的规定，普鲁士王国几乎所有的男性居民都拥有投票权；但由于选举制度按照应纳税收入的数额，把选民分成了三个"等级"，所以每个选民手中的那张选票分量并不相同。每一个等级应当分别选出数量占总人数三分之一的选举人，之后再由选举人选出议会代表。1849年时，由于普鲁士存在严重的收入分配不均问题，最富有的第一等级虽然人数仅占选民总数的5%左右，却拥有与第二（12.6%）、第三（82.7%）等级等同的选举权，可以选出人数完全相同的选举人。[62]1855年，普鲁士议会新设了一个名为贵族院（Herrenhaus）的上议院——普鲁士的上议院大体上以英国的上议院为蓝本，没有哪怕一个成员是以选举的方式产生的。重获新生的德意志邦联重操旧业，承担起了在德意志诸国镇压进步势力的任务，颁布"1854年7月6日的邦联法案"，与各个成员国颁布的配套法律一起，推行一系列措施来限制具有颠覆作用的出版物发行。之后仅仅过了一周多的时间，邦联又颁布了意义更为重大的"邦联结社法案"，除了规定所有的政治社团都必须接受警方的监管，

---

① 弗里德里希斯海恩是柏林附近的定居点，于1920年并入大柏林。

还禁止不同的政治社团保持相互联系。[63]

然而，想要把局势还原到三月革命开始前的样子，已经是不可能的事情了。此外，我们也不应当认为1848年的革命是一场失败的革命。用A. J. P. 泰勒的话来讲，1848年普鲁士发生的动荡是"一个转折点"，但普鲁士却"没能完成转折"。1848年的革命就好似一座分水岭，把普鲁士的历史分成了旧世界和新世界。以1848年3月为起点，在之后的十年间，普鲁士政治体制、行政制度发生了翻天覆地的变化，引发了一场"政府的革命"。[64]动荡本身也许以失败告终，导致一部分主要的参与者或是遭到边缘化，或是被迫流亡国外，或是被捕入狱；但动荡的能量却转化成了地震波，撼动了普鲁士（当然，这绝不仅限于普鲁士）行政当局的结构，令行政机构的架构和理念发生转变，迫使政府提出新的优先施政目标，或对旧的目标做出调整，从而为政治辩论重新划定框架。

动荡结束后，普鲁士——在其历史上破天荒的第一次——变成了一个拥有民选议会的宪政国家。仅仅这一点就足以让普鲁士王国的政治发展踏上一段全新的征程。[65]1848年普鲁士宪法的颁布者是国王，而不是民选的立法大会，但它还是得到了绝大多数自由派和温和保守派的支持。[66]自由派的主要报纸刊物不仅对宪法的颁布表示了欢迎，在宪法遭到左派人士攻击的时候甚至还会出面为其辩护，指出宪法满足了自由派的大部分要求，所以是一部"人民的宪法"。大部分的自由派都对政府违反自由主义的原则，在未经议会批准的情况下直接颁布宪法的做法视而不见。[67]在之后的那些年间，宪法变成了"普鲁士公共生活的一部分"。[68]此外，由于温和自由派不愿再次冒险，与政府公开对抗，发动革命，再加上政府坚持奉行改革政策，所以政府争取到了足够的民意基础，在大多数情况下都可以在下议院中以建立派系联盟的方式获得多数议员的支持。[69]

在三月革命爆发前，各地区的贵族在旧有的省一级等级会议一手遮天；而与之形成鲜明对比的则是，以会场设在柏林的普鲁士议会为核心的全新代表制度逐渐了削弱旧地主阶层在农村地区所拥有的政治统治地位，从而令普鲁士社会内部的权力平衡发生了永久性的改变。[70] 1850年，政府颁布《减刑法》，完成了农业领域的改革家在拿破仑时代就已经启动的工作，终于彻底地废除了农村地区的世袭法庭制度，从而起到了进一步加强上述趋势的作用。[71] 从1850年到1858年一直都担任首相的奥托·冯·曼陀菲尔认为，普鲁士在他本人的监督下进入了一个全新的时代——以上文的分析来看，他这样的观点并没有错。1858年后，普鲁士的自由派重新迸发出活力，开启了所谓的"新时代"，而这个新时代的降临所需的基础在1848年的革命所塑造的宪政制度中已经可以辨识出来。

1848年的革命结束之后，普鲁士国内出现了一个松散的联盟，同时满足了自由派内部更具国家主义倾向的温和派成员，以及旧有的保守派精英内部更具创新及进取精神的成员的诉求，为局势在未来的发展定下了基调。在革命风暴结束后的皮埃蒙特，右翼自由主义者和改革保守主义者实现利益"联姻"（connubio），从而在新成立的议会中获得了多数席位；在葡萄牙，跨党派联盟令国家进入了"再生"（Regeneração）时期；在西班牙，名为"自由联盟"（Unión Liberal）的跨党派联盟执掌大权——这三个国家的情况全都与普鲁士大同小异。[72] 这种非正式的联盟不仅涵盖了议会和官僚机构，同样也把公民社会囊括在内。由自由派的企业家组成的强大游说集团获得了与行政机构沟通的新渠道，变得能够发表意见，影响政策制定过程。最终的结果是，旧精英和新精英组成了一个共同体；这个共同体的根基并不是完全相同的利益，而是"以协商的方式达成的妥协"，能够保证双方都可以得到一定的好处。[73]

这个拥有多重政治及社会背景的新精英阶层对政治生活的中间地带表现出了强大的控制力,把民主左派势力和老右派势力全都排挤到了边缘地带。"老保守派"发现自己陷入了被动防守的境地,即便是在朝中,他们也不是那些思想没有他们那样教条主义的保守派的对手,原因是这一部分保守派愿意在新政治秩序的框架内开展政治活动,本着务实的态度采用国家导向的政治方针。国王本人和他身边的许多保守派全都接受了以宪法为基础的新秩序,其速度之快,令人叹为观止。国王当着众人的面宣称,自己绝不会让"一纸文件"成为阻挡在上帝与国家之间的障碍,结果却很快就接受了新体制,尽管他仍然在新秩序的内部不断地寻找巩固君权的途径。普鲁士的新首相奥托·冯·曼陀菲尔在保守势力与新秩序达成和解的过程中起到了重要的作用——他是一位立场坚定、处变不惊的职业官僚,认为政府的任务是居中调停,协调组成公民社会的不同团体间所发生的利益冲突。[74]保守派的大学教授弗里德里希·尤利乌斯·施塔尔是另一位重要的调解人,引导了保守派的政治目标与现代代议政治的和解过程。

普鲁士亲王威廉原本是一个死硬的保守派,立场的坚定程度足以令施塔尔相形见绌,但就连他也很快就适应了新局势提出的新要求。三月革命爆发后刚刚过了三周的时间,他就给康普豪森政府写了一封非同寻常的信,指出:"过去的事已经过去了!""覆水难收;我们应当放弃所有让局势恢复原状的想法!"现如今,"为建设全新的普鲁士出一份力"是"每一位爱国者都应当尽到的义务"。[75]1848年夏,绰号"霰弹亲王"的威廉离开英国,返回普鲁士,准备在革命结束后的政治秩序中重新参与政治活动。传统的保守主义政治观点不仅对正统主义有着近乎宗教虔诚的推崇,还强烈地依附于法团主义架构,而在新的政治秩序中,这一切都显得太狭隘、自私,似乎违背了历史发展的潮流。财政改革遭到农村保守派势力的反对后,普鲁士首相奥托·冯·曼陀菲尔指出，想要继续"以经营贵族庄园的方式"来管理普鲁士的国家机构完全是不可想象的事情。[76]那些思想僵化的保守派不愿拥抱新秩序，想要把局势完全恢复到三月革命爆发前的样子，结果反倒有可能被视为反对派，甚至被扣上叛国贼的帽子。

此外，革命还让普鲁士的中央政府拥有了一套全新的财政制度。哈登贝格的《国家债务法》就好像一副枷锁，在欧洲复辟时期严重地限制了普政府的公共支出，而全新的财政制度的作用之一便是帮助中央政府摆脱了这枷锁的束缚。1849年3月，普鲁士议会的一位议员宣称，上一届政府"一毛不拔，拒绝"为国家的发展提供必要的资金。接下来，他又补充道："然而，我们现在已经与政府站到了一起，会永远支持所有旨在改进运输设施、旨在支持商业、工业、农业发展的预算提案……"[77]无论是1851年新设的收入税（当时的普鲁士人认为，民众的选举权为收入税的征收提供了合法的依据），还是在经历了漫长的等待之后，终于在1861年落地实施的针对旧有土地税的税制改革，都是在1848年的革命爆发之前完全无法实现的事情。[78]1850年代，普鲁士的中央政府获得了大量的资金，变得能够在商业及基础建设领域大幅增加公共支出——这一增长趋势不仅在绝对金额上体现了出来，还在相对增速上跑赢了过去一直在普政府的支出份额中独占大头的国防预算。[79]1847年，为了以借款的方式解决东部铁路的资金问题，普政府不得不召集联合议会，而到了新宪法颁布之后，这一问题很快就迎刃而解——普鲁士议会及时地批准了3 300万塔勒的预算，用于东部铁路和其他两条一直都没能完工的铁路干线的修建工作。[80]

议会之所以会一反常态批准如此大手笔的预算案，其底层原因是，新的政治秩序提出新理念，着重强调了政府的一项权利及义务，即调拨公共资金，用来实现国家现代化。[81]在19世纪中叶的数十年间，德意志诸国的经济理论调整方向，放弃了坚决反对国家主义的德意志"自由贸易学派"，转而认为国家必须实现无法由作为社会组成部分的个人及团体达成的特定宏观经济目标，从而创造出了有利于上述新理念的大环境。[82] 与这种认为国家应当对经济进行全局把控的观点关系密切的一种看法是，国家必须以预先制定好的总体经济目标为依据来出台行政措施。1846—1848 年普鲁士爆发经济危机的时候，自由派的一部分头面人物提出要求，呼吁国家接管全国铁路网络的经营权，认为国家应当把不同的铁路线融合成"一个有机的整体"。[83] 然而，直到 19 世纪 50 年代，普鲁士的中央政府才终于在财政大臣奥古斯特·冯·德尔·海特（海特本人就是一位来自埃尔伯费尔德的自由派商业银行家）的主持下开始逐步推进铁路的"国有化"，而促使政府做出这一决定的动机则是，掌权者认为，只有国家才有能力从全国的角度出发，对铁路网络进行合理布局——仅仅靠私人商业利益集团是做不到这一点的。在铁路国有化的过程中，海特得到了新一届议会下议院的全力支持。议会成立的旨在为政府建言献策的铁路委员会指出，"政府必须把实现铁路的全面国有化作为永不改变的目标"，当局必须"动用所有可以使用的措施来达成这一目标"。[84]

然而，从另一个角度来看，我们就会发现，1848 年的革命结束后，各方达成的和解方案包含不言自明的条款，要求国家必须时不时地让步，对商业领域的自主权表现出应有的尊重。1856 年，内阁的保守势力想要出台措施，制止"隐秘合伙"银行在普鲁士王国境内的迅速发展，结果就发现国家有些时候的确必须尊重商界的自主权。从本质上讲，"隐秘合伙"银行是普鲁士商界的私人投资工具，作用为以间接的方式解决政府一直都不愿为股份制商业银行签发许可证而造成的问题。（包括国王本人在内的）保守派认为"隐秘合伙"银行是疑点重重的法式创新，有可能引发高风险的投机活动，对社会秩序造

第十四章 普鲁士革命的辉煌与苦难　　651

成不利的影响。出于上述原因，内阁在1856年起草法令草案，想要禁止新设"隐秘合伙"银行。曼陀菲尔应商界头面人物的请求，阻止了保守派的草案，之后政府便逐渐放弃了对金融机构信贷流动的控制权。在过去的历史中，采煤业、钢铁业一直都是受到政府严密监管的对象，但即便是在这两个领域，企业家也能够以协商的方式来促使国家放松监管力度。[85]

此外，1848年的革命结束之后，普鲁士的掌权者还采取措施，加强了中央行政机构的统一性和凝聚力。1852年，首相奥托·冯·曼陀菲尔获得国王签发的内阁令，确立了首相作为政府与君主之间唯一正式沟通渠道的地位。这份内阁令极其重要，一方面释放出了信号，表明掌权者终于开始采取措施，设法让建立统一的行政机构这个哈登贝格在1800年代为之奋斗的目标变成现实，另一方面又回应了1848年的革命所引发的挑战，即如何避免国王过分依赖自己身边的小圈子而导致最高决策机构出现凝聚力不足的问题。就短期效应而论，这份内阁令并不足以彻底地消除廷臣、阴谋家、宠臣的影响力。曼陀菲尔与所有的前任首相一样，也因为国王身边不断地出现玩弄阴谋的极端保守派而苦不堪言。1855年，克里米亚战争爆发之后，普鲁士的政治精英阶层一如既往，分裂成了西方派和东方派，令政治阴谋进入了白热化阶段。极端保守派希望普鲁士能够与奉行专制制度的俄国结盟，共同对抗西方，于是便竭尽所能，想要让弗里德里希·威廉放弃自己早已决心奉行的中立政策。

曼陀菲尔一方面因为保守派的阴谋诡计而心神不安，另一方面又不确定自己是否拥有国王的绝对信任。为了及时了解局势的发展情况，他雇密探设法从极端保守派关键人物的住宅获取机密文件，就连德高望重，仍然担任首席侍从官，忠心耿耿地为国王效力的利奥波德·冯·格拉赫也没逃过被溜门撬锁的命运。曼陀菲尔雇的密探名叫卡尔·特亨，是一位退役的中尉军官，他在被警方逮捕后对自己奉首相的命令收购被盗机密文件的罪行供认不讳，令情况变得极其尴尬。一封被盗信件的内容指出，受害人格拉赫同样雇了密探，命令他监视国王的弟弟威廉亲王，原因是格拉赫认为威廉是与俄国结盟的对外政策最为强大的反对者，这给原本就十分尴尬的情况火上浇油。"普鲁士版的水门事件"[86]足以证明，权力的候见厅仍然是一个没能彻底铲除的弊端。普鲁士的中央决策机构依旧是一个以国王为中心，由诸多游说集团组成的松散集合体。尽管如此，1852年的内阁令仍然是一个重要的起点。在之后的历史中，到了手段更为强硬、更为雄心勃勃的奥托·冯·俾斯麦担任首相的时候，1852年的内阁令提供了一套用来集中权力的机制，能够保证内阁和行政部门实现一定程度的一致性。

1848年的革命结束后的那些年间，政府与公众之间的关系也以协商的方式实现了重新调整。1848年的革命就好似导火索，促使政府做出转变，采取与复辟时代的常态相比更有组织性、更务实、更灵活的方式来处理与新闻界的关系。这一转变过程的核心特点是，政府废除了审查制度。审查制度——在印刷品出版之前对其与政治相关的内容进行审查的制度——是复辟时期的政府掌握在手中的一件重要的权力工具，而要求废除审查制度的呼吁则在1848年的革命爆发之前的那段时间成了自由派、激进派用来表达异议的核心主题之一。随着革命的发展，德意志诸国的审查制度相继垮台，新闻自由成了一项得到法律和宪法保护的权利。诚然，到了保守派恢复社会秩序之后，许多1848年颁布的宽松的新闻法律都遭到了废除，但反过来讲，这也并不相当于（绝大多数国家的）情况恢复到了三月革命爆发之前的样子。普鲁士与许多其他的德意志国家一样，也调整了新闻管理政策的侧重点，不再对印刷品进行繁复的出版前审查工作，转而开始加强针对印发此类出版物的政治团体的监管工作。所以说，1848年的革命虽然遭遇了重大失败，但自由派政治纲领的大部分内容却仍然存留了下来。[87]

这是一次十分重要的政策转变，原因是用镇压手段替代预防手段的做法把政府针对新闻界的措施摆到了台面上。此后，报纸杂志要等到出版发行之后才有可能遭到惩罚——换言之，必须等到"损害"发生之后，后果才会显现出来。所以说，行政机构遭受到了越来越大的压力，只得设法寻找更为间接的手段来向新闻界施加影响力。与此同时，警察当局、司法当局、负责相关事务的大臣无法就何为非法出版物达成一致，结果导致前者的执法工作经常因为后两者的掣肘而徒劳无功。在冯·曼陀菲尔担任首相的那些年间，这是一个尤其明显的问题——曼陀菲尔无法与极端保守的内政大臣费迪南德·冯·威斯特法伦就哪些内容应当获得出版许可，哪些内容应当禁止出版达成一致。[88]鉴于在这套新的制度下，所有的公民都享有以出版物为途径来表达观点的权利（至少在理论上的确如此），包括书商、报刊经销商、出版社、主编等在内，所有从事政治读物编写出版工作的人士都可以以此为基础，以政府当局为对象不断地请愿、上诉，提出以宪法为依据的反对意见，把当局搞得疲于应对。一旦与出版界的人士起了争执，政府就会发现，与自己站在对立面上的并不是某个单打独斗的记者、编辑，而是支持某个特定出版物的小圈子的所有成员。[89]

1848年的革命期间，政治出版物的发行量大幅增加，读者的政治觉悟也大幅提高，即便到了革命结束之后，这一趋势也没有发生逆转——这是在绝大多数欧洲国家都存在的现象，普鲁士也不例外。为了应对这一问题，政府开始采用更为灵活、更加注重协同合作的方式来引导舆论。与许多其他领域的行政创新一样，在这一领域，为改革提供动力的因素同样也是1848年的革命经验。1848年夏，在由奥尔斯瓦尔德担任首相的自由派政府的领导下,普鲁士的行政当局成立了一个名叫"文学内阁"的机构,目的是协调各个政府部门,以便从官方角度回应自由派对政府政策的批评意见,以及老保守派及其舆论阵地《新普鲁士报》(Neue Preussische Zeitung)对宪法制度表达出的更为根本的反对意见。[90]1848年11月,随着政府换届,第一届文学内阁宣告解散,但新一届文学内阁很快就于12月在奥托·冯·曼陀菲尔的领导下重新成立。新一届文学内阁的职责范围逐步扩大,除了进行战略布局,在重要的期刊上刊登为政府说好话的文章,还以收购的方式获得一份名为《德意志改革》(Deutsche Reform)的报纸的所有权,把它转变为半官方报纸,在刊登支持内阁方针的文章的同时,做足表面文章,维持该报作为独立媒体的公信力。1850年12月23日,政府成立"新闻事务中央办公室"(Zentralstelle für Pressangelegenheiten),终于为新闻政策的协调工作提供了稳定的制度基础。中央办公室的职责包括,管理用来为新闻机构提供补贴的资金、对领取补贴的报纸进行监管、与国内外的报社搞好"关系"。[91]此外,中央办公室还创办了一份名为《时代》(Die Zeit)的机关报;该报因为猛烈抨击保守派阵营包括奥托·冯·俾斯麦、虔敬派信徒汉斯·胡戈·冯·克莱斯特-雷措在内的主要发言人而名声大噪,甚至就连内政大臣威斯特法伦也遭到了该报的批评。[92]

曼陀菲尔认为,时机已经成熟,应当打破在1848年之前新闻界与政府之间一直都被视为常态的对抗关系。行政机构必须避免直接参与政治辩论,而是应当把下属的新闻机构当作工具,促使"国家机构的所有部门与新闻界逐步展开有组织的交流 [Wechselwirkung]";行政机构必须主动采取行动,提前让新闻界对政府的活动有一个正确的认识。政府当局应当利用特权,获得各个政府部门的内部消息,以此为基础,传播与国内政治生活及国外重大事件相关的新闻。[93]1850年

第十四章 普鲁士革命的辉煌与苦难　　655

代初，中央办公室建立起了一套能够深入各省新闻界的新闻关系网络。愿意与政府合作的编辑既可以获得内部消息，又有可能得到政府资助；而那些愿意加入关系网络的地方性报社则更是可以获得包括官方声明刊登费、补贴、部长级大宗订阅费等在内的各类津贴，从而变得在经济上依赖于政府。

所以说，曼陀菲尔的创新预示着政府的新闻管理制度发生转变，放弃了之前利用庞大的审查机构来筛选新闻资料的做法，转而开始采用更加微妙的方法来对新闻和信息进行管理。这一切都是很有说服力的证据，可以证明1848年的革命的确带来了无法逆转的改变。"每一个世纪都会有新的文化力量进入传统生活的范畴，所以我们不应毁灭这些新的力量，而是必须想办法消化吸收［verarbeitet］，"曼陀菲尔在1851年7月写道，"我们这一代人意识到新闻界便是这样一股力量。新闻界在一定程度上既是人民参与公共事务的途径，又是促使和引导人民参与公共事务的力量，所以人民对公共事务的参与越是广泛，新闻界的重要性就越是不可小觑。"[94]在那些按照曼陀菲尔下达的指令，负责向对政府友好的记者、报纸编辑发放补贴的官员中，奥托·冯·俾斯麦的名字赫然在列——他在1851年接受任命，成了代表普鲁士出席邦联议会的议员。

# 第十五章　四场战争

在 1815 年之后的近半个世纪里，普鲁士一直都是欧洲权力政治的看客，始终在大国政治的边缘徘徊，既不愿做出任何承诺，也不愿参与任何冲突。这一历史时期的普鲁士从不敢与实力强大的邻国为敌，默默地承认了俄国对本国外交的指导权。普鲁士是唯一在克里米亚战争（1854—1856 年）中保持中立的主要欧洲国家。在某些人看来，普鲁士甚至已经失去了欧洲列强俱乐部的成员资格。1860 年，《泰晤士报》的一篇社论指出：

> 普鲁士一直都在依靠其他国家，一直都想获得其他国家的帮助，从来都没有展现出自救的意愿［……］普鲁士的代表会出席国际会议，但战场上却从来都看不到普鲁士军人的身影［……］谈到理想和感情的时候，普鲁士人口若悬河，但到了要采取实际行动的时候，他们却全都畏缩不前。普鲁士拥有庞大的军队，但其战备水平却出了名地糟糕透顶。［……］既没有国家把普鲁士视为可靠的盟友，也没有国家害怕与普鲁士为敌。历史可以告诉我们，普鲁士为何能够获得强国的地位，但至于普鲁士为什么还能保住强国地位，就不得而知了。[1]

然而，这篇不留情面的评论文章与读者见面后仅仅过了十一年的时间，普鲁士王国就已经重整军备，先是把奥地利赶出了德意志，之后又摧毁了法国的军事力量，最终建立起了一个全新的民族国家，在此过程中迸发出令全世界震惊不已的政治及军事能量，彻底地改变了欧洲的势力平衡。

## 意大利战争

意大利和德意志完成统一大业的时间前后只差了不到十年，这绝非偶然。德意志民族国家的文化史背景不仅贯穿了整个18世纪，甚至还可以回溯到18世纪之前，但是，让建立德意志民族国家的事业在政治上变得可能的一连串历史事件，其起点是第二次意大利独立战争。1859年4月26日，奥地利帝国向位于意大利北部的皮埃蒙特王国宣战。这是一场早有预谋的战争。1858年夏，皮埃蒙特王国的首相卡米洛·迪·加富尔与法国皇帝拿破仑三世谈判，确立了两国的防御同盟关系。1859年春，加富尔命令军队在皮埃蒙特与奥属伦巴第的边境线附近集结，向维也纳当局发出了挑衅的信号。奥地利向皮埃蒙特宣战后，法国依照秘密条约开始履行盟友的义务。法军发起了人类历史上第一次把铁路当作运输手段的总动员，以极快的速度把部队调遣到了阿尔卑斯山的南侧。从4月末到7月初，法皮联军攻占了伦巴第，在此过程中先后在马真塔（6月4日）、索尔费里诺（6月24日）重创奥军。皮埃蒙特吞并了伦巴第公国，而帕尔马公国、摩德纳公国、托斯卡纳大公国、教皇领地罗马涅则迫于压力，加入了由都灵当局①主导的联邦。皮埃蒙特就这样完全控制了意大利半岛的北半部

---

① 皮埃蒙特王国的首都是都灵。

分，如果朱塞佩·加里波第没有率领由志愿者组成的部队攻入半岛的南半部分，那么局势很有可能就不会继续发生变化。志愿军登陆后，那不勒斯王国很快就土崩瓦解，从而扫清了障碍，让皮埃蒙特王国的君主得以建立领土包括意大利半岛绝大部分土地的统一国家。1861年3月，意大利王国宣布建国。

　　上述事件发生的过程中，普鲁士国王威廉一世和普鲁士外交大臣亚历山大·冯·施莱尼茨的应对措施表现出了普当局一贯的谨慎态度。在奥法两国即将爆发战争的当口上，普政府坚定地维持中间路线，既没有按照"保守派"的意愿与维也纳当局结盟，也没有按照"自由派"的要求，与法国建立伙伴关系，共同对抗奥地利。普政府一如既往，想要蚕食奥地利的利益，来做大本国在德意志的蛋糕。举例来说，柏林当局做出承诺，表示愿意帮助奥地利对抗法国，但前提条件却是，必须由普鲁士的将领担任总司令，统一指挥除奥地利之外的所有其他德意志邦联成员国派出的部队。这一提案不禁让人回想起了伯恩斯托夫、拉多维茨在1830—1832年、1840—1841年的战争危机中提出的旨在解决德意志邦联安全问题的方案；提案最终遭到了奥地利皇帝的拒绝，理由是提案的内容有损皇帝的威信。在差不多同一时间，柏林当局向莱茵兰地区集结重兵，目的是吓阻拿破仑三世，防止他把法军的作战范围扩展到西德意志。综上所述，普政府所采取的应对措施既没有特别之处，也没有任何出人意料的地方。所以说，在应对意大利危机（以及与之相伴的来自法国的战争威胁）的过程中，普政府循规蹈矩，一直都在普奥两国间试探性的二元竞争框架下行事，一方面极力避免直接对抗，另一方面又会抓住一切机会，以损害奥方利益的方式来增强本国的影响力。

　　然而，回过头来看，意大利战争明显让普鲁士的民族政策进入了一个全新的阶段。当时的人能够明显地感觉到，意大利人和德意志人所面临的困境有不少共同之处。无论是在意大利，还是在德意志，都一方面存在基于历史和文化的民族认同感（这是一个仅限于受过教育的精英阶层内部的现象），另一方面又存在由世袭统治者和政治因素所造成的分裂问题（只不过，意大利仅仅分裂成了 7 个国家，而德意志则分裂成了足足 39 个国家）。无论是在意大利，还是在德意志，奥地利都是民族统一事业的一大障碍。皮埃蒙特和普鲁士也有不少显而易见的共同点。这两个国家都因为拥有自信的官僚阶层、开展了现代化改革而闻名于世；此外，这两个国家还都是（自 1848 年起）实行君主立宪制的国家。这两个国家一方面设法镇压民众发起的民族主义运动，另一方面又都打着民族大义的旗号，在各自的势力范围内以侵害小国利益的方式来扩大本国的影响力。所以说，对那些狂热支持小德意志主义，认为应当在普鲁士的主导下实现民族统一的德意志民族主义者来说，把 1859—1861 年发生在意大利的事件投射到德意志的政治版图上是一件十分容易的事情。[2]

此外，意大利战争还证明，欧洲的政治体系出现了新的机会。其中最为重要的一个机会是奥地利与俄国越发疏远的双边关系。1848 年，俄国出兵相助，帮助奥地利帝国逃过了被匈牙利民族主义运动肢解的命运。然而，到了 1854—1856 年，俄国陷入克里米亚战争的那段时间，奥地利做出事关国运的决定，加入了反俄联盟，结果变成了圣彼得堡当局眼中忘恩负义的卑鄙小人。维也纳当局就这样无可挽回地失去了俄国的支持，而在之前的历史中，争取俄国的支持一直都是奥政府对外政策的战略基石。[3] 加富尔是第一位看到这一机会的欧洲政治家，用实际行动证明，重新调整过的欧洲政治布局可以加以利用，为自己的国家争取实际利益。

1859 年的事件在一些其他的方面也很有指导意义。在拿破仑三世的统治下，法国重新成为欧洲强国，摆出了一副准备用武力挑战维也纳会议在1815年时建立的欧洲秩序的架势。从普鲁士人的角度来看，自古以来从未停止过的来自西方的威胁从来都没有如此令人胆战心惊。拿破仑一世曾经把意大利半岛当作垫脚石，在征服意大利之后，又入侵了莱茵兰，就此走上了称帝的道路——普鲁士人对这段历史记忆犹新，从而进一步增强了法国出兵干涉意大利事务的做法所产生的震慑效果。普鲁士在1859年发起的总动员也许并不像某些史家描述的那样是一场大灾难，但无可否认的是，动员并没有起到安抚人心的作用，普鲁士人仍然认为，面对在波拿巴王朝的统治下国力重新强盛起来的法国，自己的国家依旧十分脆弱。[4]奥地利人的表现同样算不上好消息——他们拼死作战，奋力守护奥地利帝国位于意大利半岛的领土，在马真塔会战、索尔费里诺会战中总共令法皮联军遭受了高达1.8万人的伤亡。他们难道不会同样拼死作战，想要在群雄割据的德意志保住本国的政治主导地位吗？从某些方面来看，普鲁士的处境甚至要比皮埃蒙特还要糟糕，原因是一旦普鲁士和奥地利这两个有可能成为德意志霸主的国家爆发了正面冲突，那么显而易见的就是，那些属于"第三德意志"的中等国家（与那些位于意大利北部的小邦不同）就多半会与奥地利站到一起。1860年3月26日，威廉在写给施莱尼茨的信中指出："在过去的四十年间，几乎所有的德意志国家都［……］对普鲁士抱有敌意；在过去的一年间，这种情况正明显地变得更加糟糕。"[5]

所以说，意大利战争提醒着人们，在解决根深蒂固的权力政治冲突的时候，武装力量必将起到核心作用。下面这种观点也在普鲁士的军事领导层内部越来越被认可，即想要应对近在眼前的挑战，普鲁士就必须推行军事改革，增强军事实力。这并不是一个全新的问题。早在1810年代，普鲁士就因为财力的限制而出现了军队规模的增长速度跟不上人口增长速度的现象。到了1850年代，普鲁士全国只有大约一半的适龄青年应征入伍。此外，由于与正规军相比，地方防卫军的军官训练标准要宽松得多，所以原本由军事改革家沙恩霍斯特、博伊恩创建，目的是与拿破仑作战的地方防卫军民兵武装的作战能力也让普鲁士人感到担忧。

刚刚就任摄政的普鲁士亲王威廉成了军事改革运动的领军人物。1858年，弗里德里希·威廉四世接连中风，失去了行动能力，此时已经61岁、蓄着威风凛凛的八字胡的威廉亲王成为摄政，开始代兄长治国理政。威廉是一个对普鲁士的军队有着深厚感情的人，这是由他的人生经历所决定的。他在刚刚六岁的时候就穿上了军装。1807年1月1日，年仅九岁的威廉获得了掌旗官的委任状（他同时还得到作为圣诞礼物的晋升令，成了一名中尉军官）。他早期的军旅生涯充满了对法军入侵的回忆，以及随着家人一起逃往东普鲁士的记忆。他与头脑灵光的兄长不同，是个不喜欢上文化课的学生，最欢乐的时光就是与军校的同学和教官一起度过的那段时间。[6]1810年，威廉经历了丧母之痛，我们不难想象，按部就班的军旅生活、深厚的战友情谊对他来说到底有多么重要的意义。威廉对军队的感情全都集中在了常规军的身上，隶属于地方防卫军的辅助性民兵武装力量无法在他的心中占据一席之地。他十分厌恶地方防卫军的平民道德观，认为他们在军事上缺乏战斗力，在政治上则不可靠。博伊恩和沙恩霍斯特创建地方防卫军的初衷是，打造一支能够感受到民众的爱国主义热情、能够把这股热情调动起来的武装力量，而威廉和他身边的军事顾问则想要得到一支完全听命于君主的武装力量。

要说此时的威廉已经开始盘算着如何利用普鲁士的武装力量来实现德意志的统一，肯定是言过其实的——他对德意志问题的看法要开放得多，绝不仅限于武力统一这一条道路。然而，可以肯定的一点是，他一直都狂热地认为，德意志诸国应当以某种形式组成结构更为紧密的统一国家，而普鲁士则必须在这一过程中起到主导作用。他与兄长一样，也十分支持短命的爱尔福特联盟，因为普政府被迫按照《奥尔米茨协定》做出让步而大失所望。"无论何人，如果他想要统治德意志，就必须首先征服德意志，"威廉在1849年的时候写下了这样一段话，"德意志实现统一的时机是否已经成熟，这是只有上帝才知道的事情；但普鲁士注定要站在德意志的顶峰，这是我们的历史无可改变的一项基本事实。德意志应当何时统一？应当如何统一？这才是我们必须回答的问题。"1849年，威廉前往莱茵兰担任军事长官，在任上结交了狂热支持小德意志主义，认为应当在普鲁士的主导下实现民族统一的自由主义者。他在1851年4月的时候写道："普鲁士的历史发展证明，普鲁士注定要领导德意志。"[7]

为了应对更具侵略性的德意志政策所带来的挑战，普鲁士必须拥有一支灵活高效的武装力量。威廉和他身边的军事顾问认为普军的规模应当扩大一倍，为此出台了以下措施：增加每年的征兵人数；把基本军事训练的时间延长六个月，令训练的总时长增加到三年；把士兵在正规军后备部队中的服役时间从两年延长到五年。此外，威廉还提出，正规军必须与地方防卫军划清界限，应当把地方防卫军从正规军的前线及后备部队中分离出来，降格为部署在后方的从属性部队。

政府呼吁进行军事改革的做法本身并没有引起太大的争议。自1848年起，普军军费开支的相对值就一直在持续下降；而在议会中占据多数席位的自由派则大都支持扩军，认为如果普鲁士还想要保持独立采取行动的能力，就必须拥有一支更为强大的军队。此外，1859年的事件还在北德意志诸国有效地调动了自由派追求民族统一的民意，最终于1859年9月促成了"民族联盟"（Nationalverein）的建立。德意志民族联盟由汉诺威贵族鲁道夫·冯·本尼希森担任主席，是一个规模数千人的精英组织，其成员大都是议员、大学教授、律师、记者,而其目的则是游说普鲁士政府,为小德意志主义的民族统一事业争取支持。

普鲁士军改真正遇到的问题是,如何界定军队与议会之间的政治关系。威廉提出的军改方案在三个问题上引发了自由派尤其强烈的敌意。第一个问题是,军改方案想要废除地方防卫军所剩无几的自主权。在军队的高层看来,地方防卫军毫无用处,是上一个时代的遗物;而在许多自由派看来,地方防卫军仍然是人民军队理念的有力象征。第二个引发争议的问题是,威廉态度坚决,提出正规军的一线士兵必须接受为期三年的军事训练。自由派对此持反对意见,其中一部分原因是这样做会增加开支,而另一部分原因则是,自由派认为(他们这样想的确有一定的道理),把训练时间延长为三年并不是出于军事上的考虑,而是某种政治手段,其目标是让士兵准备好上战场的同时,接受保守派理念和军国主义思想的灌输。隐藏在这两个问题下面的是一个更为根本的核心问题,即军改计划提出,君主应当拥有独特的、不受宪法制约的指挥权,也就是所谓的直接指挥权问题。[8]

1848年之后,普鲁士政治体制的内部早已埋下了祸根,迟早会因为军事问题而爆发矛盾。这一矛盾不仅体现在宪政领域,同样也在涉及面更广的文化领域表现了出来。宪政领域的矛盾显而易见,是因为君主和议会都认为自己对军队拥有控制权,结果导致双方的诉求有可能发生冲突。君主不仅拥有军队的指挥权,总的来说还有权决定军事机构的组成和功能。然而,审批军费预算的权力却掌握在议会的手里。从国王的角度来看,普鲁士的军队是一支向君主本人效忠的武装力量,几乎不会受到议会的任何制约。与这样的看法形成鲜明对比的是,自由派的议员认为,既然议会拥有审批军费预算的权力,那么议会就至少应当在一定程度上有权与国王共同决定军队的性质。这不仅意味着议会有权监管军费的支出情况,还预示着议会认为,必须保证军队能够反映与广泛的政治文化相符的价值观——对后一个问题的不同看法正是在1848年引发柏林议会危机的导火索。无论是对国王一方，还是对议会一方，上述问题都是事关重大的根本性原则问题。威廉坚定地指出，直接指挥权是君权不可分割的组成部分，而在自由派看来，无论是试图削减议会军费审批权的做法，还是建立反动的近卫军、准备用武力镇压国内进步力量的计划，都不可接受，会让议会按照新宪法的规定所应拥有的权力变成一张空头支票。

这一系列由军事和宪政问题共同造成的冲突愈演愈烈，渐渐地令普鲁士在1848年的时候建立起来的宪政制度变得难以为继。1860年年初，政府向议会提交了两项议案，其中一项描绘了军改的大体框架，而另一项则是需要经由议会审批才能生效的军费草案。威廉认为这两项议案的宪法地位十分不同；允许议会在军费问题上拥有一定的发言权并没有太大的问题，因为说到底，议会的根本职责便是批准各项预算。然而，他并不承认议员有权对军改提案的具体内容指手画脚，因为在他看来，军改是只有他才有权拍板定夺的议题。议会应对这一步棋的办法是，仅仅以临时拨款的方式提供了一部分额外的军费——事实证明，就策略而论，这一决定很不明智，因为尽管议会并没有最终批准相关议案，但政府还是获得了足够的资金，可以着手开展第一阶段的军改工作。

此后，自由派在政治上开始变得更加极端。1月，17名自由派的议员脱离自由派，成了新成立的进步党（Fortshrittspartei）的核心成员。威廉认为，立场更保守的议会也许会更愿意配合政府的工作，于是便下令解散议会，宣布进行新的议会选举。选举于1861年年末尘埃落定，有超过100名进步党的成员获得了议员资格——与上一届议会相比，新一届议会表现出了更为坚定的自由主义倾向。曾经在1850年代占据多数席位的保守派一败涂地，仅获得了区区15个席

第十五章 四场战争　　665

位。新一届议会与上一届议会一样，也不愿意批准军改方案；1862年春，威廉再次做出了解散议会的决定。1862 年 5 月，普鲁士又一次进行议会选举，结果仅仅证明了打破僵局是不可能的事情。在全部 325 个议席中，自由派获得了 230 个议席。

此时，普鲁士军界的一部分领导人物已经开始认为，军队应当与宪政制度一刀两断。在这部分高级军官中，影响力最大的当数军事内阁的首脑埃德温·冯·曼陀菲尔——他是首相奥托·冯·曼陀菲尔的堂弟，在 1848 年的革命结束后支持保守主义改革，为新宪政制度的建立立下了汗马功劳。与堂兄奥托相比，埃德温一方面更有魅力，另一方面又在政治上表现得不那么善于变通。他是一个老派的军人，会把自己与君主的关系等同于古时的德意志部落成员对酋长的效忠之心。在作于当时，存世至今的肖像画中，埃德温·冯·曼陀菲尔身姿笔挺，形象充满阳刚之气，除了长着一头浓密的卷发，还蓄着大胡子，把下半边脸挡得严严实实。[9]军事内阁是一个直接向国王本人汇报工作的机构，所以他作为军事内阁的成员，可以完全不受议会及宪政制度的制约。

曼陀菲尔可以为了守护自己的和普鲁士军队的"荣誉"（他似乎认为，自己的个人荣誉和军队的荣誉在本质上是一回事）而做出残忍无情的事情。1861 年春，一个名叫卡尔·特韦斯顿的自由派市议员发表文章，不仅批评了政府提出的军改计划，还把矛头指向曼陀菲尔本人，宣称他想要离间军民关系。曼陀菲尔的回应是，让特韦斯顿做出选择，如果不愿公开收回之前的言论，就必须接受决斗挑战。特韦斯顿并不是神枪手，但还是因为不愿忍受公开收回言论的耻辱而接受了曼陀菲尔的决斗挑战。他一枪射偏，结果被曼陀菲尔射出的子弹击中，胳膊给打了个对穿。这一则逸闻不仅突出展现了军改问题所导致的意见两极分化，还充分地证明，在 1848 年革命结束之后的普鲁士，公共生活的风气变得越来越野蛮粗鲁。

1862年的头几个月，曼陀菲尔的极端观点在国王身边的保守派小圈子里获得了一定程度的共鸣，一时间引发了大规模的恐慌情绪，但由于各方在革命结束后达成的政治共识经受住了考验，曼陀菲尔一直都没能等到属于自己的"高光时刻"。[10]无论是国王威廉一世本人（弗里德里希·威廉四世于1861年1月驾崩），还是他身边的大多数政治及军事顾问，都没有认真地考虑过与宪政制度一刀两断的可能性。军改计划的总工程师、陆军大臣阿尔布雷希特·冯·罗恩倾向于设法达成妥协，在不触动宪政制度的同时，确保军改计划的实质内容能够得到贯彻落实。[11]就连威廉国王本人也认为，与其思考如何恢复专制制度，还不如考虑自愿退位的可能性。到了1862年9月的时候，他似乎已经做好了准备，想要宣布退位，让因为支持自由派的立场而广得人心的王储弗里德里希·威廉王子继承王位。在阿尔布雷希特·冯·罗恩的劝说下，威廉悬崖勒马，打消退位的想法，转而使出了最后的撒手锏：把奥托·冯·俾斯麦任命为普鲁士首相。

## 俾斯麦

奥托·冯·俾斯麦到底是一个什么样的人？让我们首先把时钟拨回到1834年的春季，看一看当时只有19岁的俾斯麦所写的一封信吧。他的毕业证书迟迟没有发放，有可能导致他进入柏林大学继续深造的计划无法付诸实施。对年轻的俾斯麦来说，这是一个令人痛苦的过渡时期——他一方面迫于无奈，过着无所事事的生活，另一方面又因为未来充满不确定性而忧心忡忡，开始思考进入大学深造的计划受阻后自己的未来路在何方。他居住在俾斯麦家族位于克奈普霍夫的庄园，在那里给校友沙尔拉赫写了一封信：

我也许会当几年兵,以一边挥舞军刀,一边教训新兵蛋子为乐,之后再娶妻生子,开始经营庄园,以大量生产高度蒸馏酒为手段,让领地上的农民酗酒成性,变得道德沦丧。所以说,要是十年之后,你碰巧路过我们这儿,我就会在领内物色一个凹凸有致,又放得开的妞儿,让你好好乐和一下,会让你畅饮土豆白兰地,不醉不休,会让你随时外出打猎,尽情冒险。你会发现,我已经变成了一个大腹便便、蓄着八字胡的地方防卫军军官。我满口脏话,骂起街来地动山摇;我开始真正厌恶犹太人、法国人;我一旦受了老婆的气,就会拿家里的狗和用人出气,下手不知轻重。我会穿着皮裤,前往斯德丁的羊毛大集,在那里被耍得团团转,只要有人把我尊称为男爵,我就会高兴得直捋胡子,主动给他降价。我会在国王过生日的那天喝得酩酊大醉,大呼小叫地给他祝寿;平日里我也会扯着大嗓门讲话,动不动就会大叫:"嘿,那匹马看起来棒极了!"[12]

这封信之所以值得大段引用,是因为信的内容能够展示出,在对自己所处的社会环境——居住在易北河以东的容克地主所处的社会环境——做出评判的时候,年轻的俾斯麦有多么高高在上,显得充满挖苦。俾斯麦喜欢以生活在普鲁士偏远地区的红脖子"卷心菜容克"(Krautjunker)① 自居,但实际上,他并不能算作"卷心菜容克"的典型代表。他的父亲倒的确是一个货真价实的"卷心菜容克":截至他父亲这一代,俾斯麦家族已经在易北河以东地区做了整整五代的贵族地主。然而,他母亲的家族传统可就与容克地主完全不沾边儿了。俾斯麦的母亲威廉明妮·门肯出身于萨克森王国莱比锡的学术世

---

① Krautjunker 是一个贬义词,指最底层的容克地主。这类容克地主没受过什么教育,眼界狭隘。

图45 32岁的奥托·冯·俾斯麦。以匿名画家创作的肖像画为依据制作的木版画，1847年

家——她的祖父是一位法学教授，曾经为普政府效力，在弗里德里希大王在位的时候担任内阁秘书。[13]

威廉明妮·门肯是俾斯麦兄弟[①]教育历程的掌舵人，所有的关键问题都由她拍板定夺；因此，俾斯麦接受的教育与普通容克地主家庭的子弟所能接受的教育有着相当大的差别：他的第一所学校不是军校，而是柏林实行寄宿制的普拉曼教育学院[②]——普拉曼教育学院是一所面向高级公职人员的子弟招生的学校，所以俾斯麦接受的教育是经典的布尔乔亚式教育。结束了普拉曼教育学院的学业后，俾斯麦升入弗里德里希-威廉文理中学，之后又先后在哥廷根大学（1832—1833）、柏林大学深造（1834—1835）。大学毕业后，俾斯麦进入亚琛、波茨坦两地的行政部门，开始了为期四年的行政训练。行政训练

---

① 俾斯麦还有一个比他年长五岁，名叫伯恩哈德·冯·俾斯麦的哥哥。
② 普拉曼教育学院于1805年成立，遵循裴斯泰洛齐和雅恩的教育理念，其创始人是儿童教育家约翰·恩斯特·普拉曼（1771—1834）。

第十五章 四场战争

不仅单调乏味,还严重地限制了个人自主权,令当时只有二十多岁的俾斯麦备感无聊,最终促使他做出了一个让家人既吃惊,又失望的决定——他辞去官职,回到克奈普霍夫,开始经营俾斯麦家族位于该地的庄园,从1839年到1845年一直赋闲在家。在这段长达数年的间歇期,他扮演起了容克地主的角色,所作所为夸张到了极致——他大吃大喝,每天早上刚一起床,就开始大口吃肉、大碗喝酒。然而,仔细地回顾一下奥托·冯·俾斯麦的赋闲生活,我们会发现,他的一些做法与真正的容克地主大相径庭,比如他博览群书,大量阅读了黑格尔、斯宾诺莎、鲍威尔、费尔巴哈、施特劳斯的著作。

上述客观事实呈现出的情况,对于我们理解俾斯麦的政治经历十分重要。俾斯麦的背景和态度可以解释,为什么他与(自诩)天然代表贵族地主利益的保守派的关系总是龃龉不断。俾斯麦永远也不会成为真正的保守派,而保守派则意识到了这一点,所以永远也不会真正信任俾斯麦。俾斯麦永远都无法认可老保守派的法团主义,也从未认同他们的世界观——他们认为容克地主应当团结到一起,形成利益集团来与国家抗衡。他一点也不热衷于地方权利,不会为了各地、各省的利益而发出与中央权威相悖的声音;他并不认为革命和国家推行的改革是同一枚硬币的正反两面,皆为妄图推翻自然历史秩序的魔鬼阴谋,只是表现形式不尽相同。俾斯麦的观点与之截然相反——只要回顾一下他针对政治及历史问题发表的看法,我们就会发现,他向来都对专制国家十分尊重,有时甚至会不加掩饰地为专制国家歌功颂德,对专制国家所拥有的自主行动能力则更是推崇备至。"只要他在讲话中提到了普鲁士,那么他所指的就肯定是大选侯和弗里德里希大王在位时的普鲁士,而不是那个开历史倒车,奉行法团主义,想要给专制主义套上枷锁的乌托邦式国家。"[14]

俾斯麦走上了与母亲的祖辈相同的道路,在成年后也想把为国效力当作实现人生抱负的途径。然而，他虽志在为国效力，却并不想成为国家公仆。对俾斯麦来说，领主与庄园的联系本身并不足以成为人生的终极目标——在他看来，这样的人生目标实在是太过狭隘、太过无聊——但它意味着独立性的保证。领主与庄园的纽带意味着领主是庄园的主人，可以把自己的领地看作一个独立的小世界，从而为俾斯麦对个人自主权的定义提供了最根本的支柱——俾斯麦在32岁的时候给堂兄弟写了一封信，在信中指出，如果一个人想要在公共生活中扮演角色，那么他就必须"把自己在私人生活中所拥有的自主性带入公共领域"。[15] 显而易见的是，俾斯麦对个人生活自主性的定义并不带有布尔乔亚色彩，而是源自贵族地主的社会圈子，就理念而论，认为领主是领地的最高权威，不需要对任何人负责。

我们可以在俾斯麦作为公众人物的所作所为中——尤其是在他不服从上级命令的倾向中——瞥见他对自己在世界中所处地位的这种认知所造成的结果。俾斯麦用实际行动证明，他从来都不认为自己有上级。这一点在他与威廉一世的关系中表现得最为明显。身为帝国宰相的俾斯麦经常违背君主的意愿，强行落实特定的政策，一旦威廉出面阻止，他就会大发脾气、哭天抹泪，之后还会以或不言自明，或直来直去的方式进行威胁，宣称自己准备辞去官职，回自家的领地享受舒适安宁的生活。如果俾斯麦想要让自己与君主的关系变得更为稳固，那么十有八九，他都不会采用直接的方式与君主拉近距离，而是会人为地制造危机，从而凸显自己是多么不可或缺，表现就好似为了证明自己的驾船技巧而故意驶向暴风雨的舵手。

俾斯麦在意识形态领域高高在上，似乎不认同任何一个利益集团所提出的意识形态。他既不是贵族法团主义者，也永远都无法成为自由主义者。此外，尽管他长期担任公职人员，但他却一直都无法与组成"第四等级"的官僚阶层产生共鸣［终其一生，他都有些鄙视行政官僚，把他们视为"刀笔吏"（Federfuchser）]。结果，他不会受到意识形态的束缚，导致旁人很难预测他的行为——说他是现实主义、实用主义、机会主义似乎都可以，但究其本质，这其实是一种在不同的阵营间左右横跳的能力，既可以令他的政敌措手不及，又能够让他利用政敌间的意见分歧，从中渔翁得利。俾斯麦从来都不需要为自己的行为负责。他可以与自由主义的势力合作，共同对抗保守派（也可以联合保守派对抗自由派），可以把民主选举当作明晃晃的刀剑，用来震慑精英自由主义的势力，可以摆出一副准备主导民族主义事业的架势，一举戳穿民族主义者的虚伪外表。

俾斯麦对这一切都十分清楚。他对认为理论和原则可以成为政治生活准绳的观点嗤之以鼻："政治不是科学，而是艺术，所以所有不擅长这门艺术的人都应当远离政治。"[16] "如果我必须用原则来指导人生，那么这就无异于我必须在嘴里衔着一根长木杆，于狭窄的林间小道上前进。"一旦木杆变得碍手碍脚，俾斯麦就会毫不犹豫地把它丢掉，让那些认为自己与他在意识形态问题上志同道合的友人震惊不已。保守派的贵族路德维希·冯·格拉赫（他是利奥波德·冯·格拉赫的弟弟）便是这样一位友人——拿破仑三世是一位靠革命上台的君主，格拉赫不愿承认他的合法君主地位，在这一问题上无法与俾斯麦达成一致，导致二人在1857年时彻底闹翻。所以说，俾斯麦不是一个有原则的人；更为确切地讲，他是一个脱离了原则束缚的人——他摆脱了老一代掌权者的浪漫主义倾向，开始进行一种全新的、更为灵活、更加务实、不会受到意识形态束缚的政治游戏。民意和舆论并不是应当放纵，甚至得到遵从的权威，而是必须加以管理和引导的力量。

俾斯麦的后浪漫主义政治同样也是1848年的革命所引发的巨大转变的组成部分。就这一点而论，俾斯麦是一个与加富尔、萨尔达尼亚元帅[①]、庇护九世、拿破仑三世十分相似的政治人物。学界时不时有人指出，俾斯麦从法国皇帝拿破仑三世的民粹式独裁主义中学到了很多东西，1871年他成为德意志帝国的宰相之后所奉行的治国方式可以等同于出现时间较晚的德意志版"波拿巴主义"。[17]然而，我们不应过分强调法国模式的重要性。前文已经提到，1848年的革命结束之后，普政府的执政方式发生了翻天覆地的变化。俾斯麦与奥托·冯·曼陀菲尔、新国王威廉一世一样，也是"经历了1848年的人"，也做好了以新的组合方式来对政治重新洗牌的准备。他与曼陀菲尔一样，也认为君主制的国家机构是政治生活的关键参与者。在曼陀菲尔担任首相的那些年间，俾斯麦学会了如何以精于盘算的方式"尊重"舆论——他并不认为舆论是能够决定未来的因素，而是把舆论看作处于从属地位的合作者，可以用哄骗和操纵的手段来令其为己所用。他作为普政府派驻德意志邦联领导机构的代表前往法兰克福，负责通过隐秘的渠道向对普政府友好的报纸编辑和记者提供政府资金。在之后的历史中，俾斯麦不断完善政府操控新闻媒体的手段，把它变成了一门高深莫测的艺术。

1862年秋，俾斯麦在柏林接受任命，成了普鲁士王国的首相。他在一封写给王储的信中指出，自己的目标是设法"与大多数议员达成谅解"，同时又必须保证王权和军队的作战能力不会遭受损害。[18]俾斯麦的第一步棋是，提出修改版的军改计划，在扩大军队规模、确保政府在关键领域拥有控制权的同时，满足了自由派希望把服役时间控制在两年之内的要求。埃德温·冯·曼陀菲尔对俾斯麦的方案持反对意见，劝说国王不要表态支持该方案，最终导致俾斯麦首战失利。由此可见，那个名叫权力的候见厅的老问题仍然没有得到解决。俾斯麦

---

[①] 若昂·卡洛斯·德·萨尔达尼亚公爵（1790—1876），葡萄牙元帅，政治家，在19世纪上半叶葡萄牙的革命运动中发挥了重要作用，曾任首相。

第十五章　四场战争　　673

马上就意识到，如果想要保住首相的乌纱帽，就必须击败所有的竞争对手，成为唯一受到国王信任的重臣，他为此调整了自己制定的政策。他放弃了与自由派寻求妥协的策略，转而奉行公开对抗的方针，想要借此向国王证明，自己是一个全心全意为王权和国王的利益着想的臣子。政府一边强推军改、在没有征得议会同意的情况下就开征税款，一边通知各级公职人员，不执行命令、参与政治反抗的官员都会遭到立即免职的惩罚。议会中了计，徒劳无益地宣泄愤怒，结果反倒损害了自身的权威性。这一切都向威廉一世充分证明，俾斯麦是一个既有能力，又可靠的臣子，从而让俾斯麦在极短的时间内击败所有的竞争者，成了国王身边最有影响力的重臣。

然而，在许多其他的方面，俾斯麦的地位仍然十分脆弱。1863年10月，普鲁士再一次举行议会选举，结果产生了一个只有38位议员支持政府的下议院。俾斯麦显然在争取舆论支持的战斗中一败涂地。据传，得知选举的结果后，威廉一世异常沮丧，像泄了气的皮球一样站在窗边，一边俯瞰王宫广场，一边说道："他们会在下面架设断头台，砍了我的脑袋。"[19] 柏林当局陷入政治瘫痪的现状似乎同样削弱了普鲁士在德意志问题中占据主导地位的能力。1863年，在俾斯麦与普鲁士的议会下院龙争虎斗的那段时间，奥政府抓住机会，起草了一系列旨在为德意志邦联重新注入活力的改革提案。

柏林当局似乎开始摇摆不定。普鲁士的新任首相在对外政策领域的表现最多也只能算作中规中矩：1863年，他挫败了奥地利政府提出的改革方案，还持续化解维也纳当局为加入德意志关税同盟所做出的一切努力。更为重要的是，他以签订《阿尔文斯莱本条约》（1863年2月8日签订）的方式与俄政府正式地恢复了友好关系。条约规定，普、俄两国应当配合行动，共同镇压波兰人的民族主义运动；这虽然为普政府争取到了圣彼得堡当局的好意，但同时也引发了亲波兰的自由派的强烈不满，而俾斯麦更是因此成了遭许多人痛恨的政治人物。成为首相之后才过了 18 个月的时间，俾斯麦就给自己打造了精力异常充沛、冷酷无情、富有创造力的政治策略家的形象。然而，从当时来看，他仍然很有可能在首相的位子上仅仅勉强维持一两年的时间，之后便会因为国王想要与议会下院达成妥协成为弃子。真正让俾斯麦时来运转的因素是 1864 年爆发的德丹战争。

## 德丹战争

1863 年冬，石勒苏益格－荷尔斯泰因公国再一次登上了新闻头条。1863 年 11 月 15 日，丹麦国王弗雷德里克七世驾崩，引发了一场继承权危机。由于弗雷德里克七世没有直系男性继承人（在这种情况下，丹麦的王位可以按照母系血统确定继承权，由格吕克斯堡的克里斯蒂安继承），各方围绕着到底谁才是石勒苏益格－荷尔斯泰因公国的合法继承人展开了激烈的争论。石勒苏益格－荷尔斯泰因争端的细节一直都是一个十分令人头疼的问题——更加让人挠头的是，几乎所有参与其中的人名字不是弗雷德里克，就是克里斯蒂安——所以我们也就只能在这里挑重点来交代一下大体情况了。1850 年代初，各方签订了一系列的国际条约，规定新一代丹麦国王格吕克斯堡的克里斯蒂安应当按照与上一代国王弗雷德里克七世即位时完全相同的条款来获得对石勒苏益格－荷尔斯泰因公国的继承权。[20] 然而，到了 1863 年，由于奥古斯滕堡的弗雷德里克亲王突然蹦了出来，宣称自己拥有对石勒苏益格－荷尔斯泰因公国的继承权，局势变得复杂了起来。奥古斯滕堡家族的确自古以来一直都在主张对石勒苏益格－荷尔斯泰因公国的继承权，但由于弗雷德里克亲王的父亲奥古斯滕堡的克里斯蒂安已经按照 1852 年的《伦敦条约》的规定，放弃了继承权，所以并没有人认为这会造成问题。然而，1863年，奥古斯滕堡的弗雷德里克宣布自己不受1852年的《伦敦条约》的约束，挑衅般地宣称自己是"石勒苏益格-荷尔斯泰因公爵"。他的主张得到了德意志民族主义运动的强烈支持。

在这里，我们有必要拿出一点篇幅来探讨一下石勒苏益格-荷尔斯泰因危机的独特之处。这是一场兼具现代及前现代特点的危机。从一个角度来看，这是一场老派的王位继承权危机，其起因与17、18世纪时层出不穷的继承权危机一样，也是国王死后无嗣。就这一点而论，我们也许可以把1864年爆发的那场战争称作"丹麦王位继承战争"。从另一个角度来看，石勒苏益格-荷尔斯泰因公国之所以能够成为大规模战争的导火索，完全是因为民族主义引发的民众运动所起到的作用。早在1848年的时候，石勒苏益格-荷尔斯泰因问题激发德意志民族主义运动热情的作用就已经在法兰克福议会的会场上得到了展现；到了1863—1864年，德意志民族主义者的要求是，石勒苏益格公国、荷尔斯泰因公国应当联合成一个由奥古斯滕堡家族统治的邦国，加入德意志邦联。在丹麦一方看来，民族主义同样起到了至关重要的作用：丹麦的民族主义运动要求，丹麦必须维护本国对石勒苏益格公国的领土主张，并且在这一点上得到了丹麦主流自由主义民意的支持。新国王克里斯蒂安九世①既没有经验，又软弱无能，结果却发现自己刚一继位，就必须应对一触即发的国内局势。人群在哥本哈根的王宫外示威，场面一度极其混乱，竟然迫使哥本哈根市的警察局长发出警告，宣称首都的法律秩序很快就会彻底崩溃。克里斯蒂安九世担心国内会发生政治动乱，被逼无奈，只得采取行动。他签署1863年的《十一月宪章》，宣布了自己的意图，即丹麦是一个单一制的国家，而石勒苏益格公国则必须成为丹麦的一部分——在德意志

---

① 此即格吕克斯堡的克里斯蒂安。

民族主义者看来，这是不可原谅的挑衅行为。

此时，各方已经就石勒苏益格公国、荷尔斯泰因公国的未来形成了三种相互矛盾的意见。丹麦方面立场坚定，提出石勒苏益格公国必须按照1863年的《十一月宪章》的规定并入丹麦的版图。德意志民族主义运动和德意志邦联的绝大多数成员国倾向于支持奥古斯滕堡家族的主张，已经做好了为武力干涉提供支持的准备。普鲁士和奥地利反对奥古斯滕堡家族的主张，坚决要求丹麦（和奥古斯滕堡家族）履行己方在1850年和1852年的国际条约中做出的承诺。12月时，德意志邦联的成员国在邦联议会上经过了长时间的讨价还价，最终（以仅仅一票的优势）通过决议，宣布邦联将会按照《伦敦条约》的规定对石勒苏益格－荷尔斯泰因问题进行干涉。1863年12月23日，一支小规模的邦联特遣部队跨过边境线进入丹麦境内，之后一路北上，没有遇到任何抵抗，便占领了荷尔斯泰因公国位于艾德河以南的大部分领土。邦联的内部矛盾很快就展现了出来。（兵力只有1.2万人的）特遣部队虽然足以占领不设防的荷尔斯泰因公国，但攻占石勒苏益格公国的任务可就完全是另一回事了。丹麦人肯定会严阵以待，奋力反抗，想要取得胜利，就必须大幅增兵。此时，普鲁士和奥地利仍然保持着合作关系，宣称两国已经做好了进攻石勒苏益格公国的准备，但前提条件是，两国只是会作为欧洲强国，按照1850年和1852年签订的国际条约的规定来进行武力干涉，所以两国的军事行动既不会代表德意志邦联的利益，也不会支持奥古斯滕堡家族的领土主张。1864年1月，普奥两国单独（没有事先与德意志邦联的其他成员国商议）向丹麦下达联合最后通牒，在发现丹麦方面拒绝回应后，命令由普奥两军组成的联合部队北渡艾德河，进入石勒苏益格公国。

这次军事行动意味着普奥双边关系出现了非比寻常的反转。19世纪50年代和60年代初的普奥竞争似乎被亲密和谐的合作关系取代了。然而，共同的战略目标只是表面现象，深藏于其下的则是两国天差地别的战略预期。奥地利宰相约翰·伯恩哈德·雷希贝格认为，联合军事行动既是一个让德意志民族主义运动失去公信力的机会，又能够让奥地利与普鲁士一起，建立起对德意志的共同统治权，从而为德意志邦联跨成员国的治理机构重新注入活力。此外，联合军事行动还可以防止柏林当局以损害丹麦（及奥地利）利益的方式来单方面地获得巨大的收益（比如吞并石勒苏益格公国）。在雷希贝格的计算中，来自另一个方向的威胁同样也不得不防：拿破仑三世变得越来越热衷于在欧洲挑起事端，向普政府提出，如果普鲁士有计划直接吞并石勒苏益格-荷尔斯泰因，以及北德意志的其他小国，那么普方的立场就会得到法国的支持。巴黎当局似乎想要发动第二次反奥战争，准备让普鲁士扮演皮埃蒙特在上一次反奥战争中所扮演的角色。雷希贝格从俾斯麦的口中得知了法方开出的所有条件，深知这是一场奥地利帝国无法承受的战争。

俾斯麦的战略预期与雷希贝格的预期截然不同。他的计划压根就没有把德意志邦联纳入考虑范围。他的终极目标是把石勒苏益格公国、荷尔斯泰因公国并入普鲁士的版图。在这一议题上，普军的总参谋长赫尔穆特·冯·毛奇很有可能施加了至关重要的影响力。毛奇强烈反对把石勒苏益格公国、荷尔斯泰因公国合并为独立公国的做法，理由是这个新成立的国家很有可能成为哈布斯堡王朝的卫星国，从而令普鲁士的北部沿海地区门户大开。然而，俾斯麦心里也很清楚，一旦普政府单方面地吞并了这两个公国，那么奥地利和德意志邦联的其他成员国就多半会联合起来，对普鲁士进行打击报复，甚至还有可能发生一个或多个欧洲强国加入进来，与普鲁士为敌的情况。此外，额外的部队同样也有可能被派上战场，而如果毛奇提出的警告变成现实，丹麦人利用制海权成功地疏散了部署在大陆上的部队，那么这额外的兵力就更是尤其重要。所以说，普政府与奥方达成的合作协议只是权宜之计，目的是在限制风险的同时，确保己方能够保留做出多种选择的可能性。[21]

1864年8月1日，丹麦政府被迫求和，为德丹战争画上了句号。这场战争有三个值得强调的特点。第一，与奥军相比，普军的表现并没有更胜一筹。普奥两国在战争初期犯下的一大错误是，把普鲁士的元帅弗里德里希·海因里希·恩斯特·冯·弗兰格尔伯爵任命为联军总指挥。已经八十岁高龄的弗兰格尔比自己的实际年龄还要显得老态龙钟，虽然他深受朝中保守派的支持，但真要论领兵打仗的本事，他最多也只能算作能力平平。他的战斗经验仅限于指挥部队镇压民众在1848年的革命期间发动的起义。进兵丹麦后，弗兰格尔昏着频出，反倒是奥军的作战单位表现优异，展现出了大无畏的勇气和高超的技巧。1864年2月2日，奥军的一个旅冲锋陷阵，占领了丹麦军队设在奥伯-泽尔克的阵地，打了一场漂亮的大胜仗；得知战报后，年迈的弗兰格尔竟然冲上前去，搂住奥军的那位旅长，给他行了一套吻面礼，令在场的普鲁士军官尴尬不已。四天后，奥军的诺斯蒂茨旅在厄沃塞突破了丹麦军队派重兵防守的防御工事，而普军的一个近卫师则一直在奥军阵线的侧翼按兵不动，几乎没有参加任何战斗。普鲁士的军队已经有半个世纪的时间没有参加过战争，急于向国际社会和一直在关注军改政治斗争的国内民众证明自己的价值，对这样一支军队来说，在德丹战争中乏善可陈的表现是令人沮丧的重大挫折。[22]

这场战争的第二个突出特点是，军事领导层对政治领导层的绝对服从。德丹战争是普鲁士有史以来第一次由担任文职的政治家把控进程的战争。从战争开始的那一天起，一直到战争结束，俾斯麦始终都控制着战争的进程，确保战局向有利于实现普政府外交目标的方向发展。在战争的头几个星期，他禁止普军在追击丹麦军队的过程中北

第十五章　四场战争　　679

上日德兰半岛，入侵丹麦本土，从而给欧洲列强吃下了定心丸，让各国意识到，普奥两国发动联合作战的目的并不是危害丹麦王国的领土完整。诚然，普军并不能完全做到令行禁止——2月中旬的时候，尽管普政府已经给出了明确的指示，但弗兰格尔还是违抗命令，派近卫军的一支部队越过边境线，进入日德兰半岛。只不过，俾斯麦先是说服陆军大臣，让他对年迈的弗兰格尔进行了言辞激烈的训斥，之后坚决要求解除弗兰格尔的指挥权，终于在5月中旬的时候得偿所愿。俾斯麦负责普政府与维也纳当局的沟通工作，确保普奥联盟的条款向着对普鲁士有利的方向发展。此外，4月的时候，正是由于俾斯麦态度十分坚决，普军才没有入侵丹麦，引发一场有可能把其他欧洲强国拖下水的持久战，而是把兵锋指向了丹麦军队在石勒苏益格公国境内的迪佩尔修筑的防御工事。

　　进攻迪佩尔的决定引起了很大的争议。丹麦军队位于迪佩尔的阵地工事坚固、兵员充足，普军的正面进攻就算能取得成功，也显然要付出巨大的伤亡代价。得知自己将会成为围城战的指挥官后，威廉一世的弟弟弗里德里希·卡尔王子提出了这样一个问题："攻克这座堡垒是不是出于某种政治上的原因？这场战斗必将伤亡惨重、耗资巨大。我实在是看不到军事上的必要性。"[23] 俾斯麦之所以会设法让普军在迪佩尔与丹麦人决一死战，的确是更多出于政治考量，而不是军事考量。一方面，全面入侵丹麦会引起严重的外交后果，必须极力避免；另一方面，普军又急需一场大胜来证明自己。尽管普军的指挥层对进攻迪佩尔的决定颇有微词，但俾斯麦还是力排众议，把决定转化成了实际的军事行动。4月2日，普军开始使用有膛线的新式野战炮猛烈轰击丹麦军队的防御工事。4月18日，普军的步兵部队在弗里德里希·卡尔的指挥下发起了总攻。这绝不是一场一边倒的战斗。丹麦人借助残破的防御工事拼死抵抗，用枪林弹雨迎接攀爬陡坡、向己方战壕发起进攻的普军。普军付出了超过1 000人伤亡的代价,丹麦则伤亡1 700人。

俾斯麦在战争期间大权独揽的状态引发了不少矛盾,造成了许多不愉快。军队的指挥官提出抗议后,俾斯麦马上提醒他们,军队无权干政——考虑到普鲁士特殊的历史背景,俾斯麦的警告是意义非同寻常的宣言,能够展现出1848年的革命爆发以来,局势到底发生了多么巨大的变化。只不过,军队并不准备坦然接受这一结论——陆军大臣阿尔布雷希特·冯·罗恩在1864年5月29日递交的报告就很能说明这一点:

> 几乎没有任何一个国家的军队会认为自己只是政治的工具,是外交官手中的手术刀,在过去是如此,在现在亦是如此。

图46 1864年4月18日,普军士兵在迪佩尔之战中强攻丹麦人的阵地。当时的版画

第十五章 四场战争

[……]如果一国的政府尤其倚重在军中服役的那部分人口——这便是我国的现状——那么军队对于政府应当做什么,不应当做什么的看法,就当然不可以被当成耳旁风。[24]

在胜利带来的喜悦中,上述争端很快就淡出了人们的视野,但争端背后的问题并没有得到解决,而是会在之后的历史中以更为激烈、危害更大的方式重新浮出水面。俾斯麦获得了对行政机构几乎所有分支的控制权,好似裱糊匠一样,在普鲁士国家机构的最高层掩盖了文官与军官之间的结构性矛盾,却并没能解决问题的症结。1848年的革命一方面迫使普鲁士的王权接受了议会制度,另一方面又没能实现王权的去军事化。革命结束后,各方达成的解决方案回避了一个核心问题,结果令这一问题成了始终困扰普鲁士(以及德意志)政治的顽疾,直到1918年霍亨索伦王朝的统治宣告终结。

普军在丹麦取得的胜利——迪佩尔之战结束后,普军又在6月末的时候进行两栖登陆作战,攻占了阿尔森岛——同样令国内的政治环境发生了翻天覆地的变化。战争的胜利激发起了爱国主义热情,结果把隐藏在普鲁士自由主义运动内部的矛盾暴露了出来。1864年5月,阿尼姆-博伊岑堡发起请愿,呼吁普政府把石勒苏益格公国、荷尔斯泰因公国并入普鲁士的版图。请愿书总共获得了7万人的签名支持,其中除了保守派,还包括许多自由派人士。由于对外作战的战果似乎证明了,自由派极力反对的军改方案的确卓有成效,普军的胜利同样也在国内引发了更为广泛的不安。自由派想要与政府达成和解的意愿越来越强烈,而由于担心继续摆出对抗的姿态有可能会令自由主义运动失去舆论支持,自由派寻求和解的动力也更强了。

1864—1865年,俾斯麦和"他手下"的大臣把议会巧妙地玩弄于股掌之间,要么提出议案,令占据多数议席的自由派发生内部分裂，要么迫使议会支持不受民众欢迎的立场。举例来说，1865年，政府向议会递交了一项海军建造议案，提出应当新建两艘武装护卫舰，并且在基尔修建海军基地，整套建造方案将会产生将近2 000万塔勒的军费支出。创建一支属于德意志的海军一直都是自由派的民族主义者心心念念的事情，而由于在刚刚结束的德丹战争中，海上作战起到了能够左右战局的关键作用，创建海军的呼声更是变得尤其高涨。尽管绝大多数议员都强烈地支持海军建造议案，愿意批准由此产生的军费支出，但最终他们还是被迫否决了该议案，原因是政府没有合法的预算，所以议会无法批准新的拨款计划。俾斯麦抓住了这个机会，发表演讲，严厉地批评了下议院"无能而又负面"的态度。[25]

俾斯麦首相之所以敢于用这种近乎赌博的方式与议会博弈，是因为普政府的钱袋子满满登登。19世纪五六十年代，普鲁士的经济搭上了第一次世界经济大繁荣的快车，发生了翻天覆地的变化。铁路网络和诸如钢铁冶炼、机械制造之类的相关行业的快速增长得到了蓬勃发展的化石燃料开采业的有力支撑。19世纪60年代，在普属莱茵兰，鲁尔地区的采煤业实现了平均每年170%的增长速度，令该地区的经济和社会情况以史无前例的速度发生了剧烈变化。如此快速的持续增长是不同层面上的多种因素共同作用的结果：各个生产环节的质量提升；交通运输基础设施的改进带来的成本降低；流动性极高的资本市场（为流动性提供支撑的是澳大利亚和加利福尼亚的淘金潮）；贸易顺差；以及前文提到过的普政府放松政府监管的措施，此前这种监管对经济增长造成了障碍。

尽管经济的增长速度在1857—1858年的"第一次全球大萧条"中有所放缓，但到了1860年代，普鲁士的经济还是回归了增长的快车道，与之前的十年相比，差别仅仅在于，增长方式从单一领域的快速增长转变成了多领域的共同增长。1850年代时，普鲁士经济增长的主要驱动力是重工业部门的内生动力，而与之相比，到了1860年代，普鲁士的经济增长变得更为全面，表现出了重工业、纺织业、农业齐头并进的势头。银行不断地加大投资力度，股份制公司获得了越来越多的投资，投资回报率更是节节高升，从而为普鲁士的经济增长提供了有力的支撑。[26]

长时间的快速经济增长，1850年代实现的财政及金融领域的改进，以及国有矿场的增产，共同起到了意料之中的作用，令政府的财政收入大幅增长。1865年3月，俾斯麦在与亲信的交谈中自夸道，德丹战争的大部分军费由政府前两年的预算盈余支付，整场战争只动用了200万塔勒的国库资金。此外，在可以预见的未来，政府似乎完全不可能遇到资金短缺问题。愿意配合政府工作的企业家——比如科隆的银行家亚伯拉罕·奥本海姆，又比如柏林的银行家格尔松·布莱希罗德——争先恐后地与俾斯麦接洽，不断地开出优厚的条件，不是想要把政府名下的企业私有化，就是出价购买半国有公司的国有股份。"金融家不断地推销借款计划，我们不需要议会的批准，照样可以获得借款，"俾斯麦宣称，"但实际上，我们即便完全不依赖借款，也照样可以连打两场德丹战争。"[27]

## 普鲁士征服德意志的战争

1864年8月1日，丹麦国王克里斯蒂安把与石勒苏益格公国、荷尔斯泰因公国相关的所有权利让渡给了普鲁士和奥地利。普奥两国开始对这两个公国进行联合军事占领，直到德意志邦联的成员国就这两个公国的未来做出决定。这一切似乎都证明，普鲁士和奥地利这两个实力最强大的德意志国家准备建立以合作为基础的二元霸权体系，将会令德意志的历史进入一个和谐的新时期。这当然是奥政府想要实现的结果，而俾斯麦也的确用尽了一切手段，试图让奥方对这样的结果充满希望。1864年8月，俾斯麦向普政府派驻维也纳的大使下达指令，在文中写下了这样一段极力巴结奥政府的话："真正的德意志政策必须在奥地利、普鲁士两国联合起来共同担任领导者的情况下才能落地实施。我们从这一制高点出发，在最开始的时候就把建立亲密的奥普同盟关系当作目标。［……］如果普鲁士无法与奥地利联合起来，那么德意志就无法在政治上存续下去。"[28] 这完全是障眼法。俾斯麦的目标仍然是把石勒苏益格公国、荷尔斯泰因公国并入普鲁士的版图，同时消除奥地利在德意志的政治影响力。他誓要完成这一目标，如果有必要的话，为此发动战争也在所不惜。早在1863年的时候，他就向俄政府表达意图，指出普鲁士也许很快就会向奥地利帝国发起突然袭击，手段将会与"弗里德里希二世在1756年所采取的措施十分相似"。[29] 俾斯麦的策略是，一方面尽力维持普奥两国对石勒苏益格公国、荷尔斯泰因公国的共同军事占领，另一方面又不放过任何与奥政府挑起争端的机会，从而为普政府保留多种选择的可能性。

此后，在围绕着石勒苏益格-荷尔斯泰因公国的未来所爆发的外交争端中，奥政府发现本国在地缘政治上处在十分不利的地位。石勒苏益格公国、荷尔斯泰因公国与维也纳隔着千山万水，所以奥当局几乎完全没有在这两个公国境内维持驻军的兴趣。1864年秋，奥政府提出了两个选项，要求柏林当局二选其一：第一，普政府应当承认这两个公国是一个由奥古斯滕堡家族统治的独立国家；第二，普政府可以把这两个公国并入普鲁士的版图，但必须在西里西亚与奥地利接壤的地区为奥方提供领土补偿。俾斯麦拒绝了奥方的这两个提议，宣称西里西亚不可能成为普方的谈判筹码；之后又故作神秘地补充道，柏林当局对石勒苏益格公国、荷尔斯泰因公国拥有特殊的权利。接下来，他又在1865年2月发表极具挑衅性的宣言，宣称石勒苏益格-

荷尔斯泰因公国无论以何种形式成为"独立的"国家，普政府都会将其视为本国的卫星国。与此同时，普政府派往石勒苏益格－荷尔斯泰因公国境内的官员不断地加强普鲁士在当地的控制力，令奥政府怒火中烧，提出强烈的抗议，最终促使奥方把事情闹到了邦联议会，要求重新把由奥古斯滕堡家族继承这两个公国的可能性提上议事日程。到了夏季的时候，战争似乎已经不可避免。奥地利皇帝弗朗茨·约瑟夫派大使前往普鲁士，要求他与威廉国王协商，达成新的协议，从而暂时避免了战争危机。

普奥两国协商的结果是1865年8月14日签订的《加施泰因条约》。条约以俾斯麦的提议为基础，以维持奥普两国对石勒苏益格－荷尔斯泰因公国的共同主权为前提条件，规定普鲁士拥有对石勒苏益格公国的实际控制权，而奥地利则拥有对荷尔斯泰因公国的控制权。只不过，《加施泰因条约》只是俾斯麦的权宜之计，目的是为普政府争取时间。此后，普政府继续在荷尔斯泰因公国境内挑衅奥政府。到了1866年1月的时候，柏林当局把亲奥古斯滕堡的民族主义者在荷尔斯泰因公国境内召开会议当作理由，宣称维也纳当局直接违反了《加施泰因条约》的规定。2月28日，威廉一世在柏林召开御前会议，在会上做出决议，宣布普鲁士和奥地利这两个德意志强国之间的战争已经不可避免。参会的将领、大臣、高级外交官一致认为，奥政府没能遵守《加施泰因条约》的规定，仍然把普鲁士视为竞争对手和敌人。俾斯麦指出，普鲁士的任务是领导德意志诸国，但这一十分"自然而又合乎情理的"的抱负却遭到了奥地利的无理阻挠，这个说法得到了参会人员的一致认可。王储弗里德里希请求以非军事的方式解决与奥地利的争端，是唯一表达了不同意见的参会人员。[30]

俾斯麦的下一步棋是，设法与意大利建立起盟友关系。御前会议刚一结束，普政府就开始与意当局谈判，最终于1866年4月8日与意方签订了一份针对奥地利的条约。按照条约的规定，在之后的三个月内，如果两国中的任何一国与奥地利爆发战争，那么另一个国家就必须出兵相助。（此外，俾斯麦还遵循普鲁士历史悠久的传统，再一次把匈牙利人当作第五纵队——弗里德里希大王在七年战争期间、弗里德里希·威廉二世在1790年代，都曾经把匈牙利人当作内应来对付哈布斯堡王朝的统治者——但他与匈牙利革命者的接触却并没有取得任何拿得出手的成果。）在2月28日的御前会议上，俾斯麦还宣布，他准备获得法国政府"更为明确的保证"，所以在会议结束后，普政府同样开始试探巴黎当局的意图。普法两国的协商结果是一系列模棱两可的建议和反建议。俾斯麦到底向拿破仑做出了什么样的保证，是一个学界一直都在激烈争论的问题，但一种很有可能的情况应当是，普政府以在比利时、卢森堡，甚至有可能在莱茵河和摩泽尔河之间的地区（包括普属萨尔兰、巴属普法尔茨）向法方提供领土补偿为代价，获得了法政府保持中立的承诺。鉴于奥政府也在暗地里开出了十分相似的条件（奥方甚至还同意法国在莱茵兰建立卫星国！）来换取法方的中立承诺，拿破仑三世当然可以信心满满，认为只要普奥两国爆发了冲突，那么无论哪一方成为最终的胜利者，法国都可以从中获利。[31]

　　普政府的计划要想获得成功，就必须争取到第三个欧洲强国，也就是俄国的支持。1848—1850年，俄政府一方面设置障碍，阻挠了弗里德里希·威廉四世和拉多维茨统一德意志的计划，另一方面又出手相助，帮助奥地利摆脱了困境。然而，到了1866年，情况已经发生了翻天覆地的变化。俄国正在进行根本性的国内政治改革，无暇他顾。俄奥两国的关系依旧十分冷淡（俄政府的战略规划认为，未来最有可能与它交战的国家是奥地利和英国，而不是普鲁士）。克里米亚战争结束后，俄国和奥地利这两个位于东欧的帝国日渐疏远的关系已经在1859年的时候让加富尔坐收渔利。意大利危机爆发的时候，俾斯麦恰好刚刚结束自己在法兰克福的任期，成了普政府派驻圣彼得堡的新任大使，他当然对加富尔的成功经验有着切身的体会。从成为首相的那一刻起，俾斯麦就一直十分注重培养与俄国的友好关系，所以他几乎没有理由担心俄方会横加干涉，妨碍普方的战略意图。[32]

除了上述外交准备，普政府还采取了一系列的辅助措施，目的是在令德意志诸国的自由派迷失方向的同时，动摇公众对德意志邦联的信心。4月9日，俾斯麦在邦联议会上提出建议，呼吁以男性直接普选的方式选出议会代表，建立德意志国民议会。就在邦联议会的代表仍然在审议这项出人意料的提案的当口上，奥政府得到了意大利当局正在国内调遣部队的消息，作为应对措施，于4月21日下达了部分动员令。此后，双方开始接连不断地调兵遣将，相互采取反制措施，最终令局势发展到了下达总动员令的程度。

在普、奥两国备战的那段时间，德意志邦联的绝大多数其他成员国都表明了支持奥地利的态度。5月9日，邦联议会以多数票通过决议，要求普政府对其全国总动员令做出解释。5月末，奥政府正式地把处理石勒苏益格－荷尔斯泰因公国问题的责任转交给了德意志邦联。6月的第一周，普军进入荷尔斯泰因，奥军没有进行任何抵抗，就撤退到了汉诺威境内。6月11日，奥地利派往邦联议会的大使先是宣布，普鲁士占领荷尔斯泰因的做法是违反《加施泰因条约》的非法行为，之后又递交了一份动议，呼吁邦联的各成员国下达动员令，共同对抗普鲁士。6月14日，邦联议会在法兰克福举行了最后一次全体会议，在会上以多数票通过了奥地利的动议；而普鲁士派驻法兰克福的大使则以退场的方式表示抗议，宣布在普政府看来，德意志邦联已经不复存在。五天后，意大利向奥地利宣战。[33]

由于俄国和法国的中立立场几乎已经是板上钉钉的事情，所以到了1866年夏季，普鲁士与奥地利爆发战争的时候，大国政治环境对普鲁士是十分有利的。尽管如此，战争的结果也绝非早已注定。在当时，包括曾经在1859年与奥地利人兵戎相见的法国皇帝拿破仑三世在内，绝大多数了解时局的人都认为，奥地利将会赢得战争。[34]普奥两军在德丹战争中的表现没有让人看到任何改变这一预测的理由。尽管普鲁士的确在1859年之后进行了军事改革，但改革却并没有像学界经常宣称的那样，取得了革命性的成果。[35]不管怎样，奥地利同样也在经历1859年的意大利独立战争，遭受了重大失败之后进行了军事改革。奥军拥有组织严密的炮兵部队，在作战时会以训练有素的炮兵小组为单位进行部署。在能够决定战争结局的波希米亚战场，普军的确占有微弱的兵力优势：普军在波希米亚战场投入了25.4万的兵力，而与之对垒的奥地利北部军团的总兵力则是24.5万人。当然，如果意大利没有派出20余万大军在威尼托发起进攻，迫使奥政府做出向西南方向增兵10万的决定，那么波希米亚战场的局势就会变得极为不同。

此外，奥地利还拥有一项十分重要的战略优势：在1866年的外交博弈中，绝大多数中等规模的德意志国家全都决定与维也纳当局站在一起，共同对抗柏林当局。所以说，普鲁士除了要与奥地利作战，还要动员足够的兵力，用来应对那些支持奥地利的德意志国家，而其中最重要的两个国家分别是汉诺威和萨克森。总的来说，1866年时，支持奥地利的邦联军队由多支独立行动的部队组成，总共拥有大约15万的兵力。这就意味着，普军的总参谋长赫尔穆特·冯·毛奇必须把军队分割成四支规模足够小，可以灵活机动的作战部队，利用普鲁士境内广布的铁路线把部队输送到与奥地利、萨克森、汉诺威作战的前线。与之形成鲜明对比的是，奥军拥有连成一片的后方，可以充分地利用内部交通线的优势。

既然如此，普鲁士为什么仍然能够取得战争的胜利呢？学界经常有人认为，俾斯麦著名的论断"铁与血"强调了工业在普鲁士加强国家实力的过程中所起到的作用。诚然，普鲁士——至少是普鲁士的部分地区——的确在19世纪50年代末和60年代实现了工业能力的快速增长。然而，工业能力并没有像我们想象的那样，在普鲁士击败奥地利的过程中起到如此重要的作用。[36]由于缺乏相关数据，所以我们无法直接比较普奥两国的经济状况，但可以肯定的是，1866年时，几乎没有任何证据能够表明，两国的经济实力之间存在重大的质的差异。实际上，在某些方面，普鲁士的经济似乎比奥地利的经济还要落后——举例来说，普鲁士的农业人口比例要高于奥地利的比例。1866年的战争用到了各式各样的武器，其中生产工序最为复杂的是炮兵部队使用的野战炮，而在这一领域，显然是大量装备带有膛线，射击精度高的野战炮的奥军占据着明显优势。无论如何，这场战争都并不是一场两个工业国家之间的角力，而是一场短暂而又激烈的交锋，交战双方全都只能依靠预先准备好的武器和弹药来维持部队的作战能力。毛奇的确把对铁路的运用放到了十分重要的位置上，但在战争的进程中，他精心制订的铁路运输计划却差点让普军大难临头——负责为普军运输军需的列车姗姗来迟，在普军取得柯尼希格雷茨会战的胜利之后，才终于抵达了目的地。在此期间，普军要么就地解决粮草问题，要么自掏腰包，购买给养，处境与弗里德里希大王麾下的军队相比没有任何改变。所以说，在这场战争中，工业能力的重要性要远低于政治及军事文化的重要性。

德意志邦联的军队拥有大约15万的兵力，却完全无法成为一支令人望而生畏的作战部队。由于派兵组成联军的各国军队从来都没有在一起训练的经验，甚至都没有统一的指挥系统——在德意志邦联内部盛行了长达半个世纪的排他主义终于在这里显现出了不良后果——所以联军根本就不能算作一支正规的军队。更有甚者，中等体量的德意志国家虽然派兵参战，却不愿意主动与普军交战。这些国家想要等到普鲁士公开破坏和平的时刻再采取行动，于是便搬出了邦联宪法的规定为自己辩护，指出宪法禁止邦联的成员国用武力解决分歧。例如，巴伐利亚派出一支兵力多达6.5万的部队，组成了联军的第七军，是联军中出兵最多的国家；但巴政府却在1866年6月初的时候告知维也纳当局，表示奥方只有在普鲁士真正采取行动，入侵了德意志邦联的其他成员国之后才能获得巴方的军事支持。所以说，巴政府不愿把任何先发制人的作战行动纳入考虑范围。

联军中许多其他的军级独立作战单位存在内部政治分歧，导致指挥层几乎无法采取迅速而又一致的行动，严重地影响了部队的作战能力。举例来说，联军的第八军由符腾堡、巴登、黑森-达姆施塔特派出的部队组成，其指挥官是黑森大公路德维希三世之弟亚历山大。他是个亲奥派，倾向于站在奥地利的立场上进行军事干涉，但其参谋长却是一位更为谨慎的符腾堡将领。符腾堡国王给这位参谋长下了命令，要求他极力延缓亚历山大展开部队的速度，用所有手段阻碍部队向东前进的步伐，从而保证第八军能够在必要的情况下守卫符腾堡的边境线。面对普军的进攻，汉诺威的军队抱着最后一线希望向南撤退，认为也许能够与北上的巴伐利亚或奥地利军队会合。在南撤的途中，汉诺威的军队虽然凭借兵力优势，在朗根萨尔察击败普鲁士的一支部队，取得了一场小胜，却因为普军的援军抵达战场而不得不放弃防御阵地，最终于6月29日被迫投降，在领取普政府提供的免费火车票后被遣散回了故乡。汉诺威被击败的消息传播开来后，南德意志诸国的立场变得更为坚定，全都只想着如何按兵不动，专心守卫本国的边境线。萨克森是唯一为战斗做出了实际贡献的邦联成员国——萨克森的军队放弃本国领土，前往波希米亚，与奥地利的北部军团并肩作战。

帮助普鲁士在1866年的战争中取得胜利的最大功臣是普军的总参谋长赫尔穆特·冯·毛奇。在波希米亚，毛奇更为彻底地贯彻了自己在德丹战争中提出的创新型战略理念。他制定的对奥作战方案为，把普军分成规模足够小，能够进行机动部署的部队，以最快的速度向特定地点集结兵力，发动进攻。毛奇的目标是，要等到最后一刻再让作战部队组成完整的战线，对敌军展开一击致命的进攻。这样做的好处是，降低部队的调动对狭窄的乡间小道和单线铁路所造成的后勤压力，从而减少部队因为交通堵塞而排成长龙，进退不得的窘境。在毛奇的指挥下，普军的行军速度和机动力大幅增加，变得比敌军更有机会选到对己方有利的决战时间和地点。这一套用来调兵遣将的理念要求很高，不仅必须巧妙地利用以铁路和道路为首的最为先进的基础设施资源，对电报技术的应用同样十分重要，原因是一旦不同的作战部队脱离了接触，那么司令部就必须频繁地利用电报来协调作战行动。这种作战方式的一大潜在弱点是，预先制订的计划很容易出现差错——前文在介绍柯尼希格雷茨会战的情况时已经提到了这一点。无论是作战部队被迫放弃了既定的行军路线，还是无法与友军保持步调一致，都有可能造成风险，导致部队被拥有兵力优势的敌军各个击破。

普军采取一系列措施，把普鲁士的步兵打造成了全欧洲最为善战的步兵，使毛奇的这一套极具侵略性的战略方针如虎添翼。19世纪60年代中期，普鲁士成了唯一为军队配备后膛枪（Dreyse Zündgewehr[①]），也就是针发枪的欧洲强国。针发枪使用由弹头和装

---

[①] 此为德语，直译为"德莱赛撞针点火式步枪"，发明人为普鲁士的枪械师约翰·尼古劳斯·冯·德莱赛（1787—1867）。

有发射药的小型圆柱体①组成的子弹，在作战时把子弹填入金属弹仓，用击锤（击锤形状细长，所以名为"撞针"）撞击发射药来击发子弹，从本质上讲是一种现代步枪。与绝大多数欧洲国家的军队仍然使用的传统前膛枪相比，针发枪有一个至关重要的优点：其装弹及发射速度是前膛枪的三倍到五倍。针发枪无须从枪口填入火药、填充物、弹丸，所以无论是俯卧在草丛后，进行卧姿射击，还是把树木当作掩体，进行站姿射击，手持针发枪的士兵都可以在不离开隐蔽处的情况下完成从装弹到瞄准，再到击发的整个发射过程。这样一来，配备了针发枪的步兵作战单位就能够以比之前更灵活、更致命的方式来近距离开火了。

  针发枪并没有任何特别的神秘之处，用撞针来击发弹药的技术其实早已广为人知。然而，绝大多数国家的军队都没有普及针发枪，把它作为广泛使用的步兵武器。这样做是很有原因的。早期的针发枪原型出了名地不可靠，其后膛气封有时会出问题，要么导致枪膛爆炸，要么溅射出正在燃烧的灼热火药——这个特点显然不能激发出普通士兵的使用热情。许多在训练中使用了早期针发枪的士兵都发现，其手动枪机经常卡住，有时甚至不得不用石块击打扳机才能打开弹仓；此外，如果频繁射击，该款步枪还有可能出现弹仓堵塞的问题。另一个引起指挥官关注的问题是，针发枪射速太快，配备了这种精密武器的士兵不仅会浪费昂贵的弹药，在弹药耗尽后，还会丢掉武器，逃离战场。指挥官认为，与针发枪形成鲜明对比的是，旧式的前膛枪射速慢，会迫使步兵阵线展现出一定程度的纪律性。当时的军事界大都十分推崇一种名为"震慑战术"的步兵战法，有可能是令针发枪坐上冷板凳的首要原因。这种战法的理论基础是，在所有类型的激

---

① 此即用硬纸卷制的软质弹壳。

烈军事对抗中，步兵的火力输出最终都只能起到次要作用——19世纪中叶时，这是一套被军事思想家奉为正统的理论。提供高精度、强冲击的火力输出是炮兵的事情。对部署在最前线的步兵来说，其最重要的作用应当是驱逐敌军，占领指挥官想要控制住的战场位置；而想要做到这一点，最有效的方式就是命令步兵部队端着上了刺刀的火枪发起迅速的集团冲锋。

普军不断地对德莱赛步枪的原型产品进行严格的测试和改进，每一次生产与上一次生产相比，都能在稳步提升技术参数的同时，压低枪支和弹药的生产成本，最终克服了指挥官从实用性的角度对针发枪提出的绝大多数反对意见。与此同时，普军出台政策，令使用针发枪的士兵拥有了更高的技术水平、更严格的射击纪律。从1862年到1864年，奥地利的军队削减了用于射击训练的年度支出，把训练的侧重点放在了震慑战术上，而普军则实施了一套涵盖面广泛的射击训练制度：普军的步兵在训练过程中不仅要了解步枪在不同距离上的射击技巧，学会用准星来补偿子弹飞行轨迹的弧度，还必须保留"射击日志"，记录每一次训练的成功及失败经验。在训练士兵的过程中，普军的指挥层大大受益于普鲁士堪称典范的教育系统。多亏了普鲁士王国的臣民极高的识字率、识数率，普军才能落实如此严格的训练制度。这一切都意味着，普军的普通士兵拥有远高于19世纪中叶时其他欧洲国家士兵一般水平的自主性和自我管理能力。新一代的普鲁士步兵不是在指挥官的驱赶下拥向敌军阵地的牛群，而是职业士兵——至少在理论上讲是这样的。普军的总参谋部专注于把兵器研究与战略及战术理论的演变结合到一起，是帮助普军在一系列独立但又相互依存的领域实现技术创新的大功臣。

上述改变的结果是，普军和奥军的作战方式表现出了越来越强烈的"互补性"。奥军把关注的焦点放在了锤炼震慑战术上面（尤其是在经历了 1859 年的灾难性大失败之后），而普军则着重磨炼以针发枪为核心的"射击战术"。毛奇能够把大规模作战单位进攻性战略部署的灵活性和速度，与步兵作战单位在战场上所采取的防御性战术结合到一起，而与之形成鲜明对比的则是，奥军倾向于在战略上采取守势，在战术上发起进攻。然而，这一切都并不足以让普军的胜利成为板上钉钉的事情。除非从事后来看，否则我们就很难找到理由来证明，侧重于火力输出的战术能在战场上击败震慑战术。1866 年 6 月 24 日，奥军在库斯托扎会战中使用震慑战术大败意大利人，就连普军也曾经在围攻迪佩尔的战斗中使用震慑战术来冲击丹麦人的阵地，取得了不错的战果。此外，从奥地利人的角度来看，采取防御性的战略是很有道理的，因为他们认为，采取攻势的普鲁士人既要分兵行动，又要维持漫长的补给线，露出破绽只是时间问题，届时奥军便可以集中兵力，一击致命。再者说，针发枪并不一定会为普军争取到决定性的优势——毕竟，绝大多数奥军步兵配备的 1854 式前膛来复枪[①]比针发枪精度更高、射程更远。

然而，波希米亚战场的实战经验证明：第一，步兵武器的射速是一种比射程更重要的优点；第二，配备了后膛枪的士兵只要战场部署得当，就可以输出强大的火力，令敌方上了刺刀的步兵发起的集团冲锋土崩瓦解。6 月 28 日，在一个名叫波多尔的小镇，由克拉姆-加拉斯将军指挥的奥地利第一军与普军的两个步兵连在横跨伊泽尔河的桥梁上狭路相逢，结果吃了大亏，第一次尝到了注重火力输出能力的步兵战法的厉害之处。战斗刚刚打响的时候，第一军的士兵不费吹灰之力，就驱逐了驻守在镇内的普军士兵。普军的援兵抵达后，奥军的士兵端着上了刺刀的火枪发起冲锋，想要把他们驱离战场。然而，

---

① 此即 1854 式洛伦茨来复枪，设计者为奥地利的陆军中尉约瑟夫·洛伦茨。

1866年的普奥战争

普军并没有落荒而逃，而是立即停止前进，命令作为先头部队的那几个排就地展开，对使用密集冲锋队形的奥军进行快速射击。普军的射击总共持续了三十分钟。奥军的进攻势头尽失后，普军进入波多尔镇，开始逐街逐户地清理奥军的残兵，"在黄昏变成黑夜之后，用步枪射击时发出的火光来保持联系"。[37] 在波多尔之战中，奥军总共有3 000人参加了战斗，其中有将近500人中弹，而普军的伤亡则只有大约130人。到了凌晨两点的时候，奥军的指挥官受够了普军的战术，向部队下达了撤退的命令。

一天前，普鲁士第二军团的作战单位与奥地利第六军在波希米亚境内的纳霍德台地发生遭遇战，结果两军的伤亡人数同样不成比例——普军仅有1 200人伤亡，而奥军的伤亡人数则高达5 700人。在这场血腥的战斗中，有超过五分之一的参战奥军非死即伤。奥军即便是在占据优势的情况下也会遭遇重大伤亡——比如说，在特鲁特诺夫会战中，普军虽然被打了个措手不及，被迫撤出波希米亚，返回克尔科诺谢山，却仍然利用针发枪的强大火力，在只损失了1 300人的情况下，令奥军付出了4 800人伤亡的代价。[38]

我们当然不能把普军取得的胜利完全归功于针发枪。尽管我们很难评估士气之类的因素到底对战斗的结果产生了多大的影响，但可以肯定的是，有证据表明，与普军相比，奥军存在更为严重的士气问题。在那些要么做了逃兵，要么没有受伤就被普军俘获的奥地利士兵中，波兰人、乌克兰人、罗马尼亚人、威尼斯人占了绝大多数，从而证明，与真正的奥地利人相比，奥地利帝国的非德意志臣民作战意愿要低得多（但其中并不包括匈牙利人）。在这场战争中，意大利王国是普鲁士的盟友，所以哈布斯堡王朝治下的意大利人显然不愿参与这场其豆相煎的战争。1866年6月26日，普军的一名军官参加了赫纳瓦瑟村的遭遇战，在村子外庄稼长得高高的地里遇到了三个来自威尼斯的奥军步兵，结果吃惊地发现，他们只想等到战斗结束，完全没有加入战斗的打算。据报告，那名普军的军官刚一现身，那三个威尼斯步兵就丢下了手中的来复枪，然后冲上前去，不断地亲吻那位普军军官的手背，请求他饶命。此外，奥军还存在沟通问题：奥军的许多作战单位都出现了军官和士兵语言不通的情况。奥军第一军的参谋长在报告中回忆了明兴格雷茨会战的战况，指出由波兰人、乌克兰人组成的第三十步兵团作战英勇，一直都按照指挥官用手势下达的命令执行作战任务；但夜幕刚一降临，就因为看不清指挥官的手势而溃不成军。[39] 与之形成鲜明对比的是，在普军中服役的波兰人则用实际行动证明，自己是积极而可靠的士兵。

奥军的指挥文化是导致奥地利输掉战争的另一个因素。普军的下级军官当然也存在无法正确理解上级下达的命令、没能及时沟通、违抗军令的情况，但与之相比，奥军所面临的是指挥链相互干扰的系统性问题，会导致部队在调动的过程中经常接收到前后不一致，甚至是相互矛盾的命令。奥军的下级军官喜欢讨论上级下达的命令都有哪些优缺点，会因此浪费时间；在发生战斗的时候，奥军的军官还经常对战斗的短期及长期目标缺乏明确的认识。奥军负责运输军需的辎重车队无法按时到达，导致结束了长时间的作战任务，从前线撤下来的士兵吃不到饭，喝不上水。此外，奥军的参谋部门也乏善可陈，就指挥能力和凝聚力而论，完全无法与普军的总参谋部相提并论。到了7月初的时候，在波希米亚战场，奥地利北部军团的参谋部已经好似一盘散沙，变成了由信使和负责起草命令的文书组成的乌合之众。导致奥地利战败的最后一个因素是，奥军的战场总指挥路德维希·贝内德克将军犯了许多严重的错误，其中最为致命的一个错误是，他在7月初命令奥军的部队在柯尼希格雷茨要塞周围集结——柯尼希格雷茨要塞的背后就是易北河，在这里集结部队无异于背水布阵，让奥军成为普军的瓮中之鳖。

1866年7月3日，普奥两国的军队在此进行了一场决定战争胜负的大决战。这场战斗持续了17个小时，双方总共有50万人参战，前线从易北河边的柯尼希格雷茨要塞一直延伸至波希米亚城镇萨多瓦。普军虽然取得了战斗的胜利，这却并不是普军的指挥官靠着高超的军事谋略所取得的战果。贝内德克压根就没准备在柯尼希格雷茨与普军决战，而只是在率军前往奥尔米茨的途中被普军困在了这里——受困后，他最初的打算是，希望弗朗茨·约瑟夫皇帝出面与普政府和谈，用协商的手段帮助北部军团摆脱困境。普鲁士人同样也没有做好准备——直到6月30日，普军的两支主力部队仍然难以保持联系，而普军的指挥官则更是一头雾水，搞不清楚奥地利北部军团的准确位置。普奥两军之所以在7月3日那天进行了大决战，其中有相当一部分的意外因素。普鲁士第一军团的指挥官弗里德里希·卡尔王子在前一天夜里率部与奥军的一支部队发生了遭遇战，在战斗结束后坚定地认为，贝内德克下定了决心，要在柯尼希格雷茨要塞附近与普军决战，于是在没有与上级指挥官商议的情况下，就在7月3日凌晨发动了进攻。此时，奥军不仅居高临下，修筑了坚固的阵地，在重型火炮的数量上也占有绝对的优势，仍然胜算很大，但最后取得战斗胜利的一方反倒是普鲁士人。普鲁士的第一军团与奥军鏖战近一上午后，由王储弗里德里希王子率领的第二军团赶到前线，开始攻击奥军的侧翼。奥军的阵线越来越吃紧，而贝内德克也没能抓住战机，派兵攻击普军阵线的薄弱之处。此外，他还犯下大错，命令奥军的43个营向位于普军左翼的一处名为斯维普瓦尔德的茂密树林发起进攻——在这场孤注一掷的战斗中，奥军发起了一次又一次的冲锋，结果全都被配备了针发枪的普军步兵击退，伤亡惨重。到了临近傍晚的时候，奥军被迫放弃阵地，开始后撤。普军大获全胜。奥地利北部

第十五章 四场战争

军团的伤亡人数超过了4万。奥军的所有步兵旅都丧失了作战能力。

1866年7月22日，奥地利皇帝弗朗茨·约瑟夫向普政府承认战败。普奥战争仅仅持续了7周的时间，便宣告结束。奥地利帝国虽然不需要向普鲁士割让任何领土，却必须同意解散德意志邦联，并允许普政府在美因河以北建立由普鲁士主导的北德意志邦联。普政府获得了一张空白支票，可以在北德意志随意扩张领土，只有奥地利帝国的忠实盟友萨克森王国逃过了一劫。普鲁士不仅把石勒苏益格公国、荷尔斯泰因公国并入了版图，还吞并了黑森-达姆施塔特的部分领土，以及汉诺威、黑森-卡塞尔、拿骚、法兰克福城的所有土地。普奥战争前夕，法兰克福作为外交博弈的舞台，让普政府出了大丑；战争结束后，法兰克福的市民因为这件事倒了大霉，必须按照普政府的要求支付金额高达2 500万古尔登的惩罚性巨额赔款。

俾斯麦击败了自己在所有其他德意志国家的敌人。此外，他同样也制服了自己在普鲁士国内的敌人。面对俾斯麦政府专横跋扈的挑衅行为，普鲁士国内的自由派团结到一起，在1866年2月末的时候组成了一个稳固的反对派集团。在普奥战争爆发前，奥地利的民众展现出了十分可观的战争热情，而普鲁士的舆论则一边倒地反对战争，与奥地利的情况形成了鲜明的对比。3月25日，莱茵兰的工业城市索林根举行了反战集会，之后反战集会就好似一股浪潮，席卷了普鲁士的全境。反战请愿书和反战宣言像雨后春笋一样涌现了出来。自由派似乎真的成功地发起了一次真正的民众运动。

然而，普政府进行全国总动员，又在战争中节节胜利的消息传播开来之后，局势发生了彻底的变化。得知普军占领汉诺威、德累斯顿、卡塞尔后，普鲁士的民众欢欣鼓舞。俾斯麦只要在公共场合露面，就会有大量民众把他团团围住，现场的欢呼声不绝于耳。6月25日，普奥战争的政治后果在新一届议会的第一轮选举中展现了出来——选举人团的选举结果表明，保守派所获得的支持大幅增加。7月3日，也就是在普军向奥军位于柯尼希格雷茨要塞周围的阵地发起进攻的那一天，议会的第二轮选举尘埃落定，产生了一个保守派占据142个席位的下议院（在上一届议会的下议院中，保守派仅拥有28个席位）。俾斯麦早已预见到这样的结果，对普政府派驻巴黎的大使冯·德尔·戈尔茨伯爵说了这样一句话："到了必须抉择的时刻，民众是会与君主制度站到一起的。"[40]

柯尼希格雷茨大捷以及奥地利承认战败的消息传来后，议会中的老自由派集团陷入了山穷水尽的境地。他们再也无法质疑军事改革的合理性。奥地利支付了总额高达4 000万弗罗林的战争赔款，让普政府重新获得了足够的资金流动性，从而保证政府不会因为预算问题而受制于议会。此外，就连许多自由派的头面人物也因为普军在战场上取得的辉煌战果而欣喜若狂。曾经在1848年革命时期担任大臣的革命派古斯塔夫·梅菲森就是一个很好的例子——他目睹了庆祝胜利的游行队伍经过菩提树下大街时的景象，高兴得难以自已："这一小时的记忆我将永世难忘。我并不是战神玛尔斯的忠实信徒；尽管比起强大的战神，我对美神和圣母更有感情，但我作为一个崇尚和平的人，竟然发现战利品有一种神奇的魅力。我不由自主，紧盯着[……]那一排又一排，永远也看不到尽头的士兵，看着他们如何赞美当下最受欢迎的神明——成功之神。"工业家维尔纳·西门子是另一个很有代表性的例子——对他来说，得知普鲁士战胜奥地利的消息的时刻，是一个重大转变的时刻。仅仅过了几个月，他就与左翼的自由派友人断绝联系，发起了号召自由派与俾斯麦和解的运动，之后干脆完全退出了政坛，开始专心经营自己的公司。[41]

对许多自由派来说，发生在1866年的事件似乎预示着历史的进程迎来了一个全新的起点。在许多自由派看来，击败奉行新专制主义

第十五章 四场战争

的奥地利（可以引申为天主教势力干涉德意志事务的企图彻底破产）从本质上讲是一个自由派的成就。俾斯麦做出了以宪法为基础，实现更为紧密的民族团结的承诺，与自由派内心深处的愿望产生了共鸣。自由派认为，按照俾斯麦提出的条件所实现的民族统一可以作为基础，用来构建更为合理的政治秩序，继而为政治及宪法领域的持续进步打开大门。自由派之所以会提出如此乐观的愿景，是因为他们坚信，从本质上讲，普鲁士是一个进步的国家，理应在新成立的统一德意志国家内占据主导地位。就这一点而论，自由派与军事领导层的一些重要人物看法十分相近。曾是黑格尔信徒的毛奇同样也认为，普鲁士是一个进步的、没有偏见的、理性的国家，是一个站在历史发展前沿的典范国家，所以必须承担起政治领导者的角色。[42]这种认为普鲁士在本质上是一个进步的美德之邦的共识——无论现任政府想要实现什么样的目标，都不会影响到这一点——起到关键作用，加快了因为宪政危机而产生的鸿沟的愈合过程。

俾斯麦意识到，时机已经成熟，应当尽快把普鲁士的政治体系重新捏合到一起。自由主义太过重要，是一股有可能产生丰硕成果的政治力量，把它永远边缘化是不可取的做法——俾斯麦承认了这一点，用实际行动证明，他是1850年代后革命时期的和解方案真正的执行人。俾斯麦并没有发动针对宪政制度的政变——这令那些已经跟不上时代，一厢情愿地认为俾斯麦是自己人的保守派大失所望。政府向议会递交了一份赔偿议案——这相当于公开承认，政府在爆发危机的那些年间所采取的行动是不合法的；此外，这份议案还提供了可以用来为议会重新树立权威的手段，有利于帮助宪政制度重回正轨。[43]除了赔偿议案，俾斯麦还精心策划，向自由派做出了一些其他的让步，最终彻底地瓦解了自由派反对集团本就已十分脆弱的内部团结。越来越多仍然反对俾斯麦的进步议员开始转变立场，变得认同政府的做法。俾斯麦不仅张开双臂，欢迎以卡尔·特韦斯顿（仅仅在四年前，他因为政见不合，被军事内阁的首脑一枪射穿了手臂）为代表的原进步议员，还毕恭毕敬，向他们征求意见，了解政府应当如何进一步保证自由派的利益，从而令所有仍然对政府抱有怀疑态度的人放下了疑虑。[44]

俾斯麦与温和反对派的和解形成了足够的压力，终于令在宪政危机期间形成的自由派统一战线土崩瓦解。民族自由主义者认为，民族统一能够催生出更为理性的政治制度，而进步派所关注的焦点则是自由权利和议会权力这两个宪政危机的核心问题，结果导致两派间出现了难以弥合的隔阂。很有意思的是，在处于萌芽阶段的民族自由主义运动内部，"新普鲁士人"很快就取得了主导权——民族自由主义运动最杰出的两位领导人鲁道夫·冯·本尼希森、约翰内斯·米克尔都是在1866年汉诺威并入普鲁士的版图之后当选普鲁士下议院议员的汉诺威人（许多普鲁士的老自由派一直都无法摆脱宪政危机期间产生的对政府的厌恶情绪）。

保守派与自由派一样，也发生了内部分裂。许多保守派都希望，取得普奥战争的胜利之后，政府将会彻底清算议会宪政制度，所以对俾斯麦向议会递交赔偿议案的决定极其失望。最终的结果是，保守派分裂成了"自由保守派"和"老保守派"，前者愿意支持富于冒险精神的俾斯麦首相，而后者则痛恨所有做出政治让步，设法与自由派达成和解的努力。在此时的普鲁士，政治光谱的正中央出现了一个由温和自由派和支持俾斯麦的灵活保守派组成的混合集团——无论是在普鲁士的议会中，还是在新成立的北德意志邦联议会中，这个集团都将起到关键性的作用，可以为普政府提供一个稳定的平台。造成这一结果的不仅仅是俾斯麦高超的政治家手腕，这也是向1850年代的后革命时期政治解决方案的回归。宪政危机是促使自由派形成统一战线

第十五章 四场战争　　703

的重要因素；一旦危机造成的压力有所减弱，自由派就分裂成了原教旨主义派和现实主义派。1866—1867年，保守派在发生内部分裂的时候同样受到了宪政危机的影响，按照派系内早已出现的裂痕，分裂成了支持1848—1849年建立的宪政秩序的一派，以及反对宪政秩序的一派。柯尼希格雷茨会战结束后，保守派又发生了进一步的分裂，出现了仍然不愿放弃普鲁士的特殊国家身份的一派（他们中有相当一部分人是生活在易北河以东的虔敬派地主），以及愿意拥抱涵盖面更广的德意志民族主义事业的一派。

1866年，普鲁士取得普奥战争的胜利，为普奥两国在德意志双雄争霸的悠久历史画上了句号。普鲁士的领土连成一片，成了一个在西侧与法国、比利时接壤，在东侧与俄属立陶宛的平原接壤的国家。新成立的北德意志邦联是一个首都设在柏林，由23个北德意志国家组成的邦联，普鲁士的人口在其总人口中的占比超过了五分之四。南德意志国家黑森-达姆施塔特、巴登、符腾堡、巴伐利亚虽然躲过了被吞并的命运，却不得不与普鲁士签订盟约，被纳入了普鲁士的势力范围。

北德意志邦联也许看起来有那么一点像旧有的德意志邦联（7月28日，德意志邦联的议会在奥格斯堡的"三个摩尔人酒店"的餐厅进行投票，配合普政府的要求宣布邦联议会正式解散）的后继者，但实际上，邦联的名号只是一块遮羞布，而遮羞布的下面则是赤裸裸的普鲁士霸权。普政府完全掌握了邦联的军权、外交权，用威廉国王本人的话来讲就是，从军事和外交的角度来看，北德意志邦联只是"普鲁士伸出的手臂"。然而，与此同时，新成立的北德意志邦联又可以给1866年的权力政治解决方案披上一件具有半民主性质的合法外衣。从宪政制度的角度来看，北德意志邦联是一个实验性的政治实体，无论是在普鲁士的历史上，还是在德意志的历史上，都没有先例。北德意志邦联设有邦联议会，规定议员应当按照革命者在1849年起草的全国选举法，以选举的方式产生，所以邦联议会可以代表所有成员国的（男性）人口。普政府并没有要求北德意志邦联像普鲁士那样，在进行议会选举的时候把选民分成三个不同的等级；取而代之的是，所有年龄不小于25岁的男性都享有自由、平等的匿名投票权。北德意志邦联把旧式君主内阁制度的一部分政治因素与新式国民议会代表制度难以预测的政治逻辑融合到了一起[45]，同样也是后革命时代的综合体，只是开花结果的时间晚了一些而已。

## 普法战争

早在1866年8月的时候，俾斯麦就已经向巴登大公的某位近臣透露，在他看来，实现南北德意志的统一已经只是"时间问题"。[46]然而，从许多方面来看，普奥战争结束之后，国际环境仍然并不有利于实现德意志的统一。如果放任普鲁士继续扩大影响力，那么法国就会成为最大的受害者，所以法国政府显然会反对任何统一德意志的企图。奥地利人也蠢蠢欲动，仍然希望推翻本国在1866年战败后被迫接受的和平条件。奥地利的新任外交大臣弗里德里希·费迪南德·冯·博伊斯特是个厌恶普鲁士的萨克森人，想要把南德意志诸国当作杠杆——也许可以通过与法国建立合作关系——来撬动普鲁士的霸权。在南德意志诸国，尤其是在符腾堡和巴伐利亚，舆论仍然强烈地反对建立结构更为紧密的统一国家。普奥战争结束后，南德意志诸国的政府与北德意志邦联签订"永久的"攻守条约，把国家的自主权拱手相让——1867年3月，条约的内容公之于众后，抗议的声音在这些国家此起彼伏。在巴伐利亚和符腾堡，1869年的议会选举结束后，反对小德意志统一方案的反自由主义者占据了议会的多数席位。在巴伐利亚，反对小德意志统一方案的声音尤其强烈——天主教的神父们除了利用布道的机会煽动民众，呼吁他们反对自己的国家与普鲁士一手遮天的北德意志邦联建立更为紧密的联系，还请求民众在请愿书上签字，能收集成百上千的签名。一个由排他的爱国者、亲奥地利的天主教徒、南德意志诸国的民主主义者组成的反普鲁士统一战线已经具备雏形。在南德意志诸国，具有政治倾向的天主教信仰成了阻碍南北德意志统一的巨大障碍。反对统一的煽动者把普鲁士描绘为一个既反对天主教，又独裁专制的军国主义国家，会对南德意志诸国的经济利益造成严重的威胁。

对于应当以何种方式、在什么时候实现德意志统一的问题，俾斯麦一如既往，表现出了很强的灵活性。他很快就放弃了最初的想法，不再把和平统一纳入考虑范围。他一度对建立"南德意志邦联"（Südbund），把巴登、符腾堡、巴伐利亚联合起来的方案表现出了兴趣，却发现南德意志诸国（尤其巴伐利亚）缺乏互信，完全无法就成立邦联的问题达成一致。之后，他又提出了以建立"关税议会"（Zollparlament）为方式，逐渐地统一南德意志诸国的计划，准备允许那些加入了德意志关税同盟，却不是北德意志邦联成员国的德意志国家选派代表出席关税议会。然而，1868年3月南德意志诸国举行的议员选举反倒表明，这几个国家极其反对建立更为紧密的统一国家。

俾斯麦的另一条思路是，利用法国造成的安全威胁来加速统一的进程。他在1866年夏季的时候指出，"一旦与法国爆发战争，美因河的屏障作用就会荡然无存，所有的德意志国家都会成为参战国"。[47]俾斯麦这一席话特指的是，普奥战争结束之后，普政府担心法国有可能决定使用武力，迫使普鲁士放弃在柯尼希格雷茨会战结束后所获得的胜利果实，不过俾斯麦的话还符合1820年代以来普鲁士一贯奉行的对外政策，即利用法国造成的安全威胁来实现本国的战略意图。作为两个相互接壤的欧洲强国，普鲁士和法国当然龃龉不断，随时都有可能发生摩擦。普鲁士在1866年的战争中大获全胜，令法国皇帝拿破仑三世大为震惊，认为普鲁士一定会对法国的利益造成威胁。此外，俾斯麦在战前做出了含糊其词，却显得十分慷慨的承诺，表示会让法国获得"补偿"，结果却没在战后按照国际政治的传统规则来兑现诺言——这同样也令拿破仑三世十分恼火。1867年春，俾斯麦利用上述紧张气氛，按照预先设定好的剧本上演了卢森堡危机。他先是在暗地里向拿破仑三世表示，法国可以以吞并卢森堡的方式来满足获得"补偿"的愿望，接下来又悄悄地把法国皇帝吞并卢森堡的企图透露给了德意志诸国的新闻界，盘算着这样做肯定会令德意志民族主义者义愤填膺。在完成了这两步之后，他才终于走到台前，摆出德意志政治家的姿态，表示自己出于荣誉和信念，必须执行人民的意愿。尽管危机最后以国际会议的方式得到解决，各方在会上对卢森堡的独立公国地位做出了担保，但无可否认，这次危机很有可能促使法国宣战，而俾斯麦对此心知肚明。[48]在这次危机中，俾斯麦再一次向我们证明，他就好似一个擅长同时演奏多个曲调的高手，可以用堪称完美的政治手腕，把暗箱操作和公开表态，把高层外交和民粹政治天衣无缝地融合到一起。

霍亨索伦王朝的成员对西班牙王位的主张为俾斯麦提供了下一个与法国政府制造摩擦，从中获益的机会。1868年，西班牙爆发革命，伊丽莎白女王被革命者罢黜后，新成立的马德里临时政府认为，霍亨索伦-锡格马林根的利奥波德侯爵是下一任西班牙国王的合适人选。利奥波德侯爵是统治普鲁士的霍亨索伦家族生活在南德意志的远亲，他信奉天主教，妻子是个葡萄牙人。俾斯麦认为，西班牙国王的人选问题可以用来与法国制造摩擦，于是便成了利奥波德侯爵坚定的支持者。考虑到威廉一世和利奥波德的父亲在最开始的时候都强烈反对，认为利奥波德不应当成为西班牙国王，所以俾斯麦的计划就好似逆水行舟，难度极大。然而，到了1870年夏季的时候，他还是通过耐心劝说和精心谋划，同时取得了威廉一世和利奥波德之父的支持。到了7月，利奥波德正式成为国王候选人的消息公之于众后，法国的民族主义者义愤填膺。法国的新任外交大臣格拉蒙公爵安托万·阿热诺尔缺乏经验，在对法国议会发表演讲时表达出了对普鲁士的强烈敌意，并且向法兰西民族承诺，法国政府绝不会允许利奥波德继承"查理五世的王位"——阿热诺尔搬出查理五世的原因是，他想要提醒法国人，16世纪时，哈布斯堡王朝身为德意志人的统治者成了西班牙国王，对法国形成了包围之势。法政府派驻柏林的大使樊尚·德·贝内德蒂奉命前往巴特埃姆斯，觐见在那里避暑泡温泉的普鲁士国王威廉一世，打算当面与他商讨解决西班牙国王的人选问题。

考虑到在面对贝内德蒂代表法国政府提出的要求时，威廉一世摆出了愿意和解的姿态，最终接受了法方的要求，即利奥波德必须放弃对西班牙王位的主张，这场王位之争很有可能就这样以巴黎当局取得外交胜利而宣告结束。然而，格拉蒙公爵犯下了一个严重的战术错误。他命令贝内德蒂返回巴特埃姆斯，要求威廉一世进一步做出意义更为深远的承诺，保证普鲁士国王永远也不会支持利奥波德对西班牙王位的主张。法方要求普鲁士的君主永不插手西班牙事务的做法只能被视为得寸进尺，结果被威廉国王很有礼貌地回绝。威廉发送电报，向俾斯麦描述了自己与贝内德蒂会面的大体经过（这封电报便是历史上著名的"埃姆斯电报"）。接到电报后，俾斯麦马上就意识到，大好的机会就在眼前，可以在不放弃道德高地的同时，好好地教训一下法国人。他命人稍微编辑了一下电文（只删除了少量词语，没有添加任何内容），一方面把法国大使塑造成了一个粗鲁无礼的请求者，另一方面又让威廉国王的拒绝显得简单粗暴,之后在7月13日把经过编辑的电文公之于众。此外,他还把电文的法语译文透露给了新闻媒体。法国政府大为光火,预料到法国的民族主义者肯定会满腔义愤,于是便在次日下达了动员令。

俾斯麦利用王位继承机制与大众民族主义力量之间不稳定关系的本领无人能出其右,所以说,西班牙危机与1864年、1867年的危机一样,堪称为他量身定制的政治危机。只不过,俾斯麦高明的政治手腕、诡计多端的做事方式虽然很了不得,但同时也具有一定的欺骗性,有可能让我们对他做出过高的评价。他并没能控制住西班牙危机的整个进程。利奥波德侯爵的国王候选人资格并不是他预先谋划的结果。此后,虽然他在1870年的春夏时节极力支持利奥波德对西班牙王位的主张,但在发现普鲁士国王似乎已经同意做出让步的时候,他也愿意放弃原本的计划,接受法国取得外交胜利的现实。甚至就连认为法国人中了圈套的看法也在一定程度上误读了局势——法国人之所以会冒险宣战,并不是因为俾斯麦的挑衅行为,而是由于法国政府想要表达出这样一种观点,即法国在原则上绝不会容忍任何有损本国在欧洲国际体系中特权地位的行为。1870年,促使法国人走上战争之路的原因是,他们(的确很有理由地)认为自己一定会取得战争的胜利。所以说,认为俾斯麦"预先谋划"了普法战争的观点显然言过其实。俾斯麦并不是预防性战争的倡导者。他曾经做了这样一个比喻:发动预防性战争就好比一个人因为怕死,所以就对着自己的脑袋开了一枪。[49]然而,反过来讲,在俾斯麦看来,与法国作战一直都是一个可选的政治选项,而前提条件则是,必须诱使法国采取行动并主动宣战。无论是在应对卢森堡危机的时候,还是在解决西班牙危机的过程中,俾斯麦都奉行开放性的政策;虽然考虑到了爆发战争的可能性,但同时也想要用危机来实现其他的目的,比如加速南德意志诸国的统一进程，又比如迫使法国人收回过分的要求。[50] 即便"埃姆斯电报"只是令普法两国产生摩擦，促使巴黎当局发出进一步的威胁，俾斯麦同样也可以实现自己的战略意图，因为法方的表态可以让南德意志诸国意识到，除非德意志实现南北统一，否则南德意志就会一直在国际政治中处在弱势地位。

法政府在下达动员令后向普鲁士宣战。消息传来后，无论是在普鲁士，还是在其他的德意志国家，民众全都表现出了强烈的爱国主义热情。威廉一世乘坐火车，从巴特埃姆斯返回柏林，沿途每经过一个车站，欢呼的民众都会蜂拥而至，夹道欢迎。就连南德意志诸国的民众也义愤填膺，除了认为格拉蒙公爵在法国议会上的讲话敌意太重、太过傲慢，还因为他对待普鲁士国王态度无礼。普政府的外交部、陆军部信心满满——这是一种有着充分理由的自信。南德意志诸国与北德意志邦联签订了攻守条约，双方早已按照条约的规定，就应当如何进行共同军事行动制订了计划。外交环境同样也对普鲁士十分有利：奥地利刚刚进行了影响深远的国内改革，维也纳当局仍然因为改革的后续事务而焦头烂额，并不打算冒险与法国并肩作战；正因为如此，奥政府才一直都没有在1869年起草的奥法同盟条约上签字。法国军队仍然占领着教皇国的残余领土（导致罗马及其周边地区无法并入意大利王国），所以意大利人也不太可能出手帮助巴黎当局。英政府已经接受了认为德意志应当在普鲁士的主导下实现统一的理念，而赢得俄国的支持则更是轻而易举——俾斯麦承诺普政府将会支持圣彼得堡当局的立场，同意修改克里米亚战争结束后各方签订的和平条约中俄方最难接受的条款。因此，普政府几乎没有理由担心俄国会出面干涉，对法国表示支持。[51] 克里米亚战争创造出的机会窗口仍然没有关闭。

在军事上，普鲁士具备赢得战争胜利的充分条件——实际上，绝大多数那个时代的欧洲人都低估了普鲁士的军事实力。动员了全部兵力的普军在规模、士兵的身体素质、军纪方面都要更胜法军一筹。此外，普军在战术和军事基础设施方面也占据着优势。普鲁士在军事组织机构方面的优势不仅在普奥战争中起到了关键作用，在普法战争中同样也十分重要。普鲁士和德意志诸国联军的总参谋部可以直接向普鲁士国王汇报工作，而法军的总参谋部则只是陆军部的下属机构；在与战略、战术、军纪相关的问题上，法军的总参谋部经常会受到立场偏左的法国国民议会施加的政治压力。1866年，普鲁士取得普奥战争的胜利后，普军总参谋部的声望得到了巩固，开始借着在波希米亚战场上大获全胜的东风开展运输和后勤领域的改进工作，让普军拥有了比法军快得多的动员速度——到了普军迅速向前线增兵，兵力到达50余万的时候，法军部署在莱茵河一线的兵力仍然只有区区25万。普军逐步淘汰了在1866年的普奥战争中表现糟糕透顶的老旧滑膛野战炮，用融合了最先进技术的线膛炮取而代之。此外，普军还下了大力气来改善步炮协同战术，加强炮兵支持步兵作战的能力，弥补了作战部队1866年时在这一领域表现出的不足之处。

这一切并不能保证普鲁士一定会取得战争的胜利。尽管普军的总参谋部在先进武器的普及工作上下了不少功夫，但与之前的普奥战争相比，在1870年的战争中，普法两军的兵器技术水平并不存在如此巨大的差异。1870年时，法军配备了高性能的步枪（名为夏斯波步枪[①]），令普军在普奥战争中靠针发枪取得的决定性优势荡然无存，而法军的早期多管机枪更是火力强大，无论在哪里出现，都会令普军遭受重大人员伤亡。普军与之前一样，仍然深受下级误解上级指令和指挥错误的困扰。这次又有人（施泰因梅茨将军）因为轻率地无视总

---

① 这款步枪的发明人是法国的枪械师安托万·阿方索·夏斯波（1833—1905）。

第十五章 四场战争 711

参谋部的命令而出了名，而普军8月在什皮什伦、维桑堡、弗罗埃斯克维莱与法军的交战则全都是遭遇战，没有任何战前计划。就连毛奇也犯了一些严重的错误，其中最致命的一个错误是，战争刚刚开始的时候，他命令一支人数20余万人的普军部队沿着法军的前沿阵地长途行军，有可能导致部队的侧翼遭到法军的毁灭性打击；幸运的是，法军的指挥官巴赞元帅没能抓住这个难得的机会。

普军变得越来越善于利用他们在炮兵领域的微弱优势，学会了如何使用野战炮来吸引法军的炮火，从而防止本方的步兵在前进的过程中遭到炮击。最为重要的一点也许是，比起法军，普军犯下的错误要少一些。指挥莱茵河军团的法军元帅巴赞没能在马尔斯拉图尔会战中主动发起进攻，结果把一场原本有可能属于法国的胜利转变成了一场大灾难，导致战略要冲凡尔登被德意志联军的兵锋直接威胁。到了1870年9月初，也就是战争刚刚开始六个星期之后，法军就已经输掉了一系列关键性的战斗，在这一过程中损失了包括武器、军官、有经验的骨干士兵在内的大量无法补充的战争资源。9月1日至2日，帕特里斯·德·麦克马洪将军率领的法军在色当遭遇惨败，全军投降，包括拿破仑三世本人在内，总共有10.4万法国军人成了战俘。此后，战争又持续了好多个星期，在此期间，德意志联军先是攻陷了斯特拉斯堡和梅斯，之后又开始修筑阵地，准备围攻巴黎，其间不断地在阵线后方遭到法国义勇兵的袭扰，伤亡人数持续攀升。普政府与新成立的法兰西共和国的总统阿道夫·梯也尔（他曾经在1840年的时候口无遮拦，宣称法国将会吞并莱茵兰地区，结果引发了莱茵兰危机）进行了艰苦的谈判，在2月末的时候与法方签订了临时和平协议。直到1871年5月10日，也就是在法国政府军基本镇压了巴黎公社起义之后，法方才终于在法兰克福与普方签订了正式的和约。与此同时，俾斯麦克服了南德意志诸国的反对意见，迫使他们同意南北统一。1871

年1月18日，一个全新的德意志帝国在凡尔赛宫的镜厅宣告成立。普鲁士国王威廉一世接受了德意志皇帝的头衔，而这一天则恰好是弗里德里希一世加冕成为普鲁士国王的170周年纪念日。

## 全新的欧洲

数世纪以来，位于欧洲正中央的德意志一直都在政治上四分五裂，处于十分脆弱的地位。欧洲大陆由位于大陆周边的国家占据主导权，所有这些国家都以维护本国利益为目的，想要维持中欧的权力真空状态。德意志帝国成立后，欧洲的正中央在历史上头一次出现了一个强大的统一国家。从此往后，欧洲各国必须在一套全新而又陌生的互动关系的驱动下进行国际关系博弈。英国下议院的保守党反对派领袖本杰明·迪斯累里对这一点有着超乎常人的明确认识。"这是一场代表了德意志革命的战争，是比法国大革命意义更为重大的政治事件，"他在向下议院发表演讲的时候指出，"所有的外交传统都将被一扫而空。"[52] 只有在回顾了后续的历史之后，我们才能渐渐地体会到，迪斯累里的这一席话是多么一针见血。

由奥地利和普鲁士组成的二元霸权体系——这是曾经主导德意志诸国政治生活的结构性原则——就此宣告结束。早在1871年5月的时候，奥地利的外交大臣弗里德里希·费迪南德·冯·博伊斯特伯爵就已经意识到，设法控制普鲁士对外扩张的努力必将徒劳无功，所以向弗朗茨·约瑟夫皇帝提出建议，指出从此往后，维也纳当局应当"拥抱既成事实，设法让奥匈帝国与普鲁士-德意志达成一致"。[53] 博伊斯特于1871年11月被免去了外交大臣的官职，政治生涯并没有持续到带领奥地利完成上述对外政策转变的时刻，但好在他的继任者久洛·安德拉西伯爵延续了大体相同的政策路线。1873年10月，奥匈帝国、俄国、德意志帝国结成"三帝同盟",意味着这一政策路线第一次开花结果;六年后,俾斯麦以协商为手段,在1879年的时候促成了更为全面的德奥"两国同盟",把奥匈帝国转化成了地位低于德意志帝国的盟友。从此往后,奥地利的对外政策目标变成了让柏林当局尽可能深入地参与奥匈帝国的国家安全事务,就算这意味着奥匈帝国必须在德奥双边关系中处于从属地位也在所不惜。德奥两国的密切双边关系将会一直保持下去,直到1918年才终于宣告结束。

此外,1870年的战争同样也令德法关系进入了一个全新的时代。普政府在俾斯麦的强烈建议下吞并阿尔萨斯-洛林,给法国的政治精英造成了难以抚平的伤痛,令德法双边关系蒙上了一层难以驱散的阴影。[54] 阿尔萨斯-洛林成了法国复仇主义者眼中的圣杯,为一轮又一轮的沙文主义浪潮提供了聚焦点。坚持要求普政府吞并阿尔萨斯-洛林也许是俾斯麦在政治生涯中所犯下的"最为严重的错误"。[55] 然而,就算普政府没有吞并阿尔萨斯-洛林,新成立的德意志帝国也会令德法关系发生翻天覆地的变化。一直以来,让德意志诸国积贫积弱都是法国国家安全政策的一个重要支柱。法国外交大臣韦尔热讷伯爵夏尔·格拉维耶在1779年时写道:"显而易见,[德意志]是一股令人望而生畏的力量,如果没有受到其宪政制度的限制,那么这股力量就会让我们完全处于下风。[……]所以说,我们必须依靠[德意志的]分裂势力,才能占据优势,才能维护国家安全"。[56] 1871年,德意志帝国成立之后,法国必将抓住所有的机会,设法遏制这个新出现的东方强邻。所以说,德意志统一战争结束后,法国与德国之间难以消除的敌意已经在一定程度上预先写入了战后的欧洲国际体系,就算德法两国的政府时不时地伸出橄榄枝,想要恢复友好关系,也无济于事。

如果把这两个因素纳入考虑范围——与奥匈帝国的密切关系、法国难以消除的敌意——将其看作德意志实现统一之后,欧洲国际

图47　1871年1月18日：普鲁士国王威廉一世在凡尔赛宫的镜厅登基，成为德意志皇帝。以安东·冯·维尔纳的画作为依据创作的版画

政治舞台上的两个永远也不会消失的道具，那么我们就能更容易地理解，为何在1914年之前的那几十年间，普鲁士－德意志的对外政策最为引人注目的特征是，其中央政府发现要避免国家在外交上走向孤立是极其困难的。从巴黎当局的角度来看，法国对外政策的主要目标必须是以组建反德联盟为手段来遏制德意志帝国。在所有有可能成为盟友的国家中，俄国是最有吸引力的。对柏林当局来说，想要防止俄国成为法国的盟友，那么唯一可行的途径就是与俄国交好，把它纳入由柏林主导的盟友体系。然而，任何同时包括俄国和奥匈帝国的盟友体系都肯定会极不稳定：在被排挤出德意志、赶出意大利之后，奥匈帝国的对外政策开始逐渐地把巴尔干半岛当作关注的重点，所以维也纳当局很有可能在这一地区与俄国爆发直接的利益冲突。[57]

三帝同盟之所以会在1885年分崩离析，原因正是巴尔干半岛的紧张局势。1887年，俾斯麦通过协商，与俄政府签订《再保险条约》，设法修复了俄德双边关系，但到了1889年的时候，柏林当局还是发现，想要在兑现对奥匈帝国承诺的同时履行对俄罗斯的盟友义务，是一件越来越困难的事情。1890年，取代俾斯麦成为德意志帝国新任宰相的列奥·冯·卡普里维在《再保险条约》到期后，没有与俄政府续约。法国政府马上就抓住机会，向圣彼得堡当局提供了条件优厚的贷款和军费补助。这样做的结果是，俄法两国先是在1892年8月17日的时候签订双边军事协定，之后又在1894年建立了全面的盟友关系——俄法两国的军事协定和盟约全都明确地把德意志帝国视为未来的假想敌。为了应对这一不利的局面，德国政府开始在1890年代期间与土耳其建立更为友好的关系，解放了一直以来都以达达尼尔海峡、博斯普鲁斯海峡的守护者自居的英国，成了新的海峡守护者，从而让英政府得以（在1905年之后）对俄国实行绥靖政策。[58]此时，在1914年引发世界大战的欧洲两极局面已经成形。这并不意味着那些在德意志完成统一之后才执掌大权的德国政治家可以洗脱罪名，不必为德政府在1914年之前的15年间所犯下的巨大错误和失职行为承担责任，这些失误让德国的国际地位遭受了巨大损害。然而，这仍然可以证明，相关各方在政治上的挑衅和回应只是一部分原因，只能在一定程度上解释德国为何会在孤立的道路上越走越远，最终引发严重的后果。在更深的层次上，这一切都展现了普鲁士在1866—1871年主导的"德意志革命"所引发的结构性剧变。

# 第十六章　并入德意志

　　1848年春，柏林爆发革命，面对把街道堵得水泄不通的群众，普鲁士国王弗里德里希·威廉四世宣布，普鲁士将会"从即日起并入德意志"（Preussen geht fortan in Deutschland auf）。这一席话虽然没能立即成为现实，却仍然准确地预测了未来。这短短的几个德语单词能让我们隐约体会到，对普鲁士这个国家而言，民族统一将会带来怎样相互矛盾的结果。德意志在普鲁士的领导下实现了统一，但民族统一终于成为现实的时刻也意味着普鲁士就此踏上了走向消亡的不归路。德意志民族国家成立后，本书所追寻的普鲁士的历史即告终结。普鲁士不再是一个能够在国际舞台上独立行动的国家。新成立的德意志帝国是一个巨大而笨重的政治体，而普鲁士必须学会如何成为这个政治体的一员。德意志民族国家的政治需求令普鲁士国内的政治生活变得更加复杂，既放大了不和谐的音符，又扰乱了原有的政治平衡，还在削弱某些结合力的同时，加强了另一些结合力，在扩大某些身份认同感的同时，让另一些身份认同感变得更加狭隘。

## 德意志宪政制度中的普鲁士

德意志帝国的宪法于 1871 年 4 月 16 日生效，正式规定了普鲁士在德意志帝国这个新成立的国家中所处的地位。这份意义非凡的法律文件是复杂的历史妥协的结果。宪法要想得到各方的认可，组成德意志帝国的各个主权实体就必须首先进行博弈，在各自的利益诉求间达成平衡。俾斯麦主要关心的是如何巩固和扩张普鲁士的权力，但显而易见的是，这样的观点肯定不会得到巴登、符腾堡、巴伐利亚等国政府的支持。因此，下放权力是各方最终敲定的帝国宪法的一个主要特征。实际上，比起传统的宪法，帝国宪法更像是拥有主权的邦国在同意组成德意志帝国之后就相关问题所签订的条约。[1]只要阅读一下帝国宪法序言的头几句话，我们就可以明确地意识到这一点：

> 普鲁士国王陛下以北德意志邦联的名义、巴伐利亚国王陛下、符腾堡国王陛下、巴登大公殿下、黑森大公殿下［……］代表黑森大公国位于美因河以南的所有领土，决定建立永久的联邦国家［Bund］，以此为手段来保护联邦的国土、联邦的权利——以及确保德意志人民的福祉。

新成立的德意志帝国被视为一个由拥有主权的诸侯国组成的联邦国家（Fürstenbund），依据这个理念，所有的邦国都保留了本国的议会立法机构和宪法。设立和征收直接税的权力不属于帝国，只属于帝国的各个邦国，所以帝国政府只能把间接征收的税款当作主要的收入来源。德意志帝国内部保留了大量的国王头衔和朝廷机构，每一位国王、每一个朝廷仍然都享有各种特权，都拥有符合传统的威严。体量较大的德意志邦国甚至仍然继续互派使节，如同过去在德意志邦联中那样。其他的国家出于相同的看法，在向柏林派遣使节的同时，也会派使节前往德累斯顿、慕尼黑。帝国当局一直都没有提到德意志民族的概念，德国国籍也没有得到官方认可；只不过，帝国宪法还是规定，德意志帝国的所有邦国都必须承认，各个邦国的居民均拥有完全平等的公民权。[2]

在帝国宪法确立的制度体系下，这套名为德意志帝国的全新政治秩序最引人注目的特点也许是中央政权极其软弱的状况。如果把法兰克福议会的自由派律师在1848—1849年制定，却从来都没能付诸实施的帝国宪法拿来进行比较，1871年的帝国宪法的这一特点就会更加明显。法兰克福宪法为各个成员国的政府制定了统一的政治原则，而1871年4月16日的宪法则完全没有相关的内容。法兰克福宪法提出，应当设立"帝国权威"，使其完全独立于各成员国的权威；而1871年的宪法则规定，德意志帝国的主权机构是由"联邦的各个邦国派出的代表"所组成的联邦议会。[3]联邦议会有权决定哪些议案可以交由帝国议会审议；所有的法案都必须首先得到联邦议会的认可才能成为法律；此外，联邦议会还负责监督帝国立法的实际执行情况。联邦的所有成员国都有权提出议案，要求联邦议会就议案展开讨论。1871年的宪法甚至还（在第8条中）宣称，联邦议会有权命令其成员组成一系列"常设委员会"，负责不同领域的各类事务，比如外交事务，比如陆军和军事要塞的管理事务，再比如海军事务。所以说，如果一个不明就里的人在阅读宪法的内容后得出结论，认为联邦议会不仅是德意志帝国的主权机构，同时还拥有帝国的最高政治权力，我们也不应对他太过苛责。1871年的帝国宪法回应各个邦国的关切，对邦国的权利做出了一丝不苟的规定，似乎没有给普鲁士留出任何空间来行使霸权。

然而，宪法通常都不是反映政治现实的可靠指南，1871年的帝

第十六章 并入德意志　　719

国宪法也不例外。在之后的数十年间，德国政治在实际演变的过程中渐渐地侵蚀了宪法赋予联邦议会的权力。尽管俾斯麦宰相一直都坚称，德意志帝国从开始到未来始终是一个由"诸侯国组成的联邦国家"，但宪法中与联邦议会相关的承诺却从来都没有兑现。造成这一现象的最主要原因是，无论是就军力而论，还是从领土面积来看，普鲁士都占据着压倒性的优势。普鲁士的领土面积、人口数量分别占到了德意志帝国总面积和总人口的65%、62%，令普鲁士在联邦体系内的霸权成了客观事实。普鲁士的军队规模庞大，与之相比，南德意志诸邦的军事力量简直不值一提。此外，宪法的第63条规定，普鲁士的国王作为德意志皇帝，是帝国武装力量的最高指挥官，而第61条则规定，"普鲁士的整套军事制度应当在帝国全境内立即实施，不得拖延"。

这两条规定让联邦通过"常设委员会"来管理军事的主张变得毫无意义。在联邦议会内部，普鲁士的霸权同样无所不在。除了曾经属于汉萨同盟的自由城市汉堡、吕贝克、不来梅，位于德意志中部及北部的小国全都是普鲁士的附庸国，只要有必要，普政府随时可以向这些小国施压以实现本国的目标。联邦议会全部的58个席位中，普鲁士仅占17席，议席的分配比例似乎并不能反映出普鲁士的真实体量，但由于按照宪法的规定，法令草案一旦遭到14位议员反对就无法通过，所以普政府仍然有足够的能力来阻止其他邦国提出的有损于普鲁士利益的提案。俾斯麦身兼普鲁士首相、普鲁士外交大臣、帝国宰相这三大要职，所以尽管联邦议会可以按照宪法第8条的规定，成立联邦对外事务委员会，但俾斯麦还是能把委员会完全架空。所以说，普鲁士的外交大臣实际上已经成了德意志帝国的外交大臣。在国内政治领域，联邦议会缺少必要的官僚机构，无法履行起草法案的职责。这样一来，联邦议会就必须依靠普鲁士规模庞大、训练有素的官僚体系，所以最终的结果是，议会的实际角色开始逐渐向审议机构靠拢，职责为审核由普鲁士国务部制定的已经过讨论的法案。甚至就连在柏林办公场所的安排都能反映出联邦议会的从属地位——联邦议会没有独立的办公场所，只能在柏林的帝国宰相府内召开会议。

德意志帝国相对薄弱的行政机构进一步巩固了普鲁士的主导地位。19世纪70年代，随着帝国政务所造成的压力逐渐增大，德意志帝国采取应对措施，的确建立了一些新的政府部门，但这并没有改变帝国行政部门依附于普鲁士行政架构的事实。帝国各个行政部门（外交部、内政部、司法部、邮政部、铁道部、财政部）的主管官员并不能算作真正的部长级大臣，而只是级别低于部长的国务秘书，必须向帝国宰相直接汇报工作。普鲁士官僚机构的规模始终都要比帝国官僚机构更为庞大——这样的局面一直维持到了第一次世界大战爆发的时刻。大多数供职于帝国行政机构的官员都是普鲁士人，但这并不意味着新成立的德意志帝国出现了政府官员单向流动，普鲁士人大量占据重要职位的现象。更为贴近事实的描述是，普鲁士和德意志帝国的全国性政府机构逐渐融合到了一起，变得盘根错节。举例来说，不是普鲁士人的德意志人担任帝国官员，甚至被任命为普政府部长级高官的情况变得越来越普遍。官员同时在普鲁士的部级政府部门和帝国国务秘书处任职的情况同样越来越常见。[4] 1914年，"普鲁士的"军队中有大约25%的军官不是普鲁士公民。[5]

然而，尽管把普鲁士与其他德意志邦国分隔开来的薄膜变得越来越具有渗透性，但德意志帝国体系内部的联邦制残余仍然能够让普鲁士继续保有独特的政治制度。在所有这些独特的政治制度当中，从宪政的角度来看，地位最为重要的当数普鲁士的两院制立法机构。德意志帝国议会采用普选制来产生议会代表，所有的男性国民都拥有选举权。与之形成鲜明对比的是，前文已经提到，普鲁士议会的下议院选举把选民分成三个不同的等级，建立起了极其有利于有产者的计票制度，能够保证保守派和右翼自由派获得多数议席。帝国议会的选举方式为不记名的直接投票，而普鲁士议会则通过公开投票的间接选举来产生代表（投票人首先选出选举人团，之后再由选举人团选出议会代表）。

在1848年的革命结束后的那段时间，这套选举制度似乎足够合理，能够帮助行政当局解决一系列的问题。到了1860年代初期普鲁士爆发宪政危机的时候，这套制度也并未成为障碍，导致自由派无法发起针对俾斯麦的强大政治攻势。但在德意志实现统一之后的数十年间，这套选举制度却造成了越来越严重的问题。最为重要的一点是，把投票人分成三个等级的选举制度出了名地容易受到操纵，原因是由选民代表所组成的选举人团必须用公开投票的方式来选出议会代表，所以与普通选民选举代表相比，过程更加透明，更容易成为控制对象。[6]1870年代，各省的自由派大人物对这种选举制度加以利用，取得了很好的效果——他们动用地方上的恩庇关系网络，确保农村选区选出的议会代表全都是自由派人士。然而，到了1870年代末，俾斯麦政府开始系统性地操控选举过程，以获得有利于保守派候选人的选举结果，导致情况发生了巨大的变化：在地方的层面上，官僚体系清除了政治上不可靠的因素，由此产生的空缺全都由保守派的有志从政者填补，而这些人又在当局的鼓励下积极鼓吹亲政府的立场；政府对选区的划分方式动了手脚，以保证保守派能够在议会中获得多数席位；在农村的摇摆选区，当局会把投票站设置在保守地区，那些反对保守派的选民如果想要投票，就必须长途跋涉，横穿田野，才能抵达投票站。

1870年代中期，普鲁士遭遇经济衰退，农村地区的选民被吓破了胆，纷纷放弃自由主义，开始拥抱以维护农业部门的利益的重农保护主义政治。这种公众政治态度的巨变同样让保守派捞到了不少好处。在农村地区，这一转变的结果是，保守派的地主精英、普鲁士的官僚阶层、普鲁士议会下院中的保守派议员这三者间几乎实现了无缝衔接。普鲁士议会的上议院由世袭贵族、土地利益的代表，以及来自城市、教会、大学的官守议员[①]组成，是一个比下议院更加保守的团体，其存在进一步加强了由地主、官僚、保守议员所组成的保守派关系网络的凝聚力。弗里德里希·威廉四世在1854年（以英国的上议院为蓝本）成立了普鲁士上议院，目的是让法团主义因素在新的宪政制度中变得更有分量。普鲁士的政治进入"新时代"[②]后，上议院帮助政府阻止了自由派提出的一系列议案，此后——直到它在1918年宣告解散——始终都在普鲁士的宪政体系中扮演着保守主义"压舱石"的角色。[7]

  普鲁士的农村保守利益集团与政府及议会代表机构发生部分融合，对普鲁士的政治产生了深远的影响。普鲁士的选举制度为强大的农业游说集团的出现与壮大创造了条件，而这则又意味着，相当大的一部分农村人口——这部分人口选出的议员占据了下议院的绝大多数议席——开始认为，三等级的选举制度是农业利益最有力的保障。我们很有理由认为，一旦普鲁士施行了一人一票、匿名投票的直接选举制度，保守派和民族自由派就会失去下议院的多数席位，继而导致农业失去经济特权，再也无法享受税率优惠及限制进口粮食的保护性关税。1890年之后，社会民主党成了在德国的全国选举（也就是帝国议会选举）中得票最多的党派，所以我们也许可以提出，三等级的选举制度是普鲁士用来保护其政治制度及传统免遭革命社会主义冲击的最后一道防波堤。不仅是保守派，就连许多右翼自由派，以及一部

---

① 官守议员即因担任公职而自动变成议员的人。
② 见第648页。

第十六章 并入德意志

分生活在农村地区的天主教徒都认为这样的观点很有道理。[8]所以说，三等级的选举制度具有增强农村保守利益集团影响力的不良效应，造成了极其严重的问题，以至于对体系进行大刀阔斧的改革变成了一项无法完成的工作。帝国宰相——甚至是皇帝本人——只要试图触动农业部门的特权，就肯定会遭到农村保守利益集团声势浩大、组织有序的反击。德意志帝国的历史上有两位宰相（卡普里维、比洛）在丢了乌纱帽之后，才终于体会到了其中的利害。[9]

普鲁士的政治体系就这样画地为牢，按照俾斯麦的设想，成了保守派在宪政领域钉入帝国政治体系内部的定海神针。[10]农业利益集团以农业部门的自身利益为重的政治方针并没有什么特别的邪恶之处：左翼自由派同样不加掩饰地提出了有利于商业的低税率政策，而社会民主主义者则宣称自己只会为德意志的"无产阶级"发声——用社会民主党在那个历史时期仍然喜欢使用的马克思主义原始话语——提出"无产阶级专政"是未来发展的必然趋势。然而，与左翼自由派和社会民主主义者不同的是，农业利益集团和他们的保守派盟友不仅把农业利益融入了普鲁士的政治体系，还在一定程度上用自己的政治文化给普鲁士的政治体系留下了深深的烙印，并且在此过程中主张普鲁士是一个独特而独立的政治体。从1899年到1911年，德意志帝国几乎所有的邦国（只有梅克伦堡和袖珍侯国瓦尔德克是例外）都进行了大刀阔斧的选举制度改革，而普鲁士则故步自封，一直都不愿改变与时代越发格格不入的选举制度。[11]到了第一次世界大战即将爆发的时候，普鲁士的国民仍然无法享有平等且匿名的直接投票权。直到1917年夏，在战争的压力和国内越来越强烈的反对声浪的双重作用下，普政府才终于放弃了旧有的选举制度。然而，1918年时，德国先是在"一战"中战败，之后又爆发革命，为君主制度敲响了丧钟，所以普鲁士人根本就没有机会见证，君主制将会在更为进步的选举制度下迎来什么样的新发展。

## 政治及文化变革

虽然普鲁士的宪政制度停滞不前,但这并不意味着普鲁士的政治文化没有迎来新的发展。保守派一手遮天的局面令人叹为观止,但其主导地位却具有一些十分重要的局限性。普鲁士人分成了两极分化的两个阵营,一个阵营选出的帝国议员代表普鲁士出席帝国议会,大都是社会主义者和左翼自由派,另一个阵营由农村人口组成,他们选出的议员占据普鲁士下议院绝大多数议席。帝国议会的选举拥有极高的投票率:1898年的帝国议会选举投票率为67.7%,而到了1912年,帝国议会举行"一战"结束前的最后一次选举时,投票率更是飙增到了令人瞠目的84.5%——在这次选举中,社会民主党获得了德意志帝国全国超过三分之一的选票。与之形成鲜明对比的是,收入最低,被分入第三等级的普鲁士选民纷纷抵制普鲁士的议会选举,以此来表示自己对三等级选举制度的鄙视——1893年,普鲁士的下议院进行议员选举的时候,属于第三等级的选民(他们占普鲁士人口的绝大多数)投票率只有区区15.2%。

普鲁士的领土具有极高的区域多样性,同样也限制了保守派政治力量的势力范围。在"一战"前夕,普鲁士的保守主义是一种几乎完全被限制在易北河以东的现象。1913年,普鲁士下议院总共有147位保守派议员,其中有124人来自很早就属于普鲁士的东部诸省,而普属莱茵兰则仅产生了一位保守派议员。[12]从这个角度来看,我们可以认为三等级的选举制度加剧了普鲁士国内的东西两极分化,导致大部分居民信奉天主教、工商业更为发达、城市化程度更高、在政治上更为进步的西部诸省与位于易北河以东,被视为"亚洲草原"的东部诸省在感情上渐行渐远。[13] 这种社会和地理上的双重阻隔反过来又起到了阻碍作用，导致普鲁士无法培育出由布尔乔亚和贵族共同组成，在南德意志诸邦为政治生活定下基调的"复合精英阶层"，结果令容克地主集团的政治立场带上了不妥协的极端主义色彩，显得与其他政治派别的立场方枘圆凿。[14]

然而，只要走出保守派的核心势力范围，我们就会发现，普鲁士的其他地区——尤其是西部诸省和各大城市——出现了健全的、由中产阶级主导的政治文化。在许多大城镇，自由派利用城镇居民有限的选举权建立起了寡头政治集团，开始主持诸如对基础设施进行合理化改进、提供社会保障之类的进步政策。[15]1890年之后，在普鲁士各地的城市，报刊的种类和发行量急剧增长，释放出尤其强大的批评声浪，令一届又一届的普鲁士政府遇到了无法解决的形象问题。1893年，一位高级政治人物指出，现在"是一个媒体大爆炸的时代，舆论的触手无处不在，只要敲一下钟，就肯定有人会对钟声品头论足"。[16]

对社会主义者来说，19世纪90年代同样是一个重要的转折点——在这一历史时期，社会主义最主要的据点是柏林周围的工业区，以及鲁尔区不断扩张的城市群。在1890年的选举中，摆脱了当局严酷镇压的社会主义政党成了德国全国得票最多的政党。社会主义者发展出了社会主义的亚文化，城市内出现了专门的俱乐部和场所，可以满足由产业工人、劳工、工匠、低薪雇员所组成的新兴选民团体的需求。到了世纪之交的时候，普鲁士已经成了全欧洲规模最大、组织最完善的社会主义运动的大本营——就这一点而论，普鲁士的确没有辜负科学社会主义的那两位土生土长的普鲁士创始人：卡尔·马克思和弗里德里希·恩格斯。

19世纪末欧洲文化生活的最大特点——斗争和两极分化——同样也给普鲁士留下了深深的烙印。文化是另一个保守派精英很快就失去了控制权的领域。在19世纪90年代初的柏林，最受观众欢迎的戏剧作品是由盖哈特·豪普特曼创作，用同情的眼光展现1844年的西里西亚纺织工人起义的舞台剧《织工》(Die Weber)。保守派不仅从政治观点的角度出发对《织工》大张挞伐，宣称该剧是一部社会主义宣言，还极其厌恶该剧人物对话中原汁原味的生活用语，认为这种自然主义的创作手法否定了戏剧的核心价值。柏林当局的内政部签发禁令，禁止该剧公开演出，却仍然无法阻止诸如"自由剧场"，以及与社会民主党有联系的"新自由人民剧场"之类的大型私人剧场上演该剧，引得民众争相观看。接下来，普鲁士的各个省份也下达了禁令，但同样无法阻止《织工》获得巨大的成功。从政府的角度来看，更令人担心的事情是，在就针对《织工》的禁令进行讨论的时候，普鲁士的下议院出现了严重的意见分歧，一部分议员认为，现在已经是"艺术自由"的时代，继而对国家一直以来对戏剧作品的审查权提出疑问，指出这样做缺乏法律依据。就连内政部的内部也出现了质疑的声音，认为内政大臣对《织工》采取强硬手段的做法也许并不是明智之举。[17]

　　文化界的碎片化现象越来越严重，涌现出了实验性的文化、反传统的文化，与宫廷推崇的官方文化出现了巨大的鸿沟。宫廷舞蹈文化与民间舞蹈文化的巨大差异就是一个很好的例子。世纪之交的时候，新式的北美、阿根廷舞蹈流派像洪水一样，涌入了大城市的舞场。舞蹈风格的流行时间不断缩短，纨绔子弟最喜欢的风格像走马灯一样，换了又换——阔步舞、二步舞、邦尼-哈格交际舞、朱迪慢步舞、土耳其舞、灰熊舞。一方面，越来越多的民众接受了这些跨洋而来的文化舶来品，另一方面，在威廉二世的宫廷中，场面宏大的旧式宫廷仪式再一次焕发出了活力。所有的宫廷舞会都经过精心编排，绝不会让其他人抢了皇室成员的风头——时尚杂志《芭莎》

（*Der Bazar*）在1900年的一篇文章中指出："如果有公主进入了舞池，那么整个舞池内就只能有其他两对舞者与公主和她的舞伴同台共舞。"威廉二世下达了明确的命令，禁止军人在公共场合跳新式舞蹈："即日起，陆海两军的军官只要身着军装，就不能跳探戈、一步舞、二步舞，也不能和跳这些舞蹈的家庭共舞。"[18]

建筑和视觉艺术领域也出现了类似的文化鸿沟。比如说，经过长达十年的修建工作，于1905年完工的新建柏林大教堂采用厚重、夸张的新巴洛克建筑风格，与既优雅又朴素的原初现代主义建筑风格形成了鲜明的对比，后者以阿尔弗雷德·梅塞尔、汉斯·珀尔齐希、彼得·贝伦斯等新派建筑师为代表。从1896年到1912年，这几位新派建筑师用作品说话，对深受普鲁士政府推崇的折中主义"历史风格"表达了强烈的反对。[19] 上至威廉二世，下至公立高等学府的院长、教授，那些能够对公众的艺术品位施加影响的权威人士都认为，艺术作品想要起到教育作用，就必须在把中世纪的传说、神话、激动人心的历史事件当作创作主题的同时，遵守古人留下的永恒不变的准则。然而，1892年，11位艺术家想要摆脱官方艺术沙龙的束缚，在柏林举办了艺术展，结果引发了激烈的争议。马克斯·利伯曼、瓦尔特·莱斯蒂科和其他九位参展艺术家的艺术风格展现出了"阴冷而又狂野的自然主义"（这是一位被气得七窍生烟的艺术评论家对他们的评价），与得到政府认可的艺术风格针锋相对。到了1898年的时候，这些艺术家的反抗行为变得更加广泛、更加多元化，最终形成了"柏林分离派"运动。1898年，分离派举办第一次艺术展，向公众展示非官方艺术世界所产生的多种多样的艺术风格、艺术视角，取得了巨大的成功。

柏林分离派之所以会引起学界的兴趣，原因不仅仅在于他们与文化权威的对抗关系，同样也在于他们的许多作品都具有特定的普鲁士地方特色。瓦尔特·莱斯蒂科出生于西普鲁士的布龙贝格地区，因为擅长描绘勃兰登堡边区的景色而闻名于世，留下了令人魂牵梦萦的画作——比如湖边背阴处的树林阴气森森的景象，又比如点缀在平原上水面平静、微光粼粼的湖泊的美景。他的画作《格鲁讷瓦尔德湖》（Der Grunewaldsee）气氛阴暗，描绘了位于柏林西南郊，湖边绿树成荫的格鲁讷瓦尔德湖，结果在1898年遭到柏林官方艺术沙龙的拒绝——实际上，分离派之所以会在次年成立自己的艺术论坛，正是因为柏林艺术沙龙拒绝展出《格鲁讷瓦尔德湖》的决定引发了巨大的争议。莱斯蒂科的绘画、蚀刻画搅乱了当时人的感情，其中的部分原因是，他的作品用一种全新的、可能具有颠覆性的情感描绘了勃兰登堡的自然风光。威廉二世痛恨莱斯蒂科的作品，宣称他"毁掉我心中格鲁讷瓦尔德的所有景色"（er hat mir den ganzen Grunewald versaut），用这样一句话表达了这位艺术家给观者带来的错位感。[20]凯绥·珂勒惠支从一个完全不同的角度捕捉到了普鲁士的独特传统：她从豪普特曼的剧本得到灵感，创作了一套广受赞誉的连环版画，用画作记录了1844年的西里西亚纺织工人起义。这套版画展现了冲突与苦难的场景，颠覆了以往描绘历史的画作突出史诗感的特点，把历史绘画转变成了用来为社会主义的历史观服务的载体。就连原初现代主义的建筑师梅塞尔、珀尔齐希、贝伦斯也与独具特色的普鲁士风格展开了对话：他们设计的建筑物不仅通风好、采光好，还运用了许多创新技术，能够在许多层面上与吉利和申克尔所代表的简朴的"普鲁士式"新古典主义产生共鸣。[21]

在"一战"爆发前的数十年间，德意志帝国掀起了修建公共纪念碑和雕像的热潮。在这一历史时期，普鲁士与许多其他的欧洲国家一样，公共雕像大都风格厚重，显得过于华丽。爱国主义是公共雕像最主要的创作主题。一份1904年发布的研究论文指出，近年来，仅

图48　柏林的胜利大道

仅是以皇帝威廉一世为主题的新建纪念雕像数量就达到了372座，其中的绝大多数都位于普鲁士境内。此类雕像一部分由国家出资建造，但在许多地区，地方性的"纪念碑委员会"在取得必要的许可后以募捐的方式筹措雕像的建设资金，同样也起到了重要的作用。然而，到了世纪之交的时候，公众对此类纪念碑的反应已经变得矛盾起来。比如说，政府在1901年为胜利大道（Siegesallee）举行的落成仪式就是一个很好的例子。胜利大道沿着首都柏林的一条主干道修建，由一连串的纪念雕像组成，总长750米，以接连不断的石龛为单位，每一个石龛都十分宽敞，并且有石栏围护；石龛正中央是一个高高的底座，底座上矗立着勃兰登堡历代君主全身像，而全身像的两侧则是君主在位时主要将领和政治家的半身像。在举行落成仪式的时候，这项宏大的工程就已经显得与时代格格不入了。皇帝威廉二世急于按时完成大道的修建工作，请来的雕塑师水平参差不齐，结果导致雕像全都循规蹈矩、矫揉造作，甚至还有不少雕像风格拙劣，显得毫无生命力。胜利大道就这样成了一项耗资巨大、风格单调、极尽浮夸之气的面子工程。柏林的市民从来都不把高官显贵当回事，所以胜利大道也就成了他们的嘲讽对象，被取了"木偶街"（Puppenallee）这样一个别名，而以大道为对象的视觉讽刺作品在当时则更是层出不穷，纷纷把大道描绘为妄自尊大的皇帝干出的蠢事。1903年时，奥多尔牌漱口水推出了一幅著名的广告画，以胜利大道为背景，用巨大的漱口水包装瓶替代了大道两侧的雕像，嘲讽效果可谓一击致命。

官方政治文化与异见政治文化间越来越严重的两极对立是普鲁士特有的现象，即便在德意志帝国内部也是如此。在南德意志诸邦，由于进步的执政联盟落实了一系列的宪政改革方案，政治文化的对立远没有如此尖锐。此外，与普鲁士的情况相比，在南德意志诸邦，"政府"党派与社会民主主义者之间的关系也没有如此紧张，其中的一部分原因是，南德意志诸邦的执政派别思想更开放，更愿意与左翼政党合作，而另一部分原因则是，与普鲁士的社会主义者相比，南德意志诸邦的社会主义者态度较为温和，不是那么愿意与政府对抗。在高级文化领域，南德意志诸邦同样不存在如此激烈的两极对立。皇帝威廉二世公开谴责所有形式的文化现代主义，而与之形成鲜明对比的

图49　奥多尔牌漱口水的广告画

第十六章　并入德意志

则是，黑森-达姆施塔特大公国的恩斯特·路德维希大公是举世闻名的现代艺术及雕塑鉴赏家、赞助人。黑森-达姆施塔特大公国只是德意志帝国的一个小邦，但路德维希大公的宫廷却成了重要的文化创新中心。

## 文化战争

1878年年底，在普鲁士天主教会的主教中，有超过半数的人不是流亡国外，就是身陷囹圄。此外，普鲁士总共有不下1 800位神父或是遭到关押，或是逃到了国外，而遭到政府没收的天主教会资产则更是超过了1 600万马克。仅仅是1875年的头四个月，就有241位神父、136名为天主教报纸工作的编辑、210个天主教平信徒或是被处以罚款，或是被捕入狱；另有20家天主教报刊被当局罚没，74处天主教机构遭到搜查，103个天主教政治活动家被驱逐出境或羁押，55家天主教组织或俱乐部被查封。到了1881年的时候，普鲁士仍然有四分之一的天主教堂区没有神父。这便是文化斗争（Kulturkampf）最激烈的时刻普鲁士的景象——这场斗争塑造了德国的政治和公共生活，影响力将会持续数个世代之久。[22]

在这一历史时期，普鲁士并不是唯一因为宗派问题而气氛紧张的欧洲国家。19世纪七八十年代，在欧洲大陆各国，天主教会与世俗自由主义运动之间的冲突越发激烈。然而，普鲁士的情况仍然尤其严重。普鲁士的国家机构对天主教的机构和人员进行了系统性的打击，手段之强硬绝非任何其他欧洲国家所能比拟。行政改革和法律成了普政府用来打压天主教的两大武器。1871年，普政府取消了隶属于负责教会事务的部级政府机构的"天主教司"，令天主教徒失去了能够在官僚制度的高层独立地代表本教派利益的机构。此外，刑法也接受了修订，变得能够让当局起诉那些用讲道坛来"实现政治目的"的神父。1872年，政府进一步出台措施，不仅消除了教会人员对学校课程体系的制定及实施的影响力，还取消了教会对学校的监管权。宗教团体的成员失去了在公立学校任教的资格，而耶稣会则更是被驱逐出了德意志帝国。1873年，普政府颁布"五月法"，规定在普鲁士境内，所有神职人员的培训及任命工作必须接受政府监管。1874年，普政府开始推行强制性的民事婚姻制度；一年后，强制性的民事婚姻在德意志帝国全面推行。1875年，普政府进一步采取立法手段，不仅废除了所谓的可疑宗教团体、终止了政府为教会提供的补贴，还删除了普鲁士宪法中关于保障宗教自由的法条。天主教的神职人员要么遭到驱逐，要么锒铛入狱，要么东躲西藏，而当局则借着这个机会颁布法令，允许国家授权的代理人管理出缺的主教区。

　　俾斯麦是上述前所未有的措施最主要的幕后推手。他为什么要这样做呢？我们可以在他对德意志民族问题深受宗派思想影响的理解中找到这个问题的一部分答案。19世纪50年代，他在法兰克福担任普政府派驻德意志邦联领导机构的代表，在此期间得出了一个自己深信不疑的结论，即在南德意志诸国，具有政治倾向的天主教信仰是"普鲁士最主要的敌人"。无论是天主教复兴运动的虔诚信仰，以及能够展现这种信仰的朝圣活动、公共节庆活动，还是19世纪中叶时德意志诸国的天主教徒越来越唯罗马马首是瞻的倾向，都令他十分反感。有些时候，他甚至会产生疑问，认为"天主教极其伪善，是充满了仇恨与诡诈的偶像崇拜，其教义自负而放肆，曲解了上帝的启示，把培养偶像崇拜当作控制世俗世界的基础"，也许根本就不能算作真正的宗教。[23]这一句话里面混杂了一些各不相同的观点：俾斯麦一方面作为一个新教信徒，就好似有洁癖一样，对天主教复兴运动注重表象的特点十分鄙视（他的虔敬派精神进一步加强了这种厌恶感）；另一方面又抱有某种若隐若现的德意志理想主义精神，还在政治上对天主教会控制思想和发动民众的能力存在（近乎偏执的）顾虑。

统一德意志的过程所引发的冲突进一步加深了俾斯麦的上述敌意。一直以来，德意志的天主教徒在处理与德意志事务相关的问题时都十分服从奥地利当局的领导，所以对由普鲁士主导，将会把600万居住在奥地利境内的（大都是天主教徒的）德意志人排除在外的"小德意志"统一计划并不热心。1866年，普鲁士在普奥战争中大获全胜的消息传来后，南德意志诸国的天主教徒发起暴动，而普鲁士议会的天主教集团则在议会对许多具有象征意义的议案进行表决时与政府唱反调，比如与战争赔款相关的议案，又比如普鲁士吞并其他德意志国家的计划，再比如对俾斯麦及普军将领为战争胜利所做出的贡献提供经济奖励的提案。1867—1868年，俾斯麦首相——他此时还兼任北德意志邦联的首相——因为天主教徒极力阻止南北统一进程而火冒三丈。尤其令人担忧的是，慕尼黑的自由派政府奉行亲普鲁士的政策，结果1869年在巴伐利亚引发了反政府运动。在发动民众，为天主教的排他主义政治纲领争取支持的过程中，天主教的神职人员起到了至关重要的作用，除了利用讲道的机会发表鼓动人心的演讲，还请求信徒在请愿书上签字，经常能收集到成百上千的签名。[24]1871年之后，德意志帝国的三个主要少数民族（波兰人、阿尔萨斯人、丹麦人）选出的代表组成了帝国议会的反对党，再加上在这三个民族中，有两个民族①的绝大多数人口都信奉天主教，结果令天主教徒的政治可靠性遭到了进一步的质疑。俾斯麦不仅对居住在普鲁士的东部，人数多达250万的波兰天主教徒在政治上的"不忠诚"深信不疑，甚至还怀疑天主教会及其关系网络与波兰人的民族主义运动有着千丝万缕

---

① 波兰人、阿尔萨斯人。

的联系。

与之前相比，在德意志帝国这个新成立的民族国家的内部，上述关切展现出了更为强大的破坏力。从许多方面来看，这个俾斯麦一手打造的帝国都既不是"有机的"整体，也不是经由历史演进而产生的实体——由长达四年的外交博弈和战争催生出的德意志帝国具有明显的人为特征。[25]霍亨索伦王朝的君主在19世纪70年代取得了巨大的成功，但像普鲁士历史时常表明的那样，这样的成功虽然令人惊叹，却也十分脆弱。当时的一种令人不安的观点认为，大厦修建得越快，就越容易崩塌，所以德意志帝国很有可能永远也无法获得政治及文化上的凝聚力，终究难逃内部分裂的命运。在我们现代人看来，这样的担忧也许是杞人忧天，但在当时的许多人看来，这却是实实在在的威胁。在这种充满不确定性的政治气氛中，认为在德意志帝国内部，天主教徒会对民族统一成果的巩固过程造成最为严重的阻碍，似乎的确很有道理。

无论是在新成立的帝国议会中，还是在普鲁士的下议院，民族自由主义者都势力强大，是政府不可或缺的政治盟友；而俾斯麦的心里很清楚，政府镇压天主教的政策一定会得到民族自由主义者的狂热支持。19世纪末，在普鲁士，乃至在德意志帝国（以及欧洲）的许多地区，反对天主教都是对自由主义运动具有定义作用的特征之一。自由主义者认为，天主教信仰全盘否定了自由主义的世界观，是自由主义的对立面。1870年，梵蒂冈大公会议颁布了名为"教皇无谬误"的教义（按照这项教义的规定，教皇就信仰或道德问题发表正式讲话的时候，其权威性不容置疑），结果遭到了自由主义者的猛烈抨击，被扣上了"专制主义"和"奴隶制"的帽子。自由主义的新闻媒体把虔诚的天主教徒描述为奴性十足，容易遭到操纵的乌合之众（言外之意是，自由主义的社会环境以良知没有遭到束缚的男性纳税人为

第十六章 并入德意志

中心，与天主教形成了鲜明的对比）。市面上出现了嘲讽天主教神职人员的文章，就好似动物寓言一样，对神职人员进行了脸谱化的描述：自由派期刊刊登的讽刺文章中，骨瘦如柴、诡计多端的耶稣会会士和大腹便便、色胆包天的神父层出不穷——天主教神职人员全都身着黑袍，让漫画家手中的画笔获得了足够的空间，可以围绕着这样的主题充分地进行艺术发挥。无论是诋毁堂区神父的牧灵工作，还是质疑修女的性道德，都是用双重否定的方式来表达观点，可以彰显自由派认为父权制的核心家庭神圣而不可侵犯的信念。自由派人士一方面对女性在许多新出现的天主教宗教团体中占据重要地位这件事紧张万分，另一方面又带着色情的眼光，随意揣测神父的禁欲（或者说纵欲）生活，在这一过程中暴露出了自己对"男子气概"深藏于心底的执念——"男子气概"是自由主义运动用来进行"自我理解"的重要（却并不总是能够明确表达出来的）概念。[26] 所以说，对自由主义者来说，针对天主教会发起的运动是一场不折不扣的"文化斗争"——这是1872年2月信奉新教的自由派病理学家鲁道夫·魏尔啸在普鲁士议会下议院发表演讲时首次提出的概念。[27]

俾斯麦针对普鲁士天主教徒的行动以失败告终。他原本的希望是，反对天主教的圣战能够有助于建立起涵盖面广泛的新教自由保守派游说集团，继而利用游说集团的力量来促使议会通过他提出的旨在巩固新成立的德意志帝国的法案。然而，与他原本的设想相比，反天主教运动整合各方势力的作用不仅持续时间极短，还十分脆弱。无论是在普鲁士，还是在德意志帝国，反天主教都无法为政府的行动提供可持续的政治纲领。这一问题是许多方面的原因造成的。俾斯麦提出的政策唤起了许多人的激情，但与这些人相比，他却并没有那么极端。他是一个笃信宗教的人，会在处理国事的过程中寻求上帝的指导（左翼自由派人士路德维希·班贝格尔讽刺道，俾斯麦一般会发现上帝与自己所见略同）。[28] 他的宗教信仰符合虔敬派的传统，奉行普世教会主义，并不赞同宗派主义。他的看法与自由派不同，并不认为完全的政教分离是正确的做法；此外，他还不认为宗教是纯粹的私人事务。他并不像左翼自由派那样，希望宗教会渐渐地消亡，最终沦为一股难以为继的社会力量。因此，在他看来，文化斗争释放出的反对神职人员，要求宗教世俗化的呼声令人惊恐万分。

此外，反天主教运动失败的另一个原因是，在当时的普鲁士，政治人物除了信奉不同宗派的信仰，还被其他领域的歧异分成了不同的派别。在文化斗争推进的过程中，和自由派与天主教信徒之间的分歧相比，左翼自由派与右翼自由派在某些方面出现了更加难以逾越的鸿沟。到了19世纪70年代中期的时候，左翼自由派开始反对文化斗争，理由是文化斗争损害了公民的基本权利。此外，反天主教会的措施变得越来越激进之后，在德意志保守派的内部，许多隶属于"神职人员"分支的新教信徒也变得忧心忡忡。越来越多的人开始认为，文化斗争的真正受害者既不是天主教会，也不是天主教的政治势力，而是宗教本身。恩斯特·路德维希·冯·格拉赫和汉斯·冯·克莱斯特是在旧普鲁士的虔敬派氛围中成长起来的政治人物，同时也是从保守派的立场出发，对文化斗争表达出关切的人物最为典型的例证。

就算俾斯麦的政策得到了更为坚定的支持，对于他能否在宪法及其他法律所规定的框架内，动用国家权力，彻底地消除天主教势力的不同政见，我们也要打上一个大大的问号。1837年，也就是俾斯麦还只是一个二十多岁的小青年的时候，天主教徒与新教信徒的通婚问题在普属莱茵兰引发争议，把省内信奉天主教的人口动员了起来，令当地的天主教主教更为稳固地占据了道德高地。此外，俾斯麦肯定也没有忘记，普政府意在把西里西亚的"老路德宗"强行并入普鲁士联合教会的措施是多么徒劳无功——这件事进一步明确地证明，用

图 50 讽刺漫画对神职人员脸谱化的描绘。路德维希·施图茨创作的漫画,刊登于在柏林出版的讽刺杂志《喧声》(*Kladderadatsch*,1900 年 12 月)

法律手段来施加压力，迫使少数宗派就范的做法最终都会竹篮打水一场空。即便如此，俾斯麦和他的支持者还是犯下了与前人相同的错误，在高估国家权力的同时，低估了对手的决心。在许多地区，天主教的神职人员对新颁布的法律无动于衷，没有表现出任何遵守法律规定的意图。[29] 政府新设立了以即将叙任圣职的神职人员为对象的"文化考试"，但天主教的青年神职人员却全都对考试视而不见；天主教会一直都没有按照法律的规定，在任命教会官员的时候征得政府的同意。

普政府当局急匆匆地完成了上述立法过程，根本就没有深入考虑执法问题，所以在遇到天主教徒的公民不服从运动之后，只得（像19世纪30年代的前任政府那样）临时出台各种处罚措施，比如数额不等的罚款，或者监禁、流放。不过，这些措施几乎没有取得任何值得一提的效果。天主教会继续以"非法的"方式任命教会官员，结果不断地收到政府开出的罚单，罚金的数额像滚雪球一样，越攒越多。到了1874年年初的时候，仅仅是格涅兹诺-波森大主教一人就已经收到了总金额高达2.97万塔勒的罚单，相当于他两年多的圣俸；科隆大主教手中的罚单总金额也达到了2.95万塔勒。如果当事的主教拒不缴纳罚款，地方当局就会没收他的财产，然后进行公开拍卖。然而，这样做同样徒劳无功，原因是忠于教会的天主教徒会团结在一起，操纵拍卖过程，确保拍卖品以尽可能低的价格成交，之后再把买到手的拍卖品物归原主。

监禁同样也起不到任何效果。主教、大主教全都是教会高官，即便是被判处监禁，也会受到特别的优待，所以对他们来说，坐牢其实完全可以与居家休养画上等号。他们可以居住在主教宫的套房里，就连一日三餐也可以由主教宫的厨房专门备餐。库尔姆教区（西普鲁士境内）年迈的主教约翰内斯·冯·德尔·马维茨被判监禁后，当地

第十六章　并入德意志　　739

的司法机构甚至直接提出了反对意见，指出当地的监狱楼梯太陡，主教大人腿脚不便，不宜入住。在处理普通的堂区神父时，当局的态度可就要严酷得多了，但这同样也没有取得应有的效果，原因是这样做反倒让信徒更加坚定地与身处困境的神父团结到了一起，结果令神父与当局抗争到底的决心变得不可动摇。即便只是吃了短短几天的牢饭，神父在返回堂区的时候也会受到英雄般的欢迎。

为了解决上述问题，政府在1874年5月新出台了一系列统称为"驱逐法"的法规，违犯的主教和神职人员将被流放到边远地区——政府认为，最佳的流放地是波罗的海的吕根岛。在从1875年起，到1879年为止的四年间，政府按照"驱逐法"的规定，一共逮捕并流放了数百名神父。然而，这样的措施非但没能完全解决问题，反倒还制造出了许多新问题。到底应当由谁来承担起执法者的任务，负责执行驱逐神父的命令呢？从理论上讲，这是地区特派员（Landräte）的职责，但问题在于，地区特派员的辖区人口多达5万，面积超过200平方千米，想要让他们实时掌握辖区内每一个堂区的具体情况，根本就是不现实的。神父在遭到驱逐后返回堂区，继续履行职责，而当局则对此一无所知——这样的情况并不少见。有一位神父在遭到驱逐后返回堂区，继续本职工作，当局直到两年后才发现他违反了驱逐令——此时，针对这位神父的驱逐令早已过期失效。[30] 此外，找到在政治上可靠的继任者，让他接替遭到驱逐的神父，同样也是一件极其困难的工作。政府任命的人选遭到天主教信徒的鄙视和唾弃，在取代被驱逐的神父，正式上任后，全都混得灰头土脸。在许多情况下，地方当局都发现，想要让本地的天主教徒就范，就只能在军营内组织强制性的教会游行。

所以说，就社会及政治力量而论，俾斯麦的措施非但没能消除天主教的势力，反倒还让天主教变得更加强大。俾斯麦原本认为，政府新颁布的法律会形成足够的压力，令天主教阵营发生内部分裂，一方面令越山主义者（认为教皇权威至高无上的派别）遭到边缘化，另一方面又能迫使教会内部的其他势力转变态度，成为对政府言听计从的合作者。然而，实际情况与俾斯麦的预测恰恰相反：国家采取的行动令天主教阵营内部的自由派和国家主义势力遭到打击，被排挤到了边缘地带。1870年，罗马教廷宣布"教皇无谬误"后，许多天主教团体的内部都爆发了争论，而政府的做法则让那些对"教皇无谬误"持批评态度的天主教徒转变立场，认为与国家的世俗化政策相比，应当两害相权取其轻，承认教皇的绝对权力。虽然的确有一小撮反对"教皇无谬误"的自由派天主教徒（他们中的大部分人都是学者）与罗马教廷划清了界限，成立了名为"老天主教会"的教会团体——19世纪40年代，激进的"德意志天主教"运动提出了"远离罗马"的口号，而"老天主教会"则可以算作这一运动遥远的回声——但他们却一直都没能获得值得一提的社会基础。

普鲁士天主教徒（和德意志帝国的许多天主教徒支持）的政党中央党以令人瞠目结舌的速度迅速发展，也许是最为有力的证据，可以证明俾斯麦针对天主教的政策以失败告终。尽管俾斯麦的确在普鲁士的议会内孤立了中央党（至少在一段时间内情况的确如此），但他却无力阻止该党在德意志帝国的全国选举中获得越来越多的选票。在1871年的议会选举中，普鲁士的天主教徒只有23%的人把选票投给了中央党的候选人，而到了1874年的时候，这一比例已经上升到了45%。中央党"早早地让支持者的数量达到了峰值"，有效地占据了属于本党派的社会环境，把到当时为止一直都不愿参与政治的天主教徒动员起来，扩大了党派政治的前沿阵地——这一切在很大程度上都要归因于俾斯麦的文化斗争政策所造成的破坏。[31] 接下来，其他党派逐渐地借鉴中央党的经验，开始把不信奉天主教的人口当作对象，

第十六章　并入德意志　　741

试图把他们动员成为支持本党派的新选民，但直到1912年，中央党的大跨步前进才终于被其他党派在选举中更为优异的表现所抵消。即便是在1912年，中央党也仍然是在帝国议会中席位数量仅次于社会民主党的第二大党。由于绝大多数的自由派、保守派仍然小心翼翼，不愿与社会主义者打交道，所以中央党仍然是帝国议会中势力最大的党派——这显然不是1871年，俾斯麦在向天主教势力宣战的时候想要的结果。

对普鲁士来说，宗派间的紧张气氛并不是什么新鲜事，但无论是就范围而论，还是从严酷程度的角度来看，俾斯麦发起的反天主教运动在普鲁士都是史无前例的。19世纪30年代末，虽然围绕着天主教与新教教徒通婚的问题所产生的争议十分激烈——这在一定程度上是由于婚姻本身就是一个容易让人情绪激动的议题——但从本质上讲，这仍然只是教会与国家在制度层面的冲突，双方的目标仅仅是对行政管理的灰色地带进行划分，搞明白各自的职权范围。与之形成鲜明对比的是，文化斗争其实是一场"文化战争"，是一场似乎会对德意志人的民族身份产生重大影响的斗争。国家与教会之间的冲突之所以会以这种方式不断地扩大，最终把公共生活的所有因素全都牵扯进来，是因为普鲁士国内不同宗派间的紧张关系、俾斯麦的强硬手段、德意志人的民族身份所造成的挑战这三者间发生了极不稳定的相互作用。在试图把天主教会赶出政治领域的过程中，俾斯麦想要以只适用于普鲁士的手段来实现涉及德意志帝国全国的目标。1881年，他在向帝国议会发表讲话的时候指出："你们也许能证明我犯了错误，却肯定无法证明，我哪怕在一瞬间忘记了民族主义事业的目标。"[32]德意志的统一对普鲁士的国内政治产生了剧烈的冲击——极少有其他的政治冲突能够像文化斗争那样，如此明确地证明这一点。

## 波兰人、犹太人，以及其他的普鲁士人

1870年2月，一位波兰人议员在北德意志邦联的议会上发表了这样一段演讲：

> 在邦联议会的讨论过程中，我们发现自己的处境十分奇怪，因为我们的耳边全都是与德意志人的过去、德意志人的风俗习惯、德意志人民的福祉相关的话语。我们并不是不想让德意志人过上好日子，更不是想要给德意志人的未来设置障碍。然而，德意志人的过去、风俗习惯和未来对你们来说也许是能够把人凝聚在一起的纽带，但对我们来说，这一切却都是会令我们和你们出现隔阂的因素。[33]

德意志诸国在政治上实现统一之后，生活在普鲁士东部的波兰人开始变得对未来充满恐惧。让波兰人成为普鲁士国王的臣民也许是一件非常困难的事情，而想要让波兰人在保留民族身份的同时成为德意志人，就完全是自相矛盾的要求了。臣民身份和民族身份是两个可以互补的概念；波兰人也许可以学会如何在那个名叫普鲁士的国家境内平静地生活，他们至少是可以在表面上做到这一点的。他们甚至有可能学会珍视普鲁士独特的美德。然而，他们应当如何作为波兰人，在一个奉行德意志民族主义的国家境内生活呢？对生活在普鲁士境内的波兰人来说，将民族因素提升为身份认同的凝聚点和政治行动的动因，注定是一件意义十分深远的事情。

1861年时，普鲁士的总人口为1 850万，其中有225万人是波兰人。波兰人在普鲁士境内的主要聚居区分别是波森省、西普鲁士省（这两个省份的波兰人数量分别占55%、32%），以及西里西亚省的

第十六章　并入德意志

东南地区。在霍亨索伦王朝统治的土地上，波兰人是人数最多的少数民族，而普政府对待他们的民族政策则一直都模棱两可，在包容与镇压之间来回摇摆。1815年之后，普政府承认了波兰人是一个在霍亨索伦王朝的统治下拥有独立民族身份、拥有故土的民族，而前提条件则当然是，波兰人必须保证自己是普鲁士王国忠诚的臣民。1830年，波兰人发动起义之后，普政府认识到了波兰民族主义的危险之处，其行政部门转而奉行文化镇压政策，工作重点变为推广德语，迫使波兰人把德语用作学校的教学语言和进行正式沟通的官方语言。然而，到了1840年，弗里德里希·威廉四世继承王位之后，普政府又放弃了这一套政策。1846年，居住在波森大公国境内的波兰人计划发动起义，虽然最终没能成事，但普政府还是改变了处理波兰问题的政策风向。起义的幕后策划者是总部设在波森的"工人阶级联盟"，其目标是既推翻普鲁士行政当局，同时又打击波兰的贵族地主。然而，起义还没正式发动，就有惶惶不安的波兰贵族背叛起义，把起义的领导人出卖给了普鲁士警方。普政府采取严厉的镇压手段，除了逮捕254个参与策划起义的波兰人，在柏林对他们进行审判，还派出警察部队搜查波森境内的城镇，就连有嫌疑的新闻媒体也不是受到言论限制，就是直接遭到查封。

从本质上讲，普政府的这种之字形政策路线是注重实用性的被动措施，其目标是确保波兰人聚居区政治稳定。普政府认为，让波兰人发展出具有本民族特征的独特文化氛围是可以接受的事情，而前提条件则是，这样做绝不能助长波兰人的民族主义及分裂主义情绪。然而，1848年的革命爆发后，局势似乎发生了某些改变。最开始时，对波兰人来说，局势的改变似乎带来了好消息。普鲁士的自由派几乎全都抱有亲波兰的观点。1848年3月，因为参与1846年的起义而被捕入狱的激进人士重获自由，之后又参加了横穿柏林的游行，受到了民众的狂热欢迎。新成立的"三月"政府支持波兰复国，认为波兰可以成为缓冲地带，阻挡俄国在未来有可能发起的侵略行动；4月2日，普鲁士联合议会同样通过动议，宣布支持波兰复国。波兰人重获自由的时刻似乎已经近在眼前——这在历史上不是第一次，也不是最后一次。军事战略家、1846年起义的领导人之一卢德维克·梅洛斯瓦夫斯基急匆匆地赶回波森，想要组建一支属于波兰人的民族军队。[34] 在波森大公国境内人口大都是波兰人的地区，普鲁士的行政当局权势尽失，地方上的波兰贵族开始主导地区事务，在招募士兵的同时，为梅洛斯瓦夫斯基筹措资金。事态的上述发展证明了普政府对普鲁士东部边境地区的统治多么脆弱，多么令中央的掌权者胆战心惊。

然而，与此同时，革命在波森大公国引发了民族身份的两极分化。在波森召开会议的波兰民族委员会拒绝把德意志人接纳为委员，迫使德意志人成立德意志民族委员会，而德意志民族委员会很快就变成了德意志民族主义者的地盘。许多生活在波兰人聚居区的德意志人逃离故乡，前往人口大都是德意志人，普政府的地方行政机构仍然能够正常运行的地区。4月9日，德意志民族主义运动的活动家在布龙贝格成立了"内策地区促进普鲁士及德意志在波森大公国利益的中央公民委员会"——德意志民族主义者把"普鲁士"和"德意志"这两个词并置的做法至少说明了一些问题。[35] 到了5月的时候，由于各方寻求妥协的努力全都无果而终，普政府派兵进入波森大公国，经过一系列血腥的战斗，最终击溃了梅洛斯瓦夫斯基率领的军队。战斗结束后，普政府派往波森各地的地方官员全都回到了各自的岗位。此时，具有革命倾向的柏林国民议会仍然认为，应当在普鲁士的统治下实施帮助波兰人实现民族平等的政策，但问题在于，保守派在1848年11月发动军事政变，强行解散了国民议会。

1848—1850年制定的普鲁士新宪法既没有谈到波兰人的少数民

族权益,也没有与波森及任何其他波兰人聚居区的特殊地位相关的条款。此时,在普政府的高级官员看来,采用宽容的民族政策来促使波兰人向普鲁士王权效忠的观点似乎已经过时。他们提出,波兰人对这样的政策无动于衷——1849年11月,内政部的一份报告宣称:"任何让步都无法争取到波兰人的支持。"[36] 既然与波森境内的波兰民族主义运动达成和解已经是不可能的事情,那么普政府也就别无选择,只能"采取积极而强硬的措施,迫使波兰人老老实实地待在原本就属于他们的从属地位"。[37] "德意志化"(Germanisierung)一词开始在政府公文中变得越来越常见。

然而,普政府似乎对于在制定实际政策措施的时候把"德意志化"当作出发点没什么兴趣。作为少数民族居住在波森境内的德意志人不断地发出呼吁,希望政府能够出手相助,却一直都无法得到回应——普鲁士首相奥托·冯·曼陀菲尔的观点是,如果波森境内的德意志人无法在没有国家干预的情况下自力更生,那么他们就不配拥有未来。当局一直都密切关注波兰人的民族主义活动,但这并没有妨碍波兰人享受普鲁士宪法所规定的公民自由权利,就连为普鲁士议会下院的波兰候选人造势的选举活动都没有因此受到影响。此外,普政府在波森设立的司法机构也一直都恪尽职守,能够捍卫波兰语作为内部行政管理的官方语言、基础学校教育的教学语言的地位。[38]

1860年代,尽管国内时不时地有人发出呼吁,希望政府出台德意志化的措施,但普政府却一直都不愿采取行动。其中的一部分原因是,普政府认为,市场的力量终究会显现出来,帮助在波兰人聚居区定居的德意志人站稳脚跟;而另一部分原因则是,1866年到1869年,俾斯麦迫切地需要安抚波兰的天主教神职人员,他认为如果不这样做,就会得罪南德意志诸国信奉天主教的德意志人,从而给德意志的统一事业造成危害。在这些年间,俾斯麦与波兰的天主教会统治集团搞好关系的意愿是如此强烈，以至于他在1869年解除了波森省省长卡尔·冯·霍恩的职务，原因是霍恩与波森-格涅兹诺的大主教莱多霍夫斯基起了冲突。[39]

德意志实现政治统一之后，普政府处理波兰问题的态度来了个180度的大转弯。1870年夏，波兰人毫不掩饰地表达了对法国的支持，让普政府设在东部地区的行政当局甚为忧虑。波兰民族主义者号召波兰士兵离开普鲁士的军队（几乎没有人响应这一号召），到了普鲁士和德意志诸国的联军取得胜利的消息传来之后，波兰人愤怒地发起了抗议活动。在普法战争期间，由于波森省的局势太过动荡，普政府不得不派后备部队进驻该省，命令他们维持省内的社会秩序。[40]得知波兰人的反叛行为后，俾斯麦火冒三丈，谋求报复。1871年秋，他在普鲁士的一次内阁会议上指出："从俄国的边境到亚得里亚海之滨，我们遭到了由斯拉夫人、越山主义者、反动派共同发起的宣传攻势；面对敌意如此明显的行动，我们必须公开采取措施，捍卫我们的民族利益、我们的语言。"[41] 俾斯麦夸大其词几乎到了偏执的地步，认为斯拉夫人和罗马教廷联合到一起，形成了针对普鲁士的包围圈，而这又可以反映出，俾斯麦对新成立的由普鲁士主导的德意志民族国家有多么担忧。在这里，我们再一次体会到了普鲁士作为一个国家的自相矛盾之处，亦即普鲁士每一次扩张领土，变得更加强大的时候，其掌权者都会觉得自己无比脆弱，陷入了腹背受敌的境地。

俾斯麦的第一个打击对象是不久前他还在千方百计地帮助其维护利益的波兰天主教神职人员。1872年3月11日，政府颁布了"学校巡视法案"，其主要目的是，让领取政府俸禄的全职专业巡视员取代教会高官的一项传统职责，监管波森省的2 480所天主教教会学校的巡视工作。普属波兰就这样成了普政府以天主教会为对象的文化斗争政策的起始点，普政府与教会统治集团开展务实合作的传统政策至

第十六章　并入德意志

此告终。显而易见的是，这样做必将加强天主教神职人员在波兰民族主义运动中的领导地位。在许多地区，普鲁士行政当局想要落实文化斗争政策中针对地方上波兰天主教神职人员的立法，结果引发了与波兰人的直接对抗。教众集合到一起，采用暴力手段来保护堂区神父免遭当局逮捕。"国家任命的神父"奉命前往各堂区取代那些遭到逮捕或被处以流刑的天主教神职人员，结果全都遭到了教众的冷落，有些人甚至还挨了打。一位名叫默克的神父是个德意志人，他在1877年被当局分派到了波维兹堂区，在到任后发现教堂门可罗雀，教众全都跑到了邻近的村庄，在波兰神父的主持下望弥撒。即便是到了1882年默克去世之后，波维兹堂区的村民仍然不愿罢休——他们挖出默克的棺材，把它扔到了湖里。[42]

1872—1873年，威廉一世在柏林下达了一连串的命令，要求当局限制德语以外的语言在东部诸省的使用。这项政策殃及的受害者中，包括了居住在普鲁士境内，从来都没冒犯过普政府的立陶宛人，还有东普鲁士省内既不是天主教徒，也没有狂热支持波兰复国的马祖里人。[43]1876年颁布的一项法规规定，在普鲁士境内，德语是所有政府机构和政治实体的唯一官方语言；其他的方言虽然依旧可以在一系列的地方性机构中使用，但必须逐渐用德语替代，完成更替的时间不得超过20年。在普鲁士各地的波兰人聚居区，低级神职人员成了协调民众，对这套全新的语言政策发起抗议的关键人物。堂区神父帮忙张贴声讨普政府的请愿书，为请愿书收集签名，有时甚至能收集到多达30万人的签名。[44]

从此以后，在波兰人聚居区开展德意志化政策不仅始终都是历届普鲁士政府挂在嘴边的原则，同时也成了许多政府措施的指导方针。这套全新的强硬政策所引发的最为臭名昭著的事件之一发生在1885年：3.2万没能完全归化的波兰人、犹太人虽然没有违犯德意志帝国和普鲁士的法律，但还是被普政府驱逐出了柏林和东部诸省。1886年，由于农业经济萧条，导致越来越多的德意志人离开以农业为主的东部诸省，前往正在迅速实现工业化的西部地区定居，在普鲁士议会中占据多数席位的保守民族主义自由派紧张了起来，批准成立了"普鲁士王室殖民委员会"。殖民委员会的总部设在波森，总共拥有一亿马克的资金，任务为从波兰人手中收购经营不善的庄园，把由此获得的土地分成小块，分配给愿意在东部诸省定居的德意志农民。俾斯麦——以及许多保守派的成员——在最开始的时候反对把庄园分成小块的做法，原因是在他看来，这样做会损害容克地主阶层的利益，但由于殖民计划必须得到民族主义自由派的支持才能获得成功，再加上民族主义自由派态度坚决，提出必须把庄园分割开来，分配给农民，所以俾斯麦也就只好做出让步了。

　　俾斯麦在殖民政策上做出的妥协可以证明，到了1880年代末，普政府受到来自内部各方势力的压力，必须广泛地考虑不同的政治意见，才能制定出针对波兰人聚居区的政策。1890年代，普鲁士出现了许多势力强大，对波兰问题有着特殊利益关切的游说团体，进一步加深了这一趋势。在这些游说集团中，地位最重要的是1891年成立，为德意志极端民族主义者发声的"泛德意志联盟"（Alldeutscher Verband），以及用名称把组织的任务交代得一清二楚的"东部边区德意志居民支援协会"（自1899年起更名为Ostmarkenverein[①]）。这些组织很快就开始在波兰政策领域向政府施加影响力。1894年，泛德意志联盟初显身手，发起了针对接替俾斯麦成为德意志帝国新任宰相的列奥·冯·卡普里维的舆论攻势，指责他放慢了在波兰人聚居区推行德意志化政策的脚步。东部边区协会同样也利用其期刊《东部

---

① 意为"东部边区协会"。

第十六章　并入德意志

边区》(Die Ostmark)发起了力度极大的宣传攻势,除了组织公开集会,还对友好的议员进行游说。以泛德意志联盟、东部边区协会为代表的组织介于政府与公民社会之间,地位十分特殊。一方面,它们是依靠募捐、收取会员费、发行出版物等创收方式来获得资金的独立实体;然而,另一方面,它们又与政府机构存在某种联系。泛德意志联盟的创始人阿尔弗雷德·胡根贝格作为赴任的地方官员随同王室殖民委员会来到了波森。1900年,东部边区协会总共有2万名会员,其中有相当一部分人是低级政府官员和教师。如果组织的目标与政府的利益发生了冲突,那么这些与政府有联系的会员本来会离开组织的,不过在1895年,东部边区协会在普鲁士议会的政治辩论中"维护"政府的立场,得到了普鲁士内政大臣的公开赞扬,这一方面的疑虑也就消散了。

尽管代表农业利益的保守派民族主义者就一些特定的问题存在分歧(比如大地产是否应当雇用更多的波兰人,让他们做季节性劳工的工作),但这并没有影响德意志化作为政府政策执行原则的地位。1900年,由伯恩哈德·冯·比洛担任宰相的帝国政府出台措施,进一步限制了波兰语的使用。新措施生效后,宗教教学再也无法起到波兰语避风港的作用——按照新措施的规定,在德意志帝国的境内,所有小学以上教育机构的宗教教学都必须接受政府的统一监管。1904年,普鲁士议会通过法律,允许县一级的官员在签发建筑许可证有可能阻碍殖民计划的情况下拒发许可证——这样做的目的是,防止波兰人购买德意志人经营的农场,把农场的土地分成小块出售给波兰小农。此外,国家还向专门负责为德意志人农场主减轻债务压力的中产阶级银行(Mittelstandskasse)提供了财政援助。作为上述措施的辅助手段,政府还在地方及省一级的行政机构招募工作中出台了针对波兰人的歧视性政策——1907—1909年,波森省的邮政及铁路系统总共招募了3 995名新员工,其中仅有795人是波兰人,而剩余的3 200人全都是德意志人。在地图上,波兰语的地名全都不见了踪影(只不过,波兰民众一直都牢记着这些地名)。[45]1908年3月20日,政府颁布针对波兰人的征地法,允许使用强制性手段征收波兰地主名下的土地(会提供一定程度的经济补偿),为帮助德意志殖民者在波兰人聚居区定居的工作扫清障碍,把"德意志化"政策推向了高潮(也可以说是最阴暗的时刻)。保守派左右为难,无法决定是否应当支持征地措施——其中的原因显而易见——但最终还是决定支持征地政策,原因是他们认为,就重要性而论,与德意志人和斯拉夫人之间的民族矛盾相比,合法财产权的不可侵犯性只能退居次席。

德意志化政策最终竹篮打水一场空。波兰人虽然受到了德意志化政策的不公平对待,但他们在东部地区的人口增长速度还是超过了德意志人。波兰人仍然继续收购德意志人经营的农场,把土地分成小块,出售给波兰小农——在此过程中,手段高明,善于钻普政府法规空子的波兰银行积极活跃,解决了一部分资金问题。波兰人不断地罢课,不停地发起公民不合作运动,最终迫使政府放弃了令德语成为唯一教学语言的企图。征地法雷声大,雨点小,并没有像预想中那样,造成令波兰人惧怕的后果。征地法刚刚正式生效,其效力就大打折扣;因为政府出于实际原因和政治上的考虑颁布内部指导方针,把大片归波兰人所有的土地划为免征区。直到1912年10月,普政府才终于对外宣布,准备开展征地方案的落实工作。然而,即便是到了这一阶段,被征区的面积仍然十分有限(被征区的总面积仅为1 700公顷,由四处经济价值不值一提的大地产组成),而波兰人聚居区强烈的舆论反弹更是促使当局做出了不再进一步开展征地工作的决定。[46]

所以说,德意志化政策真正的重要之处并不在于它在易北河以东对德意志人和波兰人的民族分布情况所起到的微不足道的重新划分作用，而是在于它让我们认识到了普鲁士的政治气候到底都发生了哪些变化。在过去的历史中，普鲁士王权对波兰人的传统看法是，他们与讲德语的勃兰登堡人、波美拉尼亚人，以及生活在东普鲁士境内的立陶宛人一样，也是普鲁士国王信奉基督教的臣民。然而，从19世纪70年代起，普政府的官员渐渐地放弃了这样的观点。在此过程中，他们受到非政府组织的影响，接受了此类组织浸润着极端德意志民族主义言辞的论点和宣传。政府官员与非政府组织的这种关系形成了某种负面循环：尽管拿不准德意志化的民族政策到底能不能获得舆论的支持，政府还是决定为民族主义游说集团的所作所为背书，而这样的做法又反过来以或直接，或间接的方式，让民族主义游说集团打着国家的旗号获得了更大的权威。

在这样做的过程中，普政府触动了普鲁士在历史上作为立国之本的原则，亦即普鲁士人的身份认同源于霍亨索伦王朝统治权，所有的普鲁士臣民都能像享受阳光一样受到霍亨索伦王朝的庇护（只是对不同民族的臣民来说，阳光的温暖程度有所不同而已）。从19世纪早期到19世纪中叶，普鲁士的政府官员始终都认为，德意志民族主义是严重的威胁，会令上述王朝原则土崩瓦解。然而，到了19世纪末、20世纪初的时候，民族主义的话语已经无可争辩地占据了主导权。民族主义的史学家忙不迭地改写历史，把普鲁士的历史改编成了一部德意志民族向东扩张霸权的历史，而伯恩哈德·冯·比洛宰相（他来自梅克伦堡，并不是土生土长的普鲁士人）也毫无顾忌地对普鲁士议会宣称，普鲁士过去是，将来也一直都会是一个德意志"民族国家"，用这样的论点来为政府针对波兰人的民族政策辩护。[47]

上述变化同样也影响到了生活在普鲁士境内的犹太人。显而易见，在处理犹太人问题的时候，普政府既不需要使用强制性的手段来加快文化融合的步伐（融入德意志文化是绝大多数生活在普鲁士境内的犹太人早已热心接受的目标），也不需要镇压试图独立建国、寻求政治独立的野心。19世纪时，对生活在德意志诸国境内的犹太人群体来说，最为重要的事情是，如何摆脱犹太人自古以来一直都无法获得平等法律地位的现实。这一问题在德意志诸国实现政治统一的前夕已经得到了解决：1869年7月3日，北德意志邦联颁布邦联法（在北德意志邦联的所有成员国境内均有法律效力），明确规定，从即日起，所有限制犹太人民事及公民权利的法令一律废除。以1812年3月哈登贝格法令为起点的漫漫征途似乎走到了终点，犹太人终于获得解放，得到了平等的法律权利。

我们仍然可以对这样的结论提出一个十分重要的疑问。普政府仍然奉行歧视犹太人的政策，不愿让他们担任公职。比如说，尽管犹太人在律师、法庭书记员、助理法官中所占的比例远超犹太人口在全国总人口中的比例，尽管犹太人在关键的国家司法考试中表现优异，但犹太人想要在司法体系中担任高级官员，仍然困难重重。高级行政部门的绝大多数分支，以及诸如小学、文理中学、大学之类的重要公立文化机构全都存在相同的问题。此外，从1885年起，直到第一次世界大战爆发时为止，无论是在普鲁士的军队中，还是在所有其他军事机构从属于普鲁士的邦国，都没有犹太人晋升为预备役军官（巴伐利亚保留了一定程度的军事自主权，能够奉行更为开明的军官晋升政策）。[48]

国家机构的这种歧视犹太人的做法在某种程度上已经成了普鲁士政治格局中的反常现象，而这反过来又令犹太人遭受的歧视变得更加引人注目。在普鲁士境内的许多大城市，犹太人都是一个纳税额极高的群体，在普鲁士把财产当作门槛来限制民众选举权的选举制度中占据优势，不用大费周章，就可以通过选举担任重要的政治职务，成为重要的行政官员。在布雷斯劳，犹太人占据了市政委员会的大量席位（犹太人席位的比例最高可达四分之一），还可以担任除必须由柏林中央政府任命的市长及副市长以外的所有其他市政官职。[49]在柯尼斯堡，城市环境以和谐的社区间关系和"文化多元性"为特点，犹太居民能在城市生活中大显身手。在许多规模较大的普鲁士城市，犹太人都成了市民阶层的核心组成部分，能够全面地参与城市的政治及文化生活。[50]

普政府在国家层面上的官员任用方式对犹太人很不公平，令那些有政治意识、有意愿参与政治活动的普鲁士犹太人十分不满。[51]犹太人的解放运动自始至终都与国家机构有着密切的联系。克里斯蒂安·威廉·冯·多姆在1781年的那本影响力极大的小册子①中指出，获得解放就意味着"参与国家的政治生活"。此外，宪法也对相关问题做出了明确的规定：德意志帝国的宪法规定，所有以宗教为理由的歧视行为都是非法的。普鲁士宪法指出，所有的普鲁士人在法律面前人人平等（第12条），所有符合要求的人选都有公平的机会来担任公职（第4条）。只有在任命那些涉及宗教信仰的公职时，才可以优先考虑基督徒候选人。因此，犹太人作为少数民族，想要确保自身的权利，最可靠的方法就是要求国家权力机构一字一句地遵守国家制定的法律，全面践行法律的精神。[52]

左翼自由派的议员逼问普鲁士的各部大臣，要求他们就犹太人所遭受的官场歧视问题给出解释，结果发现，各部大臣不是宣称根本就不存在所谓的官场歧视，就是找各种理由开脱。比如说，他们指出，在做出敏感的公职任命时，政府必须考虑到民众的情绪。1901年，在议会就司法体系的官员任命问题进行辩论的时候，普鲁士司法大臣卡尔·海因里希·冯·申施泰特宣称，他在"任命公证人员的

---

① 此即《论提高犹太人的公民地位》。

时候，不能简单粗暴，对犹太人律师和基督徒律师一视同仁，因为绝大部分人口都不愿意让犹太公证人员来办理公证事务"。[53] 1910年2月，普鲁士陆军大臣冯·黑林根就普军拒绝把犹太人志愿兵晋升为后备役军官一事接受帝国议会的质询，结果遮遮掩掩地给出了同样的理由。他宣称，任命指挥官的时候，军队不能只考虑候选人的"能力、知识、品格"。其他的一些"难以估测"的因素同样也要纳入考虑范围：

> 候选人的性格必须无可挑剔，在士兵面前的姿态也必须尽善尽美，因为只有这样，他才能赢得士兵的尊重。我国的犹太公民在这一点上有所欠缺［……］这当然不是我的观点，但反过来讲，我们也不能否认，在社会的底层，民众的主流观点与我的观点截然相反。[54]

在其他领域，这种迫不及待地迎合"民意"的做法同样产生了不小的影响。例如，1880年代早期，由自由派执掌的大学管理机构开始采取手段，想要解散反犹的学生组织，但相关的措施却因为普鲁士内政部从中作梗而毫无成效。[55] 在差不多同一时期，普政府还开始收紧外籍犹太人的归化政策：在这样的背景下，普政府在1885年驱逐了3万多尚未入籍的波兰人、犹太人，行动的规模令人瞠目结舌。

在反犹宣传及请愿活动所造成的压力下，普政府甚至还在1890年代开始禁止犹太公民使用基督教姓氏。反犹派把种族主义当作反对犹太人改变姓氏的理由，指出如果犹太人使用了基督教姓氏，想要搞清楚谁是犹太人，谁不是犹太人，就没那么容易了。普鲁士的政府当局（尤其是保守的内政大臣博托·冯·奥伊伦堡）采纳反犹派的观点，放弃了政府原有的政策，开始以申请改名的犹太人为对象，采取具有

第十六章 并入德意志　　755

针对性的歧视政策。[56]1916年10月，普鲁士陆军部出于相同的逻辑，下令设立"犹太法庭"（Judenzählung），想要确定到底有多少犹太人在前线作战。[57]以"帝国铁锤联盟"（Reichshammerbund，1912年成立）为代表的全国性反犹组织一直都在宣称，德意志帝国的犹太臣民是发战争财的投机者，没有尽到保卫祖国的义务。从战争之初，他们就不断地用匿名举报信、检举信轰炸普鲁士的陆军部，到了1915年年底的时候，他们对犹太人的攻击更是变本加厉。

普鲁士的陆军大臣维尔德·冯·霍恩博恩最开始并没有理会反犹组织的指控，但一段时间之后，他还是决定进行统计调查，看看到底有多少犹太人在军中服役。1916年10月11日，霍恩博恩签发法令，宣布进行相关的统计调查。他在法令中提到，有人宣称，大部分犹太士兵都设法给自己找了个远离前线的岗位，以逃避战斗。尽管调查结果证明，犹太人在前线作战单位中完全不存在人数偏低的问题，霍恩博恩的法令还是让当时的犹太人心灰意冷，而那些有亲戚朋友在德军的堑壕中浴血奋战的犹太人更是深受打击。战争结束后，一位犹太作家回忆道，霍恩博恩的法令"给我们犹太人群体留下了难以磨灭的耻辱印记，自犹太人解放以来，我们从未遭受过如此严重的侮辱"。[58]

当然，国家对反犹主义的容忍也是有限度的。1900年，西普鲁士境内的城镇克尼茨发生了反犹暴动，原因是有人在某个犹太屠夫的住所附近发现了一具被砍得七零八落、惨不忍睹的尸体。反犹的新闻记者（大都来自柏林）二话不说，直接宣称屠夫犯下了"人祭"的罪行，而克尼茨的一部分镇民（大都是波兰人）则人云亦云，对反犹记者的无端指控信以为真。然而，所有负责审理案件的普鲁士法官、负责调查案件的普鲁士警察都没有听信这样的指控，反倒以极快的速度镇压了暴乱，把暴乱的主要发起人绳之以法。[59]在普鲁士官方看来，犹太人获得解放是既成事实，尽管反犹主义者一再提出，应该回到对犹太人进行法律歧视的历史时期，但普鲁士的官僚体系从来都没有认真考虑过这样的建议。犹太人继续在普鲁士的公共生活中扮演着重要的角色，当选议员，或成为记者、企业家、戏剧导演、市政官员、皇帝身边的近臣，甚至还有可能成为部长级大臣、普鲁士上议院的议员。

然而，犹太人当然很有理由认为，国家推三阻四，不愿更加积极地落实宪法条款的做法必须引起警惕。信奉新教、代表农业利益的传统寡头政治集团死守着自己对公职任命的话语权，本来就不愿做出让步（他们也的确是这样做的）；但政府当局把"民众的情绪"当作挡箭牌，以此为理由来在工作中偏离宪法的规定，违反公平治国原则，则是不祥之兆。政府当局这样做的结果是，允许反犹主义者为论战定下基调。考虑到犹太人是国家机构最为忠诚的盟友，而反犹主义者无疑是国家机构最势不两立的敌人，这样的结果的确很有讽刺意味。在反犹主义者看来，"国家"一词带有人为的意味，让人想起不近人情的机器，而"人民"一词则带有有机的、自然的属性，两者间的差别显而易见。他们认为，唯一可以接受的国家组织形式是，把权力下放给人民，让国家机构成为人民用来自我赋权的工具——换言之，国家应当是以民族性为基础的实体，而不是政治实体。[60]就这一点而论，普政府针对犹太人的民族政策和针对波兰人的民族政策大同小异。从所有可以想象得到的方面来看，波兰人和犹太人都是截然不同的社会群体，但他们却给统治普鲁士的保守派精英提出了一个相同的难题：现代国家的政治逻辑认为，国家是法律权威无差别分布的领域，这与基于种族理念的逻辑水火不容，结果在政策的制定问题上引发了难以调和的矛盾。无论是在犹太人问题上，还是在波兰人问题上，（普鲁士的）国家理念都败下阵来，把胜利让给了（德意志）民族主义。

第十六章　并入德意志

## 普鲁士的国王、德意志的皇帝

德意志帝国成立后，霍亨索伦王朝的统治者必须完成一系列复杂的调整工作。普鲁士国王成了德意志皇帝。在德意志刚刚实现统一的那些年间，这到底有哪些实际意义，仍然是谁都搞不清楚的事情。新颁布的帝国宪法几乎没有对皇帝的角色做出任何规定。自由派的民族主义者1848年制定的法兰克福宪法中包含一个题为"帝国首脑"的部分，用一整节对皇帝的职权做出了规定。1871年的德意志宪法并没有类似的部分。1871年宪法的第四部分称皇帝为"联邦议会的主席"，以此对皇权做出了适度的限定。宪法的第四部分和其他的相关内容明确指出，帝国皇帝只是诸多德意志君主中的一员，是德意志诸邦的首席君主，他之所以拥有皇帝的权力，是因为他在联邦政体中所占据的特殊地位，而不是因为他对帝国的领土拥有直接统治权。所以说，德皇威廉一世的正式头衔并不是他本人更喜欢的"德国的皇帝"（Emperor of Germany），而是"德意志皇帝"（German Emperor）。这样的做法限制了皇权，不禁让人回想起了霍亨索伦王朝的统治者在18世纪时接受的头衔——"在普鲁士的国王"；这两个名号都是折中的产物，目的是在设立新的君主头衔时，避免新头衔的权力范围与既有君主的权力范围发生冲突。

在讨论宰相与既是皇帝又是国王的君主之间的关系时，我们会发现，占据上风的人多半是俾斯麦。威廉一世的确能时不时地坚持自己的立场，肯定不能算作"影子国王"，但总的来说，他都是承受压力、被逼迫、威胁、哄骗的一方，十有八九都会在重大问题上同意俾斯麦的意见。威廉一世既不希望对奥地利发动战争，也不赞同俾斯麦对天主教徒发起政治迫害的做法。一旦与皇帝发生了矛盾，俾斯麦就会完全释放自己的"人格魅力"，要么以泪洗面，要么火冒三丈，要么以辞职相要挟，非要等到皇帝认同了自己的观点才肯罢休。威廉一世感到此类闹剧几乎让人难以忍受，留下了这样一句名言："在俾斯麦手下做皇帝实在是太难了。"威廉一世在另一个场合说出的另一句话同样也没有过谦的成分："他比我还重要。"[61]

无论是作为政治事务的管理者，还是作为国家形象的代言人，俾斯麦都占据着主导地位，限制了普鲁士的王权，使其无法顺利地升级为帝国的皇权。威廉一世就像《圣经》里的族长一样，蓄着八字胡，仪表威严，是一个广受尊敬的人物。然而，德意志帝国宣告成立的时候，他已经年逾古稀；直到他在90岁去世，也就是1888年的时候，他也没能完成身份转变，从本质上讲，仍然是普鲁士的国王。他极少发表公开演讲，基本上不会前往普鲁士境外巡游。他保留了生活在易北河以东地区的容克地主节俭的生活习惯：举例来说，他反对在柏林的王宫中安装热水浴设施，认为这样做会产生额外的开支，宁可一个星期只洗一次澡，每一次入浴都必须命人从附近的宾馆运来带有支架的防水皮袋做浴盆；他会在酒瓶子上做记号，以防止宫中的仆人偷偷地小酌两杯；就算身上的制服已经十分显旧，他也不舍得做一身新衣服；签署国务文件后，他会顺手用深蓝色外套的袖子擦干笔尖上的墨水；他一再强调，自己不会乘坐配备了橡胶轮胎的马车，认为橡胶轮胎是没有任何必要的奢侈品。这一切都带有刻意的表演成分——威廉一世渴望成为包括朴实、节俭、自律在内的普鲁士美德的化身。他每天都会准时出现在御书房转角处的窗口，观看卫兵换岗——这样的做法再现了普鲁士王室的古老传统，成为柏林一景，吸引了大量的游客。[62]

威廉一世的长子、继承人弗里德里希三世很有人格魅力，与德意志的自由主义运动有着密切的联系。此外，他还在统一德意志的战争中承担了重要的指挥任务，因此广受尊敬。如果有机会的话，他也

第十六章　并入德意志　　　　　　　　　　759

许真的可以成为一位能够代表德意志民族的皇帝。然而，到了1888年3月威廉一世驾崩的时候，初登皇位的弗里德里希三世已经身患喉癌，只剩下三个月的阳寿。在他在位的那三个月间，他大部分时间都卧床不起，只能用草草书写的便条与家人及臣下沟通。

就这样，到了1888年威廉二世成为新统治者的时候，皇帝的头衔就好像一座大多数房间都从未使用过的新房子。威廉二世即位后，德意志帝国君主制政体的管理风格发生了革命性的变化。从一开始，威廉就认为自己是一个公众人物。他极其注重外表，会根据不同场合的特殊性质，像走马灯一样不停地更换制服和外套，他那著名的八字胡也用特制的专利须蜡固定成了牛角的形状，一抖一抖，好不威风。他在出席公开仪式的时候则会摆出一副符合皇帝身份的凝重表情。威廉像着了魔一样注重外表的一个结果是，他开始对皇后——曾经的石勒苏益格-荷尔斯泰因-森讷堡-奥古斯滕堡的奥古斯塔·维多利亚公主——的着装和生活进行事无巨细的管理。他不仅为皇后设计了服装、风格独特的珠宝、尽显奢华之气的帽子，还向她施加压力，要求她节食、服药、穿着束腰，以保持像沙漏一样的身体曲线。[63]他是历史上第一位在工作和生活中有摄影师、摄像师时刻相伴甚至可以说形影不离的德意志君主。威廉无论是在公共场合露面，还是参加家庭聚会，无论是指挥军事演习，还是骑马打猎，都会由摄影师、摄像师留下影像资料，他们甚至还会紧跟着威廉，与他一起登上皇家游艇。威廉二世留下了许多存世至今的影像资料——在这些资料中，他的身边无一例外，全都有正在录影的手摇摄像机。

换言之，威廉二世是一位"媒体君主"，而且有可能是历史上第一位配得上这一称号的欧洲君主。他把吸引公众的注意力当作一项重要的工作，在这一点上不仅超过了霍亨索伦王朝的所有祖先，还胜过了同一时期的所有其他统治者。尽管谁也无法否认，威廉二世是个极其自恋的人，但他吸引公众的注意力却并不仅仅是为了让自己站在聚光灯下，同时也是为了实现他作为德意志皇帝对德意志民族和德意志帝国所做出的承诺。德国海军与由普鲁士一国的军队占主导地位的德国陆军不同，是一支真正能够代表德意志民族的武装力量，所以威廉一直都热衷于德国海军的扩军计划，除了会出面支持为海军筹措军费的活动，每年还都会前往基尔，主持声势浩大的海军阅兵式。他想要以他的祖父、德意志帝国的创立者"威廉大帝"为核心，建立起对德意志民族理念的崇拜，结果取得了令人喜忧参半的结果。他在帝国境内四处巡游，要么出席医院的落成仪式、主持船只的命名仪式，要么视察工厂、检阅游行队伍。要论他做得最多的事情是什么，那还得是演讲了。

威廉二世喜欢与臣民面对面，直接发表演讲，无论是就演讲的频次而论，还是从现场人群的规模、与民众互动的直接程度来看，都

图51　德皇威廉二世身着相对朴素的第二近卫团制服，与家人一起在无忧宫内散步。威廉·弗里德里希·格奥尔格·帕佩绘，1891年

没有任何一位霍亨索伦王朝的其他统治者能够与他相提并论。他滔滔不绝，几乎毫不间断地对德意志帝国的臣民进行公开演讲。举例来说，在从1897年1月到1902年12月为止的六年间，他以德意志帝国境内的123座乡镇、城市为目的地，总共出巡233次，几乎每次出巡都会发表演讲，事后演讲稿会在区域性、全国性的报纸上发表，成为讨论的议题。至少在1908年之前，威廉在演讲的时候都不会使用专业写手预先准备好的演讲稿。文官内阁的成员忙得不可开交，进行相关的研究，编写出适用于特定地点、特定场合的演讲稿，有时甚至还会把定稿的印刷版贴在木制的阅读板上，在演讲开始的时候把稿件递到皇帝的手中，但这一通忙活基本是白费功夫——威廉喜欢脱稿演讲。威廉的父亲弗里德里希三世身为王储的时候，演讲前总会准备好演讲稿，之后还会"不断地调整稿件的内容"，而威廉则与父亲完全不同，几乎从来都不会事先为演讲做准备。[64]威廉刻意地在演讲时即兴发挥，不使用任何中间媒介，直接与民众沟通。

威廉二世最精彩、语言最华丽的演讲会让听众产生一种置身于19世纪的历史画中的感觉——他创造出的画面充满了沉重的象征性意象，在狂风暴雨所造成的黑暗中，几道象征着救赎的光束穿透云层，照向大地，而云层上方则是一群形象高大的人物（通常是霍亨索伦王朝的成员），他们神态自若，完全没有因为地面上那些不起眼的小冲突而感到烦恼。威廉的目的是，让君主变得"更有魅力"，在民众的心中树立起皇帝超越一切限制，居高临下，统治万民的形象。演讲的一个核心主题是霍亨索伦王朝的历史延续性，以及霍亨索伦王朝对普鲁士及德意志的使命担当。[65]威廉的演讲不断强调的一点是，皇帝是帝国团结的最终保证人，而只要实现了团结，那么所有"出于历史、宗派、经济等方面的原因而产生的矛盾就都会烟消云散"。[66]最后必须指出的是，从威廉继位时起，到他被迫退位时为止，君权神授一直都是贯穿他所有演讲的中心思想：上帝让他获得德意志皇帝这个至高无上的头衔，目的是让他领导臣民，实现上帝为德意志民族制定的目标。1907年9月，威廉在梅默尔的市政厅发表的演讲就是一个典型的例子——他向在场的听众指出，必须牢记的一点是，德意志人民取得的每一项伟大的历史成就都有"天意"参与其中："如果上帝没打算让我们德意志人在人世间干出一番伟大的事业，那么他就肯定不会让我们获得如此了不得的民族特点、如此超群的能力。"[67]

就舆论的反应来看，公众对威廉的演讲褒贬不一。威廉遇到的一大困难是，在现场听演讲的人和通过新闻媒体阅读演讲稿的人并不是同一类人。现场的听众很容易受到感召。然而，在勃兰登堡的乡下面对容克地主的时候显得十分恰当，甚至是振奋人心的语言，一旦转换成了文字，在慕尼黑、斯图加特等城市的大报上刊登出来，就有可能完全变了味儿。1891年年初，威廉在杜塞尔多夫向莱茵兰的工业家发表演讲，宣称"帝国只能有一个领导人，这个人便是我"。这句话针对的人是俾斯麦，原因是俾斯麦刚一退休，就开始在报纸上冷言冷语地指摘皇帝，而且他在莱茵兰的工业家圈子里出了名地受欢迎。但这句话却在无意间冒犯了所有不是普鲁士人的德意志人，因为在他们看来，威廉关于领导人的言论侮辱了其他邦国的君主——说到底，其他邦国的君主同样也是"帝国的统治者"。[68]

一个无法回避的事实是，威廉二世作为公共人物的形象是把许多截然不同的身份强行捏合到一起的结果。勃兰登堡议会每年一度的餐会是一项深得威廉喜爱的活动；他在餐会上时常宣称自己是勃兰登堡的"藩侯"，目的是强调霍亨索伦王朝与勃兰登堡这个被视为霍亨索伦王朝发源地的省份之间独特的历史渊源。[69]这样的做法虽然有那么一点自导自演的成分，倒也的确无伤大雅，在勃兰登堡议会那些顽固的保守派议员当中也很受欢迎。只不过到了第二天，演讲的内容见报之后,对南德意志诸邦的臣民来说,帝国皇帝宣称自己是"藩侯"的做法可就着实令人反胃了。菲利普·祖·奥伊伦堡是威廉二世的密友、谋臣,他曾担任普政府派驻慕尼黑的公使,在任期间于1892年3月致信威廉,阐述了问题的症结所在:

> 陛下口若悬河、风度翩翩、格高意远,令在场的听众如痴如醉——勃兰登堡议会的议员在演讲结束后流露出的情绪已经再一次证明了这一点。然而,到了演讲的内容转换成文字,在德语文学教授的手中接受冷静分析的时候,情况就完全不同了……在巴伐利亚,得知陛下以"藩侯"的名义发表演讲,发现《帝国公报》[Reichsanzeiger]以文字的形式刊载"藩侯的讲话",宣称这是皇帝的演讲之后,民众全都"气得七窍生烟"。帝国的臣民认为,《帝国公报》理应刊登皇帝的讲话——他们可一点都不喜欢弗里德里希大王(他们清楚地记得,弗里德里希大王宣称巴伐利亚是"牲口的乐园"),他们同样也不愿意回忆罗斯巴赫会战、洛伊滕会战。[70]

帝国中央政府与巴伐利亚当局的关系龃龉不断,一直都在制造紧张气氛。1891年11月,威廉二世在造访慕尼黑时应邀在市政当局的官方访客记录簿上签字留言。不知出于什么样的原因,他大笔一挥,写下了"suprema lex regis voluntas"(国王的意志是最高的法律)这样一句话。他之所以写下这样一句话,多半是与他应邀签字留言时的谈话内容有关,但无论如何,这句话很快就产生了意料之外的负面效应。这一次,站出来说明问题,讲明白皇帝陛下到底错在哪里的人同样也是奥伊伦堡:

陛下为什么要写下这样一句话，并不是我有资格过问的事情，但既然陛下把我派往南德意志，让我关注当地的局势，那么我就必须在这里写清楚，这句话到底在南德意志诸邦造成了什么样的不良影响，否则我就会变成胆小如鼠、不敢履行职责的懦夫了。［……］这句话让巴伐利亚人认为，陛下想要［提出主张］把皇帝的个人意志凌驾于巴伐利亚的意志之上。陛下的这句话惹恼了所有的人，一个不落，很容易让别有用心之徒作为把柄，来让陛下难堪。[71]

南德意志的漫画家作画嘲讽威廉二世的皇帝做派时，威廉在画中的形象十有八九是一个顽固不化的普鲁士人。1909年，《简单至极》刊登慕尼黑漫画家奥拉夫·居尔布兰松创作的讽刺漫画佳作，展示了威廉二世在一年一度的帝国军演期间与巴伐利亚摄政王谈话的景象。考虑到对慕尼黑的市民来说，由普军主导的帝国军队与巴伐利亚军队之间的关系是一个高度敏感的问题，漫画家把皇帝与摄政王的谈话当作创作主题，其重要意义不言而喻。漫画的说明文字写道："皇帝陛下正在向巴伐利亚的路德维希亲王讲解敌军的战术部署。"画家笔触精妙，用画中两位主要人物的身体姿态和服装捕捉到了普鲁士与巴伐利亚这两个国家之间已经脸谱化的巨大差异。头戴尖顶帽、制服一尘不染的威廉皇帝挺直了身板儿，脚上穿着的那一双马靴乌黑锃亮，就好像一对抛过光的乌木柱子，而路德维希亲王则好似一大袋豆子，只是被勉强捏成了人形。长着一脸大胡子的亲王穿着皱皱巴巴、一点也不合身的裤子，戴着一副夹鼻眼镜，一脸茫然地瞪着正在指挥演习部队的威廉皇帝。画中的普鲁士人站姿挺拔、颐指气使，而巴伐利亚人则显得软弱无力，似乎只想着应该如何享受生活。[72]

我们必须在这里提到的一点是，威廉二世显然不适合处理从皇帝的位置上与民众沟通的任务。有政治素养的公众显然希望他用沉稳的、有分寸的措辞来表达自己的想法，但这恰恰是他做不到的事情。他的演讲夸大其词、自以为是，被转化成演讲稿见报后，遭到冷嘲热讽是常事。一位高级政府官员指出，皇帝陛下的演讲词"过犹不及"。[73] 威廉二世在演讲中使用的意象、用语经常起到反效果，最终变成了刊登讽刺文章的媒体嘲讽他的工具。无论是威廉一世，还是俾斯麦，都没有遭受过如此激烈的嘲讽（只不过，在 1848 年的革命期间，弗里德里希·威廉四世成了违禁出版物的众矢之的，处境倒是与威廉二世更为相似）。当局大肆使用各种针对犯上之举的处罚措施，包括收回杂志刊号，以及对作者和编辑处以罚金、监禁，却适得其反，原因是遭到处罚的杂志发行量往往会一飞冲天，遭到迫害的记者则会在一夜之间成为在全国家喻户晓的名人。[74] 政府想要采取措施，来控制皇帝的言论应当以何种方式透露给公众，但所有的努力到头来全都徒劳无功。[75] 威廉二世频繁出巡，发表演讲的地点与场合各不相同，想要实施信息管制，以受控的方式让民众了解讲话的内容，几乎是不可能完成的任务。比如说，1900 年 7 月 27 日，威廉二世在不来梅港发表的臭名昭著的"匈奴演说"就是一个很好的例子。在这次事件中，威廉以即将乘船前往中国的士兵①为对象，发表了粗俗不堪的即兴演讲，尽管在场的官员使出浑身解数想要封锁消息，但现场的录音片段却还是泄露了出去，不仅在新闻界掀起轩然大波，还惹恼了议会。[76] 威廉二世与许多现代的名人一样，虽然学会了如何引起新闻媒体的注意，却一直都没能掌握控制媒体的方法。

前文已经提到，德意志皇帝的头衔缺乏稳固的宪法基础。此外，德皇的头衔同样也没有政治传统的支持。最让人吃惊的一点是，德意

---

① 此即参加八国联军，镇压义和团起义的德军部队。

图52 《帝国军演》（*Imperial Manoeuvres*）。奥拉夫·居尔布兰松创作的讽刺漫画，刊于《简单至极》（1909年9月20日）

志皇帝在即位后不会举行加冕仪式。威廉二世认识到了这个不足之处。与父亲和祖父相比，他更为明确地意识到，普鲁士的王权完全没能将自身确立为德意志帝国公共生活的参照基准。从登上皇位的那一刻起，他就下定决心，要把皇帝的头衔落到实处。他不断地出巡，前往帝国的各个邦国；他为祖父威廉一世歌功颂德，宣称他是一位圣人般的战士，为德意志人民建立了一个新的家园；他设立了全新的公共假日、纪念仪式，想要以此为手段，给从德意志帝国的角度来看既缺乏宪法支持，又没有文化传统的普鲁士王权披上民族历史的外衣。他在德意志公众的眼前把自己塑造成了"帝国理念"的化身。他不断地努力，想要让皇权在德意志人的心中成为兼具政治意义和象征意义的现实，而他的演讲则在这一过程中起到了至关重要的作用。对威廉二世这样一位既是德皇，又是普王的君主来说，演讲是"修辞动员"的工具，帮助他在德意志人的公共生活中获得了独特的重要地位。[77] 对

第十六章 并入德意志

经常发现自己在政治上束手束脚，无法行使权力的威廉二世而言，演讲成了寻求补偿的机会。瓦尔特·拉特瑙[①]对威廉二世统治的分析入木三分，深刻程度数一数二——他在1919年出版的著作中指出，在威廉皇帝用来行使皇权的工具中，演讲绝对是效率最高的那一个。[78]

只不过，演讲到底有达成威廉想要的结果，就完全是另一个问题了。一方面，威廉轻率发表令人难以接受的言论，会引发充满敌意的舆论反弹。威廉二世在位期间，演讲是君主独立地位最显眼（或者说声量最大）的标志，被舆论当作靶子来对"个人统治"进行政治批判。[79]就长期效应而论，威廉的演讲起到的作用是，逐渐削弱君主所发表言论的政治重要性。一种（尤其是在1908年之后）越来越普遍的现象是，一旦威廉二世发表了不当言论，政府就会与他划清界限，指出皇帝陛下的言论不是具有约束力的纲领性发言，而只是君主在表达个人意见——这一说法的引申含义是，皇帝的政见没有广泛的政治意义。[80]1910年，《法兰克福汇报》派驻维也纳的通讯记者指出，比较一下威廉二世和奥匈帝国的皇帝弗朗茨·约瑟夫就会发现，威廉在公共场合发言太多，结果起到了反效果：奥地利人早就注意到，哈布斯堡王朝的这位统治者是个"沉默寡言的皇帝"，他十分清楚个人生活和公共生活的界限在哪里，从来都不会利用公共平台来发表任何个人看法，但反过来讲，"在奥地利，如果有人敢像我们德国人在餐桌上谈论威廉二世那样指摘奥地利的皇帝，那么他肯定很快就会遇到大麻烦"。[81]

然而，从另一方面来看，我们也必须意识到，想要搞清楚民意是一件极其困难的事情，绝不能轻易地把报纸上刊登的评论文章当作

---

① 瓦尔特·拉特瑙（1867—1922）是德国的犹太人工业家、自由派政治家，"一战"中任陆军部战时资源局局长，战后曾任魏玛共和国的外交部长，1922年被暗杀。

下结论的唯一依据——"公开发表的意见"并不能等同于"公众的意见"。1908年秋，也就是在威廉二世发表不当言论，被伦敦的《每日电讯报》曝光，结果身陷丑闻的那段时间，一位外国观察家写道，皇帝陛下也许"失去了光环，不再是一位高高在上，不应受到任何批评的君主，但考虑到他是一个极具个人魅力的人，在德意志帝国的广大臣民眼中，他很有可能一直都是至高无上的统治者"。[82] 威廉经常把上帝的旨意挂在嘴边，遭到了时政类报纸的嘲讽，但这样的做法却能够迎合平民在神学上的品味，与社会地位更低的德意志人产生共鸣。同样，他直言不讳地批评前卫艺术的做法在文化界的知识分子看来既荒谬，又不符合历史潮流，但在那些人数要比知识分子多得多的普通文化消费者看来，艺术的作用是让观众在逃避现实的同时接受教育，所以他的批评很有道理。[83] 在巴伐利亚，"皇帝崇拜"的仪式（游行、揭幕仪式、庆祝皇帝即位25周年的仪式）不仅吸引了大量的中产阶级人士，成群的农民、小商人同样踊跃参加。[84] 即便是在社会民主主义者影响力极大的工业区，社会民主党的精英领导层与底层支持者之间也因为对皇帝的看法不同而产生了分歧——前者认为应当批判皇帝，而后者则认为皇帝是"父权原则及上帝旨意"的体现。[85] 汉堡警方的线人潜入工薪阶层居住区的酒馆，记录顾客的谈话，结果发现，虽然有人贬低威廉二世，但愿意站出来为皇帝说话的人也不在少数，甚至还有人对皇帝十分敬重，亲切地把他称作"我们的威廉"。[86] 德意志的社会的确积累下了支持皇帝、支持君主制度的民意基础，我们虽然无法准确地对其进行定量分析，但必须承认，这一基础的确十分深厚，在经历了第一次世界大战所造成的社会变迁、政治动荡之后，才终于消耗殆尽。

第十六章　并入德意志

## 士兵与平民

1906年10月16日，穷困潦倒的无业游民弗里德里希·威廉·福格特在柏林犯下了一场惊天大劫案。福格特是监狱的常客。14岁时，他因盗窃罪被捕入狱，就此离开了学校；接下来，他成了学徒工，在位于普鲁士王国东部边陲的城镇提尔西特跟着身为鞋匠的父亲学习修鞋技巧。从1864年到1891年，他因为盗窃、抢劫、造假入狱六次，总共吃了28年的牢饭。1906年2月，因为抢劫而被判处监禁15年的福格特结束了刑期，再一次成了自由人。尽管柏林警方拒绝为他签发居住许可证，但他还是无视法律，在西里西亚车站附近找地方住了下来，成了"夜宿者"——他只能在夜里回去睡觉，白天的时候必须把床铺让给下夜班回家的工人。

1906年10月的第二个星期，福格特逛遍了波茨坦和柏林的二手服装店，拼凑了一套第一近卫步兵团的上尉军装。10月16日晨，他从贝塞尔大街站的行李寄存处取走预先存好的军装，前往容芬海德公园更衣。之后，他便扮作普军的上尉军官，乘坐城市快铁前往市中心。在中午前后，也就是柏林全城的卫兵都在换岗的时候，福格特拦住了一个军士和他手下的四个士兵，得知他们在位于普勒岑湖畔的军用浴场执行守卫任务，现在任务已经结束，所以正在返回兵营的路上。军士命令士兵立正站好，听福格特训话，而福格特则宣称，自己正在执行国王下达的内阁令，要求军士和士兵从现在开始服从他的指挥。把军士打发回兵营后，福格特又找来了六个刚刚在附近的靶场完成任务，准备返回军营的近卫军士兵，之后便率领"手下的"士兵前往普特利茨大街车站，乘火车前往科佩尼克镇[①]。在路上，他从站台

---

[①] 1906年时，科佩尼克是一个独立的城镇，直到1920年，《大柏林法案》颁布后，才成为柏林的一个区。

的售货亭购买啤酒，请随行的士兵喝了个痛快。

抵达科佩尼克的市政厅后，福格特先是命令一部分随行士兵把守建筑物的大门，然后便率领另一部分士兵闯入行政办公室，下令逮捕高级市政秘书罗森克兰茨、市长格奥尔格·朗格翰斯博士。朗格翰斯是预备役部队的中尉军官，一看到福格特制服肩章上的军衔，就噌的一下站了起来，在得知自己将会被押送到柏林之后，也压根就没想到提出抗议。福格特发现科佩尼克警察分局的局长在办公室内酣然大睡——在这个柏林市郊的宁静小镇，温暖的秋日下午的确令人昏昏欲睡——于是便把他狠狠地数落了一顿。他命令市政厅的出纳冯·维尔德贝格打开保险箱，交出所有的现金——总额为4 000马克70芬尼——之后还开出一份收据，证明相关款项已经被政府没收。接下来，福格特命令一部分随行士兵乘坐火车，把遭到逮捕的市政秘书、市长押送到柏林，前往设在菩提树下大街的新岗哨①报到。几分钟后，有人看到他离开市政厅，向科佩尼克火车站的方向走去，在进入车站后不见了踪影。福格特在事后宣称，接下来的一个小时，他先是乘车返回柏林，之后便脱掉军装，在城内找了一家能够看到新岗哨的咖啡馆，准备看热闹——负责押送任务的士兵和一脸茫然的"犯人"抵达目的地后果然引发了一场闹剧。1906年12月1日，在逍遥法外六个星期之后，福格特终于被捕归案，被判4年监禁。

福格特的传奇经历在当时的西方世界引起了广泛的兴趣。事发后刚过了几天的时间，柏林的大都会剧院就上演了以福格特为主角的讽刺剧。各国的新闻媒体争相报道福格特的故事。没过多久，身着上尉军服的骗子大摇大摆，从科佩尼克的市政厅洗劫保险箱的故事就成了现代普鲁士最受欢迎、流传时间最久的寓言之一。这段故事被多次

---

① 新岗哨始建于1816年，于1818年完工，是宫廷卫队的岗哨。

第十六章　并入德意志　　771

改编，成了舞台的常客。在以福格特为主角的舞台剧中，最为著名的当数由卡尔·楚克迈耶创作剧本，于1931年首次上演的《冯·科佩尼克上尉》(Hauptmann von Köpenick)；此后，这部舞台剧还改编成了精彩绝伦、令人拍手叫好的同名电影[①]，由风度翩翩的影星海因茨·吕曼饰演主角。科佩尼克劫案的故事传开后，就连主犯本人也赚了个盆满钵满。福格特得到威廉二世的特赦，刑期还没到一半，就离开了泰格尔监狱，重获自由。出狱后还没到四天的时间，他就在柏林市中心的娱乐场所——位于弗里德里希大街、贝伦斯大街转角处的"拱廊展览馆"——与公众见面。普鲁士的政府当局下令禁止他参与类似的公共活动之后，他又前往德累斯顿、维也纳、布达佩斯这三座他的名字已经家喻户晓的城市进行商业巡演，取得了巨大的成功。之后的两年间，福格特成了夜总会、餐厅、商品交易会的常客，除了讲述自己的故事，还出售印有自己身着军装，扮作科佩尼克上尉的照片的签名明信片。1910年，福格特在德意志各地、英国、美国、加拿大，开始了新的一轮商业巡演。他的名声是如此之大，就连伦敦的杜莎夫人蜡像馆也在展区摆放了他的蜡像。1909年，回忆录《我如何成为科佩尼克上尉》在莱比锡出版后，福格特获得了足够的收入，1910年在卢森堡买了一座宅子，成了卢森堡的永久居民。此后，他一直都在卢森堡生活，在那里度过了第一次世界大战，最终在1922年寿终正寝。[87]

显而易见的是，从一个层面上讲，福格特的故事作为一则寓言，让我们了解到了普鲁士的军服有多么强大的震慑力。福格特本人其貌不扬，一看就知道是个穷困潦倒的人，甚至还能看出他是监狱的常客——警方以目击者的证言为基础编写的报告中指出，福格特"消

---

① 电影《冯·科佩尼克上尉》的上映时间是1956年。

瘦""苍白""老态尽显""弯腰驼背""脊柱侧弯""有一双罗圈腿"。一位记者提出，真正的罪犯是军服本身，而不是那个身着军服的饱经风霜之人。从这个角度来看，福格特的故事把普通民众对军事当局卑躬屈膝的社会现状摆到了我们的眼前。当时的人也体会到了其中的意味：法国记者认为福格特事件是进一步的证据，能够证明普鲁士人的确如传闻那样只知道机械盲从；《泰晤士报》幸灾乐祸，宣称福格特事件是只有在德国才可能发生的事情。[88]如果从这个切入点来看的话，那么科佩尼克上尉的故事就是对普鲁士军国主义的集中揭露。

然而，福格特事件真正的魅力无疑在于它的自相矛盾之处。最开始，所有人都对扮作军官的骗子唯命是从，但事件的结局却令人捧腹大笑。[89]福格特刚刚卷着钱款逃之夭夭，他的罪行就成了新闻事件。柏林城内外的报纸宣称，福格特的行为是"招摇撞骗之徒闻所未闻的大冒险"，是"江洋大盗的真实冒险故事，精彩及浪漫程度足以与任何小说媲美"，甚至还承认，任何人回想一下整个事件的过程都肯定会开怀大笑；在记者的笔下，福格特成了一个"厚脸皮""无耻""聪明""机智"的人。社会民主党的报纸《前进！》宣称，"福格特英雄一般的行为"成了街头巷尾的谈资；餐馆的主顾、电车和火车的乘客全都在讨论他的"英雄事迹"："大家并没有因为科佩尼克的市政金库遭到抢劫而愤愤不平——讨论反倒全都充满了嘲弄和讽刺的意味；发生在科佩尼克的那场闹剧实在是太有创意了，只要一提到它，大家就都笑得合不拢嘴。"[90]头脑灵光的企业家开始大量印刷销售"同情明信片"，把福格特做鞋匠和假扮上尉军官时的情况摆在一起对照。销售者向购买者宣称，明信片的一部分销售收入会捐给一个地方性的协会，用来改善囚犯的生活条件，甚至还有可能直接帮助到福格特本人。[91]福格特的回忆录之所以能大卖特卖，福格特的戏剧表演之所以能大受欢迎，正是因为他巧妙地利用了故事中既充满喜剧效果，又具

第十六章　并入德意志

有颠覆性的因素。作为一个新闻事件，科佩尼克上尉的冒险经历对普鲁士军方来说是一场彻头彻尾的大灾难。记者、史学家、社会主义者弗兰茨·梅林指出，福格特事件是"第二场耶拿会战"。[92]

想要找到欢笑背后的原因，其实并不十分困难。福格特事件的笑柄是普鲁士的"军国主义"。只不过，军国主义的含义到底是什么呢？在19世纪60年代初的宪政斗争中，"军国主义"一词作为自由派反对专制主义的口号首次为大众所接受。在之后的历史中，"军国主义"也一直都没有失去这种自由派的意涵。19世纪60年代末时，"军国主义"一词在南德意志诸邦广为使用，而且多半带有反普鲁士的含义。[93] "军国主义"既可以代表普鲁士的全民兵役制度（南德意志诸邦的情况与普鲁士不同，家境殷实的臣民仍然可以靠出钱来免除兵役），也可以指各邦国缴纳的用来为国民军队提供军费的"注册捐税"①，还可以引申出更为广泛的含义，指代普鲁士对南德意志诸邦的霸权。在左翼的自由主义者看来，军国主义可以与过高的税负和有可能不受任何节制的政府支出画上等号。对一些支持民族主义的自由派来说，"反军国主义"可以让人回想起在拿破仑时代推动了改革的"民兵浪漫主义"。对社会民主主义运动的马克思主义分析家来说，军国主义表达出了资本主义暴力镇压的隐藏本质。"军国主义"之所以能够成为现代德国政治文化中最重要的"语义集合点"之一，正是因为它能够引导和集中不同的关注点，把它们以不断变化的方式组合起来。[94] 无论使用"军国主义"的哪个含义，这个词都可以让人注意到军事机构与其所属的更为广泛的社会及政治体系之间存在的结构性联系。

毫无疑问的是，到了1871年之后，军队成了普鲁士人的生活中最为重要的组织之一。普鲁士军队的存在感极高，影响到了普通人日

---

① 德意志帝国的中央政府必须依靠各邦国政府提供的捐款来弥补亏空，这部分捐款称为"注册捐税"。

常生活的方方面面，触及面之广，绝非我们现代人所能想象。在19世纪的大部分时间内，普鲁士的军队在公众心目中的地位都相当低，但德意志统一战争却改变了这一切，使普军带上了胜利的光环。德意志帝国成立后，当局每年都会举办"色当日"庆典活动，回顾普军击败法国的丰功伟绩，以此纪念和赞扬军队在德意志帝国的建立过程中所起到的重要作用。军事机构与公众产生了一种全新的共鸣。驻有军队的城镇纷纷修建宏伟的建筑，用来为军人提供住所，为团一级的指挥机构提供办公场所，从一个层面反映出了军队的威望。普鲁士人培养出了用来展示军威的复杂文化，具体的表现形式包括阅兵、军乐团的行进表演、军事演习。军人几乎在当局举办的所有公共庆典中都会占据最为重要的位置。[95] 此外，与军队相关的图像和符号也渗透到了民众的私人生活中：身着军装的照片是每个人都珍爱的物品，而出身贫农家庭的新兵则更是会对自己的军装照爱不释手，当时在农村照片仍然是昂贵的稀罕物；穿军装是一件令人骄傲的事情，军人就连在放假的时候也以穿军装为傲；军人去世之后，他留下的军功章和勋章就会成为传家宝，被亲人视作怀念故人的纪念品。普鲁士预备役部队的军官委任状（1914年时，普鲁士的预备役部队一共有12万名预备役军官）成了香饽饽，被布尔乔亚的社会圈子视为身份的象征（正因为如此，那些当过志愿兵的犹太人才会想方设法加入预备役部队）。在有驻军的城镇，学童除了有唱军歌的习惯，还喜欢在操场上列队行军。大量的退伍军人加入老兵协会和军人俱乐部，导致此类组织的规模迅速增长；1913年时，德国全国所有老兵俱乐部的中央组织"基夫霍伊泽联盟"[①] 会员数量已经达到了290万人。[96]

换言之，到了1871年之后，军队与普通人的日常生活盘根错节，

---

① 此组织因"基夫霍伊泽纪念碑"而得名。"基夫霍伊泽纪念碑"位于图林根州，目的是纪念德皇威廉一世和德意志帝国的建立。

已经更深入地交织在了一起。我们很难一下子搞清楚这样的情况到底有何重大意义。一种很有影响力的观点认为，普鲁士和德意志帝国的社会军事化之后，不仅德国与西欧诸国之间出现了巨大的鸿沟，在德国的公民社会内部，具有批判及自由精神的力量也受到了打压，一方面导致社会关系的等级体系长久维持下去，另一方面又令数以百万计的德国人被灌输了集反动思想、沙文主义、极端民族主义为一体的政治观点。[97] 然而，普鲁士的这段历史真的如此不寻常吗？在第一次世界大战爆发前的40年间，普鲁士并不是唯一发生军事文化急速扩张的国家。在法国，老兵和现役军人同样也争先恐后地加入各类军人俱乐部、军人协会，其人数并不少于普鲁士和德意志帝国。1871年之后，法国的国家纪念活动也表现出了军事化的倾向，将其与普鲁士及德意志帝国的相关情况比较一下，我们会发现两者间有不少共同之处。[98]

英国是一个海权国家，以强调政治文化的平民特性为傲，但即便是在这样一个国家，"全国兵役联盟"①也吸引了大约10万名成员，其中甚至还有177人是下院的议员。该联盟的宣传手段除了拿国家安全问题做文章，制造恐慌情绪，还提出了种族主义的论调，宣扬不列颠人的种族优越性。[99] 维多利亚时代末期的英国与德意志帝国十分相似，大规模举办帝国仪式。所以说，英国社会的"平民性"和反军事性也许只是英国人的自我认知，而并没有真正反映现实。[100] 此外，同样值得一提的是，德国的和平运动发展迅速，规模绝非其他任何国家所能比拟。1911年8月20日是个周日，在那一天，10万民众在柏林举行和平集会，抗议列强在摩洛哥危机②中所采用的外交冒险政策。

---

① 英国的"全国兵役联盟"（National Service League）成立于1902年2月，旨在推动建立强制性的军事训练制度，以防止国家遭到外敌（尤其是德国）入侵。
② 这里是指第二次摩洛哥危机。1911年7月1日，德国派炮艇前往摩洛哥港口阿加迪尔，以保护本国在摩洛哥的利益为理由向法国施压，险些引发战争（英国甚至已经做好了向德国宣战的准备）。

到了夏末的时候，在德意志帝国境内，包括哈雷、埃尔伯费尔德、巴门、耶拿、埃森在内的许多其他城镇也像潮水一般，发生了类似的抗议活动，而抗议活动的高潮出现在9月3日——在那一天，总共有25万人前往柏林的特雷普托公园，举行了规模庞大的和平集会。1912—1913年，和平运动的声势有所消减，但到了1914年7月末，战争显然已经近在眼前的时候，杜塞尔多夫和柏林又出现了大规模的和平集会。战争爆发的消息传来之后，德国民众并不是像过去普遍宣称的那样，全都表现得对战争充满了热情。实际情况恰恰相反：1914年8月初的时候，德国民众大都沉默不语，对战争不置可否，有些地方甚至还出现了恐慌情绪。[101]

此外，普鲁士的"军国主义"是一种分散的、有内部裂痕的现象。从本质上讲，普鲁士的军官阶层奉行贵族式的保守风气，从身份认同和归属感的角度来看，都与"小人物的军国主义"十分不同，所以我们必须划清界限，把这两者区分开来。普鲁士的军官阶层是出了名地嚣张跋扈的团体，而且对平民的价值观和行为标准嗤之以鼻——究其本质，这只是易北河以东的贵族阶层特点的集中体现，这些贵族具有强烈的团体排他性，而这种排他性中间还掺杂着一种近乎偏执的戒备心理，反映出了贵族阶层作为一个社会团体誓死守护其传统优势地位的决心。与之形成鲜明对比的是，许多老兵俱乐部都充满了平民气息，是提倡人人平等的地方。一项研究把并入了普鲁士的省份黑森－拿骚①当作研究对象，发现从1871年到1914年，在故乡是黑森－拿骚省，并且加入了军人俱乐部的士兵中，有许多人都是没有土地的农村劳工、手工业者、贫穷的小农。他们之所以会参军，并

---

① 黑森－拿骚地区在普奥战争结束后并入普鲁士，1868年建立黑森－拿骚省，由黑森－卡塞尔、拿骚、自由城市法兰克福，以及巴伐利亚王国和黑森大公国在战后割让的地区组成。

第十六章　并入德意志

不是因为他们向往军旅生活,而是由于军人的身份能够给他们提供一种方式来实现自身价值、彰显身份、主张权利,可以让他们挺直了腰板,去面对那些拥有大量土地,能够自给自足,在农村社区里一手遮天的富农。因此,老兵俱乐部的成员身份其实是民众"用来参与社会活动的载体"。从"底层民众的角度"来看,军队之所以重要,并不是因为军人必须遵守严格的上下级关系,而是由于参军入伍的人在某种程度上可以做到人人平等。[102]

而且不管怎样,让民众对德意志民族的对外扩张计划充满激情的是德国海军,而不是普鲁士的陆军。19 世纪 90 年代末,德皇威廉二世以推动大规模的海军造舰计划为手段,想要让自己成为真正得到认可的民族领袖、德意志皇帝。德国海军的扩军计划很快就得到了巨量公众支持。1914 年,"德意志海军协会"(Deutscher Flottenverein)已经拥有 100 万会员,其中绝大多数人都是中等阶层和中下阶层的成员。德意志帝国的臣民认为,海军是一支真正的全国性武装力量,不会出现排他性的地方保护主义,在征兵和晋升军官的时候也能够在一定程度上做到用人唯贤。在 19 世纪末、20 世纪初的时候,令军舰建造方式发生了巨大变化的大量技术创新也引起了广泛的兴趣——军舰之所以会令德国人如痴如醉,正是因为它代表了德国在科学和工业领域所取得的最先进的成就。此外,德意志帝国的政府打着"世界政策"[①]的旗号,提出了更具扩张性的全球政策,而德国的海军则成了政府用来兑现承诺的工具。

与海军形成鲜明对比的是,陆军因为无法与普鲁士的排他主义权力架构划清界限而举步维艰。"国防俱乐部"(Wehrverein)在 1914 年夏季拥有大约 10 万会员,在"一战"爆发前的那些年,是德国全

---

① "世界政策"是威廉二世在位期间提出的对外政策,目的是让德国成为全球霸权国家,与俾斯麦时代注重战略防御的"大陆政策"截然不同。

国立场最激进的民间军事组织——实际上，该组织对普鲁士精英阶层的"保守"军国主义多有批判，认为这些精英反动、懒惰、狭隘，还受到了无用的等级主义思想的束缚。"国防俱乐部"的结论的确很有道理：直到1913年，普鲁士的军事指挥层仍然在反对扩军计划，原因是他们认为，扩军会导致大量出身中产阶级家庭的军官成为高级指挥官，从而削弱军官阶层的贵族集体荣誉感。[103]

## 军队与国家

无法令民事和军事事务遵从统一的权威是1848—1850年的普鲁士宪法的明显缺陷之一。前文已经指出，1848年的革命虽然令普鲁士的政治进入了宪政阶段，却没能令普鲁士的君主制度实现去军事化，这是新成立的德意志帝国从普鲁士旧有的国家制度中继承下来的一个缺点。军费支出的控制权问题仍然悬而未决。1871年的宪法一方面规定（第63条），"皇帝有权决定帝国军队的实际兵力、划分，以及作战单位的部署方式"，另一方面又指出（第60条），"在和平时期，军队的实际兵力应当由帝国议会以立法的方式决定"。[104] 宪法对军队的规定模糊不清，导致行政机构与立法机构经常爆发冲突。自德意志帝国成立，到帝国宣告覆灭，一共出现了四次皇帝签发法令，强行解散帝国议会的情况（1878年、1887年、1893年、1906年），其中有三次涉及了各方对军费支出控制权的争夺。[105]

普鲁士的军队仍然是一支由国王亲自指挥的近卫军，在很大程度上不会受到议会的监管。这样一来，在德意志帝国的层面上，军队的执行机关就会一直受制于普鲁士旧有的主权机构。举例来说，德意志帝国没有陆军大臣的职位，帝国的军事事务由普鲁士的陆军大臣代为负责。普鲁士的陆军大臣由皇帝（以普鲁士国王的名义）任命，在就职的时候不需向德意志帝国的宪法效忠，而是必须向普鲁士的宪法宣誓效忠。在绝大多数问题上，陆军大臣都直接向德皇汇报工作，但在涉及军费预算的问题上，他却必须对帝国议会负责。然而，到了帝国议会召开会议的时候，他并不会以普鲁士陆军大臣的身份出席会议（因为在严格遵守帝国制度架构的情况下，普鲁士陆军大臣与帝国的立法机构没有任何关系），而是会作为由陆军大臣兼任的普鲁士邦议会全权代表到场。

无论是在和平时期，还是在战时，所有负责管理军队的机构都享有完全独立的地位，不会受制于文官政府的架构。1883年，负责军队人事问题（军官的任命及晋升）的军事内阁正式从普鲁士陆军部独立了出来，同样成为独立机构的部门还有在战时负责整体指挥陆军作战部队的总参谋部。[106] 此后，这两个部门就都成了向君主直接汇报工作的机构。威廉二世非但没有建立统一管理军事事务的权威中央机构，反倒在刚刚即位几周之后就成立了"皇帝及国王陛下的司令部"这样一个名头很是响亮的军事机构，从而进一步加剧了指挥架构的碎片化问题。[107] 此外，他还调整指挥链，让更多的陆军及海军指挥官获得了直接向皇帝汇报工作的资格。[108] 这一切都是威廉二世有意采取的策略，目的是创造出有利的环境，让君主可以不受任何限制地行使对军队的指挥权。[109] 由此可见，在德意志帝国的宪政体系中，以普鲁士为主的德意志军事体系一直都是一个异类，在制度上不受文官政府机构的任何节制，到头来只需对皇帝本人负责，而皇帝则因此在1900年前后成了民众口中的"最高统帅"。[110] 这一切所造成的结果是，文官政府与军事机构之间始终都存在权责不清的问题，这是普鲁士给新成立的德意志帝国留下的最为致命的问题。

综上所述，德意志帝国政治架构的核心地带存在着"悬而未决"的问题。在1914年之前，最令人不安，最能展现出这一弊端的潜在危害的事件是1904—1907年发生在德属西南非洲（现在的纳米比亚）的战争。1904年1月，德属西南非洲的原住民发动起义，到了当月中旬，拿起了武器的赫雷罗人已经包围了位于殖民地中西部的城镇奥卡汉贾，在此过程中不仅击杀了不少殖民者，还切断了连接该镇与殖民地首府温得和克的电报线和铁路轨道。负责在德属西南非洲维持社会秩序的人是总督特奥多尔·戈特希尔夫·冯·洛伊特魏因——他来自巴登大公国境内的城镇施特林普费尔布龙，于1893年开始在德属西南非洲当兵，之后在1898年成了殖民地的总督。殖民地的地方民兵武装势单力薄（德属西南非洲的总面积是德意志帝国的1.5倍，但殖民地的驻军却只有不到800人），根本就无法控制住原住民的起义，洛伊特魏因只得向柏林当局求助，希望中央政府火速出兵支援，并且派遣一位久经沙场的指挥官来指挥军事行动。[111]威廉二世回应了洛伊特魏因的请求，命令洛塔尔·冯·特罗塔中将率兵前往德属西南非洲——特罗塔中将的故乡是马格德堡，他出身普鲁士的军事世家，此前已经有多次在海外执行军事任务的经验。

尽管洛伊特魏因和特罗塔都是职业军人，但他们在普鲁士及德意志帝国的政治架构中所处的位置却十分不同。洛伊特魏因作为殖民地总督，是德属西南非洲职位最高的文官，应当向普鲁士外交部的殖民地管理司汇报工作，而殖民地管理司则应当向同时担任帝国宰相和普鲁士首相的伯恩哈德·冯·比洛汇报工作。特罗塔进入殖民地的目的完全是执行军事任务：他不需要向政府直接汇报工作，而是在总参谋部的指挥下执行任务，而总参谋部的直属上级是德皇本人。换言之，洛伊特魏因和特罗塔分别属于两条截然不同的指挥链。在普鲁士的宪政制度中，文官政府和军事机构之间隔着一条难以逾越的鸿沟，而此二人所处的境地则是这条鸿沟的集中体现。

洛伊特魏因总督和特罗塔中将很快就发生了严重的分歧，无法

第十六章　并入德意志　　781

就应当如何镇压起义达成一致。自始至终，洛伊特魏因的意图都是以军事手段令赫雷罗人陷入不利境地，最终以谈判的方式来解决问题，允许起义者有条件投降。他和他的下级把削弱起义军当作工作重点，想要一边孤立意志最为坚定的起义者团体，一边与其他的赫雷罗人团体进行谈判，单独达成和解协议。然而，特罗塔中将的想法与洛伊特魏因总督完全不同。1904年8月11日至12日，特罗塔中将在瓦特贝格摆开阵势，想要包围赫雷罗人，打一场大规模的歼灭战；在计划失败后，他又改变策略，开始实行种族灭绝政策。10月2日，特罗塔中将下令在殖民地全境张贴官方公告，并且命人向德军士兵宣读了公告的内容。公告言辞浮夸，会让人联想到卡尔·迈①笔下的狂野西部，而公告的结束语则更是赤裸裸的威胁：

赫雷罗人必须离开此地。如果有人不愿服从命令，我就会用大筒子[大炮]逼他们就范。在德属殖民地境内，所有的男性赫雷罗人，无论有没有携带武器，有没有驱赶牛群，一旦发现，就应当就地枪决。我不会继续俘虏妇女儿童。相反，我会把他们赶回本民族的聚居区，或者命人开枪驱散他们。这便是我要对赫雷罗人说的话。

[签名：]强大的德意志皇帝麾下的大将军[112]

这绝不仅仅是心理战的手段。两天后，特罗塔给普鲁士总参谋部的上司写信，在信中解释了自己为什么要这样做。他宣称，"赫雷罗民族"应当"彻底消灭"，即便无法实现这一目标，也必须"把他们驱逐出境"。特罗塔提出，既然采用直来直去的军事手段来取得胜

---

① 卡尔·迈（1842—1912）是德国的小说家，创作了许多以美国的旧西部为背景的小说。

利看起来已经是不可能的事情,那么就应当采取替代性的手段,一方面处死所有被俘的男性赫雷罗人,另一方面把妇女儿童驱赶到殖民地的沙漠地带,他们在那里肯定会渴死、饿死、病死,几乎没有生还的希望。他指出,完全没有必要给赫雷罗人的妇女儿童留一条生路,原因是他们会把疾病传给德军的士兵,还会给淡水及粮食补给造成负担。特罗塔在信的结尾处总结道,赫雷罗人的暴动"现在是,将来也一直都会是种族斗争的开端……"[113]

10月末的时候,洛伊特魏因总督致信普鲁士外交部的殖民地管理司(换言之,也就是柏林当局负责管理殖民地事务的文官机构),在信中为自己对局势截然不同的看法进行了辩护。洛伊特魏因和他的下级想要以协商的手段来结束战争,所以在他看来,特罗塔的做法适得其反,加剧了殖民地的冲突,令殖民当局之前做出的所有努力都付诸东流。洛伊特魏因指出,如果能够继续推动协商的进程,那么原住民的动乱很有可能已经结束了。在这场危机中,核心问题是权责的划分问题。特罗塔奉行无差别的屠杀和驱逐政策,所作所为显然超过了他作为军事指挥官的职权范围。

> 在我看来,我身为总督的权利遭到了侵犯。这是因为,判断一个民族是应当彻底毁灭,还是应当驱逐出境,并不是军事问题,而是政治问题、经济问题。[114]

1904年10月23日,洛伊特魏因致电柏林当局,在电文中怒气冲冲地提出,希望上级"明示总督到底还掌握着多少政治权力,还肩负着什么样的政治责任"。[115]

帝国宰相、普鲁士首相伯恩哈德·冯·比洛与洛伊特魏因一样,也对特罗塔极端的种族灭绝政策十分担忧。他向德皇威廉二世指出,针对赫雷罗人的"有计划的全面种族灭绝"不仅违反了基督教和人道主义的原则，还会造成毁灭性的经济损失，德国的国际声望也会因此受到损害。然而，尽管比洛已是普鲁士和德意志帝国地位最高的官员，但他仍然无权节制特罗塔中将和他在普鲁士总参谋部任职的上级，所以对比洛来说，用直接干预的手段来解决德属西南非洲的危机完全是不可能的。文官政府的指挥链和军事指挥链只有一个交会点，而这个交会点正是皇帝。因此，比洛要想实现自己的目标，就只能把皇帝当作突破口，设法让他亲自下令，取消特罗塔在10月2日下达的枪杀赫雷罗人的命令。比洛与总参谋部就一系列技术细节问题进行了拉锯战，终于得偿所愿，在1904年12月8日向德属西南非洲发出了以皇帝的名义下达的新命令。然而，对赫雷罗人来说，一切都已经太晚了。到了殖民地当局收到停止枪杀、驱逐赫雷罗人的命令的时候，已经有大量原住民死亡，其中绝大部分人都死在了殖民地东侧干旱少雨的奥马海凯地区。[116]

从德意志帝国诞生直到帝国覆灭，在宪政制度领域，文官政府的权力架构与（普鲁士的）军事机构的权力架构之间存在的鸿沟始终都没能得到解决。这一弊端给阿尔萨斯-洛林的局势火上浇油，导致当地的文官与军队的指挥官不断地围绕着各种问题爆发冲突，其中最为著名的当数1913年10月发生的察贝恩事件——一位青年军官出言不逊，令驻军与当地的居民发生了一系列小规模的冲突，最终导致军方无视法律程序，逮捕了大约20位民众。此时，军队显然已经犯下了越权管辖的错误，文官政府当局也对此进行了强烈抗议。然而，威廉二世认为，此事事关"皇帝的"军队威望，所以他公开表明态度，和军队站到一起，与文官政府唱反调。事件进一步发酵后，全国舆论哗然。帝国宰相费了九牛二虎之力，才终于说动了威廉二世，迫使他同意用军法惩治那些应当承担主要责任的军人。[117]

1914年8月爆发的那场战争是不是带有普鲁士独具的特点呢？被欧洲列强组成的联盟包围，陷入两线作战的境地——在过去的历史中，这是一个只有普鲁士人才会做的噩梦，并不是会令萨克森人、巴登人、巴伐利亚人夜不能寐的事情。19世纪，在所有的德意志国家中，只有普鲁士必须面对在东西两侧同时与强国接壤，国境线无险可守的困境。从这个角度来看，向东西两个方向同时出击，对兵力进行仔细调配的"施利芬计划"的确是一套在骨子里就透着普鲁士气息的方案。此外，在许多当时的德国人看来，1914年的动员令显然延续了之前的历史，与1870年、1813年、1756年的情况一样，都是普鲁士"与命运的邂逅"。1914年，战争爆发的消息传播开来后，各地的公众讨论中都会提到，之前的历史中也发生过类似的情况。当然，一味地强调历史的延续性会掩盖一个真相，即1914年的国际局势完全是德国统一后引发的根本性变化所造成的结果。第一次世界大战是德意志帝国的战争，而不是普鲁士的战争。当时的德国人之所以会"想起"普鲁士此前经历过的战争，实际上是因为他们想要把德国人在1914年感受到的民族主义情绪投射到普鲁士的历史中：他们（错误地）认为，1813年的战争是一场反抗法国人的德意志民族主义起义；1756年，弗里德里希大王先发制人，挑起了第三次西里西亚战争，但1914年的德国人却粉饰历史，认为这场战争是"德意志民族主义，甚至是泛德意志主义"的丰功伟绩。[118]

把普鲁士的过去与德意志的过去拼凑到一起并不是特别新奇的事情——在拿破仑战争结束后的那一百年间，从铁十字勋章，到弗里德里希大王，再到路易丝王后，一系列最有威望、最能代表普鲁士的象征全都渐渐成了德意志民族的标志。从这个角度来看，德意志民族的故事就好似一部宏大的史诗，开篇处让人想起《尼伯龙根之歌》

第十六章　并入德意志

古老的诗韵，以及切鲁西人①赫尔曼②在条托堡树林茂密的橡树之间击败罗马军团的景象，而勃兰登堡－普鲁士的历史则仅仅是其中的一个篇章。一个很能说明问题的细节是，1914年8月26日至31日，德军在东线战场取得首场胜利，围歼了沙皇俄国的第二集团军之后，德国政府并没有用格林弗利斯、奥穆莱弗芬、库尔肯这三个实际发生了战斗，但名称却无人知晓的东普鲁士地点来命名这场战役，而是用位于战场以西，与实际交战地点相距大约30千米的坦能堡来给战役命名。这样的命名是德国政府深思熟虑的结果，目的是把坦能堡战役塑造成对历史的回应，表明德意志民族已经一雪前耻，报了条顿骑士团在1410年的"第一次"坦能堡战役③中被波兰、立陶宛联军击败的一箭之仇——"第一次"坦能堡战役是发生在普鲁士王国成立之前的历史事件，能够让人回想起中世纪时德意志人在东欧开拓的历史。

　　第一次世界大战非但没有巩固普鲁士独特的国家身份，反而起到了侵蚀作用，一方面突出了德意志民族斗争的首要地位，另一方面又在那些最近才被普鲁士纳入版图的省份激起了更为强烈的反普情绪。战争让帝国的行政部门变得更加稳固，催生了全新而强大的跨地区权力机构，并且加快了经济一体化的进程。此外，战争还让民众产生了互相依存的全新关系，从而使其更为明确地认识到，民族是一个团结在一起的共同体：举例来说，东普鲁士被俄军占领了一小段时间，在此期间不仅遭受了重大的财产损失，还有大量的民众背井离

---

① 切鲁西人是日耳曼人的一支。
② 赫尔曼即阿米尼乌斯。自16世纪起，德语的文献开始把阿米尼乌斯的名字翻译为"赫尔曼"（第一个这样做的人有可能是马丁·路德），意为"战士"。
③ 第一次坦能堡战役即格伦瓦尔德战役。1410年7月15日，波兰、立陶宛联军在这次战役中决定性地击败了条顿骑士团，这次战役是中世纪最大规模的骑兵战役之一。坦能堡今属波兰，称斯滕巴尔克。——编者注

乡，德意志帝国各地的人民纷纷慷慨解囊，为东普鲁士提供了巨量的慈善捐助。许多人为军队提供住宿，参军入伍，全国性的救济及社会保障制度也得到了发展。这些因素集合在一起，让民众与想象出来的全体德意志人民的共同体产生了更为深刻的身份共鸣。即便是在马祖里这样一个在历史上一直都对霍亨索伦王朝十分忠诚的地区，"民族意识觉醒前的时期所遗留下来的最后那一点普鲁士身份认同感，也全都转变成了涵盖所有德意志人的爱国主义"。[119]

然而，反过来讲，"一战"同样催生了地域仇恨，就连在现役军人当中也不例外。当局在查看前线士兵的书信时发现，并非只有来自莱茵兰、汉诺威、黑森的士兵普遍贬低"普鲁士人"，就连来自西里西亚的士兵也对"普鲁士人"颇有微词。巴伐利亚人甚至更加痛恨普鲁士人，他们因为战争的持续时间太长、战况发展不利而陷入了绝望，经常把普鲁士人当作发泄愤怒的对象，认为普鲁士人既傲慢又"狂妄"，是导致战争久拖不决的罪魁祸首。一位巴伐利亚的警察观察员总结了从前线返回，在后方休假的巴伐利亚士兵的看法："战争结束后，我们怕是都要说法语了，但法国也要好过普鲁士。我们早就受够普鲁士了，一提到普鲁士就觉得恶心……"1917年的另一份报告发出警告，指出南方平民"对普鲁士的怨恨情绪"变得越来越强烈。[120]

对处在战争中的德意志帝国来说，普鲁士留下的最重要的遗产是普鲁士的宪政制度。"一战"爆发后，德意志帝国与军事制度相关的宪政问题变得更加严重。自政府下达动员令的那一天起，1851年6月4日普鲁士颁布的《围城状态法》便在德意志帝国全国范围内生效。根据这个古老的法规，德意志帝国应当分成24个军区，每一个军区都应当由一位代理指挥官管辖，而代理指挥官拥有几乎相当于独裁者的权力。在1914年之前，文官政府的指挥链与军事指挥链权责

第十六章　并入德意志　　787

重叠的弊病已经造成了阿尔萨斯-洛林的紧张局势，引发了德属西南非洲的惨剧，到了《围城状态法》施行之后，这一弊端更是蔓延至德意志帝国全境。"二十多个影子政府"与帝国各地的文官行政当局上演了一场龙虎斗，造成了效率低下、浪费、混乱等问题（巴伐利亚是唯一的例外，因为巴伐利亚境内的军区要接受巴伐利亚陆军部的管辖）。[121]

在帝国权力架构的顶端，军事指挥层也利用普鲁士的制度漏洞来夺取本应属于文官行政当局的权力。向文官政府发起挑战的关键人物是两位典型的普鲁士高级军官。保罗·冯·兴登堡（生于1847年）出身波森省的一个容克军官家庭，曾经在瓦尔斯塔特及柏林的军校学习。埃里希·鲁登道夫（生于1865年）同样也来自波森省，是一个庄园主的儿子，曾经在位于荷尔斯泰因境内普伦镇的普鲁士王室军校，以及柏林附近的大利希特费尔德军校学习。鲁登道夫是个有些神经质，经常过度紧张的工作狂，容易发生剧烈的情绪波动。兴登堡身材高大，长着个大方脑袋，留着威风凛凛的八字胡，是个极具魅力的人，性格与鲁登道夫截然不同，每时每刻都显得十分冷静，散发着自信的气息。鲁登道夫是才华横溢的战术家、战略家，而兴登堡更擅长处理人际关系，二人在战争期间形成了无比默契的合作关系。[122]1911年，已经64岁的兴登堡从军队退役，但到了战争爆发之后，政府又马上就把他召回军队，命令他前往东普鲁士指挥德军的第八集团军，与俄军作战。战争开始后，鲁登道夫在比利时作战，但在不久后就调到了东普鲁士，开始与兴登堡共事，成了第八集团军的参谋长。兴登堡指挥第八集团军赢得了两场意义重大的胜利，分别在坦能堡战役（1914年8月26日至30日）、马祖里湖战役（1914年9月6日至15日）中击败了俄国的第二集团军、第一集团军，之后被任命为德军的东线最高指挥官。

1914年冬季的时候，德军的指挥层已经发生了内部分裂。威廉二世的宠臣、总参谋长埃里希·冯·法金汉认为，想要取得战争的最终胜利，就必须把西线战场当作突破口，所以他下定了决心，要把德军的大部分资源用于西线作战。兴登堡和鲁登道夫在大胜俄军后备受鼓舞，提出了与法金汉完全相反的意见，认为德国想要取得战争的胜利，就必须在东线战场发力，彻底摧毁俄国的军事力量。1915年1月11日，兴登堡威胁威廉二世，宣称除非皇帝免去法金汉的职务，否则他就会辞去东线最高指挥官的职务——这对普军来说是史无前例的事情。尽管威廉二世既没有接受兴登堡的辞呈，也没有免去法金汉的职务，但兴登堡和鲁登道夫还是逐渐地削弱了法金汉的权力——他们迫使威廉二世允许东线的德军重组指挥架构，从而极大地动摇了总参谋长的地位。1916年夏，威廉终于接受了无法改变的事实，在解除法金汉的职务后，把兴登堡任命为总参谋长，而鲁登道夫则成了德军的军需总监。

以兴登堡为首的军事指挥层在权力斗争中取得了胜利，而民众的支持则在其中起到了一定的作用。民间出现了以这位体态健硕的将军为对象的个人崇拜；兴登堡的画像——只要一看到那个大方脑袋，就能马上认出来，画中人是兴登堡将军——变成了大量生产的商品，在公共场合四处悬挂，几乎无处不在。在德意志帝国各地的城镇，广场上都竖起了"兴登堡雕像"，这些巨型木雕上钉满了民众向红十字会捐款时获得的可以用作祭品的铁钉①。兴登堡似乎满足了某些社会群体在战争期间提出的诉求，变成了一位无论对盟友还是对敌人都拥有绝对权威的"元首"（Führer）。一位地位十分重要的工业家

---

① 在"一战"期间的德意志帝国和奥匈帝国，"铁钉人像"（通常是身着铠甲的骑士）是军队及其附属组织用来募捐的工具。民众在捐款后，可以根据捐款数额获得不同颜色的铁钉，这些铁钉能够作为祭品钉入人像。

表示，德意志帝国陷入了最黑暗的时刻，"必须有强人站出来，力挽狂澜，才能让我们避开毁灭的深渊"。[123] 不言而喻的是，无论是威廉二世，还是帝国宰相贝特曼·霍尔韦格，都不够资格，无法成为这样的强人。

在以胁迫和抗命为手段，获得了德意志帝国权力最大的军职之后，兴登堡和鲁登道夫开始削弱文官政府的领导权。他们向威廉二世施加压力，反对他们战略目标的大臣和高级顾问一个接一个被解职。1917年7月初，得知帝国宰相贝特曼·霍尔韦格准备在普鲁士改革选举制度后，兴登堡和鲁登道夫乘火车赶回柏林，要求威廉二世解除其职务。最开始威廉寸步不让：霍尔韦格继续担任宰相，普鲁士的选举制度改革方案也按照原定计划，在7月11日公之于众。次日，兴登堡和鲁登道夫再一次抗命犯上——他们发电报向柏林递交辞呈，宣称自己已经无法与宰相共事。为了避免皇帝继续左右为难，霍尔韦格在两天后辞去了宰相的职位。霍尔韦格的离去是一个里程碑式的事件，标志着德意志帝国的政治历史与过去一刀两断，进入了一个全新的阶段。此后，兴登堡和鲁登道夫就好似一对"连体婴儿"，几乎一直都把德皇玩弄于股掌之间。军事指挥层开始全面干预平民的生活，不仅颁布了全新的劳动法规，还动员经济来为全面战争做准备。德意志帝国实际上成了军事独裁的国家，情况直到战争接近尾声的时候才出现了转变。

## 国王离去，国家犹在

普鲁士君主制度的最后一段时光与其说是一场悲剧，还不如说是一出闹剧。威廉二世身边的臣下报喜不报忧，并没有如实汇报德军在1918年发起的春季攻势全线崩溃的消息。到了9月29日鲁登道夫亲自汇报战况，指出战败不可避免，已经近在眼前的时候，威廉极其震惊。威廉以后还能不能继续作为君主统治国家，已经成了一个问题。在战争的最后几周，民众开始对威廉的去留问题进行越来越广泛的讨论，到了10月中旬政府放松了审查制度之后，讨论更是变得空前热烈。10月14日，美国政府向德国政府递交照会，其内容让这场大讨论变得更加急迫——威尔逊总统在照会中指出，"必须在任何地方消灭所有可能危害世界和平的专制权力"，之后又恶狠狠地补充道："到目前为止一直都控制着德意志民族的那股力量正属于前文提到的专制权力。是否应当改变那股力量，是德意志人必须做出的抉择。"[124]许多德国人都以照会的内容为依据得出结论，认为只有完全废除普鲁士王国、德意志帝国的君主制度，才能满足美国人的要求。越来越多的声音提出，皇帝必须退位，就连皇帝继续留在柏林城内能否确保人身安全都说不准了。10月29日，威廉离开首都柏林，前往位于斯帕的陆军最高指挥部。他身边的臣下提出，只有这样做才可以躲过被迫退位的命运，甚至还有人宣称，如果皇帝能够在指挥部露面，那么前线的德军就有可能重振士气，在战场上反败为胜。[125]然而，实际上，威廉二世前往斯帕的决定与遭到软禁的法国国王路易十六逃往瓦雷讷的决定一样，都对君主制度造成了沉重打击——路易十六最终因为自己的决定掉了脑袋，而威廉的决定则导致他本人和他作为皇帝的权威大打折扣。

在君主制度宣告结束前的那一个星期，威廉和他身边的臣下就好像进入了一个完全与现实脱节的世界。各种方案，无论如何荒唐，都会提上议事日程，进行严肃的讨论——有人甚至提出，威廉应当向敌军阵地发起自杀式攻击，通过牺牲自己来挽回皇帝的尊严。威廉宣称，自己计划"率军"返回柏林，但军方给出的回应却是，皇帝已经失去了对军队的指挥权。接下来，威廉又开始寻求各种方式，想要

图53 "购买战争债券!时局固然艰难,但胜利肯定属于我们!"布鲁诺·保罗设计的海报,1917年

体面地退位——他可以放弃皇帝的头衔,继续做普鲁士的国王,这难道不是可行的方案吗?然而,面对席卷全国各大城市的革命浪潮,想要把德意志皇帝、普鲁士国王这两个早在德意志帝国宣告成立的时候就已经难分彼此的头衔分离开来,完全是异想天开。没过多久,政治局势就发生了迅速的变化,让朝廷在斯帕的苦思冥想变成了徒劳无功的挣扎。11月9日下午两点,也就是在威廉准备签署文件,宣布自己愿意放弃皇帝的头衔,但仍然会保留普鲁士王位的时候,最新的消息传到了最高指挥部——新任帝国宰相马克斯·冯·巴登已经在一个小时前宣布,皇帝决定放弃德意志皇帝、普鲁士国王的头衔,正式退位,社会民主党人菲利普·谢德曼成了新的政府首脑。威廉用了好几个小时,才终于接受了这个惊天大新闻,之后没有签署任何宣布退位的文件(直到11月28日,威廉才终于正式宣布同时放弃这两个头

衔），就登上了皇室专列，准备返回德国。待到局势明朗，返回德国显然已经绝无可能之后，专列转而向荷兰驶去。得知"革命党"控制了边境线附近的部分铁路路段后，威廉一行人换乘汽车，组成小型车队，继续向荷兰的方向前进。1918年11月10日晨，威廉越过边境线，进入荷兰，从此再也没能返回祖国。

霍亨索伦王朝的历史以流亡荷兰告终，在令人警醒的同时——如果从长远的历史角度来看——还有些辛酸的意味。选帝侯约翰·西吉斯蒙德在1613年皈依加尔文宗，体现出了他对尼德兰联省共和国强大的政治及军事文化的敬意。三十年战争期间，年轻的弗里德里希·威廉在联省共和国境内安然度过了最黑暗、最危险的那几年，之后他又与信奉加尔文宗的奥兰治家族结亲，迎娶奥兰治亲王的女儿为妻。接下来，他又想要以联省共和国为蓝本来重新塑造霍亨索伦家族的先祖留下来的领地。在之后的历史中，霍亨索伦家族与奥兰治家族经常重新结亲，其中最为重要的一次是1767年奥兰治亲王威廉五世与弗里德里希大王的侄女、弗里德里希·威廉二世的妹妹普鲁士的威廉明妮公主的婚姻。1787年，弗里德里希·威廉二世以霍亨索伦家族与奥兰治家族密切的亲属关系为借口，率领一小支军队攻入尼德兰，帮助奥兰治家族的统治者重树权威，挫败了法国政府支持的"爱国党"的密谋。1830—1831年，普鲁士人又站出来支持荷兰国王，想要帮助他阻止比利时人脱离出来独立建国的企图（只不过，普鲁士的帮助并没能阻止比利时的独立进程）。到最后，也就是在第一次世界大战即将结束的时候，普鲁士的末代国王流亡荷兰王国，获得了荷兰王室的庇护。

对身为德意志皇帝、普鲁士国王的威廉来说，能否获得荷兰王室的庇护是生死攸关的大事，因为此时，他已经成了全欧洲的头号通缉犯。协约国再三向荷兰当局提出引渡要求，想要让威廉二世作为战

第十六章 并入德意志 793

犯接受审判（如果威廉真的出庭受审，那么他就很有可能被处以绞刑），但是荷兰女王威廉明娜态度坚决，始终都没有答应协约国的要求。威廉先是在一位荷兰贵族的家中借住了一小段时间，之后与妻子和剩余的随从人员一起前往多伦，在一处乡间雅居定居了下来。第二次世界大战结束后，"多伦庄园"被荷兰政府收归国有，现在已经成了一座向公众开放的博物馆。"多伦庄园"摆满了皇室与王室的纪念品，从皇宫运送出来的家具、皇室成员的肖像画、霍亨索伦王朝的支持者寄来的明信片——虽然普鲁士王国和德意志帝国的君主制度早已终结，但"多伦庄园"就好像一个微型王国，仍然承认君主的头衔，仍然严格遵守宫廷礼仪，即便是我们这些现代的参观者，也依旧能够强烈地感受到与现实脱节的氛围。威廉二世在"多伦庄园"（他去世于1941年6月4日）用没有残疾的那只手臂做木工活，或是读书、写作、聊天、品茶，就这样度过了余生。

1917年12月，保守党领袖恩斯特·冯·海德布兰德·德尔·拉萨在普鲁士的议会下院发言，宣称："作为一个普鲁士人，我感到自己遭到了背叛和出卖！"他之所以会发表这样的言论，是因为新任帝国宰相、普鲁士首相格奥尔格·冯·赫特林伯爵是个巴伐利亚人，而他的副手弗里德里希·派尔则是一个来自符腾堡的左翼自由派人士。在这一时期，帝国国务秘书出席普鲁士国务部会议的做法已经成了常态，从而进一步表明，在德意志帝国的制度架构中，普鲁士的自主性正在不断地下降。"我们的普鲁士会落得怎样的下场？"[126]这显然是一个意识到自己的时代即将结束的人才会说出的话。三级选举制度——保守派用来维持政治霸权的生命线——马上就要分崩离析。接下来，包括上议院、朝廷，以及依附于朝廷的恩庇关系网络在内，保守政治体系的所有其他支柱也都因为德国战败，以及1918—1919年的革命浪潮而被一扫而空。农业保守派势力是一个把农村大地产与军官食堂、部级政府部门的走廊联系到一起的关系网络——上述剧变发生之后，这个关系网络失去了把自己与国家架构正式地锚定在一起的连接点。

有什么东西走到了尽头。当然，它并不是世界本身，它同样也不是普鲁士；它是只属于普鲁士的那个独特的世界，或者更确切地说，是普鲁士排他主义的世界。长久以来，"旧普鲁士"一直都处于守势。面对变革带来的威胁，旧普鲁士的卫道士一直都在强调，普鲁士拥有独特的道德观和制度。然而，他们用来为普鲁士辩护的话语一直都在以偏概全：他们口中的普鲁士是信奉新教的普鲁士，是代表农村大地产利益的普鲁士，而不是信奉天主教的普鲁士，不是提倡社会主义的普鲁士，不是代表工业城镇利益的普鲁士。在他们的眼中，普鲁士身份的精髓源自一个特定阶层的集体精神，以及生活在易北河以东、理想化了的容克地主恭顺谦让的团结协作。

尽管保守派有些时候也许会认为，自己是唯一忠于普鲁士的人，但实际上并非如此。一直以来，普鲁士都存在着另一种传统——它在气质上并不是排他的，而是具有包容性的——这种传统并不依附于某个在特定历史背景下"成长起来"的团体的独特个性，而是依附于客观的、超越历史限制的、作为变革工具的国家。"普鲁士学派"在德国实现统一后经历了第一次大发展，提出了大量的历史理论，而"普鲁士学派"颂扬的正是这样的普鲁士。推崇"普鲁士神话"的史家书写了宏大的历史篇章，把国家（state）摆到了最突出的位置上。神圣罗马帝国的一大弊端是其松散的结构，而国家则是信奉新教的普鲁士人针对这一弊端给出的言简意赅的答案。不过，国家同样也可以成为一副灵丹妙药，用来驱散蒙昧、狭隘的地方主义，可以成为一股制衡的力量，用来制约那些不可一世的地头蛇。在维多利亚时代的英国，历史学说大都带上了辉格党目的论的烙印，认为所有的历史都是

第十六章　并入德意志 795

公民社会作为自由的载体不断地崛起，推翻君主制国家的过程；而普鲁士的历史则恰恰相反，把公民社会和国家的位置颠倒了过来。在普鲁士，国家不断地崛起，渐渐地建立起了理性的秩序，取代了旧时大人物武断的个人统治。

这种颂扬国家，认为国家是进步载体的观点并不是19世纪的创新——举例来说，我们可以在支持霍布斯的政治理论家、曾经担任勃兰登堡宫廷史官的萨穆埃尔·普芬多夫的论著、论述中找到这样的观点。到了施泰因和哈登贝格推行改革的历史时期，已经可以设想把国家的公共生活和人民的私人生活结合起来，以国家为工具来解放和启迪人民，把人民转变成公民。国家就在这一历史时期产生了巨大的魅力。来自士瓦本的哲学家黑格尔从1818年10月起定居柏林，一直在柏林大学任教，直到他在1831年去世——前文已经提到，没有人比黑格尔更擅长为国家歌功颂德。黑格尔曾经指出，勃兰登堡的沙地毫无吸引人的特色，与他那充满浪漫气息的故乡士瓦本相比，勃兰登堡是一个更适合进行哲学思考的地方。19世纪20年代，已经成了学术明星的黑格尔向一批又一批在柏林大学求学的学生灌输自己的观点，提出在他生活的这个时代，普鲁士作为一个国家，通过改革，实现了特殊性和普遍性的统一，而这正是德意志的政治文化一直都在苦苦寻找的圣杯。[127]

这种如此高看国家的理念表现出了极其广泛的影响力，赋予了普鲁士的政治思想和社会思想与众不同的特色。黑格尔最有天赋的门徒之一洛伦茨·施泰因在《无产阶级与社会》(*Proletariat and Society*, 1848年出版) 一书中指出，普鲁士与法国和英国不同，它拥有一套足够独立、足够权威的国家体制，可以对公民社会内部的利益冲突进行干预，从而防止革命，保护社会的所有成员免遭任何特定利益集团的"独裁统治"。所以说，普鲁士必须肩负起历史使命，完成"君主制的社会改革"。极具影响力的保守派"国家社会主义者"卡尔·洛贝尔图斯提出了十分相近的观点：他在19世纪三四十年代指出，如果私有财产原则是社会唯一的基础，那么无产者就会被排除在外，永远也无法真正成为社会的一员——只有集体化的威权国家才有可能把所有的社会成员团结在一起，形成一个具有包容性的、有意义的整体。[128] 洛贝尔图斯的理论接下来又影响了极端保守刊物《新普鲁士报》的主编赫尔曼·瓦格纳（由于《新普鲁士报》通栏标题的正中央有一个巨大的黑色铁十字架，所以该报又名《十字报》）。即便是最有浪漫主义倾向的保守派路德维希·冯·格拉赫也认为，国家是唯一有能力让大众获得使命感、归属感的机构。[129]

在许多奉行这种政治传统的人看来，一件似乎显而易见的事情是，国家必须或多或少为保障治下之民的物质生活承担有限的责任。19世纪中后期，在研读洛伦茨·施泰因著作的历史学家中，古斯塔夫·施莫勒算得上影响力数一数二的人物，他提出了"社会政策"（Sozialpolitik）的概念，指出国家必须出手干预，去帮助那些最脆弱的社会成员，这既是国家的权利，也是国家的义务。施莫勒认为，如果任由社会自行调节，就肯定会引发巨大的混乱。[130] 施莫勒与经济学家、"国家社会主义者"阿道夫·瓦格纳的关系十分密切。瓦格纳热衷于研究洛贝尔图斯的著作，在1870年成了柏林大学的教授，之后又在1872年成了"社会政策协会"（一个成立时间较早的讨论国家的社会义务的论坛）的创始成员。黑格尔的理论和普鲁士的传统就像是一片沃土，催生出了"青年历史学派"，而瓦格纳和施莫勒的观点则是该学派的典型代表。[131] 1873年，德国的经济陷入衰退，民众苦不堪言，自由派的自由放任主义经济原则似乎完全丧失了可信度，学者纷纷开始寻找能够替代的经济理论——在这样的政治环境下，瓦格纳和施莫勒认为国家必须承担起责任，向社会施以援手的观点引起了广泛的共鸣。"社会政策"的概念拥有极强的学术吸引力,其支持者表现出了高度的多样性,涵盖了民族自由主义者、中央党的领袖、国家社会主义者,以及俾斯麦身边的保守派人士——例如,《十字报》的主编、在19世纪六七十年代负责就社会领域的问题为俾斯麦提供建议的赫尔曼·瓦格纳就是一个推崇"社会政策"的保守派。[132]

由此可见,当时的德国早已具备了充分的先决条件,俾斯麦在1880年代推行的具有开创性的社会保障立法绝非无本之木。1883年6月15日,政府颁布《医疗保险法》,建立起了一个由地方上的承保人组成的保险服务网络,负责向投保人发放保险金,其资金来自工人和雇主共同承担的保费。1884年的《事故保险法》建立了为生病和因工受伤的工人提供保险服务的制度。1889年,德国社会保险立法三大支柱中的最后一个支柱《老年人及伤残人士保险法》正式生效。按照现代的标准来衡量,上述保险制度的参保人数很少,所能支付的保险金极其有限,相关新规的覆盖范围也绝非全面——举例来说,1883年的《医疗保险法》并没有把在农村工作的工人纳入投保的范围。就扭转社会成员贫富差距越发严重的趋势而论,不管是在普鲁士的层面上,还是在帝国全国的层面上,德意志帝国的社会保障立法在任何一个时间点上都没能起到哪怕一丁点儿的作用。此外,显而易见的是,俾斯麦之所以会建立社会保障制度,完全是因为他想要操控民众,是出于实用主义的考量。他的主要目的是重新赢得工人阶级的支持,让他们与普鲁士王国及德意志帝国的"社会君主制度"站到一起,从而令正在不断发展的社会民主主义运动遭受沉重的打击。

然而,把社会保障制度与某个特定的政治人物联系到一起是不得要领的。说到底,社会保障制度的建立是一个涵盖广泛,在文化和历史领域有着深厚基础的"话语联盟"进行表述的过程,而俾斯麦对保障制度的支持只是其中的一个环节。在这种有利的意识形态环境下，国家保险法的条款涵盖范围迅速扩张，达到了的确能够对工人的福祉起到有利影响的程度，甚至还有可能像俾斯麦所希望的那样，起到安抚工人的作用，让他们的政治立场变得更为温和。[133] 社会保障制度改革的势头一直延续到了1890年代早期——由威廉二世和卡普里维宰相领导的新政府在这一时期出台了一系列的劳动法，在安全生产、劳动条件、青少年保护、劳动仲裁等领域让劳动者的利益得到了更好的保护。在之后的数十年间，劳动法所体现的立法原则——"企业利益集团必须尊重所有社会群体获得国家认可的利益"——始终都是德意志帝国及普鲁士王国社会政策的主旋律。[134]

到了第一次世界大战爆发的前夕，普鲁士的国家机构已经变成了一个庞然大物。从1880年代起，普鲁士的国家机构一直都在不断地扩张规模，到了1913年的时候，其雇员的总人数已经超过了100万。1913年的一份评估资料指出，普鲁士的公共事务部是"全世界最大的雇主"。仅仅是普鲁士的铁路管理部门这一个机构就雇用了31万人，而国有的采矿部门则雇用了18万人。在所有的领域，普鲁士的国家机构都建立了当时最先进的社会服务体系，比如失业保险、工伤保险、医疗保障制度。普鲁士的公共事务大臣赫尔曼·弗里德里希·冯·布德是军校的毕业生，曾经担任参谋官；1904年，他在普鲁士的议会下院发言，指出自己的一项重要工作是确保公共事务部雇员的福祉能够得到保障。他补充道，在普鲁士，公共事务部的雇主都有一个终极目标，那就是"以社会保障［Fürsorge］为手段来解决社会问题"。[135] 这样的普鲁士国家机构当然有可能安然度过霍亨索伦王朝的大溃败，不会因为君主制度的崩溃而失去合法性。

# 第十七章　落幕

## 普鲁士的革命

1918年10月末，在接到命令，得知上级想要让舰队出港，向英国的大舰队①发起近乎自杀的攻击后，基尔港（石勒苏益格－荷尔斯泰因）的水兵发生了哗变。起义水兵控制了基尔海军基地，基地指挥官普鲁士的海因里希亲王被迫化装潜逃。此后，罢工和士兵起义的浪潮席卷了全国，所有主要城市都受到了波及。革命者很快就成立了全新而又独特的政治组织——由全国各地的工人、士兵以地方选举的方式产生的"委员会"，其任务是代表不愿继续向君主制度效忠、不愿继续跟随君主进行徒劳无功的战争的广大民众提出诉求。当时的一位观察者指出，这场革命与法国大革命不同，革命的浪潮不是以首都为中心涌向各个省份，而更像是一场由外及内的维京入侵，"好似一片油污"，以海岸为起点，不断地侵蚀内陆地区。[1]普鲁士的地方及省政府一个接一个，全都服从了起义者的要求，没有提出任何抗议。

11月9日是个周六，那天下午两点前后，菲利普·谢德曼出现

---

① 大舰队（Grand Fleet）是英国皇家海军在"一战"期间的主力舰队。

在柏林帝国议会①大厦的阳台上,代表刚刚成立了临时国民政府的社会民主党发表讲话,在民众的欢呼声中宣布:"腐朽的君主制度已经崩溃。新制度万岁!德意志共和国万岁!"11月9日晚10点,艺术评论家、日记作者哈里·凯斯勒进入国会大厦,发现整座建筑物已经"乱成了一锅粥":水兵、手持武器的平民、妇女、士兵挤成一团,沿着楼梯跑上跑下。士兵和水兵成群结队,有些站在厚厚的红地毯上,有些席地而卧,有些躺在沿着墙壁摆放的长椅上酣然大睡,有些在大厅内四处游荡。凯斯勒回忆道,自己眼前的景象就好似描述俄国革命的电影场景。[2]和所有其他革命一样,动员起来的革命群众占领了享有特权者过去占据的位置并举行庆祝活动,展现了自身的力量。普政府的公务员赫伯特·迪·梅尼尔是普鲁士胡格诺派移民的后代,他与凯斯勒一样,也体会到了那种恍如隔世的感觉。梅尼尔居住在科布伦茨市,是当地一家俱乐部的会员;11月8日晚,一群起义者闯入俱乐部,领头的士兵骑着高头大马在俱乐部一楼装饰精美的房间内来回打转,马蹄嗒嗒作响,把在房间内用餐的宾客(他们中的大部分人是普军预备役部队驻扎在科布伦茨的军官)惊得目瞪口呆。[3]

最开始,普鲁士的国家机构似乎很难安然无恙地度过这场动荡。霍亨索伦王朝的王权已经不复存在,普鲁士王国代代相传的情况各异的国土就此失去了用来维持统一的中心。更有甚者,在莱茵兰地区,天主教的新闻媒体发出呼吁,宣称莱茵兰应当与柏林当局一刀两断,从普鲁士独立出去。[4]1918年12月,德意志-汉诺威党②发表宣言,要求普政府承认汉诺威的地方自治权,总共有60万民众在请愿书上签

---

① 译文以菲利普·谢德曼11月9日的讲话为分界点,在此之前将Reichstag译为帝国议会,在此之后将其译为国会。
② 德意志-汉诺威党于1867年成立,主旨是反对普鲁士在普奥战争后吞并汉诺威的做法。

字，表示对宣言的支持。⁵ 在东部诸省，波兰人提出复国的要求，在1918年的节礼日①于波森省境内引发了一场反对德意志统治当局的起义。此后，起义很快就升级成了一场全面的游击战争。⁶ 此外，当时的德国人还很有理由认为，对新成立的共和国来说，普鲁士的消失也许是一件好事。即便是在按照《凡尔赛和约》的规定，⁷被迫割让大片土地之后，普鲁士也仍是面积最大的德意志邦国，任何其他的德意志邦国都无法与其相提并论。普鲁士在德意志帝国的旧制度中一手遮天，给德意志人留下了难以抹去的记忆，足以让他们认为，普鲁士是一个体量与其他的德意志邦国完全不成比例的庞然大物，很有可能令新成立的共和国难堪重负。1918年12月，德国内政部在自由派宪法律师胡戈·普罗伊斯的指导下编撰了一份报告，报告中指出，在德国境内继续保留各邦国的国境线已经毫无意义，因为邦国的国境线既不符合地理分界，又不能提供任何便利，"完全是世袭统治者的王朝政策所构筑的随机产物"。报告最后得出的结论是，想要结束普鲁士的德意志霸权，就必须肢解普鲁士。⁸

尽管如此，普鲁士还是存留了下来。社会民主党立场温和的领导层一直都奉行维护历史延续性和稳定性的政策。这样的政策会引发许多结果，其中的一项便是，社会民主党放弃了建立单一制共和国的政治纲领，把仍然能够正常运作的普鲁士行政机构保留了下来。1918年11月12日，由革命者组成的"大柏林工人士兵委员会下设执行委员会"签发命令，要求在社区、省、国家的层面上，所有行政机构都应当继续履行职责。次日，执行委员会签发了一份题为《致普鲁士人民！》的宣言，宣布新政府决定把"完全反动的旧普鲁士"改造成"实现全面民主的人民共和国"。11月14日，普鲁士联合政府宣告成

---

① 此即12月26日。

立，其成员除了包括社会民主党的代表，还有左翼社会主义政党独立社会民主党（USPD）的代表。在地方的层面上，公职人员向各地的工人士兵委员会表明态度，宣称他们的效忠对象不是早已失败的君主制度，而是由革命者领导的普鲁士国家机构，从而为权力移交创造了有利的条件。[9]

全国革命的领导机构在原则上并不反对普鲁士的国家机构继续存在下去。[10] 普罗伊斯的提议——肢解普鲁士，建立严格中央集权的国家架构——几乎没有得到任何支持。社会民主党、独立社会民主党的成员在成为各部部长，联手控制了普鲁士的国家机构之后，马上就产生了主人翁意识，变成了中央集权的强烈反对者，这或许并不令人意外。普罗伊斯的观点甚至还遭到了全国性机构"人民代表委员会"的反对（委员会主席，之后成为魏玛共和国第一任总统的巴登人弗里德里希·艾伯特是唯一的例外）。[11] 此外，社会民主党还认为，统一普鲁士是针对莱茵兰地区分离主义势力最有效的预防手段。社会民主党的成员担心莱茵兰一旦脱离普鲁士，最终就会脱离德国。他们指出，考虑到法国想要蚕食德国西部的领土，而波兰则有扩张野心，盯上了德国东部的领土，在这样的情况下开展区域自治实验，只会让德国的敌人有机可乘。故而，德国作为一个联邦制国家，能否保证国家的安全与统一，取决于能否维护普鲁士的领土完整。德国的左翼政治势力就这样与其试图建立单一制国家的政治传统分道扬镳，从而消除了对普鲁士国家存续的一个主要威胁。

只不过，这一切并不意味着普鲁士可以像在之前的帝国体系中那样，重新占据主导地位。诚然，普鲁士行政机构的规模仍然冠绝德意志诸邦，普鲁士的学校制度也仍然是德意志诸邦争相效仿的榜样，而普鲁士的警察力量则是魏玛共和国手中重要性仅次于国防军的强大力量，如果没有普鲁士中央、省、地方这三级官僚机构的配合，魏玛共和国的立法就休想得到贯彻实施。[12]然而，此时的普鲁士已经失去了向其他德意志邦国直接施加影响力的手段。魏玛共和国拥有完全独立于普鲁士政府的全国性中央行政机构；在德意志帝国时期，普鲁士首相兼任帝国宰相的人事制度是普鲁士政府向其他德意志邦国施加影响力的关键手段——魏玛共和国成立后，这项人事制度也相应消亡。此外，德国不仅首次拥有了真正的全国性军队（但不得违反《凡尔赛和约》的军控条款），还成立了不受普鲁士政府的控制，可以独立管理军队的部级政府部门。德意志帝国奉行二元财政制度，各邦国掌握着全部的直接税收权，帝国政府只能通过一种名为"注册捐税"的制度来获得财政收入，而魏玛共和国成立后，二元财政制度同样也退出了历史的舞台。取而代之的是，魏玛共和国建立了中央集权的行政机构，规定中央政府是唯一拥有税收权的部门，税收应当由中央政府按照各邦国的实际情况按需分配。普鲁士就这样与其他所有的德意志邦国一起失去了财政自主权。[13]

1918年冬季的时候，普鲁士的革命运动仍然很不稳定，存在不小的内部分歧。总的来说，在当时的普鲁士，左翼势力可以分为三个主要的政治阵营，其中规模最大的是多数派社会民主党；该党继承了战时社会民主党的大部分衣钵，拥有大量的党员。立场与多数派社会民主党相比稍微偏左的阵营是独立社会民主党；该党的前身是社会民主党内部的激进左翼势力，在1917年从社会民主党中分裂出来，原因是该党的成员对社会民主党领导层的温和改良主义十分不满。斯巴达克派在1918年12月成立了德国共产党（KPD）。他们的目标是，发动全面的阶级战争，以俄国布尔什维克的经验为蓝本，在德国建立苏维埃式政权。在革命的头几个星期，社会民主党与独立社会民主党建立起了密切的合作关系，想要把新的政治秩序稳定下来。德国国民政府和普鲁士政府全都是由社会民主党和独立社会民主党组建的联合政府。然而，实践证明，社会民主党与独立社会民主党的两党合作困难重重，其中的一部分原因是，独立社会民主党是一个十分不稳定的组织，其政治身份仍然在不断地发生变化。革命开始后仅仅几周，社会民主党和独立社会民主党的合作关系就濒临破裂，因为两党无法就普鲁士主导的德国军队未来的地位问题达成一致。

在共和国成立的第一天，社会主义临时政府与军事指挥层之间的关系就已经确定了下来。11月9日晚，人民代表委员会的主席弗里德里希·艾伯特致电军需总监威廉·格勒纳（10月26日，威廉二世解除了鲁登道夫的职务），二人在交谈后达成一致，认为军队应当与政府合作，在全国范围内恢复秩序。格勒纳做出承诺，宣布军方将会迅速而又顺畅地遣散作战部队。作为回报，他要求艾伯特代表政府给出以下保证：政府应当确保补给品的供应；应当协助军队，做好军纪的维持工作；应当防止铁路运输网络遭到破坏；应当在总体上尊重军事指挥层的独立自主权。此外，格勒纳还明确指出，军队的主要目标是防止德国发生布尔什维克革命，他认为自己能够在这件事情上得到艾伯特的支持。

艾伯特与格勒纳达成的共识是一项好坏参半的成就。社会主义的共和政权不仅可以恢复社会秩序，还获得了自保的手段，得以免遭动乱的进一步冲击。对一个既没有像样的武装力量，又没有宪政制度作为权力基础，完全以革命为手段夺得政权的行政机构来说，这的确相当于向前迈出了一大步。从这个角度来看，艾伯特与格勒纳达成共识的做法既精明，又注重实际，而且不管怎么说都是必要的手段，因为共和政府手中根本就没有任何其他可行的方案。然而，从另一个角度来看，遣散作战部队完全是军队的分内之事，但军方还是在如此急迫的情况下，把分内之事当作谈判的筹码，向政府开出了政治条件，不禁让人对未来充满了恐惧。格勒纳提出的要求的确十分合理，但这并不是问题的关键所在；真正要紧的是，军队正式地把自己摆到了与文官政府平起平坐的地位，与其谈起了条件。[14]

尽管艾伯特抱着极大的善意，想要在军队的指挥层与革命士兵委员会间建立起信任的桥梁，但军方与革命运动的左翼力量之间严重缺乏互信。12月8日，勒基斯将军率领一支总兵力十个师的部队抵达柏林郊外，执行委员会（士兵及水兵委员会的全国性执行机构）和在临时政府中担任部长的独立社会民主党人不允许部队入城。艾伯特费了好一番口舌，才终于说服了他们，得以让勒基斯和他手下的士兵进入柏林——勒基斯的部下大都是归乡心切的柏林市民。[15]12月16日，军队与革命者的关系变得更加紧张，原因是工人士兵委员会举行了第一次全国大会，在会上通过决议，要求把军队改造成一支革命的军队，具体措施包括解除兴登堡总参谋长的职务，废除普鲁士古老的军校体系，取消所有的军衔。从此往后，军官应当由士兵选举产生；此外，还应当成立民防军（Volkswehr），令其成为一支能够与正规军平起平坐的武装力量。兴登堡不仅断然拒绝了上述提案，还向格勒纳下达命令，要求他通知艾伯特，如果政府试图把任何一项提案转化为实际行动，那么军队与政府之前达成的共识就会变成一张废纸。艾伯特出席内阁和执行委员会[16]的联席会议，在会上指出12月16日的提案无法得到落实后，独立社会民主党的成员马上就慌了神，立即开始在柏林全城动员激进派的支持者。

此时的政治氛围已经异常紧张，局势极其动荡。社会民主党与独立社会民主党的关系紧张到了极点。在柏林城内，街上到处都是手持武器的工人和由激进士兵组成的团体——在所有的激进士兵团体中，动静闹得最大的当数"人民海军师"，皇宫广场东侧的宏伟新巴洛克式建筑皇家马厩是其总部。无产阶级已经开始讨论发动武装起义的可能性。斯巴达克派的领导人、理论家罗莎·卢森堡出席大柏林地

第十七章　落幕

区独立社会民主党的全体会议，在会上批评了该党的妥协政策，要求他们停止拥戴艾伯特政府。她宣称，与"容克地主和资产阶级"讨论是否应当建立社会主义制度，完全是白费口舌：

> 社会主义并不等同于召开会议，在会上通过法律，而是指我们必须使用无产阶级能够用来进行斗争的所有暴力手段［与会人员哄堂大笑］来推翻统治阶层。[17]

12月23日发生的事件点燃了足以引发公开冲突的导火索。这天，有报告称"红色水兵"打家劫舍、肆意破坏公共财物，临时政府便下达命令，要求人民海军师离开皇室马厩，撤出首都柏林。水兵们非但没有执行命令，反倒抓住了柏林城的军事指挥官奥托·韦尔斯，之后又包围了总理府（由社会民主党及独立社会民主党组成的联合政府的所在地），并占领电话总局，切断了总理府与外界保持联系的电话线路。艾伯特使用总理府的秘密电话热线联系上了位于卡塞尔的陆军最高司令部，请求军方提供军事支持。勒基斯将军奉命离开波茨坦，率兵前往柏林恢复社会秩序。勒基斯的表现很难让人对军队充满信心：1918年圣诞节的上午，勒基斯的部队先是驱散了包围总理府的水兵，之后对皇家马厩进行了长达两个小时的炮击。尽管勒基斯的措施的确迫使起义水兵缴械投降，但起义水兵遭到镇压的消息传播开来之后，很快就有一大群愤怒的（其中的一些人还拿起了武器）斯巴达克派、独立社会民主党人、左翼势力的同路人包围了勒基斯的部队，迫使他们仓皇撤退。

这场发生在1918年圣诞节当天的闹剧令政治氛围发生了两极分化。无产阶级信心大振，认为只要发起更为坚决的罢工运动，就肯定可以推翻艾伯特和谢德曼领导的政府。此外，这场闹剧还彻底地破坏了社会民主党和独立社会民主党继续开展合作的可能性——12月29日，独立社会民主党退出了临时国民政府。1月3日，普鲁士的独立社会民主党退出了普鲁士的联合内阁。多数派社会民主党就此成了普鲁士唯一的执政党。[18] 面对越来越紧张的局势，格勒纳发出呼吁，希望支持政府的势力组建志愿者部队，也就是所谓的"自由军团"（Freikorps）——自由军团显然会让人回想起1813年的那段好似神话一般令人心潮澎湃的历史。此时，路德维希·梅尔克将军已经在威斯特法伦地区成立了一支自由军团，其他的自由军团也正在以极快的速度涌现出来：在节礼日当天，前近卫军军官威廉·赖因哈德上校成立了赖因哈德自由军团；斯特凡尼少校在波茨坦成立了另一个自由军团，其成员全都是退役的官兵，不是来自第一近卫步兵团，就是来自帝国波茨坦团。加入自由军团的志愿者动机各异，有些人是极端民族主义者，有些人想要洗刷德国战败的耻辱，有些人痛恨左翼势力，还有些人是被布尔什维克起义吓得心惊胆战。来自西里西亚的职业军官瓦尔特·冯·吕特维茨男爵[①]将军获得任命，成了所有自由军团的总指挥。

为了保证军队与文官政府之间能够建立起和谐的关系，艾伯特让社会民主党的成员古斯塔夫·诺斯克来主管军政。诺斯克的故乡是勃兰登堡城，他的父亲是个织工，母亲是个产业工人，而他本人则做过学徒工，学习如何编制柳条筐。此后，他加入了社会民主党，因为擅长写作宣扬社会主义的新闻稿而在党内平步青云。1906年，他作为社会民主党的代表出席帝国议会，与以艾伯特为核心的社会民主党右翼领导团体建立起了联系。一直以来，诺斯克都以对军方十分友好

---

① Freiherr 原指男爵。1919 年 8 月，魏玛共和国宪法颁布，贵族制度被废除，此后贵族头衔已无法律意义，只被视为姓名的一部分。本书译文仍按习惯将其以爵位名译出。

第十七章 落幕　　809

而为人所知；12月29日，独立社会民主党退出联合政府后，他成了临时政府的成员。得知艾伯特想要让他挑起大梁，领导临时政府在柏林镇压左翼革命派后，他给出的回答是："好吧，总得有人去充当打手，我是不怕承担这个责任的。"[19]

没过多久，柏林就发生了下一场起义。1月4日，柏林临时政府下达命令，解除了独立社会民主党的左翼人士埃米尔·艾希霍恩柏林警察局局长的职务，原因是他拒绝在"圣诞节之战"中支持政府。艾希霍恩非但拒绝辞职，反倒决定打开警察局的武器库，向左翼激进派发放武器，而他本人则坐镇警察局，命人设置路障，把警察局所在的建筑变成了一座堡垒。艾希霍恩虽然没有得到独立社会民主党领导层的授权，却仍然下达了发动全面起义的命令，结果得到了无产阶级的积极响应。1月5日、6日，共产主义者在柏林发起了第一次有组织的反抗行动——他们控制了军火库，把工人武装起来，占领了柏林城内的关键建筑物和地点。社会民主党的临时政府再一次向军队求助，请求派部队进城，结束动乱。

> 几天来，这座城市已经变成了一片危机四伏、令人毛骨悚然的丛林，变成了达达主义式噩梦。每个街角都枪声不断，几乎没有人能搞清楚是谁在向谁射击。交战双方分别占领了紧邻的街区；房顶和地下室变成了激烈争夺的目标；不知布置在哪里的机枪阵地突然开火，但不一会儿又哑了火；前一秒，广场和街道还是一片安静祥和的景象，到了后一秒，平静就被彻底打破，到处都是夺路而逃的行人、惨叫连连的伤者、一动不动的死者。[20]

1月7日那天，哈里·凯斯勒目睹了发生在柏林城内哈芬广场的战斗：政府军士兵向左翼武装人员占领的铁路局总部发起进攻，想要夺回对建筑的控制权。轻武器的开火声震耳欲聋。战斗最激烈的时候，一辆满载着通勤者的列车缓缓地驶过横穿广场的高架桥，似乎没人注意到桥下激烈的枪战。"尖叫声不绝于耳，"凯斯勒写道，"整个柏林就好像变成了一口烧开了的大锅，守着锅的女巫把各种各样的势力、理念全都搅和到了一起。"[21] 当局展开了大规模搜捕行动，共产党的领袖罗莎·卢森堡、卡尔·李卜克内西于1月15日被驻扎在柏林市中心伊登旅馆的近卫骑兵师发现，在遭到逮捕后不久就被殴打致死。

二人遇害后，社会民主党变成了共产党人恨之入骨，永远也无法原谅的死敌。1919年3月，共产党发动大罢工，柏林再一次变成了战场。大约1.5万共产党人和共产主义的同路人拿起武器，占领了警察局和铁路枢纽。古斯塔夫·诺斯克决心不惜一切代价消灭共产主义者，命令政府军及自由军团总计4万人进入柏林，使用机枪、野战炮、迫击炮、火焰喷射器等武器来镇压起义，在某些情况下甚至还出动飞机，扫射、轰炸起义者。到了3月16日柏林的战斗宣告结束的时候，总共有1 200人死于战火。政府不仅使用暴力手段镇压了1月和3月的起义，还杀害了领导起义的知识分子，令共产主义者遭到了沉重的打击。这是共产主义者永远也无法原谅的事情，因为在他们看来，社会民主党背叛德国的工人阶级，与普鲁士的军国主义者签订了"魔鬼的契约"。[22]

柏林艺术家格奥尔格·格罗斯的作品用最为明确的视觉信息表达了共产主义者对上述事件的看法。格罗斯是最早参与达达主义运动的柏林艺术家之一。他以心理有问题为由，获得了免除兵役的待遇，在柏林度过了"一战"的最后几年时间。1918年12月，他加入共产党，成为德国共产党的第一批党员之一，获得了罗莎·卢森堡亲自发放的党员证。3月起义爆发后，他寻求女友家人的庇护，在准岳母的

第十七章 落幕　　811

公寓中躲过了动乱。1919年4月初,他发表了一幅意义非比寻常的讽刺画,描绘了柏林街头血海尸山的景象,甚至还把一具尸体开膛破肚的惨状展现在了观众的面前。画作的右下角横躺着一具已经腐烂胀大的尸体,尸体的裤子褪下了一半,露出了血肉模糊的下体。画面正中央的人物站得笔直,穿着皮靴,脚踩死者的腹部,脸上紧夹着单片眼镜,龇牙咧嘴,把普鲁士军官的形象讽刺得淋漓尽致。军官的右手紧握着沾满鲜血的军刀,而左手则高举香槟酒杯。讽刺画的说明文字写道:"干杯吧,诺斯克!无产阶级已经被解除了武装!"[23]

即便是在那些与格罗斯观点不同,并不支持斯巴达克派的民众看来,这幅名为《干杯吧,诺斯克!》(*Prost Noske!*)的画作也捕捉到了1919年初发生的事件中令人惴惴不安的一面。政府动用极端暴力手段,镇压了革命,这样的做法本身就十分令人担忧。接到镇压起义的命令后,自由军团在政治因素的驱使下,使用了一种全新的恐怖主义极端暴力手段,在柏林城内追捕那些躲藏起来或想要逃到城外的左翼人士,左翼人士只要被捕,就会遭到残酷的虐待,之后更是会被立即处决。柏林的报纸指出,自由军团设立临时法庭,一次就处决了30个人。哈里·凯斯勒也在日记中悲伤地写道,柏林城内出现了前所未见的"血腥复仇"氛围。"一战"和德国战败产生的令人丧失人性的负面影响,军队的反平民思想,以及1917年俄国十月革命引发的令人坐立不安的巨大意识形态冲击,全都在柏林——但并不只是在柏林[24]——展现了出来。

1919年的冲突还有另一个特点令人对未来充满恐惧:新政权对军事机构的依赖程度越来越高,而军事机构会不会积极支持新成立的共和国却是让人至少拿不准的事情。1920年1月,一小群高级军官态度坚决,拒不执行《凡尔赛和约》中与军控相关的条款,这让政府充分认识到军队的支持到底有多么靠不住。领头闹事的人不是别人,

图 54 《干杯吧，诺斯克！》。1919 年 4 月格奥尔格·格罗斯为左翼讽刺杂志《破产》创作的讽刺画

正是瓦尔特·冯·吕特维茨男爵将军，也就是在 1 月和 3 月率兵进入柏林镇压起义的那个高级军官。国防部长诺斯克向吕特维茨下达命令，要求他解散由赫尔曼·埃尔哈特上校指挥的精英海军陆战旅，但吕特维茨断然拒绝执行命令，还呼吁举行新的大选，并宣称应当由他本人来担任德国武装力量的总指挥。自从兴登堡和鲁登道夫在第一次世界大战中拥兵自重，要挟政府以来，以自我为中心、拒不服从命令的风气就在旧普鲁士的军事领导层内部流行开来，而吕特维茨的所作所为只是这种风气的又一次实际体现而已。

1920 年 3 月 10 日，政府终于下达命令，要求吕特维茨退出现役；两天后，吕特维茨伙同保守派的极端民族主义活跃分子沃尔夫冈·卡普发动政变。卡普善于玩弄政治阴谋，曾经在 1917 年参与扳

第十七章 落幕　　813

倒帝国宰相贝特曼·霍尔韦格的政治攻势。这一次,他勾结吕特维茨发动政变的目的是推翻共和国政府,建立专制的军事政权。3月13日,埃尔哈特的海军陆战旅在吕特维茨的指挥下控制了首都柏林,政府落荒而逃,先是在德累斯顿落脚,之后又逃到了斯图加特。卡普宣称自己是德国总理、普鲁士总理,并同时把吕特维茨任命为国防部长、德国武装力量的最高指挥官。一时间,刚刚成立的共和国似乎已经走到了生命的尽头。只不过,卡普和吕特维茨的政变仅仅过了四天就彻底宣告失败——两人只想着如何成为独裁者,却根本没有制订像样的政变计划,而且在社会民主党发起大罢工,导致德国全国的工业生产和一部分行政部门陷入瘫痪之后,两人束手无策,完全没有能力处理乱局。3月17日,卡普递交"辞呈",一溜烟儿逃到了瑞典;当天晚上,吕特维茨同样辞去职务,踏上了流亡奥地利的旅途。

卡普和吕特维茨的政变虽然失败了,但无论是军队本身的问题,还是军队与共和国政权的关系问题,都没有因为这场失败的政变而烟消云散。1920年3月,汉斯·冯·泽克特被任命为德国陆军总司令。泽克特来自石勒苏益格-荷尔斯泰因,是一个长期在参谋部门任职的职业军官。卡普和吕特维茨刚刚发动政变的时候,他并不愿意站出来反对,但到了政变失败之后,他又堂而皇之地表明了支持政府的立场。在他精明的领导下,军事领导层把在《凡尔赛和约》军控条款严苛的规定范围内重建德国的军事力量当作工作的重点,并且有意避免干涉政治。即便如此,从许多方面来看,军队也仍然与共和国的架构格格不入,是一个彻头彻尾的异类。军队的效忠对象并不是当前的政权,而是那个"亘古不变的、永远也不会消亡的实体",亦即德意志国家。[25] 泽克特在1928年发表文章,阐述了在他自己看来,军队应当在采用共和制度的国家中占据什么样的地位。他承认"国家的最高领导者"必须掌握对军队的控制权,但又坚定地指出,"军队有权要求掌权者充分考虑军队在国家生活和国家制度中所应占据的地位"——这句话是什么意思,恐怕只有他自己才能搞清楚吧!

泽克特宣称,"无论是制定国内政策,还是处理对外政策,由军队代表的军事利益都必须得到充分的考虑",军队的"特殊生活方式"也必须得到尊重,由此从一个侧面表达出了他认为军队应当占据多么重要的地位、获得多么广泛的管辖权。此外,他还提出,军队应当服从于"作为一个整体的国家",而不是"国家机构的某个组成部分",从而更为明确地表达出了他对军队地位的看法。什么人或什么机构组织能代表作为一个整体的国家,是一个尚未找到答案的问题,但我们很容易把"作为一个整体的国家"解读为某种暗指的君主制度,在这种制度中,军队的效忠对象并不是国家,而是德意志帝国的皇帝、普鲁士王国的国王离开之后所留下的那个空空如也的王座。换言之,在魏玛共和国时期,德国的军队不仅会在现有政治秩序之外为自身存在的合法性寻找依据,还会在政府需要军队维持政治秩序的时候与政府讨价还价。[26] 按照普鲁士宪政制度的传统,军队应当向君主宣誓效忠,独立于文官政府权力架构之外——这是普鲁士给魏玛共和国留下的遗产,很有可能在未来惹出麻烦。

## 民主的普鲁士

在这一历史时期的普鲁士,现实仿佛已经发生翻天覆地的变化。"一战"的失败和战败后爆发的革命使普鲁士政治体系的两极如镜像一般倒置了。在这个镜中的世界,社会民主党的部长级高官派出军队,用武力镇压了左翼工人的罢工运动。普鲁士出现了一个全新的政治精英阶层:锁匠的学徒工、办公室文员、编篮子的工匠摇身一变,成了普政府的部长级高官。1920年11月30日颁布的《普鲁士宪法》规定，在这个全新的普鲁士，主权属于"全体人民"。普鲁士议会不再听命于人，不再由更高一级的权力机构决定议会的召开和解散时间，而是可以按照宪法中相关条款的规定，自行决定召开会议的时间。魏玛共和国的（全国）宪法规定，共和国总统拥有极大的权力，而普鲁士的宪政制度则没有设置总统一职。从这个意义上来看，与魏玛共和国相比，普鲁士是一个民主制度落实得更彻底、专制程度更低的国家。从1920年到1932年（除了少数短暂的例外），普鲁士的政府一直都是由社会民主党牵头组建的共和派联合政府，由社会民主党、中央党的代表、左翼自由派（德国民主党，DDP）以及（后来的）右翼自由派（德国人民党，DVP）组成的执政联盟一直都能够在议会中掌握多数席位。普鲁士不仅变成了德国"民主制度的基石"，还成了魏玛共和国用来维持政治稳定的最重要的压舱石。在全国层面上，魏玛共和国国内政治的特点是极端主义、冲突不断，以及政府像走马灯一样迅速更替，而普鲁士的联合政府则始终都坚如磐石，从来都没有偏离温和改革的政策路线。在魏玛时期，德国的国会经常因为政治危机而缩短会期，甚至宣告解散，而普鲁士的议会则全都能圆满地结束所有的会议（只有最后一次会议是例外）。

  普鲁士建立起了一套稳定性令人吃惊的政治制度，这套制度的掌舵人是有着"红色沙皇"之称的普鲁士邦总理奥托·布劳恩。布劳恩的父亲是柯尼斯堡铁路系统的文员，他本人在年轻的时候做过学徒工，学习了石版印刷技术，之后在1888年，也就是年仅16岁的时候加入了社会民主党，此后很快就成了在东普鲁士农村地区工人的心目中很有声望的社会主义运动领袖。1911年，他成了社会民主党执行委员会的成员；两年后，他又代表只获得了少数议会席位的社会民主党，出席了旧普鲁士议会下院的会议。他头脑清醒、务实、克制，在他的帮助下，联邦中领土最大的普鲁士建立起了一套和谐的政府架构。他与当时的许多其他社会民主党人一样，对普鲁士有着深厚的感情，也十分尊重普鲁士国家制度的内在美德和权威——从某种程度上讲，联合政府的所有成员都是如此。就连中央党也与曾经无所不用其极地大肆迫害天主教徒的普鲁士国家机构达成了和解；1929年6月14日，普政府与罗马教廷签订宗教协定，标志着中央党与普鲁士国家机构重建了友好关系。[27] 到了1932年，布劳恩已经可以怀着某种心满意足的感觉，去回顾与"一战"结束时相比，普鲁士都取得了什么样的成就。他在社会民主党的党报《人民旗帜报》（*Volksbanner*）上刊文宣称："普鲁士曾经是以最为残暴的方式支配工人阶级的国家，是工人阶级毫无政治权利的国家，是数世纪以来容克地主阶层独掌大权的国家；但仅仅过了12年的时间，这个国家就已经变成了人民当家做主的共和国。"[28]

只不过，普鲁士转变的程度有多深？新兴的政治精英阶层在多大程度上打入了旧普鲁士的国家架构？问题的答案取决于我们看问题的角度。如果把目光集中在司法领域，那么我们就会发现，新出现的掌权者没能取得什么拿得出手的成就。诚然，执政者的确零敲碎打，在一些不同的议题上推动了进步，比如监狱改革、产业仲裁，以及法律管理部门的合理化改革；但问题在于，政府几乎没有采取任何措施来让法律机构的高级官僚（尤其是法官）支持共和思想，而法官恰恰倾向于怀疑新秩序的合法性。许多法官都因为普鲁士失去了国王、丢掉了君主制度而扼腕叹息——1919年，德意志法官联盟的主席情绪失控，给出了这样一个著名的论断："所有的权威都已经被打倒，就连法律的权威也不例外。"当时的一个尽人皆知的情况是，许多法官都会重判左翼政治犯，但如果右翼极端分子站上了被告席，那么他们多半会被从轻发落。[29] 中央政府之所以束手束脚，没能在司法领域推行激进的改革措施，其最主要的原因是，掌权者（尤其是执政联盟中

第十七章 落幕

的自由派和中央党成员）对法官的职能及其个人独立性有着根深蒂固的尊重。法官的独立性——法官不应成为政治报复的对象、不应遭到政治操纵——被视为维护司法公正的关键因素。法官的独立性原则被写入了1920年的《普鲁士宪法》，从此往后，在司法界彻底消除反对共和的因素就变成了一个不可能完成的任务。新法官的任命程序已经改变，而且法官在达到一定的年龄之后会强制退休，虽然这似乎预示着普鲁士的司法界会朝好的方向发展，但问题在于，1920年建立的制度持续的时间不够长，并不足以让上述调整措施落到实处。1932年，柏林最高法院的一位大法官估计，在普鲁士的所有法官中，能够算作共和政权支持者的人也许只有区区5%。

此外，由社会民主党主导的联合政府还接手了普鲁士的公务员队伍——这支队伍是在德意志帝国时期接触社会、接受教育、成为公务员、接受培训的，所以他们对共和国同样缺乏忠诚。1920年3月，卡普和吕特维茨发动政变后，许多省一级和地区一级的地方长官都仍然照常履行职责，虽然没有明确表态，却显然认可了政变者夺权的企图，这便从一个侧面证明了公务员队伍对共和国的忠诚有多么薄弱。这一问题在东普鲁士省最为严重，该省的全体高级官僚都承认了卡普和吕特维茨的"政府"。[30]

第一个拥有足够的精力和能力来处理这一问题的官员是新任内政部长、社会民主党党员卡尔·泽韦林。泽韦林是比勒菲尔德人，做过锁匠，在加入社会民主党后靠着从事新闻报道和编辑工作在党内步步高升，有作为社会民主党的议员出席帝国议会的经历。按照"泽韦林用人制度"的规定，所有严重违反规定的公务员都被免除了职务，而在任命"政治"公务员（也就是高级公务员）时，候选人必须接受执政党代表的审查。没过多久，"泽韦林用人制度"就取得明显的效果，令高级公务员队伍的政治面貌发生了翻天覆地的变化。到了1929年，在普鲁士全邦的540名政治公务员中，有291人是社会民主党、中央党、德国民主党的党员，而这三个党派组成了坚定支持共和制的执政联盟。在全邦的11位省长中，有9人是这三个政党的党员；在全邦的32位地区长官中，也有21人是这三个政党的党员。在发生这一转变的过程中，政治精英的社会成分也随之发生了变化：1918年时，在普鲁士的12位省长中，有11人是贵族；而在1920年到1932年的这十数年间，在所有担任过省长的公务员中，只有两个人出身贵族家庭。普政府能够在不影响国家机构正常运行的情况下完成如此重大的转变，的确是一项非同寻常的成就。

警察事务是另一个极其关键的领域。普鲁士的警察队伍在德国全国规模最大，体量绝非其他邦国的警察力量所能比拟。在这一领域，普政府同样面临着阴魂不散的政治忠诚问题，而在卡普和吕特维茨发动政变后，由于普鲁士的警察管理部门没有明确地表示拥戴合法政府，政治忠诚问题更是变得尤其严重。1920年3月30日，也就是在政变失败仅仅约两周之后，奥托·布劳恩对外宣布，政府准备"彻底地改革"普鲁士的国家安全机构。[31]由于警务部门的人事任命权始终都完全掌握在内政部的手中，再加上直到1932年为止，除了一小段例外时期，内政部长一直都是社会民主党的成员，所以在这一领域进行人事改革并不是特别令人头疼的事情。警察部门的领导人（于1923年就任）、共和政权的坚定支持者威廉·阿贝格肩负起了主持人事政策的任务，确保所有的关键职务全都由拥护共和的政党的支持者担任。到了1920年代末，高级警务人员已经变成了清一色的共和政权拥护者——1928年1月1日，在普鲁士全邦的30位警察局长中，有15人是社会民主党的党员，5人是中央党的党员，4人是德国民主党的党员，3人是德国人民党的党员，剩余的3人则是无党籍人士。整个警察部门的官方用人政策除了要求候选人必须具备相应的精神素质及身体能力，还会对其履历进行审查，以保证"他们过去的行为能够确保他们会以对国家有利的方式来开展工作"。[32]

尽管如此，警务部门的政治可靠性还是令人心生疑虑。在当时的普鲁士，绝大多数警官、警员都是退役军人，会把军人的习惯和态度带到执行警务的过程中去。在骨干级的高级警官中，有不少人过去是普鲁士军队的预备役军官，与各式各样的右翼组织保持着非正式联系。大多数警务人员都是反共的保守派，不是特别支持共和制度。他们会带着同情乃至包容的态度来看待极右翼人士，不会把他们视为国家公敌，因为在他们看来，左翼人士才是真正的国家公敌，就连执政党社会民主党的左翼势力也不例外！无论是哪一位警官，只要他敢于公开声称自己是共和政权的支持者，那么他就很有可能遭到孤立。中央党的工作人员、社会背景中规中矩的马库斯·海曼斯贝格得到担任内政部长的社会民主党党员卡尔·泽韦林的提拔，在警察系统中平步青云。然而，其他的高级警官大都对他冷眼相待，认为他完全是靠着政治关系才得以身居高位，导致他一直被孤立。那些与海曼斯贝格不同，没有强大靠山的共和派警官处境就更糟糕了——他们会遭到同僚的排挤，还有可能失去升迁的机会。在许多地区，支持共和政权的警务人员一旦让别人知道了自己的政治倾向，就会成为被排挤的对象，无法在下班后和同事一起前往当地的酒吧，围坐在给常客预留的桌前把酒言欢——而这种与同事搞好关系的社交活动是一件事关职业发展的大事。[33]

说到底，如果要评判普鲁士中央政府的所作所为，就必须首先考虑哪些事情在当时是确实有可能办到的。对旧有的司法体系进行大清洗不仅有违中央党和自由派政党的意识形态，就连社会民主党内部的右翼势力也不会答应，原因是所有对大清洗抱有反对意见的联合政府成员都坚定地支持依法治国（Rechtsstaat）原则，认为法官不应受到政治因素的干扰。有些具有右翼政治倾向的法官的确会在审判政治犯的时候做出有失公正的判决，但政府经常大赦政治犯，因而令此类判决的重要性大打折扣，此外魏玛共和国时期的学术论文经常讨论所谓的"政治公正"，很有可能夸大了此类判决的重要性。[34] 显而易见的是，从长远角度来看，政府的措施——出台新规，确定法官的强制退休年龄；颁布指导方针，对法官的任命条件做出限制——将会起到效果，推动形成全面支持共和政权的司法机构。就公务员队伍而论，考虑到共和政权的支持者中符合任职要求的人选在数量上无法满足要求，再加上组成普鲁士联合政府的政党政治立场全都相对温和，对政府的公职人员进行彻底大换血完全是不切实际的。就警察队伍而论，一方面建立支持共和政权的核心领导层，另一方面保留旧政权时期的大部分警官、警员，这似乎是最优的解决方案，不仅可以维持警察队伍的稳定性，还不会影响警察机构的办事效率——在共和国刚刚成立，局势尚不稳定的那几年间，这一点尤其重要。所以说，普鲁士联合政府选择了一条逐渐完善共和制度的政策路线。然而，他们没能料到，这条路线还没完全发挥出潜力，共和国的历史就走到了尽头。

无论是什么情况，能够对普鲁士国家机构的存续造成真正威胁的因素都并不是政府的公务员队伍，而是那些势力强大、誓要推翻共和政权的体制外利益集团。尽管在1919—1920年的危机中，斯巴达克派发动的起义以失败告终，但无产阶级仍然能够获得大量选民的支持——实际上，在普鲁士的议会选举中，共产党的得票率从1921年的7.4%上升到了1933年的13.2%，是唯一的得票率持续上升的政党。与共产党相比，右翼势力虽然意识形态并不统一，但其立场同样坚定，在支持者的数量上更是遥遥领先。在魏玛共和国时期，普鲁士政治的一大特点（德国全国的政治也存在相同的特点），是"保守利益集团"（由于没有更好的表述方法，我们只好这样称呼右翼势力）一直都没能适应共和国全新的政治文化。在"一战"结束后的那些年间，普鲁士内部出现了一个规模庞大、内部四分五裂、立场激进、一直都不愿承认新秩序合法性的右翼反对势力集团。

在魏玛时期的普鲁士，直到1930年为止，德意志民族人民党（DNVP）一直都是右翼政治最重要的组织中心。德意志民族人民党于1918年11月29日成立，就形式而论，可以算作继承了"一战"前普鲁士各大保守党衣钵的党派；1918年11月24日，民族人民党在《十字报》（在1848年革命时期创办，是保守派的舆论阵地）上发表了本党派的第一份政治纲领。然而，总的来看，德意志民族人民党其实代表了普鲁士政治中的一股新势力。考虑到文员、秘书、为中高级管理人员服务的办公室助理等城市白领形成了一个规模庞大的选民团体，民族人民党也在迎合他们的政治诉求，而易北河以东的大地主则已经失去了在选民中的绝对主导地位。在1919年1月26日的普鲁士制宪会议选举中，民族人民党总共有49个候选人当选——在这49人中，只有14人有在1918年前作为议员出席普鲁士议会的经历。民族人民党就好似一道汇聚了各方势力的彩虹，其成员既包括务实的温和保守派（他们是党内的少数派），又包括企图复辟君主制度的狂热分子，以及极端民族主义者、"保守革命派"，甚至还有奉行种族主义的大众（völkisch）运动[①]激进分子。从这个角度来看，民族人民党是一个被夹在中间的政党，身前是"旧"普鲁士的保守主义，身后是德国的"新右翼"极端组织，所处的政治地位十分尴尬。[35]

易北河以东的地方保守主义旧势力失去了赖以生存的政治文化

---

[①] 大众运动，又译作本土运动，是活跃于19世纪末至纳粹时期的德国民族主义运动，其概念根植于"血与土"观念，且与有机体说、种族主义、民粹主义、农业主义及反犹太主义有关。——编者注

环境。这股势力的生存环境早在1890年代就已经遭到了冲击，而到了1918年之后则彻底土崩瓦解。首先对保守派权力网络造成破坏的是1918—1919年的革命。农业利益集团的特权机构几乎被一扫而空，令其游说集团失去了根基。三级选举制度废除后，保守派在一夜之间失去了用来维持政治霸权的制度基础；而君主制度的崩溃、共和国的成立更是引发了斩首效应，从上至下摧毁了旧有的特权和恩庇制度，导致贵族地主再也无法影响公职的任命。由社会民主党主导的新政府制定了全新的用人政策，老派的省长和地区特派员一个接一个，全都被支持共和政权的继任者接替，所以即便是在区域的层面上，也很快就发生了不利于地方保守势力的变化。

这一切都是在经济遭受到前所未有的干扰的情况下发生的。政府不再限制农业劳动力的罢工和为提高待遇而发起的集体谈判，还废除了旧有的《仆役法》，结果全面提升了农业部门的薪酬压力。税制改革废除了一直以来都是普鲁士农业结构性特征的免税权。此外，与帝国政府相比，新成立的共和国政府很不愿意接受农场主提出的征收保护性关税的诉求。为了促进工业品的出口，政府降低了谷物的进口关税，导致粮食的进口量急剧增长；即便是到了1925年，政府把关税上调到了稍低于减税之前的水平之后，粮食进口量大增的势头也仍然没有得到遏制。在不断上升的税率和利率、居高不下的负债额、不断增加的工资压力、通胀期间的投资失误所造成的多重冲击下，许多粮食生产者（尤其是大地产所有者）都走向了破产。[36] 即便是到了1924年马克的币值稳定下来之后，农业部门遭受到的压力也仍然没有缓解。实际上，在魏玛共和国的后期，德国的农业部门反而一直受到难以预测的价格波动的困扰，深陷萧条和危机。[37]

在旧有的保守主义政治氛围最后的残余逐渐消散的过程中，普鲁士在宗教领域同样遭到了冲击。在易北河以东的省份，大部分人口都信奉新教，是普鲁士联合教会的成员，对于这部分人口来说，国王的离去绝不仅仅是一个政治事件。普鲁士联合教会一直以来都是一个完全依附于王权的机构：普鲁士的国王同时也是联合教会的至高主教，不仅对教会职位的任命拥有广泛的控制权，还在会众的宗教生活中占据着重要的地位。就这一点而论，威廉二世表现得尤其突出，是一位特别看重自己教会管理者角色的君主。[38] 于是，君主制度终结后，普鲁士的新教信徒因为找不到组织而产生了某种迷失感。"一战"结束后，政府被迫割让西普鲁士的大片新教信徒聚居区以及波森省（不管是对普鲁士，还是对德国，这都是一大损失），共和政权的某些头面政治人物还公开宣扬世俗化，反对基督教信仰的行为方式，这都进一步加深了新教信徒的迷失感。[39] 让普鲁士的新教信徒更加愤愤不平的是，代表天主教利益的中央党竟然也在新的政治秩序中获得了极具影响力的地位。

面对上述变化，许多普鲁士的新教信徒都站到了共和政权的对立面，开始在选举中成群结队地为德意志民族人民党投票，而民族人民党则保持了新教政党的本色，没有因为曾经在魏玛共和国早期主动接近天主教选民而发生质变。一位联合教会的高级神职人员在1930年9月指出："我们遇到了一个特殊的困难，那就是教会最忠诚的成员全都与现政府势不两立。"[40] 种种迹象表明，宗教言论和宗教信仰正在以越来越快的速度碎片化、极端化。1918年之后，为福音教会的合法性寻找合理性依据的流行手段是宣扬教会的民族使命和其为德意志民族承担的天职。1921年，一位名叫约阿希姆·库尔德·尼德利希，在柏林的法语文理学校任教的新教教师成立了德意志教会联合会。在魏玛共和国刚刚成立的那几年，德国国内出现了许多大众运动宗教团体，德意志教会联合会只是其中之一。当时德国出现了一套种族主义的基督教信条，其基础是认为耶稣拥有北欧血统，是英雄一般的战士，是追寻上帝之人的观点——尼德利希正是靠着宣扬这套理论成了名人。1925年，德意志教会联合会与刚刚成立的宗教团体德意志基督徒联合会联手推行了合作方案：建立德意志全国教会，编纂能够反映德意志道德品质的"德意志圣经"，在德国推广种族优生学。[41]

极端民族主义和种族中心主义思想的影响力绝不仅限于教会生活的边缘地带。1918年之后，在德国被迫割让出去，并入新成立的波兰共和国的土地上，德意志新教信徒成了被困异国他乡的少数群体，而能否维护他们的利益则成了具有象征意义的重要工作。德意志新教信徒，尤其是被迫割让的土地上的新教信徒，把新教教会所处的困境与全体德意志人的处境画上了等号。1927年，德意志新教教会在柯尼斯堡举办第二次代表大会，把"人民与祖国"定为大会的官方主题。

在教会的关注重点向民族主义倾斜的过程中，一个与之存在密切关系的现象是，教会表现出了越发强硬的反犹倾向。1927年，德意志教会联合会的一份出版物宣称耶稣基督是齐格弗里德①的神圣化身，终将"举起铁拳，像拧断毒蛇的脖子那样，消灭崇拜撒旦的犹太人"。[42]1920年代，一系列的基督教团体发出呼吁，要求政府停止为以犹太人为对象的传教团进行官方募捐，到了1930年3月的时候，旧普鲁士联合教会的总议会以投票的方式做出决定，宣布以犹太人为对象的传教团无法继续成为教会经费的正式受益者。[43]得知总议会的决定后，柏林传教团的主席灰心丧气，发表了一封以普鲁士国家教会的长老会和省级教会议事会为对象的通告函，首先发出警告，提出反犹思想必将造成难以察觉的不良影响，接下来指出，在普鲁士联合教

---

① 齐格弗里德又译作齐格菲，是德语史诗《尼伯龙根之歌》中的屠龙英雄。

第十七章 落幕

会内部已经有大量神职人员受到反犹思想的"侵蚀",人数之多已经达到了"让人吃惊、令人恐惧"的程度。[44] 与许多反犹人士一样,在普鲁士的神学教学机构任职的高级学者也认为,身为少数民族的犹太人是对德意志"民族性"的严重威胁。一项以在1918—1933年出版的新教周刊为对象的调查研究则发现,在新教圈子里,极端民族主义和反犹思想已经成了一股强大的力量。[45] 民族社会主义者之所以能够在易北河以东的新教圈子里如鱼得水,轻而易举地赢得大量的支持,在一定程度上正是因为新教教会像上文提到的那样,重新定位了立场,变得更加激进。[46]

而普鲁士过去的精英,曾经在易北河以东一手遮天的容克地主如今境遇如何?德国的战败和战败后的革命引发了社会巨变,容克地主则正是在这一过程中受到最大冲击的社会群体。对普鲁士的老一辈军事贵族来说,战败和革命造成了巨大的创伤,令人无比失落。1918年12月21日,第三近卫乌兰①骑兵团的指挥官、威廉二世的副官冯·奇尔施基将军向骑兵团下达命令,要求他们整齐列队,前往波茨坦接受最后一次检阅。"这位嗜酒如命的老战士肃然伫立,他脸上蓄着与威廉皇帝一模一样的八字胡,他那洪亮的声音响彻博恩施泰特阅兵场——他那饱经风霜的脸上布满了泪痕。"[47] 此类仪式数量众多,不胜枚举,是军事贵族刻意举行的具有历史意义的仪式,代表着放弃和退出,意味着他们意识到了旧世界已经一去不复返。1918年冬,第一近卫步兵团的最后一任团长奥伊伦堡伯爵西格弗里德在波茨坦的驻军教堂举行"告别仪式",教堂内"一片死寂"的气氛把这种时代终结的感觉表现得淋漓尽致。一位仪式的参加者回忆道,所有在场的人都已经意识到,"旧秩序已然崩溃,再也没有未来"。[48]

---

① 乌兰骑兵(Ulan)最早在立陶宛和波兰出现,指使用骑枪作战的轻骑兵。此后,法国、俄国、普鲁士、萨克森、奥地利也很快都建立了乌兰骑兵部队。

然而，这些讲究的仪式并不足以反映普鲁士贵族家庭的普遍情绪。尽管一部分贵族（尤其是老一代的贵族）以一种宿命论和退缩的态度承认了旧制度崩溃的既成事实，但另一部分贵族（尤其是年青一代的贵族）却决心继续作为主宰者，誓要夺回贵族阶层代代相传的领导地位。在易北河以东的许多地区，贵族阶层的成员把农业联盟当作工具，在渗透了当地的革命组织后，开始影响其政治取向，用旧政权时期的农业集团政治取代左派的分田分地政策，取得了令人惊讶的巨大成功。例如，"东普鲁士故乡联盟"是一个宣扬极端民族主义、反对民主政治目标的农业团体，而贵族阶层正是在这个团体中一手遮天的力量。[49]许多青年贵族，尤其是出身小贵族家庭的青年，为自由军团的组建工作做出了重要贡献，而在魏玛共和国刚刚成立的那几个月间，自由军团恰恰是镇压了极左翼势力的军事力量。对这些贵族青年来说，自由军团的极端暴力手段以令其振奋的方式让他们获得了解放，帮助他们摆脱了1918—1919年的事件给贵族阶层带来的那种瞬间一落千丈、一无所有的失落感。自由军团的贵族活跃分子在魏玛共和国刚刚成立的那几年间发表的回忆录表明，他们已经彻底放弃了骑士精神，变成了残暴的反共和武士，无视任何限制，而且极其大男子主义，只要遇到了意识形态上的敌人，就会不分青红皂白，毫无节制地使用令人发指的暴力手段。[50]

对生活在易北河以东的贵族来说，普鲁士君主制度的消亡是一件事关生死存亡的大事，对他们造成的冲击也许超过了其他任何社会群体所遭到的冲击。1919年1月，普鲁士上议院的最后一任议长、地位显赫的阿尼姆－博伊岑堡伯爵迪特洛夫写道："皇帝和国王离去后，我仿佛失去了生命。"[51]只不过，大多数贵族对流亡国外的国王（及其家人）一直都怀着矛盾的态度。威廉二世以极不光彩的方式放弃了君位，更重要的是他不愿战斗到底，不愿牺牲自己来保住君主的威望，导致贵族们难以对普鲁士的末代君主真正产生认同。故而，在普鲁士，君主主义一直都没能发展到意识形态的高度，所以也就无法形成一致而又稳定的政治立场，把所有的保守派贵族都团结到一起。贵族阶层的成员，尤其是年青一代的贵族，渐渐地放弃了父辈遵循的向有血有肉的特定统治者效忠的君主主义，转而提出了令人费解的"人民领袖"理念，用人民领袖的人格魅力和天生的权威来占据君主离去后留下的权力真空。[52]安德烈亚斯·冯·伯恩斯托夫-韦登多夫伯爵出身官宦世家，祖上曾有许多人为普鲁士国王效力；他的日记很有代表性，可以让我们认识到，普鲁士的贵族阶层有多么期盼"人民领袖"的出现："现如今，只有独裁者才能拯救我们，因为只有独裁者才能举起钢铁打造的扫帚，把国际上的那帮像寄生虫一样的垃圾一扫而空。如果我们能像意大利人那样幸运，得到一位墨索里尼式的领袖就好了！"[53]简而言之，在魏玛共和国时期，普鲁士的贵族阶层与易北河以东的保守派圈子一样，政治期望迅速变得激进。

到了1920年代末的时候，接二连三的危机已经令普鲁士的农业政治利益集团四分五裂，不仅催生了一大批特殊利益群体，还引发了越来越激进的抗议活动。纳粹党①在1930年的时候发表党纲，承诺以建立关税制度及价格控制体系为手段，让整个农业部门获得特权地位，从而成了这场大混乱的主要受益者。农场主因为德意志民族人民党无法为农业部门争取到实际利益而大失所望，纷纷放弃对该党的支持，开始寻找立场更为激进的党派来取而代之——总的来说，在1928年的全国选举中投票支持民族人民党的选民里，有三分之一的人在1930年的选举中改变阵营，成了纳粹党的支持者。[54]民族人民党的领导层试图采取更为强硬的反共和政治路线，想要以此重新获得这

---

① 民族社会主义的德语是 Nationalersozialismus，缩写为 Nazi，即纳粹；纳粹党是民族社会主义德意志工人党的简称。

部分选民的支持，但最终竹篮打水一场空。在民族社会主义运动的支持者中，有不少人都是居住在易北河以东的贵族，韦德尔家族是其中一个尤其引人注目的例子。韦德尔家族是波美拉尼亚的军事世家，自普鲁士王国立国以来，其历代先祖参加了普鲁士的所有战争，在每一场战争中都立下了赫赫战功。韦德尔家族有不下 75 个家族成员加入了民族社会主义德意志工人党，党员的人数超过了所有其他的德国贵族家庭。[55]

在位于东普鲁士南部的马祖里地区，民众对纳粹党的选举支持超过了所有其他的地区，在 1932 年的夏季竞选活动中，该地区甚至还出现了用波兰语来举办民族社会主义政治集会的奇景。1932 年 7 月时，马祖里境内的吕克地区有 70.6% 的选民投票支持纳粹党，对纳粹党的支持率超过了德国的所有其他地区。与吕克相比，邻近的奈登堡地区、约翰尼斯堡地区对纳粹党的支持率只是稍稍低了一点点。在 1933 年 3 月的选举中，马祖里再一次成为纳粹党在全国支持率最高的地区，其中奈登堡、吕克、奥特尔斯堡（弗里德里希·威廉三世及路易丝王后在躲避法军的追击，向东逃亡的过程中曾经在此地停留了一段时间）这三个地方的纳粹党支持率分别达到了 81%、80.38%、76.6%。[56]

## 解散普鲁士

民族社会主义者在 1930 年 9 月的德国全国选举中取得了第一次重大突破。在上一次，也就是 1928 年 5 月的选举中，纳粹党只获得了 2.6% 的选票，仅仅是一个边缘政党（按照当今德意志联邦共和国的宪法，2.6% 的得票率甚至都无法让该党在国会中获得一席之地）。如果 1928 年的国会没有提前解散，那么纳粹党边缘政党的地位就会一直持续到1932年，在此之前不会改变。然而，由于保罗·冯·兴登堡动用总统的权力，解散了国会，纳粹党在1930年9月的选举中获得了18.3%的选票。支持纳粹党的选民人数从1928年时的81万上升到了1930年时的640万，纳粹党的议席也从之前的12席增长到了107席。在德国的历史上，从来没有哪个政党能够像纳粹党那样，在接连举行的两次国会选举中令得票率如此迅猛地增长。这次选举的结果彻底地改变了德国国内的政治格局。

普鲁士没有在1930年的时候举行议会选举，所以普鲁士政府也就没有受到选情突变所造成的冲击。1928年的普鲁士议会没有解散，而是像之前的历届普鲁士议会那样，圆满地结束了为期四年的任期。在普鲁士的立法机构中，纳粹党仍然只是一个仅拥有少量席位的边缘政党。然而，有许多迹象表明，在这个时间节点上，危险已经近在眼前。其中最为重要的一点是，1930年的选举结束后，普鲁士的中央行政机构再也无法与德国的联邦政府通力合作，共同应对极右翼势力造成的威胁。由赫尔曼·米勒担任总理的社会民主党联邦政府（1928—1930年）与普鲁士政府达成了一致，认为必须应对民族社会主义运动造成的威胁。魏玛共和国的宪法明文规定，如果某一团体有反对宪政制度的嫌疑，那么所有的公职人员都不得站在支持该团体的立场上参与任何政治活动，因而政府得以凭此来遏制民族社会主义运动。1930年5月25日，普政府下达命令，禁止普鲁士的公职人员加入民族社会主义德意志工人党和共产党，否则就会违犯法律。普鲁士邦总理布劳恩向联邦政府的同僚发出呼吁，希望他们效仿普鲁士的做法，在全国范围内推行这样的禁令。社会民主党的联邦内政部长卡尔·泽韦林同意布劳恩的意见，已经开始相应的准备工作，很快就可以把纳粹党定性为反对宪法的组织，对其下达禁令。如果上述措施能够落到实处，那么联邦政府的内阁就可以采取手段，防止（包括军队在内的）政府机构遭到纳粹党正式成员的渗透。此外，联邦政府还可以以此为依据来出台针对图林根邦政府的反制措施，从而防止图林根的官僚机构因为纳粹党的成员威廉·弗利克被任命为内政部长而遭到迅速渗透。[57]

1930年9月的选举结束后，局势发生了根本性的改变。接替米勒成为新任联邦总理的海因里希·布吕宁不仅放弃了下达禁令的主意，还公开声称，把民族社会主义德意志工人党视为威胁将会是一个致命的错误。此后，他不断地淡化纳粹党的威胁，即便是到了1931年，政府获得冲锋队[①]某位指挥官藏匿的文件，得知纳粹党计划用暴力手段推翻魏玛政权，甚至还得到了纳粹夺权后将会处以死刑的人员的名单之后，他仍然不为所动。布吕宁的长期目标是，用一套与先前的帝国宪政制度更为相近的制度来取代魏玛共和国的宪政制度。要想实现这一目标，就必须首先令左翼势力陷入瘫痪，消除左翼人士参与政治的可能性。布吕宁计划效仿俾斯麦在1871年时创立的旧制度，让联邦总理兼任普鲁士邦总理，想要以此为手段来夺取社会民主党一直以来对普鲁士政府的控制权。与此同时，他又计划建立一体化的右翼势力集团，允许纳粹党以从属者的身份加入，从而实现把社会民主党完全排挤出政权的目的。

在设法实现上述目标的过程中，布吕宁政府不断地给普鲁士政府反制纳粹运动的措施直接设置障碍。普鲁士的前任内政部长、时任柏林警察局局长的阿尔贝特·克谢辛斯基是极端主义的死敌、民主制度最积极的守护者之一，他在1931年12月的时候说服奥托·布劳恩，获得了逮捕阿道夫·希特勒的命令。然而，由于布吕宁从中作梗，逮捕令到头来还是没能得到执行。他通知普鲁士政府，如果普方

---

[①] 冲锋队（SA）是纳粹党的武装组织。因其头目罗姆与希特勒主张不一，在1934年"长刀之夜"遭清洗，自此失势。

尝试把希特勒驱逐出境，那么联邦总统兴登堡就会动用已经起草好的相关紧急法令①，撤销普政府下达的驱逐令。1932年3月2日，普鲁士邦总理奥托·布劳恩向海因里希·布吕宁递交了一份长达200页的汇编资料，在资料中详细分析了民族社会主义德意志工人党的活动情况，用事实证明，该党是一个煽动组织，其唯一的目的是推翻宪政制度、颠覆共和政权。布劳恩在汇编资料中附信，告知布吕宁，普鲁士马上就会在邦内全面禁止冲锋队的活动。直到此时，布吕宁才终于迫于压力，向兴登堡提出建议，希望他支持在德国国内全面对纳粹党采取行动。1932年4月13日，兴登堡签发紧急法令，在共和国境内全面取缔民族社会主义运动的准军事组织。

这在某种程度上的确可以算作一场胜利。普鲁士的国家机构以一种有限的方式兑现承诺，履行了作为防波堤，为魏玛共和国守护民主制度的义务。即便如此，共和派联合政府的处境也仍然岌岌可危。一种看起来很有依据的推测是，在1930年9月的全国选举中投票支持纳粹党的数百万选民，在1932年普鲁士举行下一次国内选举的时候有可能同样支持纳粹党。1931年2月，右翼政党组成了一个包括德意志民族人民党、纳粹党在内的松散联盟，设法迫使政府同意就普鲁士议会是否应当提前解散进行全民公投，让所有人都充分意识到了纳粹党所造成的问题有多么严重。到了1931年8月全民公投正式开始的时候，总共有980万普鲁士人投票支持提前解散议会的提案，其中以农业为主的东部诸省对提案的支持最为强烈——投票结果并不足以令议会提前解散，但还是令人十分担忧。[58]尽管政府签发了禁止冲锋队活动的禁令，但在许多地区，加入纳粹冲锋队的人仍然络绎不绝——在上西里西亚、下西里西亚，(现在已经转入地下活动的)冲

---

① 按照魏玛宪法第48条的规定，联邦总统可以签发紧急法令，无须事先征得国会的同意。

锋队的人数从1931年12月时的1.75万人激增到了1932年7月时的3.45万人。[59]纳粹党、警察、支持共和派的组织"国旗社"的成员手持金属警棍、佩戴指节套环，甚至还携带枪支，在街上展开拉锯战，令街头暴力变成了一个难以解决的问题。[60]

到了1932年的春季，也就是各党派开始为普鲁士的下一次议会选举做准备的时候，所有人都已经清楚地意识到，选举将会令普政府失去民主多数的支持。1932年4月24日，普鲁士的选举结果揭晓后，对四面楚歌的共和派来说，所有最令人担忧的预测全都变成了现实。在这次投票率（81%）极高的选举中，纳粹党大获成功，获得了36.3%的选票，而最大的失败者则分别是德意志民族人民党（得票率下降到了6.9%），以及自由派政党德国民主党、德国人民党——这两个政党都只获得了1.5%的选票，已经彻底沦为边缘政党。共产党得到12.8%的选票，取得了该党到当时为止最为优异的选举成绩。选举结果令普鲁士的政治陷入了异常的权力空白期：按照普鲁士议会经过修订的程序，由右翼反共和政党组成的反对派政治集团并不能获得执政权，原因是他们没能赢得议会的多数席位，而让他们与共产党组成联合政府则更是难以想象的事情。于是，由社会民主党领导、由奥托·布劳恩担任邦总理的联合政府名义上仍然在任，但问题在于，联合政府无法获得议会的多数支持，只能靠紧急法令来治理国家。1932年7月14日，政府被迫以签发紧急法令的方式通过国家年度预算。民主的普鲁士已经失去了立国之本。

在联邦的层面上，政治局势也发生了重大变化，将会对普鲁士的未来造成深远的不利影响。1932年春，兴登堡总统身边的保守派人士——以及兴登堡自己——失去了对布吕宁的信任。布吕宁没能控制住普鲁士的社会民主主义势力。此外，在整合右翼势力的方面，他同样毫无建树，没能将右翼势力团结成一个足以把左翼势力排挤出

第十七章 落幕　　833

政坛的保守派政治集团。在1932年4月10日的总统选举中,已经84岁高龄的现任总统兴登堡非常震惊地发现,右翼政党全都推举出了各自的候选人,他本人必须依靠中央党和社会民主党的支持才能连任。兴登堡原本是深受右翼民族主义者爱戴的领袖,但现如今,他反倒变成了社会主义者和天主教徒支持的总统候选人。[61]1932年的总统选举以最有力的方式证明了布吕宁为帮助保守派卷土重来而做的一切准备工作已经彻底失败。所以在得知布吕宁政府准备起草法案,把易北河以东的一批在经济上难以为继的大地产分割成小农场,为无业者提供土地之后,兴登堡火冒三丈。兴登堡不仅是个大地主,还在容克地主的圈子里人脉甚广,所以在他看来,布吕宁的土地分配法案无异于农业布尔什维主义。[62]布吕宁不仅无法在国会中获得多数议员的支持,甚至还失去了兴登堡总统的支持。他认识到局势已经无可挽回,于1932年5月30日递交了辞呈。

  布吕宁辞职后,魏玛共和国的民主制度失去了最后一块遮羞布,再也无法装出一副还能够正常运行的样子。一个由极端保守派组成、想要以最快的速度推翻共和制度的军政府取代了布吕宁政府。1932年6月1日,弗朗茨·冯·巴本获得兴登堡的任命,成了魏玛共和国的新任总理。巴本是来自威斯特法伦的贵族地主,同时也是兴登堡总统的老朋友,本质上是一个彻头彻尾的反动派。说服兴登堡把巴本任命为总理的库尔特·冯·施莱歇尔是个善于玩弄阴谋的老油条——巴本政府成立后,他被任命为联邦国防部长,成了巴本内阁中影响力最大的人物。联邦内政部长威廉·冯·盖尔是巴本内阁的另一个关键人物。盖尔、巴本、施莱歇尔虽然一直都无法就一系列具体的策略问题达成一致,但他们全都是保守主义"新国家"的积极支持者,认为应当在成立新国家后废除政党制度,同时在所有的层面上削弱民选代表大会的权力。此外,他们还一致认为,时机已经成熟,应当立即着手推翻共和制度。

要实现这一目标，第一步就是安抚纳粹党，让他们接受保守派认为合理的合作条件。希特勒一直都在要求再一次解散国会，于是到了6月4日，冯·巴本在受命成为总理的三天之后就说服兴登堡签发总统令，解散了国会。十天后，巴本暂时解除了针对党卫队[①]和冲锋队的全国禁令，以此为代价，获得了希特勒的承诺，亦即国会中的纳粹党议员不会对巴本继续担任总理一事提出异议，也不会投票反对兴登堡签发的紧急法令。[63] "右翼势力的整合"就此拉开了帷幕。

普鲁士是保守派的下一个目标。库尔特·冯·施莱歇尔是联邦总统保罗·冯·兴登堡身边的小圈子里最具影响力的人物，他一直以来倾向于动用总统签发紧急法令的权力，把本应属于普政府职权范围之内的事务交给联邦行政机构处理，从而彻底架空普政府。[64] 在1932年7月11日的内阁会议上，联邦新任内政部长威廉·冯·盖尔男爵把矛头指向普鲁士，提出了他口中所谓的普鲁士问题"最终解决方案"：

> 阿道夫·希特勒的运动多由年轻人参与，规模越来越大，涵盖的范围也在扩大。如果要把德意志民族的力量动员起来，用于重塑人民的工作，阿道夫·希特勒的运动就必须摆脱布吕宁、泽韦林设置的枷锁，就必须在战胜国际共产主义的斗争中获得支持。[……]为了给完成[上述]任务的工作扫清障碍，为了打击社会主义者和天主教徒在普鲁士组成的执政联盟，我们必须打倒普鲁士政府，从而彻底消除联邦政府与普鲁士政府二元并存的现状。[65]

---

[①] 党卫队（SS）是隶属于纳粹党的政治军事组织，1925年成立。初为希特勒的个人卫队，隶属于冲锋队。1929年后，党卫队在希姆莱的领导下成为完全独立的组织，并逐渐发展成为纳粹党统治的支柱之一。

由于盖尔已经事先分别与巴本及施莱歇尔单独会面，就上述问题与他们达成了一致，所以他在内阁会议上的提案没有遭到任何质疑。7月16日，也就是五天后，巴本通知内阁同僚，宣称他获得了联邦总统开出的"空白支票"，是时候对普鲁士采取行动了。[66]

在兴登堡总统身边的小圈子不断完善计划的那段时间，纳粹党也在抓紧时间，准备最大限度地利用巴本暂停针对党卫队、冲锋队的禁令后所产生的时间窗口。6月12日，纳粹冲锋队重新走上街头，准备找共产主义者算总账。街头暴力像浪潮一样奔涌而来。阿尔托纳不仅拥有繁忙的港口，同时也是一座制造业城镇，虽然距离汉堡不远，却位于普鲁士省份荷尔斯泰因的辖区内。1932年7月17日，该镇爆发"血腥星期日"事件，把纳粹引发的街头混乱推向了高潮。这一天，纳粹分子在镇内的工人阶级（在这里居住的工人大都是共产主义者）居住区举行了极具挑衅意味的游行活动，结果引发街头斗殴，最终导致18人死亡（死因大都是被警察射杀），超过100人受伤。巴本和他的同僚抓住了这个难得的机会。巴本宣称，普鲁士政府没能尽到在辖区内维护法律与秩序的义务——鉴于正是巴本本人暂停了针对准军事组织的禁令，这样的指责简直是厚颜无耻——巴本以此为理由，于1932年7月20日劝说兴登堡签发紧急法令，宣布罢黜由普鲁士邦总理奥托·布劳恩领导的政府，同时命令联邦行政机构派遣代理"专员"，接替普政府的各部长。[67]柏林警察局的局长阿尔贝特·克谢辛斯基、副局长伯恩哈德·魏斯，以及从底层不断晋升，最终成为高级警官的中央党人马库斯·海曼斯贝格全都被捕入狱，在承诺辞去职务并和平交接权力之后，才得以重获自由。柏林宣布进入紧急状态。

联邦政府的做法是不折不扣的违法行为，但社会民主党的领导层却极为消极被动，似乎已经接受了这样的命运。社会民主党在几周前就得知联邦政府将会采取上述行动，但其领导层既没有制订应对计划，也没有组织反抗。1931年12月，社会民主党成立了一个名为"钢铁阵线"的防御性组织，其下属组织包括名为国旗社的民兵组织、各式各样的工会组织，以及一个由工人运动俱乐部组成的关系网络，但在得知联邦政府的企图后，社会民主党并没有向钢铁阵线下达动员令，甚至都没有要求该组织提高警惕。7月17日阿尔托纳发生流血事件之后，柏林的社会民主党当局清楚政变已经迫在眉睫，但即便到了此时该党也没有采取任何措施。实际上，在"血腥星期日"事件发生后的第二天，社会民主党的领导层召开会议，决定既不下达总罢工令，也不授权进行武装抵抗。这样的做法至少向巴本和他的同谋者释放出了积极的信号，让他们认识到政变已经十拿九稳，不会遇到任何激烈的抵抗。

社会民主党如此萎靡不振的反应的确令人扼腕叹息，但其背后的原因倒也不难分辨。普鲁士的社会民主党及其政治盟友早已因为没能在1932年4月的普鲁士议会选举中获得多数席位而士气低迷。作为有原则的民主主义者，他们认为选民已经用选票做出判决，收回了他们的执政基础。奥托·布劳恩十分重视法律，对他来说，从政府官员转变为起义者绝不是轻而易举的事情——他对自己的秘书说道："我已经做了四十年的民主主义者，让我做游击队队长，连想都不要想。"[68] 布劳恩和他的许多同僚都认为，从长远角度来看，共和国实现中央集权，导致普鲁士在此过程中四分五裂，是不可避免的事情——这难道就是无论推动政变的政治阴谋有多么令人不齿，他们也不愿采取反制措施来捍卫普鲁士国家权利的原因？[69] 无论如何，当时的势力平衡都已经对普政府极其不利。考虑到1932年时德国国内的失业率居高不下，发动大罢工肯定徒劳无功，无法像1920年时应对卡普和吕特维茨发动的政变那样，起到立竿见影的效果。

第十七章　落幕　　　　　　　　　　　　　　837

普鲁士政府与设在柏林的国防部龃龉不断,所以国防军的领导层显然不会反对联邦政府针对普鲁士政权的做法。如果普政府决定采用武力手段来反对政变,这就意味着普鲁士的警察力量有可能会与德国的国防军发生冲突,谁也不知道警察队伍到时会服从谁的命令。在某些地区,纳粹党渗透警察社会关系网络的工作已经取得了不小的成功——政府于1930年6月25日颁布法令,规定警察不得加入纳粹党,成为该党的正式成员,但纳粹党让本党的支持者加入"退休警官协会",绕过了这项规定。退休警官协会是一个立场保守的组织,一方面十分赞同纳粹党批评共和政权的言论,另一方面又通过各式各样的途径与在职警察保持着密切的联系。[70] 如果共和派出动准军事力量,那么支持共和政权的只有区区20万人的国旗社将会面对纳粹党和保守派领导的拥有不下70万成员的准军事组织。最后,另一个必须考虑到的因素是,社会民主党的普鲁士邦总理奥托·布劳恩不仅生了病,而且还身心俱疲。

所以,普鲁士联合政府的领导层并没有走上武装反抗的道路,而是向设在莱比锡的德国宪法法院提起诉讼,认为法院会把政变判定为违宪行为。另外他们还寄希望于即将开始的全国选举,认为以巴本为首的保守派肆无忌惮地破坏了深受尊敬的共和制度,会遭到选民的惩罚,在选举中一败涂地。现实打碎了联合政府的所有希望。在1932年7月31日的全国选举中,纳粹党获得了37.4%的选票,成了德国全国支持率最高的政党。37.4%的得票率是纳粹党在所有自由选举中取得的最佳成绩。宪法法院在判决中和稀泥,一方面驳回了认为普政府玩忽职守的指控,另一方面又没有回应民主派迫切的诉求,明确地把政变界定为违宪行为。联合政府失去了守护共和制度的最后一次机会。纳粹党的宣传领袖约瑟夫·戈培尔幸灾乐祸,在7月20日的日记中写道:"只要龇一下牙,那帮红色分子就会屈服。"次日,他又补充道："红色分子完蛋了。[他们]错失良机，以后再也不会有翻盘的机会了。"[71]

针对普鲁士政府的政变为魏玛共和国敲响了丧钟。巴本、施莱歇尔，以及所谓的"男爵内阁"——"男爵内阁"由拥有贵族血统的保守派技术官僚组成，普通的德国民众对他们几乎一无所知——开始变本加厉，采取进一步的措施。由社会民主党主办、立场温和的日报《前进！》接连两次收到出版禁令，而左翼自由派的报纸《柏林人民报》(*Berliner Volkszeitung*)则遭到了政府的正式警告。[72] 此外，联邦政府还对普鲁士的司法实践进行了看似微小，实则意义重大的调整。汉诺威省和科隆法庭的辖区仍然使用断头台来处决犯人，而巴本则在成为普鲁士的联邦专员①后于1932年10月5日下达命令，宣布停止使用断头台，原因是断头台会让人回想起法国大革命。从此往后，政府的刽子手必须使用古老的、具有德意志及"普鲁士"特征的手持式行刑斧来处决犯人。巴本借此释放出明确的信号，公开了政府"清算"法国大革命、消除其历史影响的意图，而在意识形态上，社会民主党恰恰是法国大革命的继承者。[73] 难怪纳粹党的一部分领导人犯起了嘀咕，认为巴本政府"管得太多，抢着把我们想干的事情给干了"。[74]

此时，巴本能够继续担任政府职位的日子已经屈指可数了。在海因里希·布吕宁担任总理期间，社会民主党人之所以会容忍如此反动的总理，是因为他们想要保护共和制度免遭纳粹运动的冲击。普鲁士遭遇政变后，巴本失去了所有赢得社会民主党支持的可能性。巴本和他身边的同谋者不断地玩弄阴谋，就连纳粹党也开始感到失望，再一次公开地站到了政府的对立面。此时，由巴本总理领导的政府已经

---

① 政变之后，联邦政府废除了普鲁士邦总理的职位，用联邦专员一职取而代之。

没有任何可能在新一届国会中获得多数议员的支持。1932年9月12日，新一届国会通过了针对巴本政府的不信任投票。不信任动议获得了512位议员的支持，只有42位议员支持巴本，投了反对票，此外还有5位议员弃权。这显然不是能够保证政府正常运行的议会基础。

此时，巴本政府面前已经只剩下了两条可选的道路。第一条道路是再一次解散国会，宣布举行新的国会选举。这样一来，巴本政府就至少可以争取到三个月的时间——选出新的国会需要60天的时间，而且新一届国会还要等到30天后才能召开第一次会议。换言之，巴本可以获得90天的喘息之机，之后则必须再一次宣布解散国会，重复上述过程。德国的民主制度已经沦落至此——共和制度的心脏变成了一台条件反射般不断重复选举的机器，而这颗心脏的跳动又会转化成节律性的痉挛，最终令共和制度难以为继，走向崩溃。然而，摆在巴本政府面前的还有第二条道路，那就是解散国会，之后不举行新的国会选举。普鲁士的历史上甚至还有先例，能够为这样的做法提供依据：在1862年的宪政危机中，俾斯麦与普鲁士议会彻底撕破了脸。彼时，俾斯麦违反宪政制度，决定抛开立法机构，独自治理国家，从而打破了政府与议会的僵持局面。摆在巴本和兴登堡面前的正是这样一条道路。联邦总统兴登堡是个耄耋老者——他是1847年生人（！）——在年轻的时候亲历了1860年代的那场宪政危机。此外，他还属于与俾斯麦相同的社会阶层，拥有与俾斯麦相同的社会背景，所以他的家人肯定也一直都在密切关注事件的发展。

巴本的确考虑了发动俾斯麦式政变的可能性，但最终还是放弃了这样的想法。显而易见，政变风险极大，甚至还有可能引发内战——联邦内阁已经讨论了政变引发内战的可能性。此外，由于国防军的政治发言人库尔特·冯·施莱歇尔正在以极快的速度成为巴本的竞争对手，所以谁也不知道军方会对政变做出什么样的反应。因此，巴本决定再一次举行国会选举，把选举的日期定在了1932年11月6日。选举结果公布后，局势进一步明朗——纳粹党虽然支持率下降了几个百分点，但仍然是得票最多的党派，所以新一届国会与上一届国会一样，也绝不会允许巴本继续担任总理。新一届国会肯定会在开幕会议上通过针对巴本的不信任投票。摆在巴本面前的只剩下了辞职这一条道路。1932年12月1日，曾经与巴本是好朋友的库尔特·冯·施莱歇尔接替巴本，成了共和国的下一任总理。施莱歇尔上任后取得的第一个成就是说服了国会议员，让他们同意等到圣诞节结束之后再举行第一次会议。如果一年内连续举行三次选举，第三次选举还要在圣诞节期间举行，那么德国的民众肯定会忍无可忍。国会的元老委员会[①]同意了施莱歇尔的请求，承诺让国会等到1933年1月31日之后再举行下一次会议。

到了国会重新召开的时候，弗朗茨·冯·巴本已经说动了他的老朋友兴登堡，让他同意把希特勒任命为联邦总理。巴本进行了大量的幕后协商，最终开出了兴登堡无论如何也无法拒绝的条件。希特勒同意，如果自己能够获得总理任命，那么他就只会要求纳粹党在内阁中占据两个席位。其他的七位内阁部长全都可以由保守派的成员担任，而巴本则可以成为副总理。这样一来，希特勒就会被完全包围，无论采取什么行动，都不得不考虑保守派小圈子的意见。[75] 巴本沾沾自喜，宣称："只消两个月的时间，我们就会把希特勒逼入绝境，到时候，他恼羞成怒也没有用了。"[76]

希特勒就这样成了共和国总理——用艾伦·布洛克[②]多年前描述

---

[①] 元老委员会（Ältestenrat）是隶属于国会的特别委员会，职责之一为决定国会召开会议的时间。

[②] 艾伦·布洛克（1914—2004）是英国的历史学家，著有《希特勒：对暴政的研究》（Hitler: A Study in Tyranny）。

这一事件的话来说，希特勒"靠着见不得人的阴谋诡计登上了总理的宝座"。[77]这并不是纳粹夺权的终点，而只是一个起点。说到底，纳粹党手中同样握着几张王牌。1932年7月20日，巴本发动政变，推翻了普鲁士的民选政府，此后普鲁士联邦委员会便取代民选政府，成了普鲁士的最高政府机构。这是一个产生了许多重大影响的事件，其中之一是，赫尔曼·戈林可以在作为无任所阁员[①]加入联邦内阁的同时，担任普鲁士联邦委员会的内政部长，一举成为德国国内规模最大的警察力量的领导者。在1933年春的那几个月，戈林残酷无情，有效地利用了普鲁士的警察权。通过这种方式——但并不仅限于这种方式——1933年1月之前兴登堡总统身边的保守派小圈子不切实际的一通操作帮助纳粹党扫清了垄断权力的障碍。

在把纳粹党推上权力巅峰的那一系列阴谋诡计中，普鲁士的历史遗产可谓随处可见。比如说，军队的态度就很好地证明了这一点：1930年之后，军队与共和政权划清了界限，一直都在冷眼旁观，想要在看清局势的走向后以自身利益为核心，独自采取行动。这一点同样也在兴登堡总统的身上有所体现。他对易北河以东的地主利益集团言听计从。无论是布吕宁总理，还是施莱歇尔总理，都是在支持土地改革方案的那一刻失去他的信任的，因为改革方案要求在易北河以东的地区分割破产的地产，进行土地分配。人们对保守派在普鲁士旧有的国家机构中一手遮天的记忆仍然历历在目，这使得促成共和制崩溃的反动派的政治幻想得以持续维系。[78]普鲁士贵族高傲的团体精神，以及他们认为自己有权领导国家的心态同样也起到了明显的作用。就这一点而论，弗朗茨·冯·巴本是最典型的例证：他大言不惭，宣称他和他领导的男爵内阁已经"雇用了"希特勒，就好像在他们看来，

---

① 无任所阁员即与正常的部长平级，但并不主管特定部门的阁员。

纳粹党的领袖不过是兼职的园丁、偶尔路过的流浪艺人。兴登堡也犯下了相同的错误：他认为自己是普鲁士的陆军元帅，而希特勒只是出身奥地利的一个小小下士，身份地位与自己天差地别，因此他没能看清楚希特勒的真面目，没能意识到希特勒到底会造成多大的威胁，也没有觉察出希特勒瓦解现有的政治惯例和政治秩序是多么轻而易举的事情。

只不过，普鲁士政府中的民主主义者、共和主义者同样也是普鲁士人，只是社会背景与上文提到的那些保守派大不相同罢了。精力无限的柏林警察局局长阿尔贝特·克谢辛斯基来自波美拉尼亚，故乡是特雷普托镇附近的托伦瑟。他是个私生子，母亲在柏林做女佣，而他本人则在柏林学习车身修理技术，在出师后先是成为工会的官员，之后又成了政治活动家。革命结束后，克谢辛斯基本可以加入联邦政府——他在1920年的时候获得了担任国防部长的机会——但他却决定为普鲁士的国家机构效力，官至柏林警察局局长（1925—1926年和1930—1932年）、内政部长（1926—1930年）。在任期间，他一直都坚定地执行有利于共和派的用人政策。1927年，他主持法案的起草工作，废除了农村大地产的特别警察管辖权。大地产的特别警察管辖权是容克封建特权最后的残余，所以说，克谢辛斯基的法案消除了普鲁士国家行政架构中的一个裂痕，完成了拿破仑时代的普鲁士改革家未竟的事业，但这同时也让他成了右翼势力的眼中钉、肉中刺。此外，克谢辛斯基是坚定的反纳粹人士，结果遭到由戈培尔领导的纳粹宣传机构的口诛笔伐，经常被（错误地）描述为"犹太共和国的犹太人"。[79]1931年12月，他设法获得针对希特勒的驱逐令，想要把他赶出普鲁士，结果却发现，驱逐令因为布吕宁领导的联邦政府从中作梗而变成了一张废纸。1932年年初，他在莱比锡发表引发广泛关注的演讲，指出"那个名叫希特勒的外国人"竟然能够与联邦政府讨价

第十七章 落幕　　843

还价,"而不是挨一顿鞭子,像丧家犬一样被驱逐出境",这实在是"太令人失望了"。希特勒既没有忘记这段话,也不打算原谅说出这段话的人,所以说,克谢辛斯基在1933年逃离德国的确是十分明智的决定。离开德国后,他先是在法国生活了一段时间,之后又前往美国,在纽约重操旧业,成了车身修理工。[80]克谢辛斯基的一生是鞠躬尽瘁、投身事业的一生——他不仅为守护民主制度而奋斗,同时也为普鲁士及其国家机构所代表的独特历史使命而奋斗。

直到1932年为止,普鲁士邦总理奥托·布劳恩一直都是普鲁士国家机构的掌舵人——我们可以对他做出与克谢辛斯基相同的评价。布劳恩的父亲是柯尼斯堡铁路系统的低级雇员,他本人在1888年的时候加入了社会民主党。此时,普鲁士的首相仍然是俾斯麦,而社会民主党则仍然是非法政党。他在易北河以东地区为没有土地的农业劳工奔走,同时还写文风犀利的社论,因此很快就在党内崭露头角,赢得了尊重。他曾经克服三级选举制度的阻隔,作为社会民主党为数不多的议员出席旧普鲁士的议会。他是农村无产阶级的代言人,与旧普鲁士的地主精英阶层势不两立,在1918—1919年的革命中为推翻地主阶级的政治霸权出了一份力。尽管如此,他仍然是确凿无疑的普鲁士人——在这一点上,他与地主精英阶层是一样的。他是一个不知疲倦的工作狂,他对细节有着近乎洁癖的关注,他不喜欢装腔作势,他认为为国效力是极其高贵的事情——这一切都是传统的普鲁士美德。他奉行专制的管理风格,得到了"普鲁士的红色沙皇"这样一个诨名——即便是这一点,也可以被理解为代代相传的普鲁士特征。1932年,保守派的新闻工作者威廉·斯塔佩尔指出:"尽管社会民主党极力反对普鲁士主义,但以奥托·布劳恩为代表的社会民主党人与其说是德意志人,还不如说是普鲁士人。布劳恩担任总理期间的所作所为足以证明,他实际上就是个容克地主,如果国王不领情,不愿认可他的工作，他就会拂袖而去，'在自家的领地上种卷心菜'，任由国王自生自灭。"[81] 布劳恩甚至还疯狂地喜欢上了打猎，而联邦总统保罗·冯·兴登堡也有这个爱好。狩猎季节到来后，二人会在邻近的地区打猎，由此建立起了不错的私人关系，能够就关键的时政问题交换意见。[82] 普鲁士的国家机构曾经是社会民主党的死敌，但社会民主党的精英领导层却与普鲁士的国家机构建立起了不同寻常的亲密关系，而布劳恩与兴登堡的私人友谊正是这种关系的又一个例证。引人注意的是，这一时期社会民主党的领导层发现，在普鲁士的层面上处理与国家权力相伴的责任与风险问题，要比在德国全国的层面上处理相同的问题简单得多。

所以说，我们也许可以认为，1932年7月20日，也就是在政变发生的那天，旧普鲁士推翻了新普鲁士。我们也许还可以得出一个更精确的结论，那就是代表大地主利益的排他主义旧普鲁士抡起斧子，把魏玛共和国时期的联合政府所代表的中央集权的、奉行普遍主义的新普鲁士砍成了碎片。也许会有人提出，传统社会终于战胜了推行现代化改革的国家机构，冯·德尔·马维茨的后代击败了黑格尔的精神。虽然这种隐喻式的二元对立的确能够在一定程度上概括发生在1932年夏季的事件有着什么样的含义，但这样的解释实在是太过简化了。发动政变推翻普鲁士政府的人很难算作典型的容克地主。巴本来自威斯特法伦，是个天主教徒，而威廉·冯·盖尔则是莱茵兰人——从这个角度来看，他们两个人都可以算作"处在边缘的普鲁士人"。[83] 库尔特·冯·施莱歇尔虽然出身西里西亚的军官家庭，但就连他也不是典型的容克地主，因为他实际上只是一个政治阴谋家，根本就无法进入西里西亚的地主精英圈子；他的政治理念融合了专制法团主义和宪政主义，其归类问题一直都令学界十分头疼。[84] 这三个人的政治观点全都放眼德国全国，考虑的不是普鲁士作为一个国家的利益，更不是普

图 55　普鲁士邦总理奥托·布劳恩的肖像画。马克斯·利伯曼绘，1932 年

鲁士作为一个省份的地位。

在1932年的历史事件中，兴登堡扮演了核心角色。他是一个十分复杂的人。他既是一个在易北河以东拥有大量土地的大地主，又是一位声名显赫的指挥官，似乎可以完美地代表普鲁士的传统。然而，塑造了他人生轨迹的力量同时也是促成了德国统一的力量。1866年，年仅18岁的兴登堡参加普奥战争，亲历了柯尼希格雷茨会战。他的故乡是波森省，在那里德意志民族主义与波兰民族主义势不两立。"一战"爆发后，他重新成为现役军官，利用自己手中德军东线最高指挥官的职权来挑战普鲁士和德国的文官行政机构，令文官政府权力尽失。他一边宣称自己对德皇威廉二世忠心耿耿，一边敲他竹杠，迫使他同意自己的作战方案，包括进行无限制潜艇战，最终导致灾难性的后果——无限制潜艇战是徒劳无功的挑衅行为，成了促使美国参战的导火索，令德国走上了战败的不归路。他一个接一个地消灭了德皇最为信任的政治盟友——其中就包括宰相贝特曼·霍尔韦格——

迫使他们退出政坛。兴登堡的所作所为与塞德利茨①和约克截然不同，并不是在良知的驱使下偶尔做出的反抗行为，而是在巨大野心的驱使下做出的有计划、成体系的抗命行为。在这样做的过程中，兴登堡的眼中只有由自己主导的军事领导集团，绝不会考虑任何其他团体的利益和权威。与此同时，兴登堡还着意培养德国人对他的个人崇拜，把自己塑造成了一个永不言败的德意志战士，令身为德意志皇帝、普鲁士国王的威廉二世黯然失色，逐渐被排挤到了公众视野的边缘地带。

尽管兴登堡在1918年11月的时候劝说威廉二世，提出他应当退位并流亡荷兰，但到了皇帝离开之后，他又马上宣布支持君主制度的原则，堂而皇之地给自己披上了忠君的外衣。再后来（也就是他在1925年就任联邦总统的时候，以及他在1932年再次当选总统的时候），他又放下了君主主义的信念，对着德国的共和宪法立下了庄重的誓言。1918年9月的最后几天，兴登堡不断地向德国的文官政府施加压力，要求尽快就停战问题展开协商，但之后他又与停战协议完全划清了界限，让文官政府独自承担责任、遭受谴责。1919年6月17日，也就是在弗里德里希·艾伯特政府正在考虑是否应当接受《凡尔赛和约》的当口上，兴登堡出具书面文件，承认继续进行军事抵抗毫无胜算。然而，仅仅过了一周的时间，到了艾伯特总统致电最高指挥部，请求军方以给出正式决定的方式来对政府接受和约的做法表示支持的时候，兴登堡又借故离开电话间，让同僚威廉·格勒纳去"背这个黑锅"（这是兴登堡的原话）。[85] 兴登堡甚至得寸进尺：1919年11月，他在接受战败原因调查委员会的问询时宣称，在前线作战的德军并没有败给敌军，而是败给了国内"在背后捅刀子"的胆小

---

① 此即普鲁士将领弗里德里希·威廉·冯·塞德利茨（1721—1773）。

鬼——在他充满神话色彩的一生中，这也许是最具神话气息的"高光时刻"。国祚只有短短十几年的魏玛共和国始终都深受这一谎言的困扰，导致新一代的政治精英在刚刚掌权的那一刻，就被扣上了背信弃义、出卖国家的帽子。

1925年当选联邦总统之后，兴登堡与普鲁士的总理、兢兢业业的社会民主党人奥托·布劳恩建立起了在旁人看来完全不可能的友谊（二人差异极大的社会背景并没有成为障碍）。到了1932年，年逾八旬的兴登堡谋求连任的时候，布劳恩对他赞不绝口，宣称他"象征着冷静与言行一致，代表着大丈夫的忠诚感，体现了忠于职守、为全体人民服务的精神"。[86]然而，同样也是在1932年，到了保守派的小圈子把政变方案摆到他面前的时候，兴登堡毫不犹豫地抛弃了老朋友布劳恩，把自己在1925年和1932年立下的守护宪政制度的誓言抛诸脑后，与共和政权不共戴天的敌人同流合污，在整个过程中似乎没有表现出任何愧疚感。接下来，他先是公开声称，希特勒最多也就能做个邮政部长，之后转过头来就在1933年1月把这个来自奥地利的纳粹党领袖送进了德国的总理府。兴登堡自视甚高，他无疑深信自己代表了无私奉献的普鲁士"传统"。然而，事实上，兴登堡并不是能够代表传统的人。从任何具有决定意义的角度来看，他都不是旧普鲁士的产物，因为成就他的力量其实是变化多端的、塑造了新德国的权力政治。无论是在担任军事指挥官的那段时间，还是到了成为德国的国家元首之后，兴登堡都轻言寡信，几乎违反了自己许下的所有承诺。他并不是一个坚韧不拔、忠心耿耿的人，而是一个善于利用个人形象、喜欢玩弄政治手腕的奸诈之徒。

## 普鲁士与第三帝国

1933年3月21日，波茨坦的驻军教堂成为仪式的举办地点，为阿道夫·希特勒领导的"新德国"拉开了帷幕。1933年3月5日，德国的选民选出了新一届国会，而这场仪式正是新国会的开幕式。一般来说，国会的开幕式应当在国会大厦举行，但在2月27日，来自荷兰的左翼分子马里努斯·范·德·卢贝放了一把火，把国会大厦的主会议厅烧成了一片废墟。波茨坦的驻军教堂由弗里德里希·威廉一世下令修建，于1735年建成，是一座纪念普鲁士军事历史的丰碑。教堂尖塔的塔顶配有风向标，其左下角是代表弗里德里希·威廉一世的首字母缩写"FWR"，右下角是代表普鲁士的钢铁雄鹰，而正上方，也就是雄鹰飞往天际的方向则是一轮镀金的太阳。教堂祭坛的浮雕上既没有天使，也没有《圣经》中的人物，而是展现了鼓号齐鸣、旌旗招展、大炮轰鸣的景象。"士兵王"弗里德里希·威廉一世与他那声名显赫的儿子弗里德里希大王长眠于教堂的墓穴中，二人的棺椁并排摆放。[87]纳粹党的宣传部长约瑟夫·戈培尔一眼就看出，驻军教堂充满历史的气息，能够挖掘出强大的象征意义，于是决定亲自主持仪式的准备工作，制订缜密的计划，不放过任何细节，要把仪式打造成一场宣传盛会。戈培尔在1933年3月16日的日记中写道，希特勒获得总理任命代表着"新国家"已经登上了历史的舞台，而国会的开幕仪式正是"这个新国家首次以具有象征意义的方式出现在公众面前"的机会。[88]

1933年的国会开幕仪式成了史家口中的"波茨坦日"，其本质是纳粹党集全党之力向公众传达政治信息的宣传活动。仪式展现在公众面前的景象是，旧普鲁士与新德意志已经合二为一，甚至实现了神话一般的融合。[89]参加过德意志统一战争的老兵乘船前往波茨坦，成了开幕仪式的嘉宾。仪式的组织者在显眼的位置展示了军旗，这些军旗来自普军最受尊敬的团级作战单位，包括大名鼎鼎的第九步兵团（该团的一个传统是，所有的新兵都必须在驻军教堂的拱顶下宣誓效忠）。波茨坦的大街小巷挂满了代表德意志帝国的黑白红三色旗、普鲁士国旗、纳粹党的卐字旗。代表魏玛共和国的黑红金三色旗完全不见了踪影。就连举行仪式的日期也颇有深意。戈培尔把日期定在3月21日，并不仅仅是因为按照官方日历，3月21日是春季的第一天，同样也是因为1871年1月德意志帝国宣布成立之后，第一届帝国议会于同年3月21日开幕。联邦总统兴登堡是仪式的中心人物。他身着全套军礼服，胸前佩戴着大大小小、闪闪发光的勋章，右手紧握陆军元帅的权杖，迈着庄严的步伐，穿过波茨坦的旧城区，检阅站在街道两侧的国防军，以及身着褐色制服，高举右手行纳粹军礼的纳粹准军事组织成员。准备在祭坛前的上座入席的时候，他先转过身来，举起手中的元帅权杖，一脸严肃地向曾经的普鲁士国王、德意志皇帝，现已流亡荷兰的威廉二世空空如也的宝座致敬。兴登堡之所以会假情假意地向王座致敬，其中的一部分原因是霍亨索伦王朝的两位皇子也出席了仪式，其中的一人身着传统的骷髅头骠骑兵制服，而另一个人则穿上了冲锋队的褐色制服。

　　兴登堡向到场的宾客发表演讲，指出他希望"这个著名场所体现的古老精神"能够让新一代的德意志人充满激情。普鲁士之所以伟大，是因为普鲁士人"拥有百折不挠的勇气，永远深爱着祖国"；愿新一代的德意志人继承普鲁士的精神。希特勒——他并没有身着纳粹党的制服，而是穿上了量身定做的黑色西装——站在讲台上回应了兴登堡的演讲，指出他十分敬重兴登堡，表示德意志人应当感谢"上苍"，因为德意志民族竟然有幸在他这样一位不屈不挠的军事领袖的带领下走上复兴的道路。希特勒的最后一句发言很好地总结了

图56　1933年3月21日，亦即"波茨坦日"，希特勒与兴登堡在波茨坦驻军教堂的大门前握手

仪式的宣传功能："这是对每一个德意志人都极其神圣的地方，愿每一个站在这里的人都得到上苍的保佑，获得勇气和坚定的意志，在伟大国王的陵墓前立下为德意志民族的自由与伟大而奋斗的誓言。"[90] 此后，希特勒和兴登堡先是在来宾的面前握手，接着又向弗里德里希·威廉一世及弗里德里希大王的陵墓敬献花圈。与此同时，教堂外传来了国防军礼炮的声音，而教堂内则响起了《洛伊滕之歌》①的嘹亮歌声。接下来，波茨坦的街道上举行了盛大的阅兵活动。戈培尔难

---

① 这是纪念洛伊滕会战（1757年）的歌曲。

第十七章　落幕

以抑制激动的心情,在日记中回忆了阅兵仪式的景象:

> 联邦总统站在检阅台上,手握元帅权杖,向经过检阅台的国防军、冲锋队、党卫队、钢盔团①致意。他站在那里,不断地挥手。永恒的太阳照耀着这一切,上帝伸出无形的手,祝福着这座象征着普鲁士伟大责任的灰色城市。[91]

在民族社会主义的理念和宣传活动中,对"普鲁士主义"(Preussentum)的推崇是一个贯穿始终的元素。提出了"第三帝国"概念的右翼理论家阿图尔·默勒·范·德尔·布鲁克在1923年预言新德意志将会是普鲁士的"阳刚"精神与德意志民族的"阴柔"灵魂结合在一起的产物。[92] 阿道夫·希特勒在两年后出版的《我的奋斗》中对旧普鲁士的国家机构大加赞赏:普鲁士是"德意志帝国的生殖细胞",德意志帝国之所以能够建立,完全是得益于"普鲁士军人光辉灿烂的英雄主义和无惧死亡的英勇气概";普鲁士的历史"无可辩驳地"证明,"国家的立国之本不是物质财富,而只能是充满美德的理想"。[93] 出身波罗的海沿岸地区德意志人家庭的纳粹理论家阿尔弗雷德·罗森伯格在1930年写道:"我们的耳边仍然回响着费尔贝林的嘹亮号角声,我们仍然能够听到大选侯的话语,而正是大选侯促使德意志民族走上起死回生、获得救赎、赢得重生之路。"接下来,他又补充道,无论你怎么批评普鲁士,都必须承认"普鲁士拯救了德意志人的本质,这关键的成就永远都是普鲁士的丰功伟绩;没有普鲁士,就没有德意志文化,更不会有德意志人民"。[94]

1926年9月,约瑟夫·戈培尔参观无忧宫,在参观过程中首次意

---

① 这是一个民族主义准军事组织,成员多为退伍军人。

识到了普鲁士的宣传潜力，就此成为"普鲁士主义"最坚定、最执着的宣扬者。此后，普鲁士一直都被戈培尔领导的宣传机器当作固定主题。1932年4月，戈培尔在发表竞选演讲的时候指出："民族社会主义是普鲁士主义名正言顺的继承人。在德国境内所有的地方，只要民族社会主义站稳了脚跟，我们就都会成为普鲁士人。我们的理念是普鲁士的理念。我们为之战斗的标志充满了普鲁士精神，我们想要实现的目标也全都是弗里德里希·威廉一世、弗里德里希大王、俾斯麦为之奋斗的理想与时俱进的结果。"[95]

1933年，纳粹掌权之后，纳粹政权在文化政策的多个层面上强调了普鲁士的过去与民族社会主义的现在这两者间的延续性。一幅著名的政治海报宣称，德意志的政治家拥有代代相传的传统，其创立者是弗里德里希大王，俾斯麦在继承了弗里德里希大王的衣钵之后，把这一传统传给了兴登堡，而希特勒则是这一传统的最新一代继承人。"波茨坦日"结束后没多久，希特勒和戈培尔就举办了"坦能堡日"活动，想要以此为手段，进一步加强公众对上述历史传承的认知。"坦能堡日"是一场盛大的宣传活动，其最大亮点是在1933年8月27日举行的坦能堡民族纪念碑揭幕仪式。坦能堡纪念碑规模宏大，由数座巨塔以及连接巨塔的高墙组成。纪念碑先是回顾了1410年德意志人组成的条顿骑士团败于"莫斯科人"之手的历史，之后又描述了德意志人如何在1914年的战斗中击败俄罗斯人，"报仇雪恨"。此外，坦能堡纪念碑还表达了这样一种（完全不符合历史事实的）理念，亦即东普鲁士在历史上一直都是对抗东方斯拉夫人的"德意志"堡垒。86岁高龄的兴登堡作为"坦能堡战役的胜利者"再一次走到台前，主持仪式，向此时已经无可挽回地彻底纳粹化的德国致敬。过了将近一年的时间，到了兴登堡去世后，他的遗体与他妻子的遗体一起，被安葬在了坦能堡纪念碑的一座巨塔之中。按照兴登堡的遗愿，他的遗体应当安葬在"一块采自东普鲁士的石板之下",纳粹政权便开采一块巨大的花岗岩,把它打磨成门楣,安放在墓穴的入口处,这就是所谓的"兴登堡巨石"。这块巨石开采于东普鲁士北部科热嫩附近的平原地区,在德国的地质学家中颇有名气,被认为是该地区最大的整料巨石。纳粹政权派出了由石匠和采石专家组成的团队,设定了严格的时间限制,要求他们在最短的时间内清除巨石四周的泥土,用炸药和电动工具把巨石切割成巨大的长方形石块,然后再用专门为此修建的铁道把巨石运送到坦能堡纪念碑。[96]

第三帝国的官方建筑显然继承了普鲁士的文化传统。纳粹党在克罗辛湖、福格尔桑、松托芬修建了用来培养党派骨干的精英学校"骑士团城堡",这三座建筑就会让我们感受到普鲁士的气息。它们全都宏伟壮丽,拥有高耸入云的塔楼和屋檐,不禁让人回想起德意志人的骑士团,以及骑士团征服"东德意志",在波罗的海沿岸建立普鲁士公国的那段历史。纳粹政权制订了重塑德国城市空间的计划,计划的一部分是修建新古典主义的公共建筑——这些建筑代表着一种与"骑士团城堡"十分不同的普鲁士建筑传统。申克尔(1781—1841)是"普鲁士建筑风格"最具代表性的倡导者,希特勒最喜爱的建筑师保罗·路德维希·特罗斯特就是他的信徒。由特罗斯特主持设计的"德意志艺术之家"位于慕尼黑市内英国公园的最南端,修建于1933—1937年,人们普遍认为这座20世纪的建筑继承了申克尔主持设计的柏林旧博物馆所展现的朴素新古典主义风格。

1934年特罗斯特英年早逝后,1931年加入纳粹党的阿尔贝特·施佩尔取而代之,成了希特勒的御用建筑师。施佩尔同样十分推崇申克尔的建筑风格。他出身建筑世家,祖父曾经在柏林建筑学院学习,师从申克尔,而他本人在柏林夏洛滕堡工业大学求学期间的恩师海因里希·特森诺也与申克尔颇有渊源——特森诺的一项著名建筑

图57 "兴登堡巨石":清理完巨石下方土壤的工人正在休息。摄于20世纪30年代

成就是,把由申克尔设计、位于菩提树下大街的新岗哨改造成了纪念"一战"阵亡将士的纪念碑。希特勒下令修建的新德国总理府由施佩尔负责设计,于1938年初开工,在12个月快马加鞭的紧张修建工作后,于1939年1月12日完工——总理府的正面和庭院可以证明施佩尔有意借鉴了申克尔设计的许多最为著名的建筑。1943年,由"帝国建筑师院"主持编写的官方建筑学专著出版,进一步释放出信号,强调了纳粹建筑风格与新古典主义建筑风格之间的延续性。这部专著题为《卡尔·弗里德里希·申克尔:新德意志建筑理念的先驱者》,其内容毫不掩饰,显然是想要为纳粹党的建筑成果在普鲁士的新古典主义传统中找到位置。[97]

纳粹党掌权后,德国的电影制片业迫于压力,不得不在意识形态上与政府保持步调一致,同样也出品了许多以普鲁士为主题的影片。戈培尔利用电影业在魏玛共和国时期建立起的趋势,把普鲁士主

第十七章 落幕

图58 兴登堡的灵柩在护送下进入位于坦能堡纪念碑下方的墓穴。马蒂亚斯·布劳恩利希摄，1935年

题当作意识形态动员的工具。[98]德国的电影业渐渐地失去了之前的逃避主义和怀旧情绪，开始越来越多地拍摄能够与当时的现实情况产生共鸣的影片。举例来说，1935年上映的影片《老国王与新国王》无视历史事实，用极其扭曲的方式解释了弗里德里希大王为什么会与父亲弗里德里希·威廉一世反目成仇。影片认为，英国外交官的阴谋诡计是弗里德里希王子与父亲产生误解的原因，而影片中弗里德里希·威廉一世下达命令，让手下把王子的法语书收集起来并付之一炬的场景更能引起观众的共鸣，肯定会让他们联想到发生在自己身边的真实事件①。影片把弗里德里希·威廉一世处决卡特的决定描述为君主意愿的合法表达。影片的对话充满了时代错乱的感觉，比如"我要让普鲁士健康起来。所有想要阻止我的人都是恶棍"（弗里德里希·威廉）；"国王不会犯下谋杀罪。他的意愿就是法律。所有不愿服从国

① 1933年5月10日，德国各地发生了焚书事件（焚烧的对象大都是作者为犹太人的书籍，以及宣扬和平主义、马克思主义的书籍）。

王的人都必须彻底毁灭"（得知卡特被判处死刑后，一位军官对判决的评价）。[99]

其他的大制作电影要么讲述了弗里德里希大王生活中的逸闻趣事，要么把历史危机当作剧情的背景，比如七年战争，又比如1806—1807 年普军被拿破仑击败后爆发的危机。一个深受喜爱（尤其是在"二战"期间）且不断被搬上银幕的戏剧性主题是，剧中人先是背信弃义（背叛的对象不是祖国，就是国家领袖），之后又舍己为公，以自我牺牲的方式实现救赎。[100]《科尔贝格》（*Kolberg*）淋漓尽致地展现了这一主题。该影片以要塞城镇科尔贝格为背景，是一部史诗级的时代片，同时也是第三帝国拍摄的最后一部大制作电影，讲述了格奈森瑙和席尔与科尔贝格的市政当局通力合作，抵抗占据人数优势的法国军队的故事。科尔贝格的守军克服了所有的不利条件，迫使围城的法军撤退（这完全不符合史实），之后又因为普鲁士与法国签订和平协议而意外得救。在影片中，普鲁士是一个纯粹靠意志立国的王国，仅仅靠着勇气和毅力就能抵御强敌。影片的创作目的一目了然：号召德国人全面动员，用所有的资源来抵抗已经把德国团团包围的敌人。导演法伊特·哈兰表示，《科尔贝格》是"现实的象征"，可以让观众感受到力量，让他们"为我们在今天、在这个时代必须赢得的斗争做好准备"。影片是否实现了这样的目标很值得怀疑：到了《科尔贝格》可以大规模上映的时候，德国境内能够正常开放的电影院已经所剩无几。即便是在那些有条件放映该片的地方，观众在观影后也仍然一副听天由命的样子，认为前途无望。到了 1945 年春的时候，德国已经变成了一片废墟，彻底地陷入混乱，只有极少数德国人仍然认为祖国会因为一小群爱国者的努力而获得救赎。

把这一切都看作纳粹宣传部门极端利己的宣传操纵手段，也不完全正确。戈培尔有一个非同寻常的特点，那就是他经常会相信自己的谎言。此外，希特勒认为自己是当代的弗里德里希大王，对弗里德里希大王有着极其强烈的认同感，以至于格拉夫创作的弗里德里希大王肖像画竟然成了总理府地堡内唯一的装饰物——位于柏林城地下16米的总理府地堡是希特勒度过生命最后一段时光的藏身处。在"二战"期间，希特勒不断地把自己与弗里德里希大王——那个凭着自己的"英雄主义"让普鲁士拥有了辉煌历史的人物——相提并论。[101]1945年2月，他对德军的坦克部队指挥官古德里安说："就算是听到了坏消息，已经到了崩溃的边缘，只要看一眼这幅弗里德里希大王的肖像画，我就会重新充满力量。"总理府地堡内的气氛与现实脱节，所以藏身其中的纳粹头目很容易把第三帝国想象成一部史诗剧，认为第三帝国正在重演普鲁士的历史。在1945年的头几个月，戈培尔经常给希特勒朗读卡莱尔的著作《弗里德里希大王的一生》，想要以此让希特勒振作起来——戈培尔尤其喜欢朗读的片段是，普鲁士如何在七年战争中陷入绝境，似乎已经无力回天，之后又如何因为伊丽莎白女皇在1762年2月的时候驾崩而逃过了一劫。[102]1945年4月初时候，希特勒花了足足四天的时间，同样用普鲁士在七年战争中大起大落的经历来给墨索里尼打气，想要坚定他的斗志。在这位早已无心再战的意大利法西斯领袖面前，希特勒自说自话，大量地引用普鲁士的历史事例。[103]宣传部长戈培尔沉迷于以普鲁士为中心的历史浪漫主义，在得知美国总统富兰克林·罗斯福于1945年4月12日去世之后，他欣喜若狂，感到胜利已经近在眼前。他认为1945年将会是第三帝国见证奇迹的一年。他不仅命人打开香槟酒，在办公室内举杯庆祝，还马上给希特勒打了个电话："元首，祝贺您。罗斯福死了！命运已经消灭了您最大的敌人。上帝没有抛弃我们。"[104]

这一切都不应被视作能够证明"普鲁士传统"仍然保持着活力的证据。现实中的掌权者经常会把传统搬出来，给自己手中的权力寻找合法性依据。他们会给自己披上文化权威的外衣。然而，那些自称继承了传统的人很少在公平的基础上与真实的历史记录对峙。民族社会主义者对普鲁士历史的解读充满了机会主义色彩，会歪曲历史，对历史事实进行选择性的展示。普鲁士的整个历史都被硬生生地塞进从种族主义角度设计的德意志民族历史范式。纳粹党极其推崇"士兵王"以军事手段增强国家实力的做法，但既不认同也无法理解虔敬派的宗教信仰，搞不清楚这一套信仰为什么会成为支撑"士兵王"所有大政方针的道德框架，为什么会给他的统治留下如此深刻的烙印——因此，1933年3月纳粹党在驻军教堂举行的仪式就抹去了几乎所有基督教的色彩。与弗里德里希大王的真实形象相比，民族社会主义宣传中的弗里德里希大王是严重的"删节版"——无论是他认为只有法语才能成为文明对话媒介的坚定立场，还是他对德意志文化嗤之以鼻的态度，抑或他那令人捉摸不透的性生活，纳粹党全都绝口不提。纳粹党对霍亨索伦王朝的其他君主几乎没有任何兴趣，只有在1871年建立了德意志帝国的威廉一世是例外。在纳粹党的宣传中，弗里德里希·威廉二世，以及多愁善感、颇有艺术天赋，有着"王座上的浪漫主义者"之称的弗里德里希·威廉四世，都是极少露面的人物。

纳粹党挑选了七年战争和德意志解放战争作为创造神话的力量，对普鲁士的启蒙运动则只字不提。普鲁士改革家施泰因具有德意志民族主义倾向，因此备受纳粹党推崇，而同为改革家的哈登贝格则因为是解放了普鲁士犹太人的亲法现实政治家而遭到了纳粹宣传机器的冷落。纳粹政权对费希特和施莱尔马赫的哲学理念表现出了一定的兴趣，却让黑格尔坐上了冷板凳，原因是黑格尔强调国家的超然尊严，与民族社会主义者民粹式的种族主义思想格格不入。简而言之，纳粹党为普鲁士谱写的历史是一尊闪闪发光的神像，是用传奇一般的历史中的碎片拼凑起来的。这段历史是人造的回忆，被不可一世的纳粹政权当成了护身符。

不管怎样，纳粹政权热衷于"普鲁士主义"的态度并没有让真正的普鲁士在现实中获得时来运转的机会。1933年，纳粹党没能在新一届普鲁士议会的选举中获得绝对多数议席，干脆就下令解散了普鲁士议会。1934年1月，纳粹政权颁布《帝国重组法》，规定地方政府和新任命的帝国特派员必须直接由帝国内政部来领导。普鲁士的各大政府部门都渐渐融入了第三帝国的对应政府部门（财政部因为技术原因成了唯一的例外）；此外，纳粹政权还制订了计划，准备把普鲁士按照现有的省级行政区划分割成一系列直接由中央领导的省份（只不过，这套计划直到1945年也没能落实）。普鲁士仍然是正式的邦国，仍然在地图上拥有一席之地——实际上，普鲁士是唯一没有正式并入第三帝国的德意志邦国。只不过，普鲁士实际上已经彻底失去了国家的地位。这样的做法与纳粹政权推崇普鲁士传统的政策路线并不冲突。"普鲁士主义"是一个模糊的抽象概念，既不等同于特定的国家组织形式，也无法与某种特殊的社会环境画上等号，而是代表着一系列空泛的美德，是一种能够打破历史束缚的"精神"——它既然能在弗里德里希大王的专制统治下蓬勃发展，那么在第三帝国的"元首民主制度"下，它就应当青出于蓝，至少不会表现得更差。1933年4月，赫尔曼·戈林取代巴本，就任普鲁士帝国专员；1934年6月，他在普鲁士的国务院发言，指出了普鲁士与普鲁士主义的区别。"作为一个国家，普鲁士已经融入了帝国，"他宣称，"留下来的是永不消亡的普鲁士主义。"[105]

1933年纳粹党夺取政权之后，并没有尝试恢复君主制度，令一部分注重传统的贵族家庭大为不满。在1920年代的整整十年间，魏玛共和国内出现了一个由（大都是普鲁士人的）保守派及保皇派团体组成的松散关系网络，这个网络一直都与居住在多伦的前皇帝的随从人员保持着频繁的联系。到了1920年代末的时候，皇室成员与纳粹运动建立起了更为密切的非正式关系：1928年，威廉二世的四子奥古斯特·威廉在获得父亲的许可后加入了冲锋队。威廉二世的第二任妻子赫尔敏·冯·舍奈希－卡洛拉斯公主不仅与一部分纳粹党的高级党员交上了朋友，甚至还参加了1929年的纳粹党纽伦堡党代会。保守派集团崩溃，纳粹党在1930年的德国全国选举中取得胜利后，流亡多伦的复辟主义者开始正式地接近希特勒的运动，促成了威廉与赫尔曼·戈林1931年1月在多伦的会面。那次会议没有记录存世，但有迹象表明，戈林就威廉重返德国一事释放出了积极的信号。[106]

然而，尽管纳粹党摆出了一副友好的姿态——希特勒通过非正式渠道对霍亨索伦王朝的复辟表示了支持，戈林更是在1932年夏季与威廉再次会面——但他们刚一夺权，就毫不犹豫地放弃了帮助威廉复辟的打算。希特勒之所以会释放出信号，让威廉对复辟充满了希望，完全是因为他想要令自己作为普鲁士及德意志君主制传统合法继承人的身份显得更有说服力。1934年1月27日，希特勒露出真面目，下令驱散了为威廉二世的75岁生日举行庆祝活动的人群。几天后，纳粹政权颁布新的法律，宣布所有的保皇派组织都是非法组织，彻底地击垮了复辟运动。在"罗姆事件"①期间，加入了冲锋队的奥古斯特·威廉皇子遭到软禁，之后又接到了禁止发表任何政治言论的命令。纳粹政权一方面禁止公开展示皇帝的画像和纪念品，另一方面又一直都在向皇室支付数额可观的年金，以此为手段来防止皇室成员节外生枝，从而渐渐地抹消了普鲁士和德意志的君主制记忆。[107]对这样的做法持反对意见的人不在少数，德意志贵族团体组织（Deutsche

---

① 此即"长刀之夜"（纳粹政权对党内反对势力——主要是冲锋队——以及一部分保守势力的政治清洗）。

第十七章 落幕

Adelsgenossenschaft）东波美拉尼亚地区分部的主席埃瓦尔德·冯·克莱斯特-文迪施-泰乔伯爵便是其中的一员。1937年1月，他解散了由自己担任主席的分部，宣称纳粹政权拒不帮助普鲁士国王、德意志皇帝复辟，"贵族阶层的传统和荣誉无法容忍"这样的做法。[108]

想要搞清楚希特勒政权与普鲁士的传统精英及实权精英之间的关系有什么样的特点，是一件很困难的事情。到目前为止，还没有学者以第三帝国时期德国各地贵族阶层的态度和行为为对象开展系统性的研究。尽管如此，有一点还是十分明确的：相关的传统观点会令人误入歧途。传统观点认为，贵族地主阶层心高气傲，纷纷返回自己庞大的领地，想要独善其身，等到纳粹风暴结束之后再恢复正常生活。在易北河以东，几乎所有的贵族家庭都至少有一个成员加入了纳粹党。历史悠久的什未林家族足足有52人加入了纳粹党，哈登贝格家族、特雷斯科家族分别有27人、30人是纳粹党员，而舒伦堡家族则有41人是纳粹党员，其中有17人的入党时间在1933年之前。许多贵族之所以会受到吸引，决定加入民族社会主义德意志工人党，是因为在他们看来，与希特勒的运动建立盟友关系是打开权力之门的钥匙，可以确保他们在新的社会秩序中继续享有传统的社会领导地位。[109]只不过，另一些贵族加入纳粹党的原因是，他们与纳粹党员意气相投，认可纳粹党的意识形态和氛围——贵族圈子和民族社会主义运动之间并不像我们通常想象的那样，存在巨大的态度差异。

此外，新政权提出的对外政策目标同样也在普鲁士的贵族阶层中广受支持——在纳粹政权的对外政策目标中，修改《凡尔赛和约》以及收回割让给波兰的土地得到了普鲁士贵族尤其强烈的支持。最开始，民族社会主义德意志工人党的领导层内普鲁士人寥寥无几，导致某些普鲁士贵族家庭对纳粹政权心存芥蒂——有人估计，1933年，在纳粹的500名骨干党员中，只有17人来自普鲁士。[110]然而，随着纳粹党的活动中心及选民基础逐渐北移，普鲁士的贵族家庭通常能打消顾虑。弗里茨-迪特洛夫·冯·德尔·舒伦堡伯爵最开始对纳粹党心存疑虑，认为该党基本以南德意志为中心，之后却又张开双臂欢迎纳粹运动，认为它是"新型普鲁士主义"——"普鲁士主义"这个含混不清的抽象概念再一次派上了大用场。[111]

国防军的军官团体仍然有大量成员是容克地主家庭的子弟，他们虽然最初对纳粹运动满腹狐疑，却在1933年3月的大选结果公布之后改变了态度，开始奉行与新政权合作的政策。1934年6月31日，希特勒以罗姆企图发动政变为借口，肃清冲锋队，给国防军的许多高级军官吃了定心丸。此外，纳粹政权还开始执行德国再武装计划，并且在1935年3月宣布将莱茵兰再军事化，从而进一步拉近了与军队领导层的关系。柏林的兵器训练总监约翰内斯·布拉斯科维茨中将来自东普鲁士境内的彼得斯瓦尔德，是克斯林军校、柏林-利希特费尔德军校的毕业生；他对纳粹党的态度转变很有代表性，能够反映出高级军官的普遍心态。1932年，布拉斯科维茨在率领部队训练时警告部下："纳粹做出任何不该做的事情，[我们]都应当动用所有的武力来镇压他们，即便是面对最血腥的冲突也不应[令我们]退缩。"[112]然而，到了1935年春季的时候，他的态度大为转变。布拉斯科维茨的父亲是东普鲁士的一位虔敬派牧师，也许正是因为这样的家庭背景，某座"一战"阵亡者纪念碑举行揭幕仪式的时候，他在演讲中宣称，希特勒是上帝派来的使者，将会拯救陷入危难的德国："上帝出手相助，派元首降临人间，让他集全体德意志民族之力，发起了一场声势浩大的运动[……]就在昨天，元首恢复了德意志人民的军事主权，实现了阵亡英雄的遗愿。"[113]

纳粹掌权期间，党卫队、安全警察、国防军犯下了累累罪行（国防军宣称，自己在"二战"期间"清清白白"，没有犯下任何罪

第十七章 落幕

图 59 纳粹掌权后，在曾经的普属立陶宛，梅默尔的犹太居民遭到驱逐。在屠杀德国和欧洲其他各地犹太人的过程中，纳粹政权摧毁了普鲁士文化遗产中独具特色的一环

行，但这一点已经被充分证伪），而普鲁士人在其中扮演了重要的角色——这是任何人都无法反驳的事实。然而，这绝不是说只有普鲁士人是纳粹政权的狂热支持者。巴伐利亚人、萨克森人、符腾堡人同样积极参与了纳粹政权的各类活动，并且"成绩斐然"。克里斯托弗·布朗宁在《普通人》(*Ordinary Men*)[①]一书中记述了警察部队不分男女老幼，大肆屠杀犹太人的惨景——犯下暴行的警察不是普鲁士人，而是来自传统上亲英的、富有自由精神的、推崇布尔乔亚价值观的汉堡。[114]无论是从历史的角度来看，还是就文化而论，奥地利人都可以算作普鲁士人的对立面，但他们在纳粹大屠杀机器的领导层中

---

① 这是对书名的直译，中译本名为《平民如何变成屠夫》（中国青年出版社）。

占据着比例明显过高的重要地位——主管灭绝营的奥迪洛·格洛博奇尼克、主管荷兰占领区的帝国专员阿图尔·赛斯-英夸特、把十万荷兰犹太人流放到东方的党卫队高官兼高级警官汉斯·劳特尔、索比堡灭绝营的指挥官弗朗茨·施坦格尔（他后来调任特雷布林卡灭绝营的指挥官）都是奥地利人。许多奥地利人都在纳粹大屠杀中犯下了累累罪行，这里提到的几个奥地利人只是其中较为突出的几个例子。[115]上述分析并不会弱化普鲁士人在第三帝国的暴行中扮演的角色，但确实会让下面的观点失去说服力，即普鲁士人的价值观或思维定式是普鲁士人成为狂热纳粹分子的特殊基础。

此外，普鲁士人，尤其是那些代表普鲁士传统精英阶层的人士，同样是德意志保守民族主义反抗力量的重要组成部分。纳粹政权重塑德国基督教信仰的企图催生出了反抗组织"宣信会"，而宣信会得到了包括塔登家族、克莱斯特家族、俾斯麦家族在内的许多老派波美拉尼亚虔敬派贵族家庭的支持。[116]积极的军事抵抗规模一直十分有限，只有极少数的军人参与其中，这是无可否认的事实。然而，到了1944年7月20日希特勒遭到刺杀的时候，行动的参与者中有三分之二的人拥有普鲁士背景，而其中有不少人出身历史悠久、战功赫赫的军人世家，这同样是十分重要的事实。刺杀行动失败后，在头一批立即遭到逮捕的参与者中，柏林警察局的前任副局长弗里茨-迪特洛夫·冯·德·舒伦堡赫然在列——舒伦堡家族拥有数百年的历史，每一代人都有作为军官为勃兰登堡-普鲁士的军队效力的经历。另一位因为参与刺杀行动被捕入狱的反抗人士是法学家、军官彼得·约克·冯·瓦滕堡伯爵——他是1812年12月在陶罗根与俄罗斯人签订条约的约克将军的直系后裔。还有一位参与刺杀行动的普鲁士达官贵人是埃尔温·冯·维茨莱本元帅，他出身易北河以东的军人世家，密谋的参与者推举他在希特勒遇刺后取而代之，成为国防军的最高指挥官。7月21日，他被捕入狱，在之后的数周时间内遭到盖世太保的虐待，受尽屈辱。1944年8月7日，浑身是伤的维茨莱本被押送到"人民法院"接受审判；他穿着没有腰带的裤子，只得一边提着裤子，一边忍受希特勒手下动辄判处绞刑的法官罗兰德·弗莱斯勒的侮辱。次日，他在普洛岑湖监狱的刑场被处以绞刑。[117]

波茨坦第九步兵团是一个拥有深厚普鲁士传统的团级作战单位（其正式的前身是普鲁士第一近卫步兵团），与波茨坦的驻军教堂渊源颇深，国防军里没有任何一支部队比这支部队参与抵抗运动的程度更深。1943年3月，该团的团长亨宁·冯·特雷斯科少将偷偷地把炸药包藏在了希特勒返回柏林时乘坐的专机上（炸药包没能爆炸，在抵达目的地后又被顺利地取了出来）。特雷斯科与施陶芬贝格①及其他参与抵抗运动的军人开展了密切的合作，在失败后于1944年7月21日用手榴弹自尽。第九步兵团的上尉阿克塞尔·冯·德姆·布舍男爵在1943年打算把炸弹绑在身上，利用希特勒检阅部队、检查新制服的机会与他同归于尽，却因为上级拒绝他的休假申请而被留在了东线战场的前线，无法参与检阅仪式。埃瓦尔德·冯·克莱斯特－舒曼森中尉同意代替冯·德姆·布舍执行刺杀任务，但因为希特勒取消了检阅计划而未能采取行动，之后也一直都没找到合适的机会。其他直接参与了7月刺杀计划的第九步兵团军官还包括：国防军前任总参谋长的儿子路德维希·冯·哈默施泰因－埃克沃德男爵、波茨坦预备役部队的汉斯·弗里切上尉、格奥尔格·西吉斯蒙德·冯·奥彭中尉——奥彭家族在柏林以东50千米的阿尔特弗里德兰经营着一座庄园。刺杀失败后，哈默施泰因－埃克沃德、奥彭、弗里切及时赶回团部，没有引起怀疑，最终躲过了纳粹政权的打击报复；这在很大程度上是因

---

① 克劳斯·冯·施陶芬贝格上校是7月20日刺杀行动的实际执行人。

为弗里茨-迪特洛夫·冯·德尔·舒伦堡忍受住了盖世太保的严刑拷打，没有在供述中提到他们的名字。"7月20日密谋"失败后，纳粹政权进行了大规模的报复行动，在此期间第九步兵团还有其他多位军官或被处以极刑，或自杀身亡。[118]

密谋的参与者反抗纳粹政权的动机各不相同。许多密谋的关键人物都曾被希特勒的运动冲昏了头脑，有些人甚至还变成了纳粹暴行的执行者。他们中的一些人认为纳粹政权大肆屠杀犹太人、波兰人、俄罗斯人的行为令人发指，而另一些人则是出于宗教原因才走上了反抗的道路；他们中间还有一些人想要恢复君主制度，只是他们拥立的对象并不一定是威廉二世，因为他们既没有忘记也不会原谅威廉逃亡荷兰的选择。普鲁士精神在许多层面上都渗透了反抗运动。举例来说，主要在毛奇家族位于西里西亚境内克莱骚的领地开展活动的克莱骚集团是一个主要由保守派的公职人员及军人组成的反抗团体，其成员对民主制度的优点抱有怀疑态度（他们认为，民主制度没能起到保护德国，阻止希特勒夺权的作用），认为应当把旧普鲁士议会以非选举的方式产生的上议院当作蓝本来建立专制政权，以取代现代的议会政治制度。[119]许多反抗人士都认定普鲁士代表着一个消失了的美好世界，其传统在第三帝国的统治下被纳粹歪曲得面目全非。1943年春，亨宁·冯·特雷斯科的两个儿子在驻军教堂领受坚振礼，特雷斯科在仪式的现场对聚集在一起的家人说道："真正的普鲁士主义永远也离不开自由的理念。"他警告道，如果去掉了"自由""理解""同情"这三个先决条件，普鲁士人严格自律、忠于职守的理念就会退化成"没有头脑的士兵对命令狭隘而偏执的服从"。[120]

普鲁士的精英反抗人士把对德意志解放战争的回忆抬升到神话的高度，以此为基础构筑起了一套历史想象。约克将军冒着被指为叛国者的风险，穿过白雪皑皑的战场，前往陶罗根与俄罗斯人谈判，他的形象是反抗人士经常挂在嘴边的榜样。[121] 在与军队中的反抗人士建立起合作关系的文官中,卡尔·格德勒也许是地位最高的官员[①];他在1940年夏季撰写了一份备忘录,力劝军队发动起义,推翻希特勒的统治,在备忘录的结尾处引用了施泰因男爵在1808年10月12日劝说弗里德里希·威廉三世尽快与拿破仑摊牌的信中的一段话:"如果未来只剩下了不幸与苦难,那么我们还不如做出光荣而高贵的选择,因为这样一来,即便最终的结果糟糕透顶,我们也可以因为自己之前的选择而获得慰藉。"[122] 几年后,他又把德军在北非战场和斯大林格勒的失败比作普军在耶拿会战、奥尔施泰特会战中遭遇的军事灾难。[123] 制订了自杀袭击计划,准备用炸弹刺杀希特勒,但最终功败垂成[②] 的反抗派军官鲁道夫·冯·格斯多夫在1943年春季与埃里希·冯·曼斯坦因元帅进行了一次堪称经典的对话。曼斯坦因因为格斯多夫发表煽动性的言论而对他提出批评,告诉他普鲁士的历史上从来都没有出过发动兵变的陆军元帅,格斯多夫马上就把约克将军搬了出来,回顾了他在陶罗根率军倒戈的历史。[124]

普鲁士成了反抗人士的家园,变成了在第三帝国的统治下无法找到参照物的爱国主义的聚焦点。那些在反抗圈子里活动却不是普鲁士人的反抗人士同样能感受到这神话一般的普鲁士所释放出的魅力。社会民主党人尤利乌斯·莱贝尔是一个在吕贝克长大的阿尔萨斯人,因为参与了反抗希特勒的活动,于1945年1月5日被纳粹政权杀害;

---

① 他曾担任帝国物价检查专员,负责应对因为重整军备而居高不下的通胀率,此外还曾出任莱比锡市长。
② 格斯多夫把定时炸弹装在大衣的口袋里,准备利用希特勒前往柏林军械库参观被缴获的苏军装备的机会(1943年3月21日)与他同归于尽,但由于希特勒在定时炸弹爆炸前就离开了,格斯多夫不得不放弃计划,在最后一刻躲进卫生间,拆除了炸弹的引信。

他会满怀钦佩之情地回忆施泰因、格奈森瑙、沙恩霍斯特"在公民的自由意识中"重建国家的那段历史,而像他这样的人不止一个。[125]纳粹宣传机器所宣扬的普鲁士与平民及军队抵抗人士心中的普鲁士可谓天差地别。戈培尔喜欢把普鲁士主义挂在嘴边,他想要让德国人充分认识到,如果德国要在与敌人史诗般的斗争中取得胜利,那么一项不可或缺的前提条件就是,德国人必须像普鲁士人那样,忠贞不渝、从令如流、意志坚定。反抗人士与戈培尔的看法恰恰相反,坚定地认为上述品质只是次要的普鲁士美德,一旦失去了道德和宗教的根基,就会变得一文不值。在纳粹党看来,约克所象征的是受到压迫的德意志人奋起反击,反抗外国"暴君"的精神;在反抗人士看来,约克代表着一种超然的使命感,在特定的条件下,这种使命感甚至会通过叛国的方式表现出来。在我们看来,反抗人士提出的普鲁士神话当然比纳粹推崇的普鲁士神话更讨人喜欢。然而,这两种普鲁士神话都以偏概全,都被当作护身符,都成了实现特定目的的工具。"普鲁士主义"之所以落得被人随意利用的下场,正是因为它已经变得既抽象,又苍白无力。它不能代表某种身份认同,甚至都不能算作回忆。它已经变成了一系列像神话一样空泛的特质,而至于这些特质有哪些历史意义、道德意义,在过去与将来都存在争议。

## 驱魔师

到头来,还是纳粹党对普鲁士的看法占据了主流。西方盟国无须劝说,就接受了认为纳粹主义只是普鲁士主义最新表现形式的观点。早在第一次世界大战爆发的时候,就已经出现了强大到令人望而生畏的反普鲁士主义思想,能够为西方盟国对普鲁士的理解提供基础。1914年8月,杰出的自由主义活动家、曼彻斯特大学的现代历史学讲席教授拉姆齐·缪尔出版了一部影响广泛的专著,宣称自己在书中检视了现在这场冲突①的"历史背景"。他写道:"战争爆发的原因是,在过去的两个多世纪间,欧洲体系一直遭到某种毒药的侵害,而这种毒药的主要来源正是普鲁士。"[126] 社会自由主义政论家、20世纪早期英国最具影响力的德国历史及政治评论家之一威廉·哈伯特·道森在"一战"早期出版了另一部论著,把矛头指向了"普鲁士精神",提出德意志民族本来是一个善良的民族,但"普鲁士精神"会让德意志人表现出军事化的倾向:"在德意志人的生活中,这种精神一直都是顽固不化的因素,就好像橡木中的树瘤、黏土中的硬块。"[127]

许多分析者都认为,世间其实存在两个德国,一个德国位于南部和西部,是自由、友好、崇尚和平的德国,而另一个德国位于东北部,是反动的军国主义德国。[128] 学界进一步提出,俾斯麦虽然在1871年建立了德意志帝国,但在帝国的内部,这两个德国之间的对立关系却没有得到解决,而是延续了下来。在对这一问题的早期研究中,美国社会学家索尔斯坦·凡勃伦是学术水平最高、最具影响力的学者之一。他在一部1915年出版、1939年再版,以德国的工业社会为研究对象的专著中指出,德国的现代化进程存在失衡问题,令德国的政治文化发生了扭曲。"现代主义"在工业组织的领域引发了翻天覆地的变化,却"没能在政治领域扎下根,令国家政体发生同等程度的剧变"。凡勃伦认为,这一问题的原因是,从本质上讲仍然具有前现代特征的普鲁士"领土型国家"存留了下来。凡勃伦进一步指出,这个国家在历史上差不多一直都在发动战争,对外扩张。"在战争中,下属必须服从上级,执行上级下达的专横命令,这会让人不由自主地产

---

① 这里指第一次世界大战。

生狂热执行命令、无条件服从权威的冲动"，从而催生出奴性十足的政治文化。在这样的体制下，统治者要想持续不断地获得民意的忠诚支持，就只能"采用明智而又无情的手段，一刻不停地向治下之民灌输忠君思想，增强民众的纪律性"，同时"建立起一套用于监视国民的官僚制度，不断地干涉子民的私人生活"。[129]

凡勃伦的论述既缺乏实际数据，又没有多少可以依靠的证据，但在理论上不乏精妙之处。这套论述提出，普鲁士和德国拥有畸形的政治文化，之后不仅对这套政治文化进行了描述，还设法解释了它的成因。此外，凡勃伦还搬出了"现代"的概念，而以现代化的标准来看，普鲁士是一个古老的、落伍的、只实现了部分现代化的国家。20世纪60年代末到70年代，"特殊道路"理论在研究德国的史学著作中占据了主流地位，而令人颇为吃惊的是，早在大约半个世纪前，凡勃伦就已经提出了"特殊道路"理论的大量实质性内容。这绝非巧合——拉尔夫·达伦多夫的概述性著作《德国的社会及民主制度》（*Society and Democracy in Germany*，1968年出版）是为批判性的"特殊道路"学派奠定了基础的重要文献之一，而这部著作恰恰借鉴了凡勃伦的大量观点。[130]

即使是"二战"期间对现代德国的历史分析中较为粗糙的论述，也往往会从历史的角度去审视，而不是把一切都归结为德国的"国民性"。一位作者在1941年指出，自17世纪起，"旧德意志崇尚征服的精神"就得到了"有意的培养，在此过程中变得越来越符合那种名为'普鲁士主义'的心态"。普鲁士的历史是"在军国主义和专制官僚主义的铁腕统治下几乎一刻不停地使用武力对外扩张"的历史。德国建立了严苛的义务教育制度，在退役士官中物色教师人选，向年轻人灌输"典型的普鲁士式服从思维"。结束了严苛的学校生活后，年轻人又会开始长时间的军旅生活，要么在军营中操练，要么上前线作战。军旅生活"给德国人的思想上了最后一层漆。所有学校教育没能实现的目标都能在军队中得到补足"。[131]

许多经历了"二战"的人都认为,"普鲁士主义"与纳粹主义的联系显而易见。移民英国的德国文人埃德加·施特恩-鲁巴特把希特勒描述为"首席普鲁士人"(尽管希特勒的故乡是奥地利),宣称"他梦想中的帝国完全以普鲁士为基础",不仅利用了普鲁士国家机构的物质成就,还"更加看重普鲁士主义所提供的哲学基础"。[132] 在战后的纽伦堡审判中帮助检方准备资料,把化工巨头法本公司送上被告席的美国官员约瑟夫·波金在1943年出版了一部研究德国工业计划的专著,指出普鲁士的容克地主统治阶层"从来都没有因为社会变革而失去权势",成了长久以来阻碍德国政治发展的障碍。他最终得出结论,认为普鲁士"追求政治上及经济上的世界霸权的世界观是万恶之源,不仅催生出了霍亨索伦王朝的帝国主义,还塑造了民族社会主义"。与许多同类著作一样,波金的著作也借鉴了德国的批判传统,对普鲁士的历史以及更普遍的德国政治文化持批评态度。[133]

上述认为普鲁士人渴望权力、奴性十足、在政治上返祖复古的观点深入人心,它对最有能力决定德国战后命运的那些决策者所造成的重大影响恐怕怎样强调也不为过。1939年12月,英国外交大臣安东尼·艾登指出,"希特勒根本就没什么特别的。他只是普鲁士军国主义霸权思想的最新体现而已"。《每日电讯报》刊登的一篇文章题为《希特勒的统治是普鲁士暴政传统的延续》,讨论了安东尼·艾登的讲话,获得了各大报纸的正面评价。[134] 1941年,在德军入侵苏联的那天,温斯顿·丘吉尔用令人难忘的语句指出,纳粹的"战争机器发起了骇人听闻的猛烈进攻,在油头粉面、勋章叮当作响、鞋后跟撞出咔嗒声的普鲁士军官的带领下,面无表情、训练有素、唯命是从、好似野蛮的匈人一般的德国士兵像蝗虫一样拥上前去"。[135] 1941年

11月，丘吉尔战时内阁的劳工大臣欧内斯特·贝文在《每日先驱报》（*Daily Herald*）上撰文宣称，早在希特勒掌权之前，德国就开始为现在这场战争做准备。贝文警告道，就算有人"干掉了希特勒、戈林，以及其他的纳粹匪首"，德国问题也不会得到解决，"想要解决问题，就必须一劳永逸，把普鲁士军国主义和它那令人毛骨悚然的哲学彻底地赶出欧洲。"[136] 所以说，只是击败纳粹政权并不意味着战争能够以令人满意的方式画上句号。

1943年夏，工党领袖、副首相克莱门特·艾德礼向战时内阁提交了一份文件，其中指出，有人认为纳粹政权崩溃后，可以与此后出现的由德国传统社会精英组成的德国政府打交道，他慷慨激昂地警告称，这种看法大错特错。艾德礼提出，德国社会中"真正具有侵略性的因素"是普鲁士的容克地主阶层，而最主要的危险是，已经与威斯特法伦的重工业大亨建立起盟友关系的容克地主阶层有可能推翻纳粹政权，然后组建政府，摆出一副愿意就停战条件展开协商的姿态。1918年留下的最大错误就是没有消灭容克地主阶层，而是把他们当作抵御布尔什维克的防波堤保留下来。不能重蹈覆辙了。艾德礼指出，要想"彻底消灭那种名为普鲁士的病毒"，就必须首先"彻底清算容克地主阶层"。[137]

认为普鲁士是德国军国主义和对外扩张政策的历史根源的观点同样影响到了罗斯福总统，在他制定对德政策的过程中起到了关键作用。1943年9月17日，罗斯福发表国会演讲，指出："有一点我必须讲得清清楚楚、明明白白，那就是到了希特勒和纳粹党倒台的时候，普鲁士的军人集团也必须一并消灭，不可姑息。我们必须在德国根除那些一心想要发动战争的军国主义者……因为只有这样，我们才能让未来的和平得到真正的保障。"[138] 1918年伍德罗·威尔逊拒绝与"德国的军阀和专制君主"谈条件的记忆仍然历历在目。[139] 尽管如此，在

第十七章　落幕

1914—1918年帮助德国持续作战的军事体系并没有因为《凡尔赛和约》中军控条款的限制而一蹶不振，德国人仅仅过了二十年的时间就卷土重来，再一次发动了侵略战争。因此，在罗斯福看来（艾德礼也抱有相同的看法），普鲁士的传统军事权力机构与纳粹党一样，也是对和平的重大威胁。这就意味着，绝不能以谈判的方式与德国的军事领导层达成停战协议，即便是到了纳粹政权被政变推翻或直接崩溃的时候，也不可以考虑这样的选项。同盟国领导人对"普鲁士主义"的认知便以上述方式促使同盟国政府在1943年1月的卡萨布兰卡会议上制定了要求轴心国无条件投降的政策。[140]

在反法西斯同盟中，只有苏联仍然能够意识到，普鲁士传统与民族社会主义政权之间存在摩擦，关系并不和谐。1944年7月，反抗人士刺杀希特勒的行动失败后，西方政客几乎没有对此做出任何正面评价，反倒是苏联的官方媒体对密谋的参与者大加赞赏。[141]苏联的宣传部门与西方国家的宣传部门截然不同，会不断地利用与普鲁士相关的主题来开展对敌宣传工作——1943年，苏联的宣传部门成立了由被俘德军军官组成的"自由德国全国委员会"，毫不掩饰地用普鲁士改革家（尤其是格奈森瑙、施泰因、克劳塞维茨这三位在法国占领期间辞去普军的军职，加入沙俄军队的改革家）给德国人留下的回忆来劝导德军官兵。在苏联宣传部门的话术中占据首要地位的自然还是在1812年无视君主的命令，踏过冰天雪地，与俄军签订停战协议的约克将军。[142]

这一切虽然都只是表面文章，但也能反映出苏联人对普鲁士历史的独特见解。在历史上，普鲁士与俄国并非一直都是势如水火的死敌。斯大林把彼得大帝奉为英雄，而彼得大帝则十分推崇大选侯时期的普鲁士，把大选侯在行政管理领域的创新当作蓝本来在俄国推行改革。俄国和普鲁士曾经作为密切合作的盟友，共同瓜分波兰，而到了1812年之后，与俄国的盟友关系更是成了帮助普鲁士在对抗拿破仑的战争中反败为胜的关键因素。拿破仑战争结束后，由于弗里德里希·威廉三世的长女夏洛特公主与沙皇尼古拉一世的婚事巩固了神圣同盟所形成的外交纽带，所以俄普两国仍然保持着友好的关系。1848—1850年，普鲁士和奥地利双雄争霸的时候，俄国摆出了支持奥地利的姿态，但到了1866年普鲁士与奥地利爆发战争的时候，俄国又做出了有利于普鲁士的决定，一直都奉行善意中立政策。两国同样也在之后的历史中开展合作，延续了俄国与普鲁士互动合作的悠久历史——1917—1918年，德国向四面受敌的布尔什维克政权提供了一定的帮助，到了魏玛共和国时期，德国的国防军又与苏联红军在军事领域进行了密切的合作。

然而，这一切都并不足以让普鲁士在同盟国取得战争胜利后躲过被彻底消灭的命运。1945年秋，英国负责管理德国占领区的各大机构达成一致，（用本身就很能说明问题的冗长表述）指出"这具名为普鲁士的尸体已经奄奄一息"，必须给以"致命一击"。[143]让普鲁士存续下去就相当于认可了"危险的过时体制"。[144]到了1946年夏季，彻底消灭普鲁士已经成了德国占领区英国管理当局不可更改的政策。1946年8月8日，英方代表向设在柏林的盟国对德管制委员会递交备忘录，用简练的语言控诉了普鲁士：

在过去的两百年间，普鲁士一直都是欧洲安全的最大威胁，这一点我自不必多说。如果让普鲁士作为一个国家存续下去，哪怕只是留下一个国名，也会在未来为德国人的领土收复主义诉求提供依据，从而加强德国人的军国主义野心，最终促使那个专制而又集权的德国死灰复燃。为了我们所有人的利益，必须防止发生这样的事情。[145]

第十七章 落幕

美国和法国的代表大体上同意了英国代表的观点，只有苏联代表迟迟不愿表态，其主要原因是，斯大林仍然心存希望，想要把普鲁士当作圆心，组建一个最终能够由苏联掌控的统一的德国。然而，到了1947年2月初的时候，苏联政府也同意了美英法三国的意见，在法律上终结普鲁士国家地位的道路终于扫清了一切障碍。

与此同时，消除普鲁士社会环境的工作已经取得了很大的进展。1945年8月，德国共产党中央委员会在苏占区发表宣言，指出"封建领主和容克阶层"始终都是"军国主义和沙文主义的传播者"（此后，盟国对德管制委员会的第46号法令使用了与之相同的描述方式）。因此，要"消灭普鲁士军国主义"，最基本的先决条件就是取消封建领主和容克阶层的"社会经济权力"。宣言发布后，占领当局开始大规模地没收地主的财产。无论是财产所有者的政治取向，还是他们在抵抗运动中所起到的作用，都不会被纳入考虑范围，无法成为让当局对他们宽大处理的条件。乌尔里希-威廉·什未林·冯·施瓦嫩菲尔德伯爵因为参与了7月密谋而在1944年8月21日被处以极刑，但他的领地却并没有得到优待，而是与其他的大领地一样，成了没收的对象。[146]

在上述转变发生的时刻，德国正在经历德意志人定居欧洲的历史上规模最大的人口迁徙。在战争的最后几个月，数以百万计的普鲁士人离开东部诸省向西逃亡，想要躲过势如破竹的红军。没有逃亡的普鲁士人中，有些自杀身亡，有些死在了枪口下，有些冻饿而死，还有一些死于疾病。德意志人被赶出了东普鲁士、西普鲁士、东波美拉尼亚、西里西亚，总共有数十万德意志人在逃亡的路上客死他乡。德意志人的迁徙和随之而来的安置工作一直持续到了20世纪五六十年代。位于易北河以东的贵族大宅要么被洗劫一空，要么被烧成平地——这不仅代表着容克地主作为社会精英、经济精英的历史已经彻底终结，也为一种独特的文化及生活方式画上了句号。德意志人的死敌想要消除德意志定居者留下的所有痕迹，大量的贵族乡间大宅在此过程中遭到劫掠，变成了一片废墟，比如芬肯施泰因家族收藏了大量拿破仑时代纪念品的宅邸、贝努嫩家族收藏了大量古董的宅邸、瓦尔德堡家族拥有洛可可式图书馆的宅邸、自由派的大臣冯·舍恩位于布伦贝格的故居，以及同为自由派大臣的冯·施勒特位于大沃恩斯多夫的故居。[147] 希特勒领导的德国在东欧发起了以种族灭绝为目的的战争，而最终为这场战争付出沉重代价的是普鲁士人，或至少是普鲁士人生活在20世纪中叶的后代。

早在战争结束前，从大规模空袭波茨坦时起，盟军就开始把普鲁士从德国人的集体意识中抹消掉。历史名城波茨坦既没有战略价值，又不是工业重镇，没有被盟军当作优先攻击对象，在战争期间一直都没有遭到大规模的轰炸。然而，1945年4月14日（星期六）夜，英国皇家空军轰炸机司令部派出491架轰炸机，在波茨坦上空倾泻炸弹，把城区变成了一片火海。轰炸虽然只持续了半个小时，却仍然摧毁了旧城区市中心将近一半的历史古迹。待到大火被扑灭，烟雾散去之后，驻军教堂高达57米的塔楼被火焰烧得焦黑，成了废墟上最醒目的地标。教堂内闻名天下，能够自动演奏《洛伊滕之歌》的钟琴也被大火烧成了一团金属。到了1945年之后，抹消历史的工作仍然没有结束——为了按社会主义的标准重建城市，当局开始成片地拆除波茨坦的旧城区。共产主义当局开展反普鲁士的偶像破坏运动，为战后的城市规划注入了一股不可阻挡的力量。[148]

与过去断绝得最彻底的地区是东普鲁士。包括柯尼斯堡在内，东普鲁士的东北部被并入了苏联的版图。1946年7月4日，柯尼斯堡更名为加里宁格勒，以纪念斯大林最忠诚的助手之一米哈伊尔·加里宁，而柯尼斯堡周边的地区则在此后成了加里宁格勒州。在战争的最后几个月，柯尼斯堡经历了激烈的城市争夺战，所以在战后的头几年，整个城区一直都满目疮痍，就好似月球表面。1951年，一个到访的苏联人惊叹道："这座城市实在是太惨了！我们乘坐有轨电车，穿行在昔日之城柯尼斯堡忽高忽低的狭窄街道上。我用'昔日之城'来形容柯尼斯堡，是因为这座城市的确已经成了一座只属于过去的城市。它已经不复存在。放眼望去，每个方向都是绵延数千米的废墟，那景象让人过目难忘。旧日的柯尼斯堡已经变成了一座死城。"[149] 为了消除民众对柯尼斯堡的历史记忆，当局拆除了位于旧城区市中心的绝大部分古迹。在某些街区，只有建成于19世纪末的下水道系统存留了下来，下水道窨井钢制井盖上的拉丁语字母成了唯一的遗迹，能够让过往的行人意识到，这座城市还拥有一段更为古老的历史。在废墟之上，一座全新的苏联城市渐渐地有了雏形——这是一座少有变化的省府，是一座被军事禁区环绕，与世隔绝的城市。

在西方盟国的占领区，抹除历史的工作同样进展神速。在战后的那几年，法国的决策者和评论家反复谈到需要全面"去普鲁士化"（déprussification）。[150] 柏林的胜利纪念柱建于1873年，其底部的青铜浮雕展示了普军在德意志统一战争中击败丹麦人、奥地利人、法国人的景象。"二战"结束后，法国占领当局拆除浮雕，把它们运送到了巴黎。直到1986年柏林举行建城750年的庆典活动时，这批浮雕才终于物归原主。曾经沿着胜利大道摆放的霍亨索伦王朝历代君主像最终的命运甚至比胜利纪念柱浮雕的命运更有象征意义。纳粹当局把这些由白色巨石雕刻而成的夸张雕像运送到了大星林荫道（希特勒的建筑总监阿尔贝特·施佩尔为未来的帝国首都规划的主干道之一）两侧，之后又在战争期间用伪装网把它们掩盖了起来。1947年，位于柏林的盟国对德管制委员会下达命令，拆除了这批雕像。到了1954

图60 1950年的东柏林：第二次世界大战结束后的第五年，皇帝威廉一世的雕像只剩下了上半身，与坐骑的残片一起掉落在地上

年，这批雕像又被秘密掩埋在勃兰登堡的沙土中①，就好像当局认为，只有这样做，才能防止德意志人重新聚集在他们的祖先所崇拜的普鲁士图腾周围，再一次发动战争。[151]

在占领区，盟军的占领当局还把这种抹消历史的冲动带到了再教育政策的制定工作中。在再教育领域，占领当局的目标是，彻底消灭那种"心理建构"的普鲁士，令德国人的想象"去普鲁士化"。尽管盟国各政府一直都无法就这样的目标在实践中意味着什么达成一致，甚至没有任何一个占领区的行政当局能够就这一点给出具体的定义，但这并不妨碍盟国的目标展现出巨大的影响力。教授德国历史的课程不再把普鲁士当作重点。这一点在法国占领区表现得尤其明

---

① 这批雕像于1979年重见天日，目前藏于施潘道要塞。

图 61 苏军占领柯尼斯堡，1945 年

图62 在贝勒维宫的花园中,工人正在掩埋霍亨索伦王朝历代先祖的雕像,1954年

显——在"二战"结束前,德国国内的传统历史教科书都会使用目的论式的民族主义叙事,把俾斯麦在1871年建立的德意志帝国当作历史发展的高潮,而在"二战"结束后的法国占领区,教科书会把德意志诸邦的前民族主义时代当作叙事的重点,着重强调德意志诸邦与其他欧洲国家(尤其是法国)千丝万缕的联系。以普鲁士为中心的老派历史学主要用编年史来研究战役和外交博弈,而"二战"后的历史学则把不同的地区和不同的文化当作研究重点。如果遇到了不得不讨论普鲁士的情况,那么讨论就会充满了负面色彩。在法国占领区使用的新版历史教科书中,普鲁士成了一股贪得无厌的反动势力,不仅完全没有受到法国大革命的有益影响,还破坏了德国启蒙运动和民主运动的根基。在这一对历史叙述重新定向的过程中,俾斯麦受到的影响尤其严重,成了一个声名狼藉的恶棍。[152] 弗里德里希大王同样被赶下神坛,无法继续在公众的记忆中占据显赫的地位——保守派的历史

学家格哈德·里特尔使出浑身解数，想要为他正名，把他塑造成开明的统治者，却无济于事。[153]盟国的政策之所以能够取得成功，正是因为这些政策契合了德国国内（尤其是信奉天主教的莱茵兰地区及南德意志）的反普鲁士传统。

此外，到了1949年，德国一分为二，成为两个独立的国家之后，支配德国政治的全球地缘政治形势更是给抹消普鲁士历史的工作注入了推进剂。一道铁幕把欧洲分割成了资本主义世界、共产主义世界，德意志民主共和国（民主德国）和德意志联邦共和国（联邦德国）则分别位于铁幕的东西两侧。联邦德国的第一任总理康拉德·阿登纳奉行无条件地倒向西方的政策，而共产主义的民主德国则遵循莫斯科当局的路线。在德国人看来，自己的国家一分为二似乎将会成为战后世界永恒不变的特征，而国家分裂所产生的压力则把对普鲁士历史的回忆排挤到了公众记忆的最边缘。与此同时，在西方看来，柏林成了一座深陷民主德国境内的孤岛，因此获得了全新而又极具魅力的身份。1949年，在第一次柏林危机中，西方阵营发起大规模的空中运输行动，全力支持西柏林这座前哨基地。对联邦德国来说，1949年的柏林危机意义重大，是帮助国家重新融入国际社会的关键性的第一步。1961年8月，民主德国启动了柏林墙的修建工作，这个能够象征冷战期间世界两极化的巨大工程进一步提升了西柏林在西方眼中的地位。20世纪六七十年代，西柏林渐渐变成了展示西方自由主义和消费主义的样板间，成了一块在高墙的环绕下生机勃勃的飞地，不仅有闪耀着霓虹灯的歌舞酒吧，还弥漫着高雅的文化气息，但同时也伴随着政治骚动。西柏林不再是普鲁士的城市，甚至都不能算作德国的城市，而是成了一座西方世界的城市——1963年6月26日，美国总统约翰·F.肯尼迪访问西柏林，在发表演讲时宣称他自己也是"柏林人"，用这样一句令人难忘的话语概括了西柏林的特殊地位。

## 重返勃兰登堡

　　1894年，已经步入垂暮之年的普鲁士著名小说家特奥多尔·冯塔纳发表了一篇精彩绝伦的散文，回顾了自己第一次进行文学创作的经历。回忆把作家带回了六十年前，让他回想起了1833年，自己还是一个十四岁学童的时候，在柏林城内的亲戚家借住的那段生活。那是8月的一个星期天，下午的时候天气热得很。冯塔纳决定晚些时候再完成家庭作业要求写的"自选主题"的德语作文，先到柏林以南大约5千米的勒文布鲁赫村去找朋友。下午三点，他来到了位于市郊的哈雷门。从哈雷门出城后，只要沿着大道，就可以向南横穿宽阔的泰尔托平原，在途经克罗伊茨贝格、滕珀尔霍夫后抵达大贝伦。到了大贝伦的村外后，冯塔纳在一棵杨树下坐了下来，打算休息一小会儿。此时已经临近傍晚，刚刚翻耕的土地上笼罩着一片薄雾。冯塔纳沿着道路向远方望去，映入了眼帘的除了大贝伦村坐落在高地上的墓地，还有乡村教堂在夕阳的照耀下闪闪发光的塔楼。

　　冯塔纳一边坐在树下欣赏着这平静的景色，一边陷入沉思，在差不多正好二十年前，也就是在拿破仑战争最为激烈的那一年，自己周围的这片土地上曾经发生过激战。在大贝伦会战中，比洛将军和他手下大都隶属于地方防卫军的普鲁士士兵向乌迪诺将军指挥的法国及萨克森联军发起进攻，阻断敌军进军柏林的道路，一举扭转了1813年夏季战役的战局。冯塔纳还只是一个学童，对这场战斗的了解十分粗略，但他还是能够以脑海中的知识为基础，用生动的历史画面来点缀眼前的景色。尽管上级一再下令，要求比洛撤退到首都柏林城内，但比洛却不为所动，表示"宁可让自己手下的民兵在柏林的城墙前战死沙场，变成皑皑白骨，也不愿让他们困死在柏林城内"。冯塔纳的右手边是一座低矮的小山，山上有一架缓缓转动的风车；在这座

第十七章　落幕　　　　　　　　　　　　　　　　　　883

小山上，黑森-洪堡伯爵"像他那曾经在费尔贝林浴血奋战的祖先那样"，率领哈弗尔兰的民兵，以区区几个营的兵力与法军对峙。比起这一切，冯塔纳的脑海中更为生动的画面来自母亲从他记事起就时不时地讲给他听的一段故事，这是冯塔纳的家族传说中的一件"小事"。冯塔纳的母亲埃米莉·拉布里（结婚后随夫姓冯塔纳）居住在柏林城内的胡格诺移民社区，父母是胡格诺派信徒，母语是法语。1813年时拉布里15岁，在那一年的8月24日，也就是大贝伦会战结束后的第二天，她与柏林城的一部分女性居民一起出城，前去照料那些仍然滞留在战场上的伤员。她遇到的第一个伤员是一个受了致命伤，"只剩下一口气"的法国士兵。听到有人用法语和自己说话，那个法国兵"就好像变了个人儿一样"，猛地坐了起来，一只手抓住拉布里递过来的酒杯，另一只手紧紧地握住了她的手腕。然而，酒杯还没到唇边，他就突然气绝身亡。入夜后，已经抵达勒文布鲁赫的冯塔纳躺在床上，灵光一现，知道自己已经找到了作文的主题。那便是大贝伦会战。[154]

这篇文章是关于普鲁士的，还是关于勃兰登堡的？冯塔纳显然使用了以普鲁士为视角的历史叙事方式（尽管只是一些片段），但他之所以能够让那段回忆拥有如此强烈的临场感，是因为他对那片曾经是战场的土地细致入微的描述：刚刚翻耕过的土地、一棵杨树、一座小山、在夕阳的照耀下闪闪发光的教堂塔楼。在冯塔纳的笔下，勃兰登堡的景色成了可以让读者回忆起普鲁士历史的记忆之门。强烈的地点意识正是冯塔纳作为作家的创作特点之一。冯塔纳在成为作家后创造了地方游记这种文学体裁，而（他后来宣称）他在1833年创作的那篇大贝伦游记正是这一体裁的开山之作。现如今，冯塔纳因为他创作的小说（他的小说笔锋锐利，善于用戏剧化的方式来描写19世纪的社会）而闻名于世，但在他在世的时候，他最为著名的、读者数量最多的作品反倒是献给故乡的四卷本地方游记《勃兰登堡边区漫游记》(简称《漫游记》)。

《漫游记》是一部与众不同的文学作品。冯塔纳在勃兰登堡边区境内云游四方，留下大量的采风笔记，之后又考察碑文，查阅各地的文献资料，在创作的时候把由此获得的素材与采风笔记结合到一起。他在1859年踏上采风之旅，先后两次到访鲁平地区、施普雷林山区，之后又在1860年代的整整十年间继续采风。他起初在各家报纸上以连载的方式刊载游记，之后又修订内容，按地区为游记分类，从1860年代初开始出版游记的合集。游记除了描述作者所到之处的地形地貌，记录各地的铭文，列出各地的物产，收录建筑物的草图，复述过去的浪漫故事，还记述了作者通过与马车夫、旅店老板、地主、仆人、村长、农业劳工闲谈收集到的零散民间记忆，给读者带来了非比寻常的阅读体验。白描的段落和小镇生活的诙谐插曲间夹杂着令人陷入沉思的场景——墓地、幽深森林环绕的平静湖泊、杂草丛生的残垣断壁、麦茬地里奔跑的孩童。全书都沉浸在怀旧和忧郁这两个现代文学的标志性情绪之中。在冯塔纳的笔下，勃兰登堡是一个过去与现在相互交织的记忆中的世界。

《漫游记》最引人注目的特征也许是作者聚焦一省一地的创作风格。当时的许多人都认为，用整整四卷的历史游记来描述平淡无奇、毫无特色、边远落后的勃兰登堡，实在是有些荒唐——冯塔纳也知道读者的这种看法。然而，他同样知道自己到底想要做什么。1863年，他对一位友人说道："即便是在边区多沙的土地上，生命之泉也无处不在，在过去和现在都滋润着这片土地，边区的每一寸土地都拥有自己的故事，并诉说着自己的故事——只不过，这声音往往无比细微，我们必须侧耳倾听才能了解故事的内容。"[155] 冯塔纳在1861年10月的一封信中指出，自己的目标不是谱写普鲁士历史的宏大叙事，而是"给故土重新注入活力"。[156]要想实现这样的目标,他就必须逆水行舟,发掘出故乡的"隐秘之美",为故乡平淡无奇的地形地貌找出与众不同之处,渐渐地把勃兰登堡从普鲁士的政治身份中剥离出来。勃兰登堡边区想要展现出个性,就必须首先与普鲁士的历史拉开距离。[157]《漫游记》虽然也提到了普鲁士的历史,但这是一段遥远的历史,就好似来自遥远战场的传说。到头来,还是尖刻而幽默、说话没有抑扬顿挫的勃兰登堡人笑到了最后。

《漫游记》没能躲过那些研究历史的学究的口诛笔伐,但同时也得到了广大读者的狂热追捧,从出版问世的那一天起就被广泛模仿。《漫游记》的成功让我们认识到,在普鲁士的土地上,民众对故乡的依恋是一股永不消散的强大力量。无论是在刚刚登上历史舞台的那个时刻,还是到了谢幕的时刻,普鲁士始终都是一个由不同省份组成的复合体,每一个省份虽然都加入了那个名叫普鲁士的政治体,但同时又都保留了总的来说几乎完全独立的身份认同。在那些较晚并入普鲁士的省份,这是一个尤其明显的情况。尽管历届普鲁士政府都采取了相对务实且灵活的地方治理政策,但莱茵兰省与柏林当局的关系却始终都只能算作"政治联姻"。[158]从严格意义上讲,威斯特法伦并不是一个拥有单一历史的实体,而是一幅由文化传统各异的许多土地组成的拼图——19世纪下半叶,在两极分化的宗派斗争的推动下,威斯特法伦的居民表现出了越发强烈的地域归属感。1870年,也就是普法战争爆发的那一年,在威斯特法伦的天主教地区——比如帕德博恩主教区——信奉天主教的居民几乎完全没有参战的热情;报名参军的志愿者寥寥无几,应征入伍的新兵更是宁可逃到荷兰境内,也不愿履行兵役义务。[159]所以说,认为莱茵兰诸省在1815年之后"融入"了普鲁士的观点会令人误入歧途;真正发生的事情是,位于西部的省份加入了那个名叫普鲁士的复合体,在此过程中迫使中央政府对国家机构进行了重组。普政府的地方治理政策允许设立省长的职位，允许各省召开省议会，结果反倒加强了诸省各自的身份认同，而这并不是一种仅限于莱茵兰地区的现象。[160]

普奥战争结束后，普鲁士吞并了大片土地，结果令上述问题变得更加严重。1866年，普政府使用高压手段，吞并了普军在战争中占领的省份，令这些省份的许多居民怀恨在心。这个问题在汉诺威表现得尤其突出：俾斯麦领导的普鲁士行政当局不仅把历史悠久的威尔夫家族赶下了统治者的宝座，还没收了威尔夫家族的土地——这既是强取豪夺，又等同于冒犯君主，是许多保守派人士永远也无法原谅的行为。[161] 德意志－汉诺威党不仅要求恢复威尔夫家族的地位，还提出了涉及面更广的保守地区主义政治目标，是一个集中体现了上述关切的政党。支持威尔夫家族的汉诺威人最终也许会成为狂热的德意志民族主义者，但绝不会变成彻头彻尾的普鲁士人。诚然，汉诺威省内存在实力强大的民族自由主义运动，其参与者强烈支持在俾斯麦的领导下焕然一新的国家机构，与威尔夫派的地区主义者针锋相对；但问题在于，民族自由主义者人如其名，虽然是狂热的德意志民族主义者，却并不算是真正的普鲁士人。他们歌颂俾斯麦，是因为他们认为俾斯麦是推动德意志统一进程的伟人，而不是由于他们站在普鲁士人的角度上认可俾斯麦的成就。

普鲁士进行最后一次大规模对外扩张的历史时期恰巧也是地区主义情绪在德意志大地上变得越发强烈的时期。各地的大人物纷纷成立考古学会、历史学会，把许多德意志"土地"的语言史、文化史、政治史展现在了世人的眼前。1866年，石勒苏益格－荷尔斯泰因并入普鲁士的版图之后，这一趋势在当地得到了更加强烈的体现。石勒苏益格－荷尔斯泰因的居民表现出了越发强烈的地区忠诚感，其影响范围并不仅限于那些居住在石勒苏益格北部，说丹麦语的"普鲁

第十七章　落幕　　　　　　　　　　　887

士人"（他们一直都没有接受新秩序，在1919年的时候抓住时机，脱离了普鲁士），还包括那些就民族而论是德意志人，却认为石勒苏益格－荷尔斯泰因应当拥有自治邦国地位的居民。1867年，北德意志邦联成立制宪议会的时候，大多数代表石勒苏益格－荷尔斯泰因参会的议员都是区域自治的支持者。石勒苏益格－荷尔斯泰因－劳恩堡爱国历史研究会以举办演讲、发表学术文章的方式来宣扬地区主义主张，在一定程度上给石勒苏益格－荷尔斯泰因的自治诉求提供了学术证据。[162]

然而，我们不能言过其实。地区主义并没有对普政府的权威造成直接威胁。石勒苏益格－荷尔斯泰因的居民一方面口出怨言，另一方面又老老实实地缴纳税款、履行兵役义务。只不过，各个省份的身份认同感仍然是一股不可忽视的力量。这股力量之所以重要，并不是因为它具有颠覆现有政治秩序的潜力，而是由于它能够令地区主义情绪与民族主义情绪产生共鸣。复合型德意志民族理念所提出的文化概念、种族概念跨过强加到地方层面上、让人觉得冷冰冰的普鲁士国家机构，与纯朴的现代乡土（Heimat）理念实现了无缝衔接。[163]所以说，普鲁士作为一种身份认同，同时遭到了（民族主义）自上而下和（死灰复燃的地区主义）自下而上的侵蚀。只有在勃兰登堡边区（波美拉尼亚的情况与勃兰登堡边区类似，只是程度要弱一些），地区身份认同才直接演变为对普鲁士的忠诚以及对普鲁士所肩负的德意志使命的认同（但这并不一定包括对柏林当局的忠诚，因为在一部分人看来，柏林是在勃兰登堡边区的农业环境中生长出来的异类城镇）。

然而，冯塔纳的作品已经证明，即便是在勃兰登堡边区，地区身份认同的重新抬头，以及省内居民由此产生的情感纽带，也可以令普鲁士的臣民从情感上远离普鲁士。经常有人说冯塔纳是为"普鲁士主义"辩解的人，但实际上，冯塔纳对普鲁士国家机构的态度非常矛盾，有时甚至会把它批得体无完肤。[164]1848 年革命期间，冯塔纳发表了一篇严厉批评普鲁士的文章，在开篇的第一句话中就宣称："普鲁士是个谎言，当今的普鲁士没有历史。"[165]认为德意志的统一必将导致普鲁士灭亡的人不在少数——在 1848 年是如此，在 1871 年德意志帝国成立之后同样是如此——冯塔纳便是其中一员。[166]冯塔纳不吝笔墨，记录了勃兰登堡特殊的历史和特质；在他看来，孕育了普鲁士这个君主制国家的这片土地会在其君主制度崩溃后存续下去，完全是理所当然的事情。

1947 年普鲁士失去了作为国家的法律地位之后，其"身后事"的最大特点始终都是普鲁士的居民与家乡的感情纽带，以及与之相对应的普鲁士作为集体身份认同载体的脆弱性。举例来说，"二战"结束的时候，数以千万计的德国人被迫离开位于易北河以东的省份，在联邦德国的境内催生出了一批为难民利益发声的组织，令人称奇的是，这些组织的官方文件全都不愿提到普鲁士。就连那些难民也大都不以普鲁士人自居，而是认为自己是东普鲁士人、上西里西亚人、下西里西亚人、波美拉尼亚人。此外，联邦德国境内还出现了一些组织，代表的是来自东普鲁士南部的讲波兰语的马祖里人，来自普属立陶宛的萨尔茨堡人（1730 年代，来自萨尔茨堡的新教难民在普鲁士王国的东部地区定居——在"二战"结束后逃离普鲁士的萨尔茨堡人正是他们的后代），以及其他各种次区域级团体。然而，几乎没有证据表明，这些难民拥有共同的"普鲁士"身份认同，而且令人惊讶的是，不同的团体之间既没有开展合作，也没有互通信息。从这个角度来看，维护难民利益的团体大都反映出了旧普鲁士作为一个复合体高度区域化的特点。

"二战"结束后，无论是在民主德国，还是在联邦德国，普鲁士都成了引起公众巨大兴趣的议题，这是无可否认的事实。为民主德国

第十七章　落幕　　889

编写官方历史的史学家很快就放弃了老一辈共产党干部的左派反普鲁士主义，转而把拿破仑时代的普鲁士军事改革家奉为1952年刚刚成立的准军事组织人民警察的奠基人。1953年，民主德国当局以反拿破仑战争140周年为契机发起宣传攻势，重新塑造1813年的历史事件，以促进实现共产主义的目标。民主德国当局的宣传攻势当然会把"俄德友谊"当作重点，而1813年的历史事件则变成了反抗暴政和君主制度的"人民起义"。[167]民主德国对普鲁士历史越来越有认同感，越来越差异化——从1966年设立的以国家人民军的军人为颁发对象、代表着最高军事荣誉的沙恩霍斯特勋章，到1970年代末上映的以沙恩霍斯特和克劳塞维茨为主角的连续剧，再到1979年英格丽德·米滕茨威出版的具有划时代意义的畅销小说《普鲁士的弗里德里希二世》，以及政府在同一年决定把壮观的、由克里斯蒂安·丹尼尔·劳赫创作的弗里德里希大王骑马像移动到菩提树下大街上显眼位置的做法，只是标志着民主德国态度转变的几个典型例子。这样做的目的——至少从民主德国当局的角度来看——是创造出一套关于普鲁士历史及传统的叙事，把民主德国融入这套叙事中，从而影响民众，加深他们的国家身份认同感。西柏林当局①及其联邦德国的支持者之所以会出面为1981年在西柏林的格罗皮乌斯博物馆举办的大规模普鲁士展览撑腰，在一定程度上正是因为面对上述新局面，西方势力需要采取应对措施。尽管无论是在民主德国，还是在联邦德国，这场以普鲁士为中心的争夺都引发了很大的争议，公众也都表现出了发自内心的兴趣，但归根结底，这仍然只能算作自上而下的举措，其背后的推动力是"政治教育"和"社会教育"的迫切需要。争夺的焦点是国家的身份，而不是国民的身份。

---

① 当时，西柏林在法律上并不是联邦德国的一部分。

只不过，尽管民众与普鲁士的感情共鸣已经渐渐消退，他们与勃兰登堡的感情纽带却一直都强而有力。自1945年起，民主德国当局同时采取多种措施，想要抹除此前已经出现的地区身份认同。1952年，民主德国当局废除了境内的五个州（Länder[①]，包括勃兰登堡），用十四个全新的行政区划单位"地区"（Bezirke）取而代之。这样做的目的不仅仅是加快民主德国的行政机构集中化进程，还包括"使民众产生新的忠诚感"，用"全新的社会主义身份认同"取代传统的地区身份认同。[168]然而，事实证明，消除地区身份认同是一项极其困难的任务。尽管中央行政当局一直都不置可否，甚至还会时不时地表现出敌意，但具有地区特色的市集、音乐文化、美食文化、文学艺术却仍然能够蓬勃发展。1952年，民主德国废州立区后，当局开始着力培养民众对全新打造的"社会主义祖国"的情感依赖，但效果并不显著。

1990年，政府废除地区并重新使用州作为行政区划单位之后，传统的地区身份认同感有多么难以磨灭很快便显现了出来。佩勒贝格县位于柏林西北方的普里格尼茨地区，自14世纪起就是勃兰登堡边区的一部分。1952年，当局扩大了佩勒贝格县的管辖范围，把梅克伦堡的三座村庄纳入其中，之后又把该县划入了什未林地区（在历史上，什未林地区隶属于位于勃兰登堡北方的梅克伦堡-什未林公国，与勃兰登堡没什么关系）。1990年，也就是佩勒贝格县被"流放到"梅克伦堡近四十年后，该县的居民终于等来了化解乡愁、回归勃兰登堡的机会。在佩勒贝格县的所有选民中，有78.5%的人投票赞成回归，顺理成章地让该县重新成了勃兰登堡州的辖区。然而，对1952

---

[①] 最早使用Länder（Land的复数形式）一词的法律文献是1919年的魏玛宪法，但魏玛德国联邦成员在实际名称中都使用邦（Staat）。"二战"结束后，大部分邦以及原属普鲁士邦的省都改称为Land，中文译作州。

年时并入佩勒贝格县的那几个梅克伦堡村庄的居民来说,这样的结果就完全是惊人的坏消息了。丹贝克村和布鲁诺村的男女老少高声抗议,要求当局允许自己的村庄回归历代祖先的故乡梅克伦堡。1991年末,在经过了多次抗议和协商之后,当局终于答应了他们的要求。这样一来,所有人的要求都得到了满足,除了克吕斯村的居民。克吕斯村是一个只有大约150个村民的小村,虽然就行政区划而言属于布鲁诺村的管辖范围,但实际上却紧邻梅克伦堡与勃兰登堡的旧边境线。自18世纪起,克吕斯村的村民就以跨境贸易为生(包括利润巨大的走私贸易),与勃兰登堡边区颇有历史渊源,并不愿意与边区断了联系。[169]

到头来,只剩下了勃兰登堡。

# 致　谢

从1985年3月起，到1987年10月为止，我在西柏林，也就是那个早已不再存在的城市学习生活。西柏林的外面是德意志民主共和国，四周是混凝土板组成的围墙，好似一座小岛——用一位来访的意大利记者的话来说，围墙似乎是"笼子"，但反倒是"笼子里的人能感受到自由"。西柏林就好似一座西方文明的孤堡，只要在这里生活过，就肯定会对这座孤堡的独特氛围终生难忘——它是一块生机勃勃，多民族共存的飞地，它是不想在联邦德国服兵役的年轻人的避难所，它是冷战的象征，正式的主权仍然归1945年的胜利者所有。在西柏林，几乎没有任何事物能勾起对普鲁士的回忆——在这里，普鲁士的历史就像远古时代那样遥不可及。

只有进入弗里德里希大街车站[①]，在不苟言笑的守卫的严密监视

---

[①] 弗里德里希大街车站是西柏林地铁系统中唯一位于东柏林境内的车站，其地下部分全部用来为西柏林地铁系统的乘客提供换乘服务，而地上部分则分为A、B、C、D四个站台。A站台是前往联邦德国的长途列车的发车地点；B站台供西柏林的通勤列车停靠；C站台供民主德国的旅客使用；D站台是民主德国国营的"国际商店"的所在地，西方旅客不需进入民主德国境内，便可以在此处消费。弗里德里希大街车站特殊的位置令其成了连通东柏林、西柏林的重要关口之一。

下通过旋转栅门，穿过金属走廊，跨过政治边界，我们才能一睹普鲁士时代柏林老城区市中心的真面目，看到菩提树下大街沿街的一长串优雅的建筑物，惊叹于弗里德里希广场那令人叹为观止的对称布局，弗里德里希大王曾经把这座广场当作宣扬普鲁士文化的舞台。穿过西柏林与东柏林的边界无异于回到过去，这里虽然经受了战火的蹂躏，在战后的数十年间被人遗忘，却仍然只是失去了一部分旧日的风采。建成于18世纪的法国大教堂位于御林广场的北侧，一棵小树在教堂残破的穹顶上生根发芽，根部深入石墙。柏林大教堂在1945年的战斗中饱受枪炮的摧残，直至今日，也仍然是一具面目全非、被战火熏得发黑的巨大残骸。对一个像我这样，在海滨城市悉尼长大，过惯了轻松日子的澳大利亚人来说，每一次跨过边界线的经历都令人如痴如醉，永远也不会感到厌烦。

　　研究普鲁士历史的人可以借鉴的史学资料无论是复杂程度，还是多样性，在世界范围内都数一数二。首先，在大西洋的彼岸，以英语为母语的学者一直以来都有着研究普鲁士历史的深厚传统。能够阅读德语的读者还可以参考现代历史学科诞生时就已经出现，被视为经典的普鲁士本土学者的学术著作。直至今日，普鲁士历史研究的经典时代留下的文章、专著，无论是从学术成果的深度、抱负来看，还是就优雅且极富神韵的语言而言，都仍然让人拍案叫绝。1989年以来，不仅德国年青一代的历史学者对普鲁士的历史重新表现出了浓厚兴趣，民主德国历史学家的研究成果也得到了更为广泛的承认——他们的著作虽然受制于德意志民主共和国较窄的知识视野，却仍然对阐明普鲁士社会结构的演变过程做出了很大贡献。撰写本书的一大乐趣是，可以尽情翻阅众多历史学家的著作，无论他们是尚在人世，还是早已逝去，我都能够在他们留下的知识的海洋里畅游。

　　除了史学界的前辈，一些与我相识的学者也为本书的撰写工作提供了巨大的帮助。詹姆斯·布罗菲、卡林·弗里德里希、安德烈亚斯·科塞特、本杰明·马尔施克、扬·帕莫斯基、弗洛里安·舒伊、加雷思·斯特德曼·琼斯让我阅读了他们尚未出版的手稿。马库斯·克劳修斯寄来了德国殖民办公室档案抄写本的复印件。下列学者与我谈话交流，给出的意见与建议让我受益匪浅，他们分别是：霍尔格·阿夫勒巴赫、玛格丽特·拉维尼娅·安德森、戴维·巴克利、德里克·比尔斯、斯特凡·伯杰、蒂姆·布莱宁、理查德·博斯沃思、安娜贝尔·布蕾特、克拉丽莎·坎贝尔-奥尔、斯科特·狄克逊、理查德·德雷顿、菲利普·德怀尔、理查德·埃文斯、尼尔·弗格森、伯恩哈德·富尔达、沃尔弗拉姆·凯泽、艾伦·克雷默、迈克尔·莱杰-洛马斯、朱莉娅·摩西、乔纳森·帕里、沃尔弗拉姆·佩塔、詹姆斯·雷塔莱克、托尔斯滕·里奥特、埃玛·罗思柴尔德、乌林卡·鲁布拉克、马丁·吕尔、哈根·舒尔策、哈米什·斯科特、詹姆斯·希恩、布伦丹·西姆斯、乔纳森·施佩贝尔、托马斯·施塔姆-库尔曼、乔纳森·施泰因贝格、亚当·图兹、麦肯·昂巴克、赫尔穆特·瓦尔泽·史密斯、约阿希姆·威利、彼得·威尔逊、埃玛·温特、沃尔夫冈·蒙森。沃尔夫冈·蒙森是剑桥大学的常客，他 2004 年 8 月的时候突然去世，让剑桥大学所有与他有私交、与他共事过的人都深受打击。我与许多在英国工作生活、研究德国历史的学者一样，也参与了由蒂姆·布莱宁和乔纳森·施泰因贝格发起，从 20 世纪 80 年代开始，一直持续到 20 世纪 90 年代初的剑桥特别主题研究项目"德意志的霸权之争"，在此过程中获益匪浅。我的岳父赖纳·卢伯恩是一位有眼光的历史著作读者，在过去的 25 年间，他经常与我热情地讨论，让我受益良多。

一些友人不仅十分慷慨，还很有毅力，阅读了本书的部分甚至全部手稿，提出了宝贵的意见，在此表示特别的感谢，他们是：克里斯·贝利、我父亲彼得·克拉克、詹姆斯·麦肯齐、霍尔格·内林、哈米什·斯科特、詹姆斯·辛普森、加雷思·斯特德曼·琼斯、约翰·A. 汤普森。帕特里克·希金斯不仅提出了一些很有想象力的建议，还挑出了书中华而不实、无关紧要的文句。与企鹅出版社的克洛艾·坎贝尔、理查德·杜吉德、丽贝卡·李合作同样也是撰写本书的一大乐趣。西蒙·温德是只有在柏拉图的理想国里才能遇到的好编辑，他拥有令作者本人自叹弗如的洞察力，让书稿脱胎成形。贝拉·库尼亚的编校工作滴水不漏，让书中所有错误的、不一致的、诡辩的词句无处遁形。塞西莉亚·麦凯帮助我搜集了书中使用的图片，我同样要表示感谢。承蒙上述所有鼎力协助，照理说本书应当是完美无缺的，但事实却并非如此——这完全是我一个人的责任。

我应当如何感谢那些我生命中最为重要的人呢？在撰写本书的过程中，约瑟夫和亚历山大越长越高，用多到数不清的方式给我带来了无尽的欢乐。尼娜·卢伯恩不仅带着幽默心甘情愿地忍受了我工作起来像着魔一样，显得太过自私的态度，在每一个篇章完成之后，她更是成为第一个读者，给出了批评意见。因此，我要怀着深深的爱意，把这本书献给尼娜。

# 注 释

## 引言

1　盟国对德管制委员会于 1947 年 2 月 25 日签署的第 46 号法令，见 *Official Gazette of the Control Council for Germany*, No. 14, Berlin, 31 March 1947。

2　1943 年 9 月 21 日的议会发言，见 Winston S. Churchill, *The Second World War*, vol. 5, *Closing the Ring* (6 vols., London, 1952), p. 491。

3　Ludwig Dehio, *Gleichgewicht oder Hegemonie. Betrachtungen über ein Grundproblem der neueren Staatengeschichte* (Krefeld, 1948), p. 223; id., 'Der Zusammenhang der preussisch-deutschen Geschichte, 1640–1945', in Karl Forster (ed.), *Gibt es ein deutsches Geschichtsbild?* (Würzburg, 1961), pp. 65–90，文中的内容见 p. 83。如想了解德希奥的观点以及以普鲁士与德国的延续性为主题的辩论，见 Thomas Beckers, *Abkehr von Preussen. Ludwig Dehio und die deutsche Geschichtswissenschaft nach 1945* (Aichach, 2001)，尤见 pp. 51–9; Stefan Berger, *The Search for Normality. National Identity and Historical Consciousness in Germany since 1800* (Providence, RI and Oxford, 1997), pp. 56–71; Jürgen Mirow, *Das alte Preussen im deutschen Geschichtsbild seit der Reichsgründung* (Berlin, 1981), pp. 255–60。

4　如想大体了解对普鲁士的历史持批判态度的学派，见 Berger, *Search for Normality*, pp. 65–71。如想了解德国的"特殊道路"，见 Jürgen Kocka, 'German History before Hitler: The Debate about the German Sonderweg', *Journal of Contemporary History*, 23(1988), pp. 3–16。David Blackbourn and Geoff Eley, *The Peculiarities of German History. Bourgeois Society and Politics in Nineteenth-century Germany* (Oxford, 1984) 提出了一种具有批判性的观点。Hartwin Spenkuch, 'Vergleichsweise besonders? Politisches System und Strukturen Preussens als Kern des "deutschen Sonderwegs"', *Geschichte und Gesellschaft*, 29(2003), pp. 262–93 是一篇最近发表的讨论普鲁士独特之处的论文。

5　如想了解持有此类观点的历史著作，见 Hans-Joachim Schoeps, *Preussen. Geschichte eines Staates* (Frankfurt/Berlin, 1966; repr. 1981); Sebastian Haffner, *Preussen ohne Legende* (Hamburg, 1978); Gerd Heinrich, *Geschichte Preussens. Staat und Dynastie* (Frankfurt,

1981)。下列作品对这种为普鲁士正名的学术倾向进行了评论：Ingrid Mittenzwei, 'Die zwei Gesichter Preussens' in *Forum* 19 (1978); repr. in *Deutschland-Archiv*, 16(1983), pp. 214–18; Hans-Ulrich Wehler, *Preussen ist wieder chic. Politik und Polemik in zwanzig Essays* (Frankfurt/Main, 1983), 尤见 ch. 1; Otto Büsch (ed.), *Das Preussenbild in der Geschichte. Protokoll eines Symposions* (Berlin, 1981)。

6　尤其推荐阅读 Manfred Schlenke, 'Von der Schwierigkeit, Preussen auszustellen. Rückschau auf die Preussen-Ausstellung, Berlin 1981', in id. (ed.), *Preussen. Politik, Kultur, Gesellschaft* (2 vols., Hamburg, 1986), vol. 1, pp. 12–34。如想了解展览引发的论战，见 Barbara Vogel, 'Bemerkungen zur Aktualität der preussischen Geschichte', *Archiv für Sozialgeschichte*, 25 (1985), pp. 467–507; T. C. W. Blanning, 'The Death and Transfiguration of Prussia', *Historical Journal*, 29 (1986), pp. 433–59。

7　普鲁士学会是当代德国亲普鲁士保守势力的组织核心。学会发行了一份会刊（刊名为 *Preussische Nachrichten von Staats-und Gelehrten-Sachen*），宣称该刊总共有一万名读者。学会的网址为 http://www.preussen.org/page/frame.html。学会的成员政治光谱极宽，包括大量的中间偏右及极右翼人士，从有专制倾向的新自由主义者，到普鲁士邦自治主义者，再到极端保守的君主主义者、右翼的极端主义者，都有参与。

8　"二战"接近尾声时，纳粹政府为了避免高歌猛进的苏军把弗里德里希大王挫骨扬灰，只得把他的遗骸转移到了霍亨索伦－黑兴根。1991年，德国政府依据弗里德里希大王的遗愿（即把他的遗体与他心爱的格力犬一起，合葬于无忧宫的露台之下），举行仪式，在无忧宫重新安葬了遗骸。当时的德国总理赫尔穆特·科尔也出席了仪式，引发了不小的争议。如想了解重建柏林宫的倡议，见 'Wir brauchen zentrale Akteure', *Süddeutsche Zeitung*, 10 January 2002, p. 17; Peter Conradi, 'Das Neue darf nicht verboten werden', *Süddeutsche Zeitung*, 8 March 2002, p. 13; Joseph Paul Kleihues, 'Respekt vor dem Kollegen Schlüter', *Die Welt*, 30 January 2002, p. 20。如想了解要求重建柏林宫的运动的具体情况，见 http://www.berliner-stadtschloss.de/index1.htm 和 http://www.stadtschloss-berlin.del。

9　见 Hans-Ulrich Wehler, 'Preussen vergiftet uns. Ein Glück, dass es vorbei ist!', *Frankfurter Allgemeine Zeitung*, 23 February 2002, p. 41; cf. Tilman Mayer, 'Ja zur Renaissance'. Was Preussen aus sich machen kann', *Frankfurter Allgemeine Zeitung*, 27 February 2002, p. 49; 又见 Florian Giese, 'Preussens Sendung und Gysis Mission' in *Die Zeit*, September 2002, 可前往 http://www.zeit.de/archiv/2002/09/200209preussen.xml，在线阅读该文。

10　举例来说，见 Linda Colley, Britons. Forging the Nation (New Haven, CT, 1992)。如想更为笼统地了解这一观点，见 James C. Scott, *Seeing Like a State. How Certain Schemes to Improve the Human Condition Have Failed* (New Haven, CT, 1998)，尤见 pp. 11, 76–83, 183。如想了解关于民族主义"构建"特性的争论，见 Oliver Zimmer and Len Scales (eds.), *Power and the Nation in European History* (Cambridge, 2005)。

11　Voltaire to Nicolas Claude Theriot, au Chêne, 26 October [1757], in Theodor Bestermann (ed.), *Voltaire's Correspondence*, trans. Julius R. Ruff (51 vols., Geneva, 1958), vol. 32, p. 135.

# 第一章　勃兰登堡的霍亨索伦王朝

1　'Regio est plana, nemorosa tamen, & ut plurimus paludosa…', Nicolaus Leuthinger, *Topographia prior Marchiae regionumque vicinarum...* (Frankfurt/Oder, 1598), reprinted in J. G. Kraus (ed.), *Scriptorum de rebus marchiae brandenburgensis maxime celebrium...* (Frankfurt, 1729), p. 117. 如想了解其他的类似著作，见 Zacharias Garcaeus, *Successiones familiarum et Res gestae illustrissimum praesidium Marchiae Brandenburgensis ab anno DCCCCXXVII ad annum MDLXXXII*, reprinted in ibid., pp. 6–7。

2　William Howitt, *The Rural and Domestic Life of Germany* (London, 1842), p. 429.

3　Tom Scott, *Society and Economy in Germany, 1300–1600* (London, 2002), pp. 24, 119.

4　Dirk Redies, 'Zur Geschichte des Eisenhüttenwerkes Peitz', in Museumsverband des Landes Brandenburg (ed.), *Ortstermine. Stationen Brandenburg-Preussens auf dem Weg in die moderne Welt* (Berlin, 2001), Part 2, pp. 4–16.

5　F. W. A. Bratring, *Statistisch-Topographische Beschreibung der gesamten Mark Brandenburg* (Berlin, 1804), repr. edn by Otto Büsch and Gerd Heinrich (2 vols., Berlin, 1968), vol. 1, pp. 28, 30, vol. 2, p. 1108. 布拉特林虽然在书中给出了数据，但数据的来源却全都是时间较晚的文献（在那时的勃兰登堡，许多地区的土壤都已经得到了改良），我们无论如何都必须给书中数据的准确性打上一个大大的问号。

6　William W. Hagen, *Ordinary Prussians. Brandenburg Junkers and Villagers, 1500–1840* (Cambridge, 2002), p. 44.

7　如想了解"帝国"的"神圣性"，见 Hans Hattenhauer, 'Über die Heiligkeit des Heiligen Römischen Reiches', in Wilhelm Brauneder (ed.), *Heiliges Römisches Reich und moderne Staatlichkeit* (Frankfurt/Main, 1993), pp. 125–46。如想了解神圣罗马帝国一词的多义性，见 Georg Schmidt, *Geschichte des alten Reiches, Staat und Nation in der frühen Neuzeit 1495–1806* (Munich, 1999), p. 10。

8　1742—1745年，在极其特殊的情况下，巴伐利亚维特尔斯巴赫王朝的成员当选帝国皇帝，是唯一的一次例外。

9　如想了解各个王朝领土分裂的过程，见 Paula Sutter Fichtner, *Protestantism and Primogeniture in Early Modern Germany* (New Haven, CT, 1989), 尤见 pp. 4–21; Geoffrey Parker, *The Thirty Years' War* (London, 1984), p. 15。

10　伊丽莎白之所以会逃到国外，上演戏剧性的一幕，主要原因并不是她担心遭到宗教迫害，而是约阿希姆一世有了婚外情，在路德的一系列公开信中遭到了严厉的批评。Manfred Rudersdorf and Anton Schindling, 'Kurbrandenburg', in Anton Schindling and Walter Ziegler (eds.), *Die Territorien des Reiches im Zeitalter der Reformation und Konfessionalisierung. Land und Konfession 1500–1650* (6 vols., Münster, 1990), vol. 2, Der Nordosten, pp. 34–67, 文中的内容见 p. 40。

11　Axel Gotthard, 'Zwischen Luthertum und Calvinismus (1598–1640)', in Frank-Lothar Kroll (ed.), *Preussens Herrscher. Von den ersten Hohenzollern bis Wilhelm II* (Munich, 2000), pp. 74–94, 文中的内容见 p. 75; Otto Hintze, *Die Hohenzollern und ihr Werk. Fünfhundert Jahre Vaterländischer Geschichte* (7th edn, Berlin, 1916), p. 153。

12　Walter Mehring, *Die Geschichte Preussens* (Berlin, 1981), p. 37.

13　如想了解约翰·西吉斯蒙德的继承权所涉及的继承法，相关讨论见 Heinz Ollmann-Kösling, *Der Erbfolgestreit um Jülich-Kleve (1609–1614). Ein Vorspiel zum Dreissigjährigen Krieg* (Regensburg, 1996), pp. 52–4。

14　如想阅读相关的文献综述，见 Rudolf Endres, *Adel in der frühen Neuzeit* (Munich, 1993), 尤见 pp. 23–30, 83–92。

15　Peter-Michael Hahn, 'Landesstaat und Ständetum im Kurfürstentum Brandenburg während des 16. und 17. Jahrhunderts', in Peter Baumgart (ed.), *Ständetum und Staatsbildung in Brandenburg-Preussen. Ergebnisse einer international Fachtagung* (Berlin, 1983), pp. 41–79, 文中的内容见 p. 42。

16　正文的记述是以 1604 年 12 月 13 日颁布的枢密院令为基础总结出来的，枢密院令的原文见 Siegfried Isaacsohn, *Geschichte des preussischen Beamtenthums vom Anfang des 15. Jahrhunderts bis auf die Gegenwart* (3 vols., Berlin, 1874–84), vol. 2, pp. 24–8。

17　Ibid., p. 28; Johannes Schultze, *Die Mark Brandenburg* (4 vols., Berlin, 1961–69), vol. 4, p. 188; Hintze, *Die Hohenzollern*, pp. 154–5.

18　见 18. Gotthard, 'Zwischen Luthertum und Calvinismus', in Kroll (ed.), *Preussens Herrscher*, pp. 85–7; Schultze, *Die Mark Brandenburg*, vol. 4, pp. 176–9。

19　Hintze, *Die Hohenzollern*, p. 162. Alison D. Anderson, *On the Verge of War. International Relations and the Jülich-Kleve Succession Crisis* (1609–1614) (Boston, 1999), pp. 18–40.

20　Parker, *Thirty Years' War*, pp. 28–37; Schultze, *Die Mark Brandenburg*, vol. 4, p. 185.

21　Gotthard, 'Zwischen Luthertum und Calvinismus', p. 84.

22　Friedrich Schiller, *The History of the Thirty Years War in Germany*, trans. Capt. Blacquiere (2 vols., London, 1799), vol. 1, p. 93.

23　Gotthard, 'Zwischen Luthertum und Calvinismus', p. 84.

# 第二章　毁灭

1　大量的英语历史类著作研究了三十年战争的原因和进程。Geoffrey Parker, *The Thirty Years' War* (London, 1988) 作为对这场战争的总体描述，依旧是得到广泛认可的著作。Ronald G. Asch, *The Thirty Years War: The Holy Roman Empire and Europe, 1618–1648* (London, 1997) 是一部近年来出版的介绍这场战争的著作，同样很有参考价值。彼得·H. 威尔逊正准备编写一部记录三十年战争的通史。Sigfrid Henry Steinberg, *The 'Thirty Years War' and the Conflict for European Hegemony, 1600–1660* (London, 1966) 及 Georges Pagès, *The Thirty Years War, 1618–1648*, trans. David Maland and John Hooper (London, 1970) 是年代久远的著作，两位作者全都在书中强调，欧洲的宗教争议比神圣罗马帝国国内的宗教争议更为重要。

2　Frederick II, *Mémoires pour servir à l'Histoire de la Maison de Brandebourg* (2 vols., London, 1767), vol. 1, p. 51.

3　摘自由亚当·施瓦岑贝格伯爵记录、由大臣普鲁克曼（Pruckmann）为选帝侯总结的笔录，转引自 J. W. Cosmar, *Beiträge zur Untersuchung der gegen den Kurbrandenburgischen Geheimen Rath Grafen Adam zu Schwarzenberg erhobenen*

*Beschuldigungen. Zur Berichtigung der Geschichte unserer Kurfürsten Georg Wilhelm und Friedrich Wilhelm* (Berlin, 1828), p. 48。

4 摘自 1626 年 7 月 22 日，施瓦岑贝格伯爵向大臣普鲁克曼复述的选帝侯谈话内容，转引自 Johann Gustav Droysen, *Geschichte der preussischen Politik* (14 vols., Berlin, 1855–6), vol. 3, part I, *Der Staat des Grossen Kurfürsten*, p. 41; Cosmar, *Beiträge*, p. 50。

5 敕令规定，天主教会的教产应当按照《帕绍条约》(1552 年) 签订时的状况计算。如想阅读《归还教产敕令》的英译版，见 E. Reich (ed.), *Select Documents* (London, 1905), pp. 234–5。

6 如想了解瑞典加入战争的目的，以及瑞典在战争中的所作所为，见 Michael Roberts, *Gustavus Adolphus: A History of Sweden 1611–1632* (2 vols., London, 1953–8), vol. 1, pp. 220–28, vol. 2, pp. 619–73。

7 Cited in L. Hüttl, *Friedrich Wilhelm von Brandenburg, der Grosse Kurfürst* (Munich, 1981), p. 39。

8 Frederick II, *Mémoires*, p. 73.

9 见 W. Lahne, *Magdeburgs Zerstörung in der zeitgenössischen Publizistik* (Magdeburg, 1931)，尤见 pp. 7–24; 110–47。

10 Roberts, *Gustavus Adolphus*, vol. 2, pp. 508–13.

11 Hintze, *Die Hohenzollern*, p. 176.

12 Frederick II, *Mémoires*, p. 51; J. A. R. Marriott and C. Grant Robertson, *The Evolution of Prussia. The Making of an Empire* (Oxford, 1917), p. 74; Gotthard, 'Zwischen Luthertum und Calvinismus', pp. 87–94.

13 Droysen, *Der Staat des Grossen Kurfürsten*, p. 38.

14 Roberts, *Gustavus Adolphus*, vol. 1, pp. 174–81.

15 Droysen, *Der Staat des Grossen Kurfürsten*, p. 39.

16 Christoph Fürbringer, *Necessitas und Libertas. Staatsbildung und Landstände im 17. Jahrhundert in Brandenburg* (Frankfurt/Main, 1985), p. 34.

17 Hahn, 'Landesstaat und Ständetum', p. 59.

18 Droysen, *Der Staat des Grossen Kurfürsten*, p. 118.

19 Fürbringer, *Necessitas und Libertas*, p. 54.

20 Ibid., pp. 54–7.

21 Otto Meinardus (ed.), *Protokolle und Relationen des Brandenburgischen Geheimen Rates aus der Zeit des Kurfürsten Friedrich Wilhelm* (4 vols., Leipzig, 1889–1919), vol. 1 (= vol. 41 of the series *Publicationen aus den K. Preussischen Staatsarchiven*), p. xxxiv.

22 Ibid., p. xxxv; August von Haeften (ed.), *Ständische Verhandlungen, vol. 1: Kleve-Mark* (Berlin, 1869) (= vol. 5 of the series *Urkunden und Acktenstücke zur Geschichte des Kurfürsten Friedrich Wilhelm von Brandenburg*; henceforth UuA), pp. 58–82.

23 Fritz Schröer, *Das Havelland im dreissigjährigen Krieg. Ein Beitrag zur Geschichte der Mark Brandenburg* (Cologne, 1966), p. 32.

24 Ibid., p. 37.

25 Geoff Mortimer, *Eyewitness Accounts of the Thirty Years' War 1618–1648* (Houndmills, 2002), p. 12.

26 如想了解"捐税"，见 ibid., pp. 47–50, 89–92; Parker, *Thirty Years' War*, pp. 197, 204。

27 Schröer, *Havelland*, p. 48.

28 Ibid., p. 34.

29 B. Seiffert (ed.), 'Zum dreissigjährigen Krieg: Eigenhändige Aufzeichnungen von Stadtschreibern und Ratsherren der Stadt Strausberg', *Jahresbericht des Königlichen Wilhelm-Gymnasiums zu Krotoschin*, 48 (1902), Supplement, pp. 1–47 , cited in Mortimer, *Eyewitness Accounts*, p. 91.

30 Herman von Petersdorff, 'Beiträge zur Wirtschafts-Steuer-und Heeresgeschichte der Mark im dreissig-Jährigen Kriege', *Forschungen zur Brandenburgischen und Preussischen Geschichte* (henceforth FBPG), 2 (1889), pp. 1–73，文中的内容见 pp. 70–73。

31 Robert Ergang, *The Myth of the All-Destructive Fury of the Thirty Years' War* (Pocono Pines, Pa, 1956); Steinberg, *The Thirty Years' Wa*r, pp. 2–3, 91. 如想了解修正主义的分析，见 Ronald G. Asch, ' "Wo der Soldat hinkömbt, da ist alles sein"：Military Violence and Atrocities in the Thirty Years War Re-examined', *German History*, 18 (2000), pp. 291–309。

32 Philip Vincent, *The Lamentations of Germany* (London, 1638).

33 如想了解对三十年战争的叙述与三十年战争所造成的创伤的关系，见 Bernd Roeck, 'Der dreissigjährige Krieg und die Menschen im Reich. überlegungen zu den Formen psychischer Krisenbewältigung in der ersten Hälfte des siebzehnten Jahrhunderts', in Bernhard R. Kroener and Ralf Pröve (eds.), *Krieg und Frieden. Militär und Gesellschaft in der frühen Neuzeit* (Paderborn, 1996), pp. 265–79; Geoffrey Mortimer, 'Individual Experience and Perception of the Thirty Years War in Eyewitness Personal Accounts', *German History*, 20 (2002), pp. 141–60。

34 1639年1月12日普劳厄郊区居民的报告，引于 Schröer, *Havelland*, p. 94。

35 B. Elsler (ed.), *Peter Thiele's Aufzeichnung von den Schicksalen der Stadt Beelitz im Dreissigjährigen Kriege* (Beelitz, 1931), p. 12.

36 Ibid., p. 13.

37 Ibid., pp. 12, 15.

38 Georg Grüneberg, *Die Prignitz und ihre städtische Bevölkerung im 17. Jahrhundert* (Lenzen, 1999), pp. 75–6.

39 Meinardus (ed.), *Protokolle und Relationen*, vol. 1, p. 13.

40 1639年2月22日和3月1日施瓦岑贝格在克尔恩向勃兰登堡众兵团指挥官发表的训话，引于 Otto Meinardus, 'Schwarzenberg und die brandenburgische Kriegführung in den Jahren 1638–1640', *FBPG*, 12/2 (1899), pp. 87–139，文中的内容见 pp. 127–8。

41 Meinardus (ed.), *Protokolle und Relationen*, vol. 1, p. 181, doc. no. 203, 12 March 1641.

42 Mortimer, *Eyewitness Accounts*, pp. 45–58, 174–8.

43 M. S. Anderson, *War and Society in Europe of the Old Regime 1618–1789* (Phoenix Mill, 1998), pp. 64–6.

44 Werner Vogel (ed.), *Prignitz-Kataster 1686–1687* (Cologne, Vienna, 1985), p. 1. 研究三十年战争期间人口死亡率的权威著作仍然是 Günther Franz, *Der dreissigjährige Krieg und das deutsche Volk* (3rd edn, Stuttgart, 1961), pp. 17–21。弗朗茨在史学界的地位十分复杂，主要原因是他毫不避讳，在著作中宣扬自己支持纳粹政权的立场。到了"二战"结束之后，尽管出版社小心翼翼地编辑了他的著作，删除了那些不堪入目的文字，但我们还是能在字里行间感受到他对纳粹政权的支持。20世纪60年代时，绍尔·施泰因贝格强烈反对弗朗茨对人口损失的计算,提出弗朗茨用作计算依据的报告并不准确,全都为了逃税而夸大了死亡率和农庄的废弃率。施泰因贝格得出的结论不仅极具争议,而且十分怪诞——"与 1609 年时相比,德意志在 1648 年时的情况既没有变得更好,也没有变得更差"(Steinberg, *The Thirty Years War*, p. 3);Hans-Ulrich Wehler, *Deutsche Gesellschaftsgeschichte* (5 vols., Munich, 1987–2003) 的第一卷第 54 页采用了施泰因贝格的观点。然而,近年来,学术研究的成果大都倾向于支持弗朗茨的结论。在这一问题上,与勃兰登堡相关的史料尤其充分可靠。见 J. C. Thiebault, 'The Demography of the Thirty Years War Revisited: Günther Franz and his Critics', *German History*, 15 (1997), pp. 1–21。

  45 Lieselott Enders, *Die Uckermark. Geschichte einer kurmärkischen Landschaft vom 12. bis zum 18. Jahrhundert* (Weimar, 1992), p. 527.

  46 举例来说,见 A. Kuhn, 'Über das Verhältniss Märkischer Sagen und Gebräuche zur altdeutschen Mythologie', *Märkische Forschungen*, 1 (1841), pp. 115–46。

  47 Samuel Pufendorf, *Elements of Universal Jurisprudence in Two Books* (1660), Book 2, Observation 5, in Craig L. Carr (ed.), *The Political Writings of Samuel Pufendorf*, trans. Michael J. Seidler (New York, 1994), p. 87.

  48 Samuel Pufendorf, *On the Law of Nature and Nations in Eight Books* (1672), Book 7, ch. 4, in ibid., p. 220.

  49 Ibid., p. 221.

  50 Samuel Pufendorf, *De rebus gestis Friderici Wilhelmi Magni Electoris Brandenburgici commentatiorum*, book XIX (Berlin, 1695).

  51 Johann Gustav Droysen, 'Zur Kritik Pufendorfs', in id., *Abhandlungen zur neueren Geschichte* (Leipzig, 1876), pp. 309–86,文中的内容见 p. 314。

# 第三章 非同寻常的德意志之光

  1 Ferdinand Hirsch, 'Die Armee des Grossen Kürfürsten und ihre Unterhaltung während der Jahre 1660–1666', *Historische Zeitschrift*, 17 (1885), pp. 229–75.

  2 Helmut Börsch-Supan, 'Zeitgenössische Bildnisse des Grossen Kurfürsten', in Gerd Heinrich (ed.), *Ein Sonderbares Licht in Teutschland. Beiträge zur Geschichte des Grossen Kurfürsten von Brandenburg* (1640–1688) (Berlin, 1990), pp. 151–66.

  3 Otto Meinardus, 'Beiträge zur Geschichte des Grossen Kurfürsten', *FBPG*, 16/2 (1903), pp. 173–99,文中的内容见 p. 176。

  4 如想了解新斯多葛主义在政治思想及行动方面对选帝侯弗里德里希·威廉及近代早期其他君主的影响,尤见 Gerhard Oestreich, *Neostoicism and the Early Modern State*, ed. B. Oestreich and H. G. Koenigsberger, trans. D. McLintock (Cambridge, 1982)。

  5 Derek McKay, The Great Elector, *Frederick William of Brandenburg-Prussia* (Harlow, 2001), pp. 170–71.

  6 引自弗里德里希·威廉 1686 年时颁布的敕令,见 Martin Philippson, *Der Grosse Kurfürst Friedrich Wilhelm von Brandenburg* (3 vols., Berlin, 1897–1903), vol. 3, p. 91。

  7 如想了解大选侯的海上探索和殖民计划,见 Ernst Opgenoorth, *Friedrich Wilhelm der Grosse Kurfürst von Brandenburg* (2 vols., Göttingen, 1971–8), vol. 2, pp. 305–11; E.

Schmitt, 'The Brandenburg Overseas Trading Companies in the 17th Century', in Leonard Blussé and Femme Gaastra (eds.), *Companies and Trade. Essays on European Trading Companies During the Ancien Regime* (Leiden, 1981), pp. 159–76; Hüttl, *Friedrich Wilhelm*, pp. 445–6; Heinz Duchhardt, 'Afrika und die deutschen Kolonialprojekte der 2.Hälfte des 17. Jahrhunderts', *Archiv für Kulturgeschichte*, 68 (1986), pp. 119–33；一篇有用的史学讨论是 Klaus-Jürgen Matz, 'Das Kolonialexperiment des Grossen Kurfürsten in der Geschichtsschreibung des 19. und 20. Jahrhunderts', in Heinrich (ed.), *Ein Sonderbares Licht*, pp. 191–202。

8  Albert Waddington, *Le Grand Électeur Frédéric Guillaume de Brandenbourg: sa politique extérieure*, 1640–1688 (2 vols., Paris, 1905–8), vol. 1, p. 43; comments by Götze and Leuchtmar, Stettin, 23 April 1643, in Bernhard Erdmannsdörffer (ed.), *Politische Verhandlungen*, (4 vols., Berlin, 1864–84), vol. 1 (= UuA, vol. 1), pp. 596–7.

9  Lisola to Walderode, Berlin, 30 November 1663, in Alfred Pribram (ed.), *Urkunden und Aktenstücke zur Geschichte des Kurfürsten Friedrich Wilhelm von Brandenburg*, vol. 14 (Berlin, 1890), pp. 171–2.

10  Hermann von Petersdorff, *Der Grosse Kurfürst* (Gotha, 1926), p. 40.

11  McKay, *Great Elector*, p. 21; Philippson, *Der Grosse Kurfürst*, vol. 1, pp. 41–2.

12  Margrave Ernest to Frederick William, Cölln, 18 May 1641, in Erdmannsdörffer (ed.), *Politische Verhandlungen*, vol. 1, pp. 451–2.

13  Privy councillors to Frederick William, 6 September 1642 and report on the Margrave's death by Dr Johannes Magirius, 26 September 1642, in Erdmannsdörffer (ed.), *Politische Verhandlungen*, vol. 1, pp. 499–502, 503–5.

14  Alexandra Richie, *Faust's Metropolis. A History of Berlin* (London, 1998), pp. 44–5.

15  Philippson, *Der Grosse Kurfürst*, vol. 1, pp. 56–8.

16  Hirsch, 'Die Armee des grossen Kurfürsten', pp. 229–75; Waddington, *Grand Électeur*, vol. 1, p. 89; McKay, *Great Elector*, pp. 173–5.

17  Curt Jany, 'Lehndienst und Landfolge unter dem Grossen Kurfürsten', *FBPG*, 8 (1895), pp. 419–67.

18  如想了解史家对华沙之战的分析（包括战场态势图），见 Robert I. Frost, *The Northern Wars 1558–1721* (Harlow, 2000), pp. 173–6。

19  Frederick William to Otto von Schwerin, Schweinfurt, 10 February 1675, in Ferdinand Hirsch (ed.), *Politische Verhandlungen* (Berlin 1864–1930) vol. 11 (= UuA, vol. 18), pp. 824–5; Jany, 'Lehndienst und Landfolge unter dem Grossen Kurfürsten' (Fortsetzung), in *FBPG*, 10 (1898), pp. 1–30，文中的内容见 p. 7, note 3。

20  Droysen, *Der Staat des Grossen Kurfürsten*, p. 351.

21  *Diarium Europeaeum XXXII*, cited in Jany, 'Lehndienst und Landfolge' (Fortsetzung), p. 7.

22  Pufendorf, *Rebus gestis*, Book VI, § 36–9; Leopold von Orlich, *Friedrich Wilhelm der Grosse Kurfürst. Nach bisher noch unbekannten Original-Handschriften* (Berlin, 1836), pp. 79–81；选帝侯对华沙之战的描述在书中的位置是 Appendix, pp. 139–42。

23  Cited in Peter Burke, *The Fabrication of Louis XIV* (New Haven, CT, 1992), p. 152.

24  Frederick William, Political Testament of 1667 in Richard Dietrich (ed.), *Die politischen Testamente der Hohenzollern* (Cologne, 1986), pp. 179–204，文中的内容见 pp.

191–2。

25　Heinz Duchhardt and Bogdan Wachowiak, *Um die Soveränität des Herzogthums Preussen: Der Vertrag von Wehlau*, 1657 (Hanover, 1998); 如想了解当时的波兰人对条约的看法，见 Barbara Szymczak, *Stosunki Rzeczypospolitej z Brandenburgią i Prusami Książęcymi w latach 1648–1658 w opinii i działaniach szlachty koronnej* (Warsaw, 2002), 尤见 pp. 229–58。

26　Comment to Louis XIV by the Austrian envoy in Paris, cited in Orlich, *Friedrich Wilhelm*, p. 158.

27　Cited from Count Raimondo Montecuccoli's Treatise on War (1680), in Johannes Kunisch, 'Kurfürst Friedrich Wilhelm und die Grossen Mächte' in Heinrich (ed.), *Ein Sonderbares Licht*, pp. 9–32，文中的内容见 pp. 30–31。

28　Memoir by Count Waldeck in Bernhard Erdmannsdörffer, *Graf Georg Friedrich von Waldeck. Ein preussischer Staatsmann im siebzehnten Jahrhundert* (Berlin, 1869), pp. 361–2, , also pp. 354–5.

29　W. Troost, 'William III, Brandenburg, and the construction of the anti-French coalition, 1672–88', in Jonathan I. Israel, *The Anglo-Dutch Moment: Essay on the Glorious Revolution and Its World Impact* (Cambridge, 1991), pp. 299–334，文中的内容见 p. 322。

30　Philippson, *Der Grosse Kurfürst*, vol. 3, pp. 252–3.

31　Peter Baumgart, 'Der Grosse Kurfürst. Staatsdenken und Staatsarbeit eines europäischen Dynasten', in Heinrich (ed.), *Ein Sonderbares Licht*, pp. 33–57，文中的内容见 p. 45。

32　Dietrich (ed.), *Die politischen Testamente*, p. 191.

33　如想阅读关于效忠仪式的详细记录（正文中的描述便以这份记录为依据），见 Bruno Gloger, *Friedrich Wilhelm, Kurfürst von Brandenburg. Biografie* (Berlin, 1985), pp. 152–4。

34　André Holenstein, *Die Huldigung der Untertanen. Rechtskultur und Herrschaftsordnung (800–1800)*, (Stuttgart and New York, 1991), pp. 512–3.

35　从15世纪初时起，这种对效忠仪式手势的解释开始广泛地出现在德意志各地的文献中，而这种做法的历史要比相关文献记录出现的时间久远得多；ibid., pp. 57–8; Gloger, *Friedrich Wilhelm* (p. 153) 中的一幅插图展示了等级会议的代表用这种传统手势敬礼的样子。文中引用的文字取自勃兰登堡普里格尼茨省一块乡村领地的臣民效忠时立下的誓言，引于 Hagen, *Ordinary Prussians*, p. 79。

36　F. L. Carsten, *The Origins of the Junkers* (Aldershot, 1989), p. 17.

37　如想在总体上了解17世纪的国家治理危机，见 Trevor Aston (ed.), *Crisis in Europe, 1560–1660* (New York, 1966); Geoffrey Parker and Lesley M. Smith, *The General Crisis of the Seventeenth Century* (London, 1978); Theodor K. Rabb, *The Struggle for Stability in Early Modern Europe* (New York, 1975)。

38　Frederick William to supreme councillors of Ducal Prussia, Kleve, 18 September 1648, in Erdmannsdörffer (ed.), *Politische Verhandlungen*, vol. 1, pp. 281–2.

39　Fürbringer, *Necessitas und Libertas*, p. 59; 如想了解此类论点的实例，见 supreme councillors of Ducal Prussia to Frederick William, Königsberg, 12 September 1648, in ibid., pp. 292–3。

40　Resolution of the Estates of the county of Mark, Emmerich, 22 March 1641 in Haeften

注　释

(ed.), *Ständische Verhandlungen*, vol. 1; pp. 140–45，文中的内容见 p. 142。

41　举例来说，见 Frederick William to the Cities of Wesel, Calcar, Düsseldorf, Xanten and Rees, Küstrin, 15 May 1643, and Kleve Estates to Dutch Estates General, Kleve, 2 April 1647, in ibid., pp. 205, 331–4。

42　Helmuth Croon, *Stände und Steuern in Jülich-Berg im 17. und vornehmlich im 18. Jahrhundert* (Bonn, 1929), p. 250；具体例子有：Estates of county of Mark to protesting Estates of Kleve, Unna, 10 August 1641; Estates of Mark to Estates of Kleve, Unna, 10 December 1650, in Haeften (ed.), *Ständische Verhandlungen*, vol. 1, pp. 182, 450。

43　Comment by the viceroy of Ducal Prussia, Prince Boguslav Radziwill, cited in McKay, *Great Elector*, p. 135.

44　Comments by the Estates, Königsberg, 24 April 1655, in Kurt Breysig (ed.), *Ständische Verhandlungen* (Berlin, 1894–9), vol. 3: Preussen, Part 1 (= UuA, vol. 15), p. 354. 如想了解这些问题在普鲁士公国的情况，见 Stefan Hartmann, 'Gefährdetes Erbe. Landesdefension und Landesverwaltung in Ostpreussen zur Zeit des Grossen Kurfürsten Friedrich Wilhelm von Brandenburg (1640–1688)', in Heinrich (ed.), *Ein Sonderbares Licht*, pp. 113–36; Hugo Rachel, *Der Grosse Kurfürst und die Ostpreussischen Stände (1640–1688)* (Leipzig, 1905), pp. 299–304。

45　E. Arnold Miller, 'Some Arguments Used by English Pamphleteers, 1697–1700, Concerning a Standing Army', *Journal of Modern History* (henceforth *JMH*) (1946), pp. 306–13，文中的内容见 pp. 309–10; Lois G. Schwoerer, 'The Role of King William III in the Standing Army Controversy — 1697–1699', *Journal of British Studies* (1966), pp. 74–94。

46　David Hayton, 'Moral Reform and Country Politics in the Late Seventeenth-century House of Commons', *Past & Present*, 128 (1990), pp. 48–91，文中的内容见 p. 48。

47　Anon, pamphlet of 1675 entitled 'Letter from a Person of Quality', cited in J. G. A. Pocock, 'Machiavelli, Harrington and English Political Ideologies in the Eighteenth Century', *William and Mary Quarterly, 22/4* (1965), pp. 549–84，文中的内容见 p. 560。

48　Fürbringer, *Necessitas und Libertas*, p. 60.

49　F. L. Carsten, *Die Entstehung Preussens* (Cologne, 1968), pp. 209–12; Kunisch, 'Kurfürst Friedrich Wilhelm', in Heinrich (ed.), *Ein Sonderbares Licht*, pp. 9–32，文中的内容见 pp. 21–2。

50　Reply of the privy councillors on behalf of the Elector, Cölln [Berlin], 2 December 1650, in Siegfried Isaacsohn (ed.), *Ständische Verhandlungen*, vol. 2 (= UuA, vol. 10) (Berlin, 1880), pp. 193–4.

51　Patent of Contradiction by the Estates of Kleve, Jülich, Berg and Mark, Wesel, 14 July 1651; Union of the Estates of Kleve and Mark, Wesel, 8 August 1651, in Haeften (ed.), *Ständische Verhandlungen*, vol. 1, pp. 509, 525–6. F. L. Carsten, 'The Resistance of Cleves and Mark to the Despotic Policy of the Great Elector', *English Historical Review*, 66 (1951), pp. 219–41, here p. 224; McKay, *Great Elector*, p. 34; Waddington, *Grand Électeur*, vol. 1, pp. 68–9.

52　Karl Spannagel, *Konrad von Burgsdorff. Ein brandenburgischer Kriegs-und Staatsmann aus der Zeit der Kurfürsten Georg Wilhelm und Friedrich Wilhelm* (Berlin, 1903), pp. 265–7.

53　如想了解克莱沃公国的税收数据，见 Sidney B. Fay, 'The Beginnings of the

Standing Army in Prussia', *American Historical Review*, 22 (1916/17), pp. 763–77，文中的内容见 p. 772; McKay, *Great Elector*, p. 132. Report from Johann Moritz: Carsten, 'Resistance of Cleves and Mark', p. 235. 如想了解北方战争对克莱沃公国的影响，见 Haeften (ed.), *Ständische Verhandlungen*, vol. 1, pp. 773–93。如想了解选帝侯逮捕活动家的行动，见 Frederick William to Jacob von Spaen, Cölln an der Spree, 3 July 1654, in ibid., pp. 733–4; Carsten, 'Resistance of Cleves and Mark', p. 231。

54　McKay, *Great Elector*, p. 62; Volker Press, 'Vom Ständestaat zum Absolutismus: 50 Thesen zur Entwicklung des Ständewesens in Deutschland', in Baumgart (ed.), *Ständetum und Staatsbildung*, pp. 280–336，文中的内容见 p. 324。

55　Fay, 'Standing Army', p. 772.

56　McKay, *Great Elector*, pp. 136–7; Philippson, *Der Grosse Kurfürst*, vol. 2, p. 165; Otto Nugel, 'Der Schoppenmeister Hieronymus Roth', *FBPG*, 14/2 (1901), pp. 19–105，文中的内容见 p. 32。

57　罗特和什未林对会面的记述截然不同；见 Otto von Schwerin to Viceroy and Supreme Councillors of Prussia, Bartenstein, 21 October 1661 and Private Circular of the Alderman Roth [early November 1661], in Kurt Breysig (ed.), *Ständische Verhandlungen, Preussen*, pp. 595, 611, 614–19。如想详细地了解会面的过程，见 Nugel, 'Hieronymus Roth', pp. 40–44; Andrzej Kamieński, *Polska a Brandenburgia-Prusy w drugiej połowie XVII wieku. Dzieje polityczne* (Poznan, 2002)，尤见 pp. 61–4。如想了解站在罗特的对立面上的史家对会面的记述，见 Droysen, *Der Staat des Grossen Kurfürsten*, vol. 2, pp. 402–3。

58　Cited in Nugel, 'Hieronymus Roth', p. 100.

59　被处死的政治犯名叫克里斯蒂安·路德维希·冯·卡尔克施泰因，他曾经加入波兰的军队，之后又在1668年的时候因为密谋刺杀选帝侯而被流放到了自己的领地。如想了解卡尔克施泰因事件，可阅读 Josef Paczkowski, 'Der Grosse Kurfürst und Christian Ludwig von Kalckstein', *FBPG*, 2 (1889), pp. 407–513 and 3 (1890), pp. 419–63; Petersdorff, *Der Grosse Kurfürst* (Gotha, 1926), pp. 113–16; Droysen, *Der Staat des Grossen Kurfürsten*, vol. 3, pp. 191–212; Opgenoorth, *Friedrich Wilhelm*, vol. 2, pp. 115–18; Kamieński, *Polska a Brandenburgia-Prusy*, pp. 65–71, 177–9。

60　这是某个地方官员的牢骚话，引于 McKay, *Great Elector*, p. 144。

61　Dietrich (ed.), *Die politischen Testamente*, p. 185; Erdmannsdörffer, *Waldeck*, p. 45; Rachel, *Der Grosse Kurfürst*, pp. 59–62; Peter Bahl, *Der Hof des Grossen Kirfürsten. Studien zur höheren Amtsträgerschaft Brandenburg-Preussens* (Cologne, 2001), pp. 196–217.

62　McKay, *Great Elector*, p. 114. 如想了解贵族经济实力及影响力的衰落，见 Frank Göse, *Ritterschaft – Garnison – Residenz. Studien zur Sozialstruktur und politischen Wirksamkeit des brandenburgischen Adels 1648–1763* (Berlin, 2005), pp. 133, 414, 421, 424。

63　如想了解这种差异在一个与勃兰登堡十分不同的德意志邦国是如何实现的，见 Michaela Hohkamp, *Herrschaft in Herrschaft. Die vorderösterreichische Obervogtei Triberg von 1737 bis 1780* (Göttingen, 1988)，尤见 p. 15。

64　举例来说，见 Konrad von Burgsdorff to Privy Councillor Erasmus Seidel, Düsseldorf, 20 February 1647, in Erdmannsdörffer (ed.), *Politische Verhandlungen*, vol. 1, p. 300; Kleve Government to Frederick William, Kleve, 23 November 1650, in Haeften (ed.), *Ständische Verhandlungen*, vol. 1, pp. 440–41; Spannagel, *Burgsdorff*, pp. 257–60。

65　举例来说，见 Otto von Schwerin to Frederick William, Bartenstein, 30 November

1661, in Breysig (ed.), *Ständische Verhandlungen, Preussen*, pp. 667–9。什未林在信中向选帝侯进谏,指出面对等级会议强烈的抗议,收回征收货物税的决定是明智的做法。

66　Protocols of the Privy Council, in Meinardus (ed.), *Protokolle und Relationen*. 如想了解等级会议申诉的数量,见 Hahn, 'Landesstaat und Ständetum', p. 52。

67　Peter-Michael Hahn, 'Aristokratisierung und Professionalisierung. Der Aufstieg der Obristen zu einer militärischen und höfischen Elite in Brandenburg-Preussen von 1650–1725', in *FBPG*, 1 (1991), pp. 161–208.

68　Cited in Otto Hötzsch, *Stände und Verwaltung von Kleve und Mark in der Zeit von 1666 bis 1697* (=*Urkunden und Aktenstücke zur inneren Politik des Kurfürsten Friedrich Wilhelm von Brandenburg*, Part 2) (Leipzig, 1908), p. 740.

69　见 Peter Baumgart, 'Wie absolut war der preussische Absolutismus?', in Manfred Schlenke (ed.), *Preussen. Beiträge zu einer politischen Kultur* (Reinbek, 1981), pp. 103–19。

70　Otto Hötzsch, 'Fürst Moritz von Nassau-Siegen als brandenburgischer Staatsmann (1647 bis 1679)', *FBPG*, 19 (1906), pp. 89–114, 文中的内容见 pp. 95–6, 101–2; 又见 Ernst Opgenoorth, 'Johan Maurits as the Stadtholder of Cleves under the Elector of Brandenburg' in E. van den Boogaart (ed.), *Johan Maurits van Nassau-Siegen, 1604–1679: A Humanist Prince in Europe and Brazil. Essays on the Tercentenary of his Death* (The Hague, 1979), pp. 39–53, 文中的内容见 p. 53。如想了解索斯特,见 Ralf Günther, 'Städtische Autonomie und fürstliche Herrschaft. Politik und Verfassung im frühneuzeitlichen Soest', in Ellen Widder (ed.), *Soest. Geschichte der Stadt. Zwischen Bürgerstolz und Fürstenstaat. Soest in der frühen Neuzeit* (Soest, 1995), pp. 17–123, 文中的内容见 pp. 66–71。

71　普鲁士国王弗里德里希·威廉一世试图推翻这套选举制度,但弗里德里希二世成为国王后,等级会议重新获得了选举地方长官的权利;见 Baumgart, 'Wie absolut war der preussische Absolutismus?', p. 112。

72　McKay, *Great Elector*, p. 261.

73　British envoy Stepney to Secretary Vernon, Berlin, 19/29 July 1698, PRO SP 90/1, fo. 32.

74　Dietrich (ed.), *Die politischen Testamente*, p. 189.

75　Ibid., p. 190.

76　Ibid., pp. 190, 191.

77　Ibid., p. 187.

78　Ibid., p. 188.

79　Cited in McKay, *The Great Elector*, p. 210. 如想进一步了解"无助感",又见 Droysen, *Der Staat des grossen Kurfürsten*, vol. 2, p. 370, Philippson, *Der Grosse Kurfürst*, vol. 2, p. 238; Waddington, *Histoire de Prusse* (2 vols., Paris, 1922), vol. 1, p. 484。

# 第四章　王权

1　如想了解对加冕仪式的描述和分析,见 Peter Baumgart, 'Die preussische Königskrönung von 1701, das Reich und die europäische Politik', in Oswald Hauser (ed.), *Preussen, Europa und das Reich* (Cologne and Vienna, 1987), pp. 65–86; Heinz Duchhardt, 'Das preussische Königtum von 1701 und der Kaiser', in Heinz Duchhardt and Manfred Schlenke (eds.), *Festschrift für Eberhard Kessel* (Munich, 1982), pp. 89–101; Heinz Duchhardt, 'Die preussische Königskrönung von 1701. Ein europäisches Modell?' in id. (ed.), *Herrscherweihe und Königskrönung im Frühneuzeitlichen Europa* (Wiesbaden, 1983), pp. 82–95; Iselin Gundermann, 'Die Salbung König Friedrichs I. in Königsberg', *Jahrbuch für Berlin-Brandenburgische Kirchengeschichte*, 63 (2001), pp. 72–88.

2  Johann Christian Lünig, *Theatrum ceremoniale historico-politicum oder historischund politischer Schau-Platz aller Ceremonien* etc. (2 vols., Leipzig, 1719–20), vol. 2, pp. 96.

3  George Stepney to James Vernon, 19/29 July 1698, PRO SP 90/1, fo. 32.

4  Burke, *Fabrication of Louis XIV*, pp. 23, 25, 29, 76, 153, 175, 181, 185, 189.

5  Lord Raby to Charles Hedges, Berlin, 14 July 1703, PRO SP 90/2, fo. 39.

6  Ibid., 30 June 1703, PRO SP 90/2, fo. 21.

7  Lord Raby to Secretary Harley, 10 February 1705, PRO SP 90/3, fo. 195.

8  17世纪晚些时候，许多国家的君主都新成立了类似的机构，其中对弗里德里希三世（一世）借鉴意义最为重大的是巴黎的法国科学院（1666年成立）、伦敦的皇家学会（1673年成立）、巴黎学院（1700年成立）。莱布尼茨同时拥有皇家学会和巴黎学院的成员资格。见 R. J. W. Evans, 'Learned Societies in Germany in the Seventeenth Century', *European Studies Review*, 7 (1977), pp. 129–51。

9  研究普鲁士王室科学院及其历史的经典著作是 Adolf Harnack's monumental *Geschichte der Königlich Preussischen Akademie der Wissenschaften zu Berlin* (3 vols., Berlin, 1900).

10  Frederick II, 'Mémoires pour servir à l'histoire de la maison de Brandebourg', in J.D. E. Preuss (ed.), *Oeuvres de Frédéric II, Roi de Prusse* (33 vols., Berlin, 1846–57), vol. 1, pp. 1–202，文中的内容见 pp. 122–3。

11  Christian Wolff, *Vernünfftige Gedancken von dem Gesellschafftlichen Leben der Menschen und insonderheit dem gemeinen Wesen zur Beförderung der Glückseligkeit des menschlichen Geschlechts* (Frankfurt, 1721 repr. Frankfurt/Main 1971), p. 500. 如想了解在那个历史时期，宫廷仪式及"名声"对君主的合法性有多么重要，见 Jörg Jochen Berns, 'Der nackte Monarch und die nackte Wahrheit', in A. Buck, G. Kauffmann, B. L. Spahr et al. (eds.), *Europäische Hofkultur im 16. und 17. Jahrhundert* (Hamburg, 1981); Andreas Gestrich, 'Höfisches Zeremoniell und sinnliches Volk: Die Rechtfertigung des Hofzeremoniells im 17. und frühen 18. Jahrhundert', in Jörg Jochen Berns and Thomas Rahn (eds.), *Zeremoniell als höfische ästhetik in Spätmittelalter und früher Neuzeit* (Tübingen, 1995), pp. 57–73; Andreas Gestrich, *Absolutismus und öffentlichkeit: Politische Kommunikation in Deutschland zu Beginn des 18. Jahrhunderts* (Göttingen, 1994)。

12  Linda and Marsha Frey, *Frederick I: The Man and His Times* (Boulder, CO, 1984), p. 225. 按照英国使节的记录，1705年6月，有超过两万的外宾参加了王后的葬礼；Lord Raby to Secretary Harley, PRO SP 90/3, fo. 333。

13  见 A. Winterling, *Der Hof der Kurfürsten von Köln 1688–1794: Eine Fallstudie zur Bedeutung 'absolutistischer' Hofhaltung* (Bonn, 1986), pp. 153–5。

14  David E. Barclay, *Frederick William IV and the Prussian Monarchy 1840–1861* (Oxford, 1995), pp. 73–4, 287–8.

15  Schultze, *Die Mark Brandenburg*, vol. 4, *Von der Reformation bis zum Westfälischen*

*Frieden (1535–1648)*, pp. 206–7; Gotthard, 'Zwischen Luthertum und Calvinismus', p. 93. 如想了解君主夫人在之后的历史中被边缘化的情况，见 Thomas Biskup, 'The Hidden Queen: Elisabeth Christine of Prussia and Hohenzollern Queenship in the Eighteenth Century', in Clarissa Campbell-Orr (ed.), *Queenship in Europe 1660–1815. The Role of the Consort* (Cambridge, 2004), pp. 300–332。

16 Frey and Frey, *Frederick I*, pp. 35–6.

17 Carl Hinrichs, *Friedrich Wilhelm I. König in Preussen. Eine Biographie* (Hamburg, 1941), pp. 146–7; Baumgart, 'Die preussische Königskrönung' in Hauser (ed.) *Preussen*, pp. 65–86.

18 Wolfgang Neugebauer, 'Friedrich III/I (1688–1713)', in Kroll, *Preussens Herrscher*, pp. 113–33，文中的内容见 p. 129。

19 Cited in Frey and Frey, Frederick I, p. 247.

20 Hans-Joachim Neumann, *Friedrich Wilhelm I. Leben und Leiden des Soldatenkönigs* (Berlin, 1993), pp. 51–5.

21 Will Breton to Earl of Strafford, Berlin, 28 February 1713, PRO SP 90/6; Carl Hinrichs, 'Der Regierungsantritt Friedrich Wilhelms I', in id., *Preussen als historisches Problem*, ed. Gerhard Oestreich (Berlin, 1964), pp. 91–137，文中的内容见 p. 106。

22 Whitworth to Lord Townshend, 15 August 1716, PRO SP 90/7, fo. 9.

23 Report dated 2 October 1728, in Richard Wolff, *Vom Berliner Hofe zur Zeit Friedrich Wilhems I. Berichte des Braunschweiger Gesandten in Berlin, 1728–1733 (= Schriften des Vereins für die Geschichte Berlins)* (Berlin, 1914), pp. 20–21.

24 文中引用的诗句（由我从德语翻译为英语）和与贡德林的一生相关的细节全都取自 Martin Sabrow, *Herr und Hanswurst. Das tragische Schicksal des Hofgelehrten Jacob Paul von Gundling* (Munich, 2001)，尤见 pp. 62–7, 80–81, 150–51。

25 Gustav Schmoller, 'Eine Schilderung Berlin aus dem Jahre 1723', *FBPG*, 4 (1891), pp. 213–16. 文中引用的叙述的作者是陆军元帅冯·弗莱明伯爵。1723年5月、6月，他在柏林住了两个月的时间。

26 我在这里借用了乔纳森·施泰因贝格对普鲁士王国头两位国王脸谱化的描述。20世纪七八十年代，他在与蒂莫西·布莱宁一起主讲的剑桥大学优等考试论文的第二部分'The Struggle for Mastery in Germany 1740–1914'讲座中使用了这样的描述。乔纳森·施泰因贝格的课程令人茅塞顿开，让包括我在内，许多在英国工作的研究德意志历史的历史学家都受益匪浅。

27 Wolfgang Neugebauer, 'Zur neueren Deutung der preussischen Verwaltung im 17. und 18. Jahrhundert in vergleichender Sicht', in Otto Büsch and Wolfgang Neugebauer (eds.), *Moderne preussische Geschichte 1648–1947. Eine Anthologie* (3 vols., Berlin, 1981), vol. 2, pp. 541–97，文中的内容见 p. 559。

28 Reinhold Dorwart, *The Administrative Reforms of Frederick William I of Prussia* (Cambridge, Mass., 1953), p. 118. 如想从总体上了解"克尼普豪森机构重组"，见 Kurt Breysig (ed.), *Urkunden und Aktenstücke zur Geschichte der Inneren Politik des Kurfürsten Friedrich Wilhelm von Brandenburg*, Part 1, *Geschichte der brandenburgischen Finanzen in der Zeit von 1660 bis 1697* vol. 1, *Die Centralstellen der Kammerverwaltung* (Leipzig, 1895), pp. 106–50。

29 在此之前，选帝侯的直属领地由各式各样的省级机构管理。新成立的中央机构名为 Hofrentei，后来又被称作 Generaldomänenkasse。Richard Dietrich, 'Die Anfänge des preussischen Staatsgedankens in politischen Testamenten der Hohenzollern', in Friedrich Benninghoven and Cécile Lowenthal-Hensel (eds.), *Neue Forschungen zur Brandenburg-Preussischen Geschichte* (=Veröffentlichungen aus den Archiven Preussischen Kulturbesitz, 14; Cologne 1979), pp. 1–60，文中的内容见 p. 12。

30 Cited in Andreas Kossert, *Masuren. Ostpreussens vergessener Süden* (Berlin, 2001), p. 86.

31 Hinrichs, *Friedrich Wilhelm I*, pp. 454–7, 464–8, 473–87; Frey and Frey, *Frederick I*, pp. 89–90; Rodney Gotthelf, 'Frederick William I and Prussian Absolutism, 1713–1740', in Philip G. Dwyer (ed.), *The Rise of Prussia 1700–1830* (Harlow, 2000), pp. 47–67，文中的内容见 pp. 50–51；Fritz Terveen, *Gesamtstaat und Retablissement. Der Wiederaufbau des nördlichen Ostpreussen unter Friedrich Wilhelm I (1714–1740)* (Göttingen, 1954), pp. 17–21。

32 Hans Haussherr, *Verwaltungseinheit und Ressorttrennung. Vom Ende des 17. bis zum Beginn des 19. Jahrhunderts* (Berlin, 1953)，尤见 ch. 1: 'Friedrich Wilhelm I und die Begründung des Generaldirektoriums in Preussen', pp. 1–30。

33 Ibid.; Hinrichs, 'Die preussische Staatsverwaltung in den Anfängen Friedrich Wilhelms I.', in id., *Preussen als historisches Problem*, pp. 138–60，文中的内容见 p. 149; Hinrichs, *Friedrich Wilhelm I*, pp. 609–21（关于弗里德里希·威廉一世对战争总署的合议制改造）; Dorwart, *Administrative Reforms*, pp. 138–44。

34 Gotthelf, 'Frederick William I', pp. 58–9.

35 Reinhold August Dorwart, *The Prussian Welfare State before 1740* (Cambridge, Mass., 1971), p. 16; cf. Gerhard Oestreich, *Friedrich Wilhelm I. Preussischer Absolutismus, Merkantilismus, Militarismus* (Göttingen, 1977), pp. 65–70，该书强调了弗里德里希·威廉一世在位期间经济政策缺乏系统性的特征。

36 Kossert, *Masuren*, pp. 88–91.

37 Peter Baumgart, 'Der Adel Brandenburg-Preussens im Urteil der Hohenzollern des 18. Jahrhunderts', in Rudolf Endres (ed.), *Adel in der Frühneuzeit. Ein regionaler Vergleich* (Cologne and Vienna, 1991), pp. 141–61，文中的内容见 pp. 150–51。

38 Oestreich, *Friedrich Wilhelm I*, pp. 62, 65.

39 Gustav Schmoller, 'Das Brandenburg-preussische Innungswesen von 1604–1806, hauptsächlich die Reform unter Friedrich Wilhelm I.', *FBPG*, 1/2 (1888), pp. 1–59.

40 如想了解 1722 年时颁布的波兰谷物进口禁令，见 Wilhelm Naudé and Gustav Schmoller (eds.), *Die Getreidehandelspolitik und Kriegsmazinverwaltung Brandenburg-Preussens bis 1740* (Berlin, 1901), pp. 208–9 (introduction by Naudé), and doc. no. 27, p. 373; Lars Atorf, *Der König und das Korn. Die Getreidehandelspolitik als Fundament des Brandenburg-preussischen Aufstiegs zur europäischen Grossmacht* (Berlin, 1999), p. 106。

41 Atorf, *Der König und das Korn*, pp. 113–14.

42 Naudé and Schmoller (eds.), *Getreidehandelspolitik*, p. 292; Atorf, *Der König und das Korn*, pp. 120–33.

43 Cited in F. Schevill, *The Great Elector* (Chicago, 1947), p. 242.

44 见 Hugo Rachel, 'Der Merkantilismus in Brandenburg-Preussen', *FBPG*, 40 (1927), pp. 221–66，文中的内容见 pp. 236–7, 243; Otto Hintze, 'Die Hohenzollern und die wirtschaftliche Entwicklung ihres Staates', *Hohenzollern-Jahrbuch*, 20 (1916), pp. 190–202,

文中的内容见 p. 197；Oestreich, *Friedrich Wilhelm I*, p. 67。
45　Cited in Baumgart, 'Der Adel Brandenburg–Preussens', p. 147.
46　Haussherr, *Verwaltungseinheit*, p. 11.
47　Frederick William I, Instruction for His Successor (1722), in Dietrich (ed.), *Die politischen Testamente*, pp. 221–43，文中的内容见 p. 229。
48　William Breton to Earl of Strafford, 28 February 1713, PRO, SP 90/6.
49　Hinrichs, *Friedrich Wilhelm I*, p. 364.
50　Oestreich, *Friedrich Wilhelm I*, p. 30.
51　Otto Büsch, *Militärsystem und Soziableben im alten Preussen* (Berlin, 1962), p. 15.
52　William Breton to Earl of Strafford, 18 May 1713, PRO, SP 90/6, fo. 105.
53　Hartmut Harnisch, 'Preussisches Kantonsystem und ländliche Gesellschaft', in Kroener and Pröve (eds.), *Krieg und Frieden*, pp. 137–65，文中的内容见 p. 148。
54　Max Lehmann, 'Werbung, Wehrpflicht und Beurlaubing im Heere Friedrich Wilhelms I.', *Historische Zeitschrift*, 67 (1891), pp. 254–89; Büsch, *Militärsystem*, p. 13.
55　Carsten, *Origins of the Junkers*, p. 34.
56　Gordon Craig, *The Politics of the Prussian Army, 1640–1945* (London and New York, 1964), p. 11.
57　如想了解弗里德里希·威廉在贵族阶层中征兵的动机，见 Hahn, 'Aristokratisierung und Professionalisierung'；如想了解军事服务作为贵族身份象征的意义，见 Göse, Ritterschaft, p. 232; Harnisch, 'Preussisches Kantonsystem', p. 147 上的引文。
58　Büsch, *Militärsystem* 得出了这样的总体结论，但在这部价值极高的学术著作中，作者给出的证据表明，最终的结论会有细微差别。
59　Harnisch, 'Preussisches Kantonsystem', p. 155.
60　Hagen, *Ordinary Prussians*, pp. 468–9.
61　Büsch, *Militärsystem*, pp. 33–4.
62　Harnisch, 'Preussisches Kantonsystem', pp. 157, 162; Büsch, *Militärsystem*, p. 55.
63　Frederick the Great, *History of My Own Times* (excerpt), in Jay Luvaas (ed. and trans.), *Frederick the Great on the Art of War* (New York, 1966), p. 75. 弗里德里希大王在 1768 年的政治遗嘱中更为详尽地论述了这一点，见 Dietrich, *Die politischen Testamente*, p. 517。
64　Philippson, *Der Grosse Kurfürst*, vol. 1, p. 20; Political Testament of the Great Elector (1667), in Dietrich, *Die politischen Testamente*, pp. 179–204，文中的内容见 p. 203; McKay, *Great Elector*, pp. 14–15。
65　这是大选侯对法国特使雷贝纳克说的话，引于 McKay, *Great Elector*, p. 238。
66　Ibid., pp. 239–40.
67　Carl Hinrichs, 'Der Konflikt zwischen Friedrich Wilhelm I. und Kronprinz Friedrich', in id., Preussen als historisches Problem, pp. 185–202，文中的内容见 p. 189。
68　Cited in Reinhold Koser, *Friedrich der Grosse als Kronprinz* (Stuttgart, 1886), p. 26.
69　Hinrichs, 'Der Konflikt', p. 191; Carl Hinrichs, *Preussentum und Pietismus. Der Pietismus in Brandenburg-Preussen als religiös-soziale Reformbewegung* (Göttingen, 1971), p. 60.
70　Hinrichs, 'Der Konflikt', p. 193.
71　如想了解这对父子是如何变得越来越疏远的，见 Johannes Kunisch, *Friedrich der Grosse. Der König und seine Zeit* (Munich, 2004), pp. 18–28.

72 Karl Ludwig Pöllnitz, *Mémoires pour servir à l'histoire des quatre derniers souverains de la Maison de Brandebourg Royale de Prusse* (2 vols., Berlin, 1791), vol. 2, p. 209. 这部回忆录的许多描述都站不住脚，但其中对弗里德里希和卡特的描述不仅能够得到其他历史记录的印证，还十分符合学界对这一时期的弗里德里希王子的认知，是站得住脚的。

73 Kunisch, *Friedrich der Grosse*, pp. 34–5.

74 Theodor Schieder, *Frederick the Great*, trans. Sabina Berkeley and H. M. Scott (Harlow, 2000), p. 25.

75 Ibid., p. 25.

76 Cited in Theodor Fontane, *Wanderungen durch die Mark Brandenburg*, ed. Edgar Gross (2nd edn, 6 vols., Munich, 1963), vol. 2, *Das Oderland*, p. 281；如想大体了解卡特的故事，见 pp. 267–305。

77 Cited in ibid., pp. 286–7.

78 Kunisch, *Friedrich der Grosse*, pp. 43–4.

79 Schieder, *Frederick the Great*, p. 29; Kunisch, *Friedrich der Grosse*, p. 46.

80 Peter Baumgart, 'Friedrich Wilhelm I (1713–1740)', in Kroll (ed.), *Preussens Herrscher*, pp. 134–59，文中的内容见 p. 158。

81 Hintze, *Die Hohenzollern*, p. 280.

82 Edgar Melton, 'The Prussian Junkers, 1600–1786', in H. M. Scott (ed.), *The European Nobilities in the Seventeenth and Eighteenth Centuries* (2 vols., Harlow, 1995), vol. 2, *Northern Central and Eastern Europe*, pp. 71–109，文中的内容见 p. 92。

83 Rainer Prass, 'Die Brieftasche des Pfarrers. Wege der übermittlung von Informationen in ländliche Kirchengemeinden des Fürstentums Minden', in Ralf Pröve and Norbert Winnige (eds.), *Wissen ist Macht. Herrschaft und Kommunikation in Brandenburg-Preussen 1600–1850* (Berlin, 2001), pp. 69–82，文中的内容见 pp. 78–9。

84 Wolfgang Neugebauer, *Absolutistischer Staat und Schulwirklichkeit in Brandenburg-Preussen* (Berlin, 1985), pp. 172–3.

85 Rodney Mische Gothelf, 'Absolutism in Action. Frederick William I and the Government of East Prussia, 1709–1730', Ph.D. dissertation, University of St Andrews, St Andrews (1998), p. 180.

86 Ibid., pp. 239–42.

87 Ibid., pp. 234–5.

88 Wolfgang Neugebauer, *Politischer Wandel im Osten. Ost-und Westpreussen von den alten Ständen zum Konstitutionalismus* (Stuttgart, 1992), pp. 65–86.

89 Carsten, *Origins of the Junkers*, p. 41.

90 Peter Baumgart, 'Zur Geschichte der kurmärkischen Stände im 17. und 18. Jahrhundert', in Büsch and Neugebauer (eds.), *Moderne Preussische Geschichte*, vol. 2, pp. 509–40，文中的内容见 p. 529; Melton, 'The Prussian Junkers', pp. 100–101。

91 Fritz Terveen, 'Stellung und Bedeutung des preussischen Etatministeriums zur Zeit Friedrich Wilhelms I. 1713–1740', in *Jahrbuch der Albertus-Universitätzu Königsberg/Preussens*, 6 (1955), pp. 159–79.

# 第五章　新教

1　Andreas Engel, *Annales Marchiae Brandenburgicae, das ist Ordentliche Verzeichniss vnd beschreibung der fürnemsten... Märckischen... Historien... vom 416 Jahr vor Christi Geburt, bis... 1596, etc.* (Frankfurt, 1598).

2　Bodo Nischan, *Prince, People and Confession. The Second Reformation in Brandenburg* (Philadelphia, 1994), pp. 111–43. 文中对选帝侯约翰·西吉斯蒙德宗教政策的分析大量借鉴了 Nischan 的研究成果。

3　Ibid., pp. 186–8. 其他与"柏林骚乱"相关的文献包括：Eberhard Faden, 'Der Berliner Tumult von 1615', in Martin Henning und Heinz Gebhardt (eds.), *Jahrbuch für brandenburgische Landesgeschichte,* 5 (1954), pp. 27–45; Oskar Schwebel, *Geschichte der Stadt Berlin* (Berlin, 1888), pp. 500–513。

4　Cited in Nischan, *Second Reformation*, p. 209.

5　如想了解情感作为一项独立因素在此类权力斗争中所起到的重要作用，见 Ulinka Rublack, 'State-formation, gender and the experience of governance in early modern Württemberg', in id. (ed.), *Gender in Early Modern German History* (Oxford, 2003), pp. 200–217，文中的内容见 p. 214。

6　Bodo Nischan, 'Reformation or Deformation? Lutheran and Reformed Views of Martin Luther in Brandenburg's "Second Reformation" ', in id., *Lutherans and Calvinists in the Age of Confessionalism* (Variorum repr., Aldershot, 1999), pp. 203–15，文中的内容见 p. 211。皮斯托里斯的文字引自 id., *Second Reformation*, p. 84。

7　Ibid., p. 217.

8　Droysen, *Geschichte der preussischen Politik*, vol. 3/1, *Der Staat des Grossen Kurfürsten*, p. 31.

9　Schultze, *Die Mark Brandenburg*, vol. 4, p. 192.

10　Frederick William to supreme councillors of Ducal Prussia (draft in the hand of Chancellor von Götze), Königsberg, 26 April 1642, in Erdmannsdörffer (ed.), *Politische Verhandlungen*, vol. 1, pp. 98–103.

11　Königsberg clergy to the supreme councillors of Ducal Prussia [no date; reply to the Elector's letter of 26 April], in Erdmannsdörffer (ed.), *Politische Verhandlungen*, vol. 1, pp. 98–103. 这里提到的"法律"指普鲁士公爵老阿尔布雷希特政治遗嘱中规定普鲁士公国最主要的宗教信仰必须始终是路德宗的条款。

12　Klaus Deppermann, 'Die Kirchenpolitik des Grossen Kurfürsten', *Pietismus und Neuzeit*, 6 (1980), pp. 99–114，文中的内容见 pp. 110–12。

13　Walther Ribbeck, 'Aus Berichten des hessischen Sekretärs Lincker vom Berliner Hofe während der Jahre 1666–1669', *FBPG*, 12/2 (1899), pp. 141–58 以一位出使柏林的黑森伯国外交官的记录为基础，描述了上述事件，很有参考意义。

14　Gerd Heinrich, 'Religionstoleranz in Brandenburg–Preussen. Idee und Wirklichkeit', in Manfred Schlenke (ed.), *Preussen. Politik, Kultur, Gesellschaft* (Reinbek, 1986), pp. 83–102，文中的内容见 p. 83。

15　McKay, *Great Elector*, p. 156, n. 40.

16　见 Margrave Ernest to Frederick William, Cölln, 1 July 1641; Frederick William, Resolution, Königsberg, 30 July 1641, in Erdmannsdörffer (ed.), *Politische Verhandlungen*, vol. 1, p. 479。

17　Cited in McKay, *Great Elector*, p. 186.

18　见 docs. nos. 121–30 in Selma Stern, *Der preussische Staat und die Juden* (8 vols. in 4 parts, Tübingen, 1962–75), part 1, *Die Zeit des Grossen Kurfürsten und Friedrichs 1.*, vol. 2, pp. 108–16.

19　Cited in Martin Lackner, *Die Kirchenpolitik des Grossen Kurfürsten* (Witten, 1973), p. 300.

20　M. Brecht, 'Philipp Jakob Spener, Sein Programm und dessen Auswirkungen', in id. (ed.), *Geschichte des Pietismus* (4 vols., Göttingen, 1993), vol. 1, *Der Pietismus vom 17. bis zum frühen 18. Jahrhundert*, pp. 278–389，文中的内容见 pp. 333–8; H. Leube, 'Die Geschichte der pietistischen Bewegung in Leipzig', in id., *Orthodoxie und Pietismus. Gesammelte Studien* (Bielefeld, 1975), pp. 153–267。

21　如想了解虔敬派信徒与路德宗信徒在汉堡、吉森、达姆施塔特等城市的冲突，见 Klaus Deppermann, *Der Hallesche Pietismus und der preussische Staat unter Friedrich III (I)* (Göttingen, 1961), pp. 49–50; Brecht, 'Philipp Jakob Spener', pp. 344–51。

22　Johannes Wallmann, 'Das Collegium Pietatis', in M. Greschat (ed.), *Zur neueren Pietismusforschung* (Darmstadt, 1977), pp. 167–223; Brecht, 'Philipp Jakob Spener', pp. 316–19.

23　Philipp Jakob Spener, *Theologische Bedencken* (4 Parts in 2 vols., Halle, 1712–15), part 3, vol. 2, p. 293.

24　Philipp Jakob Spener, *Letzte Theologische Bedencken* (Halle, 1711), part 3, pp. 296–7, 428, 439–40, 678；引文引自重印的 Dietrich Blaufuss and P. Schicketanz, *Philipp Jakob Spener Letzte Theologische Bedencken und andere Brieffliche Antworten* (Hildesheim, 1987)。

25　Cited in T. Kervorkian, 'Piety Confronts Politics: Philipp Jakob Spener in Dresden 1686–1691', *German History*, 16 (1998), pp. 145–64.

26　Article on Philipp Jakob Spener, Klaus-Gunther Wesseling, *Biographisch-Bibliographisches Kirchenlexikon*, vol. 10 (1995), cols. 909–39, http://www.bautz.de/bbkl/s/spener_p_j.shtml ; accessed 29 October 2003.

27　R. L. Gawthrop, *Pietism and the Making of Eighteenth-century Prussia* (Cambridge, 1993), p. 122.

28　Philipp Jakob Spener, *Pia Desideria: Oder hertzliches Verlangen nach gottgefälliger Besserung der wahren evangelischen Kirchen*, 2nd edn (Frankfurt/Main, 1680). 引用见重印的 E. Beyreuther (ed.), *Speners Schriften*, vol. 1 (Hildesheim, 1979), pp. 123–308，文中的内容见 pp. 267–71。

29　Spener, *Pia Desideria*, pp. 250–52.

30　Ibid., p. 257.

31　Brecht, 'Philipp Jakob Spener', p. 352.

32　Deppermann, *Der Hallesche Pietismus*, p. 172.

33　Ibid., pp. 74, 172; Brecht, 'Philipp Jakob Spener', p. 354.

34　Kurt Aland, 'Der Pietismus und die soziale Frage', in id. (ed.), *Pietismus und moderne Welt* (Witten, 1974), pp. 99–137，文中的内容见 p. 101。

35 Brecht, 'Philipp Jakob Spener', p. 290; Deppermann, *Der Hallesche Pietismus*, pp. 58–61.
36 E. Beyreuther, *Geschichte des Pietismus* (Stuttgart, 1978), p. 155.
37 W. Oschlies, *Die Arbeits-und Berufspädagogik August Hermann Franckes (1663–1727). Schule und Leben im Menschenbild des Hauptvertreters des halleschen Pietismus* (Witten, 1969), p. 20.
38 如想了解 *Fussstapffen* 及弗兰克的其他纲领性作品，见 M. Brecht, 'August Hermann Francke und der Hallesche Pietismus', in id. (ed.), *Geschichte des Pietismus*, vol. 2, pp. 440–540，文中的内容见 p. 475。
39 F. Ernest Stoeffler (ed.), *Continental Pietism and Early American Christianity* (Grand Rapids, 1976); Mark A. Noll, 'Evangelikalismus und Fundamentalismus in Nordamerika', in Ulrich Gäbler (ed.), *Der Pietismus im neunzehnten und zwanzigsten Jahrhundert* (Göttingen, 2000), pp. 465–531. 如想了解书信网络和宗教复兴，见 W. R. Ward, *The Protestant Evangelical Awakening* (Cambridge, 1992)，尤见 ch. 1。
40 Carl Hinrichs, 'Die universalen Zielsetzungen des Halleschen Pietismus', in id., *Preussentum und Pietismus*, pp. 1–125，尤见 pp. 29–47。
41 Martin Brecht, 'August Hermann Francke und der Hallische Pietismus' in id. (ed.) *Der Pietismus vom siebzehnten bis zum frühen achtzehnten Jahrhundert* (*Geschichte des Pietismus*, vol. 1) (Göttingen, 1993), pp. 440–539，文中的内容见 pp. 478, 485。
42 Gawthrop, *Pietism*, pp. 137–49, 211, 213 and passim; Mary Fulbrook, *Piety and Politics: Religion and the Rise of Absolutism in England, Württemberg and Prussia* (Cambridge, 1983), pp. 164–7 有所不同，强调了二人关系中的功利主义元素。又见 W. Stolze, 'Friedrich Wilhelm I. und der Pietismus', *Jahrbuch für Brandenburgische Kirchengeschichte*, 5 (1908), pp. 172–205; K. Wolff, 'Ist der Glaube Friedrich Wilhelms I. von A. H. Francke beeinflusst?', *Jahrbuch für Brandenburgische Kirchengeschichte*, 33 (1938), pp. 70–102.
43 Deppermann, *Der Hallesche Pietismus*, p. 168.
44 Schoeps, *Preussen*, p. 47; Gawthrop, *Pietism*, p. 255.
45 Fulbrook, *Piety and Politics*, p. 168. 1736 年时，政府修改规定，在柯尼斯堡接受培训的人同样可以获得担任公职的资格。
46 Hartwig Notbohm, *Das evangelische Kirchen-und Schulwesen in Ostpreussen während der Regierung Friedrichs des Grossen* (Heidelberg, 1959), p. 15.
47 M. Scharfe, *Die Religion des Volkes. Kleine Kultur-und Sozialgeschichte des Pietismus* (Gütersloh, 1980), p. 103; Beyreuther, *Geschichte des Pietismus*, pp. 338–9; Gawthrop, *Pietism*, pp. 215–46.
48 Carl Hinrichs, 'Pietismus und Militarismus im alten Preussen' in id., *Preussentum und Pietismus*, pp. 126–73，文中的内容见 p. 155。
49 Gawthrop, *Pietism*, p. 226; Hinrichs, 'Pietismus und Militarismus', pp. 163–4.
50 Benjamin Marschke, *Absolutely Pietist: Patronage, Factionalism, and State-building in the Early Eighteenth-century Prussian Army Chaplaincy* (Halle, 2005), p. 114. 马施克博士在此书出版之前就让我阅读了手稿，我对此十分感激。
51 如想阅读证明这一观点的论据，见 Gawthrop, *Pietism*, p. 228。
52 Ibid., pp. 236–7.
53 见 A. J. La Vopa, Grace, *Talent, and Merit. Poor Students, Clerical Careers and*

*Professional Ideology in Eighteenth-century Germany* (Cambridge, 1988), pp. 137–64, 386–8。

54 如想大体了解虔敬派在学校教育领域的创新对后世的影响（本书对这一问题的叙述就是根据以下参考文献总结出来的），见 J. Van Horn Melton, *Absolutism and the Eighteenth-century Origins of Compulsory Schooling in Prussia and Austria* (Cambridge, 1988), pp. 23–50。

55 Terveen, *Gesamtstaat und Retablissement*, pp. 86–92. 如想了解弗里德里希·威廉一世如何重视向立陶宛人传播福音的工作，见 Hinrichs, *Preussentum und Pietismus*, p. 174; Notbohm, *Das evangelische Schulwesen*, p. 16。

56 Kurt Forstreuter, 'Die Anfänge der Sprachstatistik in Preussen', in id., *Wirkungen des Preussenlandes* (Cologne, 1981), pp. 312–33.

57 M. Brecht, 'Der Hallische Pietismus in der Mitte des 18. Jahrhunderts – seine Ausstrahlung und sein Niedergang', in id. and Klaus Deppermann (eds.), *Der Pietismus im achtzehnten Jahrhundert* (Göttingen, 1995), pp. 319–57，文中的内容见 p. 323。

58 如想了解虔敬派以犹太人为对象的传教活动，见 Christopher Clark, *The Politics of Conversion. Missionary Protestantism and the Jews in Prussia 1728–1941* (Oxford, 1995), pp. 9–82。

59 Scharfe, *Die Religion des Volkes*, p. 148.

60 H. Obst, *Der Berliner Beichtstuhlstreit* (Witten, 1972); Gawthrop, *Pietism*, pp. 124–5; Fulbrook, *Piety and Politics*, pp. 160–62.

61 Marschke, *Absolutely Pietist*.

62 Gawthrop, *Pietism*, pp. 275–6.

63 如想了解虔敬派与虚伪的联系，见 Johannes Wallmann, 'Was ist der Pietismus?', *Pietismus und Neuzeit*, 20 (1994), pp. 11–27，文中的内容见 pp. 11–12。

64 Brecht, 'Der Hallische Pietismus', p. 342.

65 Justus Israel Beyer, *Auszüge aus den Berichten des reisenden Mitarbeiters beym jüdischen Institut* (15 vols., Halle, 1777–91), vol. 14, p. 2.

66 比如说，见 W. Bienert, *Der Anbruch der christlichen deutschen Neuzeit dargestellt an Wissenschaft und Glauben des Christian Thomasius* (Halle, 1934), p. 151。

67 Martin Schmidt, 'Der Pietismus und das moderne Denken', in Aland (ed.), *Pietismus und Moderne Welt*, pp. 9–74，文中的内容见 pp. 21, 27, 53–61。

68 比如说，见 J. Geyer-Kordesch, 'Die Medizin im Spannungsfeld zwischen Aufklärung und Pietismus: Das unbequeme Werk Georg Ernst Stahls und dessen kulturelle Bedeutung', in N. Hinske (ed.), *Halle, Aufklärung und Pietismus* (Heidelberg, 1989)。

69 如想了解康德对虔敬派传统暧昧的态度，见介绍伊曼努尔·康德的优秀著作 *Religion and Rational Theology*, ed. and trans. Allen W. Wood and George di Giovanni (Cambridge, 1996)。

70 Richard van Dülmen, *Kultur und Alltag in der frühen Neuzeit* (3 vols., Munich, 1994), vol. 3, *Religion, Magie, Aufklärung 16.–18. Jahrhundert*, pp. 132–4.

71 W. M. Alexander, *Johann Georg Hamann. Philosophy and Faith* (The Hague, 1966), 尤见 pp. 2–3; I. Berlin, *The Magus of the North. Johann Georg Hamann and the Origins of Modern Irrationalism*, ed. H. Hardy (London, 1993), pp. 5–6, 13–14, 91。

72 L. Dickey, *Hegel. Religion, Economics and the Politics of Spirit* (Cambridge, 1987), 尤见 pp. 149, 161。

73　Fulbrook, *Piety and Politics* 一书中做出了这样的对比。
74　Political Testament of 1667, in Dietrich (ed.), *Die Politischen Testamente*, p. 188.
75　Memo from Sebastian Striepe to Frederick William [mid–January 1648], in Erdmannsdörffer (ed.), *Politische Verhandlungen*, vol. 1, pp. 667–73.
76　比如说，见 Frederick William to Louis XIV, Kleve, 13 August 1666, in B. Eduard Simson, *Auswärtige Acten. Erster Band (Frankreich)* (Berlin, 1865), pp. 416–17。
77　McKay, *Great Elector*, 154.
78　在一封写给法国驻柏林使节的信件中，法国国王火冒三丈，指责弗里德里希·威廉使用武力，阻止"那些信奉所谓归正信仰"的臣民返回法国承认他们的"过错"。路易十四警告道，如果弗里德里希·威廉不停止这样的恶行，那么"我［路易十四］就不得不做出令他不快的决定"（Waddington, *Prusse*, vol. 1, p. 561）。
79　奥兰治公国的前任统治者是从1672年起担任联省共和国执政官、从1689年起成为英国国王的奥兰治亲王威廉三世。威廉三世没有子女，而且还是个独生子，所以到了1702年他去世之后，弗里德里希一世成为奥兰治公国继承权最有力的竞争者，原因是他的母亲路易丝·亨丽埃特是1625—1647年联省共和国执政官弗雷德里克·亨德里克的长女。只不过，弗里德里希一世的继承权与许多其他的继承权一样，也因为古人对女性继承权的质疑而饱受争议。1682年，路易十四吞并了奥兰治公国，但对公国继承权的争夺直到《乌得勒支和约》（1713年）生效之后才终于尘埃落定。
80　Text of the proclamation in Raby to Hedges, Berlin, 19 January 1704, PRO SP 90/2.
81　Ibid.

# 第六章　乡土势力

1　Andreas Nachama, *Ersatzbürger und Staatsbildung. Zur Zerstörung des Bürgertums in Brandenburg-Preussen* (Frankfurt/Main, 1984). 另一部史书侧重于西里西亚，对该地区的城镇生活做出了极其负面的评价，见 Johannes Ziekursch, *Das Ergebnis der friderizianischen Städteverwaltung und die StädteordnungSteins. Am Beispiel der schlesischen Städte dargestellt* (Jena, 1908), pp. 80, 133, 135 and passim；如想了解城市化，见 Jörn Sieglerschmidt, 'Social and Economic Landscapes', in Sheilagh Ogilvie (ed.), *Germany. A New Social and Economic History* (3 vols., London, 1995–2003), pp. 1–38，文中的内容见 p. 17。
2　Nachama, *Ersatzbürger und Staatsbildung*, pp. 66–7; McKay, *Great Elector*, pp. 162–4.
3　Karin Friedrich, 'The Development of the Prussian Town, 1720–1815', in Dwyer (ed.), *Rise of Prussia*, pp. 129–50，文中的内容见 pp. 136–7。
4　Horst Carl, *Okkupation und Regionalismus. Die preussischen Westprovinzen im Siebenjährigen Krieg* (Mainz, 1993), p. 41; Dieter Stievermann, 'Preussen und die Städte der westfälischen Grafschaft Mark', *Westfälische Forschungen*, 31 (1981), pp. 5–31.
5　Carl, *Okkupation und Regionalismus*, pp. 42–4.
6　Martin Winter, 'PreussischesKantonsystemundstädtischeGesellschaft', in RalfPröveand Bernd Kölling (eds.), *Leben und Arbeiten auf märckischem Sand. Wege in die Gesellschaftsgeschichte Brandenburgs 1700–1914* (Bielefeld, 1999), p. 243–65，文中的内容见 p. 262。

7　Olaf Gründel, 'Bürgerrock und Uniform. Die Garnisonstadt Prenzlau 1685–1806', in Museumsverband des Landes Brandenburg (ed.), *Ortstermine. Stationen Brandenburg-Preussens auf den Weg in die moderne Welt* (Berlin, 2001), pp. 6–23，文中的内容见 p. 14。

8　Stefan Kroll, *Stadtgesellschaft und Krieg. Sozialstruktur, Bevölkerung und Wirtschaft in Stralsund und Stade 1700 bis 1715* (Göttingen, 1997) 研究了一座瑞属波美拉尼亚城镇，突出了这一问题。

9　Ralf Pröve, 'Der Soldat in der "guten Bürgerstube". Das frühneuzeitliche Einquartierungssystem und die sozioökonomischen Folgen', in Kroener and Pröve (eds.), *Krieg und Frieden*, pp. 191–217，文中的内容见 p. 216。

10　Friedrich, 'Prussian Town', p. 139.

11　Martin Winter, 'Preussisches Kantonsystem', p. 249.

12　如想了解普军鼓励新兵结婚的做法，见 'Ausführlicher Auszug und Bemerkungen über den militärischen Theil des Werks De la monarchie prussienne sous Frédéric le Grand, p. M. le Comte de Mirabeau 1788', *Neues Militärisches Journal*, 1 (1788), pp. 31–94，文中的内容见 pp. 48–9。

13　如想了解围绕着这种共生关系所产生的"驻军社会"，见 Beate Engelen, 'Warum heiratet man einen Soldaten? Soldatenfrauen in der ländlichen Gesellschaft Brandenburg-Preussens im 18. Jahrhundert', in Stefan Kroll and Kristiane Krüger (eds.), *Militär und ländliche Gesellschaft in der frühen Neuzeit* (Münster, 2000), pp. 251–74; Beate Engelen, 'Fremde in der Stadt. Die Garnisonsgesellschaft Prenzlaus im 18. Jahrhundert', in Klaus Neitmann, Jürgen Theil and Olaf Grundel (eds.), *Die Herkunft der Brandenburger. Sozial – und Mentalitätsgeschichtliche Beiträge zur Bevölkerung Brandenburgs von hohen Mittelalter bis zum 20. Jahrhundert* (Potsdam, 2001); Ralf Pröve, 'Vom Schmuddelkind zur anerkannten Subdisziplin? Die "neue Militärgeschichte" in der frühen Neuzeit. Entwicklungen, Perspektiven, Probleme', *Geschichte in Wissenschaft und Unterricht*, 51 (2000), pp. 597–613。

14　见 Brigitte Meier, 'Städtische Verwaltungsorgane in den brandenburgischen Klein- und Mittelstädten des 18. Jahrhunderts', in Wilfried Ehbrecht (ed.), *Verwaltung und Politik in den Städten Mitteleuropas. Beiträge zu Verfassungsnorm und Verfassungswirklichkeit in altständischer Zeit* (Cologne, 1994), pp. 177–81，文中的内容见 p. 179; Gerd Heinrich, 'Staatsaufsicht und Stadtfreiheit in Brandenburg-Preussen unter dem Absolutismus (1660–1806)', in Wilhelm Rausch (ed.), *Die Städte Mitteleuropas im 17. und 18. Jahrhundert* (Linz, 1981), pp. 155–72，文中的内容见 pp. 167–8。

15　如想了解这些新的经济精英，见 Kurt Schwieger, *Das Bürgertum in Preussen vor der Französischen Revolution* (Kiel, 1971), pp. 167–9, 173, 181。

16　文中的所有例子都摘自 Rolf Straubel, *Kaufleute und Manufakturunternehmer. Eine Empirische Untersuchung über die sozialen Träger von Handel und Grossgewerbe in den mittleren preussischen Provinzen (1763 bis 1815)* (Stuttgart, 1995), pp. 10, 431–3。

17　Rolf Straubel, *Frankfurt (Oder) und Potsdam am Ende des Alten Reiches. Studien zur städtischen Wirtschafts-und Sozialstruktur* (Potsdam, 1995), p. 137; Günther, 'Städtische Autonomie', p. 108.

18　Monika Wienfort, 'Preussisches Bildungsbürgertum auf dem Lande 1820–1850', *FBPG*, 5 (1995), pp. 75–98.

19　Neugebauer, *Absolutistischer Staat*, pp. 545–52。诺伊格鲍尔指出，许多学校都严

重依赖出资办学的镇民，如果出资人去世或移居别处，学校很有可能会受到严重的打击，甚至直接停办。

20 Brigitte Meier, 'Die "Sieben Schönheiten" der brandenburgischen Städte', in Pröve and Kölling (eds.), *Leben und Arbeiten*, pp. 220–42，文中的内容见 p. 225。

21 Philip Julius Lieberkühn, *Kleine Schriften nebst dessen Lebensbeschreibung* (Züllichau and Freystadt, 1791), p. 9. 如想了解利伯屈恩在新鲁平开展的教育改革工作，又见 Brigitte Meier, *Neuruppin 1700 bis 1830. Sozialgeschichte einer kurmärkischen Handwerker-und Garnisonstadt* (Berlin, 1993)。

22 Hanna Schissler, 'The Junkers: Notes on the Social and Historical Significance of the Agrarian Elite in Prussia', in Robert G. Moeller (ed.), *Peasants and Lords in Modern Germany. Recent Studies in Agricultural History* (Boston, 1986), pp. 24–51.

23 Carsten, *Origins of the Junkers*, pp. 1–3.

24 Dietrich, *Die politischen Testamente*, pp. 229–31.

25 Edgar Melton, 'The Prussian Junkers, 1600–1786', in Scott (ed.), *The European Nobilities*, vol. 2, *Northern, Central and Eastern Europe*, pp. 71–109，文中的内容见 p. 72。

26 如想了解文中的论点，精彩讨论见 Edgar Melton, 'The Prussian Junkers'，尤见 pp. 95–9。

27 C. F. R. von Barsewisch, *Meine Kriegserlebnisse während des Siebenjährigen Krieges 1757–1763. Wortgetreuer Abdruck aus dem Tagebuche des Kgl. Preuss. General Quartiermeister-Lieutenants* (2nd edn, Berlin, 1863).

28 Craig, *Politics of the Prussian Army*, p. 17.

29 Hanna Schissler, *Preussische Agrargesellschaft im Wandel. Wirtschaftliche, gesellschaftliche und politische Transformationsprozesse von 1763 bis 1847* (Göttingen, 1978), p. 217; Johannes Ziekursch, *Hundert Jahre Schlesischer Agrargeschichte* (Breslau, 1915), pp. 23–6; Robert Berdahl, *The Politics of the Prussian Nobility. The Development of a Conservative Ideology 1770–1848* (Princeton, NJ, 1988), pp. 80–85. 如想了解平民地主在勃兰登堡边区参与地区代表大会（Kreistage）的情况，见 Klaus Vetter, 'Zusammensetzung, Funktion und politische Bedeutung der kurmärkischen Kreistage im 18. Jh', *Jahrbuch für die Geschichte des Feudalismus*, 3 (1979), pp. 393–416; Peter Baumgart, 'Zur Geschichte der kurmärkischen Stände im 17. und 18. Jh', in Dieter Gerhard, *Ständische Vertretungen in Europe im 17. und 18. Jahrhundert* (Göttingen, 1969), pp. 131–61。

30 Gustavo Corni, *Stato assoluto e società agraria in Prussia nell'età di Federico II* (= *Annali dell'Istituto storico italo-germanico*, 4; Bologna, 1982), pp. 283–4, 288, 292, 299–300.

31 Melton, 'Prussian Junkers', pp. 102–3; Schissler, 'Junkers', pp. 24–51; Berdahl, *Politics*, p. 79.

32 Hans–Ulrich Wehler, *Deutsche Gesellschaftsgeschichte* (4 vols., Munich, 1987–2003), vol. 1, *Vom Feudalismus des alten Reiches bis zur defensiven Modernisierung der Reformära 1700–1815*, pp. 74, 82.

33 Hans Rosenberg, *Bureaucracy, Aristocracy & Autocracy. The Prussian Experience, 1660–1815* (Cambridge, MA, 1966), pp. 30, 60.

34 Ibid., p. 49; Hans Rosenberg, 'Die Ausprägung der Junkerherrschaft in Brandenburg–Preussen 1410–1648', in id., *Machteliten und Wirtschaftskonjunkturen* (Göttingen, 1978), pp. 24–82，文中的内容见 p. 82; Francis I. Carsten, *The Origins of Prussia* (Oxford, 1954), p.

277。

35　Hans-Ulrich Wehler, *Das deutsche Kaiserreich 1871–1918* (Göttingen, 1973)用犀利的语言解释了德国的"特殊道路",是一部很有影响力的著作。如想了解与土地制度相关的论断,尤见 pp. 15, 238。社会学家马克斯·韦伯是韦勒最为重要的灵感来源,他从民族自由主义的角度对容克地主阶层进行了批判,在韦勒的作品中产生了共鸣: Max Weber, 'Capitalism and Rural Society in Germany' (1906), and 'National Character and the Junkers' (1917), in H. H. Gerth and C. Wright Mills (eds.), *From Max Weber: Essays in Sociology* (Oxford, 1946), pp. 363–95。如想更为广泛地了解反容克的文化传统,见 Heinz Reif, 'Die Junker', in Etienne François and Hagen Schulze (eds.), *Deutsche Erinnerungsorte* (3 vols., Munich, 2001), vol. 1, pp. 520–36, 尤见 pp. 526–8。

36　见 Jan Peters, Hartmut Harnisch and Lieselott Enders, *Märkische Bauerntagebücher des 18. und 19. Jahrhunderts. Selbstzeugnisse von Milchviehbauern aus Neuholland* (Weimar, 1989), p. 54。

37　Carsten, *Origins of the Junkers*, pp. 12, 54, 56。

38　Hagen, *Ordinary Prussians*, pp. 47, 56。

39　Ibid., pp. 65, 78。如想了解对这一问题更为集中的讨论,见经典文章 William Hagen, 'Seventeenth-century Crisis in Brandenburg: The Thirty Years' War, the Destabilization of Serfdom, and the Rise of Absolutism', *American Historical Review*, 94 (1989), pp. 302–35; 又见 William W. Hagen, 'Die brandenburgischen und grosspolnischen Bauern im Zeitalter der Gutsherrschaft 1400–1800', in Jan Peters (ed.), *Gutsherrschaftsgesellschaften im europäischen Vergleich* (Berlin, 1997), pp. 17–28, 文中的内容见 pp. 22–3。

40　Enders, *Die Uckermark*, p. 462。

41　Hagen, *Ordinary Prussians*, p. 72。

42　'Bauernunruhen in der Priegnitz', Geheimes Staatsarchiv (hereafter GStA) Berlin-Dahlem, HA I, Rep. 22, Nr. 72a, Fasz. 11。

43　恩德斯在其全面讲述了乌克马克历史的作品中详细地再现了这些事件,见 Lieselott Enders, *Die Uckermark*, pp. 394–6。

44　Ibid., p. 396。

45　'Klagen der Ritterschaft in Priegnitz gegen aufgewiegelte Unterthanen, 1701–1703', in GStA Berlin-Dahlem, HA I, Rep. 22, Nr. 72a, Fasz. 15; 'Beschwerde von Dörfern über die Nöte und Abgaben, 1700–1701'. Hagen, *Ordinary Prussians*, p. 85 探究了这些文献。

46　Enders, *Die Uckermark*, p. 446。

47　Hagen, *Ordinary Prussians*, pp. 89–93。

48　Friedrich Otto von der Gröben to Frederick William, Amt Zechlin, 20 January, 1670, in Breysig (ed.), *Die Centralstellen*, pp. 813–16, 文中的内容见 p. 814。

49　Hagen, *Ordinary Prussians*, p. 120。

50　这是 Hagen, *Ordinary Prussians* 讨论的一个中心议题。如想了解较为简短的相关讨论,见 William Hagen, 'The Junkers' Faithless Servants', in Richard J. Evans and W. Robert Lee (eds.), *The German Peasantry* (London, 1986), pp. 71–101; Robert Berdahl, 'Christian Garve on the German Peasantry', *Peasant Studies*, 8 (1979), pp. 86–102; id., *The Politics of the Prussian Nobility*, pp. 47–54。

51　Enders, *Die Uckermark*, p. 467。

52　如想了解此种文学体裁,见 Wehler, *Deutsche Gesellschaftsgeschichte*, vol. 1, *Vom*

*Feudalismus des Alten Reiches*, p. 82; Berdahl, *Politics of the Prussian Nobility,* pp. 45–6。

53    Veit Valentin, *Geschichte der deutschen Revolution von 1848–49* (2 vols., Berlin, 1931), vol. 2, pp. 234–5.

54    如想了解容克地主的形象作为"记忆场所"的演化过程，见极其精彩的论文 Heinz Reif, 'Die Junker', 尤见pp. 521–3。

55    Hagen, *Ordinary Prussians*, pp. 292–7.

56    以下文献记录分析了阿尔特弗里德兰领地的这个案例：Heinrich Kaak, 'Untertanen und Herrschaft gemeinschaftlich im Konflikt. Der Streit um die Nutzung des Kietzer Sees in der östlichen Kurmark 1792–1797', in Peters, *Gutsherrschaftsgesellschaften*, pp. 323–42。

57    举例来说，见冯·多索夫人的例子——她在1756年时购买了鲁平境内位于武斯特劳的齐滕庄园，通过引进现代庄园管理技术，迅速地提高了庄园的产出。Carl Brinkmann, *Wustrau. Wirtschafts-und Verfassungsgeschichte eines brandenburgischen Rittergutes* (Leipzig, 1911), pp. 82–3.

58    Thus Veit Ludwig von Seckendorff's *Teutscher Fürstenstaat*, cited in Johannes Rogalla von Bieberstein, *Adelherrschaft und Adelskultur in Deutschland* (Limburg, 1998), p. 356.

59    Ute Frevert, *Women in German History. From Bourgeois Emancipation to Sexual Liberation* (Oxford, 1989), pp. 64–5; Heide Wunder, *He is the Sun, She is the Moon: Women in Early Modern Germany*, trans. Thomas Dunlap (Cambridge, MA, 1998), pp. 202–8.

60    如想更为全面地了解这一现象，见 Sheilagh Ogilvie, *A Bitter Living. Women, Markets and Social Capital in Early Modern Germany* (Oxford, 2003), pp. 321–2。

61    Hagen, *Ordinary Prussians*, pp. 167, 368.

62    Ibid., p. 256.

63    Ulrike Gleixner, '*Das Mensch*' und '*Der Kerl*'. *Die Konstruktion von Geschlecht in Unzuchtsverfahren der Frühen Neuzeit (1700–1760)* (Frankfurt, 1994), p. 15.

64    Hagen, *Ordinary Prussians*, p. 499.

65    Gleixner, *Unzuchtsverfahren*, pp. 116, 174.

66    Ibid., p. 172.

67    Hagen, *Ordinary Prussians*, pp. 177, 257, 258.

68    Gleixner, *Unzuchtsverfahren*, pp. 176–210.

69    Frederick II, Political Testament of 1752, in Dietrich, *Die politischen Testamente*, p. 261.

70    如想了解认为"工业"是国家文明成就指标的观点，见 Florian Schui, 'Early debates about industrie: Voltaire and his Contemporaries (c 1750–78)', Ph. D. thesis, Cambridge (2005); Hugo Rachel, *Wirtschaftsleben im Zeitalter des Frühkapitalismus* (Berlin, 1931), pp. 130–32; Rolf Straubel, 'Bemerkungen zum Verhältnis von Lokalbehörde und Wirtschaftsentwicklung. Das Berliner Seiden–und Baumwollgewerbe in der 2.Hälfte des 18. Jahrhunderts', *Jahrbuch für Geschichte*, 35 (1987), pp. 119–49，文中的内容见 pp. 125–7。

71    William O. Henderson, *Studies in the Economic Policy of Frederick the Great* (London, 1963), pp. 36, 159–60; Ingrid Mittenzwei, *Preussen nach dem Siebenjährigen Krieg. Auseinandersetzungen zwischen Bürgertum und Staat um die Wirtschaftsgeschichte* (Berlin, 1979), pp. 71–100.

72    Clive Trebilcock, *The Industrialisation of the Continental Powers 1780–1914*

(Harlow, 1981), p. 27.

73 Cited in August Schwemann, 'Freiherr von Heinitz als Chef des Salzdepartements (1786–96)', *FBPG*, 8 (1894), pp. 111–59, 文中的内容见 p. 112。

74 Ibid., pp. 112–13.

75 Schieder, *Frederick the Great*, p. 209.

76 Honoré-Gabriel Riquetti, Comtede Mirabeau, *De la monarchie Prussienne sous Frédéric le Grand* (8 vols., Paris, 1788), vol. 3, pp. 2, 7–8, 9–15, 17, 18.

77 Ibid., vol. 3, p. 191.

78 Ibid., vol. 3, pp. 175–6, vol. 5, pp. 334–5, 339.

79 Trebilcock, *Industrialisation*, p. 28; Walther Hubatsch, *Friedrich der Grosse und die preussische Verwaltung* (Cologne, 1973), pp. 81–2.

80 Johannes Feig, 'Die Begründung der Luckenwalder Wollenindustrie durch Preussens Könige im achtzehnten Jahrhundert', *FBPG*, 10 (1898), pp. 79–103, 文中的内容见 pp. 101-2; 文中引用的施莫勒的原文见 p. 103。

81 如想了解对这一问题的讨论, 见 Wehler, *Deutsche Gesellschaftsgeschichte*, vol. 1, p. 109。

82 Ingrid Mittenzwei, *Preussen nach dem Siebenjährigen Krieg*, pp. 71–100; Max Barkhausen, 'Government Control and Free Enterprise in Western Germany and the Low Countries in the Eighteenth Century', in Peter Earle (ed.), *Essays in European Economic History* (Oxford, 1974), pp. 241–57; Stefan Gorissen, 'Gewerbe, Staat und Unternehmer auf dem rechten Rheinufer', in Dietrich Ebeling (ed.), *Aufbruch in eine neue Zeit. Gewerbe, Staat und Unternehmer in den Rheinlanden des 18. Jahrhunderts* (Cologne, 2000), pp. 59–85, 尤见 pp. 74–6; 引自 Wilfried Reininghaus, *Die Stadt Iserlohn und ihre Kaufleute (1700–1815)* (Dortmund, 1995), p. 19。

83 Rolf Straubel, *Kaufleute und Manufakturunternehmer*, pp. 11, 24, 26, 29–30, 32, 95, 97. 多亏了施特劳贝尔具有开创性的杰出研究成果, 笔者才能总结出讨论这一历史时期普鲁士的制造业发展的大体框架。Karl Heinrich Kaufhold, *Das Gewerbe in Preussen um 1800* (Göttingen, 1978) 是一部年代更久的著作, 同样也研究了普鲁士的制造业采用资本主义生产模式的转变过程, 并且提供了普鲁士王国各个省份的数据 (施特劳贝尔的著作只讨论了中部诸省的情况)。

84 Straubel, *Kaufleute und Manufakturunternehmer*, pp. 399–400; id., 'Berliner Seidenund Baumwollgewerbe', pp. 134–5; Mittenzwei, *Preussen nach dem Siebenjährigen Krieg*, pp. 39–50.

85 Straubel, *Kaufleute und Manufakturunternehmer*, pp. 397–8, 408–9; 如想了解学界对税收专员在地方上所起作用的正面评价, 见 Heinrich, 'Staatsaufsicht und Stadtfreiheit', in Rausch (ed.), *Städte Mitteleuropas*, pp. 155–72, 尤见 p. 165。

# 第七章　逐鹿欧洲

1 H. M. Scott, 'Prussia's Emergence as a European Great Power, 1740–1763', in Dwyer (ed.), *Rise of Prussia*, pp. 153–76, 文中的内容见 p. 161。

2 Frederick II, *De la Littérature Allemande; des defauts qu'on peut lui reprocher; quelles en sont les causes; et par quels moyens on peut les corriger* (Berlin, 1780; repr. Heilbronn, 1883), pp. 4–5, 10.

3 T. C. W. Blanning, *The Culture of Power and the Power of Culture. Old Regime Europe 1660–1789* (Oxford, 2002), p. 84.

4 Frederick II, *The Refutation of Machiavelli's Prince, or Anti-Machiavel*, intro. and trans. Paul Sonnino (Athens, O, 1981), pp. 157–62.

5 Dietrich, *Die politischen Testamente*, pp. 657–9.

6 Wolfgang Pyta, 'Von der Entente Cordiale zur Aufkündigung der Bündnispartnerschaft. Die preussisch–britischen Beziehungen im Siebenjährigen Krieg 1758–1762', *FBPG*, New Series 10 (2000), pp. 1–48, 文中的内容见 pp. 41–2。

7 如想了解学界对弗里德里希历史著作的讨论，见 Kunisch, *Friedrich der Grosse*, pp. 102–3, 119, 218–23。

8 Frederick William I, *Instruction for his Successor* (1722); Frederick II, Political Testament of 1752, both in Dietrich, *Die politischen Testamente*, pp. 243, 255.

9 Ibid., p. 601.

10 Jacques Brenner (ed.), *Mémoires pour servir à la vie de M. de Voltaire, écrits par luimême* (Paris, 1965), p. 45.

11 Ibid., p. 43.

12 Kunisch, *Friedrich der Grosse*, p. 60.

13 David Wootton, 'Unhappy Voltaire, or "I shall Never Get Over it as Long as I Live" ', *History Workshop Journal,* no. 50 (2000), pp. 137–55.

14 Giles MacDonogh, *Frederick the Great. A Life in Deed and Letters* (London, 1999), pp. 201–4.

15 Paul Noack, *Elisabeth Christine und Friedrich der Grosse. Ein Frauenleben in Preussen* (Stuttgart, 2001), p. 107.

16 Ibid., p. 142; Biskup, 'Hidden Queen', passim.

17 Noack, *Elisabeth Christine*, pp. 185–6.

18 Frederick to Duhan de Jandun, 19 March 1734, in Preuss (ed.), *Oeuvres de Frédéric II* (31 vols., Berlin, 1851), vol. 17, p. 271.

19 PRO SP 90/2, 90/3, 90/4, 90/5, 90/6, 90/7.

20 Charles Ingrao, *The Habsburg Monarchy 1618–1815* (Cambridge, 1994), p. 152.

21 Frederick William I, 'Last Speech' (28 May 1740), in Dietrich (ed.), *Die politischen Testamente*, p. 246. 这段话是由国务大臣兼内阁大臣海因里希·冯·波德维尔斯伯爵记录下来的。

22 Walter Hubatsch, *Friedrich der Grosse und die preussische Verwaltung* (Cologne, 1973), p. 70.

23 H. M. Scott, 'Prussia's Emergence', in Dwyer (ed.), *Rise of Prussia*, pp. 153–76.

24 Schieder, *Frederick the Great*, p. 95; Hubatsch, *Friedrich der Grosse*, p. 70; Kunisch, *Friedrich der Grosse*, p. 167.

25 Schieder, *Frederick the Great*, p. 235.

26 如想了解史家对第一次、第二次西里西亚战争中具体战役的分析，见 David Fraser, *Frederick the Great. King of Prussia* (London, 2000), pp. 91–5, 116–9, 178–84;

Christopher Duffy, *Frederick the Great. A Military Life* (London, 1985), pp. 21–75; Dennis Showalter, *The Wars of Frederick the Great* (Harlow, 1996), pp. 38–89。

27  Johannes Kunisch, 'Friedrich II., der Grosse (1740–1786)', in Kroll (ed.), *Preussens Herrscher*, pp. 160–78，文中的内容见 p. 166。

28  T. C. W. Blanning, 'Frederick the Great and Enlightened Absolutism', in H. M. Scott (ed.), *Enlightened Absolutism. Reform and Reformers in Later Eighteenth-century Europe* (London, 1990), pp. 265–88，文中的内容见 p. 281。

29  Kunisch, *Friedrich der Grosse*, p. 332.

30  William J. McGill, 'The Roots of Policy: Kaunitz in Vienna and Versailles 1749–1753', *Journal of Modern History*, 43 (1975), pp. 228–44.

31  Frederick II, *Anti-Machiavel*, pp. 160–62. 如想了解《反马基雅弗利》的模棱两可之处，见 Schieder, *Frederick the Great*, pp. 75–89; Kunisch, *Friedrich der Grosse*, pp. 126–8。

32  Situation paper by Kaunitz, 7 September 1778 in Karl Otmar von Aretin, *Heiliges Römisches Reich 1776–1806. Reichsverfassung und Staatssouveränität* (2 vols., Wiesbaden, 1967), vol. 2, p. 2.

33  如想了解普军为何在科林会战中吃了败仗，以及弗里德里希所扮演的角色，见 Reinhold Koser, 'Bemerkung zur Schlacht von Kolin', in *FBPG*, 11 (1898), pp. 175–200。

34  Scott, 'Prussia's Emergence', p. 175.

35  在战争的最后几年，由于步兵的阵亡率过高，普军士兵的素质开始下滑。弗里德里希加强对炮兵的训练，以提升炮兵部署能力的方式，在一定程度上弥补了步兵素质下降所造成的问题。

36  C. F. R. von Barsewisch, *Meine Kriegserlebnisse während des Siebenjährigen Krieges 1757–1763. Wortgetreuer Abdruck aus dem Tagebuche des Kgl. Preuss. General-Quartiermeister-Lieutenants C. F. R. von Barsewisch* (2nd edn, Berlin, 1863), pp. 75, 77.

37  Helmut Bleckwenn (ed.), *Preussische Soldatenbriefe* (Osnabrück, 1982), p. 18.

38  Franz Reiss to his wife, Lobositz, 6 October 1756, in Bleckwenn (ed.), *Preussische Soldatenbriefe*, p. 30.

39  Barsewisch, *Meine Kriegserlebnisse*, pp. 46–51.

40  [Johann] Wilhelm von Archenholtz, *The history of the Seven Years War in Germany*, trans. F. A. Catty (Frankfurt/Main, 1843), p. 102.

41  Horst Carl, 'Unter fremder Herrschaft. Invasion und Okkupation im Siebenjährigen Krieg', in Kroener and Pröve (eds.), *Krieg und Frieden*, pp. 331–48，文中的内容见 p. 335。

42  Comte de Saint-Germain to M. Paris Du Verney, Mühlhausen, 19 November 1757, cited in Carl, 'Invasion und Okkupation', pp. 331–2.

43  von Archenholtz, *Seven Years War*, p. 92.

44  Horst Carl, 'Invasion und Okkupation', p. 341.

45  Max Braubach, *Versailles und Wien von Ludwig XIV bis Kaunitz. Die Vorstadien der diplomatischen Revolution im 18 Jahrhundert* (Bonn, 1952) 仍然是研究外交革命中法奥两国外交背景的关键参考资料。

46  Michel Antoine, *Louis XV* (Paris, 1989), p. 743.

47  引文分别来自 Jean-Louis Soulavie、Charles de Peyssonnel、Louis Philippe Comte de Ségur，引于 T. C. W. Blanning, *The French Revolutionary Wars, 1787–1802* (London, 1996), p. 23。

48 如想了解与玛丽·安托瓦内特的污名化相关的议题，见 Dena Goodman (ed.), *Marie Antoinette: Writings on the Body of a Queen* (London, 2003) 中收录的文章。

49 Manfred Hellmann, 'Die Friedensschlüsse von Nystad (1721) und Teschen (1779) als Etappen des Vordringens Russlands nach Europa', *Historisches Jahrbuch*, 97/8 (1978), pp. 270–88. 如想更为广泛地了解这一问题，见：Walther Mediger, *Moskaus Weg nach Europe. Der Aufstieg Russland zum europäischen Machtstaat im Zeitalter Friedrichs des Grossen* (Brunswick, 1952); 关于七年战争对欧洲国际体系更为广泛的影响，史家的分析见 H. M. Scott, *The Emergence of the Eastern Powers, 1756–1775* (Cambridge, 2001), 尤见 pp. 32–67。

50 Cited in Christopher Duffy, *Russia's Military Way to the West: Origins and Nature of Russian Military Power 1700–1800* (London, 1981), p. 124.

51 T. C. W. Blanning, *Joseph II* (London, 1994), passim; Ingrao, *Habsburg Monarchy*, p. 182; Werner Bein, *Schlesien in der habsburgischen Politik. Ein Beitrag zur Entstehung des Dualismus im Alten Reich* (Sigmaringen, 1994), pp. 295–322.

52 Kossert, *Masuren*, p. 93.

53 Frederick II, Political Testament of 1768, in Dietrich, *Die politischen Testamente*, p. 554.

54 Atorf, *Der König und das Korn*, pp. 208–22.

55 Gustav Schmoller and Otto Hintze (eds.), *Die Behördenorganisation und die allgemeine Staatsverwaltung Preussens im 18. Jahrhundert* (15 vols., Berlin, 1894–1936), vol. 7 (1894), no. 9, pp. 21–3 and no. 69, pp. 107–8.

56 Atorf, *Der König und das Korn*, pp. 202–3.

57 Carl, *Okkupation und Regionalismus*, p. 415.

58 Frederick II, Political Testament of 1768, in Dietrich, *Die politischen Testamente*, p. 647.

59 Kunisch, *Friedrich der Grosse*, pp. 244–5.

60 Frederick II, 'Reflections on the Financial Administration of the Prussian Government', in Dietrich, *Die politischen Testamente*, p. 723.

61 H. M. Scott, '1763–1786: The Second Reign of Frederick the Great', in Dwyer (ed.), *Rise of Prussia,* pp. 177–200.

62 Cited in Blanning, *French Revolutionary Wars*, p. 8. 如想了解学界为何认为说出这句话的人是贝伦霍斯特，见 ibid., p. 32, n. 18。

63 Kunisch, 'Friedrich II.', p. 171.

64 Frederick II, Political Testament of 1752, in Dietrich, *Die politischen Testamente*, pp. 254–461，文中的内容见 pp. 331–3。

65 诸侯联盟原本是一个由小国组成的联盟，所针对的对象除了哈布斯堡王朝，也包括普鲁士王国，如想了解相关的政治议题，见 Maiken Umbach, 'The Politics of Sentimentality and the German Fürstenbund, 1779–1785', *Historical Journal*, 41, 3 (1998), pp. 679–704。

66 Karl Otmar von Aretin, *Heiliges Römisches Reich: 1776–1806: Reichsverfassung und Staatssouveränität* (2 vols., Weisbaden, 1967), vol. 1, pp. 19–23; Gabriele Haug-Moritz, *Württembergischer Ständekonflikt und deutscher Dualismus: ein Beitrag zur Geschichte des Reichsverbands in der Mitte des 18. Jahrhunderts* (Stuttgart, 1992), pp. 163–99, 344–5; ead., 'Friedrich der Grosse als "Gegenkaiser"：Überlegungen zur preussischen Reichspolitik,

1740–1786', in Haus der Geschichte Baden-Württemberg (ed.), *Vom Fels zum Meer. Preussen und Südwestdeutschland* (Tübingen, 2002), pp. 25–44; Volker Press, 'Friedrich der Grosse als Reichspolitiker', in Heinz Duchhardt (ed.), *Friedrich der Grosse, Franken und das Reich* (Cologne, 1986), pp. 25–56, 尤见 pp. 42–4。

67 Hans-Martin Blitz, *Aus Liebe zum Vaterland. Die deutsche Nation im 18. Jahrhundert* (Hamburg, 2000), pp. 160–63.

68 Haug-Moritz, *Württembergischer Ständekonflikt*, p. 165.

69 Ramler to Gleim, 11 December 1757, in Carl Schüddekopf (ed.), *Briefwechsel zwischen Gleim und Ramler* (2 vols., Tübingen, 1907), vol. 2, pp. 306–7.

70 Johann Wilhelm Archenholtz, *Geschichte des Siebenjährigen Krieges in Deutschland* (5th edn; 1 vol. in 2 parts, Berlin, 1840), part 2, pp. 165–6.

71 August Friedrich Wilhelm Sack, 'Danck-Predigt über 1. Buch Mose 50v. 20 wegen des den 6 ten May 1757 bey Prag von dem Allmächtigen unsern Könige verliehenen herrlichen Sieges', in id., *Drei Danck-Predigten über die von dem grossen Könige Friedrich II. im Jahre 1757 erfochtenen Siege bei Prag, bei Rossbach und bei Leuthen, in demselben Jahre im Dom zu Berlin gehalten. Zum hundertjährigen Gedächtniss der genannten Schlachten wider herausgegeben* (Berlin, 1857), p. 14.

72 Cited in Blitz, *Aus Liebe zum Vaterland*, p. 179.

73 Schüddekopf (ed.), *Briefwechsel*, pp. 306–7; Blitz, *Aus Liebe zum Vaterland*, pp. 171–86.

74 Thomas Biskup, 'The Politics of Monarchism. Royalty, Loyalty and Patriotism in Later 18th-century Prussia', Ph.D. thesis, Cambridge (2001), p. 55.

75 Thomas Abbt, 'Vom Tode für das Vaterland (1761)' in Franz Brüggemann (ed.), *Der Siebenjährige Krieg im Spiegel der zeitgenössischen Literatur* (Leipzig, 1935), pp. 47–94, 文中的内容见 p. 92。

76 Christian Ewald von Kleist, 'Grabschrift auf den Major von Blumenthal, der den 1 sten Jan. 1757 bey Ostritz in der Oberlausitz in einem Scharmützel erschossen ward', in id., *Des Herrn Christian Ewald von Kleist sämtliche Werke* (2 parts, Berlin, 1760), part 2, p. 123. Abbt, 'Vom Tode' 同样也引用了这首诗。

77 Johannes Kunisch (ed.), *Aufklärung und Kriegserfahrung. Klassische Zeitzeugen zum Siebenjährigen Krieg* (Frankfurt/Main, 1996), 与 Abbt 相关的评论见 p. 986。

78 Friedrich Nicolai, *Das Leben und die Meinungen des Herrn Magister Sebaldus Nothanker* (Leipzig, 1938), p. 34.

79 Helga Schultz (ed.), *Der Roggenpreis und die Kriege des grossen Königs. Chronik und Rezeptsammlung des Berliner Bäckermeisters Johann Friedrich Heyde 1740 bis 1786* (Berlin, 1988).

80 Carl, *Okkupation und Regionalismus*, pp. 366–7.

81 Abbt, 'Vom Tode', p. 53.

82 Nicolai, *Sebaldus Nothanker*, p. 34.

83 Johann Wilhelm Ludwig Gleim, 'Siegeslied nach der Schlacht bei Rossbach', in Brüggemann (ed.), *Der Siebenjährige Krieg*, pp. 109–17.

84 Abbt, 'Vom Tode', p. 66.

85 Johann Wilhelm Ludwig Gleim, 'An die Kriegsmuse nach der Niederlage der Russen

bei Zorndorf', in Brüggemann (ed.), *Der Siebenjährige Krieg*, pp. 129–36，文中的内容见 p. 135。

86　Anna Louise Karsch, 'Dem Vater des Vaterlandes Friedrich dem Grossen, bei triumphierender Zurückkunft gesungen im Namen Seiner Bürger. Den 30.März 1763', in C. L. von Klenke (ed.), *Anna Louisa Karschin 1722–1791. Nach der Dichterin Tode nebst ihrem lebenslauff Harausgegeben von Ihrer Tochter* (Berlin, 1792); text downloaded from 'Bibliotheca Augustana' http://www.fh-augsburg.de/~harsch/germanica/Chronologie/18Jh/Karsch/karintr.html；最后一次访问的时间是 2003 年 11 月 26 日。

87　Schultz, *Der Roggenpreis*, p. 98; Kunisch, *Friedrich der Grosse*, p. 443.

88　Biskup, *Politics of Monarchism*, p. 42; Kunisch, *Friedrich der Grosse*, p. 446.

89　Biskup, *Politics of Monarchism*, p. 43.

90　Bruno Preisendörfer, *Staatsbildung als Königskunst. Ästhetik und Herrschaft im preussischen Absolutismus* (Berlin, 2000), pp. 83–110，尤见 pp. 107–9。

91　Helmut Börsch–Supan, 'Friedrich der Grosse im zeitgenössischen Bildnis', in Oswald Hauser (ed.), *Friedrich der Grosse in seiner Zeit* (Cologne, 1987), pp. 255–70，文中的内容见 pp. 256, 266。

92　Eckhart Hellmuth, 'Die "Wiedergeburt" Friedrichs des Grossen und der "Tod fürs Vaterland". Zum patriotischen Selbstverständnis in Preussen in der zweiten hälfte des 18. Jahrhunderts', *Aufklärung*, 10/2 (1998), pp. 22–54.

93　Friedrich Nicolai, *Anekdoten von König Friedrich dem Zweiten von Preussen* (Berlin and Stettin, 1788–1792; reprint Hildesheim, 1985), pp. i–xvii.

94　如想更为全面地了解与弗里德里希大王相关的逸闻趣事，见 Volker Weber, *Anekdote. Die andere Geschichte. Erscheinungsformen der Anekdote in der deutschen Literatur, Geschichtsschreibung und Philosophie* (Tübingen, 1993), pp. 25, 48, 59, 60, 62–5, 66。

95　Carl, 'Invasion und Okkupation', p. 347.

96　Colley, *Britons*，尤见 pp. 11–54。

97　Hellmuth, 'Die "Wiedergeburt" ', p. 26.

98　这是普鲁士吞并"波属普鲁士"（即原先的"王室普鲁士"）的结果。王室普鲁士成为普属波兰之后，古老的普鲁士公国的领土全都成了弗里德里希统治的土地，所以弗里德里希二世也就不用像祖父弗里德里希一世那样，使用"在普鲁士的国王"这样一个显得不伦不类的头衔。

99　Norman Davies, *God's Playground. A History of Poland* (2 vols., Oxford, 1981), vol. 1, pp. 339–40, 511.

100　Dietrich, *Die politischen Testamente*, pp. 369–75, 654–5. 史学界存在争议，无法确定弗里德里希在政治遗嘱中对波兰问题的思考到底是"吞并波兰的计划"，还是没有特定目标的沉思，如想了解相关信息，见 Dietrich 在 pp. 128–47 对这一问题的介绍。

101　普鲁士在 1660 年时获得了对埃尔宾城的行政管理权；1698—1703 年，弗里德里希三世（一世）以租借的方式获得了对埃尔宾地区的管理权。Jerzy Lukowski, *The Partitions of Poland. 1772, 1793, 1795* (Harlow, 1999), pp. 16–17. 弗里德里希亲口承认，洋蓟的比喻最先由撒丁的阿梅迪奥提出，比喻的对象是米兰，自己只是借用了一下。

102　Cf. Ingrid Mittenzwei, *Friedrich II von Preussen: eine Biographie* (Cologne, 1980), p. 172; Wolfgang Plat, *Deutsche und Polen. Geschichte der deutsch-polnischen Beziehungen* (Cologne, 1980), pp. 85–7; Davies, *God's Playground*, p. 523.

103　Ernst Opgenoorth (ed.), *Handbuch der Geschichte Ost-und Westpreussens. Von der Teilung bis zum Schwedisch-Polnischen Krieg, 1466–1655* (Lüneburg, 1994), p. 22.

104　Davies, *God's Playground*, p. 521.

105　Willi Wojahn, *Der Netzedistrikt und die sozialökonomischen Verhältnisse seiner Bevölkerung um 1773* (Münster, 1996), pp. 16–17.

106　举例来说，见 Heinz Neumeyer, *Westpreussen. Geschichte und Schicksal* (Munich, 1993)。

107　William W. Hagen, *Germans, Poles and Jews. The Nationality Conflict in the Prussian East, 1772–1914* (Chicago, 1980), pp. 39–41, 43. 如想了解当时的德意志人认为波兰人是劣等民族的共识，见 Jörg Hackmann, *Ostpreussen und Westpreussen in deutscher und polnischer Sicht. Landeshistorie als beziehungsgeschichtliches Problem* (Wiesbaden, 1996), p. 66。

108　Peter Baumgart, 'The Annexation and Integration of Silesia into the Prussian State of Frederick the Great', in Mark Greengrass (ed.), *Conquest and Coalescence. The Shaping of the State in Early Modern Europe* (London, 1991), pp. 155–81，文中的内容见 p. 167; Hubatsch, *Friedrich der Grosse*, p. 77。

109　Hans–Jürgen Bömelburg, *Zwischen polnischer Ständegesellschaft und preussischem Obrigkeitsstaat. Vom Königlichen Preussen zu Westpreussen (1756–1806)* (Munich, 1995), pp. 254–5.

110　Brigitte Poschmann, 'Verfassung, Verwaltung, Recht, Militär im Ermland', in Opgenoorth (ed.), *Geschichte Ost-und Westpreussens*, pp. 39–43，文中的内容见 p. 42。

111　Wojahn, *Netzedistrikt*, p. 25.

112　如想了解税负问题，见 Max Bär, *Westpreussen unter Friedrich dem Grossen* (2 vols., Leipzig, 1909), vol. 2, p. 422, 尤见 n. 1; Hagen, *Germans, Poles and Jews*, p. 40。

113　Corni, *Stato assoluto*, pp. 304–5.

114　Bär, *Westpreussen*, vol. 2, pp. 465–6; Corni, *Stato assoluto*, p. 305.

115　Bär, *Westpreussen*, vol. 1, pp. 574–81.

116　Bömelburg, *Zwischen polnischer Ständegesellschaft*, pp. 411, 413.

117　August Carl Holsche, *Der Netzedistrikt. Ein Beitrag zur Länder-und Völkerkunde mit statistischen Nachrichten* (Königsberg, 1793), cited in Wojahn, *Netzedistrikt*, p. 29.

118　Neumeyer, *Westpreussen*, pp. 313–14; Bömelburg, *Zwischen polnischer Ständegesellschaft*, p. 367.

119　见 Bär, *Westpreussen*, vol. 2, passim。

120　Frederick II, Political Testament of 1752, in Dietrich, *Die politischen Testamente*, p. 283.

121　Cited in Kunisch, *Friedrich der Grosse*, p. 245.

122　Frederick II, Political Testament of 1752, in Dietrich, *Die politischen Testamente*, p. 329.

123　Kunisch, *Friedrich der Grosse*, p. 128.

124　当时的普鲁士出现了认为应当成立更为强力的国家的理念，如想了解沃尔弗在其中起到了什么样的作用，见 Blanning, *The Culture of Power*, p. 200。1721 年，沃尔弗与哈雷大学的虔敬派信徒起了争执，结果被赶出了普鲁士。弗里德里希二世刚一继位就把他请回了国。又见 Christian Freiherr von Wolff, *Vernünfftige Gedanken von dem gesellschaftlichen Leben der Menschen und insonderheit dem gemeinen Wesen* (Halle, 1756), pp. 212–14, 216–17, 238, 257, 345, 353, 357。

125　Cited in Hubatsch, *Friedrich der Grosse*, p. 75.

126　Ibid., p. 85.

127　Blanning, *The Culture of Power*, p. 92; Hans-Joachim Giersberg, 'Friedrich II und die Architektur', in Hans-Joachim Giersberg and Claudia Meckel (eds.), *Friedrich II und die Kunst* (2 vols., Potsdam, 1986), vol. 2, p. 54; Hans-Joachim Giersberg, *Friedrich II als Bauherr. Studien zur Architektur des 18. Jahrhunderts in Berlin und Potsdam* (Berlin, 1986), p. 23.

128　在理论上讲,歌剧院只向受到邀请的观众开放,但实际上,由于普通民众只需给看门人塞点小费就可以入场,许多柏林的民众和造访柏林的游客都成了歌剧院的主顾。王室图书馆与歌剧院一样,每天也都会在特定的时间向公众开放。

129　见 Martin Engel, *Das Forum Fridericianum und die monumentalen Residenzplätze des 18. Jahrhunderts*, Ph.D.thesis in art history, Freie Universität Berlin (2001), pp. 302–3。可以访问网站 Darwin digital dissertations 来阅读这篇论文,网址为 http://www.diss.fu–berlin. de/2004/161/indexe.html#information;最后一次访问的时间是 2005 年 2 月 24 日。如想了解弗里德里希广场,还可以阅读 Kunisch, *Friedrich der Grosse*, pp. 258–9, 282。

130　Hubatsch, *Friedrich der Grosse*, p. 233; Reinhart Koselleck, *Preussen zwischen Reform und Revolution. Allgemeines Landrecht, Verwaltung und soziale Bewegung von 1791 bis 1848* (Stuttgart, 1967), pp. 23–149; Hans Hattenhauer, 'Preussen auf dem Weg zum Rechtsstaat', in Jörg Wolff (ed.), *Das Preussische Allgemeine Landrecht: politische, rechtliche und soziale Wechsel-und Fortwirkungen* (Heidelberg, 1995), pp. 49–67.

131　ALR Einleitung § 75, Hans Hattenhauer (ed.), *Allgemeines Landrecht für die preussischen Staaten von 1794* (Frankfurt/Main, 1970).

132　Frederick II, Political Testament of 1752, in Dietrich, *Die politischen Testamente*, p. 381.

133　Kunisch, *Friedrich der Grosse*, pp. 293–9.

134　Frederick II, Political Testament of 1768, in Dietrich, *Die politischen Testamente*, p. 519.

135　纳沙泰尔一直都归霍亨索伦王朝所有,直到 1857 年才被割让给瑞士。Wolfgang Stribrny, *Die Könige von Preussen als Fürsten von Neuenburg-Neuchâtel (1707–1848)* (Berlin, 1998), p. 296.

136　Frederick II, Political Testament of 1768, in Dietrich, *Die politischen Testamente*, p. 619.

137　Ibid., pp. 510–11. 东普鲁士"重建计划"的停止时间是 1743 年;见 Notbohm, *Das evangelische Schulwesen*, p. 186。

138　Walter Mertineit, *Die fridericianische Verwaltung in Ostpreussen. Ein Beitrag zur Geschichte der preussischen Staatsbildung* (Heidelberg, 1958), p. 179.

139　Ibid., pp. 183–5.

140　Frederick II, Political Testament of 1752, in Dietrich, *Die politischen Testamente*, pp. 325–7.

# 第八章 敢于求知!

1 Immanuel Kant, 'Beantwortung der Frage: Was ist Aufklärung?', *Berlinische Monatsschrift* (dated 30 September 1784, published in December 1784), reprinted in *Berlinische Monatsschrift (1783–1796)* (Leipzig, 1986), pp. 89–96，文中的内容见 p. 89。

2 Ibid., p. 90.

3 Richard van Dülmen, *The Society of the Enlightenment. The Rise of the Middle Class and Enlightenment Culture in Germany*, trans. Anthony Williams (Oxford, 1992), pp. 47–8. 如想了解康德及"理性的语言"，见 Hans Saner, *Kant's Political Thought. Its Origins and Development*, trans. E. B. Ashton (Chicago, 1973), p. 76。

4 Ferdinand Runkel, *Geschichte der Freimaurerei in Deutschland* (3 vols., Berlin, 1931–2), vol. 1, pp. 154–8. 如想更为全面地了解共济会，见 Ulrich Im Hof, *The Enlightenment*, trans. William E. Yuill (Oxford, 1994), pp. 139–45。

5 Norbert Schindler, 'Freimaurerkultur im 18. Jahrhundert. Zur sozialen Funktion des Geheimwissens in der entstehenden bürgerlichen Gesellschaft', in Robert Berdahl et al. (eds.), *Klassen und Kultur* (Frankfurt/Main, 1982), pp. 205–62，文中的内容见 p. 208。

6 *Berlinische Monatsschrift*, 2 (1783), p. 516.

7 Friedrich Gedike and J. E. Biester, 'Vorrede', *Berlinische Monatsschrift*, 1 (1783), p. 1.

8 Im Hof, *Enlightenment*, pp. 118–22.

9 Joseph Kohnen, 'Druckerei-, Verlags–und Zeitungswesen in Königsberg zur Zeit Kants und Hamanns. Das Unternehmen Johann Jakob Kanters', in id. (ed.), *Königsberg. Beiträge zu einem besonderen Kapitel der deutschen Geistesgeschichte des 18. Jahrhunderts* (Frankfurt/Main, 1994), pp. 1–30，尤见 pp. 9–10, 12–13, 15。

10 Obituary by Leopold Friedrich Günther von Goeckingh (1748–1828), cited in Eberhard Fromm, 'Der poetische Exerziermeister', in *Deutsche Denker*, pp. 58–63, http://www.luise-berlin.de/bms/bmstext/9804deua.htm；最后一次访问的时间是 2003 年 12 月 18 日。

11 如想了解"公民社会的参与者"，见 Isobel V. Hull, *Sexuality, State and Civil Society in Germany, 1700–1815* (Ithaca, NY, 1996)，尤见 ch. 5。

12 Horst Möller, *Vernunft und Kritik. Deutsche Aufklärung im 17. und 18. Jahrhundert* (Frankfurt/Main, 1986), pp. 295–6.

13 Kant, 'Was ist Aufklärung?', p. 95.

14 Otto Bardong (ed.), *Friedrich der Grosse* (Darmstadt, 1982), p. 542. Blanning, 'Frederick the Great', in Scott (ed.), *Enlightened Absolutism*, pp. 265–88 一文讨论了弗里德里希的这段话，文中的内容见 p. 282。

15 Mittenzwei, *Friedrich II.*, pp. 44–5.

16 Richard J. Evans, *Rituals of Retribution. Capital Punishment in Germany, 1600–1987* (London, 1997), p. 113.

17 Matthias Schmoeckel, *Humanität und Staatsraison. Die Abschaffung der Folter in Europa und die Entwicklung des gemeinen Strafprozess-und Beweisrechts seit dem hohen Mittelalter* (Cologne, 2000), pp. 19–33.

18 Evans, *Rituals*, p. 122.

19　Blanning, 'Frederick the Great', p. 282.

20　Jonathan I. Israel, *Radical Enlightenment. Philosophy and the Making of Modernity 1650–1750* (Oxford, 2001), pp. 659–63.

21　Kant, 'Was ist Aufklärung?', p. 96. Kant, 'On the Common Saying: "This May Be True in Theory but Does Not Apply in Practice" ' (first published in the *Berlinische Monatsschrift*, 1793) 一文也提出了类似的观点；见 Immanuel Kant, *Political Writings*, ed. Hans Reiss, trans. H. B. Nisbet (2nd edn, Cambridge, 1991), pp. 61–92，与正文相关的内容尤见 pp. 79, 81, 84–5。

22　Blanning, *The Culture of Power*, pp. 103–82.

23　Möller, *Vernunft und Kritik*, p. 303.

24　这是普鲁士司法体系的高官利奥波德·冯·基尔切森（Leopold von Kircheisen）在1792年，也就是弗里德里希二世去世六年后所做出的评价，引自 Hull, *Sexuality, State and Civil Society*, p. 215。

25　John Moore, *A View of Society and Manners in France, Switzerland and Germany* (2 vols., 4th edn, Dublin, 1789; first pub. anon., 1779), vol. 2, p. 130, cited in Blanning, 'Frederick the Great', p. 287.

26　Friedrich Nicolai, *Beschreibung der Königlichen Residenzstädte Berlin und Potsdam, aller daselbst befindlicher Markwürdigkeiten und der umliegenden Gegend* (2 vols., Berlin, 1786), vol. 2, pp. 839–40.

27　Hilde Spiel, *Fanny von Arnstein. Daughter of the Enlightenment 1758–1818*, trans. Christine Shuttleworth (Oxford, 1991), pp. 15–16.

28　Stern, *Der preussische Staat*, part 3, vol. 2, *Die Zeit Friedrichs II.* (Tübingen, 1971), passim.

29　Frederick William I, Political Testament of 1722, in Dietrich (ed.), *Die politischen Testamente*, pp. 221–43，文中的内容见 p. 236。

30　Frederick II, Political Testament of 1768, in Dietrich (ed.), *Die politischen Testamente*, pp. 462–697，文中的内容见 p. 507。

31　Mordechai Breuer, 'The Early Modern Period', in Michael A. Meyer and Michael Brenner (eds.), *German-Jewish History in Modern Times* (4 vols., New York, 1996), vol. 1, *Tradition and Enlightenment 1600–1780*, pp. 79–260，文中的内容见 pp. 146–9。

32　Stefi Jersch-Wenzel, 'Minderheiten in der preussischen Gesellschaft', in Büsch and Neugebauer (eds.), *Moderne preussische Geschichte*, vol. 1, part 2, pp. 486–506，文中的内容见 p. 492。

33　Dorwart, *Prussian Welfare State*, p. 129; Stern, *Der preussische Staat*, part 2, *Die Zeit Friedrich Wilhelms I.*, Part 2, Akten, doc. nos. 7, 8, 211 and passim.

34　J. H. Callenberg, *Siebente Fortsetzung seines Berichts von einem Versuch, das arme jüdische Volck zur Annehmung der christlichen Wahrheit anzuleiten* (Halle, 1734), pp. 92–3, 126, 142. See also id., *Relation von einer weiteren Bemühung, Jesum Christum als den Heyland des menschlichen Geschlechts dem Jüdischen Volcke bekannt zu machen* (Halle, 1738), pp. 134, 149.

35　Michael Graetz, 'The Jewish Enlightenment', in Meyer and Brenner (eds.), *German-Jewish History*, vol. 1, pp. 261–380，文中的内容见 p. 311。

36　Charlene A. Lea, 'Tolerance Unlimited: The "Noble Jew" on the German and Austrian

Stage (1750–1805)', *The German Quarterly*, 64/2 (1991), pp. 167–77.

37  Spiel, *Fanny von Arnstein*, p. 19; David Sorkin, *The Transformation of German Jewry, 1780–1840* (New York, 1987), p. 8 and passim.

38  Cited in Michael Graetz, 'The Jewish Enlightenment', in Meyer and Brenner (eds.), *German-Jewish History*, vol. 1, p. 274.

39  Deborah Hertz, *Jewish High Society in Old-regime Berlin* (New Haven and London, 1988), pp. 95–118; Steven M. Lowenstein, *The Berlin Jewish Community. Enlightenment, Family and Crisis, 1770–1830* (New York, 1994), pp. 104–10.

40  Christian Wilhelm Dohm, *über die bürgerliche Verbesserung der Juden* (2 vols., Berlin and Stettin, 1781–3), vol. 1, p. 130.

41  Dohm, *über die bürgerliche Verbesserung*, vol 1, p. 28. 如想了解学界对该书的评价以及该书的创作背景，尤见 R. Liberles, 'The Historical Context of Dohm's Treatise on the Jews', in Friedrich–Naumann–Stiftung (ed.), *Das deutsche Judentum und der Liberalismus – German Jewry and Liberalism* (Königswinter, 1986), pp. 44–69; Horst Möller, 'Aufklärung, Judenemanzipation und Staat. Ursprung und Wirkung von Dohms Schrift über die bürgerliche Verbesserung der Juden', in W. Grab (ed.), *Deutsche Aufklärung und Judenemanzipation. Internationales Symposium anlässlich der 250. Geburtstage Lessings und Mendelssohns* (Jahrbuch des Instituts für deutsche Geschichte, Suppl. 3; Tel Aviv, 1980), pp. 119–49。

42  Spiel, *Fanny von Arnstein*, p. 183.

43  Ibid., p. 184.

44  Michael A. Meyer, 'Becoming German, Remaining Jewish', in Meyer and Brenner (eds.), *German-Jewish History*, vol. 2, pp. 199–250 讨论了该剧，文中的内容见 pp. 204–6。如想更为全面地了解反犹的讽刺剧，见 Charlene A. Lea, *Emancipation, Assimilation and Stereotype. The Image of the Jew in German and Austrian Drama (1800–1850)* (Bonn, 1978); Mark H. Gelber, 'Wandlungen im Bild des "gebildeten Juden" in der deutschen Literatur', *Jahrbuch des Instituts für deutsche Geschichte*, 13 (1984), pp. 165–78.

45  Hertz, *Jewish High Society* 讨论了犹太人皈依基督教的问题；又见 ead., 'Seductive Conversion in Berlin, 1770–1809', in Todd Endelman (ed.), *Jewish Apostasy in the Modern World* (New York and London, 1990), pp. 48–82; Lowenstein, *The Berlin Jewish Community*, pp. 120–33.

46  Cited in James Sheehan, *German History 1770–1866* (Oxford, 1993), p. 293.

47  弗里德里希没有子嗣，王位应当由他的弟弟奥古斯特·威廉继承，由于奥古斯特·威廉在 1758 年时去世，所以王位继承人就变成了他的长子弗里德里希·威廉。

48  Kunisch, *Friedrich der Grosse*, p. 285.

49  David E. Barclay, 'Friedrich Wilhelm II (1786–1797)', in Kroll (ed.), *Preussens Herrscher*, pp. 179–96.

50  Thomas P. Saine, *The Problem of Being Modern. Or, the German Pursuit of Enlightenment from Leibniz to the French Revolution* (Detroit, Michigan, 1997), p. 300.

51  Dirk Kemper (ed.), *Missbrauchte Aufklärung? Schriften zum preussischen Religionsedikt vom 9. Juli 1788* (Hildesheim, 1996); Ian Hunter, 'Kant and the Prussian Religious Edict. Metaphysics within the Bounds of Political Reason Alone', Working Paper, Centre of the History of European Discourses, University of Queensland, 查阅网址为 http://eprint.uq.edu.au/archive/00000396/01/hunterkant.pdf；最后一次访问的时间是 2003 年 12 月

30 日。

52　见 A. W. Wood and G. Di Giovanni (eds.), *Immanuel Kant: Religion and Rational Theology* (Cambridge, 1996) 一书的编者评论及译者评论；Saine, *The Problem of Being Modern*, pp. 289–309; Paul Schwartz, *Der erste Kulturkampf in Preussen um Kirche und Schule (1788–1798)*, (Berlin 1925), pp. 93–107; Klaus Epstein, *The Genesis of German Conservatism* (Princeton, NJ, 1966), pp. 360–68。

53　Michael J. Sauter, 'Visions of the Enlightenment: The Edict on Religion of 1788 and Political Reaction in Eighteenth-century Prussia', Ph.D. thesis, Department of History, University of California, Los Angeles (2002) 用很有说服力的语言列出了沃尔纳的观点。

54　Kemper, *Missbrauchte Aufklärung?*, p. 227.

55　Nicholas Hope, *German and Scandinavian Protestantism, 1700 to 1918* (Oxford, 1995), pp. 312–13 对敕令进行了值得关注的讨论，并且对敕令的语言与《普鲁士法典》的语言进行了有意义的比较。如想了解敕令中启蒙思想的痕迹，尤见 Fritz Valjavec, 'Das Woellnersche Religionsedikt und seine geschichtliche Bedeutung', *Historisches Jahrbuch*, 72 (1952), pp. 386–400。如想了解认为宗教是一种社会治理工具的观点，见 Epstein, *Genesis*, p. 150。

56　Kurt Nowak, *Geschichte des Christenthums in Deutschland. Religion, Politik und Gesellschaft vom Ende der Aufklärung bis zur Mitte des 20. Jahrhunderts* (Munich, 1995), pp. 15–36.

57　Hunter, 'Kant and the Prussian Religious Edict', p, 7.

58　Ibid. pp. 11–12.

59　Frederick William II, cabinet order of 10 September 1788, cited in Klaus Berndl, 'Neues zur Biographie von Ernst Ferdinand Klein', in Eckhart Hellmuth, Immo Meenken and Michael Trauth (eds.), *Zeitenwende? Preussen um 1800* (Stuttgart, 1999), pp. 139–82，文中的内容见 p. 161, n. 118。

60　Saine, *The Problem of Being Modern*, pp. 294–308.

61　Berndl, 'Ernst Ferdinand Klein', pp. 162–4.

62　Wilhelm Schrader, *Geschichte der Friedrichs-Universität zu Halle* (2 vols., Berlin, 1894), vol. 1, p. 521; Epstein, *Genesis*, pp. 364–7; Berndl, 'Ernst Ferdinand Klein', pp. 167–70.

63　Horst Möller, *Aufklärung in Preussen. Der Verleger, Publizist und Geschichtsschreiber Friedrich Nicolai* (Berlin, 1974), p. 213.

64　Axel Schumann, 'Berliner Presse und Französische Revolution: Das Spektrum der Meinungen unter preussischer Zensur 1789–1806', Ph.D. thesis, Technische Universität, Berlin (2001)，查阅网址为 http://webdoc.gwdg.de/ebook/p/2003/tu-berlin/schumann_axel.pdf；最后一次访问的时间是 2003 年 12 月 31 日，尤见 pp. 227–41。

65　*Journal des Luxus*, 11 (1796), p. 428, cited in Hellmuth, 'Die "Wiedergeburt" ', pp. 21–52，文中的内容见 p. 22。

66　Florian Maurice, *Freimaurerei um 1800. Ignaz Aurelius Fessler und die Reform der Grossloge Royal York in Berlin* (Tübingen, 1997), pp. 129–66 详尽地研究了柏林在这一历史时期的社会生活，本书后面的两段内容就是以此书为依据写成的。

67　Gerhard Ritter, *Stein. Eine politische Biographie* (Stuttgart, 1958), pp. 29, 31, 34, 37, 39, 40; Guy Stanton Ford, *Stein and the Era of Reform in Prussia, 1807–1815* (2nd edn, Gloucester, MA, 1965), pp. 4–26, 31–2.

68　Ford, *Stein*, pp. 33–4.

69　Ritter, *Stein*, p. 71.

70　Silke Lesemann, 'Prägende Jahre. Hardenbergs Herkunft und Amtstätigkeit in Hannover und Braunschweig (1771–1790)', in Thomas Stamm-Kuhlmann (ed.), '*Freier Gebrauch der Kräfte'. Eine Bestandaufnahme der Hardenberg-Forschung* (Munich, 2001), pp. 11–30，文中的内容 pp. 11–18。

71　Lesemann, 'Prägende Jahre', pp. 18–25.

72　统治安斯巴赫侯国、拜罗伊特侯国的藩侯同样也是霍亨索伦王朝的成员，他早就与普鲁士达成了协议，同意自己死后，这两块领地由普属士国王继承。然而，由于法国爆发了大革命，再加上藩侯本人也债台高筑，藩侯在1792年时迫于压力，接受了柏林当局的提案，永久性地"出售"了自己对这两块领地的所有权。

73　Andrea Hofmeister-Hunger, *Pressepolitik und Staatsreform. Die Institutionalisierung staatlicher öffentlichkeitsarbeit bei Karl August von Hardenberg (1792–1822)* (Göttingen, 1994), pp. 32–47; Rudolf Endres, 'Hardenbergs fränkisches Reformmodell', in Stamm-Kuhlmann (ed.), *Hardenberg-Forschung*, pp. 31–49，文中的内容见 p. 38。

74　Rudolf Endres, 'Hardenbergs fränkisches Reformmodell', pp. 45–6.

75　Rolf Straubel, *Carl August von Struensee. Preussische Wirtschafts-und Finanzpolitik im ministeriellen Kräftespiel (1786–1804/06)* (Potsdam, 1999), pp. 112–17.

76　Manfred Gailus, ' "Moralische ökonomie" und Rebellion in Preussen vor 1806: Havelberg, Halle und Umgebung', *FBPG* (New Series), 11 (2001), pp. 77–100，尤见 pp. 95–7。

77　如想了解南普鲁士、新东普鲁士这两个远离中央的普鲁波兰省份作为"实验室"在行政改革中所起到的作用，见 Ingeborg Charlotte Bussenius, *Die Preussische Verwaltung in Süd-und Neuostpreussen 1793–1806* (Heidelberg, 1960), pp. 314–15。

78　Hans Hattenhauer, 'Das ALR im Widerstreit der Politik', in Jörg Wolff (ed.), *Das Preussische Allgemeine Landrecht. Politische, rechtliche und soziale Wechsel-und Fortwirkungen* (Heidelberg, 1995), pp. 31–48，文中的内容见 p. 48。

79　ALR § 1 Einleitung. 如想了解学界对这一段落的讨论，见 Hattenhauer, 'Preussen auf dem Weg' in Wolff (ed.), *Das Preussische Allgemeine Landrecht*, pp. 49–67，文中的内容见 p. 62。

80　ALR § 22 Einleitung.

81　Thilo Ramm, 'Die friderizianische Rechtskodifikation und der historische Rechtsvergleich', in Wolff (ed.), *Das Preussische Allgemeine Landrecht*, pp. 1–30，文中的内容见 p. 12。

82　如想了解相关内容，见 Günther Birtsch, 'Die preussische Sozialverfassung im Spiegel des Allgemeinen Landrechts für die preussischen Staaten von 1794', in Wolff (ed.), *Das Preussische Allgemeine Landrecht*, pp. 133–47，文中的内容见 p. 133。如想了解学界对《普鲁士一般邦法》中与法团主义相关的主题更为全面的讨论，见 Andreas Schwennicke, *Die Entstehung der Einleitung des Preussischen Allgemeinen Landrechts von 1794* (Frankfurt/Main, 1993), pp. 34–43, 70–105。

83　ALR § § 147, 161–72, 185–7, 227–30, 308, 309. Birtsch, 'Die preussische Sozialverfassung', p. 143. 如想了解《普鲁士一般邦法》把专制主义的原则与法团主义的原则融合到一起的努力，见 Günther Birtsch, 'Gesetzgebung und Representation im späten Absolutismus. Die Mitwirkung der preussischen Provinzialstände bei der Entstehung des

Allgemeinen Landrechts', *Historische Zeitschrift*, 202 (1969), pp. 265–94; Koselleck, *Preussen zwischen Reform und Revolution*, pp. 23–149。

84 ALR Einleitung, 'Quelle des Rechts'. 如想了解这一问题，又见 Monika Wienfort, 'Zwischen Freiheit und Fürsorge. Das Allgemeine Landrecht im. 19. Jahrhundert', in Patrick Bahners and Gerd Roellecke (eds.), *Preussische Stile. Ein Staat als Kunstück* (Stuttgart, 2001), pp. 294–309。

85 如想了解沿着这样的思路进行的论证，见 Detlef Merten, 'Die Rechtsstaatlichkeit im Allgemeinen Landrecht', in Friedrich Ebel (ed.), *Gemeinwohl – Freiheit – Vernunft – Rechtsstaat. 200 Jahre Allgemeines Landrecht für die preussischen Staaten* (Berlin, 1995), pp. 109–38。

86 Heinrich Treitschke, *Deutsche Geschichte im neunzehnten Jahrhundert* (5 vols., Leipzig, 1927), vol. 1, p. 77.

87 Madame de Staël, *De L'Allemagne* (2nd edn, Paris, 1814), pp. 141–2.

# 第九章　傲慢与报应：1789—1806

1 Ernst Wangermann, 'Preussen und die revolutionären Bewegungen in Ungarn und den österreichischen Niederlanden zur Zeit der französischen Revolution', in Otto Büsch and Monika Neugebauer–Wölk (eds.), *Preussen und die revolutionäre Herausforderung seit 1789* (Berlin, 1991), pp. 22–85，文中的内容见 pp. 81, 83。

2 Monika Neugebauer–Wölk, 'Preussen und die Revolution in Lüttich. Zur Politik des Christian Wilhem von Dohm, 1789/90', in Büsch and Neugebauer–Wölk (eds.), *Preussen und die revolutionäre Herausforderung*, pp. 59–74，文中的内容见 p. 63。

3 Wangermann, 'Preussen und die revolutionären Bewegungen', p. 82.

4 Paul W. Schroeder, *The Transformation of European Politics 1763–1848* (Oxford, 1994), pp. 66, 76; Brendan Simms, *The Struggle for Mastery in Germany, 1779–1850* (London, 1998), pp. 56–7.

5 如想阅读宣言的全文，可访问 NapoleonSeries.org, Reference Library of Diplomatic Documents, Declaration of Pillnitz, ed. Alex Stavropoulos, http://www.napoleonseries.org/reference/diplomatic/pillnitz.cfm；最后一次访问的时间是 2004 年 1 月 13 日。

6 Ibid.

7 如想了解《皮尔尼茨宣言》的影响，见 Gary Savage, 'Favier's Heirs. The French Revolution and the Secret du Roi', *Historical Journal*, 41/1 (1998), pp. 225–58; Gunther E. Rothenberg, 'The Origins, Causes and Extension of the Wars of the French Revolution and Napoleon', *Journal of Interdisciplinary History*, 18/4 (1988), pp. 771–93，尤见 pp. 780–81；T. C.W. Blanning, *Origins of the French Revolutionary Wars* (London, 1986), pp. 100–101; Patricia Chastain Howe, 'Charles–François Dumouriez and the Revolutionizing of French Foreign Affairs in 1792', *French Historical Studies*, 14/3 (1986), pp. 367–90，文中的内容见 pp. 372–3。

8 The Proclamation of the Duke of Brunswick, in J. H. Robinson (ed.), *Readings in European History* (2 vols., Boston, 1906), vol. 2, pp. 443–5. 如想阅读此宣言，还可以访问

Hanover Historical Texts Project, http://history.hanover.edu/texts/bruns.htm, 最后一次访问的时间是 2004 年 1 月 13 日。如想了解宣言的背景，见 Hildor Arnold Barton, 'The Origins of the Brunswick Manifesto', *French Historical Studies*, 5 (1967), pp. 146–69。

9　Cited in Lukowski, *Partitions*, p. 140.

10　Hertzberg to Lucchesini, cited in ibid., p. 143.

11　如想大体了解俄普两国对波兰的第二次瓜分，见 Michael G. Müller, *Die Teilungen Polens: 1772, 1793, 1795* (Munich, 1984)，尤见 pp. 43–50; Lukowski, *Partitions*, pp. 128–58。

12　文中的这几个形容词摘自 Heinrich von Sybel, *Geschichte der Revolutionszeit von 1789 bis 1800* (5 vols., Stuttgart, 1898), vol. 3, p. 276; Heinrich von Treitschke, *Deutsche Geschichte im neunzehnten Jahrhundert* (5 vols., Leipzig, 1894), vol. 1, p. 207; Rudolf Ibbeken, *Preussen, Geschichte eines Staates* (Stuttgart, 1970), pp. 106–7; Golo Mann, *Deutsche Geschichte des 19. und 20. Jahrhunderts* (Frankfurt/Main, 1992)。Philip G. Dwyer, 'The Politics of Prussian Neutrality 1795–1805', *German History*, 12 (1994), pp. 351–73 对上述观点进行了讨论和分析。

13　如了解普鲁士当时面临的财政危机，见 Aretin, *Reich*, vol. 1, p. 318。如想了解财政危机与"主和派"的关系，见 Willy Real, 'Die preussischen Staatsfinanzen und die Anbahnung des Sonderfriedens von Basel 1795', *FBPG*, 1 (1991), pp. 53–100。

14　Dwyer, 'Politics', p. 357.

15　Schroeder, *Transformation*，尤见 pp. 144–50。

16　见 Brendan Simms, *The Impact of Napoleon. Prussian High Politics, Foreign Policy and Executive Reform, 1797–1806* (Cambridge, 1997), pp. 101–5。

17　Aretin, *Reich*, vol. 1, p. 277; Sheehan, *German History*, p. 278; Simms, *Struggle for Mastery*, p. 62.

18　Cited in ibid., pp. 60–61.

19　[S.?] Leszczinski (ed.), *Kriegerleben des Johann von Borcke, weiland Kgl. Preuss. Oberstlieutenants. 1806–1815* (Berlin, 1888), pp. 46–8.

20　Hermann von Boyen, *Denkwürdigkeiten und Erinnerunge*n (2 vols.; rev. edn Leipzig, 1899), vol. 1, pp. 171–2, cited in Sheehan, *German History*, p. 234.

21　Cited in Dwyer, 'Politics', p. 361. 如想了解普政府不再把中立地位视为权宜之计，而是将其升级为原则立场的过程，见 358–67。

22　Simms, *Impact of Napoleon*, pp. 148–56; Dwyer, 'Politics' p. 365.

23　Gregor Schöllgen, 'Sicherheit durch Expansion? Die aussenpolitischen Lageanalysen der Hohenzollern im 17. und 18. Jahrhundert im Lichte des Kontinuitätsproblems in der preussischen und deutschen Geschichte', *Historisches Jahrbuch*, 104 (1984), pp. 22–45.

24　Klaus Zernack, 'Polen in der Geschichte Preussens', in Otto Büsch et al. (eds.), *Handbuch der preussischen Geschichte*, vol. 2, *Das Neunzehnte Jahrhundert und grosse Themen der Geschichte Preussens* (Berlin, 1992), pp. 377–448，文中的内容见 p. 430; id., 'Preussen–Frankreich–Polen. Revolution und Teilung', in Büsch and Neugebauer-Wölk (eds.), *Preussen*, pp. 22–40; William W. Hagen, 'The Partitions of Poland and the Crisis of the Old Regime in Prussia, 1772–1806', *Central European History*, 9 (1976), pp. 115–28。

25　Torsten Riotte, 'Hanover in British Policy 1792–1815', Ph.D. thesis, University of Cambridge (2003) 讨论了这些问题。

26　Reinhold Koser in 'Die preussische Politik, 1786–1806' in id., *Zur preussischen und deutschen Geschichte* (Stuttgart, 1921), pp. 202–68 提出了这一点，文中的内容见 pp. 248–9。
27　如想了解朗博尔德危机，见 Simms, *The Impact of Napoleon*, pp. 159–67, 277, 285。
28　Cited in McKay, *Great Elector*, p. 105.
29　Brendan Simms, 'The Road to Jena: Prussian High Politics, 1804–06', *German History*, 12 (1994), pp. 374–94. 如想更为全面地了解史家对此二人的竞争关系所起到的作用进行的分析，见 id., *Impact of Napoleon*，尤见 pp. 285–91。
30　Haugwitz to Lucchesini, 15 June 1806, cited in Simms, 'The Road to Jena', p. 386.
31　Simms, ibid. 分析了二人的这场权力斗争。
32　文中的这段总结性的评论摘自 Ford, *Stein*, pp. 105–6。
33　Cited in ibid., p. 106.
34　Hardenberg, memorandum of 18 June 1806, cited in Simms, 'The Road to Jena', pp. 388–9.
35　Thomas Stamm-Kuhlmann, *König in Preussens grosser Zeit. Friedrich Wilhelm III., der Melancholiker auf dem Thron* (Berlin, 1992), pp. 229–31.
36　Frederick William III to Napoleon, Naumburg, 26 September 1806, in Leopold von Ranke (ed.), *Denkwürdigkeiten des Staatskanzlers Fürsten von Hardenberg* (5 vols., Leipzig, 1877), vol. 3, pp. 179–87.
37　Napoleon to Frederick William III, 12 October 1806, in Eckart Klessmann (ed.), *Deutschland unter Napoleon in Augenzeugenberichten* (Munich, 1976), pp. 123–6.
38　Dennis Showalter, 'Hubertusberg to Auerstädt: The Prussian Army in Decline?', *German History*, 12 (1994), pp. 308–33 条理清晰，讨论了普军的军事改进，并且对普法两军的作战能力进行了比较。
39　Michel Kérautret, 'Frédéric II et l'opinion française (1800–1870). La compétition posthume avec Napoléon', *Francia*, 28/2 (2001), pp. 65–84，文中的内容见 p. 69。
40　Memoir by the Saxon officer Karl Heinrich von Einsiedel, cited in Klessmann (ed.), *Deutschland unter Napoleon*, pp. 147–8; Karl-Heinz Blaschke, 'Von Jena 1806 nach Wien 1815: Sachsen zwischen Preussen und Napoleon', in Gerd Fesser and Reinhard Jonscher (eds.), *Umbruch im Schatten Napoleons. Die Schlachten von Jena und Auerstedt und ihre Folgen* (Jena, 1998), pp. 143–56.

# 第十章　官僚创造的世界

1　Lady Jackson, *The Diaries and Letters of Sir George Jackson from the Peace of Amiens to the Battle of Talavera* (2 vols., London, 1872), vol. 2, p. 53.
2　Frederick William III, 'Eigenhändiges Konzept des Königs zu dem Publicandum betr. Abstellung verschiedener Missbräuche bei der Armee, Ortelsburg', 1 December 1806, GStA Berlin-Dahlem, HA VI, NL Friedrich Wilhelm III, Nr. 45/1, ff. 13–17.
3　Ibid., f. 17; Stamm-Kuhlmann, *König in Preussens grosser Zeit*, pp. 245–6 讨论了

宣言中与军官晋升相关的细节。如想了解宣言发表后，普军如何惩罚失职的军官，见 Craig, *Politics of the Prussian Army*, p. 42。如想更为全面地了解弗里德里希·威廉三世都参与了普鲁士军事改革的哪些工作，见 Alfred Herrmann, 'Friedrich Wilhelm III und sein Anteil an der Heeresreform bis 1813', *Historische Vierteljahrsschrift*, 11 (1908), pp. 484–516。

4　Berdahl, *Politics of the Prussian Nobility*, pp. 107–8; Bernd Münchow-Pohl, *Zwischen Reform und Krieg. Untersuchungen zur Bewusstseinslage in Preussen 1809–1812* (Göttingen, 1987), pp. 94–131，尤见 pp. 108–9。

5　普政府到底是因为战败而受到外部冲击，不得不推行改革，还是在原有的传统改革力量的推动下走上了改革的道路，一直都很有争议；如想大体了解论争的过程，见 T. C. W. Blanning, 'The French Revolution and the Modernisation of Germany', *Central European History*, 22 (1989), pp. 109–29; Paul Nolte, 'Preussische Reformen und preussische Geschichte: Kritik und Perspektiven der Forschung', *FBPG*, 6 (1996), pp. 83–95。如想了解战争的失败如何成了"创伤体验"，见 Ludger Herrmann, 'Die Schlachten von Jena und Auerstedt und die Genese der politischen öffentlichkeit in Preussen', in Fesser and Jonscher (eds.), *Umbruch im Schatten Napoleons*, pp. 39–52。

6　J. R. Seeley, *Life and Times of Stein, or Germany and Prussia in the Napoleonic Age* (3 vols., Cambridge, 1878), vol. 1, p. 32.

7　Cited in Stamm-Kuhlmann, *König in Preussens grosser Zeit*, p. 255.

8　'Nicht dem Purpur, nicht der Krone/räumt er eitlen Vorzug ein./Er ist Bürger auf dem Throne,/und sein Stolz ist's Mensch zu sein' (my trans.). 如想了解这首诗歌，见 Thomas Stamm-Kuhlmann, 'War Friedrich Wilhelm III. von Preussen ein Bürgerkönig?', *Zeitschrift für Historische Forschung*, 16 (1989), pp. 441–60。

9　Cited in ibid.

10　Cited in Joachim Bennewitz, 'Königin Luise in Berlin', *Berlinische Monatsschrift*, 7/2000, pp. 86–92，文中的内容见 p. 86。该文的在线浏览地址为 http://www.berlinische-monatsschrift.de/bms/bmstxt00/0007gesa.htm，最后一次访问的时间是 2004 年 3 月 21 日。

11　见 Rudolf Speth, 'Königin Luise von Preussen – deutscher Nationalmythos im 19. Jahrhundert', in Sabine Berghahn and Sigrid Koch (eds.), *Mythos Diana – von der Princess of Wales zur Queen of Hearts* (Giessen, 1999), pp. 265–85。

12　Cited in Thomas Stamm-Kuhlmann, 'War Friedrich Wilhelm III. von Preussen ein Bürgerkönig?', p. 453.

13　见 Philipp Demandt, *Luisenkult. Die Unsterblichkeit der Königin von Preussen* (Cologne, 2003), p. 8。

14　Cited in Paul Bailleu, *Königin Luise. Ein Lebensbild* (Berlin, 1908), p. 258.

15　Stamm-Kuhlmann, *König in Preussens grosser Zeit*, p. 318.

16　Richard J. Evans, *Tales from the German Underworld* (New Haven, CT, 1998), pp. 31–5, 46. 如想了解普政府在这一历史时期进行的监狱改革，见 Jürgen Regge, 'Das Reformprojekt eines "Allgemeinen Criminalrechts fur die preussischen Staaten" (1799–1806)', in Hans Hattenhauer and Götz Landwehr (eds.), *Das nachfriderizianische Preussen 1786–1806* (Heidelberg, 1988), pp. 189–233。

17　Citation of Frederick William from Rudolf Stadelmann, *Preussens Könige in ihrer Tätigkeitfür die Landescultur* (4 vols., Leipzig, 1878–87, repr. Osnabrück, 1965), vol. 4, pp. 209–10, 213–14; Report of the General Directory, 15 March 1800, cited in Stamm-Kuhlmann,

*König in Preussens grosser Zeit*, p. 156.

18 Otto Hintze, 'Preussische Reformbestrebungen vor 1806', *Historische Zeitschrift*, 76 (1896), pp. 413–43; Hartmut Harnisch, 'Die agrarpolitischen Reformmassnahmen der preussischen Staatsführung in dem Jahrzehnt vor 1806–1807', *Jahrbuch für Wirtschaftsgeschichte*, 1977/3, pp. 129–54.

19 Thomas Welskopp, 'Sattelzeitgenossen. Freiherr Karl vom Stein zwischen Bergbauverwaltung und gesellschaftlicher Reform in Preussen', *Historische Zeitschrift*, 271/2 (2000), pp. 347–72.

20 如想了解1806年之前哈登贝格的对外政策"三心二意、摇摆不定"的特点，见Reinhold Koser, 'Umschau auf dem Gebiete der brandenburg-preussischen Geschichtsforschung', *FBPG*, 1 (1888), pp. 1–56, 文中的内容见p. 50。

21 Hans Schneider, *Der preussische Staatsrat, 1817–1914. Ein Beitrag zur Verfassungsund Rechtsgeschichte Preussens* (Munich, 1952), pp. 21–2.

22 认为战败后的改革加快了普鲁士君主制度官僚化进程的这个观点来自Rosenberg, *Bureaucracy*, passim. 罗森伯格进一步提出，官僚改革是官僚群体的集体行动，目的是形成由官僚组成的"第四等级"，夺取国王手中的权力——Simms, *Impact of Napoleon*, pp. 25, 306–12切中要害，驳斥了这一观点。

23 Ritter, *Stein*, pp. 145–55.

24 Ernst Rudolf Huber, *Heer und Staat in der deutschen Geschichte* (Heidelberg, 1938), pp. 115–23, 312–20.

25 Craig, *Politics of the Prussian Army*, p. 31; Simms, *Impact of Napoleon*, pp. 132, 323.

26 William O. Shanahan, *Prussian Military Reforms (1786–1813)* (New York, 1945), pp. 75–82; Craig, *Politics of the Prussian Army*, pp. 24, 28.

27 Craig, *Politics of the Prussian Army*, pp. 29–32. 这是弗里德里希·威廉与王子的导师约翰·海因里希·冯·米努托利将军的对话，转引自 Stamm-Kuhlmann, *König in Preussens grosser Zeit*, pp. 340–41。如想了解国王对军事改革的支持，见Seeley, *Stein*, vol. 2, p. 118。

28 Emil Karl Georg von Conrady, *Leben und Wirken des Generals Carl von Grolman* (3 vols., Berlin, 1894–6), vol. 1, pp. 159–62.

29 Cited in Huber, *Heer und Staat*, p. 128.

30 Showalter, 'Hubertusberg to Auerstädt', p. 315; Manfred Messerschmidt, 'Menschenführung im preussischen Heer von der Reformzeit bis 1914', in Militärgeschichtliches Forschungsamt (ed.), *Menschenführung im Heer* (Herford, 1982), pp. 81–112, 尤见pp. 84–5。

31 Peter Paret, 'The Genesis of On War', and Michael Howard, 'The influence of Clausewitz', in Carl von Clausewitz, *On War*, ed. and trans. Michael Howard and Peter Paret (London, 1993), pp. 3–28, 29–49.

32 Cited in Stadelmann, *Preussens Könige*, vol. 4, p. 327.

33 Hagen, *Ordinary Prussians*, p. 598.

34 肖恩·埃迪（Sean Eddie）正准备着手撰写研究1750—1850年普鲁士财税史的博士论文，在文中明确地阐述了普鲁士的土地制度在这一方面存在的问题，笔者对此十分感谢。

35 Karl Heinrich Kaufhold, 'Die preussische Gewerbepolitik im 19. Jahrhundert (bis zum Erlass der Gewerbeordnung für den norddeutschen Bund 1869) und ihre Spiegelung in der

Geschichtsschreibung der bundesrepublik Deutschland', in Bernd Sösemann (ed.), *Gemeingeist und Bürgersinn. Die preussischen Reformen* (Berlin, 1993), pp. 137–60，文中的内容见 p. 141。

36　Hagen, *Ordinary Prussians*, pp. 612, 614; Berdahl, *Politics of the Prussian Nobility*, p. 118.

37　Hartmut Harnisch, 'Vom Oktoberedikt des Jahres 1807 zur Deklaration von 1816. Problematik und Charakter der preussischen Agrarreformgesetzgebung zwischen 1807 und 1816', *Jahrbuch für Wirtschaftsgeschichte* (Sonderband, 1978), pp. 231–93.

38　Georg Friedrich Knapp, *Die Bauernbefreiung und der Ursprung der Landarbeiter in den älteren Theilen Preussens* (2 vols., Leipzig, 1887), vol. 2, p. 213 研究了当时的学者提出的同类观点。如想了解舍恩的经济自由主义思想，见 Berdahl, *Politics of the Prussian Nobility*, pp. 116–17。

39　Diary of Leopold von Gerlach, 1 May 1816, BA Potsdam, NL von Gerlach, 90 Ge 2, Bl. 9.

40　Ewald Frie, *Friedrich August Ludwig von der Marwitz, 1777–1837. Biographien eines Preussen* (Paderborn, 2001)，尤见 pp. 333–41。

41　Altenstein, memo for Hardenberg, Riga, 11 September 1807, cited in Clemens Menze, *Die Bildungsreform Wilhelm von Humboldts* (Hanover, 1975), p. 72.

42　Martina Bretz, 'Blick in Preussens Blüte: Wilhelm von Humboldt und die "Bildung der Nation" ', in Bahners and Roellecke (eds.), *Preussische Stile*, pp. 235–48，文中的内容见 p. 230; Tilman Borsche, *Wilhelm von Humboldt* (Munich, 1990), p. 26。

43　Borsche, *Humboldt*, p. 60.

44　Wilhelm von Humboldt, 'Der Königsberger und der litauische Schulplan', in Albert Leitzmann (ed.), *Gesammelte Schriften* (17 vols., Berlin, 1903–36), vol. 13, pp. 259–83，文中的内容见 pp. 260–61。

45　Menze, *Bildungsreform*, pp. 320–21; Borsche, *Humboldt*, pp. 62–5.

46　Koselleck, *Preussen*, p. 194.

47　Hardenberg, memorandum of 5 March 1809, cited in Ernst Klein, *Von der Reform zur Restauration. Finanzpolitik und Reformgesetzgebung des preussischen Staatskanzlers Karl August von Hardenberg* (Berlin, 1965), p. 23.

48　Ilja Mieck, 'Die verschlungenen Wege der Städtereform in Preussen (1806–1856)', in Bernd Sösemann (ed.), *Gemeingeist und Bürgersinn*, pp. 53–83，尤见 pp. 82–3。

49　Stefi Jersch–Wenzel, 'Legal Status and Emancipation', in Michael A. Meyer and Michael Brenner (eds.), *German-Jewish History in Modern Times, vol. 2, Emancipation and Acculturation: 1780–1871* (New York, 1997), pp. 5–49，文中的内容见 pp. 24–7。

50　Humboldt, Report of 17 July 1809, in Ismar Freund (ed.), *Die Emanzipation der Juden in Preussen unter besonderer Berücksichtigung des Gesetzes vom 11. Marz 1812. Ein Beitrag zur Rechtsgeschichte der Juden in Preussen* (2 vols., Berlin, 1912), vol. 2, pp. 269–82，文中的内容见 p. 276。

51　Citation From *Sulamith* in Bildarchiv preussischer Kulturbesitz (ed.), *Juden in Preussen. Ein Kapitel deutscher Geschichte* (Dortmund, 1981), p. 159.

52　Horst Fischer, *Judentum, Staat und Heer in Preussen im frühen 19. Jahrhundert. Zur Geschichte der staatlichen Judenpolitik* (Tübingen, 1968), pp. 28–9.

53　如想阅读法令的全文，见 Anton Doll, Hans-Josef Schmidt, Manfred Wilmanns, *Der Weg zur Gleichberechtigung der Juden* (=Veröffentlichungen der Landesarchivverwaltung Rheinland-Pfalz, 13, Coblenz, 1979), pp. 45–8。

54　Memorandum of 13 May 1809 by State Councillor Köhler, in Freund, *Emanzipation der Juden in Preussen*, vol. 2, pp. 251–2.

55　有观点认为普鲁士从1780年前后到1847年前后的几十年间经历了长时间的社会及行政变革，见 Koselleck, *Preussen*。如想了解学界如何运用长期变革的观点分析巴伐利亚的改革时代，见 Walter Demel, *Der bayerische Staatsabsolutismus 1806/08–1817. Staats-und Gesellschaftspolitische Motivationen und Hintergründe der Reformära in der ersten Phase des Königreichs Bayern* (München, 1983)；这部著作使用"改革专制主义"的标题，分析了巴伐利亚的长时间调整与适应。如想了解围绕着上述问题展开的史学辩论，见 Paul Nolte, 'Vom Paradigma zur Peripherie der historischen Forschung? Geschichten der Verfassungspolitik in der Reformzeit', in Stamm-Kuhlmann, *'Freier Gebrauch der Kräfte'*, pp. 197–216。

56　官僚体系内部的摩擦与争斗是 Barbara Vogel, *Allgemeine Gewerbefreiheit. Die Reformpolitik des preussischen Staatskanzlers Hardenberg (1810–1810)* (Göttingen, 1983) 的中心主题，见 p. 224 and passim。

57　Commentary by Theodor von Schön, cited in Monika Wienfort, *Patrimonialgerichte in Preussen. Ländliche Gesellschaft und bürgerliches Recht 1770–1848/49* (Göttingen, 2001), p. 86.

58　如想了解农民的抗议活动对改革的迟滞作用，见 Clemens Zimmermann, 'Preussische Agrarreformen in neuer Sicht', in Sösemann (ed.), *Gemeingeist und Bürgersinn*, pp. 128–36，文中的内容见 p. 132。

59　Wienfort, *Patrimonialgerichte*, p. 92.

60　Manfred Botzenhart, 'Landgemeinde und staatsbürgerliche Gleichheit. Die auseinandersetzungen um eine allgemeine Kreis-und Gemeindeordnung während der preussischen Reformzeit', in Sösemann (ed.), *Gemeingeist und Bürgersinn*, pp. 85–105，文中的内容见 pp. 99–100。

61　Wienfort, *Patrimonialgerichte*, p. 94.

62　Botzenhart, 'Landgemeinde und staatsbürgerliche Gleichheit', pp. 104–5.

63　Cited in Klein, Von der Reform zur Restauration, pp. 34–52.

64　Edict Concerning the Finances of the State and the New Arrangements Regarding Taxes of 27 October 1810, *Preussische Gesetzsammlung 1810*, p.25.

65　如想了解学界对这些对比的分析，见 Paul Nolte, *Staatsbildung als Gesellschaftsreform. Politische Reform in Preussen und den süddeutschen Staaten 1800 bis 1820* (Frankfurt/Main), 1990, p. 124; Horst Moeller, *Fürstenstaat oder Bürgernation. Deutschland 1763–1815* (Berlin, 1998), pp. 620–21。

66　Hagen, *Ordinary Prussian*s, pp. 595–6, 632; Helmut Bleiber, 'Die preussischen Agrarreformen in der Geschichtsschreibung der DDR', in Sösemann (ed.), *Gemeingeist und Bürgersinn*, pp. 109–25，文中的内容见 p. 122。Horst Mies, *Die preussische Verwaltung des Regierungsbezirks Marienwerder (1830–1870)* (Cologne, 1972), p. 109; Wehler, *Deutsche Gesellschaftsgeschichte*, vol. 1, pp. 409–28 对马林韦尔德地区的农民在农奴解放之后的处境也做出类似的正面评价。

67 如想了解普鲁士教育改革的局限性，见 Menze, *Bildungsreform*, pp. 337–468。如想了解普鲁士教育机构的榜样作用，见 Hermann Lübbe, 'Wilhelm von Humboldts Bildungsziele im Wandel der Zeit', in Bernfried Schlerath (ed.), *Wilhelm von Humboldt. Vortragszyklus zum 150. Todestag* (Berlin, 1986), pp. 241–58。

68 见 Stefan Hartmann, 'Die Bedeutung des Hardenbergschen Edikts von 1812 für den Emanzipationsprozess der preussischen Juden im 19. Jahrhundert', in Sösemann, *Gemeingeist und Bürgersinn*, pp. 247–60。

69 见 Wienfort, *Patrimonialgerichte*, passim 中对世袭法庭功能转变的分析。

70 Schneider, *Staatsrat*, pp. 47, 50; Paul Haake, 'König Friedrich Wilhelm III., Hardenberg und die preussische Verfassungsfrage', *FBPG*, 26 (1913), pp. 523–73, 28 (1915), pp. 175–220, 29 (1916), pp. 305–69, 30 (1917), pp. 317–65, 32 (1919), pp. 109–80，文中的内容见 29 (1916), pp. 305–10; id., 'Die Errichtung des preussischen Staatsrats im März 1817', *FBPG*, 27 (1914), pp. 247–65，文中的内容见 pp. 247, 265。

71 Andrea Hofmeister-Hunger, *Pressepolitik*, pp. 195–209.

72 Hermann Granier, 'Ein Reformversuch des preussischen Kanzleistils im Jahre 1800', *FBPG*, 15 (1902), pp. 168–80，尤见 169–70, 179–80。

73 如想着重了解施泰因的观点，见 Andrea Hofmeister, 'Presse und Staatsform in der Reformzeit', in Heinz Duchhardt and Karl Teppe (eds.), *Karl vom und zum Stein: Der Akteur, der Autor, seine Wirkungs-und Rezeptionsgeschichte* (Mainz, 2003), pp. 29–48。

74 Matthew Levinger, 'Hardenberg, Wittgenstein and the Constitutional Question in Prussia, 1815–22', *German History*, 8 (1990), pp. 257–77.

# 第十一章　钢铁时代

1 Sack to Interior Minister Dohna, Berlin, 15 April 1809, cited in Hermann Granier, *Berichte aus der Berliner Franzosenzeit 1807–1809* (Leipzig, 1913), p. 401.

2 Stamm-Kuhlmann, *König in Preussens grosser Zeit*, p. 299.

3 Münchow-Pohl, *Zwischen Reform und Krieg*, pp. 133–4.

4 Frederick William III, handwritten note of 24 June 1809, cited in Stamm-Kuhlmann, *König in Preussens grosser Zeit*, p. 302.

5 如想了解上述事件，见 Münchow-Pohl, *Zwischen Reform und Krieg*, p. 139; Heinz Heitzer, *Insurrectionen zwischen Weser und Elbe. Volksbewegungen gegen die französische Fremdherrschaft im Königreich Westfalen (1806–1813)* (Berlin, 1959), pp. 158–60。

6 Cited in Münchow-Pohl, *Zwischen Reform und Krieg*, p. 140.

7 下文的记述大都参考自 Georg Bärsch, *Ferdinand von Schill's Zug und Tod im Jahre 1809. Zur Erinnerung an den Helden und die Kampfgenossen* (Berlin, [1860])。

8 Ibid., p. 25.

9 Klessmann (ed.), *Deutschland unter Napoleon*, p. 358.

10 Police Chief Gruner to Interior Minister Dohna, report of 2 May 1809, cited in Stamm-Kuhlmann, *König in Preussens grosser Zeit*, p. 308.

11 Bärsch, *Schill*, pp. 55, 72, 74, 100–112. 如想了解席尔的首级遭到的处置，见

Wolfgang Menzel, *Germany from the Earliest Period with a Supplementary Chapter of Recent Events by Edgar Saltus*, trans. Mrs George Horrocks (4th edn, 3 vols., London, 1848–9; Germ. orig., Zurich, 1824–5), vol 3, p. 273。

12   Cabinet order to von der Goltz, 9 May 1809, cited in Stamm–Kuhlmann, *König in Preussens grosser Zeit*, p. 309.

13   Cited in Ibid., p. 306.

14   Blücher to Frederick William, Stargard, 9 October 1809, in Wilhelm Capelle, *Blüchers Briefe* (Leipzig, [1915]), pp. 32–3.

15   1811年8月8日的报告全文收录于 Georg Heinrich Pertz, *Das Leben des Generalfeldmarschalls General Grafen Neidhardt von Gneisenau* (5 vols., Berlin, 1864–9), vol. 2, pp. 108–42。

16   Heinrich von Kleist, 'Germanien an ihre Kinder' (1809–14; my translation), reprinted with commentary in Helmut Sembdner, 'Kleists Kriegslyrik in unbekannten Fassungen', in id., *In Sachen Kleist. Beiträge zur Forschung* (3rd edn, Munich, 1994), pp. 88–98，查阅网址为 http://www.textkritik.de/bka/dokumente/materialien/sembdnerkk.htm；最后一次访问的时间是2004年4月21日。

17   Friedrich Ludwig Jahn, *Die deutsche Turnkunst* (2nd edn, Berlin, 1847), pp. vii, 97.

18   Ibid., p. 97.

19   如想了解体操运动员制服的平等主义特征，见 George L. Mosse, *The Nationalization of the Masses. Political Symbolism and Mass Movements in Germany from the Napoleonic Wars through the Third Reich* (Ithaca, NY, 1975), p. 28。

20   Cited in Simms, *Struggle for Mastery*, p. 95.

21   Pertz, *Gneisenau*, vol. 2, pp. 121, 137.

22   Schroeder, *Transformation*, pp. 416–26 引用相关文献，对俄法冲突的背景进行了透彻的分析。

23   上面的引文均引自 Münchow–Pohl, *Zwischen Reform und Krieg*, pp. 352–6。

24   Ompteda to Münster, Berlin, 26 June 1812, in Friedrich von Ompteda, *Politischer Nachlass des hannoverschen Staats-und Cabinetts-Ministers Ludwig v. Ompteda aus den Jahren 1804 bis 1813* (5 vols., Jena, 1862–9), vol. 2, p. 281.

25   Draft report of 12 November 1812, cited in Münchow–Pohl, *Zwischen Reform und Krieg*, pp. 373–4.

26   Cited from a published memoir of 1825 by Johann Theodor Schmidt, in Münchow–Pohl, *Zwischen Reform und Krieg*, p. 377.

27   Report from Schön, 21 December 1812, cited in ibid., p. 378.

28   Stamm–Kuhlmann, *König in Preussens grosser Zeit*, p. 362.

29   Frederick William, notes of 28 December 1812, ibid., pp. 362–4 收录了这份备忘文件，并进行了相关的讨论。

30   Wilhelm von Schramm, *Clausewitz. Leben und Werk* (Esslingen, 1977), pp. 401, 406–8.

31   如想了解学界对约克的行为是否得到了授权所展开的讨论，见 Theodor Schiemann, 'Zur Würdigung der Konvention von Tauroggen', *Historische Zeitschrift*, 84 (1900), p. 231，文中的内容见 p. 231。如想详细了解约克的动机和计划，见 Peter Paret, *Yorck and the Era of Prussian Reform 1807–1815* (Princeton, NJ, 1966), 尤见 pp. 192–4。

32　Yorck to Frederick William, 3 January 1813. Schiemann, 'Würdigung', pp. 229–32 收录了信件的全文，文中的内容见 p. 231。

33　Johann Gustav Droysen, *Das Leben des Feldmarschalls Grafen Yorck von Wartenburg* (3 vols., 7th edn, Berlin, 1875), vol. 1, pp. 209, 215, 226; Paret, *Yorck*, pp. 155–7.

34　Yorck to Bülow, 13 January 1813, cited in Droysen, *Yorck von Wartenburg*, vol. 1, p. 426.

35　Ibid., pp. 426, 428–9, 434, 439–43.

36　Cited in Stamm–Kuhlmann, *König in Preussens grosser Zeit*, p. 369.

37　Cited in ibid., p. 371.

38　如想阅读"致我的人民"的全文，可前往 Martin Hentrich, http://www.davier.de/anmeinvolk.htm；最后一次访问的时间是 2004 年 4 月 5 日。

39　Stamm–Kuhlmann, *König in Preussens grosser Zeit*, p. 373.

40　Carl Euler, *Friedrich Ludwig Jahn. Sein Leben und Wirken* (Stuttgart, 1881), pp. 225, 262–80; Thomas Nipperdey, *Deutsche Geschichte, 1800–1860. Bürgerwelt und starker Staat* (Munich, 1983), pp. 83–5; Eckart Klessmann (ed.), *Die Befreiungskriege in Augenzeugenberichten* (Düsseldorf, 1966), p. 41.

41　Leopold von Gerlach, Diary [February/March] 1813, Bundesarchiv Potsdam, 90 Ge 6 Tagebuch Leopold von Gerlach, 1, fo. 42.

42　Schroeder, *Transformation*, p. 457.

43　Michael V. Leggiere, *Napoleon and Berlin. The Franco-Prussian War in North Germany, 1813* (Norman, OK, 2002) 分析了莱比锡战役这一阶段的战斗，是正文中战况简述的主要信息来源，尤见 pp. 256–77。

44　Cited in Klessmann, *Befreiungskriege*, p. 168.

45　Etienne-Jacques-Joseph-Alexandre Macdonald, *Souvenirs du maréchal Macdonald, duc de Tarente* (Paris, 1892), cited in ibid., p. 173.

46　Leggiere, *Napoleon and Berlin*, p. 293.

47　Craig, *Politics of the Prussian Army*, pp. 64–5.

48　如想了解学界对滑铁卢战役的详细分析（文中的叙述同样也是以下列文献为依据总结出来的），见 Peter Hofschroer, *1815. The Waterloo Campaign. Wellington, His German Allies and the Battles of Ligny and Quatre Bra*s (London, 1999); id., *1815. The Waterloo Campaign. The German Victory: From Waterloo to the Fall of Napoleon* (London, 1999)，尤见 pp. 116–29; David Hamilton-William, *Waterloo. New Perspectives. The Great Battle Reappraised* (London, 1993), pp. 332–53。

49　Hans-Wilhelm Möser, 'Commandement et problèmes de commandement dans l'armée prussienne de Basse-Rhénanie', in Marcel Watelet and Pierre Courreur (eds.), *Waterloo. Lieu de Mémoire européenne: histoires et controverses (1815–2000)* (Louvain-la-Neuve, 2000), pp. 51–7.

50　Cited in Craig, *Politics of the Prussian Army*, p. 62.

51　Dennis Showalter, 'Prussia's Army: Continuity and Change, 1713–1830', in Dwyer (ed.), *Rise of Prussia*, pp. 234–5.

52　Hofschroer, *Waterloo Campaign. The German Victory*, pp. 59–60.

53　Leggiere, *Napoleon and Berlin*, p. 290.

54　Hagen Schulze, *Der Weg zum Nationalstaat. Die deutsche Nationalbewegung vom*

*18. Jahrhundert bis zur Reichsgründung* (Munich, 1985), pp. 67–8; Ute Frevert, *Die kasernierte Nation. Militärdienst und Zivilgesellschaft in Deutschland* (Munich, 2001), pp. 39–41.

55   Eugen Wolbe, *Geschichte der Juden in Berlin und in der Mark Brandenburg* (Berlin, 1937), p. 238.

56   Cited in Spiel, *Fanny von Arnstein*, p. 276.

57   如想了铁十字勋章，见 Stamm–Kuhlmann, *König in Preussens grosser Zeit*, pp. 389–93。

58   Jean Quataert, *Staging Philanthropy. Patriotic Women and the National Imagination in Dynastic Germany* (Ann Arbor, MI, 2001), p. 30.

59   如想阅读设立路易丝勋章的政府文件，可访问：'Preussische Order', http://www.preussenweb.de/prorden.htm；最后一次访问的时间是 2006 年 1 月 10 日。

60   如想了解体操运动与阳刚之气的关系，见 David A. McMillan, ' "⋯ die höchste und heiligste Pflicht⋯" Das Männlichkeitsideal der deutschen Turnbewegung, 1811–1871', in Thomas Kühne (ed.), *Männergeschichte, Geschlechtergeschichte* (Frankfurt/Main, 1996), pp. 88–100。如想了解阿恩特，见 Karen Hagemann, 'Der "Bürger" als Nationalkrieger. Entwürfe von Militär, Nation und Männlichkeit in der Zeit der Freiheitskriege', in Karen Hagemann and Ralf Pröve (eds.), *Landsknechte, Soldatenfrauen und Nationalkrieger* (Frankfurt/Main, 1998), pp. 78–89。

61   这是 Karen Hagemann, *'Männliche Muth und Teutsche Ehre': Nation, Militär und Geschlecht zur Zeit der Antinapoleonischen Kriege Preussens* (Paderborn, 2002) 提出的主要论点之一。如想了解兵役义务与阳刚之气的关系，见 Frevert, *Die kasernierte Nation*, pp. 43–9；如想了解女性的参与，见 pp. 50–62。

62   T. A. H. Schmalz, *Berichtigung einer Stelle in der Bredow-Venturinischen Chronik vom Jahre 1808* (Berlin, 1815), p. 14. 施马尔茨以更正布雷多 – 本图里尼年鉴中的传记参考文献错误为理由出版了这本小册子。

63   见 *Allgemeine Deutsche Biographie*, vol. 31 (Leipzig, 1890), pp. 624–7 中关于施马尔茨的文章，文中的内容见 p. 626。

64   'Es ist kein Krieg, von dem die Kronen wissen;/Es ist ein Kreuzzug, s'ist ein heil'ger Krieg!', from the poem 'Aufruf' (1813), in T. Körner, *Sämmtliche Werke*, ed. K. Streckfuss (3rd edn, Berlin, 1838), p. 21.

65   George Mosse, *Fallen Soldiers. Reshaping the Memory of the World Wars* (New York, Oxford, 1990), pp. 19–20.

66   Friedrich von Gentz, *Schriften von Friedrich von Gentz. Ein Denkmal*, ed. G. Schlesier (5 vols., Mannheim, 1838–40), vol. 3, pp. 39–40.

67   Nipperdey, *Deutsche Geschichte*, pp. 83–5.

68   George Henry Rose to Castlereagh, Berlin, 6 January 1816, PRO FO 64 101, fo. 8. 如想了解 1815 年战争结束之后，"爱国主义思潮对普鲁士各个社会阶层的影响"以及正规军内部因为受到爱国主义的影响而违抗命令的现象，又见 Castlereagh to G. H. Rose, Blickling, 28 December 1815, PRO FO 64 100, fo. 241。

69   见 Leopold von Gerlach, 'Familiengeschichte'（19 世纪 50 年代期间由利奥波德·冯·格拉赫开始编写，到了他在 1859 年去世之后，他的弟弟路德维希完成了剩余的编写工作），in Hans-Joachim Schoeps (ed.), *Aus den Jahren preussischer Not und Erneuerung. Tagebücher und Briefe der Gebrüder Gerlach und ihres Kreises 1805–1820*

(Berlin, 1963), p. 95。

70 举例来说，见 Friedrich Keinemann, *Westfalen im Zeitalter der Restauration und der Juli-Revolution 1815–1833. Quellen zur Entwicklung der Wirtschaft, zur materiellen Lage der Bevölkerung und zum Erscheinungsbild der Volksstimmung* (Münster, 1987)，尤见 pp. 22–3, 31, 94, 95, 100, 273。此外，各位读者还可以阅读爱国者卡尔·海因里希·威廉·霍夫曼在同一历史时期应恩斯特·莫里茨·阿恩特的邀请撰写的描述纪念庆祝活动的著作 *Des Teutschen Volkes Feuriger Dank und Ehrentempel* (Offenbach, 1815)。

71 如想了解此类团体对 1813—1815 年的"世代记忆"的延续所做出的贡献，见 Eckhard Trox, *Militärischer Konservatismus. Kriegervereine und 'Militärpartei' in Preussen zwischen 1815 und 1848/49* (Stuttgart, 1990)，尤见 pp. 56–7。

72 *Vossische Zeitung*, no. 132 (5 June 1845), no. 147 (27 June 1847).

73 Theodor Fontane, *Meine Kinderjahre. Autobiographischer Roman* (Frankfurt/Main, 1983), pp. 126–30.

74 Schiemann, 'Würdigung…', p. 217.

75 如想了解地区差异对战争回忆的塑造作用，以及第一次世界大战结束后记忆形成过程在"国家"和"地方"层面上的互动，见 A. Prost, 'Mémoires locales et mémoires nationales. Les monuments de 1914–18 en France', *Guerres Mondiales et Conflits Contemporains*, 42 (July 1992), pp. 42–50。

76 Fischer, *Judentum, Staat und Heer*, pp. 33, 38.

77 Moshe Zimmermann, *Hamburgischer Patriotismus und deutscher Nationalismus. Die Emanzipation der Juden in Hamburg 1830–1865* (Hamburg, 1979), p. 27; Frevert, *Die kasernierte Nation*, pp. 95–103.

78 举例来说，见 *Der Orient*, 4 (1843), no. 47, 21 November 1843, pp. 371–2; ibid., no. 48, 28 November 1843, pp. 379, 387; ibid., no. 51, 19 December 1843, p. 403。如想了解《犹太教综合报》和以《亚琛日报》(*Aachener Zeitung*)、《福斯报》为代表的其他具有自由倾向的刊物对《军事周刊》做出的回应，见 Fischer, *Judentum, Staat und Heer*, pp. 47–53。

79 见 Ziva Amishai-Maisels, 'Innenseiter, Aussenseiter: Moderne Jüdische Künstler im Portrait', in Andreas Nachama, Julius Schoeps, Edward von Voolen (eds.), *Jüdische Lebenswelten. Essays* (Frankfurt/Main, 1991), pp. 165–84，文中的内容见 p. 166。

80 如想了解奥本海姆的画作，见 I. Schorsch, 'Art as Social History: Moritz Oppenheimer and the German Jewish Vision of Emancipation', in id., *From Text to Context. The Turn to History in Modern Judaism* (Hanover, NH, 1994), pp. 93–117。

81 Helmut Börsch-Supan and Lucius Griesebach (eds.), *Karl Friedrich Schinkel. Architektur, Malerei, Kunstgewerbe* (Berlin, 1981), p. 143.

82 Mosse, *Fallen Soldiers*, p. 20.

83 Börsch-Supan and Griesebach, *Schinkel*, p. 143.

84 Cited in Jost Hermand, 'Dashed Hopes: On the Painting of the Wars of Liberation', trans. J. D. Steakley, in S. Drescher, D. Sabean and A. Sharlin (eds.) *Political Symbolism in Modern Europe. Essays in Honor of George L. Mosse* (New Brunswick, London, 1982), pp. 216–38，文中的内容见 p. 224。1821 年，设在美因茨的普鲁士王室调查委员会对阿恩特展开调查，弗里德里希在信中写给阿恩特的这段话被委员会视为有可能用来给阿恩特定罪的证据。C. Sommerhage, *Caspar David Friedrich. Zum Portrait des Malers als Romantiker* (Paderborn, Munich, Vienna, Zurich, 1993), p. 127.

85 Cited in Reinhart Koselleck, 'Kriegerdenkmale als Identitätsstiftungen der überlebenden', in Odo Marquard and Karlheinz Stierle (eds.), *Identität* (Munich, 1979), pp. 255–76, 文中的内容见 p. 269. 引文摘自舍恩 1822 年 8 月 30 日写给斯特格曼的信。引用了民兵的回应后，舍恩又提出了这样一个问题：" 要是国王的朋友都要竖立雕像，那岂不是没完没了了吗？"

86 举例来说，见 Otto Dann, *Nation und Nationalismus in Deutschland 1770–1990* (Munich, 1993), pp. 86–7; Schulze, *Der Weg zum Nationalstaat*, pp. 63–5; Dieter Langewiesche, ' "Für Volk und Vaterland kräftig zu wirken" : Zur politischen und gesellschaftlichen Rolle der Turner zwischen 1811 und 1871', in Ommo Grupe (ed.), *Kulturgut oder Körperkult? Sport und Sportwissenschaft im Wandel* (Tübingen, 1990), pp. 22–61; Dieter Düding, *Organisierter gesellschaftlicher Nationalismus in Deutschland (1808–1847). Bedeutung und Funktion der Turner-und Sängervereine für die deutsche Nationalbewegung* (Munich, 1984), pp. 85–6。迪丁的著作对早期民族主义运动进行了出色的分析，笔者对体操运动的描述借鉴了其中的很多内容。

87 'Grundsätze und Beschlüsse der Wartburgfeier, den studierenden Brüdern auf anderen Hochschulen zur Annahme, dem gesamten Vaterlande zur Würdigung vorgelegt von den Studierenden in Jena', Principles § 3. 1817 年 12 月，学生会应耶拿的历史学家海因里希·卢登的要求编写了这份文件; H. Ehrentreich, 'Heinrich Luden und sein Einfluss auf die Burschenschaft', in Herman Haupt (ed.), *Quellen und Darstellungen*, (17 vols., Heidelberg, 1910–40), vol. 4 (1913), pp. 48–129 收录了文件的全文（见 pp. 113–29，本书引用的内容见 pp. 114, 117）。

88 如想了解浪漫主义及 " 经验的艺术 " （Erlebniskunst）是如何出现的，见 Joseph Leo Koerner, *Caspar David Friedrich and the Subject of Landscape* (London, 1990), pp. 13, 109。

89 Nipperdey, *Deutsche Geschichte*, p. 280.

90 Dietmar Klenke, 'Nationalkriegerisches Gemeinschaftsideal als politische Religion. Zum Vereinsnationalismus der Sänger, Schützen und Turner am Vorabend der Einigungskriege', *Historische Zeitschrift*, 260 (1995), pp. 395–448.

91 Leopold von Gerlach, Diary, Breslau, February 1813, Bundesarchiv Potsdam, 90 Ge 6 Tagebuch Leopold von Gerlach, 1, fo. 60.

92 Stein to Count Münster (Hanoverian minister in London), 1 December 1812, cited in John R. Seeley, *The Life and Times of Stein, or: Germany and Prussia in the Napoleonic Age* (3 vols., Cambridge, 1878), vol. 3, p. 17.

93 举例来说，见 Johann Gustav Droysen, *Vorlesungen über die Freiheitskriege* (Kiel, 1846); Heinrich Sybel, *Die Erhebung Europas gegen Napoleon I* (Munich, 1860)。又见 Joachim Streisand, 'Wirkungen und Beurteilungen der Befreiungskriege', in Fritz Straube (ed.), *Das Jahr 1813. Studien zur Geschichte und Wirkung der Befreiungskriege* (Berlin [East], 1963), pp. 235–51。如想了解 19 世纪末至 20 世纪初，象征普鲁士的标志成为民族主义标志的过程，见 Demandt, *Luisenkult*, pp. 379–430; Svenja Goltermann, *Körper der Nation: Habitusformierung und die Politik des Turnens, 1860–1890* (Göttingen, 1998) and Rainer Lübbren, *Swinegel Uhland. Persönlichkeiten im Spiegel von Strassennamen* (Heiloo, 2001), pp. 32–41。正如卢伯恩指出的那样，在今天的德国，有大量的街道用弗里德里希·路德维希·雅恩的名字命名，以历史人物为名的街道中只有席勒超过了雅恩。如想了解雅

恩是如何在1806年成为民族主义象征的，见Jürgen John, 'Jena 1806: Symboldatum der Geschichte des 19. und 20. Jahrhunderts', in Fesser and Jonscher (eds.), *Umbruch im Schatten Napoleons*, pp. 177–95。

# 第十二章　上帝的历史征途

1　如想了解波兰 - 萨克森危机，见 Schroeder, *Transformation*, pp. 523–38; Stamm-Kuhlmann, *König in Preussens grosser Zeit*, pp. 399–401。

2　Michael Rowe, *From Reich to State. The Rhineland in the Revolutionary Age, 1780–1830* (Cambridge, 2003), p. 214.

3　Schroeder, *Transformation*, p. 544.

4　Metternich to Trauttmannsdorff, 18 March 1828, cited in Lawrence J. Baack, *Christian Bernstorff and Prussia. Diplomacy and Reform Conservatism 1818–1832* (New Brunswick, NJ, 1980), p. 126.

5　Wehler, *Deutsche Gesellschaftsgeschichte*, vol. 2, pp. 125–39，文中的内容见 p. 129。

6　Rolf Dumke, 'Tariffs and Market Structure: the German Zollverein as a Model for Economic Integration', in W. Robert Lee (ed.), *German Industry and Industrialisation* (London, 1991), pp. 77–115，文中的内容见 p. 84。

7　Wolfram Fischer, 'The German Zollverein. A Study in Customs Union', *Kyklos*, 13 (1960), pp. 65–89; William O. Henderson, *The Zollverein* (London, 1968); W. Robert Lee, ' "Relative Backwardness" and Long-run Development. Economic, Demographic and Social Changes', in Philip G. Dwyer (ed.), *Modern Prussian History 1830–1947* (Harlow, 2001), pp. 61–87，文中的内容见 pp. 81–3。

8　Helmut Böhme, *Deutschlands Weg zur Grossmacht* (Cologne, 1966) 是提出这一传统观点的经典著作，尤见 pp. 211–15; id., *Introduction to the Social and Economic History of Germany: Politics and Economic Change in the Nineteenth and Twentieth Centuries*, trans. and ed. W. Robert Lee (Oxford, 1978)。出版时间更晚的 Wehler, *Deutsche Gesellschaftsgeschichte* 提出了相同的观点，即德意志关税同盟为普鲁士的工业霸权打下了基础，从而为由普鲁士主导的德意志民族国家的出现创造了条件，见 vol. 2, pp. 134–5, vol. 3, pp. 288–9, 556。

9　Hans-Joachim Voth, 'The Prussian Zollverein and the Bid for Economic Superiority', in Dwyer (ed.), *Modern Prussian History*, pp. 109–25 总结了最近发表的相关文献，从修正主义的角度对关税同盟所造成的经济影响进行了分析。

10　Baack, *Christian Bernstorff*, p. 337.

11　如想了解1830年的危机，见 Robert D. Billinger Jr, *Metternich and the Germans. States' Rights and Federal Duties, 1820–1834* (Newark, Del., 1991), pp. 50–109; Jürgen Angelow, *Von Wien nach Königgrätz. Die Sicherheitspolitik des deutschen Bundes im europäischen Gleichgewicht (1815–1866)* (Munich, 1996), pp. 97–106。

12　Cited in Johann Gustav Droysen, 'Zur Geschichte der preussischen Politik in den Jahren 1830–1832', in id., *Abhandlungen zur neueren Geschichte*, pp. 3–131，文中的内容见 p. 50。

13　Ludwig I to Frederick William III, 17 March 1831, in Anton Chroust (ed.), *Gesandt schaftsberichte aus München 1814–1848, Abteilung III., Die Berichte der preussischen Gesandten* (5 vols., Munich, 1950) (= *Schriftenreihe zur bayerischen Landesgeschichte*, vol. 40), vol. 2, pp. 196–7, n. 1.

14　Rühle von Lilienstern to Frederick William III, 27 March 1831, cited in Baack, *Christian Bernstorff*, pp. 271–2.

15　Ibid., pp. 284–94.

16　Robert D. Billinger, 'They Sing the Best Songs Badly: Metternich, Frederick William IV and the German Confederation during the War Scare of 1840–41', in Heinrich Rumpler (ed.), *Deutscher Bund und Deutsche Frage 1815–1866* (Vienna, Munich, 1990), pp. 94–113; Angelow, *Von Wien nach Königgrätz*, pp. 114–25.

17　Hess to Metternich, Berlin, 5 February 1841, cited in Billinger, 'They Sing the Best Songs', p. 103.

18　Ibid., 4 March 1841, cited in ibid., pp. 109–10.

19　William Russell to Viscount Palmerston, Berlin, 18 September 1839, in Markus Mösslang, Sabine Freitag and Peter Wende (eds.), *British Envoys to Germany, 1816–1866* (3 vols., Cambridge, 2002–), vol. 2, *1830–1847*, p. 180.

20　William Russell to Viscount Palmerston, Berlin, 3 May 1837, in ibid., p. 160.

21　如想了解为了让普鲁士永远奉行绝对君主制度，尼古拉一世都采取了哪些措施，见 Stamm-Kuhlmann, *König in Preussens grosser Zeit*, p. 557。

22　Winfried Baumgart, *Europäisches Konzert und nationale Bewegung 1830–1878* (= *Handbuch der Geschichte der Internationalen Beziehungen*, vol. 6, Paderborn, 1999), p. 243.

23　书中对事件的描述借鉴了 George S. Williamson, 'What killed August von Kotzebue?', *Journal of Modern History*, 72 (2000), pp. 890–943 对科策比遇刺事件的分析。又见 Nipperdey, *Deutsche Geschichte*, pp. 281–2。

24　De Wette to Sand's mother, 31 March 1819, cited in Matthew Levinger, *Enlightened Nationalism. The Transformation of Prussian Political Culture 1808–1848* (Oxford, 2000), p. 142.

25　见 Edith Ennen, *Ernst Moritz Arndt 1769–1860* (Bonn, 1968), pp. 22–8; Karl Heinz Schäfer, *Ernst Moritz Arndt als politischer Publizist. Studien zur Publizistik, Pressepolitik und kollektivem Bewusstsein im frühen 19. Jahrhundert* (Bonn, 1974), pp. 143, 212–16。

26　Schoeps, *Not und Erneuerung*, pp. 35, 210–11.

27　Thomas Stamm-Kuhlmann, 'Restoration Prussia, 1786–1848', in Dwyer (ed.), *Modern Prussian History*, pp. 43–65; Levinger, *Enlightened Nationalism*, pp. 135–6; Eric Dorn Brose, *The Politics of Technological Change in Prussia. Out of the Shadow of Antiquity* (Princeton, NJ, 1993), pp. 53–6.

28　举例来说，见 Hardenberg to Wittgenstein, Berlin, 4 April 1819, in Hans Branig (ed.), *Briefwechsel des Fürsten Karl August v. Hardenberg mit dem Fürsten Wilhelm Ludwig von Sayn-Wittgenstein, 1806–1822* (= *Veröffentlichungen aus den Archiven Preussischer Kulturbesitz*, vol. 9) (Cologne, 1972), p. 248; Levinger, 'Hardenberg, Wittgenstein and the Constitutional Question'。

29　Cited in Levinger, *Enlightened Nationalism*, p. 151.

30　Jonathan Sperber, *Rhineland Radicals. The Democratic Movement and the Revolution of 1848–1849* (Princeton, NJ, 1991), pp. 39–40.

31 Gustav Croon, *Der Rheinische Provinziallandtag bis zum Jahre 1874*. Im Auftrage des Rheinischen Provinzialauschusses (Düsseldorf, 1918, repr. Bonn, 1974), pp. 30–41.
32 Neugebauer, *Politischer Wandel*, p. 318.
33 Koselleck, *Preussen zwischen Reform und Revolution*; cf. 如想了解巴伐利亚的情况，见 Demel, *Der bayerische Staatsabsolutismus 1806/08–1817*。如想了解围绕着改革展开的历史学研究，见 Paul Nolte, 'Vom Paradigma zur Peripherie der historischen Forschung? Geschichten der Verfassungspolitik in der Reformzeit', in Stamm-Kuhlmann, '*Freier Gebrauch der Kräfte*', pp. 197–216。
34 Jörg van Norden, *Kirche und Staat im preussischen Rheinland 1815–1838. Die Genese der Rheinisch-Westfälischen Kirchenordnung vom 5.3.1835* (Cologne, 1991).
35 Dirk Blasius, 'Der Kampf um die Geschworenengerichte im Vormärz', in Hans-Ulrich Wehler (ed.), *Sozialgeschichte heute. Festschrift für Hans Rosenberg zum 70. Geburtstag* (Göttingen, 1974); Christina von Hodenberg, *Die Partei der Unparteiischen. Der Liberalismus der preussischen Richterschaft 1815–1848/49* (Göttingen, 1996), p. 80.
36 Kenneth Barkin, 'Social Control and Volksschule in Vormärz Prussia', *Central European History*, XVI (1983), pp. 31–52.
37 Horace Mann, *Report on an Educational Tour in Germany and Parts of Great Britain and Ireland* (London, 1846), p. 163.
38 Karl-Ernst Jeismann, *Das preussische Gymnasium in Staat und Gesellschaft* (2 vols., Stuttgart, 1996), vol. 2, pp. 114–5.
39 这是 Levinger, *Enlightened Nationalism* 的核心主题之一。
40 Herbert Obenaus, *Anfänge des Parlamentarismus in Preussen bis 1848* (Düsseldorf, 1984) 对1848年之前的普鲁士议会政治进行了透彻的研究，仍然是这一领域的经典著作，见 pp. 202–9。又见 Neugebauer, *Politischer Wandel*, pp. 312–17。
41 Neugebauer, *Politischer Wandel*, pp. 174, 179, 文中引用的内容见 p. 390。
42 Ibid., pp. 390, 396–7, 399, 401, 404. 又见 Obenaus, *Anfänge*, pp. 407–10, 583–94。
43 Neugebauer, *Politischer Wandel*, pp. 430–31.
44 Hagen, *Germans, Poles and Jews*, p. 79.
45 Thomas Serrier, *Entre Allemagne et Pologne. Nations et Identités Frontalières, 1848–1914* (Paris, 2002), 尤见 pp. 37–51。
46 Georg W. Strobel, 'Die liberale deutsche Polenfreundschaft und die Erneuerungsbewegung Deutschlands', in Peter Ehlen (ed.), *Der polnische Freiheitskampf 1830/31* (Munich, 1982), pp. 31–47, 文中的内容见 p. 33。
47 文中引用的所有文字均摘自 Hagen, *Germans, Poles and Jews*, pp. 87–91; Irene Berger, *Die preussische Verwaltung des Regierungsbezirks Bromberg (1815–1847)* (Cologne, 1966) p. 71。
48 Alfred Hartlieb von Wallthor, 'Die Eingliederung Westfalens in den preussischen Staat', in Peter Baumgart (ed.), *Expansion und Integration. Zur Eingliederung neugewonnener Gebiete in den preussischen Staat* (Cologne, 1984), pp. 227–54, 文中的内容见 p. 251。
49 Croon, *Der Rheinische Provinziallandtag*, p. 116.
50 James M. Brophy, *Joining the Political Nation. Popular Culture and the Public Sphere in the Rheinland, 1800–1850* (forthcoming: Cambridge, 2006). Brophy 教授允许我引用尚未出版的文稿，我对此感激万分。

51 Treitschke, *Deutsche Geschichte*, vol. 5, p. 141.

52 Letter from R. Smith to the Committee of the London Society for Promoting Christianity among the Jews, 17 December 1827, in *The Jewish Expositor and Friend of Israel*, 13 (1828), p. 266.

53 Cited in F. Fischer, *Moritz August von Bethmann Hollweg und der Protestantismus* (Berlin, 1937), p. 70.

54 Adalbert von der Recke, *Tagebuch für die Rettungsanstalt zu Düsselthal 1822–1823*, Archiv der Graf–Recke–Stiftung Düsselthal 1822–3, fo. 8 (19 January 1822).

55 Ibid., fo. 29 (3 February 1822).

56 Gerlach, 'Das Königreich Gottes', *Evangelische Kirchenzeitung*, 68 (1861), cols. 438–54，文中的内容见 cols. 438–9。

57 J. von Gerlach (ed.), *Ernst Ludwig von Gerlach. Aufzeichnungen aus seinem Leben und Wirken 1795–1877* (Schwerin, 1903), pp. 132, 149–50.

58 Friedrich Wiegand, 'Eine Schwärmerbewegung in Hinterpommern vor hundert Jahren', *Deutsche Rundschau*, 189 (1921), pp. 323–36，文中的内容见 p. 333。

59 Christopher Clark, 'The Napoleonic Moment in Prussian Church Policy', in David Laven and Lucy Riall (eds.), *Napoleon's Legacy. Problems of Government in Restoration Europe* (Oxford, 2000), pp. 217–35，文中的内容见 p. 223; Christopher Clark, 'Confessional Policy and the Limits of State Action: Frederick William III and the Prussian Church Union 1817–1840', *Historical Journal*, 39 (1996), pp. 985–1004。

60 举例来说，见 GStA Berlin–Dahlem, HA I Rep. 76 III, Sekt. 1, Abt. XIIIa, Nr. 5, vol. 1。

61 如想了解学界对普鲁士联合教会和《教务专约》的比较讨论，见 Clark, 'The Napoleonic Moment', in Laven and Riall (eds.), *Napoleon's Legacy*, pp. 217–35。

62 Helga Franz–Duhme and Ursula Röper–Vogt (eds.), *Schinkels Vorstadtkirchen. Kirchenbau und Gemeindegründung unter Friedrich Wilhelm III. In Berlin* (Berlin, 1991), pp. 30–60.

63 Rulemann Friedrich Eylert, *Charakter-Züge und historische Fragmente aus dem Leben des Königs von Preussen Friedrich Wilhelm III* (3 vols., Magdeburg, 1844–6), vol. 3, p. 304.

64 Frankfurt/Oder government to Rochow, Frankfurt/Oder, 9 June 1836, GStA Berlin–Dahlem, HA I, Rep. 76 III, Sekt. I, Abt. XIIIa, Nr. 5, vol. 2, Bl. 207–8.

65 Huschke, Steffens, Gempler, von Haugwitz, Willisch, Helling, Schleicher, Mühsam, Kaestner, Mage and Borne to Frederick William III, Breslau, 23 June 1830, GStA Berlin–Dahlem, HA I, Rep. 76 III, Sekt. 15, Abt. XVII, Nr. 44, vol. 1. "父辈" 是路德宗的请愿书中经常出现的字眼。

66 *Neue Würzburger Zeitung*, 22 June 1838, transcribed in GStA Berlin–Dahlem, HA I, Rep. 76 III, Sekt. I, Abt. XIIIa, Nr. 5, vol. 2, Bl. 135.

67 Cited in Stamm–Kuhlmann, *König in Preussens grosser Zeit*, p. 544.

68 Nils Freytag, *Aberglauben im 19. Jahrhundert. Preussen und die Rheinprovinz zwischen Tradition und Moderne (1815–1918)* (Berlin, 2003), pp. 117–18.

69 Christoph Weber, *Aufklärung und Orthodoxie am Mittelrhein 1820–1850* (Munich, 1973), pp. 46–7.

70　Freytag, *Aberglauben*, pp. 322–33.
71　Ibid., pp. 333–44.
72　如想了解舍恩赫尔，见 H. Olshausen, *Leben und Lehre des Königsberger Theosophen Johann Heinrich Schoenherr* (Königsberg, 1834)。
73　Pastor Diestel to Königsberg Consistory, 15 October 1835, GStA Berlin–Dahlem, HA I, Rep. 76 III, Sekt. 2, Abt. XVI, Nr. 4, vol. 1.
74　文中的记录以当时的新闻报道为基础，摘自 Samuel Laing, *Notes of a Traveller on the Social and Political State of France, Prussia, Switzerland, Italy and Other Parts of Europe during the Present Century* (London, 1854), pp. 109–10。
75　如想了解埃贝尔及迪斯特尔案的细节，见 GStA Berlin–Dahlem, HA I, Rep. 76 III, Sekt. 2, Abt. XVI, Nr. 4, vols. 1 and 2 中收录的文献。又见 P. Konschel, *Der Königsberger Religionsprozess gegen Ebel und Diestel* (Königsberg, 1909) and Ernst Wilhelm Graf von Kanitz, *Aufklärung nach Actenquellen. über den 1835 bis 1842 zu Königsberg in Preussen geführten Religionsprozess für Welt-und Kirchen-Geschichte* (Basel, 1862)。
76　财政部在1816年11月28日提出的建议，摘自 Freund, *Die Emanzipation der Juden*, vol. 2, pp. 475–96, 文中的内容见 pp. 482–3。
77　Fischer, *Judentum, Staat und Heer*, p. 95.
78　弗里德里希・威廉三世在1824年6月24日下达的内阁令，引自 Bildarchiv Preussischer Kulturbesitz, *Juden in Preussen: Ein Kapitel deutscher Geschichte* (Dortmund, 1981), p. 195; Nathan Samter, *Judentaufen im 19. Jahrhundert* (Berlin, 1906), p. 37。如想全面地了解伯格的经历，可阅读最近出版的回忆录: Meno Burg, *Geschichte meines Dienstlebens. Erinnerungen eines jüdischen Majors der preussischen Armee* (Berlin, 1998)。
79　如想了解这一政策，见 Christopher Clark, 'The Limits of the Confessional State: Conversions to Judaism in Prussia 1814–1843', *Past & Present*, 147 (1995), pp. 159–79。
80　Clark, *Politics of Conversion*.
81　弗里德里希・威廉三世的内阁令，摘自以所有的教堂负责人为对象的通告，18 October 1821, Evangelisches Zentralarchiv, Berlin, 9/37。
82　Friedrich Julius Stahl, *Der christliche Staat und sein Verhältniss zum Deismus und Judenthum. Eine durch die Verhandlungen des vereinigten landtages hervorgerufene Abhandlung* (Berlin, 1847), pp. 7, 27, 31–3. 如想了解联合议会围绕着这一议题展开的辩论，见 Wanda Kampmann, *Deutsche und Juden. Studien zur Geschichte des deutschen Judentums* (Heidelberg, 1963), pp. 189–205。如想更为全面地了解施塔尔的政治理论，见 Willi Füssl, *Professor in der Politik. Friedrich Julius Stahl (1802–1861)* (Göttingen, 1988)。
83　'Ulm, 12. September', *Der Orient*, 3 (1842), pp. 342–3; 'Vorwärts in der Judenemancipation: Ein offenes Sendschreiben', *Der Orient*, 4 (1843), p. 106; 'Tübingen, im Februar', *Der Orient*, 5 (1844), p. 68.
84　Heinrich, *Staat und Dynastie*, p. 316.
85　Thomas Stamm–Kuhlmann, 'Pommern 1815 bis 1875', in Werner Buchholz (ed.), *Deutsche Geschichte im Osten Europas: Pommern* (Berlin, 1999), pp. 366–422, 文中的内容见 p. 369; Ilja Mieck, 'Preussen von 1807 bis 1850. Reformen, Restauration und Revolution', in Büsch et al. (eds.), *Handbuch der preussischen Geschichte*, vol. 2, pp. 3–292, 文中的内容见 pp. 104–6。
86　Karl Georg Faber, 'Die kommunale Selbstverwaltung in der Rheinprovinz im

neunzehnten Jahrhundert', *Rheinische Vierteljahrsblätter*, 30/1 (1965), pp. 132–51.

87  Manfred Jehle (ed.), *Die Juden und die jüdischen Gemeinden Preussens in amtlichen Enquêten des Vormärz* (4 vols., Munich, 1998), vol. 1, pp. 140–41.

88  如想了解威斯特法伦的改革，见 Norbert Wex, *Staatliche Bürokratie und städtische Autonomie. Entstehung, Einführung und Rezeption des Revidierten Städteordnung von 1831 in Westfalen* (Paderborn, 1997)。

89  Cited by Theodor Schieder, 'Partikularismus und nationales Bewusstsein im Denken des Vormärz', in Werner Conze (ed.), *Staat und Gesellschaft im deutschen Vormärz 1815–1848* (Stuttgart, 1962), pp. 9–38，文中的内容见 p. 20。如想了解普鲁士的"联邦"特征，见 Abigail Green, 'The Federal Alternative: A New View of Modern German History?' in *Historical Journal* (forthcoming)；格林博士允许我阅读了尚未发表的文章，我对此十分感谢。

90  Klaus Pabst, 'Die preussischen Wallonen – eine staatstreue Minderheit im Westen', in Hans Henning Hahn and Peter Kunze (eds.), *Nationale Minderheiten und staatliche Minderheitenpolitik in Deutschland im 19. Jahrhundert* (Berlin, 1999), pp. 71–9.

91  Otto Friedrichs, *Das niedere Schulwesen im linksrheinischen Herzogtum Kleve 1614–1814. Ein Beitrag zur Regionalgeschichte der Elementarschulen in Brandenburg-Preussen* (Bielefeld, 2000). 如想了解库伦人，见 Andreas Kossert, *Ostpreussen. Geschichte und Mythos* (Berlin, 2005), pp. 190–95。

92  Forstreuter, 'Die Anfänge der Sprachstatistik' in id., *Wirkungen*, pp. 313, 315, 316.

93  Kurt Forstreuter, *Die Deutsche Kulturpolitik im sogenannten Preussisch-Litauen* (Berlin, 1933), p. 341.

94  Samuel Laing, *Notes of a Traveller*, p. 67.

95  如想了解分离主义者在请愿书中引用《普鲁士一般邦法》的例子，见 Johann Gottfried Scheibel, *Actenmässige Geschichte der neuesten Unternehmungen einer Union zwischen der reformirtes und der lutherischen Kirche vorzüglich durch gemeinschaftliche Agende in Deutschland und besonders in dem preussischen Staate* (2 vols., Leipzig, 1834), vol. 2, pp. 95–104, 106–7, 197–208, 211–12 上摘录的文字。如想了解《普鲁士一般邦法》对统一的身份认同起到的核心作用，见 Koselleck, *Preussen Zwischen Reform und Revolution*, pp. 23–51。

96  'Hier bei uns im Preussenlande/Ist der König Herr;/Durch Gesetz und Ordnungsbande/ Stänkert man nicht kreuz und quer.' Cited in Brophy, *Joining the Political Nation*, chap. 2.

97  Rudolf Lange, *Der deutsche Schulgesang seit fünfzig Jahren. Ein Beitrag zur Schulbuchliteratur* (Berlin, 1867), pp. 50–51. 1945年之后，《普鲁士之歌》在背井离乡、被迫在联邦国境内生活的东普鲁士人中间广为流传，但对他们来说，歌中颂扬的普鲁士并不是普鲁士王国，而是波罗的海沿岸覆水难收的东普鲁士故土。

98  Georg Wilhelm Friedrich Hegel, *Elements of the Philosophy of Right*, trans. H. B. Nisbet, ed. Allen W. Wood, § 258, p. 279. 我对黑格尔国家理论的理解借鉴了加雷思·斯特德曼·琼斯尚未出版的作品 'Civilising the People: Hegel'；琼斯教授允许我阅读尚未出版的此作，我对此十分感谢。

99  Ibid., § 273, p. 312.

100  Georg Wilhelm Friedrich Hegel, *Die Philosophie des Rechts. Die Mitschriften Wannen mann (Heidelberg, 1817–1818) und Homeyer (Berlin 1818–1819)*, ed. K.-H. Ilting (Stuttgart, 1983), § 70, p. 132.

101　Cited in Horst Althaus, *Hegel. An Intellectual Biography*, trans. Michael Tarsh (Oxford, 2000), p. 186.
102　见 Introduction by Gareth Stedman Jones to Karl Marx and Friedrich Engels, *The Communist Manifesto* (London, 2002), pp. 74–82。
103　Cited in Althaus, *Hegel*, p. 159.
104　如想了解黑格尔的哲学不断分化，发展成左翼及右翼政治思想的过程，见 John Edward Toews, *Hegelianism. The Path Toward Dialectical Humanism, 1805–1841* (Cambridge, 1985), pp. 71–140。
105　Cited in Althaus, *Hegel*, p. 161.
106　George G. Iggers, *The German Conception of History. The National Tradition of Historical Thought from Herder to the Present* (Middletown, CT, 1968), pp. 82, 88–9.
107　Cited in Sheehan, *German History*, p. 568.

# 第十三章　事态升级

1　Christopher Bayly, *The Birth of the Modern World 1780–1914* (Oxford, 2004), p. 147.
2　William Russell to Viscount Palmerston, Berlin, 18 June 1840, in Mösslang, Freitag and Wende (eds.), *British Envoys*, vol. 2, *1830–1847*, p. 184.
3　Walter Bussmann, *Zwischen Preussen und Deutschland. Friedrich Wilhelm IV. Eine Biographie* (Berlin, 1990), pp. 50–51, 94–6; Dirk Blasius, *Friedrich Wilhelm IV, 1795–1861. Psychopathologie und Geschichte* (Göttingen, 1992), pp, 14–17, 55; David E. Barclay, *Friedrich Wilhelm IV and the Prussian Monarchy 1840–1861* (Oxford, 1995), pp. 29–30, 32–5.
4　Bussmann, *Zwischen Preussen und Deutschland*, pp. 130–52.
5　Bärbel Holtz et al. (eds.), *Die Protokolle des preussischen Staatsministeriums, 1817–1943/38* (12 vols., Hildesheim, 1999–2004), vol. 3, *9. Juni 1840 bis 14.März 1848*, p. 15 (introduction by Holtz).
6　Robert Blake, 'The Origins of the Jerusalem Bishopric', in Adolf M. Birke and Kurt Kluxen (eds.), *Kirche, Staat und Gesellschaft. Ein deutsch-englischer Vergleich* (Munich, 1984), pp. 87–97; Bussmann, *Friedrich Wilhelm*, pp. 153–73; Barclay, *Frederick William IV*, pp. 84–92.
7　Frank–Lothar Kroll, 'Monarchie und Gottesgnadentum in Preussen 1840–1861', in id, *Das geistige Preussen. Zur Ideengeschichte eines Staadtes* (Paderborn, 2001), pp. 55–74. 又见该书的 'Politische Romantik und Romantische Politik bei Friedrich Wilhelm IV', pp. 75–86。
8　Leopold von Gerlach, Diary, Frankfurt, 3 June 1842, Bundesarchiv Potsdam, 90 Ge 6 Tagebuch Leopold von Gerlach, Bd 1842–6, fo. 21.
9　Treitschke, *Deutsche Geschichte*, vol. 5, p. 138.
10　Neugebauer, *Politischer Wandel*, pp. 446–9.
11　Hagen, *Germans, Poles and Jews*, pp. 91–2.
12　Holtz et al. (eds.), *Protokolle*, vol. 3 (introduction), p. 17.
13　Treitschke, *Deutsche Geschichte*, vol. 5, pp. 154–6.
14　Barclay, *Friedrich Wilhelm IV*, pp. 54–5.
15　Obenaus, *Anfänge*, pp. 532–3; Neugebauer, *Politischer Wandel*, p. 450.

16　1808年的政治遗嘱的全文收录于 Heinrich Scheel and Doris Schmidt (eds.), *Das Reformministerium Stein. Akten zur Verfassungs-und Verwaltungsgeschichte aus den Jahren 1807/08* (3 vols., Berlin, 1966–8), vol. 3, pp. 1136–8。

17　Neugebauer, *Politischer Wandel*, pp. 257–8, 329, 372.

18　Theodor von Schön, *Woher und Wohin? oder der preussische Landtag im Jahre 1840. Ausschliesslich für den Verfasser, in wenigen Exemplaren abgedruckt* (Königsberg, 1840), reprinted in Hans Fenske (ed.), *Vormärz und Revolution 1840–1848* (Darmstadt, 1976), pp. 34–40，文中的内容见 pp. 36–40。如想阅读国王在1840年12月26日写给舍恩的信，见 Hans Rothfels, *Theodor von Schön, Friedrich Wilhelm IV und die Revolution von 1848* (Halle, 1937), pp. 213–8; commentary pp. 111–3。

19　下文对舍恩争议的记述主要以 Treitschke, *Deutsche Geschichte*, vol. 5, pp. 158–67 为依据。又见 Hans Rothfels, *Theodor von Schön, Friedrich Wilhelm IV und die Revolution von 1848* (Halle, 1937), pp. 107–23。

20　Sheehan, *German History*, p. 625.

21　Karl Obermann, 'Die Volksbewegung in Deutschland von 1844 bis 1846', *Zeitschrift für Geschichte*, 5/3 (1957), pp. 503–25; James Sheehan, *German Liberalism in the Nineteenth Century* (Chicago, 1978), pp. 12–14.

22　Nipperdey, *Deutsche Geschichte*, p. 398; Dirk Blasius, 'Der Kampf um das Geschworenengericht in Vormärz', in Hans-Ulrich Wehler (ed.), *Sozialgeschichte heute. Festschrift für Hans Rosenberg* (Göttingen, 1974), pp. 148–61.

23　Sperber, *Rhineland Radicals*, p. 104.

24　Hagen, *Germans, Poles and Jews*, p. 93.

25　R. Arnold, 'Aufzeichnungen des Grafen Carl v. Voss-Buch über das Berliner Politische Wochenblatt', *Historische Zeitschrift*, 106 (1911), pp. 325–40，尤见 pp. 334–9；Berdahl, *Politics of the Prussian Nobility*, pp. 158–81, 246–63; Epstein, *German Conservatism*, p. 66; Fritz Valjavec, *Die Entstehung der politischen Strömungen in Deutschland, 1770–1815* (Munich, 1951), pp. 310, 322, 414。

26　Bärbel Holtz, 'Wider Ostrakismos und moderne Konstitutionstheorien. Die preussische Regierung im Vormärz zur Verfassungsfrage', in ead. and Hartin Spenkuch (eds.), *Preussens Weg in die politische Moderne. Verfassung – Verwaltung – politische Kultur zwischen Reform und Reformblockade* (Berlin, 2001), pp. 101–39; ead., 'Der vormärzliche Regierungsstil von Friedrich Wilhelm IV.', *FBPG*, 12 (2002), pp. 75–113.

27　Leopold von Gerlach, Diary, Sans Souci, 28, 29 October 1843, Bundesarchiv Potsdam, 90 Ge 6 Tagebuch Leopold von Gerlach, Bd 1842–6, fos. 98–101.

28　见 Jehle (ed.), *Die Juden und die jüdischen Gemeinden Preussens* 中收录的报告，尤见 vol. 1, pp. 81 (Königsberg), 84–5 (Danzig), 97 (Gumbinnen), 118 (Marienwerder), 139 (Stettin), 147 (Köslin), 174 (Stralsund), 260 (Bromberg), 271 (Province of Silesia), 275 (Breslau), 283 (Liegnitz), 441 (Minden), 457 (Cologne), 477 (Düsseldorf), 497 (Coblenz)。与科隆地区政府呼吁中央政府让犹太人获得平等公民权有关的内容见 p446。如想更为全面地了解地方行政机构在共同制定政策的过程中所扮演的角色，见 Berger, *Die preussische Verwaltung*, p. 260。

29　'⋯ Das von den Extremen unserer Zeit/Ein närrisches Gemisch ist⋯' cited from Heinrich Heine's satirical poem 'Der neue Alexander', in Heinrich Heine, *Sämtliche Schriften*, ed. Klaus Briegleb (6 vols., Munich, 1968–76), vol. 4, p. 458.

30　David Friedrich Strauss, *Der Romantiker auf dem Thron der Cäsaren, oder Julian der Abtrünnige. Ein Vortrag* (Mannheim, 1847), 尤见 p. 52。

31　如想了解"人民日历"的特点及其引发的反应, 见 Brophy, *Joining the Political Nation*, chap. 1。

32　Freytag, *Aberglauben*, pp. 179–82.

33　Brophy, *Joining the Political Nation*; Ann Mary Townsend, *Forbidden Laughter. Popular Humour and the Limits of Repression in Nineteenth-century Prussia* (Ann Arbor, MI, 1992), pp. 24–5, 27, 48–9, 93, 137.

34　James M. Brophy, 'Carnival and Citizenship: the Politics of Carnival Culture in the Prussian Rhineland, 1823–1848', *Journal of Social History*, 30 (1997), pp. 873–904; id., 'The Politicization of Traditional Festivals in Germany, 1815–1848', in Karin Friedrich (ed.), *Festival Culture in Germany and Europe from the Sixteenth to the Twentieth Century* (Lampeter, 2000), pp. 73–106.

35　Sperber, *Rhineland Radicals*, pp. 98–100.

36　文中引用的例子摘自 Barclay, *Friedrich Wilhelm IV*, p. 113。

37　Ibid., p. 118; Townsend, *Forbidden Laughter*, pp. 162–70.

38　Treitschke, *Deutsche Geschichte*, vol. 5, pp. 267–70.

39　'Hatt' wohl je ein Mensch so'n Pech/Wie der Bürgermeister Tschech,/Dass er diesen dicken Mann/Auf zwei Schritt nicht treffen kann!', cited in Brophy, *Joining the Political Nation*, chap. 1. 如想了解《切希之歌》的政治意义, 又见 Treitschke, *Deutsche Geschichte*, vol. 5, pp. 268–70。

40　Anon., 'Das Blutgericht (1844)', song of the weavers in Peterswaldau and Langenbielau, reproduced in Lutz Kroneberg and Rolf Schloesser (eds.), *Weber-Revolte 1844. Der schlesische Weberaufstand im Spiegel der zeitgenössischen Publizistik und Literatur* (Cologne, 1979), pp. 469–72.

41　书中对上述事件的记述大都是以威廉·沃尔夫在1844年6月所写的报告为基础总结出来的。这份报告题为 'Das Elend und der Aufruhr in Schlesien 1844', 于同年12月在 *Deutsches Bürgerbuch für 1845* 上发表。Kroneberg and Schloesser (eds.), *Weber-Revolte* 收录了该文, 见 pp. 241–64。

42　Cited in Sheehan, *German History*, p. 646.

43　Wehler, *Deutsche Gesellschaftsgeschichte*, vol. 2, p. 288; Sperber, *Rhineland Radicals*, p. 35.

44　'Erfahrungen eines jungen Schweizers im Vogtlande', in Bettina von Arnim, *Politische Schriften*, ed. Wolfgang Bunzel (Frankfurt Main, 1995), pp. 329–68, 又见 pp. 1039–40。

45　Heinrich Grunholzer, Appendix to Bettina von Arnim, *Dies Buch gehört dem König* (1843), 摘自 Kroneberg and Schloesser (eds.), *Weber-Revolte*, pp. 40–53。阿尼姆委托格林霍尔策编写附录, 目的是让自己在介绍性的正文中提出的主张变得更有真凭实据, 更能说服国王, 让他加强普鲁士王国的社会保障体系。

46　Friedrich Wilhelm Wolff, 'Die Kasematten von Breslau', in Franz Mehring (ed.), *Gesammelte Schriften von Wilhelm Wolff* (Berlin, 1909), pp. 49–56.

47　Cited in Sheehan, *German History*, p. 645.

48　Alexander Schneer, *über die Not der Leinen-Arbeiter in Schlesien und die Mittel ihr abzuhelfen* (Berlin, 1844).

49  如想了解学界如何用马尔萨斯的理论分析巴伐利亚的情况，见 William Robert Lee, *Population Growth, Economic Development and Social Change in Bavaria 1750–1850* (New York, 1977), p. 376。

50  Manfred Gailus, 'Food Riots in Germany in the Late 1840s', *Past & Present*, 145 (1994), pp. 157–93，文中的内容见 p. 163。

51  E. P. Thompson, 'The Moral Economy of the English Crowd in the Eighteenth Century', *Past & Present*, 5 (1971), pp. 76–136; Hans–Gerhard Husung, *Protest und Repression im Vormärz* (Göttingen, 1983), pp. 244–7; Gailus, 'Food Riots', pp. 159–60.

52  Hermann Beck, 'Conservatives and the Social Question in Nineteenth-century Prussia', in Larry Eugene Jones and James Retallack (eds.), *Between Reform, Reaction and Resistance: Studies in the History of German Conservatism from 1789 to 1945* (Providence, RI, 1993), pp. 61–94; id., 'State and Society in pre–March Prussia: the Weavers' Uprising, the Bureaucracy and the Association for the Welfare of Workers', *Central European History*, 25 (1992), pp. 303–31; id., *The Origins of the Authoritarian Welfare State in Prussia. Conservatives, Bureaucracy and the Social Question, 1815–70* (Ann Arbor, MI, 1995); Wolfgang Schwentker, 'Victor Aimé Huber and the Emergence of Social Conservatism', in Jones and Retallack (eds.), *Between Reform, Reaction and Resistance*, pp. 95–121.

53  Kroneberg and Schloesser (eds.), *Weber-Revolte*, pp. 24–5.

54  Karl Marx, 'Kritische Randglossen zu dem Artikel "Der König von Preussen und die Sozialreform" ', *Vorwärts!*, 10 August 1844, excerpted in Kroneberg and Schloesser (eds.), *Weber-Revolte*, pp. 227–8.

55  如想了解《国家债务法》、普鲁士的财政需求、宪政改革这三者间的联系，见 Niall Ferguson, *The World's Banker. The History of the House of Rothschild* (London, 1998), p. 133。

56  Brose, *Technological Change in Prussia*, pp. 223–4, 235–9; Barclay, *Friedrich Wilhelm IV*, p. 120.

57  Geoffrey Wawro, *The Austro-Prussian War. Austria's War with Prussia and Italy in 1866* (Cambridge, 1996), p. 31.

58  [Agnes von Gerlach] (ed.), *Denkwürdigkeiten aus dem Leben Leopold von Gerlachs, nach seinen Aufzeichnungen* (2 vols., Berlin, 1891–2), vol. 1, p. 99. 又见 Berdahl, *Politics of the Prussian Nobility*, pp. 324–5。

59  Obenaus, *Anfänge*, pp. 556–63; Friedrich Keinemann, *Preussen auf dem Wege zur Revolution: Die Provinziallandtags-und Verfassungspolitik Friedrich Wilhelms IV. Von der Thronbesteigung bis zum Erlass des Patents vom 3. Februar 1847. Ein Beitrag zur Vorgeschichte der Revolution von 1848* (Hamm, 1975), pp. 45–51; Barclay, *Friedrich Wilhelm IV*, p. 121; Berdahl, *Politics of the Prussian Nobility*, pp. 325–6.

60  Wehler, *Deutsche Gesellschaftsgeschichte*, vol. 2, p. 615. 如想了解与铁路修建相关的政治问题，见 Brose, *Technological Change in Prussia*, chap. 7。

61  Simms, *Struggle for Mastery*, pp. 169–70.

62  Eduard Bleich (ed.), *Der erste vereinigte Landtag in Berlin 1847* (4 vols., Berlin, 1847, repr. Vaduz–Liechtenstein, 1977), vol. 1, pp. 3–10.

63  Berdahl, *Politics of the Prussian Nobility*, p. 336.

64　如想阅读开幕词的全文，见 Bleich (ed.), *Der erste vereinigte Landtag*, vol. 1, pp. 22, 25–6。

65　Obenaus, *Anfänge*, pp. 704–5; Ernst Rudolf Huber, *Deutsche Verfassungsgeschichte seit 1789* (7 vols., Stuttgart, 1957–82), vol. 2, *Der Kampf um Einheit und Freiheit. 1830 bis 1850*, p. 494.

66　如想了解 19 世纪 40 年代的人如何使用"保守派"这一定义，见 Rudolf Vierhaus, 'Konservatismus', in Otto Brunner, Werner Conze, Reinhard Koselleck (eds.), *Geschichtliche Grundbegriffe. Historisches Lexikon zu politisch-sozialer Sprache in Deutschland* (Stuttgart, 1972), pp. 531–65，尤见 540–51; Alfred von Martin, 'Weltanschauliche Motive im altkonservativen Denken', in Gerd-Klaus Kaltenbrunner, *Rekonstruktion des Konservatismus* (Freiburg, 1972), pp. 139–80。

67　Gerlach, *Denkwürdigkeiten*, vol. 1, p. 118.

68　Diary entries of 22 June 1836, 21 January 1836, 17 June 1837, 14 November 1839, 26 December 1841, Karl Varnhagen von Ense, *Aus dem Nachlass Varnhagen's von Ense. Tagebücher von K. A. Varnhagen von Ense* (14 vols., Leipzig, 1861–70), vol. 1 (1861), pp. 5, 34–5, 151–3, 384–5.

69　Diary entry of 27 August 1837, in ibid., pp. 58–9.

70　Freytag, *Aberglauben*, pp. 151–2.

71　Friedrich Engels to Wilhelm Graeber, 13 November 1839, in *Marx and Engels Collected Works* (50 vols., London, 1975–2004), vol. 2, pp. 476–81，文中的内容见 p. 481。

72　1839 年 10 月 29 日，恩格斯致信格雷贝尔，在信中讨论了书商经营违禁出版物的行为，in ibid., p. 476。

73　Brophy, *Joining the Political Nation*; id., 'Violence between Civilians and State Authorities in the Prussian Rhineland, 1830–1848', *German History*, 22 (2004), pp. 1–35.

74　Alf Lüdtke, *Police and State in Prussia 1815–1850*, trans. Pete Burgess (Cambridge, 1989), pp. 72, 73.

75　Evans, *Rituals of Retribution*, pp. 228–9.

76　Cited in Simms, *Struggle for Mastery*, p. 199.

# 第十四章　普鲁士革命的辉煌与苦难

1　Vossische Zeitung (*Extrablatt*), 28 February 1848，可访问以下网址查阅：http://www.zlb.de/projekte/1848/vorgeschichte_image.htm；最后一次访问的时间是 2004 年 6 月 11 日。

2　Karl August Varnhagen von Ense, 'Darstellung des Jahres 1848' (written in the autumn of 1848), in Konrad Feilchenfeld (ed.), *Karl August Varnhagen von Ense. Tageblätter* (5 vols., Frankfurt/Main, 1994), vol. 4, *Biographien, Aufsätze, Skizzen, Fragmente*, pp. 685–734，文中的内容见 p. 724。

3　Wolfram Siemann, 'Public Meeting Democracy in 1848', in Dieter Dowe, Heinz-Gerhard Haupt, Dieter Langewiesche and Jonathan Sperber (eds.), *Europe in 1848. Revolution and Reform* (New York, 2001), pp. 767–76; Schulze, *Der Weg zum Nationalstaat*, pp. 3–48; 舒

尔策对1848年革命前期的记录引人入胜，为笔者对该年3月柏林城内局势发展的描述提供了主要依据。

4　Alessandro Manzoni, *The Betrothed*, trans. Archibald Colquhoun (orig. 1827, London, 1956), pp. 188–9.

5　如想了解学界对3月15日时发生在王宫广场上的事件的描述，见Karl Ludwig von Prittwitz, *Berlin 1848. Das Erinnerungswerk des Generalleutnants Karl Ludwig von Prittwitz und andere Quellen zur Berliner Märzrevolution und zur Geschichte Preussens um die Mitte des 19. Jahrhunderts*, ed. Gerd Heinrich (Berlin, 1985), pp. 71–3.

6　Karl August Varnhagen von Ense, diary entry, 15 March 1848, in Feilchenfeld (ed.), *Varnhagen von Ense*, vol. 5, *Tageblätter*, pp. 429–30.

7　Prittwitz, *Berlin 1848*, p. 116.

8　Cited in ibid., p. 120.

9　Ibid., pp. 129–30.

10　Varnhagen, *Tageblätter*, 18 March 1848, p. 433.

11　Cited in Prittwitz, *Berlin 1848*, p. 174.

12　Ibid., p. 232.

13　演讲稿的全文见 ibid., p. 259。

14　如想了解军队及弗里德里希·威廉四世在从柏林撤兵的过程中起到的作用，种种不同的描述见 Felix Rachfahl, *Deutschland, König Friedrich Wilhelm IV. und die Berliner Märzrevolution von 1848* (Halle, 1901); Friedrich Thimme, 'König Friedrich Wilhelm IV., General von Prittwitz und die Berliner Märzrevolution', *FBPG*, 16 (1903), pp. 201–38; Friedrich Meinecke, 'Friedrich Wilhelm IV. und Deutschland', *Historische Zeitschrift*, 89 (1902), pp. 17–53，文中的内容见 pp. 47–9。

15　Heinrich, *Geschichte Preussens*, p. 364.

16　David Blackbourn, *History of Germany 780–1918. The Long Nineteenth Century* (2nd edn, Oxford, 2003), p. 107.

17　Ralf Rogge, 'Umriss des Revolutionsgeschehens 1848/49 in Solingen', in Wilfried Reininghaus (ed.), *Die Revolution 1848/49 in Westfalen und Lippe* (Münster, 1999), pp. 319–44，文中的内容见 pp. 322–3。

18　Manfred Beine, 'Sozialer protest und kurzzeitige Politisierung', in Reininghaus (ed.), *Die Revolution*, pp. 171–215，文中的内容见 p. 172。

19　Theodore S. Hamerow, *Restoration, Revolution, Reaction. Economics and Politics in Germany 1815–1871* (Princeton, NJ, 1958), pp. 103–6.

20　Christof Dipper, 'Rural Revolutionary Movements. Germany, France, Italy', in Dowe et al., (eds.), *Europe in 1848*, pp. 416–42，文中的内容见 p. 421。

21　Manfred Gailus, 'The Revolution of 1848 as Politics of the Streets', in Dowe et al., (eds.), *Europe in 1848*, pp. 778–96，文中的内容见 p. 781。

22　柏林市长克劳斯尼克的目击证词，cited in Prittwitz, *Berlin 1848*, pp. 229–30; Barclay, *Friedrich Wilhelm IV*, p. 145。

23　下列著作记述了弗里德里希·威廉四世在柏林城内游行的情况: Karl Haenchen (ed.), *Revolutionsbriefe 1848: Ungedrucktes aus dem Nachlass König Friedrich Wilhelms IV. von Preussen* (Leipzig, 1930), pp. 53–53 (account by August von Schöler); Adolf Wolff, *Revolutions-Chronik. Darstellung der Berliner Bewegungen im Jahre 1848 nach politischen, socialen und literarischen Beziehungen* (3 vols., Berlin, 1851, 1852, 1854), vol. 1, pp. 294–9。

24  Cited in Prittwitz, *Berlin 1848*, pp. 440–41.

25  Otto von Bismarck, *Gedanken und Erinnerungen* (Stuttgart and Berlin, 1928), p. 58.

26  如想了解军队在这一时期制定的反动阴谋，见 Manfred Kliem, *Genesis der Führungskräfte der feudal-militaristischen Konterrevolution 1848 in Preussen* (Berlin, 1966)。

27  如想了解普鲁士的国民议会，见 Hans Mähl, *Die überleitung Preussens in das konstitutionelle System durch den zweiten Vereinigten Landtag* (Munich, 1909), pp. 123–227; Wolfram Siemann, *Die deutsche Revolution von 1848/49* (Frankfurt/Main, 1985), p. 87; Manfred Botzenhart, *Deutscher Parlamentarismus in der Revolutionszeit 1848–1850* (Düsseldorf, 1977), pp. 132–41, 441–53。

28  Frederick William IV to ministry of state, Berlin, 4 June 1848, in Erich Brandenburg (ed.), *König Friedrich Wilhelms IV. Briefwechsel mit Ludolf Camphausen* (Berlin, 1906), pp. 144–7.

29  Barclay, *Friedrich Wilhelm IV*, p. 164.

30  Rüdiger Hachtmann, *Berlin 1848. Eine Politik-und Gesellschaftsgeschichte der Revolution* (Bonn, 1997), pp. 561–6，文中引用的文字见 p. 562。

31  Botzenhart, *Parlamentarismus*, pp. 538–41; Huber, *Verfassungsgeschichte* (8 vols., Stuttgart, 1957–90), vol. 2, pp. 730–32.

32  Gerlach to Brandenburg, 2 November 1848, cited in Barclay, *Friedrich Wilhelm IV*, p. 179.

33  Hachtmann, *Berlin 1848*, pp. 749–52; Botzenhart, *Parlamentarismus*, pp. 545–50; Barclay, *Friedrich Wilhelm IV*, pp. 179–81; Sabrina Müller, *Soldaten in den deutschen Revolutionen von 1848/49* (Paderborn, 1999), p. 299.

34  Sperber, *Rhineland Radicals*, pp. 314–36.

35  Reinhard Vogelsang, 'Minden-Ravensberg im Vormärz und in der Revolution von 1848/49; in Reininghaus (ed.), *Die Revolution*, pp. 141–69，文中的内容见 p. 154。

36  Sperber, *Rhineland Radicals*, pp. 360–86.

37  Barclay, *Friedrich Wilhelm IV*，尤见 pp. 138–84。下列著作做出了相同的总体论述：Bussmann, *Friedrich Wilhelm IV*, passim; cf. Blasius, *Friedrich Wilhelm IV*。

38  Wolfgang Schwentker, *Konservative Vereine und Revolution in Preussen, 1848/49. Die Konstituierung des Konservativismus als Partei* (Düsseldorf, 1988), pp. 142, 156–74, 176, 336–8.

39  Trox, *Militärischer Konservativismus*, pp. 207–9.

40  Müller, *Soldaten in der deutschen Revolution*, pp. 124 and passim.

41  Trox, *Militärischer Konservativismus*, pp. 162–4 and passim.

42  Müller, *Soldaten in der deutschen Revolution*, pp. 81, 83, 85, 299, 300.

43  Albert Förderer, *Erinnerungen aus Rastatt 1849* (Lahr, 1899), p. 104, cited in Müller, *Soldaten in der deutschen Revolution*, p. 310.

44  如想了解普政府对"自由派地缘政治"的关注，见 Simms, *Struggle for Mastery*, pp. 168–94; Harald Müller, 'Zu den aussenpolitischen Zielvorstellungen der gemässigten Liberalen am Vorabend und im Verlauf der bürgerlich–demokratischen Revolution von 1848/49 am Beispiel der "Deutschen Zeitung" ', in Helmut Bleiber (ed.), *Bourgeoisie und bürgerliche Umwälzung in Deutschland, 1789–1871* (Berlin, 1977), pp. 229–66, citation p. 233, n. 25;

id., 'Der Blick über die deutschen Grenzen. Zu den Forderungen der bürgerlichen Opposition in Preussen nach aussenpolitischer Einflussnahme am Vorabend und während des ersten preussischen vereinigten Landtags von 1847', *Jahrbuch für Geschichte*, 32 (1985), pp. 203–38。

45　摘自 Wilhelm Angerstein, *Die Berliner Märzereignisse im Jahre 1848* (Leipzig, 1865), p. 65。

46　Frederick William, cabinet order, 21 March 1848, 收录于 Prittwitz, *Berlin 1848*, p. 392。如想详细了解弗里德里希·威廉四世如何率领队伍在柏林城内游行，见 Schulze, *Der Weg zum Nationalstaat*, p. 47。

47　Frederick William IV, 'An Mein Volk und an die deutsche Nation', 收录于 Prittwitz, *Berlin 1848*, p. 392。

48　如想阅读对大教堂的此次仪式的全面描述，见 Thomas Parent, *Die Hohenzollern in Köln* (Cologne, 1981), pp. 50–61。

49　Frederick William IV to Metternich, 7 March 1842, cited in Barclay, *Friedrich Wilhelm IV*, p. 188.

50　Frederick William IV to Friedrich Christoph Dahlmann, 24 April 1848, in Anton Springer, *Friedrich Christoph Dahlmann* (2 vols., Leipzig, 1870, 1872), vol. 2, pp. 226–8.

51　Frederick William IV to Stolberg, 3 May 1848, in Otto Graf zu Stolberg–Wernigerode, *Anton Graf zu Stolberg-Wernigerode: Ein Freund und Ratgeber König Friedrich Wilhelms IV.* (Munich, 1926), p. 117.

52　Frederick William IV to Frederick August II of Saxony, 5 May 1848, in Hellmut Kretzschmar, 'König Friedrich Wilhelms IV. Briefe an König Friedrich August II. von Sachsen', *Preussische Jahrbücher*, 227 (1932), pp. 28–50, 142–53, 245–63，文中的内容见 p. 46；Barclay, *Friedrich Wilhelm IV*, p. 190。

53　Baumgart, *Europäisches Konzert*, pp. 324–5; Werner Mosse, *The European Powers and the German Question, 1848–1871: with special Reference to England and Russia* (Cambridge, 1958), pp. 18–19.

54　Cited in Bussmann, *Friedrich Wilhelm IV*, p. 289.

55　Roy A. Austensen, 'The Making of Austria's Prussian Policy, 1848–1851', *Historical Journal*, 27 (1984), pp. 861–76，文中的内容见 p. 872。

56　Karl Marx and Friedrich Engels, 'Review: May–October 1850', *Neue Rheinische Zeitung. Politisch-ökonomische Revue* (London, 1 November 1850)，可访问以下网址查阅：http://www.marxists.org/archive/marx/works/1850/11/01.htm；最后一次访问的时间是 2004 年 6 月 23 日。

57　Ibid.

58　Heinrich von Sybel, *Die Begründing des Deutschen Reiches durch Wilhelm I.* (6 vols., 3rd pop. edn, Munich and Berlin, 1913), vol. 2, pp. 48–9.

59　Bismarck, *Gedanken und Erinnerungen*, p. 95.

60　Cited in Felix Gilbert, *Johann Gustav Droysen und die preussisch-deutsche Frage* (Munich and Berlin, 1931), p. 122.

61　Johann Gustav Droysen, 'Zur Charakteristik der europäischen Krisis', Minerva (1854), reprinted in id., *Politische Schriften*, ed. Felix Gilbert (Munich and Berlin, 1933), pp. 302–42，文中的内容见 p. 341。"前进"一词是在向布吕歇尔致敬，原因是他被普鲁士人亲切地称作"前进元帅"。

62　Thomas Kühne, *Handbuch der Wahlen zum preussischen Abgeordnetenhaus 1867–1918. Wahlergebnisse, Wahlbündnisse und Wahlkandidaten* (Düsseldorf, 1994) 不仅介绍了普鲁士三等级选举制度的运作方式，还对该制度生效期间的选民投票模式进行了全面的分析。

63　Eberhard Naujoks, *Die parlamentarische Entstehung des Reichspressegesetzes in der Bismarckzeit (1848/74)* (Düsseldorf, 1975); Wolfram Siemann, *Gesellschaft im Aufbruch 1849–1871* (Frankfurt/Main, 1990), pp. 42, 65–7.

64　Cf. G. R. Elton, *The Tudor Revolution in Government. Administrative Changes in the Reign of Henry VIII* (Cambridge, 1969), 此书虽然研究的主题十分不同，但同样谈到在一个"比起自由政府，社会更需要善政的时期"，"秩序与和平似乎比原则及权利更重要"（p.1），指出行政制度创新是一个"受控动荡"的过程（p. 427）。

65　Martin Kisch and Pierangelo Schiera (eds.), *Verfassungswandel um 1848 im europäischen Vergleich* (Berlin, 2001) 对欧洲各国的宪政创新进行了很有价值的比较研究；尤见基施的介绍性论文 Kisch, 'Verfassungswandel um 1848 – Aspekte der Rezeption und des Vergleichs zwischen den europäischen Staaten', pp. 31–62。

66　Barclay, *Friedrich Wilhelm IV*, p. 183.

67　H. Wegge, *Die Stellung der Öffentlichkeit zur oktroyierten Verfassung und die preussische Parteibildung 1848/49* (Berlin, 1932), pp. 45–8; quotation p. 48.

68　Barclay, *Friedrich Wilhem IV*, p. 221.

69　Günther Grünthal, *Parlamentarismus in Preussen 1848/49–1857/58: Preussischer Konstitutionalismus – Parlament und Regierung in der Reaktionsära* (Düsseldorf, 1982), p. 185.

70　Ibid., p. 392.

71　William J. Orr, 'The Prussian Ultra Right and the Advent of Constitutionalism in Prussia', *Canadian Journal of History*, 11 (1976), pp. 295–310，文中的内容见 p. 307; Heinrich Heffter, 'Der Nachmärzliberalismus: Die Reaktion der fünfziger Jahre', in Hans–Ulrich Wehler (ed.), *Moderne deutsche Sozialgeschichte* (Cologne, 1966), pp. 177–96，文中的内容见 pp. 181–3; Hans Rosenberg, 'Die Pseudodemokratisierung der Rittergutsbesitzerklasse', in id., *Machteliten und Wirtschaftskonjunkturen. Studien zur neueren deutschen Sozialund Wirtschaftsgeschichte* (Göttingen, 1978), p. 94。

72　Arthur Schlegelmilch, 'Das Projekt der konservativ–liberalen Modernisierung und die Einführung konstitutioneller Systeme in Preussen und österreich, 1848/49', in Kisch and Schiera (eds.), *Verfassungswandel*, pp. 155–77 对由保守派和自由派联盟分别在普鲁士和奥地利主导的现代化进程进行了高质量的比较讨论。

73　James Brophy, *Capitalism, Politics and Railroads in Prussia, 1830–1870* (Columbus, OH, 1998), pp. 165–75.

74　Grünthal, *Parlamentarismus*, pp. 281–6.

75　Prince Wilhelm to Otto von Manteuffel, director in the interior ministry under Camphausen, 7 April 1848, cited in Karl-Heinz Börner, *Wilhelm I Deutscher Kaiser und König von Preussen. Eine Biographie* (Berlin, 1984), p. 81.

76　Grünthal, *Parlamentarismus*, p. 476.

77　Charles Tilly, 'The Political Economy of Public Finance and the Industrialization of Prussia 1815–1866', *Journal of Economic History*, 26 (1966), pp. 484–97，文中的内容见 p. 490。

78　Ibid., p. 494.
79　Ibid., p. 492.
80　Brophy, *Capitalism, Politics and Railroads*, p. 58.
81　Grünthal, *Parlamentarismus*, p. 476.
82　H. Winkel, *Die deutsche Nationalökonomie im 19. Jahrhundert* (Darmstadt, 1977), pp. 86–7, 95. E. Rothschild, ' "Smithianismus" and Enlightenment in Nineteenth-century Europe', King's College Cambridge: Centre for History and Economics, October 1998 一文提出，这样的做法是德意志诸国奉行"斯密经济学"的实例。
83　David Hansemann, cited in Brophy, *Capitalism, Politics and Railroads*, p. 50.
84　Brophy, *Capitalism, Politics and Railroads*, pp. 50, 56, 58. 19世纪60年代，普政府推翻了冯·德尔·海特的铁路国有化政策。
85　James Brophy, 'The Political Calculus of Capital: Banking and the Business Class in Prussia, 1848–1856', *Central European History*, 25 (1992), pp. 149–76; id., 'The Juste Milieu: Businessmen and the Prussian State during the New Era and the Constitutional Conflict', in Holtz and Spenkuch (eds.), *Preussens Weg*, pp. 193–224.
86　如想了解特亨丑闻，见 Barclay, *Friedrich Wilhelm IV*, pp. 252–5。
87　D. Fischer, *Handbuch der politischen Presse in Deutschland, 1480–1980. Synopse rechtlicher, struktureller und wirtschaftlicher Grundlagen der Tendenzpublizistik im Kommunikationsfeld* (Düsseldorf, 1981), pp. 60–61, 65; Kurt Koszyk, *Deutsche Presse im 19. Jahrhundert* (Berlin, 1966), p. 123; F. Schneider, *Pressefreiheit und politische öffentlichkeit* (Neuwied, 1966), p. 310.
88　Kurt Wappler, *Regierung und Presse in Preussen. Geschichte der amtlichen Pressestellen, 1848–62* (Leipzig, 1935), p. 94.
89　R. Kohnen, *Pressepolitik des deutschen Bundes. Methoden staatlicher Pressepolitik nach der Revolution von 1848* (Tübingen, 1995), p. 174.
90　Wappler, *Regierung und Presse*, pp. 3–4.
91　Ibid., pp. 16–17.
92　Barclay, *Friedrich Wilhelm IV*, p. 262.
93　Wappler, *Regierung und Presse*, p. 5.
94　Manteuffel to Rochow, 3 July 1851, cited in Wappler, *Regierung und Presse*, p. 91. 如想了解在体量较小的德意志国家，政府放弃审查制度，转而进行新闻管理的过程，见 Abigail Green, *Fatherlands. Statebuilding and Nationhood in Nineteenth-century Germany* (Cambridge, 2001), pp. 148–88。

# 第十五章　四场战争

1　*The Times*, 23 October 1860, cited in Raymond James Sontag, *Germany and England. Background of Conflict 1848–1898* (New York, 1938, reprint, 1969), p. 33.
2　Ernst Portner, *Die Einigung Italiens im Urteil liberaler deutscher Zeitgenossen* (Bonn, 1959), pp. 65, 119–22, 172–8; Angelow, *Von Wien nach Königgrätz*, pp. 190–200.
3　Mosse, *The European Great Powers*, pp. 49–77.

4 见 Dierk Walter, *Preussische Heeresreformen 1807–1870. Militärische Innovation und der Mythos der "Roonschen Reform"* (Paderborn, 2003)。

5 English reprint in Helmut Böhme (ed.), *The Foundation of the German Empire. Select Documents*, trans. Agatha Ramm (Oxford, 1971), pp. 93–5.

6 Börner, *Wilhelm I*, pp. 17, 21.

7 Crown Prince William to General O. von Natzmer, Berlin, 20 May 1849, in Ernst Berner (ed.), *Kaiser Wilhelm des Grossen Briefe, Reden und Schriften* (2 vols., Berlin, 1906), vol. 1, pp. 202–3. Citation from May 1850 in Börner, *Wilhelm I*, p. 115. 如想全面地了解威廉对民族主义的理解，见 pp. 96–101。

8 Craig, *Politics of the Prussian Army*, pp. 136–79. Walter, *Heeresreformen* 重新审视了普鲁士军改的历史，用强有力的证据纠正了许多长久以来的错误观点（比如，认为普军在1859年的总动员是一场彻底的大失败的观点）。

9 如想了解曼陀菲尔，见 Otto Pflanze, *Bismarck and the Development of Germany* (2nd edn, 3 vols., Princeton, NJ, 1990), vol. 1, *The Period of Unification, 1815–1871*, pp. 171–3, 182–3, 208; Ritter, *Staatskunst*, vol. 1, pp. 174–6, 231–4; Craig, *Politics of the Prussian Army*, pp. 149–50, 232–5。

10 Craig, *Politics of the Prussian Army*, pp. 151–7.

11 Sheehan, *German History*, p. 879.

12 Lothar Gall, *The White Revolutionary*, trans. J. A. Underwood (2 vols., London, 1986), vol. 1, p. 16 讨论了俾斯麦写给沙尔拉赫的这封信。

13 Ibid., vol. 1, pp. 3–34; cf. Ernst Engelberg, *Bismarck. Urpreusse und Reichsgründer* (2 vols., Berlin, 1998), vol. 1, pp. 39–40 先是指出，俾斯麦家族虽然与门肯家族联姻，却完全没有因此失去原有的身份认知，之后又提出，在俾斯麦家族前几代人的思维方式中很难找到"具有自我意识的布尔乔亚"痕迹。

14 Cited in Gall, *White Revolutionary*, vol. 1, p. 57.

15 Letter to his cousin, 13 February 1847, cited in ibid., pp. 18–19.

16 Cited in Pflanze, *The Period of Unification*, p. 82.

17 Allen Mitchell, 'Bonapartism as a Model for Bismarckian Politics', *Journal of Modern History*, 49 (1977), pp. 181–99.

18 Bismarck to Crown Prince Frederick, 13 October 1862, in *Kaiser Friedrich III, Tagebücher von 1848–1866*, ed. H. O. Meisner (Leipzig, 1929), p. 505.

19 Craig, *Politics of the Prussian Army*, p. 167.

20 1848年的德丹战争（即第一次石勒苏益格战争）以交战各方签订《马尔默停战协定》的方式结束后，相关各方在1851年、1852年签订了一系列的国际条约，似乎完全解决了石勒苏益格-荷尔斯泰因的继承权问题（至少当时的参与者都是这样想的）。按照协定，弗雷德里克七世的准继承人、王储格吕克斯堡的克里斯蒂安将会作为国君统治丹麦王国和石勒苏益格公国、荷尔斯泰因公国；作为回报，丹麦政府承诺无论是想要把石勒苏益格公国并入丹麦的版图，还是想要改变这两个公国的宪法地位，都必须首先征求这两个公国（大部分成员都是德意志人）的等级会议的意见。

21 如想了解学界对俾斯麦的思考过程所做出的全面分析，见 Pflanze, *Bismarck*, vol. 1, pp. 237–67. 如想了解学界对备战过程的概述，见 Dennis Showalter, *The Wars of German Unification* (London, 2004), pp. 117–22; Craig, *Politics of the Prussian Army*, pp. 180–84。

22 Showalter, *Wars of German Unification*, p. 126.
23 Wolfgang Förster (ed.), *Prinz Friedrich Karl von Preussen, Denkwürdigkeiten aus seinem Leben* (2 vols., Stuttgart, 1910), vol. 1, pp. 307–9.
24 Albrecht von Roon, *Denkwürdigkeiten*, (5th edn, 3 vols., Berlin, 1905), vol. 2, pp. 244–6.
25 Pflanze, *Bismarck*, vol. 1, pp. 271–9.
26 Siemann, *Gesellschaft im Aufbruch*, pp. 99–123; Wehler, *Deutsche Gesellschaftsgeschichte*, vol. 3, *Von der 'Deutschen Doppelrevolution' bis zum Beginn des Ersten Weltkrieges 1849–1914*, pp. 66–97.
27 Pflanze, *Bismarck*, vol. 1, p. 290.
28 Bismarck to Baron Karl von Werther, Berlin, 6 August 1864, in Böhme (ed.), *Foundation of the German Empire*, pp. 128–9.
29 Cited in Mosse, *European Powers*, p. 133.
30 如想了解这次会议，见 Pflanze, *Bismarck*, vol. 1, p. 292; Ernst Engelberg, *Bismarck*, p. 570。俾斯麦并没有像学界经常认为的那样，把击败自由派的必要性当作发动战争的理由。提出这一观点的是另一个参会人员，而俾斯麦则明确地表达了反对意见。
31 Heinrich von Srbik, 'Der Geheimvertrag Österreichs und Frankreichs vom 12. Juni 1866', *Historisches Jahrbuch*, 57 (1937), pp. 454–507; Gerhard Ritter, 'Bismarck und die Rheinpolitik Napoleons III.', *Rheinische Vierteljahrsblätter*, 15–16 (1950–51), pp. 339–70; E. Ann Pottinger, *Napoleon III and the German Crisis. 1856–1866* (Cambridge, MA, 1966), pp. 24–150;Pflanze, *Bismarck*, vol. 1, pp. 302–3.
32 如想了解俄政府对相关问题的看法，见 Dietrich Beyrau, *Russische Orientpolitik und die Entstehung des deutschen Kaiserreichs 1866–1870/71* (Wiesbaden, 1974); id., 'Russische Interessenzonen und europäisches Gleichgewicht 1860–1870', in Eberhard Kolb (ed.), *Europa vor dem Krieg von 1870* (Munich, 1987), pp. 67–76; id., 'Der deutsche Komplex. Russland zur Zeit der Reichsgründung', in Eberhard Kolb (ed.), *Europa und die Reichsgründung. Preussen-Deutschland in der Sicht der grossen europäischen Mächte 1860–1880* (= Historische Zeitschrift, Beiheft New Series, vol. 6; Munich, 1980), pp. 63–108。
33 如想了解引发1866年的普奥战争的那一系列事件，见 Showalter, *Wars of German Unification*, pp. 132–59; Sheehan, *German History*, pp. 899–908;Pflanze, *Bismarck*, vol. 1, pp. 292–315。
34 Frank J. Coppa, *The Origins of the Italian Wars of Independence* (London, 1992), pp. 122, 125.
35 Walter, *Heeresreformen*.
36 如想了解这一观点，见 Voth, 'The Prussian Zollverein', pp. 122–4。
37 Showalter, *Wars of German Unification*, p. 168.
38 Wawro, *Austro-Prussian War*, pp. 130–35, 145–7.
39 Ibid., p. 134.
40 Communiqué to von der Goltz, Berlin, 30 March 1866, in Herman von Petersdorff et al. (eds.), *Bismarck: Die gesammelten Werke* (15 vols., Berlin 1923–33), vol. 5, p. 429.
41 Cited in Koppel S. Pinson, *Modern Germany* (New York, 1955), pp. 139–40. 如想了解西门子，见 Jürgen Kocka, *Unternehmerverwaltung und Angestelltschaft am Beispiel*

*Siemens, 1847–1914. Zum Verhältnisvon Kapitalismus und Bürokratie in der deutschen Industrialisierung* (Stuttgart, 1969), pp. 52–3。

42  Rudolf Stadelmann, *Moltke und der Staat* (Krefeld, 1950), p. 73; Sheehan, *German Liberalism*, pp. 109–18.

43  1866年8月5日，威廉一世发表议会演讲，向议会提出了赔偿议案；如想阅读英译版的演讲稿，见 Theodor Hamerow, *The Age of Bismarck. Documents and Interpretations* (New York, 1973), pp. 80–82。

44  Pflanze, *Bismarck*, vol. 1, p. 335.

45  Hagen Schulze, 'Preussen von 1850 bis 1871. Verfassungsstaat und Reichsgründung', in Büsch et al. (eds.), *Handbuch der preussischen Geschichte*, vol. 2, pp. 293–374.

46  Conversation reported by Gelzer to Grand Duke Frederick, Berlin, 20 August 1866, in Hermann Oncken (ed.), *Grossherzog Friedrich I von Baden und die deutsche Politik von 1854 bis 1871: Briefwechsel, Denkschriften, Tagebücher* (2 vols., Stuttgart, 1927), vol. 2, pp. 23–5，文中的内容见 p. 25。

47  Ibid., p. 25.

48  Katherine Lerman, *Bismarck* (Harlow, 2004), p. 145.

49  David Wetzel, *A Duel of Giants. Bismarck, Napoleon III and the Origins of the Franco-Prussian War* (Madison, WI, 2001), p. 93.

50  如想了解俾斯麦的谋划过程，见 Jochen Dittrich, *Bismarck, Frankreich und die spanische Thronkandidatur der Hohenzollern* (Munich, 1962); Eberhard Kolb, *Der Kriegsausbruch 1870* (Göttingen, 1970); Josef Becker, 'Zum Problem der Bismarckschen Politik in der spanischen Thronfrage', *Historische Zeitschrift*, 212 (1971), pp. 529–605 and id., 'Von Bismarcks "spanischer Diversion" zur "Emser Legende" des Reichsgründers', in Johannes Burkhardt et al. (eds.), *Lange und Kurze Wege in den Ersten Weltkrieg. Vier Augsburger Beiträge zur Kriegsursachenforschung* (Munich, 1996), pp. 87–113。贝克尔认为，俾斯麦的计划是发动预防性战争；Eberhard Kolb, 'Mächtepolitik und Kriegsrisiko am Vorabend des Krieges von 1870: Anstelle eines Nachwortes', in id. (ed.), *Europa vor dem Krieg von 1870. Mächtekonstellation, Konfliktfelder, Kriegsausbruch* (Munich, 1987), pp. 203–9 提出了相反的观点。

51  Martin Schulze Wessel, *Russlands Blick nach Preussen, Die polnische Frage in der Diplomatie und der politischen Öffentlichkeit des Zarenreiches und des Sowjetstaates 1697–1947* (Stuttgart, 1995), pp. 131–2; Barbara Jelavich, 'Russland und die Einigung Deutschlands unter preussischer Führung', *Geschichte in Wissenschaft und Unterricht*, 19 (1968), pp. 521–38; Klaus Meyer, 'Russland und die Gründing des deutschen Reiches', *Jahrbuch für die Geschichte Mittel-und Ostdeutschlands*, 22 (1973), pp. 176–95.

52  Cited in William Flardle Moneypenny George Earl Buckle, *The Life of Benjamin Disraeli, Earl of Beaconsfield* (new and revised edn, 2 vols. New York, 1920), vol. 2, pp. 473–4.

53  Cited in J.-P. Bled, *Franz Joseph* (Oxford, 1994), p. 178. 又见 Steven Beller, *Francis Joseph* (Harlow, 1996), pp. 107–10。

54  Claude Digeon, *La Crise allemande dans la pensée française 1870–1914* (Paris, 1959), pp. 535–42.

55  Volker Ullrich, *Otto von Bismarck* (Hamburg, 1998), p. 93.

56  Cited in Eckhard Buddruss, 'Die Deutschlandpolitik der Französischen Revolution

zwischen Tradition und revolutionärem Bruch', in Karl Otmar von Aretin and Karl Härter (eds.), *Revolution und Konservatives Beharren. Das Alte Reich und die Französische Revolution* (Mainz, 1990), pp. 145–52，文中的内容见 p. 147; Simms, *Struggle for Mastery*, pp. 44–5。

57 Martin Schulze Wessel, 'Die Epochen der russisch-preussischen Beziehungen', in Neugebauer (ed.), *Handbuch der preussischen Geschichte*, vol. 3, p. 713.

58 Paul W. Schroeder, 'Lost intermediaries'; Rainer Lahme, *Deutsche Aussenpolitik 1890–1894: von der Gleichgewichtspolitik Bismarcks zur Allianzstrategie Caprivis* (Göttingen, 1990), pp. 488–90 and passim; Wolfgang Canis, *Von Bismarck zur Weltpolitik. Deutsche Aussenpolitik 1890–1902* (Berlin, 1997), pp. 400–401 and passim.

# 第十六章　并入德意志

1 如想了解1871年的帝国宪法的英语译文，以及对这份宪法文件很有意义的评论，见 E. M. Hucko (ed.), *The Democratic Tradition. Four German Constitutions* (Leamington Spa, Hamburg, New York, 1987), p. 121。书中所有的引文均截取自这个版本的译文。如想阅读帝国宪法的德语全文，可访问 http://www.deutsche-schutzgebiete.de/verfassung_deutsches_reich.htm；最后一次访问的时间是2004年9月1日。

2 宪法的第三条。如想更为广泛地了解德意志帝国对公民权的定义，见 Andreas Fahrmeir, *Citizens and Aliens. Foreigners and the Law in Britain and the German States, 1789–1870* (New York, 2000)，尤见 pp. 39–43, 232–6。

3 Reich constitution of 1871, art. 6, in Hucko (ed.), *Democratic Tradition*, p. 123.

4 Michael Stürmer, 'Eine politische Kultur – oder zwei? Betrachtungen zur Regierungsweise des Kaiserreichs', in Oswald Hauser (ed.), *Zur Problematik Preussen und das Reich* (Cologne, 1984), pp. 35–48，文中的内容见 pp. 39–40。

5 Friedrich-Christian Stahl, 'Preussische Armee und Reichsheer 1871–1914', in Hauser (ed.), *Preussen und das Reich*, pp. 181–246，文中的内容见 p. 234。

6 Thomas Kühne, *Dreiklassenwahlrecht und Wahlkultur in Preussen 1867–1914. Landtagwahlen zwischen korporativer Tradition und politischem Massenmarkt* (Düsseldorf, 1994), pp. 57–8.

7 如想了解普鲁士上议院及它在普鲁士的社会和政治体系中所起到的作用，可阅读目前学界公认的权威著作 Hartwin Spenkuch, *Das Preussische Herrenhaus. Adel und Bürgertum in der Ersten Kammer des Landtags 1854–1918* (Düsseldorf, 1998)。如想了解保守派的"压舱石"作用，见 p. 552。

8 Kühne, *Dreiklassenwahlrecht*, pp. 59, 62, 71–3, 79–80.

9 Bernhard von Bülow, *Memoirs*, trans. F. A. Voigt (4 vols., London and New York, 1931–2), vol. 1pp. 233–4, 291; H. Horn, *Der Kampf um den Bau des Mittellandkanals. Eine politologische Untersuchung über die Rolle eines wirtschaftlichen Interessenverbandes im Preussen Wilhelms II* (Cologne and Opladen, 1964), pp. 40–43.

10 Lothar Gall, 'Zwischen Preussen und dem Reich: Bismarck als Reichskanzler und Preussischer Minister-Präsident', in Hauser (ed.), *Preussen und das Reich*, pp. 155–64. 如想更为全面地了解普鲁士的"车闸"作用，见 Hagen Schulze, 'Preussen von 1850 bis 1871' in

Büsch et al. (eds.), *Handbuch der preussischen Geschichte*, vol. 2, pp. 293–373, 文中的内容见 pp. 367–70; Spenkuch, 'Vergleichsweise besonders?', passim。

11　Simone Lässig, 'Wahlrechtsreform in den deutschen Einzelstaaten. Indikatoren für Modernisierungstendenzen und Reformfähigkeit im Kaiserreich', in id. et al. (eds.), *Modernisierung und Region im wilhelminischen Deutschland* (Bielefeld, 1995), pp. 127–69.

12　Helmut Croon, 'Die Anfänge der Parlamentarisierung im Reich und die Auswirkungen auf Preussen', in Hauser (ed.), *Preussen und das Reich*, pp. 105–54, 文中的内容见 p. 108。

13　如想了解普鲁士的政治文化所面临的东西两极分化问题，见 Heinz Reif, 'Der katholische Adel Westfalens und die Spaltung des Adelskonservatismus in Preussen während des 19. Jahrhunderts', in Karl Teppe (ed.), *Westfalen und Preussen* (Paderborn, 1991), pp. 107–24。

14　Shelley Baranowski, 'East Elbian Landed Elites and Germany's Turn to Fascism: The Sonderweg revisited', in *European History Quarterly* (1996), pp. 209–40; Ilona Buchsteiner, 'Pommerscher Adel im Wandel des 19. Jahrhunderts', *Geschichte und Gesellschaft*, 25 (1999), pp. 343–74.

15　James Sheehan, 'Liberalism and the City in Nineteenth-century Germany', *Past & Present*, 51 (1971), pp. 116–37; Dieter Langewiesche, 'German Liberalism in the Second Empire', in Konrad Jarausch and Larry Eugene Jones (eds.), *In Search of Liberal Germany. Studies in the History of German Liberalism from 1789 to the Present* (New York, 1990), pp. 217–35, 尤见 pp. 230–33。

16　Bernhard von Bülow to Philipp zu Eulenburg, Bucharest, 9 January 1893, in John Röhl (ed.), *Philipp Eulenburgs Politische Korrespondenz* (3 vols., Boppard am Rhein, 1976–83), vol. 2, pp. 1000–1001.

17　Wolfgang Mommsen, 'Culture and Politics in the German Empire', in id., *Imperial Germany 1867–1918. Politics, Culture and Society in an Authoritarian State*, trans. Richard Deveson (London, 1995), pp. 119–40, 文中的内容见 pp. 129–30。

18　Cited in Rudolf Braun and David Guggerli, *Macht des Tanzes – Tanz der Mächtigen. Hoffeste und Herrschaftszeremoniell 1550–1914* (Munich, 1993), p. 318.

19　Bernd Nicolai, 'Architecture and Urban Development', in Gert Streidt and Peter Feierabend (eds.), *Prussia. Art and Architecture* (Cologne, 1999), pp. 416–55.

20　Margrit Bröhan, *Walter Leistikow, Maler der Berliner Landschaft* (Berlin, 1988).

21　举例来说，运用了"普鲁士风格"的建筑物包括梅塞尔设计的韦特海姆百货商店（1896—1898）、国家保险办公室（1903—1904），以及贝伦斯设计的AEG（通用电气公司）小型机械生产厂（1910—1913）、AEG涡轮机生产厂（1909）——所有这些建筑物均位于柏林。

22　Margaret Lavinia Anderson, *Windthorst. A Political Biography* (Oxford, 1981), 尤见 pp. 130–200; David Blackbourn, *Marpingen: Apparitions of the Virgin Mary in Bismarckian Germany, 1871–1887* (Oxford, 1993), pp. 106–20; Ronald J. Ross, *The Failure of Bismarck's Kulturkampf. Catholicism and State Power in Imperial Germany, 1871–1887* (Washington, 1998), pp. 49, 95–157。

23　Pflanze, *Bismarck*, vol. 1, p. 368, and vol. 2, p. 188 引用这段文字，进行了相关的讨论。

24　Christa Stache, *Bürgerlicher Liberalismus und katholischer Konservatismus in Bayern 1867–1871: kulturkämpferische Auseinandersetzungen vor dem Hintergrund von nationaler*

*Einigung und wirtschaftlich-sozialem Wandel* (Frankfurt, 1981), pp. 66–108.
25   Lerman, *Bismarck*, p. 176.
26   Michael Gross, *The War Against Catholicism. Liberalism and the Anti-Catholic Imagination in Nineteenth-century Germany* (Ann Arbor, MI, 2004); Roisín Healy, *The Jesuit Spectre in Imperial Germany* (Leiden, 2003).
27   Pflanze, *Bismarck*, vol. 2, p. 205.
28   Gordon Craig, *Germany 1866–1945* (Oxford, 1981), p. 71.
29   下文列出的例子摘自 Ross, *Failure*, pp. 53–74, 95–101。
30   Günther Dettmer, *Die Ost- und Westpreussischen Verwaltungsbehörden im Kulturkampf* (Heidelberg, 1958), p. 117.
31   Jonathan Sperber, *The Kaiser's Voters. Electors and Elections in Imperial Germany* (Cambridge, 1997); Margaret Lavinia Anderson, *Practicing Democracy. Elections and Political Culture in Imperial Germany* (Princeton, NJ, 2000), pp. 69–151.
32   Reichstag speech of 24 February 1881, in H. von Petersdorff (ed.), *Bismarck. Die gesammelten Werke* (15 vols., Berlin, 1924–35), vol. 12, *Reden, 1878–1885*, ed. Wilhelm Schüssler, pp. 188–95，文中的内容见 p. 195。
33   Speech of 24 February 1870 by Deputy Kantak of InowracLaw–Mogilno (Province of Posen), *Stenographische Berichte über die Verhandlungen des Reichstages des Norddeutschen Bundes*, vol. 1 (1870), p. 74.
34   Hagen, *Germans, Poles and Jews*, p. 106.
35   Klaus Helmut Rehfeld, *Die preussische Verwaltung des Regierungsbezirks Bromberg (1848–1871)* (Heidelberg, 1968), p. 25. 如想了解波兰人与德意志人的民族矛盾，见 Kasimierz Wajda, 'The Poles and the Germans in West Prussia province in the 19th and the beginning of the 20th century', in Jan Sziling and MieczysLaw Wojciechowski (eds.), *Neighbourhood Dilemmas. The Poles, the Germans and the Jews in Pomerania along the Vistula River in the 19th and the 20th century* (Toruń, 2002), pp. 9–19。
36   Siegfried Baske, *Praxis und Prinzipien der preussischen Polenpolitik vom Beginn der Reaktionszeit bis zur Gründung des deutschen Reiches* (Berlin, 1963), p. 209.
37   Hagen, *Germans, Poles and Jews*, p. 121; Baske, *Praxis*, p. 78.
38   Baske, *Praxis*, pp. 186–8.
39   Ibid., pp. 123, 224; Manfred Laubert, *Die preussische Polenpolitik von 1772–1914* (3rd edn, Cracow, 1944), pp. 131–2.
40   Report of 16 August 1870, cited in Pflanze, *Bismarck*, vol. 2, p. 108.
41   Bismarck to cabinet meeting of 1 November 1871 in Adelheid Constabel (ed.), *Die Vorgeschichte des Kulturkampfes* (Berlin, 1956), pp. 136–41.
42   Lech Trzeciakowski, *The Kulturkampf in Prussian Poland*, trans. Katarzyna Kretkowska (Boulder, CO, 1990), pp. 88–95.
43   Kossert, *Masuren*, pp. 196–205. 如想了解陶宛人的情况，见 Forstreuter, 'Die Anfänge der Sprachstatistik' and id., 'Deutsche Kulturpolitik im sogenannten Preussisch-Litauen', in id., *Wirkungen*, pp. 312–33 and 334–44。
44   Pflanze, *Bismarck*, vol. 2, p. 111; Hagen, *Germans, Poles and Jews*, pp. 128–30, 145.
45   Serrier, *Entre Allemagne et Pologne*, p. 286.
46   Hagen, *Germans, Poles and Jews*, pp. 180–207.

47　如想了解德意志民族主义的史学家，见 Michael Burleigh, *Germany Turns Eastwards. A Study of Ostforschung in the Third Reich* (Cambridge, 1988), pp. 4–7; Wolfgang Wippermann, *Der deutsche "Drang nach Osten". Ideologie und Wirklichkeit eines politischen Schlagwortes* (Darmstadt, 1981)。

48　Werner T. Angress, 'Prussia's Army and the Jewish Reserve Officer Controversy Before World War I', *Leo Baeck Institute Yearbook*, 17 (1972), pp. 19–42; Norbert Kampe, 'Jüdische Professoren im deutschen Kaiserreich', in Rainer Erb and Michael Schmidt (eds.), *Antisemitismus und jüdische Geschichte. Studien zu Ehren von Herbert A. Strauss* (Berlin, 1987), pp. 185–211.

49　Till van Rahden, 'Mingling, Marrying and Distancing. Jewish Integration in Wilhelmine Breslau and its Erosion in Early Weimar Germany', in Wolfgang Benz, Arnold Paucker and Peter Pulzer (eds.), *Jüdisches Leben in der Weimarer Republik – Jews in the Weimar Republic* (Tübingen, 1988), pp. 193–216; id., *Juden und andere Breslauer. Die Beziehungen zwischen Juden, Protestanten und Katholiken in einer deutschen Grossstadt, 1860–1925* (Göttingen, 2000).

50　Stephanie Schueler-Springorum, *Die jüdische Minderheit in Königsberg/Pr. 1871–1945* (Göttingen, 1996), p. 192. 又见 Andreas Gotzmann, Rainer Liedtke and Till van Rahden (eds.), *Juden, Bürger, Deutsche: Zur Geschichte von Vielfalt und Differenz 1800–1933* (Tübingen, 2001) 中收录的论文。

51　Moritz Lazarus, 'Wie wir Staatsbürger wurden', *Im Deutschen Reich*, 3 (1897), pp. 239–47，文中的内容见 p. 246; Reinhard Rürup, 'The Tortuous and Thorny Path to Legal Equality. "Jew Laws" and Emancipatory Legislation in Germany from the Late Eighteenth Century', *Leo Baeck Institute Yearbook*, 31 (1986), pp. 3–33。如想了解"国家公民权"，尤见 anon., 'Der Centralverein deutscher Staatsbürger jüdischen Glaubens am Schlusse seines ersten Lustrums', *Im Deutschen Reich*, 4 (1898), pp. 1–6; anon., 'Die Bestrebungen und Ziele des Centralvereins', *Im Deutschen Reich*, 1 (1895), pp. 142–58; anon., 'Unsere Stellung', *Im Deutschen Reich*, 1 (1895), pp. 5–6。

52　Christopher Clark, 'The Jews and the German State in the Wilhelmine Era', in Michael Brenner, Rainer Liedtke and David Rechter (eds.), *Two Nations. British and German Jews in Comparative Perspective* (Tübingen, 1999), pp. 163–84.

53　Ernst Hamburger, *Juden im öffentlichen Leben Deutschlands* (Tübingen, 1968), p. 47; anon., 'Justizminister a.D. Schönstedt', *Im Deutschen Reich*, 11 (1905), pp. 623–6.

54　Heeringen, Reichstag speech of 10 February 1910, cited in Angress, 'Prussia's Army', p. 35.

55　Norbert Kampe, *Studenten und 'Judenfrage' im deutschen Kaiserreich. Die Entstehung einer akademischen Trägerschicht des Antisemitismus* (Göttingen, 1988), pp. 34–7.

56　Dietz Bering, *The Stigma of Names. Anti-Semitism in German Daily Life, 1812–1933* (Oxford, 1992)，尤见 pp. 87–118。

57　Werner T. Angress, 'The German Army's Judenzählung of 1916. Genesis – Consequences – Significance', *Leo Baeck Institute Yearbook*, 23 (1978), pp. 117–37.

58　Werner Jochmann, 'Die Ausbreitung des Antisemitismus', in Werner E. Mosse and Arnold Paucker (eds.), *Deutsches Judentum in Krieg und Revolution, 1916–1923* (Tübingen, 1971), pp. 409–510，文中的内容见 pp. 411–13。宣布设立"犹太法庭"的

法令收录于 Werner T. Angress, 'Das deutsche Militär und die Juden im Ersten Weltkrieg', *Militärgeschichtliche Mitteilungen*, 19 (1976), pp. 77–146; Helmut Berding, *Moderner Antisemitismus in Deutschland* (Frankfurt/Main, 1988), p. 169。评价法令的犹太作家是 R. 莱温，见 R. Lewin, 'Der Krieg als jüdisches Erlebnis', in *Monatsschrift für Geschichte und Wissenschaft des Judentums*, 63 (1919), pp. 1–14。

59　Helmut Walser Smith, *The Butcher's Tale. Murder and Antisemitism in a German Town* (New York, 2002), 尤见 pp. 180–84; Christoph Nonn, *Eine Stadt sucht einen Mörder: Gerücht, Gewalt und Antisemitismus im Kaiserreich* (Göttingen, 2002), pp. 169–87。

60　Christoph Cobet, *Der Wortschatz des Antisemitismus in der Bismarckzeit* (Munich, 1973), p. 49.

61　Quotations from Michael Stürmer, *Das Ruhelose Reich* (Berlin, 1983), p. 238. 如想了解俾斯麦是如何在与威廉一世的权力斗争中占据上风的，见 Börner, *Wilhelm I*, pp. 182–5, 218–20。

62　Börner, *Wilhelm I*, pp. 239, 265; Franz Herre, *Kaiser Wilhelm I. Der letzte Preusse* (Cologne, 1980), pp. 439–40, 487.

63　Christopher Clark, *Kaiser Wilhelm II* (Harlow, 2000), p. 161.

64　Thomas Kohut, *Wilhelm II and the Germans. A Study in Leadership* (New York and Oxford, 1991), pp. 235–8. 如想了解文官内阁如何管理与皇帝演讲相关的事务，见 Eisenhardt to Valentini, 11 August 1910, pencilled comment, GStA Berlin–Dahlem, HA I, Rep. 89, Nr. 678。如想了解弗里德里希三世在身为王储的时候发表的演讲，见 Empress Frederick to Queen Victoria, September 1891, in Frederick E. G. Ponsonby (ed.), *Letters of the Empress Frederick* (London, 1928), pp. 427–9。

65　Thomas Kohut, *Wilhelm II and the Germans: A Study in Leadership* (New York, 1991), p. 138. 如想了解威廉如何让君主变得"更有魅力"，见 Isobel V. Hull, 'Der kaiserliche Hof als Herrschaftsinstrument', in Hans Wilderotter and Klaus D. Pohl (eds.), *Der Letzte Kaiser. Wilhelm II im Exil* (Berlin, 1991), pp. 26–7。

66　举例来说，见 1907 年 8 月 31 日威廉二世在明斯特迎宾庆典中的演讲，演讲内容基于他本人的记录，GStA Berlin–Dahlem, HA I, Rep. 89, Nr. 673, folder 28。

67　Stenogram of a speech given at Memel, 23 September 1907, GStA Berlin–Dahlem, HA I, Rep. 89, Nr. 673, folder 30.

68　Pflanze, *Bismarck*, vol. 3, *The Period of Fortification, 1880–1898* (Princeton, NJ, 1990), p. 394; Count Waldersee, Diary entry 21 April 1891, in Meisner (ed.), *Denkwürdigkeiten des General-Feldmarschalls Alfred Grafen von Waldersee* (3 vols., Stuttgart and Berlin, 1923–5), vol. 2, p. 206. 如想了解排他主义者对演讲做出的反应，见 Röhl (ed.), *Politische Korrespondenz*, vol. 1, p. 679, n. 2。

69　举例来说，见 William's speeches to the diet of 24 February 1892 and 24 February 1894, in Louis Elkind (ed.), *The German Emperor's Speeches. Being a Selection from the Speeches, Edicts, Letters and Telegrams of the Emperor William II* (London, 1904), pp. 292, 295。

70　Eulenburg to William II, Munich, 10 March 1892, in Röhl (ed.), *Politische Korrespondenz*, vol. 2, p. 798，强调处为原文所加。

71　Eulenburg to William II, Berlin, 28 November 1891, in Röhl (ed.), *Politische Korrespondenz*, vol. 1, p. 730.

72　Olaf Gulbransson, 'Kaisermanöver', *Simplicissimus*, 20 September 1909. Jost Rebentisch, *Die Vielen Gesichter des Kaisers. Wilhelm II. in der deutschen und britischen Karikatur (1888–1918)* (Berlin, 2000), pp. 86, 299 讨论了这幅讽刺漫画。

73　Holstein to Eulenburg, 27 February 1892, in Röhl (ed.), *Politische Korrespondenz*, vol. 2, p. 780.

74　Helga Abret and Aldo Keel, *Die Majestätsbeleidigungsaffäre des 'Simplicissimus'-Verlegers Albert Langen. Briefe und Dokumente zu Exil und Begnadigung, 1898–1903* (Frankfurt/Main, 1985), 尤见 pp. 40–1。

75　Consistorial councillor Blau to Lucanus (chief of civil cabinet), Wernigerode, 4 April 1906, GStA Berlin-Dahlem, HA I, Rep. 89, Nr. 672, folder 17; Carl von Wedel, Diary entries of 20, 22 April 1891, in id. (ed.), *Zwischen Kaiser und Kanzler. Aufzeichnungen des Generaladjutanten Grafen Carl von Wedel aus den Jahren 1890–1894* (Leipzig, [1943]), pp. 176–7.

76　Bernd Sösemann, 'Die sogenannte Hunnenrede Wilhelms II. Textkritische und interpretatorische Bemerkungen zur Ansprache des Kaisers vom 27. Juli 1900 in Bremerhaven', *Historische Zeitschrift*, 222 (1976), pp. 342–58; Clark, *Kaiser Wilhelm II*, pp. 169–71.

77　Bernd Sösemann, ' "Pardon wird nicht gegeben; Gefangene nicht gemacht". Zeugnisse und Wirkungen einer rhetorischen Mobilmachung', in John Röhl (ed.), *Der Ort Kaiser Wilhelms II. in der deutschen Geschichte* (Munich, 1991), pp. 79–94，文中的内容见 p. 88。

78　Walther Rathenau, *Der Kaiser. Eine Betrachtung* (Berlin, 1919), pp. 28–9.

79　Isobel Hull, 'Persönliches Regiment', in Röhl (ed.), *Der Ort*, pp. 3–24.

80　举例来说，见 *Norddeutsche Allgemeine Zeitung*, 30 August 1910 (cutting in GStA Berlin-Dahlem HA I, Rep. 89, Nr. 678, folder 43)。

81　'Der schweigende Kaiser', *Frankfurter Zeitung*, 14 September 1910.

82　Gevers to Dutch ministry of foreign affairs, Berlin, 12 November 1908, *Algemeen Rijksarchief Den Haag*, 2.05.19, Bestanddeel 20.

83　Willibald Guttsmann, *Art for the Workers. Ideology and the Visual Arts in Weimar Germany* (Manchester, 1997).

84　Werner K. Blessing, 'The Cult of Monarchy, Political Loyalty and the Workers' Movement in Imperial Germany', *Journal of Contemporary History*, 13 (1978), pp. 357–73，文中的内容见 pp. 366–9。

85　See M. Cattaruzza, 'Das Kaiserbild in der Arbeiterschaft am Beispiel der Werftarbeiter in Hamburg und Stettin', in Röhl (ed.), *Der Ort*, pp. 131–44.

86　Richard J. Evans (ed.), *Kneipengespräche im Kaiserreich. Stimmungsberichte der Hamburger Politischen Polizei 1892–1914* (Reinbek, 1989), pp. 328, 329, 330.

87　F. Wilhelm Voigt, *Wie ich Hauptmann von Köpenick wurde: Mein Lebensbild* (Leipzig and Berlin, 1909). 如想了解福格特的故事，尤见 pp. 107–27; Wolfgang Heidelmeyer, *Der Fall Köpenick. Akten und zeitgenössische Dokumente zur Historie einer preussischen Moritat* (Frankfurt/Main, 1967); Winfried Löschburg, *Ohne Glanz und Gloria. Die Geschichte des Hauptmanns von Köpenick* (Berlin, 1998). 以下网址提供了许多有用的资料：http://www.koepenickia.de/index.htm, 最后一次访问的时间是 2004 年 9 月 16 日。

88　*Vorwärts!*, 18, 19, 20, 21, 23, 28 October 1906.

89　Nicholas Stargardt, *The German Idea of Militarism. Radical and Socialist Critics,*

*1866–1914* (Cambridge, 1994), p. 3.
90   *Vorwärts!* 19 October 1906.
91   Philipp Müller, ' "Ganz Berlin ist Hintertreppe" . Sensationen des Verbrechens und die Umwälzung der Presselandschaft im wilhelminischen Berlin (1890–1914)', Ph.D. dissertation, European University Institute, Florence (2004), pp. 341–53.
92   Franz Mehring, 'Das Zweite Jena', *Neue Zeit* (Berlin), 25 January 1906, pp. 81–4.
93   Stache, *Bürgerlicher Liberalismus*, pp. 91–2.
94   Werner Conze, Michael Geyer and Reinhard Stumpf, 'Militarismus', in Otto Brunner et al. (eds.), *Geschichtliche Grundbegriffe. Historisches Lexikon zur politisch-sozialen Sprache in Deutschland* (8 vols., Stuttgart, 1972–97), vol. 4, pp. 1–47; Bernd Ulrich, Jakob Vogel and Benjamin Ziemann (eds.), *Untertan in Uniform. Military und Militarismus im Kaiserreiche 1871–1914* (Frankfurt/Main, 2001), p. 12; Stargardt, *German Idea*, pp. 24–5.
95   如想了解军事传统和仪式渗透到公共庆典活动中的例子，见 Klaus Tenfelde, *Ein Jahrhundertfest. Das Krupp-Jubiläum in Essen 1912* (Essen, 2004)。
96   Dieter Düding, 'Die Kriegervereine im wilhelminischen Reich und ihr Beitrag zur Militarisierung der deutschen Gesellschaft', in Jost Dulffer and Karl Holl (eds.), *Bereit zum Krieg. Kriegsmentalität im wilhelminischen Deutschland 1890–1914* (Göttingen, 1986), pp. 99–212; Thomas Rohkrämer, *Der Gesinnungsmilitarismus der 'kleinen Leute'. Die Kriegervereine im deutschen Kaiserreich 1871–1914* (Munich, 1990); id., 'Der Gesinnungsmilitarismus der "kleinen Leute" im deutschen Kaiserreich', in Wolfram Wette (ed.), *Der Krieg des kleinen Mannes* (Munich, 1992), pp. 95–109.
97   Wehler, *Deutsche Gesellschaftsgeschichte*, vol. 3, pp. 880–85.
98   Jakob Vogel, *Nationen im Gleichschritt. Der Kult der 'Nation in Waffen' in Deutschland und Frankreich, 1871–1914* (Göttingen, 1997).
99   Anne Summers, 'Militarism in Britain before the Great War', *History Workshop Journal*, 2 (1976), pp. 104–23; John M. Mackenzie (ed.), *Popular Imperialism and the Military, 1850–1950* (Manchester, 1992).
100   Ulrich, *Vogel and Ziemann, Untertan in Uniform*, p. 21.
101   Stargardt, *German Idea*, pp. 132–3, 142; Jeffrey Verhey, *The Spirit of 1914. Militarism, Myth and Mobilisation in Germany* (New York, 2000).
102   Robert von Friedeburg, 'Klassen-, Geschlechter- oder Nationalidentität? Handwerker und Tagelöhner in den Kriegervereinen der neupreussischen Provinz Hessen-Nassau 1890–1914', in Ute Frevert (ed.), *Militär und Gesellschaft im 19. und 20. Jahrhundert* (Stuttgart, 1997), pp. 229–44.
103   Roger Chickering, 'Der "Deutsche Wehrverein" und die Reform der deutschen Armee 1912–1914', *Militärgeschichtliche Mitteilungen*, 25 (1979), pp. 7–33; Stig Förster, *Der doppelte Militarismus. Die deutsche Heeresrüstungspolitik zwischen Status-quo-Sicherung und Aggression 1890–1913* (Stuttgart, 1985), pp. 208–96; Volker Berghahn, *Germany and the Approach of War in 1914* (London, 1973)，尤见 pp. 5–24。
104   Hucko (ed.), *Democratic Tradition*, pp. 139, 141.
105   如想了解军费支出是如何成为德意志帝国宪政制度的"结构性弱点"的，见 Huber, *Verfassungsgeschichte*, vol. 4, *Struktur und Krisen des Kaiserreichs*, pp. 545–9; Dieter C. Umbach, *Parlamentsauflösung in Deutschland. Verfassungsgeschichte und Verfassungsprozess*

(Berlin, 1989), pp. 221, 1227–9; John Iliffe, *Tanganyika Under German Rule, 1905–1912* (Cambridge, 1969), p. 42。

106 Stahl, 'Preussische Armee', in Hauser (ed.), *Preussen und das Reich*, pp. 181–246.

107 Wilhelm Deist, 'Kaiser Wilhelm II in the context of his military and naval entourage', in John C. G. Röhl and Nicholas Sombart (eds.), *Kaiser Wilhelm II. New Interpretations* (Cambridge, 1982), pp. 169–92，文中的内容见 pp. 182–3。

108 Wilhelm Deist, 'Kaiser Wilhelm II als Oberster Kriegsherr', in Röhl (ed.), *Der Ort*, p. 30; id., 'Entourage' in Röhl and Sombart (eds.), *Wilhelm II*, pp. 176–8.

109 Huber, *Heer und Staat* (2nd edn, Hamburg, 1938), p. 358.

110 Deist, 'Oberster Kriegsherr', in Röhl (ed.), *Der Ort*, pp. 25–42，文中的内容见 p. 26。如想更为全面地了解威廉在军事领域所拥有的君权，见 Elisabeth Fehrenbach, *Wandlungen des Kaisergedankens 1871–1918* (Munich, 1969), pp. 122–4, 170–72。

111 Leutwein to General Staff, Okahandja, 25 April 1904, Reichskolonialamt: 'Akten betreffend den Aufstand der Hereros im Jahre 1904, Bd. 4, 16 April 1904–4. Juni 1904', Bundesarchiv Berlin, R1001/2114, Bl. 52. 马库斯·克劳修斯为我提供了德国殖民办公室中与德属西南非洲相关的信件的副本，我对此不胜感激。

112 Proclamation, Colonial Troop Command, Osombo–Windhoek, 2 October 1904, copy held in Reichskanzlei, 'Differenzen zwischen Generalleutnant v. Trotha und Gouverneur Leutwein bezügl. der Aufstände in Dtsch. Süwestafrika im Jahre 1904', Bundesarchiv Berlin, R1001/2089, Bl. 7.

113 Trotha to Chief of the General Staff, Okatarobaka, 4 October 1904 in ibid., Bl. 5–6. 在另一封信中，特罗塔用更加极端的语言描述了自己的目标，见 Trotha to Leutwein, Windhoek, 5 November 1904 (copy), in ibid., Bl. 100–102："非洲的部落我见识得够多了。他们有一个共同点，那就是他们只会向暴力低头。过去和现在我的政策都是使用赤裸裸的恐怖手段，甚至是残忍的手段，让他们屈从于暴力。我会彻底消灭发动叛乱的部落，就算必须为此血流成河，花钱如流水，也在所不惜。只有在这样的基础之上，持久的成就才能落地生根。"（！）

114 Leutwein to Foreign Office Colonial Department, Windhoek, 28 October 1904 in ibid., Bl. 21–2.

115 Leutwein to Foreign Office, Windhoek, 23 October 1904, excerpted in ibid.

116 Telegram (in cipher) to Trotha, Berlin, 8 December 1904, in ibid., Bl. 48; Bl. 14–20 收录了与电文内容相关的争议。由于学界对起义发生前赫雷罗人的人口估计存在很大的偏差，从3.5万人到8万人不等，所以想要搞清楚到底有多少赫雷罗人死于屠杀和流放是一件十分困难的事情。1905年的人口统计表明，总共有2.4万赫雷罗人居住在德属西南非洲。学界认为，有数千赫雷罗人逃到了殖民地境外，在危机结束后也没有返回。上述数据的差额便是赫雷罗人的死亡人数，所以种族灭绝政策造成的死亡人数也许只有6 000人，但也有可能高达4.5万人，甚至是5万人。有些赫雷罗人在战斗中阵亡，有些在走向德军的营地想要投降的时候遭到枪杀，有些在接受了战地军事法庭走形式的审判之后被处死；还有数以千计的男女老幼被驱赶到了沙漠地带，在寻找水源的过程中渴死、饿死、病死。德军的伤亡人数为1 282人，其中大部分死亡都是在战争期间染病造成的。如想了解赫雷罗战争，尤见 Jan Bart Gewald, *Towards Redemption. A Socio-political History of the Herero of Namibia between 1890 and 1923* (Leiden, 1996); Horst Drechsler, *Südwestafrika unter deutscher Kolonialherrschaft: Der Kampf der Herero und Nama gegen den*

*deutschen Imperialismus* (Berlin [GDR], 1966); Helmut Bley, *South-West Africa under German Rule 1894–1914*, trans. Hugh Ridley (London, 1971); Jürgen Zimmerer and Joachim Zeller (eds.), *Völkermord in Deutsch-Südwestafrika. Der Kolonialkrieg (1904–1908) in Namibia und seine Folgen* (Berlin, 2003), esp. the essays by Zimmerer, Zeller and Caspar W. Erichsen。

117 Hans-Günter Zmarzlik, *Bethmann Hollweg als Reichskanzler, 1908–1914. Studien zu Möglichkeiten und Grenzen seiner innerpolitischen Machtstellung* (Düsseldorf, 1957), pp. 103–29; David Schoenbaum, *Zabern 1913. Consensus Politics in Imperial Germany* (London, 1982), pp. 87–105, 118–19, 148–9; Konrad Jarausch, *Enigmatic Chancellor. Bethmann Hollweg and the Hubris of Imperial Germany* (Madison, WI, 1966), p. 101; Lamar Cecil, *Wilhelm II* (2 vols., Chapel Hill, NC, 1989 and 1996), vol. 2, *Emperor and Exile: 1900–1941*, pp. 189–92.

118 Johannes Burkhardt, 'Kriegsgrund Geschichte? 1870, 1813, 1756 – historische Argumente und Orientierungen bei Ausbruch des Ersten Weltkrieges', in id. et al. (eds.), *Lange und Kurze Wege*, pp. 9–86，文中的内容见 pp. 19, 36, 37, 56, 57, 60–61, 63。

119 Kossert, *Masuren*, p. 241.

120 Benjamin Ziemann, *Front und Heimat. Ländliche Kriegserfahrungen im südlichen Bayern 1914–1923* (Essen, 1997), pp. 265–74.

121 Gerald D. Feldman, *Army, Industry and Labor in Germany, 1914–1918* (Princeton, NJ, 1966), pp. 31–3；与"影子政府"相关的评论引自 Crown Prince Rupprecht von Bayern, *In Treue fest. Mein Kriegstagebuch* (3 vols., Munich, 1929), vol. 1, p. 457, cited in ibid., p. 32。

122 John Lee, *The Warlords. Hindenburg and Ludendorff* (London, 2005) 以叙事的方式对二人的合作关系进行了概述。

123 Cited from a speech by the industrialist Duisberg in Treutler to Bethmann Hollweg, 6 February 1916, GStA Berlin-Dahlem, HA I, Rep. 92, Valentini, No. 2. 如想了解对兴登堡的个人崇拜，见 Roger Chickering, *Imperial Germany and the Great War 1914–1918* (Cambridge, 1988), p. 74; Matthew Stibbe, 'Vampire of the Continent. German Anglophobia during the First World War, 1914–1918', Ph.D. thesis, University of Sussex (1997), p. 100。

124 Lansing to Oederlin, Washington, 14 October 1918, in US Department of State (ed.), *Papers Relating to the Foreign Relations of the United States* (suppl. I, vol. 1, 1918), p. 359.

125 Cecil, *Wilhelm II*, vol. 2, p. 286.

126 Ernst von Heydebrand und der Lasa, speech to Landtag of 5 December 1917, cited in Croon, 'Die Anfänge des Parlamentarisierung', p. 124.

127 Toews, *Hegelianism*, p. 62.

128 Hermann Beck, *The Origins of the Authoritarian Welfare State in Prussia. Conservatives, Bureaucracy and the Social Question, 1815–1870* (Providence, RI, 1993), pp. 93–100.

129 如想了解瓦格纳和格拉赫，见 Hans-Julius Schoeps, *Das andere Preussen. Konservative Gestalten und Probleme im Zeitalter Friedrich Wilhelms IV.* (3rd edn, Berlin, 1966), pp. 203–28。

130 如想了解施泰因与施莫勒之间的理论联系，见 Giles Pope, 'The Political Ideas of Lorenz Stein and their Influence on Rudolf Gneist and Gustav Schmoller', D. Phil. thesis, Oxford University (1985); Karl Heinz Metz, 'Preussen als Modell einer Idee der Sozialpolitik. Das soziale Königtum', in Bahners and Roellecke (eds.), *Preussische Stile*, pp. 355–63，文中的内容见 p. 358。

131　James J. Sheehan, *The Career of Lujo Brentano: A Study of Liberalism and Social Reform in Imperial Germany* (Chicago, 1966), pp. 48–52, 80–84.

132　Erik Grimmer-Solem, *The Rise of Historical Economics and Social Reform in Germany 1864–1894* (Oxford, 2003), 尤见 pp. 108–18。

133　Hans-Peter Ullmann, 'Industrielle Interessen und die Entstehung der deutschen Sozialversicherung', *Historische Zeitschrift*, 229 (1979), pp. 574–610; Gerhard Ritter, 'Die Sozialdemokratie im Deutschen Kaiserreich in sozialgeschichtlicher Perspektive', *Historische Zeitschrift*, 249 (1989), pp. 295–362; Wehler, *Deutsche Gesellschaftsgeschichte*, vol. 3, pp. 907–15.

134　Gerhard Ritter, *Arbeiter im Deutschen Kaiserreich, 1871 bis 1914* (Bonn, 1992), 尤见 p. 383; J. Frerich and M. Frey, *Handbuch der Geschichte der Sozialpolitik in Deutschland*, vol. *1, Von der vorindustriellen Zeit bis zum Ende des Dritten Reiches* (3 vols., Munich, 1993), pp. 130–32, 141–2。

135　Andreas Kunz, 'The State as Employer in Germany, 1880–1918: From Paternalism to Public Policy', in W. Robert Lee and Eve Rosenhaft (eds.), *State, Society and Social Change in Germany, 1880–1914* (Oxford, 1990), pp. 37–63，文中的内容见 pp. 40–41。

# 第十七章　落幕

1　Harry Count Kessler, Diary entry, Magdeburg, 7 November 1918, in id., *Tagebücher 1918–1937*, ed. Wolfgang Pfeiffer-Belli (Frankfurt/Main, 1961), p. 18.

2　Ibid., p. 24.

3　Jürgen Kloosterhuis (ed.), *Preussisch Dienen und Geniessen. Die Lebenszeiterzählung des Ministerialrats Dr Herbert du Mesnil (1857–1947)* (Cologne, 1998), p. 350.

4　Bocholter Volksblatt, 14 November 1918, cited in Hugo Stehkamper, 'Westfalen und die Rheinisch-Westfälische Republik 1918/19. Zenturmsdiskussionen über einen bundesstaatlichen Zusammenschluss der beiden preussischen Westprovinzen', in Karl Dietrich Bracher, Paul Mikat, Konrad Repgen, Martin Schumacher and Hans-Peter Schwarz (eds.), *Staat und Parteien. Festschrift für Rudolf Morsey* (Berlin, 1992), pp. 579–634.

5　Edgar Hartwig, 'Welfen, 1866–1933', in Dieter Fricke (ed.), *Lexikon zur Parteiengeschichte* (4 vols., Leipzig, Cologne, 1983–6), vol. 4, pp. 487–9.

6　Peter Lesńiewski, 'Three Insurrections: Upper Silesia 1919–21', in Peter Stachura (ed.), *Poland between the Wars, 1918–1939* (Houndsmills, 1998), pp. 13–42.

7　1918年德国战败之后，战胜国调整欧洲的版图，普鲁士失去了大约16%的国土。其中包括：梅默尔地区（立陶宛）；从西普鲁士分离出来，用来组建但泽自由市的土地；原本属于西普鲁士省和波森省的大部分土地；波美拉尼亚和东普鲁士的一小部分土地（割让给波兰）；北石勒苏益格及阿尔森岛、勒姆岛（割让给丹麦）；奥伊彭及马尔梅迪（割让给比利时）；萨尔地区的一部分土地（国际共管，区内煤矿由法国控制）；上西里西亚的赫卢钦地区（割让给捷克斯洛伐克）；上西里西亚的部分地区（在进行全民公投后并入波兰）。普鲁士总共失去了56 058平方千米的国土；1918年11月1日时，普鲁士的国土总面积为348 780平方千米。

8 Cited in Horst Möller, 'Preussen von 1918 bis 1947: Weimarer Republik, Preussen und der Nationalsozialismus', in Wolfgang Neugebauer (ed.), *Handbuch der preussischen Geschichte*, vol. 3, *Vom Kaiserreich zum 20. Jahrhundert und Grosse Themen der Geschichte Preussens* (Berlin, 2001), pp. 149–301,文中的内容见 p. 193。

9 Gisbert Knopp, *Die preussische Verwaltung des Regierungsbezirks Düsseldorf in den Jahren 1899–1919* (Cologne, 1974), p. 344.

10 Möller, 'Preussen', pp. 177–9; Henry Friedlander, *The German Revolution of 1918* (New York, 1992), pp. 242, 244.

11 Heinrich August Winkler, *Weimar 1918–1933. Die Geschichte der ersten deutschen Demokratie* (Munich, 1993), p. 66.

12 Hagen Schulze, 'Democratic Prussia in Weimar Germany, 1919–33', in Dwyer (ed.), *Modern Prussian History*, pp. 211–29,文中的内容见 p. 213。

13 Gerald D. Feldman, *The Great Disorder. Politics, Economics and Society in the German Inflation 1914–1924* (Oxford, 1997), pp. 134, 161.

14 约翰·惠勒·本内特的一部经典著作研究了"一战"结束后德国文官政府与军方的关系,指出艾伯特与格勒纳达成的共识为魏玛共和国敲响了覆亡的丧钟;其他大多数史家的观点更为温和,没有对这次共识进行如此严厉的批评。见 John Wheeler Bennett, *The Nemesis of Power. The German Army and Politics 1918–1945* (London, 1953), p. 21; cf. Craig, *Prussian Army*, p. 348; Wehler, *Deutsche Gesellschaftsgeschichte*, vol. 4, *Vom Beginn des Ersten Weltkriegs bis zur Gründung der beiden deutschen Staaten* (Munich, 2003), pp. 69–72。

15 Craig, *Politics of the Prussian Army*, p. 351.

16 内阁又名 "人民代表委员会",择由社会民主党和独立社会民主党组成的新政府,他们接替了普鲁士及德意志旧有的行政机构。执行委员会于11月10日以选举的方式产生,代表参与柏林工人士兵委员会运动的不同利益集团。内阁与执行委员会在共和国刚刚成立的那几个月间的关系是一个极具争议性的问题。

17 *Die Freiheit* (Berlin), 16 and 17 December 1918 收录了演讲稿。演讲稿全文也可以从以下网站获取 http://www.marxists.org/deutsch/archiv/luxemburg/1918/12/uspdgb.htm,最后一次访问的时间是2004年10月26日。

18 Möller, 'Preussen', pp. 188–9.

19 Susanne Miller, *Die Bürde der Macht. Die deutsche Sozialdemokratie 1918–1920* (Düsseldorf, 1979), p. 226.

20 Hagen Schulze, *Weimar. Deutschland 1917–1933* (Berlin, 1982), p. 180.

21 Diary entries of 7 January and 6 January in Kessler, *Tagebücher*, pp. 97, 95.

22 Annemarie Lange, *Berlin in der Weimarer Republik* (Berlin/GDR, 1987), pp. 47, 198–9.

23 格罗斯的讽刺画刊登在《破产》(*Die Pleite*)的第三期上。《破产》是由左派的马利克出版社创办的期刊,该出版社在魏玛共和国时期成了共产主义知识分子用来发表作品的主要阵地之一。

24 哈雷、马格德堡、米尔海姆、杜塞尔多夫、德累斯顿、莱比锡、慕尼黑也发生了镇压革命的暴力事件。在慕尼黑,由于共产主义者取得了短暂的成功,建立了政权,宣布成立"巴伐利亚苏维埃共和国",所以当局对起义进行的镇压尤其残酷。

25 Craig, *Prussian Army*, p. 388.

26 Hans von Seeckt, 'Heer im Staat' in id., *Gedanken eines Soldaten* (Berlin, 1929), pp.

101-16，文中的内容见 p. 115。

27　如想了解联合政府加盟政党的"普鲁士国家主义"，见 Dietrich Orlow, *Weimar Prussia, 1918–1925. The Unlikely Rock of Democracy* (Pittsburgh, 1986), pp. 247, 249; Hagen Schulze, *Otto Braun oder Preussens demokratische Sendung* (Frankfurt/Main, 1977), pp. 316–23 and passim; Winkler, *Weimar*, pp. 66–7。如想了解普鲁士天主教会的情况，见 Möller, 'Preussen', p. 237。

28　Cited in Schulze, 'Democratic Prussia' in Dwyer (ed), *Modern Prussian History*, pp. 211–29，文中的内容见 p. 214。

29　Heinrich Hannover and Christine Hannover–Druck, *Politische Justiz 1918–1933* (Bornheim–Merten, 1987), pp. 25–7 and passim.

30　Peter Lessmann, *Die preussische Schutzpolizei in der Weimarer Republik. Streifendienst und Strassenkampf* (Düsseldorf, 1989), p. 82.

31　Ibid., p. 88.

32　Hsi–Huey Liang, *The Berlin Police Force in the Weimar Republic* (Berkeley, 1970), pp. 73–81; Schulze, 'Democratic Prussia', p. 215.

33　Lessmann, *Schutzpolizei*, pp. 211–14; Christoph Graf, *Politische Polizei zwischen Demokratie und Diktatur* (Berlin, 1983), pp. 43–8; Eric D. Kohler, 'The Crisis in the Prussian Schutzpolizei 1930–32', in George Mosse (ed.), *Police Forces in History* (London, 1975), pp. 131–50.

34　Henning Grunwald, 'Political Trial Lawyers in the Weimar Republic', Ph.D. thesis, University of Cambridge (2002).

35　Orlow, *Weimar Prussia*, pp. 16–7。如想了解"老"右翼和"新"右翼，见 Hans Christof Kraus, 'Altkonservativismus und moderne politische Rechte. Zum Problem der Kontinuität rechter politischer Strömungen in Deutschland', in Thomas Nipperdey et al. (eds.), *Weltbürgerkrieg der Ideologien. Antworten an Ernst Nolte* (Berlin, 1993), pp. 99–121。如想了解右翼势力为何会对能够打破普鲁士传统保守主义界限的激进"保守主义革命"理念表现出浓厚的兴趣，见 Jeffrey Herf, *Reactionary Modernism. Technology, Culture and Politics in Weimar and the Third Reich* (Cambridge, 1984)，尤见 pp. 18–48; Armin Mohler, *Die konservative Revolution in Deutschland, 1918–1932* (Darmstadt, 1972); George Mosse, 'The Corporate State and the Conservative Revolution' in id., *Germans and Jews: the Right, the Left and the Search for a "Third Force" in Pre-Nazi Germany* (New York, 1970), pp. 116–43。

36　如想了解普鲁士的农业部门在 1918 年之后的情况，见 Shelley Baranowski, 'Agrarian transformation and right radicalism: economics and politics in rural Prussia', in Dwyer (ed.), *Modern Prussian History*, pp. 146–65; id., *The Sanctity of Rural Life. Nobility, Protestantism and Nazism in Weimar Prussia* (New York, 1995), pp. 128–44。

37　如想了解魏玛时期的农业和政治，见 Wolfram Pyta, *Dorfgemeinschaft und Parteipolitik 1918–1933: Die Verschränkung von Milieu und Parteien in den protestantischen Landgebieten Deutschlands in der Weimarer Republik* (Düsseldorf, 1996); Dieter Gessner, *Agrarverbände in der Weimarer Republik. Wirtschaftliche und soziale Voraussetzungen agrarkonservativer Politik vor 1933* (Düsseldorf, 1976); id., 'The Dilemma of German Agriculture during the Weimar Republic', in Richard Bessel and Edward J. Feuchtwanger (eds.), *Social Change and Political Development in Weimar Germany* (London, 1981), pp. 134–54; John E. Farquharson, *The Plough and the Swastika. The NSDAP and Agriculture in Germany*

*1918–1945* (London, 1976), pp. 25–42; Robert G. Moeller, 'Economic Dimensions of Peasant Protest in the Transition from the Kaiserreich to Weimar', in id. (ed.), *Peasants and Lords*, pp. 140–67。

38　见 Klaus Erich Pollmann, 'Wilhelm II und der Protestantismus', in Stefan Samerski (ed.), *Wilhelm II. und die Religion. Facetten einer Persönlichkeit und ihres Umfelds* (Berlin, 2001), pp. 91–104。

39　Nicholas Hope, 'Prussian Protestantism', in Dwyer, *Modern Prussian History*, pp. 188–208. 研究联合教会这一时期历史的经典著作是 Daniel R. Borg, *The Old Prussian Church and the Weimar Republic. A Study in Political Adjustment 1917–1927* (Hanover and London, 1984) and Kurt Nowak, *Evangelische Kirche und Weimarer Republik: zum politischen Weg des deutschen Protestantismus zwischen 1918 und 1932* (Göttingen, 1981)。

40　Comment by General-Superintendent Walter Kähler, cited in Baranowski, *Sanctity of Rural Life*, p. 96.

41　如想了解学界对这些宗教团体的调查研究，见 Friedrich Wilhelm Kantzenbach, *Der Weg der evangelischen Kirche vom 19. bis zum 20. Jahrhundert* (Gütersloh, 1968)，尤见 pp. 176–8。

42　Cited in Doris L. Bergen, *Twisted Cross. The German Christian Movement in the Third Reich* (Chapel Hill, WI, 1996), p. 28.

43　Clark, *Politics of Conversion*, pp. 286–7.

44　Committee of the Berlin Society for the Promotion of Christianity Among the Jews to all Consistories and Provincial Church Councils, 5 December 1930, Evangelisches Zentralarchiv Berlin, 7/3648.

45　Richard Gutteridge, *Open Thy Mouth for the Dumb! The German Evangelical Church and the Jews* (Oxford, 1976), p. 42. 如想了解 1927 年的会议，以及大众宗教的发展，见 Kurt Scholder, *The Churches and the Third Reich, 1. Preliminary History and the Time of Illusions 1918–1934*, trans. J. Bowden (London, 1987), pp. 99–119。Bergen, *Twisted Cross* 是一部研究"德意志基督教"的经典著作。如想了解新教学者，见 Marijke Smid, 'Protestantismus und Antisemitismus 1930–1930', in Jochen-Christoph Kaiser und Martin Greschat (eds.), *Der Holocaust und die Protestanten* (Frankfurt/Main, 1988), pp. 38–72，尤见 pp. 50–55; Hans-Ulrich Thamer, 'Protestantismus und "Judenfrage" in der Geschichte des Dritten Reiches', in ibid., pp. 216–40。如想了解新教的报纸杂志，见 Ino Arndt, 'Die Judenfrage im Lichte der evangelischen Sonntagsblätter 1918–1933', Ph.D. thesis, University of Tübingen (1960)。

46　见 Manfred Gailus, *Protestantismus und Nationalsozialismus. Studien zur Durchdringung des protestantischen Sozialmilieus in Berlin* (Cologne, 2001); id., 'Deutsche, Christen, Olias, Olias! Wie Nationalsozialisten die Kirchengemeinde Alt-Schöneberg eroberten', in id. (ed.), *Kirchgemeinden im Nationalsozialismus: sieben Beispiele aus Berlin* (Berlin, 1990), pp. 211–46。

47　Stephan Malinowski, *Vom König zum Führer: Sozialer Niedergang und politische Radikalisierung im deutschen Adel zwischen Kaiserreich und NS-Staat* (Berlin, 2003), p. 208.

48　Cited in ibid., p. 221.

49　Kossert, *Ostpreussen*, p. 267.

50　Malinowski, *Vom König zum Führer*, pp. 212–28；又见 Klaus Theweleit,

*Männerrhantasien* (Hamburg, 1980)——特维莱特在书中分析的许多自述都出自贵族之口,比例之高,达到了惊人的程度。如想了解贵族如何渗透农村的革命组织,见 Baranowski, *Sanctity of Rural Life*, pp. 145–76。

51　Malinowski, *Vom König zum Führer*, p. 239.

52　如想了解"元首"理念对普鲁士的贵族阶层产生了多大的影响,见 ibid., pp. 246, 247, 251, 253, 257–9。

53　Diary entries of June 1926 and March 1928, cited in Eckart Conze, *Von deutschem Adel. Die Grafen von Bernstoff im zwanzigsten Jahrhundert* (Munich, 2000), pp. 164, 166.

54　Jürgen W. Falter, *Hitlers Wähler* (Munich, 1991), pp. 110–23.

55　Marcus Funck, 'The Meaning of Dying: East–Elbian Noble Families as "Warrior-Tribes" in the Nineteenth and Twentieth Centuries', trans. Gary Shockey, in Greg Eghigian and Matthew Paul Berg, *Sacrifice and National Belonging in Twentieth-century Germany* (Arlington, TX, 2002), pp. 26–63, 文中的内容见 p. 53。如想了解纳粹党在易北河以东地区的总体得票情况,见 Falter, *Hitlers Wähler*, pp. 154–63。

56　Kossert, *Ostpreussen*, p. 266.

57　Gotthard Jasper, *Die gescheiterte Zähmung. Wege zur Machtergreifung Hitlers 1930–1934* (Frankfurt/Main, 1986), pp. 55–87; Schulze, 'Democratic Prussia', pp. 224–5.

58　Lessmann, *Schutzpolizei*, p. 285.

59　Richard Bessel, *Political Violence and the Rise of Nazism. The Storm Troopers in Eastern Germany (1925–1934)* (London, 1984), pp. 29–31; Ulrich Herbert, *Best: Biographische Studien über Radikalismus, Weltanschauung und Vernunft 1903–1989* (Bonn, 1996), pp. 249–51.

60　如想了解这一历史时期的街头暴力规模,以及街头暴力对政治环境造成的影响,见 Richard J. Evans, *The Coming of the Third Reich* (London, 2003), pp. 269–75。

61　Heinrich August Winkler, *Der Weg in die Katastrophe. Arbeiter und Arbeiterbewegungen in der Weimarer Republik 1930 bis 1933* (Bonn, 1987), p. 514.

62　Karl Dietrich Bracher, *Die Auflösung der Weimarer Republik: Eine Studie zum Problem des Machtverfalls in der Demokratie* (Villingen, 1960), pp. 511–17.

63　按照魏玛共和国宪法的规定,国会没有义务无限期地接受不受欢迎的紧急法案。在经过了一定的时间之后,只要国会的多数议员投票反对紧急法案,那么法案就会失去效力。

64　Hagen Schulze, *Otto Braun oder Preussens demokratische Sendung. Eine Biographie* (Frankfurt/Main, 1981), pp. 623, 627.

65　Citation from Schulze, 'Democratic Prussia'. 如想了解盖尔扮演的角色,又见 Horst Möller, *Weimar. Die unvollendete Demokratie* (Munich, 1997), p. 304; Martin Broszat, *Die Machtergreifung. Der Aufstieg der NSDAP und die Zerstörung der Weimarer Republik* (Munich, 1984), pp. 145–56; Schulze, *Otto Braun*, pp. 735–44。

66　Möller, 'Weimar', p. 304.

67　如想了解普政府的解散过程,见 Möller, *Weimar*, pp. 57–78; Bracher, *Die Auflösung der Weimarer Republik*, pp. 491–526; Rudolf Morsey, 'Zur Geschichte des "Preussenschlags" ', *Vierteljahrshefte für Zeitgeschichte*, 9 (1961), pp. 430–39; Andreas Dorpalen, *Hindenburg and the Weimar Republic* (Princeton, NJ, 1964), pp. 341–7。

68　Cited in Heinrich, *Geschichte Preussens*, p. 496; cf. Otto Braun, *Von Weimar zu Hitler*

(2nd edn, New York, 1940), pp. 409–11.
69　Kloosterhuis (ed.), *Preussisch Dienen und Geniessen*, p. 433; Schulze, *Otto Braun*, pp. 584–60, 689–71.
70　Lessmann, *Schutzpolizei*, pp. 302–18.
71　Josef Goebbels, *Vom Kaiserhof zur Reichskanzlei. Eine historische Darstellung in Tagebuchblättern* (Vom 1. Januar 1932 bis zum 1. Mai 1933), pp. 131, 132–3.
72　Evans, *Coming of the Third Reich*, p. 284.
73　Evans, *Rituals of Retribution*, pp. 613–14.
74　Goebbels, Diary entry of 22 July 1932, in id., *Vom Kaiserhof zur Reichskanzlei*, p. 133.
75　巴本的计划也许看起来很蠢，但实际上却并非如此。他原本的计划是，新内阁成立后，马上就请求国会通过一项授权法（Ermächtigungsgesetz）。授权法生效后，政府就可以在一段时间内获得抛开议会、独自立法的权力。巴本认为，得到希特勒的帮助后，授权法肯定会获得通过法案所需的多数支持，即超过三分之二的国会议员的赞成票。这样一来，内阁就可以摆脱与国会僵持的困局了。此外，由于按照授权法的规定，新的法律能否通过，取决于内阁内部的投票结果，再加上保守派拥有绝大多数的内阁席位，所以保守派信心满满，认为自己肯定能够把纳粹党完全控制起来。巴本既没有想到国会纵火案发生后德国的政治会表现出极为强烈的激进倾向，也没有意识到纳粹党的政治机器拥有极为强大的能量，能够以威胁恐吓为手段，把保守派的民族主义政治领袖挤到政治生活的边缘。
76　Ewald von Kleist–Schmenzin, 'Die letzte Möglichkeit', *Politische Studien*, 10 (1959), pp. 89–92，文中的内容见 p. 92。
77　Allan Bullock, *Hitler: A Study in Tyranny* (rev. edn, London, 1964), p. 253.
78　Spenkuch, *Herrenhaus*, pp. 561–2.
79　Dietz Bering, ' "Geboren im Hause Cohn". Namenpolemik gegen den preussischen Innenminister Albert Grzesinski', in Dietz Bering and Friedhelm Debus (eds.), *Fremdes und Fremdheit in Eigennamen* (Heidelberg, 1990), pp. 16–52.
80　如想了解克谢辛斯基是如何描述自己的一生的，见 Eberhard Kolb (ed.), *Albert Grzesinski. Im Kampf um die deutsche Republik. Erinnerungen eines Sozialdemokraten* (Munich, 2001)。最新出版的克谢辛斯基传记著作是 Thomas Albrecht, *Für eine Wehrhafte Demokratie. Albert Grzesinski und die preussische Politik in der Weimarer Republik* (Bonn, 1999)。
81　Cited in Heinrich, *Geschichte Preussens*, p. 497.
82　Schulze, *Otto Braun*, pp. 488–98.
83　"处在边缘的普鲁士人"（Randpreussen）是由格尔德·海因里希提出的术语，用来描述在 1932 年发动政变的阴谋家；见 Gerd Heinrich, *Geschichte Preussens*, p. 495.
84　如想了解施莱歇尔和他的动机，见 Henry Ashby Turner, Jr, *Hitler's Thirty Days to Power. January 1933* (London, 1996), pp. 19–21; Theodor Eschenburg, 'Die Rolle der Persönlichkeit in der Krise der Weimarer Republik: Hindenburg, Brüning, Groener, Schleicher', *Vierteljahrshefte für Zeitgeschichte*, 9 (1961), pp. 1–29. 也有观点认为施莱歇尔是民主制度和宪政主义的支持者，见 Wolfram Pyta, 'Konstitutionelle Demokratie statt monarchischer Restauration: Die verfassungspolitische Konzeption Schleichers in der Weimarer Staatskrise', *Vierteljahrshefte für Zeitgeschichte*, 47 (1999), pp. 417–41。
85　如想了解相关事件，见 Craig, *Politics of the Prussian Army*, p. 372; cf. John

Wheeler-Bennett, *Hindenburg: the Wooden Titan* (London, 1967), pp. 220–21。

86 *Vorwarts!*, 10 March 1932, cited in Winkler, *Der Weg*, p. 514; Evans, *Coming of the Third Reich*, p. 279.

87 按照弗里德里希·威廉一世最初的计划,他和王后索菲·多罗特娅应当合葬于波茨坦的驻军教堂,但到了1757年多罗特娅去世之后,她的安葬地点却变成了柏林大教堂。弗里德里希·威廉一世身边的位置就这样空置了下来,直到1786年8月18日,弗里德里希大王的遗体安葬于此。

88 Elke Fröhlich (ed.), *Die Tagebücher von Joseph Goebbels. Sämtliche Fragmente*, Part 1, *Aufzeichnungen, 1924–1941*, vol. 2 (4 vols., Munich, 1987), pp. 393–4.

89 Brendan Simms, 'Prussia, Prussianism and National Socialism', in Dwyer (ed.), *Modern Prussian History*, pp. 253–73.

90 Werner Freitag, 'Nationale Mythen und kirchliches Heil: Der "Tag von Potsdam" ', in *Westfälische Forschungen*, 41 (1991), pp. 379–430.

91 Goebbels, Diary entry of 21 March 1933, in *Vom Kaiserhof*, pp. 285–6.

92 Fritz Stern, *The Politics of Cultural Despair: a Study in the Rise of the Germanic Ideology* (Berkeley, 1974), pp. 211–13.

93 Adolf Hitler, *Mein Kampf*, trans. Ralph Manheim (London, 1992; reprint of the orig. edn of 1943), pp. 139, 141. 希特勒在1928年写了"第二本书",打算把它当作《我的奋斗》一书的外国政治部分的附录,但这些文字一直都没能出版;希特勒在里面同样不断地提到普鲁士;见Manfred Schlenke, 'Das "preussische Beispiel" in Propaganda und Politik des Nationalsozialismus', *Aus Politik und Zeitgeschichte. Beilage zur Wochenzeitung Das Parlament*, 27 (1968), pp. 15–27, 文中的内容见p. 16。

94 Alfred Rosenberg, *Der Mythus des 20. Jahrhunderts* (Munich, 1930), p. 198.

95 Cited in Schlenke, 'Das "preussische Beispiel" ', p. 17.

96 Alfred Postelmann, 'Der "Hindenburgstein" für das Reichsehrenmal Tannenberg', *Zeitschrift für Geschiebeforschung und Flachlandsgeologie*, 12 (1936) 从当时德国人的视角详细记录了"兴登堡巨石"的采掘工作,并且配有大量的图片,见pp. 1–32, 文中的内容见p. 1。如想阅读该文,也可访问以下网址: http://www.rapakivi.de/posthi/anfang.htm。

97 Josef Schmid, *Karl Friedrich Schinkel. Der Vorläufer neuer deutscher Baugesinnung* (Leipzig, 1943).

98 如想了解在魏玛共和国时期,德国的电影业是如何从民族主义的角度来描绘普鲁士的,见Helmut Regel, 'Die Fridericus-Filme der Weimarer Republik', in Axel Marquardt and Hans Rathsack (eds.), *Preussen im Film. Eine Retrospective der Stiftung Deutsche Kinemathek* (Hamburg, 1981), pp. 124–34。

99 Friedrich P. Kahlenberg, 'Preussen als Filmsujet in der Propagandasprache der NS-Zeit', in Marquardt and Rathsack (eds.), *Preussen im Film*, pp. 135–77, 256–7.

100 此类影片的例子有: *Der höhere Befehl* (1935), *Kadetten* (1941), *Kameraden* (1941), *Der grosse König* (1942), *Affäre Roedern* (1944) and *Kolberg* (1945)。

101 Ian Kershaw, *Hitler. Nemesis 1936–1945* (London, 2000), p. 277.

102 Cited in Schlenke, 'Das "preussische Beispiel" ', p. 23.

103 Kershaw, *Hitler. Nemesis*, p. 581.

104 Cited in Schlenke, 'Das "preussische Beispiel" ', p. 23.

105 'Aus der Rede des Ministerpräsidenten Göring vor dem preussischen Staatsrat vom

18. Juni 1934 über Preussen und die Reichseinheit', in Herbert Michaelis and Ernst Schraepler (eds.), *Ursachen und Folgen. Vom deutschen Zusammenbruch 1918 und 1945 bis zur staatlichen Neuordnung Deutschlands in der Gegenwart*, vol. 9, *Das Dritte Reich. Die Zertrümmerung des Parteienstaats und die Grundlegung der Diktatur* (29 vols., Berlin, 1958), pp. 122–4，文中的内容见 p. 122。

106　Sigurd von Ilsemann, *Der Kaiser in Holland. Aufzeichnungen des letzten Flügeladjutanten Kaiser Wilhelm II.*, ed. by Harald von Königswald (2 vols., Munich, 1968), vol. 2, p. 154.

107　Clark, *Kaiser Wilhelm II*, p. 251.

108　Georg H. Kleine, 'Adelsgenossenschaft und Nationalsozialismus', *Vierteljahrshefte für Zeitgeschichte*, 26 (1978), pp. 100–143，文中的内容见 p. 125；Stephan Malinowski, ' "Führertum" und "neuer Adel" . Die Deutsche Adelsgenossenschaft und der Deutsche Herrenklub in der Weimarer Republik', in Heinz Reif (ed.), *Adel und Bürgertum in Deutschland. Entwicklungslinien und Wendepunkte im 20. Jahrhundert* (2 vols., Berlin, 2001), vol. 2, pp. 173–211。

109　Malinowski, *Vom König zum Führer*, pp. 476–500; Heinz Reif, *Adel im 19. und 20. Jahrhundert* (Munich, 1999), pp. 54–5, 115–18.

110　Christian Count Krockow, *Warnung vor Preussen* (Berlin, 1981), p. 8.

111　Ulrich Heinemann, *Ein konservativer Rebell. Fritz-Dietlof Graf von der Schulenburg und der 20. Juli* (Berlin, 1990), pp. 25, 27–34.

112　Letter of Captain Stieff (an officer serving with Blaskowitz) to his wife, Truppenübungsplatz Ohrdruf, 21 August 1932, in Horst Mühleisen (ed.), *Hellmuth Stieff, Briefe* (Berlin, 1991), letter no. 36, p. 71.

113　Speech by Johannes Blaskowitz for the opening of the Memorial for the Fallen of the World War in Bommelsen, Sunday 17 March 1935 (copy), BA-MA Freiburg, MSg 1/1814. 布拉斯科维茨提到的恢复军事主权是指 1935 年 3 月的莱茵兰再军事化。

114　Christopher Browning, *Ordinary Men. Reserve Police Battalion 101 and the Final Solution* (New York, 1992).

115　西蒙·维森塔尔估计，在纳粹政权及其帮凶杀害的 600 万犹太人中，有大约 300 万人死在了奥地利人的手中，见 Andreas Maislinger, ' "Vergangenheitsbewältigung" in der Bundesrepublik Deutschland, der DDR und österreich. Psychologische–Pädagogische Massnahmen im Vergleich', in Uwe Backes, Eckhard Jesse and Rainer Zitelmann (eds.), *Die Schatten der Vergangenheit. Impulse zur Historisierung des Nationalsozialismus* (Berlin, 1990), pp. 479–96，文中的内容见 p. 482。

116　Eckart Conze, 'Adel und Adeligkeit im Widerstand des 20. Juli 1944', in Reif (ed.), *Adel und Bürgertum*, vol. 2, pp. 269–95; Baranowski, *Sanctity of Rural Life*, p. 183.

117　希特勒在 1936 年下令重新使用断头台来处决死刑犯，目的是加快死刑的执行速度。

118　1944 年 7 月 20 日之后，因为参与反抗运动而被处以极刑的波茨坦第九步兵团军官有：汉斯–奥特弗里德·冯·林斯托上校、亚历克西斯·冯·伦内男爵上校、哈索·冯·伯默尔中校。11 月 8 日，亚历山大·冯·福斯中校自杀身亡。陆军中将汉斯·冯·施内克伯爵虽然并没有参与 7 月密谋，但还是因为部下在 1941—1942 年的刻赤半岛战役中不服从命令而遭到怀疑，于 1944 年 7 月 23 日被枪决。如想了解波茨坦第九步兵团在德国抵抗运动中的地位，见 Ekkehard Klausa, 'Preussische Soldatentradition und Widerstand', in Jürgen Schmädeke and Peter Steinbach (eds.), *Der Widerstand gegen den Nationalsozialismus. Die deutsche Gesellschaft und der Widerstand gegen Hitler* (Munich, 1985), pp. 533–45。

119　Spenkuch, *Herrenhaus*, p. 562.

120　Cited in Bodo Scheurig, *Henning von Tresckow. Ein Preusse gegen Hitler. Biographie* (Frankfurt, 1990), p. 167. 又见 Ger van Roon, *Neuordnung im Widerstand. Der Kreisauer Kreis innerhalb der deutschen Widerstandsbewegung* (Munich, 1967); Wolfgang Wippermann, 'Nationalsozialismus und Preussentum', in *Aus Politik und Zeitgeschichte. Beilage zur Wochenzeitung das Parlament*, 52–3 (1981), pp. 13–22，文中的内容见 p. 17。

121　Annedore Leber, *Conscience in Revolt. Sixty-four Stories of Resistance in Germany 1933–45*, trans. Rosemary O'Neill (Boulder, CO., 1994), p. 161.

122　Gerhard Ritter, *Carl Goerdeler und die deutsche Widerstandsbewegung* (3rd edn, Stuttgart, 1956), p. 274; Eberhard Zeller, *The Flame of Freedom. The German Struggle against Hitler*, trans. R. P. Heller and D. R. Masters (Boulder, CO, 1994), pp. 50–51, 127.

123　Ritter, *Carl Goerdeler*, p. 352.

124　Christian Schneider, 'Denkmal Manstein. Psychogramm eines Befehlshabers', in Hannes Heer and Klaus Neumann (eds.), *Vernichtungskrieg. Verbrechen der Wehrmacht 1941–1944* (Hamburg, 1995), pp. 402–17.

125　Julius Leber, *Ein Mann geht seinen Weg* (Berlin, 1952), p. 173.

126　Ramsay Muir, *Britain's Case Against Germany. An Examination of the Historical Background of the German Action in 1914* (Manchester, 1914), p. 3.

127　对这一问题细致入微的讨论见 Stefan Berger, 'William Harbutt Dawson: The Career and Politics of an Historian of Germany', *English Historical Review*, 116 (2001), pp. 76–113。

128　S. D. Stirk, *The Prussian Spirit. A Survey of German Literature and Politics 1914–1940* (Port Washington, NY, 1941), p. 16.

129　Thorstein Veblen, *Imperial Germany and the Industrial Revolution* (2nd edn, London, 1939), pp. 66, 70, 78, 80.

130　Ralf Dahrendorf, *Society and Democracy in Germany* (London, 1968)，尤见 pp. 55–6。

131　Verrina (pseud.), *The German Mentality* (2nd edn, London, 1946), pp. 10, 14.

132　Edgar Stern-Rubarth, *Exit Prussia. A Plan for Europe* (London, 1940), p. 47.

133　Joseph Borkin and Charles Welsh, *Germany's Master Plan. The Story of Industrial Offensive* (London, New York, [1943]), p. 31.

134　Cited in Stirk, *Prussian Spirit*, p. 18.

135　Cited in Lothar Kettenacker, 'Preussen in der alliierten Kriegszielplanung. 1939–1947', in L. Kettenacker, M. Schlenke and H. Seier (eds.), *Studien zur Geschichte Englands und der deutsch-britischen Beziehungen. Festschrift für Paul Kluke* (Munich, 1981), pp. 312–40，文中的内容见 p. 323。

136　Cited in T. D. Burridge, *British Labour and Hitler's War* (London, 1976), p. 60.

137　Burridge, *British Labour*, p. 94；又见 Attlee's report as chair of the APW on 11 July 1944, PRO CAB 86/67, fo. 256。

138　Anne Armstrong, *Unconditional Surrender. The Impact of the Casablanca Policy upon World War II* (Westport, CT, 1961), pp. 20–21.
139　Cited in J. A. Thompson, *Woodrow Wilson* (Harlow, 2002), pp. 176–7.
140　Kettenacker, 'Preussen in der alliierten Kriegszielplanung'.
141　Martin Schulze-Wessel, *Russlands Blick auf Preussen. Die polnische Frage in der Diplomatie und der politischen Öffentlichkeit des Zahrenreiches und des Sowjetstaates, 1697–1947* (Stuttgart, 1995), p. 345.
142　Gerd R. Ueberschär (ed.), *Das Nationalkommittee Freies Deutschland und der Bund deutscher Offiziere* (Frankfurt, 1995), pp. 268, 272; Schulze-Wessel, *Russlands Blick auf Preussen*, pp. 334, 373.
143　Memorandum by C. E. Steel, Political Division, Control Commission for Germany (British Element) Advance HQ BAOR, 11 October 1945, PRO FO 1049/226.
144　Memorandum of 27 September 1945, HQ IA&C Division C. C. for Germany, BAOR, PRO 1049/595.
145　Allied Control Council Coordinating Committee, Abolition of the State of Prussia, Memorandum by the British Member, 8 August 1946, PRO FO 631/2454, p. 1.
146　Arnd Bauerkämper, 'Der verlorene Antifaschismus. Die Enteignung der Gutsbesitzer und der Umgang mit dem 20. Juli 1944 bei der Bodenreform in der sowjetischen Besatzungszone', *Zeitschift für Geschichtswissenschaft*, 42 (1994), pp. 623–34; id., 'Die Bodenreform in der Provinz Mark Brandenburg', in Werner Stang (ed.), *Brandenburg im Jahr 1945* (Potsdam, 1995), pp. 265–96.
147　如想全面了解易北河以东的容克贵族家庭及其领地的最终状况，见 Walter Görlitz, *Die Junker. Adel und Bauer im deutschen Osten. Geschichtliche Bilanz von 7 Jahrhunderten* (Glücksburg, 1957), pp. 410–24。
148　Heiger Ostertag, 'Vom strategischen Bombenkrieg zum sozialistischen Bildersturm. Die Zerstörung Potsdams 1945 und das Schicksal seiner historischen Gebäude nach dem Kriege', in Bernhard R. Kroener (ed.), *Potsdam: Staat, Armee, Residenz in der preussisch-deutschen Militärgeschichte* (Berlin, 1993), pp. 487–99; Andreas Kitschke, *Die Potsdamer Garnisonkirche* (Potsdam, 1991), p. 98; Olaf Groehler, 'Der Luftkrieg gegen Brandenburg in den letzten Kriegsmonaten', in Stang (ed.), *Brandenburg*, pp. 9–37.
149　Cited in Kossert, *Ostpreussen*, p. 341.
150　Henning Köhler, *Das Ende Preussens in französischer Sicht* (Berlin, 1982), pp. 13, 18, 20, 23, 25, 29, 40, 43, 47, 75, 96.
151　Uta Lehnert, *Der Kaiser und die Siegesallee: réclame royale* (Berlin, 1998), pp. 337–40.
152　如想了解盟国教育政策的相关趋势，见 Riccarda Torriani, 'Nazis into Germans: Re-education and Democratisation in the British and French Occupation Zones, 1945–1949', Ph.D. thesis, Cambridge (2005)。托里亚尼博士在论文完成前就允许我阅读了稿件，我对此深表感谢。如想了解俾斯麦，尤见 Lothar Machtan, 'Bismarck', in François and Schulze (eds.), *Deutsche Erinnerungsorte*, vol. 2, pp. 620–35, 文中的内容见 p. 101。
153　Franz-Lothar Kroll, 'Friedrich der Grosse', in François and Schulze (eds.), *Deutsche Erinnerungsorte*, vol. 2, pp. 86–104, 文中的内容见 p. 634。
154　Theodor Fontane, 'Mein Erstling: Das Schlachtfeld von Gross-Beeren', in Kurt Schreinert and Jutta Neuendorf-Fürstenau (eds.), *Meine Kinderjahre* (= *Sämtliche Werke*, vol.

XIV) (Munich, 1961), pp. 189–91.

155    Theodor Fontane to Heinrich von Mühler, Berlin, 2 December 1863, in Otto Drude et al. (eds.), *Theodor Fontane. Briefe* (5 vols., Munich, 1976–94), vol. 2, pp. 110–11.

156    Cited in Kenneth Attwood, *Fontane und das Preussentum* (Berlin, 1970), p. 146.

157    Gordon A. Craig, *Theodor Fontane. Literature and History in the Bismarck Reich* (New York, 1999), p. 50.

158    Rüdiger Schütz, 'Zur Eingliederung der Rheinlande', in Peter Baumgart (ed.), *Expansion und Integration. Zur Eingliederung neugewonnener Gebiete in den preussischen Staat* (Cologne, 1984), pp. 195–226，文中的内容见 p. 225。

159    Kurt Jürgensen, 'Die Eingliederung Westfalens in den preussischen Staat', in Baumgart (ed.), *Expansion*, pp. 227–54，文中的内容见 p. 250。

160    Walter Geschler, *Das Preussische Oberpräsidium der Provinz Jülich-Kleve-Berg in Köln 1816–1822* (Cologne, 1967), pp. 200–201; Oswald Hauser, *Preussische Staatsräson und nationaler Gedanke. Auf Grund unveröffentlichter Akten aus dem Schleswig-Holsteinischen Landesarchiv* (Neumünster, 1960); Arnold Brecht, *Federalism and Regionalism in Germany. The Division of Prussia* (New York, 1945).

161    见 Hans-Georg Aschoff, 'Die welfische Bewegung und die Deutsch-Hannoversche Partei zwischen 1866 und 1914', *Niedersächsisches Jahrbuch für Landesgeschichte*, 53 (1981), pp. 41–64。

162    Kurt Jürgensen, 'Die Eingliederung der Herzogtümer Schleswig, Holstein und Lauenburg in das preussische Königreich', in Baumgart (ed.), *Expansion*, pp. 327–56，文中的内容见 pp. 350–52。

163    Georg Kunz, *Verortete Geschichte. Regionales Geschichtsbewusstsein in den deutschen Historischen Vereinen des 19. Jahrhunderts* (Göttingen, 2000), pp. 312–22. 如想了解地方理念、地区理念、民族理念之间的可替换性，见 Alon Confino, 'Federalism and the Heimat Idea in Nineteenth-century Germany', in Maiken Umbach (ed.), *German Federalism* (London, 2002), pp. 70–90。

164    Attwood, *Fontane und das Preussentum*, pp. 15–30. Gerhard Friedrich, *Fontanes preussische Welt. Armee – Dynastie – Staat* (Herford, 1988) 对这一问题进行了细致入微的专题研究。

165    Albrecht Gaertner (ed.), *Theodor Fontane. Aus meiner Werkstatt. Unbekanntes und Unveröffentlichtes* (Berlin, 1950), pp. 8–15 收录了这篇短文（以及冯塔纳在 1848 年发表的另外两篇同一主题的文章）。

166    Attwood, *Fontane und das Preussentum*, pp. 166–7.

167    Andreas Dorpalen, 'The German Struggle Against Napoleon: The East German View', *Journal of Modern History*, 41 (1969), pp. 485–516.

168    见 Jan Palmowski, 'Regional Identities and the Limits of Democratic Centralism in the GDR', in *Journal of Contemporary History* (forthcoming). 作者在论文发表前就允许我阅读了这篇文章引人入胜的内容，我对此深表感谢。

169    Ibid. 如想了解克吕斯村，又见 Karl-Heinz Steinbruch, 'Gemeinde Brunow. History of the Villages of Gemeinde Brunow' 中翔实的说明，可访问 http://www.thies-site.com/loc/brunow/steinbruch_history_kluess-en.htm 来阅读该文；最后一次访问的时间是 2004 年 12 月 23 日。

注　释